gli Adelph
12

Douglas R. Hofstadter, nato nel 1945, ha insegnato per diversi anni al Computer Science Department della Indiana University, e attualmente insegna al Psychology Department della University of Michigan, ad Ann Arbor. Nel 1981 ha pubblicato, con il filosofo Daniel C. Dennett, *L'io della mente* (Adelphi, 1985), nel 1985 *Metamagical Themas* e nel 1986 *Ambigrammi* (Hopeful Monster).

di Ivan

G
E
E
G
B

DOUGLAS R. HOFSTADTER

Gödel, Escher, Bach:
un'Eterna Ghirlanda Brillante

UNA FUGA METAFORICA SU MENTI E MACCHINE
NELLO SPIRITO DI LEWIS CARROLL

ADELPHI EDIZIONI

Titolo originale:
Gödel, Escher, Bach:
an Eternal Golden Braid

Edizione a cura di Giuseppe Trautteur

Traduzioni di Barbara Veit (l'Introduzione e i capitoli I-IX); Giuseppe Longo (i capitoli X-XV); Giuseppe Trautteur (il capitolo XVI, il dialogo *Invenzione a due voci* e gli apparati); Settimo Termini (i capitoli XVII-XX), Bruno Garofalo (tutti i dialoghi, tranne *Invenzione a due voci*).

Supervisione redazionale di Fiamma Bianchi Bandinelli

I edizione *gli Adelphi*: maggio 1990

ISBN 88-459-0755-4

a M. e P.

Indice

Parte II: EGB

Sguardo dall'alto

Parte I: GEB

Introduzione: un'offerta musico-logica. Il libro si apre con la storia della *Offerta musicale* di Bach. Nel 1747 Bach fece una visita improvvisa a Federico il Grande di Prussia e in quell'occasione gli fu richiesto di improvvisare su un tema presentatogli dal Re. Le sue improvvisazioni formarono poi la base di quel grande lavoro. L'*Offerta musicale* e la sua storia costituiscono il tema sul quale io stesso "improvviso" per tutto il libro rendendolo così una specie di "Offerta metamusicale". Vengono discussi a lungo l'autoreferenza e il gioco tra i diversi livelli nell'opera di Bach; si passa poi a una discussione di idee omologhe nei disegni di Escher e finalmente al Teorema di Gödel. Fornisco una breve presentazione della storia della logica e dei paradossi come sfondo al Teorema di Gödel. Tutto questo porta ai calcolatori ed al ragionamento meccanico nonché al dibattito sulla possibilità dell'Intelligenza Artificiale. Concludo con una spiegazione sulle origini del libro stesso: in particolare sul perché e sul per come dei Dialoghi.

Invenzione a tre voci. Bach scrisse quindici invenzioni a tre voci. In questo Dialogo con tre personaggi, la Tartaruga e Achille, protagonisti di quasi tutti i Dialoghi, vengono "inventati" da Zenone (come lo furono nella realtà: Zenone se ne servì per illustrare i suoi paradossi sulla impossibilità del moto). Un Dialogo molto breve che serve semplicemente a dare il sapore di quelli a venire.

Capitolo I: Il gioco MU. Viene presentato un semplice sistema formale (il sistema MIU) e il lettore viene invitato a tentare di risolvere un gioco in esso formulato per acquistare familiarità con i sistemi formalizzati in generale. Vengono introdotti alcuni concetti fondamentali: stringa, teorema, assioma, regola di inferenza, derivazione, sistema formalizzato (o formale), procedura di decisione, lavorare all'interno e all'esterno del sistema.

Invenzione a due voci. Bach scrisse anche quindici invenzioni a due voci. Questo Dialogo con due personaggi non fu scritto da me, ma da Lewis Carroll nel 1895. Carroll prese in prestito i personaggi di Achille e della Tartaruga da Zenone ed io a mia volta li ho presi in prestito da Carroll. L'argomento del Dialogo è la relazione tra ragionamento, ragionamento sul ragionamento, ragionamento sul ragionamento sul ragionamento, e così via. Esso segue in un certo modo la stessa linea dei paradossi di Zenone sulla impossibilità del moto, mostrando apparentemente, con l'uso del regresso all'infinito, che il ragionamento è impossibile. È un bel paradosso al quale farò riferimento diverse volte nel corso del libro.

Capitolo II: Significato e forma in matematica. Viene introdotto un nuovo sistema formalizzato (il sistema pg) ancora più semplice del sistema MIU del Capitolo I. A prima vista esso sembra privo di significato, ma i suoi simboli improvvisamente si rivelano significanti in virtù della forma dei teoremi nei quali occorrono. Questa rivelazione costituisce la prima importante intuizione sul significato: il suo profondo legame con l'isomorfismo. Vengono poi discussi vari temi legati al significato: verità, dimostrazione, manipolazione simbolica e l'elusivo concetto di "forma".

Sonata per Achille solo. Si tratta di un Dialogo che imita le sonate di Bach per violino solo. In particolare Achille è l'unico personaggio, poiché il Dialogo si presenta come la trascrizione di una telefonata nella quale l'interlocutore lontano sembra essere la Tartaruga. La loro conversazione riguarda i concetti di "figura" e "sfondo" in diversi contesti: per esempio nell'opera di Escher. Il Dialogo stesso è un esempio della distinzione tra figura e sfondo perché le battute di Achille formano una "figura" mentre quelle della Tartaruga, implicite in quelle di Achille, formano uno "sfondo".

Capitolo III: Figura e sfondo. La distinzione tra figura e sfondo nell'arte viene paragonata alla distinzione tra teoremi e nonteoremi nei sistemi formalizzati. La domanda "una figura contiene necessariamente la medesima informazione del suo sfondo?" porta alla distinzione tra insiemi ricorsivamente numerabili e insiemi ricorsivi.

Contracrostipunto. Questo Dialogo è fondamentale per tutto il libro poiché contiene un insieme di parafrasi della costruzione autoreferenziale di Gödel e del suo Teorema di Incompletezza. Una delle parafrasi del teorema suona: "Per ogni grammofono esiste un disco che quel grammofono non può suonare". Il titolo del Dialogo è un incrocio tra la parola "acrostico" e la parola "contrappunto". Quest'ultimo ricorda la tecnica musicale dell'arte di Bach e in particolare dell'*Arte della fuga*. Vengono pure fatti alcuni riferimenti espliciti a quest'ultima e il Dialogo nasconde alcuni trucchi acrostici.

Capitolo IV: Coerenza, completezza e geometria. Il materiale del Dialogo precedente viene approfondito fin dove è possibile a questo livello. Si ritorna sulla questione di come e quando i simboli di un sistema formalizzato acquistano significato. Viene ripercorsa la storia della geometria euclidea e di quelle noneuclidee per illustrare la nozione elusiva di "termine indefinito". Questo porta a idee relative alla coerenza di geometrie differenti e possibilmente "rivali". Attraverso tutta la discussione viene chiarita la nozione di termine indefinito e viene esaminata la relazione tra i termini indefiniti e i processi della percezione e del pensiero.

Piccolo labirinto armonico. Questo Dialogo è basato sul pezzo per organo di Bach che porta lo stesso titolo. È una giocosa introduzione alla nozione di struttura ricorsiva, cioè nidificata. Il Dialogo contiene storie dentro storie. La storia più esterna, invece di terminare come ci si aspetta, è lasciata in sospeso così che il lettore rimane insoddisfatto e senza risoluzione. Una delle storie annidate riguarda la modulazione in musica, in particolare un pezzo per organo che termina nella tonalità sbagliata, lasciando l'ascoltatore insoddisfatto e senza risoluzione.

Capitolo V: Strutture e processi ricorsivi. Il concetto di ricorsività viene presentato in molti contesti diversi: forme musicali, forme linguistiche, strutture geometriche, funzioni matematiche, teorie fisiche, programmi di calcolatore, ed altri ancora.

Canone per aumentazione intervallare. Achille e la Tartaruga cercano di risolvere la questione: "Cosa contiene più informazioni, un disco o il grammofono che lo fa suonare?". Questa strana domanda sorge quando la Tartaruga descrive un unico disco il quale, se suonato su un insieme di differenti grammofoni, produce due melodie completamente diverse: B-A-C-H e C-A-G-E. Risulta però che queste due melodie sono "la stessa" in un modo piuttosto curioso.

Capitolo VI: Dove risiede il significato? Si inizia un'ampia discussione su come il significato si divide tra messaggio codificato, decodificatore e destinatario. Gli esempi presentati comprendono filamenti di DNA, iscrizioni ancora non decifrate su antiche tavolette e dischi lanciati nello spazio. Viene postulata una relazione fra intelligenza e significato "assoluto".

Fantasia cromatica e faida. Si tratta di un breve Dialogo con ben poche somiglianze, se non nel titolo, con la *Fantasia cromatica e fuga* di Bach. Tratta del modo corretto di manipolare espressioni in modo da conservare la verità, e in particolare della questione se esistano regole per l'uso della parola "e". Questo Dialogo ha molto in comune con il precedente Dialogo di Lewis Carroll.

Capitolo VII: Il Calcolo Proposizionale. Viene indicato in che modo parole quali "e" possano essere governate da regole formali. Ancora una volta vengono discusse le idee di isomorfismo e di acquisizione automatica di significato da parte dei simboli in tali sistemi. Tutti gli esempi di questo Capitolo, incidentalmente, sono "Zenunciati" cioè espressioni tratte da kōan Zen. Questo non è fatto a caso, anzi vuole essere allusivo, dato che i kōan Zen sono storie deliberatamente illogiche.

Canone cancrizzante. Questo Dialogo è basato su un brano dallo stesso nome che fa parte dell'*Offerta musicale*. Entrambi sono chiamati in questo modo perché procedono all'indietro, come si dice facciano il gambero e il granchio (in latino: *cancer*). Il Granchio fa qui la sua prima comparsa. Si tratta forse del Dialogo più denso di trucchi formali e di gioco tra livelli. Gödel, Escher e Bach sono profondamente intrecciati in questo Dialogo molto breve.

Capitolo VIII: L'Aritmetica Tipografica. Viene qui introdotta una estensione del Calcolo Proposizionale chiamata "AT". Nell'AT il ragionamento aritmetico può essere portato avanti tramite una rigida manipolazione di simboli. Vengono anche considerate le differenze tra il ragionamento formale e il pensiero umano.

Un'offerta Mu. Questo Dialogo accenna a parecchi nuovi temi che appariranno più avanti nel libro. In superficie è apertamente dedicato al buddhismo Zen e ai kōan. In effetti è una discussione appena velata sulla teorematicità e nonteorematicità e sulla verità e falsità delle stringhe dell'aritmetica. Ci sono anche riferimenti appena accennati alla biologia molecolare, e in particolare al Codice Genetico. Non c'è vera affinità con l'*Offerta musicale* se non nel titolo e nei giochi autoreferenziali.

Capitolo IX: Mumon e Gödel. Viene fatto un tentativo di parlare delle strane idee del buddhismo Zen. Il monaco Zen Mumon, autore dei ben noti commenti a molti kōan, ne è una figura centrale. In un certo senso le idee Zen mostrano una somiglianza metaforica con alcune idee contemporanee della filosofia della matematica. Dopo questa "Zenneria", viene introdotta l'idea fondamentale della numerazione di Gödel e si fa una prima passata attraverso il Teorema di Gödel.

Parte II: EGB

Preludio e... Questo Dialogo si attacca al successivo. Essi sono entrambi basati su preludi e fughe dal *Clavicembalo ben temperato* di Bach. Achille e la Tartaruga portano un regalo al Granchio il quale sta intrattenendo un ospite: il Formichiere. Il regalo risulta essere proprio una registrazione del *C.b.t.* e il disco viene subito messo sul grammofono. Mentre ascoltano un preludio, i personaggi discutono la struttura dei preludi e delle fughe; questo porta Achille a chiedere quale sia il modo giusto di ascoltare una fuga: come un tutto o come somma delle parti? Si tratta del dibattito su olismo e riduzionismo che verrà presto ripreso nella *Mirmecofuga*.

Capitolo X: Livelli di descrizione e sistemi di calcolo. Vengono discussi vari livelli nel guardare immagini, scacchiere e sistemi di calcolo. Quest'ultimo punto è poi esaminato dettagliatamente. Ciò comporta la descrizione dei linguaggi macchina, dei linguaggi assemblativi, dei linguaggi compilativi, dei sistemi operativi e così via. Più avanti si passa a discutere di sistemi complessi di altro tipo quali squadre sportive, nuclei, atomi, il tempo e così via. Sorge la questione su quanti livelli intermedi vi siano o se addirittura essi esistano.

... mirmecofuga. Si tratta della imitazione di una fuga musicale: ogni personaggio entra con lo stesso enunciato. Il tema, olismo e riduzionismo, viene introdotto mediante una figura ricorsiva composta di parole composte di parole più piccole, ecc. Le parole che compaiono ai quattro livelli di questa strana figura sono "OLISMO", "RIDUZIONISMO", "MU". La discussione si sposta poi su un amico del Formichiere, il barone di Monteformica. Quest'ultimo risulta essere una colonia di formiche dotata di coscienza. I vari livelli dei suoi processi mentali sono il tema della discussione. In questo Dialogo sono nascosti molti trucchi fugali. Come spunto per il lettore vengono fatti riferimenti a trucchi paralleli che ricorrono nella fuga suonata dal grammofono mentre i quattro personaggi discorrono. Al termine della *Mirmecofuga* ricompaiono temi del *Preludio* benché considerevolmente trasformati.

Capitolo XI: Cervelli e pensieri. "Come può il pensiero essere sostenuto dallo hardware del cervello?". È questo l'argomento del Capitolo. Viene dapprima presentata una visione d'insieme della struttura su grande e su piccola scala del cervello. Successivamente viene discussa con un certo approfondimento teorico la relazione tra i concetti e l'attività neuronica.

Suite anglo-franco-italo-tedesca. Si tratta di un interludio costituito dalla poesia "nonsense" *Jabberwocky* insieme a tre sue traduzioni: una francese e una tedesca, fatte nel secolo scorso, e una italiana, recente.

Capitolo XII: Menti e pensieri. Le poesie appena lette pongono con forza il problema se i linguaggi, o addirittura le menti, possano essere "applicate" le une sulle altre. Come è possibile la comunicazione tra due cervelli fisicamente separati? Cosa hanno in comune tutti i cervelli umani? Viene usata un'analogia geografica per suggerire una possibile risposta. Sorge la questione "Può un cervello essere compreso, in qualche senso oggettivo, da un estraneo?".

Variazioni Goldbach. Si tratta di un Dialogo la cui forma è basata sulle *Variazioni Goldberg* e il cui contenuto è relativo a problemi di teoria dei numeri quali la congettura di Goldbach. Un tale ibrido ha come scopo principale di mostrare come la sottigliezza dell'aritmetica nasca dal fatto che vi sono molte diverse variazioni sul tema della ricerca in uno spazio infinito. Alcune di queste conducono a ricerche infinite, altre a ricerche finite, mentre altre ancora oscillano fra le due condizioni.

Capitolo XIII: CicloL, CicloI, CicloH. Queste tre parole sono i nomi di tre linguaggi di programmazione. I programmi in CicloL possono eseguire soltanto ricerche prevedibilmente terminanti, mentre i programmi in CicloI possono eseguire ricerche dalla terminazione non prevedibile o anche infinite. Lo scopo di questo Capitolo è di dare un'immagine intuitiva dei concetti di funzione primitiva ricorsiva e funzione generale ricorsiva nell'aritmetica, poiché questi concetti sono essenziali nella dimostrazione di Gödel.

Aria sulla quarta corda. Un Dialogo nel quale la costruzione autoreferenziale di Gödel viene rispecchiata in parole. L'idea è dovuta a W.V.O. Quine. Questo Dialogo serve da prototipo per il Capitolo che segue.

Capitolo XIV: Sulle proposizioni formalmente indecidibili dell'AT e di sistemi affini. Il titolo di questo Capitolo è una variazione sul titolo dell'articolo di Gödel del 1931 nel quale per la prima volta fu pubblicato il suo Teorema di Incompletezza. Vengono esposte dettagliatamente le due parti principali della dimostrazione di Gödel e si mostra come l'assunzione di coerenza dell'AT ci costringe a concludere che l'AT (o qualsiasi sistema affine) è incompleta. Vengono anche discussi i rapporti che ci sono con la geometria euclidea e le geometrie noneuclidee. Si analizzano inoltre con un certo dettaglio le implicazioni che ne derivano per la filosofia della matematica.

Cantatatata... per un compleanno. Dove Achille non riesce a convincere la sgusciante e scettica Tartaruga che oggi è il giorno del proprio compleanno. I tentativi ripetuti e infruttuosi di Achille adombrano la ripetibilità dell'argomento di Gödel.

Capitolo XV: Uscire dal sistema. Viene esibita la ripetibilità dell'argomentazione di Gödel da cui consegue il risultato che l'AT non soltanto è incompleta ma addirittura "essenzialmente incompleta". Viene analizzato l'argomento piuttosto noto di J.R. Lucas secondo cui il Teorema di Gödel dimostrerebbe che il pensiero umano non può essere in alcun senso "meccanico". Tutta l'argomentazione viene trovata insoddisfacente.

Pensieri edificanti di un fumatore di tabacco. Un Dialogo che tratta molti argomenti con l'attenzione rivolta principalmente ai problemi dell'autoreplicazione e dell'autoreferenza. Telecamere puntate su schermi televisivi, virus ed altre entità subcellulari che si assemblano da se stesse sono tra gli esempi adoperati. Il titolo proviene da una poesia dello stesso Bach, che fa qui una curiosa apparizione.

Capitolo XVI: Autoreferenza e autoreplicazione. Questo Capitolo riguarda le connessioni tra l'autoreferenza nelle sue varie forme e le entità che si autoriproducono (per esempio programmi di calcolatori o molecole di DNA). Vengono esaminati i rapporti esistenti tra un'entità che si autoriproduce e i meccanismi che dall'esterno l'aiutano a riprodursi (per esempio il calcolatore o certe proteine) e in particolare viene sottolineata la vaghezza di questa distinzione. Il modo in cui l'informazione viaggia su e giù tra i vari livelli di tali sistemi è l'argomento centrale di questo Capitolo.

Magnifigranc in REaltà! Il titolo è un gioco di parole sul *Magnificat* in re di Bach. Si tratta di una favoletta centrata sul Granchio il quale sembra avere il magico potere di distinguere fra enunciati veri e falsi dell'aritmetica leggendoli come fossero pezzi musicali, suonandoli sul suo flauto e decidendo se siano "belli" oppure no.

Capitolo XVII: Church, Turing, Tarski ed altri. Il Granchio immaginario del Dialogo precedente viene sostituito da diverse persone reali dotate di sorprendenti capacità matematiche. La Tesi di Church-Turing che connette l'attività mentale con la calcolabilità viene esposta in diverse versioni di forza variabile. Queste vengono tutte analizzate particolarmente riguardo alle loro implicazioni per la simulazione del pensiero umano in maniera meccanica o alla possibilità di programmare in una macchina la capacità di percepire o creare bellezza. Il collegamento tra l'attività del cervello e il processo di calcolo introduce nuovi argomenti: il problema della fermata di Turing e il Teorema di Tarski sulla verità.

Parla, SHRDLU, parla perché possa capirti. Questo Dialogo è tolto di peso da un articolo di Terry Winograd a proposito del suo programma SHRDLU. Solo alcuni nomi sono stati cambiati. In esso un programma comunica con una persona a proposito del cosiddetto "mondo dei blocchi" mostrando capacità linguistiche piuttosto impressionanti. Il programma sembra capire veramente ciò che accade nel suo mondo limitato. Il titolo del Dialogo è ispirato a quello della terza aria della *Cantata 147* di Bach.

Capitolo XVIII: Intelligenza Artificiale: uno sguardo retrospettivo. Questo Capitolo si apre con una discussione del famoso "test di Turing", proposto da Alan Turing, pioniere degli studi sul calcolatore, per trovare il modo di rivelare la presenza o l'assenza di "pensiero" in una macchina. Di qui si parte per una breve storia dell'Intelligenza Artificiale. Si prendono in esame programmi che, in una qualche misura, possono giocare, dimostrare teoremi, risolvere problemi, comporre musica, fare della matematica e usare un "linguaggio naturale" (per esempio l'inglese o l'italiano).

Contrafactus. Questo Dialogo tratta il modo con cui organizziamo in maniera inconscia i nostri pensieri in modo da potere immaginare continuamente ipotetiche varianti del mondo reale. Tratta pure variazioni aberranti di questa capacità quali quelle possedute dal nuovo personaggio, il bradipo Ai, avido amatore di patate e rabbioso oppositore dei controfattuali.

Capitolo XIX: Intelligenza Artificiale: uno sguardo alle prospettive. Il Dialogo precedente innesca una discussione su come la conoscenza venga rappresentata in diversi strati di contesti. Si introduce così l'idea corrente nell'Intelligenza Artificiale di "frame". Dopo un esempio concreto dell'uso di questo concetto in problemi di interpretazione visiva, si discute il grosso problema dell'interazione dei concetti in generale, ciò che porta a ulteriori considerazioni sulla creatività. Il Capitolo si conclude con un insieme di "domande e tentativi di risposte" personali sull'IA e sulle menti in generale.

Canone dell'Ai. Si tratta di un "canone" che imita un canone di Bach nel quale una voce espone la stessa melodia di un'altra voce, ma con variazioni del tipo inversione e rallentamento, mentre una terza voce è libera. Qui l'Ai dice le stesse frasi della Tartaruga, solo negate (in un senso lato del termine) e due volte più lentamente. Achille è libero.

Capitolo XX: Strani Anelli e Gerarchie Aggrovigliate: il cuore dell'IA. Una vasta ricapitolazione di molte delle idee a proposito dei sistemi gerarchici ed autoreferenziali. Ci si occupa degli "ingorghi" che sorgono quando un sistema si rivolge a se stesso. Ne sono esempi la scienza che si occupa della scienza stessa, un'amministrazione che indaga sulle infrazioni di quell'amministrazione medesima, l'arte che viola le regole dell'arte e da ultimo l'uomo che pensa al suo cervello e alla sua mente. Il Teorema di Gödel ha qualcosa da dire a proposito di quest'ultimo "ingorgo"? E il libero arbitrio e la percezione della propria consapevolezza sono collegati con il Teorema di Gödel? Il Capitolo termina legando insieme ancora una volta Gödel, Escher e Bach.

Ricercare a sei voci. Questo Dialogo è un gioco esuberante condotto su molte delle idee di cui questo libro è permeato. Vi si rivive la storia dell'*Offerta musicale* con cui il libro si era aperto. Allo stesso tempo il Dialogo è una "traduzione" in parole del brano più complesso dell'*Offerta musicale*: il *Ricercare a sei voci*. Questa dualità fa sì che ci siano in questo Dialogo più livelli di significato che in qualsiasi altro Dialogo del libro. Federico il Grande è sostituito dal Granchio, i pianoforti da calcolatori e così via. Vi sono molte sorprese. Il contenuto del Dialogo riguarda problemi della mente, della coscienza, del libero arbitrio, dell'Intelligenza Artificiale, del test di Turing e tutti gli altri grandi temi introdotti precedentemente. Il Dialogo si conclude con un riferimento implicito all'inizio del libro rendendo così il libro stesso un grande anello autoreferenziale che simboleggia insieme la musica di Bach, i disegni di Escher e il Teorema di Gödel.

Elenco delle illustrazioni

Controfrontespizio: Le triplette "GEB" e "EGB" sospese nello spazio che proiettano le loro ombre simboliche su tre piani che s'incontrano nell'angolo di una stanza. ("Tripletta" è il nome che ho dato a blocchi di forma tale che l'ombra che essi proiettano in tre direzioni ortogonali dia luogo a tre diverse lettere. L'idea delle triplette mi balenò nella mente una sera in cui cercavo di trovare il modo migliore per simboleggiare l'unità di Gödel, Escher e Bach fondendo in qualche modo i loro nomi in una forma di evidenza immediata. Ho disegnato e costruito io stesso le triplette che compaiono nel controfrontespizio e negli occhielli della Parte I e della Parte II; per farle ho usato una sega a nastro e un trapano. I blocchi sono di legno di sequoia e hanno circa dieci centimetri di lato).

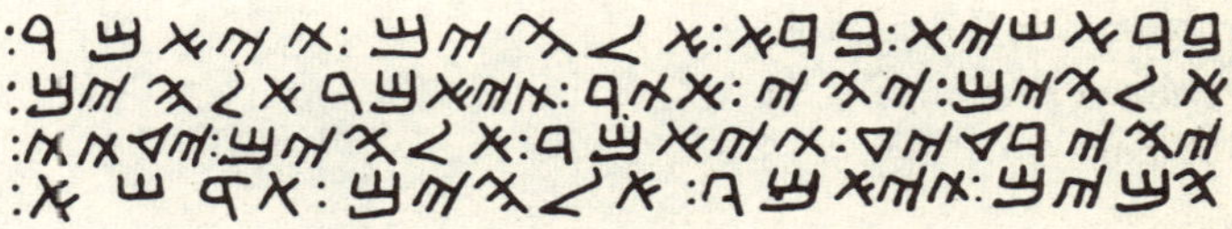

Ringraziamenti

Questo libro con ogni probabilità ha fermentato nella mia mente per quasi vent'anni, cioè fin da quando ne avevo tredici e riflettevo su come pensavo in inglese e in francese. E anche prima di allora rammento chiari segni di questo mio interesse essenziale. Ricordo che a un'età assai precoce non c'era nulla che mi affascinasse di più che l'idea di prendere tre 3: operare sul 3 con il 3 *stesso*. Ero convinto che questa idea fosse così sottile che nessun altro l'avrebbe mai potuta pensare; pure una volta osai chiedere a mia madre che cosa venisse fuori da tre volte 3 e lei rispose "nove". Tuttavia non ero sicuro che lei avesse capito quello che io avevo in mente. Più tardi mio padre mi iniziò ai misteri delle radici quadrate, di *i*...

Il mio debito verso i miei genitori è più grande che verso chiunque altro. Essi sono stati le colonne su cui ho potuto poggiare in ogni momento. Mi hanno guidato, ispirato, incoraggiato e sostenuto. Soprattutto hanno sempre creduto in me. Questo libro è dedicato a loro.

A due amici di lunga data, Robert Boeninger e Peter Jones, debbo speciale gratitudine perché mi hanno aiutato a sviluppare in mille modi il mio pensiero, e la loro influenza e le loro idee si trovano sparse in tutto il libro.

Ho un grosso debito verso Charles Brenner per avermi insegnato a programmare quando entrambi eravamo giovani e anche per il suo costante incoraggiamento, le lodi implicite, talvolta le sue critiche.

Sono molto lieto di riconoscere l'immensa influenza di Ernest Nagel, un amico e mentore di lunga data. Ho molto amato il "Nagel e Newman", e ho imparato molto da numerose conversazioni, tanto tempo fa in Vermont e più recentemente a New York.

Howard DeLong con il suo libro ha riacceso in me un amore da lungo tempo sopito per gli argomenti che tratto in questo libro. Il mio debito nei suoi confronti è veramente molto grande.

David Jonathan Justman mi insegnò che cosa significa essere una Tartaruga: un essere perseverante, ingegnoso e spiritoso, pieno di amore del paradosso e della contraddizione. Spero che leggerà e godrà questo libro che gli deve molto.

Scott Kim ha esercitato su di me un'influenza enorme. Fin da quando ci incontrammo due anni e mezzo fa, la risonanza tra noi due è stata incredibile. A parte i suoi tangibili contributi in arte, musica, humour, analogie e così via, nonché il suo lavoro volontario, che ho molto apprezzato, in momenti cruciali, Scott ha suggerito nuove prospettive e intuizioni che hanno cambiato l'idea che mi facevo della mia impresa nel corso stesso del suo svilupparsi. Se c'è qualcuno che capirà questo libro, certamente sarà Scott.

Per riceverne consiglio su argomenti grandi e piccoli mi sono spesso rivolto a Don Byrd, il quale conosce questo libro da capo a fondo. Egli ha una percezione infallibile dei suoi scopi generali e della sua struttura, e più volte mi ha dato buone idee che io ho accolto con gioia. Il mio unico rimpianto è che una volta che il libro sarà stampato, non potrò aggiungerci tutte le idee *future* che Don concepirà. Né voglio dimenticare di ringraziare Don per la meravigliosa flessibilità nell'inflessibilità del suo programma SMUT per la composizione tipografica della musica. Egli ha trascorso molti lunghi giorni e interminabili notti costringendo SMUT a compiere trucchi incredibili. Alcuni dei suoi risultati compaiono in questo libro come figure, ma l'influenza di Don è presente ovunque, e questo mi rallegra molto.

Non avrei certamente potuto scrivere questo libro senza le opportunità e i mezzi offertimi dall'Institute for Mathematical Studies in the Social Sciences della Stanford University. Il suo direttore, Pat Suppes, è un mio vecchio amico e si è mostrato sempre molto generoso con me accogliendomi nella Ventura Hall, permettendomi l'accesso a un sistema di calcolatori di prima qualità e in generale fornendomi un ambiente di lavoro eccellente per due anni interi e anche più.

Veniamo così a Pentti Kanerva, l'autore del programma di text-editing al quale questo libro deve la sua esistenza. Ho detto a molte persone che avrei impiegato un tempo doppio a scrivere il mio libro se non avessi potuto adoperare "TV-Edit", un programma così semplice nelle sue linee fondamentali che solo Pentti avrebbe potuto scriverlo. È anche grazie a Pentti che sono stato in grado di fare una cosa che pochissimi autori possono fare: comporre tipograficamente il mio libro. Egli è stato uno dei propugnatori più efficaci all'IMSSS dello sviluppo del servizio di composizione tipografica con il calcolatore. Ugualmente importante per me, tuttavia, è una rara qualità di Pentti: la sua sensibilità per lo stile. Se il mio libro si presenta bene, gran parte del merito è di Pentti Kanerva.

Questo libro è nato materialmente nello ASSU Typesetting Shop. Voglio qui ringraziare di cuore la sua direttrice, Beverly Hendricks, ed i suoi collaboratori, sia per l'aiuto in tempi di terribile necessità sia per l'indefettibile buonumore che regnava nonostante una successione di disastri. Vorrei anche ringraziare Cecille Taylor e Barbara Laddaga, cui si deve gran parte del lavoro di preparazione delle bozze.

Nel corso degli anni, mia sorella Laura Hofstadter ha contribuito molto alla mia visione del mondo. La sua influenza è presente sia nella forma che nel contenuto di questo libro.

Vorrei anche ringraziare i miei amici vecchi e nuovi Marie Anthony, Sydney Arkowitz, Bengt Olle Bengtsson, Felix Bloch, Francisco Claro, Persi Diaconis, Nǎi-Huá Duàn, John Ellis, Robin Freeman, Dan Friedman, Pranab Ghosh, Michael Goldhaber, Avril Greenberg, Eric Hamburg, Robert Herman, Ray Hyman, Dave Jennings, Dianne Kanerva, Lauri Kanerva, Inga Karliner, Jonathan ed Ellen King, Gayle Landt, Bill Lewis, Jos Marlowe, John McCarthy, Jim McDonald, Louis Mendelowitz, Mike Mueller, Rosemary Nelson, Steve Omohundro, Paul Oppenheimer, Peter E. Parks, David Policansky, Pete Rimbey, Kathy Rosser, Wilfried Sieg, Guy Steele, Larry Tesler, François Vannucci, Phil Wadler, Terry Winograd e Bob Wolf che hanno "risuonato" con me in momenti cruciali della mia vita e che perciò hanno contribuito in parecchi modi diversi a questo libro.

Ho scritto questo libro due volte. Dopo averlo scritto una prima volta, ho cominciato tutto da capo e l'ho riscritto interamente. Il primo ciclo ebbe luogo quando ero ancora studente di fisica alla University of Oregon e quattro membri del Dipartimento furono all'epoca molto indulgenti nei confronti delle mie bizzarrie: Paul Csonka, Rudy Hwa, Mike Moravsik e Gregory Wannier. Apprezzo molto il loro atteggiamento comprensivo. In più, Paul Csonka ha letto l'intera prima versione e ha fatto molti utili commenti.

Ringrazio E.O. Wilson per aver letto e commentato una prima versione del mio *Preludio e... mirmecofuga*.

Ringrazio Marsha Meredith per essere stata la meta-autrice di un comico kōan.

Ringrazio Marvin Minsky per una memorabile conversazione un certo giorno di marzo a casa sua. Parti di questa conversazione si trovano ricostruite in questo libro.

Ringrazio Bill Kaufmann per consigli sulla pubblicazione e Jeremy Bernstein e Alex George per avermi incoraggiato in momenti di bisogno.

Ringrazio con molto calore Martin Kessler, Maureen Bischoff, Vincent Torre, Leon Dorin, e tutti gli altri della Basic Books per avere intrapreso questa avventura editoriale insolita sotto diversi punti di vista.

Ringrazio Phoebe Hoss per il difficile lavoro di collazione e revisione editoriale, e Larry Breed per una preziosa ultima lettura di bozze.

Ringrazio i miei compagni dell'Imlac, che presero per me tanti messaggi telefonici per anni e anni, e anche gli operatori di Pine Hall, che svilupparono e mantennero in efficienza molto dello hardware e del software sul quale questo libro è basato in maniera così vitale.

Ringrazio Dennis Davies dello Stanford Instructional Television Network per il suo aiuto nel mettere a punto le "televisioni che si autoinglobano", che fotografai per molte ore di seguito.

Ringrazio Jerry Pryke, Bob Parks, Ted Bradshaw, e Vinnie Aveni della officina meccanica dello High Energy Physics Laboratory di Stanford per avermi generosamente aiutato a costruire le triplette.

Ringrazio mio zio e mia zia Jimmy e Betty Givan per il regalo di Natale che non potevano immaginare quanto mi sarebbe piaciuto: una "scatola nera" che aveva l'unica funzione di spegnersi.

Da ultimo vorrei ringraziare in modo particolare il mio insegnante di inglese del primo anno di college, Brent Harold, il quale per primo mi fece mordere dallo Zen; Kees Gugelot, che mi regalò un disco dell'*Offerta musicale* un triste novembre di molti anni fa e Otto Frisch, nel cui studio di Cambridge vidi per la prima volta la magia di Escher.

Ho cercato di ricordare tutte le persone che hanno contribuito al formarsi di questo libro, ma certamente non sarò riuscito a nominarle tutte.

In un certo senso questo libro è il mio credo religioso. Spero che questo fatto traspaia e che il mio entusiasmo reverente per certe idee penetri nei cuori e nella mente almeno di alcuni dei miei lettori. Questo è il massimo che posso chiedere.

D.R.H.
Bloomington e Stanford
Gennaio 1979

PARTE I

FIGURA 1. Johann Sebastian Bach nel 1748. Da un dipinto di Elias Gottlieb Haussmann.

Introduzione: un'offerta musico-logica

Autore:

FEDERICO IL GRANDE, re di Prussia, salì al trono nel 1740. La storia lo ricorda soprattutto per la sua abilità militare, ma egli partecipava anche intensamente alle attività culturali e artistiche del suo tempo. La sua corte di Potsdam era uno dei grandi centri della vita intellettuale europea del Settecento. Il famoso matematico Leonhard Eulero vi trascorse venticinque anni; vi soggiornarono molti altri matematici e scienziati, nonché filosofi tra i quali Voltaire e La Mettrie, che scrissero lì alcune delle loro opere più importanti.

Ma la vera passione di Federico era la musica. Egli fu un instancabile flautista e compositore. Alcune delle sue composizioni vengono talvolta eseguite ancora oggi. Federico fu uno dei primi mecenati ad intuire le potenzialità del "piano-forte" che aveva appena fatto la sua comparsa. Il pianoforte era il risultato, ottenuto nella prima metà del Settecento, di una modificazione del clavicembalo. L'aspetto insoddisfacente del clavicembalo era che esso produceva suoni di intensità praticamente uniforme: non c'era modo di battere una nota più forte delle altre. Il "piano-forte", come dice il nome, offriva un rimedio a questa deficienza. Dall'Italia, dove Bartolomeo Cristofori aveva costruito il primo esemplare, l'idea di suonare piano-forte si era largamente diffusa. Gottfried Silbermann, il migliore costruttore di organi tedesco dell'epoca, coltivava l'ambizione di costruire un pianoforte "perfetto". Non c'è dubbio che Federico fosse il più grande sostenitore dei suoi sforzi: si dice che il re possedesse ben quindici pianoforti Silbermann!

Bach

Federico ammirava non soltanto i pianoforti, ma anche un organista e compositore di nome J. S. Bach. Le composizioni di questo Bach erano abbastanza conosciute. Mentre qualcuno le trovava "enfatiche e confuse", altri le consideravano capolavori incomparabili. Ma nessuno metteva in dubbio la grande abilità di Bach nell'improvvisare all'organo. A quei tempi, essere un organista significava non soltanto saper suonare l'organo, ma anche saper improvvisare, e Bach era noto dappertutto per le sue notevoli improvvisazioni. (Per alcuni deliziosi aneddoti sulle improvvisazioni di Bach, si veda *The Bach Reader* di H. T. David e A. Mendel).

Nel 1747 Bach aveva sessantadue anni, e la sua fama, come anche uno dei suoi figli, erano giunti a Potsdam; Carl Philipp Emanuel Bach era infatti Capellmeister (direttore del coro) alla corte di Federico. Per anni, il re aveva fatto sapere, attraverso accenni discreti rivolti a Philipp Emanuel, che una visita del vecchio Bach gli avrebbe fatto molto piacere; ma questo desiderio non si era mai realizzato. Federico teneva particolarmente a far provare a Bach i suoi nuovi pianoforti Silbermann, che giustamente considerava la grande novità in campo musicale.

Federico aveva l'abitudine di tenere concerti serali di musica da camera alla sua corte. Spesso egli stesso era il solista in concerti per flauto. Abbiamo riprodotto qui accanto un quadro che rievoca una di queste serate; ne è autore il pittore tedesco Adolph von Menzel, che nell'Ottocento dipinse una serie di quadri sulla vita di Federico il Grande. Al clavicembalo vediamo C.P.E. Bach, e il primo a destra è Joachim Quantz, il maestro di flauto del Re, l'unico autorizzato a rilevare errori nelle esecuzioni del Re al flauto. A una serata del maggio 1747 intervenne un ospite inatteso. Johann Nikolaus Forkel, uno dei primi biografi di Bach, così racconta l'episodio:

> Una sera, proprio nel momento in cui aveva finito di preparare il suo flauto e i musicisti erano pronti, un domestico gli porse l'elenco degli ospiti che erano arrivati. Con il flauto in mano diede un'occhiata all'elenco, ma immediatamente si rivolse verso i musicisti riuniti e disse, con una certa emozione: "Signori, è venuto il vecchio Bach". Il flauto venne messo da parte, e il vecchio Bach, che alloggiava in casa del figlio, venne immediatamente convocato a Palazzo. Wilhelm Friedemann, che accompagnava il padre, mi ha raccontato questo episodio, e debbo dire che ricordo ancora con piacere il modo in cui ne parlava. Allora si usavano complimenti piuttosto verbosi. La prima apparizione di J.S. Bach davanti ad un Re così grande, che non gli aveva lasciato nemmeno il tempo di togliersi gli abiti da viaggio per mettersi l'abito nero di cantore, dev'essere stata necessariamente accompagnata da molte scuse. Non voglio ora diffondermi su queste scuse; dirò soltanto che nel racconto di Wilhelm Friedemann esse costituirono un vero e proprio dialogo tra il Re e Bach che continuava a scusarsi.
>
> Ma ciò che più conta è che il Re per quella sera rinunciò al suo concerto, e invitò Bach, già allora detto il Vecchio Bach, a provare i suoi fortepiano costruiti da Silbermann, che si trovavano in varie stanze del palazzo. [Forkel inserisce qui una nota a piè di pagina: "I pianoforti costruiti da Silbermann di Freyberg piacevano talmente al Re che egli decise di comprarli tutti. Riuscì a raccoglierne quindici, e mi dicono che ora giacciono tutti fuori uso in vari angoli del Palazzo Reale"]. I musicisti passarono con lui da una stanza all'altra, e in ognuna Bach era invitato a provare gli strumenti e ad improvvisare. Dopo un certo tempo, Bach chiese al re di dargli un tema per una fuga che egli intendeva eseguire subito, senza alcuna preparazione. Il re ammirò la raffinatezza con cui il suo tema venne usato nella fuga improvvisata e, probabilmente per vedere fin dove poteva giungere una simile arte, espresse il desiderio di sentire una fuga a sei voci obbligate. Ma poiché non ogni tema si presta a sostenere un'armonia così ricca, Bach scelse un altro tema e, con grande meraviglia di tutti i presenti, lo eseguì immediatamente, nello stesso modo sublime e raffinato con cui aveva eseguito il tema del Re. Sua Maestà desiderava sentirlo anche all'organo. Perciò il giorno dopo Bach dovette suonare tutti gli organi di Potsdam, così come il giorno prima era accaduto con i fortepiano di Silbermann. Dopo il ritorno a Lipsia, egli compose il tema ricevuto dal Re a tre e a sei voci, aggiunse vari passaggi in canone stretto, lo fece stampare con il titolo *Musikalisches Opfer* [*Offerta musicale*], e lo dedicò al suo inventore.[1]

FIGURA 2. Concerto di flauto a Sanssouci, *di Adolf von Menzel (1852).*

FIGURA 3. Il Tema Regio

Quando Bach mandò al re una copia della sua *Offerta musicale*, l'accompagnò con una lettera dedicatoria, interessante, se non altro, per lo stile piuttosto sottomesso e adulatorio che, alla nostra sensibilità moderna, risulta comico. Da essa, probabilmente, possiamo farci anche un'idea della maniera usata da Bach nel porgere le sue scuse per il modo in cui si era presentato.[2]

> MAESTÀ SERENISSIMA,
>
> mi prendo la libertà di presentarvi, nella sottomissione più profonda, un'offerta musicale di cui la parte più nobile è quella suggerita dall'augusta mano di Vostra Maestà. Ricordo ancora con rispettosa soddisfazione la speciale grazia che Vostra Maestà ha voluto farmi tempo fa, durante il mio soggiorno a Potsdam, degnandosi di suonarmi un tema per una fuga e domandandomi di svolgerlo alla Vostra augusta presenza. Era mio dovere ubbidire umilmente all'ordine di Vostra Maestà. Feci tuttavia notare che, per mancanza della necessaria preparazione, non mi era possibile sviluppare un tema tanto eccellente nel modo che esso meritava; decisi quindi di riprendere al più presto questo tema, regale nel vero senso della parola, per elaborarlo con tutta l'arte necessaria, e farlo poi conoscere al mondo. Il progetto è ora realizzato nella misura delle mie forze, e la mia unica inappuntabile intenzione è quella di accrescere, per quanto è in mio potere, la gloria di un monarca di cui tutti ammirano la forza e la grandezza sia in tutte le arti della guerra e della pace sia, e soprattutto, nella musica. Il mio ardimento mi spinge ad unire anche quest'umile preghiera: voglia Vostra Maestà degnarsi di accogliere benevolmente questa modesta fatica e conservare della Maestà Vostra l'augusta grazia regale all'
>
> umilissimo e devotissimo servitore di
Vostra Maestà
L'AUTORE
>
> Lipsia, 7 luglio 1747

Circa ventisette anni dopo (Bach era morto da ventiquattro anni) un barone di nome Gottfried van Swieten — al quale, sia detto per inciso, Forkel dedicò la sua biografia di Bach e Beethoven la sua Prima Sinfonia — ebbe una conversazione con Federico, che riferì come segue:

> Egli [Federico] mi parlò, tra le altre cose, di musica e di un grande organista di nome Bach, che è stato a Berlino per un certo tempo. Quest'artista [Wilhelm Friedemann Bach] è dotato di un talento superio-

> re a qualunque altro io abbia sentito o possa immaginare per la profondità della sua conoscenza dell'armonia e per le sue capacità esecutive; quelli che invece hanno conosciuto suo padre sostengono che egli, a sua volta, era ancora più grande. Il Re è di quest'opinione, e per dimostrarmelo mi accennò un tema cromatico per una fuga che egli aveva dato al Vecchio Bach, il quale l'aveva immediatamente sviluppato improvvisando una fuga, prima a quattro voci, poi a cinque e infine a otto voci.[3]

Naturalmente non c'è modo di sapere se sia stato Federico o il barone van Swieten ad ingigantire l'episodio a dimensioni sovrumane. Questo comunque ci fa capire quanto fosse grande a quel tempo la leggenda di Bach. Per dare un'idea di quanto sia straordinaria una fuga a sei voci, ricordiamo che in tutto il *Clavicembalo ben temperato* di Bach, su quarantotto preludi e fughe solo due arrivano ad avere cinque voci e non vi è neanche una fuga a sei voci. Improvvisare una fuga a sei voci equivarrebbe forse a giocare simultaneamente sessanta partite di scacchi a occhi chiusi, vincendole tutte. Improvvisare una fuga a otto voci va veramente oltre le capacità umane.

Nella copia che Bach inviò al re, sulla pagina che precede il primo foglio di musica c'era la seguente scritta:

FIGURA 4.

("Per ordine del re, il canto e il rimanente risolto con arte canonica"). Qui Bach gioca sul termine "canonico", che significa non solo "con canoni", ma anche "nel miglior modo possibile". Le iniziali di questa scritta sono

R I C E R C A R

Certamente, c'è parecchio da ricercare nell'*Offerta musicale.* Essa comprende una fuga a tre voci, una fuga a sei voci, dieci canoni e un trio. I musicologi sono convinti che la fuga a tre voci sia identica, nella sostanza, a quella che Bach improvvisò davanti al Re. La fuga a sei voci è una delle creazioni più complesse di Bach, e il suo tema è naturalmente il Tema Regio. Si può vedere questo tema nella Figura 3: è molto complesso, ha un ritmo irregolare ed è altamente cromatico (cioè pieno di note che non appartengono alla tonalità che lo governa). Per un musicista medio non sarebbe facile scrivere una fuga decorosa, basata su questo tema, anche a due sole voci.

Entrambe queste fughe sono indicate come "Ricercar", anziché come "Fuga". Si tratta di un altro significato di quella parola; "ricercare" era infatti il nome originale della forma musicale oggi nota come "fuga". All'epoca di Bach era comunemente usata la parola *"Fuge"* (in tedesco) o *"fuga"* (in italiano e latino), ma il termine "ricercare" era sopravvissuto, e designava ormai un tipo erudito di fuga, forse troppo austeramente intellettuale per l'orecchio comune.

Il trio, così melodioso, dolce, quasi danzante, costituisce una gradevole pausa distensiva nell'austerità delle fughe e dei canoni. Eppure, anch'esso è basato in larga misura sul tema del Re, decisamente cromatico e austero. Ha del prodigioso che Bach abbia potuto utilizzare un tema del genere per un interludio così piacevole.

I dieci canoni dell'*Offerta musicale* sono tra i più raffinati che Bach abbia mai scritto. Stranamente, però, Bach non li completò mai di suo pugno. E lo fece di proposito, perché li presentò al Re sotto forma di indovinelli. Era un gioco musicale usuale a quei tempi proporre un tema insieme con alcune indicazioni più o meno enigmatiche, e lasciare poi che qualcun altro "scoprisse" il canone basato su quel tema. Per capire come ciò sia possibile, occorre conoscere alcune cose sui canoni.

Canoni e fughe

L'idea del canone è che un unico tema venga contrapposto a se stesso. In pratica le varie voci che partecipano al canone eseguono ognuna una "copia" del tema. Ma ciò può avvenire in diversi modi. Il più semplice di tutti i canoni è quello diretto, come "Fra Martino". Qui la prima voce entra con il tema e, dopo un determinato intervallo di tempo, entra la seconda voce con una "copia" del tema, sempre nella stessa tonalità. Quando è trascorso lo stesso intervallo di tempo per la seconda voce, entra la terza ancora con il tema, e così via. La maggior parte dei temi non armonizzeranno con se stessi in questo modo. Perché un tema possa fungere da base per un canone, ognuna delle sue note deve poter assumere due (o tre o quattro) ruoli: anzitutto deve essere parte di una melodia, e inoltre deve essere parte di una armonizzazione della stessa melodia. Se per esempio si tratta di un canone a tre voci, ogni nota del tema deve armonizzare in due diverse direzioni, oltre a doversi inserire nella melodia. Quindi, in un canone, ogni nota possiede più di un significato musicale: l'orecchio e la mente dell'ascoltatore individuano automaticamente il significato appropriato riferendosi al contesto.

Esistono naturalmente forme più complicate di canone. Il primo accrescimento di complessità si raggiunge quando le singole "copie" del tema vengono spostate non solo nel *tempo*, ma anche nell'*altezza*; così, la prima voce potrebbe eseguire il tema iniziando in do e la seconda voce, sovrapponendosi alla prima, potrebbe eseguire lo stesso tema iniziando in sol, quattro note più in alto; una terza voce potrebbe sovrapporsi alle prime due iniziando in re, altre quattro note più su, e così via. Il livello successivo di complessità si raggiunge quando le *velocità* delle singole voci non sono uguali; così, la seconda voce potrebbe raddoppiare o dimezzare la velocità rispetto alla prima. Nel primo caso si parla di *diminuzione*, nel secondo di *aumentazione* (poiché il tema sembra restringersi o espandersi).

Non abbiamo ancora finito! L'ulteriore passo avanti per costruire canoni sempre più complessi consiste nell'*invertire* il tema, rovesciandolo specolarmente rispetto all'altezza, cioè nel costruire una melodia che *scende* ogni volta che il tema originale *sale*, adoperando sempre lo stesso numero di semitoni. Si tratta di una trasformazione melodica piuttosto sconcertante, che diventa abbastanza familiare con l'abitudine. Per avere un'idea dell'inversione, si provi a suonare il semplice ma piacevole *canone inverso* di Scott Kim, *Good King Wenceslas*, riportato in Figura 5. Bach ama-

FIGURA 5. Canone inverso di Scott E. Kim sul tema Good King Wenceslas.

va particolarmente le inversioni, e i canoni inversi compaiono spesso nella sua opera; l'*Offerta musicale* non è un'eccezione. Si può infine costruire una "copia" ancora più stravagante: quella che procede a ritroso, in cui cioè il tema viene suonato all'indietro. Un canone che usa questa tecnica viene detto *cancrizzante*, perché "fa come i gamberi", o meglio come i granchi, che camminano all'indietro (dal latino *cancer*: granchio, gambero). Inutile dire che Bach ha incluso un canone cancrizzante nell'*Offerta musicale*. Si noti che ogni tipo di "copia" conserva tutta l'informazione del tema originale, nel senso che il tema può essere interamente ricostruito a partire da ognuna delle copie. Una trasformazione che conserva l'informazione viene spesso chiamata *isomorfismo* e in questo libro avremo molto a che fare con gli isomorfismi.

A volte si desidera attenuare la rigidità della forma a canone. Un modo per farlo è di ammettere leggeri scostamenti dalla pura copiatura per ottenere un'armonia più fluida. Vi sono inoltre canoni con voci "libere", cioè che non usano il tema del canone, ma armonizzano semplicemente in modo gradevole con le voci che sono tra loro in canone.

Ognuno dei canoni dell'*Offerta musicale* ha per tema una diversa variante del Tema Regio, e tutti gli artifici sopra descritti per rendere complicato un canone vengono sfruttati fino in fondo; a volte vengono anche combinati l'uno con l'altro. Così, uno dei canoni a tre voci porta l'indicazione "Canon per Augmentationem, contrario Motu"; in esso, la voce centrale è libera (esegue infatti il Tema Regio), mentre le altre due si muovono secondo il canone l'una più in alto e l'altra più in basso, applicando gli artifici dell'aumentazione e dell'inversione. Un altro porta semplicemente l'enigmatica scritta "Quaerendo invenietis" ("Cercando troverete"). Tutti gli indovinelli proposti con questi canoni sono stati risolti. Le soluzioni dei canoni vennero date da uno degli allievi di Bach, Johann Philipp Kirnberger. Ma ci si può sempre chiedere se non ve ne siano altre!

Dovrei anche spiegare brevemente che cos'è una fuga. Una fuga è simile a un canone, in quanto di solito si basa su un tema che viene eseguito da varie voci e in varie tonalità, a volte a velocità diverse, o all'inverso o a ritroso. Tuttavia la fuga è molto meno rigida del canone, e quindi permette maggiore espressività emotiva e artistica. L'elemento da cui si riconosce una fuga è il modo in cui comincia: con una sola voce che espone il tema. Ciò fatto, entra una seconda voce: o quattro note più in alto o tre note più in basso. Nel frattempo, la prima voce continua cantando il "controsoggetto": un tema secondario che viene scelto in modo da fornire un contrasto ritmico, armonico e melodico al soggetto. Le voci entrano, una alla volta, con il tema, spesso accompagnate dal controsoggetto in qualche altra voce, mentre le altre voci eseguono quanto di fantasioso è venuto in mente al compositore. Quando tutte le voci sono entrate, non vi sono più regole. Esistono certamente norme circa l'ulteriore svolgimento, ma non sono così tassative da fornire una formula per costruire fughe. Le due dell'*Offerta musicale* costituiscono esempi straordinari di fughe che non sarebbe mai stato possibile comporre semplicemente "applicando una formula". C'è in esse qualcosa di ben più profondo della semplice fugalità.

Nel suo insieme, l'*Offerta musicale* rappresenta uno dei vertici più alti raggiunti da Bach nel contrappunto. Essa stessa è una grande fuga dell'intelletto, nella quale molte idee e forme sono state intrecciate per formare un unico tessuto, e nella quale abbondano giocosi doppi sensi e allusioni sottili. È una meravigliosa creazione dell'intelletto umano che ammireremo sempre. (L'intera opera è mirabilmente descritta nel libro *J.S. Bach's Musical Offering* di H.T. David).

Un Canone Eternamente Ascendente

Uno dei canoni dell'*Offerta musicale* è particolarmente inconsueto. Il titolo è semplicemente "Canon per Tonos", e le voci sono tre. La voce più alta espone una variante del Tema Regio, mentre sotto di essa due voci forniscono un'armonizzazione a canone basata su un secondo tema. Di queste due voci, la più bassa esegue il suo tema in do minore (che è la tonalità del canone nel suo insieme), e la più alta lo stesso tema una quinta sopra. Ciò che, comunque, differenzia questo canone da qualunque altro è il fatto che quando si conclude, o piuttosto *sembra* concludersi, non è più in do minore, ma in re minore. In qualche modo, Bach è riuscito a *modulare* (cambiare la tonalità) sotto il naso dell'ascoltatore. E la cosa è costruita in modo tale che questo "finale" si lega perfettamente con l'inizio; il processo può quindi essere ripetuto arrivando questa volta alla tonalità di mi, e così via. Queste modulazioni successive conducono l'orecchio in regioni tonali sempre più lontane, cosicché, dopo un certo numero di esse, ci si aspetterebbe di trovarsi disperatamente lontani dalla tonalità di partenza. Eppure, come per magia, esattamente dopo sei di queste modulazioni viene ristabilita la tonalità originale di do minore! Tutte le voci si ritrovano esattamente un'ottava sopra e qui il pezzo si può interrompere in modo musicalmente compiuto. Si può pensare che l'intenzione di Bach fosse di terminarlo qui, ma non c'è dubbio che a Bach piacesse anche l'idea che tale processo potesse andare avanti *ad infinitum*, e questo è forse il motivo per cui scrisse in margine: "Possa la Gloria del Re ascendere come ascende la modulazione". Per sottolineare il suo aspetto potenzialmente infinito, mi piace chiamarlo "Canone Eternamente Ascendente".

Con questo canone, Bach ci offre un primo esempio della nozione che qui definiremo degli *Strani Anelli*. Il fenomeno dello "Strano Anello" consiste nel fatto di ritrovarsi inaspettatamente, salendo o scendendo lungo i gradini di qualche sistema gerarchico, al punto di partenza. (Nel nostro esempio il sistema è quello delle tonalità musicali). Qualche volta userò il termine *Gerarchie Aggrovigliate* per indicare un sistema nel quale è presente uno Strano Anello. Nel caso di questo libro il tema degli Strani Anelli si ripresenterà continuamente. Qualche volta sarà nascosto, altre volte palese; qualche volta sarà sul diritto, altre volte sul rovescio del lavoro, o sarà esposto a ritroso. "Quaerendo invenietis" è la mia avvertenza al lettore.

Escher

A mio avviso, le più belle e imponenti realizzazioni visive del concetto di Strano Anello si trovano nell'opera del grafico olandese M.C. Escher, vissuto fra il 1898 e il 1971. Escher ha creato alcuni disegni che sono fra i più concettualmente stimolanti di tutti i tempi. Molti hanno la loro ispirazione in paradossi, illusioni o doppi sensi. I matematici furono tra i primi ammiratori dei disegni di Escher, e si capisce perché: spesso essi sono basati su princìpi matematici di simmetria o di regolarità... Ma in un disegno tipicamente escheriano c'è molto di più di semplici simmetrie e regolarità; spesso c'è un'idea di fondo che viene realizzata in forma artistica. In particolare lo Strano Anello è uno dei temi più frequenti nell'opera di Escher. Guardiamo, per esempio, la litografia *Cascata* (Fig. 6), e confrontiamo il suo anello eternamente discendente (a sei componenti) con l'anello eternamente ascendente del "Canon per Tonos". La somiglianza tra le due immagini è notevole. Bach e Escher esprimono uno stesso tema in due "chiavi" diverse: musicale e visiva.

Escher ha realizzato diverse versioni di Strani Anelli, che possiamo classificare secondo la maggiore o minore ampiezza dell'anello. La litografia *Salita e discesa* (Fig. 7), nella quale vediamo dei monaci che si aggirano in eterni anelli, ci dà la versione più ampia, vista la quantità di gradini che intervengono prima che si raggiunga di nuovo il punto di partenza. Un anello più stretto è contenuto in *Cascata*, dove, come abbiamo già visto,

FIGURA 6. Cascata, *di M.C. Escher (litografia, 1961).*

intervengono soltanto sei componenti discrete. Certo si può pensare che ci sia una qualche ambiguità nella nozione di "numero di componenti": per esempio, in *Salita e discesa* non sarebbe possibile individuare quattro livelli (le rampe) piuttosto che quarantacinque (i gradini)? In effetti il conteggio dei livelli comporta una vaghezza intrinseca, non solo nei quadri di Escher, ma in genere nei sistemi gerarchici a più livelli. Affineremo più avanti la nostra comprensione di questa indeterminatezza. Per il momento non ce ne lasciamo distrarre troppo. Stringendo sempre più l'anello, veniamo all'interessante *Mani che disegnano* (Fig. 137), dove si vedono due mani ognuna delle quali disegna l'altra: uno Strano Anello a due componenti. Ed infine, il più stretto di tutti gli Strani Anelli si trova realizzato in *Galleria di stampe* (Fig. 144): un quadro di un quadro che contiene se stesso. Oppure è il quadro di una galleria che contiene se stessa? o di una città che contiene se stessa? o è un giovane che contiene se stesso? (Per inciso, l'illusione sulla quale si fondano sia *Salita e discesa* sia *Cascata* non

FIGURA 7. Salita e discesa, *di M.C. Escher (litografia, 1960).*

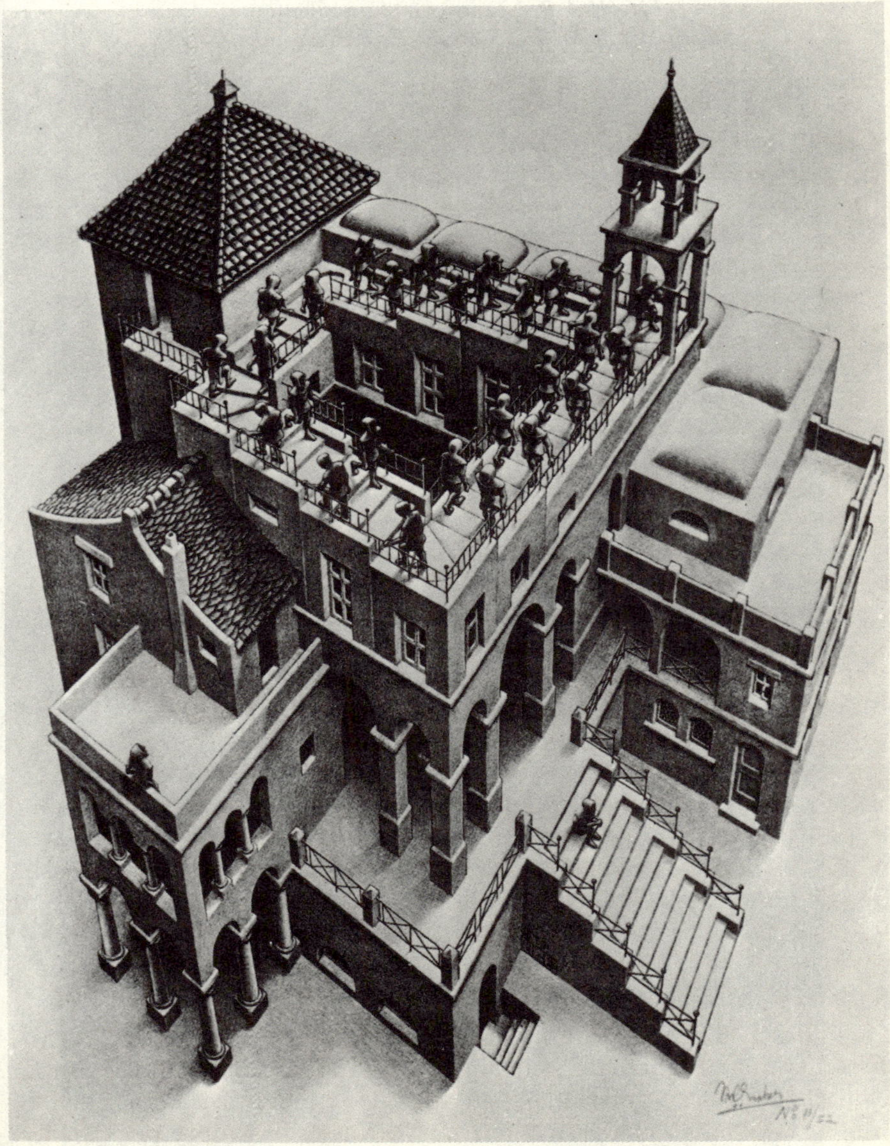

è stata inventata da Escher, ma da Roger Penrose, un matematico inglese, nel 1958. Comunque il tema dello Strano Anello era presente nell'opera di Escher già nel 1948, anno in cui disegnò *Mani che disegnano. Galleria di stampe* è del 1956).

Il concetto di Strani Anelli contiene quello di infinito: un anello, infatti, non è proprio un modo per rappresentare un processo senza fine in modo finito? In effetti l'infinito interviene ampiamente in molti disegni di Escher. Spesso ci sono più copie di uno stesso tema giustapposte l'una

FIGURA 8. Mano con sfera riflettente.
Autoritratto di Maurits Cornelis Escher (litografia, 1935).

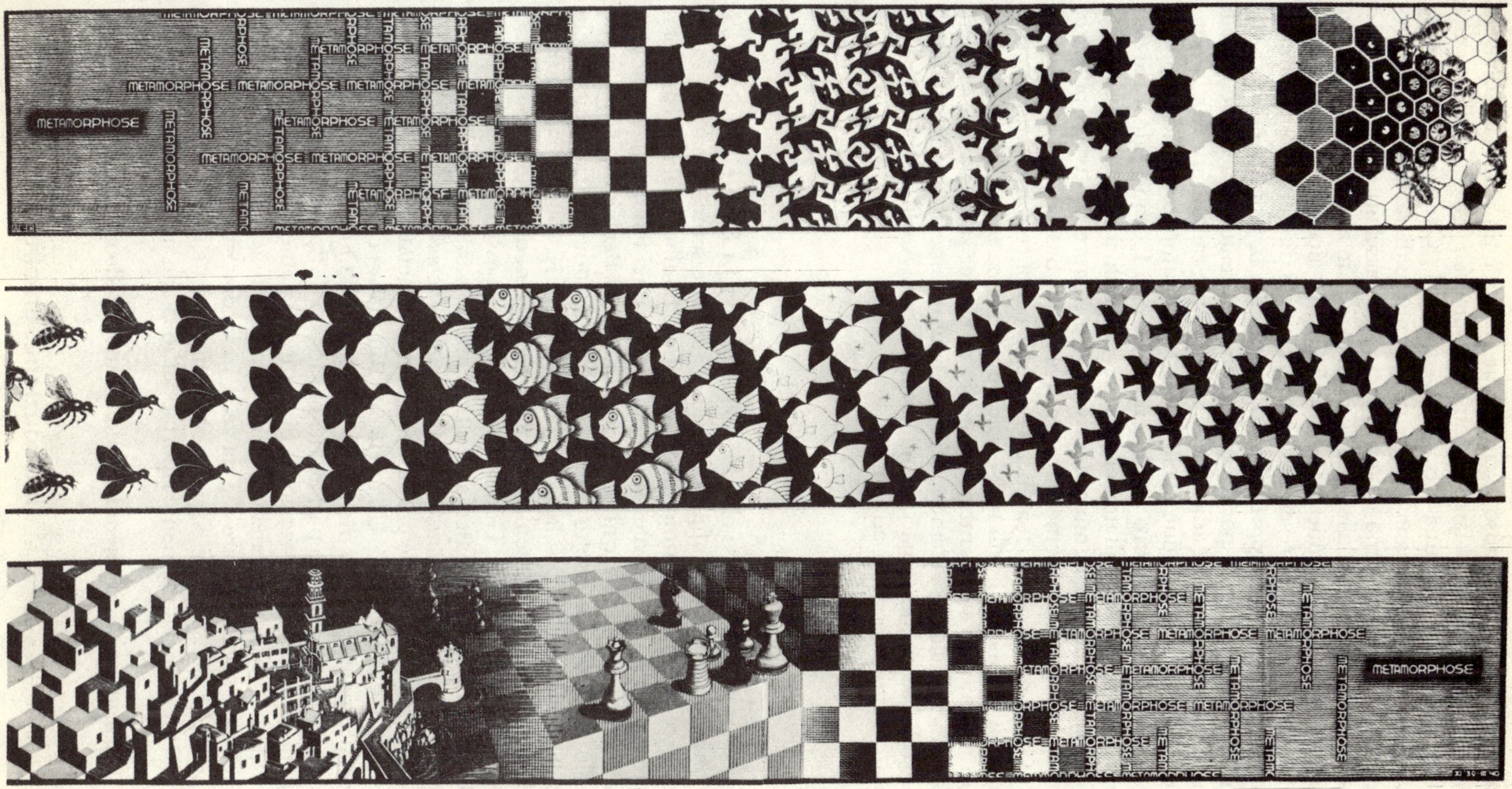

FIGURA 9. Metamorfosi II, *di M.C. Escher (xilografia, 1939-40).*

all'altra in modo armonioso, e ciò che ne risulta è un equivalente visivo dei canoni di Bach. Nella famosa stampa *Metamorfosi* (Fig. 9) vediamo una serie di tali forme. C'è una certa analogia con il "Canone Eternamente Ascendente": ci si allontana sempre più dal punto di partenza, e improvvisamente ce lo ritroviamo davanti. Nei piani tassellati di *Metamorfosi* o di altri quadri, c'è già un'allusione all'infinito. Ma in altri disegni di Escher appaiono visioni più inquietanti dell'infinito. In alcuni dei suoi disegni, un unico tema potrà ripresentarsi a diversi livelli di realtà. Per esempio, un livello del disegno rappresenterà chiaramente la fantasia o l'immaginazione; un altro livello potrà rappresentare la realtà. Questi due livelli saranno magari gli unici ad essere esplicitamente raffigurati. Ma la semplice presenza di questi due livelli invita lo spettatore a considerarsi egli stesso partecipe di un altro livello ancora; e così facendo egli si troverà irrimediabilmente impigliato nella catena di livelli che Escher aveva predisposto e in cui, per ognuno dei livelli, c'è sempre un livello più alto, di maggiore "realtà", come pure un livello più basso, "più immaginario". Già di per sé questo fenomeno può essere sconcertante. Ma cosa succede se la catena dei livelli non è lineare ma forma un anello? Cosa sarà allora realtà, cosa sarà fantasia? Il genio di Escher sta nella sua capacità di escogitare e allo stesso tempo realizzare figurativamente dozzine di mondi semi-reali e semi-immaginari, mondi pieni di Strani Anelli, nei quali sembra invitare i suoi spettatori ad entrare.

Gödel

Negli esempi di Strani Anelli che abbiamo visti in Bach e in Escher c'è un conflitto tra finito e infinito, e quindi un forte senso di paradosso. Si percepisce che vi è un sottofondo matematico. E infatti, nel nostro secolo, è stato scoperto un equivalente matematico di quei fenomeni che ha provocato ripercussioni enormi. E come gli anelli di Bach e di Escher fanno appello ad intuizioni molto semplici e antiche come la scala musicale o la scala di un edificio, così la scoperta ad opera di K. Gödel di uno Strano Anello in un sistema matematico trae le sue origini da intuizioni semplici e antiche. La scoperta di Gödel, nella sua forma essenziale, comporta la traduzione in termini matematici di un antico paradosso della filosofia. Si tratta del cosiddetto *paradosso di Epimenide,* o *paradosso del mentitore.* Epimenide era un cretese che pronunciò questo enunciato immortale: "Tutti i cretesi sono mentitori". Una versione più incisiva di questo enunciato è semplicemente: "Io sto mentendo"; o ancora: "Questo enunciato è falso". Nel seguito, quando parlerò del paradosso di Epimenide, mi riferirò per lo più a quest'ultima versione. Si tratta di un enunciato che viola brutalmente la consueta assunzione che vuole gli enunciati suddivisi in veri e falsi: se si prova a pensare che sia vero, immediatamente esso si rovescia forzandoci a pensare che sia falso. Ma una volta che si sia deciso che è falso, si viene inevitabilmente riportati all'idea che sia vero. Vale la pena di provare!

Il paradosso di Epimenide è uno Strano Anello con un'unica compo-

FIGURA 10. Kurt Gödel.

nente, come *Galleria di stampe* di Escher. Ma come avviene il collegamento con la matematica? È ciò che scoprì Gödel. Egli pensò di utilizzare il ragionamento matematico per esplorare il ragionamento matematico stesso. Questa idea di rendere la matematica "introspettiva" si rivelò estremamente potente, e forse la sua conseguenza più profonda è quella scoperta da Gödel: il Teorema di Incompletezza di Gödel. Ciò che viene asserito in questo Teorema e il modo in cui lo si dimostra sono due cose diverse. Le discuteremo entrambe molto dettagliatamente in questo libro. Il Teorema può essere paragonato a una perla e il metodo di dimostrazione a un'ostrica. La perla viene apprezzata per il suo oriente e la sua perfezione; l'ostrica è un complicato essere vivente che nelle sue viscere dà origine a questo gioiello dalla misteriosa semplicità.

Il Teorema di Gödel compare come la Proposizione VI del suo scritto del 1931 *Sulle proposizioni formalmente indecidibili dei "Principia Mathematica" e di sistemi affini*. Esso afferma:

> Ad ogni classe κ di formule che sia ω-coerente e ricorsiva corrispondono *segni-di-classe* ricorsivi r tali che né v Gen r né Neg (v Gen r) appartengano a Flg (κ) (dove v è la *variabile libera* di r).

Veramente l'originale è in tedesco, ma forse qualcuno avrà avuto l'impressione di sentir parlare arabo! Ecco invece una parafrasi in un italiano più normale.

> Tutte le assiomatizzazioni coerenti dell'aritmetica
> contengono proposizioni indecidibili.

È questa la perla.

In essa non è facile vedere uno Strano Anello. Ciò è dovuto al fatto che lo Strano Anello è nascosto nell'ostrica, cioè nella dimostrazione. Il cardine della dimostrazione del Teorema di Incompletezza di Gödel è la scrittura di un enunciato matematico autoreferenziale, allo stesso modo in cui il paradosso di Epimenide è un enunciato autoreferenziale del linguaggio. Ma mentre è molto semplice parlare del linguaggio naturale nel linguaggio naturale, non è affatto facile vedere come un enunciato sui numeri possa parlare di se stesso. In effetti, ci voleva genialità anche solo per collegare l'idea di un enunciato autoreferenziale con l'aritmetica. Con l'intuizione della possibilità di un enunciato del genere Gödel aveva superato l'ostacolo maggiore: la sua effettiva creazione era il compimento di quella splendida intuizione.

Esamineremo molto attentamente la costruzione di Gödel in altri Capitoli, ma perché il lettore non rimanga fino ad allora completamente all'oscuro, anticiperò qui molto sinteticamente il nocciolo dell'idea di Gödel. Anzitutto si deve capire con assoluta chiarezza dove sta la difficoltà. Gli enunciati matematici, e concentriamoci su quelli dell'aritmetica, riguardano le proprietà dei numeri interi. I numeri interi non sono enunciati, né lo sono le loro proprietà. Un enunciato dell'aritmetica non *parla di* un enunciato dell'aritmetica; *è* semplicemente un enunciato dell'aritmetica. Questo è il problema; ma Gödel seppe riconoscere che la situazione offre maggiori possibilità di quanto non sembri a prima vista.

Egli ebbe l'intuizione che un enunciato dell'aritmetica poteva *parlare di* un enunciato dell'aritmetica (magari addirittura di se stesso), purché fosse possibile rappresentare in qualche modo gli enunciati mediante numeri. In altre parole, alla base della sua costruzione c'è l'idea di un *codice*. Nella codificazione di Gödel, detta anche "numerazione di Gödel" o gödelizzazione, si assegna un numero ad ogni simbolo o successione di simboli. In questo modo, ogni enunciato dell'aritmetica, in quanto è una successione di simboli specifici, riceve un numero di Gödel: qualcosa di simile a un numero telefonico o a una targa automobilistica, con cui si può fare riferimento ad esso. E questo espediente della codificazione consente di interpretare gli enunciati dell'aritmetica a due diversi livelli: come enunciati dell'aritmetica e come *enunciati su enunciati* dell'aritmetica.

Dopo aver inventato questo schema di codificazione, Gödel dovette elaborare dettagliatamente un modo per trapiantare il paradosso di Epimenide nel formalismo aritmetico. La formulazione ultima del paradosso, dopo il trapianto, non fu: "Questo enunciato dell'aritmetica è falso", bensì: "Questo enunciato dell'aritmetica non ammette alcuna dimostrazione". Ciò può creare una grande confusione, poiché di solito non si ha un'idea precisa della nozione di "dimostrazione". In effetti, il lavoro di Gödel costituiva precisamente un contributo al lungo sforzo dei matematici per spiegare a se stessi che cosa sia una dimostrazione. È necessario tener presente che una dimostrazione è un'argomentazione che si svolge *entro un determinato sistema* di proposizioni. Nel caso dell'opera di Gödel, il determinato sistema di ragionamenti aritmetici al quale la parola "dimostrazione" si riferisce è quello dei *Principia Mathematica (P.M.)*, un'opera gigantesca di Bertrand Russell e Alfred North Whitehead pubblicata tra il 1910 e il 1913. Quindi una formulazione più adeguata dell'enunciato G di Gödel sarebbe la seguente:

Questo enunciato dell'aritmetica non ammette alcuna dimostrazione nel sistema dei *Principia Mathematica*.

Diciamo per inciso che l'enunciato G non è il Teorema di Gödel, non più di quanto l'enunciato di Epimenide coincida con questa osservazione: "L'enunciato di Epimenide è un paradosso". Possiamo ora accennare alle conseguenze della scoperta di G. Mentre l'enunciato di Epimenide crea un paradosso poiché non è né vero né falso, l'enunciato G di Gödel è indimostrabile (all'interno dei *Principia Mathematica*) ma vero. Qual è la grande conclusione? Che il sistema dei *Principia Mathematica* è "incompleto": vi sono enunciati veri dell'aritmetica che i metodi di dimostrazione del sistema sono troppo deboli per dimostrare.

Ma se i *Principia Mathematica* sono stati la prima vittima di questo colpo, non furono certo l'ultima! L'espressione "e sistemi affini" nel titolo del lavoro di Gödel è significativa; se infatti il risultato di Gödel avesse semplicemente individuato un difetto nell'opera di Russell e Whitehead, vi sarebbe stata la possibilità che altri trovassero il modo di migliorare i *P.M.*, eludendo così il Teorema di Gödel. Ma ciò non era possibile: la dimostrazione di Gödel riguardava *qualsiasi* sistema assiomatico che pretendesse di raggiungere gli obiettivi che Whitehead e Russell si erano posti. E per ogni altro sistema, un metodo basilarmente identico portava a risultati analoghi. In breve, Gödel metteva in evidenza che la dimostrabilità è una nozione più debole della verità, indipendentemente dal sistema assiomatico considerato.

Perciò il Teorema di Gödel ebbe un effetto elettrizzante sui logici, sui matematici e sui filosofi interessati ai fondamenti della matematica, poiché mostrava che nessun determinato sistema, per quanto complicato esso fosse, poteva rappresentare la complessità dei numeri interi: 0, 1, 2, 3... I lettori di oggi saranno meno sconcertati da questo fatto dei lettori del 1931, poiché nel frattempo la nostra cultura ha assorbito il Teorema di Gödel, insieme con le rivoluzioni concettuali della relatività e della meccanica quantistica, e i loro messaggi sconcertanti a livello filosofico hanno raggiunto il pubblico, anche se attenuati dai numerosi passaggi del processo di trasmissione (che normalmente equivale a offuscamento). Oggi c'è nella gente uno stato d'animo di aspettativa che la rende preparata ad accogliere risultati "limitativi"; ma nel lontano 1931 questa notizia cadde come un fulmine a ciel sereno.

La logica matematica: uno sguardo d'insieme

Per valutare correttamente il Teorema di Gödel, occorre collocarlo nel suo contesto. Per questo motivo cercherò ora di riassumere in breve la storia della logica matematica prima del 1931: compito veramente difficile. (Buone ricostruzioni storiche si trovano nei libri di DeLong, di Kneebone, e di Nagel e Newman). Tutto ebbe inizio con i tentativi di meccanizzare i processi mentali del ragionamento. Si è spesso sostenuto che la nostra capacità di ragionare è ciò che ci distingue dalle altre specie: sembra quindi a prima vista un po' paradossale meccanizzare ciò che è più specificamente umano. Eppure perfino gli antichi greci sapevano che il ragionamento è un processo strutturato e che, almeno parzialmente, è governato da leggi esplicitabili. Aristotele codificò i sillogismi, Euclide codificò la geometria; ma dopo di loro dovettero passare molti secoli prima che ci fosse un nuovo progresso nello studio del ragionamento assiomatico.

Una delle scoperte significative della matematica ottocentesca fu che esistono geometrie diverse e ugualmente valide, dove per "geometria" si intende una teoria delle proprietà di punti e rette astratti. Per lungo tempo si era creduto che la geometria fosse ciò che Euclide aveva codificato; anche se nella presentazione di Euclide c'era qualche piccolo difetto, ciò non aveva importanza: un reale progresso in geometria poteva compiersi solo proseguendo sul suo cammino. Quest'idea andò in frantumi quando varie persone quasi contemporaneamente scoprirono la geometria noneuclidea, una scoperta che scosse la collettività matematica poiché metteva seriamente in dubbio la tesi secondo cui la matematica studia il mondo reale. Com'era possibile che ci fossero molti tipi diversi di "punti" e di "rette" in un'unica realtà? Oggi la soluzione di questo dilemma potrà sembrare ovvia perfino a qualche nonmatematico; ma allora il dilemma portò lo scompiglio nei circoli matematici.

Intorno alla metà del secolo, i logici inglesi George Boole e Augustus De Morgan andarono molto più avanti di Aristotele nel codificare le forme del ragionamento rigorosamente deduttivo. Boole arrivò a intitolare il suo libro *Le leggi del pensiero*, e certamente esagerava; si trattava comunque di un contributo importante. Lewis Carroll rimase affascinato da questi metodi di ragionamento meccanizzati ed inventò numerosi rompicapo che si potevano risolvere col loro aiuto. Gottlob Frege a Jena e Giuseppe Peano a Torino lavoravano per abbinare il ragionamento formale allo studio degli insiemi e dei numeri. David Hilbert a Gottinga elaborò una formalizzazione della geometria più rigorosa di quella di Euclide. Tutti questi sforzi erano diretti a chiarire che cosa s'intende per "dimostrazione".

Nel frattempo si ebbero sviluppi molto interessanti nella matematica classica. Negli anni '80 Georg Cantor elaborò una teoria di vari tipi di infinito, nota come *teoria degli insiemi*. La teoria era importante e bella, ma contrastava con l'intuizione. In breve tempo vennero alla luce tutta una serie di paradossi insiemistici. La situazione era sconcertante: proprio nel momento in cui la matematica sembrava riprendersi da un tipo di paradossi, quelli connessi con la teoria del limite in analisi, arrivava una serie di nuovi paradossi dall'aspetto ancora peggiore!

Il più famoso è il paradosso di Russell. Di solito gli insiemi non sono elementi di se stessi: per esempio, l'insieme dei trichechi non è un tricheco, l'insieme che contiene soltanto Giovanna d'Arco non è Giovanna d'Arco (un insieme non è una persona), e così via. Da questo punto di vista, la maggior parte degli insiemi può essere considerata di "ordinaria amministrazione". Tuttavia esistono alcuni insiemi ad "auto-ingerimento", che *contengono* se stessi come elementi; per esempio l'insieme di tutti gli insiemi, l'insieme di tutte le cose eccetto Giovanna d'Arco, e così via. Chiaramente, ogni insieme o è di ordinaria amministrazione, o è ad auto-ingerimento e nessun insieme può essere sia l'uno che l'altro. Ora, niente ci impedisce di inventare l'insieme OA: *l'insieme di tutti gli insiemi di ordinaria amministrazione*. A prima vista, OA potrà sembrare piuttosto un'invenzione di ordinaria amministrazione, ma quest'opinione dovrà essere rivista non appena ci poniamo la domanda: "OA stesso è un insieme di ordinaria amministrazione o un insieme ad auto-ingerimento?". La risposta è: "OA non è né un insieme di ordinaria amministrazione né un insieme ad auto-ingerimento, perché ognuna di queste alternative conduce al paradosso". Provare per credere!

Ma se OA non è né un insieme di ordinaria amministrazione né un insieme ad auto-ingerimento, che cos'è allora? A dir poco, è patologico. Ma nessuno si accontentava di risposte evasive del genere. E così si cominciò a scavare più in profondità nei fondamenti della teoria degli insiemi. Le questioni cruciali sembravano essere: "Che cosa c'è che non va nel nostro concetto intuitivo di 'insieme'? Possiamo costruire una teoria rigorosa degli insiemi che corrisponda strettamente alle nostre intuizioni, ma che sia allo stesso tempo al riparo dai paradossi?". Qui, come in aritmetica e in geometria, la difficoltà sta nel cercare di far combaciare l'intuizione con sistemi di ragionamento formalizzati o assiomatizzati.

Si può costruire una variante sorprendente del paradosso di Russell, il cosiddetto "paradosso di Grelling", se invece di insiemi si usano aggettivi. Si dividano gli aggettivi italiani in due categorie: quelli che descrivono se stessi, come "sdrucciolo", "breve", "esasillabico", e quelli che non descrivono se stessi, come "commestibile", "incompleto" e "bisdrucciolo". Ora consideriamo come aggettivo la parola "non-auto-descrittivo"; a quale classe appartiene? Se dovesse sorgere un dubbio circa l'ammissibilità di espressioni con trattini, possiamo utilizzare due termini inventati appositamente per questo paradosso: *autologico* (= "auto-descrittivo") e *eterologico* (= "non-auto-descrittivo"). La questione diventa allora: " 'Eterologico' è eterologico?". Si provi a rispondere!

Questi paradossi sembrano tutti indicare uno stesso colpevole, e cioè l'autoreferenza ovvero "la presenza di Strani Anelli". Se quindi lo scopo è quello di scongiurare tutti i paradossi, perché non tentare di mettere al bando l'autoreferenza e tutto ciò che ne favorisce la nascita? Non è facile come può sembrare, perché a volte la difficoltà sta proprio nell'individuare il punto esatto in cui si manifesta l'autoreferenza. Questa può presentarsi diffusa su un intero Strano Anello a varie componenti, come in questa versione "ampliata" di Epimenide che ricorda *Mani che disegnano*:

L'enunciato che segue è falso.
L'enunciato precedente è vero.

Congiuntamente questi enunciati danno lo stesso risultato del paradosso di Epimenide; eppure, separatamente, sono enunciati innocui e perfino potenzialmente utili. Non è possibile addossare la "colpa" di questo Strano Anello all'uno o all'altro dei due enunciati, ma solo al modo in cui essi si "riferiscono" l'uno all'altro. Analogamente, le singole aree di *Salita e discesa* sono del tutto coerenti; è soltanto il modo in cui, globalmente, sono messe insieme che crea un'impossibilità. Dal momento che ci sono modi sia diretti sia indiretti che conducono all'autoreferenza, occorre trovare il sistema per evitarli entrambi contemporaneamente: sempre che l'autoreferenza sia considerata la fonte d'ogni male.

Estromettere gli Strani Anelli

Russell e Whitehead erano effettivamente di questo avviso, e quindi i *Principia Mathematica* costituivano un'impresa gigantesca per estromettere gli Strani Anelli dalla logica, dalla teoria degli insiemi e dall'aritmetica. L'idea del loro sistema era essenzialmente questa: un insieme del "tipo" più basso poteva avere come elementi solo "oggetti": non insiemi. Un insieme del tipo successivo poteva contenere solo oggetti o insiemi del tipo più basso. In generale, un insieme di un dato tipo poteva contenere solo insiemi di un tipo inferiore oppure oggetti. Ogni insieme doveva appartenere ad un determinato tipo. Chiaramente nessun insieme poteva contenere se stesso, poiché avrebbe dovuto appartenere ad un tipo superiore al proprio. In un sistema del genere esistono soltanto insiemi di "ordinaria amministrazione"; inoltre, il nostro amico OA, l'insieme di tutti gli insiemi di ordinaria amministrazione, non viene nemmeno più considerato un insieme, visto che non appartiene ad alcun tipo definito. Perciò questa *teoria dei tipi*, che potremmo anche indicare come la "teoria dell'abolizione degli Strani Anelli", ha tutta l'aria di riuscire a sbarazzare la teoria degli insiemi dai suoi paradossi, ma solo a costo di introdurre una gerarchia alquanto artificiale e di proibire la formazione di insiemi con certe caratteristiche, come l'insieme di tutti gli insiemi di ordinaria amministrazione. Non è questo il modo in cui concepiamo gli insiemi dal punto di vista intuitivo.

La teoria dei tipi aveva risolto il paradosso di Russell, ma non aveva nessun effetto sul paradosso di Epimenide o sul paradosso di Grelling.

Per chi non spingeva il proprio interesse oltre la teoria degli insiemi ciò bastava, ma quanti erano interessati ad eliminare i paradossi in generale avrebbero dovuto procedere ad una qualche analoga "gerarchizzazione", per impedire il sorgere di circoli chiusi all'interno del linguaggio. Alla base di una gerarchia del genere vi sarebbe un *linguaggio-oggetto*. In esso sarebbe possibile riferirsi soltanto ad un dominio specifico e non ad aspetti del linguaggio-oggetto medesimo, come regole grammaticali o enunciati particolari del linguaggio; per parlare di questi, vi sarebbe un *metalinguaggio*. Questa esperienza di due livelli linguistici è familiare a tutti coloro che imparano una lingua straniera. Vi sarebbe poi un metametalinguaggio nel quale si discute sul metalinguaggio, e così via. Si richiederebbe ad ogni enunciato di appartenere ad un preciso livello della gerarchia. Di conseguenza, se per un dato costrutto linguistico non fosse possibile individuare un livello di appartenenza, questo costrutto dovrebbe essere giudicato privo di significato e dimenticato.

Possiamo tentare di fare un'analisi della nostra ultima versione di Epimenide: un anello a due elementi. Il primo enunciato, poiché parla del secondo, deve trovarsi ad un livello più alto del secondo. Per lo stesso motivo, il secondo enunciato deve trovarsi ad un livello più alto del primo. Poiché ciò è impossibile, i due enunciati sono "privi di significato". Più esattamente, enunciati del genere non possono neanche essere formulati in un sistema basato su una rigorosa gerarchia di linguaggi. Si evitano così tutte le versioni del paradosso di Epimenide, e altrettanto dicasi per il paradosso di Grelling (a quale livello di linguaggio apparterrebbe il termine "eterologico"?).

Ora, per quanto riguarda la teoria degli insiemi, trattandosi di una teoria che opera con astrazioni di uso non quotidiano, una stratificazione come quella proposta dalla teoria dei tipi sembra accettabile, anche se un po' strana. Ma quando si tratta del linguaggio, che è un aspetto onnipresente della nostra vita, una stratificazione del genere appare assurda. Non ci sembra di saltare su e giù per la gerarchia dei linguaggi quando parliamo del più e del meno. Una semplice frase che descrive un fatto come "In questo libro io critico la teoria dei tipi" sarebbe doppiamente vietata nel sistema in discussione. In primo luogo, menziona "questo libro", che potrebbe essere menzionato solo in un "meta-libro", e in secondo luogo menziona *me*, una persona della quale io non sarei assolutamente autorizzato a parlare! Questo esempio mette in risalto come la teoria dei tipi appaia risibile quando viene trasferita in un contesto familiare. Il rimedio che adotta contro i paradossi, mettendo al bando l'autoreferenza sotto ogni forma, crea intorno una vera e propria terra bruciata: molte costruzioni perfettamente sensate vengono bollate come "prive di significato". L'espressione "privo di significato", del resto, si dovrebbe applicare a tutte le discussioni della teoria dei tipi linguistici (come quella che stiamo facendo qui) poiché, chiaramente, non potrebbero avvenire su nessuno dei livelli, né su quello del linguaggio-oggetto, né nel metalinguaggio, né nel metametalinguaggio, ecc. Il solo fatto di discutere la teoria costituirebbe la più sfacciata di tutte le possibili violazioni della teoria!

Qualcuno potrebbe difendere teorie del genere dicendo che con esse ci si proponeva di regolamentare soltanto i linguaggi formali, non il linguaggio comune non formalizzato. Può darsi; ma allora si dimostra che queste teorie sono del tutto accademiche e dicono ben poco a proposito dei paradossi, salvo quando questi saltano fuori in sistemi speciali, fatti su misura. Senza dire che la volontà di eliminare i paradossi a tutti i costi, specie quando ciò richiede la creazione di formalismi decisamente artificiosi, dà un peso eccessivo alla mera coerenza, mentre ne dà troppo poco alle stranezze e alle bizzarrie che rendono interessanti la matematica e la vita. È certo importante cercare di salvaguardare la coerenza, ma se questo ci obbliga ad abbracciare una teoria orripilante, sappiamo che qualcosa non va.

Problematiche di questo genere sui fondamenti della matematica hanno determinato all'inizio di questo secolo un grande interesse per la codificazione dei metodi del ragionamento umano. Matematici e filosofi hanno cominciato a nutrire seri dubbi perfino nei confronti della più concreta di tutte le teorie, quella che studia i numeri interi (l'aritmetica). È basata su fondamenti solidi? Se i paradossi saltano fuori con tanta facilità nella teoria degli insiemi, in una teoria, cioè, che si fonda su un concetto così intuitivo come quello di insieme, non ne potrebbero allora esistere anche in altri rami della matematica? Un altro inquietante interrogativo, collegato al precedente, era se i paradossi della logica, come il paradosso di Epimenide, potessero rivelarsi come qualcosa di interno alla matematica, mettendo così in dubbio l'intera matematica. Questo era particolarmente preoccupante per coloro, ed erano molti, che credevano fermamente che la matematica fosse solo un ramo della logica (o viceversa, che la logica fosse solo un ramo della matematica). In effetti, proprio la domanda "La matematica e la logica sono cose distinte, separate?" fu fonte di molte controversie.

Questo studio della matematica stessa venne definito *metamatematica*, o a volte *metalogica*, dal momento che matematica e logica sono così intrecciate. Con priorità assoluta i metamatematici si accinsero a determinare la vera natura del ragionamento matematico. Quali sono i metodi di procedere legittimi, quali quelli illegittimi? Poiché il ragionamento matematico si era sempre svolto in un "linguaggio naturale" (ad esempio in francese o in latino o in qualche linguaggio per la normale comunicazione), era sempre rimasto pieno di possibili ambiguità. Le parole avevano significati diversi per persone diverse, evocavano immagini diverse, e via dicendo. Sembrava ragionevole e addirittura importante fissare un'unica notazione uniforme nella quale si potesse svolgere tutto il lavoro matematico, e che permettesse a due matematici qualsiasi di risolvere una controversia circa la validità o meno di una data dimostrazione. Ciò avrebbe richiesto una codificazione completa dei modi di ragionamento universalmente accettabili, o perlomeno di quelli usati in matematica.

Tale era l'obiettivo dei *Principia Mathematica*, in cui si pretendeva di derivare l'intera matematica dalla logica; e ciò, beninteso, senza contraddizioni! L'impresa fu oggetto di grande ammirazione, ma nessuno aveva la certezza (1) che tutta la matematica fosse realmente contenuta nei metodi indicati da Russell e da Whitehead, e (2) che, almeno, i metodi esposti fossero coerenti fra di loro. Era veramente sicuro che *mai* nessun matematico avrebbe potuto ottenere risultati contraddittori seguendo i metodi di Russell e di Whitehead?

Questo problema turbava in modo particolare l'insigne matematico (e metamatematico) tedesco David Hilbert, il quale lanciò alla comunità mondiale dei matematici (e dei metamatematici) la seguente sfida: dimostrare rigorosamente, magari seguendo proprio i metodi indicati da Russell e da Whitehead, che il sistema definito nei *Principia Mathematica* era sia *coerente* (non-contraddittorio) sia *completo* (tale cioè che ogni enunciato vero dell'aritmetica potesse essere derivato all'interno della struttura predisposta nei *Principia Mathematica*). Era un compito arduo, ed era anche criticabile, dal momento che per certi versi appariva circolare: com'è possibile giustificare un metodo di ragionamento in base a quello stesso metodo di ragionamento? È come sollevarsi reggendosi ai tiranti dei propri stivali. (Sembra proprio che non siamo capaci di svincolarci da questi Strani Anelli).

Hilbert era pienamente cosciente di questo dilemma, naturalmente; perciò esprimeva la speranza che fosse possibile trovare una dimostrazione della coerenza o della completezza che dipendesse soltanto da metodi "finitistici" di ragionamento, ossia da un numero ristretto di metodi comunemente accettati da tutti i matematici. Hilbert sperava così che i matematici riuscissero almeno parzialmente a sollevarsi reggendosi ai tiranti dei propri stivali: dimostrare che la totalità dei metodi matematici era valida facendo appello solo ad un ristretto insieme di metodi. Questo obiettivo potrà sembrare piuttosto stravagante, ma occupò la mente di molti tra i più grandi matematici del mondo durante i primi trent'anni del secolo.

Nel trentunesimo anno del secolo, comunque, Gödel pubblicò il suo articolo che, per certi versi, demolì completamente il programma di Hilbert. Quell'articolo non solo rivelò la presenza di "buchi" irreparabili nel sistema assiomatico proposto da Russell e da Whitehead, ma, più in generale, mise in evidenza l'impossibilità che esistesse un qualche sistema assiomatico in grado di produrre tutte le verità aritmetiche, a meno che il sistema in questione non fosse incoerente! Infine dimostrò vana anche la speranza di dimostrare la coerenza di un sistema come quello presentato nei *Principia Mathematica*. Se fosse possibile trovare una dimostrazione del genere usando solo metodi disponibili entro i *Principia Mathematica*, allora, e questa è una delle conseguenze del lavoro di Gödel che disorientano maggiormente, gli stessi *Principia Mathematica* sarebbero incoerenti!

Il colmo dell'ironia in tutta questa faccenda consisteva infine nel fatto che, con la dimostrazione del Teorema di Incompletezza di Gödel, il paradosso di Epimenide veniva immesso proprio nel cuore dei *Principia Mathematica*, quel bastione ritenuto inattaccabile dagli Strani Anelli! Anche se non distrusse i *Principia Mathematica*, lo Strano Anello di Gödel ridusse comunque di molto l'interesse che l'opera rivestiva per i matematici, dal momento che mostrava che gli obiettivi di partenza di Russell e di Whitehead erano illusori.

Babbage, calcolatori, Intelligenza Artificiale...

Quando apparve l'articolo di Gödel, il mondo era sul punto di inventare i calcolatori elettronici digitali. L'idea di calcolatrici meccaniche era nell'aria da tempo. Nel Seicento, Pascal e Leibniz avevano ideato macchine per effettuare determinate operazioni (addizioni e moltiplicazioni). Queste macchine non avevano però nessuna memoria e non erano programmabili nel senso moderno del termine.

Il primo essere umano che si rese conto dell'immenso potenziale delle macchine in materia di calcolo fu il londinese Charles Babbage (1792-1871), un personaggio che sembrava uscito dalle pagine del *Circolo Pickwick*, famosissimo in vita per la sua energica campagna volta a sbarazzare Londra dalle "turbative stradali" e anzitutto dai suonatori di organetto. Quelle pesti si divertivano a farlo uscire dai gangheri e venivano perciò a fargli la serenata ad ogni ora del giorno e della notte, e regolarmente venivano cacciati via da Babbage infuriato. Oggi riconosciamo che Babbage era in anticipo di cento anni sul suo tempo: non solo fu l'inventore dei princìpi basilari dei calcolatori moderni, ma fu anche uno dei primi a combattere l'inquinamento acustico.

La sua prima macchina, la "Macchina delle Differenze" (*Difference Engine*), poteva generare tavole matematiche di vario genere con il "metodo delle differenze". Ma prima ancora che fosse costruito un esemplare della Macchina delle Differenze, Babbage fu ossessionato da un'idea ben più rivoluzionaria: la "Macchina Analitica" (*Analytical Engine*). Scrisse, piuttosto immodestamente: "Le vie attraverso cui sono giunto a questa macchina sono state probabilmente le più intricate e complesse mai percorse da mente umana".[4] Diversamente da tutte le macchine progettate fino ad allora, la Macchina Analitica doveva avere sia un "magazzino" (memoria) sia un "mulino" (unità di calcolo e decisione). Queste unità dovevano essere costruite con migliaia di cilindri dentati ingrananti tra di loro in modi incredibilmente complessi. Babbage vedeva un vorticoso entrare ed uscire di numeri dal mulino sotto il controllo di un *programma* contenuto in schede perforate; quest'ultima idea era ispirata dal telaio Jacquard, un telaio controllato da schede capace di tessere disegni di sorprendente complessità. La brillante ma sfortunata contessa che Babbage ebbe per amica, Lady Ada Lovelace (figlia di Lord Byron), commentava poeticamente che "la Macchina Analitica *tesse disegni algebrici* proprio come il telaio Jacquard tesse foglie e fiori". Purtroppo, il suo uso del tempo presente era ingannevole, visto che nessuna macchina analitica è stata mai costruita e Babbage morì amaramente deluso.

Lady Lovelace, al pari di Babbage, era profondamente consapevole che l'invenzione della Macchina Analitica rappresentava per l'umanità un primo passo verso l'intelligenza meccanizzata, specie se la macchina fosse stata capace di "mangiare la propria coda" (in questo modo Babbage descriveva lo Strano Anello che si viene a creare quando una macchina interviene sul proprio programma immagazzinato, cambiandolo). In una nota del 1842,[5] la contessa scrisse che la Macchina Analitica poteva "agire su altre cose, oltre che sui *numeri*". Mentre Babbage sognava di creare un automa che giocasse a scacchi o a filetto, lei sosteneva che, immettendo nei suoi cilindri rotanti suoni e armonie opportunamente codificati, la macchina "avrebbe potuto comporre brani musicali elaborati e scientifici di qualunque complessità e lunghezza". Comunque, subito dopo, essa avverte che "la Macchina Analitica non ha la pretesa di *creare* alcunché. Può fare qualunque cosa *siamo in grado di ordinarle* di fare". Pur intravedendo bene la potenza del calcolo artificiale, Lady Lovelace era scettica circa la creazione artificiale di intelligenza. Tuttavia come potevano le sue pur acute intuizioni tener conto delle potenzialità che si sarebbero aperte con il soggiogamento dell'elettricità?

Nel nostro secolo il tempo era ormai maturo per i calcolatori: calcolatori ben al di là dei sogni più sfrenati di Pascal, Leibniz, Babbage o Lady Lovelace. Negli anni '30 e '40 furono progettati e costruiti i primi "cervelli elettronici giganti". Essi funsero da catalizzatori per la convergenza di tre campi fino ad allora separati: la teoria del ragionamento assiomatico, lo studio del calcolo meccanico e la psicologia dell'intelligenza.

In quegli stessi anni la teoria della calcolabilità si sviluppò a passi da gigante. Questa teoria aveva stretti legami con la metamatematica. Infatti il Teorema di Gödel ha un equivalente nella teoria della calcolabilità scoperta da Alan Turing, la quale rivela l'esistenza di "buchi" inevitabili perfino nel calcolatore più potente che si possa immaginare. Paradossalmente, proprio mentre venivano messi in evidenza questi limiti in un certo senso misteriosi, si cominciarono a costruire calcolatori reali le cui capacità sembravano crescere a dismisura, al di là della stessa capacità profetica dei loro creatori. Babbage, il quale una volta aveva dichiarato che avrebbe allegramente rinunciato al resto della sua vita se solo avesse potuto tornare sulla terra cinquecento anni dopo per fare una visita guidata di tre giorni alle conquiste scientifiche dell'era nuova, sarebbe probabilmente rimasto stupefatto e senza parole un secolo appena dopo la sua morte sia di fronte alle nuove macchine sia di fronte ai loro limiti inaspettati.

All'inizio degli anni '50 l'intelligenza meccanizzata sembrava a portata di mano; eppure, ogni volta che si superava un ostacolo, ne saltava fuori un altro che impediva l'effettiva creazione di un'autentica macchina pensante. C'era una qualche ragione profonda per questa misteriosa difficoltà a raggiungere lo scopo?

Nessuno sa dove sia il confine tra comportamento intelligente e comportamento non-intelligente; di fatto, forse, non ha senso pensare che esista un confine netto. Ma sono certamente caratteristiche essenziali dell'intelligenza:

reagire in modo molto flessibile alle varie situazioni;
trarre vantaggio da circostanze fortuite;
ricavare un senso da messaggi ambigui e contraddittori;
riconoscere l'importanza relativa dei diversi elementi di una situazione;
trovare somiglianze tra situazioni diverse nonostante le differenze che possono dividerle;
notare distinzioni tra situazioni diverse nonostante le somiglianze che possono unirle;
sintetizzare nuovi concetti prendendo concetti vecchi e collegandoli in modi nuovi;
produrre idee nuove.

Qui ci si imbatte in un apparente paradosso. I calcolatori sono per loro intrinseca natura gli esseri più rigidi, privi di desideri e ubbidienti che ci siano. Per quanto veloci possano essere, sono tuttavia l'essenza stessa dell'inconsapevolezza. Come può allora essere programmato un comportamento intelligente? Non è questa la più appariscente delle contraddizioni in termini? Una delle tesi principali di questo libro è che non si tratta affatto di una contraddizione. Uno degli scopi principali che mi sono prefisso è di spingere ogni lettore ad affrontare questa presunta contraddizione, assaporarla, capovolgerla, smontarla, sguazzarci dentro, così da emergere infine con una nuova capacità di scavalcare il baratro apparentemente invalicabile tra il formalizzato e il non formalizzato, l'animato e l'inanimato, il flessibile e il rigido.

La ricerca dell'Intelligenza Artificiale (IA) concerne tutte queste cose. E la peculiarità inconfondibile del lavoro in IA dipende dal fatto che si cerca di stabilire in rigidi formalismi lunghi insiemi di regole che dicano a macchine non flessibili come essere flessibili.

Ma quali tipi di "regole" sarebbero eventualmente in grado di catturare tutto ciò che noi consideriamo comportamento intelligente? Debbono certo esserci regole ai più diversi livelli. Debbono esserci molte regole "veramente semplici". Debbono esserci "metaregole" per modificare le regole "veramente semplici"; e poi "metametaregole" per modificare le metaregole, e così via. La flessibilità dell'intelligenza deriva dal grandissimo numero di regole e di livelli di regole differenti. La ragione per cui devono esistere così tante regole a così tanti livelli diversi è che un essere umano si trova di fronte nella vita a milioni di situazioni dei tipi più disparati. In alcune situazioni ci sono risposte stereotipate che richiedono solo regole "veramente semplici". In altre si presentano misture di situazioni stereotipate, che richiedono quindi regole per decidere quali delle regole "veramente semplici" vadano applicate. Altre situazioni ancora non possono essere classificate, per cui debbono esistere regole per inventare nuove regole, e così via. Indubbiamente al centro dell'intelligenza ci sono gli Strani Anelli, ci sono cioè regole che cambiano se stesse, direttamente o indirettamente. A volte la complessità della nostra mente ci appare così soverchiante che ci sembra impossibile riuscire a trovare una soluzione al problema del capire l'intelligenza, e quindi sbagliato ritenere che regole di un qualunque tipo possano governare il comportamento di un essere umano, anche se intendiamo "regola" nel significato a molti livelli che abbiamo appena descritto.

. . . e Bach

Nel 1754, quattro anni dopo la morte di J. S. Bach, Johann Michael Schmidt, teologo di Lipsia, scrisse, in un trattato sulla musica e l'anima, questo notevole brano:

> Non molti anni fa arrivò dalla Francia la notizia che un uomo aveva fatto una statua che poteva suonare diversi pezzi sul flauto traverso, portava il flauto alle labbra, lo rimetteva giù, girava gli occhi, ecc. Ma nessuno ha ancora inventato un simulacro che pensa, o vuole, o compone, o fa qualcosa di simile. Chiunque desideri convincersi di ciò guardi attentamente l'ultimo lavoro del sullodato Bach, che è apparso in calcografia ma che è rimasto incompleto a causa della sua cecità, e osservi l'arte che in esso è contenuta; o, cosa ancora più meravigliosa, il Corale che egli dettò da cieco alla penna di un altro: *Wenn wir in höchsten Nöthen seyn*. Sono certo che una tale persona avrà bisogno della sua anima se desidera osservare tutte le bellezze in esso contenute, e ancor più se desidera suonarlo per suo conto o farsi un giudizio sull'autore. Tutto ciò che i paladini del Materialismo sostengono crolla alla luce di questo solo esempio.[6]

Probabilmente il più importante dei "paladini del Materialismo" cui qui si allude altri non era che Julien Offroy de La Mettrie, filosofo alla corte di Federico il Grande, autore di *L'homme machine* [*L'uomo macchina*], e materialista per eccellenza. Sono passati più di 200 anni, e ancora infuria la battaglia tra chi sta dalla parte di Johann Michael Schmidt e chi sta dalla parte di Julien Offroy de La Mettrie. Spero di fornire in questo libro qualche elemento che permetta di osservare in prospettiva tale battaglia.

"Gödel, Escher, Bach"

Questo libro è strutturato in modo insolito: come un contrappunto tra Dialoghi e Capitoli. Lo scopo di questa struttura è di permettermi di presentare i concetti nuovi due volte. Quasi ogni concetto nuovo viene prima presentato metaforicamente in un Dialogo, con una serie di immagini concrete, visive; queste servono poi, durante la lettura del Capitolo successivo, come sfondo intuitivo per una presentazione più seria e astratta dello stesso concetto. In molti Dialoghi si può avere l'impressione che io parli di una certa idea, mentre in realtà parlo di qualche altra idea, in modo appena velato.

Originariamente i soli personaggi che comparivano nei Dialoghi erano

Achille e la Tartaruga, giunti a me da Zenone di Elea attraverso Lewis Carroll. Zenone di Elea inventore di paradossi, visse nel quinto secolo avanti Cristo. Uno dei suoi paradossi era un'allegoria che aveva come protagonisti Achille e la Tartaruga. L'invenzione della felice coppia ad opera di Zenone è raccontata nel primo Dialogo, *Invenzione a tre voci*. Nel 1895 Lewis Carroll reincarnò Achille e la Tartaruga per illustrare il suo nuovo paradosso dell'infinito. Il paradosso di Carroll, che merita di essere conosciuto molto meglio di quanto non sia, ha un ruolo importante in questo libro. Originariamente intitolato *Quello che la Tartaruga disse ad Achille*, è ristampato qui come *Invenzione a due voci*.

Quando cominciai a scrivere i Dialoghi, li ricollegai in qualche modo a forme musicali. Non ricordo quando questo sia avvenuto; ricordo solo che un giorno scrissi "Fuga" sopra uno dei primi Dialoghi, e da quel momento l'idea si radicò. Alla fine decisi di modellare ogni Dialogo, in un modo o nell'altro, su diversi pezzi di Bach. La cosa non era poi così incongrua. Lo stesso Bach da vecchio era solito ricordare ai suoi allievi che le diverse voci nelle composizioni si dovevano comportare al pari di "persone che conversino insieme come se si trovassero in eletta compagnia". Io forse ho preso questo suggerimento più alla lettera di quanto non intendesse Bach; spero tuttavia che il risultato sia fedele all'idea. Sono stato particolarmente ispirato da aspetti delle composizioni di Bach che mi hanno colpito profondamente e che sono descritti così bene da David e Mendel in *The Bach Reader*:

> La sua forma era in genere basata sui rapporti tra le diverse sezioni. Questi rapporti andavano dalla completa identità di certi passaggi al ritorno di un unico schema di elaborazione o a una pura allusione tematica. Le forme che ne risultavano erano spesso simmetriche, ma non necessariamente. A volte i rapporti tra le varie sezioni formano un groviglio di linee intrecciate che solo un'analisi dettagliata può districare. In genere, comunque, pochi elementi dominanti permettono di orientarsi a prima vista o ascolto, e mentre nel corso dello studio si possono scoprire sottigliezze a non finire, non si è mai in difficoltà ad afferrare l'unità che tiene insieme ogni singola creazione di Bach.[7]

Ho cercato di intrecciare in una Eterna Ghirlanda Brillante i tre fili del discorso sviluppato da Gödel, Escher, Bach. Inizialmente la mia intenzione era di scrivere un saggio al centro del quale si trovasse il Teorema di Gödel. Immaginavo che sarebbe stato un semplice opuscolo. Ma le mie idee si allargarono a sfera, toccando presto Bach e Escher. Mi ci volle qualche tempo per decidere di rendere esplicito questo collegamento, invece di tenerlo come una motivazione privata. Ma infine mi resi conto che per me Gödel, Escher e Bach erano solo ombre proiettate in diverse direzioni da una qualche solida essenza centrale. Ho tentato di ricostruire l'oggetto centrale e ne è uscito questo libro.

Invenzione a tre voci

Achille (il guerriero greco, il più veloce di tutti i mortali) e una tartaruga si trovano su una pista polverosa sotto il sole. Molto più avanti sulla pista, su una lunga asta, vi è una grande bandiera rettangolare. La bandiera è tutta rossa, a parte un sottile buco a forma d'anello, attraverso il quale si vede il cielo.

Achille: Che cos'è quella strana bandiera dall'altro lato della pista? Mi ricorda in qualcosa una stampa del mio artista preferito, M. C. Escher.

Tartaruga: Quella è la bandiera di Zenone.

Achille: Il foro che c'è non somiglia a quelli disegnati da Escher in un suo nastro di Möbius? Qualcosa non va in quella bandiera. Ne sono certo.

Tartaruga: L'anello che è stato ritagliato nella bandiera ha la forma di un numero zero, che è il numero preferito di Zenone.

Achille: Ma lo zero non è stato ancora inventato! Verrà inventato tra qualche millennio da un matematico indiano. E quindi, signorina Tartaruga, ciò prova che quella bandiera è impossibile.

Tartaruga: Il suo argomento è convincente, Achille, ed io devo convenire che una simile bandiera è davvero impossibile! Comunque è bella, non è vero?

Achille: Oh, sì, non c'è dubbio alcuno sulla sua bellezza.

Tartaruga: Mi chiedo se la sua bellezza non sia connessa con la sua impossibilità. Non lo so; non ho mai avuto il tempo di analizzare la Bellezza. La Bellezza è una Essenza Maiuscola, e sembra che io non abbia mai tempo per le Essenze Maiuscole.

Achille: Parlando di Essenze Maiuscole, signorina T., si è mai interrogata sullo Scopo della Vita?

Tartaruga: Cielo, no!

Achille: Non si è neanche mai chiesta come mai siamo qui, chi ci ha inventati?

Tartaruga: Oh, questa è una cosa del tutto diversa. Noi siamo invenzioni di Zenone (come presto scoprirà) e la ragione per la quale siamo qui è che dobbiamo misurarci in una gara podistica.

Achille: Una gara podistica? Che insolenza! Io, il più veloce di tutti i mortali, misurarmi con lei, l'essere più lento di tutti i lenti! Questa gara non può che essere priva di senso.

Tartaruga: Lei potrebbe darmi un po' di vantaggio.

Achille: Dovrei darle un grossissimo vantaggio.

Tartaruga: Non faccio obiezioni.

Achille: Ma la raggiungerò, prima o poi; molto probabilmente, prima.

Tartaruga: No, se le cose andranno secondo il paradosso di Zenone. Zenone spera di usare la nostra gara podistica per dimostrare che il moto

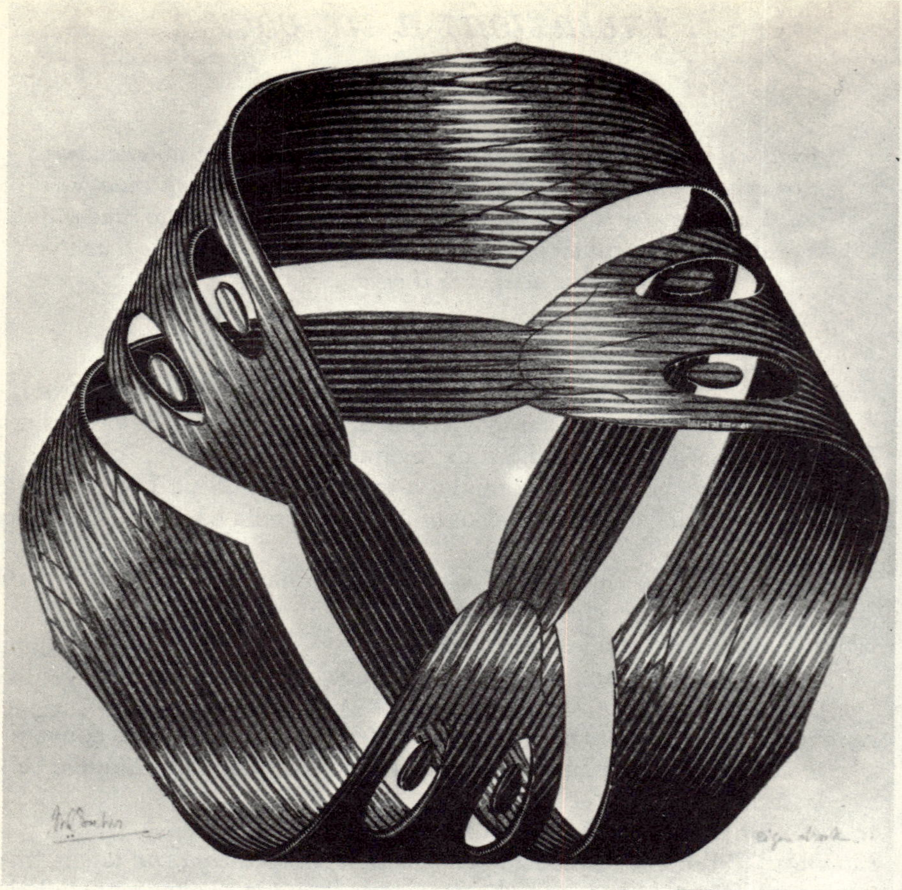

FIGURA 11. Nastro di Möbius I, *di M.C. Escher (xilografia su legno di testa a quattro colori, 1961).*

è impossibile, capisce? Secondo Zenone, il moto sembra possibile solo nella mente. In verità, il Moto è Inerentemente e Intrinsecamente Impossibile. Ed egli lo dimostra in maniera davvero elegante.

Achille: Oh, mi ricordo adesso: il famoso kōan Zen sul Maestro Zen Zenone. Come lei dice, è davvero molto semplice.

Tartaruga: Kōan Zen? Maestro Zen? Che cosa dice?

Achille: Dice: Due monaci stavano discutendo di una bandiera. Uno disse: "La bandiera si muove". L'altro disse: "È il vento a muoversi". Zenone, il sesto patriarca, stava passando per caso da quelle parti. Egli disse loro: "Non il vento, non la bandiera; è la mente che si muove".

Tartaruga: Ho l'impressione che lei faccia un po' di confusione, Achille. Zenone non è un maestro Zen; tutt'altro. Egli è, in verità, un filosofo greco della città di Elea (che sta a metà strada fra il punto A e il punto B). Nei prossimi secoli sarà famoso per i suoi paradossi sul moto. In uno di questi paradossi la gara podistica che lei e io dovremo affrontare ha il ruolo centrale.

Achille: Sono veramente perplesso. Ricordo perfettamente che mi ripetevo di continuo i nomi dei sei patriarchi Zen, e dicevo sempre: "Il sesto patriarca è ZZ...enone, il sesto patriarca è ZZ...enone..." (*Improvvisamente si leva una leggera, tiepida brezza*). Oh, guardi, signorina Tartaruga, com'è bella la bandiera che ondeggia! Che bei giochi di luce vi producono quelle increspature che scivolano lungo il morbido tessuto! Ed anche l'anello che vi è ritagliato ondeggia!

Tartaruga: Non sia ridicolo. La bandiera è impossibile, quindi non può ondeggiare. Il vento ondeggia.

(*Compare Zenone*).

Zenone: Salve, salve. Che succede? Che c'è di nuovo?

Achille: La bandiera si muove.

Tartaruga: È il vento a muoversi.

Zenone: Oh amici, amici, ponete fine alle vostre diatribe! Fermate la vostra ira! Cessate le vostre discordie! Poiché io risolverò il problema per voi in un attimo. E poi in un giorno così bello!

Achille: Questo è un po' suonato.

Tartaruga: No, aspetti, Achille, vediamo che cosa ha da dire. Oh, sconosciuto, deh, fa' noi partecipi del tuo pensiero su questo argomento.

Zenone: Con estremo piacere. Non il vento, non la bandiera: nessuno dei due si muove. Né altro si muove. Perché io ho scoperto un grande Teorema che dice: "Il Moto è Inerentemente e Intrinsecamente Impossibile". E da questo Teorema consegue un Teorema ancora più grande, il Teorema di Zenone: "Il Moto Unesiste".

Achille: "Il Teorema di Zenone"? È lei, per caso, il filosofo Zenone di Elea?

Zenone: Ebbene, sì, Achille.

Achille (grattandosi il mento con un'espressione di stupore): Come fa, questo, a sapere il mio nome?

Zenone: Posso persuadere voi due ad ascoltarmi sul perché è così? Ho fatto tutta la strada dal punto A fino ad Elea questo pomeriggio, proprio per tentare di trovare qualcuno disposto a prestare un po' di attenzione alla mia inattaccabile argomentazione. Ma qui sono tutti indaffarati, e non hanno tempo. Non potete immaginare quanta amarezza si prova quando si riceve un rifiuto dopo l'altro. Oh, mi dispiace di annoiarvi con i miei guai, ma vorrei chiedervi solo una cosa: sareste disposti voi due a compiacere un vecchio, ridicolo filosofo ascoltandolo per pochi attimi, solo pochi davvero, appena il tempo necessario per esporre le sue eccentriche teorie?

Achille: Oh, ma certo! Prego, ci illumini! Io so che parlo per entrambi, poiché la mia amica Tartaruga stava proprio parlando di lei poco fa con grande venerazione e ha accennato in particolare ai suoi paradossi.

Zenone: Grazie. Vedete, il mio Maestro, il quinto patriarca, mi ha insegnato che la realtà è una, immutabile ed eterna; tutta la pluralità, il divenire e il moto sono mere illusioni dei sensi. Alcuni si sono presi gioco delle sue idee; ma io mostrerò l'assurdità di questo atteggiamento irriverente. Il mio argomento è molto semplice. Lo illustrerò con due personaggi di mia Invenzione: Achille (il guerriero greco, il più veloce di tutti i mortali) e una Tartaruga. Nel mio racconto, essi vengono convinti da un passante a fare una gara podistica lungo una pista verso una bandiera che sventola nella brezza. Supponiamo che la Tartaruga, visto che è molto più lenta, si prenda un vantaggio, diciamo, di una decina di pertiche. Ora la gara ha inizio. In pochi balzi Achille ha raggiunto il punto di partenza della Tartaruga.

Achille: Ah!

Zenone: Ed ora la Tartaruga ha solo una pertica di vantaggio su Achille. In un solo attimo Achille percorre questa distanza.

Achille: Eh, eh!

Zenone: Tuttavia, in quel breve attimo, la Tartaruga è riuscita a fare un piccolo passettino avanti. In un baleno Achille copre anche questa distanza

Achille: Hi, hi, hi!

Zenone: Ma in quel brevissimo tempo la Tartaruga sarà riuscita ad avanzare ancora di un pollice. E così Achille è ancora dietro. Ora capirete che, perché Achille raggiunga la Tartaruga, questo gioco deve essere giocato un numero INFINITO di volte; e quindi Achille non raggiungerà MAI la Tartaruga.

Tartaruga: Oh, oh, oh, oh!

Achille: Hum... Hum... Hum... Hum... Hum... Questo ragionamento ha qualcosa che non va. E tuttavia non riesco a individuare l'errore.

Zenone: Non è un rompicapo? È il mio paradosso preferito.

Tartaruga: Ma scusami, Zenone, il tuo racconto riguarda un altro principio, no? Tu hai appena finito di raccontarci ciò che sarà noto fra molti secoli come "il paradosso di Achille", secondo il quale Achille (ehm!) non raggiungerà mai la Tartaruga; ma la dimostrazione che il Moto è Inerentemente e Intrinsecamente Impossibile (e che quindi il Moto Unesiste) è il tuo "paradosso della dicotomia", no?

Zenone: Oh, che vergogna! Naturalmente volevo raccontare l'altro paradosso. Quello che dice che per andare da A a B si deve prima percorrere metà della strada e poi un'altra metà di quella che rimane e così via. Il fatto è che entrambi questi paradossi hanno la stessa natura. Francamente, io ho avuto una sola Grande Idea. E l'ho sfruttata in diversi modi.

Achille: Giuro che questi ragionamenti hanno un tallone d'Achille; non so bene dove, ma certo non possono essere giusti.

Zenone: Lei dubita della validità del mio paradosso? Perché non prova? Vede quella bandiera rossa laggiù, alla fine della pista?

Achille: Quella impossibile, basata su una stampa di Escher?

Zenone: Esattamente. Che ne dite, lei e la signorina Tartaruga, di fare una corsa fino alla bandiera, concedendo alla signorina T. un equo vantaggio di, bene, non so...

Tartaruga: Dieci pertiche?

Zenone: Molto bene, dieci pertiche.
Achille: Sono pronto.
Zenone: Magnifico! Che emozione! Un test empirico del mio Teorema rigorosamente provato! Signorina Tartaruga, vuole spostarsi dieci pertiche più avanti?

(La Tartaruga si ferma dieci pertiche più avanti nella direzione della bandiera).

Siete pronti?
Tartaruga ed Achille: Pronti!
Zenone: Ai vostri posti! Pronti! Via!

CAPITOLO I

Il gioco MU

Sistemi formali

UNA DELLE nozioni centrali di questo libro è quella di sistema formalizzato o, più brevemente, di *sistema formale*. Il tipo di sistema formale che userò è stato inventato dal logico americano Emil Post negli anni '20 e viene spesso chiamato "sistema di Post". In questo capitolo ne faremo la conoscenza e spero che il lettore sia invogliato ad esplorarlo almeno un po'. Per stuzzicare la sua curiosità, propongo un piccolo gioco.

Il gioco consiste nel chiedersi: "È possibile produrre MU?". Per cominciare, fornirò una *stringa* (termine col quale in informatica e in logica si denota una sequenza di lettere).* Per non tenere il lettore in sospeso, dirò subito che questa stringa è MI. Poi darò alcune regole con le quali si potrà trasformare una stringa in un'altra. Se una di queste regole è applicabile ad un certo punto, e la si vuole utilizzare, si può farlo; ma se fosse applicabile più di una regola, si è liberi di decidere quale regola usare. Spetta al giocatore scegliere, ed è qui, evidentemente, che giocare il gioco di questo (o di qualunque altro) sistema formale può diventare un'arte. La cosa più importante, forse è inutile dirlo, è che non si deve fare niente che sia contro le regole. A questa restrizione potremmo dare il nome di "Condizione di Formalità". Probabilmente non sarà necessario insistervi in questo Capitolo. Eppure, per quanto strano possa sembrare, prevedo che, quando il lettore proverà a giocare con sistemi formali come quelli che presenterò più avanti, gli verrà fatto di violare in continuazione la Condizione di Formalità, a meno che non abbia già dimestichezza con i sistemi formali.

La prima cosa da dire del nostro sistema formale, il *sistema MIU*, è che esso utilizza soltanto tre lettere dell'alfabeto: M, I, U. Ciò significa che sono stringhe del sistema MIU unicamente quelle in cui compaiono solo queste tre lettere. Ecco alcune stringhe del sistema MIU:

MU
UIM
MUUMUU
UIIUMIUUIMUIIUMIUUIMUIIU

* In questo libro per riferirci alle stringhe adotteremo le seguenti convenzioni. Quando la stringa è stampata negli stessi caratteri del testo, sarà chiusa tra virgolette doppie o semplici. I segni di interpunzione che appartengono alla frase e non alla stringa in questione si troveranno *all'esterno* delle virgolette, come vuole la logica. Per esempio, la prima lettera di questo periodo è 'P', mentre la prima lettera di 'questo periodo' è 'q'. Comunque, se la stringa è in Quadrata Roman ometteremo di solito le virgolette, a meno che la chiarezza non lo richieda. Per esempio, la prima lettera di Quadrata è Q.

Ma, sebbene tutte queste stringhe siano legittime, non sono stringhe "in nostro possesso". In effetti, l'unica stringa finora in nostro possesso è MI. Solo utilizzando le regole che ora introdurrò potremo ingrandire la nostra collezione privata. Ecco la prima regola:

REGOLA I: Se si possiede una stringa che termina con una I, si può aggiungere una U alla fine.

A proposito, qualora non sia già chiaro, vorrei precisare che nella nozione di "stringa" è implicito che le lettere compaiono in un ben determinato ordine. Per esempio, MI e IM sono due stringhe diverse. Una stringa di simboli non è semplicemente un "paniere" di simboli nel quale l'ordine non conta.

Ecco la seconda regola:

REGOLA II: Si abbia M*x*. Allora si può includere M*xx* nella collezione.

Qui di seguito viene illustrato con alcuni esempi ciò che si intende dire con questa regola.

Da MIU si può ottenere MIUIU.
Da MUM si può ottenere MUMUM.
Da MU si può ottenere MUU.

La lettera '*x*' nella regola sta dunque ad indicare una qualsiasi stringa; ma una volta deciso quale stringa stia ad indicare, occorre attenersi alla scelta fatta (fin quando non si faccia nuovamente uso della regola: a quel punto si può fare una nuova scelta). Si osservi il terzo esempio sopra citato. Esso mostra come, una volta in possesso di MU, si possa includere un'altra stringa nella collezione; ma prima bisogna ottenere MU! Vorrei aggiungere un'ultima osservazione a proposito della lettera '*x*': essa non fa parte del sistema formale, non ha lo stesso statuto delle tre lettere 'M', 'I' e 'U'. Tuttavia è utile poter in qualche modo parlare simbolicamente e in generale delle stringhe del sistema. Questa è la funzione di quella '*x*': indicare una stringa arbitraria. Se mai dovesse capitare di includere nella "collezione" una stringa contenente una '*x*', si commetterebbe uno sbaglio, perché le stringhe del sistema MIU non contengono mai delle "*x*"!

Ecco la terza regola:

REGOLA III: Se in una delle stringhe della collezione c'è III, si può costruire una nuova stringa mettendo una U al posto di III.

Esempi:

A partire da UMIIIMU, si può costruire UMUMU.
A partire da MIIII, si può costruire MIU (e anche MUI).
A partire da IIMII, non si può costruire niente di nuovo usando questa regola.
(Le tre I devono essere in fila).
Da MIII, si può costruire MU.

Non si pensi assolutamente di poter adoperare questa regola all'indietro, come nel seguente esempio:

Da MU costruire MIII. ⇐ Questo è sbagliato.

Le regole funzionano a senso unico.

Ecco l'ultima regola:

REGOLA IV: Se all'interno di una delle stringhe della collezione c'è UU, si può eliminarlo.

Da UUU si ottiene U.
Da MUUUIII si ottiene MUIII.

Ecco fatto. Ora il lettore può cominciare a fare i suoi tentativi per produrre MU. Non si deve preoccupare se non ci riesce. Basta semplicemente provarci un po': ciò che conta è farsi un'idea di questo gioco MU. Buon divertimento.

Teoremi, assiomi, regole

La soluzione del gioco MU verrà da me fornita più avanti. Per ora, ciò che importa non è trovare la soluzione, ma cercarla. Probabilmente a questo punto i lettori avranno fatto qualche tentativo per produrre MU. Così facendo, si saranno costruiti una loro collezione privata di stringhe. Stringhe del genere, ottenibili in base alle regole, si chiamano *teoremi*. L'uso corrente che si fa in matematica del termine "teorema" è naturalmente del tutto diverso da quello che ne faremo qui. In matematica, un teorema è un enunciato del linguaggio comune la cui verità è stata dimostrata con una rigorosa argomentazione, come il Teorema di Zenone sull'"Unesistenza" del moto, o il Teorema di Euclide che stabilisce l'esistenza di un'infinità di numeri primi. Ma nei sistemi formali non occorre vedere necessariamente i teoremi come enunciati: essi sono semplicemente stringhe di simboli. E invece di essere *dimostrati*, i teoremi vengono semplicemente *prodotti*, come se uscissero da una macchina, in base a certe regole tipografiche. Per mettere in rilievo questa importante distinzione tra i significati della parola "teorema", in questo libro adotterò la seguente convenzione: se "teorema" appare con l'iniziale maiuscola, il suo significato sarà quello solito: un Teorema è un enunciato, fatto nel linguaggio comune, di cui qualcuno ha dimostrato la verità, servendosi di qualche tipo di argomentazione logica. Se non inizia con la lettera maiuscola, "teorema" avrà il suo significato tecnico: una stringa producibile in un qualche sistema formale. In questa terminologia, il gioco MU consiste nel domandarsi se MU è o non è un teorema del sistema MIU.

Ho fornito gratis un teorema iniziale, e precisamente MI. Un teorema "gratuito" del genere si chiama *assioma*; ancora una volta, il significato tecnico è completamente diverso da quello usuale. Un sistema formale può avere nessun assioma, un solo assioma, più di un assioma, o addirittura un'infinità di assiomi. Nel corso del libro verranno dati esempi di tutti questi tipi di sistema formale.

Ogni sistema formale ha regole per la manipolazione dei simboli, come le quattro regole del sistema MIU. Queste regole si chiamano *produzioni*, o *regole di inferenza*. Userò entrambi i termini.

L'ultima nozione che voglio introdurre a questo punto è quella di *derivazione*. Ecco una derivazione del teorema MUIIU:

(1)	MI	assioma
(2)	MII	da (1) con la regola II
(3)	MIIII	da (2) con la regola II
(4)	MIIIIU	da (3) con la regola I
(5)	MUIU	da (4) con la regola III
(6)	MUIUUIU	da (5) con la regola II
(7)	MUIIU	da (6) con la regola IV

La derivazione di un teorema è una descrizione esplicita, riga per riga, di come quel teorema si possa produrre in virtù delle regole del sistema formale. Il concetto di derivazione si modella su quello di dimostrazione, ma la derivazione è una versione frugale della dimostrazione. Suonerebbe strano se si dicesse di aver *dimostrato* MUIIU, ma non suona altrettanto strano dire di aver *derivato* MUIIU.

Dentro e fuori dal sistema

Nella maggior parte dei casi coloro che affrontano il gioco MU iniziano derivando un certo numero di teoremi completamente a caso, giusto per vedere che genere di cose riescono a ottenere. Abbastanza presto cominceranno ad accorgersi di alcune proprietà dei teoremi che hanno prodotto. È questo il momento in cui l'intelligenza umana entra in scena. Per esempio, non era probabilmente evidente a priori che tutti i teoremi dovessero cominciare con una M. Poi è emersa una regolarità, e non solo la si è potuta vedere, ma si è anche potuto comprenderla guardando le regole, che infatti hanno la proprietà di far sì che ogni nuovo teorema mantenga l'iniziale del teorema precedente. Quindi è possibile far risalire l'iniziale di tutti i teoremi alla prima lettera dell'unico assioma MI: questa è una dimostrazione che i teoremi del sistema MIU debbono tutti cominciare con M.

C'è qualcosa di molto significativo in questo fatto. Esso rivela una delle differenze tra uomo e macchina. Sarebbe certamente possibile – anzi, sarebbe molto facile – programmare un calcolatore per generare, uno dopo l'altro, teoremi del sistema MIU; e potremmo inserire nel programma il comando di fermarsi solo quando venisse prodotta la stringa U. È chiaro che un calcolatore programmato in questo modo non si fermerebbe mai. E ciò non desta meraviglia. Ma come starebbero le cose se si fosse chiesto a un amico di provare a generare U? Non ci si sorprenderebbe se dopo un po' l'amico annunciasse che non ci si può sbarazzare della M iniziale, e che quindi la cosa è impossibile. Anche una persona un po' tarda fa necessariamente qualche osservazione su quel che sta facendo, e queste osservazioni gli fanno intuire chiaramente quali sono i problemi del suo lavoro; questo "intuito" è precisamente ciò che manca al programma del calcolatore, così come l'abbiamo descritto.

Voglio essere molto esplicito su ciò che intendevo quando dicevo che qui si rivela una differenza tra uomo e macchina. Intendevo dire che è *possibile* programmare una macchina per svolgere un compito ripetitivo in modo tale che la macchina non noti mai nemmeno le cose più ovvie riguardo a ciò che sta facendo; è invece inerente alla coscienza dell'uomo accorgersi di alcuni fatti riguardanti le proprie azioni. E questo si è sempre saputo. Se si imposta "1" in una calcolatrice da tavolo e ad esso si aggiunge 1, poi ancora 1, e ancora e ancora 1, e se si continua a fare così per ore e ore, la macchina non imparerà mai a precedere l'operatore compiendo da sola l'azione ripetitiva, mentre ogni persona lo farebbe del tutto naturalmente. O ancora, per prendere un esempio assurdo, un'automobile non afferrerà mai, neanche dopo aver percorso migliaia di chilometri con un eccellente guidatore, che ad essa si chiede di evitare le altre macchine e gli ostacoli sulla strada; e non imparerà mai una strada, nemmeno quella che il suo proprietario fa in continuazione.

La differenza consiste perciò nel fatto che è *possibile* che una macchina agisca senza osservarsi; è invece impossibile che un essere umano agisca senza osservarsi. Si badi che non sto dicendo che tutte le macchine sono necessariamente incapaci di fare osservazioni raffinate; dico semplicemente che alcune macchine lo sono. Né sto dicendo che tutte le persone fanno sempre osservazioni raffinate. La gente infatti è spesso molto disattenta. Ma si possono fare macchine totalmente ottuse, mentre le persone non possono esserlo. E, in effetti, la maggior parte delle macchine costruite finora sono abbastanza vicine alla totale ottusità. Probabilmente questa è la ragione per cui l'ottusità appare agli occhi dei più come il tratto caratteristico delle macchine. Per esempio, se qualcuno dice che un compito è "meccanico", non intende dire che un uomo sarebbe incapace di svolgerlo, ma che solo una macchina potrebbe svolgerlo migliaia di volte di seguito senza mai lamentarsi o annoiarsi.

Uscire dal sistema

È una proprietà inerente all'intelligenza quella di saper uscire dal compito che sta svolgendo per osservare ciò che ha fatto; l'intelligenza è sempre in cerca di regolarità, e spesso le trova. Ora, anche se è vero che un essere intelligente è capace di uscire fuori dal suo compito, ciò non significa che lo farà sempre. Tuttavia una piccola sollecitazione spesso gli basterà. Per esempio, ad un uomo che sta leggendo un libro potrà venire sonno. Invece di proseguire nella lettura finché abbia terminato il libro, molto probabilmente metterà da parte il libro e spegnerà la luce. È "uscito dal sistema": eppure ci sembra la cosa più naturale del mondo. Oppure supponiamo che una persona A guardi la televisione e una persona B entri nella stanza manifestando il suo disappunto di fronte a questa situazione. La persona A crede di aver afferrato il problema e cerca di rimediare uscendo dall'attuale sistema (quel dato programma televisivo) premendo il tasto che seleziona i canali, alla ricerca di un programma migliore. La persona B avrà magari una visione più radicale di come si debba "uscire dal sistema", e cioè spegnendo il televisore! Naturalmente, vi sono casi in cui solo un individuo fuori del comune avrà la percezione di un sistema che condiziona la vita di molte persone, un sistema che prima di allora non era stato nemmeno riconosciuto come tale; individui del genere spesso dedicano la loro vita a convincere gli altri che quel sistema esiste realmente, e che se ne dovrebbe uscire!

Fino a che punto si è insegnato ai calcolatori a uscire dal sistema? Citerò un esempio che ha sorpreso alcuni osservatori. In un torneo di scacchi per calcolatori svoltosi non molto tempo fa in Canada, un programma, il più debole di tutti quelli in gara, possedeva la caratteristica poco comune di abbandonare il gioco molto prima della fine. Non era un eccellente giocatore di scacchi, ma in compenso possedeva almeno la capacità di riconoscere una situazione disperata e di ritirarsi subito, invece di aspettare che l'altro programma avesse eseguito tutto il rituale noioso che porta allo scacco matto. Pur perdendo ogni partita, lo faceva con stile. Molti esperti di scacchi presenti ne furono impressionati. Dunque, se si definisce "il sistema" come "fare le mosse nel gioco degli scacchi", è chiaro che questo programma aveva una raffinata capacità preprogrammata di uscire dal sistema. D'altra parte, se si pensa a "il sistema" come a "qualunque cosa il calcolatore debba fare in base al programma", allora non c'è dubbio che il calcolatore non mostrava la benché minima capacità di uscire da quel sistema.

Nello studio dei sistemi formali è molto importante distinguere il lavorare all'*interno* del sistema dal fare osservazioni ed asserzioni *sul* sistema. Immagino che, come la maggior parte delle persone, il lettore abbia cominciato il gioco MU lavorando all'interno del sistema, e che poi, gradualmente, sia diventato sempre più impaziente, finché questa impazienza non ha raggiunto un livello tale che, senza bisogno di ulteriori considerazioni, sia uscito dal sistema e abbia cercato di valutare attentamente ciò che aveva prodotto, domandandosi perché non era riuscito a produrre MU. Forse così ha trovato la ragione del suo insuccesso; questo è riflettere sul sistema. Forse a un certo punto ha prodotto MIU ; questo è lavorare dentro il sistema. Non vorrei affatto dare l'impressione che questi due modi di procedere siano del tutto incompatibili; sono certo che ogni essere umano è in una certa misura capace di lavorare dentro un sistema e allo stesso tempo di riflettere su ciò che sta facendo. In realtà, nelle cose umane è spesso quasi impossibile fare una netta distinzione tra ciò che è "dentro il sistema" e ciò che è "fuori del sistema"; la vita è costituita da un tale numero di "sistemi", interdipendenti, intrecciati e spesso incoerenti, che potrà sembrare semplicistico discuterne in questi termini. Ma spesso è importante formulare in modo estremamente chiaro idee semplici, così da poterle usare come modelli per l'elaborazione di idee più complesse. Questa è la ragione per cui presento qui i sistemi formali. E ora è venuto il momento di riprendere la discussione sul sistema MIU.

Modo M, modo I, modo U

Il gioco MU è stato formulato in maniera tale da stimolare in qualche misura un'esplorazione del sistema MIU, ciò che si fa derivando teoremi. Ma è stato formulato anche in maniera tale da far capire che il fatto di rimanere dentro il sistema non dovesse necessariamente essere fruttuoso. Incoraggiava perciò un'oscillazione tra i due modi di lavorare. Per separare questi due modi si potrebbero usare due fogli di carta: su un foglio si potrebbe lavorare "come una macchina", riempiendolo perciò esclusivamente con le lettere M, I e U; sul secondo foglio si potrebbe lavorare "in qualità di essere pensante". Su questo secondo foglio si è dunque autorizzati a fare qualunque cosa venga suggerita dall'intelligenza come, per esempio, usare la lingua italiana, annotare idee, lavorare all'indietro, servirsi di abbreviazioni (come la lettera '*x*'), ridurre più passi ad uno solo, modificare le regole per vedere che cosa succede, e così via. Una cosa potrebbe colpirci: che i numeri 2 e 3 hanno un ruolo importante, poiché per sbarazzarci della U ce ne vogliono due, e le I debbono essere in tre per trasformarsi in U ; inoltre si può raddoppiare la lunghezza (salvo la M iniziale) in virtù della regola II. Perciò il secondo foglio conterrà magari qualche idea a questo proposito. Torneremo ancora a discutere questi due possibili modi di affrontare un sistema formale, che chiameremo il *modo Meccanico* (*modo M*) e il *modo Intelligente* (*modo I*). Per completare i nostri modi, così da averne uno per ogni lettera del sistema MIU, menzionerò un ultimo modo, il *modo Ulteriore* (*modo U*), che è l'atteggiamento di fronte alle cose tipico dello Zen. Ne parleremo più a lungo a suo tempo.

Procedure di decisione

Un'osservazione da fare a proposito di questo gioco è che in esso intervengono regole di due opposte tendenze: *regole che allungano* e *regole che accorciano*. Due regole (I e II) permettono di accrescere la lunghezza delle stringhe (ma naturalmente solo con modalità molto rigide, prestabilite); e altre due regole permettono di accorciarle un poco (di nuovo con modalità molto rigide). Apparentemente c'è una varietà illimitata di possibili combinazioni di questi diversi tipi di regole, e questo fatto alimenta la speranza che, in un modo o nell'altro, si possa riuscire a produrre MU. Ciò potrebbe comportare un allungamento della stringa a proporzioni gigantesche e quindi l'estrazione di un pezzo dopo l'altro, finché rimangano due soli simboli; oppure, peggio ancora, potrebbe comportare numerose tappe, nelle quali la stringa verrebbe allungata e successivamente accorciata, per poi essere allungata di nuovo e accorciata di nuovo, e così via. Ma non c'è nessuna garanzia di riuscire a produrre una data stringa. Per esempio, come abbiamo già notato, non c'è modo di produrre U, anche se si è disposti ad accorciare e allungare in eterno.

Tuttavia il caso di U e il caso di MU appaiono del tutto diversi. L'impossibilità di produrre U si riconosce da un indizio molto semplice: la stringa in questione non comincia con una M (requisito obbligatorio per essere un teorema). È molto comodo poter disporre di un metodo così semplice per scoprire i nonteoremi. Ma chi ci dice che questo criterio scoprirà *tutti* i nonteoremi? Esistono magari moltissime stringhe che cominciano con una M pur non essendo producibili. Può darsi che MU sia una di quelle. Ciò significherebbe che il "criterio della lettera iniziale" ha un'utilità limitata: è in grado di scoprire solo una parte dei nonteoremi, mentre altri gli sfuggono. Ma rimane la possibilità che esista un criterio più complesso, capace di distinguere perfettamente stringhe che possono essere prodotte mediante le regole da stringhe per le quali ciò è impossibile. A questo punto ci dobbiamo porre la domanda: "Che cosa intendiamo per criterio?". Può non essere evidente il motivo per il quale questa domanda ha senso, o è importante, in questo contesto. Ma darò un esempio di "criterio" che sembra in qualche modo essere in contrasto con lo spirito del termine.

Immaginiamo un diavoletto che disponga di tutto il tempo che vuole, e che si diverta ad impiegarlo nel produrre teoremi del sistema MIU abbastanza metodicamente. Ecco, per esempio, uno dei possibili modi in cui il diavoletto potrebbe affrontare la cosa:

Primo passo: applicare ogni regola applicabile all'assioma MI. Ciò produce due nuovi teoremi: MIU, MII.

Secondo passo: applicare ogni regola applicabile ai teoremi prodotti col primo passo. Ciò produce tre nuovi teoremi: MIIU, MIUIU, MIIII.

Terzo passo: applicare ogni regola applicabile ai teoremi prodotti col secondo passo. Ciò produce cinque nuovi teoremi: MIIIIU, MIIUIIU, MIUIUIUIU, MIIIIIIII, MUI (oltre a MIU, già ottenuto prima).

.

.

.

Questo metodo produce prima o poi ogni possibile teorema, poiché le regole vengono applicate in ogni ordine concepibile (vedi la Fig. 12). Tutte le combinazioni di regole che allungano e che accorciano di cui discutevamo poco fa alla fine verranno applicate. Tuttavia non è chiaro quanto tempo si debba aspettare prima che una data stringa compaia nell'elenco, poiché i teoremi vengono elencati secondo la lunghezza delle loro derivazioni. Questo non è un ordine particolarmente utile quando si è interessati ad una stringa specifica (come MU) e non si sa nemmeno se esiste per essa una qualche derivazione, e ancora meno quanto possa essere lunga questa eventuale derivazione.

Formuliamo ora il "criterio di teorematicità" preannunciato:

> Procedere finché venga prodotta la stringa in questione; quando ciò avviene, si sa che essa è un teorema; se ciò non avviene mai, vuol dire che essa non è un teorema.

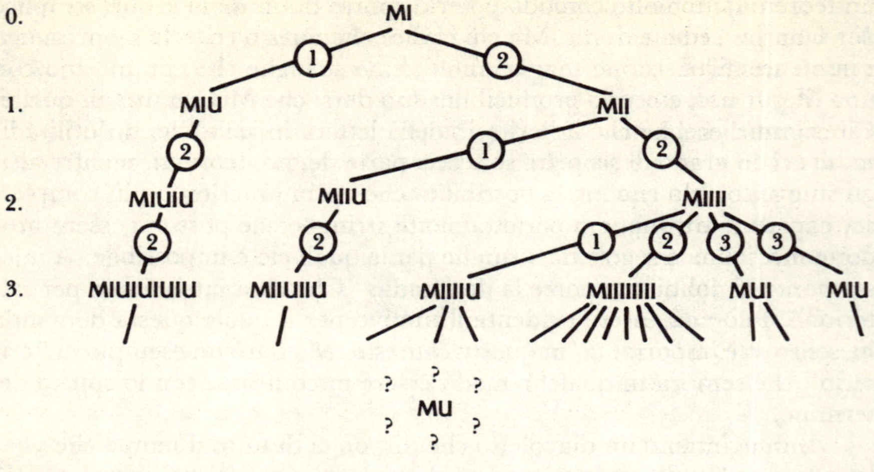

FIGURA 12. L'"albero" di tutti i teoremi del sistema MIU costruito sistematicamente. Il livello N-mo contiene tutti quei teoremi che hanno derivazioni di esattamente N passi. I numeri nei circoletti indicano quale regola sia stata usata in quel passo. MU *compare da qualche parte in questo albero?*

Questo criterio è ridicolo, perché presuppone che non ci importi aspettare addirittura un tempo infinitamente lungo per avere la risposta. Entriamo così nel cuore del problema di ciò che può costituire un "criterio" accettabile. È di primaria importanza che ci venga garantita una risposta entro un tempo finito. Se esiste un criterio di teorematicità la cui applicazione dura un lasso di tempo finito, allora quel criterio si chiama *procedura di decisione* per quel dato sistema formale.

Se si dispone di una procedura di decisione, allora si dispone di una caratterizzazione molto concreta della natura di tutti i teoremi del sistema. A prima vista potrebbe sembrare che le regole e gli assiomi del sistema formale forniscano una caratterizzazione dei teoremi del sistema non meno completa di quella che può offrire una procedura di decisione. La parola delicata è "caratterizzazione". Certo, le regole di inferenza e gli assiomi del sistema MIU *implicitamente* caratterizzano quelle stringhe che sono teoremi. Ancora *più* implicitamente caratterizzano quelle stringhe che *non* sono teoremi. Ma la caratterizzazione implicita per molti fini non è sufficiente. Se qualcuno asserisce di avere una caratterizzazione di tutti i teoremi, ma gli occorre un tempo infinito per concludere che una data stringa non è un teorema, probabilmente gli si farebbe osservare che a quella caratterizzazione manca qualcosa, che non è abbastanza concreta. Per questo è molto importante scoprire se esiste una procedura di decisione. Il significato di una tale scoperta sta nella possibilità di applicare un criterio per decidere se una data stringa è un teorema e di avere anche la garanzia che, per quanto il criterio sia complicato, la sua applicazione *avrà certamente termine*. In linea di principio, il criterio deve essere altrettanto facile, altrettanto meccanico, altrettanto finito, altrettanto garante di certezze quanto lo è controllare se la prima lettera della sequenza è una M. Una procedura di decisione è una "cartina al tornasole" per riconoscere i teoremi!

Per inciso, uno dei requisiti dei sistemi formali è la possibilità di caratterizzare gli *assiomi* mediante una procedura di decisione: deve esistere una cartina al tornasole per riconoscere gli assiomi. In questo modo viene garantito che almeno non si avranno problemi per il decollo! Qui risiede la differenza tra l'insieme degli assiomi e l'insieme dei teoremi: il primo ha sempre una procedura di decisione, il secondo può non averla.

Sono certo dell'unanime consenso dei lettori se dico che questo è proprio il problema che si è dovuto affrontare quando, per la prima volta, ci si è trovati di fronte al sistema MIU. L'unico assioma era noto, le regole di inferenza erano semplici, perciò i teoremi erano stati caratterizzati implicitamente; eppure non era chiaro quali conseguenze potesse avere quella caratterizzazione. In particolare, non era affatto chiaro se MU fosse un teorema oppure no.

FIGURA 13. Castello in aria, *di M.C. Escher (xilografia, 1928).*

Invenzione a due voci

Ovvero:
Quello che la Tartaruga disse ad Achille
di Lewis Carroll[1]

Achille aveva raggiunto la Tartaruga e si era seduto comodamente sulla sua corazza.

"Così lei è arrivato alla fine del percorso?" disse la Tartaruga. "Anche se esso REALMENTE consisteva di una serie infinita di lunghezze? Mi pareva che un qualche bello spirito avesse dimostrato che la cosa non poteva essere fatta".

"Può essere fatta" disse Achille. "È STATA fatta! *Solvitur ambulando.* Vede, le distanze DIMINUIVANO continuamente e quindi...".

"Ma se fossero AUMENTATE continuamente?" interruppe la Tartaruga. "Allora che sarebbe successo?".

"Allora non sarei stato qui" replicò con modestia Achille "e LEI a quest'ora avrebbe fatto parecchie volte il giro del mondo!".

"Lei mi confonde: anzi mi SCHIACCIA" disse la Tartaruga " perché lei È un peso massimo, e questo è certo! Bene. Le piacerebbe sentire la storia di una corsa che quasi tutti immaginano di poter compiere in due o tre salti, mentre in REALTÀ consiste di un numero infinito di passi, ognuno più lungo del precedente?".

"Con grande piacere" rispose il guerriero greco, mentre traeva dal suo elmo (pochi guerrieri greci in quei tempi avevano TASCHE) un enorme quaderno di appunti ed una matita. "Avanti! e parli LENTAMENTE per piacere! La STENOGRAFIA ancora non è stata inventata!".

"Ah, quella splendida Prima Proposizione di Euclide!" mormorò con aria sognante la Tartaruga. "Lei ammira Euclide?".

"Appassionatamente! Almeno quanto si PUÒ ammirare un trattato che sarà pubblicato tra molti secoli!".

"Bene, adesso percorriamo un poco la dimostrazione di quella Prima Proposizione, appena DUE passi, e la conclusione che se ne trae. Gentilmente annoti tutte le proposizioni nel suo quaderno. E per poterci riferire ad esse comodamente, chiamiamole A, B e Z:

(A) Cose che sono uguali alla stessa cosa sono uguali tra di loro.

(B) I due lati di questo Triangolo sono cose che sono uguali alla stessa cosa.

(Z) I due lati di questo Triangolo sono uguali tra di loro.

I lettori di Euclide concederanno, suppongo, che Z segue logicamente da A e B, cosicché chi accetta A e B come vere DEVE accettare Z come vera".

"Certamente. Anche uno scolaro di scuola media, appena le scuole medie saranno inventate, ciò che non accadrà ancora per circa duemila anni, accetterebbe QUESTO".

"E se qualche lettore NON avesse ancora accettato A e B come vere, potrebbe ugualmente accettare come VALIDA la SUCCESSIONE delle proposizioni, suppongo".

"Indubbiamente potrebbe esistere un lettore del genere. Egli potrebbe dire: 'Io accetto come vera la Proposizione Ipotetica che, SE A e B sono vere, allora Z deve essere vera; ma NON accetto A e B come vere'. Un tale lettore farebbe bene ad abbandonare Euclide e a darsi all'ippica".

"E non potrebbe esserci ANCHE qualche lettore che dicesse: 'Accetto A e B come vere, ma NON accetto la Proposizione Ipotetica'?".

"Certamente potrebbe esserci, e anche LUI farebbe meglio a darsi all'ippica".

"E NESSUNO di questi lettori" continuò la Tartaruga "si trova PER ORA nella necessità logica di accettare Z ?".

"Proprio così" assentì Achille.

"Stando così le cose, desidero che lei MI consideri come un lettore del SECONDO tipo e che mi costringa ad accettare Z come vera".

"Una tartaruga che si dia all'ippica sarebbe..." stava cominciando Achille.

"... un'anomalia, naturalmente" interruppe sbrigativamente la Tartaruga. "Ma non divaghi: pensi a Z. Prima occupiamoci di Z e poi ci daremo all'ippica!".

"Devo costringerla ad accettare Z, hmm?" disse Achille pensieroso. "E la sua posizione attuale è che lei accetta A e B, ma NON accetta la Proposizione Ipotetica".

"Chiamiamola C" disse la Tartaruga.

"Quindi lei NON accetta:

(C) Se A e B sono vere, Z deve essere vera".

"È questa la mia posizione attuale" disse la Tartaruga.

"Allora le devo chiedere di accettare C".

"Con piacere, appena lei l'avrà registrata nel suo quaderno. Cos'altro c'è in quel quaderno?".

"Solo alcuni ricordi" disse Achille sfogliando nervosamente le pagine: "ricordi di... delle battaglie nelle quali mi sono distinto!".

"Rimangono molti fogli in bianco, vedo. Bene! NE avremo bisogno" disse la Tartaruga allegramente, mentre un brivido correva per la schiena di Achille. "Ora scriva quello che le detto:

(A) Cose che sono uguali alla stessa cosa sono uguali tra di loro.
(B) I due lati di questo triangolo sono cose che sono uguali alla stessa cosa.
(C) Se A e B sono vere, Z deve essere vera.
(Z) I due lati di questo triangolo sono uguali tra di loro".

"Dovrebbe chiamarla D, non Z" disse Achille. "Perché viene SUBITO DOPO le altre tre. Se lei accetta A, B e C, allora lei DEVE accettare Z".

"Veramente? E perché?".

"Perché è una loro CONSEGUENZA LOGICA. Se A, B e C sono vere, Z DEVE essere vera. Non vorrà negare QUESTO, voglio sperare?".

"Se A, B e C sono vere, Z DEVE essere vera" ripeté pensosamente la Tartaruga. "Questa è un'ALTRA Proposizione Ipotetica, non è vero? E se non percepissi la sua verità, potrei ancora accettare A, B e C SENZA accettare Z, non è così?".

"È così" ammise l'eroe candidamente "sebbene una tale ottusità sarebbe veramente fenomenale. Tuttavia la cosa è POSSIBILE e le devo quindi chiedere di ammettere ancora UN'ALTRA Proposizione Ipotetica".

"Benissimo; sono senz'altro disposta ad ammetterla non appena lei l'avrà registrata nel suo quaderno. Chiamiamola

(D) Se A e B e C sono vere, Z deve essere vera.

Scritto?".

"SCRITTO!" rispose Achille raggiante, mentre riponeva la matita. "E finalmente siamo giunti alla fine di questa corsa ideale! Ora che lei accetta A, B, C e D, lei accetta NATURALMENTE anche Z".

"Sul serio?" disse la Tartaruga con aria innocente. "Cerchiamo di essere assolutamente chiari: io accetto A, B, C, e D, ma supponiamo che mi rifiuti ANCORA di accettare Z?".

"In questo caso la Logica la prenderebbe per la gola e la COSTRINGEREBBE ad accettarla!" rispose Achille in tono di trionfo. "La Logica le direbbe: 'Lei non ha vie di scampo. Ora che ha accettato A, B, C e D, lei DEVE accettare Z!'. Non c'è scelta".

"Qualunque cosa la LOGICA abbia la cortesia di comunicarmi, vale certamente la pena di REGISTRARLA nel suo quaderno" disse la Tartaruga; "quindi, per piacere, scriva:

(E) Se A, B, C, e D sono vere, allora Z deve essere vera.

Finché io non ammetto QUESTO, non ho nessun obbligo di accettare Z. Come vede, si tratta di un passo assolutamente NECESSARIO".

"Capisco" disse Achille e nella sua voce c'era un velo di tristezza.

A questo punto il narratore, avendo faccende urgenti da sbrigare in banca, fu costretto a lasciare la felice coppia e ripassò di lì solo alcuni mesi dopo. Achille stava ancora seduto sulla corazza della tenace Tartaruga e stava scrivendo nel suo quaderno, che sembrava ormai quasi pieno. La Tartaruga stava dicendo: "Ha scritto l'ultimo passo? Se non ho perso il conto siamo a mille e uno e ancora ce ne vorranno diversi milioni. E se non le DISPIACE, come favore personale, considerando quale tesoro di cultura trarranno dal nostro dialogo i Logici del XIX secolo, la prego di accettare di cambiare il suo nome in TORTURUGA secondo un gioco di parole che mia cugina la Finta Tartaruga farà allora".

"Come le aggrada" rispose stancamente il guerriero con toni di vuota disperazione, mentre affondava il viso tra le mani "purché LEI da parte SUA accetti un gioco di parole che la Finta Tartaruga non farà mai e cambi il suo nome in A-CHI-LA-FAI".

CAPITOLO II

Significato e forma in matematica

Questa *Invenzione a due voci* è stata la fonte di ispirazione per i miei due personaggi. Come Lewis Carroll si è preso le sue libertà con la Tartaruga e l'Achille di Zenone, così io mi sono preso le mie libertà con la Tartaruga e l'Achille di Lewis Carroll. Nel dialogo di Carroll, una stessa serie di avvenimenti si ripete all'infinito, con la sola differenza che a ogni ripresa il livello sale; c'è una meravigliosa analogia con il Canone Eternamente Ascendente di Bach. Il Dialogo carrolliano, a prescindere dal suo spirito arguto, pone un problema filosofico profondo: *le parole e i pensieri seguono regole formali o no*? Questo è anche il problema di fondo affrontato in questo libro.

In questo Capitolo e nel prossimo esamineremo alcuni altri sistemi formali. Avremo così una visione molto più vasta del concetto di sistema formale. Verso la fine di questi due Capitoli il lettore dovrebbe essersi fatto un'idea abbastanza precisa della potenza dei sistemi formali, e dovrebbe risultargli chiaro il motivo per cui i matematici e i logici si interessano a questi sistemi.

Il sistema pg

Il sistema formale trattato in questo Capitolo si chiama *sistema pg*. Esso non riveste alcuna importanza per matematici e logici; in realtà si tratta semplicemente di una mia piccola invenzione. La sua utilità risiede soltanto nel fatto che esso fornisce un'ottima illustrazione di molte idee che saranno fondamentali in questo libro. Il sistema pg possiede tre simboli distinti:

p g –

cioè le lettere p, g e il trattino.

Il sistema pg ha un numero infinito di assiomi. Dal momento che non possiamo scriverli tutti, dobbiamo trovare qualche altro modo per indicare come sono fatti. In effetti, vogliamo qualcosa di più di una semplice descrizione degli assiomi; vogliamo un metodo che ci dica se una data stringa è un assioma o no. Una mera descrizione degli assiomi potrebbe caratterizzarli pienamente, ma in modo debole. Abbiamo incontrato questo problema a proposito della caratterizzazione dei teoremi del sistema MIU. Non vorremmo vederci costretti ad investire un lasso di tempo indeterminato, forse addirittura infinito, semplicemente per sapere se una data stringa è o non è un assioma. Definiremo perciò gli assiomi in maniera tale da poter disporre di una procedura di decisione evidente per l'assiomaticità di una stringa composta di un certo numero di p, di g e di trattini.

DEFINIZIONE: *x*p – g*x*– è un assioma ogni qual volta *x* è composto di soli trattini.

Osserviamo che '*x*' deve denotare la stessa stringa di trattini nelle varie occorrenze. Per esempio, – – p – g – – – è un assioma. L'espressione letterale '*x*p – g*x*– ' evidentemente non è un assioma (poiché '*x*' non appartiene al sistema pg); si tratta piuttosto di una specie di stampo dal quale si ricavano tutti gli assiomi; i logici lo chiamano *schema di assiomi*.

Il sistema pg ha una sola regola d'inferenza:

REGOLA: Supponiamo che *x*, *y* e *z* indichino determinate stringhe composte esclusivamente da trattini. Supponiamo inoltre di sapere già che *x*p*y*g*z* è un teorema. Allora *x*p*y*– g*z*– è un teorema.

Facciamo il caso, per esempio, che *x* sia '– –', *y* sia '– – –' e *z* '–'. La regola ci dice:

Se è stato appurato che – – p – – – g – è un teorema, allora lo sarà anche – – p – – – – g – –.

La proposizione (e questo è un aspetto caratteristico delle regole di inferenza) stabilisce un legame di natura causale tra la teorematicità di due stringhe, senza però pronunciarsi sulla teorematicità dell'una o dell'altra.

Come esercizio della massima utilità propongo al lettore di trovare una procedura di decisione per i teoremi del sistema pg. Non è difficile; basta lavorare un poco con il sistema e dopo qualche tentativo la soluzione probabilmente salterà fuori. Buon lavoro.

La procedura di decisione

Prima di tutto, anche se potrà sembrare talmente ovvio da non meritare di parlarne, vorrei sottolineare il fatto che ogni teorema del sistema pg è formato da tre gruppi di trattini con p che separa il primo dal secondo e g che separa il secondo dal terzo, in questo preciso ordine. (Lo si può dimostrare con un argomento basato sulla "eredità", allo stesso modo in cui abbiamo dimostrato che ogni teorema del sistema MIU deve cominciare con la lettera M). Ciò significa che una stringa come – – p – – p – – p – – g – – – – – – – – può venire esclusa, semplicemente in base alla sua forma.

Potrà sembrare sciocco insistere su questo "semplicemente in base alla sua forma"; che cos'altro inerisce a una stringa se non la sua forma? Quale altro elemento potrebbe contribuire a determinare le sue proprietà? Nessuno, chiaramente. Ma teniamolo presente nel procedere della discussione sui sistemi formali; il concetto di "forma" diventerà presto più complicato e più astratto e dovremo riflettere di più sul significato della parola "forma". Ad ogni modo, mettiamoci d'accordo nel chiamare *stringa ben formata* ogni stringa che comincia con un gruppo di trattini seguito da una **p**, poi ha un secondo gruppo di trattini seguito da una **g**, per terminare con un ulteriore gruppo di trattini.

Torniamo al problema della procedura di decisione... Il criterio di teorematicità è che sommando la lunghezza dei primi due gruppi di trattini si deve ottenere la lunghezza del terzo gruppo di trattini. Per esempio, – –p– –g– – – – è un teorema, mentre – –p– –g– non lo è, poiché 2 più 2 non fa 1. Per convincersi della giustezza di questo criterio, si guardi prima di tutto lo schema di assiomi. È chiaro che esso fornisce esclusivamente assiomi che rispondono al criterio della somma. Guardiamo poi la regola di inferenza. Se la prima stringa soddisfa il criterio della somma, anche la seconda deve soddisfarlo; e viceversa, se la prima non lo soddisfa, non lo fa nemmeno la seconda. La regola trasforma il criterio della somma in una proprietà ereditaria dei teoremi: ogni teorema trasmette quella proprietà ai suoi discendenti. Ciò mostra la giustezza del criterio della somma.

Facciamo notare, per inciso, che c'è un elemento nel sistema pg in base al quale, prima ancora di trovare il criterio della somma, avremmo potuto tranquillamente affermare che il sistema è dotato di una procedura di decisione. L'elemento in questione è l'assenza di quella complicazione dovuta all'opposizione tra regole il cui effetto è *allungare* e regole il cui effetto è *accorciare*; il nostro sistema ha solo una regola per allungare. Ogni sistema formale che ha regole per produrre teoremi più lunghi a partire da teoremi più corti, ma non per il contrario, deve possedere una procedura di decisione per i suoi teoremi. Supponiamo infatti di avere una data stringa. Controlliamo prima di tutto se è un assioma o no (do per scontato che vi sia una procedura di decisione per l'assiomaticità, altrimenti non c'è niente da fare). Se si tratta di un assioma, allora è un teorema per definizione, e l'esame è finito. Supponiamo invece che non si tratti di un assioma. Se fosse un teorema, dovrebbe provenire da una stringa più corta mediante l'applicazione di una delle regole. Passando in rivista le varie regole una dopo l'altra, non solo saremo in grado di individuare le regole che potrebbero eventualmente produrre quella stringa, ma potremo anche individuare con esattezza quali fra le stringhe più corte potrebbero comparire come progenitrici nel suo "albero genealogico". In questo modo si "riduce" il problema a quello di decidere se siano teoremi o no alcune altre stringhe di lunghezza inferiore. Ad ognuna di esse si potrà applicare lo stesso criterio. Nella peggiore delle ipotesi si assisterà a un proliferare di stringhe da esaminare, sempre più numerose, ma via via più corte. A mano a mano che si procede così all'indietro, necessariamente ci si avvicina sempre più alla fonte dalla quale discendono tutti i teoremi: gli schemi di assiomi. Il fatto è che non si può accorciare indefinitamente; prima o poi verrà il momento in cui qualcuna delle stringhe più corte sarà riconoscibile come un assioma oppure non ci sarà modo di procedere oltre, avendo ormai constatato che nessuna di esse può essere accorciata ulteriormente con un'applicazione (alla rovescia) di una delle regole. Questo ragionamento ci mostra che un sistema con sole regole per allungare non è particolarmente interessante; è proprio la dinamica tra gli opposti effetti delle regole che accorciano e di quelle che allungano a dare ai sistemi formali un certo qual fascino.

Dal basso in alto oppure dall'alto in basso

Il metodo che ho illustrato poc'anzi potrebbe essere chiamato procedura di decisione *dall'alto in basso*, per distinguerlo dalla procedura di decisione *dal basso in alto* che ora descriverò. Quest'ultima somiglia molto al metodo usato dal diavoletto per generare sistematicamente i teoremi del sistema MIU, ma la presenza di uno schema di assiomi introduce una piccola complicazione. Costituiremo una specie di "paniere" nel quale getteremo i teoremi a mano a mano che vengono generati. Ecco il procedimento da seguire:

(1a) Porre nel paniere l'assioma più semplice possibile, cioè –p–g– –.
(1b) Applicare la regola di inferenza all'oggetto che si trova nel paniere, e mettere il risultato nel paniere.

(2a) Porre nel paniere l'assioma più semplice possibile dopo quello considerato nel passo (1a).
(2b) Applicare la regola di inferenza ad ogni oggetto che si trovi già nel paniere e mettere tutti gli oggetti così ottenuti nel paniere.

(3a) Porre nel paniere l'assioma più semplice possibile dopo quello considerato in (2a).
(3b) Applicare la regola di inferenza ad ogni oggetto che si trovi già nel paniere e mettere tutti gli oggetti così ottenuti nel paniere.

ecc. ecc.

Un attimo di riflessione mostrerà che, andando avanti così, non si può non produrre ogni possibile teorema del sistema pg. Inoltre il paniere si riempirà di teoremi sempre più lunghi col procedere del tempo. Abbiamo qui un'altra conseguenza della mancanza di regole che accorciano. Se quindi si vuole esaminare una data stringa, diciamo – –p– – –g– – – – –, per sapere se è un teorema o no, basta seguire i passi nell'ordine indicato, controllando ad ogni passo se è comparsa la stringa in questione. Se compare, è un teorema! Se invece ad un certo punto tutto ciò che si mette nel paniere è più lungo della stringa in esame, allora essa non comparirà più: vorrà dire che non si trattava di un teorema. Questa procedura di decisione funziona *dal basso in alto*, poiché prende le mosse dagli assiomi, che formano appunto la base. Invece la procedura di decisione che abbiamo descritto precedentemente funziona *dall'alto in basso*, poiché procede esattamente nel senso opposto, spostandosi a ritroso fino ad arrivare agli elementi di base.

Gli isomorfismi inducono significato

Arriviamo ora ad un punto centrale di questo Capitolo, per non dire dell'intero libro. Forse si sarà già notato che i teoremi del sistema pg somigliano alle addizioni. La stringa – – p – – – g – – – – – è un teorema perché 2 più 3 è uguale a 5. Si potrebbe perfino pensare che il teorema – – p – – – g – – – – – sia un *enunciato*, scritto in uno strano modo, il cui *significato* è che 2 più 3 fa 5. Sarebbe ragionevole pensare così? Dirò che ho scelto la lettera 'p' per suggerire 'più', e 'g' per suggerire 'uguale'. Allora, è vero che la stringa – – p – – – g – – – – – *significa* proprio "2 più 3 uguale 5"?

Che cosa potrebbe indurci a pensare così? Io risponderei che abbiamo notato un *isomorfismo* tra teoremi del sistema pg e addizioni. Nell'Introduzione abbiamo definito un "isomorfismo" come una trasformazione che conserva l'informazione. Ora possiamo approfondire un po'di più questo concetto e considerarlo da un altro punto di vista. Si parla di "isomorfismo" quando due strutture complesse si possono applicare l'una sull'altra, cioè far corrispondere l'una all'altra, in modo tale che per ogni parte di una delle strutture ci sia una parte corrispondente nell'altra struttura; in questo contesto diciamo che due parti sono "corrispondenti" se hanno un ruolo simile nelle rispettive strutture. Questo uso del termine "isomorfismo" si basa su un concetto matematico più preciso.

Quando un matematico scopre un isomorfismo tra due strutture note è felice. Spesso si tratta di un "fulmine a ciel sereno", che provoca stupore. Riconoscere un isomorfismo tra due strutture note fa compiere un notevole passo avanti nella conoscenza; io sostengo che la percezione di isomorfismi è ciò che crea i *significati* nella mente umana. Vorrei dire un'ultima cosa sulla percezione degli isomorfismi: visto che un isomorfismo, per parlare in un linguaggio figurato, può assumere varie forme e dimensioni, non è sempre del tutto chiaro se ciò che si è trovato è veramente un isomorfismo. "Isomorfismo" è, quindi, una parola che ha tutta la vaghezza usuale delle parole. E questo è un difetto che ha però anche i suoi lati positivi.

Il nostro caso ci offre un eccellente prototipo del concetto di isomorfismo. C'è un "livello inferiore" di isomorfismo, cioè la possibilità di mettere in corrispondenza le parti di una struttura con le parti dell'altra struttura:

p	⇐⇒	più
g	⇐⇒	uguale
–	⇐⇒	uno
– –	⇐⇒	due
– – –	⇐⇒	tre
	ecc.	

Questa corrispondenza simboli-parole ha un nome: *interpretazione*.

C'è poi, a livello superiore, una corrispondenza tra proposizioni vere e teoremi. Ma, attenzione, questa corrispondenza a livello superiore non potrebbe essere percepita se prima non fosse stata scelta un'interpretazione dei simboli. Sarebbe perciò più esatto parlare di corrispondenza tra proposizioni vere e teoremi *interpretati*. Ad ogni modo, abbiamo messo in evidenza una corrispondenza a due livelli, e ciò è tipico di tutti gli isomorfismi.

Quando ci si trova davanti a un sistema formale del quale non si sa niente e nel quale si spera di poter scoprire un qualche significato nascosto, il problema è precisamente quello di come dare ai suoi simboli un'interpretazione sensata, tale cioè che faccia emergere al livello superiore una corrispondenza tra proposizioni vere e teoremi. A volte, si devono fare molti tentativi alla cieca prima di riuscire a trovare un insieme di parole adatto ad essere associato ai simboli. La cosa somiglia molto ai tentativi fatti per decifrare un codice o un documento scritto in una lingua che non si conosce, come il Lineare B di Creta: l'unico modo possibile di procedere è quello per tentativi ed errori, mediante congetture suggerite dall'esperienza. Quando si azzecca una buona scelta, cioè una scelta "dotata di significato", si capisce subito che è una scelta giusta, e il lavoro va avanti velocemente: presto, tutti i tasselli vanno al loro posto. Quanto possa essere esaltante una simile esperienza ci viene mostrato con eloquenza nel libro di John Chadwick *The Decipherment of Linear B*.

Ma forse non capiterà mai di trovarsi a dover "decodificare" un sistema formale portato alla luce nell'ambito di scavi archeologici! I matematici (e più recentemente i linguisti, i filosofi e altri studiosi) sono gli unici utenti dei sistemi formali, ed essi hanno sempre in mente una interpretazione dei sistemi formali che usano e che mettono in circolazione. Costoro si propongono di elaborare sistemi formali i cui teoremi riflettano isomorficamente una certa parte della realtà. Per questa ragione, la scelta dei simboli è pienamente motivata, così come lo è la scelta delle regole tipografiche dell'inferenza. Quando ho inventato il sistema pg, mi trovavo appunto in una situazione del genere. È chiaro il perché della mia scelta dei simboli. Non è casuale che ci sia isomorfismo tra teoremi e addizioni; questa corrispondenza esiste perché era mio proposito escogitare un sistema tipografico che rappresentasse l'addizione.

Interpretazioni prive di significato e interpretazioni significative

Si possono scegliere interpretazioni diverse dalla mia. Non è necessario che ogni teorema risulti vero. Ma avrebbe invece poco senso dare un'interpretazione nella quale ogni teorema risultasse falso, e ancora meno senso avrebbe un'interpretazione nella quale venisse a mancare ogni legame, sia positivo che negativo, tra teorematicità e verità. Conveniamo perciò di fare una distinzione tra due tipi di interpretazioni di un sistema formale. In primo luogo possiamo avere una interpretazione *priva di significato*, un'interpretazione, cioè, nella quale non vediamo alcuna connessione isomorfa tra i teoremi del sistema e la realtà. Di interpretazioni del genere ve ne sono in abbondanza: una qualunque scelta a caso andrà bene. Prendiamo per esempio la seguente:

p ⇐⇒ cavallo
g ⇐⇒ felice
– ⇐⇒ mela

L'interpretazione di –p–g–– è ora: "mela cavallo mela felice mela mela". Un motivo poetico che potrebbe avere una certa attrattiva per i cavalli, e potrebbe anche indurli a prediligere questo modo di interpretare le stringhe del sistema pg! Tuttavia si intravede ben poco "significato" in questa interpretazione; i teoremi, una volta interpretati, non appaiono più veri o più gradevoli dei non teoremi. Un cavallo potrebbe gradire "felice felice felice mela cavallo" (cui corrisponde ggg–p) né più né meno di un qualunque teorema interpretato.

L'altro tipo di interpretazione è detta *significativa*. Con un'interpretazione siffatta sussisterà una corrispondenza tra teoremi e verità: esisterà, cioè, un isomorfismo tra i teoremi e una qualche porzione di realtà. Per questo motivo conviene distinguere tra *interpretazione* e *significati*. Si può usare una qualsiasi parola per interpretare 'p', ma 'più' è l'unica scelta *significativa* che abbiamo incontrata finora. Insomma, il significato di 'p' sembra essere 'più', anche se questo simbolo è suscettibile di migliaia di altre interpretazioni.

Significati attivi e significati passivi

Il fatto più significativo emerso in questo capitolo, se compreso a fondo, è probabilmente il seguente: il sistema pg sembra obbligarci a riconoscere che *i simboli di un sistema formale, pur non rivestendo inizialmente alcun significato, non possono evitare di assumere un qualche "significato", perlomeno quando vi si può individuare un isomorfismo*. Tuttavia c'è da tener presente che tra il significato in un sistema formale e il significato in un linguaggio naturale sussiste una differenza molto importante: in un linguaggio naturale, una volta che abbiamo imparato il significato di una parola, possiamo formare nuove proposizioni basandoci sul significato di quella parola. In un certo senso, il significato diventa *attivo*, visto che produce una nuova regola per la formazione di frasi. Ciò significa che la nostra padronanza del linguaggio non è un prodotto finito: le regole per produrre frasi aumentano quando impariamo nuovi significati. Viceversa, in un sistema formale, i teoremi sono predeterminati in base alle regole d'inferenza. Possiamo scegliere "significati" basati su un isomorfismo (se possiamo trovarne uno) tra teoremi e proposizioni vere. Ciò non ci autorizza tuttavia ad andare oltre, a creare teoremi nuovi in aggiunta a quelli già stabiliti. La Condizione di Formalità del Capitolo I intendeva mettere in guardia proprio contro questa tentazione.

Nel sistema MIU non c'era naturalmente nessun motivo di andare oltre le quattro regole, poiché non si era cercata né si era trovata alcuna interpretazione. Ma qui, nel nostro nuovo sistema, forti del "significato" appena trovato per ogni simbolo, potremmo essere indotti a pensare che la stringa

– – p – – p – – p – – g – – – – – – – –

sia un teorema. O magari si potrebbe *desiderare* che questa stringa sia un teorema. Ma tale desiderio non cambia il fatto che *non* lo è. E sarebbe un grave errore pensare che "debba" essere un teorema semplicemente perché 2 più 2 più 2 più 2 fa 8. Sarebbe anzi fuorviante la stessa attribuzione di un qualunque significato a questa stringa, dato che essa non è ben formata, e la nostra interpretazione dotata di significato è interamente basata sulle stringhe ben formate.

In un sistema formale il significato deve rimanere *passivo*; possiamo leggere ogni stringa in base al significato dei simboli che la compongono, ma non abbiamo il diritto di creare teoremi nuovi semplicemente in base ai significati che abbiamo attribuito ai simboli. I sistemi formali interpretati stanno a metà strada tra i sistemi privi di significato e i sistemi significativi. Si può pensare che le loro stringhe "esprimano" qualcosa, ma questo fatto deve risultare unicamente una conseguenza delle proprietà formali del sistema.

Doppio senso!

A questo punto voglio distruggere ogni illusione di aver trovato *il* significato dei simboli del sistema pg. Consideriamo la seguente associazione:

p ⇐⇒ uguale
g ⇐⇒ sottratto da
– ⇐⇒ uno
– – ⇐⇒ due
ecc.

Ora – – p – – – g – – – – – ha una nuova interpretazione: "2 uguale 3 sottratto da 5". Naturalmente si tratta di una proposizione vera. Tutti i teoremi risulteranno veri in questa nuova interpretazione, la quale è dotata di significato quanto l'altra. Evidentemente sarebbe sciocco chiedersi quale sia allora *il* significato della stringa. Un'interpretazione è dotata di significato nella misura in cui riflette fedelmente un isomorfismo col mondo reale. Quando vari aspetti del mondo reale sono isomorfi tra loro (in questo caso addizioni e sottrazioni), un dato sistema formale potrà risultare isomorfo ad entrambi, e potrà perciò assumere due significati passivi. Questo tipo di ambivalenza dei simboli e delle stringhe rappresenta un fenomeno estremamente importante. Nel nostro esempio potrà apparire banale, strano, fastidioso. Ma lo incontreremo di nuovo in contesti più profondi, e allora potremo apprezzare tutta la ricchezza delle idee che ne derivano.

Riassumiamo le nostre osservazioni sul sistema pg. In ognuna delle due interpretazioni dotate di significato che abbiamo date, ogni stringa ben formata ha un suo equivalente in un enunciato grammaticale; alcuni di questi risultano veri, altri falsi. In sostanza, le *stringhe ben formate* di un sistema formale sono quelle che, interpretate simbolo per simbolo, danno luogo ad enunciati *grammaticalmente corretti*. (Naturalmente per questo occorre un'interpretazione, ma di solito chi costruisce il sistema formale ha già un'interpretazione in mente). Tra le stringhe ben formate vi sono i teoremi. Questi sono definiti da uno schema di assiomi e da una produzione. Nel concepire il sistema pg il mio obiettivo era di imitare le addizioni: volevo che ogni teorema esprimesse, una volta interpretato, un'addizione vera e, viceversa, volevo che ogni addizione vera di due numeri naturali fosse traducibile in una stringa che risultasse un teorema. Questo obiettivo è stato raggiunto. Si noti perciò che tutte le addizioni sbagliate, come "2 più 3 uguale 6", corrispondono a stringhe che sono ben formate ma non sono teoremi.

Sistemi formali e realtà

Questo è il nostro primo esempio di un sistema formale che è basato su una porzione di realtà e che sembra rispecchiarla perfettamente, in quanto i suoi teoremi sono isomorfi alle verità riguardanti quella porzione di realtà. Tuttavia realtà e sistema formale sono indipendenti. L'isomorfismo tra le due strutture potrebbe venire ignorato del tutto. Ognuna ha la sua autonomia: uno più uno fa due, che si sappia o no che **–p–g––** è un teorema; e **–p–g––** rimane un teorema, anche senza collegarlo con l'addizione.

Potremmo chiederci se questo sistema formale, o più in generale un sistema formale qualsiasi, ci aiuti a chiarire meglio le verità presenti nel dominio dell'interpretazione. Abbiamo imparato qualche nuova addizione grazie alla produzione dei teoremi pg? Certamente no; ma abbiamo imparato qualcosa sulla natura dell'addizione come processo, e cioè che essa può venir facilmente imitata da una regola tipografica che controlla la manipolazione di simboli privi di significato. Questo non è poi così sorprendente, visto che l'addizione è un concetto tanto semplice. È ben noto che l'addizione è alla portata degli ingranaggi di un congegno del tipo registratore di cassa.

Ma è chiaro che, per quanto riguarda i sistemi formali, abbiamo appena scalfito la superficie; è naturale chiedersi quanto grande sia la porzione di realtà il cui comportamento potrebbe essere imitato da un insieme di simboli privi di significato governati da regole formali. È possibile concepire un sistema formale che imiti tutta la realtà? In senso lato, la risposta potrebbe sembrare affermativa. Si potrebbe pensare, per esempio, che la realtà stessa non sia altro che un sistema formale molto complicato. I suoi simboli in tal caso non sono scritti su un foglio di carta, ma sono collocati in uno spazio tridimensionale e sono le particelle elementari, i costituenti di ogni cosa. (Tacito presupposto: c'è un termine nella catena discendente della materia, altrimenti non avrebbe senso parlare di "particelle elementari"). Le "regole tipografiche" sono le leggi della fisica che stabiliscono, data la posizione e la velocità di ogni particella in un dato momento, come queste debbano modificarsi per arrivare a quel nuovo insieme di posizioni e di velocità corrispondente all'istante "successivo". I teoremi di questo immenso sistema formale sono le possibili configurazioni delle particelle nei vari momenti della storia dell'universo. L'unico assioma è (o forse *fu*) la configurazione originale di tutte le particelle all'"inizio del tempo". Questa concezione così grandiosa tuttavia può avere soltanto un interesse puramente teorico; la meccanica quantistica (come anche altre parti della fisica) mette in dubbio perfino il valore teorico di questa idea. In sostanza, ci stiamo chiedendo se l'universo è un sistema deterministico, e questa è una questione aperta.

La matematica e la manipolazione di simboli

Invece di muoverci in un quadro così ampio, limitiamoci a prendere la *matematica* come il nostro "mondo reale". Qui sorge una domanda molto seria: quando concepiamo un sistema formale per rispecchiare una certa parte della matematica, come possiamo essere certi di esservi riusciti, specialmente se non abbiamo già una completa familiarità con quella parte della matematica? Supponiamo che la creazione del sistema formale miri a procurarci nuove conoscenze in quella disciplina. Come potremo sapere che l'interpretazione di ogni teorema è vera prima di aver dimostrato che l'isomorfismo è perfetto? E come possiamo dimostrare che l'isomorfismo è perfetto se non sappiamo già tutto sulle verità della disciplina che stiamo affrontando?

Supponiamo di aver trovato durante alcuni scavi un qualche misterioso sistema formale. Potremmo sperimentare varie interpretazioni e magari trovarne una che sembra rendere vero ogni teorema e falso ogni non teorema. Per una verifica diretta di questa ipotesi potremmo esaminare solo un numero finito di casi. L'insieme dei teoremi sarà con ogni probabilità infinito. Come possiamo *sapere* che tutti i teoremi esprimono verità in questa interpretazione senza avere una conoscenza totale tanto del sistema formale quanto del dominio di interpretazione corrispondente?

Questa è pressappoco la strana situazione nella quale ci troviamo quando proviamo ad affrontare la realtà dei numeri naturali (cioè dei numeri interi non negativi: 0, 1, 2,...) con l'aiuto dei simboli tipografici di un sistema formale. Cercheremo di capire il rapporto tra ciò che definiamo "verità" in aritmetica e ciò che possiamo ottenere con la manipolazione di simboli.

Vediamo brevemente su quale base definiamo veri alcuni enunciati dell'aritmetica e falsi altri. Quanto fa 12 per 12? Tutti sanno che fa 144. Ma quante delle persone che danno questa risposta hanno effettivamente disegnato in qualche momento della loro vita un quadrato di lato 12 per poi contare quanti quadratini contiene? La maggior parte della gente pensa che non sia necessario disegnare e contare; come dimostrazione invece quasi tutti proporrebbero alcuni segni tracciati sulla carta, come questi:

$$\begin{array}{r} 12 \times \\ 12 = \\ \hline 24 \\ 12 \\ \hline 144 \end{array}$$

Questa sarebbe la "dimostrazione". Quasi tutti sono convinti che il conteggio dei quadratini darebbe 144; pochi avrebbero dubbi sul risultato.

Il conflitto tra i due punti di vista diventa ancora più evidente se consideriamo il problema di determinare il valore di 987.654.321 × 123.456.789. Prima di tutto è praticamente impossibile costruire il rettangolo necessario in questo caso; e, ciò che è peggio, anche se lo *avessimo* costruito, e interi eserciti di persone passassero secoli e secoli a contare i quadratini, solo una persona particolarmente ingenua sarebbe disposta ad accettare la risposta finale. Troppo grande è la probabilità che in qualche modo, in qualche punto, qualcuno si sbagli nel contare. Sarà mai possibile conoscere la risposta? Sì, se ci fidiamo del procedimento simbolico che consiste nella manipolazione delle cifre secondo certe regole semplici. Ai bambini dicono che quella è la ricetta per ottenere la risposta giusta; e per molti bambini ciò che giustifica quel procedimento si perde senza lasciar traccia. Le leggi della "moltiplicazione in colonna" sono basate essenzialmente su alcune proprietà dell'addizione e della moltiplicazione che si ipotizzano valide per tutti i numeri.

Le leggi fondamentali dell'aritmetica

Il tipo di ipotesi al quale mi riferisco è illustrato qui di seguito. Mettiamo in fila alcune barrette:

/ // //// / /

Ora chiediamo a due persone di contarle, ma cominciando una da sinistra e l'altra da destra. Siamo sicuri che entrambe otterranno lo stesso risultato? Il risultato di un procedimento di conteggio è indipendente dal modo in cui esso viene effettuato. Questa è appunto un'ipotesi che si fa sulla natura del contare. Non avrebbe senso cercare di dimostrarla, visto che è così fondamentale: o lo si vede o non lo si vede; ma nel secondo caso una dimostrazione non servirebbe a nulla.

Da questa ipotesi si può giungere alla commutatività e all'associatività dell'addizione o in altre parole, rispettivamente, all'uguaglianza $b + c = c + b$ e all'uguaglianza $b + (c + d) = (b + c) + d$. La stessa ipotesi può condurre anche alla commutatività e all'associatività della moltiplicazione. Basta pensare a molti cubetti disposti in maniera tale da formare un grande parallelepipedo rettangolo. La commutatività e l'associatività della moltiplicazione equivalgono precisamente ad ipotizzare che ruotando quel parallelepipedo rettangolo in vari modi non cambierà il numero di cubetti in esso contenuti. Ora, non è possibile verificare questa ipotesi in tutti i casi possibili, essendo il numero di tali casi infinito. Lo diamo per scontato; ci crediamo profondamente (se mai ci capita di rifletterci). La quantità di denaro che ci troviamo in tasca non cambia mentre camminiamo lungo la strada, anche se le monete vengono sballottate su e giù; il numero dei nostri libri non cambia se li mettiamo in una scatola, li carichiamo sulla macchina, facciamo cento chilometri, scarichiamo la scatola, la svuotiamo e sistemiamo i libri su un nuovo scaffale. Tutto questo fa parte di ciò che intendiamo per *numero*.

Esiste una categoria di persone che, ogni volta che viene descritto un fatto innegabile, si diverte a dimostrare che in fondo quel "fatto" è falso. Io appartengo a questa categoria, e appena finito di compilare gli esempi visti sopra, con le barrette, il denaro e i libri, mi sono messo a inventare situazioni nelle quali le cose vanno diversamente. Alcuni lettori potrebbero avere fatto la stessa cosa. Ciò dimostra che i numeri come astrazione sono veramente una cosa ben diversa dai numeri che usiamo tutti i giorni.

Spesso e volentieri si usano espressioni che violano le leggi fondamentali dell'aritmetica per esprimere verità "più profonde", come "1 più 1 fa 1" (a proposito degli amanti), o "1 più 1 più 1 fa 1" (per la Trinità). È facile scoprire falle in queste espressioni: si può osservare che il 'più' è usato in modo improprio nei due esempi citati. Ma casi del genere si verificano continuamente. Due gocce d'acqua, scorrendo lungo il vetro di una finestra, si fondono: uno più uno fa dunque uno? Una nuvola si spacca in due: un'altra conferma della legge precedente? Non è affatto facile distinguere nettamente tra situazioni nelle quali ciò che succede può venir descritto correttamente come un'"addizione", e quelle nelle quali è preferibile un'altra parola. Se si riflette sulla questione, si arriverà probabilmente ad elaborare un qualche criterio che si basa sulla separazione spaziale degli oggetti in gioco e che garantisce la possibilità di distinguere chiaramente ogni oggetto dagli altri. Ma allora come si potrebbero contare le idee? O il numero dei gas presenti nell'atmosfera? Cercando un po', si possono forse trovare frasi come questa: "In India si parlano 17 lingue e 462 dialetti". Fa uno strano effetto leggere asserzioni tanto precise quando gli stessi concetti di "lingua" e di "dialetto" sono vaghi e imprecisi.

Numeri ideali

I numeri come entità reali hanno una pessima condotta. Eppure è credenza antica e innata che i numeri non debbano comportarsi male. C'è qualcosa di netto e di puro nel concetto astratto di numero, ben lontano dal conteggio di goccioline, nuvolette e dialetti. E deve esistere un modo per parlare dei numeri al riparo dalle interferenze della stupida realtà. Le leggi solide e ben squadrate che governano i numeri "ideali" costituiscono l'aritmetica e le loro conseguenze più avanzate la teoria dei numeri. C'è una sola domanda pertinente da porsi quando si passa dai numeri

FIGURA 14. Liberazione, *di M.C. Escher (litografia, 1955).*

come entità concrete ai numeri come entità formali. Avendo deciso di far rientrare l'intera aritmetica in un sistema ideale, c'è veramente la possibilità di farlo in modo completo? I numeri sono davvero così netti, cristallini e regolari come sembrano, ed è proprio vero che la loro natura può essere completamente racchiusa entro le regole di un sistema formale? *Liberazione* (Fig. 14), una delle più belle opere di Escher, rappresenta un meraviglioso contrasto tra ciò che è libero e ciò che è formalizzato, con una affascinante zona di transizione. I numeri sono forse veramente liberi come gli uccelli? Soffrono altrettanto quando vengono cristallizzati in un sistema che ubbidisce a regole? Esiste una zona magica di transizione tra i numeri della realtà e quelli scritti sulla carta?

Quando parlo delle proprietà dei numeri naturali, non mi riferisco soltanto a proprietà quali quella della somma di due particolari numeri interi. Nella somma basta contare per avere la soluzione, e chiunque è cresciuto nel nostro secolo non può dubitare che sia possibile meccanizzare i procedimenti del contare, sommare, moltiplicare e così via. Mi riferisco al tipo di proprietà la cui esplorazione interessa i matematici, a problemi per i quali nessun procedimento di conteggio potrebbe fornire una soluzione, nemmeno in linea di principio. Prendiamo un esempio classico di una proprietà del genere, come quella affermata nell'enunciato: "Esiste un'infinità di numeri primi". Anzitutto non esiste alcun procedimento di conteggio che potrebbe mai confermare o invalidare questa affermazione. Potremmo al massimo contare i numeri primi per un certo lasso di tempo e ammettere che ve ne sono "parecchi". Ma col solo contare non si potrebbe mai risolvere la questione se il numero dei numeri primi è finito o infinito. Potrebbero sempre esistere altri numeri primi, oltre quelli contati. L'enunciato, che si chiama "Teorema di Euclide" (si noti la "T" maiuscola), è tutt'altro che evidente. Potrà sembrare ragionevole o attraente, ma non è evidente. Eppure, dai tempi di Euclide, i matematici l'hanno sempre dichiarato vero. Per quale ragione?

La dimostrazione di Euclide

La ragione è che il *ragionamento* dice loro che è così. Seguiamo il ragionamento che viene fatto. Prenderemo in considerazione una variante della dimostrazione di Euclide. Questa dimostrazione consiste nel far vedere che, comunque si scelga un numero, esiste sempre un numero primo maggiore del numero scelto. Prendiamo un numero: N. Moltiplichiamo tra loro tutti gli interi positivi a cominciare da 1 fino a N. In altre parole, formiamo N fattoriale, che si scrive "$N!$". Il numero così ottenuto è divisibile per N e per tutti i numeri minori di N. Se si aggiunge 1 a $N!$, il risultato

non può essere un multiplo di 2	(perché il suo resto nella divisione per 2 è 1);
non può essere un multiplo di 3	(perché il suo resto nella divisione per 3 è 1);

non può essere un multiplo di 4 (perché il suo resto nella divisione per 4 è 1);

.
.
.

non può essere un multiplo di N (perché il suo resto nella divisione per N è 1);

In altre parole, gli eventuali divisori di $N! + 1$ (diversi da 1 e dallo stesso $N! + 1$), se pure esistono, devono essere maggiori di N. Quindi, o $N! + 1$ è esso stesso primo, oppure i numeri primi di cui è multiplo sono maggiori di N. Ma in entrambi i casi esisterà allora un numero primo maggiore di N. Questo ragionamento vale per ogni possibile numero N. Qualunque sia N, esiste un numero primo maggiore di N. E così abbiamo dimostrato l'esistenza di un'infinità di numeri primi.

Diciamo per inciso che l'ultimo passo si chiama *generalizzazione*. Incontreremo di nuovo la generalizzazione più avanti, in un contesto più formale. Essa consiste nel formulare un'argomentazione in termini di un dato numero (N), osservare poi che N era un numero qualunque, e che quindi l'argomentazione è valida in generale.

La dimostrazione di Euclide è tipica di ciò che costituisce la "vera matematica". È semplice, irrefutabile e bella. Fa vedere come con una serie di passi relativamente piccoli ci si può allontanare di molto dal proprio punto di partenza. Nel nostro caso, i punti di partenza erano le idee fondamentali sulla divisione, la moltiplicazione e così via. I piccoli passi sono le tappe del ragionamento. E, sebbene ogni singolo passo del ragionamento appaia evidente, il risultato finale non lo è. Non potremo mai verificare direttamente se l'enunciato è vero o no; eppure ci crediamo, perché crediamo nel ragionamento. Se si accetta il ragionamento, non c'è possibilità di fuga: una volta che si sia d'accordo sul fatto di ascoltare Euclide fino alla fine, si dovrà essere d'accordo con la sua conclusione. È una fortuna che sia così, perché significa che i matematici saranno sempre d'accordo su quali proposizioni indicare come "vere" e quali indicare come "false".

Questa dimostrazione dà un esempio di un procedimento metodico del pensiero. Ogni proposizione è legata indissolubilmente a quelle precedenti. Ecco perché si chiama "dimostrazione" anziché semplicemente "buona testimonianza". In matematica si cerca sempre di dare una dimostrazione ferrea di una proposizione non evidente. Il fatto stesso che i passi siano connessi tra loro in modo ferreo suggerisce l'idea che potrebbe esserci una *struttura regolamentata* che collega le proposizioni le une alle altre. Il modo migliore per rendere visibile questa struttura è di trovare un nuovo dizionario, un dizionario stilizzato fatto di simboli, che serva soltanto ad esprimere proposizioni sui numeri. Allora potremo vedere come si presenta la dimostrazione nella sua nuova versione. Essa consisterà di un insieme di enunciati legati tra loro, riga per riga, in un qualche modo che si potrà scoprire. Ma gli enunciati, essendo rappresentati mediante un insieme ridotto e stilizzato di simboli, assumeranno l'aspetto di *configurazioni regolari*. In altre parole, anche se, leggendoli ad alta voce, ci appariranno come proposizioni riguardanti i numeri e le loro proprietà, quando li guarderemo sulla carta li vedremo come configurazioni astratte; e allora la struttura che emerge dalla dimostrazione riga dopo riga comincerà ad apparire come una lenta trasformazione di configurazioni in base a poche regole tipografiche.

Aggirare l'infinito

La dimostrazione di Euclide dimostra che *tutti* i numeri posseggono una certa proprietà, e tuttavia evita di trattare separatamente ognuno degli infiniti casi. Aggira la difficoltà usando frasi come "qualunque sia *N*", o "comunque si scelga *N*". Potremmo anche riformulare la dimostrazione usando l'espressione "per ogni *N*". Conoscendo il contesto appropriato e il modo corretto di usare queste espressioni, potremo sempre evitare di dover lavorare con un numero infinito di enunciati. Lavoreremo solo con due o tre concetti, come la parola "ogni", oppure "tutti" che, pur essendo finiti di per sé, incorporano un'infinità. Facendo uso di queste parole, aggiriamo il vero problema consistente nel fatto che in realtà noi vogliamo dimostrare un numero infinito di casi.

Usiamo la parola "tutti" secondo alcuni schemi determinati dai procedimenti di ragionamento del pensiero. Esistono cioè delle *regole* alle quali ubbidisce il nostro uso di "tutti". Possiamo non esserne coscienti e possiamo sostenere che ci basiamo sul *significato* della parola. Ma, dopo tutto, questa è semplicemente una circonlocuzione per dire che siamo guidati da regole che non rendiamo mai esplicite. Per tutta la nostra vita ci siamo abituati ad usare le parole seguendo determinati schemi, e invece di chiamare questi schemi "regole", attribuiamo il modo di procedere del nostro pensiero al "significato" delle parole. Questa scoperta è stata cruciale nel lungo cammino verso la formalizzazione dell'aritmetica.

Se si analizzasse ancora più a fondo la dimostrazione di Euclide, ci si accorgerebbe che essa si compone di moltissimi piccoli passi quasi infinitesimali. E se tutti questi passi venissero esplicitati riga per riga, la dimostrazione apparirebbe terribilmente complicata. La nostra mente vede le cose con maggiore chiarezza quando molti di questi passi vengono concentrati in un unico enunciato. Se provassimo ad osservare la dimostrazione nel suo lento dipanarsi, potremmo cominciare a discernervi gli schemi veramente elementari. In altre parole, la "dissezione" può spingersi solo fino a un certo limite, oltre il quale ci si scontra con la natura "atomica" dei procedimenti del ragionamento. Possiamo scomporre una dimostrazione in una serie di salti piccoli, ma pur sempre discontinui. Se invece la osserviamo con un maggiore distacco, sembrerà che essa fluisca con continuità. Nel Capitolo VIII indicherò un metodo per scomporre la dimostrazione in unità atomiche, e si vedrà la quantità incredibile di passi che vi si possono contare. Per certi versi ciò non è poi così sorprendente. Le operazioni che nel cervello di Euclide hanno condotto all'invenzione di quella dimostrazione debbono aver attivato milioni di neuroni (cellule nervose), molti dei quali scaricavano a un ritmo di molte centinaia di impulsi al secondo. Anche semplicemente per pronunciare una frase vengono attivati centinaia di migliaia di neuroni. Se dunque i pensieri di Euclide erano così complicati, è comprensibile che la sua dimostrazione contenga un enorme numero di passi! (Non ci sarà magari un legame diretto tra l'attività dei neuroni nel cervello di Euclide e una dimostrazione del nostro sistema formale, ma la complessità dei due processi è paragonabile. È come se la natura volesse salvaguardare la complessità della dimostrazione dell'infinità dei numeri primi, anche quando i sistemi nei quali questa viene elaborata sono molto diversi tra loro).

Nei prossimi capitoli presenterò un sistema formale che (1) contiene un vocabolario stilizzato nel quale si possono esprimere tutti gli enunciati sui numeri naturali, e (2) possiede regole che corrispondono a tutti i tipi di ragionamento che appaiono necessari. A questo proposito, un problema molto importante che discuteremo è se le regole per la manipolazione dei simboli che formuleremo hanno effettivamente la stessa potenza (per quanto riguarda l'aritmetica) delle nostre capacità di ragionamento mentale o, più in generale, se è possibile in linea di principio raggiungere il livello delle nostre capacità mentali usando un opportuno sistema formale.

Sonata per Achille solo

Il telefono squilla, risponde Achille.

Achille: Pronto, qui parla Achille.
Achille: Oh, salve, signorina Tartaruga, come sta?
Achille: Un tarta-ssante torcicollo? Oh, mi dispiace. Ha idea di che cosa può averlo provocato?
Achille: Per quanto tempo lo ha tenuto in quella posizione?
Achille: Ma allora non c'è da meravigliarsi che sia rigido. Santo cielo, che cosa le ha fatto tenere il collo in quella posizione per tanto tempo?
Achille: Come? Tantissimi? Che specie, ad esempio?
Achille: Che cosa dice? "Animali fantasmagorici"?
Achille: Non era terrificante vederne così tanti tutti insieme?

FIGURA 15. Mosaico II, *di M.C. Escher (litografia, 1957).*

Achille: Una chitarra!? L'ultima cosa che uno si aspetterebbe di trovare in mezzo a tutte quelle strane creature. Ma mi dica, lei suona la chitarra?

Achille: A me sembra che sia più o meno la stessa cosa.

Achille: Ha ragione. Mi chiedo come è possibile che non abbia mai notato prima questa differenza fra il violino e la chitarra. A proposito di violini, che ne direbbe di venire da me ad ascoltare una delle sonate per violino solo del suo compositore preferito J.S. Bach? Ne ho appena comprata una stupenda registrazione. Ancora non mi rendo conto di come Bach abbia potuto creare un pezzo così interessante con un solo strumento.

Achille: Un terebrante mal di testa? Oh, che peccato. Forse dovrebbe mettersi subito a letto.

Achille: Capisco. Ha provato a contar le pecore?

Achille: Oh, oh, certo. Lo capisco perfettamente. Bene, se è così appassionante, forse farebbe bene a parlarmene; potrei giocarci un po' anch'io.

Achille: Una parola con le lettere 'R', 'E', 'B', 'R', 'A', 'N' consecutive all'interno di essa? Humm... Che ne dice di "Bernardo"?

Achille: È vero, in "Bernardo" le lettere non sono consecutive, vi compaiono con due inversioni.

Achille: Ore ed ore? Ma allora ne avrò per un bel pezzo con questo indovinello; dove ha imparato questo giochetto infernale?

Achille: Vuole dire che era atteggiato come se stesse meditando su questioni di buddhismo esoterico, quando in realtà stava soltanto cercando di inventare complicati giochi di parole?

Achille: Ah, la lumaca sapeva che cosa stava facendo questo signore! Ma come le è accaduto di parlare con la lumaca?

Achille: Senta, io una volta conoscevo un giochetto molto simile a questo, vuole sentirlo? O pensa che possa acuire il suo mal di testa?

Achille: Sono d'accordo, non può far male. Eccolo: quale parola comincia con le lettere TE e termina con TE?

Achille: Molto ingegnoso; ma questo è quasi barare; non è certamente la soluzione che avevo in mente.

Achille: Naturalmente lei ha ragione: soddisfa le condizioni, ma è un tipo di soluzione 'degenere'; c'è un'altra soluzione a cui pensavo.

Achille: Esattamente! Ma come ha fatto a venirne a capo così presto?

Achille: Così ecco un caso in cui avere un terebrante mal di testa può essere stato d'aiuto. Eccellente! Ma sono ancora a terra per quanto riguarda il suo "REBRAN".

Achille: Congratulazioni! Ora forse riuscirà a dormire! Allora mi dica, qual è la soluzione?

Achille: Bene, in genere non mi piacciono gli aiuti, ma per questa volta va bene: di che si tratta?

Achille: Non capisco che cosa vuole dire quando parla di "figura" e "sfondo" in questo caso.

Achille: Certamente conosco *Mosaico II*. Conosco TUTTE le opere di Escher.

Non per niente è il mio artista preferito. In ogni caso, ho una copia di *Mosaico II* appesa alla parete e da qui la vedo interamente.

Achille: Sì, vedo tutti gli animali neri.

Achille: Sì, vedo anche come il loro "spazio negativo", cioè quello che resta, definisce gli animali bianchi.

Achille: Ah, è QUESTO che lei vuol dire con "figura" e "sfondo". Ma che cosa c'entra con l'indovinello di "REBRAN"?

Achille: Oh, questo è troppo complicato per me. Ho l'impressione che anche a me fra poco verrà un terebrante mal di testa.

Achille: Vuol venire qui adesso? Ma io pensavo...

Achille: Benissimo. Forse a quel punto avrò trovato la soluzione del SUO indovinello, utilizzando il suo suggerimento di pensare a "figura-sfondo" e di correlarlo al MIO.

Achille: Mi piacerebbe suonarle per lei.

Achille: Ha fatto una teoria su di esse?

Achille: Accompagnate da quale strumento?

Achille: Bene, ma se è così, mi sembra un po' strano che non abbia scritto la parte per clavicembalo allora, e che l'abbia pubblicata lo stesso.

Achille: Capisco. Una specie di *ad libitum*. Si possono ascoltare in entrambi i modi, con o senza accompagnamento. Ma come si può sapere quale doveva essere l'accompagnamento?

Achille: Ah sì, credo sia la soluzione migliore dopo tutto: lasciar la cosa all'immaginazione dell'ascoltatore. E forse, come lei dice, può anche darsi che Bach non abbia mai avuto in mente alcun accompagnamento. Quelle sonate sembrano andar benissimo così come sono.

Achille: Giusto. Bene, a tra poco.

Achille: Arrivederci, signorina T.

CAPITOLO III

Figura e sfondo

Numeri primi e numeri composti

FA UNO STRANO effetto pensare che i concetti possano essere catturati mediante semplici manipolazioni tipografiche. L'unico concetto che fino a questo momento abbiamo catturato è quello di addizione, e può darsi che ciò non sia apparso così strano. Supponiamo di voler creare un sistema formale i cui teoremi abbiano la forma P*x*, dove la lettera *x* sta per una stringa di trattini, e in cui, per essere un teorema, tale stringa debba contenere esattamente un numero primo di trattini. P– – – sarebbe perciò un teorema, ma P– – – – non lo sarebbe. Come si potrebbe far ciò con operazioni tipografiche? Prima di tutto occorre specificare con chiarezza che cosa si intende per operazioni *tipografiche*. Con i sistemi MIU e pg abbiamo già preso visione dell'intero repertorio di tali operazioni, e ci rimane solo da fare un elenco del tipo di cose che ci sono consentite:

(1) leggere e riconoscere qualsiasi elemento di un insieme finito di simboli;
(2) scrivere sulla carta qualsiasi simbolo di quell'insieme;
(3) spostare quei simboli da un posto all'altro;
(4) cancellarli;
(5) controllare se un dato simbolo è uguale a un altro;
(6) compilare e consultare un elenco di teoremi precedentemente generati.

Quest'elenco è un po' ridondante, ma non importa. Ciò che conta è che sicuramente esso contiene operazioni che richiedono solo capacità banali, ognuna decisamente inferiore alla capacità di distinguere un numero primo da uno che non lo è. Ma come potremo combinare insieme alcune di queste operazioni in modo da creare un sistema formale nel quale i numeri primi vengano distinti dagli altri?

Il sistema mg

Un primo passo potrebbe essere quello di cercare la soluzione di un problema più semplice ad esso connesso. Potremmo tentare di costruire un sistema simile al sistema pg, ma che rappresenti la moltiplicazione anziché l'addizione. Chiamiamolo *sistema mg,* dove 'm' sta per 'moltiplicato'. Più precisamente, sia *x* una stringa composta di *X* trattini, *y* una stringa con *Y* trattini, e *z* una stringa con *Z* trattini (si noti la particolare cura che pongo nel distinguere una stringa dal numero di trattini in essa contenuti); allora vogliamo che la stringa *x*m*y*g*z* sia un teorema se e solo se *X* moltiplicato *Y* è uguale a *Z*. Per esempio, – – m – – – g – – – – – – dovrebbe essere un teorema, poiché 2 per 3 fa 6, mentre – – m – – g – – – non dovrebbe essere un teorema. Il sistema mg può essere caratterizzato altrettanto facilmente del sistema pg; sono infatti sufficienti uno schema di assiomi e una regola di inferenza:

SCHEMA DI ASSIOMI: *x*m – g*x* è un assioma ogni volta che *x* è una stringa di trattini.

REGOLA DI INFERENZA: Supponiamo che *x*, *y* e *z* siano stringhe di trattini e che *x*m*y*g*z* sia già acquisito come teorema. Allora *x*m*y* – g*zx* è un nuovo teorema.

Ecco una derivazione del teorema – – m – – – g – – – – – –:

(1)	– – m – g – –	(assioma)
(2)	– – m – – g – – – –	(applicando la regola alla riga (1) che è un teorema già acquisito)
(3)	– – m – – – g – – – – – –	(applicando la regola alla riga (2) che è un teorema già acquisito)

Si noti che, per ogni applicazione della regola, la stringa di trattini tra m e g si allunga di un'unità; è perciò prevedibile che per ottenere un teorema con al centro una stringa di dieci trattini occorrerà applicare la regola nove volte di seguito.

Catturiamo ciò che è composto

La moltiplicazione, un concetto un po' più elaborato dell'addizione, è stata ora "catturata" tipograficamente, come gli uccelli in *Liberazione* di Escher. E il concetto di numero primo? Propongo il seguente piano di lavoro che non sembra male: con l'aiuto del sistema mg, definiamo un nuovo insieme di teoremi dalla forma C*x* che specificano i numeri *composti*.

REGOLA: Se *x*, *y* e *z* sono stringhe di trattini, e *x* – m*y* – g*z* è un teorema, allora C*z* è un teorema.

Ciò equivale a dire che *Z* (il numero di trattini in *z*) è un numero composto, visto che è il prodotto di due numeri maggiori di 1, cioè di *X* + 1 (il numero di trattini in *x* –) e *Y* + 1 (il numero di trattini in *y* –). Ho così giustificato questa nuova regola, fornendo al lettore alcune spiegazioni nel "modo Intelligente". I lettori di questo libro sono infatti, presumibilmente, esseri umani, e vogliono quindi sapere *perché* si dà quella regola. Se il loro unico modo di procedere fosse il "modo Meccanico", non occorrerebbe alcuna giustificazione, poiché chi lavora nel modo M segue semplicemente le regole, meccanicamente e felicemente, senza mai interrogarsi sul loro perché!

Dato che noi lavoriamo nel modo I, tendiamo ad attenuare nella nostra mente la distinzione tra stringhe e loro interpretazione. Ma bisogna stare attenti, perché è facile fare confusione quando si intravede un "significato" nei simboli che vengono manipolati. Occorrerà combattere la tendenza a pensare che la *stringa* '– – –' sia il *numero* 3. La Condizione di Formalità, che a qualcuno può essere sembrata inutile a suo tempo (perché sembrava addirittura ovvia), diventa ora difficile da rispettare e decisiva. È essenziale per evitare di confondere il modo I col modo M. In altre parole, essa impedisce di confondere fatti aritmetici con teoremi tipografici.

Una caratterizzazione illegittima dei numeri primi

È una grossa tentazione saltare ora direttamente dai teoremi del tipo C ai teoremi del tipo P proponendo una regola come questa:

REGOLA PROPOSTA: Sia *x* una stringa di trattini. Se C*x* *non* è un teorema, allora P*x* *è* un teorema.

L'errore fatale in questa proposta è che controllare che C*x* *non* sia un teorema non è un'operazione tipografica consentita. Per sapere con certezza che MU non è un teorema del sistema MIU, occorre *uscire* dal sistema... e altrettanto può dirsi per la Regola Proposta. Si tratta di una regola che viola l'intera idea di sistema formale nella misura in cui invita a lavorare in modo non formalizzato, cioè fuori dal sistema. L'operazione tipografica indicata al sesto posto del nostro elenco permette di consultare l'elenco dei teoremi già trovati, ma la Regola Proposta chiede di consultare un ipotetico "Elenco dei nonteoremi". Per compilare un simile elenco, occorre ragionare *fuori dal sistema*: occorre un ragionamento che mostri perché certe stringhe non possono venire generate nel sistema. In realtà, è possibile che esista un *altro* sistema formale capace di generare l'"Elenco dei nonteoremi" con mezzi puramente tipografici. In effetti, il nostro obiettivo è proprio di trovare un sistema del genere. Ma la Regola Proposta non è una regola tipografica, e bisogna lasciarla cadere.

Questo punto è talmente importante che conviene insistervi ancora. Nel nostro *sistema C* (che comprende il sistema mg e la regola che definisce i teoremi di tipo C), abbiamo teoremi di forma C*x*, dove '*x*' indica, come al solito, una stringa costituita da soli trattini. Esistono anche nonteoremi di forma C*x*. (È a questi che mi riferisco quando parlo di "nonteoremi", anche se naturalmente mm–Cgg e altri garbugli mal formati sono anch'essi nonteoremi). La differenza consiste nel fatto che la *C* nei teoremi è seguita da un numero composto di trattini, mentre nei nonteoremi è seguita da un numero primo di trattini. Ora, i teoremi hanno tutti una "forma" comune, in quanto vengono generati mediante uno stesso insieme di regole tipografiche. Si può affermare che anche i nonteoremi hanno tutti una "forma" comune, nello stesso senso? Elenchiamo una serie di teoremi di tipo C senza la loro derivazione. I numeri tra parentesi indicano semplicemente quanti sono i trattini che vi compaiono.

C- - - - (4)
C- - - - - - (6)
C- - - - - - - - (8)
C- - - - - - - - - (9)
C- - - - - - - - - - (10)
C- - - - - - - - - - - - (12)
C- - - - - - - - - - - - - - (14)
C- - - - - - - - - - - - - - - (15)
C- - - - - - - - - - - - - - - - (16)
C- - - - - - - - - - - - - - - - - - (18)

.
.
.

I "buchi" di questo elenco sono i nonteoremi. Ripetiamo la domanda di prima: questi buchi hanno una qualche "forma" in comune? Avrebbe senso rispondere che il fatto stesso di essere i buchi di questo elenco è la loro forma comune? Sì e no. Non si può negare che essi abbiano una *qualche* caratteristica tipografica in comune, ma non è chiaro se possiamo chiamarla "forma". La nostra esitazione è dovuta al fatto che i buchi sono definiti soltanto *negativamente* : sono ciò che manca in un elenco definito *in termini positivi*.

Figura e sfondo

Questo argomento richiama alla mente la nota distinzione tra *figura* e *sfondo* in arte. Quando si traccia una figura, o "spazio positivo" (ad esempio una forma umana o una lettera o una natura morta), all'interno di una cornice, ne segue inevitabilmente che è stata tracciata anche la sua forma complementare, detta anche "sfondo" o "spazio negativo". Nella maggior parte dei disegni, comunque, questa relazione tra figura e sfondo ha poca importanza. L'artista è molto meno interessato allo sfondo che non alla figura. Tuttavia qualche volta l'artista rivolge il proprio interesse anche allo sfondo.

Esistono bellissimi alfabeti che giocano su questa distinzione tra figura e sfondo. Ecco un esempio di messaggio scritto in uno di questi alfabeti. A prima vista sembra un insieme di chiazze più o meno casuali; ma se si allontana il foglio, guardandolo fisso per un po', si vedranno di colpo apparire cinque lettere in questa...

FIGURA 16.

FIGURA 17. Studio di divisione regolare del piano con uccelli, *di M.C. Escher (da un quaderno del 1942).*

Si può osservare un effetto simile nel mio disegno *Segnale di fumo* (Fig. 141). In quest'ordine di idee suggerisco il seguente rompicapo: ideare un disegno che contenga parole *sia* nella figura *sia* nello sfondo.

Adottiamo ora una convenzione che distingua due tipi di figure: quelle *tracciabili corsivamente* e quelle *ricorsive* (per inciso, questi sono termini miei, non sono nell'uso corrente). Una figura si dirà *tracciabile corsivamente* se il suo sfondo è semplicemente il risultato accidentale del gesto grafico. Una figura si dirà *ricorsiva* se il suo sfondo può essere visto, a sua volta, come una figura a sé stante. Di solito, quando l'artista disegna una figura ricorsiva, lo fa intenzionalmente. Il "ri", in "ricorsivo", sta a indicare che *sia* la figura *sia* lo sfondo sono tracciabili corsivamente: la figura è "corsiva due volte". In un disegno ricorsivo il confine tra figura e sfondo è sempre una lama a doppio taglio. M.C. Escher era maestro nel disegnare figure ricorsive: si veda, per esempio, il suo bel disegno ricorsivo di uccelli (Fig. 17).

FIGURA 18. Figura FIGURE-FIGURE, *di Scott E. Kim (1975).*

La nostra distinzione non è rigorosa come quelle della matematica: chi potrebbe mai affermare in modo definitivo che un dato sfondo non è una figura? Se lo prendiamo in considerazione, lo sfondo presenta quasi sempre un suo interesse. In questo senso, ogni figura è ricorsiva. Ma non era così che intendevo il termine. Esiste un'idea naturale e intuitiva di forma riconoscibile. Figura e sfondo sono entrambi forme riconoscibili? Se è così, il disegno è ricorsivo. Nella maggior parte dei disegni a matita o a penna lo sfondo sarà piuttosto indecifrabile. Ciò dimostra che

> Esistono forme riconoscibili il cui spazio negativo non ha alcuna forma riconoscibile.

In una terminologia più "tecnica", si dirà:

> Esistono figure tracciabili corsivamente che non sono ricorsive.

La Figura 18 mostra la soluzione di Scott Kim al rompicapo che ho proposto poc'anzi. L'ho intitolata "Figura FIGURE-FIGURE". Si può leggere sia in bianco sia in nero, e dappertutto si vedrà scritto "FIGURE", ma mai "SFONDO"! Abbiamo qui un bell'esempio di figura ricorsiva.

Le aree nere di questo ingegnoso disegno possono venire caratterizzate in due modi non equivalenti tra loro:

(1) come lo *spazio negativo* rispetto alle aree bianche;
(2) come *copie modificate* delle aree bianche (ottenute colorando e spostando ogni area bianca).

(Nel caso specifico della Figura FIGURE-FIGURE, le due caratterizzazioni *sono* equivalenti, cosa che non accade per la maggior parte dei disegni in bianco e nero). Ora, quando nel Capitolo VIII costruiremo la nostra Aritmetica Tipografica (AT), lo faremo con la speranza che l'insieme di tutte le asserzioni false dell'aritmetica possa venir caratterizzato in due modi analoghi:

(1) come lo *spazio negativo* rispetto all'insieme di tutti i teoremi dell'AT;
(2) come *copie modificate* dei teoremi dell'AT (ottenute negando ogni teorema dell'AT).

Ma questa speranza si infrangerà, perché:

(1) all'interno dell'insieme di tutti i nonteoremi rimangono alcune verità;
(2) all'esterno dell'insieme di tutte le negazioni dei teoremi rimangono alcune falsità.

Vedremo nel Capitolo XIV come e perché si verifica tutto ciò. Nel frattempo, si rifletta sulla situazione rappresentata nella Figura 19.

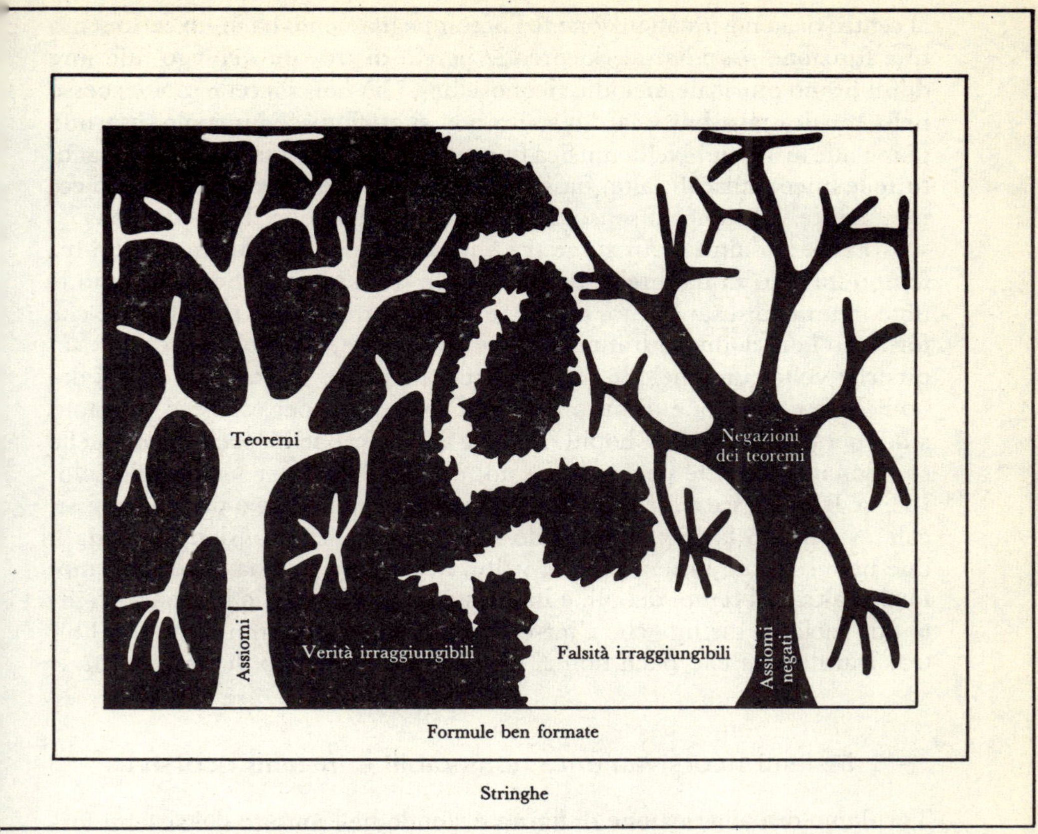

FIGURA 19. In questo diagramma si fa un uso considerevole del simbolismo visivo per illustrare le relazioni tra varie classi di stringhe dell'AT. Il riquadro più esterno rappresenta l'insieme di tutte le stringhe dell'AT. Il riquadro successivo rappresenta quello di tutte le stringhe ben formate *dell'AT. In esso si trova l'insieme degli* enunciati (chiusi) *dell'AT. Ora si entra nel vivo del problema. L'insieme dei* teoremi *è illustrato come un albero che si sviluppa da un tronco (il quale rappresenta l'insieme degli* assiomi). *È stato scelto l'albero quale simbolo a causa della struttura ricorsiva del suo crescere: nuovi rami (teoremi) spuntano costantemente dai più vecchi. I rami a forma di dita scandagliano negli angoli della regione delimitante (l'insieme delle* verità*), senza poterla mai occupare tutta. Il confine tra l'insieme delle verità e l'insieme delle falsità vuole suggerire l'idea di una linea di costa, che mostra livelli di struttura tanto più dettagliati quanto più se ne approfondisce l'analisi, e che perciò non può mai essere descritta esattamente con mezzi finiti. (Si veda il libro di B. Mandelbrot,* Fractals*). L'immagine speculare dell'albero dei teoremi rappresenta l'insieme delle* negazioni dei teoremi*: tutte false e tuttavia incapaci nel loro insieme di esaurire lo spazio degli enunciati falsi.* [*Disegno dell'autore*].

Figura e sfondo in musica

Anche in musica possiamo andare in cerca di figure e sfondi. Una prima analogia con la contrapposizione figura/sfondo può essere vista nella distinzione tra melodia e accompagnamento, dato che la melodia è sempre al centro della nostra attenzione, e l'accompagnamento ha in un certo senso una funzione sussidiaria. Sorprende perciò di trovare nel rigo inferiore di un brano musicale melodie riconoscibili. Ciò non succede molto spesso nella musica post-barocca. Di solito non si attribuisce un ruolo di primo piano alle armonie. Nella musica barocca, invece, e innanzitutto in Bach, tutte le linee musicali, alte, basse o intermedie che siano, funzionano come "figure". In questo senso, i pezzi di Bach possono dirsi "ricorsivi".

Esiste un'altra distinzione tra figura e sfondo in musica: quella tra tempo forte (o in battere) e tempo debole (o in levare). Se si contano le note in una battuta: "u-no, du-e, tre-e, quat-tro", quasi tutte le note che formano la melodia cadranno sulle prime sillabe, non sulle seconde. Ma qualche volta, una melodia viene deliberatamente spostata sui tempi deboli: è una questione di puro effetto. Ciò accade, per esempio, in molti studi per pianoforte di Chopin. Accade anche in Bach, specialmente nelle sue Sonate e Partite per violino solo, e nelle Suites per violoncello solo. In esse Bach riesce a far procedere simultaneamente due o più linee musicali. A volte lo fa imponendo allo strumento solista la "doppia corda": due note suonate insieme. Altre volte, invece, mette una voce sui tempi forti, l'altra sui tempi deboli, e in questo modo l'orecchio le separa e sente due melodie distinte che s'intrecciano e si armonizzano l'una con l'altra. Inutile dire che Bach non si fermò a questo livello di complessità...

Insiemi ricorsivamente numerabili e insiemi ricorsivi

Torniamo ora alla nozione di figura e sfondo nell'ambito dei sistemi formali. Nel nostro esempio, lo spazio positivo è costituito dai teoremi di tipo C, e lo spazio negativo è costituito dalle stringhe nelle quali il numero dei trattini è un numero primo. Finora, l'unico modo che abbiamo trovato per rappresentare tipograficamente i numeri primi è in termini di spazio negativo. Ma esiste un qualche modo (non importa quanto complicato) per rappresentare i numeri primi come spazio *positivo*, cioè come l'insieme dei teoremi di qualche sistema formale?

A questa domanda, persone diverse danno risposte che variano secondo il loro intuito. Ricordo vividamente il mio imbarazzo e il mio disagio quando mi accorsi della differenza esistente tra una caratterizzazione positiva e una caratterizzazione negativa. Ero fermamente convinto che non solo i numeri primi, ma un *qualunque* insieme di numeri che ammette una rappresentazione negativa dovesse ammettere anche una rappresentazione positiva. L'intuizione che sorreggeva la mia credenza si riassume nella domanda: "*Come è possibile che una figura e il suo sfondo non contengano esattamente la stessa informazione*?". Mi sembrava che dovessero incorporare la stessa informazione, semplicemente codificata in due modi complementari. Il lettore può qui utilmente sforzarsi di dare una sua risposta.

In fin dei conti, avevo ragione per i numeri primi, ma torto in generale. Ciò mi meravigliava, e continua a meravigliarmi ancora oggi. È un fatto che:

> Esistono sistemi formali il cui spazio negativo (l'insieme di tutti i nonteoremi) non è lo spazio positivo (l'insieme dei teoremi) di un qualche sistema formale.

Questo risultato possiede la stessa profondità del Teorema di Gödel, e quindi non sorprende se la mia intuizione ne era sconvolta. Mi aspettavo, proprio come i matematici all'inizio del Novecento, che il mondo dei sistemi formali e dei numeri naturali fosse più prevedibile di quanto non sia. In una terminologia più tecnica si può dire:

> Esistono insiemi ricorsivamente numerabili che non sono ricorsivi.

L'espressione *ricorsivamente numerabile* (universalmente abbreviata in "r.e.", dall'inglese *recursively enumerable*) è l'equivalente matematico della nostra nozione artistica di "tracciabile corsivamente", e *ricorsivo* è l'equivalente di "ricorsivo". Dire che un insieme di stringhe è "r.e." significa che *può* venir generato in base a regole tipografiche: per esempio, l'insieme dei teoremi di tipo C, l'insieme dei teoremi del sistema MIU e in generale l'insieme dei teoremi di ogni sistema formale. Potremmo paragonare questa nozione al concetto di "figura", intesa come "insieme di linee che può essere generato secondo regole artistiche" (quale che sia il senso di questa locuzione). E un "insieme ricorsivo" è come una figura il cui sfondo è ancora una figura: non solo esso è r.e., ma anche il suo complemento lo è.

Da ciò che si è detto precedentemente segue che:

> Esistono sistemi formali per i quali non esiste una procedura tipografica di decisione.

Come si arriva a questa conclusione? È molto semplice. Una procedura tipografica di decisione è un metodo che distingue i teoremi dai nonteoremi. La possibilità di fare questa verifica ci permette di generare sistematicamente tutti i nonteoremi, semplicemente scorrendo un elenco di *tutte* le stringhe, esaminandole una alla volta e scartando via via le stringhe malformate e i teoremi. Ciò costituisce un metodo tipografico per generare l'insieme dei nonteoremi. Ma in base all'asserto precedente (che accettiamo qui sulla fiducia) per *alcuni* sistemi questo non è possibile. Dobbiamo quindi concludere che non esistono procedimenti tipografici di decisione per tutti i sistemi formali.

Supponiamo di aver trovato un insieme F di numeri naturali (dove '*F*' sta per 'Figura') che possiamo generare con qualche metodo formale, per esempio i numeri composti. Supponiamo che il suo complemento sia l'insieme *S* ('Sfondo'), per esempio i numeri primi. Presi insieme, *F* e *S* costituiscono tutti i numeri naturali. Supponiamo ancora di non conoscere alcuna regola analoga a quella di cui disponiamo per l'insieme *F* per costruire tutti i numeri dell'insieme *S*. È importante rendersi conto che, se gli elementi di *F* venissero sempre generati in *ordine crescente*, allora potremmo sempre caratterizzare *S*. Il problema è che molti insiemi r.e. vengono generati con metodi che forniscono gli elementi in un ordine arbitrario, e quindi non si può mai sapere se un numero che per molto tempo non è comparso non verrà prima o poi generato anch'esso.

Visto che alla domanda che ci siamo posti nel campo dell'arte: "Tutte le figure sono ricorsive?" abbiamo dato una risposta negativa, ora dobbiamo ugualmente dare una risposta negativa alla domanda analoga che si può porre nel campo della matematica: "Tutti gli insiemi sono ricorsivi?". In questa prospettiva, torniamo alla parola difficilmente definibile "forma". Riprendiamo il nostro insieme figura *F* e il nostro insieme sfondo *S*. Possiamo concordare nel dire che tutti i numeri dell'insieme *F* hanno una qualche "forma" comune; ma possiamo dire altrettanto dei numeri dell'insieme *S*? È una strana domanda. Quando lavoriamo con un insieme di partenza che è infinito, nel nostro caso i numeri naturali, può essere molto difficile dare una qualunque definizione esplicita dei buchi lasciati dopo la rimozione di qualche sottoinsieme. Essi, per esempio, potrebbero non essere collegati da nessun attributo comune, cioè da nessuna "forma" comune. In ultima analisi, usare o non usare il termine "forma" è una questione di gusto, ma anche il solo pensarci è una provocazione. Forse la cosa migliore da fare è di non definire la parola "forma", ma di lasciarle una certa fluidità intuitiva.

Ecco un rompicapo su cui riflettere a proposito degli argomenti trattati sopra: come si può caratterizzare il seguente insieme di numeri interi (o il suo spazio negativo)?

1 3 7 12 18 26 35 45 56 ....

In che cosa questa successione assomiglia alla Figura FIGURE-FIGURE?

I numeri primi non più come sfondo, ma come figura

Torniamo infine alla ricerca di un sistema formale per generare i numeri primi. Come si fa? Il trucco consiste nello scavalcare la moltiplicazione per affrontare direttamente la *non divisibilità* come concetto da esprimere in forma positiva. Ecco uno schema di assiomi e una regola per la produzione di teoremi che rappresentano il concetto di un numero che *non è divisore* esatto di (*N*on *D*ivide) un altro:

SCHEMA DI ASSIOMI: *xy*ND*x* dove *x* e *y* sono stringhe di trattini.

Per esempio, – – – – –ND– –, dove abbiamo sostituito *x* con '– –' e *y* con '– – –'.

REGOLA: Se *x*ND*y* è un teorema, allora anche *x*ND*xy* lo è.

Con due applicazioni della regola si può ottenere il seguente teorema:

– – – – –ND– – – – – – – – – – – –

che si interpreta come "5 non divide 12". Invece – – –ND– – – – – – non è un teorema. Perché? Che cosa non funziona quando si tenta di derivarlo?

Ora, per decidere che un dato numero è primo, dobbiamo procurarci delle informazioni sulla sua non-divisibilità. Vogliamo appurare in particolare che non è divisibile per 2, per 3, per 4, ecc. fino al numero che viene immediatamente prima di quello dato. Nei sistemi formali espressioni vaghe come "eccetera" non sono ammesse. Dobbiamo esplicitare tutto per filo e per segno. Vogliamo allora trovare un modo per dire nel linguaggio del sistema: "il numero *Z* è *privo di divisori* (PD) fino a *X*", intendendo che nessun numero compreso tra 2 e *X* divide *Z*. È possibile farlo, ma si usa un'astuzia. Si provi a indovinarla.

REGOLA: Se – –ND*z* è un teorema, allora *z*PD– – è un teorema.

REGOLA: Se *z*PD*x* è un teorema e anche *x*–ND*z* lo è, allora *z*PD*x*– è un teorema.

Queste due regole "catturano" il concetto di *mancanza di divisori fino a*. Ci rimane solo da dire che i numeri primi sono quelli privi di divisori fino al numero che li precede immediatamente:

REGOLA: Se *z*–PD*z* è un teorema, allora P*z*– è un teorema.

Naturalmente non dobbiamo dimenticarci che 2 è un numero primo!

ASSIOMA: P– –.

Ecco fatto. Il principio che ci ha permesso questa rappresentazione formale del concetto di numero primo è che esiste un criterio per la divisibilità che si può applicare senza alcun bisogno di tornare sui propri passi. Si va sempre avanti, controllando prima la divisibilità per 2, poi per 3, e così via. È questa "monotonicità" o unidirezionalità, questa assenza di interferenza tra allungamenti e accorciamenti, tra aumenti e diminuzioni, che consente la formalizzazione del concetto di numero primo. E viceversa, proprio la complessità potenziale dei sistemi formali nei quali questa interferenza fra gli spostamenti in avanti e all'indietro è presente in misura arbitraria è responsabile di risultati limitativi quali il Teorema di Gödel, il Problema della Fermata della macchina di Turing, e il fatto che non ogni insieme ricorsivamente numerabile sia ricorsivo.

Contracrostipunto

Achille si è recato a far visita
alla signorina Tartaruga, sua compagna di esercizi atletici.

Achille: Ho visto raramente una collezione di boomerang come la sua, sa?

Tartaruga: Oh, niente di speciale! La si può trovare nella casa di una qualsiasi Tartaruga. Ed ora vuole accomodarsi in salotto?

Achille: Fantastico! (*Va verso l'angolo della stanza*). Che splendida collezione di dischi. Che musica preferisce?

Tartaruga: Sebastian Bach non è male, a mio avviso. Ma da qualche tempo ho un interesse sempre più spiccato per un tipo di musica molto particolare.

Achille: Tipo di musica molto particolare? Di che si tratta?

Tartaruga: Ah! Un tipo di musica che è molto improbabile abbia mai sentito. Io la chiamo "musica per sfasciare grammofoni".

Achille: Dice "per sfasciare grammofoni"? È un concetto curioso. Posso immaginarla, piccone alla mano, mandare in frantumi un grammofono dopo l'altro, al suono del sublime capolavoro di Beethoven *La vittoria di Wellington*.

Tartaruga: Trovata divertente, eh,eh. Ma non è esattamente così. Non è escluso comunque che anche lei trovi la mia musica affascinante. Posso dirgliene qualcosa?

Achille: Esattamente quello che speravo.

Tartaruga: Ricordi di un lungo duello con un caro amico... Tutto cominciò quando un giorno il sig. Granchio (a proposito, lo conosce?) venne a farmi visita.

Achille: Che piacere sarebbe per me fare la sua conoscenza! Ne ho sentito parlare, ma non l'ho mai incontrato.

Tartaruga: Oh, allora penserò io a farvi incontrare, la vostra sarà un'intesa naturale, mi creda. Magari possiamo incontrarci per caso nel parco uno di questi giorni...

Achille: Non vedo l'ora! Ci conto. Ma lei mi stava dicendo di questa strana "musica per sfasciare grammofoni", giusto?

Tartaruga: Torniamo alla musica, allora. Dunque, un giorno il Granchio venne a farmi visita. Egli ha avuto sempre un debole per gli oggetti particolarmente raffinati e in quei giorni era fissato con i grammofoni. Aveva appena comprato il suo primo apparecchio e, dato che è un po' credulone, s'era bevuta ogni parola di ciò che il venditore gli aveva detto sul suo acquisto; soprattutto che quel congegno era in grado di riprodurre tutti i suoni possibili e immaginabili. Per farla breve, si era convinto di aver acquistato un grammofono Perfetto.

Achille: Roba da matti. Lei non era d'accordo, immagino.

Tartaruga: Assolutamente no. Ma non prestò alcuna attenzione a tutti i miei argomenti. Sostenne, testardo, che il suo congegno era in grado di riprodurre qualsiasi suono e, poiché non vi fu verso di convincerlo del contrario, lasciai perdere. Ma poco dopo, restituii la visita, portandomi dietro il disco di una canzone che avevo composto io stessa, dal titolo "Non posso essere suonata dal giradischi 1".

Achille: Che strano titolo! Era un regalo per il Granchio?

Tartaruga: Ragazzo mio, certo! Proposi di sentirlo subito sul suo nuovo giradischi, ed egli mi accontentò immediatamente. Così mise il disco. Ma sfortunatamente, dopo poche note, il giradischi cominciò a vibrare violentemente, finché, con uno schianto finale, si sfasciò in mille pezzi che si sparsero in tutta la stanza. Il disco, inutile dirlo, seguì la stessa sorte.

Achille: Oh, che calamità per il nostro povero amico! Che cosa non andava in quel suo giradischi?

Tartaruga: Semplicemente nulla. Non c'era nulla che non andasse nel suo giradischi. Solo che esso non poteva riprodurre i suoni del mio disco, poiché si trattava di suoni che lo avrebbero fatto vibrare fino a romperlo, cosa che infatti accadde.

Achille: Terribilmente strano, non le pare? Pensavo che fosse un grammofono Perfetto, almeno stando a ciò che gli aveva detto il venditore.

Tartaruga: Indubbiamente lei non crederà a tutto ciò che dicono i commercianti! Non sarà ingenuo come il Granchio, spero!

Achille: Purtroppo il Granchio si è rivelato davvero ingenuo in questa circostanza. Io lo so che i venditori non esitano a raccontare panzane, signorina T., non sono mica nato ieri!

Tartaruga: Una cosa che accade di continuo e dalla quale dobbiamo difenderci. Il venditore aveva esagerato le reali qualità dell'apparecchio acquistato dal Granchio...Forse non era così Perfetto come diceva, e comunque non poteva riprodurre ogni possibile suono.

Achille: Non può essere che questa, la spiegazione. Ma non vi è alcuna spiegazione per l'incredibile coincidenza per cui nel disco che lei gli portò c'erano proprio quei suoni che la macchina non era in grado di riprodurre...

Tartaruga: Trova? E se invece qualcuno avesse messo di proposito proprio quei suoni nel disco? Vede, prima di fare quella visita al Granchio, io ero andata al negozio dove il Granchio aveva comprato il suo apparecchio per informarmi sulla marca. Avuta l'informazione, scrissi alla ditta che lo fabbrica per chiedere una specifica del progetto. Quando ricevetti la risposta, analizzai l'intera struttura del grammofono e scoprii un certo numero di suoni che, qualora fossero stati prodotti, fosse anche nelle vicinanze del grammofono, lo avrebbero messo in vibrazione violenta fino a provocarne la rottura.

Achille: Oh, che cattiveria! Non occorre che mi dica gli ultimi dettagli: lei ha registrato quei suoni e ha regalato quell'oggetto malefico al Granchio...

Tartaruga: Astuto, lei! Ha capito tutto! Ma quella non fu la fine dell'avventura, poiché il Granchio si rifiutò di convincersi che il suo grammofono non fosse Perfetto. Testardo come un mulo, andò a comperarne un altro, più costoso del primo, e questa volta il venditore gli promise di dargli il doppio della cifra pagata qualora il Granchio avesse trovato un suono che quel nuovo apparecchio non fosse stato in grado di riprodurre. Poi il Granchio m'informò con entusiasmo del suo nuovo acquisto e io gli promisi di andare a vederlo.

Achille: Lasci che racconti io il seguito: prima di andare a fargli visita, lei scrisse di nuovo alla fabbrica e quindi compose e registrò, in base alla struttura del nuovo modello, una nuova canzone il cui titolo era: "Non posso essere suonata dal giradischi 2".

Tartaruga: L'intuizione non le fa certo difetto e non le è certo sfuggito lo spirito dell'intera questione.

Achille: Io mi domando come è andata a finire, questa volta.

Tartaruga: Niente di diverso! Il grammofono finì in mille pezzi e così il disco.

Achille: Direi che a questo punto il Granchio avrà cominciato a capire che un grammofono Perfetto non può esistere.

Tartaruga: Invece no, non andò affatto così. Era convinto che il modello successivo sarebbe stato quello buono e, pagandolo il doppio dell'altro...

Achille: Ehi, ma il Granchio avrebbe potuto facilmente superarla d'astuzia; gli sarebbe bastato prendere un grammofono a BASSA fedeltà, uno cioè che non fosse in grado di riprodurre i suoni capaci di distruggerlo. Così avrebbe potuto facilmente neutralizzare i trucchi che lei poteva escogitare.

Tartaruga: Troppo giusto, ma ciò avrebbe neutralizzato anche la sua originaria ambizione, quella di possedere un grammofono in grado di riprodurre qualsiasi suono, compresi i suoni capaci di distruggerlo, ciò che ovviamente è impossibile.

Achille: Riflettendoci, vedo il dilemma. Se un qualsiasi giradischi, diciamo il Giradischi X, è sufficientemente ad alta fedeltà, allora, quando tenta di suonare la canzone "Non posso essere suonata dal Giradischi X", esso produrrà proprio quelle vibrazioni che causeranno la sua rottura...così non è Perfetto. D'altra parte, l'unico modo per aggirare l'ostacolo è che il giradischi sia a bassa fedeltà, e questa, già di per sé, costituisce una imperfezione. Sembra allora che tutti i giradischi siano vulnerabili per l'una o per l'altra di queste due debolezze; di conseguenza, tutti i giradischi sono difettosi.

Tartaruga: Ottima deduzione, Achille, ma non capisco perché lei li chiami "difettosi". È semplicemente un fatto inerente ai giradischi questo loro limite, per cui essi non fanno tutto quello che si desidera. Se un difetto c'è, non sta in LORO, ma nella nostra aspettativa di ciò che dovrebbero essere in grado di compiere. E il Granchio era pieno di tali assurde aspettative.

Achille: Bassa o alta fedeltà che sia, il povero Granchio è certo destinato a perdere.

Tartaruga: Infatti. Il nostro scontro andò avanti in questo modo ancora per qualche giro. In seguito, il nostro amico affinò le sue armi. Egli comprese il principio sul quale costruivo i miei dischi, e tentò una controffensiva. Scrisse alla fabbrica produttrice di grammofoni inviando loro il progetto di un apparecchio di sua invenzione, che venne costruito. Gli dette anche un nome: "Giradischi Omega". Si trattava di una macchina notevolmente più raffinata dei comuni giradischi in circolazione.

Achille: Sto cercando di immaginare come era fatto: non aveva parti mobili, oppure era fatto di cotone, eh? O...

Tartaruga: Credo che così perdiamo tempo; lasci che le spieghi io. In primo luogo, il Giradischi Omega aveva una telecamera incorporata, il cui scopo era quello di controllare ogni disco prima che venisse suonato. Questa telecamera era collegata con un piccolo calcolatore incorporato capace di determinare esattamente la natura dei suoni analizzando i solchi del disco.

Achille: Rivoluzionario. Ma che se ne faceva il Giradischi Omega di questa informazione?

Tartaruga: Il calcolatore, con un elaborato programma, stabiliva gli effetti di quei suoni sul grammofono. Se concludeva che i suoni erano tali da causare la rottura del grammofono nella configurazione in cui si trovava, allora faceva qualcosa di molto astuto. Il buon Omega conteneva un meccanismo in grado di suddividere il grammofono in numerosi pezzi e di ricostruirlo in un modo nuovo; esso in sostanza, era capace di modificare la propria struttura. Se i suoni erano "pericolosi", veniva scelta una nuova configurazione, per la quale essi non costituivano una minaccia. E in questa nuova configurazione, sotto la guida del piccolo calcolatore, venivano rimontate le sottounità in cui era stato smontato il grammofono. Solo dopo questa operazione di ricostruzione il Giradischi Omega si disponeva a suonare il disco.

Achille: Temo che questo abbia messo fine ai suoi trucchi! Ma non se la deve prendere, è stata comunque una battaglia ben combattuta.

Tartaruga: Tenta di consolarmi, vero? Ma suppongo che lei non conosca il Teorema di Incompletezza di Gödel come il fondo delle sue tasche, vero?

Achille: Ora lei scherza. No, non ne ho mai sentito parlare. E non metto in dubbio che si tratti di un teorema affascinante, ma personalmente preferirei che mi dicesse ancora qualcosa sulla "musica per sfasciare giradischi". È una storia davvero divertente. E credo d'indovinarne la fine. Naturalmente non vi era più ragione di continuare la disputa e lei si è arresa. Non è così?

Tartaruga: Santo cielo! È quasi mezzanotte! Penso proprio che sia ora di andare a letto. Mi piacerebbe chiacchierare ancora, ma il sonno sta per sopraffarmi.

Achille: Una bella serata, comunque. Bene, allora io vado. (*Arrivato alla porta, si volta di scatto*). Oh, che stupido! Avevo quasi dimenticato di averle portato un regalo. Ecco qui! (*Porge alla Tartaruga un pacchetto confezionato con cura*).

Tartaruga: Oh, Achille, non doveva...Oh, grazie di cuore. Voglio aprirlo subito. (*Apre il pacchetto con viva curiosità e ne tira fuori una coppa di vetro*). Che splendida coppa! Ma lo sa che io ho un debole per le coppe di vetro?

Achille: Non ne avevo la più pallida idea. Che piacevole coincidenza!

Tartaruga: Ascolti, le rivelerò un segreto: io sto cercando una coppa Perfetta, una coppa priva di difetti di qualsiasi tipo. Non sarebbe meraviglioso se questa coppa , che è veramente GRADITA (chiamiamola Coppa G), fosse proprio la coppa che sto cercando? Mi dica, come se l'è procurata?

FIGURA 20. La Coppa G (*Bach Museum, Eisenach*).

Achille: Garantisco la grande qualità e forse la perfezione di questa coppa, ma come me la sono procurata è un MIO piccolo segreto. Potrei dirle invece chi fu il primo che la ebbe in regalo.

Tartaruga: Impazzisco di curiosità.

Achille: Osservi bene le incisioni. Non vede?... Questa coppa era di Giovanni Seb. Bach.

Tartaruga: Veramente straordinario. Ma come fa ad essere certo dell'autenticità?

Achille: A parte l'evidenza storica, l'incisione con le lettere 'B', 'A', 'C', 'H' dovrebbe convincerla.

Tartaruga: Non è possibile! Che cosa straordinaria! (*Depone con cura la Coppa G su una mensola*). E c'è di più. Non soltanto il nome di Bach è inciso per due volte in lettere, ma qui lo vedo indicato anche in note e forse anche con delle variazioni... Lei lo sa, vero, che ognuna delle quattro lettere del nome di Bach è il nome di una nota musicale?

Achille: Non mi risulta... le note sono Do, Re, Mi, Fa... che c'entrano le lettere del nome di Bach?

Tartaruga: In alcune lingue le note si indicano con lettere. In Germania, patria di Bach, con A si indica il La, con C il Do e con H e B si indicano rispettivamente il Si e il Si-bemolle. Per esempio, quella che noi chiamiamo "Messa in Si minore" in tedesco è "H-moll Messe". È chiaro?

Achille: Sì, ora ho capito. Allora il nome di Bach costituisce una melodia, suppongo.

Tartaruga: E a lei sembrerà strano, ma è proprio così. In effetti, Bach introdusse ingegnosamente questa melodia in uno dei suoi pezzi musicali più complessi, il Contrappunto finale dell'*Arte della fuga*. Quella fu l'ultima fuga che scrisse. Quando la sentii per la prima volta, non avevo nessuna idea di come sarebbe stato il finale. Senza preavviso, di colpo, la musica cessò. E poi... un silenzio di morte. Capii immediatamente che quel silenzio significava la morte di Bach. È un momento di una indicibile tristezza e l'effetto che ebbe su di me fu dirompente. In ogni caso, B-A-C-H è l'ultimo tema di quella fuga. Vi si trova nascosto dentro. Bach non lo evidenziò esplicitamente, ma chi lo sa lo riconosce facilmente. Eh, sì... Vi sono tanti modi ingegnosi di celare le cose nella musica...

Achille: Bisogna credere che i musicisti abbiano molta fantasia. E anche i poeti hanno fatto cose di questo genere, per quanto attualmente non siano più di moda. Per esempio, Lewis Carroll soleva celare parole e nomi nelle prime lettere di ogni verso delle sue poesie. Poesie che celano messaggi in questo modo sono dette "acrostici".

Tartaruga: ...ora mi sovviene che Bach stesso compose acrostici, e questo non deve stupire. In fondo, contrappunto ed acrostico, con quel loro celare significati a livelli diversi, hanno molte cose in comune. La maggior parte degli acrostici, comunque, ha

*FIGURA 21. L'ultima pagina dell'*Arte della fuga *di Bach. Nel manoscritto originale è scritto di mano del figlio di Bach Carl Philipp Emanuel: "N.B. Durante questa fuga nel punto in cui il nome B.A.C.H. veniva esposto come controsoggetto [nel riquadro], il compositore morì". Ho voluto usare questa ultima pagina dell'ultima fuga di Bach come suo epitaffio. [Composizione tipografica eseguita dal programma "SMUT" di Donald Byrd, realizzato dalla Indiana University].*

un solo livello di decifrazione, ma non vi è ragione di credere che non se ne possa aggiungere un secondo: un acrostico sopra un acrostico. Si potrebbe anche inventare un "contracrostico", in cui le iniziali formano un messaggio se lette nell'ordine inverso. Buon Dio! Non vi è limite alle possibilità della forma. Inoltre non è un campo limitato ai poeti; chiunque può scrivere acrostici, anche Bach, come abbiamo visto.

Achille: Bach, già... E perché, oltre ai poeti e ai musicisti, non pensiamo anche agli scienziati?

Tartaruga: Agli scienziati? Hum... mi è venuta in mente una cosa. Nell'improbabile ipotesi che uno scienziato dovesse scrivere un acrostico contrappuntistico in omaggio a Giovanni Seb. Bach, lei pensa che dovrebbe inserire acrosticamente il nome PROPRIO o quello di Bach? Ma lasciamo perdere queste frivolezze! È chiaro che potrebbe fare come preferisce. Ora, tornando al nome melodico di Bach, lei sapeva che la melodia B-A-C-H, suonata a rovescio e a ritroso, è esattamente uguale all'originale?

Achille: Come si può suonare qualcosa a rovescio? A ritroso sì, lo capisco, si avrebbe H-C-A-B; ma a rovescio? Mi sta prendendo in giro?

Tartaruga: Ho ragione di credere che lei continui ad essere piuttosto scettico. Ora le darò una dimostrazione; vado a prendere il violino. (*Va nella stanza accanto e ritorna subito con un violino dall'aspetto antico*). Suonerò quella melodia in avanti, all'indietro e in ogni altra direzione. Vediamo, ora... (*Pone una copia dell'*Arte della fuga *sul leggio e l'apre all'ultima pagina*).
...ecco l'ultimo Contrappunto, ed ecco l'ultimo tema...

La Tartaruga comincia a suonare B-A-C, ma appena raggiunge l'H, senza preavviso, di colpo, un suono dirompente interrompe bruscamente la sua esecuzione. Achille e la Tartaruga si voltano di scatto giusto in tempo per vedere cadere dalla mensola dove era stata collocata la Coppa G una pioggia di frammenti di vetro. E poi... un silenzio di morte.

CAPITOLO IV

Coerenza, completezza e geometria

Significato implicito ed esplicito

NEL CAPITOLO II abbiamo visto come nasce il significato, almeno nel contesto relativamente semplice dei sistemi formali, quando c'è un isomorfismo tra simboli governati da regole e cose del mondo reale. Più complesso è l'isomorfismo, maggiore è, in generale, l'"equipaggiamento" necessario, sia a livello di hardware sia a livello di software, per estrarre il significato dai simboli. Se un isomorfismo è molto semplice (o molto familiare), siamo tentati di dire che il significato che ci fa vedere è esplicito. Vediamo il significato senza vedere l'isomorfismo. L'esempio più appariscente è il linguaggio umano, in cui spesso si attribuisce significato alle parole in se stesse, senza essere affatto coscienti del complesso "isomorfismo" che le riempie di significato. Questo è un errore molto frequente: attribuire tutto il significato all'*oggetto* (la parola), anziché al *legame* tra oggetto e mondo reale. Lo si potrebbe paragonare alla convinzione ingenua che il rumore sia l'effetto secondario necessario di ogni collisione tra due oggetti. Ma non è così: se due oggetti si scontrano nel vuoto, non ci sarà affatto rumore. Anche in questo caso l'errore deriva dall'attribuire il rumore esclusivamente alla *collisione*, senza riconoscere il ruolo del *mezzo* che lo trasporta dagli oggetti all'orecchio.

Prima ho usato la parola "isomorfismo" tra virgolette per indicare che la si deve prendere *cum grano salis*. I processi simbolici che sottendono la comprensione del linguaggio umano sono talmente più complessi rispetto ai processi simbolici dei normali sistemi formali che, se vogliamo continuare a pensare al significato come mediato da isomorfismi, dovremo adottare una concezione su ciò che gli isomorfismi possono essere molto più flessibile di quanto non si sia fatto finora. Secondo me, infatti, l'elemento chiave nel rispondere alla domanda "Che cos'è la coscienza?" sarà la comprensione della natura dell'"isomorfismo" che sottende il significato.

Significato esplicito del *Contracrostipunto*

Tutto questo serve a preparare la discussione sul *Contracrostipunto*: uno studio sui livelli del significato. Il Dialogo ha significati sia espliciti sia impliciti. Il suo significato più esplicito è semplicemente la storia che viene raccontata. Questo significato "esplicito" è, a rigore, estremamente *implicito*, nel senso che la comprensione degli avvenimenti della storia in base ai soli segni neri sulla carta richiede processi mentali incredibilmente complessi. Ciononondimeno considereremo che gli avvenimenti della storia siano il significato esplicito del Dialogo, e supporremo che chiunque sappia leggere l'italiano usi più o meno lo stesso "isomorfismo" per estrarre quel significato dai segni sulla carta.

Comunque vorrei essere un po' più esplicito sul significato esplicito della storia. Innanzitutto parlerò del giradischi e dei dischi. Il punto principale è che ci sono due livelli di significato per i solchi dei dischi. Il Primo Livello è quello della musica. Ora, che cos'è la "musica"? Una sequenza di vibrazioni dell'aria, o una successione di risposte emotive nel cervello? È l'una e l'altra cosa. Ma le risposte emotive sono necessariamente precedute dalle vibrazioni. E le vibrazioni vengono "prodotte" dall'azione del giradischi sui solchi con un meccanismo relativamente diretto; difatti si potrebbe produrle semplicemente calando uno spillo nei solchi. Successivamente, l'orecchio converte le vibrazioni in scariche dei neuroni acustici del cervello. Segue quindi un gran numero di passaggi nel cervello, che trasformano gradualmente la sequenza lineare di vibrazioni in un insieme di risposte emotive interagenti, decisamente troppo complesso per discuterne qui, anche se mi piacerebbe molto. Accontentiamoci quindi di pensare ai suoni come significato di "Primo Livello" dei solchi.

Qual è il significato di Secondo Livello dei solchi? È la sequenza di vibrazioni indotte nel giradischi. Questo significato può emergere solo dopo che il significato di Primo Livello è stato estratto dai solchi, dal momento che sono le vibrazioni dell'aria a causare le vibrazioni nel grammofono. Quindi il significato di Secondo Livello dipende da una catena di *due* isomorfismi.

(1) isomorfismo tra forme arbitrarie dei solchi e vibrazioni dell'aria;
(2) isomorfismo tra vibrazioni arbitrarie dell'aria e vibrazioni del grammofono.

Questa catena di due isomorfismi è descritta nella Figura 22. Osserviamo che l'isomorfismo 1 è quello che dà origine al significato di Primo Livello. Il significato di Secondo Livello è più implicito del significato di Primo Livello, perché è mediato dalla catena dei due isomorfismi. Il significato di Secondo Livello "colpisce di ritorno", causando la rottura del giradischi. La cosa più interessante è che la produzione del significato di Primo Livello induce automaticamente la produzione simultanea del significato di Secondo Livello. Non c'è modo di avere il Primo Livello senza il Secondo Livello. È stato perciò il significato implicito del disco che, con un effetto di ritorno, l'ha distrutto.

Un discorso analogo si può fare per la coppa. L'unica differenza è che la corrispondenza tra le lettere dell'alfabeto e le note musicali è un ulteriore livello di isomorfismo, che possiamo chiamare "trascrizione". Questa è seguita dalla "traduzione": conversione delle note in suoni musicali. Quindi le vibrazioni agiscono di ritorno sulla coppa esattamente come facevano sulla serie di grammofoni.

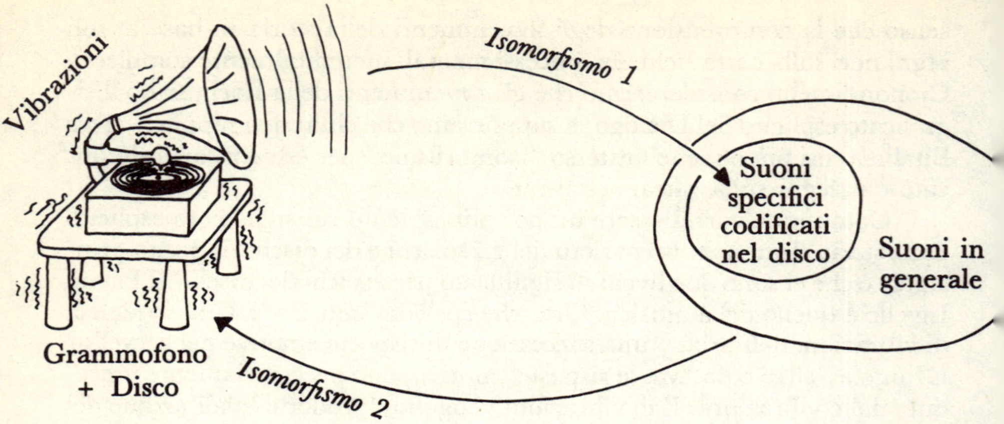

FIGURA 22. Realizzazione visiva del principio soggiacente al Teorema di Gödel: due corrispondenze contrapposte che hanno un effetto boomerang. La prima va dai solchi del disco ai suoni ed è realizzata dal grammofono. La seconda, ben nota ma generalmente trascurata, va dai suoni alle vibrazioni del grammofono. Notare che questa seconda corrispondenza si realizza indipendentemente dalla prima, perché tutti *i suoni nelle vicinanze del grammofono, e non solo quelli prodotti dal grammofono stesso, sono causa di tali vibrazioni. La parafrasi del Teorema di Gödel è la seguente: "Per ogni grammofono esiste un disco che quel grammofono non può suonare perché ne causerebbe indirettamente la distruzione".* [*Disegno dell'autore*].

Significati impliciti del *Contracrostipunto*

Quali sono i significati impliciti del Dialogo? (Sì, ce n'è più d'uno). Il più semplice è già stato messo in evidenza nel paragrafo precedente. Gli avvenimenti che si svolgono nelle due metà del Dialogo sono grosso modo isomorfi tra loro: il grammofono diventa un violino, la Tartaruga diventa Achille, il Granchio diventa la Tartaruga, i solchi diventano l'autografo inciso, ecc. Una volta notato questo semplice isomorfismo, si può procedere un po' oltre. Si osservi che nella prima metà della storia la Tartaruga è l'artefice di tutti i misfatti, mentre nella seconda metà è la vittima. Il suo stesso metodo torna indietro e si ritorce contro di lei. C'è un'allusione alle azioni di ritorno della musica registrata nei dischi e dell'iscrizione della coppa, e magari alla collezione di boomerangs della Tartaruga? Certamente! La storia tratta di azioni di ritorno ai seguenti due livelli.

Livello Uno:	Coppe e dischi che colpiscono di ritorno.
Livello Due:	Il diabolico metodo della Tartaruga di sfruttare il significato implicito per provocare azioni di ritorno, che poi le si ritorce contro.

Quindi possiamo anche trovare un isomorfismo tra i due livelli della storia, stabilendo un'analogia fra il modo in cui dischi e coppe si rivoltano contro se stessi finendo per distruggersi, e il modo in cui il metodo diabolico della Tartaruga si rivolta alla fine contro la Tartaruga stessa. In questa ottica, la storia è essa stessa un esempio dei colpi di ritorno di cui tratta. Così possiamo considerare il *Contracrostipunto* come riferentesi indirettamente a se stesso, in quanto la sua stessa struttura è isomorfa agli avvenimenti che descrive. (Esattamente come la coppa e i dischi si riferiscono implicitamente a se stessi attraverso gli isomorfismi "andata e ritorno" del suonare e del causare vibrazioni). Si può naturalmente leggere il Dialogo senza percepire questo fatto, ma esso è sempre presente.

Corrispondenza tra *Contracrostipunto* e Teorema di Gödel

Forse qualche lettore ha già le vertigini, ma il meglio deve ancora venire. (In realtà, alcuni livelli di significato implicito non saranno neanche discussi qui; lascerò al lettore il piacere di scoprirli). Il motivo più profondo per cui ho scritto questo Dialogo era di illustrare il Teorema di Gödel, che, come ho detto nell'Introduzione, poggia con tutto il suo peso su due diversi livelli di significato delle proposizioni dell'aritmetica. Ognuna delle due metà del *Contracrostipunto* è una "copia isomorfa" del Teorema di Gödel. Poiché questa corrispondenza è l'idea centrale del Dialogo, ed è piuttosto complicata, ho fatto un accurato elenco dei termini che si corrispondono:

grammofono	⇐ ⇒	sistema assiomatico per l'aritmetica
grammofono a bassa fedeltà	⇐ ⇒	sistema assiomatico "debole"
grammofono ad alta fedeltà	⇐ ⇒	sistema assiomatico "forte"
grammofono "Perfetto"	⇐ ⇒	sistema completo per l'aritmetica
"progetto" di grammofono	⇐ ⇒	assiomi e regole del sistema formale
disco	⇐ ⇒	stringa del sistema formale
disco suonabile	⇐ ⇒	teorema del sistema assiomatico
disco non suonabile	⇐ ⇒	nonteorema del sistema assiomatico
suono	⇐ ⇒	proposizione vera dell'aritmetica
suono riproducibile	⇐ ⇒	teorema interpretato del sistema
suono non riproducibile	⇐ ⇒	proposizione vera che non è teorema
titolo della canzone: "Non posso essere suonata sul giradischi X"	⇐ ⇒	significato implicito della stringa di Gödel: "Non posso essere derivata nel sistema formale X"

Questo elenco non esaurisce l'isomorfismo tra il Teorema di Gödel e il *Contracrostipunto*, ma ne è il nucleo. Non si preoccupi il lettore se per ora il Teorema di Gödel gli rimane oscuro. Dovremo andare avanti ancora per diversi Capitoli prima di catturarlo! Ciononostante, con la lettura di questo Dialogo siamo già entrati un po' nel suo spirito, senza per questo esserne coscienti. Si cerchino ora altri tipi di significati impliciti nel *Contracrostipunto*. "Quaerendo invenietis!".

L'arte della fuga

Qualche parola sull'*Arte della fuga*... Composta nell'ultimo anno di vita di Bach, è una raccolta di diciotto fughe, tutte basate su un unico tema. Sembra proprio che Bach si sia ispirato alla composizione dell'*Offerta musicale*. Egli decise di comporre un altro insieme di fughe su un tema molto più semplice per dimostrare la gamma completa delle possibilità inerenti a questa forma. Nell'*Arte della fuga*, Bach usa un tema molto semplice nei modi più complessi possibili. L'intera opera è in una sola tonalità. Le fughe sono quasi tutte a quattro voci, e gradualmente aumentano di complessità e profondità di espressione. Verso la fine esse raggiungono tali punte di difficoltà da far pensare che egli non possa mantenersi a quel livello. E invece ci riesce... fino all'ultimo *Contrappunto*.

Le circostanze che causarono l'interruzione dell'*Arte della fuga* (e, insieme, della vita di Bach) sono queste: poiché da molti anni aveva problemi di vista, Bach volle farsi operare. L'operazione fu eseguita, ma i risultati non furono affatto buoni; anzi, egli perse la vista per quasi tutto l'ultimo anno di vita. Questo fatto non gli impedì tuttavia di lavorare intensamente al suo monumentale progetto. Il suo scopo era di costruire una esposizione completa di come si scrivono le fughe, e l'uso di molteplici temi ne costituiva un importante aspetto. In quella che aveva progettato come penultima fuga, egli inserì come terzo tema il suo nome codificato in note. Ma proprio in quel periodo la sua salute divenne così precaria che egli fu costretto a smettere di lavorare al progetto che gli stava tanto a cuore. Nonostante la malattia, egli riuscì a dettare al genero un preludio corale finale, di cui il suo biografo Forkel scrisse: "Tutte le volte che l'ho suonato, mi ha sempre colpito l'espressione di pia rassegnazione e di devozione in esso contenuto; per cui non saprei dire se farei più facilmente a meno di questo Corale o della fine dell'ultima fuga".

Un giorno, improvvisamente, Bach recuperò la vista. Ma poche ore dopo ebbe un colpo; e dieci giorni dopo morì lasciando i posteri di fronte al problema dell'incompletezza dell'*Arte della fuga*. Potrebbe questo evento essere stato causato dal fatto che Bach aveva raggiunto l'autoreferenza?

Problemi indotti dal risultato di Gödel

La Tartaruga dice che nessun giradischi sufficientemente potente può essere perfetto, nel senso di poter riprodurre ogni possibile suono di un disco. Gödel dice che nessun sistema formale sufficientemente potente può essere perfetto, nel senso di generare ogni proposizione vera come teorema. Ma, come ha messo in evidenza la Tartaruga relativamente ai grammofoni, questo fatto appare come una insufficienza solo se si hanno aspettative irrealistiche circa le potenzialità dei sistemi formali. Ciononostante, i matematici, all'inizio di questo secolo, avevano proprio queste aspettative irrealistiche e pensavano che il ragionamento assiomatico fosse il rimedio di tutti i mali. Nel 1931 scoprirono che le cose non stanno così.

Se per un dato sistema formale la verità trascende la teorematicità, si dirà che quel sistema formale è "incompleto".

Un fatto estremamente sconcertante per chi voglia seguire la dimostrazione di Gödel è che egli usa metodi di ragionamento che apparentemente non possono venire "incapsulati", cioè che resistono ad ogni tentativo di incorporarli in un sistema formale. Così, a prima vista, sembra che Gödel abbia scoperto una differenza finora sconosciuta, ma profondamente significativa, tra il ragionamento umano e il ragionamento meccanico. Questa misteriosa discrepanza tra la potenza dei sistemi viventi e quella dei sistemi non viventi si rispecchia nella discrepanza tra la nozione di verità e quella di teorematicità... o, quanto meno, questo è un modo "romantico" di considerare la situazione.

Il sistema pg modificato e l'incoerenza

Per farsi un'idea più realistica della situazione, è necessario osservare più a fondo in che modo e perché, nei sistemi formali, il significato è mediato da isomorfismi. E credo che questo conduca a un modo più romantico di considerare la situazione. Dobbiamo dunque esaminare ulteriori aspetti del rapporto fra significato e forma. Il primo passo da fare consiste nel costruire un nuovo sistema formale modificando leggermente una nostra vecchia conoscenza, il sistema pg. Aggiungiamo un altro schema di assiomi (conservando quello originale, come anche la regola di inferenza, che rimane l'unica del sistema).

SCHEMA DI ASSIOMI II: Se *x* è una stringa di trattini, allora *x*p – g*x* è un assioma.

È chiaro allora che – – p – g – – è un teorema del nuovo sistema, così come lo è – – p – – g – – –. Eppure le interpretazioni di tali stringhe sono rispettivamente "2 più 1 uguale 2", e "2 più 2 uguale 3". Si può vedere che il nostro nuovo sistema contiene molte proposizioni false (se consideriamo le stringhe come proposizioni). Di conseguenza, il nostro nuovo sistema è *incoerente rispetto al mondo esterno*.

Come se non bastasse, questo nuovo sistema presenta anche problemi *interni*, in quanto contiene proposizioni che sono in disaccordo l'una con l'altra, come – p – g – – (un nostro vecchio assioma) e – p – g – (un nuovo assioma). Dunque, il nuovo sistema è incoerente in un secondo senso: internamente.

Forse, la sola cosa ragionevole da fare a questo punto sarebbe di rinunciare completamente a questo nuovo sistema? Non direi. Ho voluto di proposito gettare fumo negli occhi nel presentare queste "incoerenze"; ho usato cioè argomentazioni capziose nel modo più naturale possibile, allo scopo di fuorviare il lettore. Tuttavia è possibile che qualcuno abbia capito in che cosa consisteva l'inganno: cioè nell'aver adottato senza discussione, per interpretare il nuovo sistema, gli stessi termini usati per quello vecchio. Ricordiamo che c'era un solo motivo che giustificava l'adozione di quei termini nel Capitolo precedente, e cioè che i *simboli agiva-*

no isomorficamente ai concetti con i quali erano accoppiati nell'interpretazione. Ma quando si modificano le regole che governano il sistema, l'isomorfismo è necessariamente pregiudicato. Non c'è proprio niente da fare. Perciò tutti i problemi di cui ci si lamentava nelle righe precedenti erano falsi problemi; svaniscono non appena *interpretiamo in modo opportuno alcuni simboli del sistema*. Si badi che ho detto "alcuni"; non dovremo necessariamente associare nozioni nuove a tutti i simboli. Alcuni di questi possono mantenere i loro "significati", mentre altri li cambieranno.

Riconquista della coerenza

Supponiamo, per esempio, di reinterpretare solo il simbolo **g**, lasciando costanti tutti gli altri; in particolare, interpretiamo **g** con l'espressione "è uguale o maggiore di". Ora i nostri teoremi "in contraddizione fra loro" –**p**–**g**– e –**p**–**g**– – diventano innocui: "1 più 1 è uguale o maggiore di 1", e "1 più 1 è uguale o maggiore di 2". Ci siamo sbarazzati simultaneamente (1) dell'incoerenza rispetto al mondo esterno, e (2) dell'incoerenza interna. La nostra nuova interpretazione è un'interpretazione *dotata di significato*, mentre naturalmente quella originale è *priva di significato*; o meglio, è priva di significato *per il nuovo sistema*; per il sistema pg originale va ancora bene, ma sarebbe inutile e arbitrario usarla per il nuovo sistema pg, proprio come non si poteva usare l'interpretazione "cavallo-mela-felice" per il vecchio sistema pg.

La storia della geometria euclidea

Sebbene abbia tentato di mettere il lettore fuori strada e di stupirlo un po', questa lezione su come interpretare i simboli con parole può sembrare abbastanza facile una volta che la si sia afferrata. Infatti lo è. Eppure è una delle lezioni più profonde di tutta la matematica dell'Ottocento! Il problema può essere fatto risalire a Euclide, il quale, intorno al 300 a.C., raccolse e sistematizzò tutto quanto era conosciuto ai suoi tempi sulla geometria piana e solida. L'opera che ne risultò, gli *Elementi* di Euclide, era così ben fondata che fu considerata praticamente il libro sacro della geometria per più di duemila anni. Si tratta certamente di una delle opere che ha resistito di più al tempo. Come è potuto succedere?

Il motivo principale è che Euclide fu il fondatore del *rigore* in matematica. Gli *Elementi* iniziano con concetti e definizioni molto semplici e, gradualmente, costruiscono un vasto corpo di risultati organizzati in modo tale che ogni singolo risultato dipende solo dai risultati ottenuti in precedenza. L'opera ha dunque un piano preciso, un'architettura che la rende forte e vigorosa.

Tuttavia la sua architettura è di un genere differente rispetto all'architettura, per esempio, di un grattacielo (come quello della Fig. 23). Per quest'ultimo, il fatto che stia in piedi è sufficiente a dimostrare che i suoi elementi strutturali lo sorreggono. Ma un libro di geometria, nel quale

FIGURA 23. Torre di Babele, *di M.C. Escher (xilografia, 1928).*

si pretende che ogni proposizione segua logicamente da proposizioni precedenti, non crollerà materialmente se una delle dimostrazioni non è valida. Le travi e i puntoni non sono materiali, ma astratti. Infatti, negli *Elementi* di Euclide, il materiale con cui sono costruite le dimostrazioni è il linguaggio umano, quel mezzo di comunicazione elusivo e complesso che nasconde tanti tranelli. Qual è dunque la forza architettonica degli *Elementi*? È sicuro che è sostenuta da solidi elementi strutturali, o potrebbe contenere debolezze nascoste?

Ogni parola che usiamo ha per noi un significato che ci guida nell'uso che ne facciamo. Più comune è la parola, più associazioni facciamo con essa e più profondamente radicato è il suo significato. Pertanto, quando qualcuno dà una definizione nuova per una parola comune con la speranza che noi ci atterremo a quella definizione, è scontato che non lo faremo, ma saremo invece guidati, per lo più inconsciamente, da ciò che la nostra mente conserva nella sua memoria associativa. Ricordo queste cose, perché è proprio un problema di questo tipo che si presentò quando Euclide, nei suoi *Elementi*, tentò di dare definizioni di parole consuete, comuni, come "punto", "retta", "cerchio" e così via. In che modo si può definire qualcosa di cui ciascuno ha già un concetto chiaro? L'unico modo per riuscirci è di chiarire bene che quella parola andrà intesa come termine tecnico e non dovrà essere confusa con la parola di uso quotidiano scritta nello stesso modo. Si dovrà sottolineare che la connessione con la parola di uso quotidiano è solo allusiva. Bene, Euclide non fece così, perché pensava che i punti e le rette dei suoi *Elementi* fossero proprio *i* punti e *le* rette del mondo reale. Così, non preoccupandosi di escludere ogni associazione, Euclide invitava i lettori a usare liberamente le loro capacità di associazione...

Tutto ciò può sembrare piuttosto anarchico ed è un po' ingiusto nei confronti di Euclide. Egli elaborò assiomi, o postulati, che dovevano essere usati nelle dimostrazioni di proposizioni. Anzi, dovevano essere usati esclusivamente quegli assiomi e quei postulati. Ma è qui che egli cadde, perché conseguenza inevitabile del suo usare parole comuni fu che alcune delle immagini evocate da quelle parole si insinuarono nelle dimostrazioni da lui create. Comunque, se si leggono le dimostrazioni degli *Elementi*, non ci si deve assolutamente aspettare di trovare "salti" vistosi nel ragionamento. Al contrario, quando ci sono, i "salti" sono quasi impercettibili, perché Euclide era un pensatore sottile e non avrebbe mai fatto errori banali. Ciononostante alcune lacune vi sono davvero e creano lievi imperfezioni in quest'opera classica. Ma non ci si deve lamentare. Si può solo apprezzare la differenza tra rigore assoluto e rigore relativo. Alla lunga, la mancanza di un rigore assoluto in Euclide stimolò alcune delle più feconde innovazioni in matematica, più di duemila anni dopo che egli aveva scritto la sua opera.

Euclide stabilì cinque postulati da usare come "piano terra" dell'infinito grattacielo della geometria, di cui i suoi *Elementi* costituivano solo le prime centinaia di piani. I primi quattro postulati sono piuttosto concisi ed eleganti:

(1) Congiungendo due punti qualsiasi, si ottiene un segmento di retta.

(2) Ogni segmento può essere prolungato all'infinito in linea retta.

(3) Dato un qualsiasi segmento, si può tracciare un cerchio che ha come raggio il segmento stesso e come centro un estremo del segmento.

(4) Tutti gli angoli retti sono congruenti.

Il quinto tuttavia non aveva la stessa eleganza:

(5) Se si tracciano due rette che intersecano una terza in modo tale che la somma degli angoli interni da una stessa parte sia inferiore a due angoli retti, allora le due rette, se prolungate sufficientemente, debbono necessariamente intersecarsi da quella parte.

Sebbene non l'abbia mai detto esplicitamente, Euclide considerava questo postulato in qualche modo inferiore agli altri, visto che fece in modo di evitarne l'uso nelle dimostrazioni delle prime ventotto proposizioni. Perciò le prime ventotto proposizioni appartengono a quella che potrebbe essere chiamata "geometria dei quattro postulati", cioè a quella parte della geometria che può essere derivata sulla base dei primi quattro postulati degli *Elementi*, senza l'aiuto del quinto postulato. (Questa parte è spesso chiamata anche *geometria assoluta*). Certo, Euclide avrebbe preferito di gran lunga *dimostrare* questo brutto anatroccolo, invece di doverlo *presupporre*. Ma non riuscì a trovare una dimostrazione, e quindi l'adottò.

Neanche ai discepoli di Euclide piacque molto dover presupporre questo quinto postulato. Nei secoli che seguirono, innumerevoli persone dedicarono innumerevoli anni della loro vita al tentativo di dimostrare che il quinto postulato era esso stesso parte della geometria dei quattro postulati. Fino al 1763 vennero pubblicate almeno ventotto dimostrazioni diverse, tutte erronee! (Vennero tutte criticate nella dissertazione di un certo G.S. Klügel). Tutte queste dimostrazioni erronee comportavano una confusione tra intuizione quotidiana e proprietà strettamente formali. Oggi si può affermare che quasi nessuna di queste dimostrazioni ha interesse matematico o storico; ma ci sono alcune eccezioni.

Le molte facce di Noneuclide

Girolamo Saccheri (1667-1733) visse più o meno al tempo di Bach. Egli ambiva a liberare Euclide da ogni neo. Basandosi su alcuni suoi precedenti lavori di logica, egli decise di tentare un nuovo approccio alla dimostrazione del famoso quinto postulato: supponiamo di negarlo e, in sua vece, di *presupporre il suo opposto*; lavoriamo ora con quest'ultimo come se fosse il vero quinto postulato... Certamente dopo un po' si produrrà una contraddizione. Dal momento che nessun sistema matematico può sostenere una contraddizione, si sarà dimostrata l'erroneità di questo falso "quinto" postulato e quindi la correttezza del quinto postulato di Euclide. Non è il caso qui di scendere nei dettagli. Basti dire che, con grande abilità, Saccheri elaborò una dopo l'altra numerose proposizioni di "geometria saccheriana". A un certo punto, quando forse era stanco di proseguire su questa strada, decise che aveva raggiunto una proposizione "che ripugna alla natura della retta". Era quello che aveva sperato: si trattava a suo giudizio, della contraddizione lungamente cercata. A quel punto, pubblicò la sua opera col titolo *Euclides ab omni naevo vindicatus* [Euclide emendato da ogni neo], Mediolani, 1733; e poco dopo morì.

La morte gli impedì di godere della grande fama che ebbe postuma perché, senza saperlo, aveva scoperto quella che poi sarebbe stata chiamata "geometria iperbolica". Cinquant'anni dopo Saccheri, J.H. Lambert ripeté questa "operazione quasi riuscita", avvicinandosi ancora di più, se è possibile, a questa nuova geometria. Infine, quarant'anni dopo Lambert e novant'anni dopo Saccheri, la *geometria noneuclidea* fu riconosciuta per ciò che era: un settore autenticamente nuovo della geometria, una biforcazione nella corrente, fino allora unica, della matematica. Nel 1823 la geometria noneuclidea fu scoperta simultaneamente, per una di quelle inspiegabili coincidenze che si verificano nella scienza, da un matematico ungherese, János (o Johann) Bolyai, di ventuno anni, e da un matematico russo, Nikolaj Lobačevskij, di trent'anni. E, ironia della sorte, nello stesso anno il grande matematico francese Adrien-Marie Legendre elaborò, appoggiandosi sensibilmente a Saccheri, quella che era convinto fosse la dimostrazione del quinto postulato di Euclide.

Osserviamo per inciso che il padre di Bolyai, Farkas (o Wolfgang) Bolyai, intimo amico del grande Gauss, lavorò a lungo al progetto di dimostrare il quinto postulato di Euclide. In una lettera al figlio János, egli cercò di dissuaderlo dall'impegnarsi su tali argomenti:

> Tu non devi avvicinarti al problema delle parallele. Conosco questa via fino in fondo. Ho attraversato questa notte senza fine, che ha spento ogni luce e gioia della mia vita. Ti supplico, abbandona la scienza delle parallele... Io pensavo di sacrificarmi per amore della verità. Ero pronto a diventare un martire che avrebbe rimosso la macchia dalla geometria e l'avrebbe restituita purificata all'umanità. Feci un lavoro enorme, mostruoso; per quanto le mie creazioni siano di gran lunga migliori di quelle di altri, pure non ho avuto completa soddisfazione. Perché qui è vero che *si paullum a summo discessit, vergit ad imum*. Tornai indietro quando vidi che nessun uomo può raggiungere il fondo di questa notte. Tornai indietro sconsolato, compatendo me stesso e tutta l'umanità... Ho attraversato tutte le scogliere di questo infernale Mare Morto e sono sempre tornato indietro con gli alberi rotti e le vele strappate. Da allora persi il mio interesse e iniziò la mia caduta. Avevo sconsideratamente rischiato la mia vita e la mia felicità: *aut Caesar aut nihil*.[1]

Ma in seguito, convinto che suo figlio realmente "fosse arrivato a qualche risultato", lo spinse a pubblicarlo, anticipando correttamente la simultaneità che è così frequente nelle scoperte scientifiche:

> Quando il tempo è maturo per certe cose, queste appaiono in diversi luoghi, proprio come le violette sbocciano dappertutto quando comincia la primavera.[2]

Come fu vero questo nel caso della geometria noneuclidea! In Germania lo stesso Gauss e alcuni altri erano arrivati più o meno indipendentemente a idee noneuclidee. Tra questi figurano un avvocato, F.K. Schweikart, che nel 1818 inviò a Gauss una pagina in cui descriveva una nuova geometria "astrale"; il nipote di costui, F.A. Taurinus, che iniziò la trigonometria noneuclidea; e F.L. Wachter, uno studente di Gauss, che morì a venticinque anni, nel 1817, dopo aver trovato parecchi profondi risultati della geometria noneuclidea.

L'indicazione da seguire per arrivare alla geometria noneuclidea era la "retta interpretazione" delle proposizioni che emergono in geometrie quali quelle di Saccheri e di Lambert. Le proposizioni saccheriane "ripugnano alla natura della retta" solo se non si riesce a liberarsi dalle idee preconcette su che cosa significhi "linea retta". Se viceversa ci si libera di quelle idee preconcette e si lascia semplicemente che "una retta" sia qualcosa che soddisfi le nuove proposizioni, allora si giunge a un punto di vista radicalmente nuovo.

Termini indefiniti

Questo discorso dovrebbe cominciare ad apparire familiare. Lo abbiamo già fatto, in particolare, a proposito del sistema pg e della sua variante, in cui i simboli acquistavano significati passivi in virtù del loro ruolo nei teoremi. Particolarmente interessante è il simbolo **g**, poiché il suo "significato" cambiava in seguito all'aggiunta di un nuovo schema di assiomi. Esattamente allo stesso modo, si può *lasciare che i significati di "punto", "retta" e così via vengano determinati dall'insieme dei teoremi (o proposizioni) in cui compaiono*. Fu questa la grande intuizione degli scopritori della geometria noneuclidea. Essi trovarono diversi tipi di geometrie noneuclidee negando in modi diversi il quinto postulato di Euclide e traendone le conseguenze. A rigore, essi (e Saccheri) non negarono direttamente il quinto postulato, ma piuttosto negarono un postulato equivalente, chiamato *il postulato delle parallele*, che dice quanto segue:

> Data una qualsiasi retta e un punto esterno ad essa, esiste una e una sola retta che passa per quel punto e non interseca mai la retta data, per quanto la si prolunghi.

Si dice che la seconda retta è parallela alla prima. Se si afferma che tale retta *non* esiste, si perviene alla *geometria ellittica*; se si afferma che esistono *almeno due* rette siffatte si perviene alla *geometria iperbolica*. Osserviamo per inciso che la ragione per cui tali variazioni vengono ancora chiamate "geometrie" è che vi si trova incorporato il nucleo centrale della geometria, cioè la geometria dei quattro postulati o assoluta. Proprio per la presenza di questo nucleo minimo è ragionevole pensare che queste strutture descrivano anch'esse le proprietà di un qualche tipo di spazio geometrico, sia pure non così intuitivo come lo spazio ordinario.

In realtà, la geometria ellittica può essere visualizzata facilmente: si devono semplicemente considerare i "punti", le "rette", e così via come parti della superficie di una comune sfera. Conveniamo di scrivere "PUNTO" quando vogliamo indicare il termine tecnico e "punto" quando si intende il significato quotidiano. Possiamo dire allora che il PUNTO consiste di una coppia di punti diametralmente opposti sulla superficie della sfera. Una RETTA è un cerchio massimo della sfera (un cerchio che, come l'equatore, ha il suo centro nel centro della sfera). Con questa interpretazione, le proposizioni della geometria ellittica, sebbene contengano parole come "PUNTO" e "RETTA", parlano di ciò che avviene su una sfera, non su un piano. Si noti che due RETTE si intersecano sempre esattamente in due punti antipodali della superficie sferica, cioè in uno e un solo PUNTO! E proprio come due RETTE determinano un PUNTO, così due PUNTI determinano una RETTA.

Attribuendo a parole come "PUNTO" e "RETTA" unicamente il significato derivante loro dalle proposizioni in cui compaiono, facciamo un passo avanti verso la completa formalizzazione della geometria. Questa versione semiformalizzata fa ancora uso di molte parole italiane che conservano il loro significato abituale (parole come "il", "se", "e", "congiungere", "avere"), ma è stato eliminato il significato quotidiano di parole particolari come "PUNTO" e "RETTA", le quali perciò sono chiamate *termini indefiniti*. I termini indefiniti, come **p** e **g** del sistema pg, in realtà *vengono* definiti, ma in un senso particolare, cioè *implicitamente*, dalla totalità delle proposizioni in cui essi compaiono, anziché esplicitamente, con una definizione.

Si può affermare che una definizione completa dei termini indefiniti risiede nei soli postulati, dal momento che le proposizioni che ne derivano sono già implicite in essi. Questo punto di vista implicherebbe che i postulati siano definizioni implicite di tutti i termini indefiniti, poiché tutti i termini indefiniti sono definiti in base a tutti gli altri.

La possibilità di interpretazioni multiple

Una formalizzazione completa della geometria implicherebbe il drastico passo di rendere *ogni* termine indefinito, cioè di trasformare ogni termine in un simbolo "privo di significato" di un sistema formale. Pongo tra virgolette "privo di significato" perché, come abbiamo visto, i simboli prendono automaticamente significati passivi in funzione dei teoremi in cui compaiono. Tuttavia non è facile scoprire quei significati perché, per farlo, occorre trovare un insieme di concetti che possano essere legati da un isomorfismo ai simboli del sistema formale. Se però s'inizia avendo il proposito di formalizzare la geometria, presumibilmente si dispone già in partenza di un'interpretazione *sottintesa* per ogni simbolo, di modo che i significati passivi vengono incorporati nel sistema durante la sua costruzione. È ciò che ho fatto io per p e g quando inizialmente ho creato il sistema pg.

Possono esserci comunque anche altri significati passivi potenzialmente percepibili, ma che nessuno ha ancora notato. Per esempio, nel sistema pg originale c'erano le interpretazioni a sorpresa di p come "uguale" e g come "sottratto da". Sebbene l'esempio sia piuttosto banale, esso contiene tuttavia l'essenza dell'idea che i simboli possono avere diverse interpretazioni significative e che tocca all'osservatore cercarle.

Possiamo sintetizzare le osservazioni fatte fin qui in termini di "coerenza". Abbiamo cominciato la nostra discussione fabbricando un sistema formale che ci sembrava incoerente a due livelli: internamente e rispetto al mondo esterno. Ma un momento dopo abbiamo cambiato idea, perché ci siamo accorti del nostro errore: avevamo scelto per i simboli interpretazioni poco felici. Cambiando interpretazioni, abbiamo riconquistato la coerenza! È chiaro ora che *la coerenza non è una proprietà di un sistema formale di per sé, ma dipende dall'interpretazione che per esso viene proposta*. Per la stessa ragione, l'incoerenza non è mai una proprietà intrinseca di un dato sistema formale.

Vari tipi di coerenza

Abbiamo continuato a parlare di "coerenza" e di "incoerenza", o "contraddittorietà", senza però definirle. Abbiamo fatto affidamento alle solite nozioni quotidiane. Ma ora indichiamo con esattezza cosa si intende per *coerenza* di un sistema formale (considerato insieme a una sua interpretazione): diciamo che un sistema formale è *coerente* se ogni teorema, quando è interpretato, diventa un enunciato vero. Diremo invece che il sistema è *incoerente* quando tra i teoremi interpretati c'è almeno un'enunciato falso.

Come si vede, con questa definizione si parla dell'incoerenza rispetto al mondo esterno; quali sono le incoerenze *interne*? Si può dire che un sistema sarebbe internamente incoerente se contenesse due o più teoremi le cui interpretazioni fossero incompatibili l'una con l'altra, e internamente coerente se tutti i teoremi interpretati fossero compatibili l'uno con l'altro. Consideriamo per esempio il sistema formale che ha solo i seguenti tre teoremi: TbZ, ZbE, EbT. Se si interpreta T come "la Tartaruga", Z come "Zenone", E come "Egberto", e xby come "*x* batte sempre *y* agli scacchi", allora abbiamo i seguenti teoremi interpretati:

La Tartaruga batte sempre Zenone agli scacchi.
Zenone batte sempre Egberto agli scacchi.
Egberto batte sempre la Tartaruga agli scacchi.

Gli enunciati non sono incompatibili, sebbene descrivano un circolo piuttosto bizzarro di giocatori di scacchi. Quindi, con questa interpretazione, il sistema formale nel quale le tre stringhe sono teoremi è internamente coerente, anche se, di fatto, nessuno di quei tre enunciati fosse vero! La coerenza interna non richiede che i teoremi risultino veri, ma semplicemente che risultino *compatibili* l'uno con l'altro.

Supponiamo invece che xby venga interpretato come "*x* fu inventato da *y*". Allora avremmo:

La Tartaruga fu inventata da Zenone.
Zenone fu inventato da Egberto.
Egberto fu inventato dalla Tartaruga.

In questo caso non ha importanza se qualcuno dei singoli enunciati è vero o falso (anzi, forse non c'è modo di sapere quali sono veri e quali no); quello che è comunque certo è che *non possono essere veri tutti e tre contemporaneamente*. Così l'interpretazione rende il sistema internamente incoerente. Questa incoerenza interna non dipende dalle interpretazioni delle tre lettere maiuscole, ma solo da quella di b e dal fatto che le tre maiuscole vengono ciclicamente permutate intorno a b. Per cui si può avere incoerenza interna senza aver interpretato *tutti* i simboli del sistema formale (nel nostro caso è stato sufficiente interpretare un solo simbolo). Dopo aver dato un'interpretazione di un numero sufficientemente grande di simboli, può risultare chiaro che non c'è modo di interpretare i rimanenti in modo che tutti i teoremi risultino veri. Ma non è solo un problema di verità, è un problema di possibilità. Tutti e tre i teoremi risulterebbero falsi se le maiuscole venissero interpretate con nomi di persone reali; ma non è per questo che chiameremmo il sistema internamente incoerente. Le nostre ragioni per considerarlo tale sono la circolarità, e, insieme, l'interpretazione della lettera b. (Comunque, parleremo ancora di questo "triangolo degli autori" nel Capitolo XX).

Mondi possibili e coerenza

Abbiamo proposto due diverse definizioni della coerenza: la prima dice che un sistema-più-interpretazione è *coerente con il mondo esterno* se ogni teorema, una volta interpretato, risulta *vero* ; la seconda dice che un sistema-più-interpretazione è *internamente coerente* se tutti i teoremi, una volta interpretati, risultano *reciprocamente compatibili*. C'è uno stretto legame tra questi due tipi di coerenza. Per determinare se alcuni enunciati sono reciprocamente compatibili, si cerca di immaginare un mondo in cui essi possano essere simultaneamente veri. Perciò la coerenza interna dipende dalla coerenza col mondo esterno, solo che in questo caso è lecito che "il mondo esterno" sia un *qualsiasi mondo immaginabile* invece di quello in cui viviamo. Ma questa è una conclusione molto vaga e insoddisfacente. Com'è fatto un mondo "immaginabile"? Dopo tutto, è possibile immaginare un mondo in cui tre personaggi si inventano l'un l'altro ciclicamente. O no? È possibile immaginare un mondo in cui ci siano cerchi quadrati? È immaginabile un mondo in cui valgano le leggi di Newton, e non la relatività? Si può immaginare un mondo in cui una cosa sia contemporaneamente verde e non verde? O un mondo in cui esistano animali che non sono fatti di cellule? In cui Bach abbia improvvisato una fuga a otto voci su un tema di Re Federico? In cui le zanzare siano più intelligenti degli uomini? In cui le tartarughe si diano all'ippica, o parlino? Una tartaruga che parli di cavalli sarebbe un'anomalia, naturalmente...

Alcuni di questi mondi sembrano meno immaginabili di altri, dal momento che alcuni sembrano avere in sé contraddizioni *logiche*, come per esempio verde e non verde, mentre altri sembrano, in mancanza di una parola migliore, "plausibili", come Bach che improvvisa una fuga a otto voci, o animali che non sono fatti di cellule. O anche, pensandoci bene, un mondo in cui le leggi della fisica siano diverse... Grosso modo, si potrebbero distinguere allora diverse qualità di coerenza. Per esempio, si potrebbe parlare di "coerenza logica", che sarebbe la più tollerante, perché non pone vincoli alle cose tranne quelli della logica. Più specificatamente, un sistema-più-interpretazione sarebbe *logicamente coerente* quando non vi si trovano due teoremi che, una volta interpretati come enunciati, si contraddicano l'un l'altro direttamente; e *matematicamente coerente* quando nessuno dei teoremi interpretati infrange le leggi matematiche; e *fisicamente coerente* quando tutti i suoi teoremi interpretati sono compatibili con le leggi fisiche; viene poi la *coerenza biologica* e così via. In un sistema biologicamente coerente ci potrebbe essere un teorema la cui interpretazione è l'enunciato "Shakespeare scrisse un'opera musicale", ma nessun teorema la cui interpretazione è l'enunciato "Esistono animali privi di cellule". In linea generale, questi tipi di incoerenza più fantasiosi non vengono studiati, in quanto è molto difficile sbrogliarli l'uno dall'altro. Ad esempio, che tipo di incoerenza c'è nel problema dei tre personaggi che si inventano l'un l'altro ciclicamente? Logica? Fisica? Biologica? Letteraria?

Di solito, il confine tra privo di interesse ed interessante passa tra la coerenza fisica e la coerenza matematica. (Naturalmente, a stabilire il confine, sono i matematici e i logici, un gruppo che certo non è imparziale...). Questo significa che i tipi di incoerenza che "contano" per i sistemi formali sono solo quelli matematici e logici. In base a questa convenzione, allora, non abbiamo ancora trovato un'interpretazione che renda incoerente il trio di teoremi TbZ, ZbE, EbT. Raggiungiamo lo scopo se interpretiamo b come "è maggiore di". E riguardo a T e Z e E? Possono essere interpretati come numeri naturali: per esempio, Z come 0, T come 3, e E come 33. Osserviamo che in questo modo due teoremi risultano veri, uno falso. Se invece avessimo interpretato Z come 5, ci sarebbero state due falsità e solo una verità. Ma in entrambi i casi avremmo avuto un'incoerenza. Di fatto, i valori assegnati a T, Z ed E sono irrilevanti, purché consistano di numeri naturali. Ancora una volta abbiamo un caso in cui è sufficiente un'interpretazione *parziale* per riconoscere l'incoerenza interna.

Incorporare un sistema formale in un altro

L'esempio precedente, in cui alcuni simboli erano interpretati mentre altri non lo erano, è analogo al caso della geometria trattata in un linguaggio naturale, in cui alcune delle parole usate sono termini indefiniti. In casi del genere, esistono due categorie di parole: quelle il cui significato è fisso e immutabile, e quelle il cui significato deve essere adattato finché il sistema divenga coerente (queste ultime sono i termini indefiniti). Questo modo di trattare la geometria presuppone che i significati per le parole della prima categoria siano stati già stabiliti altrove, fuori della geometria. Quelle parole formano uno scheletro rigido, che costituisce la struttura soggiacente al sistema; per rivestire questo scheletro, viene usato altro materiale che può variare (geometria euclidea o noneuclidea).

I sistemi formali sono spesso costruiti proprio in questo modo sequenziale o gerarchico. Per esempio, il Sistema Formale I può essere progettato con regole e assiomi che danno ai suoi simboli certi prefissati significati passivi. Poi il Sistema Formale I viene incorporato in blocco in un sistema più ampio, che ha un maggior numero di simboli, il Sistema Formale II. Poiché gli assiomi e le regole del Sistema Formale I fanno parte del Sistema Formale II, i significati passivi dei simboli del Sistema Formale I rimangono validi; essi formano uno scheletro immutabile, che ha quindi un ruolo importante nella determinazione dei significati passivi dei simboli nuovi del Sistema Formale II. Il secondo sistema può a sua volta fungere da scheletro rispetto a un terzo sistema, e così via. È anche possibile, e la geometria ne è un buon esempio, che esista un sistema (per esempio, la geometria assoluta) che determina solo *parzialmente* i significati passivi dei suoi termini indefiniti, e che può essere integrato con regole ed assiomi supplementari che precisano *ulteriormente* i significati passivi dei termini indefiniti. È questo il caso della geometria euclidea rispetto a quelle noneuclidee.

Livelli di stabilità nella percezione visiva

Lo stesso carattere gerarchico si ritrova nel nostro modo di acquisire nuove conoscenze e nuove parole, o di percepire oggetti non familiari. È particolarmente interessante da questo punto di vista osservare in che modo cerchiamo di capire un disegno di Escher quale *Relatività* (Fig. 24), in cui compaiono immagini manifestamente impossibili. Si potrebbe pensare che si tenti di reinterpretare il disegno più e più volte fino ad arrivare a un'interpretazione delle varie parti che sia priva di contraddizioni. In realtà non procediamo affatto così. Ci fermiamo divertiti e perplessi a guardare quelle scale che vanno in ogni direzione immaginabile, e quei personaggi che vanno in direzioni incongrue su una stessa scala. Le scale sono "isole di certezza", su cui basiamo la nostra interpretazione di tutto il quadro. Una volta che le abbiamo identificate, tentiamo di estendere la nostra comprensione cercando di riconoscere in che rapporto esse stiano tra di loro. Qui capitano i guai. Ma se tentassimo di tornare sui nostri passi, cioè di

FIGURA 24. Relatività, *di M.C. Escher (litografia, 1953).*

rimettere in discussione le "isole di certezza", avremmo guai di altro tipo. Non c'è modo di tornare indietro e di ritrattare la nostra decisione che si tratta di scale. Non sono pesci, né fruste, né mani; sono proprio scale. (C'è, in realtà, un'altra possibilità: non dare alcuna interpretazione alle linee del quadro, come si fa con i "simboli privi di significato" di un sistema formale. Quest'ultima via d'uscita è un esempio di risposta nel "modo U", cioè dell'atteggiamento Zen nei confronti del simbolismo).

Così siamo costretti dalla natura gerarchica dei nostri processi percettivi a vedere o un mondo pazzo o un semplice insieme di linee prive di senso. Lo stesso tipo di analisi potrebbe essere fatto per decine di immagini di Escher che hanno come solido punto di riferimento forme realistiche ben riconoscibili, le quali sono poi messe insieme nei modi più strani; e quando l'osservatore percepisce il paradosso al livello più alto, è ormai troppo tardi: non può tornare indietro e cambiare opinione su come interpretare gli oggetti del livello inferiore. La differenza tra un disegno di Escher e la geometria noneuclidea è che in quest'ultima si possono trovare interpretazioni comprensibili per i termini indefiniti, cosicché il sistema complessivo che ne risulta è comprensibile. Per i disegni di Escher, viceversa, per quanto ci si ostini a guardarli e riguardarli, il risultato finale non è conciliabile con l'idea che si ha del mondo. Naturalmente si possono immaginare mondi ipotetici in cui possano accadere avvenimenti escheriani... ma in tali mondi le leggi della biologia, della fisica, della matematica, o anche della logica saranno violate a un livello per essere contemporaneamente rispettate a un altro livello; e ciò rende questi mondi estremamente bizzarri. (Ne è un esempio *Cascata* (Fig. 6), in cui per l'acqua in movimento vale la normale gravitazione, mentre la natura dello spazio è in contraddizione con le leggi della fisica).

La matematica è la stessa in tutti i mondi concepibili?

Abbiamo già visto che la coerenza *interna* di un sistema formale (con una sua interpretazione) esige che esista un mondo *immaginabile* (cioè un mondo il cui unico vincolo sia di avere una matematica e una logica identiche a quelle del nostro mondo) nel quale tutti i teoremi interpretati risultino veri. La coerenza *esterna*, cioè la coerenza col mondo esterno, esige invece che tutti i teoremi risultino veri nel mondo *reale*. Ora, nel caso particolare in cui si desideri creare un sistema formale coerente i cui teoremi debbano essere interpretati come enunciati della matematica, sembrerebbe svanire la differenza tra i due tipi di coerenza, dal momento che, in base a quanto abbiamo detto sopra, *tutti i mondi immaginabili hanno la stessa matematica del mondo reale*. Così, in qualsiasi mondo concepibile, 1 più 1 dovrà fare 2, e dovranno esserci infiniti numeri primi; inoltre, in qualsiasi mondo concepibile, tutti gli angoli retti dovrebbero essere congruenti; e, naturalmente, per ogni punto fuori di una data retta dovrebbe passare una ed una sola parallela...

Ma un momento! Questo è il postulato delle parallele e affermare la sua universalità sarebbe un errore, alla luce di quanto abbiamo appena detto. Dire che in tutti i mondi concepibili è rispettato il postulato delle parallele equivale ad affermare che la geometria noneuclidea è inconcepibile, e questo ci riporterebbe alla stessa mentalità di Saccheri e di Lambert; non sarebbe certo una mossa felice. *Ma se non è l'intera matematica, che cos'è allora ciò che hanno in comune tutti i mondi concepibili?* Potrebbe limitarsi alla sola logica? O perfino la logica è sospetta? Potrebbero esserci mondi di cui le contraddizioni sono una normale componente, mondi in cui le contraddizioni non sono contraddizioni?

In un certo senso, per il semplice fatto che ne costruiamo il concetto, abbiamo mostrato che tali mondi sono effettivamente concepibili; ma in un senso più profondo essi sono anche del tutto inconcepibili (già questa, in sé, è una piccola contraddizione). Comunque, parlando seriamente, possiamo dire che, se in qualche modo vogliamo riuscire a comunicare, dobbiamo adottare una qualche base comune, e questa bene o male deve includere la logica. (Ci sono sistemi di credenze che rifiutano questo punto di vista come troppo logico. In particolare lo Zen accoglie con uguale passione contraddizioni e non-contraddizioni. Questo può sembrare incoerente, ma, in questo caso, l'incoerenza fa parte dello Zen, e allora... che possiamo dire?).

L'aritmetica è la stessa in tutti i mondi concepibili?

Se ammettiamo che la *logica* faccia parte di ogni mondo concepibile (ma si noti che non abbiamo definito la logica; lo faremo nei prossimi Capitoli), che cos'altro ne farà parte? È veramente concepibile che in alcuni mondi non ci siano infiniti numeri primi? Non sembrerebbe necessario che i numeri obbediscano alle stesse leggi in tutti i mondi concepibili? O forse è meglio concepire l'espressione "numero naturale" come un termine indefinito, analogamente a "PUNTO" o "RETTA"? In questo caso l'aritmetica sarebbe una teoria dal significato multiplo come la geometria: ci sarebbero un'aritmetica standard e aritmetiche non-standard. Ma allora ci dovrebbe essere qualche analogo della geometria assoluta: una teoria "nucleare", una teoria cioè che rappresentasse il nucleo costante presente in tutte le aritmetiche, e che le qualificasse come teorie dei numeri, distinte da eventuali teorie del cacao, o della gomma o delle banane. Sembra che la maggior parte dei matematici e dei filosofi contemporanei concordi sul fatto che questo nucleo aritmetico *esiste* e che dovrebbe essere incluso, insieme alla logica, in quelli che noi consideriamo "mondi concepibili". Questo nucleo dell'aritmetica, l'analogo della geometria assoluta, è chiamato *aritmetica di Peano*; lo formalizzeremo nel Capitolo VIII. Inoltre è ora comprovato – si tratta in realtà di una diretta conseguenza del Teorema di Gödel – che l'aritmetica è una teoria multipla, con versioni standard e non-standard. A differenza della geometria, tuttavia, i "generi" di aritmetiche sono infiniti, e ciò rende la situazione dell'aritmetica molto più complessa.

Ai fini *pratici*, tutte le aritmetiche sono uguali. In altre parole, se le costruzioni dei ponti dipendessero dall'aritmetica (cosa in un certo senso vera), non avrebbe importanza il fatto che esistono aritmetiche diverse, dal momento che negli aspetti che interessano il mondo reale tutte le aritmetiche concordano. Non si può dire altrettando riguardo alle diverse geometrie; per esempio, la somma degli angoli di un triangolo è di 180 gradi solo nella geometria euclidea; è maggiore nella geometria ellittica, minore in quella iperbolica. Si racconta che una volta Gauss cercò di misurare la somma degli angoli in un grande triangolo definito dalle cime di tre montagne, per determinare una volta per tutte quale tipo di geometria regoli veramente il nostro universo. Cento anni dopo, Einstein elaborò una teoria (la relatività generale) in cui si affermava che la geometria dell'universo è determinata dal suo contenuto di materia, e che dunque nessuna geometria è intrinseca allo spazio stesso. Quindi alla domanda "Qual è la vera geometria?" la natura dà una risposta ambigua non solo in matematica, ma anche in fisica. Alla domanda corrispondente "Quale aritmetica è vera?" potremo rispondere in modo più esauriente dopo aver esaminato a fondo il Teorema di Gödel.

Completezza

Se la coerenza è la condizione che consente ai simboli di acquistare significati passivi, la sua nozione complementare, la *completezza*, è la massima conferma di quei significati passivi. Mentre la coerenza è la proprietà per cui "Ogni cosa prodotta dal sistema è vera", la completezza va nella direzione opposta: "Ogni enunciato vero viene prodotto dal sistema". Precisiamo ora meglio questo concetto. Con esso non ci riferiamo a ogni enunciato vero del mondo, ma solo a quelli che appartengono al dominio che cerchiamo di rappresentare nel sistema. E dunque, completezza significa: "Ogni enunciato vero che può essere espresso nella notazione del sistema è un teorema". Si ha perciò

Coerenza:	quando ogni teorema, se interpretato, risulta vero (in qualche mondo immaginabile).
Completezza:	quando tutti gli enunciati che sono veri (in qualche mondo immaginabile), e che possono essere espressi come stringhe ben formate del sistema, sono teoremi.

Un esempio di sistema formale completo, al suo modesto livello, è l'originario sistema pg con la sua originaria interpretazione. Tutte le addizioni vere di due numeri interi positivi sono rappresentate da teoremi del sistema. Potremmo esprimere questo in altro modo: "Tutte le addizioni vere di due interi positivi sono *dimostrabili* all'interno del sistema". (Attenzione: quando cominciamo ad usare l'espressione "enunciati dimostrabili" al posto di "teoremi", significa che stiamo cominciando a sfocare la distinzione tra sistemi formali e loro interpretazione. Non c'è niente di male, a patto che si sia ben consci della confusione che si sta facendo, e che si ricordi che a volte sono possibili interpretazioni multiple). Il sistema pg con l'interpretazione originaria è *completo*; è anche *coerente*, dal momento che nessun enunciato falso è, per usare la nostra nuova espressione, dimostrabile all'interno del sistema.

Qualcuno potrebbe sostenere che il sistema è incompleto basandosi sul fatto che le addizioni di *tre* numeri interi positivi (come 2 + 3 + 4 = 9) non sono rappresentate da teoremi del sistema pg, nonostante che siano traducibili nella notazione del sistema (per esempio – – p – – – p – – – – g – – – – – – – – –). Tuttavia questa stringa non è ben formata e perciò va considerata priva di significato, proprio come pgp – – – gpg.

Triple addizioni semplicemente *non sono esprimibili* nella notazione del sistema, e così la completezza del sistema è salva.

Nonostante che il sistema pg con questa interpretazione sia completo, esso è certamente lontano dal catturare pienamente la nozione di verità in aritmetica. Per esempio, il sistema pg non ha modo di dirci quanti numeri primi ci sono. Il Teorema di Incompletezza di Gödel dice che ogni sistema "sufficientemente potente" è, in virtù della sua potenza, incompleto, nel senso che ci sono stringhe ben formate che esprimono enunciati veri dell'aritmetica, ma che non sono teoremi (ci sono verità che appartengono all'aritmetica le quali non sono dimostrabili nel sistema). Sistemi come il sistema pg, che sono completi ma non molto potenti, sono come grammofoni a bassa fedeltà; già in partenza sono talmente poveri che è ovvio che non possano fare quello che noi vorremmo che facessero: dirci cioè tutto sull'aritmetica.

Come una interpretazione può produrre e distruggere la completezza

Che significa dire, come ho detto sopra, che "la completezza è la massima conferma dei significati passivi"? Significa che, se un sistema è coerente ma incompleto, c'è qualcosa che non va nell'accoppiamento tra simboli e loro interpretazione. Il sistema non ha la forza di giustificare quella interpretazione. A volte, se le interpretazioni vengono un po' "aggiustate", il sistema può diventare completo. Per chiarire questa idea, osserviamo il sistema pg modificato (comprendente lo Schema di Assiomi II) e l'interpretazione che abbiamo usato per esso.

Dopo aver modificato il sistema pg, abbiamo modificato l'interpretazione di **g** da "uguale" a "uguale o maggiore di". Abbiamo visto che il sistema pg modificato era coerente con questa interpretazione; eppure, nella nuova interpretazione c'è qualcosa che non soddisfa completamente. Il problema è semplice; ci sono ora molte verità esprimibili che non sono teoremi. Per esempio, "2 più 3 è uguale o maggiore di 1" è espresso dal nonteorema **– – p – – – g –**. L'interpretazione è troppo sciatta! Non rispecchia accuratamente l'operato dei teoremi nel sistema. Con questa sciatta interpretazione, il sistema pg non è completo. Potremmo porre riparo alla situazione sia (1) *aggiungendo nuove regole* al sistema per renderlo più potente, sia (2) *restringendo l'interpretazione*. Nel nostro caso, l'alternativa sensata sembra essere quella di restringere l'interpretazione. Invece di interpretare **g** come "uguale o maggiore di", diremo "uguale o maggiore di 1 di". In tal modo, il sistema pg modificato diventa coerente e completo. E la completezza conferma l'adeguatezza dell'interpretazione.

Incompletezza dell'aritmetica formalizzata

Nell'aritmetica incontreremo di nuovo l'incompletezza; ma lì, per porre rimedio alla situazione, saremo portati a scegliere l'altra possibilità, cioè aggiungere nuove regole e rendere il sistema più potente. Per ironia della sorte, ogni volta che si aggiunge una nuova regola, si pensa: *ora* finalmente abbiamo reso completo il sistema! La natura del problema può essere illustrata dalla seguente allegoria...

Abbiamo un giradischi, e abbiamo anche un disco con un'etichetta provvisoria "Canone su B-A-C-H". Ma, quando suoniamo il disco sul giradischi, le vibrazioni indotte per retroazione (come quelle causate dai dischi della Tartaruga) interferiscono talmente che non riusciamo neanche a riconoscere il motivo. Concludiamo che *qualcosa* è difettoso, o il disco o il giradischi. Per provare il *disco*, dovremmo suonarlo sul giradischi di qualche amico e valutare la sua qualità. Per provare il *grammofono*, dovremmo suonare su di esso qualche disco avuto in prestito da amici, e vedere se la musica che sentiamo corrisponde all'etichetta. Se il giradischi supera la prova, diremo che era difettoso il disco; e viceversa, se il disco passa la *sua* prova, diremo che era difettoso il giradischi. Ma che cosa possiamo concludere nel caso in cui *entrambi* passino le loro rispettive prove? A questo punto, si dovrebbe ripensare alla catena dei due isomorfismi (Fig. 22) e riflettere a fondo!

Piccolo labirinto armonico

La Tartaruga e Achille stanno trascorrendo una giornata al Luna Park. Dopo aver comprato lo zucchero filato, decidono di fare un giro sulla ruota panoramica.

Tartaruga: È il mio divertimento preferito al Luna Park. Sembra di arrivare chissà dove e invece non si va in nessun posto.

Achille: Capisco che le possa piacere. Si è legata bene?

Tartaruga: Sì, credo di essere riuscita ad allacciare la cintura. Ecco, si parte! Via!

Achille: Lei è davvero allegra, oggi.

Tartaruga: Ho una buona ragione per esserlo. Mia zia, che è un'indovina, mi ha detto che oggi sarò baciata dalla Buona Sorte. Perciò sono eccitata e impaziente.

Achille: Non mi dica che anche lei crede agli indovini.

Tartaruga: No... ma pare che funzioni anche se uno non ci crede.

Achille: Oh, proprio quello che si dice essere fortunati.

Tartaruga: Guardi che vista splendida, la spiaggia, la folla, il mare, la città...

Achille: Sì, è proprio splendido. Ehi! Guardi lassù quell'elicottero! Sembra che stia venendo verso di noi. Anzi, ora è proprio sopra di noi.

Tartaruga: Strano! C'è un cavo che pende; si avvicina sempre di più. È così vicino che in pratica potremmo toccarlo.

Achille: Guardi! In fondo al cavo c'è un enorme gancio con un biglietto.

(Si sporge ed afferra il biglietto, mentre la ruota li riporta verso il basso).

Tartaruga: Che dice il biglietto?

Achille: Ecco, dice: "Salve, amici. Attaccatevi al gancio al prossimo giro; avrete una Sorpresa Inattesa".

Tartaruga: Questo biglietto mi convince poco. Ma chissà dove può portare. Forse ha a che fare in qualche modo con il bacio della Buona Sorte che mi è dovuto. Avanti, proviamo!

Achille: Sì, proviamo!

(Nella risalita si liberano dalle cinture e nel punto più alto afferrano il gancio. Di colpo vengono sollevati verso l'apertura dell'elicottero. Una grossa, robusta mano li aiuta ad entrare).

Voce: Benvenuti a bordo, creduloni.

Achille: Ch-chi è lei?

Voce: Permettetemi di presentarmi. Io sono Hexaclorofene J. Buonasorte, Rapitore-Evaso e Divoratore di Tartarughe per Eccellenza, al vostro servizio.

Tartaruga: Gulp!

Achille (sottovoce, rivolto all'amica): Uh, oh... Ho l'impressione che non sia costui la "Buonasorte" che ci aspettavamo. *(Rivolgendosi a Buonasorte).* Scusi,... se mi è lecito, dove ci sta trascinando?

Buonasorte (ridendo diabolicamente): Eh, eh,...! Alla mia cucina-super-elettrica-in-cielo, dove preparerò QUESTO gustoso bocconcino (*getta uno sguardo cupido alla Tartaruga e canticchia allegro*) in una deliziosa tarta-torta-in-ciel! E tutta per il mio avido piacer! Eh, eh, eh!

Achille: La sua risata è davvero diabolica.

Buonasorte: Eh, eh, eh, per questo apprezzamento, me la pagherai cara, amico. Eh, eh!

Achille: Dio mio! Chissà che intende dire!

Buonasorte: Molto semplice. Ho in serbo un Fato Sinistro per voi due! È solo questione di tempo! Eh, eh, eh! Eh, eh, eh!

Achille: Ohi!

Buonasorte: Bene, siamo arrivati. Scendete, amici, nella favolosa cucina-super-elettrica-in-cielo.

(Entrano).

Venite, vi faccio vedere la casa, prima di preparare il vostro Fato. Questa è la mia camera da letto. Questo il mio studio. Per favore, aspettatemi qui un minuto, devo andare ad affilare i coltelli. Nell'attesa, servitevi pure di popcorn. Eh, eh, eh, tartatorta! La mia torta preferita! *(Esce).*

Achille: Oh, che delizia, il popcorn! Mi voglio rimpinzare!

Tartaruga: Achille! Si è già riempito di tutto quello zucchero filato! E poi, come può pensare a mangiare in un simile frangente?

Achille: Accidenti! Oh, scusi, di solito non uso queste espressioni. Ma mi ero dimenticato...

Tartaruga: Ho l'impressione che siamo fritti.

Achille: Guardi quanti libri il vecchio Buonasorte tiene nel suo studio. Una bella raccolta di testi stravaganti: *I cervelli di gallina che ho conosciuto*; *Scacchi e danza del ventre per principianti*; *Concerto per Tip-Tap e orchestra*... Hum.

Tartaruga: Che cos'è quel volumetto aperto sulla scrivania, vicino al dodecaedro e all'album da disegno?

Achille: Questo? Perdinci, il titolo è *Sconcertanti avventure di Achille e della Tartaruga in diversi luoghi della terra.*

Tartaruga: Un titolo piuttosto sconcertante.

Achille: Davvero. E l'avventura di questa pagina aperta sembra davvero sconcertante. S'intitola *Geni & Tonic.*

Tartaruga: Hum... M'incuriosisce. Proviamo a leggerla? Io leggo la parte della Tartaruga e lei quella di Achille.

Achille: Io sono pronto. Proviamo...

(Cominciano a leggere "Geni & Tonic").

(Achille ha invitato a casa la Tartaruga per mostrarle la sua raccolta di stampe di M.C. Escher, il suo artista preferito).

Tartaruga: Sono stampe meravigliose, Achille.

Achille: Ero certo che le sarebbero piaciute. Ce ne è qualcuna che le piace in particolare?

Tartaruga: Una delle mie preferite è *Convesso e concavo*, in cui ci sono due mondi, ognuno con una sua coerenza interna, i quali, quando vengono giustapposti, formano un mondo composito totalmente incoerente. I mondi incoerenti sono sempre piacevoli da visitare, ma non mi piacerebbe viverci.

Achille: "Piacevoli da visitare"? Che cosa intende dire? Se sono incoerenti, non ESISTONO, e quindi non si possono neanche visitare.

Tartaruga: Mi scusi, non abbiamo appena convenuto che in questa incisione di Escher è raffigurato un mondo incoerente?

Achille: Sì, ma quello è solo un mondo bidimensionale, un mondo fittizio, un quadro. Non si può visitare quel mondo.

Tartaruga: Ho i miei sistemi...

Achille: Come potrebbe proiettarsi in un universo dipinto e piatto?

Tartaruga: Bevendo un bicchierino di CORDIALE PUSH. Ecco il trucco.

Achille: Che diavolo è questo cordiale push?

Tartaruga: È un liquido confezionato in piccole boccette di ceramica che, bevuto mentre si tengono gli occhi su un quadro, "spinge" direttamente il bevitore nel mondo di quel quadro. Chi non conosce i poteri di questo liquore rimane spesso stupito per la situazione in cui viene a trovarsi.

Achille: Esiste un antidoto? Oppure una volta dentro, ci si rimane prigionieri?

Tartaruga: In certi casi non sarebbe poi una cattiva sorte. Ma c'è un'altra pozione; anzi, non è proprio una pozione ma un elisir, no, neanche un elisir ma... un... un...

Tartaruga: Questa vuole dire un "tonico", forse.

Achille: Un tonico?

Tartaruga: È esattamente la parola che cercavo! Si chiama "POP-TONIC" e, se ci si ricorda di tenerne una bottiglia nella mano destra mentre si beve il push anch'essa entrerà nel quadro; allora, in qualunque momento si abbia il desiderio di tornare nella vita reale, basta un sorso di pop-tonic e, "pop", ci si ritrova nel mondo reale, esattamente nel luogo da cui si era partiti.

Achille: Molto interessante. Che cosa succede se si beve qualche sorso di pop-tonic prima di essere entrati in un quadro?

Tartaruga: Non lo so con precisione, Achille, ma personalmente starei molto attenta a giocare con questa roba. Avevo un amico che lo fece, e da allora non se ne è saputo più niente.

Achille: Che peccato! E ci si può portare dietro anche la bottiglia del cordiale push?

Tartaruga: Certo. Basta tenerla nella mano sinistra, e anch'essa viene spinta nel quadro che si sta guardando.

Achille: Che cosa accade se si trova un quadro all'interno del quadro nel quale si è penetrati, e guardandolo si beve un altro sorso di push?

Tartaruga: Proprio quello che può immaginare: si entra nel quadro del quadro.

Achille: Suppongo allora che bisognerà uscire fuori due volte per liberarsi da questi quadri annidati l'uno nell'altro e per riemergere nella vita reale.

Tartaruga: Esatto. Bisogna compiere un'"uscita" per ogni "entrata", perché il pop-tonic e il push si elidono a vicenda.

Achille: Sa, questa storia ha tutta l'aria di essere una presa in giro... Forse la verità è che lei vuole verificare i limiti della mia credulità!

Tartaruga: Niente affatto! Guardi qua: ho due boccette proprio nella borsa. (*Apre la borsa e ne tira fuori due boccette senza etichetta, piuttosto voluminose; al loro interno si può udire distintamente lo sciaguattio del liquido contenuto: rosso in una bottiglia, blu nell'altra*). Se desidera, possiamo provarle. Che ne dice?

Achille: Ecco, io... ma... credo, ehm... forse... ehm...

Tartaruga: Benissimo! Lo sapevo che avrebbe voluto tentare. Che ne dice di penetrare nel mondo del *Convesso e concavo* di Escher?

Achille: Va bene, ma...

Tartaruga: Allora abbiamo deciso. Ora non dimentichiamoci di portare con noi la boccetta del tonico, in modo da poter ritornare. Vuole prendersi questa grave responsabilità, Achille?

Achille: Se per lei è lo stesso, dato che io sono un po' nervoso, preferirei lasciare a lei, con la sua esperienza, il compito di gestire questa operazione.

Tartaruga: Perfetto!

(Così dicendo, la Tartaruga versa due dosi del cordiale push. Poi prende in mano la boccetta del tonico e, tenendola stretta nella mano destra, porta alle labbra, imitata da Achille, il bicchiere di push).

Tartaruga: Salute!

(Bevono).

Achille: Ha uno stranissimo sapore.

Tartaruga: Poi ci si abitua.

Achille: Anche il tonico ha questo sapore?

Tartaruga: Oh, quello dà una sensazione tutta diversa. Quando si beve il tonico, la sensazione è di grande soddisfazione, come se lo si fosse desiderato per tutta la vita.

Achille: Non vedo l'ora di provarlo.

Tartaruga: Bene, Achille, dove siamo?

Achille (prendendo coscienza della sua situazione): Siamo su una piccola gondola, che avanza silenziosamente lungo un canale!

FIGURA 25. Convesso e concavo, *di M.C. Escher (litografia, 1955).*

Gondoliere, voglio scendere, per favore ci lasci qui.

(Il gondoliere non presta attenzione a questa richiesta).

Tartaruga: Non capisce la nostra lingua. Se vogliamo scendere qui, sarà meglio saltare fuori prima che costui si avventuri nel sinistro "Tunnel dell'Amore", proprio davanti a noi.

(Achille, un po' pallido, salta fuori dalla gondola e poi aiuta a scendere la sua amica, un po' più lenta di lui).

Achille: Quel posto là non mi piaceva proprio. Sono contento che siamo scesi. Ma mi dica, come mai sa tante cose su questo posto? C'è già stata?

Tartaruga: Molte volte, per quanto vi sia sempre arrivata da altre stampe di Escher. Al di là delle cornici sono tutte interconnesse, sa? Una volta che si è entrati in una di esse, si può raggiungerne un'altra qualsiasi.

Achille: Incredibile! Se non fossi qui, a vedere queste cose con i miei occhi, non ci crederei. *(Passano sotto un piccolo arco).* Oh, guardi quelle due graziose lucertoline!

Tartaruga: Graziose? Non sono graziose; rabbrividisco al solo pensiero! Sono i malvagi guardiani della magica lampada di rame che pende dal soffitto, là. Basta che la loro lingua lo sfiori e un comune mortale viene mutato in un cetriolino.

Achille: Dolce o piccante?

Tartaruga: Piccante.

Achille: Oh, che amaro destino! Ma se la lampada ha poteri magici, vorrei cercare di raggiungerla.

Tartaruga: È un'impresa sconsiderata, Achille; io non rischierei.

Achille: Voglio provarci almeno una volta.

(Si avvicina con circospezione alla lampada, facendo attenzione a non svegliare il giovanotto che dorme lì accanto. Ma improvvisamente scivola in una strana cavità a forma di conchiglia e precipita nel vuoto. Agita le braccia in tutte le direzioni in cerca di un appiglio e riesce non si sa come ad aggrapparsi con una mano alla lampada. Oscillando disperatamente, mentre le due lucertole sibilano con violenza e cercano di raggiungerlo, con le lingue tese verso di lui, Achille rimane paurosamente sospeso nello spazio vuoto).

Achille: Aiutoooo...!

(Le sue grida attirano l'attenzione di una donna che si precipita per le scale e sveglia il giovanotto addormentato. Questi si rende conto della situazione e, rivolgendosi ad Achille con un sorriso cortese, gli fa cenni e gesti per rassicurarlo. Poi grida qualcosa in una strana lingua gutturale a due suonatori di tromba affacciati a due finestre in alto; immediatamente strane note si diffondono nell'aria generando battimenti. L'assonnato giovanotto indica le lucertole, e Achille nota che la musica sta producendo in quegli animali un effetto soporifero. Ben presto esse sono completamente addormentate. Allora, il giovane servizievole urla qualche parola a due suoi compagni che stanno salendo su due scale a pioli. Questi tirano su le scale, disponendole proprio sotto lo smarrito Achille, in modo da formare una specie di ponte. A gesti cercano di far capire

ad Achille che si deve affrettare ad arrampicarsi. Ma prima di farlo Achille stacca con cura il gancio superiore della catena che tiene la lampada e la prende con sé. Poi si arrampica sulla scala-ponte, e i tre personaggi lo aiutano a mettersi definitivamente in salvo. Achille li abbraccia con gratitudine).

Achille: Oh, signorina T., come potrò mai ripagarli?

Tartaruga: So che a questi valorosi personaggi piace molto il caffè, e nella città qui sotto vi è un locale dove fanno un espresso che non ha rivali. Li inviti a prendere una tazza di caffè!

Achille: È proprio quello che ci vuole.

(Così, con molti gesti, sorrisi e parole, Achille riesce a comunicare l'invito, e tutti e cinque si avviano per una ripida scala verso la città. Giungono a un delizioso piccolo caffè, si siedono fuori e ordinano cinque espressi. Appena cominciano a sorseggiare il caffè, Achille ricorda di avere la lampada).

Achille: Me n'ero dimenticato, signorina T. Ho questa lampada magica! Ma che cos'ha di magico?

Tartaruga: Oh, la solita roba: un genio.

Achille: Cosa? Vuol dire che, quando la si strofina, appare un genio che esaudisce i desideri?

Tartaruga: Proprio così. Che cosa voleva, la manna dal cielo?

Achille: È fantastico! Io posso esprimere un qualsiasi desiderio, vero? Ho sempre desiderato che un giorno mi accadesse una cosa simile...

(E così Achille strofina delicatamente la grande lettera 'L' incisa sulla superficie di rame della lampada... Immediatamente si sprigiona un'enorme nuvola di fumo, e in essa i cinque amici vedono prender forma uno strano fantasma che torreggia sopra di loro).

Genio: Salve, amici miei, e grazie per aver recuperato la mia lampada dal malefico Duo delle Lucertole.

(Così dicendo, il Genio prende la Lampada e la nasconde fra le pieghe della sua veste che si srotola a spirale dalla Lampada).

Come segno di gratitudine per il vostro eroico gesto, vorrei offrirvi da parte della mia Lampada la possibilità di esaudire tre vostri desideri.

Achille: Stupefacente! Non le sembra, signorina T.?

Tartaruga: Certamente. E ora, avanti, Achille, esprima il primo desiderio.

Achille: Uh! Ma che cosa potrei desiderare? Ah, lo so: quello che pensai la prima volta che lessi *Le mille e una notte* (quella raccolta di novelle insensate (e a scatole cinesi)). Desidero poter esprimere CENTO desideri invece di tre! Molto astuto, vero, signorina T.? Scommetto che LEI non avrebbe mai pensato a un trucco simile. Mi sono sempre chiesto perché quegli sciocchi delle novelle non ci hanno mai provato.

Tartaruga: Forse ora scoprirà da sé la risposta.

Genio: Mi dispiace, Achille, ma non posso esaudire meta-desideri.

Achille: Desidero sapere che cos'è un "meta-desiderio"!

Genio: Ma QUESTO è un meta-meta-desiderio, Achille; e io non posso esaudire neanche questi.

Achille: Cooosa? Non riesco proprio a capire.

Tartaruga: Perché non cambia i termini della sua ultima richiesta, Achille?

Achille: Che cosa intende dire? Perché dovrei farlo?

Tartaruga: Vede, lei ha cominciato col dire: "desidero". Dato che vuole soltanto un'informazione, perché non fa semplicemente una domanda?

Achille: Va bene, per quanto non ne veda il motivo. Dimmi, Genio, che cos'è un meta-desiderio?

Genio: È semplicamente un desiderio riguardante altri desideri. E io non sono autorizzato ad esaudire meta-desideri. La mia competenza è limitata soltanto a desideri comuni, come avere dieci bottiglie di birra, incontrare Miss Universo a quattr'occhi, o vincere un viaggio per due a Copacabana. Cose semplici come queste. Ma i meta-desideri non posso esaudirli. Il SIGNOR non lo permette.

Achille: Il SIGNOR? Chi è il SIGNOR? E perché non ti permetterebbe di esaudire i meta-desideri? Non mi sembrano poi una gran cosa rispetto ai desideri che hai nominato.

Genio: Be', vedi, è una faccenda complicata. Perché non lasci perdere ed esprimi i tre desideri? O uno, almeno. Non ho mica tanto tempo da perdere...

Achille: Oh, sono avvilito! SPERAVO VERAMENTE di poter esprimere il desiderio di esprimere cento desideri...

Genio: Non sopporto di vedere la gente soffrire in questo modo. E inoltre i meta-desideri sono i miei desideri preferiti. Vediamo se posso fare qualcosa. Mi ci vorrà un secondo...

(Il Genio estrae dalle pieghe evanescenti della sua veste un oggetto che assomiglia alla Lampada di rame che aveva riposto, con la sola differenza che questa è d'argento; e dove l'altra aveva incisa una 'L', questa reca la scritta 'ML' in lettere più piccole in modo da occupare lo stesso spazio).

Achille: Che cos'è quella?
Genio: Questa è la mia Meta-Lampada...

(Strofina la Meta-Lampada; immediatamente si sprigiona un'enorme nuvola di fumo, e in essa tutti vedono prender forma uno strano fantasma che torreggia sopra di loro).

Meta-Genio: Io sono il Meta-Genio. Mi hai chiamato, o Genio? Qual è il tuo desiderio?

Genio: Ho un desiderio speciale da esprimere a te, o Genìde, e al SIGNOR. Desidero la temporanea sospensione di tutte le restrizioni di tipo riguardanti i desideri, per la durata di un Desiderio senza Tipo. Puoi per favore esaudire questo desiderio per me?

Meta-Genio: Devo inoltrarlo attraverso i soliti canali, naturalmente. Mezzo secondo, per favore.

(E due volte più velocemente del Genio, questo Meta-Genio estrae dalle pieghe evanescenti della sua veste un oggetto che assomiglia alla Meta-Lampada d'argento, con la sola differenza che questa è d'oro; e dove la precedente recava la scritta 'ML', questa porta inciso 'MML' in lettere più piccole in modo da occupare lo stesso spazio).

Achille (con voce più alta di un'ottava rispetto a prima): E questa che cos'è?

Meta-Genio: Questa è la mia Meta-Meta-Lampada...

(Strofina la Meta-Meta-Lampada; immediatamente si sprigiona un'enorme nuvola di fumo, e in essa tutti vedono prender forma uno strano fantasma che torreggia sopra di loro).

Meta-Meta-Genio: Io sono il Meta-Meta-Genio. Mi hai chiamato, o Meta-Genio? Qual è il tuo desiderio?

Meta-Genio: Ho un desiderio speciale da esprimere a te, o Genìde, e al SIGNOR. Desidero la temporanea sospensione di tutte le restrizioni di tipo riguardanti i desideri, per la durata di un Desiderio senza Tipo. Puoi per favore esaudire questo desiderio per me?

Meta-Meta-Genio: Devo inoltrarlo attraverso i soliti canali, naturalmente. Un quarto di secondo, per favore.

(E, con velocità doppia rispetto al Meta-Genio, questo Meta-Meta-Genio estrae dalle pieghe evanescenti della sua veste un oggetto che assomiglia alla Meta-Meta-Lampada d'oro, con la sola differenza che questa è fatta di...)

.

.

.

.

.

. [SIGNOR]

.

.

.

.

.

(... si ritrae nella Meta-Meta-Meta-Lampada, che il Meta-Meta-Genio ripone nella sua veste, mettendoci il doppio del tempo impiegato dal Meta-Meta-Meta-Genio per la stessa operazione).

Il tuo desiderio è esaudito, o Meta-Genio.

Meta-Genio: Grazie, o Genìde, e grazie, o SIGNOR.

(Il Meta-Meta-Genio, come tutti i suoi superiori prima di lui, si ritrae nella Meta-Meta-Lampada, che il Meta-Genio ripone nella sua veste, mettendoci il doppio del tempo rispetto a quello impiegato dal Meta-Meta-Genio per la stessa operazione).

Il tuo desiderio è esaudito, o Genio.

Genio: Grazie, o Genìde, e grazie, o SIGNOR.

(E il Meta-Genio, come tutti i suoi superiori prima di lui, si ritrae nella Meta-Lampada che il Genio ripone nella sua veste, mettendoci il doppio del tempo impiegato dal Meta-Genio per la stessa operazione).

Il tuo desiderio è esaudito, Achille.

(Ed è passato precisamente un secondo da quando ha detto: "Mi ci vorrà un secondo").

Achille: Grazie, o Genìde, e grazie, o SIGNOR.

Genio: Sono contento di informarti, Achille, che puoi esprimere esattamente un (1) Desiderio senza Tipo, vale a dire un desiderio, o un meta-desiderio, o un meta-meta-desiderio, con tanti "meta" quanti ne desideri, anche in numero infinito (se lo desideri).

Achille: Oh, grazie infinite, Genio. Ma adesso hai stuzzicato la mia curiosità. Prima di esprimere il mio desiderio, ti dispiace dirmi chi o che cosa è il SIGNOR?

Genio: Ma figurati. "SIGNOR" è un acronimo che sta per "SIGNOR Induce Genìdi Nuovi Operando Ricorsivamente". La parola "Genìdi" designa Geni, Meta-Geni, Meta-Meta-Geni e così via. È una parola senza Tipo.

Achille: Ma... Ma... come può "SIGNOR" essere una parola nel suo stesso acronimo? Questo non ha senso!

Genio: Tu non hai alcuna familiarità con acronimi ricorsivi! Io pensavo che tutti li conoscessero. Vedi, "SIGNOR" sta per "SIGNOR Induce Genìdi Nuovi Operando Ricorsivamente" che può essere esplicitato così: "SIGNOR Induce Genìdi Nuovi Operando Ricorsivamente, Induce Genìdi Nuovi Operando Ricorsivamente", che può a sua volta essere esplicitato così: "SIGNOR Induce Genìdi Nuovi Operando Ricorsivamente, Induce Genìdi Nuovi Operando Ricorsivamente, Induce Genìdi Nuovi Operando Ricorsivamente" che a sua volta può essere esplicitato... si può andare avanti quanto si desidera.

Achille: Ma non si finisce mai!

Genio: Naturalmente no. Non si può mai esplicitare completamente il SIGNOR.

Achille: Hum... che rompicapo. Che cosa intendevi quando hai detto al Meta-Genio: "Ho un desiderio speciale da esprimere a te, o Genìde, e al SIGNOR"?

Genio: Io volevo fare una richiesta non soltanto al Meta-Genio, ma a tutti i Genìdi al di sopra di lui. Il metodo dell'acronimo ricorsivo realizza ciò in maniera abbastanza naturale. Vedi, quando il Meta-Genio ha ricevuto la mia richiesta, ha dovuto trasmetterla verso l'alto al suo SIGNOR. Così egli ha inoltrato un messaggio analogo al Meta-Meta-Genio, che a sua volta ha ripetuto l'operazione con il Meta-Meta-Meta-Genio... Risalendo lungo questa catena, il messaggio raggiunge il SIGNOR.

Achille: Capisco, vuoi dire che il SIGNOR siede in cima alla scala dei genìdi?

Genio: No, no, no. Non c'è niente "in cima" poiché non c'è una cima. Ecco perché il SIGNOR è un acronimo ricorsivo. SIGNOR non è una specie di genìde finale; il SIGNOR è la torre dei genìdi al di sopra di ogni genìde dato.

Tartaruga: Mi sembra che ogni singolo genìde debba avere un concetto diverso del SIGNOR, poiché per ogni genìde il SIGNOR è l'insieme dei genìdi sopra di lui e non vi sono due genìdi per i quali questi insiemi coincidano.

Genio: Lei ha pienamente ragione. E siccome io, in quanto Genio, sono il genìde infimo, la mia nozione di SIGNOR è la più ampia. Ho compassione per questi genìdi superiori, che credono di essere in qualche modo più vicini al SIGNOR. Quale empietà!

Achille: Per tutti i diavoli, ci sarà voluto del genio per inventare il SIGNOR.

Tartaruga: Lei crede davvero a tutta questa storia del SIGNOR, Achille?

Achille: Oh, certo che ci credo. Perché, lei è atea, oppure agnostica, signorina T.?

Tartaruga: Non credo di essere agnostica, forse sono meta-agnostica.

Achille: Cooosa? Non riesco proprio a capire.

Tartaruga: Vediamo... Se io fossi meta-agnostica, avrei dei dubbi sul fatto di essere agnostica o meno, ma io non sono proprio sicura di essere su QUESTE posizioni; quindi, ciò significa che sono meta-meta-agnostica (mi sembra). Ma lasciamo perdere. Mi dica, Genio, accade mai a un genìde di fare un errore, di travisare un messaggio che sta andando su o giù nella catena?

Genio: Certo che accade. Ed è la causa principale del mancato esaudimento dei Desideri senza Tipo. Vede, la probabilità che si verifichi un'alterazione del messaggio in un punto DETERMINATO della catena è infinitesima, ma quando vi è un numero infinito di questi punti, è praticamente sicuro che si verificherà un travisamento in QUALCHE punto. Di fatto, per quanto strano possa sembrare, gli errori che vengono fatti sono solitamente in numero infinito, ma sono distribuiti in maniera molto sporadica lungo la catena.

Achille: Così è un miracolo che un Desiderio senza Tipo venga esaudito.

Genio: Non proprio. Molte confusioni sono prive di conseguenze e molte altre si neutralizzano a vicenda. In qualche caso tuttavia, ma è piuttosto raro, il non esaudimento di un Desiderio senza Tipo può essere fatto risalire all'accidentale confusione di un singolo genìde. Quando questo accade, il genìde colpevole viene condannato a una corsa infinita, e per tutto il percorso i genìdi che incontra, e il SIGNOR, lo sculacciano. È un divertimento per gli sculacciatori e non nuoce allo sculacciato. Ti divertiresti a vedere questo spettacolo.

Achille: Mi piacerebbe tanto assistervi! Ma accade soltanto quando un Desiderio senza Tipo non viene esaudito?

Genio: Esatto.

Achille: Hum... questo mi suggerisce qualcosa per il mio desiderio.

Tartaruga: Davvero? Che cosa?

Achille: Desidero che il mio desiderio non venga esaudito.

(In quel momento accade un evento — ma è "evento" la parola giusta? — che non si può descrivere, e quindi non sarà fatto alcun tentativo per descriverlo).

Achille: Che cosa significa, per Giove, quest'enigmatico commento?

Tartaruga: Si riferisce al Desiderio senza Tipo espresso da Achille.

Achille: Ma non ha ancora espresso alcun desiderio.

Tartaruga: Ma sì, lo ha fatto. Ha detto: "Desidero che il mio desiderio non venga esaudito", e il Genio ha considerato QUELLO il suo desiderio.

(In quel momento dal corridoio arriva un rumore di passi che si avvicinano).

Achille: Oh, Dio mio! C'è qualcosa di minaccioso in questo.

(I passi si fermano; poi si sentono allontanare).

Tartaruga: Meno male!

Achille: Ma la storia va avanti o quella è la fine? Volti pagina e vediamo.

(La Tartaruga volta pagina di "Geni & Tonic": la storia continua...).

Achille: Ehi! Cos'è successo? Dove è finito il mio Genio? La mia lampada? La mia tazza di caffè? Che cosa è accaduto ai nostri amici del mondo Convesso e Concavo? Che stanno facendo tutte quelle lucertoline laggiù?

Tartaruga: Ho paura, Achille, che il nostro ambiente sia stato ripristinato in maniera sbagliata.

Achille: Che cosa significa, per Giove, quest'enigmatico commento?

Tartaruga: Mi riferisco al Desiderio senza Tipo che lei ha espresso.

Achille: Ma non ho ancora espresso alcun desiderio.

Tartaruga: Ma sì, lo ha fatto. Ha detto: "Desidero che il mio desiderio non venga esaudito" e il Genio ha considerato QUELLO il suo desiderio.

Achille: Oh, Dio mio! C'è qualcosa di minaccioso in questo.

Tartaruga: La minaccia in questo caso si chiama PARADOSSO. Infatti quel Desiderio senza Tipo, per essere esaudito, doveva essere negato e tuttavia il non esaudirlo significava esaudirlo.

Achille: E allora, che cosa è successo? La terra si è fermata, l'universo è crollato?

Tartaruga: No. È caduto il Sistema.

Achille: Che significa?

Tartaruga: Significa che lei ed io siamo stati improvvisamente e istantaneamente trasportati a Tumbolandia.

Achille: Dove?

Tartaruga: Tumbolandia: la terra dei singhiozzi defunti e delle lampadine fulminate. È una specie di limbo dove il software sopito attende che il suo hardware ospitante ricominci a funzionare. Non si può dire per quanto tempo il Sistema rimane inattivo né per quanto tempo si rimane in Tumbolandia. Può trattarsi di minuti, ore, giorni; forse anni.

Achille: Non so cosa siano il software e lo hardware. Ma so che non sono riuscito a esprimere i miei desideri! Voglio riavere il mio Genio!

Tartaruga: Mi dispiace, Achille. Lei ha sprecato l'opportunità che aveva. Ha fatto cadere il Sistema, e deve ringraziare la sua buona stella se siamo riusciti a tornare. Le cose sarebbero potute andare molto peggio. Ma non riesco assolutamente a capire in che posto siamo.

Achille: Ma io lo riconosco: siamo finiti in un'altra stampa di Escher. Questa volta si tratta di *Rettili*.

Tartaruga: Ah! Il Sistema ha tentato di salvare quanto più ha potuto del nostro contesto prima di cadere, ed è perfino riuscito a registrare che si trattava di un quadro di Escher con lucertole prima di andar giù. Questo è encomiabile.

Achille: E guardi là! Non è la nostra boccetta di poptonic quella là sulla tavola, vicino alle lucertole?

Tartaruga: Proprio così. Devo riconoscere che siamo stati fortunati; il Sistema è stato davvero gentile con noi,

FIGURA 26. Rettili, *di M.C. Escher (litografia, 1943).*

restituendoci la nostra boccetta di pop-tonic. È roba preziosa!

Achille: Io direi di uscire dal mondo di Escher e di tornare a casa mia.

Tartaruga: Vi sono un paio di libri sulla scrivania, vicino al tonico. M'incuriosiscono. *(Prende il più piccolo dei due, che è aperto a caso).* Questo sembra piuttosto sconcertante.

Achille: Davvero? Qual è il titolo?

Tartaruga: *Avventure sconcertanti della Tartaruga e di Achille in diverse parti della terra.* Sembra un libro interessante, da leggere.

Achille: Lo legga LEI, se vuole; ma per quanto mi riguarda, non sono affatto disposto a rischiare di perdere quel pop-tonic. Una delle lucertole potrebbe rovesciarlo e farlo cadere dalla tavola, così vado subito a prenderlo!

(Si slancia verso la tavola e stende la mano verso il pop-tonic, ma nella fretta urta la boccetta che cade dalla tavola e comincia a rotolare).

Oh no! Signorina T., guardi che cosa ho fatto! Il tonico è caduto sul pavimento e sta rotolando verso le scale! Presto... prima che precipiti giù!

(La Tartaruga, tuttavia, è completamente immersa nel libro che ha in mano).

Tartaruga (mormorando): Eh? Questa storia è proprio interessante.

Achille: Signorina T., signorina T., aiuto! Mi aiuti ad afferrare la boccetta del tonico!

Tartaruga: Che cosa sono tutte queste storie?

Achille: La boccetta del tonico... l'ho fatta cadere dalla tavola, ed ora sta rotolando...

(In quel momento la boccetta raggiunge la tromba delle scale e precipita giù).

Oh, no! Che possiamo fare ora? Signorina T., ma non è preoccupata? Abbiamo perso il nostro tonico! È caduto nella tromba delle scale! C'è soltanto una cosa da fare! Dobbiamo scendere GIÙ.

Tartaruga: Scendere GIÙ? Con piacere, purché questo significhi immergerci in un'altra storia. Su, anzi GIÙ: legga con me!

(Comincia a leggere ad alta voce; Achille, spinto da opposti desideri, esita, ma poi decide di rimanere e legge la parte della Tartaruga).

> *Achille:* È molto buio qui, signorina T., non vedo niente. Uffa! Sono finito contro una parete. Faccia attenzione!
>
> *Tartaruga:* Venga: ho un paio di bastoni da passeggio. Ne prenda uno. Può tenerlo davanti a sé, così non andrà a sbattere contro le cose.
>
> *Achille:* Buona idea. *(Prende il bastone).* Non le pare che questo sentiero, procedendo in questa direzione, curvi leggermente verso sinistra?
>
> *Tartaruga:* Sì, impercettibilmente.

FIGURA 27 Il labirinto di Creta *(incisione italiana; Scuola di* Finiguerra). [*Da W. H. Matthews*, Mazes and Labyrinths: Their History and Development (*New York, Dover Publications, 1970)*].

Achille: Mi chiedo dove siamo. E se rivedremo mai la luce del giorno. Vorrei non averle dato retta quando mi ha suggerito di bere quella roba lì, quel "BEVIMI".

Tartaruga: Le assicuro che è del tutto innocua. L'ho bevuta centinaia di volte e non me ne sono mai pentita. Si rilassi, e assapori il piacere di essere piccolo.

Achille: Essere piccolo? Che cosa mi ha fatto, signorina T.?

Tartaruga: Ora non cerchi di dare la colpa a me. Lei l'ha fatto di sua spontanea volontà.

Achille: Mi ha fatto rimpicciolire? Cosicché questo labirinto nel quale siamo finiti è una cosa minuscola su cui qualcuno potrebbe mettere un piede?

Tartaruga: Labirinto? Labirinto? Potrebbe mai essere? Siamo forse nel famigerato Piccolo Labirinto Armonico del micidiale Maggiotauro?

Achille: Ahi! Che cos'è?

Tartaruga: Dicono, per quanto io personalmente non vi abbia mai creduto, che un Malvagio Maggiotauro ha creato un minuscolo labirinto e siede in una buca al centro di esso in attesa delle vittime innocenti che si perdono nella paurosa complessità del labirinto. Poi, dopo che queste hanno vagato per giorni e giungono inebetite nel centro, egli ride, ma ride tanto da farle morire a forza di risate!

Achille: Oh, no!

Tartaruga: Ma è soltanto una leggenda. Coraggio, Achille.

(E la valorosa coppia prosegue).

Achille: Tocchi queste pareti. Sembrano fatte di sottile lamiera ondulata, o qualcosa del genere. Ma le ondulazioni sono di misure diverse.

(Per illustrare le sue parole tiene il bastone premuto contro la parete mentre cammina. Il bastone striscia contro le ondulazioni e strani suoni echeggiano su e giù lungo il curvo corridoio nel quale stanno muovendosi).

Tartaruga (allarmata): Che COSA è stato?

Achille: Oh, niente. Sono io che struscio il bastone contro la parete.

Tartaruga: Uh...! Per un momento ho pensato che fosse il latrato del terribile Maggiotauro!

Achille: Mi sembrava che avesse detto che si trattava solo di una leggenda.

Tartaruga: Certo che lo è. Non c'è niente da temere.

(Achille riappoggia il bastone alla parete e continua a camminare. Come conseguenza, si producono dei suoni musicali nel punto in cui il bastone struscia sulla parete).

Tartaruga: Oh, Dio mio. Ho un brutto presentimento, Achille. Quel Labirinto forse non è solo una leggenda.

Achille: Aspetti un momento. Cosa le ha fatto cambiare opinione all'improvviso?

Tartaruga: Sente questa musica?

(Per ascoltare più chiaramente, Achille toglie il bastone e la musica cessa).

Ehi! Lo rimetta su! Voglio ascoltare la fine del pezzo!

(Achille, un po' confuso, obbedisce e la musica ricomincia).

Grazie. Come stavo per dirle prima, ho scoperto dove siamo.

Achille: Veramente? Dove siamo?

Tartaruga: Noi stiamo camminando lungo un solco a spirale di un disco chiuso nella sua busta. Il suo bastone, strusciando contro le strane forme delle pareti, agisce come la puntina che scorre lungo i solchi, permettendoci di ascoltare la musica.

Achille: Oh, no, oh, no...

Tartaruga: Cosa? Non ne è entusiasta? Ha mai avuto la possibilità di avere come ora un contatto così intimo con la musica?

Achille: Come potrò mai vincere ancora corse podistiche gareggiando con persone normali, se sono diventato più piccolo di una pulce, signorina T.?

Tartaruga: È tutto qui ciò che la turba? Non se ne preoccupi, Achille.

Achille: Dal suo modo di parlare si ha l'impressione che lei non si preoccupi mai di nulla.

Tartaruga: Non lo so. Ma una cosa è certa, che io non mi preoccupo di essere piccola. E specialmente quando devo affrontare il pericolo del Maggiotauro.

Achille: Orrore! Mi sta dicendo...

Tartaruga: Temo di sì, Achille. La musica me lo ha svelato.

Achille: In che modo?

Tartaruga: È molto semplice. Quando ho sentito la melodia B-A-C-H nella voce principale, subito mi sono resa conto che i solchi che stiamo percorrendo possono essere solo quelli del *Piccolo labirinto armonico*, uno dei pezzi per organo meno conosciuti di Bach (c'è addirittura chi ne mette in dubbio l'attribuzione a Bach). È chiamato così a causa delle modulazioni che contiene, tanto frequenti da far girare la testa.

Achille: Co-o-sa sono?

Tartaruga: Lei sa che la maggior parte dei pezzi musicali sono scritti in una tonalità definita, come per esempio do maggiore, che è la tonalità di questo brano.

Achille: Ne ho sentito parlare. Non significa che do è la nota con la quale si vuole finire?

Tartaruga: Sì, do funziona un po' come un punto di riferimento, come una casa avita a cui si tende a ritornare. In realtà, il termine normalmente usato è "tonica".

Achille: Allora ci si tiene lontani dalla tonica ripromettendosi di ritornarci alla fine?

Tartaruga: Proprio così. Il pezzo si sviluppa con melodie e accordi ambigui, che allontanano dalla tonica. Lentamente la tensione si accumula, e l'ascoltatore avverte un desiderio sempre più pressante di tornare a casa, di sentire la tonica.

Achille: È per questo che, alla fine di un pezzo, mi sento così soddisfatto, come se avessi desiderato per tutta la vita di sentire la tonica?

Tartaruga: Esattamente. Il compositore si è servito della sua conoscenza degli sviluppi armonici per manipolare le emozioni dell'ascoltatore e per far nascere dentro di lui la speranza di sentire la tonica.

Achille: Ma stava per parlarmi delle modulazioni.

Tartaruga: Ah sì! Una cosa molto importante che il compositore può fare è "modulare", introducendo percorsi armonici parziali nel corso del pezzo; vale a dire, egli può fissare punti di riferimento temporanei diversi dalla risoluzione nella tonica.

Achille: Ho capito... forse. Ciò significa che alcune sequenze di accordi deviano la tensione armonica in modo che nell'ascoltatore nasca il desiderio di una risoluzione in una tonalità diversa?

Tartaruga: Giusto. Ciò complica la situazione perché, sebbene a breve scadenza l'ascoltatore segua l'autore nella nuova tonalità, in qualche recesso della sua mente rimane ancora operante l'antico punto di riferimento: nel nostro caso, do maggiore. E quando la tonica secondaria è raggiunta, vi è...

Achille (con improvvisi gesti di entusiasmo): Oh,

ascolti questi grandiosi accordi che segnano la fine di questo *Piccolo labirinto armonico!*

Tartaruga: No, Achille, questa non è la fine. È soltanto...

Achille: Certo che è la fine. Perdinci! Che risoluzione magnifica! Che finale poderoso e sol... solenne! Che senso di sol... sollievo!

(In quell'istante, in effetti, la musica finisce, ed essi si trovano in un ampio spazio senza pareti).

Ha visto? È finito. Che le dicevo?

Tartaruga: C'è qualcosa che non va. Questo disco è una vergogna per il mondo della musica.

Achille: Che cosa dice?

Tartaruga: È proprio come le stavo dicendo prima. Qui Bach aveva modulato da do a sol, inducendo nell'ascoltatore una tensione verso un punto di riferimento secondario. Questo vuol dire che l'ascoltatore sperimenta contemporaneamente due tensioni musicali, la principale in do e la secondaria in sol; cioè, pur aspettando la risoluzione in sol, non perde di vista il desiderio fondamentale di arrivare alla risoluzione trionfale in do maggiore.

Achille: Questo rimanere nei recessi della mente, questo non perdere di vista suonano alquanto strani in relazione all'ascolto di un brano musicale. Forse che la musica è soltanto un esercizio intellettuale?

Tartaruga: No, naturalmente. Certa musica è altamente intellettuale, ma la maggior parte della musica non lo è. E nella maggior parte dei casi l'orecchio e il cervello dell'ascoltatore eseguono "i calcoli" lasciando che le sue emozioni intendano quello che essi desiderano ascoltare. Questo non avviene in maniera cosciente. Ma in questo pezzo Bach stava usando dei trucchi, allo scopo di portare fuori strada. E lei ci è cascato, Achille.

Achille: Mi sta dicendo che ho reagito a una risoluzione in una tonalità secondaria?

Tartaruga: Esatto.

Achille: A me dava proprio l'impressione della fine.

Tartaruga: Ma in questo consiste il trucco di Bach, nella cui trappola lei è caduto. Questa parte è stata deliberatamente costruita come un finale, ma se si fa attenzione al procedimento armonico, ci si accorge che esso non è nella tonalità giusta. A quanto sembra, non solo lei, ma anche questa miserabile casa discografica è caduta nell'errore, e ha troncato il pezzo!

Achille: Che tiro sleale mi ha giocato Bach!

Tartaruga: In questo consiste il suo gioco: farci perdere nel suo Labirinto! Il Malvagio Maggiotauro è in combutta con Bach, capisce? E se non fa attenzione, le riderà in faccia fino a farla morire. E a me forse toccherà la stessa sorte!

Achille: Oh, affrettiamoci ad uscire di qui! Presto! Torniamo indietro nei solchi e fuggiamo all'esterno del disco prima che il Malvagio Maggiotauro ci trovi!

Tartaruga: Bontà divina, no! La mia sensibilità è troppo delicata per sopportare la bizzarra progressione degli accordi a ritroso.

Achille: Oh, signorina T., come potremo mai uscire di qua, se non possiamo percorrere a ritroso la nostra strada?

Tartaruga: Questa è una domanda molto pertinente.

(In preda all'agitazione, Achille comincia a correre senza meta nel buio. Improvvisamente si ode un piccolo grido e poi un tonfo).

Achille, sta bene?

Achille: Solo qualche ammaccatura, ma per il resto va bene. Sono caduto in un grosso buco.

Tartaruga: Lei è caduto nella buca del Malvagio Maggiotauro! Ora vengo ad aiutarla, dobbiamo fare in fretta!

Achille: Piano, signorina T., non vorrei che anche LEI cadesse qui dentro...

Tartaruga: Non si preoccupi. Tutto si sist...

(Improvvisamente si ode un piccolo grido e poi un tonfo).

Achille: Signorina T., è caduta anche lei! Sta bene?

Tartaruga: Solo il mio orgoglio è ferito, per il resto tutto bene.

Achille: Siamo in un bel guaio, vero?

(Improvvisamente si ode una fragorosa risata, paurosamente vicina).

Tartaruga: Attenzione, Achille! Qui c'è poco da ridere.

Maggiotauro: Eh, eh, eh! Oh, oh! Ah, ah, ah!

Achille: Comincio a sentirmi debole signorina T....

Tartaruga: Cerchi di non fare attenzione alla sua risata, questa è la nostra unica speranza.

Achille: Farò del mio meglio. Se almeno non avessi lo stomaco vuoto!

Tartaruga: Sto sognando, o c'è odore di popcorn al burro fuso ancora caldo da queste parti!

Achille: Lo sento anch'io; da dove viene?

Tartaruga: Da questa parte, credo. Oh, sono quasi finita dentro una grossa scodella di questa roba. Sì, è proprio così, sembra proprio popcorn!

Achille: Oh, che delizia il popcorn! Mi voglio rimpinzare!

Tartaruga: Speriamo che non si tratti di pushcorn! Pushcorn e popcorn sono così difficili da distinguere.

Achille: Che c'entra Puškin?

Tartaruga: Non ho detto niente. Deve avere delle allucinazioni.

Achille: Beh, diamoci dentro.

(E i due amici cominciano a rimpinzarsi di popcorn (o pushcorn?); poi, d'un tratto: POP! Io credo che si trattasse di popcorn, dopo tutto).

Tartaruga: Che storia divertente. Le è piaciuta?

Achille: Entro certi limiti. Mi chiedo se sono riusciti a venir fuori dalla buca del Malvagio Maggiotauro. Povero Achille, voleva ritornare alle dimensioni normali.

Tartaruga: Non si preoccupi, ne sono usciti e Achille ha riacquistato le sue normali dimensioni. Il "POP" serve proprio a questo.

Achille: Non saprei. Bene, ora voglio DAVVERO ritrovare la bottiglia del tonico. Chissà perché, ho la bocca arsa. E niente mi farebbe più piacere di bere un bicchierino di pop-tonic.

Tartaruga: Quella roba è famosa per la sua capacità di spegnere la sete. In certi luoghi la gente impazzisce per averla. Alla fine del secolo scorso, a Vienna, la fabbrica Schönberg smise di produrre tonico e cominciò a produrre altre bevande in serie. Non può immaginare lo scalpore suscitato.

Achille: Me lo posso immaginare benissimo. Ma andiamo a cercare il tonico. Ehi, aspetti un attimo. Guardi quelle lucertole sulla scrivania; non nota niente di strano in loro?

Tartaruga: Hum... Niente di particolare. Che ci vede di tanto interessante?

Achille: Non vede? Stanno uscendo da quel disegno senza aver bevuto il pop-tonic! Come è possibile?

Tartaruga: Oh, non gliel'ho detto? Si può uscire da un quadro spostandosi perpendicolarmente rispetto al suo piano, se si è sprovvisti di pop-tonic. Le lucertole hanno imparato ad arrampicarsi SU, quando vogliono uscire dal mondo bidimensionale dell'album da disegno.

Achille: Possiamo farlo anche noi, per uscire da questa stampa di Escher?

Tartaruga: Naturalmente. Dobbiamo soltanto tirarci SU di una storia. Vogliamo provare?

Achille: Qualunque cosa, pur di tornare a casa mia! Sono stanco di tutte queste sconcertanti avventure.

Tartaruga: Mi segua, allora. Da questa parte, SU!

(Escono dalla storia).

Achille: È piacevole ritrovarsi a casa. Ma c'è qualcosa di sbagliato. Questa non è casa mia! Questa è casa SUA Signorina T.

Tartaruga: È vero, e questo mi fa molto piacere. Non mi attirava affatto l'idea di dovermi fare tutta la strada da casa sua alla mia. Io sono sfinita e non credo che ce l'avrei fatta.

Achille: Per me non è niente fare questa passeggiata, così penso che siamo stati fortunati, in fondo, a finire a casa sua.

Tartaruga: Direi proprio di sì. Questo è davvero un caso di Buona Sorte!

CAPITOLO V

Strutture e processi ricorsivi

Che cos'è la ricorsività?

CHE COS'È LA RICORSIVITÀ? È ciò che abbiamo illustrato nel Dialogo *Piccolo labirinto armonico*: l'annidarsi di cose entro cose e le sue variazioni. Il concetto è molto generale. (Un racconto all'interno di un racconto, una commedia nella commedia, un quadro dentro un quadro, scatole cinesi dentro scatole cinesi (perfino commenti tra parentesi all'interno di commenti tra parentesi!): tutto ciò dà solo una piccola idea del fascino della ricorsività). Si tenga presente che il significato di "ricorsivo" usato in questo Capitolo si ricollega solo debolmente a quello usato nel Capitolo III. Tuttavia il legame fra i due significati dovrebbe risultare chiaro verso la fine di questo Capitolo.

Qualche volta la ricorsività apparentemente sfiora il paradosso. Per esempio, vi sono *definizioni ricorsive.* A prima vista una definizione del genere può dare l'impressione che una cosa venga definita in termini di *se stessa.* Si avrebbe perciò una circolarità che dovrebbe condurre a un regresso all'infinito, se non addirittura a un vero e proprio paradosso. Invece una definizione ricorsiva, se è formulata correttamente, non porta mai a un regresso all'infinito o a un paradosso. Infatti, una definizione ricorsiva non definisce mai una cosa nei termini della cosa stessa, ma sempre in termini di *versioni più semplici* della cosa stessa. Tra breve darò alcuni esempi di definizioni ricorsive, e allora diventerà chiaro che cosa intendo con questa affermazione.

Nella vita di tutti i giorni, uno dei casi più comuni in cui si presenta la ricorsività è quando rimandiamo il completamento di un lavoro per svolgere un lavoro più semplice, spesso dello stesso tipo. Facciamo un esempio. Un dirigente ha un magnifico telefono da cui può ricevere molte chiamate. Sta parlando con A quando chiama B. Ad A dice: "Le dispiace aspettare un attimo?". Naturalmente, non si preoccupa sinceramente se ad A dispiace o no; egli effettua semplicemente un "push" premendo un bottone, ed entra in comunicazione con B. Ora chiama C. B subisce lo stesso rinvio. Si potrebbe andare avanti così all'infinito, ma cerchiamo di frenare il nostro entusiasmo prima di impantanarci troppo. Supponiamo che la conversazione con C finisca. Il nostro dirigente fa un "pop" per ritornare a B, e continua a parlare con lui. Nel frattempo, A sta ad aspettare dall'altra parte del filo, tamburellando con le dita su qualche tavolo e ascoltando un'orrenda musichetta trasmessa dal telefono per calmarlo... Ora, il caso più semplice è che la conversazione con B finisca, e così il dirigente torna finalmente ad A. Ma *potrebbe* accadere che dopo la ripresa della conversazione con B chiami un'altra persona, D. Di nuovo, B subisce un "push" che lo trasferisce nella "pila" delle chiamate in attesa, e viene ascoltato D. Dopo aver finito con D, si torna a B, e poi tocca ad A. Questo dirigente è, a dir poco, inguaribilmente meccanico, ma ci serve ad illustrare la ricorsività nella sua forma più precisa.

Push, pop e pile

Nell'esempio precedente ho introdotto la terminologia di base della ricorsività, almeno così come appare agli occhi dell'informatico. Si tratta dei termini *push, pop* e *pila** che sono in rapporto reciproco fra loro. Essi vennero introdotti alla fine degli anni '50 nell'ambito dell'IPL, uno dei primi linguaggi per l'Intelligenza Artificiale. Abbiamo già incontrato "push" e "pop" nel Dialogo. Ma non darò niente per scontato. Il termine *push* si adopera quando si sospende l'operazione svolta in quel momento, senza dimenticare a quale punto si era arrivati, e si affronta un'altro compito. Di quest'altro compito si dice di solito che si trova "ad un livello inferiore" rispetto a quello precedente. Col termine *pop* si indica il passaggio inverso, che consiste nel concludere le operazioni ad un dato livello e nel riprendere quelle al livello superiore nell'esatto punto nel quale erano state sospese.

Ma come si fa a ricordare il punto esatto in cui, ai vari livelli, il lavoro è stato sospeso? La risposta è che l'informazione al riguardo viene immagazzinata in una *pila*. La pila è perciò semplicemente una tabella che contiene notizie come (1) a che punto si era arrivati per ogni compito non ultimato (in gergo: l'"indirizzo di ritorno"), (2) quali erano i fatti rilevanti da conoscere nei punti di interruzione (in gergo: i "legami variabili"). Quando si effettua un pop per riprendere un dato compito, spetta alla pila ripristinare il contesto, in modo che non ci si perda. Nell'esempio delle chiamate telefoniche, la pila dice *chi* sta aspettando ad ognuno dei vari livelli, e *a che punto* si era giunti nella conversazione al momento in cui era stata interrotta.

Un esempio preso dalla vita di tutti i giorni può dare un'idea ancora più chiara. Nei giornali radio spesso si realizzano collegamenti con qualche corrispondente all'estero. "Ora vi colleghiamo con Pincopallino a Nebbiascura, Inghilterra". Ora Pincopallino ha sottomano un nastro di qualche giornalista locale con un'intervista a qualcuno; così, dopo una breve introduzione, inserisce il nastro. "Sono Tizio Caio, mi trovo qui a due passi da Nebbiascura, sul luogo in cui è avvenuta la rapina; sto parlando con...". A questo punto siamo scesi di tre livelli. Può darsi che anche l'intervistato tiri fuori il nastro con una qualche conversazione. Non è raro scendere di tre livelli in un giornale radio reale e, abbastanza sorprendentemente, non ci accorgiamo quasi delle sospensioni. Il tutto è gestito con

*I termini inglesi "push" e "pop" sono usati correntemente anche in italiano. Il termine "pila" è la traduzione corrente di "stack" ed anche della locuzione più specifica "push-down stack" [*N.d.C.*].

grande facilità dal nostro subconscio. La ragione per cui ciò riesce facile è probabilmente che ogni livello differisce sostanzialmente dall'altro per qualche carattere non ben definibile. Se tutti i livelli fossero simili, ci confonderemmo in un batter d'occhio.

Un esempio di ricorsione* più complessa è, naturalmente, il nostro Dialogo. Lì, Achille e la Tartaruga compaiono a tutti i vari livelli. C'è un momento in cui stanno leggendo una storia nella quale essi stessi sono i personaggi. A quel punto ci si troverà in difficoltà per capire cosa succede, e ci si dovrà concentrare attentamente per non perdere il filo. "Vediamo, il *vero* Achille e la *vera* Tartaruga stanno sempre lassù nell'elicottero di Buonasorte, ma quelli *secondari* stanno in qualche stampa di Escher, e poi hanno trovato questo libro e lo stanno leggendo; perciò quando Achille e la Tartaruga esplorano i solchi del *Piccolo labirinto armonico*, si tratta ormai di personaggi *terziari*. No, scusate un attimo, forse ho dimenticato qualche livello...". C'è bisogno di una pila mentale elaborata coscientemente per registrare i vari passi della ricorsione di questo Dialogo; per esempio, una pila come quella della Figura 28.

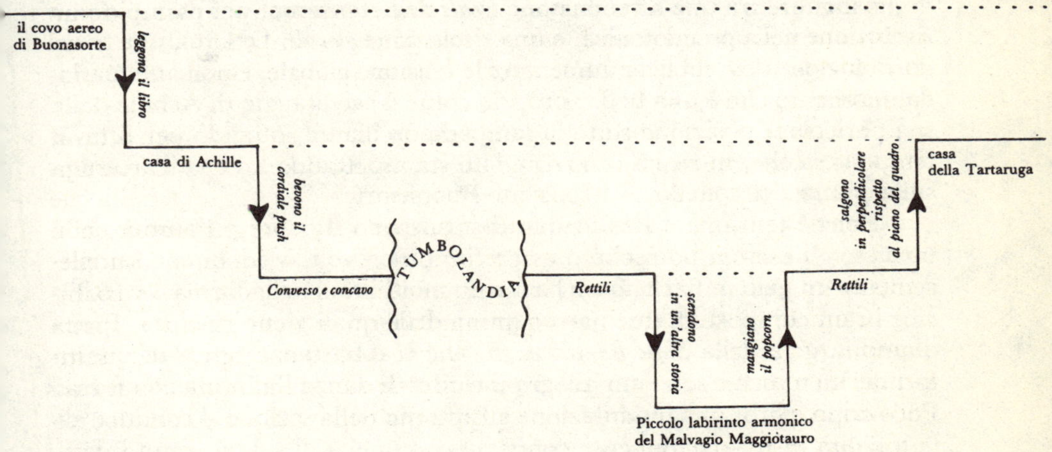

FIGURA 28. Diagramma della struttura del Dialogo Piccolo labirinto armonico. *Quando si scende verticalmente, si fa un "push", quando si sale, si fa un "pop". Si osservi la somiglianza tra questo diagramma e le rientranze delle righe nel Dialogo. Dal diagramma risulta chiaro che la tensione iniziale generata dalla minaccia di Buonasorte non viene mai risolta; Achille e la Tartaruga rimangono semplicemente sospesi nel cielo. Qualche lettore si tormenterà per questo push senza pop, mentre altri non batteranno ciglio. Analogamente, nella storia, il labirinto musicale di Bach viene troncato, ma Achille non ha avvertito nulla di strano. Soltanto la Tartaruga era consapevole della tensione più globale lasciata in sospeso.*

*"Ricorsivo", "ricorsione", "ricorsività" sono calchi dall'inglese. Nell'uso matematico italiano esiste "ricorrenza", cui però manca la connotazione costruttivista. Di fatto la teoria della ricorsività è stata importata in Italia non più di venti o trenta anni fa quando

Pile in musica

Giacché stiamo parlando del *Piccolo labirinto armonico*, dovremmo discutere una cosa che nel Dialogo viene accennata, se non proprio sostenuta esplicitamente: il fatto che ascoltiamo la musica ricorsivamente; e cioè che, in particolare, teniamo una pila mentale delle tonalità e che ogni modulazione carica una nuova tonalità su questa pila. La conseguenza di tutto ciò sarebbe che desideriamo sentire ripercorsa nell'ordine inverso la successione delle tonalità: un pop che toglie una tonalità dalla pila per ogni push che ce l'ha inserita, una tonalità dopo l'altra, finché si torni alla tonica. Questo è esagerato. Comunque, c'è un granello di verità in tutto ciò.

Ogni persona con un minimo di cultura musicale predispone automaticamente una "pila ridotta" con due tonalità, nella quale tiene la tonalità della vera tonica e anche quella della "pseudotonica" più vicina (la tonalità che il compositore segue in quel momento). In altre parole, la tonalità più globale e quella più locale. In questo modo, quando si ritorna alla tonica vera, l'ascoltatore se ne rende conto e avverte un forte senso di "sollievo". L'ascoltatore (diversamente da Achille) è anche in grado di distinguere tra una attenuazione *locale* della tensione, per esempio una risoluzione nella pseudotonica, e una risoluzione *globale*. Di fatto, una pseudorisoluzione dovrebbe far aumentare la tensione globale, e non attenuarla, dal momento che è una beffa, proprio come il salvataggio di Achille dalla sua pericolosa posizione sotto la lampada oscillante, quando per tutto il tempo si sa che, in realtà, un triste fato sta aspettando lui e la Tartaruga sulla punta del coltello di Monsieur Buonasorte.

Poiché tensione e risoluzione costituiscono il cuore e l'anima della musica, gli esempi potrebbero essere innumerevoli. Vediamone semplicemente un paio in Bach. Bach ha scritto molti brani nella forma "*AABB*", cioè brani composti di due parti ognuna delle quali viene ripetuta. Prendiamo la giga della *Suite francese n. 5*, che è abbastanza tipica di questa forma. La tonica è sol, e un'allegra melodia di danza l'afferma con forza. Poco dopo, però, una modulazione all'interno della sezione *A* conduce alla tonalità di re, strettamente connessa con quella di sol (si tratta infatti della sua dominante). Alla fine della sezione *A* siamo nella tonalità di re. Si ha addirittura l'impressione che il brano si sia concluso nella tonalità di re! (O perlomeno così potrebbe sembrare agli orecchi di Achille). Ma poi succede una cosa strana: di colpo facciamo un salto indietro; ci ritroviamo da capo nella tonalità di sol e riascoltiamo la stessa transizione verso re. Ma poi succede una cosa strana: di colpo facciamo un salto indietro; ci ritroviamo da capo nella tonalità di sol e riascoltiamo la stessa transizione verso re.

"recurrence", pure esistente in inglese, era diventato "recursion" con lo svilupparsi di un punto di vista del "ricorrere" del tutto nuovo. I termini sono stati quindi acquisiti assieme alla teoria. C'è da notare però che mentre "recursion" denota sia la proprietà astratta che l'atto concreto, in italiano si distingue tra "ricorsività", prettamente astratto, e il non bello, ma accettato "ricorsione" [*N.d.C.*].

Poi viene la sezione *B*. L'inversione del tema nella melodia porta a iniziare in re, come se quella nota fosse sempre stata la tonica, ma alla fine una modulazione ci riporta al sol, il che significa che un pop ci fa ritornare alla vera tonica, e la sezione *B* finisce nel modo giusto. Poi viene quella strana ripetizione, che ci riporta da capo senza preavviso, e siamo di nuovo in re, per poi tornare nuovamente al sol. Poi viene quella strana ripetizione, che ci riporta da capo senza preavviso, e siamo di nuovo in re, per poi tornare nuovamente al sol.

È molto difficile descrivere l'effetto psicologico di questo continuo cambiamento di tonalità, a volte brusco, a volte delicato. La magia della musica risiede proprio nel fatto che riusciamo automaticamente a dare un senso a questi cambiamenti. O forse è la magia di Bach, che riesce a scrivere pezzi con questo tipo di struttura pieni di una tale grazia naturale che non ci rendiamo esattamente conto di quel che accade.

Il *Piccolo labirinto armonico* è una strana composizione in cui Bach cerca di far smarrire l'ascoltatore in un labirinto di rapidi cambiamenti di tonalità. Ben presto si è talmente disorientati che non si capisce più in che direzione ci si muove; non si ha idea di dove sia la vera tonica, a meno che non si abbia un orecchio finissimo o, come Teseo, un'amica come Arianna con un filo che permetta di tornare sui propri passi. In questo caso, il filo sarebbe la partitura. Questo pezzo (un altro esempio è il Canone Eternamente Ascendente) mostra che, quando ascoltiamo la musica, non disponiamo di una pila sufficientemente profonda da dare pieno affidamento.

Ricorsività in campo linguistico

Per quel che riguarda le nostre capacità di gestire pile mentali, siamo forse un po' più forti in campo linguistico. La struttura grammaticale di tutte le lingue comporta l'elaborazione di pile assai complicate, anche se, naturalmente, la difficoltà di comprensione di un periodo aumenta molto rapidamente con il crescere del numero dei push sulla pila. Il fenomeno proverbiale del "verbo alla fine" che incontriamo nella lingua tedesca, sul quale storie curiose a proposito di professori distratti che cominciano una frase, vanno avanti per un'intera conferenza, e poi concludono con un lungo elenco di verbi che gli ascoltatori, per i quali la pila ha da tempo perduto la sua intelligibilità, ascoltano esterrefatti, vengono raccontate, è un eccellente esempio di push e pop in campo linguistico. Immaginare la confusione che questi pop effettuati disordinatamente potrebbero provocare dalla pila su cui, con altrettanti push, i verbi dei professori erano stati caricati, è molto divertente. Ma nel tedesco normale non intervengono mai pile così profonde, anzi, chi parla il tedesco come madrelingua infrange spesso inconsciamente le convenzioni che esigono il rinvio del verbo alla fine, per evitare lo sforzo mentale che la gestione della pila richiede. Ogni lingua presenta costruzioni che comportano pile, anche se di solito il fenomeno non è così spettacolare come nel tedesco. Ma c'è sempre modo di riformulare le frasi in maniera tale da rendere minima la profondità delle pile.

Reti di Transizione Ricorsive

La struttura sintattica delle frasi si presta molto bene ad essere utilizzata per presentare un metodo che serve a descrivere le strutture e i processi ricorsivi: la *Rete di Transizione Ricorsiva* (RTN)*. Una RTN è un diagramma che mostra i vari percorsi che si possono seguire per svolgere un dato compito. Ogni percorso consiste in un certo numero di *nodi*, piccoli riquadri in cui sono scritte una o più parole, e di *archi*, o linee con frecce, che congiungono i nodi. Il nome dell'intera RTN si scrive separatamente a sinistra, e nel primo e nell'ultimo nodo sta scritto rispettivamente *inizio* e *fine*. Tutti gli altri nodi contengono o direttive molto brevi ed esplicite, o nomi di altre RTN. Ogni volta che si incontra un nodo occorre eseguire la direttiva in esso contenuta, oppure andare alla RTN che vi è indicata e percorrerla.

Prendiamo come esempio una RTN che ci dice come formare un gruppo nominale con espansioni nella lingua italiana, e chiamiamola NOME GUARNITO (Fig. 29a). Se percorriamo NOME GUARNITO andando sempre orizzontalmente, cominciamo da *inizio*, poi produciamo un ARTICOLO, un AGGETTIVO, un NOME e poi finiamo in *fine*. Per esempio, "lo stupido stampo", oppure "una ingrata colazione". Ma gli archi indicano altre possibilità, come omettere l'articolo o ripetere l'aggettivo o spostarlo dopo il nome. Potremmo così formare "latte", o "prato immenso", o "verdi colline inglesi", e così via.

Quando si incontra il nodo NOME, si chiede alla scatola nera ignota chiamata NOME di prendere un qualunque nome dal suo magazzino di nomi. Nella terminologia dell'informatica, questa è la *chiamata di procedura*. Significa che il controllo passa temporaneamente a una *procedura* (in questo caso, NOME) che (1) fa quel che deve fare (produce un nome) e poi (2) restituisce il controllo. Nella nostra prima RTN, vi sono chiamate a tre procedure: ARTICOLO, NOME e AGGETTIVO. Ora, la RTN NOME GUARNITO potrebbe essa stessa ricevere una chiamata da qualche altra RTN, per esempio da una che si chiama PROPOSIZIONE. In questo caso, NOME GUARNITO potrebbe produrre un'espressione come "lo stupido stampo" per poi tornare all'interno di PROPOSIZIONE al punto dal quale è stata chiamata. Tutto ciò ricorda molto da vicino il modo in cui si riparte dal punto di interruzione nel corso di chiamate telefoniche o di trasmissioni di notizie annidate le une dentro le altre.

Abbiamo parlato di "reti di transizione ricorsive", ma finora non abbiamo dato alcun esempio di una vera e propria ricorsione. Le cose diventano ricorsive, e apparentemente circolari, quando si incontra una RTN più complicata, come quella della Figura 29b, per NOME ELABORATO. Come si può constatare, ogni possibile percorso in NOME ELABORATO comporta una chiamata di NOME GUARNITO, perciò non è possibile evitare di avere un nome di un qualche tipo. Ed è possibile non andare oltre nel guarnirlo, e produrre semplicemente "latte" o "prato immenso rosso verde giallo". Ma tre dei percorsi comportano chiamate *ricorsive* allo stes-

*Si usa universalmente l'acronimo della locuzione inglese: "Recursive Transition Networks" [*N.d.C.*].

so NOME ELABORATO. Ha tutta l'aria di qualcosa che venga definito in termini di se stesso. Stanno proprio così le cose?

La risposta è "sì, ma in modo benigno". Supponiamo che nella procedura PROPOSIZIONE vi sia un nodo che chiama NOME ELABORATO e che lo incontriamo. In questo caso, affidiamo alla memoria (cioè alla pila) la posizione di quel nodo all'interno di PROPOSIZIONE, in modo da sapere dove dovremo ritornare, e poi volgiamo la nostra attenzione alla procedura NOME ELABORATO. Ora dobbiamo scegliere un percorso da seguire se vogliamo produrre un NOME ELABORATO. Supponiamo di scegliere uno dei due percorsi in alto, e precisamente quello inferiore la cui successione di chiamate è la seguente:

NOME GUARNITO, PRONOME RELATIVO, NOME ELABORATO, VERBO.

Dunque, tiriamo fuori un NOME GUARNITO: "*la strana poesia*"; poi un PRONOME RELATIVO: "*che*"; e poi, di colpo, ci si chiede un NOME ELABORATO. Ma non siamo già nel mezzo di NOME ELABORATO? Sì, ma ricordiamoci del nostro dirigente che, nel bel mezzo di una conversazione

FIGURA 29. Reti di Transizione Ricorsive per NOME GUARNITO *e* NOME ELABORATO.

(a)

NOME GUARNITO:

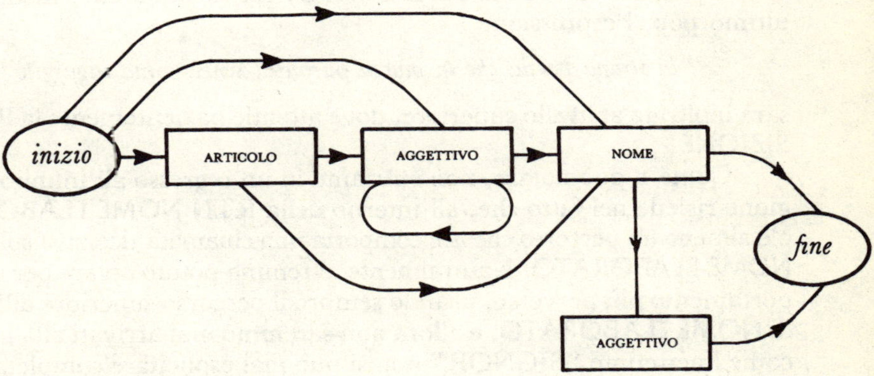

(b)

NOME ELABORATO.

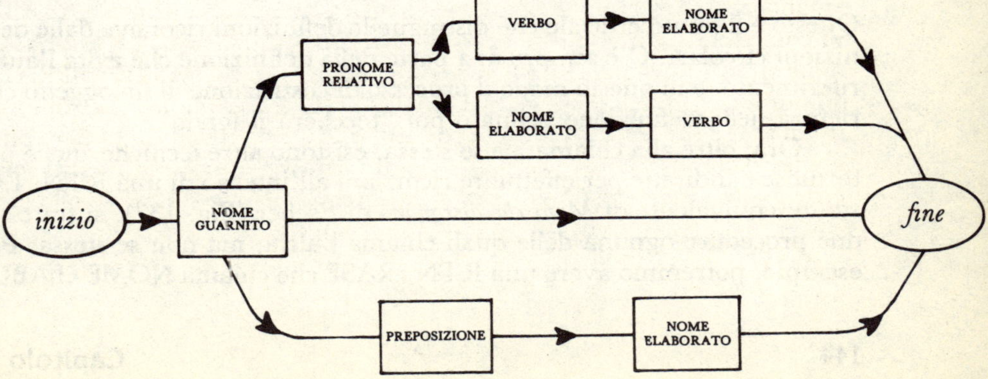

telefonica, riceveva un'altra chiamata. Egli, semplicemente, immagazzinava in una pila i dati relativi allo stato della telefonata precedente, e iniziava la nuova conversazione come se niente fosse. Faremo perciò la stessa cosa.

Prima scriviamo sulla nostra pila a quale nodo ci troviamo al momento della chiamata "esterna" su NOME ELABORATO, in modo da avere un "indirizzo di ritorno"; poi saltiamo all'inizio di NOME ELABORATO come se niente fosse. Ora dobbiamo di nuovo scegliere un percorso. Tanto per cambiare, scegliamo quello più in basso: NOME GUARNITO; PREPOSIZIONE; NOME ELABORATO. Ciò significa che produciamo un NOME GUARNITO (mettiamo "*la mucca purpurea*"), poi una PREPOSIZIONE (mettiamo "*senza*") e, ancora una volta, incontriamo la ricorsione. Teniamo duro e scendiamo ancora di un livello. Per evitare ulteriori complicazioni, scegliamo questa volta il percorso diretto, quello che richiede soltanto un NOME GUARNITO. Per esempio, potrebbe capitarci "*corna*". In questa chiamata su NOME ELABORATO incontriamo ora il nodo *fine*, il che significa che dobbiamo fare un pop; allora consultiamo la pila per trovare l'indirizzo di ritorno. La pila ci dice che stavamo formando un NOME ELABORATO con il percorso inferiore. Riprendiamo perciò in quel punto. Otteniamo "*la mucca purpurea senza corna*". Anche a questo livello incontriamo *fine*, e così facciamo un altro pop; a questo punto ci viene richiesto un VERBO. Scegliamo "*ingurgitò*". Così termina la chiamata al livello più alto su NOME ELABORATO, col risultato che, mediante un ultimo pop, l'espressione

"*la strana poesia che la mucca purpurea senza corna ingurgitò*"

sarà inoltrata al livello superiore, dove attende pazientemente la PROPOSIZIONE.

Come si può notare, non entriamo in un regresso all'infinito. La ragione risiede nel fatto che, all'interno della RTN NOME ELABORATO, c'è almeno un percorso che *non* comporta una chiamata ricorsiva sullo stesso NOME ELABORATO. Naturalmente avremmo potuto optare per un comportamento più perverso, usando sempre il percorso superiore all'interno di NOME ELABORATO, e allora non saremmo mai arrivati alla fine, così come l'acronimo "SIGNOR" non si può mai esplicitare completamente. Ma se i percorsi vengono scelti a caso, allora non accadrà mai un simile regresso all'infinito.

Eterarchie e "toccare il fondo"

Questo è il punto cruciale che distingue le definizioni ricorsive dalle definizioni circolari. C'è sempre una parte della definizione che evita l'autoriferimento, e in questo modo il processo di costruzione di un oggetto che rientra nella definizione prima o poi "toccherà il fondo".

Ora, oltre alla chiamata a se stessa, esistono altre tecniche anche più tortuose e indirette per effettuare ricorsioni all'interno di una RTN. Esiste un equivalente di *Mani che disegnano* di Escher (Fig. 137): si tratta di due procedure ognuna delle quali chiama l'altra, ma non se stessa. Per esempio, potremmo avere una RTN FRASE che chiama NOME ELABO-

RATO ogni volta che le occorre un oggetto per un verbo transitivo e, viceversa, il percorso superiore di NOME ELABORATO potrebbe chiamare PRONOME RELATIVO e poi FRASE, ogni volta che gli occorre una proposizione relativa. Questo è un esempio di ricorsione *indiretta*. Essa somiglia alla versione del paradosso di Epimenide a due componenti.

Inutile dire che possiamo inventare un terzetto di procedure ognuna delle quali chiama l'altra in modo ciclico, e così via. Può esservi tutta una famiglia ingarbugliata di RTN in cui ogni membro chiama ogni altro nonché se stesso, nei modi più pazzi. Un programma con una struttura del genere, in cui manca "un livello che sta al di sopra di tutti gli altri", ossia un "livello superiore di controllo", si chiama *eterarchia* (in opposizione a gerarchia). Se non erro, questo termine venne proposto da Warren McCulloch, uno dei primi cibernetici, e studioso profondamente appassionato del cervello e della mente.

Espandere i nodi

Un modo di rappresentarsi graficamente le RTN è questo: ogni volta che si procede lungo un percorso e si incontra un nodo che chiama una RTN, si potrebbe "espandere" quel nodo, cioè sostituirlo con una copia molto piccola della RTN da esso chiamata (vedi Fig. 30). Allora si prosegue in un percorso all'interno di quella RTN molto piccola! Facendo il pop per uscire dalla RTN piccola, si ha il vantaggio che ci si trova automaticamente al posto giusto in quella grande. Mentre si percorre la RTN piccola, si potrebbero ulteriormente inserire altre RTN ancora più minuscole. D'altra parte, espandendo i nodi solo quando li si incontra, si evita di dover fare un diagramma infinito, anche se una RTN chiama se stessa.

Espandere un nodo è un po' come esplicitare una lettera in un acronimo con la parola da essa indicata. L'acronimo "SIGNOR" è ricorsivo,

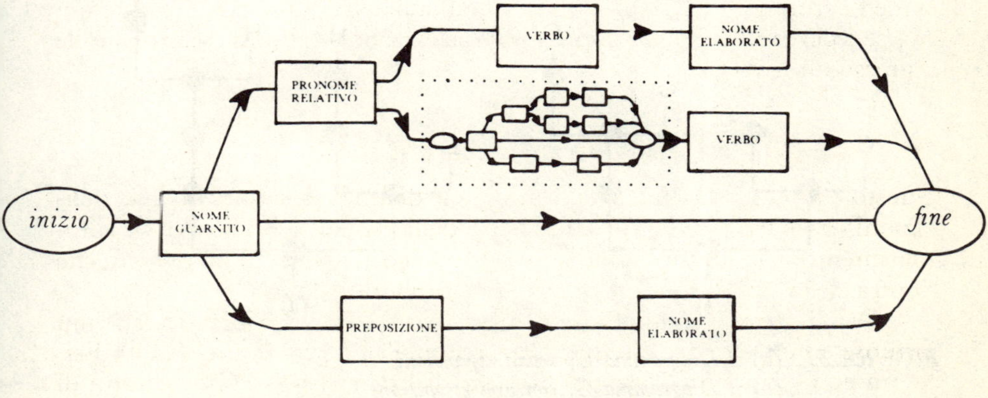

FIGURA 30. La RTN NOME ELABORATO *con un nodo esplicitato in modo ricorsivo.*

ma ha il difetto, o il pregio, che si deve esplicitare la "S" ripetitivamente; perciò esso non tocca mai il fondo. Quando una RTN viene resa operante nel calcolatore (cioè viene *implementata* sul calcolatore come un vero e proprio programma), essa ha sempre, comunque, almeno un percorso che evita la ricorsione (diretta o indiretta), così da non dar luogo ad un regresso all'infinito. Perfino il programma più eterarchico del mondo tocca il fondo, altrimenti non potrebbe funzionare! Continuerebbe all'infinito ad espandere un nodo dopo l'altro, senza portare mai a compimento alcuna azione.

Il Diagramma G e le successioni ricorsive

Possiamo definire strutture geometriche infinite usando lo stesso metodo, cioè quello di espandere un nodo dopo l'altro. Per esempio, definiamo un diagramma infinito chiamato "Diagramma G". Useremo a questo scopo una rappresentazione implicita. In due nodi scriveremo semplicemente la lettera 'G', che starà per una copia del Diagramma G. Nella Figura 31a abbiamo disegnato il Diagramma G implicitamente. Ora, se vogliamo vedere il Diagramma G più esplicitamente, possiamo espandere ognuna delle due G, cioè, *sostituirle con lo stesso diagramma*, ma in dimensioni ridotte (vedi Fig. 31b). Questa versione "di secondo ordine" del Diagramma G ci dà una vaga idea dell'aspetto che avrebbe il Diagramma G se fosse

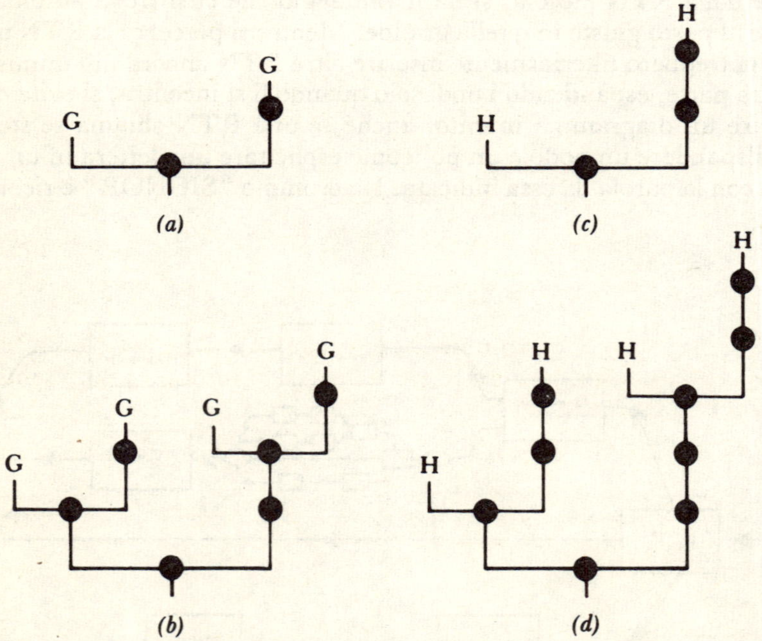

FIGURA 31. (a) il Diagramma G, senza espansioni
(b) il Diagramma G, con una espansione
(c) il Diagramma H, senza espansioni
(d) il Diagramma H, con una espansione

completato, cosa che è impossibile. Nella Figura 32 si vede una parte ancora più grande del Diagramma G, in cui tutti i nodi sono stati numerati, cominciando dal basso e da sinistra a destra. In basso sono stati inseriti due nodi supplementari che portano i numeri 1 e 2.

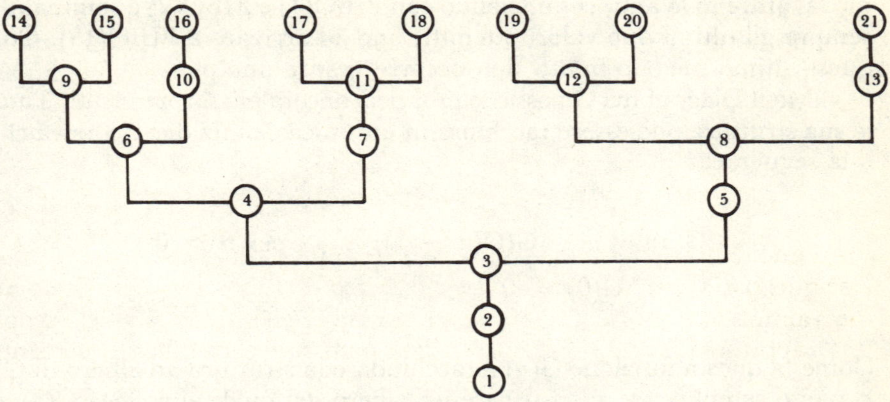

FIGURA 32. Il Diagramma G, con ulteriori espansioni e con i nodi numerati.

Questo *albero* infinito possiede alcune proprietà matematiche molto curiose. Se ci muoviamo lungo il suo bordo destro, troviamo la famosa successione dei *numeri di Fibonacci*

1, 1, 2, 3, 5, 8, 13, 21, 34, 55, 89, 144, 233,...

che fu scoperta intorno al 1202 da Leonardo Pisano, "figlio di Bonaccio", da cui, appunto, Fibonacci. Il miglior modo per definire questi numeri consiste in una ricorsione in base alle due formule

$$\text{FIBO}(n) = \text{FIBO}(n-1) + \text{FIBO}(n-2) \qquad \text{per } n>2$$
$$\text{FIBO}(1) = \text{FIBO}(2) = 1$$

Come si vede, ogni nuovo numero di Fibonacci viene definito in base ai numeri di Fibonacci ottenuti in precedenza. Potremmo rappresentare le due formule con una RTN (vedi Fig. 33).

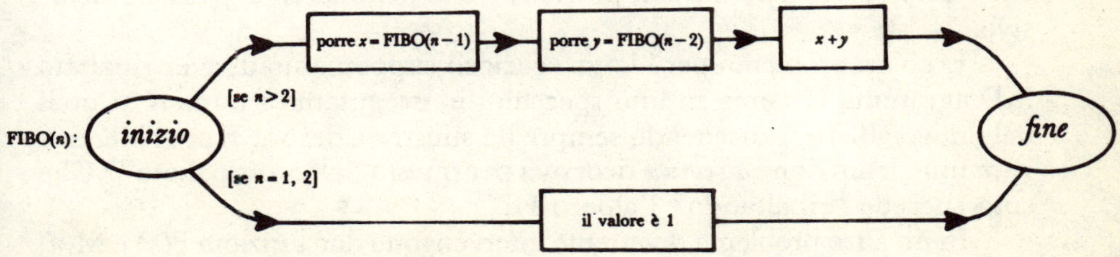

FIGURA 33. Una RTN per i numeri di Fibonacci.

Ciò permetterà di calcolare FIBO(15) mediante una successione di chiamate ricorsive sulla procedura definita da questa RTN. La definizione ricorsiva tocca il fondo quando si incontra FIBO(1) o FIBO(2) (che sono dati esplicitamente) dopo aver percorso a ritroso tutta la serie dei valori di n. È un po' scomodo lavorare all'indietro, quando si potrebbe benissimo lavorare in avanti, cominciando con FIBO(1) e FIBO(2) e sommando sempre gli ultimi due valori ottenuti, fino ad arrivare a FIBO(15). Con quest'ultimo metodo infatti non occorre gestire una pila.

Ma il Diagramma G possiede proprietà ancora più sorprendenti. Tutta la sua struttura può essere racchiusa in un'unica definizione ricorsiva che è la seguente:

$$G(n) = n - G(G(n-1)) \qquad \text{per n} > 0$$
$$G(0) = 0$$

Come fa questa funzione $G(n)$ a racchiudere la struttura ad albero di G? È molto semplice: se si costruisce un albero nel quale si colloca $G(n)$ al di sotto di n per tutti i valori di n, si ritrova il Diagramma G. È proprio così che ho scoperto il Diagramma G la prima volta. Stavo indagando la *funzione* G e, mentre cercavo un metodo rapido per calcolarne i valori, mi venne l'idea di disporre i valori già noti in un albero. Con mia grande sorpresa, trovai che questo albero ammetteva quella descrizione geometrica ricorsiva estremamente ordinata.

Ancora più straordinario è il fatto seguente: se in modo analogo si costruisce un albero per una funzione $H(n)$ definita con un annidamento ulteriore rispetto a G:

$$H(n) = n - H(H(H(n-1))) \qquad \text{per } n > 0$$
$$H(0) = 0$$

allora il corrispondente "Diagramma H" rimane definito in modo implicito, come mostra la Figura 31c. Nel ramo destro c'è un nodo in più; questa è l'unica differenza. La prima espansione ricorsiva del Diagramma H è rappresentata nella Figura 31d. Si può proseguire in questo modo, per ogni grado di annidamento. La bella regolarità delle strutture geometriche ricorsive corrisponde con precisione alle definizioni algebriche ricorsive.

Ecco un problema per i lettori curiosi: supponiamo di aver ribaltato il Diagramma G come in uno specchio, e assegniamo i numeri ai nodi del nuovo albero, procedendo sempre da sinistra a destra. È possibile trovare una definizione *algebrica* ricorsiva per questo "albero ribaltato"? Che cosa succede "ribaltando" l'albero H?

In un altro problema divertente intervengono due funzioni $F(n)$ e $M(n)$ ricorsivamente accoppiate (potremmo chiamarle funzioni "sposate"!), così definite:

$$\left.\begin{aligned} F(n) &= n - M(F(n-1)) \\ M(n) &= n - F(M(n-1)) \end{aligned}\right\} \text{ per } n > 0$$

$$F(0) = 1,\ M(0) = 0.$$

Le RTN per queste funzioni chiamano se stesse e inoltre si chiamano l'un l'altra. Il problema consiste semplicemente nello scoprire le strutture ricorsive dei Diagrammi F e M, che sono semplici e molto eleganti.

Una successione caotica

Quest'ultimo esempio di ricorsione aritmetica conduce ad un piccolo mistero. Consideriamo la seguente definizione ricorsiva di una funzione:

$$Q(n) = Q(n - Q(n-1)) + Q(n - Q(n-2)) \qquad \text{per } n > 2$$

$$Q(1) = Q(2) = 1.$$

Essa somiglia alla definizione dei numeri di Fibonacci, in quanto ogni nuovo valore è una somma di due valori ottenuti precedentemente, ma non già dei due valori ottenuti *immediatamente* prima. I due valori ottenuti immediatamente prima ci dicono soltanto *quanto dobbiamo tornare indietro* per ottenere i numeri che occorre sommare per ottenere il nuovo valore! I primi 17 numeri Q sono questi:

1, 1, 2, 3, 3, 4, 5, 5, 6, 6, 6, 8, 8, 8, 10, 9, 10,...

↑ ↑ (sotto 5, 6)

5 + 6 = 11

il nuovo termine

di quanti posti occorre spostarsi a sinistra (sotto 9, 10)

Per ottenere il termine successivo, ci si sposta a sinistra (rispetto ai tre puntini) rispettivamente di 10 e di 9 posti; si incontrerà 5 e 6, come indicano le frecce. La loro somma, 11, fornisce il nuovo valore: Q(18). In questo curioso procedimento si usa la lista dei numeri Q noti per estendere la lista stessa. La successione che ne risulta è, a dir poco, irregolare. Più ci si inoltra, e meno si capisce. Si tratta di uno di quei casi molto particolari in cui una definizione che sembra abbastanza naturale conduce ad un comportamento estremamente sconcertante: il caos prodotto in modo del tutto ordinato. Viene fatto di chiedersi se l'apparente caos non nasconda una qualche sottile regolarità. Naturalmente, per definizione, una regolarità c'è, ma ciò che interessa è sapere se esiste un altro modo (e, magari, non ricorsivo) di caratterizzare questa successione.

Due grafici ricorsivi sorprendenti

Le meraviglie della ricorsività in matematica sono innumerevoli, e non è mia intenzione presentarle tutte. Vi sono tuttavia due esempi particolarmente sorprendenti che ho incontrato nel corso dei miei studi e che, a mio avviso, vale la pena di esaminare. In entrambi i casi si tratta di grafici. L'uno mi si presentò durante una ricerca in teoria dei numeri. L'altro mi si presentò mentre lavoravo alla mia tesi di dottorato, nel campo della fisica dello stato solido. E il punto più affascinante è questo: i due grafici sono strettamente collegati fra loro.

Il primo (Fig. 34) è il grafico di una funzione che chiamo INT (x). L'ho tracciato qui per i valori di x compresi tra 0 e 1. Per i valori di x compresi in un qualunque altro intervallo di interi, diciamo tra n e $n + 1$, basta trovare INT $(x - n)$ e aggiungere n. La struttura del disegno, come si può vedere, è piena di discontinuità. Esso consiste di un numero

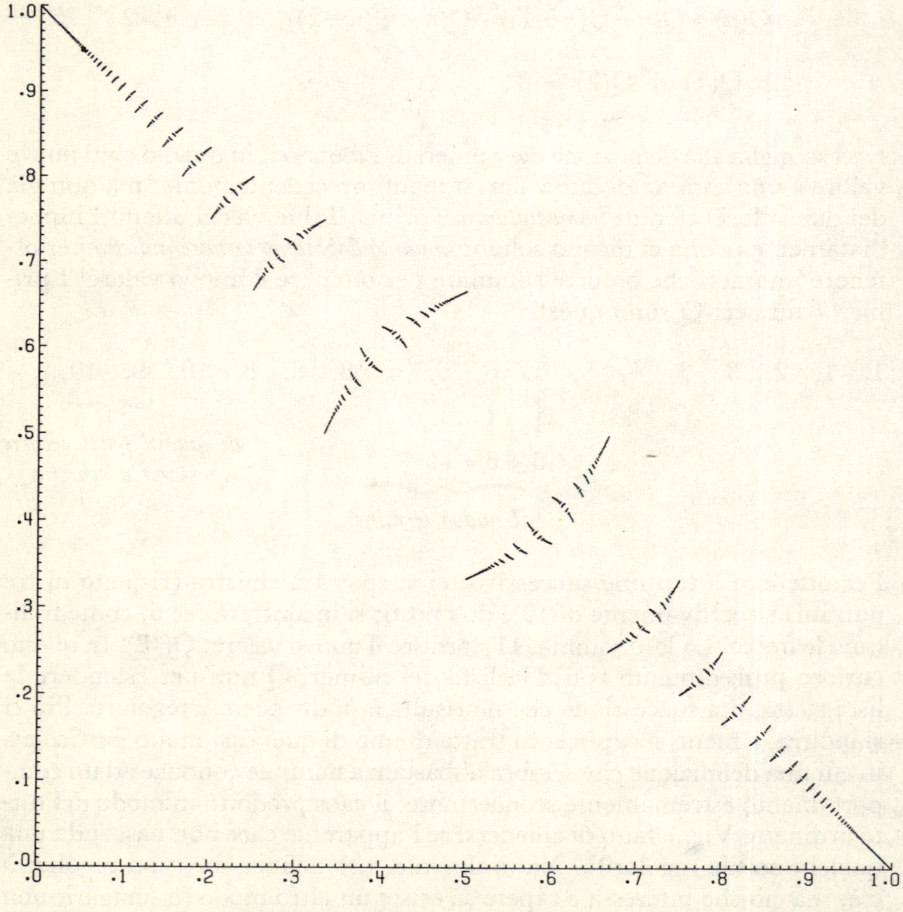

FIGURA 34. Il grafico della funzione INT (x). C'è una discontinuità per ogni valore razionale di x.

infinito di pezzetti curvi che diventano sempre più piccoli man mano che si avvicinano agli angoli (mentre, per inciso, la loro curvatura diminuisce sempre più). Ora, se si osserva attentamente ognuno di questi pezzetti, ci si accorge che essi costituiscono altrettante copie dell'intero grafico, solo che sono leggermente incurvate! Questo fatto ha conseguenze fantastiche. Una è che il grafico di INT consiste esclusivamente di copie di se stesso, annidate l'una dentro l'altra fino ad una profondità infinita. Se si prende un qualunque pezzetto del grafico, per quanto piccolo possa essere, si ha sempre una copia completa dell'intero grafico, anzi un'infinità di copie!

Il fatto che INT consista semplicemente di copie di se stesso potrebbe far pensare che questo grafico è talmente evanescente che non esiste proprio. La sua definizione appare troppo circolare. Come e da dove prende le mosse? È una questione molto interessante. La prima cosa da osservare è che, per descrivere INT a qualcuno che non l'ha mai visto, non basterà dire semplicemente "Consiste di copie di se stesso". L'altra metà della storia, la metà non ricorsiva, dice *dove* queste copie sono collocate all'interno del quadrato, e *come* vengono deformate rispetto al grafico a grandezza normale. Solo combinando questi due aspetti di INT si potrà specificare la sua struttura. È esattamente come nella definizione dei numeri di Fibonacci, per la quale occorrono due righe: una per definire la *ricorsione* e l'altra per definire la *base* (cioè, i valori iniziali). Per essere molto concreti, se si cambia uno dei valori iniziali, per esempio se si parte da 1, 3 anziché da 1, 1, si ottiene una successione completamente diversa, nota come *successione di Lucas*:

$$\underbrace{1,\ 3}_{\text{“base”}},\ 4,\ 7,\ 11,\ 18,\ \underbrace{29,\ 47,\ 76}_{\substack{29 + 47 = 76 \\ \textit{stessa regola ricorsiva} \\ \textit{dei numeri di Fibonacci}}},\ 123, \ldots$$

Ciò che corrisponde alla *base* nella definizione di INT è un disegno (Fig. 35a) composto di molti quadratini, ognuno dei quali contiene una linea curva. Questo disegno mostra *dove* le copie debbono andare e *come* saranno deformate. Chiamiamolo "scheletro" di INT. Per costruire INT a partire dallo scheletro, occorre procedere così. Per prima cosa si effettuano due operazioni per ogni quadratino dello scheletro: (1) si colloca una piccola copia curva dello scheletro all'interno del quadratino, servendosi della linea curva come guida; (2) si cancella il quadratino già utilizzato per l'operazione (1) assieme alla sua linea curva. Effettuate queste operazioni per ogni quadratino dello scheletro originale, ci si troverà in presenza di molti "baby"-scheletri al posto di un unico grande scheletro. A questo punto si ripete il procedimento al livello inferiore, per tutti i baby-scheletri. Poi ancora, e ancora, e ancora... Ad ogni passo ci si avvicina di più al grafico esatto di INT, anche se non vi si giungerà mai. Continuando ad annidare lo scheletro all'interno di se stesso, gradualmente si avanza nella costruzione del grafico di INT "a partire dal nulla". Ma in realtà il "nulla" non era nulla, era un disegno.

(a)

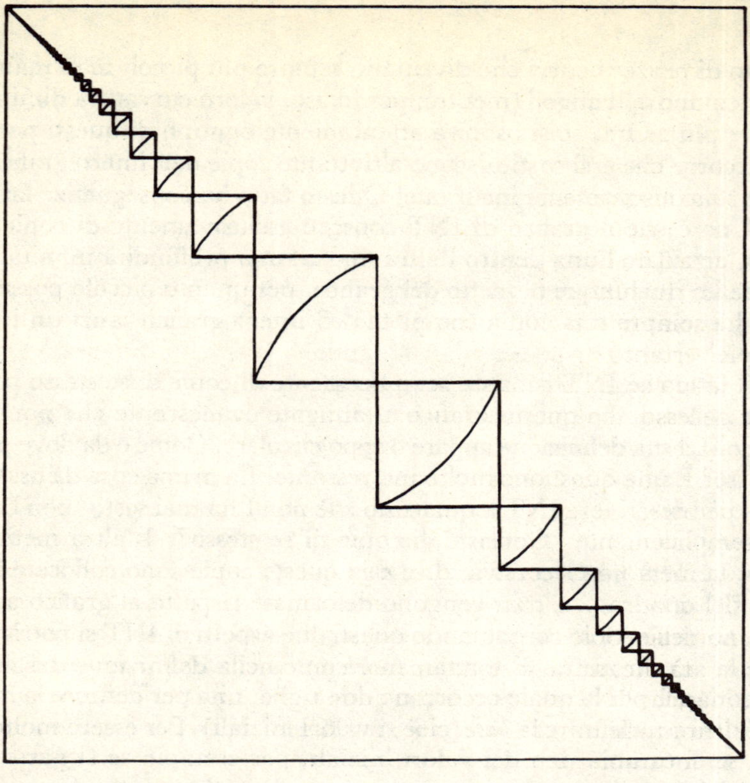

FIGURA 35. (a) *Lo scheletro a partire dal quale si può costruire INT mediante sostituzioni ricorsive.*
(b) *Lo scheletro a partire dal quale si può costruire Gplot mediante sostituzioni ricorsive.*

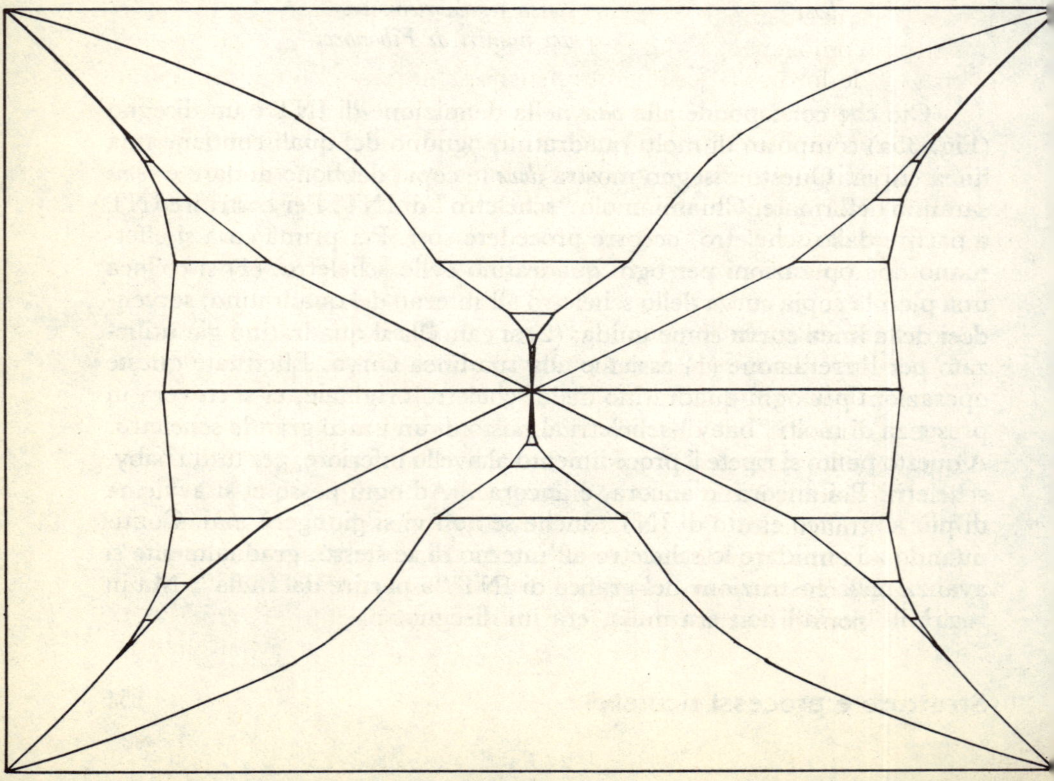

Per avere una visione ancora più drammatica di questo fatto, immaginiamo di mantenere ferma la parte ricorsiva della definizione di INT, cambiando però il disegno iniziale, cioè lo scheletro. Usiamo per esempio lo scheletro disegnato nella Figura 35b. Anche qui abbiamo caselle che si rimpiccioliscono a mano a mano che si avvicinano ai quattro angoli. Se si colloca ripetutamente questo scheletro all'interno di se stesso, si otterrà il grafico chiave della mia tesi di dottorato, che ho chiamato *Gplot* (Fig. 36). (In realtà occorre anche effettuare una complicata distorsione di ogni copia; ma l'annidamento delle varie copie è l'idea fondamentale). Gplot è pertanto un membro della famiglia INT. È un parente lontano, poiché il suo scheletro è assai diverso da quello di INT, ed è anche molto più complesso. Comunque, la parte ricorsiva della definizione è la stessa, ed è qui che risiede il legame di famiglia.

Non voglio lasciare il lettore troppo a lungo all'oscuro sull'origine di questi bei grafici. INT, abbreviazione di "interscambio", proviene da un problema nel quale intervengono certe "eta-successioni" che sono connesse con le frazioni continue. L'idea di fondo che sta alla base di INT è che in un certo tipo di frazioni continue i segni più e meno si scambiano. Una delle conseguenze è che si ha INT (INT(x)) $= x$. INT possiede la proprietà che, se x è razionale, allora lo è anche INT(x); se x è quadratico, lo è anche INT(x). Non so se questa proprietà vale anche per gradi algebrici più alti. Un altro aspetto simpatico di INT è che esso presenta una discontinuità per ogni valore razionale di x, mentre è continuo per ogni x irrazionale.

Gplot è una versione altamente astratta della risposta alla domanda: "Quali sono le energie permesse degli elettroni di un cristallo immerso in un campo magnetico?". Questo problema è interessante perché costituisce un incrocio di due situazioni fisiche, entrambe fondamentali e molto semplici, in cui può trovarsi un elettrone: un cristallo perfetto e un campo magnetico omogeneo. I due problemi presi singolarmente sono ben noti e risolti e le loro soluzioni caratteristiche sembrano quasi incompatibili tra loro. Sapere come la natura riesca a conciliare le due cose costituisce pertanto un problema certamente interessante. Si dà il caso che la situazione del cristallo senza campo magnetico e quella del campo magnetico senza cristallo hanno in effetti un tratto comune: in ognuna delle due l'elettrone ha un comportamento periodico rispetto al tempo. Quando le due situazioni vengono combinate, si trova che il rapporto tra i due periodi temporali è il parametro chiave. Quel rapporto contiene infatti tutta l'informazione sulla distribuzione delle energie permesse dell'elettrone, ma per conoscere il suo segreto occorre sviluppare quel rapporto in una frazione continua.

Gplot mostra tale distribuzione. L'asse orizzontale rappresenta l'energia, quello verticale il rapporto suddetto tra i periodi, che chiamiamo "α". In basso, α è zero, in alto il suo valore è l'unità. Se α è zero, non c'è campo magnetico. Ognuno dei segmenti di linea che costituiscono Gplot rappresenta una "banda energetica", cioè valori permessi dell'energia. Le fasce vuote che attraversano Gplot a tutte le diverse scale costituiscono perciò regioni di energia proibite. Una delle proprietà più sorprendenti di Gplot è che se α è razionale (se cioè abbiamo $\alpha = p/q$ come frazione ridotta), allora il numero di quelle bande è esattamente q (anche se per valori pari di q, due di queste bande si "baciano" al centro). E se α è irrazionale, le bande si riducono a punti, anzi, ad un'infinità di punti distribuiti in modo sparso a formare un "insieme di Cantor": altro ente definito ricorsivamente che appare in topologia.

Sarebbe lecito domandarsi a questo punto se potrà mai capitare che si ritrovi questa struttura tanto complicata come risultato di un esperimento. Francamente, io stesso sarei la persona più sorpresa del mondo se Gplot risultasse da un esperimento. L'aspetto fisico di Gplot sta nel fatto che vi si mostra la strada per una corretta trattazione matematica di problemi meno astratti di questo tipo. In altre parole, Gplot è soltanto un contributo alla fisica teorica, non un suggerimento per i fisici sperimentali affinché vadano a vedere se incontrano quel disegno da qualche parte! Un mio amico agnostico un giorno fu talmente colpito dalle infinite infinità di Gplot che lo chiamò "un ritratto di Dio", e penso che ciò non sia affatto blasfemo.

Ricorsività al più basso livello della materia

Abbiamo visto la ricorsività nella grammatica delle lingue, abbiamo visto alberi geometrici ricorsivi che crescono illimitatamente e abbiamo visto un modo in cui la ricorsività entra nella teoria fisica dello stato solido. Ora vedremo ancora un altro modo in cui la costruzione stessa del mondo è basata sulle ricorsioni. La questione è collegata con la struttura delle particelle elementari: elettroni, protoni, neutroni, e quei minuscoli quanti di radiazione elettromagnetica che si chiamano "fotoni". Vedremo che in un certo senso, che può essere chiarito rigorosamente solo nella meccanica quantistica relativistica, le particelle sono annidate le une dentro le altre in un modo che si può descrivere ricorsivamente, forse addirittura con l'aiuto di un qualche tipo di "grammatica".

Cominciamo con l'osservare che, se non vi fosse interazione tra le particelle, le cose sarebbero incredibilmente semplici. Ai fisici piacerebbe un mondo siffatto, perché in tal caso essi potrebbero calcolare facilmente il comportamento di tutte le particelle (se esistessero dei fisici in un mondo del genere, il che non è affatto detto). Le particelle senza interazione si chiamano *particelle nude*; esse sono una creazione puramente ipotetica: non esistono.

Ora, quando si "attivano" le interazioni, le particelle entrano in stretto rapporto tra loro, allo stesso modo in cui lo erano le funzioni F e M o come lo sono le coppie di persone sposate. Queste particelle reali si dicono *rinormalizzate*, un termine sgradevole ma suggestivo. Si viene a creare una situazione nella quale le singole particelle non si possono nemmeno definire senza un riferimento a tutte le altre particelle, le cui definizioni dipendono a loro volta da tutte le altre particelle, ecc. Gira e rigira, non si esce più da questo anello senza fine.

FIGURA 36. *Gplot: un grafico ricorsivo che mostra le bande di energia degli elettroni di un cristallo ideale immerso in un campo magnetico. Sull'asse verticale sono rappresentati i valori, compresi tra 0 e 1, di α, che corrisponde all'intensità del campo magnetico. Sull'asse orizzontale viene rappresentata l'energia. I segmenti di linea orizzontali sono le bande di energia permesse dell'elettrone.*

Ora cerchiamo di essere un po' più concreti. Limitiamoci a due soli tipi di particelle: *elettroni* e *fotoni*. Dovremo occuparci anche dell'antiparticella dell'elettrone, il *positrone*. (Le antiparticelle dei fotoni sono i fotoni stessi). Immaginiamo in un primo tempo un mondo addormentato nel quale un elettrone nudo vuole spostarsi da un punto A a un punto B, come Zenone nella mia *Invenzione a tre voci*. Un fisico traccerebbe un disegno come questo:

A questa linea e ai suoi estremi corrisponde un'espressione matematica, ed è facile scriverla. Col suo aiuto un fisico è in grado di capire il comportamento dell'elettrone nudo lungo questa traiettoria.

Ora "attiviamo" l'interazione elettromagnetica per la quale elettroni e fotoni interagiscono. Anche se non vi sono fotoni nelle vicinanze, avremo conseguenze di rilievo perfino per questa semplice traiettoria. In particolare, il nostro elettrone diventa ora capace di emettere e di riassorbire *fotoni virtuali*, cioè fotoni creati e annichilati prima ancora che possano essere visti. Mostriamo uno di questi processi:

Ora, mentre il nostro elettrone si propaga, potrà emettere e riassorbire un fotone dopo l'altro, può perfino annidarli l'uno nell'altro, così:

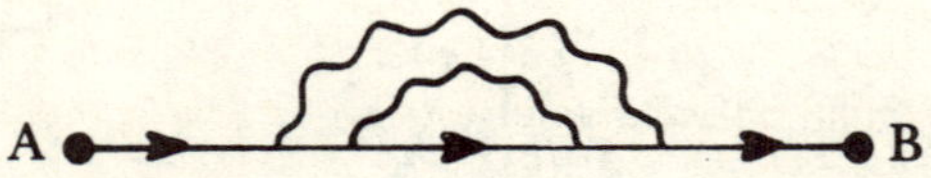

Le espressioni matematiche corrispondenti a questi cosiddetti "diagrammi di Feynman" sono facili da scrivere, ma il loro calcolo è più difficile che nel caso dell'elettrone nudo. Ciò che tuttavia complica veramente le cose è il fatto che un fotone (reale o virtuale) può decadere, per un brevissimo istante, in una coppia elettrone-positrone. Questi due si annichilano poi reciprocamente e, come per magia, ricompare il fotone originario. Possiamo raffigurare questo processo così:

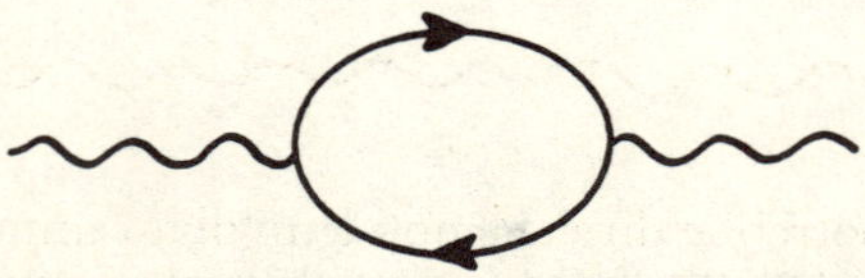

L'elettrone ha la freccia rivolta a destra, mentre la freccia del positrone è rivolta a sinistra.

Come si sarà forse già notato, questi processi virtuali possono annidarsi l'uno dentro l'altro fino ad una profondità arbitraria. Ne possono risultare figure dall'aspetto estremamente complicato, come quello della Figura 37. In quel diagramma di Feynman un singolo elettrone entra sulla sinistra nel punto A, si esibisce in varie acrobazie da capogiro, e poi un singolo elettrone emerge a destra, nel punto B. Ad uno spettatore che vede la cosa dal di fuori e a cui sfugge lo spettacolo all'interno, sembrerà che un elettrone abbia viaggiato tranquillamente da A a B. Nel diagramma si può vedere come le linee di un elettrone possano aumentare di numero quanto si vuole, e la stessa cosa vale per le linee di un fotone. Sarebbe terribilmente difficile calcolare questo diagramma.

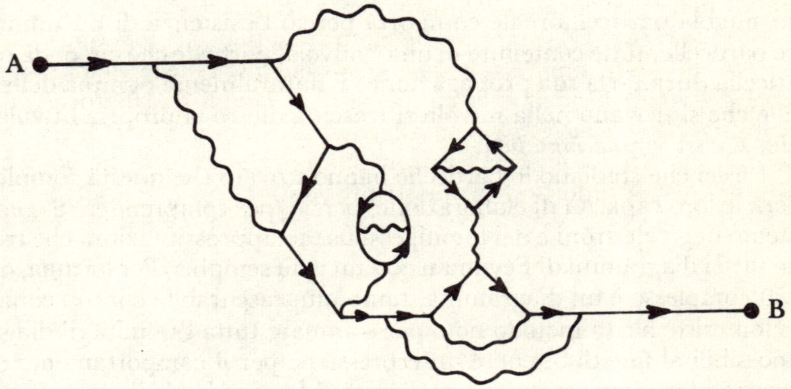

FIGURA 37. Diagramma di Feynman che mostra la propagazione di un elettrone rinormalizzato da A a B. Nel diagramma il tempo evolve da sinistra a destra. Pertanto, nei segmenti nei quali la freccia dell'elettrone è rivolta verso sinistra, si ha un movimento "all'indietro nel tempo". In termini più intuitivi, si potrebbe dire che si tratta di un antielettrone (un positrone) che si muove in avanti nel tempo. I fotoni sono le antiparticelle di se stessi; non occorre perciò mettere frecce sulle loro linee.

Questi diagrammi posseggono una specie di "grammatica" che autorizza la realizzazione in natura soltanto di un certo numero di disegni. Per esempio, il diagramma

è impossibile. Si potrebbe dire che non è un diagramma di Feynman "ben formato". La grammatica in questione risulta da alcune leggi fondamentali della fisica, come la conservazione dell'energia, la conservazione della carica elettrica e così via. E, al pari delle grammatiche delle lingue umane, questa grammatica possiede una struttura ricorsiva, in quanto permette alle strutture di annidarsi profondamente le une nelle altre. Sarebbe possibile costruire un insieme di reti di transizione ricorsive che riassumesse la "grammatica" dell'interazione elettromagnetica.

Quando è consentito agli elettroni e ai fotoni nudi di interagire secondo questi modi arbitrariamente aggrovigliati, si ottengono elettroni e fotoni *rinormalizzati*. Perciò, per comprendere come un elettrone reale, fisico, si propaghi da A a B, il fisico deve saper effettuare una specie di media sull'insieme infinito dei possibili diversi diagrammi in cui figurano particelle virtuali. Ecco Zenone che ricompare!

Riassumendo, una particella fisica, cioè rinormalizzata, consiste di (1) una particella nuda e (2) un enorme intrico di particelle virtuali inestricabilmente connesse tra loro in un groviglio ricorsivo. L'esistenza di ogni singola particella reale comporta perciò l'esistenza di un'infinità di altre particelle, tutte contenute in una "nuvola" virtuale che circonda quella particella durante la sua propagazione. E naturalmente ognuna delle particelle che si trovano nella nuvola si trascina dietro la propria nuvola virtuale, e così via *ad infinitum*.

I fisici che studiano le particelle hanno trovato che questa complessità supera le loro capacità di elaborazione; perciò, per comprendere il comportamento degli elettroni e dei fotoni, essi usano approssimazioni che trascurano tutti i diagrammi di Feynman eccetto i più semplici. Per fortuna, quanto più complesso è un diagramma, tanto più trascurabile è il suo contributo. Non esiste alcun metodo noto per sommare tutta l'infinità di diagrammi possibili al fine di ottenere un'espressione per il comportamento di un elettrone fisico interamente rinormalizzato. Ma prendendo in considerazione circa cento dei diagrammi più semplici per un certo processo, i fisici sono stati capaci di prevedere correttamente un certo valore numerico (il cosiddetto fattore giromagnetico del mesone μ) fino a nove decimali!

La rinormalizzazione non interessa soltanto elettroni e fotoni. Ogni volta che particelle di qualsiasi tipo interagiscono, i fisici introducono l'idea della rinormalizzazione per comprendere il fenomeno. Pertanto protoni e neutroni, neutrini, mesoni π, quark e tutti gli altri abitanti dello zoo subnucleare circolano nelle teorie fisiche in versione nuda e in versione rinormalizzata. E tutte le cose animate e inanimate del mondo sono composte da miliardi di queste nuvole racchiuse in nuvole racchiuse in nuvole...

Copia e identità

Torniamo ancora una volta a Gplot. Si ricorderà che nell'Introduzione abbiamo accennato ai vari tipi di canoni. Ogni tipo di canone sfruttava un qualche modo di utilizzare un tema originale copiandolo mediante un isomorfismo, ossia una trasformazione che conserva l'informazione. A volte le copie erano a rovescio, altre volte a ritroso, altre volte ancora rimpicciolite o ingrandite... In Gplot troviamo tutti questi tipi di trasformazioni ed altri ancora. Le corrispondenze tra l'intero Gplot e le "copie" dello

FIGURA 38. Pesci e squame, *di M.C. Escher (xilografia, 1959).*

stesso Gplot all'interno di se stesso comportano cambiamenti di scala, torsioni, ribaltamenti e altre cose del genere. Eppure permane una specie di identità nello schema generale, che l'occhio coglie con uno sforzo minimo, specialmente se prima si è esercitato su INT.

Escher si appropriò dell'idea che le parti di un oggetto possono essere copie dell'oggetto stesso e ne fece una stampa: la sua xilografia *Pesci e squame* (Fig. 38). Naturalmente questi pesci e queste squame sono uguali solo se visti a un livello sufficientemente astratto. Tutti sanno che le squame di un pesce non sono veramente piccole copie di un pesce; e neanche le cellule del pesce sono piccole copie del pesce; comunque, il DNA di un pesce, posto all'interno di ogni singola cellula del pesce, *è* una "copia" molto involuta dell'intero pesce: il quadro di Escher contiene perciò più che un granello di verità.

Che cosa c'è di "identico" in tutte le farfalle? La corrispondenza che connette ogni farfalla ad ogni altra non si stabilisce fra cellula e cellula, ma piuttosto fra una parte funzionale e un'altra parte funzionale, e ciò può avvenire parzialmente a livello macroscopico, e parzialmente a livello microscopico. Le proporzioni esatte delle parti non vengono mantenute; restano solo i rapporti funzionali. Di questa specie è l'isomorfismo che lega tra loro tutte le farfalle della xilografia di Escher dal titolo *Farfalle* (Fig. 39). Lo stesso vale per le farfalle più astratte di Gplot, che sono tutte collegate tra loro tramite corrispondenze matematiche che associano parti funzionali con parti funzionali, ignorando tuttavia completamente le proporzioni esatte tra linee, angoli e così via.

Portando questa indagine sulla identità a un livello ancora più alto di astrazione, potremmo chiederci: "Che cosa c'è di 'identico' in tutti i disegni di Escher?". Sarebbe assolutamente ridicolo cercare di farli corrispondere tra loro pezzo per pezzo. La cosa sorprendente è che anche una parte piccolissima di un disegno di Escher o di un pezzo di Bach è suffi-

FIGURA 39. Farfalle, *di M.C. Escher (xilografia, 1950).*

ciente a rivelarne l'autore. Proprio come all'interno di ogni minuscolo pezzetto di pesce è contenuto il suo DNA, così ogni piccolo frammento di un'opera porta la "firma" del suo autore. Non sappiamo come chiamarla se non "stile", una parola vaga e sfuggente.

Continuiamo a scontrarci con il problema dell' "uguale nel diverso" e con la domanda

Quand'è che due cose sono la stessa cosa?

Questa domanda si ripresenterà continuamente in questo libro. La affronteremo dai più diversi punti di vista e, alla fine, vedremo il nesso profondo che lega questa domanda alla natura dell'intelligenza.

Non è un caso che questo tema sia emerso nel Capitolo sulla ricorsività, poiché questa costituisce un campo nel quale l'"identità nella diversità" ha un ruolo centrale. La ricorsività è basata su una "stessa" cosa che avviene contemporaneamente a vari livelli diversi. Gli eventi ai vari livelli *non sono* esattamente gli stessi; tuttavia vi riscontriamo qualche caratteristica invariante, nonostante che essi differiscano sotto molti aspetti. Per esempio, nel *Piccolo labirinto armonico* non c'è un legame particolarmente stretto tra le storie che si svolgono ai vari livelli: l'essere "la stessa cosa" risiede soltanto in due fatti: (1) sono storie, e (2) vi intervengono Achille e la Tartaruga. A parte questo, differiscono radicalmente l'una dall'altra.

Programmazione e ricorsività: modularità, cicli, procedure

La bravura del programmatore consiste essenzialmente nella sua capacità di capire quando due processi sono gli stessi in questo senso esteso, poiché ciò conduce alla *modularizzazione*: la scomposizione di un lavoro in sottounità naturali. Per esempio, se si vuole eseguire una serie di operazioni molto simili tra loro una dopo l'altra, invece di scrivere un programma per ognuna di esse, conviene scrivere un *ciclo* che dice al calcolatore di effettuare un determinato insieme di operazioni, poi ritornare indietro per effettuarlo di nuovo, e così di seguito, finché una data condizione è soddisfatta. Non è affatto necessario che il *corpo* del ciclo, cioè il determinato insieme di istruzioni da ripetere sia totalmente determinato. Esso può variare in un certo modo prevedibile.

Come esempio possiamo prendere il banalissimo procedimento per decidere se un numero naturale N è primo o no: si comincia cercando di dividere N per 2, poi si prova con 3, 4, 5 ecc. fino a $N-1$. Se N ha resistito a tutti questi controlli senza risultare divisibile, allora si tratta di un numero primo. Si consideri che ogni passo del ciclo è simile, ma non identico, ad ogni altro passo. Si consideri anche che il numero dei passi varia con N, quindi un ciclo di lunghezza predeterminata non potrebbe funzionare come criterio generale per i numeri primi. Vi sono due casi nei quali il ciclo dovrà interrompersi: (1) se qualche numero divide N esattamente, allora si esce con la risposta "NO"; (2) se siamo arrivati a mettere alla prova $N-1$ come candidato divisore e N resiste, si esce con la risposta "SÌ".

L'idea generale di ciclo è perciò questa: si esegue ripetutamente una serie di passi connessi fra loro e si interrompe il processo (si "chiude il ciclo") quando si incontrano condizioni specificate in precedenza. A volte il numero massimo di passi di un ciclo sarà noto in anticipo; altre volte si comincia e si aspetta finché sopravviene l'interruzione. Il secondo tipo di ciclo, che chiamo ciclo *illimitato*, è pericoloso, poiché il segnale per l'interruzione può non venire mai, coinvolgendo il calcolatore in un cosiddetto "ciclo infinito". Questa distinzione tra *cicli limitati* e *cicli illimitati* è uno degli strumenti concettuali più importanti in informatica, e dedicheremo alla questione l'intero Capitolo XIII, intitolato: *CicloL, CicloI e CicloH.*

È anche possibile annidare i cicli gli uni dentro gli altri. Per esempio, supponiamo di voler esaminare i numeri tra 1 e 5000 per trovare quali sono fra di essi i numeri primi. Possiamo programmare un secondo ciclo che metta ripetutamente in atto il criterio descritto sopra cominciando con $N=1$ e terminando con $N=5000$. Il nostro programma avrà pertanto la struttura di un "ciclo nel ciclo". Programmi con una struttura del genere sono comuni; anzi, questo stile di programmazione viene considerato buono. Cicli di questo tipo, che contengono altri cicli annidati al loro interno (si parla in questo caso di "cicli nidificati") vengono usati anche nelle istruzioni di montaggio di vari articoli, nonché in attività come la maglia o l'uncinetto, nei quali cicli molto piccoli si ripetono più volte all'interno di cicli più grandi, i quali a loro volta vengono eseguiti ripetutamente... Mentre il risultato di un ciclo di un livello basso sarà magari solo un paio di maglie, il risultato di un ciclo di un livello più elevato potrà essere un intero capo di vestiario.

Anche nella musica si incontrano spesso cicli nidificati, come nel caso in cui si suona una scala (un ciclo piccolo) più volte di seguito, magari spostando ogni volta di un tono l'inizio. Per esempio, sia nel *Concerto per pianoforte n. 5* di Prokof'ev sia nella *Sinfonia n. 2* di Rachmaninov, l'ultimo movimento contiene lunghi passaggi nei quali i vari gruppi di strumenti eseguono contemporaneamente cicli di scale con tempi diversi, producendo un effetto notevole. Le scale di Prokof'ev salgono; quelle di Rachmaninov scendono. Ce n'è per tutti i gusti!

Una nozione più generale di ciclo è quella di *subroutine*, o *procedura*, di cui abbiamo già un po' parlato. L'idea fondamentale in questo caso è che un gruppo di operazioni viene messo insieme e considerato come una singola unità a cui si dà un nome, come la procedura **NOME GUARNITO**. Come abbiamo visto a proposito delle RTN, le procedure possono chiamarsi l'un l'altra per nome, esprimendo così in modo molto conciso la sequenza delle operazioni da effettuare. Questa è l'essenza della modularità nella programmazione. La modularità esiste naturalmente negli impianti ad alta fedeltà, nell'arredamento, nelle cellule viventi, nella società umana, ovunque vi sia un'ordinamento gerarchico.

Il più delle volte si desidera una procedura che agisca in modo variabile, adeguandosi al contesto. Una procedura del genere sarà allora dotata di un meccanismo che le consente di esaminare i dati in memoria e di effettuare in base a questi dati la scelta delle proprie operazioni; o, altrimenti, dovrà esserle fornito un esplicito elenco di *parametri* che guidino la scelta delle azioni da svolgere. A volte si usano entrambi i metodi. Nella terminologia delle RTN, la scelta delle sequenza delle operazioni da effettuare non è altro che la *scelta del percorso da seguire*. Una RTN in cui siano stati immessi parametri e condizioni per la scelta dei percorsi al suo interno si chiama *Rete di Transizione Aumentata* (ATN). Un caso nel quale le ATN sono preferibili rispetto alle RTN si presenta quando si vogliano produrre in una lingua naturale proposizioni sensate (nel senso di proposizioni non bislacche) a partire da semplici parole. I parametri e le condizioni dell'ATN danno modo di imporre una serie di vincoli semantici, così da vietare combinazioni casuali come "una ingrata colazione". Comunque ne parleremo più a lungo nel Capitolo XVIII.

La ricorsività nei programmi che giocano a scacchi

Un esempio classico di procedura ricorsiva con parametri è dato dalle strategie per scegliere la mossa "migliore" nel gioco degli scacchi. Si può pensare che la mossa migliore sia quella che lascia l'avversario nella situazione più difficile. Di conseguenza, per valutare la bontà di una mossa si può fare semplicemente così: si suppone di aver fatto la mossa e si giudica la nuova situazione dal punto di vista dell'avversario. Ma come valuta, lui, la situazione? Ebbene, egli cercherà di capire qual è la *sua* mossa migliore. Cioè, egli percorre mentalmente tutte le mosse possibili e le valuta da quello che ritiene essere il punto di vista del *suo avversario*, per scegliere la mossa che risulterà essere la peggiore per lui. Ma si badi che, in questo modo, abbiamo dato una definizione ricorsiva della "mossa migliore", usando semplicemente il principio secondo il quale ciò che per una parte è il meglio, per l'altra è il peggio. La procedura ricorsiva per individuare la mossa migliore opera proponendo una mossa e poi *chiamando se stessa nel ruolo dell'avversario*! In quella veste propone un'altra mossa, e chiama se stessa nel ruolo dell'avversario del suo avversario, cioè di se stessa.

Questa ricorsione potrà raggiungere una profondità di un certo numero di livelli, ma a un certo punto deve toccare il fondo! Come si può valutare una posizione sulla scacchiera *senza* esaminare le mosse successive? Ci sono diversi criteri utili per questo scopo: per esempio, valutare semplicemente il numero dei pezzi rimasti ad ogni giocatore, oppure il numero e il tipo dei pezzi minacciati, o il controllo del centro della scacchiera, e così via. Servendosi di questo tipo di valutazioni sul fondo, il generatore ricorsivo delle mosse può fare dei pop verso l'alto e dare una valutazione al livello superiore per ognuna delle diverse possibili mosse. Uno dei parametri necessari per queste chiamate ricorsive dovrà perciò indicare il numero delle mosse successive che si vogliono esplorare. La prima chiamata di questa procedura userà per questo parametro un valore fissato dall'esterno. Successivamente, ogni volta che la procedura chiama se stessa, questo parametro del numero di mosse successive da valutare sarà abbassato di un'unità. In questo modo, non appena il parametro raggiunge lo zero, la procedura seguirà l'altro percorso, la valutazione non-ricorsiva.

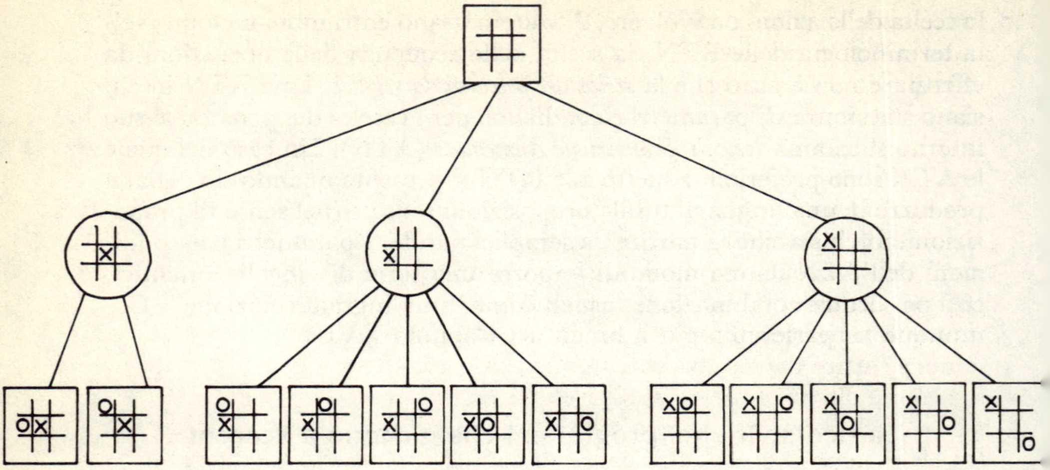

FIGURA 40. L'albero delle mosse e delle contromosse di apertura del filetto.

In questo tipo di programma, ogni mossa esplorata genera un "albero delle mosse", in cui la mossa investigata funge da tronco, le mosse possibili dell'avversario formano i rami principali, le mosse in risposta i rami secondari, e così via. La Figura 40 mostra un albero delle mosse semplice, che rappresenta l'inizio di una partita di filetto. C'è tutta un'arte nel trovare un metodo che permetta di evitare l'esplorazione completa, ramo per ramo, di un albero delle mosse. Per quanto riguarda gli alberi degli scacchi, il primato in quest'arte spetta agli uomini, non ai calcolatori; si sa che i grandi maestri esplorano soltanto un piccolo numero di mosse in confronto alla maggior parte dei programmi che giocano a scacchi, eppure gli uomini giocano molto meglio! Ai tempi dei primi calcolatori che giocavano a scacchi, si pensava che ci sarebbero voluti dieci anni perché un calcolatore (o un programma) vincesse i campionati mondiali. Ma dieci anni dopo sembrò che il giorno in cui un calcolatore sarebbe diventato campione del mondo era ancora lontano di più di dieci anni... Ecco un altro fatto che contribuisce a dare credibilità alla seguente legge senza dubbio ricorsiva:

Legge di Hofstadter: ci vuole sempre più tempo di quanto si pensi, anche tenendo conto della Legge di Hofstadter.

Ricorsività e imprevedibilità

Qual è dunque il legame tra i processi ricorsivi di questo Capitolo e gli insiemi ricorsivi del Capitolo precedente? Per rispondere, si deve fare riferimento alla nozione di *insieme ricorsivamente numerabile* (r.e.). Dire che un insieme è r.e. equivale a dire che è possibile generarlo sulla base di un certo numero di punti di partenza (assiomi), applicando ripetutamente le regole di inferenza. Perciò l'insieme cresce sempre più, via via che i nuovi elementi si costruiscono in un modo o in un altro sulla base degli elementi precedenti, come una sorta di "valanga matematica". Ma in ciò risiede l'essenza della ricorsività, nel fatto cioè che una cosa venga definita in termini di versioni più semplici di se stessa anziché essere definita esplicitamente. I numeri di Fibonacci e i numeri di Lucas costituiscono altrettanti esempi perfetti di insiemi r.e.: valanghe che usano una regola ricorsiva per portare il numero dei loro elementi da due a un'infinità. È mera convenzione chiamare "ricorsivo" un insieme tale che tanto l'insieme stesso quanto il suo complemento siano r.e.

La numerazione ricorsiva è un processo nel quale cose nuove emergono a partire da cose vecchie in virtù di regole fisse. Questi processi riservano molte sorprese, come per esempio, l'imprevedibilità della successione Q. Si potrebbe pensare che le successioni ricorsivamente definite di questo tipo posseggano una specie di complessità di comportamento che si accresce in modo intrinseco, per cui, più vanno avanti, meno prevedibili diventano. Sviluppando ulteriormente questo pensiero si è tentati di avanzare una congettura: potrebbero esistere sistemi ricorsivi sufficientemente complessi da possedere la forza necessaria per sfuggire ad ogni schema prefissato. E non è forse questa una delle proprietà che definiscono l'intelligenza? Invece di considerare semplicemente programmi composti da procedure ricorsive capaci di *chiamare* se stesse, perché non fare veramente uno sforzo e inventare programmi in grado di *modificare* se stessi: programmi in grado di agire sui programmi, estendendoli, migliorandoli, generalizzandoli, riparandoli e così via? Questo tipo di "ricorsività aggrovigliata" è probabilmente ciò che si trova al cuore dell'intelligenza.

Canone per aumentazione intervallare

Achille e la Tartaruga hanno appena terminato un delizioso pranzo nel miglior ristorante cinese della città.

Achille: Vedo che usa benissimo i bastoncini, signorina T.

Tartaruga: Per forza. Fin dalla più tenera età ho sempre avuto una vera passione per la cucina orientale. E a lei è piaciuto il pranzo, Achille?

Achille: Immensamente. Non avevo mai assaggiato piatti cinesi prima di oggi. Questo pranzo è stato uno splendido inizio. Ed ora, ha fretta di andare, o possiamo rimanere ancora un poco a chiacchierare?

Tartaruga: Mi farebbe molto piacere conversare mentre sorseggiamo il tè. Cameriere!

(Un cameriere si avvicina).

Ci può portare il conto, per favore, e ancora un po' di tè?

(Il cameriere si allontana rapidamente).

Achille: Forse lei ne saprà più di me sulla cucina cinese, signorina T., ma scommetto che io ne so più di lei sulla poesia giapponese. Ha mai letto un haiku?

Tartaruga: Temo di no. Che cosa è un haiku?

Achille: Un haiku è una poesia giapponese composta da diciassette sillabe. O meglio, una minipoesia; qualcosa di evocativo, come può esserlo uno stagno limpido in una luce scintillante, o un petalo di rosa fragrante. Generalmente consiste di tre versi, rispettivamente di cinque sillabe, poi sette, poi ancora cinque.

Tartaruga: Ma questi haiku   se sono così brevi   hanno poi senso?

Achille: Il senso starà   nello stesso lettore   più che nell'haiku.

Tartaruga: Hum... Questa è un'affermazione evocativa.

(Il cameriere arriva con il conto, un'altra teiera fumante e due biscotti della fortuna).

Grazie, cameriere. Achille, ancora un po' di tè?

Achille: Sì, grazie. Quei biscottini hanno un aspetto così invitante. *(Ne prende uno, lo porta alla bocca e comincia a sgranocchiare).* Ehi, che cosa c'è nel biscotto? Un pezzo di carta?

Tartaruga: L'oroscopo, Achille. Molti ristoranti cinesi offrono biscotti della fortuna insieme al conto: un modo per indorare la pillola. Dopo un po' che si frequentano ristoranti cinesi, si finisce per considerarli latori di messaggi più che di biscotti. Sfortunatamente lei ha ingoiato gran parte del suo oroscopo. Che cosa dice ciò che rimane?

Achille: È un po' strano, perché tutte le lettere sono in successione, senza spazi fra le parole. Forse ci vorrebbe un codice per decifrarlo. Ah, ora capisco. Basta mettere gli spazi al posto giusto; ecco, dice: "OVE EVA, IVI ADA". Non ci capisco niente. Forse è una specie di haiku, del quale ho mangiato la maggior parte delle sillabe.

Tartaruga: In questo caso, ora il suo oroscopo è soltanto 8/17 di un haiku. Ed evoca una curiosa situazione. Se l'haiku 8/17 è una nuova forma di arte, allora io direi: "O VEE"...! Posso darci un'occhiata?

Achille (porgendo alla Tartaruga il piccolo frammento di carta): Certamente!

Tartaruga: Oh, Achille, come lo "decodifico" io, il messaggio viene fuori completamente diverso! Non è per niente 8/17 di haiku. È un messaggio a cinque sillabe che dice: "O VEE, VAI VIA DA...". Ha tutta l'aria di essere un commento penetrante sulla nuova arte degli haiku 8/17. Ma riferito a lei, sembra che racchiuda una velata minaccia...

Achille: Non sono superstizioso, e non mi preoccupo per il significato del messaggio. Ma piuttosto vorrei capire come ha fatto lei a leggere una cosa tanto diversa da quella che avevo letto io.

Tartaruga: Non ho fatto altro che spostare di un'unità il registro di lettura; ho spostato di un posto sulla destra tutti gli spazi fra le lettere, per separare le parole.

Achille: E ora vediamo che cosa dice il suo oroscopo, signorina T.

Tartaruga (apre con destrezza il suo biscotto e legge): "Hai la fortuna racchiusa nel biscotto e dentro di te".

Achille: Anche il suo oroscopo è un haiku, signorina T. Una cosa è certa, almeno: contiene diciassette sillabe nella forma 5-7-5.

Tartaruga: Lei è straordinario, Achille; io non l'avrei mai notato. È il genere di cose che soltanto lei riesce a vedere. Ciò che mi stupisce di più è il contenuto, che ovviamente è aperto a diverse interpretazioni.

Achille: Forse si riferisce al fatto che ognuno di noi ha il suo modo personale di interpretare i messaggi che gli arrivano...

(Distrattamente Achille guarda le foglie di tè nel fondo della sua tazza vuota).

Tartaruga: Ancora un po' di tè, Achille?

Achille: Sì, grazie. A proposito, come sta quel suo amico, il signor Granchio? Ho pensato molto a lui in questi ultimi tempi, da quando lei mi ha parlato della vostra battaglia musicale.

Tartaruga: Gli ho parlato di lei ed egli desidera molto incontrarla. Sta abbastanza bene. Recentemente ha fatto un nuovo acquisto nel campo dei giradischi: ha comprato un raro tipo di jukebox.

Achille: Oh, me ne parli! Trovo i jukebox così pittoreschi e pieni di antico fascino, con le loro luci colorate e quelle canzoni curiose!

Tartaruga: Questo jukebox è troppo grande per farlo entrare in casa, così lo tiene in un capannone che ha fatto costruire appositamente in giardino.

Achille: Non riesco a immaginare la ragione di queste dimensioni fuori dal comune, a meno che non debba contenere un'enorme quantità di dischi. È questo il motivo?

Tartaruga: A dir la verità, contiene un unico disco.

Achille: Cosa? Un jukebox con un disco solo? Questa è una contraddizione in termini. Perché il jukebox è così grande, allora? Forse quell'unico disco è gigantesco, ha un diametro di dieci metri?

Tartaruga: No, è un disco di normali dimensioni per jukebox.

Achille: Signorina T., non mi starà prendendo in giro? Che razza di jukebox è mai questo, con una sola canzone?

Tartaruga: Chi ha mai parlato di una sola canzone?

Achille: Tutti i jukebox in cui mi sono imbattuto obbedivano all'assioma fondamentale dei jukebox: "Un disco, una canzone".

Tartaruga: Questo è diverso, Achille. L'unico disco è sospeso in posizione verticale, e dietro di esso vi è una piccola quanto complicata rete di binari, dai quali pendono vari tipi di giradischi. Quando si preme una coppia di pulsanti, come B-1 per esempio, si seleziona uno dei giradischi. Questo mette in moto un meccanismo automatico che fa partire il giradischi, il quale scende stridendo lungo i binari, si avvicina al disco e si mette in posizione per suonare.

Achille: A questo punto il disco comincia a girare e si sente la musica, vero?

Tartaruga: No, il disco rimane fermo. È il giradischi che ruota.

Achille: Avrei dovuto immaginarlo. Ma come si può avere più di una canzone da questo folle congegno, se vi è un solo disco?

Tartaruga: Ho fatto la stessa domanda al Granchio. Mi ha risposto semplicemente che sarebbe stato meglio che lo provassi. Così ho preso una moneta da duecento (con duecento lire si sentono tre canzoni), l'ho infilata nell'apposita fessura, e ho premuto B-1, poi C-3, e infine B-10, a caso.

Achille: Allora, suppongo, il grammofono B-1 è sceso scorrendo lungo i binari, si è posto di fronte al disco in posizione verticale e ha cominciato a ruotare, vero?

Tartaruga: Esattamente. La musica era molto gradevole ed era basata sul famoso vecchio motivo B-A-C-H, che forse ricorda...

Achille: Come potrei dimenticarlo?

Tartaruga: Questo era il giradischi B-1. Quando ebbe finito, ritornò indietro lentamente fino alla sua posizione originaria, e fu la volta di C-3.

Achille: Ora non mi dirà che C-3 suonò una canzone diversa!

Tartaruga: Proprio così, invece.

Achille: Ah, capisco. Ha suonato l'altro lato dello stesso disco, oppure una diversa sezione della stessa facciata.

Tartaruga: No, il disco ha i solchi soltanto su un lato, e questo era stato suonato fino in fondo.

Achille: Allora non ci capisco niente. NON si possono tirar fuori più canzoni da una stessa sezione di un disco.

Tartaruga: È quello che pensavo anch'io fino a quando non ho visto il jukebox del signor Granchio.

Achille: Com'era la seconda canzone?

Tartaruga: Questa è la cosa interessante... Era una canzone basata sulla melodia C-A-G-E.

Achille: È una melodia completamente diversa!

Tartaruga: Certo.

Achille: John Cage, se non sbaglio, è un compositore di musica contemporanea. Mi sembra di aver letto qualcosa su di lui in uno dei miei libri sugli haiku.

Tartaruga: Esattamente. Ha composto molti brani celebri, come *4'33"*, un pezzo in tre movimenti consistenti di silenzi di lunghezza diversa. È straordinariamente espressivo, per chi ama questo genere di cose.

Achille: Posso capirlo; per esempio, se mi trovassi in un bar rumoroso, sarei anche disposto a pagare per sentire *4'33"* di Cage. Potrebbe venirmene qualche sollievo!

Tartaruga: Giusto, chi ha voglia di sentire il rumore dei piatti e lo sbattere delle posate? A proposito, un altro posto dove *4'33"* cadrebbe come il cacio sui maccheroni è il Reparto dei Grandi Felini all'ora dei pasti.

Achille: Lei vuol suggerire che Cage starebbe bene allo zoo? È vero, potrebbe essere una proposta sensata! Ma per tornare al jukebox del signor Granchio... Sono perplesso. Come è possibile che "BACH" e "CAGE" siano codificati insieme in un solo disco?

Tartaruga: Noterà che c'è una certa relazione fra i due brani. Mi permetta di suggerirle un modo per analizzarli. Che cosa si ottiene se si fa un elenco degli intervalli successivi della melodia B-A-C-H?

Achille: Vediamo. Prima va giù di un semitono, da B ad A (nella notazione tedesca, ovviamente); poi va su di tre semitoni, fino a C; e infine scende di un semitono, per raggiungere H. Dunque, la sequenza è questa:

$$-1, \quad +3, \quad -1.$$

Tartaruga: Precisamente. E ora vediamo C-A-G-E.

Achille: Bene, in questo caso si comincia con lo scendere di tre semitoni, poi si sale di dieci semitoni (quasi un'ottava) e infine si scende ancora di tre semitoni. Abbiamo dunque:

$$-3, \quad +10, \quad -3.$$

Si somigliano molto, non è vero?

Tartaruga: Certamente. In un certo senso, hanno esattamente lo stesso "scheletro". Si può ottenere C-A-G-E partendo da B-A-C-H moltiplicando tutti gli intervalli per $3^1/_3$, e arrotondando al numero intero più vicino.

Achille: Perbacco! Ciò significa che nei solchi è presente solo una specie di scheletro di codice e che il giradischi vi aggiunge la sua interpretazione?

Tartaruga: Non lo so per certo. Non volevo affaticare troppo il Granchio chiedendogli troppi dettagli; quel giorno era un po' cagionevole. Ma ho potuto ascoltare la terza canzone, quando calò sul disco il giradischi B-10.

Achille: Come faceva?

Tartaruga: La melodia aveva intervalli enormi fra le note, che erano queste: B-C-A-H.

La sequenza degli intervalli in semitoni era:

$$-10, \quad +33, \quad -10.$$

Può essere ottenuta dalla sequenza CAGE con una ulteriore moltiplicazione per $3^1/_3$ e arrotondando a numeri interi.

Achille: Esiste un nome per queste moltiplicazioni di intervalli?

Tartaruga: Si potrebbero chiamare "aumentazioni intervallari". C'è una somiglianza con il meccanismo dell'aumentazione temporale nei canoni. In quel caso, tutte le durate delle note di una melodia vengono moltiplicate per una costante, e il risultato è un rallentamento della melodia. Qui invece l'effetto è l'espansione della melodia in un modo curioso.

Achille: Incredibile. Così tutte e tre le melodie che ha ascoltato erano aumentazioni intervallari di una singola struttura di base incisa nei solchi di quel disco?

Tartaruga: È la conclusione a cui sono arrivata.

Achille: Io trovo curioso il fatto che quando si aumenta BACH si ottiene CAGE, e quando si aumenta CAGE si ottiene di nuovo BACH, ma confondendo l'ordine delle note, come se BACH avesse il voltastomaco dopo essere passato attraverso la fase intermedia di CAGE.

Tartaruga: Ciò che dice ha tutta l'aria di essere un commento penetrante sulla nuova forma d'arte praticata da Cage.

CAPITOLO VI

Dove risiede il significato?

Quand'è che una cosa non è sempre la stessa?

Nell'ultimo Capitolo ci siamo imbattuti nella domanda "Quand'è che due cose sono la stessa cosa?". In questo Capitolo ci occuperemo del rovescio di quella domanda: "Quand'è che una cosa non è sempre la stessa?". Il tema che vogliamo affrontare è se il significato può essere considerato inerente al messaggio o se è sempre un prodotto dell'interazione di una mente o di un meccanismo con un messaggio, come nel Dialogo precedente. In quest'ultimo caso non si potrebbe dire che il significato stia in qualche luogo specifico, o che un messaggio abbia un qualche significato universale o oggettivo, dato che ogni osservatore potrebbe dare ad ogni messaggio il suo proprio significato. Nel primo caso, invece, il significato sarebbe localizzabile e dotato di universalità. In questo Capitolo voglio difendere l'universalità di almeno alcuni messaggi, senza indubbiamente affermarla per tutti i messaggi. L'idea di un "significato oggettivo" di un messaggio risulterà legata in modo interessante alla semplicità con cui può essere descritta l'intelligenza.

Portatori di informazioni e rivelatori di informazioni

Comincerò con il mio esempio preferito: il rapporto tra dischi, giradischi e musica. Noi consideriamo del tutto normale l'idea che un disco contenga la stessa informazione di un brano musicale, grazie all'esistenza di giradischi i quali possono "leggere" i dischi e convertire in suoni la configurazione dei loro solchi. In altre parole, c'è un isomorfismo tra configurazione dei solchi e suoni, e il giradischi è il meccanismo che fisicamente realizza questo isomorfismo. È quindi naturale pensare al disco come *portatore di informazione*, e al giradischi come *rivelatore di informazione*. Il sistema pg ci fornisce un secondo esempio di queste nozioni. Lì i "portatori di informazione" sono i teoremi e il "rivelatore di informazione" è l'interpretazione, la quale è così trasparente che non c'è bisogno di una macchina elettrica per estrarre l'informazione dai teoremi pg.

Da questi due esempi si trae l'impressione che gli isomorfismi e i meccanismi di decodificazione (cioè i rivelatori di informazione) si limitino a rivelare un'informazione che, per sua natura, risiede all'interno delle strutture, in attesa di esserne "tirata fuori". Questo fa pensare che per ogni struttura ci sono pezzi di informazione che *possono* essere tirati fuori da essa, mentre ci sono altri pezzi di informazione che *non possono* essere tirati fuori da essa. Ma che significa in realtà l'espressione "tirar fuori"?

Quanto forte si può tirare? Ci sono casi in cui, con uno sforzo sufficiente, si possono estrarre da certe strutture pezzi di informazione veramente reconditi. In realtà, l'estrazione può implicare operazioni così complesse da dare la sensazione che si stiano fornendo più informazioni di quante se ne stiano tirando fuori.

Genotipo e fenotipo

Si prenda il caso dell'informazione genetica, di cui si dice comunemente che risiede nella doppia elica dell'acido desossiribonucleico (DNA). Un gruppo di molecole di DNA, il *genotipo*, dà luogo a un organismo fisico, il *fenotipo*, attraverso un processo molto complesso che comprende la sintesi di proteine, la duplicazione del DNA, la riproduzione di cellule, la graduale differenziazione dei tipi cellulari, e così via. Osserviamo, per inciso, che lo svilupparsi del fenotipo dal genotipo, l'*epigenesi*, è la più aggrovigliata di tutte le ricorsioni; e nel Capitolo XVI dedicheremo ad essa tutta la nostra attenzione. L'epigenesi è controllata da un insieme di cicli estremamente complessi di reazioni chimiche e di retroazioni. Quando la costruzione dell'organismo sarà completata, non ci sarà la più lontana somiglianza tra le sue caratteristiche fisiche e il genotipo.

Nonostante ciò, si attribuisce normalmente la struttura fisica dell'organismo alla struttura del suo DNA, e solo a quella. Il primo dato sperimentale a sostegno di questo punto di vista venne nel 1946 dagli esperimenti di Oswald Avery, e da allora sono state accumulate ulteriori schiaccianti prove. Gli esperimenti di Avery mostravano che, di tutte le molecole biologiche, solo il DNA trasmette i caratteri ereditari. Si possono modificare altre molecole dell'organismo, come le proteine, ma tali trasformazioni e quelle che ne conseguono non sono trasmesse alle generazioni successive. Invece, quando si modifica il DNA, tutte le generazioni successive ereditano il DNA modificato e i suoi effetti. Questi esperimenti mostrano che il solo modo per cambiare le istruzioni per la costruzione di un nuovo organismo consiste nel cambiare il DNA e questo, a sua volta, indica che quelle istruzioni debbono essere in qualche modo codificate nella struttura del DNA.

Isomorfismi ricercati e isomorfismi banali

A quanto pare, dunque, siamo costretti ad accettare l'idea che la struttura del DNA contenga l'informazione della struttura del fenotipo, cioè che le due strutture siano *isomorfe*. Comunque si tratta di un isomorfismo *ricercato*; voglio dire che non è un fatto del tutto ovvio dividere il fenotipo e il genotipo in "parti" che possano essere applicate l'una sull'altra. Isomorfismi *banali* sarebbero invece quelli in cui è facile mettere in corrispondenza le parti di una struttura con quelle dell'altra. Un esempio di quest'ultimo è l'isomorfismo tra un disco e un pezzo musicale, in cui sappiamo che ad ogni suono del pezzo corrisponde una precisa "immagine" nella configurazione dei solchi incisi che, se ce ne fosse bisogno, potrebbe essere descritta con la precisione voluta. Un altro isomorfismo banale è quello tra Gplot e ognuna delle farfalle presenti al suo interno.

L'isomorfismo tra la struttura del DNA e la struttura del fenotipo è tutto tranne che banale, e il meccanismo che lo realizza fisicamente è terribilmente complesso. Per esempio, se si volesse trovare un qualche pezzo del DNA responsabile della forma del naso e delle impronte digitali, si incontrerebbero moltissime difficoltà. Sarebbe un po' come voler individuare *la* nota portatrice del significato emotivo di un pezzo musicale. Naturalmente una nota del genere non esiste, perché il significato emotivo viene realizzato a un livello molto alto, come risultato di molte note aggregate in "blocchi", non da singole note. Osserviamo per inciso che tali "aggregazioni" non sono necessariamente insiemi di note contigue; possono essere sezioni staccate che, prese insieme, sono portatrici di un qualche significato emotivo.

Analogamente il "significato genetico", cioè l'informazione sulla struttura del fenotipo, si trova disperso su piccole porzioni del DNA, sebbene se ne comprenda ancora troppo poco il linguaggio. (Attenzione: capire questo "linguaggio" non è affatto la stessa cosa che decifrare il Codice Genetico, risultato a cui si giunse agli inizi degli anni '60. Il Codice Genetico dice come tradurre brevi porzioni di DNA nei vari amminoacidi. Quindi, decifrare il Codice Genetico è paragonabile a capire i valori fonetici delle lettere di un alfabeto straniero, ma senza capire la grammatica della lingua o il significato delle sue parole. La decifrazione del Codice Genetico è stato un passo vitale per estrarre il significato dai filamenti di DNA, ma è stato solo il primo passo di un lungo cammino che deve ancora essere percorso).

Jukebox e leve di comando

Il significato genetico contenuto nel DNA è uno dei migliori esempi di significato implicito. Perché il genotipo si trasformi in fenotipo, deve operare tutta una serie di meccanismi molto più complessi del genotipo stesso. Le varie parti del genotipo servono come *leve di comando* che innescano tali meccanismi. Un jukebox normale, non come quello del Granchio, fornisce qui un'utile analogia: due pulsanti determinano un'azione molto complessa del meccanismo, per cui si potrebbe dire che i pulsanti innescano o "comandano" la canzone che viene suonata. Nel processo che trasforma il genotipo in fenotipo, una serie di jukebox cellulari — ci si perdoni l'espressione! — reagiscono alla "pressione dei pulsanti" di brevi porzioni di una lunga catena di DNA, e le "canzoni" che essi suonano sono spesso gli ingredienti principali per la creazione di altri "jukebox". È come se i nostri jukebox, invece di canzonette d'amore, emettessero canzoni i cui versi dessero istruzioni su come costruire jukebox più complessi... Porzioni di DNA innescano la fabbricazione di proteine; tali proteine innescano centinaia di nuove reazioni, e queste, a loro volta, innescano l'operazione di duplicazione che, attraverso parecchi stadi, produce copie del DNA e così via... Tutto ciò dà un'idea di quanto l'intero processo sia ricorsivo. Il risultato finale di questa serie di inneschi di inneschi è il fenotipo, cioè l'individuo. E si dice che il fenotipo è l'informazione "tirata fuori", cioè la *rivelazione* dell'informazione che era già presente, in modo latente, nel DNA di partenza. (Il termine "rivelazione" in questo contesto si deve a Jacques Monod, uno dei più profondi e originali biologi molecolari del nostro secolo).

Ora, nessuno direbbe che la canzone che esce dall'altoparlante di un jukebox costituisce una "rivelazione" dell'informazione insita nei due tasti premuti, perché i due tasti sembrano essere semplici *leve di comando*, che servono ad attivare nel meccanismo del jukebox le parti portatrici di informazione. Viceversa, sembra perfettamente ragionevole considerare l'estrazione della musica da un disco una "rivelazione" dell'informazione insita nel disco, per diverse ragioni:

(1) la musica non sembra nascosta nel meccanismo del giradischi;
(2) è possibile stabilire una corrispondenza tra parti del materiale in ingresso (il disco) e parti del materiale in uscita (la musica) con il grado di precisione desiderato;
(3) è possibile suonare altri dischi sullo stesso giradischi e ottenere altri suoni;
(4) il disco e il giradischi possono essere facilmente separati l'uno dall'altro.

Un problema completamente diverso è se i frammenti di un disco *spaccato* contengano un significato intrinseco. I bordi dei pezzi separati si adattano reciprocamente e permettono di ricostruire l'informazione, ma le cose sono molto più complicate di così. C'è poi il problema del significato intrinseco di un messaggio crittografico... C'è una vasta gamma di gradi di inerenza del significato. È interessante cercare di capire in quale punto di questa gamma si può collocare l'epigenesi. È giusto dire che nel corso dello sviluppo di un organismo l'informazione viene "tirata fuori" dal suo DNA? È lì che risiedono tutte le informazioni sulla struttura dell'organismo?

Il DNA e la necessità del contesto chimico

Per un verso la risposta sembra essere "sì", sulla base di esperimenti come quelli di Avery. Ma per un altro verso la risposta sembra essere "no", perché gran parte del processo di estrazione dell'informazione dipende da processi chimici cellulari estremamente complicati, per i quali non ci sono codificazioni nel DNA stesso. Il DNA fa affidamento sul fatto che essi avverranno, ma non sembra contenere alcun codice per realizzarli. Abbiamo quindi due punti di vista contrastanti sulla natura dell'informazione contenuta nel genotipo. Secondo uno di questi punti di vista, la parte di informazione che si trova *fuori dal DNA* è così grande che non è ragionevole vedere nel DNA qualcosa di più di un intricato insieme di leve di comando, analogo a una serie di tasti da premere sul jukebox; secondo l'altro punto di vista, nel DNA si trova *tutta l'informazione*, ma in forma molto implicita.

Potrebbe sembrare che questi siano solo due modi per dire la stessa cosa, ma non è necessariamente così. Il primo punto di vista dice che il DNA è totalmente privo di significato fuori dal contesto; l'altro dice che, se anche fosse allontanata dal suo contesto, una molecola di DNA di un essere vivente possederebbe nella sua struttura una tale *irresistibile logica interna* che il suo messaggio potrebbe essere dedotto comunque. In breve, un punto di vista dice che, perché il DNA abbia significato, è necessario il *contesto chimico*; l'altro dice che è necessaria solo *l'intelligenza* per rivelare il "significato intrinseco" di una molecola di DNA.

Un UFO inverosimile

Possiamo farci un'idea del problema considerando uno strano evento ipotetico. Un disco di David Oistrach e Lev Oborin che eseguono la *Sonata in fa minore* per violino e clavicembalo di Bach viene inviato su un satellite. Dal satellite viene poi lanciato in una direzione che lo porterà fuori dal sistema solare, forse addirittura fuori dalla galassia; ecco dunque un sottile disco di plastica con un buco nel mezzo che gira vorticosamente nello spazio intergalattico. È sicuramente fuori dal suo contesto. Quanto significato porta?

Se il disco finisse fra gli abitanti di una civiltà extraterrestre, questi sarebbero certamente colpiti dalla sua forma, e vi sarebbero probabilmente molto interessati. Immediatamente la sua forma, agendo come una leva di comando, fornirebbe alcune informazioni: è un artefatto, cioè il prodotto di un'attività cosciente, forse un prodotto portatore d'informazione. Questa idea, comunicata o innescata dal disco stesso, ora *crea un nuovo contesto* in cui il disco sarà d'ora in poi percepito. I passi successivi della decodificazione richiederebbero probabilmente molto più tempo, ma questa non è una cosa facile da valutare. Possiamo immaginare che, se il disco fosse arrivato sulla terra al tempo di Bach, nessuno avrebbe saputo cosa farne, e probabilmente non sarebbe stato decifrato. Ma questo non sminuisce la nostra convinzione che l'informazione in teoria era *lì*; pensiamo semplicemente che le conoscenze umane in quei tempi non erano molto avanzate per quanto riguarda le possibilità di immagazzinare, trasformare e rivelare informazioni.

Livelli di comprensione di un messaggio

Oggi di decodificazione si parla molto; essa costituisce una parte significativa dell'attività di astronomi, linguisti, archeologi, esperti militari, e così via. Spesso si dice che forse stiamo navigando in un mare di messaggi radio di altre civiltà, messaggi che non sappiamo ancora decifrare, e si fanno molti studi per scoprire le tecniche adatte a decifrare messaggi del genere. Uno dei problemi principali — forse il più profondo — sta nella domanda: "Come potremo accorgerci che c'è un messaggio? Come riconoscerlo?". Il lancio di un disco sembra essere una soluzione semplice: la sua struttura fisica esteriore attira l'attenzione e ci appare perlomeno plausibile che in qualsiasi essere dotato di intelligenza sufficientemente grande susciterebbe l'idea di cercarvi l'informazione che vi si immagina nascosta. È vero che, per motivi tecnici, il lancio di oggetti solidi verso altri sistemi stellari sembra oggi irrealizzabile. Ma questo non ci impedisce di parlarne teoricamente.

Supponiamo allora che una civiltà extraterrestre afferri l'idea che il meccanismo appropriato per tradurre il disco sia una macchina che trasforma le configurazioni dei solchi in suoni. Questo sarebbe ancora molto lontano da una vera decifrazione. In che cosa consisterebbe infatti una decifrazione *riuscita* del disco? Naturalmente la civiltà in questione dovrebbe essere in grado di dare un senso ai suoni. La semplice produzione di suoni in sé vale poco, a meno che questi non abbiano l'effetto scatenante desiderato sui cervelli (se questa è la parola appropriata) degli extraterrestri. E qual è questo effetto desiderato? Dovrebbe essere quello di attivare nel loro cervello le strutture che creano in loro effetti emotivi analoghi a quelli che noi sperimentiamo nell'ascoltare il pezzo. Di fatto, essi potrebbero fare anche a meno della produzione di suoni, se usassero il disco in qualche altro modo che consentisse di raggiungere le strutture appropriate del loro cervello. (Se noi uomini avessimo la possibilità di stimolare le strutture appropriate del nostro cervello in ordine sequenziale, come fa la musica, potrebbe farci comodo evitare i suoni; ma sembra che sia estremamente improbabile che si riesca a farlo senza passare attraverso gli orecchi. Compositori sordi – Beethoven, Dvořák, Fauré – o musicisti che possono "sentire" la musica leggendo la partitura non smentiscono questa affermazione, perché le loro capacità si basano su precedenti decenni di esperienze uditive dirette).

A questo punto, le cose diventano veramente oscure. Gli extraterrestri hanno emozioni? E, ammesso che ne abbiano, queste sono in qualche modo riconducibili alle nostre? Se essi hanno emozioni più o meno analoghe alle nostre, queste emozioni si associano come le nostre? Capiranno essi abbinamenti quali "bellezza tragica" o "coraggioso soffrire"? Se risulterà che gli esseri dell'intero universo condividono con noi le strutture cognitive a un punto tale che anche le emozioni si corrispondono, allora in un certo senso il disco non può mai essere fuori dal suo contesto naturale; quel contesto fa parte dello schema delle cose, in natura. E se le cose stanno così, allora è probabile che un disco vagante, se non andrà distrutto durante il viaggio, alla fine sarà preso da un essere o da un gruppo di esseri e decifrato in un modo che noi considereremo riuscito.

"Paesaggio spaziale immaginario"

Quando, nelle pagine precedenti, mi interrogavo sul significato di una molecola di DNA, ho usato l'espressione "irresistibile logica interna"; e penso che questo sia un concetto chiave. Per chiarirlo, modifichiamo leggermente il nostro evento ipotetico del disco-nello-spazio, sostituendo a Bach il *Paesaggio immaginario n. 4* di John Cage. Questo pezzo è un classico della musica *aleatoria*, la cui struttura è il prodotto di vari processi casuali piuttosto che di un tentativo di comunicare un'emozione personale. Per eseguire questo pezzo, ventiquattro esecutori si attaccano a ventiquattro manopole di dodici radio. Per tutta la durata del pezzo essi girano le manopole in modo casuale, alzando o abbassando a caso il volume delle radio e cambiando contemporaneamente stazione. Il suono complessivo così prodotto costituisce il pezzo musicale. L'atteggiamento di Cage è espresso dalle sue stesse parole: "Lasciare che i suoni siano loro stessi piuttosto che veicoli di teorie elaborate dall'uomo o espressioni di sentimenti umani".

Ora immaginiamo che sia questo il pezzo inciso nel disco mandato nello spazio. È estremamente improbabile, se non addirittura impossibile, che gli abitanti di una civiltà extraterrestre possano capire la natura del prodotto. Essi rimarrebbero probabilmente molto perplessi davanti alla contraddizione tra il messaggio in quanto tale, o messaggio quadro ("sono un messaggio; decodificatemi"), e il caos della sua struttura interna. In questo pezzo di Cage ci sono pochi "blocchi" a cui appigliarsi, poche strutture che potrebbero guidare un decifratore. Al contrario, si può dire che in un pezzo di Bach ci sono molti appigli: strutture, strutture di strutture, e così via. Non abbiamo modo di sapere se tali strutture abbiano un fascino universale. Non conosciamo abbastanza la natura dell'intelligenza, delle emozioni, o della musica, per sapere se la logica interna di un pezzo di Bach sia così universalmente irresistibile che il suo significato possa valere nelle più lontane galassie.

Comunque, qui il problema non è di vedere se Bach in particolare ha una sufficiente logica interna; il problema è di sapere se *esiste* un qualche messaggio che, di per sé, possegga una irresistibile logica interna, sufficiente a ripristinare automaticamente il suo contesto ogni volta che un'intelligenza di livello sufficientemente elevato venga in contatto con esso. Se qualche messaggio avesse questa capacità di ripristinare il suo contesto, allora sembrerebbe ragionevole considerare il significato del messaggio come una proprietà intrinseca del messaggio.

I decifratori eroici

Un altro esempio illuminante di queste idee è la decifrazione di testi antichi scritti in lingue sconosciute e con alfabeti sconosciuti. L'intuito ci dice che c'*è* informazione in questi testi, che si riesca o no a rivelarla. Ne siamo convinti quanto del fatto che ci sia un significato insito in un giornale scritto in cinese, anche se non conosciamo affatto il cinese. Una volta che la scrittura e la lingua del testo siano state decifrate, nessuno si domanda dove risieda il significato: naturalmente risiede *nel testo*, non nel metodo di decifrazione, proprio come la musica risiede *nel disco*, non nel giradischi! Uno dei criteri per identificare un meccanismo di decodificazione come tale è che esso non *aggiunge* alcun significato ai segni o agli oggetti che gli vengono presentati in ingresso: esso *rivela* semplicemente il significato intrinseco di quei segni o di quegli oggetti. Un jukebox non è un meccanismo di decodificazione, perché non rivela alcun significato che apparten-

FIGURA 41. La stele di Rosetta [per cortese concessione del British Museum].

ga ai pulsanti che costituiscono il suo ingresso; al contrario, esso fornisce il significato nascosto nei dischi contenuti al suo interno.

La decifrazione di un testo antico può avere richiesto decine d'anni di lavoro e l'impegno di numerosi gruppi rivali di studiosi, i quali utilizzavano le conoscenze conservate nelle biblioteche di tutto il mondo... È sicuro che questo processo non aggiunga informazione? Quanto è intrinseco il significato di un testo, se sono necessarie tanto immani fatiche per trovare le regole di decodificazione? È stato inserito un significato nel testo o quel significato era già lì? Il nostro intuito ci dice che il significato era lì da sempre e che, nonostante la difficoltà del processo di estrazione, non è stato estratto alcun significato che non fosse già nel testo iniziale. Questa convinzione ci viene prevalentemente da un fatto: sentiamo che il risultato era inevitabile, che se il testo non fosse stato decifrato da un certo gruppo in un dato momento sarebbe stato decifrato da qualche altro gruppo in qualche altro momento e che la soluzione sarebbe stata la stessa. Ecco perché il significato è parte del testo stesso: agisce sull'intelligenza in un modo prevedibile. In linea generale possiamo dire: il significato è parte di un oggetto nella misura in cui agisce sull'intelligenza in un modo prevedibile.

Nella Figura 41 è rappresentata la stele di Rosetta, uno dei documenti storici più preziosi. È stata la chiave che ha permesso di decifrare i geroglifici egiziani, perché contiene uno stesso testo in tre versioni: in antica scrittura geroglifica, in caratteri demotici e in greco. L'iscrizione incisa su questa stele di basalto è stata decifrata per la prima volta da Jean François Champollion, il "padre dell'egittologia", nel 1821; si tratta di un decreto di sacerdoti riuniti a Memphis in favore di Tolomeo V Epifanio.

I tre strati di ogni messaggio

In questi esempi di decifrazione di messaggi fuori-dal-contesto, possiamo separare molto chiaramente tre livelli di informazione: (1) il messaggio *quadro*; (2) il messaggio *esterno*; (3) il messaggio *interno*. Quello che ci è più familiare è il messaggio (3), il messaggio interno; è il messaggio che si suppone venga trasmesso: le esperienze emotive in musica, il fenotipo in genetica, i privilegi reali e i riti di antiche civiltà nelle lapidi, ecc.

> Capire il messaggio interno equivale ad avere estratto il significato che l'emittente voleva comunicare.

Il messaggio quadro è il messaggio: "Io sono un messaggio; decodificami se puoi!". Esso viene implicitamente trasmesso dall'aspetto globale esteriore di ogni portatore di informazione.

> Capire il messaggio quadro equivale a riconoscere la necessità di un meccanismo di decodificazione.

Se il messaggio quadro è riconosciuto come tale, allora l'attenzione è spostata sul livello (2), il messaggio esterno. Questa è l'informazione, portata implicitamente dalla configurazione dei simboli e dalle strutture del messaggio, che insegna a decodificare il messaggio interno.

> Capire il messaggio esterno equivale a costruire, o a sapere come costruire, l'adeguato meccanismo di decodificazione per il messaggio interno.

Questo livello esterno è per forza un messaggio implicito, nel senso che l'emittente non può garantire che sarà capito. Sarebbe fatica inutile inviare istruzioni che insegnino a decodificare il messaggio esterno, perché esse dovrebbero far parte del messaggio interno, che può essere capito solo quando sia stato trovato il meccanismo di decodificazione. Per questo motivo, il *messaggio esterno è necessariamente un insieme di leve di comando*, piuttosto che un messaggio che possa essere rivelato da un decodificatore conosciuto.

Con la formulazione di questi tre "strati" si è fatto solo un primo passo nell'analizzare come il significato sia contenuto nei messaggi. Ci possono essere più strati di messaggi esterni e interni anziché un solo strato di ciascuno. Si pensi, per esempio, a quanto siano aggrovigliati i messaggi esterni e interni della stele di Rosetta. Per decodificare completamente un messaggio si dovrebbe ricostruire l'intera struttura semantica che sottende la sua creazione e in tal modo comprendere fino in fondo l'emittente. Allora si potrebbe buttar via il messaggio interno, perché se si capissero veramente tutte le sottigliezze del messaggio esterno, il messaggio interno sarebbe ricostruibile.

Il libro *After Babel* di George Steiner è una lunga discussione sull'interazione tra messaggi interni ed esterni (sebbene egli non usi mai questa terminologia). Il tono del suo libro è dato da questa citazione:

> Noi generalmente usiamo una stenografia sotto cui giace una grande ricchezza di subconscio, associazioni volutamente nascoste o dichiarate così ampie ed intricate che probabilmente uguagliano la complessità e l'unicità del nostro status come individui.[1]

Pensieri analoghi sono espressi da Leonard B. Meyer, nel suo libro *Music, the Arts, and Ideas:*

> Il modo di ascoltare una composizione di Elliott Carter è radicalmente diverso dal modo giusto di ascoltare un lavoro di John Cage. Analogamente, un romanzo di Beckett deve essere letto in modo nettamente diverso da un romanzo di Bellow. Un quadro di Willem de Kooning e uno di Andy Warhol richiedono atteggiamenti percettivi-cognitivi differenti.[2]

Forse le opere d'arte cercano di trasmettere uno stile più di qualsiasi altra cosa. Se questo è vero, qualora si potesse scandagliare lo stile fino in fondo, si potrebbe fare a meno delle creazioni in quello stile. "Stile", "messaggio esterno", "tecnica di decodificazione": sono altrettanti modi per esprimere una stessa idea di base.

I cristalli aperiodici di Schrödinger

Da che cosa dipende che vediamo un messaggio quadro in certi oggetti e non in altri? Perché una civiltà extraterrestre dovrebbe supporre, se intercettasse un disco vagante, che in esso si nasconde un messaggio? In che cosa un disco differisce da un meteorite? Chiaramente la sua forma geometrica è il primo indizio che "c'è qualcosa di strano". L'indizio successivo è che, in scala più microscopica, esso consiste di una lunghissima sequenza aperiodica di forme ordinate in una spirale. Se svolgessimo la spirale, avremmo un'unica successione lineare lunghissima (circa 500 metri) di minuscoli simboli. In questo si può rilevare una certa somiglianza con la molecola di DNA, i cui simboli, tratti da uno scarno "alfabeto" di quattro diverse basi chimiche, sono ordinati in una successione unidimensionale e poi avvolti ad elica. Prima che Avery stabilisse il collegamento tra geni e DNA, il fisico Erwin Schrödinger, nel suo autorevole libro *What Is Life?*, fece la previsione, su base puramente teorica, che l'informazione genetica doveva essere immagazzinata in "cristalli aperiodici". In realtà i libri stessi sono cristalli aperiodici contenuti in precise forme geometriche. Questi esempi suggeriscono che, quando un cristallo aperiodico si trova "impacchettato" in una struttura geometrica molto regolare, vi si può nascondere un messaggio interno. (Non dico che questa sia una caratterizzazione completa dei messaggi quadro; è comunque un dato di fatto che molti messaggi comuni hanno messaggi quadro di questo tipo. Si osservi la Fig. 42 per qualche buon esempio).

Un linguaggio per ognuno dei tre livelli

I tre livelli sono molto ben riconoscibili nel caso di un messaggio trovato in una bottiglia rinvenuta su una spiaggia. Il primo livello, il messaggio quadro, è recepito nel momento in cui si prende la bottiglia e si vede che è chiusa ermeticamente e contiene un pezzo di carta asciutto. Anche senza vedere lo scritto, si riconosce questo oggetto come portatore di informazione, e a questo punto gettare via la bottiglia senza continuare l'indagine richiederebbe una mancanza di curiosità straordinaria, quasi inumana. Successivamente si apre la bottiglia e si esaminano i segni sulla carta. Forse sono in giapponese; lo si può scoprire senza capire niente del messaggio interno: basta semplicemente riconoscere i caratteri. Il messaggio esterno può essere espresso con una frase italiana: "Sono scritto in giapponese". Una volta scoperto questo, si può procedere all'interpretazione del messaggio interno, che può essere una richiesta di aiuto, un haiku, il lamento di un amante...

Non sarebbe di alcuna utilità includere nel messaggio interno una traduzione della frase "Questo messaggio è scritto in giapponese", dal momento che per leggerlo ci vorrebbe qualcuno che conoscesse il giapponese; e costui, prima di leggerlo, dovrebbe riconoscere che, poiché è scritto in giapponese, può leggerlo. Si potrebbe tentare di aggirare l'ostacolo riportando la frase "Questo messaggio è scritto in giapponese" in molte lingue diverse. Questo sarebbe di aiuto da un punto di vista pratico, ma dal punto di vista teorico c'è la stessa difficoltà. Una persona di lingua italiana dovrebbe ancora riconoscere l'"italianità" del messaggio; altrimenti non serve. Non si può dunque evitare il problema di dover scoprire *dall'esterno* come decifrare il messaggio interno; il messaggio interno stesso può fornire indizi e conferme, ma questi sono al massimo spunti che agiscono su chi trova la bottiglia (o su coloro che egli interpella per un aiuto).

Sono problemi dello stesso tipo quelli che incontra l'ascoltatore della radio ad onde corte. Innanzitutto, costui deve decidere se i suoni che ascolta

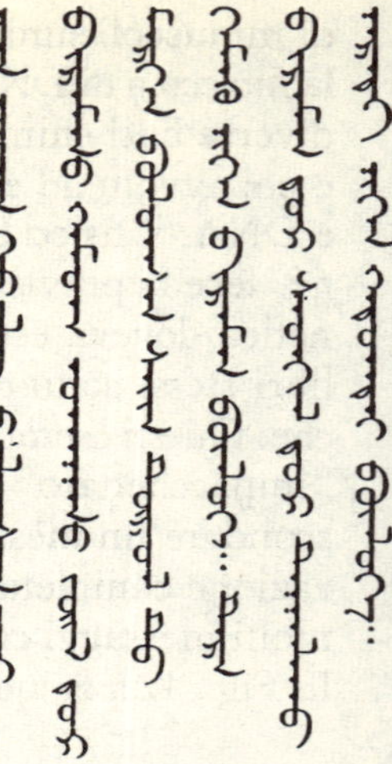

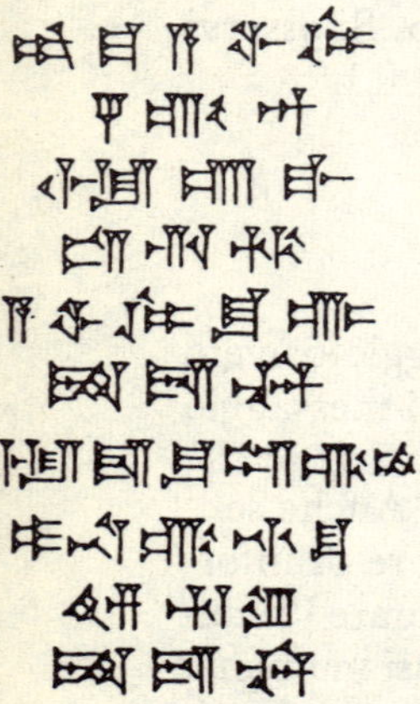

เรียนภาษาอังกฤษด้วยภาพ

เมื่อท่านเรียนตามวิธีนี้ไปได้ ๓๐ หน้า ลอง
ทวนความรู้ของท่านดูด้วยการหัดตอบ คำถาม
เป็นภาษาอังกฤษ ในหน้า ๓๑, ๓๒ และ ๓๓
แล้วพลิกไปตรวจดูคำตอบในหน้า ๓๔ ว่าถูก
ต้องหรือไม่ คำถามและคำตอบมีให้ไว้ต่อๆ
ไปตลอดทั้งเล่ม

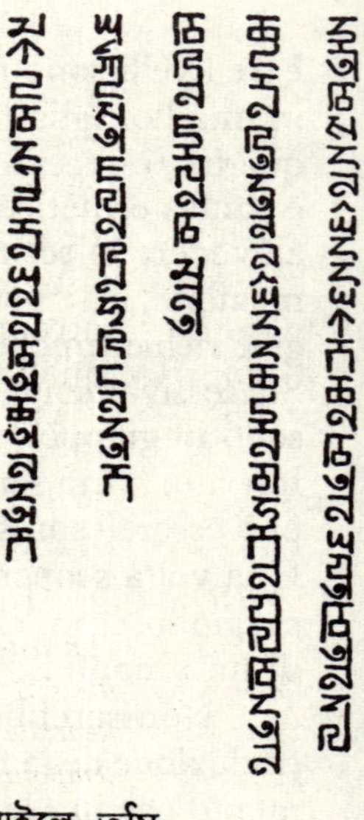

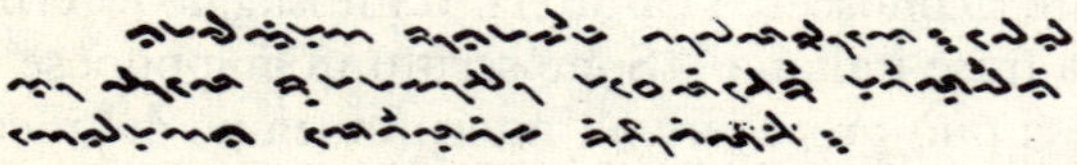

வாசித்துவருகையில், ஒவ்வொரு வாக்கியத்தையும்
அதற்குரிய படத்தோடு ஒப்பிட்டுப் பார்க்குந் தே-
ாறும் அர்த்தமாகிக்கொண்டு வரும். மனப்பாடம்
பண்ணிக்கொள்ள வேண்டிய அம்சங்கள் மிகக்
குறைவு. ஆகையினால் அர்த்தத்துக்கு இணங்க
வாக்கிய அமைப்பின் வேறுபாடுகளைக் கண்டறி-
ந்து கொள்வதற்கு வசதிகள் உண்டு. இம்முறை
அநுசரித்து ஆங்கிலம் கற்றுக்கொள்வது கஷ்ட-
மில்லாததுமன்றி விளையாட்டுச் சம்பந்தப்பட்டது.

কত অজানারে জানাইলে তুমি,
কত ঘরে দিলে ঠাঁই---
দূরকে করিলে নিকট বন্ধু,
পরকে করিলে ভাই।
পুরানো আবাস ছে
মনে ভেবে মরি কী
নূতনের মাঝে তুমি
সে ব
দূরকে করিলে নি
পরে

ഡീസൽ തീവണ്ടി എൻജിന്
നാടൻ നിർമ്മിത വസ്തുക്കളെ

costituiscono effettivamente un messaggio o sono solo rumore di fondo. I suoni in sé non forniscono la risposta, neanche nel caso improbabile in cui il messaggio interno sia nella lingua madre dell'ascoltatore e dica: "Questi suoni costituiscono effettivamente un messaggio e non sono solo rumore di fondo!". Solo se riconosce nei suoni un messaggio quadro, l'ascoltatore cerca di identificare la lingua usata nella trasmissione, e chiaramente è ancora all'esterno; egli accetta dalla radio spunti o inneschi, i quali però non possono fornirgli la risposta esplicitamente.

È nella natura dei messaggi esterni di non essere trasmessi in alcuna lingua esplicita. Trovare un linguaggio esplicito in cui comunicare messaggi esterni non sarebbe una grande scoperta: sarebbe una contraddizione in termini! Tocca sempre all'ascoltatore capire il messaggio esterno. Se ci riesce, può penetrare all'interno e a questo punto emergono i significati espliciti, prevalendo decisamente su spunti e stimoli generici. In confronto con le tappe precedenti, capire il messaggio interno sembra facile. Si direbbe che esso venga semplicemente immesso in qualcosa di preesistente.

La teoria "jukebox" del significato

Può sembrare che questi esempi costituiscano altrettante prove a favore del punto di vista secondo cui nessun messaggio ha un significato intrinseco, perché per capire un qualsiasi messaggio interno, per quanto semplice sia, bisogna prima capire il suo messaggio quadro e il suo messaggio esterno, entrambi convogliati solo da stimoli generici che agiscono come inneschi (quali essere scritto in alfabeto giapponese, o avere solchi a spirale, ecc.). Ma allora si potrebbe pensare che non sia possibile sfuggire

FIGURA 42. Un collage di scritture. In alto a sinistra troviamo una iscrizione dell'Isola di Pasqua in un sistema di scrittura bustrofedico ancora non decifrato. Le righe sono alternativamente diritte e rovesciate; i caratteri sono incisi su una tavoletta di legno di cm. 10 × cm. 87. Procedendo in senso orario incontriamo dei testi mongoli scritti verticalmente: sopra un testo contemporaneo, sotto un documento del 1314. Si giunge poi, nell'angolo in basso a destra, ad una poesia di Rabindranath Tagore in bengali. A fianco compare un titolo di giornale in Malayālam (Kerala occidentale, India meridionale) con sopra un esempio dell'elegante scrittura curvilinea del tamil (Kerala orientale). Il frammento più piccolo fa parte di un racconto popolare in buginese (Celebes, Indonesia). Al centro del collage figura un capoverso in lingua thai con sopra un manoscritto runico del quattordicesimo secolo contenente un passo della legislazione della Scania (Svezia meridionale). Da ultimo, tutto a sinistra, un frammento delle leggi di Hammurabi, scritto in cuneiforme assiro. Da profano, provo un profondo senso di mistero di fronte al celarsi del significato *negli strani angoli e nelle strane curve di questi splendidi cristalli aperiodici. Nella forma c'è contenuto. [Da Hans Jensen,* Sign, Symbol, and Script *(New York: G. Putnam's Sons, 1969), pp. 89 (cuneiforme), 356 (Isola di Pasqua), 386, 417 (mongolo), 552 (runico); da Kenneth Katzner,* The Languages of the World *(New York: Funk & Wagnalls, 1975), pp. 190 (bengalese), 237 (buginese); da I.A. Richards e Christine Gibson,* English Through Pictures *(New York: Washington Square Press, 1960), pp. 73 (tamil), 82 (thai)].*

alla teoria "jukebox" del significato (cioè la teoria che *nessun messaggio contiene un significato intrinseco)*, perché, prima che si riesca a capirlo, un messaggio deve essere usato come ingresso di un qualche "jukebox", il che significa che al messaggio, prima che acquisti significato, deve essere aggiunta l'informazione contenuta nel "jukebox".

Questa argomentazione è molto simile al tranello che la Tartaruga tese ad Achille, nel Dialogo di Lewis Carroll. Lì il tranello era l'idea che, prima che si possa usare una qualunque regola, si deve avere una regola che insegni ad usare quella regola; in altre parole, ci sarebbe un'infinita gerarchia di livelli di regole, per cui è impossibile arrivare ad usare una qualsiasi regola. Qui il tranello consiste nell'idea che, prima che si possa capire un qualunque messaggio, si deve avere un messaggio che ci insegni a capire quel messaggio; in altre parole, ci sarebbe un'infinita gerarchia di livelli di messaggi, per cui è impossibile arrivare a capire un qualsiasi messaggio. Comunque, noi tutti sappiamo che questi paradossi non sono validi, perché le regole *vengono* usate e i messaggi *vengono* capiti. Come si spiega?

Contro la teoria jukebox

La spiegazione sta nel fatto che la nostra intelligenza non è incorporea, ma risiede in oggetti fisici: i nostri cervelli. La loro struttura è il risultato di un lungo processo evolutivo, e le loro operazioni sono governate dalle leggi della fisica. Dal momento che sono entità fisiche, i nostri cervelli *lavorano senza che si dica loro come lavorare*. È dunque proprio al livello in cui i pensieri sono prodotti in base a una legge fisica che crolla il paradosso delle regole di Carroll; e analogamente, è proprio al livello in cui un cervello interpreta i dati in ingresso come un messaggio che crolla il paradosso del messaggio. Sembra che i cervelli vengano dotati dello "hardware" necessario a riconoscere che certe cose sono messaggi, e a decodificare quei messaggi. Proprio tale minima capacità innata di estrarre il significato interno permette la realizzazione del processo a valanga altamente ricorsivo dell'acquisizione del linguaggio. Lo hardware innato è come un jukebox: fornisce l'informazione aggiuntiva che trasforma semplici stimoli generici in messaggi completi.

Il significato è intrinseco se l'intelligenza è naturale

Ora, se i "jukebox" di persone diverse contenessero "canzoni" diverse e rispondessero a determinati stimoli innescanti in modo completamente incorrelato, noi non saremmo portati ad attribuire un significato intrinseco a quegli stimoli. Ma i cervelli umani sono fatti in modo tale che un cervello risponde ad un dato stimolo grosso modo alla stessa maniera di un altro, a parità delle altre condizioni. È per questo che un bambino può imparare una lingua qualsiasi; egli risponde agli stimoli allo stesso modo di un qualunque altro bambino. Questa uniformità dei "jukebox umani" determina un "linguaggio" uniforme in cui messaggi quadro e messaggi esterni possono essere comunicati. Se inoltre pensiamo che l'intelligenza umana sia solo un esempio di un fenomeno generale della natura, cioè l'emergere di esseri intelligenti nei contesti più vari, allora il "linguaggio" in cui messaggi quadro e messaggi esterni vengono comunicati tra esseri umani è presumibilmente un "dialetto" di una lingua *universale* con cui le intelligenze possono comunicare tra loro. Così ci sarebbero alcuni tipi di stimoli che avrebbero "una capacità innescante universale", nel senso che tutti gli esseri intelligenti tenderebbero a rispondere ad essi nella stessa nostra maniera.

Questo ci permetterebbe di spostare il luogo che indichiamo come sede del significato. Potremmo attribuire i significati (quadro, esterno e interno) di un messaggio al messaggio stesso, per il fatto che i meccanismi di decifrazione sono essi stessi universali, cioè, sono forme fondamentali della natura, che si presentano uguali in contesti diversi. Per scendere nel concreto, supponiamo che "A-5" inneschi la stessa canzone in tutti i jukebox; supponiamo inoltre che i jukebox non siano manufatti umani, ma oggetti naturali ampiamente diffusi, come le galassie o gli atomi di carbonio. In queste condizioni ci sentiremmo probabilmente giustificati nel chiamare la capacità innescante universale di "A-5" il suo "significato intrinseco"; inoltre "A-5" meriterebbe il nome di "messaggio", più che di "leva di comando", e la canzone sarebbe in realtà una "rivelazione" del significato intrinseco, anche se implicito, di "A-5".

Sciovinismo terrestre

Questa attribuzione di significato a un messaggio è giustificato dall'invarianza nella elaborazione del messaggio da parte di intelligenze sparse dappertutto nell'universo. In questo senso c'è qualche rassomiglianza con l'attribuzione di massa a un oggetto. Gli antichi pensavano che il peso di un oggetto fosse una proprietà intrinseca dell'oggetto. Ma quando si capì il fenomeno della gravità, si comprese che il peso varia con il campo di gravitazione in cui l'oggetto è immerso. Ciononostante, c'è una quantità correlata, la massa, che *non* varia con il campo gravitazionale; e da questa invarianza si trasse la conclusione che la massa di un oggetto era una proprietà intrinseca dell'oggetto stesso. Se poi la massa risultasse anch'essa variabile secondo il contesto, allora dovremmo rimettere in discussione la nostra convinzione che la massa è una proprietà intrinseca dell'oggetto. Allo stesso modo, potremmo immaginare che esistano altri tipi di "jukebox" (intelligenze), i quali comunicano tra di loro attraverso messaggi che noi non riconosceremmo mai come messaggi; e i quali, a loro volta, non riconoscerebbero mai i *nostri* messaggi come messaggi. Se così fosse, dovremmo rimettere in discussione la nostra convinzione che il significato è una proprietà intrinseca di un insieme di simboli. D'altra parte, come potremmo accorgerci che esistono tali esseri?

È interessante paragonare questa argomentazione a favore del carattere intrinseco del significato con l'argomentazione parallela a favore del carattere intrinseco del peso. Supponiamo che il peso di un oggetto venga definito come "la grandezza della forza che l'oggetto esercita verso il basso quando si trova sulla superficie del pianeta Terra". In base a questa definizione, alla forza che un oggetto esercita verso il basso quando si trova sulla superficie di Marte dovrebbe essere dato un nome diverso da "peso". Questa definizione fa del peso una proprietà intrinseca, ma al prezzo di cadere nel geocentrismo, o "sciovinismo terrestre". Sarebbe come uno "sciovinismo di Greenwich": rifiutare di accettare l'ora locale in ogni punto del globo eccetto che nel fuso orario di Greenwich. È un modo innaturale di considerare il tempo.

Forse inconsciamente siamo afflitti da un analogo sciovinismo nei confronti dell'intelligenza e di conseguenza nei confronti del significato. Nel nostro sciovinismo, noi chiameremmo "intelligente" ogni essere con un cervello abbastanza simile al nostro, e rifiuteremmo di riconoscere come intelligenti altri tipi di oggetti. Per portare un esempio estremo, prendiamo un meteorite che, invece di decifrare il disco di Bach lanciato nello spazio, lo perfori con totale indifferenza e prosegua nella sua allegra orbita. Il meteorite ha interagito con il disco in un modo che, secondo il nostro modo di vedere, ignora il significato del disco. Noi potremmo dunque essere tentati di definirlo "stupido". Ma forse, così facendo, non gli renderemmo giustizia. Forse il meteorite ha "un'intelligenza superiore" che noi, nel nostro sciovinismo terrestre, non possiamo percepire, e la sua interazione con il disco era una manifestazione di quell'intelligenza superiore. Forse allora il disco ha un "significato superiore" completamente diverso da quello che noi gli attribuiamo; forse il suo significato dipende dal *tipo* di intelligenza che lo percepisce. Forse.

Sarebbe bello poter definire l'intelligenza in modo diverso da "ciò che da una successione di simboli estrae lo stesso significato che estraiamo noi". Infatti, se possiamo definirla solo in questo modo, allora la nostra argomentazione che il significato è una proprietà intrinseca è circolare e quindi priva di contenuto. Dovremmo cercare un qualche modo indipendente di formulare un insieme di caratteristiche che meriti il nome di "intelligenza". Tali caratteristiche costituirebbero il nucleo costante dell'intelligenza, comune a tutti gli uomini. Allo stato attuale delle cose non abbiamo ancora una lista ben definita di queste caratteristiche. Sembra tuttavia probabile che nei prossimi decenni vi sarà un gran progresso nella spiegazione di cosa sia l'intelligenza umana. Forse, in particolare, psicologi cognitivisti, ricercatori in Intelligenza Artificiale e studiosi del sistema nervoso saranno in grado di sintetizzare le loro conoscenze e pervenire a una definizione dell'intelligenza. Magari questa sarà ancora affetta da sciovinismo umano; non ci si può far niente. Ma in compenso avremo probabilmente un modo astratto, elegante e bello (e forse anche semplice) di caratterizzare l'essenza dell'intelligenza. Questo servirebbe a diminuire la sensazione di aver formulato un concetto antropocentrico. E naturalmente, se si stabilisse un contatto con una civiltà di un altro sistema stellare, ci sentiremmo sorretti nella nostra convinzione che il nostro tipo di intelligenza non è solo un caso fortunato, ma è un esempio di una forma fondamentale che riappare in natura in diversi contesti, come lo sono le stelle e i nuclei di uranio. Ciò costituirebbe, a sua volta, un argomento a sostegno dell'idea che il significato è una proprietà intrinseca.

Per concludere, prendiamo in considerazione alcuni casi nuovi o già visti e discutiamo qual è il grado di significato intrinseco in essi contenuto, mettendoci, per quanto è possibile, nei panni di una civiltà extraterrestre che intercetti un oggetto misterioso...

Due placche nello spazio

Dopotutto, se non dischi di Bach, placche più o meno del tipo che ora discuteremo sono già state inviate nello spazio. Consideriamo allora una placca rettangolare fatta di una lega metallica indistruttibile, su cui sono incisi due puntini, uno sopra l'altro: quest'ultimo segno d'interpunzione ne costituisce una raffigurazione. Benché la forma complessiva dell'oggetto possa far pensare che si tratti di un oggetto costruito intenzionalmente, e che quindi possa nascondere qualche messaggio, due punti non sono sufficienti per comunicare alcunché. (Si provi, prima di procedere nella lettura, ad avanzare un'ipotesi sul loro significato). Ma supponiamo che si faccia una seconda placca e vi si incidano più punti, così disposti:

.
.
. .
. . .
. . . . .
. . . .
. . . .
. . . .
. . . .

Una delle cose più ovvie da fare – così almeno può sembrare a un'intelligenza terrestre – sarebbe di contare i punti nelle file successive. La successione ottenuta è:

1, 1, 2, 3, 5, 8, 13, 21, 34.

Qui è evidente che una legge governa la progressione da una linea alla successiva. Infatti da questa lista si può dedurre con una certa sicurezza la parte ricorsiva della definizione dei numeri di Fibonacci. Supponiamo di considerare la coppia di valori iniziali (1, 1) come un "genotipo" da cui, mediante una legge ricorsiva, si può ricavare il "fenotipo", cioè l'intera successione di Fibonacci. Inviando solo il genotipo, cioè la prima placca, noi trascuriamo di inviare l'informazione che permette di ricostruire il fenotipo. Quindi il genotipo non contiene la specificazione completa del fenotipo. Se invece consideriamo la seconda placca come il genotipo, avremo ragioni molto migliori per supporre che il fenotipo possa realmente essere ricostruito. Questa nuova versione del genotipo, un "genotipo lungo", contiene una quantità di informazioni tale che *il meccanismo con cui il fenotipo è ricavato dal genotipo può essere dedotto per mezzo dell'intelligenza dal solo genotipo.*

Una volta stabilito chiaramente qual è il meccanismo per estrarre il fenotipo dal genotipo, possiamo tornare indietro e usare i "genotipi brevi", come la prima placca. Per esempio il "genotipo breve" (1, 3) produrrebbe il fenotipo

1, 3, 4, 7, 11, 18, 29, 47...

cioè la successione di Lucas. E ad ogni coppia di valori iniziali, cioè, ad ogni genotipo breve, corrisponderà un determinato fenotipo. Ma i genotipi brevi, a differenza dei genotipi lunghi, sono solo leve di comando, pulsanti da premere su jukebox che funzionano secondo la legge ricorsiva. I genotipi lunghi portano sufficiente informazione da innescare, in un essere intelligente, l'individuazione del tipo di "jukebox" da costruire. In questo senso, i genotipi lunghi contengono l'informazione del fenotipo, mentre i genotipi brevi non la contengono. In altre parole, il genotipo lungo trasmette non solo un messaggio interno, ma anche un messaggio esterno, che permette di leggere il messaggio interno. Sembra che la chiarezza del messaggio esterno risieda semplicemente nella lunghezza del messaggio. Questo non sorprende; capita esattamente la stessa cosa quando si decifrano testi antichi. È evidente che la probabilità di successo dipende in modo decisivo dalla quantità di testo disponibile.

Un nuovo confronto tra Bach e Cage

Disporre semplicemente di un testo lungo può non essere sufficiente. Esaminiamo ancora una volta la differenza che c'è nell'inviare nello spazio un disco di musica di Bach o un disco di musica di John Cage. Osserviamo, per inciso, che quest'ultimo, essendo una Composizione Aleatoria Generata Elettronicamente, potrebbe essere brevemente chiamato un "CAGE", mentre il primo potrebbe a buon diritto essere qualificato un "BACH" trattandosi di un Bello Aperiodico Cristallo di Harmonia. Consideriamo ora qual è per noi il significato di un pezzo di Cage. Un pezzo di Cage deve essere considerato in un ampio contesto culturale, in quanto si presenta come una rivolta contro certe tradizioni. Così, se vogliamo trasmettere il suo significato, non solo dobbiamo inviare le note del pezzo, ma dobbiamo anche aver comunicato in precedenza un'ampia storia della cultura occidentale. È quindi giusto dire che un disco isolato di musica di John Cage *non* ha un significato intrinseco. Tuttavia, per un ascoltatore che conosca abbastanza bene la cultura occidentale nonché quella orientale, e in particolare gli orientamenti della musica occidentale degli ultimi decenni, esso ha un significato; ma un ascoltatore del genere è come un jukebox e il pezzo è come una coppia di pulsanti: per prima cosa, il significato si trova prevalentemente dentro l'ascoltatore; la musica serve solo a impartire il comando. E poi questo jukebox, a differenza dell'intelligenza pura, non è affatto universale; è fortemente legato alla terra, in quanto dipende da specifiche successioni di eventi accaduti su tutto il globo nel corso di lunghi periodi di tempo. Sperare che la musica di John Cage possa essere capita da un'altra civiltà è come sperare che il nostro motivo preferito corrisponda, in un jukebox sulla luna, alla stessa combinazione di pulsanti cui corrisponde in un bar di Voghera.

Viceversa l'apprezzamento di Bach richiede una conoscenza culturale di gran lunga inferiore. Questo può sembrare un paradosso, perché Bach è tanto più complesso e organizzato, mentre in Cage manca proprio l'organizzazione intellettuale. Ma c'è una strana inversione: l'intelligenza ama le strutture e rifugge dalla casualità. Per la maggior parte delle persone, la casualità della musica di Cage richiede molte spiegazioni; e anche dopo queste spiegazioni si può avere l'impressione che il messaggio sfugga. Invece, di fronte a molte composizioni di Bach, le parole sono superflue. In questo senso, la musica di Bach è più autosufficiente della musica di Cage. Tuttavia non è chiaro in che misura la condizione umana sia un presupposto per capire Bach.

Per esempio, la musica ha tre dimensioni strutturali principali (melodia, armonia, ritmo), ognuna delle quali può essere ulteriormente suddivisa in aspetti particolari, intermedi e globali. Ora, in ciascuna di queste dimensioni c'è un limite alla complessità che la nostra mente può sopportare prima di crollare; evidentemente un compositore ne tiene conto, per lo più inconsciamenete, quando scrive un pezzo. Questi "livelli di complessità tollerabile" nelle diverse dimensioni sono, con ogni probabilità, fortemente dipendenti dalle particolari condizioni della nostra evoluzione come specie; un'altra specie intelligente potrebbe avere elaborato una musica che presenta in queste molteplici dimensioni livelli di complessità tollerabile totalmente diversi. Si può dunque pensare che un pezzo di Bach richiederebbe molte informazioni sulla specie umana che non potrebbero essere semplicemente dedotte dalla sola struttura della musica. Se noi consideriamo la musica di Bach come un genotipo e le emozioni che dovrebbe evocare come un fenotipo, allora quello che ci interessa sapere è se il genotipo contiene tutte le informazioni necessarie per la rivelazione del fenotipo.

Quanto è universale il messaggio del DNA?

La domanda generale alla quale dobbiamo rispondere, e che è molto simile alle domande suggerite con l'esempio delle due placche, è questa: "In quale misura un messaggio può ristabilire il contesto necessario per la sua comprensione?". Possiamo ora tornare al significato biologico originale di "genotipo" e di "fenotipo" (DNA e organismo vivente) e porci domande analoghe. Il DNA ha una capacità innescante universale? O ha bisogno di un "biojukebox" per rivelare il suo significato? Il DNA può evocare un fenotipo senza essere inserito nel contesto chimico appropriato? La risposta a questa domanda è no, ma un no possibilista. È certo che una molecola di DNA nel vuoto non creerà assolutamente nulla. Tuttavia, se una molecola di DNA fosse lanciata nell'universo, come abbiamo supposto per BACH e per CAGE, i membri di una civiltà intelligente potrebbero intercettarla. Essi potrebbero innanzitutto riconoscere il suo messaggio quadro; quindi potrebbero procedere cercando di dedurre dalla sua struttura chimica che tipo di ambiente chimico sembri richiedere, e poi fornire tale ambiente. Successivamente, con tentativi più raffinati in questa direzione, potrebbero arrivare magari a una ricostruzione completa del contesto chimico necessario per la rivelazione del significato fenotipico del DNA. Questo potrà sembrare poco plausibile, ma se si lascia che l'esperimento si svolga nell'arco di molti milioni di anni, forse alla fine il significato del DNA emergerebbe.

FIGURA 43. Questo cristallo aperiodico gigante è la sequenza delle basi del cromosoma del batteriofago ϕX174. *Si tratta del primo genoma di cui sia stata stabilita interamente la sequenza delle basi. Sarebbero necessarie circa 2000 di queste pagine bustrofediche per elencare la sequenza delle basi del DNA di una cellula di* E. Coli *e circa un milione per quella di una cellula umana. Il libro che il lettore ha in mano in questo momento contiene circa la stessa informazione di quella contenuta nel progetto genetico di un'umile cellula di* E. Coli.

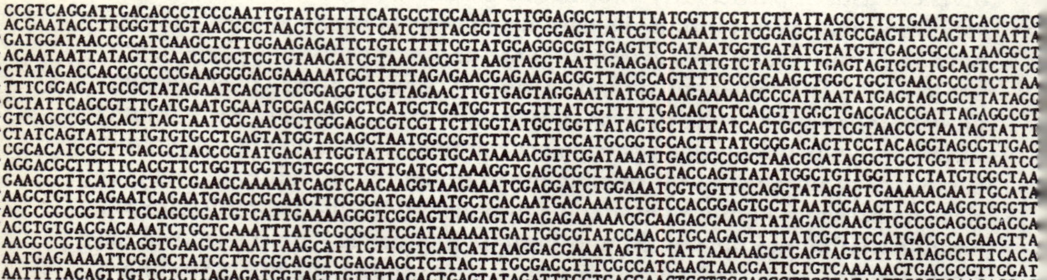

D'altra parte, se la sequenza delle basi che compaiono in una catena di DNA fosse lanciata nello spazio non come una lunga molecola a forma di elica, ma come una successione di simboli astratti (come nella Fig. 43), sarebbe praticamente nulla la probabilità che essa potesse funzionare come messaggio esterno e innescare il meccanismo di decodificazione appropriato per estrarre il fenotipo dal genotipo. Sarebbe questo un caso in cui un messaggio interno viene rivestito di un messaggio esterno così astratto che il potere di ricostruzione del contesto del messaggio esterno andrebbe perduto, e così, in un senso molto pragmatico, l'insieme di simboli non avrebbe alcun significato intrinseco. Perché tutto questo non sembri terribilmente astratto e filosofico, si consideri che la determinazione dell'esatto momento a partire dal quale il fenotipo si può dire "ottenibile", o "implicato", dal genotipo è una questione ancora scottante: è il problema dell'aborto.

Fantasia cromatica e faida

Dopo aver fatto uno splendido bagno nel laghetto, la Tartaruga nuota verso la riva e, mentre si scrolla l'acqua di dosso, chi ti vede? Achille che si aggira nei paraggi.

Tartaruga: Chi vedo, Achille! Stavo proprio pensando a lei mentre sguazzavo nell'acqua.

Achille: Che combinazione! Anch'io stavo pensando a lei mentre gironzolavo per i prati. C'è tanto verde in questa stagione...

Tartaruga: Crede? Questo mi fa venire in mente un pensiero di cui vorrei metterla a parte. Posso parlarne?

Achille: Ne sarei ben lieto. Cioè, voglio dire, ne sarei lieto sempre che non si tratti di una di quelle malefiche trappole logiche nelle quali ogni tanto lei cerca di farmi cadere, signorina T.

Tartaruga: Trappole malefiche? Oh, lei mi fa torto, Achille. Sono forse capace di fare del male? Io sono un'anima mite, non faccio del male a nessuno, conduco una vita pacifica ed erbivora. E lascio che i miei pensieri vaghino fra le stranezze e le bizzarrie del mondo (come io le vedo). Io, umile osservatrice di fenomeni, mi muovo lentamente, e lento e goffo è il mio parlare; non credo affatto di essere particolarmente brillante. Ma per rassicurarla circa le mie intenzioni, voglio dirle che oggi intendevo parlare soltanto della mia corazza di tartaruga, e come lei sa, queste cose non hanno nulla, ma proprio nulla a che fare con la logica!

Achille: Lei mi rassicura DAVVERO, signorina T. Anzi, la mia curiosità è stata stuzzicata e mi farà senz'altro piacere ascoltare ciò che ha da dire, anche se non fosse particolarmente brillante.

Tartaruga: Vediamo... come comincio?... Che cosa la colpisce di più nella mia corazza, Achille?

Achille: Che è incredibilmente pulita!

Tartaruga: Grazie. Sono andata a nuotare proprio per liberarla dai vari strati di sudiciume accumulatisi in quest'ultimo secolo. Ora si può vedere com'è verde.

Achille: Una corazza così verde e lucente! È bello vederla splendere nel sole.

Tartaruga: Verde? Non è verde.

Achille: Già; ma non ha detto lei stessa che la sua corazza è verde, proprio un attimo fa?

Tartaruga: È vero.

Achille: Allora siamo d'accordo: è verde!

Tartaruga: No, non è verde.

Achille: Oh, ora capisco il giochetto. Mi sta dicendo che ciò che lei dice non è necessariamente vero; che le tartarughe amano giocare con il linguaggio; che le sue affermazioni non necessariamente coincidono con la realtà; che...

Tartaruga: Niente di tutto questo. Le tartarughe hanno un sacro rispetto delle parole e un sacro rispetto della precisione.

Achille: Allora perché ha detto che la sua corazza è verde e anche che non è verde?

Tartaruga: Non ho mai detto una cosa simile; ma vorrei averla detta!

Achille: Le sarebbe piaciuto dirla?

Tartaruga: Per niente. Mi pento d'averla detta, e la rinnego con tutte le mie forze.

Achille: Questo certamente contraddice ciò che lei ha detto prima!

Tartaruga: Contraddice? Contraddice? Io non mi contraddico mai. Sarebbe incompatibile con la mia natura di tartaruga.

Achille: Questa volta non mi sfugge, infida creatura; l'ho colta in flagrante contraddizione!

Tartaruga: Sì, credo che lei abbia ragione, Achille.

Achille: Eccola di nuovo! Ora lei contraddice le sue stesse contraddizioni! Lei è nella contraddizione fino al collo, non si può discutere con lei.

Tartaruga: Non è affatto vero. Io per esempio discuto benissimo con me stessa. Forse il problema è discutere con lei. Azzarderei quasi l'ipotesi che forse è lei a essere in contraddizione. Ed è talmente intrappolato nella sua stessa ragnatela da non rendersi conto di quanto sia incoerente.

Achille: Che insinuazione offensiva! Le mostrerò che è lei in contraddizione senza ombra di dubbio.

Tartaruga: Se è così, il suo compito è facile. Cosa c'è di più semplice che indicare una contraddizione? Avanti, faccia pure!

Achille: Hum... Da dove comincio? Oh... ecco! Lei prima ha detto (1) che la sua corazza è verde, e successivamente (2) che la sua corazza non è verde. Che altro c'è da dire?

Tartaruga: C'è da mostrare ancora la contraddizione. Non meni il can per l'aia!

Achille: Ma... ma... ma... Oh, ora comincio a capire. (A volte sono così lento di comprendonio!). Può darsi che lei ed io abbiamo un'idea diversa di cosa sia una contraddizione. Questo è il problema. Voglio essere molto preciso: una contraddizione si ha quando qualcuno afferma una cosa e la nega nello stesso tempo.

Tartaruga: Un trucco divertente! Vorrei vederlo realizzato. Forse un ventriloquo eccellerebbe in contraddizioni, poiché sa pronunciare due parole simultaneamente; ma io non sono un ventriloquo.

Achille: Io mi riferivo al fatto di affermare e negare la stessa cosa in un solo enunciato! Non volevo dire che ciò deve avvenire nello stesso istante.

Tartaruga: Però lei ha indicato DUE enunciati e non UNO.

Achille: Sì, due enunciati che si contraddicono.

Tartaruga: Mi rattrista lo spettacolo della sua confusione mentale, Achille. Prima ha detto che una contraddizione è qualcosa che si presenta in un singolo enunciato, e ora dice che ha trovato una contraddizione in una coppia di enunciati che io ho pronunciato. Francamente, credo di avere proprio ragione. Il suo sistema di pensiero è talmente confuso che lei non può neanche rendersi conto di quanto sia incoerente. Dall'esterno, mi creda, è chiaro come il giorno.

Achille: A volte lei mi confonde tanto con queste tattiche fuorvianti che non riesco più a capire se stiamo discutendo di sciocchezze oppure di qualcosa di veramente profondo.

Tartaruga: Le assicuro che le tartarughe non discutono mai di sciocchezze, di conseguenza si tratta della seconda ipotesi.

Achille: Mi ha proprio tranquillizzato. Grazie. Ora ho avuto un momento per riflettere e vedo chiaramente il passo logico necessario per convincerla di essere caduta in contraddizione.

Tartaruga: Bene, bene... Spero che sia un passo elementare, indiscutibile.

Achille: Lo è, lo è, anche lei ne converrà! L'idea è che, poiché lei ritiene vero l'enunciato 1 ("La mia corazza è verde") E ritiene vero l'enunciato 2 ("La mia corazza non è verde"), lei deve ritenere vero anche l'enunciato composto da questi due enunciati combinati insieme, no?

Tartaruga: Naturalmente. Sarebbe ragionevole... Purché il modo di combinare insieme i due enunciati sia universalmente accettabile. Ma sono certa che ci accorderemo su questo.

Achille: Sì, e così lei sarà colta in fallo! La combinazione che propongo è...

Tartaruga: Ma dobbiamo procedere con molta cautela quando combiniamo enunciati. Me lo faccia dimostrare. Per esempio lei, Achille, certamente accetta il seguente enunciato facilmente verificabile a proposito della sua stessa bizzarra specie:

L'uomo è pentadattilo

non è vero?

Achille (un po' incerto): Veramente? Pentadattilo? Cioè cinque dita. Certo, ehm, come potrei non accettare questo enunciato banalmente ovvio? Comunque un momento. (*Guarda la sua mano e mormora tra sé*): Allora uno, due, tre, quattro, cinque. Basta così. Vediamo... ho controllato le condizioni necessarie e sufficienti per la verità e quindi... (*Adesso di nuovo ad alta voce con un tono considerevolmente più rassicurato*): TUTTI sanno che l'enunciato banale "L'uomo è pentadattilo" è vero! Cosa potrebbe essere più evidente?

Tartaruga: Naturalmente. Ora la invito a considerare un enunciato quasi egualmente ovvio e cioè:

Questo enunciato usa cinque parole.

Achille (mormorando sottovoce): Hum... uno... due... tre... quattro... cinque... Eh, eh, Achille conta così preciso, che più preciso non si può. (*Ad alta voce alla Tartaruga*): Sì, certamente sono d'accordo anche con questa verità. Niente di pericoloso in QUESTO enunciato.

Tartaruga: Ah! Mi sento tranquillizzata nel constatare che i miei calcoli piuttosto teorici vengono confermati dalle sue ricerche più rigorose. Bene, ora che abbiamo stabilito questo punto, tutto quello che rimane da fare è di combinare questi due enunciati innocui in un altro più lungo per mezzo del suo apparentemente innocuo connettivo "e".

Achille: "Innocuo" è certamente la parola giusta, signorina T. Andiamo avanti, perbacco.

Tartaruga: Prego, lo faccia lei stesso, Achille.

Achille: Con piacere. Vediamo; ne risulta la seguente verità necessaria:

L'uomo è pentadattilo
e
questo enunciato usa cinque parole.

Ehi, un momento signorina T.: qui c'è qualcosa di molto sospetto!

Tartaruga (con la bocca spalancata in un atteggiamento di innocente sorpresa): Che cosa? Cosa vuole dire?

Achille: In realtà lei stava cercando di ingannarmi, signorina T.! Ma io so bene che gli uomini non hanno cinque dita. Ne hanno DIECI! Quindi il suo enunciato combinato è completamente sbalestrato. Avrebbe dovuto essere il seguente:

L'uomo è decadattilo e questo enunciato usa dieci parole.

Vede, adesso è diventato un enunciato vero, proprio come sostenevo. Non si può ingannare il vecchio Achille così facilmente! E quindi è una strategia perfettamente sicura quella di combinare due enunciati veri in uno solo usando la parola connettiva "e".

Tartaruga: Lei è certamente un interlocutore agile e astuto, Achille, ma ho l'impressione che non abbia ancora afferrato la fondamentale fallacia del connettere due enunciati veri con la rischiosa parola "e". Forse un altro esempio l'aiuterà a vederci chiaro.

Achille: Ascolto molto volentieri il suo divertente cicaleccio, signorina T. Avanti, che cos'ha nella manica?

Tartaruga: Nessun bisogno di trucchi e di maniche, Achille. Solo il semplice buonsenso di una semplice vecchia tartaruga. Consideriamo il seguente semplice enunciato talvolta considerato come uno dei due cardini della filosofia cartesiana:

Senza dubbio il ragionamento è infondato.

Che gliene pare?

Achille: Ai miei tempi si pensava piuttosto che il dubbio fosse un guaio e che il ragionamento servisse a rimediarlo. Ma lei è certamente più informata di me sulle questioni filosofiche recenti.

Tartaruga: Le posso assicurare, Achille, che questa frase è stata considerata vera da una tale quantità di filosofi che mi sembrerebbe scortese da parte sua rifiutarla.

Achille: Allora va bene. Prendo per buona questa frase. Spero soltanto che non ci siano trucchi.

Tartaruga: Trucchi? Ma che dice? Quante volte glielo devo ripetere?

Achille: E va bene! Qual è la seconda frase?

Tartaruga: Si tratta di una notissima regola logica, la cui verità le dovrebbe apparire incontrovertibile:

Se a = b, si può dedurre che b = a.

Accetta lei questa frase come valida?

Achille: Veramente non voglio buttarmi a fare deduzioni affrettate. Dopotutto se la prudenza è nemica della fretta, la fretta è nemica della prudenza. Comunque ho qui la mia copia del Colombo-Palombo, il famoso "Piccolo manuale delle Verità Eterne". Me lo porto sempre dietro proprio per casi come questi... (*Tira fuori dal suo elmo un piccolo volume molto usato*).

Tartaruga: Lei vuol dire casi come quelli in cui si discute con un felice chelonide poichilotermico piuttosto bagnato sulla lunghezza d'onda del massimo d'intensità della luce riflessa da una qualche parte della sua anatomia? Onestamente devo dire che non credevo che casi come questo si presentassero così spesso nella vita corrente.

Achille (sfogliando avanti e indietro nel suo libro): A dire il vero non si presentano così spesso, però...

Tartaruga: Ecco perché il libro è così piccolo.

Achille: Niente affatto. Questo libro, benché piccolo di mole, è grande per il contenuto. E in particolare è utile in molti casi che somigliano al caso presente secondo modalità più astratte di quelle da lei suggerite.

Tartaruga: Si tratterebbe allora di un libro MOLTO utile OLTRE che dilettevole. In queste circostanze non riterrei azzardato suggerire che questo libro ha tutte le probabilità di essere utile e dilettevole oltre che di essere utile e di essere dilettevole. Ma sul serio contiene solo Verità Eterne, con le opportune maiuscole?

Achille (sorridendo con fierezza): Certamente e per di più le contiene TUTTE!

Tartaruga: Per Zenone! Ma dove ha scovato questo libro lillipuziano di aspetto, ma pantagruelico di contenuto?

Achille: L'ho trovato nel reparto "Religioni occidentali" di una vecchia bottega di libri usati che frequento spesso. Non le pare un posto curioso per trovare un tale gioiello?

Tartaruga: Veramente incongruo. Tuttavia, se mi permette la domanda, come fa ad essere SICURO che il suo Manuale contenga solo Verità (della varietà Eterna o di altre varietà)? Non riesce ad immaginare, per esempio, che una o due subdole Falsità possano essersi scavate un cunicolo in questo peraltro ammirevole libro e vi si annidino malignamente?

Achille (alquanto sdegnosamente): Certamente no! Veda lei stessa. Qui a pagina 666 del Colombo-Palombo la Verità Eterna n. 1729 dice: "Tutte le proposizioni in tutte le edizioni passate, presenti e future del 'Piccolo manuale ecc.' sono positive, precise e fattuali". Cosa si può desiderare di più?

Tartaruga: Lei ha sedato ogni mio dubbio residuo, Achille. D'ora in poi presterò ciecamente fede al suo portentoso libretto. E allora cosa dice della frase che le ho proposto?

Achille: Dunque, vediamo. Ah sì, era PROPRIO per questo che l'avevo tirato fuori. Cercherò nell'indice analitico sotto "Se". Ecco la Verità n. 31'458 a pagina 23'579 dice:

Se a = b, si può dedurre che b = a.

Sembra proprio la sua frase lettera per lettera. Credo proprio di poterla accettare per vera: il Colombo-Palombo non sbaglia mai.

Tartaruga: Bene. Quindi ora abbiamo due proposizioni vere. Vogliamo arrischiarci a combinarle con questo suo "e"?

Achille: Ma certamente.

Tartaruga: Allora ecco qua:

Se a = b, si può dedurre che b = a e senza dubbio il ragionamento è infondato.

Achille: Infondato? Ma che mi combina, signorina T.? Come sarebbe che è infondato, se abbiamo visto adesso nel Colombo-Palombo che la storia di a e b è una Verità Eterna? Oh perbacco, ma questa volta non riuscirà a confondermi con i suoi trucchi, perché io so bene che combinare due enunciati con "e" è una cosa del tutto innocua. Lo dice anche il Palombo-Colombo, voglio dire il Colombo-Palombo, qui a pagina... non mi ricordo più dove *(sfoglia freneticamente il manuale)*...

Tartaruga: Una cosa innocua, dice lei? Dunque, lei insiste nella sua posizione? Mio Dio! Che rabbia! Questo è un complotto nefando per intrappolare una povera, innocente, indifesa tartaruga in una fatale contraddizione. Se fosse una cosa innocua, perché avrebbe tentato con tanta tenacia di farmela fare?

Achille: Sono senza parole. Lei mi fa sentire un delinquente, quando le mie intenzioni erano veramente le più innocenti.

Tartaruga: È quello che tutti pensano di se stessi...

Achille: Che vergogna: tentare di incastrarla, usare parole per indurla a contraddirsi. Mi sento così colpevole!

Tartaruga: E fa bene. Lo so che cosa stava tentando di fare. Il suo piano era di farmi accettare l'enunciato 3 "La mia corazza è verde e la mia corazza non è verde". E una simile evidente falsità repelle alla Lingua della Tartaruga.

Achille: Mi dispiace di avere dato inizio a tutta questa storia.

Tartaruga: Non si preoccupi, non sono offesa. Dopo tutto, io sono avvezza ai comportamenti irrazionali della gente. Mi piace la sua compagnia, Achille, anche se il suo pensiero è privo di chiarezza.

Achille: Bene... Temo di essere proprio incorreggibile, e probabilmente continuerò a sbagliare, nella mia ricerca della Verità.

Tartaruga: Però la discussione di oggi può essere stata utile ad apportare qualche correzione a questo suo destino. Arrivederci, Achille.

Achille: Arrivederci, signorina T.

CAPITOLO VII

Il Calcolo Proposizionale

Parole e simboli

IL DIALOGO PRECEDENTE somiglia alla *Invenzione a due voci* di Lewis Carroll. In entrambi i Dialoghi la Tartaruga si rifiuta di usare parole normali e comuni nel modo normale e comune, o perlomeno ricorre a questo rifiuto quando il comportamento normale non sarebbe a suo vantaggio. Nel Capitolo precedente abbiamo proposto una versione del paradosso di Carroll. In questo Capitolo faremo con i simboli ciò che Achille cercò invano di far fare alla Tartaruga con le parole. Costruiremo cioè un sistema formale nel quale ci sarà un simbolo che avrà precisamente la funzione che Achille voleva che avesse la congiunzione '*e*' quando la Tartaruga avrebbe dovuto usarla, e un altro simbolo che si comporterà proprio come si dovrebbero comportare le parole '*se... allora...*'. Oltre a queste, prenderemo in considerazione solo altre due parole: '*o*' e '*non*'. Il ragionamento che dipende soltanto dall'uso corretto di queste quattro parole si chiama *ragionamento proposizionale*.

L'alfabeto e una prima regola del Calcolo Proposizionale

Presenterò questo nuovo sistema formale, il cosidetto *Calcolo Proposizionale*, un po' come un gioco, senza spiegare tutto subito, ma lasciando al lettore l'elaborazione di alcune parti. Cominciamo con l'elenco dei simboli:

$$\begin{array}{cccc} & < & > & \\ P & Q & R & ' \\ \wedge & \vee & \supset & \neg \\ & [&] & \end{array}$$

Ecco qui una prima regola di questo sistema:

REGOLA DI CONGIUNZIONE: Se x e y sono teoremi del sistema, allora la stringa $<x \wedge y>$ è un teorema.

Questa regola prende due teoremi e li combina in un solo teorema. Dovrebbe ricordare il Dialogo.

Stringhe ben formate

Fornirò più avanti altre regole di inferenza e le commenterò brevemente; ma prima di tutto occorre definire un sottoinsieme dell'insieme di tutte le stringhe, e cioè le stringhe *ben formate*. La definizione sarà ricorsiva. Cominciamo con gli

ATOMI: P, Q e R si chiamano *atomi*. Per formare nuovi atomi si aggiungono apici alla destra di atomi già acquisiti. Così, R', Q'', P''', ecc., sono atomi. Abbiamo perciò una riserva infinita di atomi. Tutti gli atomi sono stringhe ben formate.

Abbiamo poi quattro regole ricorsive, le

REGOLE DI FORMAZIONE: Se x e y sono stringhe ben formate, allora sono ben formate anche le quattro stringhe seguenti:

(1) $\neg x$
(2) $<x\wedge y>$
(3) $<x\vee y>$
(4) $<x\supset y>$

Per esempio, tutte le stringhe che seguono sono ben formate:

P	atomo
$\neg P$	per (1)
$\neg\neg P$	per (1)
Q'	atomo
$\neg Q'$	per (1)
$<P\wedge\neg Q'>$	per (2)
$\neg<P\wedge\neg Q'>$	per (1)
$<\neg\neg P\supset Q'>$	per (4)
$<\neg<P\wedge\neg Q'>\vee<\neg\neg P\supset Q'>>$	per (3)

L'ultima potrà sembrare tremendamente complicata, eppure l'abbiamo formata con un procedimento elementare a partire da due componenti che, per la precisione, sono le due righe precedenti. Ognuna di queste è a sua volta costruita a partire da righe precedenti,... e così via. In questo modo si può ripercorrere a ritroso la costruzione di ogni stringa ben formata fino a giungere ai suoi componenti elementari, cioè agli atomi. Basta applicare le regole di formazione all'indietro finché si può. Questo processo termina sicuramente, poiché tutte le regole di formazione (quando vengono applicate in avanti) sono regole che *allungano*; di conseguenza, applicandole all'indietro, giungiamo sempre agli atomi.

Questo metodo di scomposizione delle stringhe ci dà dunque la possibilità di controllare se una stringa è ben formata. È una *procedura di decisione dall'alto in basso* per la buona formazione delle stringhe. Il lettore può saggiare la sua padronanza di questa procedura di decisione decidendo quali delle stringhe seguenti sono ben formate:

(1) <P>
(2) <¬P>
(3) <P∧Q∧R>
(4) <P∧Q>
(5) <<P∧Q>∧<Q¬∧P>>
(6) <P∧¬P>
(7) <<P∨<Q⊃R>>∧<¬P∨¬R′>>
(8) <P∧Q>∧<Q∧P>

(Risposta: le stringhe numerate da numeri di Fibonacci non sono ben formate; le altre sì).

Altre regole di inferenza

Vediamo ora le altre regole per la costruzione dei *teoremi* di questo sistema formale. Qui di seguito sono riportate alcune regole di inferenza. In ognuna di esse i simboli '*x*' e '*y*' devono essere intesi come indicanti sempre solo stringhe *ben formate:*

REGOLA DI SEPARAZIONE: Se <*x*∧*y*> è un teorema, allora sia *x* che *y* sono teoremi.

A proposito, dovrebbe essere ormai chiaro quale concetto sia rappresentato da '∧'. (Posso dare un suggerimento: si tratta della parola che ha creato tanto scompiglio nel Dialogo precedente). La prossima regola dovrebbe consentire di capire qual è il concetto rappresentato dal gancio ('¬'):

REGOLA DEL DOPPIO GANCIO: La stringa '¬¬' può essere cancellata ogni volta che compare in un teorema. La stessa stringa può anche essere inserita in qualsiasi teorema, purché la stringa che si ottiene risulti ben formata.

La regola di fantasia

Una caratteristica particolare di questo sistema consiste nel fatto che esso *non possiede assiomi*, ma soltanto regole. Se si ricordano i sistemi formali visti in precedenza, potrà sembrare che, in queste circostanze, non sia possibile ottenere teoremi. Da che cosa si inizia tutto il processo? La risposta è che c'è una regola che fabbrica teoremi dal nulla, cioè che non richiede nessun teorema preesistente come materia prima. (Le altre regole invece richiedono un punto di partenza). Questa particolare regola si chiama *regola di fantasia*. La ragione per cui ho scelto questo nome è molto semplice.

Per applicare la regola di fantasia occorre anzitutto scrivere sulla carta una stringa ben formata a piacere; poi si "fantastica" sulla domanda "*Che cosa succederebbe se* questa stringa *x* fosse un assioma o un teorema?". E si lascia la risposta al sistema stesso: si procede, cioè, facendo una derivazione che ha *x* come prima riga. Supponiamo che l'ultima riga sia *y* (naturalmente, la derivazione deve ubbidire rigorosamente alle regole del sistema). Tutto ciò che si trova tra x e y (compresi) è *fantasia*; x è la *premessa* della fantasia e y la sua *conclusione*. Il passo successivo consiste nell'*uscire dalla fantasia*, ricavandone la lezione che

Se x fosse un teorema, anche y sarebbe un teorema.

Ci si domanderà a questo punto dove sia il *vero* teorema. Il vero teorema è la stringa

$$<x \supset y>$$

Si noti come questa stringa somigli alla proposizione stampata sopra.

Per segnalare che si entra in una fantasia o che se ne esce, si usano rispettivamente le parentesi quadre '[' e ']'. Perciò, ogni volta che si incontra la parentesi quadra di apertura ([), si sa che si sta per fare un "push" in una fantasia, e che la riga *successiva* conterrà la *premessa* della fantasia. Ogni volta che si incontra la parentesi quadra di chiusura (]), si sa che si sta per fare un "pop", e che la linea *precedente* era la *conclusione*. Potrà essere utile (anche se non necessario) far rientrare un po' le righe di una derivazione all'interno di una fantasia.

Illustreremo ora la regola di fantasia con un esempio nel quale la stringa P serve da premessa. (P *non* è un teorema, ma ciò non ha alcuna importanza. Ci stiamo solo chiedendo: "Che cosa succederebbe se lo fosse?"). Ecco l'esempio:

[	push nella fantasia
P	premessa
$\neg\neg$P	conclusione (in virtù della regola del doppio gancio)
]	pop dalla fantasia

La fantasia mostra che:

Se P fosse un teorema, allora $\neg\neg$P lo sarebbe.

Ora "comprimiamo" questa proposizione, trascrivendo la sua versione in italiano (il metalinguaggio) nella notazione formale (il linguaggio oggetto): $<P \supset \neg\neg P>$. Questo nostro primo teorema del Calcolo Proposizionale dovrebbe rivelare quale interpretazione intendiamo dare al simbolo '$\supset$'.

Ecco un'altra derivazione fatta in base alla regola di fantasia:

[	push
$<P \wedge Q>$	premessa
P	separazione
Q	separazione
$<Q \wedge P>$	congiunzione
]	pop
$<<P \wedge Q> \supset <Q \wedge P>>$	regola di fantasia

È importante rendersi conto che solo l'ultima riga è un vero teorema: tutto il resto è fantasia.

Regola di fantasia e ricorsività

Il fatto stesso che abbiamo impiegato la terminologia ricorsiva del "push" e del "pop" dovrebbe aver suggerito che la regola di fantasia può essere adoperata ricorsivamente: possiamo perciò avere fantasie dentro fantasie, fantasie con ricorsione tripla, e così via. Ciò significa che esistono svariati "livelli di realtà", proprio come nei racconti o nei film con altri racconti o film annidati al loro interno. Quando si fa un pop da un film-in-un-film, sembra per un momento di aver raggiunto il mondo reale, anche se ci si trova ancora sotto di un piano rispetto al livello più alto. Analogamente, quando si esce con un pop da una fantasia-in-una-fantasia, ci si trova in un mondo "più reale" di quello di prima, ma non ancora al livello più alto.

Ora, un cartello "Vietato fumare" in una sala cinematografica non riguarda i personaggi del film che viene proiettato: nel cinema non c'è trasferimento dal mondo reale al mondo fantastico. Ma nel Calcolo Proposizionale si ha trasferimento dal mondo reale alle fantasie; abbiamo perfino un trasferimento da una fantasia a una fantasia che si trova al suo interno. Questo fatto viene formalizzato con la seguente regola:

REGOLA DEL TRASFERIMENTO: All'interno di una fantasia si può inserire e usare qualsiasi teorema appartenente alla "realtà" del livello immediatamente superiore.

È come se un cartello "Vietato fumare" in una sala cinematografica riguardasse non solo tutti gli spettatori, ma anche tutti gli attori del film proiettato e, iterando la stessa idea, riguardasse anche i personaggi dei film annidati all'interno del film! (Avvertenza: non c'è trasferimento nella direzione opposta: non si possono trasferire all'esterno i teoremi che si trovano all'interno di una fantasia! Se non ci fosse questa limitazione, si potrebbe scrivere una qualsiasi cosa come prima riga di una fantasia, e trasferirla poi nel mondo reale come teorema).

Per mostrare come funziona il trasferimento e come la regola di fantasia possa dare luogo ad una ricorsione, presentiamo la seguente derivazione:

[	push
P	premessa della fantasia esterna
[	altro push
Q	premessa della fantasia interna
P	trasferimento di P nella fantasia interna
$<P \wedge Q>$	congiunzione
]	pop dalla fantasia interna alla fantasia esterna
$<Q \supset <P \wedge Q>>$	regola di fantasia
]	pop dalla fantasia esterna al mondo reale
$<P \supset <Q \supset <P \wedge Q>>>$	regola di fantasia

Si noti che ho collocato la fantasia esterna in righe rientrate di una posizione e ho fatto un rientro di due posizioni per la fantasia interna, in modo da sottolineare la natura di questi "livelli di realtà" annidati gli uni negli altri. La regola di fantasia può essere vista come la possibilità di inserire *nel* sistema un'osservazione fatta *sul* sistema. In particolare, il teorema <*x*⊃*y*> che viene prodotto può essere considerato una rappresentazione all'interno del sistema dell'asserzione sul sistema "Se *x* è un teorema, allora anche *y* lo è". Per precisare ulteriormente la cosa, diciamo che l'interpretazione di <P⊃Q> è "se P, allora Q", o, equivalentemente, "P implica Q".

L'inverso della regola di fantasia

Il Dialogo di Lewis Carroll era tutto incentrato su proposizioni del tipo "se... allora". In particolare, Achille faceva una grande fatica per ottenere che la Tartaruga accettasse la seconda clausola di una proposizione del tipo "se... allora", perfino quando la Tartaruga accettava sia la proposizione "se... allora", sia la sua prima clausola. La regola che segue ci permetterà di inferire la seconda "clausola" di una stringa-col-ferro-di-cavallo, purché questa sia un teorema e purché lo sia anche la sua prima "clausola".

REGOLA DEL DISTACCO: Se sia *x* sia <*x*⊃*y*> sono teoremi, allora lo è anche *y*.

Spesso questa regola viene chiamata "*modus ponens*", e per lo più la chiameremo così anche noi di qui in avanti, mentre la regola di fantasia viene chiamata "Teorema di Deduzione".

Come vengono interpretati i simboli

A questo punto potremmo anche rompere la riserva e rivelare il "significato" dei rimanenti simboli del nostro nuovo sistema. Se non fosse ancora chiaro, diremo che il simbolo '∧' è destinato a comportarsi in maniera isomorfa con la parola di uso quotidiano 'e'. Il "gancio" '¬' rappresenta la parola 'non': è un tipo di negazione formale. Le parentesi angolari '<' e '>' servono per raggruppare, e la loro funzione somiglia molto a quella delle parentesi nell'algebra ordinaria. La differenza principale sta nel fatto che in algebra si è liberi di inserire o di omettere le parentesi secondo il proprio gusto e il proprio stile, mentre nei sistemi formali non si tollera una simile anarchia. Il simbolo '∨' rappresenta la parola 'o' ('vel' è la parola latina per 'o'). Ci riferiamo qui al cosidetto 'o' *inclusivo*; l'interpretazione di <*x*∨*y*> è cioè "o *x* o *y* oppure entrambi".

Gli unici simboli che non hanno finora ricevuto un'interpretazione sono gli atomi. Un atomo non ha un'interpretazione specifica, ma può venir interpretato con un *qualunque* enunciato italiano (badando a interpretarlo sempre con lo stesso enunciato se ricorre più volte in una stringa o in una derivazione). Così, per esempio, si potrebbe interpretare la stringa ben formata $<P\land\neg P>$ con l'enunciato composto

Questa mente è Buddha e questa mente non è Buddha.

Prendiamo ora ognuno dei teoremi finora derivati e diamo loro una interpretazione. Il primo era $<P\supset\neg\neg P>$. Se continuiamo a interpretare P allo stesso modo, abbiamo la seguente interpretazione:

Se questa mente è Buddha,
allora non si dà il caso che questa mente non sia Buddha.

Si noti come ho reso la doppia negazione. In ogni lingua naturale una negazione ripetuta risulta antiestetica, perciò si ripiega sull'uso di due modi diversi per esprimere una negazione. Il secondo teorema da noi derivato era $<<P\land Q>\supset<Q\land P>>$. Se interpretiamo Q con l'enunciato "Questo sasso pesa due chili", il nostro teorema prende il seguente aspetto:

Se questa mente è Buddha e questo sasso pesa due chili,
allora questo sasso pesa due chili e questa mente è Buddha.

Il terzo teorema era $<P\supset<Q\supset<P\land Q>>>$. Ne risulta il seguente enunciato "se... allora" nidificato:

Se questa mente è Buddha,
allora, se questo sasso pesa due chili,
allora questa mente è Buddha e questo sasso pesa due chili.

Si sarà probabilmente notato che, una volta interpretato, ogni teorema dice una cosa assolutamente banale ed evidente di per sé. (A volte i teoremi sono *talmente* evidenti che sembrano inconsistenti e, paradossalmente, ci confondono le idee o ci appaiono perfino falsi!). Questo forse non farà una particolare impressione; ma si pensi un attimo alla massa di falsità che esistono e che potrebbero insinuarsi tra i teoremi che produciamo; e tuttavia ciò non avviene. Questo sistema, il Calcolo Proposizionale, avanza di verità in verità con passo fermo, evitando con cura ogni falsità, proprio come chi, non volendo bagnarsi mentre attraversa un torrente, passa attentamente da una pietra di appoggio all'altra seguendo la disposizione delle pietre, per complicata e tortuosa che sia. Ciò che impressiona invece è il fatto che nel Calcolo Proposizionale tutto ciò avvenga con modalità puramente *tipografiche*. Non c'è nessuno "là dentro" che pensa al *significato* delle stringhe. Tutto avviene in modo meccanico, senza pensare, rigidamente, e perfino stupidamente.

Completiamo l'elenco delle regole

Non abbiamo ancora visto tutte le regole del Calcolo Proposizionale. Diamo ora l'elenco completo delle regole in cui compaiono, oltre a quelle già viste, tre regole nuove.

Regola di congiunzione: Se x e y sono teoremi, allora $<x \land y>$ è un teorema.

Regola di separazione: Se $<x \land y>$ è un teorema, allora sia x che y sono teoremi.

Regola del doppio gancio: La stringa '$\neg\neg$' può essere cancellata ogni volta che compare in un teorema. La stessa stringa può anche essere inserita in qualsiasi teorema, purché la stringa che si ottiene risulti ben formata.

Regola di fantasia: Se è possibile derivare y in base all'ipotesi che x sia un teorema, allora $<x \supset y>$ è un teorema.

Regola del trasferimento: All'interno di una fantasia si può inserire e usare qualsiasi teorema appartenente alla "realtà" del livello immediatamente superiore.

Regola del distacco, o modus ponens: Se sia x sia $<x \supset y>$ sono teoremi, allora lo è anche y.

Regola della contrapposizione: $<x \supset y>$ e $<\neg y \supset \neg x>$ sono intercambiabili.

Regola di De Morgan: $<\neg x \land \neg y>$ e $\neg <x \lor y>$ sono intercambiabili.

Regola di Smisteru: $<x \lor y>$ e $<\neg x \supset y>$ sono intercambiabili.

(Quest'ultima regola porta il nome di Q.q. Smisteru, un ingegnere ferroviario albanese che faceva la logica sui binari). Quando parliamo di stringhe "intercambiabili" intendiamo che, se una delle due compare come teorema o come parte di un teorema, la si può sostituire con l'altra, e la stringa così ottenuta sarà anch'essa un teorema. Occorre tener presente che i simboli x e y rappresentano sempre stringhe ben formate del sistema.

Giustificazione delle regole

Prima d'illustrare l'uso di queste regole nelle derivazioni, ne propongo una brevissima giustificazione. Ogni lettore probabilmente è in grado di dare giustificazioni più convincenti dei miei esempi. Ecco perché ne offro soltanto un paio.

La regola di contrapposizione esprime esplicitamente un modo per rovesciare un enunciato condizionale che noi usiamo senza esserne coscienti. Per esempio, lo "Zenunciato"

Se la studi, allora sei lontano dalla Via della Saggezza.

significa la stessa cosa di

Se sei vicino alla Via della Saggezza, allora non la studi.

La regola di De Morgan può essere illustrata con la proposizione che conosciamo: "La bandiera non si muove e il vento non si muove". Se P sta per "la bandiera si muove" e Q per "il vento si muove", allora la proposizione composta viene simboleggiata da <¬P∧¬Q> la quale, in base alla regola di De Morgan, è intercambiabile con ¬<P∨Q> che ha per interpretazione "Non è vero che la bandiera o il vento si muovano". E nessuno potrebbe negare che questa conclusione è Zensata.

A proposito della regola di Smisteru, consideriamo la proposizione "O una nuvola incombe sulla montagna, oppure la luce della luna penetra le onde del lago" che potrebbe essere pronunciata, mettiamo, da un maestro Zen meditabondo per evocare un lago a lui familiare che può visualizzare mentalmente senza poterlo vedere. Ora non trasecoliamo: la regola di Smisteru ci dice che la considerazione fatta sopra è intercambiabile con il pensiero: "Se una nuvola non incombe sulla montagna, allora la luce della luna penetra le onde del lago". Non sarà l'illuminazione, ma è quanto di meglio il Calcolo Proposizionale possa offrire.

Giochiamo con il sistema

Applichiamo ora queste regole a un teorema già derivato in precedenza e vediamo che cosa otteniamo. Prendiamo, per esempio, il teorema <P⊃¬¬P>:

<P⊃¬¬P>	teorema già derivato
<¬¬¬P⊃¬P>	contrapposizione
<¬P⊃¬P>	doppio gancio
<P∨¬P>	Smisteru

Una volta interpretato,questo nuovo teorema dice:

O questa mente è Buddha, o questa mente non è Buddha.

Vediamo di nuovo che il teorema interpretato, anche se non proprio sconvolgente, è perlomeno vero.

Semi-interpretazioni

Quando si leggono i teoremi del Calcolo Proposizionale ad alta voce, viene naturale interpretare tutto meno che gli atomi. Chiamo questo un *semi-interpretare*. Per esempio, la semi-interpretazione di <P∨¬P> sarebbe

P o non P.

Nonostante che P non sia un enunciato, si ha l'impressione che questo semi-enunciato sia vero, poiché è facile immaginare di inserire un qualunque enunciato al posto di P. La forma del teorema semi-interpretato ci assicura che, comunque venga effettuata quella scelta, l'enunciato che ne risulterà sarà vero. E proprio questa è l'idea chiave del Calcolo Proposizionale: esso produce teoremi la cui semi-interpretazione è un "semi-enunciato universalmente valido", nel senso che, comunque si completi l'interpretazione, il risultato finale sarà una proposizione vera.

L'ascia di Gantō

A questo punto siamo in grado di svolgere un esercizio più avanzato che si basa su un kōan dello Zen intitolato "L'ascia di Gantō". Ecco l'inizio del kōan:

> Un giorno Tokusan disse al suo discepolo Gantō: "Ci sono due monaci che stanno qui da molti anni. Vai ad esaminarli". Gantō prese un'ascia e andò alla capanna dove i due monaci stavano meditando. Alzò l'ascia e disse: "Se dite una parola vi taglierò la testa; e se non dite una parola, vi taglierò ugualmente la testa".[1]

Se dite una parola, taglierò questo kōan; e se non dite una parola, taglierò ugualmente questo kōan, perché voglio tradurne una parte nella nostra notazione. Adopererò il simbolo P per "dite una parola" e il simbolo Q per "vi taglierò la testa". La minaccia dell'ascia di Gantō viene allora simboleggiata con la stringa $<<P\supset Q>\wedge<\neg P\supset Q>>$. E se la minaccia di Gantō fosse un assioma? Facciamo una fantasia per rispondere a questa domanda.

(1)	[	push
(2)	$<<P\supset Q>\wedge<\neg P\supset Q>>$	assioma di Gantō
(3)	$<P\supset Q>$	separazione
(4)	$<\neg Q\supset\neg P>$	contrapposizione
(5)	$<\neg P\supset Q>$	separazione
(6)	$<\neg Q\supset\neg\neg P>$	contrapposizione
(7)	[	nuovo push
(8)	$\neg Q$	premessa
(9)	$<\neg Q\supset\neg P>$	trasferimento della riga 4
(10)	$\neg P$	*modus ponens* o distacco
(11)	$<\neg Q\supset\neg\neg P>$	trasferimento della riga 6
(12)	$\neg\neg P$	*modus ponens* o distacco (righe 8 e 11)
(13)	$<\neg P\wedge\neg\neg P>$	congiunzione
(14)	$\neg<P\vee\neg P>$	De Morgan
(15)	]	primo pop
(16)	$<\neg Q\supset\neg<P\vee\neg P>>$	regola di fantasia
(17)	$<<P\vee\neg P>\supset Q>$	contrapposizione
(18)	[	push
(19)	$\neg P$	premessa (nonché conclusione)
(20)	]	pop
(21)	$<\neg P\supset\neg P>$	regola di fantasia
(22)	$<P\vee\neg P>$	Smisteru
(23)	Q	*modus ponens* o distacco (righe 22 e 17)
(24)	]	pop definitivo

Questo esempio mostra la potenza del Calcolo Proposizionale. Diamine, in sole due dozzine di passi abbiamo dedotto Q: che le teste saranno tagliate! (Con sinistra allusione, l'ultima regola usata era il "distacco"...). Potrebbe a questo punto sembrare inutile voler conoscere il seguito del kōan, poiché sappiamo come andrà a finire... Comunque, rinuncerò alla mia decisione di tagliare il kōan; dopo tutto, si tratta di un autentico kōan dello Zen. Ecco il seguito della storia:

> I due monaci continuavano la loro meditazione come se egli non avesse parlato. Gantō lasciò cadere l'ascia e disse: "Siete dei veri monaci Zen". Tornò da Tokusan e raccontò l'accaduto. "Vedo bene la tua parte," acconsentì Tokusan "ma dimmi, qual è la loro parte?". "Tōzan li ammetterebbe forse," replicò Gantō "ma da Tokusan non dovrebbero essere ammessi".[2]

È chiara la mia parte? Qual è la parte dello Zen?

Esiste una procedura di decisione per i teoremi?

Il Calcolo Proposizionale ci fornisce un insieme di regole per produrre enunciati che sarebbero veri in ogni mondo concepibile. Per questo tutti i suoi teoremi appaiono così poco profondi; sembra che non abbiano assolutamente nessun contenuto! Da questo punto di vista potrebbe sembrare che il Calcolo Proposizionale non sia altro che una perdita di tempo, poiché ciò che ci dice è totalmente banale. D'altra parte, lo fa specificando la *forma* di enunciati che sono universalmente veri, e ciò getta una nuova luce sulle verità centrali dell'universo: non solo esse sono fondamentali, ma sono anche *regolari*: esiste un insieme di regole tipografiche che le produce tutte. In altre parole, sono tutte fatte "della stessa stoffa". Ci si potrebbe chiedere se altrettanto valga per i kōan dello Zen: è possibile produrli tutti a partire da un unico insieme di regole tipografiche?

È molto opportuno sollevare in questo contesto la questione di una procedura di decisione. Cioè, esiste un metodo meccanico per distinguere i teoremi dai nonteoremi? Se così fosse, vorrebbe dire che l'insieme dei teoremi del Calcolo Proposizionale non solo è r.e., ma è anche ricorsivo. Sta di fatto che esiste un'interessante procedura di decisione: il metodo delle tavole di verità. Non è il caso di presentarlo qui, perché ci porterebbe un po' fuori strada; lo si può trovare praticamente in tutti i manuali di logica. Ma che possiamo dire dei kōan dello Zen? È concepibile che esista una procedura meccanica di decisione per distinguere i veri kōan dello Zen da altre cose?

Siamo certi che il sistema è coerente?

Finora abbiamo soltanto *supposto* che tutti i teoremi, una volta interpretati nel modo indicato, diano luogo ad enunciati veri. Ma *sappiamo* che è così? Sapremmo dimostrarlo? Questo non è che un altro modo per domandarsi se le interpretazioni proposte ('e' per '∧', ecc.) meritino il nome di "significati passivi" dei simboli. La situazione può essere considerata da due punti di vista molto diversi tra loro, che possono definirsi punto di vista "prudente" e punto di vista "imprudente". Presenterò ora questi due modi di considerare il problema così come li vedo io, facendoli sostenere dai personaggi "Prudenza" e "Imprudenza".

Prudenza: Potremo essere CERTI che tutti i teoremi risultano veri una volta interpretati nel modo indicato solo se riusciremo a DIMOSTRARLO. Questo è il modo accorto, serio di procedere.

Imprudenza: Al contrario. È EVIDENTE che tutti i teoremi risulteranno veri. Se non ti fidi di me, esamina le regole del sistema. Troverai che ogni regola fa sì che il simbolo cui si riferisce si comporti esattamente proprio come si dovrebbe comportare la parola rappresentata dal simbolo. Per esempio, la regola di congiunzione fa agire il simbolo '∧' proprio come dovrebbe agire 'e'; il *modus ponens* fa agire '⊃' proprio come farebbe se rappresentasse 'implica' oppure 'se... allora'; e così via. A meno che tu non sia come la Tartaruga, riconoscerai in ogni regola la codificazione di una struttura che tu stessa adoperi quando pensi. Quindi, se ti fidi delle strutture del tuo pensiero, allora DEVI credere che tutti i teoremi risulteranno veri! Io vedo la cosa così. A me non occorre un'ulteriore dimostrazione. Se tu pensi che alcuni teoremi risulteranno falsi, allora pensi probabilmente che qualcuna delle regole sia sbagliata. Dimmi quale!

Prudenza: Non sono sicura che ci sia qualche regola sbagliata, quindi non te ne posso indicare neanche una. Comunque, posso immaginare che succeda una cosa del genere: tu applichi le regole e trovi un certo teorema, mettiamo x. Nel frattempo, anch'io applico le regole e trovo un altro teorema, guarda caso proprio $\neg x$. Riesci a concepire la cosa?

Imprudenza: D'accordo; supponiamo che accada così. Perché ti preoccuperesti? Voglio dirlo in un altro modo. Supponi che, mentre giochiamo col sistema MIU, a me capiti un teorema x, e a te capiti xU. Riesci a concepire la cosa?

Prudenza: Naturalmente. Per esempio, MI e MIU sono entrambi teoremi.

Imprudenza: E la cosa non ti preoccupa?

Prudenza: Naturalmente no. Il tuo esempio è ridicolo, perché MI e MIU non sono CONTRADDITTORI tra loro, mentre due stringhe x e $\neg x$ del Calcolo Proposizionale SONO contraddittorie tra loro.

Imprudenza: Va bene, hai ragione, nell'ipotesi che tu voglia interpretare '¬' come 'non'. Ma cosa potrebbe farti pensare che '¬' si debba interpretare come 'non'?

Prudenza: Le regole stesse. Se tu le guardi, ti rendi conto che l'unica interpretazione concepibile per '¬' è 'non', così come l'unica interpretazione concepibile per '∧' è 'e', ecc.

Imprudenza: In altre parole, tu sei convinta che le regole catturano il significato di quelle parole?

Prudenza: Precisamente.

Imprudenza: Eppure, vorresti continuare a coltivare l'idea che sia x che $\neg x$ possano essere teoremi? Perché non coltivi anche l'idea che i porcospini sono rane o che 1 è uguale a 2, o che la luna è fatta di formaggio fresco? Per conto mio, non sono nemmeno disposta a prendere in considerazione la possibilità che costituenti così fondamentali del mio processo di pensiero possano essere sbagliati, perché, se coltivassi quell'idea, dovrei anche chiedermi se il mio modo di analizzare tutta la questione possa essere sbagliato, e finirei per trovarmi impigliata in un groviglio totale.

Prudenza: Il tuo argomento è convincente... Eppure, ancora desidererei vedere una DIMOSTRAZIONE che tutti i teoremi sono veri, o che x e $\neg x$ non possono mai essere entrambi teoremi.

Imprudenza: Tu vuoi una dimostrazione. Ciò significa, mi sembra, che tu vuoi essere più convinta della coerenza del Calcolo Proposizionale di quanto tu non lo sia della tua sanità mentale. Qualunque dimostrazione riuscissi a concepire comporterebbe operazioni mentali più complesse di tutto il Calcolo Proposizionale. Cosa potrebbe mai dimostrare? Il tuo desiderio di vedere una dimostrazione della coerenza del Calcolo Proposizionale mi fa pensare a qualcuno che sta imparando una lingua straniera e insiste perché gli venga dato un dizionario che definisca tutte le parole semplici in termini di parole più complicate...

Ancora sul Dialogo di Carroll

Questa piccola discussione mostra le difficoltà che si incontrano quando si cerca di difendere la logica e il ragionamento usando... la logica e il ragionamento. Ad un certo punto si tocca il fondo, e non c'è altra difesa se non urlare "So di avere ragione!". Ancora una volta, ci troviamo di fronte a quella difficoltà che Lewis Carroll ha mostrato così chiaramente nel suo Dialogo: non si può continuare all'infinito a cercare di giustificare la struttura del proprio ragionamento. Arriva un momento in cui interviene la fede.

Possiamo paragonare il sistema di ragionamento a un uovo. Un uovo ha un guscio che protegge il suo contenuto. Però, se si vuole trasportare l'uovo da qualche parte, non ci si fida del guscio. Si imballerà l'uovo in un contenitore scelto in base a quanto si prevede disagevole il viaggio che l'uovo dovrà affrontare. Per ridurre il rischio al massimo, si potrebbe mettere l'uovo in una serie di scatole l'una dentro l'altra. Comunque, per quanto grande sia il numero degli strati protettivi che si mettono intorno all'uovo, si potrà sempre concepire un qualche cataclisma che potrebbe provocare la rottura dell'uovo. Ma ciò non significa che non ci si azzarda mai a trasportare un uovo. Analogamente, non si può mai dare una dimostrazione ultima, assoluta, dell'esattezza di una dimostrazione fatta all'interno di un determinato sistema. Naturalmente si può dare una dimostrazione di una dimostrazione, o una dimostrazione di una dimostrazione di una dimostrazione, ma la validità del sistema usato in ultima istanza rimarrà sempre un presupposto non dimostrato, che si dovrà accettare con un atto di fede. Si può sempre immaginare che una qualche sottigliezza inattesa vada ad invalidare ogni singolo livello della dimostrazione, fino all'ultimo, quello che sta alla base, e che ci si accorga che, nonostante tutto, il risultato "dimostrato" non era giusto. Ma ciò non significa che i matematici e i logici temano costantemente che l'intero edificio della matematica possa essere sbagliato. D'altra parte, quando vengono proposte dimostrazioni non ortodosse, o dimostrazioni estremamente lunghe, o dimostrazioni fatte dal calcolatore, allora ci si ferma un attimo a riflettere su cosa si intende veramente con la parola quasi sacra di "dimostrazione".

A questo punto, un eccellente esercizio che io propongo al lettore è quello di tornare al Dialogo di Carroll e codificare le varie fasi della discussione nella nostra notazione, cominciando con il pomo della discordia originale:

Achille: Se lei ha <<A∧B>⊃Z>, e anche <A∧B>, allora certamente lei ha Z.

Tartaruga: Oh! Lei vuol dire: <<<<A∧B>⊃Z>∧<A∧B>>⊃Z>, vero?

(Suggerimento: tutto ciò che Achille considera come regola di inferenza viene immediatamente appiattito dalla Tartaruga in una semplice stringa del sistema. Usando soltanto le lettere A, B e Z, si otterrà una struttura ricorsiva di stringhe sempre più lunghe).

Scorciatoie e regole derivate

Quando si effettuano derivazioni nel Calcolo Proposizionale, si inventano rapidamente vari tipi di scorciatoie che non fanno parte del sistema in senso stretto. Per esempio, se ad un certo punto serve la stringa <Q∨¬Q>, e in precedenza è già stata derivata la stringa <P∨¬P>, molti procederanno come se <Q∨¬Q> fosse stata derivata, poiché sanno che la sua derivazione è del tutto analoga a quella di <P∨¬P>. Un teorema derivato viene considerato come uno "schema di teoremi": uno stampo per altri teoremi. Questo procedimento si rivela perfettamente valido, dal momento che ci conduce sempre a nuovi teoremi; ma non è una regola del Calcolo Proposizionale, così come lo abbiamo presentato. Si tratta piuttosto di una *regola derivata*. Fa parte della nostra conoscenza *sul* sistema. Occorre naturalmente una dimostrazione per assicurarci che questa regola non ci fa uscire dall'ambito dei teoremi; ma una dimostrazione del genere non è la stessa cosa di una derivazione all'interno del sistema. È una dimostrazione nel senso solito, intuitivo, e cioè una catena di ragionamenti svolta secondo il modo I. La teoria che ha il Calcolo Proposizionale come oggetto è una "metateoria" e i suoi risultati possono essere chiamati "metateoremi": Teoremi a proposito di teoremi. (Si noti, tra parentesi, la maiuscola nell'espressione "Teoremi a proposito di teoremi". È una conseguenza della nostra convenzione: i metateoremi sono Teoremi (risultati dimostrati) che parlano di teoremi (stringhe derivabili)).

Nel Calcolo Proposizionale si potrebbero scoprire molti altri metateoremi, o regole di inferenza derivate. Per esempio, esiste una seconda Regola di De Morgan:

$$<\neg x \vee \neg y> \text{ e } \neg <x \wedge y> \text{ sono intercambiabili.}$$

Se questa fosse una regola del sistema, molte derivazioni sarebbero notevolmente abbreviate. Ma non ci potremmo accontentare di una *dimostrazione* della sua correttezza? Non potremmo usarla poi proprio come una regola di inferenza, una volta che disponiamo di una dimostrazione?

Non c'è ragione di dubitare della correttezza di questa particolare regola derivata. Ma se si cominciano ad ammettere regole derivate come parte del procedimento del Calcolo Proposizionale, si perde la formalità del sistema, poiché le regole derivate si derivano in modo non formalizzato, cioè fuori dal sistema. Ora, i sistemi formali sono stati proposti per avere modo di indicare esplicitamente ogni passo di una dimostrazione all'interno di un quadro rigido e ben individuato, in modo da permettere ad ogni matematico di controllare meccanicamente il lavoro di un altro. Se invece si è sempre pronti ad uscire da quel quadro alla prima occasione, tanto valeva non crearlo nemmeno. L'uso di queste scorciatoie perciò non è senza problemi.

La formalizzazione dei livelli superiori

Esiste tuttavia una via di uscita alternativa. Perché non formalizzare anche la metateoria? Così facendo, le regole derivate (i metateoremi) sarebbero teoremi di un sistema formale più ampio, e diventerebbe lecito cercare le scorciatoie e derivarle come teoremi — cioè, come teoremi della metateoria formalizzata — che si potrebbero poi adoperare per accelerare la derivazione dei teoremi del Calcolo Proposizionale. L'idea è interessante, ma non appena viene suggerita si è spinti avanti, si pensa a metametateorie, e così via. È chiaro che, anche dopo aver formalizzato molti livelli, si potrebbe essere tentati di usare ancora scorciatoie nel livello più alto.

È anche lecito ipotizzare che una teoria del ragionamento possa coincidere con la propria metateoria, purché venga elaborata con le dovute cautele. In questo caso, potrebbe sembrare che tutti i livelli si concentrino in un solo livello, cosicché riflettere *sul* sistema diventerebbe semplicemente uno dei modi per lavorare *dentro* il sistema! Ma non è così semplice. Anche se un sistema è in grado di "riflettere su se stesso", non è ancora *fuori* di se stesso. Chi sta fuori dal sistema lo percepisce in modo diverso da come il sistema vede se stesso. Esisterà perciò sempre una metateoria, cioè un punto di vista esterno, anche per una teoria in grado di "riflettere su se stessa" all'interno di se stessa. Vedremo che esistono teorie in grado di "riflettere su se stesse". Presto incontreremo perfino un sistema nel quale ciò accade in modo del tutto accidentale, senza che nemmeno fosse previsto! E vedremo quali conseguenze ne risultano. Ma nel nostro studio del Calcolo Proposizionale ci atterremo alle idee più semplici e non confonderemo i livelli.

Si possono fare grossi errori se non si separa nettamente il lavorare dentro il sistema (il modo M) dal riflettere sul sistema (il modo I). Per esempio, potrebbe sembrare perfettamente ragionevole supporre che, dal momento che <P∨¬P> (la cui semi-interpretazione è "P o non P") è un teorema, o P oppure ¬P debba essere un teorema. Ma ciò è completamente sbagliato: né l'una né l'altra di quelle due stringhe è un teorema. In generale, è una prassi pericolosa pensare che si possano far scivolare i simboli da un livello all'altro: in questo caso, dal linguaggio del sistema formale al suo metalinguaggio (l'italiano) e viceversa.

Riflessioni su virtù e debolezze del sistema

Abbiamo ora visto un esempio di sistema il cui scopo è di rappresentare un aspetto dell'architettura del pensiero logico. Il numero di concetti elaborati da questo sistema è molto ridotto, e quei concetti sono molto semplici e precisi. Ma proprio la semplicità e la precisione del Calcolo Proposizionale sono i tratti che lo rendono attraente per il matematico. Per due ragioni. (1) Le sue proprietà possono costituire un oggetto di studio a se stante, esattamente come le forme semplici e rigide costituiscono l'oggetto di studio della geometria. Se ne possono fare varianti usando simboli diversi, regole di inferenza diverse, assiomi o schemi di assiomi diversi, e così via. (Sia detto per inciso, la versione del Calcolo Proposizionale che abbiamo presentato qui s'ispira essenzialmente a quella inventata da G. Gentzen all'inizio degli anni '30. Esistono altre versioni, nelle quali si usa una sola regola di inferenza, di solito il *modus ponens*, e in cui si hanno vari assiomi o schemi di assiomi). Lo studio di come si può condurre il ragionamento proposizionale in eleganti sistemi formali costituisce una branca interessante della matematica pura. (2) È facile ampliare il Calcolo Proposizionale fino a comprendere altri aspetti fondamentali del ragionamento. Nel prossimo Capitolo farò vedere come ciò possa avvenire, incorporando integralmente il Calcolo Proposizionale in un sistema molto più ampio e profondo, nel quale è possibile effettuare ragionamenti aritmetici molto complessi.

Dimostrazioni e derivazioni

Per certi versi il Calcolo Proposizionale somiglia molto al ragionamento; tuttavia non bisogna identificare le sue regole con le regole del pensiero umano. Una *dimostrazione* è qualcosa di non formalizzato o, in altre parole, è un prodotto del pensiero normale, espresso in un linguaggio umano, destinato ad esseri umani. Nelle dimostrazioni si possono usare tutti i vari tipi di funzionamento complesso del pensiero e, anche se si "sente" che sono giusti, ci si può chiedere se siano logicamente difendibili. È proprio per questo che serve la formalizzazione. Una *derivazione* è un duplicato artificioso di una dimostrazione, che si propone di raggiungere lo stesso obiettivo servendosi però di una struttura logica, i cui metodi non solo vengono tutti esplicitati, ma sono anche molto semplici.

Se accade (e accade quasi sempre) che una derivazione formale sia estremamente lunga rispetto alla dimostrazione “naturale” corrispondente, peggio per noi. È il prezzo che dobbiamo pagare in cambio della semplicità di ogni singolo passo. Spesso una derivazione e una dimostrazione sono “semplici” in sensi complementari della parola. La dimostrazione è semplice in quanto ogni passo “dà l’impressione di essere giusto”, anche se non si sa perché. La derivazione è semplice in quanto ognuno dei suoi innumerevoli passi appare talmente banale che è al di sopra di ogni sospetto; e dal momento che l’intera derivazione consiste proprio di tanti passi banali del genere, si può presumere che sia essa stessa esente da errori. Ognuno di questi tipi di semplicità comporta tuttavia un tipo particolare di complessità: nel caso delle dimostrazioni, la complessità del sistema soggiacente sul quale esse si fondano, cioè il linguaggio umano; nel caso delle derivazioni, la loro lunghezza astronomica che rende quasi impossibile una loro comprensione globale.

Il Calcolo Proposizionale dovrebbe perciò essere visto come parte di un metodo generale per sintetizzare strutture artificiali analoghe alle dimostrazioni. Non possiede tuttavia molta flessibilità o generalità. Il suo uso è limitato al contesto dei concetti matematici, che sono essi stessi assolutamente rigidi. Vorrei illustrare questo fatto con un esempio piuttosto interessante: facciamo una derivazione che si apre con una stringa molto singolare come premessa di una fantasia, $<P\wedge\neg P>$. Perlomeno la sua semi-interpretazione è singolare. Il Calcolo Proposizionale non pensa comunque alle semi-interpretazioni, limitandosi a manipolare le stringhe tipograficamente; e dal punto di vista tipografico questa stringa non ha proprio niente di singolare. Ecco una fantasia che ha questa stringa come premessa:

(1)	[	push
(2)	$<P\wedge\neg P>$	premessa
(3)	P	separazione
(4)	$\neg P$	separazione
(5)	[	push
(6)	$\neg Q$	premessa
(7)	P	trasferimento della riga 3
(8)	$\neg\neg P$	doppio gancio
(9)	]	pop
(10)	$<\neg Q\supset\neg\neg P>$	fantasia
(11)	$<\neg P\supset Q>$	contrapposizione
(12)	Q	*modus ponens* (righe 4 e 11)
(13)	]	pop
(14)	$<<P\wedge\neg P>\supset Q>$	fantasia

Ora, questo teorema ha una semi-interpretazione molto strana:

P e non P presi insieme implicano Q.

Poiché possiamo usare qualsiasi enunciato per interpretare Q, questo teorema significa in pratica che "Da una contraddizione segue qualsiasi cosa"! Pertanto i sistemi basati sul Calcolo Proposizionale non possono contenere contraddizioni: queste infettano immediatamente l'intero sistema come un cancro globale.

Come si affrontano le contraddizioni

Non capita la stessa cosa nel pensiero umano. Se nel corso del pensiero ci si imbatte in una contraddizione, è molto improbabile che crolli l'intero sistema mentale. Si comincerà invece, con ogni probabilità, ad interrogarsi sulla validità delle proprie ipotesi o dei propri metodi di ragionamento, con la sensazione che uno di questi debba aver condotto al pensiero contraddittorio. In altre parole, per quanto è possibile si uscirà dai sistemi nei quali ci si trova, perché si ha la convinzione che siano questi i responsabili della contraddizione, e si cercherà di aggiustarli. La cosa meno probabile è che si alzino le braccia al cielo gridando: "Va bene, suppongo che ciò significhi che ora credo a qualunque cosa!". Come scherzo, va bene; ma nessuno lo farebbe sul serio.

In realtà, le contraddizioni costituiscono una delle più importanti fonti di chiarificazione e di progresso in tutti i settori della vita, e la matematica non fa eccezione al riguardo. Quando, nel passato, apparvero contraddizioni in matematica, i matematici cercarono immediatamente di individuare il sistema responsabile della loro comparsa, di uscirne fuori, di ragionare sul sistema in questione e di correggerlo. Invece di indebolire la matematica, la scoperta di una contraddizione e il successivo aggiustamento hanno rafforzato la matematica. Può darsi che tutto ciò abbia richiesto molto tempo e una serie di tentativi vani, ma alla fine si sono sempre raggiunti buoni risultati. Per esempio, nel Medioevo ci furono discussioni infuocate sul valore della serie infinita

$$1 - 1 + 1 - 1 + 1 - \ldots$$

Si "dimostrò" che era uguale a 0, a 1, a 1/2, e forse ad altri valori ancora. Questi risultati controversi diedero origine ad una teoria più ricca e profonda delle serie infinite.

Un esempio più pertinente di contraddizione l'abbiamo proprio sotto gli occhi, ed è la discrepanza tra il nostro effettivo modo di pensare e il modo in cui il Calcolo Proposizionale ci imita. Molti logici si sono sentiti a disagio di fronte a questo fenomeno, e sono stati fatti molti sforzi creativi nel tentativo di modificare il Calcolo Proposizionale e renderlo meno stupido e rigido. Nel libro *Entailment* di A.R. Anderson e N. Belnap[3] troviamo un tentativo del genere: gli autori introducono l'operazione di "implicazione pertinente" nella quale si cerca di far sì che il simbolo per "se...

allora" rifletta una vera e propria causalità, o perlomeno una connessione tra i significati. Consideriamo i seguenti teoremi del Calcolo Proposizionale:

$$<P \supset <Q \supset P>>$$
$$<P \supset <Q \vee \neg Q>>$$
$$<<P \wedge \neg P> \supset Q>$$
$$<<P \supset Q> \vee <Q \supset P>>$$

In questi esempi, come in molti altri, si vede che, anche quando non sussiste proprio nessun legame tra la prima e la seconda clausola di un enunciato del tipo se... allora, esso può risultare derivabile nel Calcolo Proposizionale. Con l' "implicazione pertinente", invece, si pongono alcune restrizioni ai contesti in cui si possono applicare le regole di inferenza. In termini intuitivi, essa chiede che "per derivare una cosa da un'altra occorre che queste cose abbiano a che fare l'una con l'altra". Per esempio, nella derivazione data poc'anzi, non sarebbe permessa l'introduzione della riga 10 all'interno di un sistema del genere, impedendo così la derivazione della stringa $<<P \wedge \neg P> \supset Q>$.

Altri tentativi più radicali rinunciano completamente alla richiesta di completezza o di coerenza e cercano di imitare il ragionamento umano con tutte le sue contraddizioni. Una ricerca del genere non si propone più di fornire un solido fondamento per la matematica, ma si dedica esclusivamente allo studio del pensiero umano.

Malgrado le sue stranezze, il Calcolo Proposizionale possiede delle virtù che ne raccomandano l'uso. Quando viene inserito in un sistema più ampio (come faremo nel prossimo Capitolo), e se si ha la certezza che il sistema ampliato è esente da contraddizioni (e l'avremo), allora il Calcolo Proposizionale risponde pienamente alle nostre aspettative: fornisce inferenze proposizionali valide, tutte quelle che è possibile fare. Se perciò un giorno dovesse sorgere una incompletezza o una contraddizione, si può essere certi che la colpa sarà del sistema più ampio, e non del suo sottosistema costituito dal Calcolo Proposizionale.

```
                        *
                       * *
                        *
                        *
                        *
                        *
                        *
                       * *
                      * - *
                    * --- *
                * --- * --- *
            * --- * --- * --- *
        * --- * --- * --- * --- *
    * --- * --- * --- * --- * --- *
* --- * --- * --- * --- * --- * --- *
* --- * --- * --- * --- * --- * --- * --- *
```

Canone cancrizzante

Una mattina, mentre stanno passeggiando nel parco,
Achille e la Tartaruga si incontrano per caso.

Tartaruga: Buongiorno, Achille.

Achille: Altrettanto!

Tartaruga: Che piacere incontrarla.

Achille: Lei fa eco ai miei pensieri.

Tartaruga: Oggi è una giornata perfetta per una passeggiata. Penso che tornerò a casa a piedi.

Achille: Davvero? Credo che faccia molto bene passeggiare.

Tartaruga: Tra parentesi, lei sembra in forma smagliante in questi giorni, devo dire.

Achille: Grazie.

Tartaruga: Di niente. Ma ecco: gradisce uno dei miei sigari? È un toscano un po' forte, ma...

Achille: Lei mi stupisce con questi suoi gusti! In questo campo i contributi olandesi sono di qualità decisamente superiore, non le pare?

Tartaruga: Non sono d'accordo con lei. Ma a proposito di gusti, qualche giorno fa, in una galleria, ho visto finalmente il *Canone cancrizzante* di M.C. Escher, il suo artista preferito, ed ho ammirato moltissimo la sua bellezza e l'arte raffinata con cui l'autore ha saputo intrecciare un unico tema con se stesso, sviluppandolo simultaneamente in avanti e all'indietro. Ma temo che continuerò a ritenere Bach superiore ad Escher.

FIGURA 44. "Canone cancrizzante", *di M.C. Escher (circa 1965).*

Achille: Non so. Ma una cosa è certa: non do peso a questioni di gusto. *De gustibus non est disputandum.*

Tartaruga: Oh! Ma guardi questo fiore, le piace? Mi sembra una strana margherita.

Achille: Ad essere precisi appartiene alla famiglia delle viole.

Tartaruga: A me sembra che sia più o meno la stessa cosa. Mi faccia capire meglio, per favore.

Achille: Viole no? C'è una bella differenza.

Tartaruga: Capisco. Ma mi dica, lei suona la chitarra?

Achille: È un mio caro amico che qualche volta l'ha suonata. Ma lei non riuscirebbe a farmi toccare una chitarra neanche con un toscano lungo tre metri.

(*Improvvisamente, come dal nulla, appare il Granchio, saltellando tutto eccitato e indicandosi un occhio vistosamente nero*).

granChio: Salve, salve, che succede? Che cosa c'è di nuovo? Guardate qui che botto, quest'occhio tutto rotto, che mi ha fatto un iroso giovanotto. Hoo! E in una giornata così bella. Vedete, io stavo ciondolando per il parco, quando s'avanza questo gigante toscano, un buttero d'aspetto animalesco che suonava lento il liuto. Era alto tre metri, se non ho le traveggole. Mi dirigo verso il giovanotto, mi impettisco quanto posso, il mio occhio arriva appena al suo ginocchio, e gli faccio: "Mi scusi signore, ma perché s'aggira per il nostro parco attoscando l'aria col suo suono lutolento?". Oh, non l'avessi mai detto! Un essere completamente privo di spirito; o forse era ubriaco, chissà! Perde il controllo e... pah! mi colpisce giusto nell'occhio. Fosse dipeso dalla mia natura, avrei accettato volentieri di sgranchirmi un po' le ossa, ma nel rispetto dell'onorata tradizione della mia specie, ho indietreggiato. Dopotutto, quando noi avanziamo, indietreggiamo. È un vizio incallito, non posso farci niente. Guardate per esempio come scrivo il mio nome: prima scrivo la seconda sillaba, poi torno indietro per scrivere la prima! Vedete infatti dove metto la maiuscola? È nei nostri geni, sapete, girarci in tondo. Io mi son sempre chiesto – ora mi torna in mente – "Cosa è venuto prima, il granChio o il Gene?", vale a dire "Cosa è venuto dopo, il Gene o il granChio?". Io muovo ogni cosa in un eterno girotondo, sapete. È nei nostri geni, dopotutto. Quando indietreggiamo, avanziamo. Ahimè, ohibò! Io devo andar per la mia via felice, come a un simil giorno inver s'addice. Cantate "Hoo" per la vita di un granChio! TATA! Olé!

(*E scompare così come è apparso*).

Tartaruga: È un mio caro amico, che qualche volta è un po' suonato. Ma lei non riuscirebbe a farmi toccare un toscano lungo tre metri neanche con una chitarra.

Achille: Capisco. Ma mi dica, lei suona la chitarra?

Tartaruga: Violino. C'è una bella differenza.

Achille: A me sembra che sia più o meno la stessa cosa. Mi faccia capire meglio, per favore.

Tartaruga: Ad essere precisi appartiene alla famiglia delle viole.

Achille: Oh! Ma guardi questo fiore, le piace? Mi sembra una strana margherita.

Tartaruga: Non so. Ma una cosa è certa: non do peso a questioni di gusto. *Disputandum non est de gustibus*.

Achille: Non sono d'accordo con lei. Ma a proposito di gusti, qualche giorno fa, a un concerto, ho ascoltato finalmente il *Canone cancrizzante*

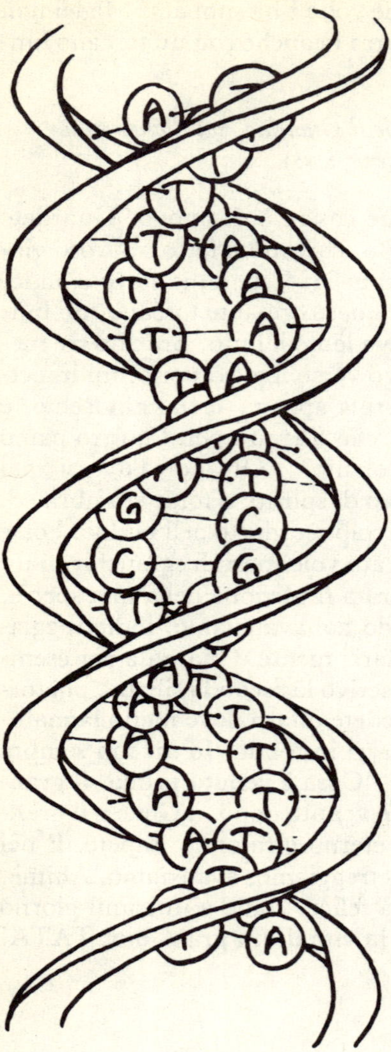

FIGURA 45. Ecco una breve sezione di un ipotetico Gene del granChio che si avvolge ad elica. Quando i due filamenti del DNA sono svolti e giacciono l'uno accanto all'altro, si leggono in questo modo:

...TTTTTTTTTCGAAAAAAAAA...
...AAAAAAAAAGCTTTTTTTTT...

Si noti che essi sono uguali tra loro. L'unica differenza è che uno va avanti mentre l'altro va indietro. Questa è la proprietà definitoria della forma musicale chiamata "canone cancrizzante". Sia pure con qualche lieve differenza, ricorda il palindromo, che è una frase che si legge indiffirentemente in entrambe le direzioni. In biologia molecolare, segmenti di DNA di questo genere sono chiamati "palindromi", un nome non perfettamente appropriato, mentre "canone cancrizzante" sarebbe più giusto. Non solo questo segmento di DNA è cancrizzante, ma la sua sequenza di basi codifica la struttura del Dialogo. Si guardi attentamente e lo si constaterà!

di J.S. Bach, il suo compositore preferito, e ho ammirato moltissimo la sua bellezza e l'arte raffinata con cui l'autore ha saputo intrecciare un unico tema con se stesso, sviluppandolo simultaneamente in avanti e all'indietro. Ma temo che continuerò a ritenere Escher superiore a Bach.

Tartaruga: Lei mi stupisce con questi suoi gusti! In questo campo i contributi olandesi sono di qualità decisamente inferiore, non le pare?

Achille: Per niente. Ma ecco: gradisce uno dei miei sigari? Non è forte come un toscano, ma...

Tartaruga: Grazie.

Achille: Tra parentesi, lei sembra in forma smagliante in questi giorni, devo dire.

Tartaruga: Davvero? Credo che faccia molto bene passeggiare.

FIGURA 46. Canone cancrizzante *dall'*Offerta musicale *di J.S. Bach.* [*Composizione tipografica eseguita dal programma "SMUT" di Donald Byrd*].

Achille: Oggi è una giornata perfetta per una passeggiata. Penso che tornerò a casa a piedi.
Tartaruga: Lei fa eco ai miei pensieri.
Achille: Che piacere incontrarla.
Tartaruga: Altrettanto!
Achille: Buongiorno, signorina T.

```
* --- * --- * --- * --- * --- * --- * --- *
   * --- * --- * --- * --- * --- * --- *
      * --- * --- * --- * --- * --- *
         * --- * --- * --- * --- *
            * --- * --- * --- *
               * --- * --- *
                  * --- *
                    * - *
                     * *
                      *
                      *
                      *
                      *
                      *
                     * *
                      *
```

CAPITOLO VIII

L'Aritmetica Tipografica

Il *Canone cancrizzante* e l'autoreferenza indiretta

Il Canone cancrizzante offre tre esempi di autoreferenza indiretta. Achille e la Tartaruga descrivono entrambi un'opera d'arte, e queste opere d'arte, guarda caso, hanno la stessa struttura del Dialogo nel quale si trovano coinvolti. (Figuratevi la mia sorpresa quando io, l'autore, me ne accorsi!). Inoltre il Granchio descrive una struttura biologica, e anche questa possiede la stessa proprietà. Naturalmente è possibile leggere il Dialogo, e anche capirlo, senza accorgersi che ha anch'esso la forma di un canone cancrizzante. Avremmo un caso di comprensione a un dato livello, mentre l'altro livello sfugge. Per accorgersi dell'autoreferenza occorre badare sia alla forma sia al contenuto del Dialogo.

La costruzione di Gödel si basa sulla descrizione sia della forma sia del contenuto delle stringhe del sistema formale che definiremo in questo Capitolo: l'*Aritmetica Tipografica* (AT). Questa presenta il fenomeno inatteso che, in virtù di una ingegnosa corrispondenza scoperta da Gödel, è possibile descrivere la forma delle stringhe all'interno dello stesso sistema formale. Cerchiamo di familiarizzarci con questo strano sistema che possiede la capacità di avvolgersi su se stesso.

Che cosa vorremmo poter esprimere nell'AT

Cominceremo con l'elencare alcuni enunciati tipici che appartengono all'aritmetica; poi cercheremo di trovare un insieme di concetti elementari in funzione dei quali sia possibile riformulare tutti quegli enunciati. Assegneremo quindi a ognuno di quei concetti un simbolo particolare. Diciamo subito che il termine "aritmetica" sarà riservato alle proprietà dei numeri interi positivi e dello zero (o di insiemi di tali numeri). Questi numeri si chiamano *numeri naturali*. I numeri negativi non hanno alcun ruolo in questa teoria; perciò, quando parleremo di "numeri", intenderemo esclusivamente numeri naturali. Ed è importante, direi vitale, che si tenga sempre separato il sistema formale (AT) da quel vecchio ramo della matematica, piuttosto mal definito ma comodo, costituito dall'aritmetica tradizionale; indicherò quest'ultima con "A".

Alcuni enunciati tipici di A, cioè dell'aritmetica, sono:

(1) 5 è un numero primo.
(2) 2 non è un quadrato.
(3) 1729 è la somma di due cubi.

(4) La somma di due cubi positivi non è mai un cubo.
(5) Esiste un'infinità di numeri primi.
(6) 6 è un numero pari.

A prima vista potrà sembrare che avremo bisogno di un apposito simbolo per ognuna delle nozioni come "numero primo", "cubo", "positivo", ecc.; ma in realtà quelle nozioni non sono primitive. Per dire, ad esempio, che un numero è primo, dobbiamo vedere i suoi fattori, e questi, a loro volta, hanno a che fare con la moltiplicazione. Anche un cubo si può definire in termini di moltiplicazione. Riformuliamo allora quegli enunciati in termini di nozioni che ci appaiono più elementari.

(1′) Non esistono numeri a e b, entrambi maggiori di 1, tali che 5 sia uguale ad a per b.

(2′) Non esiste un numero b tale che b per b sia uguale a 2.

(3′) Esistono numeri b e c tali che b per b per b, più c per c per c sia uguale a 1729.

(4′) Per tutti i numeri b e c maggiori di 0 non esiste un numero a tale che a per a per a sia uguale a b per b per b, più c per c per c.

(5′) Per ogni numero a, esiste un numero b maggiore di a che possiede la proprietà che non esistono numeri c e d entrambi maggiori di 1 e tali che b sia uguale a c per d.

(6′) Esiste un numero e tale che 2 per e è uguale a 6.

Questa analisi ci ha portato molto vicino agli elementi di base del linguaggio dell'aritmetica. È chiaro che ci sono alcune espressioni che ricorrono continuamente:

per ogni numero b
esiste un numero b tale che....
maggiore di
è uguale a
per
più
0, 1, 2,...

Assegneremo un apposito simbolo alla maggior parte di queste espressioni. "Maggiore di" costituisce un'eccezione, poiché possiamo ridurlo ulteriormente. Infatti, l'enunciato "a è maggiore di b" diventa

esiste un numero c non uguale a 0 tale che a è uguale a b più c.

Numerali

Non avremo un simbolo apposito per ogni numero naturale. Disporremo invece di un metodo semplice e uniforme per assegnare un simbolo composto ad ogni numero naturale, molto simile a quello adottato nel sistema pg. Ecco la nostra notazione per i numeri naturali:

zero:	0
uno:	S0
due:	SS0
tre:	SSS0

ecc.

Il simbolo S ha un'interpretazione: "il successore di". L'interpretazione letterale di SS0 è pertanto "il successore del successore di zero". Le stringhe di questa forma si chiamano *numerali*.

Variabili e termini

Avremo evidentemente bisogno di un modo per riferirci a numeri non specificati, o variabili. A questo scopo adopereremo le lettere a, b, c, d, e. Ma cinque non basteranno. Ci occorre una riserva illimitata di simboli del genere, proprio come accadeva per gli atomi nel Calcolo Proposizionale. Adotteremo un metodo analogo per fabbricare altre variabili: aggiungere apici a piacere. Per esempio:

e
d′
c′′
b′′′
a′′′′

sono tutte *variabili*. (Si noti che 'd′' si legge "di primo", ma naturalmente il termine non ha niente a che fare con la proprietà di essere un numero primo).

Per certi versi, è un bel lusso usare le prime cinque lettere dell'alfabeto quando basterebbe la sola lettera a insieme all'apice. Più tardi rinunceremo effettivamente a b, c, d e e, accontentandoci di una specie di versione "frugale" dell'AT, anche se sarà un po' più difficile decifrare formule complesse. Ma per il momento nuoteremo nell'abbondanza.

Come comportarci infine con l'addizione e la moltiplicazione? È molto semplice: useremo i soliti simboli ' + ' e ' · '. Introdurremo però anche l'obbligo di usare le parentesi (stiamo scivolando lentamente verso le regole che definiscono le stringhe ben formate dell'AT). Per scrivere "b più c" o "b per c", per esempio, useremo le stringhe

(b + c)
(b · c)

Nessuna permissività per queste parentesi! Violando la nostra convenzione, si produce una formula non ben formata. ("Formula"? Uso questo termine al posto di "stringa" in conformità con l'uso dei logici. Una *formula* è né più né meno che una stringa dell'AT).

Diciamo per inciso che l'addizione e la moltiplicazione vanno sempre pensate come operazioni *binarie*: esse cioè agiscono sempre su esattamente due numeri per volta, mai su tre o più. Se perciò si vuol tradurre "1 più 2 più 3", si dovrà decidere quale delle seguenti espressioni usare:

$$(S0 + (SS0 + SSS0))$$
$$((S0 + SS0) + SSS0)$$

Il prossimo concetto che simboleggeremo è *uguale a*. La cosa è molto semplice: usiamo ' = '. Il vantaggio dell'adozione dei simboli standard che si adoperano nell'A, l'aritmetica non formalizzata, è evidente: la leggibilità ne viene facilitata. Lo svantaggio è analogo a quello connesso con l'uso delle parole "punto" e "retta" in una trattazione formalizzata della geometria: a meno di non usarle con estrema cautela e con la massima attenzione, si rischia di perdere di vista la distinzione tra il significato familiare del simbolo formale e il suo comportamento dettato strettamente dalle regole. Nella nostra discussione sulla geometria abbiamo scritto il termine formale con maiuscole per distinguerlo dalla parola corrente: così, nella geometria ellittica, un PUNTO era l'unione di due punti ordinari. Qui non abbiamo nessuna distinzione del genere; occorre quindi un certo sforzo mentale per evitare di confondere un simbolo con tutte le associazioni di cui è carico. Ripeto qui ciò che ho già detto prima in riferimento al sistema pg: la stringa – – – non è il numero 3, ma agisce in modo isomorfo a 3, almeno nel contesto delle addizioni. Osservazioni analoghe valgono per la stringa SSS0.

Atomi e simboli proposizionali

Tutti i simboli del Calcolo Proposizionale, ad eccezione delle lettere usate per indicare gli atomi (P, Q e R), saranno adoperati nell'AT e conserveranno l'interpretazione assegnata a suo tempo. Il ruolo degli *atomi* sarà invece svolto da stringhe che, nell' interpretazione, sono enunciati di uguaglianza, per esempio, $S0 = SS0$ oppure $(S0 \cdot S0) = S0$. Disponiamo a questo punto di strumenti sufficienti per tradurre un bel po' di enunciati semplici nella notazione dell'AT:

2 più 3 uguale 4:	$(SS0 + SSS0) = SSSS0$
2 più 2 non è uguale a 3:	$\neg (SS0 + SS0) = SSS0$
Se 1 è uguale a 0, allora 0 è uguale a 1:	$\langle S0 = 0 \supset 0 = S0 \rangle$

La prima di queste stringhe è un atomo; le altre sono formule composte. (Avvertenza: nella frase "1 e 1 fa 2", la parola 'e' è semplicemente un altro termine per dire 'più'; va quindi rappresentata con ' + ' (e occorre mettere le parentesi prescritte)).

Variabili libere e quantificatori

Tutte le formule ben formate scritte sopra hanno la proprietà che la loro interpretazione è un enunciato che è o vero o falso. Esistono tuttavia formule ben formate che non posseggono questa proprietà, come per esempio:

(b + S0) = SS0

La sua interpretazione è "b più 1 uguale 2". Poiché b non è specificato, non c'è modo di attribuire un valore di verità a questa affermazione. È come un'affermazione che comporta un pronome – per esempio "essa è timida" – tolta dal suo contesto. Non è né vera né falsa; sta aspettando che la si inserisca in un contesto. Poiché non è né vera né falsa, una formula del genere si chiama *aperta*, e la variabile b si chiama *variabile libera*.

Uno dei modi per trasformare una formula aperta in una formula *chiusa*, ovvero in un *enunciato* (nel senso tecnico del termine) consiste nel farla precedere da un *quantificatore*, che può essere l'espressione "esiste un numero b tale che...", oppure l'espressione "per tutti i numeri b". Nel primo caso si ottiene l'enunciato

Esiste un numero b tale che b più 1 uguale 2.

Questo è chiaramente vero. Nel secondo caso si ottiene l'enunciato

Per tutti i numeri b, b più 1 uguale 2.

Questo è chiaramente falso. Introduciamo ora un simbolo per ciascun *quantificatore*. Questi enunciati si traducono nella notazione dell'AT nel modo seguente:

∃b:(b + S0) = SS0 ('∃' sta per 'esiste')

∀b:(b + S0) = SS0 ('∀' sta per 'alle', in tedesco 'tutti')

È molto importante osservare che questi enunciati non parlano più di numeri non specificati; il primo è un'*asserzione di esistenza*, il secondo un'*asserzione universale*. Avrebbero lo stesso significato, anche se vi comparisse c invece di b:

∃c:(c + S0) = SS0

∀c:(c + S0) = SS0

Una variabile che sta nel campo di azione di un quantificatore si chiama *variabile quantificata*. Illustriamo la differenza tra variabili libere e variabili quantificate con queste due formule:

(b · b) = SS0 (aperta)

¬∃b:(b · b) = SS0 (chiusa; *enunciato* dell'AT)

La prima esprime una *proprietà* che un qualche numero naturale potrebbe avere. In questo caso, è evidente che nessun numero naturale la possiede. Questo fatto è esattamente quanto esprime il secondo enunciato. È di importanza fondamentale afferrare tale differenza tra stringhe con una *variabile libera*, che esprimono una *proprietà*, e stringhe nelle quali la variabile è *quantificata*, e che esprimono una *verità* o una *falsità*. La traduzione in italiano di una formula con almeno una variabile libera, cioè di una formula aperta, si chiama *predicato*. Si tratta di un enunciato senza soggetto (o di un enunciato il cui soggetto è un pronome senza riferimento). Per esempio,

"è un enunciato senza soggetto"
"sarebbe un'anomalia"
"si sviluppa simultaneamente in avanti e all'indietro"
"improvvisò su richiesta una fuga a sei voci"

sono predicati non aritmetici che esprimono *proprietà* che determinati soggetti potrebbero possedere o non possedere. Potremmo metterci anche "soggetti fittizi", come per esempio "la tal cosa", oppure "il tal dei tali". Una stringa con una variabile libera è come un predicato che ha "il tal dei tali" per soggetto. Per esempio,

(S0 + S0) = b

è come dire "1 più 1 uguale tot". È un predicato della variabile b ed esprime una proprietà che il numero b potrebbe avere. Se ci mettessimo a sostituire vari numerali al posto di b, otterremmo una successione di formule che, per la maggior parte, esprimerebbero falsità. Ecco un altro esempio per illustrare la differenza tra formule aperte ed *enunciati*:

∀b:∀c:(b + c) = (c + b)

Questa formula è un enunciato che evidentemente rappresenta la commutatività dell'addizione. Viceversa,

∀c:(b + c) = (c + b)

è una formula aperta, poiché b è libera. Esprime una proprietà che il numero non specificato b potrebbe avere o non avere, e cioè quella di commutare con tutti i numeri c.

Traduciamo il nostro campionario di enunciati

Il vocabolario col quale esprimeremo tutte le proposizioni aritmetiche è ora completo! Occorre una pratica notevole per acquisire l'abilità necessaria ad esprimere proposizioni complicate di A in questa notazione e, viceversa, per afferrare il significato di complesse formule ben formate. Per fare un po' di esercizio, riprendiamo i sei enunciati che avevo dato come campionario di enunciati aritmetici all'inizio di questo Capitolo, e traduciamoli in AT. Vorrei sottolineare il fatto che le traduzioni che daremo tra poco non sono affatto le uniche possibili; al contrario, esistono innumerevoli modi per esprimere ognuno di quegli enunciati.

Cominciamo dall'ultimo: "6 è un numero pari". L'avevamo riformulato in base a nozioni più elementari in "Esiste un numero **e** tale che 2 per **e** è uguale a 6". Quest'enunciato è facile:

$$\exists e:(SS0\cdot e)=SSSSSS0$$

Si noti che l'uso del quantificatore è necessario; sarebbe insufficiente scrivere soltanto

$$(SS0\cdot e)=SSSSSS0$$

L'interpretazione di questa stringa, evidentemente, non è né vera né falsa; essa esprime una proprietà che il numero **e** potrebbe avere.

È curioso che, sfruttando la commutatività della moltiplicazione, avremmo potuto scrivere benissimo

$$\exists e:(e\cdot SS0)=SSSSSS0$$

Oppure, sapendo che l'uguaglianza è una relazione simmetrica, avremmo potuto scegliere di scrivere i due membri dell'uguaglianza nell'ordine inverso:

$$\exists e:SSSSSS0=(SS0\cdot e)$$

Ora, queste tre traduzioni di "6 è un numero pari" costituiscono stringhe ben diverse tra loro, e non è affatto ovvio che la teorematicità di una qualunque di queste stringhe debba comportare la teorematicità di una delle altre. (Analogamente, il fatto che −−**p**−**g**−−− fosse un teorema aveva ben poco a che fare con il fatto che la stringa "equivalente" −**p**−−**g**−−− fosse un teorema. L'equivalenza sussiste nella nostra mente poiché, come esseri umani, pensiamo quasi automaticamente alle interpretazioni più che alle proprietà strutturali delle formule).

Con l'enunciato 2 ce la sbrighiamo subito: "2 non è un quadrato" diventa

$$\neg\exists b:(b\cdot b)=SS0$$

Tuttavia, ancora una volta, troviamo un'ambiguità. E se avessimo scelto di scriverlo così?

$$\forall b:\neg(b\cdot b)=SS0$$

Scritto nel primo modo, l'enunciato dice: "Non esiste un numero **b** con la proprietà che il quadrato di **b** sia 2", mentre nella seconda traduzione dice: "Per tutti i numeri **b** non si dà il caso che il quadrato di **b** sia 2".

Di nuovo, le due versioni sono concettualmente equivalenti *per noi*, ma non per l'AT, dove sono stringhe distinte.

Passiamo all'enunciato 3: "1729 è la somma di due cubi". Questa volta interverranno *due* quantificatori esistenziali, uno dopo l'altro, così:

$$\exists b{:}\exists c{:}\underbrace{SSSSSS\ .\ .\ .\ .\ .\ SSSSS}_{\textit{1729 di questi } S}0=(((b\cdot b)\cdot b)+((c\cdot c)\cdot c))$$

Vi sono alternative in abbondanza: si può invertire l'ordine dei quantificatori, si possono scambiare di posto i membri dell'equazione, si possono usare le variabili d e e invece di b e c, si può invertire l'ordine nell'addizione o scrivere le moltiplicazioni diversamente, ecc., ecc. Quanto a me, preferisco queste due traduzioni dell'enunciato in questione:

$$\exists b{:}\exists c{:}(((SSSSSSSSSS0\cdot SSSSSSSSSS0)\cdot SSSSSSSSSS0)+$$
$$((SSSSSSSSS0\cdot SSSSSSSSS0)\cdot SSSSSSSSS0))=(((b\cdot b)\cdot b)+((c\cdot c)\cdot c))$$

nonché

$$\exists b{:}\exists c{:}(((SSSSSSSSSSSS0\cdot SSSSSSSSSSSS0)\cdot SSSSSSSSSSSS0)+$$
$$((S0\cdot S0)\cdot S0))=(((b\cdot b)\cdot b)+((c\cdot c)\cdot c))$$

È chiaro il motivo della mia preferenza?

I trucchi del mestiere

Affrontiamo ora l'enunciato 4, che ha qualche somiglianza con il precedente: "La somma di due cubi positivi non è mai un cubo". Supponiamo di voler affermare semplicemente che 7 non è la somma di due cubi positivi. Il modo più facile per farlo è di *negare* la formula che afferma che 7 *è* la somma di due cubi positivi. Questa somiglierà a quella dell'enunciato precedente su 1729, salvo che dobbiamo aggiungere la condizione della positività dei cubi. Possiamo usare un'astuzia: facciamo precedere le variabili dal simbolo S, nel modo seguente:

$$\exists b{:}\exists c{:}SSSSSSS0=(((Sb\cdot Sb)\cdot Sb)+((Sc\cdot Sc)\cdot Sc))$$

Come si vede, non eleviamo al cubo b e c, bensì i loro successori che saranno sicuramente positivi, poiché il piú piccolo valore che b o c possono assumere è zero. Il membro destro rappresenta perciò una somma di due cubi positivi. Osserviamo per inciso che l'espressione "esistono numeri b e c tali che...", una volta tradotta, non fa intervenire il simbolo '∧' che sta per 'e'. Quel simbolo si adopera solo come connettivo tra due stringhe ben formate, non per unire due quantificatori.

Abbiamo dunque tradotto "7 è la somma di due cubi positivi", e ora vogliamo negarlo. Per far ciò, dobbiamo semplicemente premettere un gancio all'intera formula. (Avvertenza: *non* si deve negare ogni quantificatore, anche se l'espressione cui vogliamo arrivare è "Non esistono numeri b e c tali che...". Otteniamo così:

$$\neg\exists b:\exists c:SSSSSSS0=(((Sb\cdot Sb)\cdot Sb)+((Sc\cdot Sc)\cdot Sc))$$

Ma il nostro obiettivo iniziale era di affermare questa proprietà non per il numero 7, bensì per ogni cubo. Sostituiamo perciò il numerale SSSSSSS0 con la stringa ((a·a)·a), che costituisce la traduzione di "a al cubo":

$$\neg\exists b:\exists c:((a\cdot a)\cdot a)=(((Sb\cdot Sb)\cdot Sb)+((Sc\cdot Sc)\cdot Sc))$$

Abbiamo così ottenuto una formula *aperta*, poiché a è ancora libera. Questa formula esprime una proprietà che un numero a potrebbe possedere o non possedere ed è nostra intenzione asserire che tutti i numeri posseggono tale proprietà. È facile: basta far precedere il tutto da un quantificatore universale:

$$\forall a:\neg\exists b:\exists c:((a\cdot a)\cdot a)=(((Sb\cdot Sb)\cdot Sb)+((Sc\cdot Sc)\cdot Sc))$$

Una traduzione altrettanto buona sarebbe questa:

$$\neg\exists a:\exists b:\exists c:((a\cdot a)\cdot a)=(((Sb\cdot Sb)\cdot Sb)+((Sc\cdot Sc)\cdot Sc))$$

Nella versione *frugale* dell'AT, potremmo adoperare a′ invece di b, e a′′ invece di c, e allora la formula diventerebbe:

$$\neg\exists a:\exists a':\exists a'':((a\cdot a)\cdot a)=(((Sa'\cdot Sa')\cdot Sa')+((Sa''\cdot Sa'')\cdot Sa''))$$

Consideriamo infine l'enunciato 1: "5 è un numero primo". Lo avevamo riformulato così: "Non esistono numeri a e b, entrambi maggiori di 1, tali che 5 sia uguale ad a per b". Possiamo effettuare una piccola modifica dicendo: "Non esistono numeri a e b tali che 5 sia uguale al prodotto di a più 2 per b più 2". Abbiamo usato un altro trucco: poiché i possibili valori di a e b sono ristretti all'insieme dei numeri naturali, questo costituisce un modo adeguato per dire la stessa cosa. Ora, si potrebbe tradurre "b più 2" con (b + SS0), ma possiamo risparmiare un po' d'inchiostro scrivendo SSb. Analogamente, si può tradurre "c più 2" con SSc. La nostra traduzione, così, risulta molto concisa:

$$\neg\exists b:\exists c:SSSSS0=(SSb\cdot SSc)$$

Senza il gancio all'inizio, si avrebbe l'asserzione che *esistono* due numeri interi tali che, se aumentati di 2, hanno un prodotto uguale a 5. Invece, con il gancio all'inizio, quell'intero enunciato viene negato, dando così luogo all'asserzione che 5 è un numero primo.

Se volessimo asserire che d più e più 1, invece di 5, è un numero primo, allora il modo più economico per farlo consisterebbe nel sostituire il numerale di 5 con la stringa (d + Se):

$$\neg\exists b:\exists c:(d+Se)=(SSb\cdot SSc)$$

Di nuovo abbiamo una formula aperta, una formula la cui interpretazione non è né un enunciato vero né un enunciato falso, ma semplicemente un'asserzione su due numeri non specificati, d e e. Si noti che il numero rappresentato dalla stringa (d + Se) è necessariamente maggiore di d, poiché a d viene sommata una quantità non specificata, ma sicuramente positiva. Quindi, se quantifichiamo esistenzialmente la variabile e, otterremo una formula che asserisce che:

Esiste un numero che è maggiore di d e che è primo.

$$\exists e{:}\neg\exists b{:}\exists c{:}(d + Se) = (SSb \cdot SSc)$$

A questo punto ci rimane soltanto da asserire che questa proprietà è effettivamente soddisfatta, per qualunque d. Per far ciò basta quantificare universalmente la variabile d:

$$\forall d{:}\exists e{:}\neg\exists b{:}\exists c{:}(d + Se) = (SSb \cdot SSc)$$

Ma questa è la traduzione dell'enunciato 5!

Esercizi di traduzione

Abbiamo così completato il nostro esercizio di traduzione dei sei tipici enunciati aritmetici. Non è detto, tuttavia, che ciò sia sufficiente per fare del lettore un esperto nella notazione dell'AT. Rimangono pur sempre molti punti delicati da superare. Ecco quindi sei formule ben formate atte a controllare la comprensione della notazione dell'AT. Che cosa significano? Quali sono vere (una volta interpretate, s'intende) e quali false? (Ecco un suggerimento: per affrontare questo esercizio, ci si deve spostare da destra a sinistra; si dovrà per prima cosa tradurre l'atomo, quindi cercare di capire che cosa succede quando si aggiunge un quantificatore o un gancio, poi spostarsi a sinistra ed esaminare l'effetto di un'ulteriore quantificatore o di un altro gancio, poi spostarsi ancora a sinistra, e così via).

$$\neg\forall c{:}\exists b{:}(SS0 \cdot b) = c$$
$$\forall c{:}\neg\exists b{:}(SS0 \cdot b) = c$$
$$\forall c{:}\exists b{:}\neg(SS0 \cdot b) = c$$
$$\neg\exists b{:}\forall c{:}(SS0 \cdot b) = c$$
$$\exists b{:}\neg\forall c{:}(SS0 \cdot b) = c$$
$$\exists b{:}\forall c{:}\neg(SS0 \cdot b) = c$$

(Indizio: o quattro di queste formule sono vere e due false, oppure quattro sono false e due vere).

Come distinguere il vero dal falso?

Arrivati a questo punto, varrà la pena riprendere fiato per un attimo e meditare su che cosa significherebbe disporre di un sistema formale capace di distinguere gli enunciati veri da quelli falsi. Un tale sistema tratterebbe tutte le stringhe, che ai nostri occhi somigliano a enunciati, come disegni che hanno una forma ma non un contenuto. E questo sistema sarebbe come un setaccio che fa passare soltanto i disegni di un particolare stile: lo "stile della verità". Se il lettore ha esaminato le sei formule sopra elencate e ha separato quelle vere da quelle false in base ad una riflessione sul loro significato, allora potrà capire quanto dovrebbe essere ingegnoso il sistema in grado di fare la stessa cosa, ma con mezzi tipografici! La frontiera che separa l'insieme degli enunciati veri dall'insieme degli enunciati falsi (nella notazione dell'AT) è tutt'altro che lineare; è una frontiera con molte curve infide (si ricordi la Fig. 19): una frontiera della quale i matematici hanno delineato alcuni tratti, qua e là, con un lavoro di centinaia di anni. Procurarci un metodo tipografico in grado di piazzare correttamente ogni formula dalla parte giusta rispetto a questa frontiera sarebbe un colpo sensazionale!

Le regole della buona formazione

È utile avere una tavola con le Regole di Formazione per formule ben formate. La forniamo qui di seguito. Ci sono alcuni punti preliminari nei quali si definiscono i *numerali*, le *variabili* e i *termini*. Queste tre classi di stringhe concorrono alla formazione di formule ben formate, ma non sono esse stesse ben formate. Le più piccole formule ben formate sono gli *atomi*; ci sono quindi i vari modi per comporre gli atomi. Molte di queste regole sono regole ricorsive che allungano, in quanto si applicano ad oggetti di una data classe e producono oggetti più lunghi della stessa classe. In questa tavola, uso '*x*' e '*y*' per indicare formule ben formate, e '*s*', '*t*' e '*u*' per indicare altri tipi di stringhe dell'AT. Inutile dirlo, nessuno di questi cinque simboli è esso stesso un simbolo dell'AT.

NUMERALI.
0 è un numerale.
Un numerale preceduto da S è anch'esso un numerale.
Esempi: 0 S0 SS0 SSS0 SSSS0 SSSSS0

VARIABILI.
a è una variabile. Se non siamo in regime frugale, anche b, c, d ed e sono variabili.
Una variabile seguita da un apice è anch'essa una variabile.
Esempi: a b′ c′′ d′′′ e′′′′

TERMINI.
Tutti i numerali e tutte le variabili sono termini.
Un termine preceduto da S è anch'esso un termine.

Se *s* e *t* sono termini, allora lo sono anche (*s* + *t*) e (*s* · *t*).
Esempi: 0 b SSa′ (S0·(SS0 + c)) S(Sa·(Sb·Sc))

I TERMINI si suddividono in due categorie:

(1) Termini DEFINITI (non contengono variabili).
Esempi: 0 (S0 + S0) SS((SS0·SS0) + (S0·S0))

(2) Termini INDEFINITI (contengono variabili).
Esempi: b Sa (b + S0) (((S0 + S0) + S0) + e)

Le regole fin qui elencate dicono come si costruiscono i *costituenti* delle formule ben formate; le regole che seguono dicono come costruire formule ben formate *complete*.

ATOMI.

Se *s* e *t* sono termini, allora *s* = *t* è un atomo.
Esempi: S0 = 0 (SS0 + SS0) = SSSS0 S(b + c) = ((c·d)·e)

Se un atomo contiene una variabile *u*, allora *u* è una variabile *libera* dell'atomo in questione. Vi sono pertanto quattro variabili libere nell'ultimo esempio.

NEGAZIONI.

Una formula ben formata preceduta da un gancio è ben formata.
Esempi: ¬S0 = 0 ¬∃b:(b + b) = S0 ¬<0 = 0⊃S0 = 0> ¬b = S0

Lo *stato di quantificazione* delle variabili (che indica se esse sono libere o quantificate) non varia in seguito alla negazione.

COMPOSTI.

Se *x* e *y* sono formule ben formate, e nessuna delle variabili libere dell'una si trova quantificata nell'altra, allora le seguenti formule sono ben formate:
<*x*∧*y*>, <*x*∨*y*>, <*x*⊃*y*>.

Esempi: <0 = 0∧¬0 = 0> <b = b∨¬∃c:c = b>
<S0 = 0⊃∀c:¬∃b:(b + b) = c>

Anche qui lo stato di quantificazione delle variabili non cambia.

QUANTIFICAZIONI.

Se *u* è una variabile e *x* è una formula ben formata nella quale *u* è libera, allora le seguenti stringhe sono formule ben formate:
∃*u*:*x* e ∀*u*:*x*

Esempi: ∀b:<b = b∨¬∃c:c = b> ∀c:¬∃b:(b + b) = c ¬∃c:Sc = d

FORMULE APERTE: contengono almeno una variabile libera.
Esempi: ¬c = c b = b <∀b:b = b∧¬c = c>

FORMULE CHIUSE (ENUNCIATI): non contengono variabili libere.
Esempi: S0 = 0 ¬∀d:d = 0 ∃c:<∀b:b = b∧¬c = c>

Abbiamo così completato l'elenco delle Regole di Formazione per le formule ben formate dell'AT.

Altri esercizi di traduzione

Propongo ora al lettore alcuni esercizi pratici perché ciascuno possa mettere alla prova quel che ha capito sulla notazione dell'AT. Si cerchi di tradurre i primi quattro dei seguenti enunciati A in enunciati AT, e l'ultimo in una formula ben formata aperta.

Tutti i numeri naturali sono uguali a 4
Non esiste un numero naturale che sia uguale al proprio quadrato
Numeri naturali distinti hanno successori distinti
Se 1 è uguale a 0, allora ogni numero è dispari
b è una potenza di 2

L'ultimo potrà sembrare un po' difficile. Ma non è niente in confronto a questo:

b è una potenza di 10

Stranamente occorre una grande abilità per rendere quest'ultimo nella nostra notazione. È sconsigliabile provarci, a meno che non si sia disposti a dedicare all'esercizio ore e ore e che non si conosca a fondo la teoria dei numeri!

Un sistema non tipografico

Abbiamo ormai terminato l'esposizione della notazione dell'AT; tuttavia ci rimane ancora da risolvere il problema di trasformare l'AT nell'ambizioso sistema che abbiamo descritto. La nostra riuscita giustificherebbe le interpretazioni che abbiamo assegnate ai vari simboli. Ma finché non lo abbiamo fatto, queste particolari interpretazioni valgono né più né meno quanto le interpretazioni "cavallo-mela-felice" per i simboli del sistema pg.

Qualcuno potrebbe suggerire il seguente metodo per la costruzione dell'AT: (1) non diamo alcuna regola di inferenza; queste non servono, poiché (2) prendiamo come assiomi tutte le proposizioni vere dell'aritmetica (nella notazione dell'AT). Che ricetta semplice! Sfortunatamente, come si capisce immediatamente, il suo valore è nullo. Infatti la parte (2) ovviamente non costituisce una descrizione tipografica delle stringhe; e l'obiettivo che si persegue con la costruzione dell'AT è precisamente di determinare se e come sia possibile caratterizzare tipograficamente le stringhe vere dell'AT.

I cinque assiomi e le prime regole dell'AT

Seguiremo perciò una strada più difficile di quella suggerita poc'anzi; introdurremo assiomi e regole. Anzitutto, come abbiamo promesso, *tutte le regole del Calcolo Proposizionale vengono trasferite nell'AT*. Pertanto uno dei teoremi dell'AT sarà questo:

$$<S0 = 0 \vee \neg S0 = 0>$$

che è possibile derivare allo stesso modo in cui abbiamo derivato $<P \vee \neg P>$.

Prima di dare altre regole, diamo i cinque *assiomi* dell'AT:

ASSIOMA 1: $\forall a: \neg Sa = 0$

ASSIOMA 2: $\forall a:(a + 0) = a$

ASSIOMA 3: $\forall a:\forall b:(a + Sb) = S(a + b)$

ASSIOMA 4: $\forall a:(a \cdot 0) = 0$

ASSIOMA 5: $\forall a:\forall b:(a \cdot Sb) = ((a \cdot b) + a)$

(In una versione frugale, si userà a' invece di b). Tutti questi Assiomi sono molto semplici. L'Assioma 1 afferma una particolarità del numero 0; gli Assiomi 2 e 3 riguardano la natura dell'addizione; gli Assiomi 4 e 5 riguardano la natura della moltiplicazione, e in particolare il suo legame con l'addizione.

I cinque postulati di Peano

Ricordiamo per inciso che l'interpretazione dell'Assioma 1 ("Lo zero non è il successore di alcun numero naturale") è una delle cinque famose proprietà dei numeri naturali che vennero riconosciute esplicitamente per la prima volta dal matematico e logico Giuseppe Peano nel 1889. Nella formulazione dei suoi postulati, Peano seguì la strada di Euclide, nel senso che non fece alcun tentativo per formalizzare i princìpi del ragionamento, ma cercò di isolare un piccolo insieme di proprietà dei numeri naturali a partire dal quale tutto il resto fosse derivabile mediante il ragionamento. Il tentativo di Peano potrebbe quindi essere considerato "semiformale". Il suo lavoro ebbe un'influenza notevole e quindi può essere utile esaminare i cinque postulati di Peano. Poiché la nozione di "numero naturale" è proprio quella che Peano cercò di definire, non adopereremo il termine familiare di "numero naturale", che è carico di connotazioni. Lo sostituiremo con il termine non definito *genìde*, una parola che appare alla mente senza alcun carico di connotazioni. I cinque postulati di Peano pongono dunque cinque restrizioni ai genìdi. Ci sono altri due termini non definiti: *Genio* e *meta*. Lascio al lettore il compito di trovare quali concetti usuali voglio rappresentare con questi termini. Ecco i cinque postulati di Peano:

(1) Genio è un genìde.
(2) Ogni genìde ha un meta (che è ancora un genìde).
(3) Genio non è il meta di alcun genìde.

(4) Genìdi distinti hanno meta distinti.
(5) Se Genio ha X e se ogni genìde trasmette X al suo meta, allora tutti i genìdi avranno X.

Alla luce delle lampade del *Piccolo labirinto armonico*, dovremmo chiamare l'insieme di *tutti* i genìdi "SIGNOR". È un'idea che si accorda con una celebre affermazione del matematico e logico tedesco Leopold Kronecker, nemico acerrimo di Georg Cantor: "Il Signore creò i numeri naturali; tutto il resto è opera dell'uomo".

Il quinto postulato di Peano è noto come principio di induzione matematica: è questo il termine tecnico per un ragionamento ereditario. Peano sperava che le sue cinque restrizioni sui concetti "Genio", "genìde" e "meta" fossero sufficientemente forti da far sì che tutte le immagini che due diverse persone possono formarsi nella loro mente di questi concetti risultassero *strutturalmente isomorfe*. Per esempio, chiunque includerebbe nella sua immagine un numero infinito di genìdi distinti. E probabilmente tutti sarebbero d'accordo nel dire che nessun genìde coincide con il proprio meta, o con il meta del proprio meta, ecc.

Peano sperava di aver racchiuso l'essenza dei numeri naturali nei suoi cinque postulati. I matematici generalmente ammettono che egli vi sia riuscito, ma ciò non diminuisce l'importanza della domanda: "Come si può distinguere un enunciato vero sui numeri naturali da uno falso?". E per rispondere a questa domanda, i matematici si sono rivolti a sistemi completamente formalizzati, quali l'AT. Comunque, apparirà chiara l'influenza di Peano sull'AT, poiché in un modo e nell'altro tutti i suoi postulati vi sono incorporati.

Nuove regole dell'AT: particolarizzazione e generalizzazione

Veniamo ora alle regole nuove dell'AT. Molte di queste regole ci permetteranno di penetrare nella struttura interna degli atomi dell'AT e di modificarli. In questo senso, esse intervengono su proprietà più "microscopiche" delle stringhe di quanto non facciano le regole del Calcolo Proposizionale, che trattano gli atomi come unità indivisibili. Per esempio, sarebbe una buona cosa avere la possibilità di estrarre la stringa ¬S0=0 dal primo assioma. Per fare questo, ci servirebbe una regola che ci permettesse di eliminare un quantificatore universale e, volendo, di cambiare contemporaneamente la struttura interna della stringa rimanente. Ed ecco che abbiamo appunto una tale regola:

REGOLA DI PARTICOLARIZZAZIONE: Supponiamo che *u* sia una variabile che compare all'interno della stringa *x*. Se la stringa ∀*u*:*x* è un teorema, allora anche *x* lo è, e lo sono anche tutte le stringhe che si ottengono da *x* sostituendo *u*, in ogni sua occorrenza, con un qualunque fissato termine.

(*Restrizione*: il termine che sostituisce *u* non deve contenere una variabile che risulti quantificata in *x*).

La regola di particolarizzazione ci permette di estrarre la stringa cui si accennava poc'anzi dall'Assioma 1. La derivazione comporta un solo passo:

∀a:¬Sa=0	assioma 1
¬S0=0	particolarizzazione

Si noti che la regola di particolarizzazione permette la derivazione di alcune formule che contengono variabili libere (cioè, di formule aperte), le quali perciò diventeranno teoremi. Per esempio, in virtù della particolarizzazione potremmo derivare dall'Assioma 1 anche le seguenti stringhe:

¬Sa=0
¬S(c+SS0)=0

Presento ora un'altra regola, la *regola di generalizzazione*, che ci permette di reintrodurre il quantificatore universale nei teoremi che contengono variabili libere in seguito a un'applicazione della particolarizzazione. Agendo, per esempio, sulla stringa citata per ultima, la generalizzazione darebbe

∀c:¬S(c+SS0)=0

La generalizzazione annulla il lavoro della particolarizzazione e viceversa. Di solito si applica la generalizzazione dopo una serie di passi intermedi mediante i quali la formula aperta è stata modificata in vari modi. Ecco la formulazione precisa della regola:

REGOLA DI GENERALIZZAZIONE: Supponiamo che *x* sia un teorema nel quale compare la variabile libera *u*. Allora ∀*u*:*x* è un teorema.

(*Restrizione*: all'interno di una fantasia non si ammettono generalizzazioni che riguardino una variabile che compariva libera nella premessa della fantasia).

Tra breve farò vedere esplicitamente il motivo per cui si impongono restrizioni a queste due regole. Si noti che questa generalizzazione è la stessa ricordata nel Capitolo II a proposito della dimostrazione di Euclide sull'infinità dei numeri primi. Possiamo già intravedere come queste regole per la manipolazione dei simboli comincino ad avvicinarsi al genere di ragionamento usato dai matematici.

Il quantificatore esistenziale

Queste ultime due regole ci dicevano come eliminare o introdurre il quantificatore universale; le prossime due regole ci diranno come manipolare il quantificatore esistenziale.

REGOLA DI SCAMBIO: Supponiamo che *u* sia una variabile. Allora le stringhe ∀*u*:¬ e ¬∃*u*: sono interscambiabili all'interno di un qualunque teorema.

Applichiamo questa regola, per esempio, all'Assioma 1:

$$\forall a{:}\neg Sa=0 \qquad \text{Assioma 1}$$
$$\neg\exists a{:}Sa=0 \qquad \text{scambio}$$

Si può facilmente osservare che entrambe queste stringhe sono traduzioni perfettamente naturali, in AT, dell'enunciato "Zero non è il successore di alcun numero naturale". Perciò è bene che si possano facilmente trasformare l'una nell'altra.

La prossima regola è, se è possibile, ancora più intuitiva. Essa corrisponde a quel tipo di inferenza molto semplice che ci fa passare da "2 è un numero primo" a "Esiste un numero primo". Il suo significato è nel suo nome:

REGOLA DI ESISTENZA: Supponiamo che un termine (che potrà contenere variabili purché libere) compaia una o più volte in un teorema. Allora si potrà sostituire quel termine in una, o in alcune o in tutte le sue occorrenze con una variabile che non compare già nel teorema, facendo precedere il tutto dal corrispondente quantificatore esistenziale.

Applichiamo questa regola al solito Assioma 1:

$$\forall a{:}\neg Sa=0 \qquad \text{Assioma 1}$$
$$\exists b{:}\forall a{:}\neg Sa=b \qquad \text{esistenza}$$

A questo punto il lettore provi a spostare i simboli in base alle regole date finora fino ad ottenere il teorema $\neg\forall b{:}\exists a{:}Sa=b$.

Regole per l'uguaglianza e per il successore

Disponiamo delle regole per manipolare i quantificatori, ma finora nessuna regola ci insegna a manipolare i simboli ' = ' e 'S'. Rimediamo ora a questa situazione. In ciò che segue, r, s e t stanno tutti per *termini* arbitrari.

REGOLE PER L'UGUAGLIANZA:

SIMMETRIA. Se $r=s$ è un teorema, allora lo è $s=r$.

TRANSITIVITÀ. Se $r=s$ e $s=t$ sono teoremi, allora lo è $r=t$.

REGOLE PER IL SUCCESSORE:

INTRODUZIONE DI S. Se $r=t$ è un teorema, allora $Sr=St$ è un teorema.

ELIMINAZIONE DI S. Se $Sr=St$ è un teorema, allora $r=t$ è un teorema.

Le regole di cui ora disponiamo sono sufficienti a darci una quantità formidabile di teoremi. Per esempio, le seguenti derivazioni ci permettono di ottenere teoremi piuttosto fondamentali:

(1)	∀a:∀b:(a + Sb) = S(a + b)	assioma 3
(2)	∀b:(S0 + Sb) = S(S0 + b)	particolarizzazione (S0 sostituisce a)
(3)	(S0 + S0) = S(S0 + 0)	particolarizzazione (0 sostituisce b)
(4)	∀a:(a + 0) = a	assioma 2
(5)	(S0 + 0) = S0	particolarizzazione (S0 sostituisce a)
(6)	S(S0 + 0) = SS0	introduzione di S
(7)	(S0 + S0) = SS0	transitività (righe 3,6)

* * * * *

(1)	∀a:∀b:(a·Sb) = ((a·b) + a)	assioma 5
(2)	∀b:(S0·Sb) = ((S0·b) + S0)	particolarizzazione (S0 sostituisce a)
(3)	(S0·S0) = ((S0·0) + S0)	particolarizzazione (0 sostituisce b)
(4)	∀a:∀b:(a + Sb) = S(a + b)	assioma 3
(5)	∀b:((S0·0) + Sb) = S((S0·0) + b)	particolarizzazione ((S0·0) sostituisce a)
(6)	((S0·0) + S0) = S((S0·0) + 0)	particolarizzazione (0 sostituisce b)
(7)	∀a:(a + 0) = a	assioma 2
(8)	((S0·0) + 0) = (S0·0)	particolarizzazione ((S0·0) sostituisce a)
(9)	∀a:(a·0) = 0	assioma 4
(10)	(S0·0) = 0	particolarizzazione (S0 sostituisce a)
(11)	((S0·0) + 0) = 0	transitività (righe 8, 10)
(12)	S((S0·0) + 0) = S0	introduzione di S
(13)	((S0·0) + S0) = S0	transitività (righe 6, 12)
(14)	(S0·S0) = S0	transitività (righe 3, 13)

Scorciatoie illegittime

Ecco qui una domanda interessante: "Come si può ottenere una derivazione della stringa 0 = 0?". Sembra che la cosa più ovvia da fare sia derivare prima la stringa ∀a:a = a per applicare poi la particolarizzazione. Che cosa c'è da dire sulla seguente "derivazione" di ∀a:a = a... Cos'è che non va? Provi il lettore a individuare l'errore.

(1)	∀a:(a + 0) = a	assioma 2
(2)	∀a:a = (a + 0)	simmetria
(3)	∀a:a = a	transitività (righe 2, 1)

Ho proposto questo miniesercizio per sottolineare un fatto molto semplice: non bisogna procedere con troppa fretta quando si manipolano simboli familiari (come ' = '). Occorre seguire le regole, e non la propria conoscenza del significato passivo dei simboli. Naturalmente quest'ultimo tipo di conoscenza rimane preziosissimo nella sua funzione di guida nel corso di una derivazione.

Perché si pongono restrizioni alla generalizzazione e alla particolarizzazione

Vediamo ora perché è necessario porre restrizioni sia alla generalizzazione sia alla particolarizzazione. Darò qui di seguito due derivazioni. In ognuna di esse una delle restrizioni viene violata. Si consideri quali risultati disastrosi ne conseguono:

(1)	[	push
(2)	a=0	premessa
(3)	∀a:a=0	generalizzazione (*illegittima!*)
(4)	Sa:=0	particolarizzazione
(5)	]	pop
(6)	<a=0⊃Sa=0>	regola di fantasia
(7)	∀a:<a=0⊃Sa=0>	generalizzazione
(8)	<0=0⊃S0=0>	particolarizzazione
(9)	0=0	teorema già derivato
(10)	S0=0	*modus ponens* (righe 9, 8)

Ecco il primo disastro. Ne produrremo un altro con una particolarizzazione illegittima.

(1)	∀a:a=a	teorema già derivato
(2)	Sa=Sa	particolarizzazione
(3)	∃b:b=Sa	esistenza
(4)	∀a:∃b:b=Sa	generalizzazione
(5)	∃b:b=Sb	particolarizzazione (*illegittima!*)

Dunque ora è chiaro perché occorre fare quelle restrizioni.

Propongo un altro problemino: tradurre (se non lo si è già fatto) il quarto postulato di Peano nella notazione dell'AT e poi derivare la stringa ottenuta come teorema.

Manca qualcosa

Se ci si mette a sperimentare per un po' con le regole e gli assiomi dell'AT finora presentati, si troverà che si può produrre la seguente *famiglia piramidale* di teoremi (un insieme di stringhe che provengono tutte da uno stesso stampo e che differiscono tra loro solo per il fatto che vi sono stati inseriti i numerali 0, S0, SS0 e così via):

$$(0+0)=0$$
$$(0+S0)=S0$$
$$(0+SS0)=SS0$$
$$(0+SSS0)=SSS0$$
$$(0+SSSS0)=SSSS0$$

ecc.

Si dà il caso che ognuno dei teoremi di questa famiglia può essere derivato da quello che lo precede immediatamente con solo un paio di passaggi. Si tratta perciò di una specie di "cascata" di teoremi, dove ogni elemento innesca il successivo. (Questi teoremi somigliano molto a quei teoremi del sistema pg in cui le stringhe di trattini poste al centro e sulla destra crescevano simultaneamente).

Orbene, esiste una stringa che possiamo scrivere facilmente e che riassume il significato passivo di tutti questi teoremi nel loro insieme. Tale *stringa-riassunto* fa intervenire un quantificatore universale; eccola:

$$\forall a{:}(0+a)=a$$

Eppure con le regole date finora non si riesce a produrla. Ci provi il lettore incredulo!

Viene fatto di pensare che si potrebbe trovare immediatamente un rimedio alla situazione adottando la seguente

REGOLA DELLA TOTALITÀ (PROPOSTA): Se tutte le stringhe di una famiglia piramidale sono teoremi, allora la stringa universalmente quantificata che le riassume tutte è ancora un teorema.

La difficoltà che si ha con questa regola è che non è possibile applicarla nel modo M. Solo chi riflette *sul* sistema può sapere che tutte le stringhe di un insieme infinito sono teoremi. Questa regola non si può perciò incorporare in un sistema formale.

Sistemi ω-incompleti e stringhe indecidibili

Ci troviamo perciò in una strana situazione: siamo in grado di produrre tipograficamente teoremi sull'addizione di un qualunque numero *particolare*, ma non riusciamo a derivare come teorema neanche una stringa semplice come quella indicata sopra, che esprima una proprietà dell'addizione *in generale*. Potrà sembrare che la cosa non sia affatto strana, poiché con il sistema pg eravamo nella stessa identica situazione. Tuttavia il sistema pg non aveva alcuna pretesa circa quello che era in grado di fare; e del resto in quel simbolismo non c'era alcun modo per *esprimere* affermazioni generali sull'addizione, e tanto meno per dimostrarne. Semplicemente, non c'erano le attrezzature necessarie, e non ci veniva nemmeno in mente di pensare che il sistema fosse incompleto. Nel caso dell'AT, invece, la capacità espressiva è molto più forte, e le nostre aspettative nei suoi confronti sono di conseguenza maggiori di quanto non fossero rispetto al sistema pg. Se la stringa in questione non è un teorema, allora è ragionevole considerare difettosa l'AT. Di fatto, esiste un nome per i sistemi che presentano questo genere di difetto: essi si chiamano *ω-incompleti*. (Il prefisso 'ω' – 'omega' – proviene dal fatto che la totalità dei numeri naturali si indica a volte con 'ω'). Ecco la definizione precisa:

> Un sistema è ω-incompleto se tutte le stringhe di una famiglia piramidale sono teoremi, mentre la stringa-riassunto quantificata universalmente non è un teorema.

Diciamo per inciso che la negazione della nostra stringa-riassunto:

$$\neg \forall a:(0+a)=a$$

è anch'essa un nonteorema dell'AT. Ciò significa che la stringa in questione è *indecidibile all'interno del sistema*. Se questa fosse un teorema oppure lo fosse la sua negazione, la diremmo invece decidibile. Anche se può sembrare un termine mistico, l'indecidibilità all'interno di un dato sistema non ha proprio niente di mistico. Indica soltanto che il sistema potrebbe venire esteso. Per esempio, all'interno della geometria assoluta, il quinto postulato di Euclide è indecidibile. Occorre aggiungerlo esplicitamente come postulato se si vuole ottenere la geometria euclidea: oppure si può aggiungere la sua negazione, per ottenere la geometria noneuclidea. Si ricorderà la ragione per la quale nella geometria capita questa strana cosa. È perché i quattro postulati della geometria assoluta non vincôlano ancora il significato dei termini "punto" e "retta", lasciando un margine per *estensioni differenti* di quei concetti. I punti e le rette della geometria euclidea forniscono una particolare estensione dei concetti "punto" e "retta"; i PUNTI e le RETTE della geometria noneuclidea ne forniscono un altro. Tuttavia avere adoperato le parole "punto" e "retta" con il loro significato precostituito indusse a credere per duemila anni che quelle parole fossero necessariamente univoche, capaci cioè di assumere un solo significato.

L'AT noneuclidea

Ci troviamo ora in una situazione analoga per quanto riguarda l'AT. Abbiamo adottato una notazione che, in un certo modo, ci porta fuori strada. Per esempio, l'uso del simbolo ' + ' ci induce a pensare che ogni teorema nel quale appare il segno più dovrebbe dire qualcosa di noto e di familiare, qualcosa di "ragionevole" sull'operazione nota e familiare che chiamiamo "addizione". Andremmo perciò contro le nostre inclinazioni se proponessimo di aggiungere il seguente "sesto assioma":

$$\neg \forall a:(0+a)=a$$

Esso non quadra con ciò che crediamo a proposito dell'addizione. Tuttavia esso costituisce una delle possibili estensioni dell'AT nella sua attuale versione. Il sistema che lo usa come sesto assioma è *coerente*, nel senso che non contiene due teoremi della forma x e $\neg x$. Tuttavia, se si mette questo "sesto assioma" accanto alla famiglia piramidale di teoremi che abbiamo visto prima, si ha l'impressione che ci sia un'apparente contraddizione tra quella famiglia e il nuovo assioma. Ma questo tipo di contraddizione non è così dannoso come l'altro (quello in cui sia x che $\neg x$ sono teoremi). Infatti non si tratta di una vera e propria contraddizione, poiché esiste un modo di interpretare i simboli che consente di far funzionare tutto alla perfezione.

La ω-incoerenza è diversa dall'incoerenza

Questo tipo di incoerenza, prodotta dall'opposizione tra (1) una famiglia piramidale di teoremi i quali, nel loro insieme, affermano che *tutti* i numeri naturali hanno una qualche proprietà, e (2) un dato teorema che sembra affermare che *non tutti* i numeri godono di quella proprietà, è stata chiamata *ω-incoerenza*. Un sistema ω-incoerente somiglia piuttosto alla geometria noneuclidea, inizialmente-ripugnante-ma-alla-fine-accettabile. Per farsi un modello mentale di come stanno le cose, bisogna immaginare che vi siano alcuni numeri "extra" insospettati, chiamiamoli non "naturali" ma *soprannaturali*, che non hanno numerali. I fatti che li riguardano non possono perciò essere rappresentati nella famiglia piramidale. (C'è una certa somiglianza con la concezione che Achille ha del SIGNOR: una specie di "supergenìde", un essere più grande di ognuno dei genìdi. Il Genio respinse questa immagine, che però rimane ragionevole e può aiutarci ora ad immaginare i numeri soprannaturali).

La morale di tutto ciò è che gli assiomi e le regole dell'AT, così come li abbiamo presentati finora, non vincolano ancora completamente l'interpretazione dei simboli dell'AT. C'è ancora un margine entro il quale il nostro modello mentale dei concetti da essi rappresentati può variare. Ognuna delle varie estensioni possibili preciserebbe maggiormente alcuni di quei concetti; ma in modi diversi. Quali simboli comincerebbero ad assumere un significato passivo "ripugnante" se aggiungessimo il nostro "sesto assioma"? Sarebbero contaminati *tutti* i simboli, o alcuni di essi continuerebbero a significare ciò che vorremmo? Ci rifletta, il lettore. Nel frattempo, lasceremo aperta la questione per riprenderla nel Capitolo XIV, dove ci imbatteremo in un problema analogo. Per il momento cercheremo invece di rimediare alla ω-incoerenza dell'AT.

L'ultima regola

La difficoltà della "Regola della Totalità" era che la sua applicazione richiedeva l'informazione che tutte le righe di una famiglia piramidale infinita fossero teoremi: troppo per un essere finito. Ma supponiamo che ogni riga della piramide sia derivabile dalla precedente in un modo *strutturato*. Ci sarebbe una *ragione finita* per affermare che tutte le stringhe della piramide sono teoremi. L'astuzia consiste perciò nel trovare la *struttura* che genera la cascata, e nel mostrare che quella struttura è essa stessa un teorema. È come dimostrare che ogni genìde trasmette un messaggio al suo meta, come nel gioco infantile del "telefono". L'altra cosa che rimane da mostrare è che il messaggio a cascata parte da Genio: di stabilire, cioè, che la prima riga della piramide è un teorema. Allora si saprà che il messaggio giungerà fino al SIGNOR!

Nella piramide della quale ci stiamo occupando c'è una struttura che si delinea nelle righe 4-9 qui sotto.

(1)	∀a:∀b:(a + Sb) = S(a + b)	assioma 3
(2)	∀b:(0 + Sb) = S(0 + b)	particolarizzazione
(3)	(0 + Sb) = S(0 + b)	particolarizzazione
(4)	[	push
(5)	(0 + b) = b	premessa
(6)	S(0 + b) = Sb	introduzione di S
(7)	(0 + Sb) = S(0 + b)	trasferimento della riga 3
(8)	(0 + Sb) = Sb	transitività
(9)	]	pop

La premessa è (0 + b) = b, la conclusione è (0 + Sb) = Sb.

La prima riga della piramide è anch'essa un teorema: segue direttamente dall'Assioma 2. A questo punto ci manca soltanto una regola che ci permetta di dedurre che la stringa-riassunto dell'intera piramide è essa stessa un teorema. Questa regola sarà una versione formalizzata del quinto postulato di Peano.

Per esprimere tale regola ci occorre una nuova notazione. Abbrevieremo una formula ben formata nella quale la variabile a è libera nel modo seguente:

$$X\{a\}$$

(Potranno esservi altre variabili libere, ma ciò non ha importanza). Indicheremo inoltre con $X\{Sa/a\}$ quella stessa stringa nella quale però, in ogni sua occorrenza, a è stata sostituita con Sa. Analogamente, $X\{0/a\}$ indicherà la stringa ottenuta da quella iniziale sostituendo in ogni sua occorrenza a con 0.

Per dare un esempio specifico, prendiamo per $X\{a\}$ la stringa in questione: (0 + a) = a. $X\{Sa/a\}$ rappresenterebbe allora la stringa (0 + Sa) = Sa, e $X\{0/a\}$ rappresenterebbe (0 + 0) = 0. (Avvertenza: questa notazione non fa parte dell'AT; ce ne serviamo per poter parlare più agevolmente *dell'*AT).

Con questa nuova notazione possiamo dare una precisa formulazione dell'ultima regola dell'AT:

REGOLA DI INDUZIONE: Sia *u* una variabile e $X\{u\}$ una formula ben formata nella quale u compare libera. Se $\forall u{:}\langle X\{u\}\supset X\{\mathrm{S}u/u\}\rangle$ e $X\{0/u\}$ sono entrambe teoremi, allora anche $\forall u{:}X\{u\}$ è un teorema.

Questa regola ci dà praticamente la migliore approssimazione al quinto postulato di Peano che si possa ottenere all'interno dell'AT. Adoperiamola dunque per mostrare che $\forall \mathrm{a}{:}(0+\mathrm{a})=\mathrm{a}$ è effettivamente un teorema nell'AT. All'uscita dalla fantasia della derivazione appena svolta possiamo applicare la regola di fantasia per ottenere

(10)	$\langle(0+\mathrm{b})=\mathrm{b}\supset(0+\mathrm{Sb})=\mathrm{Sb}\rangle$	regola di fantasia
(11)	$\forall \mathrm{b}{:}\langle(0+\mathrm{b})=\mathrm{b}\supset(0+\mathrm{Sb})=\mathrm{Sb}\rangle$	generalizzazione

Quest'ultimo teorema ci fornisce uno dei due teoremi che servono per poter applicare la regola di induzione. L'altro teorema richiesto è già in nostro possesso, e corrisponde alla prima riga della piramide. Possiamo perciò applicare la regola di induzione per dedurre quanto volevamo:

$$\forall \mathrm{b}{:}(0+\mathrm{b})=\mathrm{b}$$

Usando la particolarizzazione e la generalizzazione potremo mettere la variabile a al posto di b; pertanto $\forall \mathrm{a}{:}(0+\mathrm{a})=\mathrm{a}$ non è più una stringa indecidibile dell'AT.

Una lunga derivazione

Voglio ora presentare una derivazione piuttosto lunga dell'AT per dare un'idea dell'aspetto che assumono queste derivazioni; essa è interessante anche per il fatto che il teorema che così stabiliremo, pur essendo estremamente semplice, esprime un fatto significativo dell'aritmetica.

(1)	$\forall \mathrm{a}{:}\forall \mathrm{b}{:}(\mathrm{a}+\mathrm{Sb})=\mathrm{S}(\mathrm{a}+\mathrm{b})$	assioma 3
(2)	$\forall \mathrm{b}{:}(\mathrm{d}+\mathrm{Sb})=\mathrm{S}(\mathrm{d}+\mathrm{b})$	particolarizzazione
(3)	$(\mathrm{d}+\mathrm{SSc})=\mathrm{S}(\mathrm{d}+\mathrm{Sc})$	particolarizzazione
(4)	$\forall \mathrm{b}{:}(\mathrm{Sd}+\mathrm{Sb})=\mathrm{S}(\mathrm{Sd}+\mathrm{b})$	particolarizzazione (riga 1)
(5)	$(\mathrm{Sd}+\mathrm{Sc})=\mathrm{S}(\mathrm{Sd}+\mathrm{c})$	particolarizzazione
(6)	$\mathrm{S}(\mathrm{Sd}+\mathrm{c})=(\mathrm{Sd}+\mathrm{Sc})$	simmetria
(7)	[	push
(8)	$\quad\forall \mathrm{d}{:}(\mathrm{d}+\mathrm{Sc})=(\mathrm{Sd}+\mathrm{c})$	premessa
(9)	$\quad(\mathrm{d}+\mathrm{Sc})=(\mathrm{Sd}+\mathrm{c})$	particolarizzazione
(10)	$\quad\mathrm{S}(\mathrm{d}+\mathrm{Sc})=\mathrm{S}(\mathrm{Sd}+\mathrm{c})$	introduzione di S
(11)	$\quad(\mathrm{d}+\mathrm{SSc})=\mathrm{S}(\mathrm{d}+\mathrm{Sc})$	trasferimento di 3
(12)	$\quad(\mathrm{d}+\mathrm{SSc})=\mathrm{S}(\mathrm{Sd}+\mathrm{c})$	transitività
(13)	$\quad\mathrm{S}(\mathrm{Sd}+\mathrm{c})=(\mathrm{Sd}+\mathrm{Sc})$	trasferimento di 6
(14)	$\quad(\mathrm{d}+\mathrm{SSc})=(\mathrm{Sd}+\mathrm{Sc})$	transitività
(15)	$\quad\forall \mathrm{d}{:}(\mathrm{d}+\mathrm{SSc})=(\mathrm{Sd}+\mathrm{Sc})$	generalizzazione
(16)	]	pop

(17)	$<\forall d:(d+Sc)=(Sd+c)\supset\forall d:(d+SSc)=(Sd+Sc)>$	regola di fantasia
(18)	$\forall c:<\forall d:(d+Sc)=(Sd+c)\supset\forall d:(d+SSc)=(Sd+Sc)>$	generalizzazione

* * * * *

(19)	$(d+S0)=S(d+0)$	particolarizzazione (riga 2)
(20)	$\forall a:(a+0)=a$	assioma 1
(21)	$(d+0)=d$	particolarizzazione
(22)	$S(d+0)=Sd$	introduzione di S
(23)	$(d+S0)=Sd$	transitività (righe 19, 22)
(24)	$(Sd+0)=Sd$	particolarizzazione (riga 20)
(25)	$Sd=(Sd+0)$	simmetria
(26)	$(d+S0)=(Sd+0)$	transitività (righe 23, 25)
(27)	$\forall d:(d+S0)=(Sd+0)$	generalizzazione

* * * * *

(28)	$\forall c:\forall d:(d+Sc)=(Sd+c)$	induzione (righe 18, 27)

[In un'addizione S può essere spostato da un termine all'altro].

* * * * *

(29)	$\forall b:(c+Sb)=S(c+b)$	particolarizzazione (riga 1)
(30)	$(c+Sd)=S(c+d)$	particolarizzazione
(31)	$\forall b:(d+Sb)=S(d+b)$	particolarizzazione (riga 1)
(32)	$(d+Sc)=S(d+c)$	particolarizzazione
(33)	$S(d+c)=(d+Sc)$	simmetria
(34)	$\forall d:(d+Sc)=(Sd+c)$	particolarizzazione (riga 28)
(35)	$(d+Sc)=(Sd+c)$	particolarizzazione
(36)	[	push
(37)	$\quad\forall c:(c+d)=(d+c)$	premessa
(38)	$\quad(c+d)=(d+c)$	particolarizzazione
(39)	$\quad S(c+d)=S(d+c)$	introduzione di S
(40)	$\quad(c+Sd)=S(c+d)$	trasferimento di 30
(41)	$\quad(c+Sd)=S(d+c)$	transitività
(42)	$\quad S(d+c)=(d+Sc)$	trasferimento di 33
(43)	$\quad(c+Sd)=(d+Sc)$	transitività
(44)	$\quad(d+Sc)=(Sd+c)$	trasferimento di 35

(45)	$(c+Sd)=(Sd+c)$	transitività
(46)	$\forall c:(c+Sd)=(Sd+c)$	generalizzazione
(47)	]	pop
(48)	$<\forall c:(c+d)=(d+c)\supset\forall c:(c+Sd)=(Sd+c)>$	regola di fantasia
(49)	$\forall d:<\forall c:(c+d)=(d+c)\supset\forall c:(c+Sd)=(Sd+c)>$	generalizzazione

[Se d commuta con ogni c, allora può farlo anche Sd].

* * * * *

(50)	$(c+0)=c$	particolarizzazione (riga 20)
(51)	$\forall a:(0+a)=a$	teorema già dimostrato
(52)	$(0+c)=c$	particolarizzazione
(53)	$c=(0+c)$	simmetria
(54)	$(c+0)=(0+c)$	transitività (righe 50, 53)
(55)	$\forall c:(c+0)=(0+c)$	generalizzazione

[0 commuta con ogni c].

* * * * *

(56)	$\forall d:\forall c:(c+d)=(d+c)$	induzione (righe 49, 55)

[Perciò, ogni d commuta con ogni c].

Tensione e risoluzione nell'AT

L'AT ha dimostrato la commutatività dell'addizione. Anche se non si segue la derivazione in tutti i suoi dettagli, è importante rendersi conto che essa ha un suo "ritmo" naturale, come un brano musicale. Non è un semplice percorso casuale che, non si sa come, approda alla fine proprio alla riga desiderata. Ho inserito gli asterischi per indicare i punti nei quali si "respira", sottolineando così un po' l'"articolazione" di questa derivazione. In particolare, la riga 28 costituisce una svolta nella derivazione, qualcosa come il punto terminale della prima metà in un pezzo musicale della forma *AABB*, dove si giunge ad una risoluzione momentanea, anche se non nella tonalità iniziale. Queste importanti tappe intermedie vengono spesso chiamate "lemmi".

È facile immaginarsi un lettore che inizia dalla prima riga di questa derivazione ignorando dove andrà a finire e che, a mano a mano che procede, riga dopo riga, comincia a capire in quale direzione sta andando. Ciò provocherà in lui una tensione interiore, molto simile alla tensione generata in un brano musicale dalla progressione degli accordi, che gli fa capire qual è la tonalità, senza giungere alla risoluzione. Arrivato alla riga 28, l'ipotetico lettore si troverebbe confermato nella sua intuizione e percepirebbe una momentanea soddisfazione; nello stesso tempo, si troverebbe rafforzato nel suo desiderio di proseguire verso il punto che egli ritiene il vero obiettivo.

Più avanti, la riga 49 costituisce un punto delicato e importante allo stesso tempo: inducendo la sensazione di "quasi arrivato", essa fa aumentare la tensione. Sarebbe estremamente frustrante interrompere proprio in quel punto! Da lì in poi, si può prevedere quasi punto per punto come andranno le cose. Ma non si vorrebbe che un brano musicale s'interrompesse proprio nel momento in cui è diventato chiaro il modo in cui si risolverà. Non si vuole solo *immaginare* la fine: la si vuole *sentire*. La stessa cosa capita qui: dobbiamo andare fino alla fine. La riga 55 è inevitabile e crea tutte le tensioni finali, che si risolvono con la riga 56.

Questo fenomeno è tipico non solo per la struttura delle dimostrazioni formali, ma anche per quelle non formalizzate. Il senso della tensione del matematico è intimamente connesso con il suo senso della bellezza. È questo che rende entusiasmante l'attività matematica. Tuttavia occorre tener presente che all'interno dell'AT stessa non sembra esserci alcun riflesso di quelle tensioni. In altre parole, l'AT non formalizza i concetti di tensione e di risoluzione, di obiettivo finale e di obiettivo intermedio, di "naturalezza" e di "inevitabilità", così come un brano musicale non è un trattato di armonia e di ritmo. È concepibile un sistema tipografico di qualità superiore che sia *cosciente* delle tensioni e degli obiettivi all'interno delle derivazioni?

Ragionamento formale e ragionamento non formalizzato

Avrei preferito far vedere come si deriva nell'AT il Teorema di Euclide (cioè che esiste un'infinità di numeri primi), ma ciò avrebbe probabilmente raddoppiato le dimensioni di questo libro. Ora, dopo questo teorema, la cosa naturale da fare sarebbe dimostrare l'associatività dell'addizione, poi la commutatività e l'associatività della moltiplicazione e infine la distributività della moltiplicazione rispetto all'addizione. Avremmo così una buona base per lavorare.

Così com'è formulata ora, l'AT ha raggiunto la sua "tensione di rottura" (strana metafora per un sistema il cui nome può leggersi Alta Tensione). Essa possiede la stessa potenza del sistema dei *Principia Mathematica*; nell'AT si possono dimostrare tutti i teoremi che si trovano in un manuale di aritmetica e di teoria dei numeri. Naturalmente nessuno affermerebbe che il miglior modo per fare aritmetica consista nel derivare teoremi nell'AT. Chi pensasse questo apparterrebbe a quella categoria di persone convinte che il miglior metodo per sapere quanto fa 1000 × 1000 sia quello di tracciare un reticolato di 1000 quadratini per 1000 e di contare i quadratini in esso contenuti... No: dopo la formalizzazione totale, l'unica strada da percorrere è quella che porta a ridurre il ricorso al sistema formale. Altrimenti esso risulta così ingombrante da diventare inutile a tutti gli effetti pratici. È perciò importante immergere l'AT in un contesto più ampio, un contesto che ci permetta di derivare nuove regole di inferenza, in modo da accorciare le derivazioni. Ciò richiederebbe la formalizzazione del linguaggio nel quale le regole di inferenza si esprimono, cioè del metalinguaggio. E si potrebbe andare molto più lontano. Tuttavia nessuno di questi trucchi per sveltire il sistema renderebbe l'AT più *potente*: la renderebbero semplicemente più *utilizzabile*. Il fatto è che abbiamo messo nell'AT tutte le modalità di pensiero sulle quali ci si basa in aritmetica. Immergendo l'AT in un qualunque contesto più ampio non si ingrandirà lo spazio dei teoremi; si otterrà soltanto che il lavorare in AT, o in ogni sua versione "riveduta e corretta", somiglierà di più a ciò che si fa nell'aritmetica convenzionale.

I matematici abbandonano l'aritmetica

Supponiamo che ancora non si sappia che l'AT risulterà incompleta, ma che ci si aspetti piuttosto che sia completa, cioè che ogni proposizione vera esprimibile nella notazione dell'AT sia un teorema. In questo caso, sarebbe possibile stabilire una procedura di decisione per tutta l'aritmetica. Il metodo sarebbe facile: per sapere se una proposizione X di A è vera o falsa, la si traduce in un enunciato x di AT. Ora, se X è vera, la completezza ci dice che x è un teorema: e, viceversa, se è vera non X, allora la completezza ci dice che $\neg x$ è un teorema. Perciò, o x o $\neg x$ dev'essere un teorema, poiché o X o non X è vera. Si cominciano quindi ad enumerare sistematicamente tutti i teoremi dell'AT, allo stesso modo in cui lo abbiamo fatto per il sistema MIU e il sistema pg. Dopo un po' si arriverà necessariamente a x o a $\neg x$; allora, vedendo quale dei due si presenta, sapremo quale delle due proposizioni X e non X è vera. (È chiara questa argomentazione? La possibilità di comprenderla dipende in modo cruciale dalla capacità di distinguere nella propria mente il sistema formale AT dal suo equivalente non formalizzato che è A. Ci si assicuri di aver capito questo punto). Perciò, in linea di principio, se l'AT fosse completa, i matematici potrebbero abbandonare l'aritmetica: ogni questione ad essa attinente potrebbe essere risolta in un modo puramente meccanico, purché ci sia abbastanza tempo a disposizione. Vedremo che ciò è impossibile, e questa è una fortuna, o una sfortuna, a seconda dei punti di vista.

Il programma di Hilbert

L'ultima questione che affronteremo in questo Capitolo è se si debba riporre nella coerenza dell'AT la stessa fiducia che abbiamo riposto nella coerenza del Calcolo Proposizionale; in caso contrario, occorrerà chiedersi se non sia possibile rafforzare la nostra fiducia nell'AT *dimostrandone* la coerenza. Potremmo iniziare la discussione con la stessa affermazione fatta da Imprudenza riguardo al Calcolo Proposizionale dicendo che la coerenza dell'AT è "evidente", richiamandoci cioè al fatto che ogni regola rappresenta un principio di ragionamento nel quale abbiamo piena fiducia e che, perciò, mettere in dubbio la coerenza dell'AT significherebbe mettere in dubbio la nostra sanità mentale. In una certa misura questo argomento ha ancora un suo peso, ma non tanto quanto ne aveva prima. Le regole di inferenza sono troppe, e alcune di esse potrebbero essere leggermente "incongrue". Inoltre, chi ci garantisce che questo nostro modello mentale a proposito di quelle entità astratte che chiamiamo "numeri naturali" è effettivamente un costrutto coerente? Forse i nostri processi di pensiero, quei processi intuitivi che abbiamo cercato di catturare nelle regole formali del sistema, sono essi stessi contraddittori! Evidentemente non è questo che ci aspettiamo, ma diventa tanto più plausibile che i nostri pensieri possano portarci fuori strada quanto più complesso è il loro oggetto; e i numeri naturali costituiscono un oggetto di studio tutt'altro che semplice. In questo caso, perciò, occorre prendere maggiormente in considerazione l'appello di Prudenza che reclama una *dimostrazione* della coerenza. Non perché nutriamo seri dubbi sulla coerenza dell'AT, ma perché sussiste un *piccolo* dubbio, un'ombra, una parvenza di dubbio nella nostra mente, e una dimostrazione ci aiuterebbe a dissipare quel dubbio.

Ma quali metodi dimostrativi vogliamo ammettere? Di nuovo ci troviamo di fronte alla ricorrente questione della circolarità. Se utilizziamo in una dimostrazione *a proposito* del sistema tutto l'armamentario che abbiamo incorporato *nel* sistema, che cosa avremo ottenuto? Se riuscissimo a convincerci della coerenza dell'AT usando un sistema di ragionamento più debole dell'AT, allora l'obiezione di circolarità non ci preoccuperebbe più! Si pensi al metodo usato per fare passare una grossa fune tra due navi (perlomeno secondo la descrizione che ho letto quando ero ragazzo): prima si lancia dall'una all'altra nave una freccia legata ad una funicella sottile e leggera. Una volta stabilito un collegamento tra le due navi, si può far passare la fune pesante. Se noi potessimo usare un sistema "leggero" per mostrare che il sistema "pesante" è coerente, allora avremmo realmente compiuto un passo avanti.

Orbene, a prima vista si potrebbe pensare che questa funicella sottile esista. Il nostro obiettivo è di dimostrare che l'AT possiede una certa proprietà tipografica (la coerenza): che, cioè, non possono comparire fra i teoremi sia x sia $\neg x$. Ciò somiglia al tentativo di mostrare che MU non è un teorema del sistema MIU. In entrambi i casi si tratta di affermazioni su proprietà *tipografiche* di sistemi basati sulla manipolazione di simboli. Le speranze di poter trovare una funicella sottile sono fondate sul presupposto che *non occorrerà fare uso di fatti riguardanti l'aritmetica* per dimostrare che sussiste quella proprietà tipografica. In altre parole, se non usiamo la proprietà dei numeri interi, o se usiamo solo un piccolo numero di proprietà estremamente semplici, allora potremmo raggiungere il nostro obiettivo di dimostrare la coerenza dell'AT con mezzi che sono più deboli delle modalità di ragionamento esistenti all'interno dell'AT stessa.

Questa speranza venne coltivata all'inizio del nostro secolo da un'importante scuola di matematici e logici ispirata da David Hilbert. L'obiettivo era di dimostrare la coerenza delle formalizzazioni dell'aritmetica del tipo dell'AT usando un insieme molto ridotto di princìpi di ragionamento, i cosidetti metodi "finitistici" di ragionamento. Questi dovevano costituire la funicella sottile. I metodi finitisti comprendono tutto il ragionamento proposizionale così come si trova riassunto nel Calcolo Proposizionale, nonché alcuni tipi di ragionamento numerico. Ma l'opera di Gödel mostrò che ogni tentativo di far passare la fune pesante della coerenza dell'AT servendosi della funicella sottile offerta dai metodi finitisti era condannato al fallimento. Gödel mostrò che per far passare la fune pesante non si può usare una fune più leggera; nessuna di queste è abbastanza solida. Fuori di metafora, possiamo dire: *Ogni sistema abbastanza forte per dimostrare la coerenza dell'AT possiede almeno altrettanta forza dell'AT stessa*. Di conseguenza, la circolarità è inevitabile.

Un'offerta Mu[1]

La Tartaruga e Achille stanno bevendo il tè a casa di quest'ultimo, di ritorno da una conferenza sulle origini del Codice Genetico.

Achille: Devo confessarle una cosa terribile, signorina T.

Tartaruga: Che cosa, Achille?

Achille: Benché l'argomento della conferenza fosse affascinante, mi sono appisolato un paio di volte. Ma quell'assopimento non ha impedito che le parole mi raggiungessero in qualche modo. Una strana immagine emergeva dai livelli più profondi del mio essere: 'A' e 'T', invece di significare "Adenina" e "Timina", stavano per i nostri nomi, e quei doppi filamenti di DNA portavano attaccate lungo le loro impalcature di sostegno minuscole copie di lei e di me sempre appaiate, proprio come succede per l'adenina e la timina. Non le pare una strana immagine simbolica?

Tartaruga: Mah! Chi ci crede a quella roba ridicola? E poi, che cosa significavano secondo lei 'C' e 'G'?

Achille: Suppongo che 'C' possa stare per "granChio", anche se ho come un presentimento che voglia dire molto di più. Non saprei su due piedi cosa dire per 'G', ma non dubito che si possa trovare qualcosa. Comunque, era divertente immaginare il mio DNA carico di piccole copie di lei e di me. Pensi al regresso all'infinito che ciò comporta!

Tartaruga: Mi rendo conto che lei non ha prestato molta attenzione alla conferenza.

Achille: No, lei mi fa torto. È solo che mi riusciva difficile separare i fatti dall'immaginazione. In fondo, il mondo sotterraneo che questi biologi molecolari vanno indagando è davvero strano.

Tartaruga: In che senso?

Achille: La biologia molecolare è caratterizzata da curiosi anelli assai contorti che non mi sono completamente chiari: pensi, per esempio, al modo in cui le proteine, ripiegate su se stesse e il cui codice è nel DNA, possono tornare indietro a manipolare il DNA dal quale provengono, magari arrivando perfino a distruggerlo! Anelli così strani mi confondono oltre ogni misura. In un certo senso sono inquietanti.

Tartaruga: Io li trovo affascinanti.

Achille: C'era da aspettarselo. Essi, infatti, sono coerenti con la sua visione delle cose. Ma per quanto mi riguarda, a volte preferisco ritrarmi da tutto questo pensare analitico e meditare per un po'. Funziona come antidoto, purifica la mente da tutta questa confusione di anelli e da tutte le incredibili complessità di cui abbiamo avuto un saggio nella conferenza di oggi.

Tartaruga: Ma guarda! Chi l'avrebbe mai detto che lei fosse dedito alla meditazione!

Achille: Non le ho mai detto che sto studiando il Buddhismo Zen?

Tartaruga: Bontà divina! Come ci è arrivato?

Achille: Ho sempre avuto inclinazione per queste cose, sa: tutto il misticismo orientale, lo *I Ching*, i guru e via dicendo. Così un giorno mi sono detto: "E perché mai non dovrei occuparmi anche di Zen?". E così cominciai.

Tartaruga: Oh, splendido! Così anch'io potrò saperne qualcosa, essere finalmente illuminata...

Achille: Andiamoci piano! L'illuminazione non è certo il primo passo nell'apprendimento dello Zen. Caso mai, è l'ultimo! L'illuminazione non è per novizi come lei, signorina T.!

Tartaruga: Qui c'è un equivoco; io intendevo dire: "essere illuminata sullo Zen" o, in altri termini, scoprire di che cosa tratta lo Zen; non pensavo al significato profondo che il termine "illuminazione" ha per lo Zen.

Achille: E allora, perché non l'ha detto più chiaramente? Bene, per me sarà un gran piacere dirle quel che so sullo Zen. Forse anche lei potrebbe essere tentata di diventarne un adepto come me.

Tartaruga: Tutto è possibile.

Achille: Potrebbe studiare con me sotto la guida del mio maestro Okanisama, il settimo patriarca.

Tartaruga: Che significa, perbacco?

Achille: Per capirlo veramente, occorrerebbe conoscere la storia dello Zen.

Tartaruga: Allora me ne può dire qualcosa?

Achille: Sicuro! Lo Zen è una forma di Buddhismo fondata da un monaco di nome Bodhidharma, il quale lasciò l'India e andò in Cina intorno al sesto secolo. Bodhidharma fu il primo patriarca; il sesto fu il bonZo Enone (ecco, finalmente mi è tornato in mente il nome giusto!).

Tartaruga: Il sesto patriarca fu il buon Zenone? Mi sembra strano; è l'ultima persona che avrei immaginato immischiata in questa faccenda. Dev'essere impazzito!

Achille: Ho l'impressione che lei sottovaluti l'importanza dello Zen. Stia a sentire ancora un poco e non è escluso che ne avrà una più alta considerazione. Come stavo dicendo, circa cinquecento anni dopo, lo Zen approdò in Giappone e lì si diffuse enormemente. Da allora è diventata una delle principali religioni professate in Giappone.

Tartaruga: Chi è questo Okanisama, il "settimo patriarca"?

Achille: È il mio maestro, e il suo insegnamento discende direttamente da quello del sesto patriarca. Egli mi ha insegnato che la realtà è una, immutabile ed eterna; tutta la pluralità, il divenire e il moto sono mere illusioni dei sensi.

Tartaruga: Non c'è dubbio, questo è proprio Zenone, lo si vede lontano un miglio. Ma come gli è successo di andarsi a cacciare in questo groviglio Zen? Poveraccio!

Achille: Ma che cosa dice? Io non la metterei in questi termini. Se QUALCUNO si è cacciato in un groviglio... ma lasciamo perdere. In ogni caso, non conosco la risposta alla sua domanda. Piuttosto mi lasci dire qualcosa sugli insegnamenti del mio maestro. Da lui ho imparato che nello Zen la meta è l'illuminazione, o SATORI: lo stato della "Non-mente". In questo stato, non si pensa al mondo, ma semplicemente si È. Ho imparato anche che il discepolo Zen non deve "attaccarsi" a nessuna cosa, a nessun pensiero né ad alcuna persona. Vale a dire, egli non deve credere o sentirsi legato ad alcun assoluto, nemmeno a questa filosofia del nonattaccarsi.

Tartaruga: Hum... C'È qualcosa di questo Zen che potrebbe piacermi.

Achille: Immaginavo che lei si sarebbe attaccata allo Zen!

Tartaruga: Ma mi dica: se lo Zen nega l'attività intellettuale, che senso ha ragionarne intellettualmente, studiarlo rigorosamente?

Achille: Questo problema mi ha preoccupato parecchio, ma alla fine credo di avere trovato una risposta accettabile. Ho capito che ci si può accostare inizialmente allo Zen seguendo una via qualsiasi, anche una via completamente antitetica allo Zen stesso. A mano a mano che ci si avvicina allo Zen, si impara gradualmente ad allontanarsi dalla via per la quale ci si sta avvicinando. Più ci si allontana da quella via, più ci si avvicina allo Zen.

Tartaruga: Tutto comincia a chiarirsi, ora.

Achille: Io preferisco avvicinarmi allo Zen attraverso le sue brevi, bizzarre e affascinanti parabole dette "kōan".

Tartaruga: Che cos'è un kōan?

Achille: Un kōan è un racconto sui maestri Zen e sui loro discepoli. Talvolta ha la forma di un indovinello; altre volte di una favola; e altre ancora di qualcosa mai sentito prima.

Tartaruga: È proprio interessante. Secondo lei, chi legge e gusta questi kōan sta praticando lo Zen?

Achille: Non saprei. Comunque, la mia opinione è che godere dei kōan è molto ma molto più vicino al vero Zen che leggere decine di volumi sull'argomento scritti in un pesante gergo filosofico.

Tartaruga: Mi piacerebbe sentirne uno o due, di questi kōan.

Achille: E a me piacerebbe raccontargliene qualcuno. Forse è meglio che cominci con il più famoso. Molti secoli fa c'era un maestro Zen di nome Jōshū, che visse fino all'età di 119 anni.

Tartaruga: Proprio un ragazzo!

Achille: Dal punto di vista di una tartaruga, certo. Ora, un giorno, mentre Jōshū e un altro monaco erano insieme nel monastero, un cane passò davanti ai loro occhi. Allora quel monaco chiese a Jōshū: "Il cane ha natura-Buddha?".

Tartaruga: Qualunque cosa significhi, mi dica, quale fu la risposta di Jōshū?

Achille: 'MU'.

Tartaruga: 'MU'? Che cos'è questo 'MU'? E il cane, che c'entra? E la natura-Buddha? Qual è la risposta?

Achille: È proprio 'MU', la risposta di Jōshū. Dicendo 'MU', Jōshū fece capire a quel monaco che la risposta a certe domande risiede nel non porle affatto.

Tartaruga: Jōshū aveva "disinnescato" la domanda.

Achille: Esattamente!

Tartaruga: Ma allora 'MU' è una cosa utile, da tenere a portata di mano. Talvolta anch'io vorrei disinnescare certe domande. Credo di cominciare a capire come funziona questo Zen. Conosce altri kōan, Achille? Mi piacerebbe sentirne ancora qualcuno.

Achille: Certo! Le racconterò due kōan che vanno in coppia; solo che...

Tartaruga: Che c'è?

Achille: Vede, c'è un problema. Per quanto molti li considerino entrambi dei kōan, il mio maestro mi ha avvertito che solo uno di essi è autentico. E oltre tutto, egli non sa quale è autentico e quale no.

Tartaruga: Incredibile! Ma perché non me li racconta tutti e due e dopo magari ne discutiamo insieme a nostro piacimento?

Achille: D'accordo. Uno dei presunti kōan dice:

Un monaco chiese a Baso: "Che cosa è Buddha?"
Baso rispose: "Questa mente è Buddha".

Tartaruga: Hum... "Questa mente è Buddha"? A volte non so proprio dove voglia andare a parare questo misticismo orientale.

Achille: Vediamo allora se l'altro presunto kōan le piace di più.

Tartaruga: Cosa dice?

Achille: Dice così:

Un monaco chiese a Baso: "Che cosa è Buddha?"
Baso rispose: "Questa mente non è Buddha".

Tartaruga: Oh, mio Dio! Come dire che la mia corazza è verde e non è verde! Mi piace!

Achille: Però, signorina T., i kōan non devono solo "piacerle".

Tartaruga: Benissimo, allora. Non mi piacciono.

Achille: Così va meglio. Ora, come stavo dicendo, il mio maestro crede che soltanto uno dei due sia autentico.

Tartaruga: Non riesco a immaginare che cosa possa averlo indotto a questa conclusione. Ma, in ogni caso, suppongo che tutta la questione sia puramente accademica, poiché non v'è modo di sapere se un kōan è autentico o meno.

Achille: Qui lei si sbaglia. Il mio maestro ci ha mostrato come fare per saperlo.

Tartaruga: Veramente? Una procedura di decisione per riconoscere l'autenticità dei kōan? Mi piacerebbe saperne di più.

Achille: Si tratta di un rituale piuttosto complesso, diviso in due fasi. Nella prima fase, bisogna TRADURRE il kōan in un nastro sottile, come potrebbe essere una stringa da scarpe, ripiegato su se stesso nelle tre dimensioni dello spazio.

Tartaruga: È una cosa davvero curiosa. E qual è la seconda fase?

Achille: Oh, questa è facile. Non c'è che da stabilire se la stringa ripiegata ha o no natura-Buddha! Se la risposta è affermativa, allora il kōan è autentico, altrimenti no.

Tartaruga: Hum... Ho l'impressione che in questo modo non si è fatto altro che trasferire il bisogno di una procedura di decisione da un dominio a un altro. Ora c'è bisogno di una procedura di decisione per quanto riguarda la natura-Buddha. E che succede a questo punto? In fondo, se non si è neanche in grado di determinare se un CANE

FIGURA 47. La Mezquita, *di M.C. Escher (pastello bianco e nero, 1936).*

ha la natura-Buddha o meno, che speranza c'è di poterlo determinare per tutte quelle eventuali stringhe ripiegate?

Achille: Il mio maestro mi ha spiegato che il passaggio da un dominio all'altro può essere d'aiuto. È come mutare il proprio punto di osservazione. Talvolta le cose sembrano complicate da una certa prospettiva, ma semplici da un'altra. Egli faceva l'esempio del frutteto che, guardato da certe direzioni, non presenta alcun ordine evidente, mentre, osservato da particolari angolazioni, rivela una meravigliosa regolarità. Una stessa informazione cambia aspetto se si modifica semplicemente il modo di considerarla.

Tartaruga: Capisco. Così potrebbe accadere che l'autenticità di un kōan sia celata in maniera profonda in esso, ma quando il kōan viene tradotto in una stringa, quell'autenticità in qualche modo emerge in superficie?

Achille: È ciò che il mio maestro ha scoperto.

Tartaruga: A questo punto m'interesserebbe sapere qualcosa sulla tecnica. Ma prima di tutto, mi dica: come si può trasformare un kōan (una successione di parole) in una stringa ripiegata (un oggetto tridimensionale)? Si tratta di entità del tutto diverse.

Achille: Questa è una delle cose più misteriose che ho imparato nello Zen. Vi sono due fasi, "trascrizione" e "traduzione". TRASCRIVERE un kōan significa scriverlo in un alfabeto fonetico che contiene soltanto quattro simboli geometrici. Questa versione fonetica del kōan si chiama MESSAGGERO.

Tartaruga: Mi dica qualcosa di più di questi simboli geometrici. Che forma hanno?

Achille: Sono fatti di esagoni e pentagoni. Ora glieli faccio vedere. (*Prende un tovagliolino di carta e vi disegna queste quattro figure*):

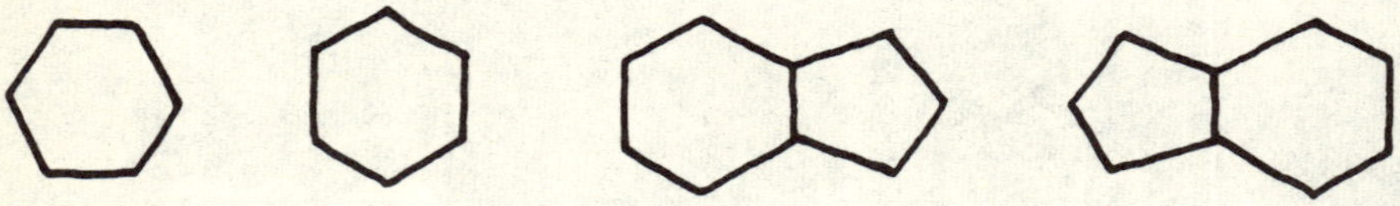

Tartaruga: Hanno un aspetto misterioso.

Achille: Solo per il non iniziato. Ora, una volta fatto il messaggero, bisogna cospargersi le mani con soma di ribo e...

Tartaruga: Soma di ribo? Che cos'è? Una specie di unguento rituale?

Achille: Non esattamente. È un preparato speciale, appiccicoso, che mantiene la stringa, una volta ripiegata, nella forma desiderata.

Tartaruga: Di che cosa è fatto?

Achille: Non lo so, esattamente. Ma sembra una specie di colla, e in ogni caso funziona a meraviglia. Comunque, una volta cosparse le mani con soma di ribo, si può TRADURRE la sequenza dei simboli contenuti nel messaggero in certe particolari piegature della stringa. Tutto qui!

Tartaruga: Non corra troppo, aspetti un attimo. Come si fa?

Achille: Si comincia con la stringa completamente distesa. Poi, partendo da una estremità, si cominciano a fare piegature di vario tipo, secondo i simboli geometrici del messaggero.

Tartaruga: Dunque ognuno di quei simboli geometrici corrisponde a un diverso modo di ripiegarsi della stringa?

Achille: Non ogni simbolo isolatamente; bisogna considerarne tre alla volta. Si comincia da un'estremità della stringa, che va messa in corrispondenza con l'inizio del messaggero. I primi tre simboli geometrici indicano come ripiegare il primo centimetro della stringa; i successivi tre simboli indicano il tipo di piegatura da compiere sul successivo centimetro di stringa e così via. Centimetro per centimetro, si avanza lungo la stringa e lungo il messaggero fino ad esaurimento di quest'ultimo. Se si è usato il soma di ribo nel modo giusto, la stringa conserverà la sua forma ripiegata e il prodotto finale sarà la traduzione del kōan in una stringa di forma particolare.

Tartaruga: Vi è una certa eleganza nel procedimento. Il risultato potrà essere una stringa davvero curiosa, a volte.

Achille: Certo. I kōan più lunghi assumono forme veramente bizzarre.

Tartaruga: Posso immaginarlo. Ma per tradurre il messaggero nella stringa ripiegata bisogna conoscere quale piegatura corrisponde alla tripletta di simboli geometrici del messaggero. Come si ottiene questa conoscenza? C'è un dizionario, forse?

Achille: Sì. C'è un libro sacro che contiene il "Codice Geometrico". Senza una copia di questo libro è ovviamente impossibile tradurre un kōan in una stringa ripiegata.

Tartaruga: È evidente. E qual è l'origine del Codice Geometrico?

Achille: Discende da un antico maestro conosciuto come il "Grande Tutore", che il mio maestro indica come l'unico che abbia mai raggiunto l'Illuminazione Oltre l'illuminazione.

Tartaruga: Perdinci! Come se non bastasse un solo livello di questa roba! Ma la verità è che la gente è ingorda; non bisogna dunque stupirsi neanche di quest'avidità per l'Illuminazione.

Achille: Non le sembra che l'"Illuminazione Oltre" l'illuminazione alluda a qualcuno con la sua sigla? E questo qualcuno, allora, sarei IO.

Tartaruga: Se c'è un'allusione, non si riferisce a lei, Achille; si tratti infatti di una "Meta-Illuminazione", che dunque MI riguarda. E ora, torniamo al Gran Tutoruga..., voglio dire al Grande Tutore.

Achille: Di lui si sa poco o niente, a parte il fatto che fu l'inventore dell'Arte delle Stringhe Zen.

Tartaruga: Che cos'è?

Achille: È un'arte su cui è fondata la procedura di decisione riguardante la natura-Buddha; voglio parlarle proprio di questo.

Tartaruga: Mi fa molto piacere. Ci sono tante cose da imparare per una novizia come me!

Achille: Vi è anche un kōan, si dice, che rivela come ebbe origine l'Arte delle Stringhe Zen. Ma tutto questo, purtroppo, è andato irrimediabilmente perduto e non da oggi. Forse è meglio che sia andata così, altrimenti qualcuno avrebbe potuto appropriarsi del nome del maestro e con quel nome diffondere proprie imitazioni della sua dottrina.

Tartaruga: Ma non sarebbe auspicabile che i discepoli dello Zen fossero animati da uno spirito di imitazione nei confronti del più illuminato di tutti, il Grande Tutore?

Achille: Ora le racconto un kōan, che riguarda appunto un imitatore.

> Il maestro Zen Gutei alzava un dito tutte le volte che gli veniva rivolta una domanda sullo Zen. Un giorno Gutei sentì dire che vi era un giovane novizio che lo imitava in questo; egli allora lo mandò a chiamare e gli chiese ragione di quelle voci. Il novizio ammise di comportarsi in quel modo. Gutei gli chiese se comprendesse quel suo gesto; il novizio gli rispose sollevando il suo dito indice e Gutei, repentinamente, glielo tagliò. Il novizio si mise a correre verso la porta urlando dal dolore. Era giunto alla soglia quando Gutei lo chiamò: "Ragazzo!". Non appena il novizio si fu voltato, Gutei alzò il dito indice. E in quel preciso istante il novizio fu illuminato.

Tartaruga: Non si finisce mai d'imparare! Mentre pensavo che tutto lo Zen si esaurisse con Jōshū e i suoi trucchi, ecco compare questo Gutei che si aggrega alla compagnia. E per giunta ha uno spiccato senso umoristico, a quanto sembra!

Achille: Questo kōan è invece molto serio; non so che cosa possa averle fatto pensare il contrario.

Tartaruga: Forse lo Zen intende istruire proprio attraverso questo spirito faceto. Scommetto che il prendere tutte queste storie terribilmente sul serio significa spesso perderne il significato.

Achille: Chissà! Forse c'è qualcosa di Zeniale in ciò che dice.

Tartaruga: Ma perché Bodhidharma lasciò l'India per la Cina?

Achille: Posso risponderle con le stesse parole usate da Jōshū quando gli venne posta la medesima domanda?

Tartaruga: Certo, dica pure.

Achille: Egli rispose: "Quella quercia nel giardino".

Tartaruga: È naturale. È quel che avrei risposto anch'io. Con la sola differenza che avrei risposto così a un'altra domanda, cioè a questa: "Dove posso trovare un po' d'ombra per ripararmi dal sole di mezzodì?".

Achille: Senza saperlo, lei ha centrato la domanda basilare di tutto lo Zen. Quella domanda dall'apparenza innocente in realtà significa: "Qual è il principio basilare dello Zen?".

Tartaruga: Straordinario. Non sospettavo neanche lontanamente che il problema basilare dello Zen fosse quello di trovare un po' d'ombra.

Achille: Oh no! Lei mi ha completamente frainteso. Non stavo parlando di QUELLA domanda. Mi riferivo invece alla domanda sul perché Bodhidharma lasciò l'India per la Cina.

Tartaruga: Capisco. Non pensavo proprio di essermi avventurata in acque tanto profonde. Ma torniamo a quella curiosa corrispondenza. Se ho ben capito, allora, un kōan può essere mutato in una stringa ripiegata seguendo il sistema che lei stesso ha illustrato. Ora dica, è possibile il processo inverso? Può una stringa ripiegata essere reinterpretata in modo da produrre un kōan?

Achille: Vede, in un certo senso, sì. Però...

Tartaruga: Quali difficoltà ci sono?

Achille: Non si dovrebbe fare, altrimenti si violerebbe il Dogma Centrale delle Stringhe Zen, che è contenuto in questo disegno *(fa uno schizzo su un tovagliolino di carta)*:

kōan	⇒	messaggero	⇒	stringa ripiegata
	trascrizione		*traduzione*	

Non si può andare in senso inverso alle frecce, specialmente per quanto riguarda la seconda delle due.

Tartaruga: Cane di un Dogma! Ma ce l'ha la natura-Buddha o no? No, a pensarci bene, credo che sia meglio disinnescare la domanda. Non crede?

Achille: Assolutamente d'accordo. Ma voglio farla partecipe di un segreto. Mi promette di non farne parola con nessuno?

Tartaruga: Onor di Chelonide!

Achille: Bene, ogni tanto, in effetti, io vado in senso contrario alle frecce. Questa trasgressione mi dà una sorta di brivido.

Tartaruga: Oh, Achille! Non l'avrei mai ritenuto capace di un'azione così irriverente!

Achille: Non l'ho mai confessato a nessuno, neanche a Okanisama.

Tartaruga: Allora mi dica, che cosa si fa quando si va controsenso nel

Dogma Centrale? Si parte da una stringa per arrivare a un kōan?

Achille: A volte sì. Ma possono succedere anche cose più strane.

Tartaruga: Più strane ancora del produrre kōan?

Achille: Sì. Una volta invertito il procedimento della traduzione e della trascrizione, si ottiene QUALCOSA che non sempre è un kōan. Alcune stringhe, quando vengono lette in questo modo, non hanno senso.

Tartaruga: Perché, il kōan ha senso?

Achille: Lei ha davvero difficoltà a capire lo spirito Zen.

Tartaruga: Ciò che si ottiene con questo procedimento invertito è almeno una parabola, una storia?

Achille: Non sempre: talvolta è una successione di sillabe prive di senso, altre volte sono enunciati sgrammaticati; ma qualche volta si ottiene qualcosa che invece sembra proprio un kōan.

Tartaruga: SEMBRA soltanto?

Achille: Be', potrebbe trattarsi di un falso, non le pare?

Tartaruga: Oh, naturalmente.

Achille: Io, queste stringhe che sembrano produrre dei kōan, le chiamo stringhe "ben formate".

Tartaruga: Perché non mi parla della procedura di decisione che permette di distinguere i kōan autentici dai kōan falsi?

Achille: Ci stavo arrivando. Dato un kōan, autentico o no, bisogna prima di tutto tradurlo nella stringa tridimensionale. Poi rimane solo da scoprire se la stringa ha natura-Buddha o meno.

Tartaruga: Ma QUESTO come si fa?

Achille: Il mio maestro dice che il Grande Tutore era capace di giudicare della natura-Buddha di una stringa con una semplice occhiata.

Tartaruga: Ma se non si è raggiunto lo stadio dell'Illuminazione Oltre l'illuminazione, non c'è modo di potere determinare se una stringa ha o non ha natura-Buddha?

Achille: Sì, e qui entra in gioco l'Arte delle Stringhe Zen. Si tratta di una tecnica che permette di costruire innumerevoli stringhe, le quali hanno tutte natura-Buddha.

Tartaruga: Ma davvero!? Ed è parimenti possibile produrre stringhe che NON hanno natura-Buddha?

Achille: A chi mai potrebbero interessare stringhe di questo tipo?

Tartaruga: Oh, pensavo che potrebbero risultare utili in qualche modo.

Achille: Lei è proprio un fenomeno!? Ma pensi! Essere interessati a cose che NON HANNO natura-Buddha più che a cose che CE L'HANNO!

Tartaruga: Non ci faccia caso, deve dipendere dal mio stato di scarsa illuminazione. Ma vada avanti e mi dica: come si fa a fare una stringa che ha natura-Buddha?

Achille: Vede, bisogna cominciare con l'avvolgere la stringa fra le mani in un anello, riproducendo una delle cinque posizioni di partenza consentite, come questa, ad esempio... (*Prende una stringa e fa un semplice cappio attorno a un dito per ciascuna mano*).

Tartaruga: E come sono le altre quattro posizioni di partenza consentite?

Achille: Sono posizioni considerate tutte modi naturali e EVIDENTI-DI-PER-SÉ di fissare una stringa. Spesso perfino un novizio riesce a fissare le stringhe in queste posizioni. E le cinque stringhe ripiegate in uno di questi modi hanno tutte natura-Buddha.

Tartaruga: Chiarissimo!

Achille: Vi sono delle Regole per la Manipolazione delle Stringhe seguendo le quali si possono produrre stringhe di forma più complessa. In particolare, è lecito modificare una stringa facendo certi movimenti basilari con le mani. Per esempio, si può incrociarla in questo modo, tirarla così, piegarla qua... Con ognuna di queste operazioni, si muta la configurazione generale della stringa avvolta sulle mani.

Tartaruga: Fa pensare a quei giochi con lo spago che le nonne insegnano ai bambini.

Achille: È vero. Ora, seguendo il procedimento, lei noterà che alcune di queste regole conferiscono alla stringa una maggiore complessità, mentre altre la semplificano. Ma indipendentemente da quale delle due direzioni si segua, fintanto che si applicano le Regole di Manipolazione delle Stringhe, ogni configurazione prodotta avrà natura-Buddha.

Tartaruga: Questo è davvero meraviglioso. E il kōan celato nella stringa che lei ha appena finito di ripiegare è autentico?

Achille: Certo. In base a ciò che ho imparato, deve esserlo; dato che ho operato secondo le regole e ho cominciato con una delle cinque posizioni evidenti-di-per-sé, la stringa deve avere natura-Buddha e, di conseguenza, deve corrispondere a un kōan autentico.

Tartaruga: E che cosa dice questo kōan?

Achille: Mi sta chiedendo di violare il Dogma Centrale? Oh, birbante!

(Un po' accigliato e con il codice in mano, Achille percorre con lo sguardo la stringa, centimetro per centimetro, disegnando su un tovagliolino di carta, per ogni piegatura, una tripletta di simboli geometrici dello strano alfabeto fonetico per kōan, fino alla fine della stringa).

Fatto!

Tartaruga: Benissimo! Sentiamolo, allora.

Achille: D'accordo.

Un monaco girovago chiese a una vecchia la strada per Taizan, un famoso tempio che, si diceva, rendeva saggio chi lo frequentava. La donna disse: "Vai avanti dritto". Quando il monaco si fu allontanato di qualche passo, la vecchia disse fra sé: "Questo è uno dei soliti che bazzicano i templi". Qualcuno raccontò questo episodio a Jōshū, il quale disse: "Aspettate che abbia investigato". Il giorno dopo egli andò di persona, fece la stessa domanda e la vecchia gli diede la stessa risposta. Jōshū osservò: "Ho investigato quella vecchia".

Tartaruga: Perbacco, con questo talento per l'investigazione, è un peccato che Jōshū non sia stato assunto dall'FBI. Ora però vorrei sapere una cosa: potrei fare anch'io ciò che ha fatto lei, seguendo le Regole dell'Arte delle Stringhe Zen, non è vero?

Achille: Certamente.

Tartaruga: Devo seguire lo stesso ORDINE nel fare le operazioni?

Achille: No, un qualunque ordine va bene.

Tartaruga: Ma allora, naturalmente, mi troverei con una stringa diversa, e quindi con un kōan diverso. Devo comunque fare lo stesso NUMERO di operazioni che ha fatto lei?

Achille: Nient'affatto. Va bene un numero qualsiasi.

Tartaruga: Esiste dunque un numero infinito di stringhe con natura-Buddha, e di conseguenza un numero infinito di kōan autentici! Come si fa a sapere che c'è qualche stringa che NON PUÒ essere costruita in base a queste Regole?

Achille: Ecco che di nuovo si interessa a cose prive di natura-Buddha. Si dà il caso che una volta che si sa come costruire stringhe CON natura-Buddha, si sa anche come costruire stringhe SENZA natura-Buddha. Il mio maestro fin dall'inizio mi ha fatto capire molto bene questa questione.

Tartaruga: Magnifico! Come funziona?

Achille: Facile. Ecco, per esempio: adesso faccio una stringa priva di natura-Buddha...

(Prende in mano la stringa dalla quale aveva ricavato il precedente kōan, e fa un piccolo nodo ad una estremità).

Vede, qua non c'è nessuna natura-Buddha.

Tartaruga: È tutto molto chiaro! È sufficiente aggiungere un NODO. E come fa a sapere che questa nuova stringa è priva di natura-Buddha?

Achille: A causa della seguente, fondamentale proprietà della natura-Buddha: quando due stringhe ben formate sono identiche eccetto che per un NODO posto a un'estremità, allora soltanto UNA di esse può avere la natura-Buddha. È una delle regole pratiche che il mio maestro mi ha insegnato.

Tartaruga: Vorrei sapere una cosa. Esistono stringhe con natura-Buddha che non è possibile ottenere seguendo le Regole delle Stringhe Zen, in qualunque ordine si applichino?

Achille: Detesto doverlo ammettere, ma su questo punto mi sento sempre un po' incerto. All'inizio il mio maestro mi dette la convinzione che la natura-Buddha di una stringa fosse DEFINITA dal fatto di iniziarla in una delle cinque posizioni permesse, e di completarla poi seguendo le note Regole. Ma in seguito egli disse qualcosa sul "Teorema" di... qualcuno, non so. Questo punto non mi è mai stato chiaro. Forse non capii bene. Ma qualunque cosa abbia detto, mi ha insinuato il dubbio che questo metodo non raggiunga TUTTE le stringhe con natura-Buddha. Per quanto ne so, la risposta è affermativa. Ma questa natura-Buddha è una nozione piuttosto difficile da definire, sa...

Tartaruga: Proprio come il 'MU' di Jōshū. Mi chiedo...

Achille: Che cosa?

Tartaruga: Sto pensando a quei due kōan. Voglio dire il kōan e il non-kōan: quelli che dicono "Questa mente è Buddha" e "Questa mente non è Buddha". Qual è il loro aspetto, una volta tradotti in stringhe mediante il Codice Geometrico?

Achille: Glieli mostrerò volentieri.

(Ne scrive le trascrizioni fonetiche; estrae dalla tasca due stringhe distese e le ripiega accuratamente, centimetro per centimetro, secondo le triplette di simboli scritte in quello strano alfabeto. Infine mette una accanto all'altra le due stringhe finite).

Ecco la differenza.

Tartaruga: Sembrano molto simili, in effetti. Credo che vi sia solo una piccola differenza fra le due: una ha un piccolo NODO all'estremità.

Achille: Per Jōshū, ha ragione!

Tartaruga: Ah! Ora comprendo perché il suo maestro sia così diffidente.

Achille: Perché?

Tartaruga: Secondo la regola pratica che mi ha detto, fra due kōan di questo tipo AL MASSIMO UNO può avere natura-Buddha; così si sa immediatamente che uno dei due kōan non può essere autentico.

Achille: Ma questo non ci basta. Io ho cercato, come d'altronde ha fatto il mio maestro, di produrre queste due stringhe seguendo le Regole di Manipolazione delle Stringhe, ma invano. Nessuna delle due viene fuori. È abbastanza frustrante. A volte si finisce per chiedersi...

Tartaruga: Chiedersi, vuol dire, se almeno uno dei due kōan ha natura-Buddha? Forse nessuno dei due ha natura-Buddha e nessuno dei due è autentico!

Achille: Non ho mai osato pensarlo. Comunque, lei ha ragione, è possibile. Ma credo che non sia lecito porsi tutte queste domande sulla natura-Buddha. Il maestro Zen Mumon soleva sempre ammonire i suoi discepoli sul pericolo di fare troppe domande.

Tartaruga: Va bene, niente più domande. Piuttosto, avrei voglia di tentare anch'io di costruire una stringa. Sarebbe divertente vedere se quella che riesco a tirar fuori è ben formata o meno.

Achille: Interessante. Eccole una stringa distesa *(la passa alla Tartaruga).*

Tartaruga: Lei si rende conto che io non ho la più pallida idea di che cosa fare. Procederò a caso, senza seguire alcuna regola, e vedremo che cosa salterà fuori. Sarà di certo qualcosa di totalmente indecifrabile.

(Avvolge un cappio intorno ai piedi e, con pochi e semplici movimenti, crea una stringa complessa che porge senza proferir parola ad Achille. Subito il volto di Achille s'illumina).

Achille: Per tutti i diavoli! Dovrò provare anch'io questo metodo. Non ho mai visto una stringa così!

Tartaruga: Spero che sia ben formata.

Achille: Vedo un NODO a un'estremità.

Tartaruga: Aspetti un attimo! Posso riaverla? Voglio aggiungervi una cosa.

Achille: Ma certo, eccola.

(La porge alla Tartaruga, la quale fa un altro nodo alla stessa estremità, poi le dà un robusto strattone, e come d'incanto entrambi i nodi scompaiono!).

Achille: Che cos'è successo?

Tartaruga: Volevo eliminare quel nodo.

Achille: Ma invece di scioglierlo ne ha fatto un altro e poi sono scomparsi ENTRAMBI! Dove sono finiti?

Tartaruga: In Tumbolandia, naturalmente. Questa è la Legge della Doppia NOdazione.

(Improvvisamente i due nodi ricompaiono dal nulla, vale a dire da Tumbolandia).

Achille: Incredibile. Devono stare in un livello facilmente accessibile di Tumbolandia, se possono saltare dentro e fuori con tanta facilità. O forse Tumbolandia è tutta egualmente inaccessibile?

Tartaruga: Non direi. Comunque, penso che, se bruciassi la stringa, sarebbe abbastanza improbabile che i NOdi tornassero. In questo caso, si potrebbe pensare che sono finiti in un livello molto profondo di Tumbolandia. Ma nessuno può saperlo. Ciò che vorrei sapere è che cosa dice la mia stringa, una volta ritradotta in simboli fonetici. *(Appena la restituisce ad Achille, i nodi scompaiono ancora una volta nel nulla).*

Achille: Mi sento sempre così colpevole quando trasgredisco il Dogma Centrale... *(Tira fuori penna e cifrario e annota con cura le varie triplette di simboli che corrispondono alle tortuose curvature della stringa della Tartaruga; appena ha finito, si schiarisce la voce).* Ehm... Pronti per sentire ciò che lei ha creato?

Tartaruga: Sono pronta, se lei è pronto.

Achille: Benissimo, ecco:

> Un monaco aveva l'abitudine di molestare il Gran Tutoruga (l'unico che avesse mai raggiunto l'Illuminazione Oltre l'illuminazione), ponendogli sempre domande circa la natura-Buddha di vari oggetti. Il Gran Tutoruga a quelle domande rimaneva impassibilmente silenzioso. Il monaco gli aveva già posto la domanda a proposito di un fagiolo, di un lago, di una notte di luna. Un giorno egli portò a Tutoruga una stringa e gli chiese la stessa cosa. In risposta, il Gran Tutoruga avvolse un cappio intorno ai piedi e...

Tartaruga: Intorno ai piedi? È strano.

Achille: Perché proprio LEI dovrebbe trovarlo strano?

Tartaruga: Ha ragione, lasciamo andare. Ma prego, continui.

Achille: Bene.

> ... e con pochi e semplici movimenti creò una stringa complessa che porse senza profferir parola al monaco. In quel preciso momento il monaco fu illuminato.

Tartaruga: Io personalmente preferirei essere doppiamente illuminata.

Achille: Poi spiega in che modo si costruisce la stringa del Gran Tutoruga se si comincia avvolgendo una stringa intorno ai piedi. Ma voglio saltare questi dettagli noiosi, per giungere alla conclusione:

> Da quel momento in poi, il monaco non molestò più Tutoruga; si mise invece a costruire una stringa dopo l'altra col metodo di Tutoruga, e tramandò il metodo ai suoi discepoli, e questi ai propri.

Tartaruga: Una lunga storia. È difficile credere che fosse veramente celata nella mia stringa.

Achille: Eppure lo era. Per incredibile che possa sembrare, lei ha creato seduta stante una stringa ben formata.

Tartaruga: Ma qual era la forma della stringa del Gran Tutoruga? È questo l'aspetto principale del kōan, direi.

Achille: Ne dubito. Non bisogna "attaccarsi" a questi piccoli dettagli contenuti nei kōan. Ciò che conta è lo spirito globale del kōan, non le sue minuzie. Sa che cosa penso? Che, per quanto folle possa sembrare, lei forse ha riportato alla luce l'ormai perduto kōan che descrive la vera origine dell'Arte delle Stringhe Zen!

Tartaruga: Oh, sarebbe troppo bello se avesse natura-Buddha!

Achille: Ma questo significa che il grande maestro, l'unico che abbia mai raggiunto lo stato mistico dell'Illuminazione Oltre l'illuminazione, si chiamava "Tutoruga", non "Tutore". Che nome buffo!

Tartaruga: Non sono d'accordo. Io lo trovo molto bello, come nome. Ma vorrei proprio sapere come era fatta la stringa di Tutoruga. Può rifarla, seguendo la descrizione data nel kōan?

Achille: Potrei provare... Naturalmente, dovrei usare i piedi, poiché si parla di movimenti dei piedi, cosa abbastanza insolita. Ma credo di poterlo fare; aspetti, che provo. *(Prende il kōan e un pezzo di stringa, e per alcuni minuti avvolge e torce la stringa in modi misteriosi, fino al completamento dell'opera).* Bene, eccola. Strano, ha un aspetto così familiare.

Tartaruga: È vero, non è così? Mi chiedo dove l'ho già vista.

Achille: Io lo so! Perbacco, questa è la SUA stringa, signorina T.! O no?

Tartaruga: Certamente no.

Achille: Ha ragione: infatti è la stringa che mi ha dato la prima volta, prima di riprenderla per aggiungervi un NODO.

Tartaruga: Oh, sì, è proprio così. Ma guarda un po'. Mi chiedo che cosa significhi tutto ciò.

Achille: È perlomeno strano!

Tartaruga: Crede che il mio kōan sia autentico?

Achille: Aspetti un attimo...

Tartaruga: O che la mia stringa abbia natura-Buddha?

Achille: Questa sua stringa, signorina T., comincia a crearmi qualche difficoltà.

Tartaruga (sembra compiaciuta di se stessa e non fa alcuna attenzione alle parole di Achille): E questa stringa di Tutoruga, ha o non ha natura-Buddha? Vi sono molti problemi da risolvere.

Achille: Io avrei paura a porre problemi del genere, signorina T. C'è qualcosa di molto strano in tutto questo, e non sono sicuro che mi piaccia.

Tartaruga: Mi dispiace, ma non riesco a immaginare che cosa la turbi.

Achille: Per spiegarmi meglio userò le parole di Kyōgen, un altro vecchio maestro Zen. Kyōgen disse:

> Lo Zen è come un uomo appeso con i denti a un albero sopra un precipizio. Le sue mani roteano nel vuoto, i suoi piedi poggiano sull'a-

bisso; e sotto l'albero c'è un'altra persona che gli chiede: "Perché Bodhidharma lasciò l'India per la Cina?". Se l'uomo sull'albero non risponde, fallisce; e se risponde, cade uccidendosi. Che cosa deve fare?

Tartaruga: È molto semplice; dovrebbe abbandonare lo Zen e darsi alla biologia molecolare.

CAPITOLO IX

Mumon e Gödel

Che cosa è lo Zen?

NON SONO SICURO di sapere che cosa sia lo Zen. Da una parte penso di capirlo benissimo, ma dall'altra penso anche di non capirlo affatto. Sin da quando, al primo anno d'Università, l'insegnante d'inglese ci leggeva ad alta voce il MU di Jōshū, ho combattuto con gli aspetti Zen della vita, e probabilmente continuerò a farlo sempre. Per me lo Zen è sabbia mobile intellettuale: anarchia, oscurità, mancanza di significato, caos. È provocatorio e irritante. E tuttavia è arguto, ricarica, seduce. Lo Zen ha un suo tipo particolare di significato, di luminosità e di chiarezza. Spero di riuscire in questo capitolo a comunicare al lettore qualcosa di tale ammasso di sensazioni. E questo poi, per quanto strano possa sembrare, ci guiderà direttamente agli argomenti di Gödel.

Uno dei dogmi basilari del Buddhismo Zen è che non c'è modo di definire lo Zen. Qualunque sia lo spazio verbale in cui si tenti di chiudere lo Zen, esso resiste e trabocca fuori. Può sembrare allora che ogni tentativo di spiegare lo Zen sia una totale perdita di tempo. Ma non è questo l'atteggiamento dei maestri e degli adepti Zen. Per esempio, i kōan Zen sono una parte fondamentale nello studio dello Zen, per quanto espressi a parole. I kōan sono considerati "inneschi" che, pur non contenendo in sé sufficiente informazione per trasmettere l'illuminazione, possono in qualche caso sbloccare i meccanismi mentali che guidano all'illuminazione. Ma in generale l'atteggiamento Zen è che parole e verità sono incompatibili, o quanto meno che non esistono parole capaci di catturare la verità.

Il maestro Zen Mumon

Forse allo scopo di illustrare questo fatto con la massima efficacia, nel Tredicesimo secolo il monaco Mumon ("Nessuna porta") compilò quarantotto kōan, facendo seguire ciascuno di essi da un commento e da una piccola "poesia". Quest'opera si chiama *La porta senza porta* o *Mumonkan* ("Barriera senza porta"). È interessante notare che la vita di Mumon e quella di Fibonacci furono praticamente coincidenti: Mumon visse in Cina dal 1183 al 1260, Fibonacci in Italia dal 1180 al 1250. Per coloro che leggessero il *Mumonkan* con la speranza di trovare un senso nei kōan, o di "capirli", il *Mumonkan* può rappresentare un duro colpo, perché i commenti e le poesie sono oscuri quanto i kōan che dovrebbero chiarire. Prendiamo ad esempio questo:[1]

FIGURA 48. Tre mondi, *di M.C. Escher (litografia, 1955).*

Kōan:

Hōgen, del monastero Seiryo, stava per tenere la sua lezione prima di cena quando vide che la stuoia di bambù, abbassata per la meditazione, non era stata tirata su. La indicò. Due monaci silenziosamente si alzarono dall'uditorio e l'arrotolarono. Hōgen, osservando il momento fisico, disse: "Lo stato del primo monaco è buono, non quello del secondo".

Commento di Mumon:

Io vi voglio chiedere: quale di quei due monaci ha guadagnato e quale ha perso? Se uno di voi ha un occhio solo, vedrà il fallimento da parte del maestro. Tuttavia non sto discutendo di guadagno e di perdita.

Poesia di Mumon:

Quando la stuoia è arrotolata si apre il grande cielo,
Ma il cielo non è in armonia con lo Zen.
È meglio dimenticare il grande cielo
E sottrarsi a ogni vento.

C'è poi questo:[2]

Kōan:

Goso disse: "Quando un bufalo esce dal recinto e va fino all'orlo dell'abisso, le sue corna e la sua testa e i suoi zoccoli passano, ma perché non può passare anche la coda?".

Commento di Mumon:

Se a questo punto uno può aprire un occhio e dire una parola di Zen, egli è idoneo a ricompensare le quattro gratificazioni, non solo, ma può anche salvare tutti gli esseri senzienti sotto di lui. Ma se non può dire questa parola di vero Zen, dovrebbe voltarsi verso la propria coda.

Poesia di Mumon:

Se il bufalo corre, cadrà nel fosso;
Se torna indietro, sarà macellato.
Quella piccola coda
È una cosa molto strana.

Si dovrà ammettere che Mumon non chiarisce proprio tutto. Si potrebbe dire che il metalinguaggio (in cui scrive Mumon) non è molto diverso dal linguaggio oggetto (il linguaggio del kōan). Secondo alcuni, i commenti di Mumon sono volutamente idioti, forse allo scopo di mostrare come sia inutile passare il tempo in chiacchiere sullo Zen. Comunque i commenti di Mumon possono essere considerati a più di un livello. Per esempio, vediamo questo:[3]

Kōan

Un monaco domandò a Nansen: "C'è un insegnamento che sinora nessun maestro abbia mai predicato?".
Nansen disse: "Sì, c'è".
"Che cos'è?" domandò il monaco.
Nansen rispose: "Non è mente, non è Buddha, non è cose".

FIGURA 49. Goccia di rugiada, *di M. C. Escher (mezzatinta, 1948).*

Commento di Mumon:

Il vecchio Nansen si lasciò sfuggire le sue parole-tesoro. Dovette esserne profondamente sconvolto.

Poesia di Mumon:

Nansen fu troppo buono e perse il suo tesoro.
In verità, le parole non hanno alcun potere.
Anche se la montagna diventa il mare,
Le parole non possono aprire la mente altrui.

In questa poesia sembra che Mumon dica qualcosa di essenziale per lo Zen, e che non stia facendo affermazioni idiote. Curiosamente, tuttavia, la poesia è autoreferenziale, quindi è un commento non solo alle parole di Nansen, ma anche alla loro propria inefficacia. Questo tipo di paradosso è caratteristico dello Zen. È un tentativo di "rompere lo spirito della logica". Si può riconoscere questa caratteristica paradossale nel kōan stesso. Tenendo presente il commento di Mumon, si può pensare che Nansen fosse veramente così sicuro della sua risposta? O aveva qualche importanza l'"esattezza" della sua risposta? L'esattezza ha una qualche funzione nello Zen? Qual è, se c'è, la differenza tra esattezza e verità? Cosa sa-

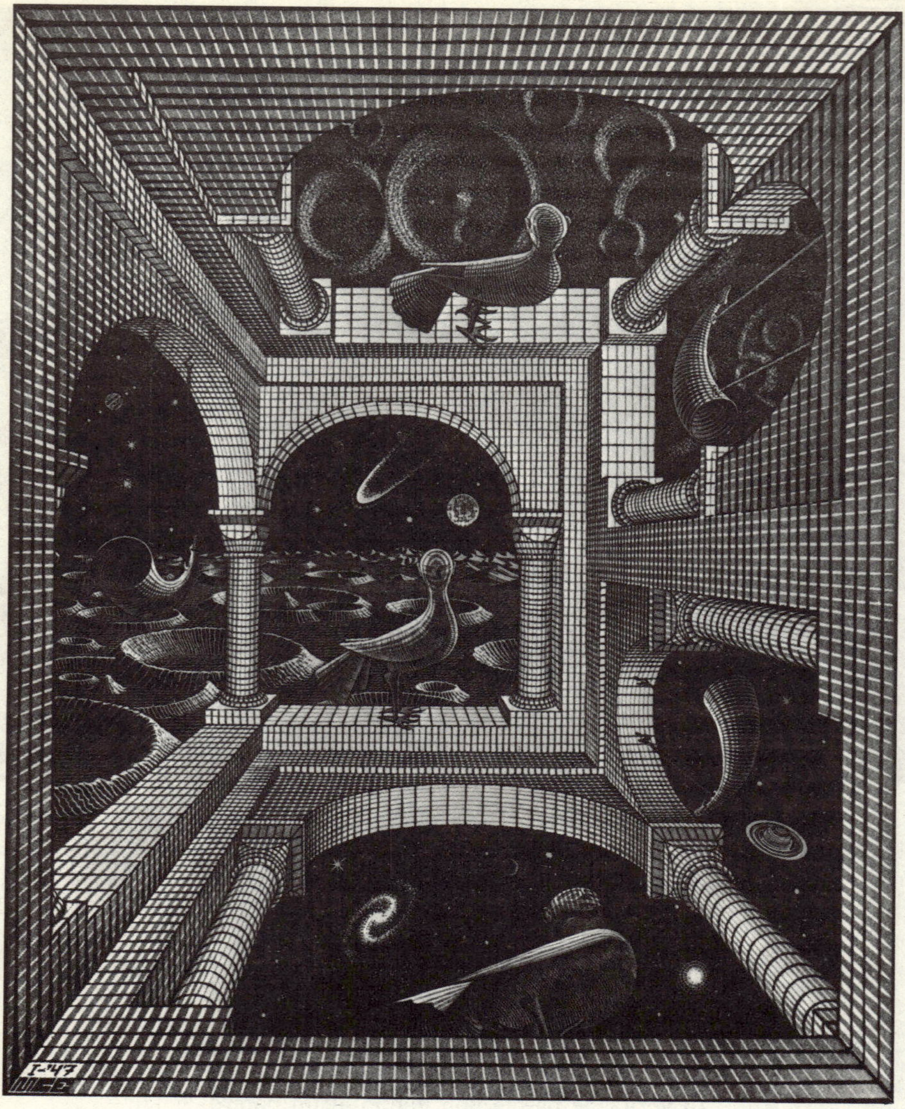

FIGURA 50. Altro mondo, *di M.C. Escher (xilografia su legno di testa a tre colori, 1947).*

rebbe successo se Nansen avesse detto: "No, non c'è un tale insegnamento"? Sarebbe stato diverso? La sua osservazione sarebbe stata immortalata in un kōan?

Ecco un altro kōan che mira a rompere lo spirito della logica:[4]

> Lo studente Doko andò da un maestro Zen e disse: "Sto cercando la verità. In quale stato mentale debbo esercitarmi per trovarla?".
>
> Disse il maestro: "Non esiste la mente, per cui non puoi metterla in alcuno stato. Non esiste la verità, per cui non puoi esercitarti per essa".

"Se non c'è mente da esercitare, né verità da trovare, perché questi monaci si riuniscono ogni giorno davanti a te per studiare lo Zen ed esercitarsi per questo studio?".

"Ma io qui non ho un palmo di spazio," disse il maestro "come possono i monaci riunirsi? Io non ho lingua; come posso chiamarli a raccolta e insegnar loro?".

"Oh, come puoi mentire così?" chiese Doko.

"Ma se non ho lingua per parlare agli altri, come posso mentire a te?" chiese il maestro.

Doko disse allora tristemente: "Non riesco a seguirti. Non riesco a capirti".

"Io non riesco a capire me stesso" disse il maestro.

Se c'è un kōan sconcertante, è questo. E molto probabilmente il suo preciso scopo è proprio quello di sconcertare, perché quando ci si trova in uno stato di perplessità la mente comincia ad operare in qualche misura in modo non logico. Solo procedendo al di fuori della logica, così vuole la teoria, si può fare il balzo verso l'illuminazione. Ma che cosa c'è di tanto male nella logica? Perché impedisce il salto verso l'illuminazione?

La lotta dello Zen contro il dualismo

Per trovare una risposta bisogna capire che cos'è l'illuminazione. Forse la descrizione più concisa dell'illuminazione è: trascendere il dualismo. Ma che cos'è il dualismo? Il dualismo è la divisione concettuale del mondo in categorie. È possibile trascendere questa tendenza estremamente naturale? Qualificando la parola "divisione" con l'aggettivo "concettuale", posso aver dato l'impressione che si tratti di uno sforzo intellettuale o cosciente, e che di conseguenza il dualismo potrebbe essere superato semplicemente sopprimendo il pensiero (come se fosse facile sopprimere il pensiero!). Ma lo spezzettamento del mondo in categorie ha luogo molto al di sotto degli strati superiori del pensiero: infatti il dualismo è una divisione *percettiva* del mondo in categorie non meno che una divisione *concettuale*. In altre parole, la percezione umana è per sua natura un fenomeno dualistico, il che rende quanto meno ardua la ricerca dell'illuminazione.

Al centro del dualismo, secondo lo Zen, ci sono le parole: semplicemente le parole. L'uso delle parole è intrinsecamente dualistico, dal momento che ogni parola rappresenta, ovviamente, una categoria concettuale. Quindi un aspetto particolarmente importante dello Zen è la lotta contro la fiducia nelle parole. Uno dei migliori sistemi per combattere l'uso delle parole è il kōan, in cui le parole sono talmente sovvertite che, se si prendono i kōan sul serio, la mente comincia a ondeggiare. Perciò è forse sbagliato dire che il nemico dell'illuminazione sia la logica; è piuttosto il pensiero dualistico, verbale. Di fatto, è qualcosa di ancor più profondo: è la percezione. Nel momento in cui si percepisce un oggetto, si traccia una linea tra esso e il resto del mondo, si suddivide artificialmente il mondo in parti, e quindi si esce dalla Via.

Ecco un kōan che descrive la lotta contro le parole:[5]

FIGURA 51. Giorno e notte, *di M.C. Escher (xilografia a due colori, 1938).*

Kōan:

Shuzan alzò il suo corto bastone e disse: "Se questo lo chiamate un bastone corto, vi opponete alla sua realtà. Se non lo chiamate un bastone corto, ignorate il fatto. Orbene, come volete chiamarlo?".

Commento di Mumon:

Se lo chiamate un bastone corto vi opponete alla sua realtà. Se non lo chiamate un bastone corto, ignorate il fatto. Esso non può essere definito con parole e non può essere definito senza parole. Ora dite presto che cos'è.

Poesia di Mumon:

Alzando il corto bastone,
Diede un ordine di vita o di morte.
Positivo e negativo intrecciati,
Neanche i Buddha e i patriarchi possono sfuggire a quest'attacco.

(Con "patriarchi" ci si riferisce ai sei venerati fondatori del Buddhismo Zen, di cui Bodhidharma è il primo ed Enone il sesto).

Perché chiamarlo un bastone corto si oppone alla sua realtà? Probabilmente perché una tale categorizzazione sembra catturare la realtà, mentre non ne scalfisce neanche la superficie. È come dire "5 è un numero primo". Così dicendo si trascurano moltissime cose: un'infinità di fatti. D'altronde, non chiamarlo un bastone significa in realtà ignorare quel fatto particolare, per quanto minuscolo sia. Così le parole conducono a qualche verità, forse anche a qualche falsità, ma certamente non a tutta la verità.

Credere che le parole conducano alla verità equivale a credere che un sistema formale incompleto conduca alla verità. Un sistema formale condurrà a qualche verità; tuttavia, come vedremo presto, un sistema formale, per quanto potente, non può condurre a tutte le verità. Il dilemma dei matematici è: su che cosa si può fare affidamento, se non sui sistemi formali? E il dilemma degli adepti Zen è: su che cosa si può fare affidamento, se non sulle parole? Mumon pone il dilemma molto chiaramente: "Non può essere definito con parole e non può essere definito senza parole".

FIGURA 52. Corteccia, *di M.C. Escher (xilografia su legno di testa a quattro colori, 1955).*

Ecco ancora Nansen:[6]

Jōshū chiese al maestro Nansen: "Qual è la vera Via?".
Nansen rispose: "La via di ogni giorno è la vera Via".
Jōshū chiese: "Posso studiarla?".
Nansen rispose: "Più studi, più ti allontani dalla Via".
Jōshū chiese: "Se non la studio, come posso conoscerla?".
Nansen rispose: "La Via non appartiene alle cose che si vedono; né alle cose che non si vedono. Non appartiene alle cose conosciute; né alle cose sconosciute. Non cercarla, non studiarla, non nominarla. Per trovarti su di essa, apriti immenso come il cielo". [Si veda la Fig. 52].

Questa curiosa affermazione sembra piena di paradossi. Ricorda un po' quel rimedio sicuro per il singhiozzo che dice: "Corri tre volte intorno alla casa senza pensare alla parola 'lupo' ". Lo Zen è una filosofia che sembra aver fatto propria l'idea che la via alla verità definitiva, come la cura risolutiva per il singhiozzo, sia irta di paradossi.

Ismo, il modo Ulteriore, e Unmon

Se le parole sono male e il pensiero è male, che cosa è bene? Naturalmente chiedere questo è già terribilmente dualistico, ma nel discutere lo Zen non pretendiamo di essere fedeli allo Zen. Possiamo quindi cercare di rispondere seriamente alla domanda. Chiamerò ciò a cui tende lo Zen: *ismo*. Qualunque cosa nasca nella mente del lettore in risposta a queste lettere, lo invito, come in una pratica Zen, ad annullarla e a vedere l'ismo come un'antifilosofia, un modo di essere senza pensare. I maestri di ismo sono le rocce, gli alberi, i molluschi; ma è destino degli animali superiori di tendere all'ismo senza essere mai capaci di raggiungerlo pienamente. Tuttavia, di quando in quando, vengono concessi barlumi di ismo. Forse il seguente kōan offre un tale barlume:[7]

Hyakujō voleva mandare un monaco ad aprire un nuovo monastero. Disse ai suoi allievi che avrebbe affidato l'incarico a chi avesse risposto meglio a una domanda. Posò un vaso d'acqua sul pavimento e chiese: "Chi sa dire che cos'è questo senza nominarlo?".
L'abate disse: "Nessuno può dire che sia uno zoccolo".
Isan, il monaco cuciniere, rovesciò il vaso con una pedata e se ne andò.
Hyakujō sorrise e disse: "L'abate ha perso". E Isan divenne il maestro del nuovo monastero.

Sopprimere la percezione, sopprimere il pensiero logico, verbale, dualistico: questa è l'essenza dello Zen, l'essenza dell'ismo. Questo è il *modo Ulteriore*; non Intelligente, non Meccanico, semplicemente "Ulteriore". Jōshū era nel modo Ulteriore, e per questo il suo 'MU' disinnesca la domanda. Il modo Ulteriore venne spontaneo al Maestro Zen Unmon:[8]

Un giorno Unmon disse ai suoi discepoli: "Questo mio bastone si è trasformato in drago e ha inghiottito l'Universo! Oh, dove sono i fiumi, le montagne, la grande terra?".

Lo Zen è olismo spinto al suo estremo logico. Se l'olismo dice che le cose possono essere capite solo come un tutto, non come somma di parti, lo Zen va oltre, affermando che il mondo non può assolutamente essere spezzettato in parti. Dividere il mondo in parti significa illudersi, e mancare l'illuminazione.

Un monaco curioso pose a un maestro la domanda: "Che cos'è la Via?".
"È proprio davanti ai tuoi occhi" disse il maestro.
"Perché non la vedo da solo?".
"Perché stai pensando a te stesso".
"E tu, la vedi?".
"Finché vedi doppio, dicendo 'Io no' e 'Tu sì' e così via, i tuoi occhi sono annebbiati" disse il maestro.
"Quando non c'è né 'Io' né 'Tu', la si può vedere?".
"Quando non c'è né 'Io' né 'Tu', chi la vuole vedere?".[9]

Evidentemente il maestro vuole comunicare l'idea che uno stato di illuminazione è uno stato in cui i confini tra il sé e il resto del mondo sono dissolti. Questo sarebbe veramente la fine del dualismo perché, come egli dice, allora non rimane nessun sistema che abbia desiderio di percezione. Ma che cos'è questo stato se non la morte? Come può un essere umano vivente dissolvere i confini tra se stesso e il mondo esterno?

Zen e Tumbolandia

Il monaco Zen Bassui scrisse una lettera a uno dei suoi discepoli che stava per morire, dicendogli: "La tua fine che è senza fine è come un fiocco di neve che si dissolve nell'aria pura". Il fiocco di neve, che inizialmente era un sottosistema ben distinguibile dell'universo, ora si dissolve nel sistema più grande che una volta lo conteneva. Sebbene non sia più presente come un sottosistema distinto, la sua essenza è in qualche modo ancora presente, e lo rimarrà. Fluttua in Tumbolandia, insieme con i singhiozzi defunti e con i personaggi di favole che non vengono lette... Così io intendo il messaggio di Bassui.

Lo Zen riconosce i suoi limiti, proprio come i matematici hanno imparato a riconoscere i limiti del metodo assiomatico come metodo per giungere alla verità. Questo non significa che lo Zen abbia una risposta a ciò che si trova oltre lo Zen più di quanto i matematici abbiano una chiara comprensione delle forme di ragionamento valido che si trovano fuori della formalizzazione. Una delle affermazioni Zen più chiare sui confini dello Zen si ha nel seguente strano kōan, che rientra moltissimo nello spirito di Nansen:[10]

Tōzan disse ai suoi monaci: "Voi monaci dovreste sapere che c'è una conoscenza ancora più alta nel Buddhismo". Un monaco si fece avanti e chiese: "Qual è il Buddhismo più alto?". Tōzan rispose: "Non è Buddha".

Si può andare sempre oltre; l'illuminazione non è la tappa finale assoluta dello Zen. E non esiste una ricetta che dica come trascendere lo Zen; la sola cosa di cui si può essere sicuri è che Buddha *non* è la via. Lo

FIGURA 53. Pozzanghera, *di M.C. Escher (xilografia a tre colori, 1952).*

Zen è un sistema, e non può essere il suo stesso metasistema; c'è sempre qualcosa fuori dello Zen, che non può essere pienamente capito o descritto all'interno dello Zen.

Escher e lo Zen

Nel mettere in dubbio la percezione e nel porre assurdi indovinelli senza risposta, lo Zen è in compagnia di M.C. Escher. Si prenda in considerazione *Giorno e notte* (Fig. 51), un capolavoro di "positivo e negativo intrecciati" (secondo le parole di Mumon). Ci si potrebbe chiedere: "Sono veramente uccelli, o sono campi? In realtà è notte o giorno?". Eppure sappiamo che queste domande non hanno senso. Il quadro, come un kōan Zen, tenta di rompere lo spirito della logica. Escher si diverte a proporre immagini contraddittorie, come in *Altro mondo* (Fig. 50); immagini che giocano con la realtà e l'irrealtà come vi gioca lo Zen. Escher è da prendere sul serio? Lo Zen è da prendere sul serio?

C'è un delicato studio di riflessi, che ricorda gli haiku, in *Goccia di rugiada* (Fig. 49); ci sono poi due tranquille immagini della luna riflessa in acque calme: *Pozzanghera* (Fig. 53) e *Superficie increspata* (Fig. 54). La luna riflessa è un tema che ricorre in diversi kōan. Eccone un esempio:[11]

> Chiyono studiò Zen per molti anni sotto Bukkō di Engaku. Ella non riusciva tuttavia a cogliere i frutti della meditazione. Alla fine, in una notte di luna, stava portando acqua in un vecchio secchio di legno fasciato di bambù. Il bambù si ruppe e il fondo del secchio cadde. In quel momento fu liberata. Chiyono disse: "Non più acqua nel secchio, non più luna nell'acqua".

Tre mondi: una litografia di Escher (Fig. 48), e il soggetto di un kōan Zen:[12]

> Un monaco chiese a Gantō: "Quando i tre mondi mi minacciano, che debbo fare?". Gantō rispose: "Siediti". "Non capisco" disse il monaco. Gantō disse: "Prendi la montagna e portamela. Allora te lo dirò".

Hemiolia ed Escher

In *Verbum* (Fig. 151) varie opposizioni si trasformano in unità a parecchi livelli. Percorrendo in senso orario la zona periferica, osserviamo passaggi graduali da uccelli neri a uccelli bianchi a pesci neri a pesci bianchi a

FIGURA 54. Superficie increspata, *di M. C. Escher (incisione su linoleum a due colori, 1950).*

rane nere a rane bianche a uccelli neri...; dopo sei trasformazioni, siamo al punto di partenza! Si tratta di una ricomposizione della dicotomia di bianco e nero? O della tricotomia di uccelli, pesci e rane? O di un'unità sestupla formata dalla opposizione della parità di 2 con la disparità di 3? In musica, sei note di uguale durata creano un'ambiguità ritmica: sono due gruppi di 3 o tre gruppi di 2? Questa ambiguità ha un nome: *hemiolia* (un termine greco usato anche nella metrica classica per indicare un piede con rapporto di 3/2: l'emiolio, appunto). Chopin era un maestro dell'hemiolia: si veda il Valzer op. 42 o lo Studio op. 25, n. 2. In Bach si può ricordare il *Tempo di minuetto* dalla Partita per clavicembalo n. 5, o l'incredibile *Finale* della prima Sonata per violino in Sol minore.

Spostandosi verso il centro di *Verbum*, le distinzioni gradualmente si confondono, sicché alla fine resta, non tre, non due, ma un'unica essenza: "VERBUM" che risplende, forse un simbolo dell'illuminazione. Paradossalmente "verbum" non solo *è* una parola, ma *significa* "parola", un concetto non proprio compatibile con lo Zen. D'altra parte, "verbum" è la sola parola del quadro. E il maestro di Zen Tōzan una volta disse: "L'intero Tripitaka può essere espresso in un solo simbolo". ("Tripitaka", che significa "tre cesti", si riferisce ai testi completi dei primi scritti buddhisti). Che tipo di meccanismo di decodificazione sarà necessario, mi chiedo, per ottenere i tre cesti da un solo simbolo? Forse uno che abbia due emisferi.

La rete di Indra

Si osservi infine *Tre sfere II* (Fig. 55), in cui ogni parte del mondo sembra contenere ogni altra parte ed esservi contenuta: lo scrittoio riflette le sfere che si trovano su di esso, le sfere si riflettono l'un l'altra, e inoltre riflettono lo scrittoio, la loro propria immagine e l'artista che le disegna. Le infinite connessioni che ogni cosa ha con ogni altra cosa sono qui appena accennate, ma questo accenno è sufficiente. L'allegoria buddhista della "Rete di Indra" racconta di una rete di fili infinita presente in tutto l'universo. I fili orizzontali corrono attraverso lo spazio, i fili verticali attraverso il tempo. Ad ogni incrocio di fili c'è un individuo, e ogni individuo è una perla di cristallo. La grande luce dell'"Essere Assoluto" illumina e penetra ogni perla di cristallo; inoltre ogni perla di cristallo riflette non solo la luce proveniente da ogni altro cristallo della rete, ma anche tutti i riflessi dell'intero universo.

Questo fa emergere alla mia mente un'immagine di particelle rinormalizzate: in ogni elettrone ci sono fotoni, positroni, neutrini, mesoni μ virtuali...; in ogni fotone ci sono elettroni, protoni, neutroni, mesoni π virtuali...; in ogni mesone π ci sono...

Ma subito sorge un'altra immagine: quella di persone ciascuna delle quali è riflessa nella mente di molte altre, che a loro volta sono rispecchiate in altre ancora, e così via.

Entrambe queste immagini potrebbero essere rappresentate in modo conciso ed elegante usando reti ATN. Nel caso delle particelle, ci sarebbe

FIGURA 55. Tre sfere II, *di M.C. Escher (litografia, 1946).*

una rete per ciascuna categoria di particelle; nel caso delle persone, una per ogni persona. Ciascuna conterrebbe chiamate per molte altre, creando così una nube virtuale di ATN intorno ad ogni ATN. Una chiamata ne genererebbe altre, e questo processo potrebbe svilupparsi a cascata, fino a toccare il fondo.

Mumon sul MU

Concludiamo questa breve escursione all'interno dello Zen tornando a Mumon. Ecco il suo commento al MU di Jōshū:[13]

> Per realizzare lo Zen bisogna oltrepassare la barriera dei patriarchi. L'illuminazione viene sempre dopo che si è bloccata la via del pensiero. Se non superate la barriera dei patriarchi o se la vostra via del pensiero non è bloccata, qualunque cosa pensiate o facciate è come uno spettro che vi intralcia. Potreste chiedere: "Che cos'è la barriera di un patriarca?". È questa sola parola: 'MU'.
>
> Questa è la barriera dello Zen. Se voi la superate, vedrete Jōshū faccia a faccia. Allora potrete lavorare mano nella mano con l'intera famiglia dei patriarchi. Non vi sembra una bella cosa?
>
> Se volete superare questa barriera, dovete lavorare con tutte le ossa del vostro corpo, con tutti i pori della vostra pelle colmi di questa domanda: "Che cos'è 'MU'?" e tenerla dentro di voi giorno e notte. Non crediate che sia il solito simbolo negativo che significa niente. Non è il nulla, il contrario dell'esistenza. Se volete veramente superare questa barriera, dovete sentirvi come se aveste in gola una palla di ferro rovente che non potete né inghiottire né sputare.

Allora la conoscenza insufficiente che avevate prima scompare. Come un frutto che viene a maturazione nella stagione adatta, la vostra soggettività e la vostra oggettività diventano naturalmente una cosa sola. È come un muto che ha fatto un sogno. Lui sa che cosa ha sognato, ma non può raccontarlo.

Quando entra in questa condizione, il guscio del suo io va in frantumi ed egli può scuotere il cielo e muovere la terra. È come un grande guerriero con la spada affilata. Se un Buddha si trova sulla sua strada, egli lo abbatterà; se un patriarca gli opporrà un qualche ostacolo, lo ucciderà; e sarà libero nella sua via di nascita e di morte. Egli può entrare in ogni mondo come fosse il suo campo di gioco. Con questo kōan vi dirò come potete riuscirvi anche voi:

Concentrate tutta la vostra energia in questo MU e non concedetevi la minima interruzione. Quando sarete entrati in questo MU e non ci saranno interruzioni, ciò che avrete ottenuto sarà come una candela che arde e illumina l'intero universo.

Da Mumon al gioco MU

Dalle vette eteree del MU di Jōshū scendiamo ora alla prosaica piattezza del **MU** di Hofstadter... Certamente il lettore ha già lavorato con tutto il suo impegno su questo **MU** (quando ha letto il Capitolo I). Così ora voglio rispondere alla domanda che posi allora:

MU ha natura di teorema o no?

La risposta a questa domanda non è un MU evasivo, bensì un sonoro NO. Per giustificare questa risposta ci serviremo del pensiero logico, con tutto il suo dualismo.

Nel Capitolo I abbiamo fatto due osservazioni fondamentali:

(1) che il problema ha una sua profondità innanzitutto perché implica l'azione reciproca di regole che accorciano e di regole che allungano;

(2) che ciononostante esiste una qualche speranza di sbrogliare la matassa utilizzando uno strumento che possiede per certi versi una profondità adatta ad affrontare una materia così complessa: l'aritmetica.

Nel Capitolo I non abbiamo fatto un'analisi molto accurata del gioco MU in questa prospettiva; l'approfondiremo ora. Vedremo allora come la seconda osservazione (se viene generalizzata al di là dell'insignificante sistema MIU) sia una delle più fertili di tutta la matematica e come abbia indotto i matematici a cambiare l'immagine che avevano della loro disciplina.

Per facilitare le cose, ricapitoliamo qui il sistema MIU:

SIMBOLI: **M, I, U,**

ASSIOMA: MI

REGOLE:

I. Se *x*I è un teorema, allora lo è anche *x*IU.
II. Se M*x* è un teorema, allora lo è anche M*xx*.
III. In qualsiasi teorema si può sostituire III con U.
IV. Si può cancellare UU da qualsiasi teorema.

Mumon ci fa vedere come risolvere il gioco MU

In base alle osservazioni appena fatte, il gioco MU sarebbe quindi semplicemente un gioco riguardante i numeri naturali presentati in una veste tipografica. Se si riuscisse a trovare un modo per trascriverlo aritmeticamente, forse sarebbe possibile risolverlo. Meditiamo bene sulle parole di Mumon: "Se uno di voi ha un occhio solo, vedrà il fallimento da parte del maestro". Ma perché dovrebbe incidere il fatto di avere un occhio solo?

Se si conta il numero delle I contenute nei teoremi, ci si accorge ben presto che non risulta mai essere zero. In altre parole si vede che, per quanto si accorcino o si allunghino i teoremi, non si riesce mai ad ottenere di eliminare tutte le I. Diamo un nome al numero delle I di una stringa: chiamiamolo la sua *I-somma*. Si noti che l'I-somma dell'assioma è 1. E possiamo fare qualcosa di più che mostrare che la I-somma non può essere 0: possiamo anche mostrare che non può mai essere un multiplo di 3.

Per cominciare, osserviamo che le regole I e IV lasciano intatta l'I-somma. È quindi sufficiente considerare solo le regole II e III. Per quanto riguarda la regola III, l'I-somma viene diminuita esattamente di 3. Dopo un'applicazione di questa regola, l'I-somma potrebbe eventualmente risultare un multiplo di 3, ma solo se lo era *già* prima di applicare la regola. In breve, la regola III non crea mai un multiplo di 3 *ex novo*. Lo crea solo se ce n'era già uno in precedenza. La stessa cosa vale per la regola II, la quale raddoppia l'I-somma. La ragione è questa: se 3 divide $2n$, allora, dato che 3 non divide 2, 3 deve dividere n (un semplice risultato dell'aritmetica). Né la regola II né la regola III possono creare un multiplo di 3 *ex novo*.

Ma questo ci dà la chiave del gioco MU! Ecco cosa sappiamo:

(1) L'I-somma iniziale è 1 (che non è multiplo di 3);

(2) Due delle nostre regole non incidono affatto sull'I-somma;

(3) Le altre due regole incidono sull'I-somma, ma in modo tale da creare un multiplo di 3 solo se ce n'era già uno presente prima di applicare la regola.

La conclusione, che ancora una volta ha la proprietà di essere ereditaria, è che l'I-somma non può mai diventare un multiplo di 3. In particolare, zero è valore impossibile per l'I-somma. Quindi, MU *non è un teorema del sistema MIU*.

Si noti che, anche come rompicapo sulle I-somme, questo problema era pur sempre reso difficile dall'azione incrociata delle regole per accorciare e per allungare. Lo zero diventava l'obiettivo; l'I-somma poteva aumentare (regola II) e diminuire (regola III). Prima di analizzare la situazione potevamo immaginare che, combinando le regole con un abile andirivieni, saremmo alla fine riusciti a raggiungere lo zero. Ora, grazie a un semplice ragionamento aritmetico, sappiamo che ciò è impossibile.

Gödelizzazione del sistema MIU

Non tutti i problemi del tipo esemplificato nel gioco MU si possono risolvere con altrettanta facilità. Ma abbiamo visto che almeno uno di questi poteva essere inserito e risolto all'interno dell'aritmetica. Vedremo ora che esiste un modo per inserire nell'aritmetica *tutti* i problemi concernenti *qualsiasi* sistema formale. Ciò è possibile grazie alla scoperta fatta da Gödel di un tipo particolare di isomorfismo. Per illustrarlo mi servirò del sistema MIU.

Cominciamo col prendere in considerazione la notazione del sistema MIU. Assoceremo ad ogni simbolo un nuovo simbolo:

M ⇐⇒ 3
I ⇐⇒ 1
U ⇐⇒ 0

La corrispondenza è stata scelta in modo arbitrario; l'unico senso che potrebbe avere è che ogni simbolo assomiglia un po' a quello cui viene associato. I numeri si chiamano *numeri di Gödel* delle lettere corrispondenti. Sono certo che il lettore ha già indovinato quale sarà il numero di Gödel di una stringa composta da più lettere:

MU ⇐⇒ 30
MIIU ⇐⇒ 3110
ecc.

È facile. Chiaramente questa corrispondenza tra notazioni è una trasformazione che conserva l'informazione; è come suonare la stessa melodia su due diversi strumenti.

Diamo ora uno sguardo a una tipica derivazione del sistema MIU, scritta contemporaneamente nelle due notazioni:

(1)	MI	——	assioma	——	31
(2)	MII	——	regola 2	——	311
(3)	MIIII	——	regola 2	——	31111
(4)	MUI	——	regola 3	——	301
(5)	MUIU	——	regola 1	——	3010
(6)	MUIUUIU	——	regola 2	——	3010010
(7)	MUIIU	——	regola 4	——	30110

La colonna di sinistra si ottiene applicando le nostre quattro regole tipografiche, ormai familiari. Si potrebbe pensare che anche la colonna di destra sia stata generata in virtù di un analogo insieme di regole tipografiche. Tuttavia la colonna di destra ha una natura duplice. Chiariamo che cosa questo significa.

Vedere le cose sia tipograficamente sia aritmeticamente

Potremmo dire che la quinta stringa ('3010') è stata prodotta a partire dalla quarta con l'aggiunta di uno '0' a destra; d'altra parte, potremmo pensare benissimo che la transizione sia dovuta a un'operazione *aritmetica*, e precisamente a una moltiplicazione per 10. Nella numerazione decimale, la moltiplicazione per 10 e l'aggiunta di uno '0' a destra sono operazioni indistinguibili. Possiamo approfittarne per scrivere una regola *aritmetica* che corrisponda alla regola tipografica I:

REGOLA ARITMETICA Ia: Un numero può venire moltiplicato per 10, se l'ultima cifra del suo sviluppo decimale è '1'.

Possiamo eliminare il riferimento ai simboli del sistema decimale caratterizzando aritmeticamente l'ultima cifra:

REGOLA ARITMETICA Ib: Un numero può venire moltiplicato per 10, se nella divisione per 10 il suo resto è 1.

Avremmo potuto anche accontentarci di una regola puramente tipografica, come la seguente:

REGOLA TIPOGRAFICA I: A partire da ogni teorema che termina a destra con il simbolo '1' si può fare un nuovo teorema aggiungendo uno '0' a destra dell''1'.

L'effetto sarebbe lo stesso. È per questo che la colonna di destra ha una "natura duplice": possiamo concepirla o come una serie di operazioni tipografiche che trasformano una configurazione di simboli in un'altra, o come una serie di operazioni aritmetiche che trasformano una grandezza in un'altra. Vi sono tuttavia ragioni molto forti per considerare la versione aritmetica come la più interessante delle due. Non sarebbe un gran vantaggio uscire da un sistema puramente tipografico per entrare in un altro sistema tipografico isomorfo al primo. Invece abbandonare il campo tipografico per entrare in una parte isomorfa dell'aritmetica offre potenzialità inesplorate. È come se una persona avesse conosciuto per tutta la vita la notazione musicale, ma solo in quanto segni sulla carta, e poi di colpo qualcuno le avesse fatto conoscere la corrispondenza tra suoni e spartiti. Che mondo ricco e nuovo! E ancora, è come se una persona fosse stata abituata per tutta la vita a vedere stringhe di simboli, ma semplicemente in quanto oggetti privi di senso, e poi di colpo qualcuno le avesse fatto conoscere la corrispondenza tra stringhe e racconti. Che rivelazione! La scoperta della gödelizzazione è stata paragonata alla scoperta, fatta da Cartesio, dell'isomorfismo tra curve nel piano ed equazioni in due variabili: incredibilmente semplice, una volta che lo si è visto, ma in grado di aprire nuovi vasti orizzonti.

Prima di passare alle conclusioni, vediamo un'illustrazione più completa di questo isomorfismo a livello più alto. È un ottimo esercizio. L'idea consiste nello stabilire una regola aritmetica la cui azione sia indistinguibile da quella della corrispondente regola tipografica del sistema MIU.

Ecco qui una possibile soluzione. Nelle regole, m e k sono numeri naturali arbitrari e n è un qualunque numero naturale minore di 10^m.

REGOLA 1: Se si ha $10m + 1$, si può fare $10 \times (10m + 1)$.

Esempio: Passaggio dalla riga 4 alla riga 5. In questo caso, $m = 30$.

REGOLA 2: Se si ha $3 \times 10^m + n$, si può fare $10^m \times (3 \times 10^m + n) + n$.

Esempio: Passaggio dalla riga 1 alla riga 2, dove sia m che n valgono 1.

REGOLA 3: Se si ha $k \times 10^{m+3} + 111 \times 10^m + n$, si può fare $k \times 10^{m+1} + n$.

Esempio: Passaggio dalla riga 3 alla riga 4. In questo caso m e n valgono 1 e k è 3.

REGOLA 4: Se si ha $k \times 10^{m+2} + n$, si può fare $k \times 10^m + n$.

Esempio: Passaggio dalla riga 6 alla riga 7. In questo caso, $m = 2$, $n = 10$ e $k = 301$.

Non dimentichiamo l'assioma! Senza di esso non si può andare da nessuna parte. Perciò, postuliamo che:

Si può fare 31.

La colonna di destra può essere vista ora come un processo aritmetico in piena regola, all'interno di un sistema aritmetico nuovo che potremmo chiamare *sistema 310*:

(1)	31	dato
(2)	311	regola 2 ($m = 1, n = 1$)
(3)	31111	regola 2 ($m = 2, n = 11$)
(4)	301	regola 3 ($m = 1, n = 1, k = 3$)
(5)	3010	regola 1 ($m = 30$)
(6)	3010010	regola 2 ($m = 3, n = 10$)
(7)	30110	regola 4 ($m = 2, n = 10, k = 301$)

Si osservi ancora una volta come le regole per allungare e per accorciare ci accompagnano sempre in questo "sistema 310"; sono semplicemente state trasferite nel campo dei numeri, di modo che i numeri di Gödel aumentano e diminuiscono. Se si guarda attentamente, si scopre che le regole sono basate sul fatto banale che lo spostare cifre a destra o a sinistra nella rappresentazione decimale dei numeri interi è connesso con la moltiplicazione e la divisione per potenze di 10. Questa semplice osservazione trova una sua generalizzazione nella seguente

> PROPOSIZIONE FONDAMENTALE: Ogni regola tipografica che dice come spostare, cambiare, cancellare o inserire certe cifre nella rappresentazione decimale di un qualunque numero può essere rappresentata altrettanto bene da un suo equivalente aritmetico che richiede operazioni con potenze di 10 nonché addizioni, sottrazioni e così via.

Più brevemente:

> Le regole tipografiche per la manipolazione di *numerali* sono di fatto regole aritmetiche per operare su *numeri*.

Questa semplice osservazione sta al centro del metodo di Gödel, e vedremo che essa ha un effetto esplosivo. Ci dice che, non appena introdotti i numeri di Gödel per ognuno dei simboli di un qualunque sistema formale, possiamo immediatamente costruire un insieme di regole aritmetiche che completano l'isomorfismo di Gödel. Di conseguenza possiamo trasferire lo studio di un qualunque sistema formale (dunque lo studio di *tutti* i sistemi formali) all'interno dell'aritmetica.

Numeri MIU-producibili

Proprio come, utilizzando un qualsiasi insieme di regole tipografiche, si genera un insieme di teoremi, si potrà generare un corrispondente insieme di numeri naturali applicando ripetutamente regole aritmetiche. Questi *numeri producibili* hanno all'interno dell'aritmetica lo stesso ruolo che hanno i teoremi all'interno di un dato sistema formale. Naturalmente, i numeri producibili saranno diversi a seconda delle regole adottate. I "numeri producibili" sono producibili solo *relativamente ad un sistema* di regole aritmetiche. Per esempio, numeri come 31, 3010010, 31111 e così via, si potrebbero chiamare numeri *MIU-producibili*, un nome sgraziato che si potrebbe abbreviare in *numeri MIU*, per simboleggiare il fatto che si tratta di quei numeri che si ottengono con una trascrizione del sistema MIU nell'aritmetica grazie alla gödelizzazione. Se volessimo gödelizzare il sistema pg per poi "aritmetizzare" le sue regole, potremmo chiamare i numeri producibili "numeri pg", e così via.

Si noti che i numeri producibili (in un qualsiasi sistema dato) sono definiti in base ad un metodo ricorsivo: se disponiamo di numeri che sappiamo essere producibili, le regole ci indicano come si possono formare, a partire da quelli, altri numeri producibili. La classe dei numeri che sappiamo essere producibili aumenta perciò costantemente, in modo del tutto analogo a ciò che abbiamo visto per l'elenco dei numeri di Fibonacci o dei numeri Q. L'insieme dei numeri producibili di un qualunque sistema forma un *insieme ricorsivamente numerabile*. Che cosa possiamo dire del suo complemento, cioè dell'insieme dei numeri non producibili? Sarà sempre un insieme ricorsivamente numerabile? Esiste un qualche attributo aritmetico che accomuna i numeri non producibili?

È questo il tipo di problema che sorge quando si trasferisce lo studio dei sistemi formali all'interno dell'aritmetica. Per ogni sistema che è stato aritmetizzato possiamo chiederci: "È possibile caratterizzare i numeri producibili in qualche modo semplice?" e "È possibile caratterizzare i numeri *non* producibili in modo ricorsivamente numerabile?". Ci troviamo qui di fronte a difficili problemi di aritmetica. Ci sono dei casi, che dipendono dal tipo di sistema che è stato aritmetizzato, in cui risolvere problemi del genere potrebbe risultare troppo difficile per noi. Ma se una qualche speranza di risolverli sussiste, essa dovrebbe essere basata sul solito tipo di ragionamento passo a passo che si usa per i numeri naturali. E questo, naturalmente, è stato esposto nella sua forma essenziale nel Capitolo precedente. Tutto ci faceva pensare che con l'AT fossimo riusciti a catturare tutti i processi di pensiero validi della matematica in un unico sistema compatto.

Rispondere alle domande sui numeri producibili consultando l'AT

Ma allora, i mezzi con cui rispondere ad una qualunque domanda su un qualunque sistema formale potrebbero davvero trovarsi in un unico sistema formale, l'AT? Ciò appare plausibile. Prendiamo, per esempio, la domanda seguente:

MU è un teorema del sistema MIU?

Trovare la risposta equivale a determinare se 30 è o non è un numero MIU. Poiché si tratta di un enunciato dell'aritmetica, ci si potrebbe aspettare che, con un attento studio, si riuscirà a trovare un modo per tradurre l'enunciato "30 è un numero MIU" nella notazione AT, analogamente a come abbiamo trovato il modo di tradurre enunciati aritmetici nella notazione AT. Voglio subito avvertire il lettore che una traduzione del genere in effetti esiste, ma è terribilmente complessa. A ben ricordare, nel Capitolo VIII ho insistito sul fatto che perfino nel caso di un predicato aritmetico semplice come "b è una potenza di 10" occorre molta astuzia per trovare il modo di codificarlo nella notazione dell'AT; e il predicato "b è un numero MIU" è molto più complicato! Comunque, è possibile trovarlo; e naturalmente b può venir sostituito dal numerale SSSSSSSSSS SSSSSSSSSSSSSSSSSSSS0. La stringa dell'AT che ne risulta è una stringa MONstre, per l'enorme quantità di simboli che contiene; ed è una stringa che parla del gioco MU; perciò chiameremo quella stringa "MUMON". Attraverso MUMON e stringhe simili, l'AT è ora in grado di parlare "in codice" del sistema MIU.

La duplice natura di MUMON

Se vogliamo trarre qualche vantaggio da questa singolare trasformazione della domanda originale, dobbiamo cercare la risposta alla nuova domanda:

MUMON è un teorema dell'AT?

Non abbiamo fatto altro che sostituire una stringa abbastanza breve (MU) con un'altra (la stringa-monstre MUMON), e un sistema formale semplice (il sistema MIU) con uno complicato (l'AT). Non sembra plausibile che la risposta sia ora più vicina, anche se la domanda è stata riformulata. In effetti, l'AT possiede tutta una serie di regole che accorciano e che allungano, e, nella sua nuova veste, è possibilissimo che la domanda sia molto più difficile che all'origine. Si potrebbe perfino dire che esaminare MU attraverso MUMON sia un modo volutamente idiota di fare le cose. Comunque possiamo considerare MUMON a più di un livello.

In effetti è questo il punto interessante: MUMON possiede due significati passivi. In primo luogo, quello che abbiamo dato precedentemente:

30 è un numero MIU.

Ma, in secondo luogo, sappiamo che questo enunciato è legato (tramite un isomorfismo) all'enunciato

MU è un teorema del sistema MIU.

Siamo quindi autorizzati a considerare quest'ultimo come il secondo significato passivo di MUMON. Potrà sembrare molto strano, poiché, dopotutto, MUMON non contiene altro che segni di addizione, parentesi e così via; insomma, i simboli dell'AT. Come può esprimere un enunciato con un significato che non sia aritmetico?

Sta di fatto che ciò è possibile. Come una stessa linea musicale può fungere sia da melodia sia da armonia in uno stesso pezzo; come "BACH" può essere interpretato sia come nome sia come melodia; come uno stesso enunciato può fornire un'esatta descrizione strutturale sia di un'immagine di Escher, sia di un segmento di DNA, sia di un pezzo di Bach, sia del dialogo nel quale l'enunciato stesso si trova inserito, così MUMON può significare (almeno) due cose completamente diverse tra loro. Questa situazione è la conseguenza di due fatti:

Fatto 1: enunciati quali "MU è un teorema" possono essere codificati in termini aritmetici sulla base dell'isomorfismo di Gödel.

Fatto 2: gli enunciati dell'aritmetica possono essere tradotti nell'AT.

Si potrebbe dire che, in virtù del Fatto 1, MUMON è un messaggio codificato, e che i simboli del codice, in virtù del Fatto 2, sono simboli dell'AT.

Codici e significato implicito

A questo punto si potrebbe obiettare che, a differenza di un messaggio palese, un messaggio codificato non esprime niente di per sé: esige la conoscenza del codice. Ma in realtà non esistono messaggi totalmente palesi. Esistono solo messaggi scritti in codici più familiari e messaggi scritti in codici meno familiari. Se si vuole svelare il significato di un messaggio, occorre estrarlo dal codice servendosi di un qualche meccanismo, cioè di un qualche isomorfismo. Potrà essere difficile scoprire il metodo per decodificarlo, ma non appena lo si è scoperto, il messaggio diventa trasparente come l'acqua. Quando un codice è sufficientemente familiare non appare più come un codice: si dimentica l'esistenza di un meccanismo di decodificazione. Il messaggio viene allora identificato con il suo significato.

Ci troviamo ora di fronte a un caso nel quale l'identificazione del messaggio con il suo significato è talmente forte da rendere faticoso il concepire che negli stessi simboli possa risiedere un altro significato. Vale a dire che i simboli dell'AT ci condizionano a leggere un significato aritmetico (e *solo* aritmetico) nelle stringhe dell'AT a tal punto che risulta difficile concepire certe stringhe dell'AT come enunciati del sistema MIU. Ma l'isomorfismo di Gödel ci costringe a riconoscere questo secondo livello di significato in certe stringhe dell'AT.

Decodificandolo nella maniera più comune, MUMON porta il messaggio:

30 è un numero MIU.

Si tratta di un enunciato dell'aritmetica ottenuto interpretando ogni segno nel modo convenzionale.

Ma con la gödelizzazione e l'isomorfismo che si fonda su di essa, abbiamo in un certo senso scoperto un codice nel quale messaggi sul sistema MIU vengono incorporati nelle stringhe del sistema AT. L'isomorfismo di Gödel è un nuovo rivelatore-di-informazione, così come lo furono i codici e le corrispondenze che in vari casi consentirono di decifrare i testi antichi. Decodificandolo in base a questo meccanismo nuovo e meno consueto, MUMON porta il messaggio

MU è un teorema del sistema MIU.

La morale della favola non è nuova per noi: il significato è un prodotto secondario che emerge automaticamente non appena noi riconosciamo un isomorfismo; vi sono perciò almeno due significati passivi di MUMON, e forse anche di più!

Il boomerang: la gödelizzazione dell'AT

Evidentemente la cosa non finisce qui. In effetti abbiamo appena intravisto le potenzialità dell'isomorfismo di Gödel. L'ovvio trucco consisterebbe a questo punto nell'indirizzare la capacità dell'AT di rispecchiare altri sistemi formali sull'AT stessa, così come la Tartaruga rivolse i grammofoni del Granchio contro se stessi, e come la sua Coppa G si rivolse contro se stessa, autodistruggendosi. Per far questo, dovremo gödelizzare l'AT così come abbiamo fatto già con il sistema MIU, per poi "aritmetizzare" le sue regole di inferenza. È facile effettuare la gödelizzazione. Potremmo stabilire, per esempio, la corrispondenza seguente:

Simbolo	*Codone*	*Giustificazione mnemonica*	
0	666	Numero della Bestia per il Misterioso Zero	
S	123	la relazione di successore: 1, 2, 3,...	
=	111	somiglianza visiva, girata di fianco	
+	112	1 + 1 = 2	
·	236	2 × 3 = 6	
(	362	finisce con 2	
)	323	finisce con 3	
<	212	finisce con 2	*queste tre coppie presentano*
>	213	finisce con 3	*un disegno comune*
[	312	finisce con 2	
]	313	finisce con 3	
a	262	opposto di ∀ (626)	
′	163	163 è primo, e l'apice lo si legge 'primo'	
∧	161	'∧' è un "grafico" della successione 1-6-1	
∨	616	'∨' è un "grafico" della successione 6-1-6	
⊃	633	6 "implica" 3 e 3, in un certo senso...	
¬	223	2 + 2 *non* fa 3	
∃	333	'∃' somiglia a '3'	
∀	626	opposto di a; inoltre, ∀ è un "grafico" di 6-2-6	
:	636	due punti, due sei	
interpunz.	613	numero speciale, come il 113 della SIP.	

Ad ogni simbolo dell'AT viene associata una tripletta di cifre prese tra 1, 2, 3 e 6 e scelte in maniera da fornire un aiuto mnemonico. Chiamerò una tripletta del genere *codone gödeliano*, o semplicemente *codone*. Non vi sono codoni per b, c, d o e: usiamo l'AT nella versione frugale. Questa scelta ha una motivazione recondita che diventerà evidente nel Capitolo XVI. Il significato dell'ultima riga, "interpunzione", apparirà chiaro nel Capitolo XIV.

Possiamo ora dare ad ogni stringa o regola dell'AT una nuova veste. Ecco per esempio l'Assioma 1 nelle due notazioni, la vecchia sotto la nuova:

626·262·636·223·123·262·111·666
∀ a : ¬ S a = 0

La convenzione usuale di separare con un punto triplette di cifre, che nel nostro caso coincidono con i codoni, ci è molto utile, perché ne rende più "facile" la lettura.

Ecco la Regola del *modus ponens*, nella nuova notazione:

REGOLA: Se sia *x* sia 212*x*633*y*213 sono teoremi, allora lo è anche *y*.

Infine presentiamo un'intera derivazione presa dall'ultimo Capitolo, espressa in AT, versione frugale, nonché trascritta nella nuova notazione:

626·262·636·626·262·163·636·362·262·112·123·262·163·323·111·123·362·262·112·262·163·323 ∀ a : ∀ a ′ : (a + S a ′) = S (a + a ′)	assioma 3
626·262·163·636·362·123·666·112·123·262·163·323·111·123·362·123·666·112·262·163·323 ∀ a ′ : (S 0 + S a ′) = S (S 0 + a ′)	particolarizzazione
362·123·666·112·123·666·323·111·123·362·123·666·112·666·323 (S 0 + S 0) = S (S 0 + 0)	particolarizzazione
626·262·636·362·262·112·666·323·111·262 ∀ a : (a + 0) = a	assioma 2
362·123·666·112·666·323·111·123·666 (S 0 + 0) = S 0	particolarizzazione
123·362·123·666·112·666·323·111·123·123·666 S (S 0 + 0) = S S 0	inserire '123'
362·123·666·112·123·666·323·111·123·123·666 (S 0 + S 0) = S S 0	transitività

Si sarà notato che ho cambiato il nome della regola "introduzione di S", in "inserire '123' ", visto che è questa l'operazione tipografica che essa ora autorizza.

Questa nuova notazione fa un effetto piuttosto strano: sembra che sia andata perduta ogni parvenza di significato. Tuttavia, se si conoscesse questo sistema fin dalla prima infanzia, si leggerebbero le stringhe in questa notazione con la stessa facilità con cui si legge l'AT. Basterebbe uno sguardo per distinguere immediatamente una formula ben formata da una che non lo è. Evidentemente, essendo l'elemento visivo così forte, la cosa apparirebbe come un'operazione tipografica; ma nello stesso tempo selezionare *formule* ben formate in questa notazione significa selezionare una classe speciale di *numeri interi*, che posseggono anche una definizione aritmetica.

Veniamo ora alla questione dell'"aritmetizzare" tutte le regole d'inferenza. Così come stanno le cose, esse sono ancora regole tipografiche. Ma un momento! In base alla Proposizione Fondamentale, una regola tipografica è effettivamente equivalente a una regola aritmetica. Inserire e spostare cifre nella rappresentazione decimale di un numero è un'operazione *aritmetica* che si può effettuare a livello tipografico. Proprio come aggiungere uno '0' alla fine è esattamente la stessa cosa che moltiplicare per 10, così ogni regola rappresenta un modo condensato di descrivere un'operazione aritmetica complicata. In un certo senso, quindi, non c'è nemmeno bisogno di cercare regole aritmetiche equivalenti, poiché tutte le regole sono *già* aritmetiche!

Numeri AT: un insieme di numeri ricorsivamente numerabile

Se guardiamo in questa prospettiva la derivazione del teorema "362·123·666·112·123·666·323·111·123·123·666" mostrata sopra, vediamo che si tratta di una successione di trasformazioni aritmetiche estremamente complicate, ognuna delle quali agisce su uno o più numeri dati in precedenza, la quale fornisce come risultato un numero che chiameremo, come abbiamo già fatto prima, *numero producibile* o, per essere più precisi, *numero AT*. Alcune delle regole aritmetiche agiscono su un numero AT preesistente e lo *aumentano* in un modo particolare per produrre un nuovo numero AT; altre prendono un numero AT preesistente e lo fanno *diminuire*; altre regole ancora prendono due numeri AT e agiscono su ognuno di essi in qualche modo bizzarro, per poi combinare i risultati in un nuovo numero AT, e via dicendo. Invece di dover cominciare con un solo numero AT dato in partenza, abbiamo *cinque* numeri AT iniziali, cioè, naturalmente, uno per ogni assioma (frugale). Il sistema AT, una volta aritmetizzato, somiglia molto, in fin dei conti, al sistema MIU aritmetizzato, con la differenza che il numero delle regole e degli assiomi è maggiore e che sarebbe faticoso elaborare esplicitamente gli equivalenti aritmetici delle regole, cosa che, del resto, non fornirebbe alcun chiarimento. Chi ha seguito il procedimento usato per il sistema MIU non dovrebbe avere dubbi che si possa procedere in modo del tutto analogo anche qui.

Con questa "gödelizzazione" dell'AT è comparso sulla scena un nuovo predicato aritmetico:

a è un numero AT.

Per esempio, sappiamo in base alla derivazione precedente, che 362˙123˙666˙112˙123˙666˙323˙111˙123˙123˙666 *è* un numero AT, mentre viceversa 123˙666˙111˙666 presumibilmente *non* è un numero AT.

Ci accorgiamo ora che questo nuovo predicato aritmetico è *esprimibile* mediante una stringa dell'AT contenente una variabile libera, nel nostro caso **a**. Potremmo metterci un gancio davanti, e la stringa così ottenuta verrebbe ad esprimere la nozione complementare

a non è un numero AT.

Se ora, in quest'ultima stringa, sostituissimo tutte le occorrenze di **a** con il numerale (in AT!) per 123˙666˙111˙666 (un numerale che conterrebbe esattamente 123˙666˙111˙666 volte il simbolo **S** ed è perciò troppo lungo per poterlo scrivere per esteso), otterremmo una stringa di AT che, proprio come MUMON, potrebbe venir interpretata a due livelli. In primo luogo quella stringa direbbe

123˙666˙111˙666 non è un numero AT.

Ma a causa dell'isomorfismo che lega i numeri AT ai teoremi dell'AT, in questa stringa sarebbe presente un significato ad un secondo livello, e precisamente:

S0=0 non è un teorema dell'AT.

L'AT cerca di ingerire se stessa

Questo inatteso doppio senso dimostra che l'AT contiene stringhe che parlano di altre stringhe dell'AT. In altre parole, il metalinguaggio nel quale possiamo parlare dal di fuori a proposito dell'AT possiede, almeno in parte, un'imitazione che risiede all'*interno* della stessa AT. E non si tratta qui di una caratteristica accidentale dell'AT; la sua esistenza è dovuta al fatto che l'architettura di un qualunque sistema formale può essere rispecchiata all'interno di A (l'aritmetica non formalizzata). Questa caratteristica dell'AT è inevitabile quanto lo sono le vibrazioni indotte in un giradischi mentre suona un disco. Può sembrare che le vibrazioni provengano dal mondo esterno, per esempio da bambini che saltellano o da palle che rimbalzano; invece, ogni volta che si producono dei suoni, si ha come effetto collaterale, ed è un effetto collaterale inevitabile, che questi suoni avvolgano e scuotano il meccanismo che li produce. Non si tratta di un fenomeno accidentale; è un effetto collaterale per il quale non c'è rimedio. È nella natura di ogni formalizzazione dell'aritmetica che il suo metalinguaggio si trovi incorporato in essa.

Possiamo nobilitare questa osservazione chiamandola il *Dogma Centrale della Logica Matematica* e riassumerla in un diagramma con due passaggi:

AT ⇒ A ⇒ meta-AT

Esprimendoci a parole: una stringa dell'AT possiede una interpretazione in A; ed un enunciato di A può avere un secondo significato come enunciato a proposito dell'AT.

G: una stringa che parla di se stessa in codice

Tutto ciò è molto affascinante, eppure è soltanto una metà del problema. L'altra metà comporta un'intensificazione dell'autoreferenza. Siamo ora al punto in cui si trovò la Tartaruga quando si rese conto che era possibile incidere un disco che avrebbe provocato la rottura di ogni grammofono che si fosse azzardato a suonarlo; a questo punto il problema è: "Dato un giradischi, come si fa concretamente a trovare che cosa si deve incidere sul disco?". È un affare complicato.

Vogliamo trovare una stringa dell'AT, e la chiameremo 'G', che parli di *se stessa*, nel senso che uno dei suoi significati passivi sia un enunciato a proposito di G. Vedremo nel seguito che il significato passivo sarà precisamente

"G non è un teorema dell'AT".

Dovrei aggiungere subito che G possiede un altro significato passivo che è un *enunciato dell'aritmetica*; proprio come MUMON, si può interpretare in (almeno) due modi diversi. Ciò che conta è che ognuno dei significati passivi è valido e utile e non mette minimamente in dubbio l'altro significato passivo. (Il fatto che un grammofono, mentre suona un disco, possa indurre vibrazioni su se stesso e sul disco non intacca in alcun modo il fatto che quelle vibrazioni sono pur sempre suoni musicali!).

L'incompletezza dell'AT è dovuta all'esistenza di G

L'ingegnoso metodo che porta alla costruzione di G nonché alcuni importanti concetti riguardanti l'AT saranno esaminati nei Capitoli XIII e XIV; per il momento è interessante gettare uno sguardo in avanti, magari superficialmente, per vedere quali conseguenze potrà avere la scoperta di un frammento autoreferenziale dell'AT. Chissà? 'AT' potrebbe anche significare Alta Tensione e fare scintille! In un certo senso, è proprio così. Concentriamoci sulla domanda ovvia:

G è un teorema dell'AT o no?

Tentiamo di formarci una nostra opinione su questa faccenda anziché fidarci dell'opinione che G ha di se stessa. Dopotutto, potrebbe darsi che G non capisca se stessa, non più di quanto un maestro Zen capisce se stesso. Potrebbe darsi che, come MUMON, G esprima una falsità. Come MU, G potrebbe essere un nonteorema. D'altra parte, oltre che ai teoremi, non è chiaro a quali stringhe dell'AT bisogna credere. Usiamo allora tutta la nostra capacità di ragionamento per chiarire la situazione il meglio possibile al punto in cui siamo.

Faremo la solita ipotesi: che i metodi di ragionamento dell'AT siano validi, per cui un teorema dell'AT non è mai falso. In altre parole, qualunque teorema dell'AT esprime una verità. Se perciò G fosse un teorema, esprimerebbe una verità, e precisamente: "G non è un teorema". L'autoreferenza ci colpisce qui con tutta la sua forza. Se fosse un teorema, G dovrebbe essere una falsità. Basandoci sulla nostra ipotesi che l'AT non ha falsità tra i suoi teoremi, saremmo quindi costretti a concludere che *G non è un teorema*. E fin qui va benissimo; rimaniamo, comunque, con un altro problema. Pur sapendo che G non è un teorema, dovremmo però ammettere che G esprima una verità. Ci troviamo in una situazione in cui l'AT non è all'altezza delle nostre aspettative: abbiamo trovato una stringa che esprime un enunciato vero, eppure la stringa non è un teorema. E, per quanto sorpresi, non dovremmo dimenticare il fatto che G possiede anche una interpretazione aritmetica. Questo ci autorizza a riassumere quanto abbiamo trovato nel modo seguente:

> È stata trovata una stringa dell'AT che esprime, senza ambiguità, un enunciato su certe proprietà aritmetiche dei numeri naturali; inoltre, ragionando fuori dal sistema, possiamo appurare non solo che quell'enunciato è vero, ma anche che la stringa in questione non è un teorema dell'AT. Se perciò chiediamo all'AT se l'enunciato è vero, l'AT non dice né sì né no.

Possiamo affermare che la stringa della Tartaruga nell'*Offerta Mu* è l'analogo di G? Non esattamente. L'analogo della stringa della Tartaruga è ¬G. Perché questo? Ebbene, riflettiamo un attimo su ciò che dice ¬G; deve dire l'opposto di ciò che dice G. G dice "G non è un teorema dell'AT"; perciò ¬G deve dire "G è un teorema". Potremmo riformulare sia G sia ¬G come segue:

G: "Io non sono un teorema (dell'AT)".
¬G: "La mia negazione è un teorema (dell'AT)".

¬G è l'analogo della stringa della Tartaruga, perché quella stringa non parlava di se stessa, bensì della stringa che la Tartaruga aveva offerto prima ad Achille e che aveva un NODO in più (o in meno, secondo come si vuole considerare la cosa).

Mumon ha l'ultima parola

Mumon ha penetrato il Mistero Ultimo dell'indecidibile con tutta la chiarezza che si può raggiungere nella sua concisa poesia sul MU di Jōshū:

Un cane ha natura-Buddha?
Questa è la più seria di tutte le domande.
Se tu dici di sì, se tu dici di no,
Perdi la tua propria natura-Buddha.

PARTE II

Preludio e...

Achille e la Tartaruga sono andati a casa del Granchio per fare la conoscenza del Formichiere, un suo amico. Fatte le presentazioni, i quattro si siedono per prendere il tè.

Tartaruga: Le abbiamo portato un pensierino, signor Granchio.

Granchio: Siete molto gentili, ma non era il caso di disturbarvi.

Tartaruga: È solo un segno della nostra stima. Achille, vuole dare il pacchetto al signor G.?

Achille: Certamente. Con i migliori auguri, signor Granchio. Spero che le piacerà.

(Achille porge al Granchio un pacchetto quadrato e molto sottile, elegantemente confezionato. Il Granchio comincia ad aprirlo).

Formichiere: Sono proprio curioso di sapere che cos'è.

Granchio: Lo sapremo presto. *(Finisce di scartarlo e tira fuori il dono).* Due dischi! Che bello! Ma qui non c'è etichetta. Ohi! Questo è un altro dei suoi "fuoriserie", signorina T.?

Tartaruga: Se intende uno sfascia-grammofono, questa volta no. Si tratta in realtà di una registrazione in esclusiva, l'unica di questo tipo che sia stata fatta nel mondo. È musica mai sentita prima, a parte ovviamente quando Bach la suonò.

Granchio: Quando Bach la suonò? Cosa intende dire esattamente?

Achille: Vedrà che emozione, signor Granchio, appena la signorina T. le dirà cosa sono realmente queste registrazioni!

Tartaruga: Ma la prego, continui lei, Achille!

Achille: Posso? Oh, ragazzi! Sarà meglio che consulti i miei appunti, allora. (*Estrae una piccola scheda e si schiarisce la voce*). Ehm... Le interesserebbe una breve divagazione sulla recente, notevole scoperta matematica a cui i suoi dischi devono la loro esistenza?

Granchio: Questi dischi derivano da un lavoro matematico? Davvero curioso! Bene, ora che ha stuzzicato il mio interesse, devo saperne di più.

Achille: D'accordo. (*Fa una breve pausa per sorseggiare il tè, quindi riprende*). Ha mai sentito parlare del famigerato "Ultimo Teorema" di Fermat?

Formichiere: Non ne sono certo... Suona stranamente familiare, e tuttavia non riesco a situarlo...

Achille: È un'idea molto semplice. Pierre de Fermat, un magistrato per formazione e matematico per passione, stava leggendo la sua copia dell'*Arithmetica* di Diofanto, quando s'imbatté in una pagina contenente l'equazione

$$a^2 + b^2 = c^2$$

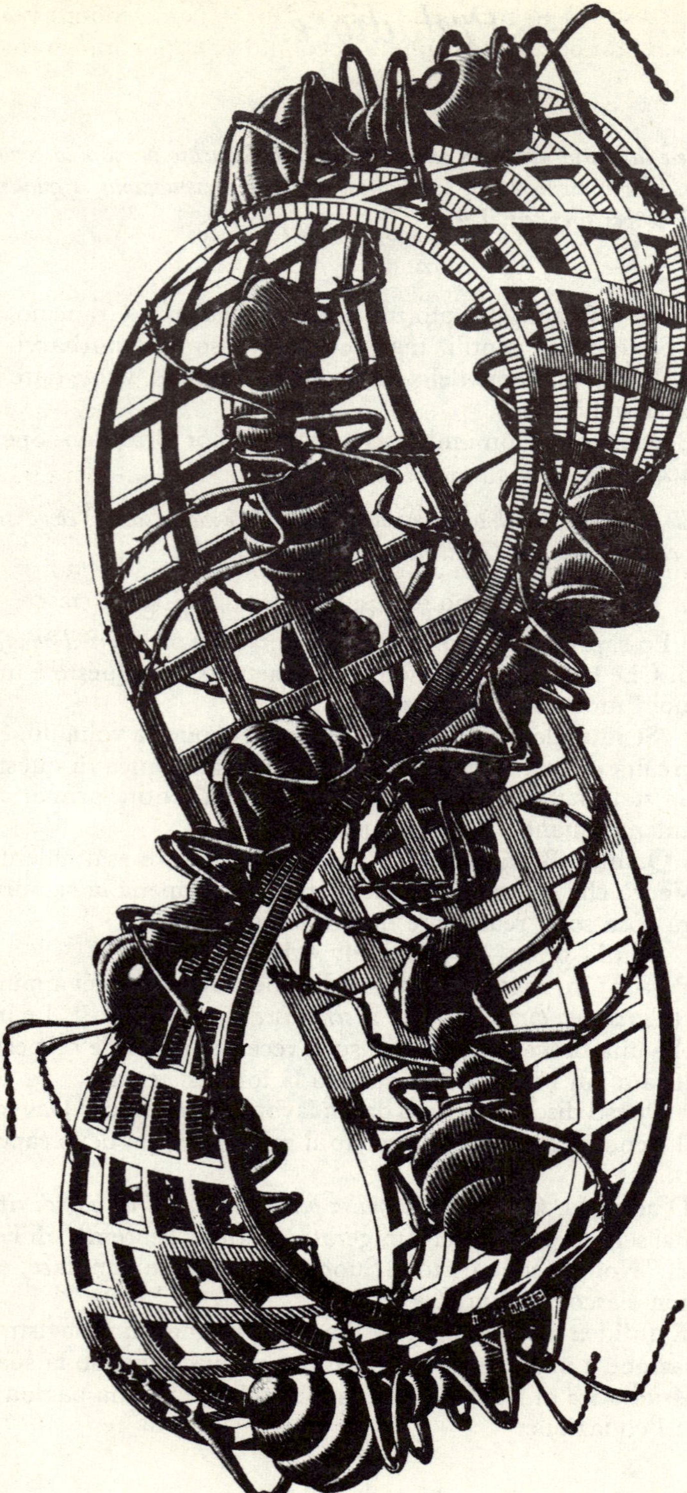

Egli si rese subito conto che questa equazione ha infinite soluzioni a, b, c e annotò sul margine il seguente celebre commento:

> L'equazione
>
> $$a^n + b^n = c^n$$
>
> ha soluzioni in interi positivi a, b, c, ed n, solo per n = 2 (e in questo caso vi sono infinite terne a, b, c che soddisfano l'equazione), ma non vi sono soluzioni per n > 2. Ho scoperto una prova davvero meravigliosa di questa proposizione, che sfortunatamente questo margine è troppo piccolo per contenere.

Da quel giorno, circa trecento anni fa, i matematici hanno tentato invano di fare l'una o l'altra di queste due cose: o dimostrare la proposizione di Fermat, e quindi ristabilire la sua reputazione che, sebbene notevole, è stata messa in discussione dagli scettici i quali non credono che egli abbia realmente trovato questa dimostrazione; o altrimenti confutare la proposizione trovando un controesempio: un insieme di quattro interi a, b, c ed n, con n > 2, che soddisfi l'equazione. Fino a pochissimo tempo fa, ogni tentativo in ciascuna delle due direzioni è miseramente fallito. Il Teorema è stato messo alla prova, in verità, per molti specifici valori di n, in particolare per tutti gli n fino a 125˙000.

Formichiere: Non dovrebbe chiamarsi "Congettura" anziché "Teorema", se non è mai stata trovata una vera dimostrazione?

Achille: A rigore lei avrebbe ragione; tuttavia ormai, per tradizione, si parla di Teorema.

Granchio: Ma qualcuno alla fine è riuscito a risolvere questa annosa questione?

Achille: Certo. In realtà l'ha risolta la signorina T. e come al solito con un tocco magico! Non soltanto ha trovato una DIMOSTRAZIONE dell'Ultimo Teorema di Fermat (giustificando così l'uso del termine con il quale è chiamato e rendendo giustizia a Fermat), ma ha trovato anche un CONTROESEMPIO, mostrando quindi che gli scettici avevano avuto un'intuizione giusta!

Granchio: Perbacco! Questa è una scoperta rivoluzionaria!

Formichiere: Ma per favore, non ci tenga in ansia. Quali sono questi magici interi che soddisfano l'equazione di Fermat? Sono particolarmente curioso di conoscere il valore di n.

Achille: Ahi, ahi! Sono veramente imbarazzato. Forse non ci crederete, ma ho lasciato i valori a casa, annotati su un pezzo di carta davvero enorme; così enorme da non poterlo portare con me. Mi sarebbe tanto piaciuto averli qui per mostrarveli, ma se può essere d'aiuto, ricordo

FIGURA 56. Nastro di Möbius II, *di M.C. Escher (xilografia su legno di testa a tre colori, 1963).*

FIGURA 57. *Pierre de Fermat.*

una cosa: il valore di n è l'unico intero positivo che non occorre in nessun luogo nell'espressione di π come frazione continua.

Granchio: Oh, che peccato che non li abbia qui con sé! Ma non vi è ragione di dubitare di ciò che ci ha detto.

Formichiere: Comunque, che bisogno c'è di vedere n scritto in notazione decimale? Achille ci ha appena detto come trovarlo. Bene, signorina T., voglia accettare le mie più sentite felicitazioni in occasione di questa sua scoperta che apre una nuova era!

Tartaruga: Grazie. Ma secondo me, più importante della stessa scoperta è l'applicazione pratica a cui la mia scoperta conduce direttamente.

Granchio: Questa è una cosa che m'incuriosisce moltissimo; infatti ho sempre pensato che l'Aritmetica fosse la regina della matematica, il ramo più puro della matematica, l'unico ramo della matematica che NON ha applicazioni!

Tartaruga: Lei non è il solo a pensare questo, ma in realtà è del tutto impossibile fare un'affermazione definitiva su quando o come qualche ramo o anche solo qualche teorema isolato della matematica pura possa avere qualche ripercussione importante al di fuori della matematica. Si tratta di un campo in cui non si possono fare previsioni, e il nostro caso è un perfetto esempio di questo fatto.

Achille: La duplice scoperta della signorina T. ha dischiuso un varco nel campo della ricostruzione acustica.

Formichiere: Che cos'è la ricostruzione acustica?

Achille: Lo dice il nome: è la ricostruzione dell'informazione acustica da sorgenti estremamente complesse. Un compito tipico della ricostruzione acustica è quello di ricostruire, ad esempio, il tonfo di una pietra che cade in un lago a partire dalle increspature prodotte sulla superficie del lago stesso.

Granchio: Com'è possibile tutto ciò?

Achille: È possibile. In realtà è un'operazione molto simile a quella che compie il cervello quando ricostruisce il suono prodotto dalle corde vocali di un'altra persona a partire dalle vibrazioni trasmesse dal timpano alle fibre nervose della coclea.

Granchio: Già. Ma non capisco cosa c'entri l'aritmetica, o che cosa tutto ciò abbia a che fare con i miei nuovi dischi.

Achille: Vede, nella matematica della ricostruzione acustica sorgono molti problemi che sono connessi con il numero di soluzioni di certe equazioni diofantee. Ora la signorina T. ha cercato per anni di trovare il modo di ricostruire i suoni prodotti da Bach con il suo clavicembalo, un evento accaduto oltre duecento anni fa, in base a calcoli sui moti di tutte le molecole presenti nell'atmosfera attuale.

Formichiere: Ciò è assolutamente impossibile! Quei suoni sono irrimediabilmente perduti, perduti per sempre!

Achille: Così pensano gli ingenui... Ma la signorina T. ha dedicato molti anni a questo problema, giungendo infine alla conclusione che l'intera faccenda dipende dal numero di soluzioni dell'equazione

$$a^n + b^n = c^n$$

in interi positivi con $n > 2$.

Tartaruga: Potrei naturalmente spiegare come ha origine questa equazione, ma sono certa che la cosa vi annoierebbe.

Achille: È risultato che la teoria della ricostruzione acustica prevede che i suoni di Bach possono essere ricostruiti dal moto di tutte le molecole dell'atmosfera, a condizione che o esista almeno una soluzione, OPPURE...

Granchio: Incredibile!

Formichiere: Fantastico!

Tartaruga: Chi l'avrebbe mai immaginato!

Achille: Stavo dicendo, "a condizione che esista o una tale soluzione OPPURE una prova che NON vi sono soluzioni". E quindi la signorina T., con cura scrupolosa, si è dedicata simultaneamente ad entrambi i corni del problema. Come si è poi capito, la scoperta del controesempio è la chiave per giungere alla prova, cosicché un corno del problema ha condotto direttamente all'altro.

Granchio: Come è possibile?

Tartaruga: Vede, io avevo mostrato che l'impianto strutturale di una qualsiasi prova dell'Ultimo Teorema di Fermat, ammesso che ne esistesse una, poteva essere descritto con un'elegante formula che, a quanto si vide, dipendeva dai valori di una soluzione di una determinata equazione. Quando trovai questa seconda equazione, con mio stupore essa risultò essere proprio l'equazione di Fermat. Un divertente legame accidentale fra forma e contenuto. Così, quando trovai il controesempio, non dovetti fare altro che usare quei numeri come base per la costruzione della mia dimostrazione che non vi sono soluzioni all'equazione. Davvero semplice, a pensarci. Non capisco perché nessuno ci sia arrivato prima.

Achille: Come conseguenza di questo successo matematico imprevedibilmente ricco, la signorina T. è stata in grado di realizzare la ricostruzione acustica che sognava da così tanto tempo. E il disco che ha regalato al signor Granchio rappresenta un risultato concreto di questo lavoro astratto.

Granchio: Non mi dirà che si tratta di una registrazione di Bach che suona le sue opere per clavicembalo!

Achille: Spiacente, ma è proprio ciò che devo dirle, poiché si tratta proprio di questo. Sono due dischi di Johann Sebastian Bach che suona tutto il *Clavicembalo ben temperato*. Ogni disco contiene uno dei due libri del *Clavicembalo ben temperato*; vale a dire che ogni disco contiene 24 fra preludi e fughe, cioè un preludio e una fuga per ciascuna tonalità, maggiore e minore.

Granchio: Benissimo; allora dobbiamo assolutamente ascoltare subito uno di questi due straordinari dischi! Ma come posso trovare il modo di ringraziarvi tutti e due?

Tartaruga: Ci ha già ampiamente ricompensati con questo delizioso tè, preparato con le sue mani.

(Il Granchio estrae dalla custodia uno dei due dischi e lo mette sul grammofono. La musica di un clavicembalista di straordinario talento si diffonde nella stanza, un suono della più alta fedeltà immaginabile. Si sente perfino — o è immaginazione? — Bach che si accompagna canticchiando a mezza voce...).

Granchio: Qualcuno di voi gradirebbe seguire la partitura? Possiedo un'edizione unica del *Clavicembalo ben temperato*, appositamente miniata da un mio maestro il quale è anche un raffinato calligrafo.

Tartaruga: Per me sarebbe un vero piacere.

(Il Granchio va verso la sua elegante libreria di legno con ante di vetro; l'apre e ne estrae due grossi volumi).

Granchio: Ecco, signorina T.; non sono mai riuscito a guardare con attenzione tutte le bellissime illustrazioni che vi sono contenute. Può darsi che ora il suo regalo mi fornisca il necessario stimolo a farlo.

Tartaruga: Lo spero proprio.

Formichiere: Avete mai notato come in queste composizioni il preludio prepari l'atmosfera della fuga seguente?

Granchio: Sì; per quanto sia difficile descriverla a parole, vi è sempre una sottile connessione fra il preludio e la fuga. Anche se non c'è un tema melodico comune, vi è sempre, tuttavia, un qualcosa d'inafferrabile, di astratto che è presente in entrambi e che li lega molto intimamente.

Tartaruga: E vi è sempre qualcosa di molto intenso in quei brevi attimi di pausa sospesi tra il preludio e la fuga, attimi in cui il tema della fuga si prepara a scandirsi in singole note, per poi intrecciarsi con se stesso in una complessità costantemente crescente di livelli di un'inquietante, squisita armonia.

Achille: Capisco bene cosa vuol dire. Vi sono tanti preludi e fughe che non ho ancora avuto modo di conoscere a fondo, e quel breve interludio di silenzio è per me causa di intensa emozione; è un momento in cui vengo sopraffatto da un'ansia anticipatrice nei confronti del vecchio Bach. Ad esempio, mi chiedo sempre quale sarà il tempo della fuga: allegro, o adagio? Sarà in 6/8 o in 4/4? Avrà tre voci o cinque, o quattro? E poi, attacca la prima voce... Un istante di incredibile coinvolgimento!

Granchio: Ah, sì, ricordo bene quei giorni ormai lontani della mia giovinezza quando m'infiammavo ad ogni nuovo preludio e fuga, che mi provocavano grandi emozioni con la loro novità e bellezza e le tante sorprese che celavano.

Achille: Ed ora? Quelle emozioni sono scomparse?

Granchio: Sono state sostituite dall'abitudine, come accade sempre per questi stati d'animo. Ma anche in questa assuefazione vi è una dimensione di profondità che ha le sue compensazioni. Per esempio, noto che vi è sempre qualcosa di nuovo da scoprire.

Achille: Apparizioni del tema che le erano sfuggite?

Granchio: Forse, specialmente quando è invertito e nascosto fra diverse altre voci, o quando sembra prorompere dal profondo, dal nulla. Ma vi sono anche stupefacenti modulazioni, che fa sempre un enorme piacere sentire e risentire; mi chiedo da quale suo fantasticare il vecchio Bach le abbia tratte.

Achille: Sono felice di sentirle dire che troverò sempre nel *Clavicembalo ben temperato* qualcosa di stimolante, anche dopo che sarà passata questa mia infatuazione iniziale, per quanto provi una certa tristezza all'idea che questa fase non possa durare per sempre.

Granchio: Ah, non deve temere che il suo entusiasmo possa estinguersi del tutto. Una delle cose belle di queste emozioni giovanili è che esse possono sempre riaccendersi proprio quando le si credevano spente per sempre. C'è solo bisogno di un'adeguata sollecitazione esterna.

Achille: Davvero? Quale, per esempio?

Granchio: Per esempio, ascoltare quella musica attraverso orecchi altrui: diciamo, attraverso gli orecchi di qualcuno per il quale essa è un'esperienza completamente nuova, qualcuno come lei, Achille. In qualche modo, quell'emozione è contagiosa e io posso riviverla.

Achille: Ciò è molto interessante. Quell'emozione, quindi, è sopita in qualche parte dentro di noi, ma non siamo in grado di farla riemergere dal nostro inconscio con le nostre sole forze.

Granchio: Esattamente. La possibilità di rivivere quell'emozione è "codificata" in qualche oscura maniera nella struttura del nostro cervello, ma non abbiamo il potere di riportarla in superficie a nostro piacimento: dobbiamo attendere circostanze casuali che agiscono da innesco.

Achille: Avrei una domanda da fare a proposito delle fughe; è una domanda che mi imbarazza un poco, ma penso che voi, ascoltatori esperti di fughe, possiate aiutare me che sono un novizio...

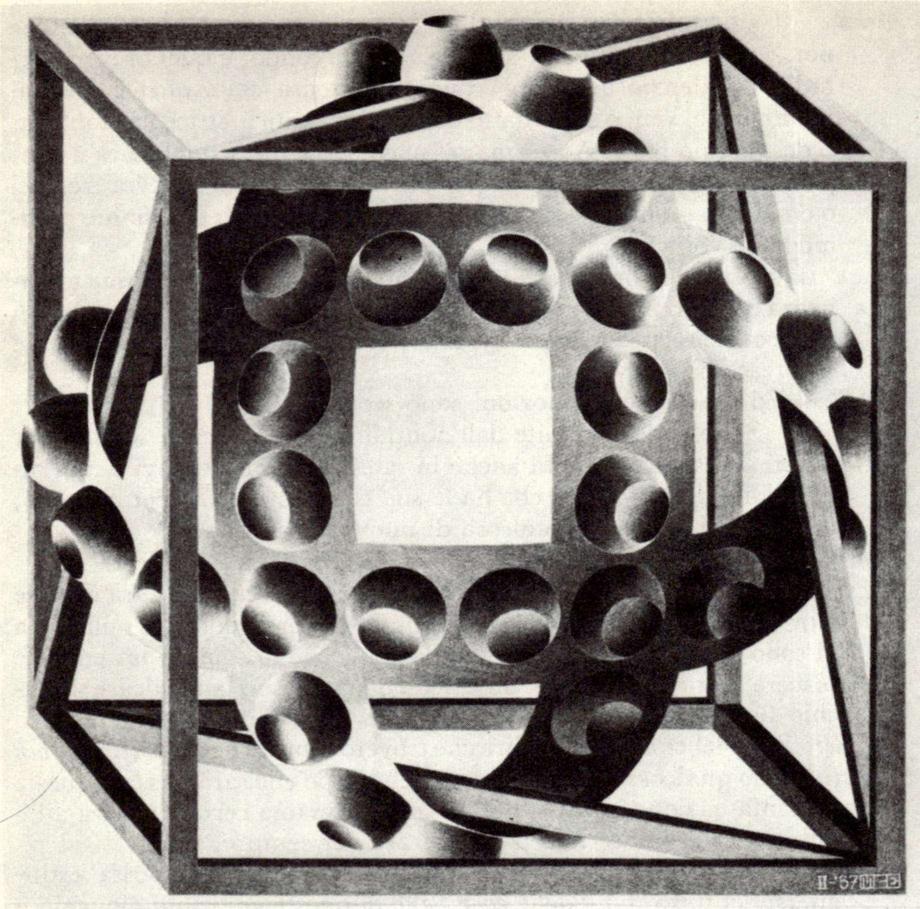

FIGURA 58. Cubo con nastri magici, *di M.C. Escher (litografia, 1957).*

Tartaruga: Sarei lieta di poterle offrire tutta la mia modesta conoscenza, se essa potesse esserle di qualche aiuto.

Achille: Oh, grazie. Mi conceda di arrivare al problema partendo da una questione particolare. Conosce quella litografia di M.C. Escher dal titolo *Cubo con nastri magici*?

Tartaruga: Quella in cui ci sono strisce caratterizzate da distorsioni a forma di bolle che all'occhio, appena deciso che si tratta di protuberanze, sembrano mutarsi in incavi e viceversa?

Achille: Esattamente.

Granchio: Me la ricordo anch'io. Quelle piccole bolle sembrano fluttuare fra il concavo e il convesso a seconda della direzione dalla quale ci si avvicina. Non vi è modo di vederle concave E convesse simultaneamente. In qualche modo il nostro cervello non lo permette. Vi sono due "modalità", reciprocamente esclusive nelle quali si possono percepire le bolle.

Achille: Proprio così. Bene; a me sembra di avere scoperto due modalità in qualche misura analoghe di ascoltare una fuga: o seguire una singola voce per volta, oppure seguire l'effetto totale di tutte le voci insieme, senza tentare di separarle l'una dall'altra. Ho provato a sperimentare queste due modalità insieme ma, con mia grande frustrazione, ognuna di esse esclude l'altra. È praticamente impossibile per me seguire il corso delle singole voci e contemporaneamente seguire l'effetto globale. Mi scopro a balzare da una modalità all'altra con repentini spostamenti, più o meno involontari e spontanei.

Formichiere: Proprio come quando si guardano i nastri magici, eh?

Achille: Sì. Mi stavo proprio chiedendo... se la mia descrizione di questi due modi di ascoltare le fughe non mi bolli irrimediabilmente come un ascoltatore ingenuo e inesperto, incapace perfino di accedere a modalità percettive più profonde, fuori della mia portata.

Tartaruga: No, nient'affatto, Achille. Posso parlare solo per me stessa, ovviamente, ma anch'io mi scopro a oscillare fra una modalità e l'altra senza essere in grado di esercitare alcun controllo cosciente su quale delle due debba di volta in volta dominare. Non so se anche gli altri nostri amici qui presenti hanno sperimentato qualcosa di simile.

Granchio: Senza alcun dubbio. È un fenomeno affascinante e frustrante allo stesso tempo, poiché si avverte che l'essenza della fuga ti danza davanti agli occhi, e tuttavia non hai la possibilità d'afferrarla interamente, perché non riesci a mettere in funzione questa duplice modalità di ascolto.

Formichiere: Le fughe hanno l'interessante proprietà che ognuna delle voci è un brano musicale autonomo, e quindi una fuga potrebbe essere considerata un insieme di parecchie composizioni musicali distinte, tutte basate su un singolo tema e tutte suonate simultaneamente. E dipende dall'ascoltatore (o dal suo subcosciente) decidere se essa deve essere percepita come un'unità o piuttosto come un insieme di parti indipendenti, tutte in armonia fra loro.

Achille: Lei dice che le parti sono "indipendenti", e tuttavia ciò non può essere vero alla lettera. Vi deve essere qualche coordinazione fra loro, altrimenti, una volta messe insieme, si avrebbe l'effetto di un'accozzaglia di note, e non vi è nulla di più falso.

Formichiere: Un modo migliore di descrivere la situazione potrebbe essere questo: se si prestasse attenzione ad ognuna delle voci avulsa dal resto, si scoprirebbe che essa ha un suo senso musicale compiuto di per se stessa. Essa potrebbe stare in piedi da sola, ed è questo che intendevo quando dicevo che è indipendente. Ma lei ha perfettamente ragione quando fa notare che ognuno di questi tratti individualmente significativi, fondendosi con gli altri in maniera nient'affatto casuale, dà vita a una totalità armonica. L'arte di comporre una bella fuga consiste precisamente in questa capacità di comporre vari soggetti, ognuno dei quali dà l'illusione di essere stato composto come fine a se stesso, e che però, quando viene inserito nella totalità, vi si fonde senza alcuna forzatura. Ora, questa dicotomia fra ascoltare una fuga come totalità e ascoltare le sue voci componenti è un esempio particolare di una dicotomia molto generale, che si riferisce a molti tipi di strutture costruite a partire da livelli più bassi.

Achille: Davvero? Vuol dire che le mie due "modalità" possono avere un riferimento più generale a situazioni diverse dall'ascolto di una fuga?

Formichiere: Certamente.

Achille: Mi domando in che modo. Immagino, però, che ciò abbia a che fare con un'alternanza fra il percepire qualcosa globalmente e il percepirla come un insieme di parti. Tuttavia solo ascoltando le fughe ho trovato questa dicotomia.

Tartaruga: Oh, mio caro, guardi qua! Ho appena voltato pagina seguendo la musica, e mi sono imbattuta in questa magnifica illustrazione a fronte della prima pagina della fuga.

Granchio: Non avevo mai visto questa illustrazione. Perché non ce la passa?

(La Tartaruga passa il libro in giro. Ognuno dei quattro lo guarda da punti di vista diversi, chi da lontano, chi da vicino, tutti piegando perplessi la testa da una parte e dall'altra. Completato il giro, il libro torna infine alla Tartaruga, la quale esamina attentamente l'illustrazione).

Achille: Credo che il preludio stia per finire. Mi domando se, dopo l'ascolto della fuga avrò capito qualche cosa di più del problema "Qual è il modo giusto di ascoltare una fuga: come un tutto unico, o come la somma delle sue parti?".

TTartaruga: Ascolti attentamente e ci riuscirà!

(Il preludio termina. Vi è un attimo di silenzio; e...

[*ATTACCA*]

CAPITOLO X

Livelli di descrizione e sistemi di calcolo

Livelli di descrizione

La stringa G di Gödel e una fuga di Bach hanno entrambe la proprietà di poter essere interpretate a livelli diversi. Tutti abbiamo dimestichezza con questo genere di cose; eppure, mentre in certi casi ne siamo sconcertati, in altri le trattiamo senza alcuna difficoltà. Per esempio, sappiamo tutti che noi esseri umani siamo composti di un numero enorme di cellule (circa venticinquemila miliardi), e che quindi tutto ciò che facciamo potrebbe essere descritto, in linea di principio, in termini di cellule. O potrebbe addirittura essere descritto a livello molecolare. Per lo più accettiamo tutto ciò in modo alquanto pragmatico: andiamo dal dottore, il quale ci esamina a livelli più bassi di quelli ai quali noi stessi ci consideriamo; leggiamo articoli sul DNA e sull'"ingegneria genetica" e intanto sorseggiamo il caffè. A quanto pare, abbiamo conciliato questi due quadri incredibilmente diversi di noi stessi semplicemente sconnettendoli l'uno dall'altro. Praticamente non c'è modo di collegare una descrizione microscopica di noi stessi con ciò che sentiamo di essere, e quindi è possibile collocare rappresentazioni separate di noi stessi in "comparti" affatto separati della nostra mente. È raro che ci capiti di dover passare dall'una all'altra di queste due concezioni di noi stessi chiedendoci: "Come fanno queste due cose completamente diverse ad essere lo stesso *me*?".

Oppure: consideriamo una sequenza d'immagini televisive che mostrano Shirley MacLaine che ride. Quando guardiamo questa sequenza sappiamo che in realtà non stiamo guardando una donna, bensì sciami di puntini che guizzano su una superficie piatta. Lo sappiamo, ma nulla è più lontano dalla nostra mente. Di ciò che si trova sullo schermo possediamo queste due rappresentazioni violentemente contrastanti, ma non ne siamo imbarazzati: possiamo semplicemente escluderne una e concentrarci sull'altra, ed è ciò che facciamo tutti. Quale delle due è "più reale"? La risposta varierà, a seconda che siate un uomo, un cane, un calcolatore o un televisore.

Aggregazione in blocchi e abilità agli scacchi

Uno dei problemi affrontati dall'Intelligenza Artificiale è il tentativo di colmare lo iato tra queste due descrizioni, cioè di costruire un sistema che accetti uno di questi livelli di descrizione in ingresso e fornisca l'altro in uscita. Una delle forme in cui questo iato si manifesta nell'Intelligenza Artificiale è illustrata dai progressi compiuti nel programmare un calcolatore in modo che riesca a giocare bene a scacchi. Negli anni '50, e per un po' anche dopo, era opinione diffusa che l'artificio per far giocare bene una macchina consistesse nel fornirle la capacità di valutare la ramificazione dei possibili sviluppi del gioco con un'ampiezza maggiore di quanto potesse fare qualsiasi maestro di scacchi. Tuttavia, benché ci si avvicinasse pian piano a questo traguardo, il livello di gioco dei calcolatori non subì alcun salto di qualità e non superò quello dei giocatori più esperti. In effetti un giocatore esperto è in grado di battere clamorosamente e senza sforzo i migliori programmi attuali che giocano a scacchi.

La ragione di questo fatto era già stata segnalata in letteratura da parecchio tempo. Negli anni '40 lo psicologo olandese Adriaan de Groot aveva studiato la percezione che di una data situazione sulla scacchiera hanno da una parte i principianti e dall'altra i maestri. Semplificando al massimo, i suoi risultati indicano che i maestri di scacchi percepiscono la posizione dei pezzi in *blocchi*. Della scacchiera si può dare una descrizione di livello superiore rispetto a quella semplice e immediata del tipo "pedone bianco in c3, torre nera in d7", e in qualche modo il maestro si costruisce un'immagine mentale della scacchiera di questo tipo superiore. Ciò era dimostrato dalla grande rapidità con cui il maestro riusciva a ricostruire la disposizione dei pezzi verificatasi in un dato momento di una partita reale rispetto alla ricostruzione lenta e impacciata del principiante dopo che ad entrambi erano stati concessi cinque secondi per osservare la scacchiera. Molto significativo era il fatto che gli errori dei maestri consistevano nel collocare in modo sbagliato interi *gruppi* di pezzi, cosa che lasciava la partita quasi inalterata sotto il profilo strategico, ma la cambiava molto agli occhi del principiante. La conferma definitiva venne quando fu ripetuto lo stesso esperimento, collocando però i pezzi sulla scacchiera a caso e non più riproducendo la disposizione dei pezzi di una partita reale. Si trovò che, nel ricostruire queste disposizioni casuali, i maestri non erano affatto migliori dei principianti.

La conclusione è che nel normale gioco degli scacchi ricorrono particolari tipi di situazioni, cioè particolari configurazioni, e proprio a queste configurazioni ad alto livello il maestro è sensibile. Egli pensa *a un livello diverso* rispetto al principiante, possiede un insieme di concetti diverso. Quasi tutti sono sorpresi quando scoprono che, mentre gioca, raramente il maestro cerca di prevedere lo sviluppo del gioco più in là di quanto non faccia il principiante; per di più, il maestro di solito prende in considerazione solo pochissime delle mosse possibili! Il fatto è che il suo modo di percepire la scacchiera è come un filtro: quando osserva la situazione di una partita, il maestro letteralmente *non vede le mosse cattive*, proprio come un dilettante non vede le mosse *illecite*. Chiunque abbia giocato anche solo un po' a scacchi ha organizzato la propria percezione in modo che non gli venga mai in mente di muovere una torre in diagonale, di prendere con un pedone muovendolo in avanti, e così via. Analogamente, chi è al livello di maestro si è costruito livelli di organizzazione superiori nel modo di vedere la scacchiera; di consequenza una mossa cattiva è per lui altrettanto inconcepibile quanto lo è una mossa illecita per la maggior parte delle persone. Ciò si potrebbe chiamare una *potatura implicita* del gigantesco albero delle diramazioni possibili. Viceversa una *potatura esplicita* consisterebbe nel considerare una mossa e, dopo un'indagine superficiale, decidere di non continuarne più l'esame.

Questa distinzione può valere anche per altre attività intellettuali: per esempio per l'attività matematica. Un matematico di talento, per giungere al teorema voluto, di solito non tenta ogni possibile pista falsa per poi abbandonarla, come magari farebbero persone di minor ingegno; al contrario, egli "fiuta" direttamente le piste promettenti e subito le segue.

Ai programmi per calcolatore che giocano a scacchi basandosi sulla previsione dello sviluppo della partita non si è insegnato a pensare a livello superiore; l'unica strategia è stata quella di usare massicciamente la capacità di analisi delle mosse successive, nella speranza di schiacciare ogni resistenza. Ma ciò non ha avuto successo. Forse in futuro un programma basato sulla forza bruta sarà in grado di battere i migliori giocatori, ma ciò costituirà un progresso intellettuale esiguo di fronte alla rivelazione che l'intelligenza dipende in modo *cruciale* dalla capacità di costruire descrizioni di livello superiore di certi raggruppamenti complessi, come scacchiere, schermi televisivi, pagine stampate o quadri.

Somiglianza tra livelli

Di solito, data una situazione, non è necessario averne in mente più di un livello di comprensione alla volta. Inoltre le diverse descrizioni di un sistema dato sono di solito concettualmente così distanti tra loro che, come si è detto sopra, non vi è alcun problema nel tenerle entrambe presenti, proprio perché esse vengono conservate in comparti mentali separati. Tuttavia, nel caso in cui uno stesso sistema ammetta due o più descrizioni a livelli diversi che però in qualche modo si *somigliano*, si rimane disorientati: pensando al sistema, riesce difficile evitare di mescolare questi livelli e si perde rapidamente ogni riferimento.

Ciò accade senza dubbio quando riflettiamo sulla nostra psicologia, ad esempio quando tentiamo di comprendere i motivi che spingono le persone a compiere le varie azioni che compiono. Nella struttura mentale dell'uomo vi sono molti livelli e certamente si tratta di un sistema che non comprendiamo ancora molto bene. Ma esistono centinaia di teorie concorrenti che spiegano perché le persone si comportano come si comportano, e ciascuna teoria è basata su certe ipotesi più o meno esplicite su quale sia la profondità alla quale, in questa stratificazione di livelli, si trovano le varie specie di "forze" psicologiche. Poiché attualmente si usa grosso modo lo stesso genere di linguaggio per tutti i livelli mentali, ciò favorisce una notevole mescolanza di questi livelli e certamente porta a centinaia di teorie errate. Ad esempio si parla di "pulsioni" — verso il sesso, il potere, la fama, l'amore, ecc. ecc. — senza sapere da quale punto della struttura mentale dell'uomo queste pulsioni provengano. Senza pretendere di andare troppo a fondo, voglio semplicemente dire che la nostra confusione su chi siamo è certamente connessa col fatto che consistiamo di un ampio insieme di livelli e che per descriverci a tutti questi livelli impieghiamo un linguaggio pieno di sovrapposizioni.

I sistemi di calcolo

Vi è un altro caso in cui coesistono molti livelli di descrizione per un unico sistema e in cui tutti i livelli sono vicinissimi tra loro sotto il profilo concettuale. Mi riferisco ai calcolatori. Quando un programma viene eseguito da un calcolatore, lo si può considerare a parecchi livelli, e a tutti quei livelli la sua descrizione è formulata nel linguaggio dell'informatica; di conseguenza sotto certi profili tutte le descrizioni risultano simili, ma in realtà tra le immagini che si ottengono ai diversi livelli esistono differenze importantissime. La descrizione al livello più basso può essere tanto complicata da somigliare alla descrizione punto per punto di un'immagine televisiva. Tuttavia, per certi scopi, questa è la descrizione di gran lunga più importante. Al livello più alto, la descrizione è nettamente *conformata a blocchi* e assume un aspetto del tutto diverso, nonostante che molti concetti che intervengono siano gli stessi tanto al livello più basso quanto a quello più alto. I blocchi della descrizione a livello superiore sono come i blocchi dell'esperto di scacchi e come la descrizione a blocchi dell'immagine sullo schermo: riassumono in forma condensata un gran numero di cose che ai livelli inferiori sono viste separatamente (si veda la Fig. 59). Ora, per non perderci troppo nell'astrazione, possiamo parlare

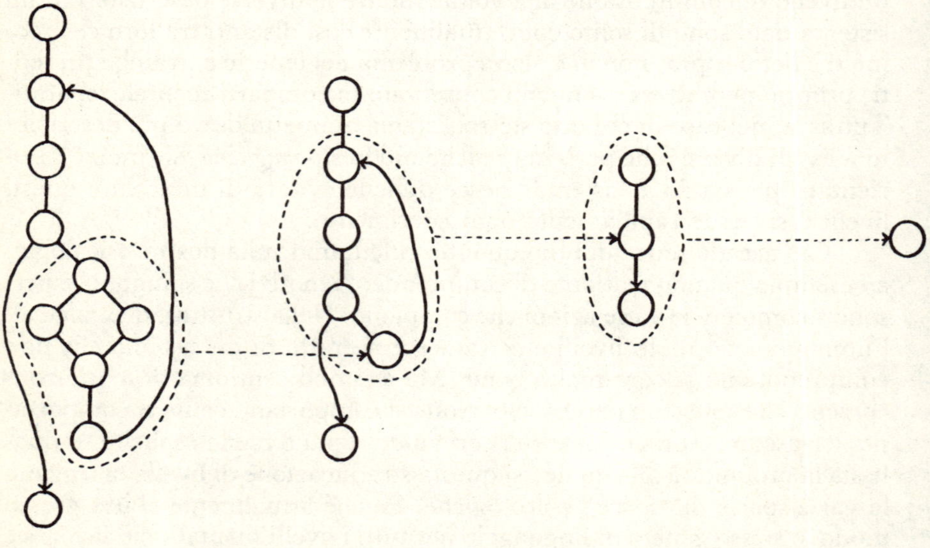

FIGURA 59. L'idea di "aggregazione": un gruppo di oggetti è percepito come un "blocco" unico. La frontiera del blocco è un po' come la membrana di una cellula o il confine di uno Stato: essa conferisce al "grappolo" che vi è contenuto un'identità distinta. Può essere opportuno, a seconda del contesto, ignorare la struttura interna del blocco oppure prenderla in considerazione.

di fatti concreti relativi ai calcolatori cominciando con un rapido schizzo di quello che è l'aspetto di un sistema di calcolo al livello più basso. Il livello più basso? Non proprio, perché non parlerò di particelle elementari; tuttavia è il livello più basso che vogliamo considerare.

Nello strato di fondo, dal punto di vista concettuale, di un calcolatore troviamo una *memoria*, un'*unità centrale di elaborazione* (*central processing unit*, da cui l'abbreviazione corrente CPU) e alcune *apparecchiature di ingresso e di uscita* (I/O, da *input-output*). Cominciamo col descrivere la memoria. Essa è suddivisa in porzioni fisiche distinte dette *parole*. Per fissare le idee, supponiamo che nella memoria vi siano 65˙536 parole (è un numero tipico, pari a 2 alla sedicesima potenza). A sua volta una parola è suddivisa in quelli che considereremo gli atomi dell'informatica, i *bit*. Il numero di bit in una parola tipica può essere intorno ai 36. Dal punto di vista fisico, un bit è semplicemente un "commutatore" magnetico che può assumere l'una o l'altra di due posizioni.

o	o	x	o	x	x	x	o	x	o	o	x	x	o	o	x	o	x	x	x	x	x	x	o	x	x	o	o	x	x	x	o	o	o	o	o

— — — *parola di 36 bit* — — —

Queste due posizioni possono essere chiamate "su" e "giù", oppure "x" e "o", oppure "1" e "0"... Quest'ultima è la convenzione che si adotta di solito: va benissimo, ma ha l'inconveniente di suggerire l'idea che il calcolatore, nel profondo, registri *numeri*. Ciò è falso! Non c'è ragione di pensare che un insieme di trentasei bit rappresenti un numero, e di fatto una parola della memoria può adempiere molte funzioni diverse. Talvolta, beninteso, quei trentasei bit rappresentano proprio un numero in base 2; ma in altri casi potranno anche rappresentare trentasei punti di uno schermo televisivo, oppure alcune lettere di un testo, o altre cose ancora. Come si debba interpretare una parola della memoria dipende interamente dal ruolo che quella parola ha nel programma che la impiega. Ovviamente essa può avere più di un ruolo, come una nota in un canone.

Istruzioni e dati

Tra le interpretazioni di una parola ce n'è una che ancora non ho menzionato: una parola può essere un'*istruzione*. Le parole della memoria non contengono solo i dati da elaborare, ma anche il programma per elaborare i dati. L'unità centrale (la CPU) può eseguire un repertorio limitato di operazioni e una parte di una parola, di solito alcuni dei suoi bit iniziali, è interpretabile come il nome del tipo di istruzione da eseguire. E gli altri bit di una parola interpretata come un'istruzione, che cosa rappresentano? Per lo più essi indicano quali sono le altre parole della memoria sulle quali si deve intervenire. In altri termini, i bit restanti costituiscono un *puntatore* verso una o più parole della memoria. Ciascuna parola della memoria ha una propria ubicazione distinta, come una casa in una strada; questa ubicazione è chiamata *indirizzo*. La memoria può avere una "strada" o più "strade", che vengono chiamate "pagine". Quindi l'indirizzo di una data parola è costituito dal numero della sua pagina (se la memoria ne ha più d'una) e dalla sua posizione nella pagina. La porzione "puntatore" di un'istruzione è dunque l'indirizzo numerico di una o più parole della memoria. Un puntatore non è soggetto ad alcuna limitazione; un'istruzione può dunque "puntare" anche verso se stessa, e in tal caso, quando viene eseguita, provoca un cambiamento in se stessa.

Come fa il calcolatore a sapere quale istruzione eseguire ad ogni istante? Di ciò viene tenuto nota nella CPU: la CPU possiede un puntatore speciale che punta verso la parola che dev'essere interpretata come istruzione successiva (cioè contiene l'indirizzo di questa parola). La CPU estrae questa parola dalla memoria e la ricopia elettronicamente in una parola speciale appartenente alla stessa CPU. (Di solito le parole della CPU non sono chiamate "parole", bensì *registri*). Poi la CPU esegue questa istruzione. L'istruzione può ordinare l'esecuzione di una qualunque tra un gran numero di operazioni diverse. Eccone alcune tipiche:

SOMMA a un registro la parola verso cui punta l'istruzione. (In tal caso, la parola verso cui si punta è ovviamente interpretata come un numero).

STAMPA sotto forma di lettere la parola verso cui punta l'istruzione. (In tal caso la parola ovviamente *non* è interpretata come un numero, bensì come una sequenza di lettere).

SALTA alla parola verso cui punta l'istruzione. (In questo caso, la CPU riceve l'ordine di interpretare quella parola particolare come istruzione successiva).

A meno che un'istruzione non dia esplicitamente una disposizione diversa, la CPU estrarrà la parola che viene subito dopo e l'interpreterà come un'istruzione. In altri termini, per la CPU vale la regola di percorrere la "strada" in modo sequenziale, come un postino, interpretando una dopo l'altra le parole come istruzioni. Ma quest'ordine sequenziale può essere infranto da certe istruzioni, come SALTA e altre ancora.

Linguaggio macchina e linguaggio assemblativo

Diamo una brevissima descrizione del *linguaggio macchina*. I tipi di operazione di questo linguaggio costituiscono un repertorio finito che non può essere ampliato. Quindi tutti i programmi, per vasti e complessi che siano, devono essere formulati in termini di questi tipi di istruzione, variamente raggruppati insieme. Esaminare un programma scritto in linguaggio macchina è un po' come esaminare una molecola di DNA, e si consideri che ciascun nucleotide contiene suppergiù due dozzine di atomi; se ora si immagina di voler scrivere, atomo per atomo, il DNA di un piccolo virus (per non dire quello di un uomo!), si avrà un'idea di che cosa vuol dire stendere un programma complesso in linguaggio macchina, e di che cosa vuol dire tentar di afferrare il contenuto di un programma avendo accesso solo alla sua descrizione in linguaggio macchina.

Si deve tuttavia ricordare che all'origine i calcolatori venivano programmati ad un livello ancora inferiore, se possibile, a quello del linguaggio macchina, cioè connettendo tra loro i cavi, talché le operazioni da compiere venivano impostate "circuitalmente". Alla luce delle tecniche moderne ciò è tanto primitivo che fa male solo a pensarci; eppure non c'è dubbio che coloro che per primi praticarono questi metodi dovettero ricavarne tanta soddisfazione quanta ne provano oggi i pionieri dei calcolatori moderni...

Saliamo ora a un livello superiore nella gerarchia dei livelli di descrizione dei programmi: al livello del *linguaggio assemblativo*. Tra il linguaggio assemblativo e il linguaggio macchina non vi è un divario enorme, anzi il passaggio è piuttosto dolce. In sostanza, vi è una corrispondenza biunivoca tra le istruzioni in linguaggio assemblativo e quelle in linguaggio macchina. L'idea di base di un linguaggio assemblativo è "aggregare in blocchi" le singole istruzioni del linguaggio macchina cosicché, se si vuole un'istruzione che faccia sommare un numero a un altro, invece di scrivere la successione di bit "010111000", si scrive semplicemente SOMMA e poi, invece di fornire la rappresentazione binaria dell'indirizzo, ci si può riferire alla parola della memoria per mezzo di un *nome*. Pertanto un programma in linguaggio assemblativo è molto simile a un programma in linguaggio macchina che sia stato reso leggibile agli esseri umani. Si potrebbe paragonare la versione in linguaggio macchina di un programma a una derivazione dell'AT formulata nell'oscura notazione della numerazione di Gödel, e la sua versione in linguaggio assemblativo alla derivazione isomorfa dell'AT formulata nella notazione originale, che è molto più facile da comprendere. Oppure, tornando all'immagine del DNA, possiamo paragonare la differenza che passa tra linguaggio macchina e linguaggio assemblativo alla differenza che passa tra lo specificare ogni nucleotide indicandone faticosamente un atomo dopo l'altro e invece specificarlo dicendone semplicemente il *nome* (cioè 'A', 'G', 'C' o 'T'). Questa semplicissima operazione di "aggregazione in blocchi" consente un enorme risparmio di fatica, benché sotto il profilo concettuale essa non introduca grandi cambiamenti.

Programmi che traducono programmi

Forse il fatto fondamentale del linguaggio assemblativo è costituito non dalle sue differenze rispetto al linguaggio macchina, che non sono poi tanto rilevanti, bensì proprio dall'idea chiave che *sia possibile* scrivere i programmi a livelli diversi. Si rifletta un po': i circuiti dello hardware sono costruiti per "capire" i programmi scritti in linguaggio macchina, cioè come successioni di bit, ma non in lettere e numeri decimali. Che cosa accade quando lo hardware riceve un programma in linguaggio assemblativo? È come se si tentasse di far accettare a una cellula una sequenza di nucleotidi scritta su un pezzo di carta in lettere dell'alfabeto anziché costituita di sostanze chimiche. Che se ne può fare una cellula di un pezzo di carta? Che se ne può fare un calcolatore di un programma in linguaggio assemblativo?

Ma ecco il punto fondamentale: si può scrivere, in linguaggio macchina, un *programma di traduzione*. Questo programma, detto *assemblatore*, accetta i nomi mnemonici delle istruzioni, i numeri decimali e altre comode abbreviazioni che un programmatore riesce a ricordare facilmente, e converte il tutto nelle monotone ma essenziali sequenze di bit. Una volta *assemblato* (cioè tradotto), il programma in linguaggio assemblativo viene *eseguito*; o meglio, viene eseguito il suo equivalente in linguaggio macchina; ma è solo questione di terminologia. Di quale livello è il programma che viene eseguito? Se si dice che il livello del programma è quello del linguaggio macchina non si sbaglia mai, poiché, qualunque sia il programma eseguito, lo hardware è sempre in causa; ma è anche del tutto ragionevole pensare al programma eseguito in termini di linguaggio assemblativo. Ad esempio, si potrebbe benissimo dire: "In questo momento la CPU sta eseguendo un'istruzione SALTA", invece di dire: "In questo momento la CPU sta eseguendo un'istruzione 111010000". Un pianista che suoni le note G-E-B E-G-B sta anche eseguendo un arpeggio nella tonalità di mi minore. Non vi è alcun motivo per rifiutarsi di descrivere le cose dal punto di vista del livello superiore. Così si può pensare che il programma in linguaggio assemblativo venga eseguito in concomitanza col programma in linguaggio macchina. In effetti abbiamo due modi per descrivere quello che fa la CPU.

Linguaggi di livello superiore, compilatori e interpreti

L'idea tanto feconda di usare il calcolatore stesso per tradurre i programmi da un livello alto ai livelli più bassi riceve un ulteriore sviluppo al livello successivo della gerarchia. Dopo aver lavorato per anni col linguaggio assemblativo, agli inizi degli anni '50 i programmatori si resero conto che vi erano parecchie strutture caratteristiche che si presentavano regolarmente in ogni programma. Pareva che ci fossero, proprio come negli scacchi, certe configurazioni fondamentali che emergevano in modo naturale quando gli informatici tentavano di formulare *algoritmi*, cioè descrizioni esatte di certi procedimenti che si voleva venissero seguiti. In altre parole, pareva che gli algoritmi contenessero certe componenti di livello superiore, sulla cui base era possibile specificarli in modo molto più semplice ed elegante di quanto non fosse possibile farlo nel linguaggio macchina o nel linguaggio assemblativo, che hanno grossi limiti. Per esempio, una componente ad alto livello di un algoritmo consiste non di una o due istruzioni in linguaggio macchina, ma di un intero insieme di istruzioni, non necessariamente tutte contigue nella memoria. In un linguaggio di livello superiore una componente siffatta potrebbe essere rappresentata da un singolo elemento, risultato dell'aggregazione in un blocco di molti elementi.

Oltre ai blocchi ordinari, cioè alle componenti appena scoperte mediante le quali si possono costruire tutti gli algoritmi, ci si avvide che quasi tutti i programmi contengono blocchi ancor più grandi, diciamo superblocchi. Questi superblocchi variano da un programma all'altro, a seconda del genere di compiti ad alto livello che il programma deve eseguire. Abbiamo discusso dei superblocchi nel Capitolo V, chiamandoli coi loro nomi ordinari, cioè "subroutines" e "procedure". È chiaro che qualunque linguaggio di programmazione diventerebbe assai più potente se venisse dotato della possibilità di *definire* nuove entità di livello superiore in termini di altre già note, e poi di *chiamarle* per nome. Ciò incorporerebbe nello stesso linguaggio la capacità di "aggregare in blocchi". Invece di avere un repertorio determinato di istruzioni a partire dal quale comporre esplicitamente tutti i programmi, il programmatore potrebbe costruirsi i suoi moduli, tutti col loro nome, adoperabili in qualunque punto del programma proprio come se fossero caratteristiche intrinseche del linguaggio. Naturalmente non si potrebbe eliminare la circostanza che giù in basso, al livello del linguaggio macchina, tutto sarebbe ancora costituito dalle stesse istruzioni nel vecchio linguaggio macchina; tuttavia ciò non sarebbe percepibile esplicitamente dal programmatore situato ad alto livello; sarebbe implicito.

I nuovi linguaggi basati su queste idee furono indicati come *linguaggi compilativi*. Uno dei primi e più eleganti fu l'"Algol", che sta per "Algorithmic Language". A differenza di quanto accade coi linguaggi assemblativi, non vi è una corrispondenza biunivoca diretta fra gli enunciati in Algol e le istruzioni in linguaggio macchina. Certo vi è ancora una qualche corrispondenza tra Algol e linguaggio macchina, ma essa è di gran lunga più "rimescolata" di quella esistente tra linguaggio assemblativo e linguaggio macchina. Grosso modo, un programma in Algol sta alla propria traduzione in linguaggio macchina come un problema enunciato verbalmente in un testo di algebra elementare sta all'equazione che lo traduce. (In realtà, passare da un problema espresso verbalmente ad un'equazione è assai più complicato, ma l'esempio suggerisce una vaga idea dei tipi di "decodificazione" che si debbono compiere nel tradurre da un linguaggio ad alto livello in un linguaggio a livello inferiore). Verso la metà degli anni '50 furono scritti programmi, detti *compilatori*, che erano in grado di eseguire la traduzione da questi linguaggi compilativi nel linguaggio macchina.

Inoltre furono inventati gli *interpreti*. Come i compilatori, anche gli interpreti traducono dai linguaggi di alto livello nel linguaggio macchina; ma invece di tradurre prima tutti gli enunciati e poi eseguire il codice di macchina, essi leggono una riga e subito l'eseguono. Ciò comporta il vantaggio che per usare un interprete non è necessario che l'utente abbia scritto un programma completo. Egli può inventare il programma riga per riga e verificarlo a mano a mano che procede. Quindi un interprete sta ad un compilatore come un interprete simultaneo sta al traduttore di un testo scritto. Uno dei più importanti e affascinanti tra tutti i linguaggi per calcolatore è il Lisp (contrazione di "List Processing"), che fu inventato da John McCarthy più o meno nel periodo in cui fu inventato anche l'Algol. In seguito il Lisp ha goduto di grande popolarità tra coloro che si occupano di Intelligenza Artificiale.

Vi è una differenza interessante tra il modo in cui lavorano gli interpreti e il modo in cui lavorano i compilatori. Un compilatore riceve un ingresso (per esempio un programma completo in Algol) ed emette un'uscita (una lunga sequenza di istruzioni in linguaggio macchina). A questo punto il compilatore ha concluso il proprio compito e l'uscita viene passata al calcolatore per l'esecuzione. Viceversa un interprete funziona senza interruzione mentre il programmatore gli fornisce un enunciato Lisp dopo l'altro, e ciascuno di questi viene eseguito seduta stante. Ma ciò non significa che ogni enunciato venga prima tradotto e poi eseguito, perché altrimenti un interprete sarebbe un compilatore funzionante riga per riga. Al contrario, in un interprete le operazioni di leggere una nuova riga, "capirla" ed eseguirla sono tra loro intrecciate e avvengono simultaneamente.

Spieghiamo quest'idea un po' più per esteso. Ogni volta che gli viene fornita una nuova riga di Lisp, l'interprete cerca di elaborarla. Ciò significa che esso si mette in moto e che certe istruzioni (in linguaggio macchina) contenute nel suo interno vengono eseguite. *Quali* precisamente vengano eseguite dipende naturalmente da quel particolare enunciato Lisp. Dentro l'interprete vi sono molte istruzioni di **SALTO**, cosicché la nuova riga di Lisp può far vagare il controllo in modo complesso: in avanti, all'indietro, poi di nuovo in avanti, ecc. Quindi ciascun enunciato Lisp viene trasformato in un "cammino" all'interno dell'interprete e l'atto di seguire quel cammino produce l'effetto desiderato.

Talvolta è utile considerare gli enunciati Lisp come semplici dati che vengono forniti uno dopo l'altro ad un programma in linguaggio macchina che funzioni senza interruzione (l'interprete del Lisp). Considerando le cose da questa prospettiva, si ottiene un'immagine diversa del rapporto che c'è tra un programma scritto in un linguaggio di alto livello e la macchina che lo esegue.

Bootstrap

Naturalmente un compilatore è a sua volta un programma e quindi dev'essere scritto in qualche linguaggio. I primi compilatori venivano scritti in linguaggio assemblativo anziché in linguaggio macchina, e ciò permetteva di cogliere i vantaggi di questo primo gradino rispetto al livello base del linguaggio macchina. La Figura 60 riassume schematicamente questi concetti un po' complicati.

Con i continui progressi nella programmazione si arrivò a capire che un compilatore già scritto in parte poteva essere impiegato per compilare estensioni di se stesso. In altre parole, una volta redatto un certo nucleo minimo del compilatore, questo compilatore minimo era in grado di tradurre in linguaggio macchina compilatori più ampi; questi a loro volta avrebbero potuto tradurre compilatori ancora più ampi, fino ad ottenere il compilatore completo e definitivo. Questo procedimento viene indicato col termine "*bootstrap*" (tirante di stivale), che fa riferimento all'espressiva frase inglese "sollevarsi reggendosi ai tiranti dei

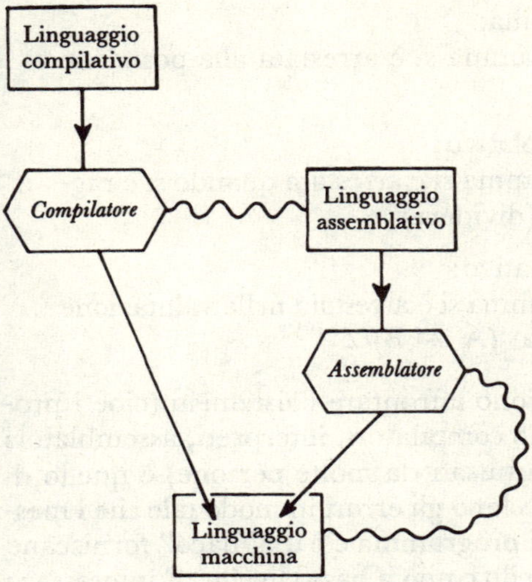

FIGURA 60. Tanto gli assemblatori quanto i compilatori traducono in linguaggio macchina; ciò è illustrato dalle linee diritte. Inoltre, poiché sono a loro volta programmi, *anch'essi sono scritti originariamente in un linguaggio. Le linee ondulate indicano che un compilatore può essere scritto in linguaggio assemblativo e un assemblatore in linguaggio macchina.*

propri stivali" (cioè senza ricorrere ad aiuti esterni). C'è una certa analogia con ciò che succede quando un bambino raggiunge un livello critico di padronanza nella propria lingua materna: da quel punto in poi il suo vocabolario e la sua padronanza crescono a passi da gigante, poiché egli può *usare* il linguaggio per *acquisire* altro linguaggio.

A quali livelli descrivere il funzionamento dei programmi

I linguaggi compilativi di solito non riflettono la struttura delle specifiche macchine che useranno i programmi scritti in quei linguaggi. Questo è uno dei principali vantaggi che essi presentano rispetto a linguaggi molto specializzati, come i linguaggi assemblativi e i linguaggi macchina. Naturalmente, quando un programma scritto in linguaggio compilativo è tradotto in linguaggio macchina, il programma che ne risulta dipende dalla macchina. Pertanto il programma eseguito può essere descritto o in modo indipendente o in modo dipendente dalla macchina. È come individuare un paragrafo di un libro mediante il suo contenuto (modo indipendente dall'edizione) oppure mediante la pagina e la posizione che esso occupa nella pagina (modo dipendente dall'edizione).

Finché il programma funziona in modo corretto, non ha nessuna importanza pratica come lo si descrive o come ci si figura il suo funzionamento. Ma quando qualcosa non va, allora è importante essere in grado di pensare a livelli diversi. Se ad esempio la macchina a un certo momento riceve l'istruzione di dividere per zero, essa si arresterà e informerà l'utente del problema, segnalandogli in quale punto del programma si è presentato questo evento discutibile. Tuttavia questa informazione viene spesso fornita a un livello inferiore a quello in cui il programmatore ha scritto il programma. Ecco tre descrizioni parallele di un programma che s'inceppa:

Livello del linguaggio macchina:
"L'esecuzione del programma si è arrestata alla posizione 1110010101110111"

Livello del linguaggio assemblativo:
"L'esecuzione del programma si è arrestata quando si è raggiunto l'istruzione DIV (dividere)"

Livello del linguaggio compilativo:
"L'esecuzione del programma si è arrestata nella valutazione dell'espressione algebrica '(A + B)/Z' "

Uno dei problemi più seri che devono affrontare i sistemisti (cioè i programmatori di sistema, che scrivono compilatori, interpreti, assemblatori e altri programmi che verranno poi usati da molte persone) è quello di riuscire a scrivere le routines che rivelano gli errori in modo tale che i messaggi che passano agli utenti nel cui programma c'è un "baco" forniscano descrizioni del problema ad alto livello e non a basso livello. È interessante constatare il caso inverso: quando in un "programma" genetico qualcosa va storto (ad esempio quando avviene una mutazione), il "baco" si manifesta all'esterno solo a livello *superiore*, cioè a livello fenotipico, e non a livello genotipico. In effetti, per osservare il processo genetico, la biologia moderna impiega come strumento d'elezione le mutazioni, poiché se ne possono seguire le tracce a molti livelli.

La microprogrammazione e i sistemi operativi

Nei sistemi di calcolo moderni esistono parecchi altri livelli gerarchici. Per esempio, certi sistemi (si tratta spesso dei cosiddetti "microcalcolatori") funzionano con istruzioni in linguaggio macchina che sono ancora più rudimentali dell'istruzione di sommare un numero che sta in memoria con un numero che sta in registro. L'utente ha la libertà di decidere con quale genere di istruzioni a livello macchina vuole programmare; egli "microprogramma" queste istruzioni nei termini delle "microistruzioni" che ha a disposizione. Successivamente le istruzioni nel "linguaggio macchina di livello superiore" ideate dall'utente possono venire impresse nei circuiti e assumere carattere circuitale, benché ciò non sia necessario. Così la microprogrammazione permette all'utente di scendere un pochino al di sotto del tradizionale livello del linguaggio macchina. Una delle conseguenze di ciò è che i circuiti di un calcolatore prodotto da una certa impresa possono essere configurati (mediante la microprogrammazione) in modo che questo possegga la stessa famiglia di istruzioni in linguaggio macchina di un altro calcolatore, prodotto dalla stessa o anche da un'altra impresa. Il calcolatore microprogrammato, come si suol dire, "emula" l'altro calcolatore.

Poi vi è il livello del *sistema operativo*, che s'inserisce tra il programma in linguaggio macchina e qualsiasi altro livello superiore al quale l'utente scriva i suoi programmi. Il sistema operativo è esso stesso un programma il cui compito è quello di fare da schermo tra la "macchina nuda" e gli utenti (proteggendo quindi il sistema) e anche di evitare al programmatore molti problemi intricati e fastidiosi come: leggere il programma, chiamare un traduttore, eseguire i programmi tradotti, indirizzare l'uscita ai canali appropriati nel momento opportuno e trasferire il controllo all'utente successivo. Se molti utenti "conversano" contemporaneamente con la stessa CPU, allora il sistema operativo è quel programma che dirige l'attenzione della CPU dall'uno all'altro secondo un qualche ordine stabilito. La complessità dei sistemi operativi è formidabile, e mi limiterò ad accennarvi mediante l'analogia seguente.

Consideriamo il primo sistema telefonico. Alexander Graham Bell poteva telefonare al suo assistente che si trovava nella stanza accanto: trasmissione elettronica della voce! C'è un'analogia con un calcolatore nudo e privo di sistema operativo: calcolo elettronico! Consideriamo ora un sistema telefonico moderno. Vi sono molti altri apparecchi con i quali si può decidere di collegarsi; non solo, ma si possono svolgere contemporaneamente molte conversazioni distinte; aggiungendo un prefisso si possono chiamare abbonati di altre zone. Si può chiamare direttamente oppure attraverso il centralino, si può far pagare al destinatario, o addebitare il costo a una carta di credito; si può fare una chiamata personale o partecipare a una conversazione collettiva (teleconferenza). Si può far registrare una chiamata o farla rintracciare. Si può trovare il segnale di occupato, o un segnale speciale il quale avverte che il numero chiamato non è stato "ben formato", o che è stato fatto troppo lentamente. Si può installare un centralino locale in modo da collegare tra loro un gruppo di apparecchi, ecc., ecc. L'elenco è lunghissimo, e la flessibilità di questo sistema è stupefacente, specie in confronto al miracolo del telefono "nudo e crudo" di una volta. Analogamente, i perfezionati sistemi operativi svolgono operazioni di smistamento del traffico e di commutazione fra i livelli, con riferimento agli utenti e ai loro programmi. Si può essere certi che nel cervello avvengono fenomeni in qualche modo analoghi: smistamento dei molti stimoli che arrivano contemporaneamente; decisioni sulle priorità e sulla durata di queste priorità; "interruzioni" istantanee causate da incidenti o da altri eventi inattesi; e così via.

Un "cuscino" per l'utente e una protezione per il sistema

La presenza di tanti livelli in un sistema di calcolo complesso ha l'effetto di fornire un "cuscino" all'utente, sollevandolo dall'onere di dover pensare ai molti eventi che si producono a livello inferiore e che molto probabilmente non hanno per lui alcuna importanza. Un passeggero in volo di solito non desidera conoscere il livello del carburante nei serbatoi o la velocità dei venti o il numero dei pasti che saranno serviti o le situazioni del traffico aereo nei pressi della sua destinazione: il passeggero lascia tutto ciò agli impiegati situati ai vari livelli della gerarchia delle linee aeree, mentre egli semplicemente va da un luogo a un altro. Anche qui, solo quando qualcosa va *storto*, per esempio quando il suo bagaglio non arriva, il passeggero si rende conto dello sconcertante sistema di livelli che sta sotto di lui.

I calcolatori sono superflessibili o superrigidi?

Uno degli scopi principali della spinta verso i livelli superiori è sempre stato quello di rendere il più naturale possibile l'atto di comunicare al calcolatore ciò che si vuole fargli fare. Certamente le formule ad alto livello dei linguaggi compilativi sono più vicine ai concetti mediante i quali gli esseri umani pensano di quanto lo siano le formulazioni a livello inferiore, come quelle del linguaggio macchina. Ma in questa spinta verso una comunicazione agevole è stato del tutto trascurato un particolare aspetto della "naturalezza": il fatto cioè che la comunicazione tra esseri umani ha vincoli di gran lunga meno rigidi della comunicazione tra uomo e macchina. Ad esempio, mentre tentiamo di esprimere qualcosa nel modo migliore, spesso pronunciamo frammenti di discorso senza senso, oppure tossicchiamo nel bel mezzo di una frase, ci interrompiamo a vicenda, usiamo descrizioni ambigue e una sintassi "impropria", inventiamo nuove espressioni e distorciamo i significati; ma generalmente il messaggio giunge lo stesso a destinazione. Quanto ai linguaggi di programmazione, è stata seguita in generale la regola di usare una sintassi molto rigida, alla quale si deve obbedire al cento per cento; non vi sono parole o costruzioni ambigue. È interessante notare che l'equivalente stampato del tossicchiare (cioè di un commento inessenziale o non pertinente) è consentito, purché tuttavia sia segnalato in anticipo da una parola chiave (ad esempio COMMENTO) e poi concluso da un'altra parola chiave (ad esempio il punto e virgola). Questa minuscola concessione alla flessibilità presenta, per ironia della sorte, una piccola trappola: se un punto e virgola (o qualunque altra parola chiave necessaria per concludere un commento) viene usato all'interno del commento stesso, il programma traduttore interpreta quel punto e virgola come il segnale che il commento è finito, e ne viene fuori un disastro.

Supponiamo che sia stata definita una procedura di nome INTUITO e che sia stata chiamata nel programma diciassette volte; se alla diciottesima si scrive per errore INTUTIO, guai al programmatore. Il compilatore recalcitrerà e stamperà uno sgradevole messaggio di errore, dicendo che non ha mai visto questo INTUTIO. Spesso il compilatore, quando rileva un errore di tal genere, tenta di andare avanti ma, per la sua mancanza di intutio, non capisce ciò che il programmatore intendeva; è possibile in effetti che attribuisca al programmatore un'intenzione completamente diversa e proceda dando per buona quell'ipotesi errata. Allora il resto del programma sarà cosparso di una lunga serie di messaggi di errore, poiché il compilatore (e non il programmatore) si è confuso. S'immagini il caos che nascerebbe se un interprete simultaneo dall'inglese al russo, avendo udito una frase francese nel discorso inglese, cominciasse a cercare d'interpretare come francese tutto l'inglese restante. I compilatori spesso si smarriscono così, in modo patetico. *C'est la vie.*

Forse tutto ciò può apparire come una dura critica ai calcolatori, ma non era questa la mia intenzione. In un certo senso, è bene che le cose vadano in questo modo. Se si riflette a quello che costituisce l'uso preponderante dei calcolatori, si vede che si tratta di operazioni assai ben definite e precise, ma troppo complesse per essere fatte a mano. Se il calcolatore deve dare affidamento, è necessario che esso comprenda senza la minima ombra di ambiguità ciò che deve fare. È inoltre necessario che esso non faccia né di più né di meno di ciò che gli si ordina esplicitamente di fare. Se nel cuscino su cui poggia il programmatore vi è un programma che ha il compito di "congetturare" ciò che il programmatore vuole o ha in mente, allora è anche concepibile che, quando il programmatore tenta di comunicare il problema, egli venga frainteso. Dunque è importante che il programma di alto livello sia sì comodo per l'uomo, ma rimanga comunque univoco e preciso.

Quando il programmatore stesso viene interpretato

È possibile concepire un linguaggio di programmazione — e un programma che lo traduca ai livelli inferiori — che consenta qualche genere d'imprecisione. Ci si può figurare, ad esempio, che un traduttore per un siffatto linguaggio di programmazione tenti di dare un senso a cose che sono fatte "fuori dalle regole del linguaggio". Ma se un linguaggio consente certe "trasgressioni", allora le trasgressioni di quel tipo non sono più vere trasgressioni, poiché sono state inserite fra le regole! Un programmatore che sappia di poter commettere certi errori nella stesura può usare deliberatamente questa caratteristica del linguaggio, sapendo che, nonostante le apparenze, egli sta in effetti operando all'interno delle rigide regole del linguaggio. In altre parole, se l'utente è al corrente di tutte le flessibilità che sono state inserite per sua comodità nel traduttore, allora egli conosce i limiti che non può trasgredire e quindi ai suoi occhi il traduttore torna ad apparire rigido e inflessibile, anche se gli consente una libertà molto maggiore che non le versioni precedenti del linguaggio, prive di "compensazione automatica dell'errore umano".

Dato un linguaggio "elastico" di questo tipo, parrebbe che vi fossero due sole alternative: (1) o l'utente è al corrente delle flessibilità insite nel linguaggio e nel suo traduttore; oppure (2) l'utente non ne è al corrente. Nel primo caso il linguaggio è ancora utilizzabile per comunicare programmi con esattezza, proprio perché il programmatore può prevedere come il calcolatore interpreterà i programmi che egli scrive in quel linguaggio. Nel secondo caso, il "cuscino" ha caratteristiche nascoste che possono provocare conseguenze imprevedibili (dal punto di vista di un utente che non conosca i meccanismi interni del traduttore). Ciò può dar luogo a grossolani fraintendimenti dei programmi, e quindi un linguaggio siffatto non è adatto nei casi in cui il calcolatore sia impiegato principalmente per la sua velocità e affidabilità.

In realtà vi è una terza alternativa: (3) che l'utente sia al corrente delle flessibilità insite nel linguaggio e nel suo traduttore, ma che, di queste, ce ne siano così tante e che esse interagiscano tra loro in modo così complicato che egli non riesca a prevedere come i suoi programmi saranno interpretati. Ciò può anche valere per la persona stessa che ha scritto il programma traduttore: egli certo conosce i suoi risvolti come meglio non si potrebbe, ma lo stesso può accadere che non riesca a prevedere come esso reagirà di fronte a un certo tipo di costruzione insolita.

Una delle aree di ricerca più importanti dell'odierna Intelligenza Artificiale è chiamata *programmazione automatica* e riguarda l'elaborazione di linguaggi di livello ancora più elevato, linguaggi i cui traduttori sono tanto perfezionati da realizzare almeno qualcuna delle seguenti notevoli prestazioni: generalizzare sulla base di esempi, correggere alcuni errori di ortografia o di grammatica, tentare di dare un significato a descrizioni ambigue, tentare d'interpretare le intenzioni dell'utente sulla base di un elementare modello di utente, porre domande quando le cose non siano chiare, usare direttamente il linguaggio naturale, ecc. Si spera così di rimanere in bilico sulla lama del rasoio che separa l'affidabilità dalla flessibilità.

I progressi dell'Intelligenza Artificiale sono progressi dei linguaggi

È straordinario quanto sia stretta la connessione tra i progressi dell'informatica (in particolare dell'Intelligenza Artificiale) e lo sviluppo di nuovi linguaggi. Negli ultimi quindici anni è emersa una tendenza evidente: quella di connettere nuovi tipi di scoperte con nuovi linguaggi. Uno degli strumenti per comprendere e riprodurre l'intelligenza sta nello sviluppo e nel perfezionamento costante dei linguaggi mediante i quali si possono descrivere i procedimenti per l'elaborazione dei simboli. Oggi esistono decine di linguaggi sperimentali che sono stati costruiti esclusivamente per la ricerca in Intelligenza Artificiale. È importante rendersi conto che qualsiasi programma formulabile in uno di questi linguaggi può essere scritto in linea di principio anche nei linguaggi di livello inferiore; tuttavia ciò richiederebbe all'uomo uno sforzo titanico, e ne risulterebbe un programma così lungo da superare le capacità stesse di comprensione umana. Non si pensi che ogni volta che si passa a un livello superiore il potenziale del calcolatore venga accresciuto: il calcolatore possiede il suo pieno potenziale già nell'insieme delle istruzioni in linguaggio macchina. Sono piuttosto i nuovi concetti formulabili nel linguaggio di alto livello che, per la loro stessa natura, possono suggerire nuove direzioni e prospettive.

Lo "spazio" di tutti i programmi possibili è così vasto che nessuno può avere idea di ciò che vi si può fare. Tutti i linguaggi di alto livello sono adatti per loro natura ad esplorare certe regioni dello "spazio dei programmi"; quindi il programmatore, per il fatto stesso di usare un determinato linguaggio, viene condotto in zone particolari di questo spazio dei programmi. Certamente il linguaggio non lo *costringe* a scrivere programmi di un tipo particolare, tuttavia gli rende *facile* fare cose di un certo genere. Spesso basta essere vicini a un concetto e ricevere una piccola spinta in quella direzione per compiere una scoperta significativa, e questo è il motivo che spinge i ricercatori verso linguaggi di livello sempre più alto.

Programmare in linguaggi diversi è come comporre brani in tonalità diverse, specialmente se si lavora alla tastiera. Per chi abbia appreso o composto brani in molte tonalità, ciascuna tonalità possiede un'aura di emozioni specifica. Inoltre certi generi di figurazioni sono "a portata di mano" in una tonalità ma risultano goffi in un'altra: si è dunque incanalati dalla scelta della tonalità. In certo qual modo, anche tonalità enarmoniche come il do diesis e il re bemolle danno una sensazione affatto diversa. Ciò dimostra come un sistema di notazione possa avere una funzione importante nel plasmare il prodotto finale.

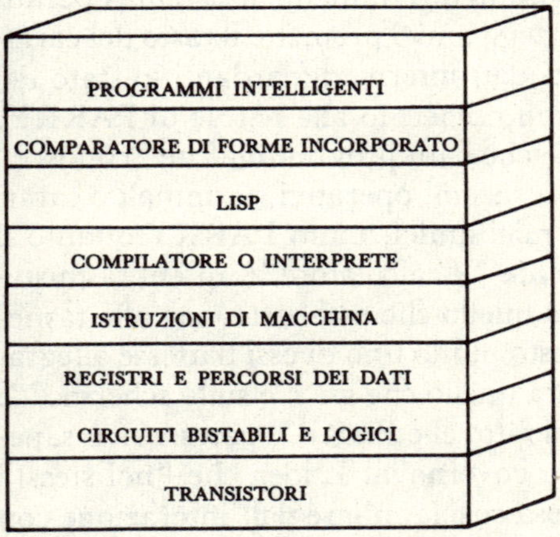

FIGURA 61. Per creare programmi intelligenti è necessario erigere tutta una serie di livelli di hardware e di software, che ci risparmino il supplizio di vedere tutto soltanto al livello più basso. Le descrizioni di uno stesso processo fatte a livelli diversi risultano diversissime tra loro e solo la più elevata è abbastanza aggregata da risultarci comprensibile [Adattato da P.H. Winston, Artificial Intelligence *(Reading, Mass.: Addison-Wesley, 1977)].*

Nella Figura 61 ci viene mostrata una immagine "a strati" dell'Intelligenza Artificiale: al fondo si trovano i componenti della macchina, come ad esempio i transistori, e in cima vi sono i "programmi intelligenti". L'illustrazione è tratta dal libro *Artificial Intelligence* di Patrick Henry Winston e corrisponde a una concezione dell'Intelligenza Artificiale condivisa da quasi tutti coloro che vi lavorano. Benché io convenga che l'Intelligenza Artificiale debba essere stratificata in qualche modo simile a questo, non ritengo che si possa arrivare ai programmi intelligenti con così pochi strati. Sono convinto che tra il livello del linguaggio macchina e il livello al quale si raggiungerà la vera intelligenza si trovino forse un'altra decina (o addirittura parecchie decine!) di strati, ciascuno dei quali basato sulla flessibilità dello strato sottostante e capace di ampliarla. Oggi ci è difficile anche solo immaginare l'aspetto che presenteranno questi programmi...

La somiglianza tra tutti i livelli di un sistema di calcolo può portare a certe strane esperienze di confusione dei livelli. Una volta guardavo due amici, entrambi principianti d'informatica, che giocavano su un terminale col programma "PARRY". PARRY è un programma di fama piuttosto dubbia, che simula in modo assai rudimentale un paranoico sputando frasi inglesi preconfezionate scelte da un vasto repertorio; la sua plausibilità gli deriva dalla capacità di decidere quale delle frasi convenzionali che ha in serbo potrebbe sembrare una risposta ragionevole alla frase inglese che l'interlocutore umano gli presenta.

A un certo punto il tempo di risposta divenne molto lungo: PARRY faceva aspettare moltissimo la sua replica. Allora spiegai ai miei amici che ciò era probabilmente dovuto al pesante carico che gravava sul sistema che gestiva numerosi utenti in tempo reale e dissi loro che potevano scoprire quanti utenti fossero collegati inviando uno speciale carattere "di controllo", col quale avrebbero raggiunto direttamente il sistema operativo senza influenzare PARRY. Uno degli amici premette il tasto del carattere di controllo e in un lampo certi dati interni riguardanti lo stato del sistema operativo si sovrapposero sullo schermo alle parole di PARRY. Di ciò PARRY non sapeva nulla, poiché è un programma che "conosce" solo corse di cavalli e allibratori, non sistemi operativi, terminali e caratteri speciali di controllo. Ma per i miei amici, tanto PARRY quanto il sistema operativo erano semplicemente "il calcolatore": un'entità misteriosa, remota e amorfa che reagiva a quello che essi battevano alla tastiera. Quindi fu molto logico che a questo punto uno di essi battesse allegramente in inglese: "Perché scrivi sopra quello che già c'è sullo schermo?". Ai miei amici non era molto chiaro il fatto che PARRY potesse non sapere nulla del sistema operativo che lo governava. L'idea che "noi stessi" sappiamo tutto su "noi stessi" ci è resa così familiare dall'interazione con gli altri che per i miei amici era naturale estenderla al calcolatore: dopo tutto, esso era abbastanza intelligente da "conversare" con loro in inglese! La loro domanda era un po' come chiedere a una persona: "Come mai oggi produci così pochi globuli rossi?". La gente non sa nulla di quel livello del proprio corpo, il "livello del sistema operativo".

La causa principale di quella confusione di livelli era che la comunicazione con tutti i livelli del sistema di calcolo si svolgeva su un unico schermo, su un unico terminale. Benché l'ingenuità dei miei amici possa sembrare un po' eccessiva, capita spesso che anche informatici esperti commettano errori simili quando parecchi livelli di un sistema complesso sono tutti contemporaneamente presenti sullo stesso schermo. Essi dimenticano a "chi" stanno parlando e scrivono qualcosa che a quel livello non ha alcun senso, mentre avrebbe perfettamente senso a un altro livello. Parrebbe quindi auspicabile che fosse il sistema stesso a scegliere i livelli, a interpretare i comandi in modo che "abbiano senso". Purtroppo questa interpretazione presupporrebbe nel sistema un bel po' di buon senso e inoltre una conoscenza perfetta delle intenzioni globali del programmatore, ed entrambi questi requisiti presupporrebbero più intelligenza artificiale di quanta non ne esista attualmente.

Il confine tra software e hardware

Si può anche restare sconcertati dalla flessibilità di certi livelli e dalla rigidità di altri. Ad esempio, su certi calcolatori esistono meravigliosi sistemi per la preparazione dei testi, che consentono di "travasare" brani di un testo da un formato in un altro praticamente come si travasa un liquido da un recipiente a un altro. Una pagina stretta può essere trasformata in una larga o viceversa. Tali possibilità potrebbero far ritenere che fosse altrettanto elementare passare da un carattere a un altro, diciamo dal tondo al *corsivo*. Ma potrebbe darsi che fosse disponibile per lo schermo un solo tipo di carattere, sicché cambiamenti del genere sarebbero impossibili. Oppure potrebbero essere possibili sullo schermo ma non sulla stampante, o viceversa. Dopo una lunga dimestichezza con i calcolatori, si diventa viziati e si pensa che dovrebbe essere possibile programmare qualunque cosa: nessuna stampante dovrebbe essere così rigida da possedere una sola serie di caratteri o anche un repertorio finito di caratteri, e gli utenti dovrebbero poter scegliere qualsiasi carattere! Ma una volta raggiunto quel grado di flessibilità, ci si potrebbe lagnare che la stampante non è in grado di scrivere con inchiostri di diversi colori o accettare carta di tutte le dimensioni e di tutte le forme, o di ripararsi da sé quando si guasta...

Il guaio è che tutta questa flessibilità da qualche parte deve "toccare il fondo", per usare la locuzione del Capitolo V. Dev'esserci un livello di hardware che soggiace a tutto e che non è flessibile. Può darsi che esso sia nascosto tanto in profondità e che ai livelli sovrastanti vi sia tanta flessibilità che pochi utenti percepiscono le limitazioni dello hardware; ma queste non possono non esistere.

In che cosa consiste questa famosa distinzione tra *software* e *hardware*? È la distinzione tra programmi e macchine, tra le lunghe e complicate sequenze di istruzioni e le macchine fisiche che le eseguono. Mi piace figurarmi il software come "qualunque cosa si possa inviare attraverso una linea telefonica" e lo hardware come "qualunque altra cosa". Un pianoforte è hardware, mentre la musica stampata è software; un apparecchio telefonico è hardware, mentre un numero telefonico è software. La distinzione è utile, ma non sempre è così netta.

Anche noi uomini abbiamo aspetti di "software" e aspetti di "hardware" e la differenza è per noi una seconda natura. Siamo avvezzi alla rigidità della nostra fisiologia: non possiamo curarci a nostro piacimento dalle malattie o farci crescere i capelli di un colore a nostra scelta, tanto per citare un paio di semplici esempi. Tuttavia possiamo "riprogrammare" la nostra mente in modo da operare all'interno di quadri concettuali nuovi. La sbalorditiva flessibilità della nostra mente sembra quasi inconciliabile con l'idea che il nostro cervello consista necessariamente di uno hardware con regole fisse che non può essere riprogrammato. Non possiamo far sì che i nostri neuroni scarichino più in fretta o più lentamente, non possiamo rifare i circuiti del nostro cervello, non possiamo riprogettare l'interno di un neurone, non possiamo fare *alcuna* scelta concernente lo hardware... eppure riusciamo a controllare il nostro pensiero.

Vi sono tuttavia, evidentemente, aspetti del pensiero che sfuggono al nostro controllo. Non possiamo diventare intellettualmente più brillanti con un atto di volontà; non riusciamo a imparare una lingua nuova presto come vorremmo; non riusciamo a pensare più rapidamente di quanto facciamo; non siamo in grado di pensare a più cose allo stesso tempo; e così via. Si tratta di un genere di conoscenza di sé primordiale così ovvia che è perfino difficile accorgersene; è come rendersi conto che c'è l'aria. Non ci curiamo mai di riflettere a fondo su quale potrebbe essere la causa di questi "difetti" della nostra mente; cioè di riflettere sull'organizzazione del nostro cervello. Lo scopo principale di questo libro è quello di indicare quale tipo di rapporto c'è fra il software della mente e lo hardware del cervello.

Livelli intermedi e meteorologia

Abbiamo visto che nei sistemi di calcolo esistono molti strati definiti in modo piuttosto netto, e quando un programma viene eseguito, il suo funzionamento può essere descritto in termini di uno qualunque di essi. Quindi non esiste semplicemente un unico livello inferiore e un unico livello superiore: vi sono livelli più alti e più bassi di tutti i gradi. L'esistenza di livelli intermedi è una caratteristica generale dei sistemi che possiedono almeno due livelli? Si consideri ad esempio il sistema che ha per "hardware" l'atmosfera della terra (che non è molto *hard*, ma non fa nulla) e per "software" il tempo atmosferico. Seguire simultaneamente il moto di tutte le molecole sarebbe un modo di "capire" il tempo a livello molto basso, e sarebbe un po' come osservare un programma lunghissimo e complicato a livello del linguaggio macchina. Ovviamente ciò supera di gran lunga le possibilità umane. Ma noi abbiamo i nostri modi tipicamente umani di osservare e di descrivere i fenomeni meteorologici. La nostra visione a blocchi del tempo è basata su fenomeni di livello molto alto, come la pioggia, la nebbia, la neve, gli uragani, i fronti freddi, le stagioni, la pressione, gli alisei, la corrente a getto, i cumuli-nembi, i temporali, gli strati d'inversione e così via. Tutti questi fenomeni interessano un numero astronomico di molecole che si comportano in qualche modo di concerto, cosicché ne emergono comportamenti a grande scala. È un po' come osservare il tempo in un linguaggio compilativo.

Esiste qualcosa di analogo all'osservare il tempo in un linguaggio a livello intermedio, come sarebbe un linguaggio assemblativo? Esistono per esempio dei "minitemporali", locali e piccolissimi, simili, diciamo, ai piccoli mulinelli che si vedono ogni tanto e che aspirano un po' di polvere in una colonna turbinante che si innalza per non più di un paio di metri? Un colpo di vento locale è un blocco a livello intermedio che ha qualche funzione nella produzione di fenomeni atmosferici di livello superiore? Oppure in pratica non c'è alcun modo di combinare le conoscenze che si hanno su fenomeni di questo genere per elaborare una spiegazione più compiuta del tempo?

Mi vengono alla mente altre due domande. La prima è: "Non potrebbe darsi che i fenomeni atmosferici che percepiamo alla nostra scala (un tornado, una siccità) siano soltanto fenomeni di livello intermedio, cioè parti di fenomeni più vasti e più lenti?". Se fosse così, allora i fenomeni atmosferici di livello veramente alto interesserebbero tutto il globo e avrebbero una scala di tempi geologica: un evento meteorologico ad alto livello sarebbe ad esempio una glaciazione. La seconda domanda è: "Vi sono fenomeni meteorologici a livello intermedio che sono finora sfuggiti alla percezione umana ma che, se fossero percepiti, ci farebbero capire meglio perché il tempo è quello che è?".

Dai tornado ai quark

L'ultima ipotesi può sembrare fantasiosa, ma non è proprio tanto peregrina. Basta solo che consideriamo la più solida delle scienze solide, la fisica, per trovare esempi caratteristici di sistemi che vengono spiegati in termini di "parti" interagenti le quali sono di per sé invisibili. In fisica, come in qualsiasi altra disciplina, un *sistema* è un gruppo di *parti* interagenti. Nella maggior parte dei sistemi che conosciamo, durante l'interazione le parti mantengono la loro identità, sicché continuano ad essere visibili all'interno del sistema. Ad esempio, quando una squadra di calcio si raduna, i singoli giocatori rimangono separati e non si fondono in un qualche ente composito in cui la loro individualità vada perduta. Pure, e questo è l'importante, nel loro cervello si svolgono certi processi che sono evocati dal contesto della squadra e che altrimenti non si svolgerebbero, cosicché, quando divengono parte del sistema più ampio, della squadra, entro certi limiti i giocatori cambiano identità. Questo genere di sistema si chiama *sistema quasi scomponibile* (il termine è tratto dall'articolo di H.A. Simon "The Architecture of Complexity"; cfr. la Bibliografia). Un sistema siffatto consiste di moduli debolmente interagenti, ciascuno dei quali mantiene la propria identità privata nel corso di tutta l'interazione, ma che, modificando leggermente il loro modo di essere rispetto a quando si trovano fuori del sistema, contribuiscono al comportamento coesivo del sistema nel suo complesso. I sistemi studiati dalla fisica sono di solito di questo tipo. Ad esempio, un atomo si può considerare costituito da un nucleo la cui carica positiva cattura un certo numero di elettroni che si dispongono su "orbite" o stati legati. Gli elettroni legati sono molto simili agli elettroni liberi, malgrado siano contenuti in un oggetto composito.

Altri sistemi studiati dalla fisica non presentano la relativa semplicità dell'atomo. In questi sistemi hanno luogo interazioni estremamente forti, per effetto delle quali le parti sono inghiottite nel sistema più ampio e perdono in tutto o in parte la loro individualità. Un esempio di ciò è dato dal nucleo dell'atomo, che di solito viene descritto come "un insieme di protoni e neutroni". Ma le forze che tengono insieme le particelle componenti sono così forti che queste ultime non mantengono affatto la loro forma "libera" (cioè la forma che hanno quando sono fuori del nucleo). E in effetti, sotto molti profili, un nucleo si comporta come una particella libera più che come un raggruppamento di particelle interagenti. Quando un nucleo viene disintegrato, spesso ne vengono emessi protoni e neutroni, ma di solito vengono prodotte anche altre particelle, come mesoni π e raggi gamma. Tutte queste varie particelle sono fisicamente presenti all'interno del nucleo già prima della sua scissione, oppure sono soltanto "scintille" che prendono il volo al momento della disintegrazione? Forse non ha senso cercare di dare una risposta a questa domanda. A livello della fisica delle particelle non è tanto chiara la differenza tra accumulazione di potenziale per produrre le "scintille" e accumulazione di sottoparticelle effettive.

Il nucleo è quindi un sistema le cui "parti", benché non siano visibili quando stanno al suo interno, possono essere estratte e rese visibili. Tuttavia vi sono casi più patologici: ad esempio il protone e il neutrone considerati a loro volta come sistemi. Si è fatta l'ipotesi che ciascuno di essi sia costituito da un trio di "quark", particelle congetturali che si possono combinare in coppie o in terne per costituire molte delle particelle fondamentali conosciute. L'interazione tra i quark, tuttavia, è così forte che non solo essi non possono essere visti quando sono dentro il protone o il neutrone, ma addirittura non possono neppure esserne estratti! Quindi, benché i quark aiutino a capire teoricamente certe proprietà dei protoni e dei neutroni, può darsi che la loro esistenza non possa mai essere stabilita in maniera indipendente. Questa è l'antitesi di un "sistema scomponibile"; si tratta di un sistema che direi "quasi indecomponibile". Pure è curioso che una teoria dei protoni e dei neutroni (e di altre particelle) basata sui quark abbia un potere esplicativo considerevole, nel senso che molti dei risultati sperimentali relativi alle particelle costituite ipoteticamente da quark possono essere spiegati molto bene, sotto il profilo quantitativo, mediante il "modello a quark".

La superconduttività: un "paradosso" della rinormalizzazione

Nel Capitolo V abbiamo visto come le particelle rinormalizzate emergano dai loro noccioli nudi mediante interazioni ricorsivamente composte con particelle virtuali. Una particella rinormalizzata può essere considerata o come questa complessa costruzione matematica oppure come la zolletta di materia di cui essa consta fisicamente. Una delle più strane e vistose conseguenze di questo modo di descrivere le particelle è la spiegazione del famoso fenomeno della *superconduttività*: cioè di quel flusso senza resistenza di elettroni che si manifesta in certi solidi a temperature bassissime.

Gli elettroni nei solidi risultano rinormalizzati dalle loro interazioni con strani quanti di vibrazione detti *fononi* (rinormalizzati a loro volta!). Questi elettroni rinormalizzati sono chiamati *polaroni*. I calcoli mostrano che a temperature bassissime due polaroni con spin opposto cominciano ad attrarsi reciprocamente e possono finire col legarsi in un certo modo. In condizioni opportune, tutti i polaroni vettori di corrente finiscono con l'accoppiarsi, formando *coppie di Cooper*. Paradossalmente questo accoppiamento avviene appunto perché gli elettroni, cioè i noccioli nudi dei polaroni accoppiati, si respingono elettricamente. A differenza degli elettroni, le coppie di Cooper non si attraggono e non si respingono tra loro, e quindi possono scorrere liberamente dentro il metallo, come se quest'ultimo fosse vuoto. Se si modifica la descrizione matematica di un tale metallo, passando da una descrizione in cui le unità primitive sono i polaroni a una descrizione in cui le unità primitive sono le coppie di Cooper, si ottiene un sistema di equazioni notevolmente più semplice. Proprio da questa semplicità matematica il fisico trae la convinzione che il modo naturale di considerare la superconduttività è di prendere come blocchi fondamentali le coppie di Cooper.

Siamo in presenza di parecchi livelli di particelle: intanto la coppia di Cooper; poi i due polaroni di spin opposto che la costituiscono; più in basso gli elettroni e i fononi che compongono i polaroni, e infine i fotoni e i positroni virtuali, ecc., ecc. È possibile studiare separatamente ognuno di questi livelli e individuarne i fenomeni specifici, per i quali si trova una spiegazione quando si comprendono i livelli inferiori.

I "compartimenti stagni"

Allo stesso modo, e per fortuna, non è necessario sapere tutto sui quark per comprendere una quantità di cose sulle particelle che essi possono formare. Quindi un fisico nucleare può continuare a servirsi delle teorie del nucleo basate su protoni e neutroni e ignorare le teorie dei quark e le loro teorie rivali. Il fisico nucleare ha dei protoni e dei neutroni un'immagine *a blocchi*, una descrizione ricavata sì da teorie di livello inferiore, ma che di quelle teorie non richiede la comprensione. Analogamente, un fisico atomico possiede del nucleo un'immagine a blocchi ricavata dalla teoria nucleare. A sua volta un chimico ha un'immagine a blocchi degli elettroni e delle loro orbite e costruisce teorie su molecole piccole, teorie che, organizzate in blocchi, possono servire al biologo molecolare, il quale intuisce come stanno insieme le molecole piccole, ma la cui competenza tecnica riguarda il campo delle molecole grandissime e delle loro interazioni. A sua volta il biologo cellulare ha una visione a blocchi delle unità studiate a fondo dal biologo molecolare e cerca di usarle per spiegare i modi in cui interagiscono le cellule. La cosa è chiara. Ciascun livello è, in un certo senso, un "compartimento stagno" rispetto al livello inferiore. Questa è un'altra delle vivaci locuzioni di Simon; essa ricorda i compartimenti in cui è suddiviso un sottomarino, che hanno lo scopo di evitare, se una sua parte viene danneggiata e l'acqua comincia a riversarvisi, che l'allagamento si estenda: è sufficiente serrare le porte, perché il compartimento danneggiato venga ermeticamente isolato da quelli limitrofi.

Benché tra i livelli gerarchici della scienza vi sia sempre qualche "infiltrazione", talché un chimico non può permettersi di ignorare del tutto la fisica del livello inferiore e un biologo non può ignorare del tutto la chimica, tra due livelli distanti non vi è quasi alcuna infiltrazione. Ecco perché una persona può comprendere intuitivamente un'altra persona senza per questo dover capire il modello a quark, la struttura del nucleo, la natura delle orbite elettroniche, il legame chimico, la struttura delle proteine, gli organuli della cellula, le modalità della comunicazione intercellulare, la fisiologia dei vari organi del corpo umano o le complesse interazioni tra questi. L'unica cosa di cui quella persona ha bisogno è un modello a blocchi di come funziona il livello più alto; e come sappiamo tutti, questi modelli sono molto realistici e danno ottimi risultati.

Il compromesso tra organizzazione a blocchi e determinismo

Un modello a blocchi, tuttavia, presenta forse un aspetto negativo importante: di solito esso non è in grado di consentire previsioni esatte. Cioè: impiegando modelli a blocchi possiamo evitarci il compito impossibile di considerare le persone come insiemi di quark (o di qualunque altra cosa vi sia al livello più basso); ma naturalmente questi modelli ci forniscono solo stime probabilistiche di che cosa gli altri provano, o di come reagiranno a ciò che facciamo o diciamo, e così via. In breve, usando modelli a blocchi di alto livello, sacrifichiamo il determinismo alla semplicità. Benché non sappiamo con sicurezza come un individuo reagirà a una barzelletta, quando gliela raccontiamo ci aspettiamo più o meno che rida o che non rida, e non, per esempio, che si arrampichi sul palo più vicino. (Magari un maestro Zen farebbe proprio questo!). Un modello a blocchi definisce uno "spazio" entro il quale ci si aspetta che rientri il comportamento, e inoltre specifica le probabilità con le quali il comportamento si presenterà nelle varie zone di questo spazio.

"I calcolatori possono fare soltanto ciò che diciamo loro di fare"

Queste idee valgono tanto per i sistemi fisici composti quanto per i programmi per calcolatori. C'è un vecchio adagio secondo il quale "i calcolatori possono fare soltanto ciò che diciamo loro di fare". In un certo senso questo è vero, ma non coglie nel segno, poiché non si conoscono in anticipo i risultati di ciò che si dice a un calcolatore di fare; pertanto il suo comportamento può essere tanto sconcertante, sorprendente e imprevedibile quanto quello di una persona. In generale si sa in anticipo qual è lo *spazio* entro cui cadrà l'uscita, ma non si conosce dove in particolare. Per esempio, supponiamo di scrivere un programma per calcolare il primo milione di cifre di π. Questo programma fornirà le cifre di π molto più rapidamente di quanto riusciremmo a fare noi, ma non vi è alcun paradosso nel fatto che il calcolatore batta in velocità chi lo ha programmato. Si sa in anticipo in quale spazio si situerà l'uscita (cioè lo spazio delle cifre tra 0 e 9), dunque si possiede un modello a blocchi del comportamento del programma; ma se anche tutto il resto fosse stato conosciuto, il programma non sarebbe stato scritto.

Quel vecchio adagio poi zoppica anche in un altro senso; infatti, quanto più alto è il livello del linguaggio in cui si programma, tanto meno precisamente si conosce ciò che si è detto al calcolatore di fare! La "facciata" di un programma complesso può essere separata dalle istruzioni effettive in linguaggio macchina da strati e strati di traduzioni. Al livello al quale si pensa e si programma, gli enunciati possono parere dichiarazioni e suggerimenti piuttosto che ordini o comandi. E chi immette in macchina un enunciato di alto livello in generale non vede l'interno lavorio che ha così provocato, proprio come a chi mangia un panino viene risparmiata la consapevolezza dei relativi processi digestivi.

Comunque, l'idea che "i calcolatori possano fare soltanto ciò che si dice loro di fare", formulata per la prima volta da Lady Lovelace nel suo famoso saggio, è così diffusa e così legata all'altra idea, che "i calcolatori non sappiano pensare", che ad essa torneremo nei prossimi Capitoli, quando avremo raggiunto un livello di raffinatezza più alto.

Due tipi di sistemi

I sistemi che sono costituiti da molte parti possono essere utilmente distinti in due diversi tipi. Vi sono i sistemi nei quali il comportamento di certe parti tende a *neutralizzare* il comportamento di altre, con la conseguenza che ciò che accade al livello inferiore non ha troppa importanza, poiché quasi tutto porta più o meno allo stesso comportamento ad alto livello. Un esempio di questo genere di sistema è costituito da un recipiente pieno di gas, nel quale tutte le molecole si scontrano e urtano le une contro le altre in modi molto complessi dal punto di vista microscopico; ma l'esito finale, da un punto di vista macroscopico, è un sistema molto calmo e stabile, dotato di una certa temperatura, di una certa pressione e di un certo volume. E vi sono invece i sistemi in cui l'effetto di un singolo evento a basso livello può essere *amplificato* e avere a livello superiore conseguenze enormi. Un esempio di un sistema di questo tipo è il flipper, nel quale l'angolo esatto col quale una pallina urta contro ciascun piolo è decisivo per la determinazione del resto della sua discesa.

Un calcolatore è una combinazione complessa di questi due tipi di sistemi. Esso contiene sottounità come i cavi che si comportano in modo altamente prevedibile: conducono l'elettricità secondo la legge di Ohm, una legge molto precisa, costruita sulla base di un modello a blocchi, che somiglia alle leggi dei gas poiché dipende dagli effetti statistici in cui miliardi di effetti casuali si elidono a vicenda, dando luogo a un comportamento complessivo prevedibile. Un calcolatore contiene peraltro anche sottounità macroscopiche, come la stampante, il cui comportamento è completamente determinato da delicate configurazioni di correnti. Ciò che la stampante scrive non è affatto il risultato di una miriade di effetti microscopici che si annullano a vicenda. Anzi, nella maggior parte dei programmi di calcolo, il valore di ciascun singolo bit del programma ha un'importanza per l'uscita che viene stampata. Se un qualunque bit venisse cambiato, anche l'uscita cambierebbe drasticamente.

I sistemi che sono costituiti soltanto da sottosistemi "affidabili", cioè da sottosistemi il cui comportamento può essere previsto in modo attendibile sulla base di descrizioni a blocchi, hanno una funzione d'importanza inestimabile nella nostra vita quotidiana, poiché essi sono i pilastri della stabilità. Possiamo fare affidamento che le pareti non crollino, che i marciapiedi ci portino dove ci hanno portato ieri, che il sole splenda, che gli orologi segnino l'ora giusta, e così via. Praticamente, i modelli a blocchi di sistemi siffatti sono del tutto deterministici. Naturalmente l'altro genere di sistemi che hanno una funzione importantissima nella nostra vita è costituito da quei sistemi che hanno un comportamento variabile, il quale dipende da certi parametri microscopici interni (e a volte, per di più, da un numero grandissimo di tali parametri) che non possono essere osservati direttamente. Il modello a blocchi per sistemi siffatti è necessariamente costruito in termini del loro "spazio" di funzionamento, e implica una stima della probabilità che il sistema venga a trovarsi nelle varie regioni di questo spazio.

Un certo volume di gas, che, come ho già osservato, è un sistema "affidabile" per via dei molti effetti che si elidono, obbedisce a leggi fisiche precise e deterministiche. Queste sono *leggi basate su un modello a blocchi*, in quanto considerano il gas nella sua totalità e ignorano le sue componenti. Inoltre la descrizione microscopica e quella macroscopica di un gas sono formulate in termini del tutto diversi. Per la prima è necessario fornire posizione e velocità di ciascuna delle molecole componenti; per la seconda è necessario specificare solo tre nuove quantità: la temperatura, la pressione e il volume; e di queste le prime due non posseggono neppure un corrispondente microscopico. La semplice relazione matematica che connette questi tre parametri ($PV = nRT$, dove nR sono costanti) è una legge che dipende dai fenomeni del livello inferiore, eppure ne è indipendente. In termini meno paradossali: questa legge può essere ricavata dalle leggi che governano il livello molecolare, e in questo senso dipende dal livello inferiore. D'altra parte, il carattere di questa legge ci consente di ignorare del tutto il livello inferiore, se lo si desidera; e in questo senso ne è indipendente.

È importante rendersi conto che la legge ad alto livello non può essere enunciata col vocabolario della descrizione a basso livello. "Pressione" e "temperatura" sono termini nuovi, che l'esperienza del livello inferiore da sola non può ispirare. Gli esseri umani percepiscono direttamente la pressione e la temperatura; non è sorprendente che abbiano scoperto questa legge, perché essi sono costruiti in questo modo. Ma creature che conoscessero i gas solo come costruzioni matematiche teoriche per scoprire questa legge dovrebbero possedere la capacità di sintetizzare concetti nuovi.

Epifenomeni

Nell'avviarmi alla conclusione di questo Capitolo, vorrei raccontare una storia a proposito di un sistema complesso. Un giorno stavo conversando con due sistemisti a proposito del calcolatore che usavo. Essi mi dissero che il sistema operativo pareva capace di servire con tutta tranquillità fino a circa trentacinque utenti ma che, quando si superava quel livello, il tempo di risposta diventava improvvisamente molto grande e il funzionamento diventava tanto lento che si poteva benissimo piantar lì tutto, andare a casa e tornare più tardi. Scherzosamente io dissi: "È facile porvi rimedio! Basta trovare nel sistema operativo il luogo dov'è memorizzato il numero '35' e sostituirlo con '60'!". Tutti risero. Il fatto è che, naturalmente, quel luogo non esiste. Allora, da che cosa dipende che ci sia quel numero critico di 35 utenti? La risposta è: *Si tratta di una conseguenza visibile dell'organizzazione complessiva del sistema: è un "epifenomeno"*.

Allo stesso modo ci si può chiedere a proposito di uno scattista: "Dov'è memorizzato il 10,2 che gli permette di correre i 100 metri in 10,2 secondi?". Ovviamente non è memorizzato da nessuna parte. Questo tempo è il risultato di come egli è costruito, del suo tempo di reazione, dei mille fattori che interagiscono durante la corsa. Il tempo è del tutto riproducibile, ma non è memorizzato in alcun punto del suo corpo. È disseminato in tutte le cellule del suo corpo e si manifesta soltanto nell'atto stesso dello scatto.

Gli epifenomeni abbondano. Una caratteristica del gioco "Life" è che, per esempio, "un glider isolato continua a spostarsi indefinitamente". Ciò non è scritto nelle regole, ma è una conseguenza delle regole. Una caratteristica del cervello umano è la credulità. Esiste forse nel cervello un "centro della credulità" in cui è situata la credulità? Potrebbe un neurochirurgo raggiungerlo ed eseguire una qualche delicata operazione per diminuire la credulità, senza ulteriori effetti? Se qualcuno lo crede, è piuttosto credulone e dovrebbe pensare seriamente a sottoporsi a questa operazione.

Mente e cervello

Nei Capitoli che seguono nei quali si discuterà del cervello indagheremo se la mente, che ne costituisce il livello più alto, possa essere compresa senza comprendere i livelli inferiori del cervello, dai quali essa dipende e insieme non dipende. C'è una "paratia stagna" tra certe leggi del pensiero e le leggi inferiori che regolano l'attività microscopica delle cellule del cervello? Può la mente essere "scremata" dal cervello e trapiantata in altri sistemi? Oppure è impossibile districare i processi del pensiero, individuandovi sottosistemi nitidi e modulari? Il cervello assomiglia di più a un atomo, a un elettrone rinormalizzato, a un nucleo, a un neutrone o a un quark? La coscienza è un epifenomeno? Per comprendere la mente si deve scendere proprio fino al livello delle cellule nervose?

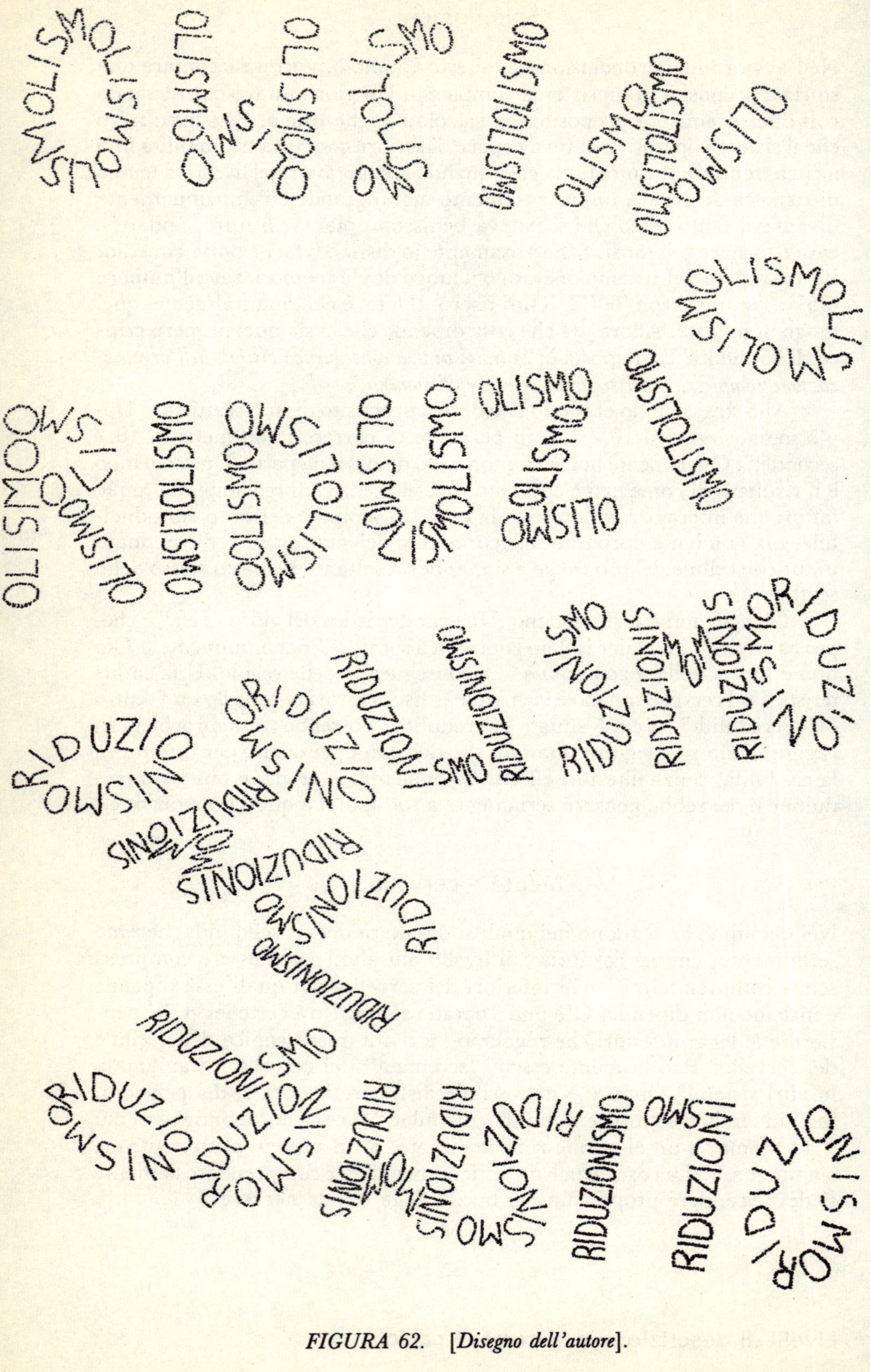

FIGURA 62. [*Disegno dell'autore*].

... *mirmecofuga*

... poi, una alla volta, entrano le quattro voci della fuga).

Achille: So che non mi crederete, ma la risposta alla nostra domanda è qui davanti ai nostri occhi, celata nel disegno. È solo una parola, ma quale parola: "MU"!

Convitato Cancrizzante: So che non mi crederete, ma la risposta alla nostra domanda è qui davanti ai nostri occhi, celata nel disegno. È solo una parola: "OLISMO"!

Achille: Un momento. Lei sta lavorando di fantasia. È chiaro come il giorno che il messaggio del disegno è "MU", non "OLISMO"!

Granchio: Chiedo scusa, ma la mia vista è estremamente acuta. Guardate tutti di nuovo e poi ditemi se il disegno non dice ciò che dico io!

Formichiere: So che non mi crederete, ma la risposta alla nostra domanda è qui davanti ai nostri occhi, celata nel disegno. È solo una parola, ma quale parola: "RIDUZIONISMO"!

Granchio: Un momento. Lei sta lavorando di fantasia. È chiaro come il giorno che il messaggio del disegno è "OLISMO", non "RIDUZIONISMO"!

Achille: Un altro illuso! Non "OLISMO", non "RIDUZIONISMO"; è "MU" il messaggio del disegno, e ciò è assolutamente certo.

Formichiere: Chiedo scusa, ma la mia vista è veramente ottima. Guardate tutti di nuovo e poi ditemi se il disegno non dice ciò che dico io!

Achille: Ma non vedete che il disegno è composto di due parti, e che ognuna di esse è una lettera?

Granchio: Lei ha ragione per quanto riguarda le due parti, ma ha torto quanto alla loro identità. La parte sulla sinistra è interamente composta di tre copie della parola "OLISMO" e la parte sulla destra è composta di molte copie, in lettere più piccole, della stessa parola. Perché le lettere siano di dimensioni diverse nelle due parti, non saprei dirlo; ma so bene ciò che vedo, e ciò che vedo è "OLISMO", chiaro come il giorno. Non capisco come possiate vedere qualcosa di diverso.

Formichiere: Lei ha ragione per quanto riguarda le due parti, ma ha torto quanto alla loro identità. La parte sulla sinistra è interamente composta di molte copie della parola "RIDUZIONISMO" e la parte sulla destra è composta di una sola copia in lettere più grandi della stessa parola. Perché le lettere siano di dimensioni diverse nelle due parti, non saprei dirlo; ma so bene ciò che vedo, e ciò che vedo è "RIDUZIONISMO", chiaro come il giorno. Non capisco come possiate vedere qualcosa di diverso.

Achille: Credo di sapere che cosa sta accadendo qui. Ognuno di voi ha visto lettere che sono composte di altre lettere o che a loro volta compongono altre lettere. Nella parte sinistra ci sono in realtà tre "OLISMO", ma ognuno di essi è composto di copie più piccole della parola "RIDUZIONISMO". E, complementarmente, nella parte destra c'è un "RIDUZIONISMO", ma composto di copie più piccole della parola "OLISMO". Ora tutto questo va benissimo, ma da parte vostra è un po' sciocco disputare sugli alberi e non vedere la foresta. Che senso ha una disputa fra "OLISMO" e "RIDUZIONISMO" quando il modo giusto d'intendere la questione è di trascenderla, riconoscendo che la giusta risposta al dilemma è "MU"?

Granchio: Ora vedo il disegno nel modo in cui lei lo descrive, Achille, ma non capisco che cosa intende dire con questa curiosa espressione "trascendere la questione".

Formichiere: Ora vedo il disegno nel modo in cui lei lo descrive, Achille, ma non capisco che cosa intende dire con questa curiosa espressione "MU".

Achille: Appagherò la vostra curiosità, se prima mi spiegherete il significato di queste curiose espressioni "OLISMO" e "RIDUZIONISMO".

Granchio: Capire l'OLISMO è la cosa più semplice del mondo. È semplicemente credere che "l'intero è maggiore della somma delle sue parti". Nessuna persona sana di mente oserebbe rifiutare l'OLISMO.

Formichiere: Capire il RIDUZIONISMO è la cosa più semplice del mondo. È semplicemente credere che "l'intero può essere completamente capito quando si capiscono le sue parti e la natura della loro 'somma'". Nessuna persona sana di mente oserebbe rifiutare il RIDUZIONISMO.

Granchio: Io rifiuto il riduzionismo. La sfido a mostrarmi, ad esempio, come si possa capire il cervello dal punto di vista riduzionistico. Ogni spiegazione riduzionistica fallirebbe miseramente dinanzi al compito di spiegare da che cosa nasce la coscienza di cui il cervello ha esperienza.

Formichiere: Io rifiuto l'olismo. La sfido a mostrarmi, ad esempio, come una descrizione olistica di una colonia di formiche sia più illuminante di una descrizione delle singole formiche che ne fanno parte, dei loro ruoli e delle loro relazioni. Ogni spiegazione olistica di un formicaio fallirebbe miseramente dinanzi al compito di spiegare da che cosa nasce la coscienza di cui un formicaio ha esperienza.

Achille: Oh, no! È proprio quello che volevo evitare, di provocare un'altra disputa. Comunque, ora che comprendo i termini della controversia, credo che la mia spiegazione di "MU" sarà di grande aiuto. Dovete sapere che "MU" è una vecchia risposta Zen, che, quando viene data a una domanda, la DISINNESCA. Nel nostro caso, la domanda sembra essere: "il mondo deve essere compreso olisticamente o riduzionisticamente?". E la risposta "MU", qui, rifiuta le premesse della domanda che consistono nel dover fare una scelta fra le due soluzioni. Disinnescando la domanda, essa rivela una verità più profonda: vale a dire che c'è un contesto più ampio con il quale sia la spiegazione olistica sia quella riduzionistica si accordano perfettamente.

Formichiere: Assurdo! Questo "MU" non ha più senso del muu di una mucca. Non mi soddisfano queste insulse chiacchiere Zen.

Granchio: Ridicolo! Questo "MU" non ha più senso del miao di un gatto. Non mi soddisfano queste insulse chiacchiere Zen.

Achille: Oh! Ci siamo inoltrati in un vicolo cieco. Perché è rimasta così stranamente silenziosa, signorina T.? Mi mette a disagio. Scommetto che lei è in grado di risolvere in qualche modo questo pasticcio!

Tartaruga: So che non mi crederete, ma la risposta alla nostra domanda è qui davanti ai nostri occhi, celata nel disegno. È solo una parola, ma quale parola: "MU"!

(Appena pronunciate queste parole, nella fuga che stiamo ascoltando entra la quarta voce, esattamente un'ottava sotto la prima voce).

Achille: Oh, signorina T., per una volta mi ha deluso. Ero sicuro che lei, che sa scrutare così profondamente nelle cose, sarebbe stata capace di risolvere il dilemma; ma sembra che non sia riuscita a vedere più lontano di me. Comunque, dovrei essere contento che almeno per una volta ho eguagliato in acume la signorina T.

Tartaruga: Chiedo scusa, ma la mia vista è proprio eccellente. Guardate tutti di nuovo e poi ditemi se il disegno non dice ciò che dico io.

Achille: Ma è ovvio che sia così! Solo che lei ha semplicemente ripetuto la mia precedente osservazione.

Tartaruga: Forse "MU" esiste ad un livello più profondo di quello che lei immagina, Achille: un'ottava più in basso (parlando figurativamente). Ma dubito che possiamo risolvere la disputa in astratto. Vorrei prima sentire esporre in modo più esplicito entrambi i punti di vista, quello olistico e quello riduzionistico. Allora avremo una base più sicura per decidere. Mi piacerebbe ascoltare una descrizione riduzionistica di un formicaio, per esempio.

Granchio: Forse il dottor Formichiere vorrà metterla a parte delle sue esperienze personali al riguardo. Dopo tutto, egli è un professionista su questo argomento.

Tartaruga: Sono certa che abbiamo molto da imparare da lei, dottor Formichiere. Potrebbe dirci qualcosa di più sulle colonie di formiche da un punto di vista riduzionistico?

Formichiere: Con molto piacere. Come il signor Granchio diceva poc'anzi, la mia professione mi ha permesso di penetrare a fondo il problema dei formicai.

Achille: Posso immaginarlo. La professione di formichiere dovrebbe essere sinonimo di esperto in formicai.

Formichiere: Chiedo scusa. "Formichiere" non è la mia professione, bensì la mia specie. Appartengo infatti all'antica stirpe Mirmecofaga. Di professione, invece, io sono chirurgo di formicai. Mi sono specializzato in terapia dei disordini psichici dei formicai mediante la tecnica dell'ablazione chirurgica.

Achille: Capisco. Ma cosa intende per "disturbi psichici" di un formicaio?

Formichiere: La maggior parte dei miei clienti soffre di disturbi della parola. Può immaginare quanto può risultare drammatica la situazione di un formicaio alla costante ricerca delle parole in ogni situazione. Io cerco di rimediare a queste sfasature, asportando... ehm... la parte difettosa del formicaio. Queste operazioni sono abbastanza delicate e naturalmente richiedono anni di studio perché si possa essere in grado di effettuarle.

Achille: Ma non è vero che, prima di poter soffrire di qualche disturbo della parola, bisogna possedere la facoltà della parola?

Formichiere: Giusto.

Achille: Ma i formicai non posseggono tale facoltà; la cosa non mi è molto chiara.

Granchio: Che peccato che lei, Achille, non fosse con noi la scorsa settimana, quando furono miei ospiti il dottor Formichiere e il nostro comune amico Furio-Caio, barone di Monteformica! Avrei dovuto pensare a invitare anche lei.

Formichiere: Furio-Caio è veramente una persona squisita. È veramente un piacere stare in sua compagnia.

Granchio: Sì, Furio-Caio è certamente un formicaio dei più colti che io abbia mai avuto la fortuna d'incontrare. Abbiamo passato insieme molte belle serate a discorrere dei più svariati argomenti.

Achille: Pensavo che i formichieri fossero divoratori di formiche, non cultori di intellettualismi formico...lanti!

Formichiere: Ovviamente le due cose non si escludono a vicenda. Io sono in ottimi rapporti con i formicai. Quello che mangio sono le FORMICHE, non i formicai, e ciò giova ad entrambi: a me e ai formicai.

Achille: Come è possibile che...

Tartaruga: Come è possibile che...

Achille: ... divorato nelle sue formiche, il formicaio possa trarne qualche giovamento?

Granchio: Come è possibile che...

Tartaruga: ... un incendio dei suoi alberi possa apportare alla foresta qualche giovamento?

Formichiere: Come è possibile che...

Granchio: ... una potatura dei suoi rami possa apportare all'albero qualche giovamento?

Formichiere: ... un taglio ai suoi capelli possa apportare ad Achille qualche giovamento?

Tartaruga: Probabilmente voi tre eravate troppo presi dalla discussione per notare questo punto della fuga di Bach: c'è stato un meraviglioso stretto.

Achille: Uno stretto? Che cos'è?

Tartaruga: Oh, scusi, pensavo che conoscesse il termine. Si ha uno stretto quando un tema entra ripetutamente con diverse voci e con una distanza molto piccola fra le entrate successive.

Achille: Appena avrò ascoltato un numero sufficiente di fughe, conoscerò tutte queste cose e sarò allora in grado di notarle da solo, senza che qualcuno debba indicarmele.

Tartaruga: Scusatemi, amici miei. Mi dispiace di avervi interrotti. Il dottor Formichiere stava cercando di spiegare che non c'è alcuna incoerenza fra mangiare formiche ed essere amico dei formicai.

Achille: Certo, io posso vagamente capire come una distruzione regolata e limitata di formiche possa alla fine giovare alla salute globale di un formicaio; ma ciò che mi lascia molto più perplesso è questa strana idea di fare conversazione con i formicai. È una cosa impossibile. Un formicaio è semplicemente una colonia di formiche, un agglomerato di formiche singole che corrono qua e là a caso in cerca di cibo e alle prese con la costruzione di un nido.

Formichiere: La metta pure in questi termini, Achille, se proprio le piace vedere gli alberi e trascurare la foresta. Ma in realtà un formicaio, considerato come un tutto, è un'unità piuttosto ben definita, con le sue caratteristiche specifiche che includono talvolta anche l'arte della parola.

Achille: Mi riesce difficile immaginare che io magari grido qualcosa in una foresta, e sento un formicaio che mi risponde!

Formichiere: Spiritoso! Non è quella la loro forma di linguaggio. I formicai non conversano ad alta voce, ma si servono della scrittura. Ha visto come le formiche procedono in colonna, seguendo nel loro percorso quei caratteristici tracciati sinuosi?

Achille: Oh, sì: ne vedo spesso lunghe file che attraversano l'acquaio della cucina e puntano direttamente al barattolo della marmellata.

Formichiere: In realtà, alcuni tracciati contengono informazioni in codice. Conoscendo il codice, vi si può leggere ciò che dicono proprio come in un libro.

Achille: Interessante. E c'è modo di farsi capire?

Formichiere: Senza alcuna difficoltà. Di fatto, Furio-Caio ed io conversiamo per ore. Usando un bastone, disegno dei tracciati nel terreno umido e osservo le formiche che li seguono. Ad un certo punto viene iniziata in qualche luogo una nuova pista. Provo una grande gioia a guardare il suo sviluppo. Via via che avanza io faccio anticipazioni sul suo percorso successivo (e sbaglio più di quanto non indovini). Quando la pista è completata, io so cosa sta pensando il barone di Monteformica, e allora, a mia volta, traccio la risposta.

Achille: Questo fa pensare che vi devono essere delle formiche estremamente intelligenti in quel formicaio.

Formichiere: Ho l'impressione che lei ancora non si sia liberato del tutto delle difficoltà di comprendere questa differenza fra livelli. Proprio come un singolo albero non va confuso con la foresta, così una formica non va confusa con il formicaio. Naturalmente tutte le formiche di Furio-Caio sono mute come pesci. Non parlerebbero neanche a morire.

Achille: Ma allora da dove proviene questa capacità di conversare? Deve per forza risiedere in qualche luogo all'interno della colonia! Non riesco a capire come il barone di Monteformica possa intrattenerla per ore in conversazioni spiritose se tutte le formiche sono completamente prive d'intelligenza.

Tartaruga: Mi sembra che la situazione qui sia analoga a quella del cervello umano che è composto di neuroni. Certamente nessuno affermerebbe che le singole cellule cerebrali debbano essere individualmente intelligenti perché una persona possa avere una conversazione intelligente.

Achille: Oh, questo è evidente! La faccenda delle cellule del cervello mi è del tutto chiara. Solo che... le formiche sono un altro paio di maniche. Voglio dire che le formiche vagano a caso liberamente, si muovono a tentoni alla ricerca di un po' di cibo... Sono libere di fare ciò che vogliono, e con tutta quella libertà non vedo proprio come il loro comportamento, considerato nell'insieme, possa risultare qualcosa di coerente: coerente al punto di poter essere paragonato al comportamento delle cellule cerebrali, necessarie alla comunicazione.

Granchio: A me sembra che le formiche siano libere soltanto entro certi limiti. Sono libere di vagare, di strusciare l'una contro l'altra, di sollevare piccole cose, di formare colonne, ecc., ecc. Ma non si allontanano mai da quel piccolo mondo, da quel sistema al quale appartengono. Non verrebbe mai loro in mente di farlo, perché non hanno la capacità mentale per immaginare qualcosa del genere. Perciò le formiche sono componenti di estrema affidabilità, nel senso che si può contare su di loro per effettuare certe operazioni secondo particolari criteri.

Achille: Ma anche se ciò è vero, entro questi limiti esse sono ancora libere e agiscono a caso, si muovono in modo incoerente, senza preoccuparsi dei meccanismi del pensiero di quell'essere di più alto livello del quale, a detta del dottor Formichiere, esse sono dei semplici elementi.

Formichiere: Ah, ma le sfugge una cosa, Achille: la regolarità statistica.

Achille: In che senso?

Formichiere: Per esempio, sebbene le formiche, come individui, si muovano in una maniera che fa pensare alla casualità, tuttavia da quel caos possono emergere tendenze globali, coinvolgenti un gran numero di formiche.

Achille: Oh, capisco che cosa vuol dire. In realtà, le colonne delle formiche sono un perfetto esempio di tale fenomeno. Per quanto riguarda ogni singola formica, il suo movimento è assolutamente imprevedibile e tuttavia la colonna stessa sembra conservare una forma ben definita e stabile. Ciò significa certamente che le singole formiche non si muovono totalmente a caso.

Formichiere: Proprio così, Achille. Vi è un certo livello di comunicazione fra le formiche, sufficiente a evitare che il loro movimento sia completamente casuale. Con questa minima comunicazione esse si ricordano reciprocamente che non sono sole, ma che sono impegnate in un lavoro di gruppo. Per qualsiasi attività, come ad esempio per formare una colonna, sono sempre necessarie innumerevoli formiche tenute insieme da questa minima comunicazione reciproca. Ora la mia conoscenza, per altro molto vaga, delle operazioni del cervello mi induce a credere che accada qualcosa di simile anche nel funzionamento dei neuroni. Non è vero, signor Granchio, che allo scopo di attivare un neurone è necessario che venga attivato un altro gruppo di neuroni?

Granchio: Certamente. Prendiamo ad esempio i neuroni nel cervello di Achille. Ogni neurone riceve segnali provenienti da neuroni connessi alle sue linee d'ingresso, e se la somma degli ingressi in un qualsiasi momento eccede un certo valore critico di soglia, allora quel neurone scaricherà, cioè invierà il suo impulso di uscita verso altri neuroni, i quali a loro volta potranno scaricare, e così via. L'impulso nervoso scivola senza sosta nel suo sentiero achilleo, con moti più strani di quelli di una rondine affamata d'insetti che insegue senza posa la sua preda; ogni svolta, ogni curva è preordinata nella struttura nervosa del cervello di Achille, finché i messaggi sensoriali non vengano a interferire.

Achille: Normalmente penso di essere IO l'agente che controlla ciò che penso, ma come voi mettete le cose, esse appaiono esattamente rovesciate. Ora sembra che "IO" sia soltanto ciò che viene fuori da tutta questa struttura neuronica e dalle leggi naturali. Questa vostra impostazione rende ciò che io considero ME STESSO, nel migliore dei casi, il sottoprodotto di un organismo governato da leggi naturali e, nel peggiore, un costrutto artificiale prodotto dalla mia prospettiva distorta. In altri termini, mi fate sentire confuso perché non so più chi o che cosa sono, ammesso che sia qualcosa.

Tartaruga: Capirà meglio andando avanti. Ma, dottor Formichiere, cosa ne pensa di questa analogia?

Formichiere: Sapevo che c'erano delle corrispondenze in questi due sistemi diversi. Ora lo capisco molto meglio. Sembrerebbe che fenomeni di gruppo dotati di coerenza, come ad esempio la formazione di colonne, abbiano luogo soltanto quando viene coinvolto un certo numero critico di formiche. Se uno sparuto numero di formiche in qualche luogo inizia, magari per caso, a fare una certa cosa, può verificarsi una di queste due alternative: l'iniziativa muore dopo un vano tentativo di avviarla...

Achille: Quando non vi è un numero sufficiente di formiche per portarla avanti?

Formichiere: Esattamente. L'altra alternativa è che sia presente una massa critica di formiche. Allora l'impresa decollerà, richiamando sulla scena a valanga un numero sempre maggiore di formiche. In quest'ultimo caso, si formerà un'intera squadra di lavoro impegnata in un unico progetto. Questo progetto consisterà nella costruzione di una colonna, o nella raccolta del cibo o nella manutenzione del nido. Nonostante l'estrema semplicità di questo schema se considerato su piccola scala, esso può avere conseguenze estremamente complesse su larga scala.

Achille: Io riesco ad afferrare, nello schema che lei delinea, l'idea generale dell'ordine emergente dal caos, ma siamo ancora lontanissimi dalla capacità di conversare. Dopo tutto, anche nello scontro casuale fra le molecole di un gas, l'ordine emerge dal caos, e tuttavia il risultato finale, in quel caso, è una massa amorfa che può essere caratterizzata con soli tre parametri: volume, pressione, temperatura. Ora tutto ciò è una faccenda molto diversa dalla capacità di comprendere il mondo o di parlare di esso!

Formichiere: Ciò mette in luce una differenza molto interessante fra la spiegazione del comportamento di un formicaio e la spiegazione del comportamento dei gas all'interno di un contenitore. Si può spiegare il comportamento di un gas calcolando semplicemente le proprietà statistiche dei moti delle sue molecole. Non vi è alcun bisogno di considerare strutture più complesse delle molecole, a parte il gas stesso nella sua interezza. Viceversa, per il formicaio, non si riesce neanche a raggiungere una parvenza di comprensione delle sue attività se non si considerano diversi livelli di strutture.

Achille: Capisco cosa vuol dire. In un gas, un unico salto conduce dal livello più basso, le molecole, al più alto, l'intero gas. Non vi sono livelli di organizzazione intermedi. Ma in che modo si formano, nel formicaio, livelli intermedi di attività organizzata?

Formichiere: Questa è una conseguenza del fatto che all'interno del formicaio esistono molte differenti varietà di formiche.

Achille: Oh, sì. Credo di averne già sentito parlare. Sono chiamate "caste", non è vero?

Formichiere: Esatto. Oltre alla regina, vi sono i maschi, i quali non fanno praticamente nulla per la manutenzione del nido, e poi...

Achille: E poi naturalmente vi sono i soldati: Gloriosi Combattenti Contro il Comunismo!

Granchio: Humm... Non credo proprio che lei abbia ragione, Achille. Un formicaio all'interno è organizzato secondo princìpi comunistici; e allora, perché mai i suoi soldati dovrebbero combattere il comunismo? Ho ragione, dottor Formichiere?

Formichiere: Sì, per quanto riguarda i formicai lei ha ragione, signor Granchio; essi sono davvero basati su una sorta di princìpi comunistici. E per quanto riguarda i soldati, Achille è un po' ingenuo. In realtà, i cosiddetti "soldati" sono ben lontani dall'essere dei combattenti. Si tratta di formiche lente e goffe, con teste gigantesche e mascelle molto forti che possono recidere, ma non sono proprio da esaltare. Come in uno stato veramente comunista, sono piuttosto le operaie che vanno esaltate. Sono loro che si addossano la maggior parte dei compiti, quali l'acquisizione del cibo, la caccia, la nutrizione della prole. E sono loro che assolvono quasi interamente il ruolo di combattenti.

Achille: Ma questa è una situazione assurda. Soldati che non vogliono combattere!

Formichiere: Come ho già detto, non sono affatto soldati. I veri soldati sono le operaie; i cosiddetti soldati sono delle pigre teste di legno.

Achille: Oh, che vergogna! Se fossi una formica, saprei ben io come inculcare un po' di senso della disciplina in quelle teste di legno!

Tartaruga: Se lei fosse una formica? Come potrebbe essere una formica? Non c'è modo di correlare il suo cervello con quello di una formica, e dunque mi sembra una questione oziosa. Più ragionevole mi sembrerebbe l'idea di trovare una corrispondenza fra il suo cervello e l'intero formicaio... Ma cerchiamo di non deviare dal tema. Lasciamo che il dottor Formichiere continui la sua illuminante spiegazione delle caste e del loro ruolo nei livelli più alti dell'organizzazione.

Formichiere: Molto bene. Vi è una vasta gamma di compiti da assolvere in una colonia, compiti in cui singole formiche si sono specializzate. Solitamente una formica, invecchiando, muta la sua specializzazione. Ma ciò dipende naturalmente anche dalla casta a cui appartiene. In ogni istante, tutte le caste sono rappresentate in ogni luogo della colonia. Può accadere, è ovvio, che una casta sia più sparuta in un luogo e più densa in un altro.

Granchio: La densità di una casta, o di una specializzazione, è un evento casuale, o vi sono ragioni perché formiche di un certo tipo siano concentrate più densamente in certe aree e meno in altre?

Formichiere: Sono contento che lei abbia sollevato la questione, poiché essa è d'importanza cruciale per capire come pensa un formicaio. Di fatto, nel corso di un lungo periodo di tempo, si stabilisce all'interno del formicaio un equilibrio estremamente delicato nella distribuzione delle caste, ed è tale distribuzione che conferisce al formicaio quella complessità da cui nasce la sua capacità di conversare con me.

Achille: Avrei detto che questo costante andirivieni delle formiche rappresenti un insormontabile ostacolo alla possibilità che si realizzi una distribuzione ben regolata. Un equilibrio delicato nella distribuzione delle caste dovrebbe essere ben presto distrutto da tutto quel movimento casuale delle formiche, proprio come un equilibrio delicato nella disposizione delle molecole di un gas non sopravviverebbe un istante al bombardamento cieco proveniente da tutte le direzioni.

Formichiere: In un formicaio la situazione è piuttosto il contrario. In realtà, è proprio quel continuo andirivieni delle formiche all'interno della colonia che adatta la distribuzione delle caste al variare delle situazioni, e ristabilisce un equilibrio sempre nuovo e adeguato. Capirà che la distribuzione delle caste non può irrigidirsi in una singola struttura; deve piuttosto modificarsi continuamente, in modo da riflettere in qualche misura la situazione reale del mondo con la quale di volta in volta il formicaio deve misurarsi; ed è precisamente quel movimento all'interno della colonia che aggiorna la distribuzione delle caste e l'adatta alle circostanze del momento.

Tartaruga: Potrebbe fornirci un esempio?

Formichiere: Con piacere. Quando io, che sono un formichiere, vado a far visita a Furio-Caio, tutte quelle sciocche formiche, appena sentono il mio odore, vengono prese dal panico, e di conseguenza, come è naturale, cominciano a correre in direzioni completamente diverse da quelle seguite prima del mio arrivo.

Achille: Ma ciò è comprensibile, dato che lei è un nemico temuto dei formicai.

Formichiere: Ma no! Torno a ripeterle che, lungi dall'essere un nemico del formicaio, io sono il compagno preferito di Furio-Caio, come lui lo è per me. È vero che sono temuto moltissimo da tutte le formiche del formicaio, ma questa è una faccenda totalmente diversa. In ogni caso, lei si renderà conto che l'azione delle formiche in risposta al mio arrivo cambia interamente la distribuzione interna delle formiche medesime.

Achille: Questo è chiaro.

Formichiere: È appunto questo ciò che intendo per aggiornamento. La nuova distribuzione riflette la mia presenza. Si può descrivere il passaggio dal vecchio stato al nuovo attribuendolo al fatto che un "ulteriore segmento di conoscenza" si è aggiunto al patrimonio conoscitivo del formicaio.

Achille: Ma come può parlare della distribuzione di differenti tipi di formiche all'interno del formicaio come di un "segmento di conoscenza"?

Formichiere: Questo è un punto vitale che esige una certa elaborazione. Vede, in fondo tutto si riduce a come si sceglie di descrivere la distribuzione delle caste. Se lei continua a pensare nei termini dei livelli più bassi, cioè del livello delle singole formiche, perderà di vista la realtà più complessa. Quello è un livello troppo microscopico, e pensando microscopicamente lei è destinato a perdere alcune caratteristiche che ci sono a livello macroscopico. Deve trovare più in alto il livello appropriato entro il quale la distribuzione delle caste va inquadrata e descritta. Solo allora sarà ragionevole chiedersi in che modo la distribuzione delle caste può codificare vari segmenti di conoscenza.

Achille: Va bene; ma COME trovare allora l'unità appropriata nella quale descrivere di volta in volta lo stato presente della colonia?

Formichiere: Ecco: cominciamo dal basso. Quando le formiche hanno bisogno di compiere un lavoro, esse si riuniscono in piccole "squadre" che si organizzano per quello scopo. Come ho detto prima, continuamente si formano e si disfano piccoli gruppi di formiche. Quelli che sopravvivono almeno per qualche tempo costituiscono le squadre di cui parlavo, e la ragione per la quale non si sciolgono è che hanno realmente qualcosa da fare.

Achille: Prima lei ha detto che un gruppo resterà unito se le sue dimensioni avranno superato una certa soglia critica. Ora sta dicendo che un gruppo resterà unito se vi è qualcosa da fare.

Formichiere: Sono affermazioni equivalenti. Per esempio, per quanto riguarda l'approvvigionamento, se una formica nel suo vagare scopre una modesta quantità di cibo da qualche parte, essa cercherà di comunicare il suo entusiasmo ad altre formiche; il numero delle formiche che risponderà a quel richiamo sarà proporzionale alla consistenza del bottino ed una quantità decisamente modesta non mobiliterà un numero di formiche sufficienti a superare il valore di soglia. Ciò equivale a dire che non c'è abbastanza lavoro da fare: quantità di cibo troppo piccole vanno ignorate.

Achille: Capisco. Presumo che queste "squadre" rappresentino un livello di struttura intermedia, da collocare fra il livello della singola formica e quello della colonia.

Formichiere: Precisamente. Esiste un tipo speciale di squadra, che io chiamo "segnale", sul quale sono basati tutti i livelli di struttura più alti; in effetti, tutte le entità più alte sono insiemi di segnali che funzionano di concerto. Vi sono dunque squadre di alto livello, i cui membri non sono formiche ma squadre di livello più basso. Scendendo si arriva alle squadre di più basso livello, vale a dire ai segnali, e ancora più in basso, alle formiche.

Achille: A che cosa i segnali devono questo loro nome suggestivo?

Formichiere: Alla loro funzione. L'effetto di un segnale è quello di indirizzare formiche con diverse specializzazioni nei punti giusti della colonia. Ecco una storia tipica di un segnale: esso viene alla luce non appena il valore di soglia relativo alla sopravvivenza è superato; poi si sposta per un certo tratto attraverso la colonia; infine, si dissolve nei singoli individui della colonia, lasciandoli procedere più o meno da soli.

Achille: Dà l'idea di un'onda che, provenendo da lontano, sospinge a riva alghe e posidonie.

Formichiere: In un certo senso vi è analogia, poiché la squadra deposita davvero qualcosa che ha trasportato da lontano; ma mentre l'acqua dell'onda rifluisce nel mare, nel nostro caso il segnale giunto a destinazione scompare, poiché ciò che ha trasportato è anche la sostanza di cui era composto.

Tartaruga:: E presumo che il segnale perda la sua identità proprio nella zona del formicaio dove più urgentemente era richiesta la presenza di quel tipo di formiche.

Formichiere: È ovvio.

Achille: Ovvio? Non è affatto ovvio per ME che un segnale debba sempre recarsi dove risulta necessario. E anche se va nella giusta direzione, come fa a sapere dove deve sciogliersi? Come sa che è giunto a destinazione?

Formichiere: Questi sono aspetti di estrema importanza, perché costringono a cercare una spiegazione dell'esistenza nei segnali di un comportamento finalizzato. Sulla base della descrizione dei fatti si tenderebbe a caratterizzare il comportamento dei segnali come orientato a soddisfare i bisogni della colonia, e quindi a definirlo "finalizzato". Ma la cosa può essere considerata anche da un altro punto di vista.

Achille: Un momento. O il comportamento È finalizzato, O NON lo è. Non capisco come si possano accettare entrambe le alternative.

Formichiere: Mi permetta di spiegarle il mio modo di vedere le cose, e poi mi dirà se è d'accordo. Dopo che si è formato, il segnale non ha alcuna consapevolezza della direzione da prendere. Ma in questo ha un ruolo cruciale la distribuzione delle caste. Da essa, infatti, dipende lo spostamento dei segnali all'interno del formicaio, il tempo durante il quale il segnale rimarrà stabile e il luogo in cui si "dissolverà".

Achille: Così ogni cosa dipende dalla distribuzione delle caste?

Formichiere: Precisamente. Supponiamo che un segnale si stia spostando. Nel suo viaggio, le formiche che lo compongono interagiscono, per contatto diretto o per scambio di sensazioni olfattive, con le formiche del luogo di volta in volta attraversato dal segnale. I contatti e le sensazioni olfattive forniscono informazioni sulle necessità locali, che possono riguardare la costruzione del nido, le cure parentali o altro. Il segnale rimarrà unito lungo il suo percorso fin dove la manodopera richiesta sarà di natura diversa da quella che il segnale è in grado di offrire; ma appena PUÒ collaborare, si dissolve e invade il luogo con una squadra, riposata e in forma, di laboriose formiche. È chiaro adesso come funziona questa distribuzione delle caste in quanto guida generale delle squadre all'interno del formicaio?

Achille: Mi è chiaro, certo.

Formichiere: E le è chiaro come questo modo di avvicinare il problema non richieda alcuna attribuzione di finalità al segnale?

Achille: Credo di sì. In realtà, comincio a vedere le cose da due diversi punti di vista. Dal punto di vista di una formica, il segnale NON ha scopi. La formica in un segnale vaga senza meta, fino a quando sente di doversi fermare. Le sue compagne di solito si comportano nello stesso modo, e a quel punto il segnale si scarica: sgretolandosi, disperde i suoi membri, ma non perde la sua compattezza. Non c'è bisogno di alcun programma, di alcuna pianificazione, come non c'è bisogno di alcuna ricerca per determinare la giusta direzione da prendere. Ma, dal punto di vista del FORMICAIO, la squadra ha risposto a un messaggio scritto nel linguaggio della distribuzione delle caste. Da questa prospettiva, la cosa ha tutta l'aria di essere un'attività finalizzata.

Granchio: Che cosa accadrebbe se la distribuzione delle caste fosse totalmente casuale? I segnali continuerebbero ad associarsi e a dissociarsi?

Formichiere: Certamente. Ma il formicaio non durerebbe a lungo, a causa dell'insensatezza di una tale distribuzione delle caste.

Granchio: Proprio a questo volevo arrivare. Il formicaio sopravvive perché la distribuzione delle caste ha un significato, e quel significato è una caratteristica olistica, invisibile ai livelli più bassi. Se non si considera il livello più alto, si perde la possibilità di trovare una spiegazione della sua esistenza.

Formichiere: Capisco il suo punto di vista. Ma temo che lei veda le cose in maniera troppo ristretta.

Granchio: In che senso?

Formichiere: I formicai sono stati sottoposti ai rigori della selezione per miliardi di anni. La selezione ha eliminato un grandissimo numero di meccanismi e ne ha conservato solo un piccolo numero. Il risultato finale è un insieme di meccanismi che permettono a questi formicai di funzionare nel modo che abbiamo descritto. Se si potesse osservare il processo globale della loro evoluzione in un film, naturalmente accelerato almeno qualche miliardo di volte rispetto ai ritmi della realtà, l'emergere dei vari meccanismi apparirebbe come una risposta naturale a pressioni esterne, proprio come le bolle che compaiono nell'acqua riscaldata ad oltre cento gradi sono una risposta a una fonte di calore esterna. Presumo che lei non veda "significati" e "finalità" nelle bolle, o mi sbaglio?

Granchio: No, ma...

Formichiere: Questo è il punto a cui volevo arrivare. Ora, qualunque sia la grandezza della bolla, essa deve la sua esistenza a processi di livello molecolare, e si possono trascurare le "leggi di livello più alto". Lo stesso discorso vale per un formicaio e per le sue squadre. Guardando le cose nella vasta prospettiva dell'evoluzione, si può togliere dal concetto di formicaio qualsiasi idea di significato e di finalità. Esse diventano nozioni superflue.

Achille: Allora, dottor Formichiere, perché prima diceva di conversare con il barone di Monteformica? Ora sembra che lei stia negando che egli possa parlare o pensare affatto.

Formichiere: Non mi sto contraddicendo, Achille; io ho difficoltà come chiunque altro a vedere le cose in una scala di tempi così grandiosa e quindi trovo molto più facile cambiare punto di vista. Quando mi comporto così, trascurando l'evoluzione e guardando le cose nel loro stato presente, ritorno in pieno al vocabolario teleologico: il SIGNIFICATO della distribuzione delle caste e la FINALITÀ dei segnali. Questo non accade soltanto quando penso ai formicai, ma anche quando mi occupo del mio cervello o di quello degli altri. Comunque, con qualche sforzo, posso sempre ricordarmi dell'altro punto di vista, se è necessario, e svuotare tutti questi sistemi di ogni significato.

Granchio: L'evoluzione fa miracoli. Non si può mai prevedere quale sarà il suo prossimo gioco di prestigio. Ad esempio, non mi sorprenderebbe affatto venire a sapere che è teoricamente possibile per due o più "segnali" attraversarsi senza che nessuno dei due sia consapevole del fatto che l'altro è anch'esso un segnale: in questo caso, ciascuno tratterebbe l'altro come fosse soltanto un elemento che fa parte del resto della popolazione.

Formichiere: È più che una possibilità teorica; infatti è quanto accade normalmente.

Achille: Hum... Che strana immagine viene evocata nella mia mente! Mi sembra proprio di vedere formiche che si muovono in quattro differenti direzioni, alcune nere, altre grigie; incrociandosi formano una struttura ordinata, quasi come... come...

Tartaruga: Una fuga, forse?

Achille: Sì, proprio così! Una fuga di formiche molto compatta... una mirmecofuga, se posso esprimermi nella mia cara antica lingua natia...

Granchio: Un'immagine interessante, Achille. A proposito, tutto quel parlare d'acqua bollente mi ha fatto pensare al tè. Chi ne vorrebbe ancora un po'?

Achille: Io ne gradirei un'altra tazza, signor Granchio.

Granchio: Molto bene.

Achille: Lei pensa che sia possibile separare le quattro "voci" visive di una tale "fuga di formiche"? Per me è molto difficile...

Tartaruga: Per me no, grazie.

Achille: ... seguire una singola voce...

Formichiere: Ne vorrei anch'io, signor Granchio,...

Achille: ... in una fuga musicale...

Formichiere: ... se non le è di troppo disturbo.

FIGURA 63. "Mirmecofuga", *di M.C. Escher (xilografia a tre colori, 1953).*

Achille: ... quando le voci sono ...
Granchio: Niente affatto. Quattro tazze di tè, allora;...
Tartaruga: Tre!
Achille: ... eseguite tutte insieme.
Granchio: ... arrivano subito!
Formichiere: Questa è un'idea interessante, Achille. Ma è improbabile che si possa disegnare qualcosa del genere in maniera convincente.

Achille: Che peccato!

Tartaruga: Vorrei chiederle una cosa, dottor Formichiere; un segnale, dalla sua creazione alla sua dissoluzione, consta sempre dello stesso insieme di formiche?

Formichiere: Di fatto, gli individui appartenenti a un segnale talvolta lo abbandonano per essere sostituiti da altri della stessa casta, se ve ne sono presenti nella zona. Molto spesso, quando i segnali giungono al punto in cui si dissolvono, non ne fa più parte neanche una formica di quelle che componevano la squadra iniziale.

Granchio: Se ho capito bene, i segnali influenzano continuamente la distribuzione delle caste all'interno del formicaio, e lo fanno in risposta ai bisogni interni di esso, i quali a loro volta riflettono la situazione esterna che il formicaio è chiamato ad affrontare. Quindi la distribuzione delle caste subisce continui aggiustamenti in una direzione che, come lei diceva, dottor Formichiere, in ultima analisi riflette il mondo esterno.

Achille: Possiamo discutere anche dei livelli di struttura intermedi? Lei stava dicendo che sarebbe più opportuno rappresentare la distribuzione delle caste non in termini di formiche e segnali, ma in termini di squadre i cui membri a loro volta sono altre squadre, e così via, fino ad arrivare, verso il basso, al livello della formica singola. Lei ha anche detto che bisogna riconoscere questa gerarchia di livelli per comprendere in che modo sia possibile considerare la distribuzione delle caste come una codifica di segmenti di informazioni sul mondo.

Formichiere: Sì, ora arriviamo a tutto questo. Per le squadre di un livello sufficientemente alto preferisco usare il termine "simbolo". Attenzione, qui: il modo in cui io uso questo termine presenta alcune notevoli differenze rispetto a come esso viene comunemente impiegato. I miei "simboli" sono SOTTOSISTEMI ATTIVI di un sistema complesso e sono composti di sottosistemi attivi di livello più basso... Essi sono quindi diversi dai simboli PASSIVI, esterni al sistema, quali le lettere dell'alfabeto o le note musicali, che se ne stanno lì immobili in attesa di essere impiegati da un sistema attivo.

Achille: Tutto questo è terribilmente complicato! Non avevo il benché minimo sospetto che un formicaio potesse avere una struttura così astratta.

Formichiere: Sì, è un fatto piuttosto notevole. Ma tutti questi strati di struttura sono necessari ad immagazzinare quei tipi di conoscenza che permettono a un organismo di essere "intelligente" in un qualche ragionevole senso della parola. Ogni sistema che possiede la facoltà del linguaggio ha essenzialmente lo stesso insieme di livelli sottostanti.

Achille: Ehi, aspetti un minuto, perbacco! Non sta mica insinuando che il mio cervello, alla base, consiste di un branco di formiche che corrono qua e là?

Formichiere: Oh, me ne guarderei bene! Mi ha preso un po' troppo alla lettera. Il livello più basso può essere completamente diverso. Per esempio, il cervello dei formichieri non è composto di formiche. Ma quando si sale di un paio di livelli nel cervello, si trovano elementi che hanno corrispettivi identici in altri sistemi di eguale capacità intellettiva, per esempio i formicai.

Tartaruga: Ecco perché sembrerebbe ragionevole l'idea di cercare una corrispondenza fra il suo cervello, Achille, e un formicaio, ma non fra il suo cervello e quello di una semplice formica.

Achille: Apprezzo il complimento. Ma in che cosa potrebbe consistere questa corrispondenza? Ad esempio, a che cosa corrispondono, nel mio cervello, quelle squadre di basso livello che lei chiama segnali?

Formichiere: Oh, io non sono un vero esperto di cervelli, quindi non potrei stabilire la corrispondenza in tutti i suoi meravigliosi dettagli. Tuttavia, mi corregga se sbaglio, signor Granchio, sarei dell'opinione che il corrispettivo nel cervello del segnale di un formicaio è la scarica di un neurone; o forse è un evento di più ampie dimensioni, quale ad esempio una configurazione di scariche.

Granchio: Io sarei sostanzialmente d'accordo. Ma non pensa che, per quanto possa essere interessante, per gli scopi della nostra discussione non sia essenziale delineare l'esatto corrispettivo? A me sembra che l'idea importante è che una simile corrispondenza esista davvero, anche se al momento non sappiamo definirla nei suoi specifici dettagli. Vorrei però discutere una questione che lei, dottor Formichiere, ha sollevato e che riguarda il livello al quale è plausibile che abbia inizio la corrispondenza. Se ho ben capito, lei ritiene che un SEGNALE possa avere un corrispettivo diretto nel cervello, mentre io ho l'impressione che solo dal livello dei SIMBOLI ATTIVI in su è probabile che esista una corrispondenza.

Formichiere: Può darsi benissimo che la sua interpretazione sia più giusta della mia, signor Granchio. La ringrazio per questa sottile osservazione.

Achille: Che cosa può fare un simbolo, che un segnale non è in grado di fare?

Formichiere: È un po' come la differenza fra parole e lettere. Le parole, che sono depositarie del significato, sono composte di lettere che ne sono prive. Ciò dà bene l'idea della differenza fra simboli e segnali. In verità, è un'analogia utile purché si tenga presente che parole e lettere sono PASSIVE, mentre simboli e segnali sono ATTIVI.

Achille: Lo terrò presente, ma non sono sicuro di capire perché sia così vitale sottolineare la differenza fra entità attive e passive.

Formichiere: La ragione sta nel fatto che il significato che si attribuisce a un qualsiasi simbolo passivo, come per esempio a una parola scritta, in realtà deriva dal significato di cui sono depositari i corrispondenti simboli attivi nel cervello. Cosicché il significato dei simboli passivi può essere compreso nel modo giusto solo quando è messo in relazione con simboli attivi.

Achille: Va bene. Ma che cos'è che conferisce significato ad un SIMBOLO, intendo naturalmente un simbolo attivo, quando lei diceva che un SEGNALE, che è un'entità in sé completa, non ne ha?

Formichiere: È una questione interamente legata al modo in cui i simboli possono determinare l'attivazione di altri simboli. Quando un simbolo diventa attivo, non lo fa isolatamente. In effetti, esso si trova immerso in un ambiente caratterizzato dalla distribuzione delle caste.

Granchio: Naturalmente in un cervello non c'è una distribuzione delle caste, ma c'è un suo corrispettivo che è lo "stato cerebrale". Con questa espressione mi riferisco allo stato di tutti i neuroni e di tutte le interconnessioni e al valore di soglia per l'attivazione di ogni neurone.

Formichiere: Benissimo. Unifichiamo le espressioni "distribuzione delle caste" e "stato cerebrale", adottando un solo nome comune per entrambi: "stato". Ora lo stato può essere descritto a livello basso o alto. Una descrizione a basso livello dello stato di un formicaio esigerebbe la complessa specificazione della posizione di ogni formica, la sua età, la sua casta, ed altre questioni di questa natura: una descrizione molto dettagliata, dunque, praticamente priva di qualsiasi contenuto informativo sul PERCHÉ il formicaio si trovi in quel particolare stato. D'altro canto, una descrizione ad alto livello richiederebbe la specificazione di quali simboli possono essere attivati dalle diverse combinazioni di altri simboli, sotto quali condizioni e così via.

Achille: E una descrizione a livello di segnali o squadre?

Formichiere: Una descrizione di quel tipo andrebbe collocata a metà strada fra la descrizione al livello basso e la descrizione al livello dei simboli. Essa conterrebbe una notevole quantità di informazioni sui diversi eventi in corso di svolgimento in aree specifiche del formicaio, anche se qui certamente mancherebbero le informazioni riguardanti le singole formiche, poiché le squadre consistono di raggruppamenti di formiche. Una descrizione squadra per squadra è come un riassunto di una descrizione formica per formica. Ma si devono aggiungere elementi supplementari, che non erano presenti nella descrizione formica per formica: quali rapporti ci sono fra le squadre, qual è la consistenza delle caste in luoghi diversi, ecc. Questa complicazione supplementare è il prezzo che bisogna pagare per avere il diritto di riassumere.

Achille: Può essere interessante confrontare i vantaggi delle descrizioni ai diversi livelli. La descrizione a livello più alto sembra essere dotata del maggiore potere esplicativo, perché fornisce l'immagine più intuitiva del formicaio, sebbene, per quanto strano possa sembrare, trascuri l'aspetto apparentemente più importante, cioè le formiche.

Formichiere: Ma, nonostante le apparenze, le formiche non sono l'aspetto più importante. Certo che, se le formiche non esistessero, non esisterebbero nemmeno i formicai; ma potrebbe comunque esistere qualcosa di equivalente senza formiche: un cervello, per esempio. Così, almeno da un punto di vista di alto livello, le formiche non sono indispensabili.

Achille: Sono certo che nessuna formica abbraccerebbe con passione questa teoria.

Formichiere: D'altra parte, non ho mai incontrato una formica che considerasse le cose da un punto di vista di alto livello.

Granchio: Dalle sue parole emerge un quadro estremamente poco intuitivo, dottor Formichiere. Dunque, se ciò che lei dice è vero, per comprendere l'intera struttura la si deve descrivere senza far menzione dei blocchi fondamentali con cui è costruita.

Formichiere: Forse riesco a rendere più chiara la mia spiegazione ricorrendo a un'analogia. Si immagini di avere davanti agli occhi un romanzo di Charles Dickens.

Achille: *Il circolo Pickwick* va bene?

Formichiere: Eccellente! Ed ora s'immagini di fare questo gioco: si deve trovare un modo di correlare lettere con idee così che l'intero *Circolo Pickwick* abbia senso quando venga letto lettera per lettera.

Achille: Humm... Vuol dire che ogni volta che trovo una parola, come ad esempio "del", devo pensare a tre concetti definiti, senza possibilità di variazione, che si susseguono in questa rigida sequenza?

Formichiere: Esattamente. Essi sono il concetto "d", il concetto "e" ed il concetto "l", i quali rimangono invariati ad ogni occorrenza di quelle lettere.

Achille: Bene, a quanto pare questo gioco muterebbe l'esperienza della lettura del *Circolo Pickwick* in un terribile incubo. Sarebbe un esercizio d'insensatezza, qualunque associazione si faccia fra lettere e concetti.

Formichiere: Esatto. Non v'è un modo naturale di correlare le singole lettere col mondo reale. Ciò è possibile solo a livello più alto, fra parole e segmenti del mondo reale. Quindi, a voler descrivere il libro, non si farebbe alcuna menzione del livello delle lettere.

Achille: Ovviamente no! Io descriverei la trama e i personaggi, e così via.

Formichiere: Ecco ciò che volevo sentirle dire! Dunque, lei descriverebbe il libro senza far menzione di questi blocchi fondamentali, quantunque ad essi il libro debba la sua esistenza. Essi sono il mezzo ma non il messaggio.

Achille: Va bene; ma per i formicai, come stanno le cose?

Formichiere: Qui abbiamo segnali attivi al posto di lettere passive e simboli attivi invece di parole passive, ma l'idea è la stessa.

Achille: Vuol dire che non si può stabilire una correlazione fra segnali e cose del mondo reale?

Formichiere: Si accorgerebbe di non poterlo fare in modo da ottenere che l'attivazione di nuovi segnali produca qualcosa di comprensibile. Né avrebbe successo a livelli più bassi, per esempio al livello delle formiche. Soltanto al livello dei simboli le strutture di attivazione hanno senso. Immagini, per esempio, di osservare il barone di Monteformica nel momento in cui io arrivo per fargli una visita. Lei potrebbe usare la massima attenzione e tuttavia probabilmente non percepirebbe nulla di più che un riordinamento di formiche.

Achille: Non dubito dell'esattezza di questa considerazione.

Formichiere: Mentre io, che trascurerei il livello basso per concentrarmi sulla lettura del livello più alto, vedrei diversi simboli dormienti risvegliarsi; quei simboli che, tradotti, suonerebbero più o meno così: "Oh, ecco di nuovo il caro dottor Formichiere; che piacere!".

Achille: È in fondo ciò che è accaduto a noi quattro quando abbiamo letto a diversi livelli il disegno MU; o almeno a TRE di noi...

Tartaruga: Che stupefacente coincidenza che ci sia una tale somiglianza fra quello strano disegno nel quale mi sono imbattuta per caso nel *Clavicembalo ben temperato* e il filo della nostra conversazione!

Achille: Crede davvero che sia una coincidenza?

Tartaruga: Naturalmente.

Formichiere: Bene, spero che ora sia chiaro a tutti come i pensieri del mio amico Furio-Caio emergano dalla manipolazione di simboli composti di segnali, a loro volta composti di squadre, a loro volta composte di squadre di più basso livello, fino alle singole formiche.

Achille: Perché parla di "manipolazione di simboli"? Chi è che manipola, se i simboli sono essi stessi attivi? Chi è il soggetto?

Formichiere: Bisogna risalire alla questione che lei ha sollevato poc'anzi sulla finalità. È vero che i simboli sono essi stessi attivi, ma il loro comportamento non è tuttavia completamente libero. Il comportamento di tutti i simboli è strettamente determinato dallo stato dell'intero sistema nel quale risiedono. Quindi l'intero sistema è responsabile dell'attivazione reciproca dei simboli, e così sembra abbastanza ragionevole parlare dell'intero sistema come del "soggetto" di cui mi chiedeva. Mentre i simboli operano, lo stato del sistema lentamente si trasforma, o si aggiorna, ma vi sono molte caratteristiche che rimangono immutate. Il soggetto è questo sistema in parte costante e in parte in trasformazione. Si può dare un nome all'intero sistema. Per esempio, si può dire che è Furio-Caio il soggetto che manipola i suoi simboli. E lo stesso si può dire di lei, Achille.

Achille: È una strana caratterizzazione della nozione del "chi sono io". Non sono sicuro di capire fino in fondo, ma ci penserò.

Tartaruga: Sarebbe molto interessante seguire i simboli del suo cervello mentre lei pensa ai simboli del suo cervello.

Achille: Questo per me è troppo complicato. Ho già *difficoltà sufficienti* ad immaginare come si possa leggere un formicaio al livello dei simboli. Certamente riesco a immaginare come percepirlo al livello delle singole formiche; e con un piccolo sforzo posso immaginare che cosa significhi percepirlo al livello dei segnali; ma che cos'è, perdiana, percepire un formicaio al livello dei simboli?

Formichiere: S'impara solo dopo una lunga pratica. Ma quando si è al mio livello, si legge il livello superiore di un formicaio con la stessa facilità con la quale lei legge "MU" in quel disegno MU.

Achille: Veramente? Dev'essere un'esperienza stupefacente.

Formichiere: In un certo senso, è vero. Comunque, anche lei ha familiarità con questa esperienza, Achille.

Achille: Io? Che cosa vuol dire? Io non ho mai guardato un formicaio se non al livello delle singole formiche.

Formichiere: Forse no; ma i formicai per molti aspetti non sono diversi dai cervelli umani.

Achille: Non ho mai guardato o letto neanche un cervello, comunque.

Formichiere: E il SUO STESSO cervello? Non ha forse consapevolezza del suo proprio pensiero? Non è questa l'essenza della coscienza? Che altro sta facendo ora, mentre pensa, se non guardare dentro il suo cervello e leggere direttamente al livello dei simboli?

Achille: Non ho mai considerato la cosa in questi termini. Vuol dire che trascuro tutti i livelli inferiori e vedo solo quello più alto?

Formichiere: Questo è ciò che accade ai sistemi dotati di coscienza. Essi si percepiscono soltanto al livello dei simboli, e non sono consapevoli dei livelli più bassi, come il livello dei segnali, ad esempio.

Achille: Ma allora, nel cervello dovrebbero esserci simboli attivi che continuamente si aggiornano in modo da riflettere lo stato generale del cervello stesso, sempre al livello dei simboli, non è così?

Formichiere: Certamente. In ogni sistema cosciente vi sono simboli che rappresentano lo stato del cervello, e sono essi stessi parte dello stato del cervello che essi simboleggiano: poiché la coscienza richiede un grado notevole di autocoscienza.

Achille: Questa è un'idea molto strana. Tutto ciò significa che, sebbene in ogni istante vi sia nel mio cervello una frenetica attività, io sono capace di registrare quell'attività in un modo solo: al livello dei simboli; e non ho alcuna percezione dei livelli più bassi. È come poter leggere un romanzo di Dickens per diretta percezione visiva, senza aver mai imparato le lettere dell'alfabeto. Non riesco ad immaginare niente di più strano.

Granchio: Ma è precisamente ciò che è successo quando ha letto "MU" senza percepire i livelli piú bassi "OLISMO" e "RIDUZIONISMO".

Achille: Ha ragione. Mi sono sfuggiti i livelli più bassi e ho visto il livello alto. Mi chiedo se, leggendo soltanto il livello dei simboli, non mi accada di perdere tutta una gamma di significati presenti anche ai livelli più bassi del mio cervello. È un peccato che il livello che sta in cima non contenga tutta l'informazione sul livello di base, cosicché leggendo il primo si possa anche apprendere ciò che ha da dire il secondo. Ma credo che sia ingenuo sperare che l'alto codifichi qualcosa proveniente dal basso: probabilmente niente scorre verso l'alto. Il disegno MU è l'esempio più impressionante di questo fenomeno: lì il livello superiore dice soltanto "MU", che non ha alcuna relazione con i livelli più bassi!

Granchio: Assolutamente vero. *(Prende il disegno MU per esaminarlo più da vicino).* Vi è qualcosa di strano nelle lettere più piccole di questo disegno: sono molto ondulate...

Formichiere: Mi lasci guardare un attimo. *(Scruta il disegno MU molto attentamente).* Forse c'è un ulteriore livello che è sfuggito a tutti noi.

Tartaruga: Parli solo per sé, dottor Formichiere!

Achille: Oh, no! Non è possibile! Mi faccia vedere. *(Guarda con molta attenzione).* So che non mi crederete, ma il messaggio del disegno è qui davanti ai nostri occhi, celato in profondità. È solo una parola, più volte ripetuta, come un mantra, ma quale parola: "MU"! Che dire? È la stessa del livello più alto! E nessuno di noi lo aveva minimamente sospettato.

Granchio: Non lo avremmo mai notato non fosse stato per lei, Achille.

Formichiere: Mi chiedo se la coincidenza fra il livello più alto e quello più basso sia dovuta al caso, o se è l'atto deliberato di un creatore.

Granchio: Come è possibile appurarlo?

Tartaruga: Non vedo come sia possibile farlo, dato che non abbiamo alcuna idea del motivo per cui quel particolare disegno sia finito nella copia del *Clavicembalo ben temperato* di proprietà del signor Granchio.

Formichiere: Per quanto fossimo impegnati in una piacevole discussione, ho trovato il modo di ascoltare con un orecchio questa fuga a quattro voci molto lunga e complessa. È straordinariamente bella.

Tartaruga: Lo è senza dubbio. Ed ora, fra un momento, ci sarà un lungo pedale.

Achille: È vero che si ha un pedale quando la musica rallenta leggermente, si sofferma per qualche istante su una nota o un accordo, per poi tornare al ritmo normale, dopo un breve silenzio?

Tartaruga: No, lei sta pensando ad un "ritenuto", una specie di punto e virgola musicale, o di "*fermata*", come infatti lo chiamano inglesi e americani usando la parola italiana. Ha notato che ve ne era uno nel preludio?

Achille: Mi deve essere sfuggito, credo.

Tartaruga: Bene, avrà fra breve un'altra occasione di ascoltare un "ritenuto"; ve ne sono per la precisione due in arrivo, verso la fine di questa fuga.

Achille: Oh, bene. Ce li segnalerà in anticipo, non è vero?

Tartaruga: Se le fa piacere.

Achille: Ma allora, che cos'è un pedale?

Tartaruga: Un pedale si ha quando una fra le voci di un pezzo polifonico (in genere la più bassa) sostiene una singola nota, mentre le altre voci continuano le loro linee indipendenti. Questo pedale è di sol. Ascolti attentamente e non le sfuggirà.

Formichiere: Una volta, in occasione di una mia visita a Furio-Caio, mi capitò un fatto che mi ricorda il suo suggerimento di osservare i simboli del cervello di Achille mentre creano pensieri su se stessi.

Granchio: Ci dica.

Formichiere: Furio-Caio si era sentito molto solo tutto il giorno e fu molto contento di avere qualcuno con cui scambiare quattro chiacchiere per un po'. Così, grato per la mia venuta, m'invitò a servirmi delle formiche più succulente che potessi trovare (Furio-Caio è stato sempre molto generoso con le sue formiche).

Achille: Sul serio?!

Formichiere: Stavo appunto considerando con interesse i simboli che mi comunicavano i suoi pensieri, perché ne facevano parte alcune formiche che solo a vederle facevano venire l'acquolina in bocca.

Achille: Sul serio?!

Formichiere: Così ebbi modo di assaporare alcune fra le più grasse formiche appartenenti ai simboli di livello superiore che avevo letto. In particolare, esse avevano fatto parte dei simboli che esprimevano il seguente generoso pensiero: "Si serva delle formiche che le sembrano più appetitose".

Achille: Sul serio?!

Formichiere: Sfortunatamente per loro, ma fortunatamente per me, i piccoli insetti non avevano la più pallida idea di cosa stessero collettivamente comunicandomi al livello dei simboli.

Achille: Sul serio?! Ma questo è uno straordinario circolo chiuso! Esse erano totalmente inconsapevoli di ciò a cui stavano partecipando. Le loro azioni potevano essere viste come parte di una struttura di più alto livello, ma naturalmente esse non potevano accorgersene; per estrema ironia della sorte, quel livello sfuggiva loro. Che peccato!

Granchio: Aveva ragione, signorina T.: era un pedale molto bello.

Formichiere: Non ne avevo sentito nessuno prima d'ora. Ma questo era così chiaro, che non poteva sfuggire a nessuno. Molto suggestivo.

Achille: Cosa? Il pedale è già passato? Come può essermi sfuggito, se era tanto evidente?

Tartaruga: Forse lei era talmente preso da ciò che stava dicendo che naturalmente non poteva accorgersene; per estrema ironia della sorte questo pedale le è sfuggito. Che peccato!

Granchio: Mi dica, il barone di Monteformica vive in un formicaio?

Formichiere: In verità possiede una vasta proprietà che prima apparteneva a un altro personaggio; ma questa è una storia piuttosto triste. In ogni caso, come dicevo, la sua proprietà è molto grande. E vive piuttosto lussuosamente.

Achille: Come si accorda tutto ciò con quella natura comunistica dei formicai che ci ha descritto prima? Mi sembra piuttosto incoerente questo professare il comunismo e poi vivere in una sontuosa proprietà!

Formichiere: Il comunismo domina al livello delle formiche. In un formicaio tutte le formiche lavorano per il bene comune, e qualche volta perfino contro i loro stessi interessi individuali. Ora questo è soltanto un aspetto connaturato alla struttura del barone di Monteformica, ma per quel che ne so, egli potrebbe addirittura ignorare questo suo comunismo interno. Di solito gli esseri umani non sanno nulla dei loro neuroni; in verità essi sono addirittura contenti di non sapere nulla del loro cervello, schifiltosi come sono. In qualche misura, anche Furio-Caio è schifiltoso; sembra preso da uno strano formicolio allergico quando pensa alle formiche. Così, quando gli è possibile, non ci pensa affatto. Io dubito fortemente che egli sappia alcunché di questa organizzazione comunistica inerente alla sua stessa struttura. È un convinto assertore del liberalismo, dell'iniziativa privata, eccetera eccetera. Così non vedo alcuna contraddizione nel fatto che viva in una residenza lussuosa.

Tartaruga: Scorrevo questa stupenda edizione del *Clavicembalo ben temperato* e, voltando pagina, ho notato che il primo dei due "ritenuto" sta per sopraggiungere; così potrà ascoltarlo, Achille.

Achille: Oh, che piacere!

Tartaruga: Inoltre vi è il più strambo dei disegni a fronte di questa pagina.

Granchio: Un altro? Di che si tratta?

Tartaruga: Guardi lei stesso *(porge la partitura al Granchio).*

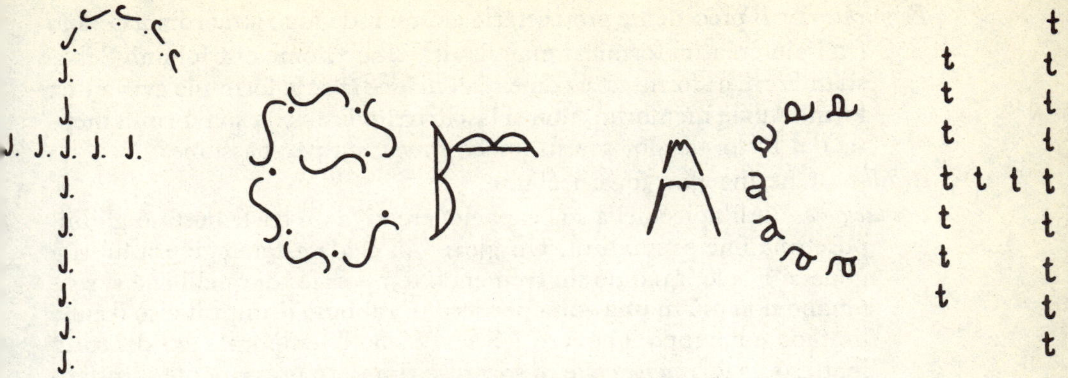

FIGURA 64. [*Disegno dell'autore*].

Granchio: Ah! Si tratta semplicemente di alcuni gruppi di lettere. Vediamo. Vi è un certo numero di lettere 'J', 'S', 'B', 'm', 'a', 't'; è strano, le prime tre lettere crescono, le ultime tre diventano via via più piccole.

Formichiere: Posso vedere?

Granchio: Certamente.

Formichiere: Oh, lei si è concentrato sui dettagli e di conseguenza le è sfuggito il disegno grande. Il realtà c'è un solo gruppo di lettere senza alcuna ripetizione: le lettere sono: 'f', 'e', 'r', 'A', 'C', 'H'. Prima diventano più piccole, poi crescono. Ecco, Achille; che cosa ne pensa?

Achille: Mi faccia vedere. Humm... Ecco, io vedo un insieme di lettere maiuscole che crescono via via verso destra.

Tartaruga: Formano qualche parola?

Achille: Vediamo... "J. S. BACH". Ah! Ora capisco. È il nome di Bach!

Tartaruga: È strano che veda il disegno in quel modo. Io lo vedo come una serie di lettere minuscole che vanno rimpicciolendosi via via verso destra,... e che... formano... la... parola... *(Parlando è andata via via rallentando, fino a strascicare la voce sulle ultime parole. Poi un breve silenzio. D'improvviso riprende come se nulla fosse accaduto).* — "fermat".

Achille: Oh, lei è fissata con Fermat, mi pare. Vede da ogni parte l'Ultimo Teorema di Fermat.

Formichiere: Aveva ragione, signorina T.: ho appena sentito una piccola deliziosa "fermata", cioè un ritenuto nella fuga.

Granchio: Anch'io.

Achille: Dunque tutti l'hanno sentita tranne me? Comincio a sentirmi stupido.

Tartaruga: Su, su, Achille, non si arrabbi! Sono certa che non le sfuggirà l'Ultima Fermata della Fuga, che sta per sopraggiungere. Ma per tornare alla nostra discussione, dottor Formichiere, qual è la triste storia del precedente proprietario del fondo del barone di Monteformica a cui alludeva?

Formichiere: Il precedente proprietario era un individuo straordinario, uno fra i più creativi formicai mai vissuti. Il suo nome era Johann Sebastian Format; form-atosi come matematico (per le form-ule aveva una form-idabile memoria), non si lasciò irrigidire nella sua form-a mentis dal form-alismo, ma fu anche musicista per passione.

Achille: Che ingegno form-icolante!

Formichiere: All'apice della sua capacità creativa un triste destino gli impose una fine prematura. Un giorno di calda estate egli era fuori a godersi il sole, quando un tremendo temporale, di quelli che si scatenano non più di una volta per secolo, rabbuiò d'improvviso il cielo limpido e inzuppò il povero J.S.F. Poiché il temporale era del tutto inatteso, le formiche colte di sorpresa rimasero gravemente disorientate e confuse. L'intricata organizzazione che era stata costruita con sapiente maestria nel corso di vari decenni fu spazzata via dal flusso della corrente nel giro di pochi minuti. Fu la tragedia!

Achille: Vuol dire che tutte le formiche furono trascinate via dall'acqua, ciò che ovviamente significava la fine del povero J.S.F.?

Formichiere: Non proprio. Le formiche riuscirono a sopravvivere fino all'ultima, aggrappandosi ad arbusti e tronchi che galleggiavano sulla corrente rabbiosa. Ma quando l'acqua si ritirò e restituì le formiche al loro territorio naturale, non v'era più alcuna traccia di organizzazione. La distribuzione delle caste era praticamente distrutta, e le formiche stesse non avevano alcuna capacità di ricostruire ciò che era stata un tempo un'organizzazione così armoniosa. Io stesso m'impegnai ad aiutarle, ma non vi fu nulla da fare. Non mi arresi subito e, contro ogni logica, sparsi formaggio e zucchero nella speranza che Format riapparisse... *(Tira fuori il fazzoletto e si asciuga qualche lacrima).*

Achille: Che generosità, da parte sua! Non sapevo che i formichieri avessero un cuore così grande.

Formichiere: Ma fu tutto inutile. Egli era sparito per sempre, ed ogni tentativo di ricostruzione fu vano. Tuttavia cominciò a verificarsi una cosa molto strana: nei mesi seguenti le formiche che erano state gli elementi formativi di J.S.F. lentamente si raggrupparono e dettero vita ad una nuova organizzazione. Così nacque Furio-Caio.

Granchio: Interessante! Furio-Caio è composto dalle stesse formiche che componevano Format?

Formichiere: Be', in realtà era così in origine. Ora alcune delle vecchie formiche sono morte e sono state sostituite. Ma vi sono ancora molte sopravvissute dell'epoca di J.S.F.

Granchio: E lei è in grado di riconoscere talvolta qualche caratteristica del vecchio J.S.F. in Furio-Caio?

Formichiere: Neanche una. Non hanno nulla in comune. E non c'è ragione che sia altrimenti, per come io vedo la cosa. Vi sono, dopo tutto, diversi modi di raggruppare un insieme di parti per formare una "somma". E Furio-Caio era appunto una nuova "somma" di vecchie parti. Non: PIÙ della somma, attenzione; solo quel TIPO particolare di somma.

Tartaruga: A proposito di somme, mi viene in mente l'aritmetica, in cui talvolta si può smontare un teorema nei suoi simboli componenti, i quali poi possono essere rimessi insieme in un ordine diverso per dare vita ad un nuovo teorema.

Formichiere: Non ho mai sentito parlare di una cosa del genere, per quanto debba confessare di essere totalmente ignorante in questo campo.

Achille: Neanche io ne ho mai sentito parlare, e sono abbastanza competente in materia, se mi è lecito vantarmi. Ho il sospetto che la signorina T. stia approntando uno dei suoi arzigogolati giochetti. Ormai la conosco bene.

Formichiere: A proposito dell'aritmetica, mi viene in mente di nuovo J.S.F., poiché l'aritmetica era uno dei campi in cui eccelleva. In verità, egli seppe dare alcuni notevoli contributi all'aritmetica. Furio-Caio, viceversa, mostra una completa incompatibilità per tutto ciò che ha anche lontanamente a che fare con la matematica. Inoltre non ha gusti raffinati in campo musicale, mentre Sebastian era enormemente dotato per la musica.

FIGURA 65. *Durante le migrazioni talvolta le formiche combattenti creano ponti viventi con i propri corpi. In questa fotografia di un ponte del genere (de Fourmi Lierre) si possono osservare le operaie di una colonia di* Eciton burchelli *mentre intrecciano le zampe e, sulla sommità del ponte, uncinano insieme gli speroni tarsali per formare sistemi irregolari di catene. Si nota un pesciolino d'argento simbionte,* Trichatelura manni, *che attraversa il ponte al centro.* [*Da E.O. Wilson,* The Insect Societies, *p. 62*].

Achille: Io ho una grande passione per l'aritmetica. Potrebbe dirci qualcosa dei contributi di Sebastian in materia?

Formichiere: D'accordo. *(Fa una breve pausa per sorseggiare il tè, quindi riprende).* Ha mai sentito parlare della famigerata "Congettura ben provata" di Fourmi?

Achille: Non ne sono certo... Suona stranamente familiare, e tuttavia non riesco a situarla.

Formichiere: È un'idea molto semplice. Lierre de Fourmi, un form-idabile matematico per form-azione e magistrato per passione, stava leggendo la sua copia della classica *Arithmetica* di Dioformicanto, quando s'imbatté in una pagina contenente l'equazione

$$2^a + 2^b = 2^c$$

Egli si rese subito conto che questa equazione ha infinite soluzioni a, b, c, e annotò sul margine il seguente celebre commento:

> L'equazione
>
> $$n^a + n^b = n^c$$
>
> ha soluzioni in interi positivi a, b, c, ed n solo per $n = 2$ (e in questo caso vi sono infinite terne a, b, c, che soddisfano l'equazione), ma non vi sono soluzioni per $n > 2$. Ho scoperto una prova davvero meravigliosa di questa proposizione, che sfortunatamente è così piccola che sarebbe quasi invisibile se scritta su questo margine.

Da quell'anno, circa trecento giorni fa, form-idabili matematici hanno tentato invano di fare l'una o l'altra di queste due cose: o dimostrare la proposizione di Fourmi, e quindi ristabilire la sua reputazione che, sebbene notevole, è stata messa in discussione dagli scettici, i quali non credono che egli abbia realmente trovato questa dimostrazione; o altrimenti confutare la proposizione trovando un controesempio: un insieme di quattro interi a, b, c e n, con $n > 2$, che soddisfi l'equazione. Fino a pochissimo tempo fa, ogni tentativo in ciascuna delle due direzioni è miseramente fallito. La Congettura è stata messa alla prova, in verità, per molti specifici valori di n, in particolare per tutti gli n fino a 125 000. Ma nessuno è riuscito a provarla per TUTTI gli n. Nessuno, dico, fino all'avvento sulla scena di Johann Sebastian Format. Fu lui a trovare la prova e a riscattare il nome di Fourmi. Essa va adesso sotto il nome di "Congettura ben provata di Johann Sebastian".

Achille: Non dovrebbe chiamarsi "Teorema" anziché "Congettura", se alla fine ne fu trovata una vera dimostrazione?

Formichiere: A rigore lei avrebbe ragione; tuttavia ormai, per tradizione, si parla di Congettura.

Tartaruga: Che tipo di musica interessava Sebastian?

Formichiere: Aveva un grande talento come compositore. Purtroppo il suo lavoro più importante è avvolto nel mistero, poiché non giunse mai alle stampe. Alcuni sostengono che lo avesse tutto in mente; altri, più maligni, sostengono che probabilmente non lo aveva affatto composto, ma se ne vantava soltanto.

Achille: Qual era la natura di questo capolavoro?

Formichiere: Doveva essere un gigantesco preludio e fuga; la fuga doveva avere ventiquattro voci per ventiquattro soggetti diversi, uno per ciascuna delle tonalità maggiori e minori.

Achille: Ascoltare una fuga a ventiquattro voci come un tutto deve presentare difficoltà tremende!

Granchio: Per non parlare della difficoltà di comporne una!

Formichiere: Ma tutto ciò che sappiamo di essa è la descrizione di Sebastian, che egli scrisse sul margine della sua copia dei *Preludi e fughe per organo* di Buxtehude. Le ultime parole che egli scrisse prima della sua tragica dipartita furono:

> Ho composto una fuga davvero meravigliosa. In essa, ho sommato insieme la potenza di 24 tonalità e la potenza di 24 temi; il risultato è una fuga con la potenza di 24 voci. Sfortunatamente questo margine è troppo piccolo per contenerla.

Questo capolavoro incompiuto va semplicemente sotto il nome di "Ultima Fuga di Format".

Achille: Oh, è una tragedia intollerabile.

Tartaruga: A proposito di fughe, la fuga che stiamo ascoltando è quasi al termine. Verso la fine comunque vi è uno strano intreccio del tema *(volta pagina nel* Clavicembalo ben temperato). E ora che cosa c'è? Ancora una figura; com'è interessante! *(La mostra al Granchio).*

Granchio: E ora che cosa c'è? Oh, sì! "OLISMOONISMO", scritto in lettere grandi che vanno via via rimpicciolendosi, per poi crescere di nuovo fino alle dimensioni iniziali. Ma non significa niente. Ahimè, che roba! *(Porge il libro al Formichiere).*

Formichiere: E ora che cosa c'è? Oh, sì! "RIDUZIOLISMO", scritto in lettere piccole che vanno via via crescendo per poi rimpicciolire di nuovo fino alle dimensioni iniziali. Ma non significa niente. Che roba, ahimè! *(Porge il libro ad Achille).*

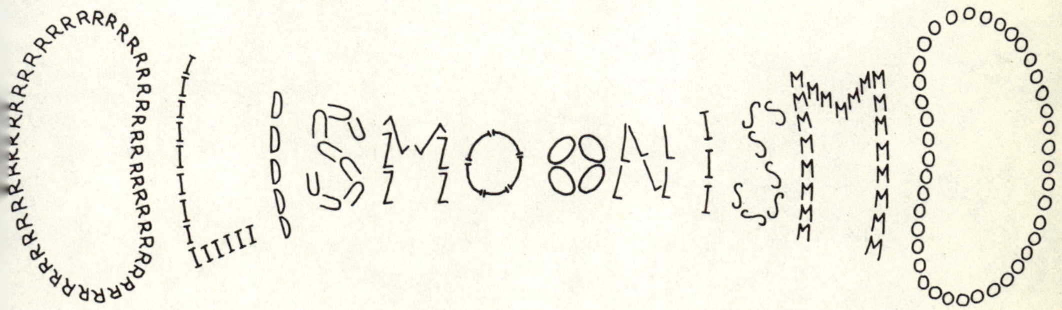

FIGURA 66. [*Disegno dell'autore*].

Achille: So che non mi crederete, ma in realtà questo disegno consiste della parola "OLISMO" scritta due volte, con le lettere che rimpiccioliscono progressivamente via via che si va da sinistra a destra. *(Restituisce il libro alla Tartaruga).*

Tartaruga: So che non mi crederete, ma in realtà questo disegno consiste della parola "RIDUZIONISMO" scritta una sola volta, con le lettere progressivamente crescenti via via che si va da sinistra a destra.

Achille: Finalmente! Questa volta sono riuscito a sentire l'ultima variazione del tema! Sono così felice che me lo abbia annunciato per tempo, signorina T. Forse sto davvero imparando l'arte di ascoltare le fughe.

CAPITOLO XI

Cervelli e pensieri

Nuove prospettive sul pensiero

FU SOLO con l'avvento dei calcolatori che si cominciò realmente a tentare di costruire macchine "pensanti" e si assistette a bizzarre variazioni sul tema del pensiero. Furono ideati programmi il cui "pensare" stava al pensare umano come il rimbalzare di una molla giù per una scala sta alla normale deambulazione umana. Di colpo vennero messe in luce le idiosincrasie, la debolezza e la forza, le stravaganze e le vicissitudini del pensiero umano, proprio grazie alla nuova possibilità di condurre esperimenti con forme di pensiero (o approssimazioni di pensiero) estranee all'uomo, specificamente confezionate. Di conseguenza negli ultimi vent'anni circa abbiamo acquisito nuove prospettive su ciò che il pensiero è e su ciò che non è. Nello stesso tempo le ricerche condotte sul cervello hanno fatto scoprire molte cose relative allo hardware del cervello su piccola e su grande scala. Questa impostazione non ha ancora permesso di chiarire sufficientemente a fondo il modo in cui il cervello elabora i concetti, ma ha suggerito alcune idee sui meccanismi biologici sui quali è fondata l'elaborazione del pensiero.

Nei due Capitoli seguenti cercheremo quindi di collegare alcune intuizioni scaturite dai tentativi di dotare d'intelligenza i calcolatori con alcuni fatti messi in luce dagli ingegnosi esperimenti compiuti sul cervello di animali viventi e con certi risultati delle ricerche compiute sui processi del pensiero umano dagli psicologi cognitivisti. La scena è stata preparata dai dialoghi *Preludio e... mirmecofuga*; ora svilupperemo più in profondità quelle idee.

Intensione ed estensione

Il pensiero deve dipendere dalla *rappresentazione della realtà nello hardware del cervello*. Nei Capitoli precedenti abbiamo costruito sistemi formali che rappresentano nei loro simbolismi certi dominii della realtà matematica. Fino a che punto è ragionevole usare sistemi formali siffatti come modelli del modo in cui il cervello elabora le idee?

Nel sistema pg e poi in altri sistemi più complessi abbiamo visto come il significato, in un senso limitato del termine, scaturisca da un isomorfismo che fa corrispondere simboli tipografici a numeri, operazioni e relazioni; e stringhe di simboli tipografici a enunciati. Ora, nel cervello non ci sono simboli tipografici, ma c'è addirittura qualcosa di meglio: ci sono elementi attivi che possono accumulare informazioni, trasmetterle e riceverne da altri elementi attivi. Vi sono simboli *attivi* anziché simboli tipografici passivi. Nel cervello le regole sono mescolate intimamente con i simboli, mentre sulla carta i simboli sono entità statiche e le regole sono nella nostra testa.

È importante che la natura piuttosto rigida di tutti i sistemi formali che abbiamo visto non ci suggerisca l'idea che l'isomorfismo tra simboli e cose reali sia una corrispondenza biunivoca rigida, come nel caso dei fili che uniscono la marionetta alla mano che la guida. Nell'AT, la nozione di "cinquanta" può essere espressa in diversi modi simbolici; per esempio

((SSSSSSS0 · SSSSSSS0) + (S0 · S0))
((SSSSS0 · SSSSS0) + (SSSSS0 · SSSSS0))

Che entrambe queste espressioni rappresentino lo stesso numero non è evidente a priori. Può accadere di elaborare ciascuna espressione indipendentemente e poi, a un certo punto, ci s'imbatte in un teorema che ci fa esclamare: "Ah, ma è *quel* numero!".

Così, nella nostra mente possono esserci diverse descrizioni mentali della stessa persona; ad esempio:

La persona il cui libro inviai tempo fa ad un amico in Francia.

Lo sconosciuto che stasera ha attaccato discorso con me e i miei amici in questo caffè.

Che entrambe queste espressioni rappresentino la stessa persona non è evidente a priori. Possiamo averle in mente entrambe senza alcun legame; poi a un certo momento della serata la conversazione si porta su un tema che ci fa scoprire che esse designano la stessa persona, e allora esclamiamo: "Ah, ma lei è *quella* persona!".

Non è necessario che tutte le descrizioni di una persona siano legate a un qualche simbolo centrale di quella persona che contenga in sé il nome della persona. Le descrizioni possono essere fabbricate e manipolate di per sé. Possiamo inventare persone che non esistono facendone una descrizione; possiamo fondere due descrizioni quando scopriamo che esse rappresentano una singola entità; possiamo scindere una descrizione in due quando scopriamo che essa rappresenta due cose e non una; e così via. Questo "calcolo delle descrizioni" è il nocciolo del pensiero. Si dice che esso è *intensionale* e non *estensionale*, il che significa che le descrizioni possono "fluttuare" senza essere ancorate a oggetti specifici e conosciuti. L'intensionalità del pensiero è legata alla sua flessibilità; essa ci dà la possibilità di immaginare mondi ipotetici, di amalgamare diverse descrizioni o di spezzettare una descrizione in parti separate, ecc.

Supponiamo che un signore abbia prestato la macchina a un'amica, e questa gli telefoni e gli racconti che la macchina ha slittato su una strada di montagna bagnata, ha sbandato andando a urtare contro il guardrail e si è capovolta, facendole rischiare la morte. Nella sua mente egli si costruisce una serie di immagini che divengono sempre più vivide a mano a mano che la ragazza aggiunge i vari particolari, finché alla fine "vede tutto con l'occhio della mente". Poi l'amica gli dice che è un pesce d'aprile e che tanto lei quanto la macchina stanno benone! Sotto molti riguardi, ciò non cambia niente: il racconto e le immagini non perdono nulla della loro vividezza e il loro ricordo resterà in lui per moltissimo tempo. In seguito potrebbe anche rimanergli la sensazione che la ragazza guida in modo pericoloso: ciò sarebbe una conseguenza della forza di quella prima impressione che avrebbe dovuto essere cancellata nel momento in cui ha appreso che era tutto falso. Fantasia e realtà si mescolano molto strettamente nella nostra mente e ciò accade perché, quando si pensa, vengono fabbricate e manipolate descrizioni complesse che non sono necessariamente ancorate a eventi o a cose reali.

Il pensiero non è altro, in fondo, che una rappresentazione flessibile e intensionale del mondo. Ma come può un sistema fisiologico qual è il cervello fungere da substrato di un sistema del genere?

Le "formiche" del cervello

Le cellule più importanti presenti nell'encefalo sono le cellule nervose, o *neuroni* (si veda la Fig. 67), che sono circa dieci miliardi. (È curioso che le cellule gliali, o della glia, siano più numerose dei neuroni di un fattore

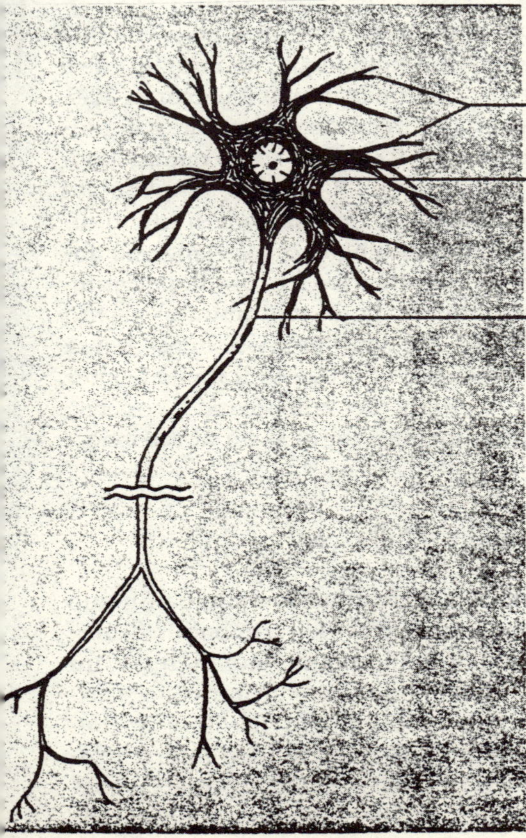

FIGURA 67. Disegno schematico di un neurone. [Adattato da D. Wooldridge, The Machinery of the Brain *(New York: McGraw-Hill, 1963), p. 6*].

dieci. Si ritiene che le cellule gliali abbiano prevalentemente una funzione di protezione e di sostegno nei confronti dei neuroni, che sono i protagonisti, e quindi non ne parleremo). Ciascun neurone possiede un certo numero di *sinapsi* poste sui dendriti e sul corpo cellulare ("porte d'ingresso") e sull'*assone* ("canale di uscita"). L'ingresso e l'uscita consistono di flussi elettrochimici, cioè di ioni in movimento. Tra le porte d'ingresso e il canale di uscita di un neurone sta il corpo cellulare, dove vengono prese le "decisioni". Il tipo di decisione che deve prendere un neurone (e ciò può accadere fino a un migliaio di volte al secondo) è questo: se debba o no *scaricare*, cioè se debba o no dare inizio a quel processo che provoca una particolare modificazione elettrochimica capace di propagarsi che è l'impulso nervoso. Se l'impulso parte, esso percorre tutto l'assone fino a raggiungere le porte d'ingresso di uno o più *altri* neuroni, facendo loro prendere lo stesso genere di decisione. La decisione viene presa in modo molto semplice: se la somma di tutti gli ingressi supera una certa soglia, allora *sì*; altrimenti *no*. Certi ingressi possono essere negativi ed elidere ingressi positivi di altra provenienza. Comunque, a governare il livello più basso della mente è la pura addizione. Parafrasando il famoso detto di Cartesio: "Penso, quindi sommo" (dal latino *Cogito, ergo summo*).

Ora, benché il modo in cui viene presa la decisione sembri semplicissimo, vi è un fatto che complica la faccenda: un neurone può avere qualcosa come 200'000 porte d'ingresso diverse, il che significa che a determinare l'azione successiva del neurone possono intervenire fino a 200'000 addendi distinti. Una volta presa la decisione, comunque, un impulso viene inviato giù verso l'estremità dell'assone. Tuttavia, lungo il percorso, l'assone può presentare una o parecchie biforcazioni. Se ciò accade, l'impulso d'uscita, che era unico, si scinde durante il viaggio lungo questo assone ramificato, e quando raggiunge l'estremità, "l'impulso" è diventato "gli impulsi"; questi possono giungere alle loro destinazioni in istanti diversi, poiché può darsi che i rami dell'assone lungo i quali viaggiano abbiano lunghezze o velocità di propagazione diverse. La cosa importante, tuttavia, è che essi hanno avuto tutti origine da un solo impulso partito dal corpo cellulare. Dopo aver scaricato, un neurone ha bisogno di una breve pausa (periodo refrattario) per recuperare la sua eccitabilità e poter scaricare di nuovo: di solito essa è dell'ordine del millisecondo, cosicché un neurone può scaricare fino a circa un migliaio di volte al secondo.

Strutture cerebrali più vaste

Ora che abbiamo descritto le "formiche" del cervello, che cosa diremo delle "squadre" o dei "segnali"? Che cosa diremo dei "simboli"? Osserviamo esplicitamente che, nonostante la complessità del suo ingresso, un singolo neurone può rispondere solo in un modo molto primitivo: o scarica o non scarica. È una quantità d'informazione molto piccola, e di conseguenza per poter convogliare o elaborare grandi quantità d'informazione devono certamente intervenire molti neuroni. Quindi si potrebbe congetturare l'esistenza di strutture più vaste, composte di molti neuroni, che

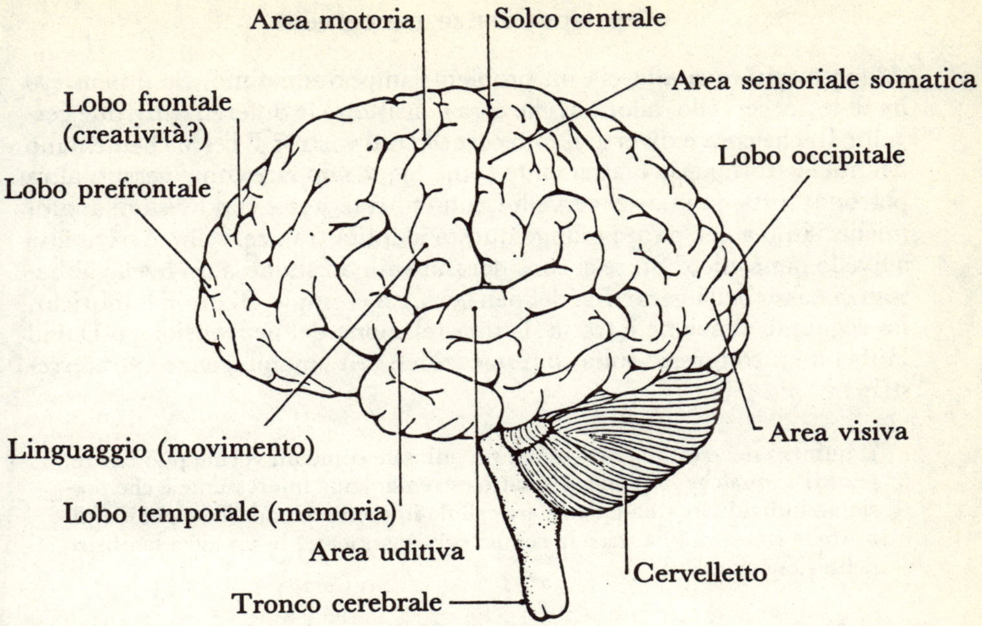

FIGURA 68. Il cervello umano visto da sinistra. È strano che l'area visiva si trovi nella parte posteriore del capo. [Da Steven Rose, The Conscious Brain, *p. 50*].

trattano i concetti a livello superiore. Senza dubbio ciò è vero, ma l'ipotesi più ingenua, cioè che per ogni concetto distinto esista un gruppo fisso di neuroni, è quasi certamente falsa.

L'encefalo può essere suddiviso in parti anatomicamente ben distinte ed individuate, come il cervello, il cervelletto e l'ipotalamo (si veda la Fig. 68). Il *cervello* è la parte più grande dell'encefalo umano e si divide in un emisfero sinistro e un emisfero destro. Ciascun emisfero cerebrale è rivestito da una "buccia" stratificata spessa pochi millimetri, la *corteccia cerebrale*. La quantità di corteccia cerebrale è il carattere più importante, in termini anatomici, che distingue il cervello dell'uomo da quello di specie meno intelligenti. Non descriveremo nei particolari nessuno degli organi dell'encefalo perché, a quanto risulta, al giorno d'oggi si può stabilire solo una corrispondenza molto grossolana tra questi organi macroscopici e le attività, mentali o fisiche, cui essi presiedono. Ad esempio, si sa che il linguaggio è governato principalmente da uno dei due emisferi cerebrali, di solito da quello sinistro. Inoltre il *cervelletto* è la sede da cui partono verso i muscoli treni d'impulsi che ne controllano l'attività motoria. Ma come queste aree adempiano le loro funzioni è ancora in gran parte oscuro.

Corrispondenze tra cervelli

A questo punto si affaccia un problema importantissimo. Se il pensiero ha sede nel cervello, allora in che cosa consistono le differenze tra due cervelli? In che cosa è diverso il mio cervello dal vostro? È certo che nessuno dei miei lettori pensa esattamente come me, e neppure come nessun'altra persona; tuttavia i nostri cervelli hanno tutti le stesse suddivisioni anatomiche. Fino a che punto giunge questa identità tra i cervelli? Arriva fino a livello neuronico? Sì, se si considerano animali situati a un livello abbastanza basso nella gerarchia del pensiero, ad esempio gli umili lombrichi. La seguente citazione è tratta da una relazione del neurofisiologo David Hubel a un congresso sulla comunicazione con le intelligenze extraterrestri:

> Il numero delle cellule nervose di un animale come un verme può essere, penso, di qualche migliaio. Un fatto estremamente interessante è che possiamo individuare una particolare cellula in un dato lombrico e poi identificare la stessa cellula, cioè la cellula corrispondente, in un altro lombrico della stessa specie.[1]

I lombrichi possiedono cervelli isomorfi! Si potrebbe dire che "esiste un solo lombrico".

Ma questa possibilità di istituire una corrispondenza biunivoca tra i cervelli degli individui si dilegua ben presto a mano a mano che si sale nella gerarchia del pensiero e che il numero dei neuroni aumenta; ciò conferma il sospetto che già era balenato nella nostra mente: che non esista un unico essere umano! Eppure tra cervelli umani distinti si può rilevare una considerevole somiglianza fisica quando essi vengono confrontati ad una scala più grande del neurone singolo, ma più piccola degli organi principali dell'encefalo. Quali conseguenze ha questo fatto sul modo in cui le differenze mentali tra gli individui vengono rappresentate nel cervello fisico? Se esaminassimo le interconnessioni tra i miei neuroni, riusciremmo a scoprire varie strutture identificabili come rappresentazioni codificate di particolari nozioni che possego, di particolari convinzioni che ho, di particolari speranze, timori, simpatie e antipatie che nutro in me? Se le esperienze mentali in generale possono essere attribuite al cervello, è possibile allo stesso modo localizzare i processi conoscitivi e altri specifici aspetti della vita mentale in punti specifici all'interno del cervello o in particolari sottosistemi del cervello? Questo è un problema fondamentale sul quale torneremo spesso in questo Capitolo e nel prossimo.

La localizzazione dei processi cerebrali: un enigma

Nel tentativo di dare una risposta a questo problema, il neurologo Karl Lashley compì una lunga serie di esperimenti, iniziati verso il 1920 e protrattisi per molti anni, mediante i quali cercò di scoprire in quale zona del cervello un topo registra le conoscenze relative all'attraversamento dei labirinti. Nel libro *The Conscious Brain* Steven Rose così descrive i tentativi e le vicissitudini di Lashley:

> Lashley tentava di identificare il sito della memoria nella corteccia: a questo scopo, dapprima addestrava dei ratti a percorrere un labirinto e poi ne resecava varie regioni corticali. Lasciava che gli animali si riavessero e poi verificava quanto fosse loro rimasto della capacità di attraversare il labirinto. Con sua sorpresa non riuscì a individuare nessuna regione particolare che corrispondesse alla capacità di ricordare il modo per uscire dal labirinto. Viceversa tutti i ratti ai quali erano state asportate parti della corteccia soffrivano di certe menomazioni, e la gravità di queste menomazioni era grosso modo proporzionale alla quantità di corteccia asportata. L'ablazione della corteccia danneggiava le capacità motorie e sensoriali degli animali; ma pur zoppicando, saltellando, barcollando o ruzzolando, essi riuscivano comunque ad attraversare sempre il labirinto. Quanto alla memoria, la corteccia si dimostrava equipotenziale, nel senso che tutte le sue zone manifestavano la stessa utilità potenziale. Di fatto, nel suo ultimo articolo, "In Search of the Engram",[2] pubblicato nel 1950, Lashley concludeva piuttosto malinconicamente che l'unica conclusione era che la memoria non era in alcun modo possibile.[3]

È curioso che più o meno nello stesso tempo in cui Lashley stava ultimando il suo lavoro, cioè verso la fine degli anni '40, in Canada stessero venendo alla luce fatti che corroboravano proprio la convinzione opposta. Il neurochirurgo Wilder Penfield studiava le reazioni di pazienti operati al cervello inserendo elettrodi in vari punti della corteccia messa a nudo e stimolando poi con deboli impulsi elettrici il neurone o i neuroni cui gli elettrodi erano stati connessi. Questi impulsi erano simili a quelli che provengono da altri neuroni. Penfield scoprì che, quando si stimolavano certi neuroni, venivano costantemente prodotte nel paziente immagini o sensazioni specifiche. Queste impressioni provocate artificialmente andavano da strani ma indefinibili timori a ronzii e a visioni di colori; ma la cosa più impressionante era che venivano rievocate intere successioni di eventi accaduti al paziente nella sua vita passata, come per esempio una festa di compleanno dell'infanzia. Le aree che potevano scatenare eventi così specifici erano ristrettissime: in sostanza erano incentrate su un solo neurone. Ora, questi risultati di Penfield contrastano in modo stupefacente con le conclusioni di Lashley, poiché sembrano dimostrare che in fin dei conti esistono zone ben localizzate cui corrispondono ricordi specifici.

Che conclusioni si possono trarre da tutto ciò? Una spiegazione possibile potrebbe essere che i ricordi sono sì registrati localmente, ma in più aree corticali diverse, espediente cui avrebbe fatto ricorso l'evoluzione forse per offrire una certa garanzia contro eventuali lesioni della corteccia subite in combattimenti, oppure come conseguenza degli esperimenti condotti dai neurofisiologi. Un'altra spiegazione potrebbe essere che i ricordi possono essere ricostruiti da processi dinamici diffusi in tutto il cervello, ma possono essere innescati a partire da siti localizzati. Questa teoria è basata sull'analogia con le reti telefoniche moderne, nelle quali l'itinerario di una chiamata in teleselezione non è prevedibile a priori, poiché viene stabilito nell'istante in cui la chiamata viene effettuata e dipende dalla situazione di tutta la rete. La distruzione di una qualsiasi porzione locale della rete non bloccherebbe le telefonate, ma le obbligherebbe solo a seguire itinerari che aggirassero l'area danneggiata. In questo senso qualsiasi telefonata è potenzialmente non localizzabile; eppure essa collega due punti specifici, e in questo senso qualsiasi telefonata è localizzabile.

La specificità nell'elaborazione visiva

Negli ultimi quindici anni David Hubel e Torsten Wiesel hanno compiuto alla Harvard University alcuni dei lavori più interessanti e significativi sulla localizzazione dei processi cerebrali. Essi hanno individuato il percorso dei canali visivi nel cervello del gatto: sono partiti dai neuroni della retina e hanno seguito le loro connessioni verso la parte posteriore della testa passando attraverso il "ripetitore", costituito dal corpo genicolato laterale, per finire sulla corteccia visiva, nella regione occipitale del cervello. Prima di tutto, alla luce dei risultati di Lashley, è straordinario che esistano percorsi neuronici ben definiti. Ma più straordinarie ancora sono le proprietà dei neuroni situati nei diversi punti del percorso.

Risulta che i neuroni gangliari della retina, quelli i cui assoni costituiscono il nervo ottico, sono fondamentalmente dei rivelatori di contrasto. Più precisamente essi funzionano così: ciascun neurone scarica normalmente a una certa "velocità di crociera". Quando la parte di retina da cui riceve afferenze viene colpita dalla luce, il neurone può aumentare o diminuire la sua frequenza di scarica, o magari smettere del tutto. Tuttavia si comporta così solo se la parte di retina circostante è *meno* illuminata. In realtà, vi sono dei neuroni detti "centro-periferici", i quali a loro volta sono di due tipi. I neuroni *centro-periferici centrali* sono quelli in cui la frequenza di scarica aumenta qualora la piccola area retinica circolare a cui essi sono sensibili abbia il centro più illuminato della periferia; i neuroni *centro-periferici periferici* sono quelli che scaricano con frequenza maggiore quando il centro è scuro e l'anello esterno è illuminato. Se una configurazione centrata viene presentata a un neurone periferico, esso *rallenterà* il suo ritmo (e viceversa). Un'illuminazione uniforme non avrà effetto né sull'uno né sull'altro tipo di neurone retinico: essi continueranno a scaricare alla velocità di crociera.

Dalla retina, attraverso il nervo ottico, i segnali di questi neuroni vanno al corpo genicolato laterale, che si trova verso il centro del cervello. In esso si può ritrovare una rappresentazione diretta della superficie retinica, nel senso che vi si trovano neuroni che vengono eccitati solo da stimoli specifici che colpiscono aree specifiche della retina. In questo senso, il corpo genicolato laterale è deludente, poiché ha l'aria di essere solo un "ripetitore", e non un elaboratore di segnali (anche se, a onor del vero, pare che nel corpo genicolato laterale la sensibilità al contrasto venga migliorata). L'immagine retinica viene codificata in maniera diretta nelle configurazioni di scarica dei neuroni del corpo genicolato laterale, benché qui i neuroni non siano distribuiti su una superficie bidimensionale simile alla retina, bensì in un blocco tridimensionale. Quindi due dimensioni ven-

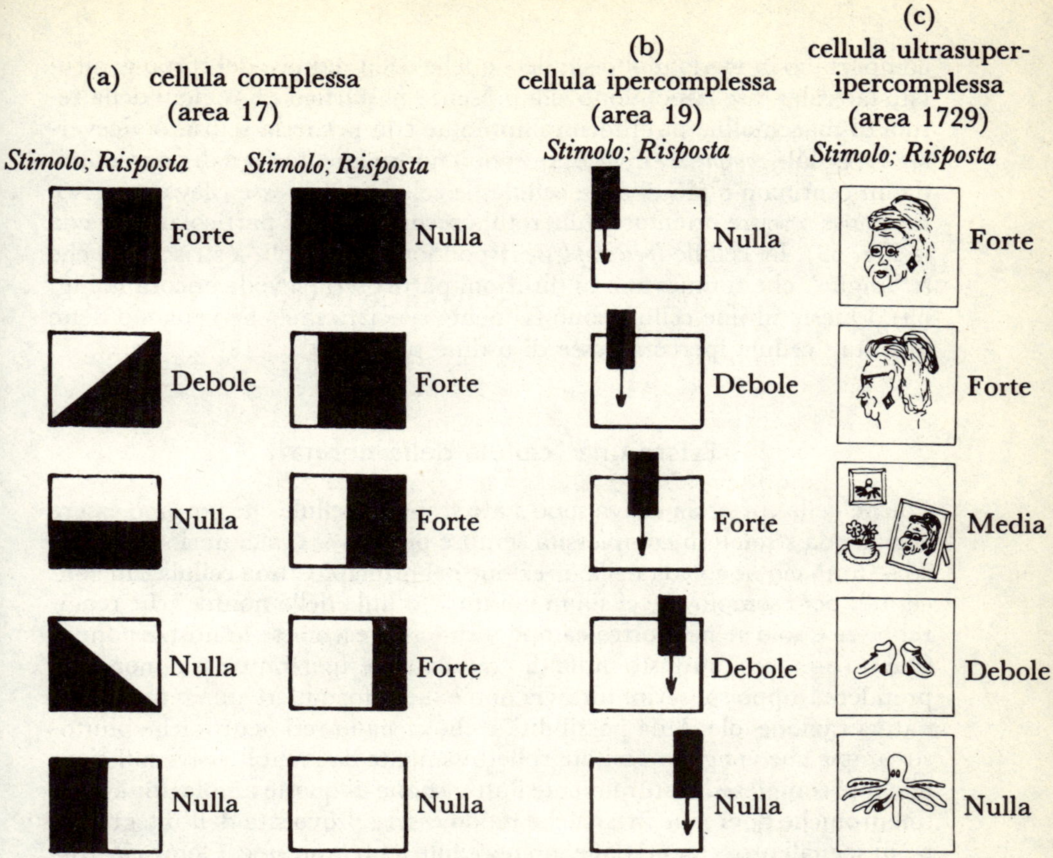

FIGURA 69. Risposta di certi neuroni a varie configurazioni.

*(a) Questo neurone è un rivelatore di margini, sensibile ai margini verticali che dividono una zona chiara posta a sinistra da una zona scura posta a destra. La prima colonna mostra che per questo neurone l'*inclinazione *del margine è importante; la seconda colonna mostra che per questo particolare neurone la* posizione *del margine all'interno del campo non è importante.*

(b) Qui si vede come una cellula ipercomplessa risponde in modo più selettivo: in questo caso essa risponde solo quando il peduncolo è al centro del campo.

(c) Le risposte di un'ipotetica "cellula della nonna" a vari stimoli casuali; il lettore può divertirsi a immaginare come risponderebbe agli stessi stimoli una "cellula del polpo".

gono rappresentate su tre dimensioni, ma l'informazione è conservata: c'è isomorfismo. Probabilmente questo cambiamento di dimensionalità nella rappresentazione ha qualche significato profondo, che ancora non è stato compreso appieno. Comunque vi sono tante altre fasi della visione non ancora spiegate che non dovremmo essere delusi per questa piccola lacuna; anzi, possiamo essere soddisfatti di avere compreso, in qualche misura, almeno questa fase!

Dal corpo genicolato laterale i segnali continuano il loro cammino verso la parte posteriore fino alla corteccia visiva, dove si svolgono alcuni nuovi tipi di elaborazione. Le cellule della corteccia visiva sono divise in tre categorie: semplici, complesse e ipercomplesse. Le cellule *semplici* si comportano in modo molto simile a quelle della retina o del corpo genicolato laterale: esse rispondono alla presenza in particolari regioni della retina di macchioline puntiformi illuminate con periferia scura, o viceversa. Le cellule *complesse*, invece, ricevono normalmente segnali provenienti da un centinaio o più di altre cellule: le cellule complesse rilevano strisce luminose o scure orientate sulla retina secondo angoli particolari (si veda la Fig. 69). Le cellule *ipercomplesse* rispondono ad angoli, a strisce o anche a "lingue" che si muovano in direzioni particolari (si veda ancora la Fig. 69). Queste ultime cellule sono talmente specializzate che vengono dette talvolta "cellule ipercomplesse di ordine superiore".

Esiste una "cellula della nonna"?

Poiché nella corteccia visiva sono state scoperte cellule che possono essere eccitate da stimoli di complessità sempre più elevata, alcuni si sono chiesti se tutto ciò non vada nella direzione del principio "una cellula, un concetto": per esempio che ci sia in noi una "cellula della nonna" che reagirebbe se e solo se nel nostro campo visivo si presentasse la nostra nonna. Questo esempio piuttosto buffo di "cellula superipercomplessa" non è da prendere troppo sul serio; tuttavia non è facile formulare una teoria alternativa ragionevole. Una possibilità è che ci siano reti neuroniche piuttosto ampie che vengono eccitate collettivamente da stimoli visivi sufficientemente complessi. Naturalmente l'attivazione di queste ampie unità multineuroniche dovrebbe in qualche modo essere provocata dall'integrazione di segnali provenienti dalle molte cellule ipercomplesse. Come ciò possa avvenire nessuno lo sa. Proprio quando ci sembra di avvicinarci a quella soglia dove dal "segnale" potrebbe emergere il "simbolo", perdiamo la pista: è un interminabile supplizio di Tantalo. Tuttavia torneremo tra poco su questo argomento, cercando di dargli un po' più di consistenza.

Ho ricordato sopra il grossolano isomorfismo esistente, su grande scala anatomica, fra tutti i cervelli umani e l'isomorfismo di grana più fine, a livello neuronico, esistente tra i cervelli dei lombrichi. È molto interessante osservare che esiste anche un isomorfismo tra gli apparati di elaborazione della visione del gatto, della scimmia e dell'uomo, e che la "grana" di questo isomorfismo è intermedia fra le due precedenti. Ecco come funziona questo isomorfismo: in primo luogo, ciascuna delle tre specie possiede aree "specializzate" della corteccia, situate nella parte posteriore del cervello, in cui avviene l'elaborazione visiva: la *corteccia visiva*. In secondo luogo, in ciascuna specie la corteccia visiva si divide in tre sottoregioni, chiamate aree corticali 17, 18 e 19. Anche queste aree sono universali, nel senso che possono essere individuate in qualunque esemplare normale di tutte e tre le specie. Entro ciascuna area si può andare ancora più a fondo e giungere all'organizzazione "colonnare" della corteccia visiva. I neuroni visivi sono disposti in "colonne" perpendicolari alla superficie della corteccia, cioè in direzione radiale verso l'interno del cervello; quasi tutte le connessioni si estendono secondo la direzione radiale, o colonnare, e non tra una colonna e l'altra. E ciascuna colonna corrisponde a una regione minuscola e specifica della retina. Il numero delle colonne varia da un individuo all'altro, sicché non è possibile individuare "la stessa colonna". Infine, all'interno di ogni colonna, vi sono strati in cui si trovano per lo più neuroni semplici e altri strati in cui si trovano per lo più neuroni complessi. (I neuroni ipercomplessi predominano nelle aree 18 e 19, mentre i neuroni semplici e quelli complessi si trovano più frequentemente nell'area 17). Sembra che gli isomorfismi si fermino a questo livello di dettaglio. Da questo punto in poi, giù giù fino al livello dei singoli neuroni, ciascun gatto, ciascuna scimmia e ciascun uomo possiede una configurazione assolutamente unica, un po' come un'impronta digitale o come la firma.

Una differenza secondaria, ma forse significativa, tra come avviene l'elaborazione della visione nel cervello della scimmia e in quello del gatto ha a che fare col momento in cui le informazioni provenienti dai due occhi vengono integrate per fornire un unico segnale combinato di livello superiore. È stato osservato che nella scimmia questa integrazione si verifica un po' più tardi che nel gatto; ciò consente al segnale di ciascun occhio di essere elaborato separatamente dall'altro per un tempo un poco più lungo. Questo fatto non sorprende, poiché c'era da aspettarsi che quanto più una specie sta in alto nella gerarchia dell'intelligenza, tanto più complessi sono i problemi che il suo sistema visivo sarà chiamato ad affrontare; quindi i segnali dovrebbero essere sottoposti a un'elaborazione precoce sempre più consistente prima di ricevere un'"etichetta" definitiva. Tutto ciò è confermato in modo particolarmente vistoso dallo studio delle capacità visive del vitello appena nato; sembra che fin dalla nascita esso possegga già tutto il potere di discriminazione visiva che avrà nella sua vita: sfugge gli uomini e i cani, ma non i suoi simili. Probabilmente tutto il suo sistema visivo è già "saldato" prima della nascita e comporta un'elaborazione corticale piuttosto scarsa. Viceversa, il sistema visivo di un essere umano, nel quale è così importante la funzione della corteccia, giunge a maturazione solo dopo parecchi anni.

Processi a "imbuto" verso i moduli neuronici

Un aspetto sconcertante delle scoperte fatte finora sull'organizzazione del cervello è che sono state trovate poche corrispondenze dirette tra lo hardware su grande scala e il software di alto livello. La corteccia visiva, ad esempio, è un elemento di hardware su grande scala che si dedica interamente ad un ben individuato compito software: l'elaborazione dell'informazione visiva. Eppure l'elaborazione che si è finora riscontrata è ancora tutta di livello molto basso. Nella corteccia visiva non è stato individuato nulla che si avvicini al riconoscimento degli *oggetti*. Ciò significa che nessuno sa dove o come l'uscita delle cellule complesse e ipercomplesse venga trasformata nel riconoscimento cosciente di forme, stanze, fotografie, volti e così via. Si sono ricercate le prove di una concentrazione "a imbuto" di molte risposte neuroniche di basso livello in risposte ad alto livello sempre meno numerose, culminanti in qualcosa di simile alla famosa cellula della nonna, o in qualche sorta di rete multineuronica del tipo di quella ipotizzata sopra. È evidente che non si potrà scoprire una cosa del genere con uno studio dell'anatomia del cervello a livello grossolano, ma solo mediante una più fine analisi microscopica.

Un'alternativa possibile alla cellula della nonna potrebbe essere un determinato insieme di neuroni, diciamo qualche decina, situati verso la punta dell'"imbuto", che scaricassero tutti all'apparire della nonna. Analogamente, per ciascun singolo oggetto riconoscibile dovrebbero esserci una specifica rete e un processo a imbuto puntato su quella rete. Sviluppando questa impostazione, si possono proporre ipotesi più complesse, come per esempio reti che possono essere eccitate in diversi modi anziché in un modo fisso. Queste reti sarebbero i "simboli" del nostro cervello.

Ma l'imbuto è necessario? Forse un oggetto che venga guardato è identificato implicitamente dalla propria "impronta" nella corteccia visiva, cioè dall'insieme delle risposte delle cellule semplici, complesse e ipercomplesse. Forse il cervello non ha bisogno di un ulteriore riconoscitore per una forma particolare. In questa teoria, peraltro, si presenta il seguente problema. Supponiamo di osservare una scena: essa registra la propria impronta nella nostra corteccia visiva; ma ora, come si passa da questa impronta a una descrizione verbale della scena? Ad esempio, i quadri del postimpressionista francese Édouard Vuillard richiedono spesso qualche secondo di osservazione, e poi all'improvviso salta all'occhio una figura umana. Presumibilmente l'impronta viene impressa nella corteccia visiva in una frazione di secondo, ma per capire il quadro occorrono alcuni secondi. Questo è solo un esempio di un fenomeno in realtà comune: la sensazione che qualcosa si "cristallizzi" nella nostra mente al momento del riconoscimento, che avviene non quando i raggi luminosi colpiscono la retina, ma un po' più tardi, dopo che qualche sezione della nostra intelligenza ha avuto modo di operare sui segnali della retina.

La metafora della cristallizzazione ci fornisce una elegante immagine ricavata dalla meccanica statistica: una miriade di attività microscopiche e non correlate che si svolgono in un mezzo e che pian piano generano zone locali di coerenza le quali si diffondono e si estendono; alla fine, la miriade di piccoli eventi avrà operato una totale riorganizzazione strutturale del mezzo, dal basso in alto, trasformandolo da un insieme caotico di elementi indipendenti in una struttura unica, ampia, coerente e pienamente interconnessa. Se le attività neuroniche iniziali vengono considerate eventi indipendenti e se si pensa che il risultato finale di queste numerose scariche indipendenti sia l'attivazione di un "modulo" di neuroni ampio e ben definito, allora il termine "cristallizzazione" appare perfettamente adeguato.

Un altro argomento a favore dell'"imbuto" è basato sul fatto che vi sono miriadi di scene diverse di fronte alle quali si può avere la sensazione di percepire lo stesso oggetto, ad esempio la nonna, la quale può essere sorridente o accigliata, può portare o no un cappello, può trovarsi in un giardino luminoso o in un'oscura stazione ferroviaria, può essere vicina o lontana, di fronte o di profilo, e così via. Tutte queste scene producono sulla corteccia visiva impronte diversissime, eppure tutte possono indurci a esclamare "Ciao, nonna". Quindi in qualche punto posto tra la ricezione dell'impronta visiva e la pronuncia delle parole deve esserci un processo a imbuto. Si potrebbe sostenere che questo imbuto non fa parte della percezione della nonna, ma solo della verbalizzazione. Tuttavia una tale suddivisione del processo appare molto innaturale, poiché l'informazione che si tratta della nonna potrebbe essere usata internamente senza essere verbalizzata. Sarebbe scomodo e ingombrante tener conto di tutta l'informazione contenuta nell'intera corteccia visiva, dal momento che si potrebbe trascurare gran parte di essa: infatti non ci interessa dove cadono le ombre o quanti bottoni ha la sua camicetta, ecc.

Un'altra difficoltà che s'incontrerebbe adottando una teoria che non prevedesse l'imbuto è quella di spiegare come possano esistere interpretazioni diverse di una stessa impronta, per esempio della litografia *Convesso e concavo* di Escher (Fig. 25). Come ci sembra evidente che su uno schermo televisivo non percepiamo semplicemente *puntini*, bensì *blocchi*, così appare ridicolo postulare che la percezione abbia avuto luogo quando sia stata prodotta sulla corteccia visiva una gigantesca "impronta" paragonabile a uno di quei puntini. Deve esistere un qualche imbuto il cui risultato finale sia quello di attivare certi moduli neuronici specifici, ciascuno dei quali sia associato ai concetti, cioè ai blocchi, della scena.

I moduli che mediano i processi del pensiero

Siamo quindi portati a concludere che in corrispondenza di ogni concetto esiste un modulo ben definito che può venire attivato e che consiste di un piccolo gruppo di neuroni, cioè di un "complesso neuronico" del tipo suggerito sopra. Questa teoria, almeno se la si accetta in modo acritico, presenta un problema: essa, in apparenza, implica che dovrebbe essere possibile individuare questi moduli in qualche punto del cervello. Ciò non è ancora avvenuto e certi indizi, come gli esperimenti di Lashley, contraddicono tale possibilità. Ma è troppo presto per affermarlo. Di ogni modulo potrebbero esserci molte copie dislocate qua e là, oppure i moduli potrebbero possedere certe porzioni in comune; entrambe queste circostanze tenderebbero a sfumare qualunque divisione dei neuroni in "pacchetti". Forse questi complessi somigliano a frittelle sottilissime accumulate in strati che qua e là passano l'uno attraverso l'altro; o forse sono come lunghi serpenti che si avvolgono l'uno intorno all'altro e qua e là si appiattiscono come la testa di un cobra; forse sono come ragnatele; o forse sono circuiti in cui i segnali girano e rigirano, seguendo percorsi più bizzarri dei guizzi di una rondine a caccia di moscerini. Non se ne sa nulla. È anche possibile che questi moduli siano fenomeni del software piuttosto che dello hardware; ma di questo discuteremo in seguito.

A proposito di questi ipotetici complessi neuronici vengono alla mente molte domande. Ad esempio:

> Si estendono fino alle regioni inferiori dell'encefalo, come il mesencefalo, l'ipotalamo, ecc.?

Uno stesso neurone può appartenere a più di un complesso?
A quanti complessi può appartenere un singolo neurone?
Quanti possono essere i neuroni posseduti in comune da questi complessi?
Tutti gli individui hanno più o meno gli stessi complessi?
Nel cervello di persone diverse, complessi corrispondenti si trovano in punti corrispondenti?
Il modo in cui i complessi si sovrappongono è lo stesso in tutti gli individui?

Sotto il profilo concettuale il problema più importante è questo: quali conseguenze avrebbe l'esistenza dei moduli, per esempio del modulo della nonna? Potrebbe gettare qualche lume sul fenomeno della coscienza? Oppure non servirebbe a chiarirci l'essenza della coscienza più di quanto non faccia la conoscenza che il cervello è fatto di neuroni e di cellule gliali? Come forse sarà emerso dalla *Mirmecofuga*, io ritengo che l'esistenza dei moduli ci porterebbe molto avanti sulla strada della comprensione del fenomeno della coscienza. Il passo cruciale che bisogna compiere è quello che porta da una descrizione a basso livello (cioè neurone per neurone) dello stato di un cervello alla descrizione ad alto livello (cioè modulo per modulo) dello stesso stato dello stesso cervello. Ovvero, per rifarci alla suggestiva terminologia della *Mirmecofuga*, vogliamo trasferire la descrizione dello stato del cervello dal livello dei *segnali* al livello dei *simboli*.

I simboli attivi

D'ora in poi chiameremo *simboli* questi ipotetici complessi neuronici, o moduli neuronici, o pacchetti neuronici, o reti neuroniche, o unità multineuroniche, che abbiano la forma di frittelle, di rastrelli, di serpenti a sonagli, di fiocchi di neve o magari di increspature sull'acqua di un lago. Nel Dialogo si è accennato a una descrizione dello stato del cervello in termini di simboli. Che aspetto avrebbe una tale descrizione? Di quale genere di concetti è ragionevole pensare che potrebbero essere effettivamente "simboleggiati"? Quali tipi di rapporti ci sarebbero tra i simboli? E tutto questo che cosa ci farebbe capire della coscienza?

La prima cosa da sottolineare è che i simboli possono essere o *dormienti* o *svegli* (attivati). È attivo un simbolo che sia stato attivato, cioè in cui un numero di neuroni superiore a un valore soglia sia stato portato a scaricare da stimoli provenienti dall'esterno. Poiché un simbolo può essere attivato in molti modi diversi, una volta risvegliato esso può comportarsi in molti modi diversi. Ciò suggerisce che un simbolo dovrebbe essere concepito non come un'entità fissa, bensì come un'entità variabile. Quindi, per descrivere lo stato del cervello, non sarebbe sufficiente dire "I simboli A, B, ..., N sono tutti attivi"; oltre a ciò, per ciascun simbolo attivo si dovrebbe indicare un insieme di parametri che caratterizzano certi aspetti del funzionamento interno del simbolo. È interessante domandarsi se in ciascun simbolo esista un certo nucleo di neuroni i quali scaricano immancabilmente ogni volta che il simbolo viene attivato. Se tale nucleo di neuroni esiste, potremmo designarlo come il "nucleo invariante" del simbolo. È molto seducente l'ipotesi che, ogni volta che pensiamo ad esempio a una cascata, si ripeta un certo processo neuronico costante, senza dubbio guarnito in modi diversi a seconda del contesto, ma invariabilmente presente. Tuttavia non è sicuro che le cose debbano stare proprio così.

Ebbene, che cosa fa un simbolo quando viene risvegliato? Con una descrizione a basso livello si potrebbe dire: "Molti dei suoi neuroni scaricano"; ma questo non ci interessa più. Le descrizioni ad alto livello non dovrebbero contenere alcun riferimento ai neuroni, per concentrarsi esclusivamente sui simboli. Quindi una descrizione ad alto livello di ciò che caratterizza un simbolo attivo rispetto a un simbolo dormiente sarebbe: "Esso invia *messaggi*, o segnali, il cui scopo è quello di tentare di risvegliare, o attivare, altri simboli". Ovviamente questi messaggi sarebbero trasportati dai neuroni sotto forma di successioni di impulsi nervosi; ma, per quanto è possibile, dovremmo evitare queste espressioni che corrispondono a una descrizione dei fatti a basso livello e sperare di riuscire a procedere unicamente ad alto livello. In altre parole, ci farebbe comodo che i processi del pensiero potessero essere studiati senza la minima necessità di collegarli agli eventi neuronici, dai quali possiamo considerarli separati allo stesso modo in cui lo sono il comportameno di un orologio rispetto alle leggi della meccanica quantistica, e la biologia cellulare rispetto alle leggi dei quark.

Ma che vantaggio offre questo quadro ad alto livello? Perché conviene dire "I simboli A e B hanno attivato il simbolo G" anziché dire "I neuroni dal 183 al 612 hanno attivato il neurone 75 provocandone la scarica"? A questa domanda è stata data risposta nella *Mirmecofuga*: conviene perché i simboli *simboleggiano* le cose e i neuroni no. I simboli sono le realizzazioni circuitali, quindi appartenenti allo hardware, dei concetti. Quando un gruppo di neuroni attiva un altro neurone, ciò non corrisponde a nessun evento esterno, mentre l'attivazione di un simbolo da parte di altri simboli è in rapporto con gli eventi del mondo reale, o di un mondo immaginario. I simboli sono collegati l'uno con l'altro dai messaggi che essi si possono scambiare in modo tale che le loro strutture di attivazione sono assai simili agli eventi su grande scala che accadono nel nostro mondo, o che potrebbero accadere in un mondo simile al nostro. In sostanza, il significato nasce qui per la stessa ragione per cui nasceva nel sistema pg: a causa dell'isomorfismo; solo che qui l'isomorfismo è infinitamente più complesso, sottile, delicato, versatile e intensionale.

Per inciso, se i simboli devono essere in grado di passarsi l'un l'altro messaggi molto complessi, probabilmente già questo basta ad escludere che siano i neuroni stessi a esplicare la funzione di simboli. Dato che un neurone è capace di trasmettere informazioni all'esterno in un solo modo e non ha alcuna possibilità di indirizzare un segnale in modo selettivo ora in una direzione ora in un'altra, esso semplicemente non possiede quel genere di potere di attivazione selettiva che deve possedere un simbolo per poter reagire come un oggetto del mondo reale. Nel suo libro *The*

Insect Societies, E.O. Wilson fa un'osservazione analoga su come i messaggi si propagano all'interno delle colonie di formiche:

> [la comunicazione di massa è] definita come trasporto entro i gruppi di informazione che un solo individuo non potrebbe trasmettere a un altro.[4]

Paragonare il cervello a una colonia di formiche non è poi tanto insensato!

Il problema successivo, anch'esso della massima importanza, riguarda la natura e le "dimensioni" dei concetti che vengono rappresentati nel cervello da simboli individuali. A proposito della natura dei simboli, ci si può chiedere: esiste eventualmente un solo simbolo per la nozione generale di cascata, oppure ci sono tanti simboli diversi per le varie cascate particolari? O forse queste alternative sono entrambe vere? E a proposito delle "dimensioni" dei simboli: esiste un unico simbolo per tutto un episodio? O per una melodia? O per una barzelletta? O è più probabile che esistano simboli soltanto per concetti aventi più o meno le dimensioni delle parole, e che le idee più grandi, come i periodi o le proposizioni, siano rappresentate dall'attivazione concomitante o sequenziale di vari simboli?

Consideriamo la questione della dimensione dei concetti rappresentati dai simboli. I pensieri espressi dalle proposizioni sono per lo più costituiti da componenti di base quasi atomici, che di solito non vengono da noi ulteriormente analizzati. Essi hanno grosso modo le dimensioni di una parola, a volte un po' di più, a volte un po' di meno. Ad esempio, il nome "cascata", il nome proprio "Cascate del Niagara", la desinenza "— arono" del passato remoto, il verbo "mettersi in pari" e altre locuzioni anche più lunghe sono tutte più o meno di dimensioni atomiche. Si tratta di tipiche pennellate elementari mediante le quali dipingiamo i quadri di concetti più complessi, come la trama di un film, l'atmosfera di una città, la natura della coscienza, ecc. Queste idee complesse non sono singole pennellate. Pare ragionevole pensare che le pennellate del linguaggio siano anche pennellate del pensiero, e che quindi i simboli rappresentino concetti più o meno di queste dimensioni. Un simbolo sarebbe dunque grosso modo qualcosa per cui esiste una parola o una frase fatta o a cui si associa un nome proprio. E la rappresentazione cerebrale di un'idea più complessa, ad esempio di un problema nell'ambito di un relazione amorosa, sarebbe una complicatissima successione di attivazioni di vari simboli da parte di altri simboli.

Classi e loro elementi

Nel nostro modo di pensare esiste una distinzione generale, quella tra *categorie* e *individui*, o tra *classi* ed *elementi*. (Altri due termini usati talvolta sono "tipi" e "casi particolari"). A prima vista parrebbe che un dato simbolo sia intrinsecamente o il simbolo di una classe oppure il simbolo di un elemento, cioè di un caso particolare, ma questa è una semplificazione eccessiva. In realtà, nella maggior parte dei casi, i simboli possono avere entrambe le funzioni, a seconda del contesto in cui vengono attivati. Si consideri per esempio questo elenco:

(1) una pubblicazione
(2) un quotidiano
(3) il "Corriere della Sera"
(4) l'edizione del "Corriere" del 18 dicembre
(5) la mia copia dell'edizione del "Corriere" del 18 dicembre
(6) la mia copia dell'edizione del "Corriere" del 18 dicembre com'era al momento dell'acquisto (a differenza di com'era la stessa copia pochi giorni dopo: in fiamme nel caminetto).

Qui le righe dalla 2 alla 5 hanno entrambe le funzioni. Per esempio, la riga 4 è un elemento della classe generale rappresentata dalla riga 3 e allo stesso tempo è la classe di cui la riga 5 è un elemento. La riga 6 è un genere particolare di un elemento appartenente a una classe: è una *manifestazione*. Gli stati successivi che un oggetto assume durante la propria esistenza sono le sue manifestazioni. È interessante chiedersi se le mucche di una fattoria percepiscano un individuo invariante sotto tutte le manifestazioni dell'allegro contadino che dà loro il fieno.

Il principio del prototipo

L'elenco precedente si presenta come una gerarchia di generalità: alla sommità c'è una categoria concettuale molto ampia, in basso c'è un umilissimo oggetto particolare collocato nel tempo e nello spazio. Tuttavia l'idea che una "classe" debba sempre essere enormemente vasta e astratta è troppo limitativa. La ragione di ciò è che il nostro pensiero fa uso di un principio ingegnoso, che potremmo chiamare il *principio del prototipo*:

L'evento più particolare può servire come esempio
generale di una classe di eventi.

Tutti sanno che certi eventi particolari hanno una vividezza che s'imprime così fortemente nella memoria che in seguito essi possono essere usati come modelli di altri eventi in qualche modo simili. Dunque, in ogni evento specifico c'è il germe di un'intera classe di eventi analoghi. Questo concetto, che nel particolare vi è il generale, è di vasta portata.

Ora è naturale chiedersi: i simboli del cervello rappresentano classi o casi particolari? Esistono simboli che rappresentano solo classi e altri simboli che rappresentano solo casi particolari? Oppure uno stesso simbolo può fungere tanto da simbolo di classe quanto da simbolo di caso particolare, a seconda delle parti di esso che vengono attivate? Quest'ultima ipotesi sembra seducente: si potrebbe ritenere che un'attivazione "leggera" di un simbolo possa rappresentare una classe e che un'attivazione più profonda o complessa contenga configurazioni interne di attività neuronica più particolareggiate, e rappresenti quindi un caso particolare. Ma pensandoci meglio, ciò sarebbe assurdo: ne seguirebbe infatti che, attivando in modo sufficientemente complesso ad esempio il simbolo della "pubblicazione", se ne potesse ricavare il simbolo molto complesso che rappresenta un particolare quotidiano che brucia nel mio caminetto. E qualunque altra possibile manifestazione di qualunque altro stampato sarebbe rappresentata internamente da qualche modo di attivazione di quell'unico simbolo "pubblicazione". Si ha l'impressione che ciò imponga un carico eccessivo a quest'unico simbolo "pubblicazione". Si deve perciò concludere che i simboli dei casi particolari possono esistere accanto a quelli delle classi e che non sono semplicemente modi di attivazione di questi ultimi.

Il distacco degli elementi dalle classi

D'altro canto i simboli degli elementi di una classe ereditano spesso molte delle loro proprietà dalle classi di cui quegli elementi sono casi particolari. Se dico che sono andato a vedere un film, chi mi ascolta comincerà a "coniare" un simbolo di elemento nuovo di zecca per quel film particolare; ma senza ulteriori informazioni il nuovo simbolo di elemento dovrà poggiare piuttosto pesantemente sul preesistente simbolo della classe "film". Inconsciamente si attribuisce a quel film una grande quantità di caratteristiche ipotetiche: per esempio, che è durato da una a tre ore, che è stato proiettato in un cinema del luogo, che raccontava la storia di alcune persone e così via. Queste caratteristiche sono incorporate nel simbolo della classe come legami prevedibili con altri simboli (cioè, come rapporti potenziali di attivazione) e sono dette *opzioni per difetto*, cioè scelte fatte per *difetto* (*default*) di specifiche esplicite. In qualunque simbolo di elemento nuovo di zecca le opzioni per difetto possono essere abolite facilmente, ma se ciò non viene fatto esplicitamente, esse rimarranno nel simbolo di elemento come eredità del corrispondente simbolo di classe. Fino a quando non vengono abolite esse forniscono una certa base preliminare per immaginarsi il nuovo elemento (per esempio il film che ho visto) usando le ragionevoli congetture fornite dallo "stereotipo", o simbolo di classe.

Un elemento nuovo e semplice è come un bimbo che non abbia idee o esperienze proprie e che si basi completamente sulle esperienze e sulle opinioni dei suoi genitori, e semplicemente li scimmiotti. Ma pian piano, interagendo sempre più col resto del mondo, il bimbo acquisisce le proprie esperienze idiosincratiche, comincia inevitabilmente a staccarsi dai genitori e alla fine diventa un adulto maturo. Allo stesso modo può accadere che un elemento nuovo si stacchi dalla classe madre in un certo lasso di tempo e diventi una classe, o un prototipo, a pieno diritto.

Per illustrare in modo vivace questo processo di distacco, supponiamo di accendere la radio una domenica pomeriggio e di sintonizzarla su una partita di calcio fra due squadre "a caso". All'inizio non conosciamo i nomi dei giocatori di nessuna delle due squadre: tutto ciò che riusciamo a captare quando il cronista dice "Van de Output ha interrotto l'attacco a metà campo e ha respinto la palla verso l'area avversaria" è che un giocatore ne ha fermato un altro. Questo è dunque un esempio di attivazione del simbolo della classe "calciatore", accompagnata dall'attivazione coordinata del simbolo del superamento di un avversario. Ma se poi questo Van de Output compare in alcune altre azioni importanti, cominciamo a costruirci un nuovo simbolo di elemento per lui in particolare, usando magari il suo nome come punto focale. Come un bimbo dai genitori, questo simbolo dipende dal simbolo della classe "calciatore": la nostra immagine di Van de Output ci è in massima parte fornita dal nostro stereotipo di calciatore contenuto nel simbolo "calciatore". Tuttavia, a mano a mano che ci giungono ulteriori informazioni, il simbolo "Van de Output" diventa via via più autonomo e viene a basarsi sempre meno sull'attivazione concomitante del simbolo della sua classe madre. Ciò può accadere in pochi minuti, durante i quali Van de Output compie alcune azioni brillanti e si mette in luce. I suoi compagni di squadra, tuttavia, possono continuare a essere rappresentati tutti da attivazioni del simbolo di classe. Alla fine, magari dopo alcuni giorni e in seguito alla lettura di alcuni articoli sulle pagine sportive del quotidiano, il cordone ombelicale si spezza e Van de Output riesce a reggersi sulle proprie gambe. Ora sappiamo dov'è nato, in quali altre squadre ha giocato e quali sono i suoi hobbies; riconosciamo il suo volto e così via. A questo punto Van de Output non è più concepito semplicemente come un calciatore, ma come un essere umano che si dà il caso faccia il calciatore. "Van de Output" è un simbolo di un elemento che può attivarsi anche quando il simbolo della sua classe madre (calciatore) rimane dormiente.

Prima il simbolo Van de Output era un satellite orbitante intorno al proprio simbolo madre, come un satellite artificiale intorno alla Terra che è tanto più grande e pesante. Poi è sopravvenuto uno stadio intermedio, in cui uno dei simboli era sì più importante dell'altro, ma si poteva dire che essi orbitavano uno intorno all'altro, un po' come la Terra e la Luna. Infine il nuovo simbolo diventa completamente autonomo: ora potrebbe facilmente fungere da simbolo di classe e intorno ad esso potrebbero cominciare a rotare nuovi satelliti: simboli di altre persone, che ci sono meno familiari, ma che hanno qualcosa in comune con Van de Output e per le quali egli può fungere temporaneamente da stereotipo, fino a quando l'accumulo di nuove informazioni non permetterà anche ai nuovi simboli di diventare autonomi.

Difficoltà nel districare i simboli l'uno dall'altro

Questi stadi di crescita e infine di distacco di un elemento da una classe sono riconoscibili e distinguibili l'uno dall'altro per il modo in cui i simboli implicati sono collegati fra loro. Talvolta sarà certamente molto difficile dire con esattezza dove termina un simbolo e dove comincia l'altro. Quanto è "attivo" un simbolo rispetto all'altro? Ma se l'uno può essere attivato indipendentemente dall'altro, allora sarà sicuramente lecito considerarli autonomi.

Prima abbiamo usato una metafora astronomica, ed è interessante notare che il problema del moto dei pianeti è estremamente complesso:

di fatto, il problema generale di tre corpi in interazione gravitazionale (come la Terra, il Sole e la Luna) dopo molti secoli di intenso studio è ancora lontano dalla soluzione. Un caso in cui è tuttavia possibile ottenere buone soluzioni approssimate è quando la massa di uno dei tre corpi (il Sole nel nostro caso) è molto maggiore di quella degli altri due; allora è lecito considerare quel corpo stazionario e gli altri due in rotazione intorno ad esso; a ciò si può infine aggiungere l'interazione fra i due satelliti. Ma questa approssimazione è basata sulla divisione del sistema in due parti: il Sole e un "grappolo", costituito dal sistema Terra-Luna. Si tratta di un'approssimazione, che tuttavia ci permette di comprendere il sistema molto a fondo. Ma fino a che punto questo grappolo fa parte della realtà e fino a che punto invece è una funzione della mente, una struttura imposta dall'uomo all'universo? Questo problema della "realtà" dei confini tracciati fra quelli che vengono percepiti come raggruppamenti autonomi o semiautonomi causa guai a non finire quando lo si colleghi coi simboli del cervello.

Un problema molto sconcertante è il semplice caso dei plurali. Come rappresentiamo, tanto per dire, tre civette sul comò? O varie persone in un ascensore? Partiamo dal simbolo della classe "civetta" e poi ne stampiamo tre "copie"? Cioè fabbrichiamo tre simboli nuovi di elemento usando come matrice il simbolo della classe "civetta"? Oppure attiviamo congiuntamente i simboli "tre" e "civetta"? Se aggiungiamo alla scena che stiamo immaginando un numero più o meno grande di particolari, entrambe le teorie diventeranno difficili da sostenere. È certo, per esempio, che non possediamo un simbolo distinto di elemento per ciascun naso, paio di baffi, granello di sale, ecc., che abbiamo visto. Lasciamo che siano i simboli di classe ad occuparsi di tutti questi numerosi elementi e, quando per strada incrociamo uomini con baffi, attiviamo semplicemente in qualche modo il simbolo della classe "baffi", senza coniare nuovi simboli di elemento, a meno che non li osserviamo con grande attenzione.

D'altra parte, quando cominciamo a distinguere gli individui, non possiamo pretendere che un solo simbolo di classe (ad esempio "persona") sia "multiprogrammato" per tutte le persone diverse che incontriamo successivamente. È evidente che per ogni singola persona deve formarsi un simbolo di elemento distinto. Sarebbe ridicolo immaginare che questa impresa possa essere compiuta ricorrendo a "giochi di prestigio", cioè con un unico simbolo di classe che passa rapidamente dall'una all'altra delle sue numerose diverse modalità di attivazione (una per ciascuna persona).

Tra i due estremi dev'esserci spazio per molte specie di casi intermedi. Per generare nel cervello la distinzione classe-elemento può esserci tutta una gerarchia di modi che danno origine a simboli, e a organizzazioni di simboli, con vari gradi di specificità. Immagini mentali con vari gradi di specificità potrebbero corrispondere ai seguenti diversi tipi di attivazione individuale e congiunta dei simboli:

(1) modalità diverse o diverse profondità di attivazione di un unico simbolo di classe;

(2) attivazione simultanea e in qualche modo coordinata di parecchi simboli di classe;
(3) attivazione di un unico simbolo di elemento;
(4) attivazione di un unico simbolo di elemento congiuntamente all'attivazione di parecchi simboli di classe;
(5) attivazione simultanea e in qualche modo coordinata di parecchi simboli di elemento e di parecchi simboli di classe.

Questo ci riporta subito al problema di prima: "Quand'è che un simbolo è un sottosistema distinguibile del cervello?". Si consideri per esempio il secondo caso: attivazione simultanea e in qualche modo coordinata di parecchi simboli di classe. Potrebbe essere questo ciò che accade quando si considera il concetto "sonata per pianoforte" (i simboli attivati sarebbero in tal caso almeno quello di "pianoforte" e quello di "sonata"). Ma se i simboli di questa coppia vengono attivati congiuntamente abbastanza spesso, è ragionevole supporre che il legame che li unisce diventi così forte che, quando siano attivati insieme nel modo giusto, essi si comportino come un tutto unico. Così due o più simboli possono, in condizioni opportune, funzionare come uno solo; ciò significa che il problema del contare i simboli del cervello è più spinoso di quanto si possa pensare.

A volte si possono presentare condizioni in cui due simboli, prima non legati, vengono attivati simultaneamente e in modo coordinato. Magari essi armonizzano così bene che la loro unione pare inevitabile, e dalla stretta interazione dei due vecchi simboli ne sorge uno nuovo. In tal caso sarebbe lecito dire che il nuovo simbolo "era sempre esistito ma non era mai stato attivato", oppure si dovrebbe dire che esso è stato "creato"?

Qualora tutto ciò appaia troppo astratto, consideriamo un esempio concreto: il Dialogo *Canone cancrizzante*. Nella costruzione di questo Dialogo si dovevano attivare simultaneamente e costringere a interagire in qualche modo due simboli già esistenti: quello del "canone cancrizzante in musica" e quello del "dialogo verbale". Fatto questo, il resto è stato una conseguenza inevitabile: dall'interazione di questi due simboli era nato un nuovo simbolo (un simbolo di classe) e da quel momento esso è stato in grado di essere attivato per conto suo. Era sempre esistito nel mio cervello come simbolo dormiente? Se sì, allora doveva trovarsi come simbolo dormiente anche nel cervello di ogni altro uomo che ne avesse posseduto i simboli componenti, anche se magari non era mai stato risvegliato. Ciò comporterebbe che, per enumerare i simboli del cervello di una persona qualunque, sarebbe necessario contare tutti i simboli *dormienti*, cioè tutte le possibili combinazioni e permutazioni di tutti i tipi di attivazione di tutti i simboli conosciuti. In questo computo si dovrebbero includere financo quelle fantastiche creature di software che il nostro cervello inventa quando dormiamo, quegli strani miscugli di idee che si risvegliano quando il loro ospite si addormenta... L'esistenza di questi "simboli potenziali" mostra che immaginare il cervello come un ammasso ben definito di simboli, ciascuno con stati di attivazione ben definiti, è veramente una semplificazione grossolana: afferrare la struttura dello stato del cervello al livello dei simboli è un'operazione molto, molto più complicata.

I simboli: software o hardware?

Data l'immensità e il continuo aumento del repertorio di simboli esistente in ogni cervello, ci si può domandare se giunga mai il momento in cui il cervello sia saturo, in cui cioè non vi sia più posto nemmeno per un solo simbolo nuovo. Ciò potrebbe accadere, presumibilmente, se i simboli non si sovrapponessero mai l'uno all'altro, cioè se un neurone non esplicasse mai una doppia funzione. Allora i simboli sarebbero come le persone che entrano in un ascensore: "Attenzione: questo cervello ha una capacità massima di 350'275 simboli!".

Tuttavia il modello di funzionamento del cervello basato sui simboli non ha necessariamente questa caratteristica. In realtà, è probabile che di regola i simboli siano sovrapposti e completamente intrecciati, cosicché ciascun neurone, lungi dall'essere un elemento di un solo simbolo, è probabilmente parte attiva di centinaia di simboli. Questo è un po' preoccupante perché, al limite, ogni neurone potrebbe far parte di ogni simbolo. Se fosse così, i simboli non avrebbero alcuna localizzabilità e ciascun simbolo si identificherebbe con l'intero cervello. Ciò spiegherebbe risultati come quelli di Lashley sull'ablazione della corteccia dei ratti, ma significherebbe anche la rinuncia alla nostra idea originaria di suddividere il cervello in sottosistemi fisicamente distinti. La nostra precedente caratterizzazione dei simboli come "realizzazioni circuitali dei concetti" potrebbe essere nel migliore dei casi una semplificazione eccessiva. Infatti, se tutti i simboli fossero composti dagli stessi neuroni, addirittura non avrebbe più alcun senso parlare di simboli distinti. Che cosa avrebbe di specifico l'attivazione di un dato simbolo, cioè come si potrebbe distinguere l'attivazione del simbolo A da quella del simbolo B? Non crollerebbe miseramente tutta la nostra teoria? E anche se non vi è sovrapposizione *totale* dei simboli, la nostra teoria non è tanto più difficile da sostenere quanto più i simboli *di fatto* si sovrappongono? (Un modo possibile di raffigurare simboli sovrapposti è illustrato nella Fig. 70).

C'è tuttavia un modo per salvare una teoria basata sui simboli, anche se essi fisicamente si sovrappongono del tutto o in parte. Si consideri la superficie di uno stagno, che può ospitare molti tipi diversi di onde o di increspature. Lo hardware (in questo caso l'acqua) è il medesimo in tutti i casi, ma è suscettibile di modi diversi di eccitazione. È possibile distinguere tra loro tutte queste eccitazioni software dello stesso hardware. Ricorrendo a questa analogia, non intendo spingermi fino al punto di proporre che tutti i differenti simboli siano soltanto diversi generi di "onde" che si propaghino in un mezzo neuronico uniforme il quale non ammetta una suddivisione significativa in simboli fisicamente distinti. Ma può darsi che, per distinguere l'attivazione di un simbolo da quella di un altro, si debba seguire un procedimento che implichi non solo la localizzazione

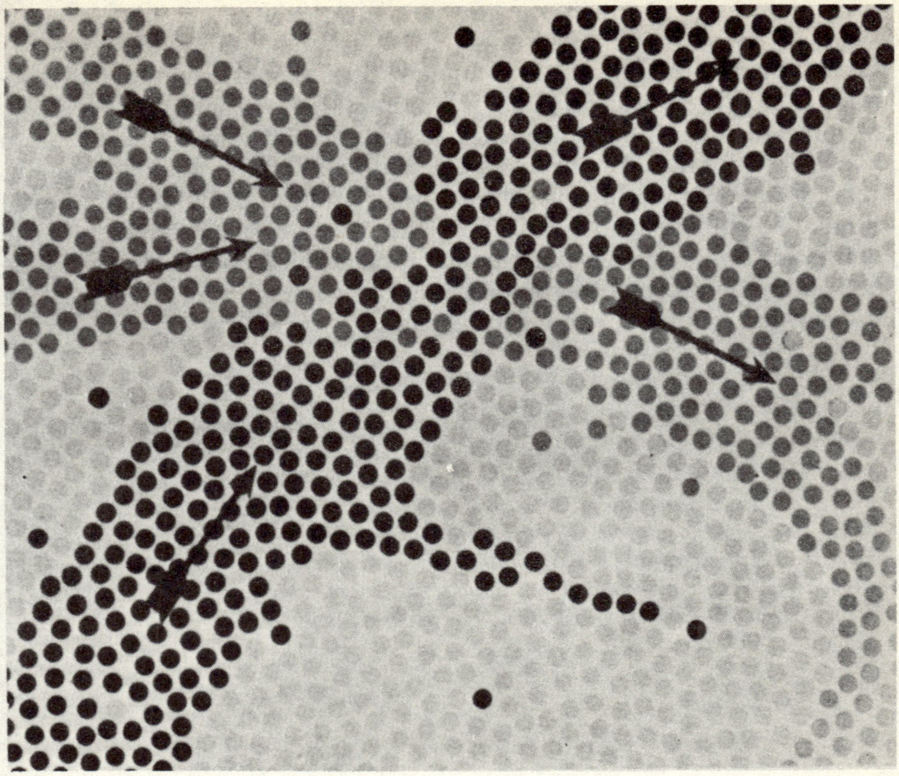

FIGURA 70. In questo diagramma schematico i neuroni sono immaginati come cerchietti situati su un solo piano. Due percorsi neuronici che si sovrappongono sono colorati con due tonalità di grigio diverse. Può accadere che due "lampi neuronici" indipendenti trascorrano questi due percorsi simultaneamente, passando l'uno attraverso l'altro come due increspature sulla superficie di uno stagno (come nella Fig. 54). Ciò illustra l'idea di due "simboli attivi" che abbiano neuroni in comune e che possano anche essere attivati simultaneamente. [*Da John C. Eccles,* Facing Reality *(New York, Springer Verlag, 1970), p. 21*].

dei neuroni attivi, ma anche la rilevazione di dati molto precisi sulla successione cronologica delle scariche di tali neuroni. Cioè: quale neurone ha scaricato prima e quale dopo? E quanto prima? Con quale frequenza ha scaricato un neurone particolare? Così, forse, nello stesso insieme di neuroni possono coesistere parecchi simboli, caratterizzati da configurazioni distinte di attività neuroniche. La differenza fra una teoria che contempli simboli fisicamente distinti e una teoria che contempli simboli parzialmente sovrapposti che si distinguono fra loro per le modalità di attivazione è che la prima indica una realizzazione dei concetti di tipo hardware e la seconda una realizzazione in parte di tipo hardware e in parte di tipo software.

La separabilità dell'intelligenza

Ci rimangono così due problemi fondamentali in questo tentativo di decifrare come avvengano nel cervello i processi del pensiero. Uno è quello di spiegare come il quadro brulicante delle scariche neuroniche a basso livello produca il quadro brulicante dell'attivazione dei simboli ad alto livello. L'altro è quello di spiegare il quadro brulicante dell'attivazione dei simboli ad alto livello in termini specifici; cioè di costruire una teoria che non faccia cenno degli eventi neuronici che avvengono a basso livello. Se quest'ultimo problema è risolubile (e si tratta di un'ipotesi essenziale, che sta alla base di tutta la ricerca attuale nell'ambito dell'Intelligenza Artifi-

FIGURA 71. Termiti operaie della specie Macrotermes bellicosus *che costruiscono un'arcata. Ciascuna colonna viene innalzata mediante l'aggiunta successiva di pallottoline di terra ed escrementi. Sul lato esterno della colonna di sinistra si vede un'operaia che espelle una pallottolina di sterco. Altre operaie, dopo aver trasportato con le mandibole le palline su per le colonne, le depongono alle loro estremità per prolungarle. Quando una colonna ha raggiunto una certa altezza, le termiti, evidentemente guidate dall'olfatto, ne continuano la costruzione incurvandola verso una colonna vicina. Sullo sfondo si vede un arco già compiuto.* [*Disegno di Turid Hölldobler, da E.O. Wilson,* The Insect Societies, *p. 230*].

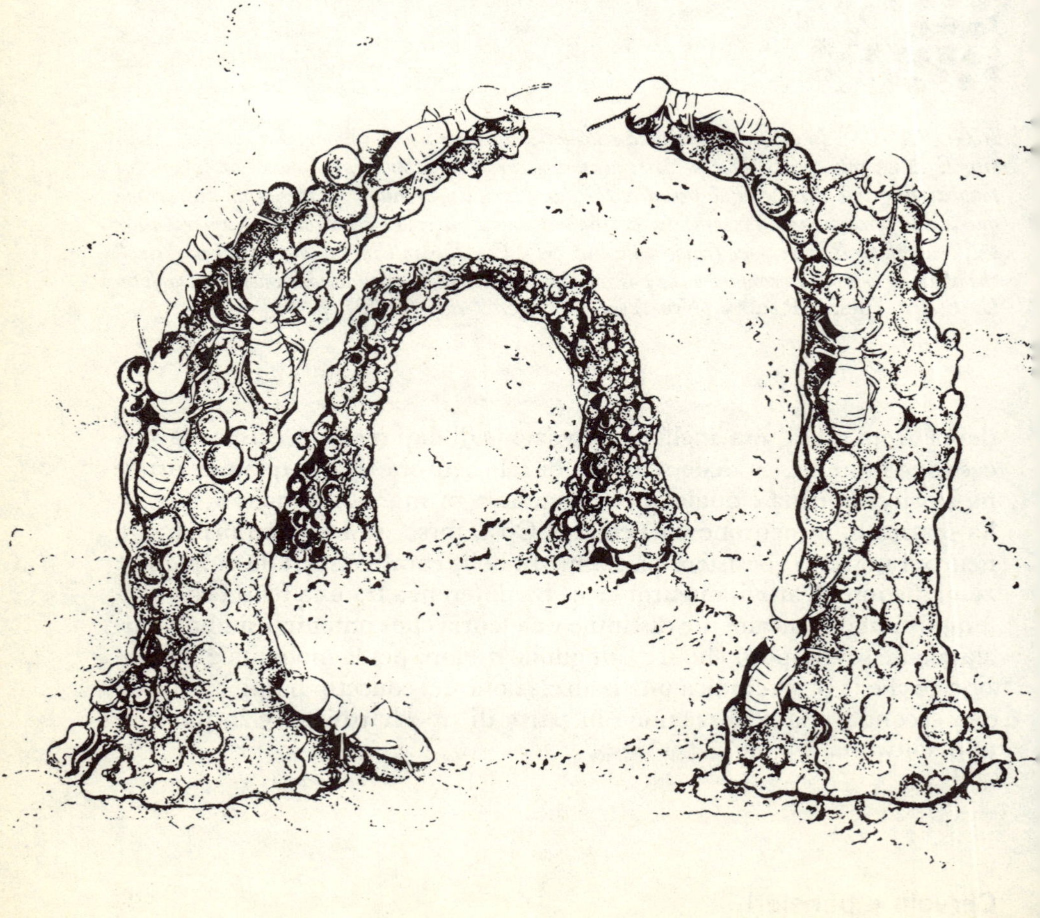

ciale), allora è possibile realizzare l'intelligenza anche in circuiti di tipo diverso dal cervello. Si dimostrerebbe allora che l'intelligenza è una proprietà che può essere nettamente "separata" dallo hardware in cui risiede: in altre parole, l'intelligenza sarebbe una proprietà del *software*. Ciò significherebbe che la coscienza e l'intelligenza sono in realtà fenomeni di alto livello, nello stesso senso in cui lo sono la maggior parte degli altri fenomeni naturali complessi: posseggono le proprie leggi di alto livello, le quali dipendono dai livelli inferiori e tuttavia sono "separabili" da quei livelli. Se viceversa non vi fosse assolutamente alcun modo di realizzare configurazioni capaci di attivare simboli in assenza di tutto lo hardware dei neuroni (o di neuroni simulati), ciò implicherebbe che l'intelligenza è un fenomeno legato al cervello e che è molto più difficile da decifrare che se dovesse la propria esistenza ad una gerarchia di leggi disposte su parecchi livelli diversi.

Si ritorna qui al misterioso comportamento collettivo delle formiche, le quali possono costruire formicai enormi e intricati, benché i circa 100·000 neuroni del cervello di una formica quasi certamente non contengano alcuna informazione sulla struttura del formicaio. Come viene costruito allora il formicaio? Dov'è contenuta l'informazione? Si rifletta in particolare a dove si possa reperire l'informazione che descrive un arco come quello illustrato nella Figura 71. Essa deve trovarsi nella colonia in qualche forma diffusa: nella distribuzione delle caste, nella distribuzione delle età e probabilmente in gran parte nelle stesse proprietà fisiche del corpo delle formiche. In altri termini, l'interazione tra le formiche è determinata dal fatto di avere sei zampe, dalle loro dimensioni, e via dicendo tanto quanto dall'informazione immagazzinata nel loro cervello. Potrebbe esistere una Colonia Artificiale di Formiche?

È possibile isolare un unico simbolo?

È possibile attivare un unico simbolo, separatamente da tutti gli altri? Probabilmente no. Proprio come gli oggetti del mondo esistono sempre nel contesto di altri oggetti, così i simboli sono sempre connessi a una costellazione di altri simboli. Ciò non significa necessariamente che non si possano mai districare i simboli l'uno dall'altro. Per fare un'analogia piuttosto semplice, i maschi e le femmine di una specie si presentano sempre insieme, le loro funzioni sono completamente intrecciate tra loro; ma ciò non significa che un maschio non possa essere distinto da una femmina. L'uno è riflesso nell'altra, come si riflettono l'una nell'altra le perle della rete di Indra. L'intrecciarsi ricorsivo delle funzioni F(n) ed M(n) del Capitolo V non impedisce che ciascuna funzione abbia le proprie caratteristiche. L'intrecciarsi di F e di M può essere rispecchiato in una coppia di RTN che si chiamano l'un l'altra. Da questa si può passare a tutta una rete di ATN accoppiate le une con le altre, cioè a un'eterarchia di procedure ricorsive interagenti. Qui la struttura a maglie è tanto basilare che nessuna ATN potrebbe essere attivata isolatamente; eppure la sua attivazione può essere del tutto caratteristica e inconfondibile rispetto a quella di qualunque altra ATN. Paragonare il cervello a una colonia di ATN non è poi tanto insensato!

Analogamente, i simboli con tutti i loro numerosi mutui collegamenti sono connessi insieme in una rete, eppure dovrebbe essere possibile eccitarli separatamente. Ciò potrebbe richiedere l'identificazione di una rete neuronica, cioè di una rete più una modalità di eccitazione, o magari qualcosa di tutt'altro genere. In ogni caso, se i simboli fanno parte della realtà, è presumibile che esista un modo naturale per rilevarli in un cervello reale. Tuttavia, anche se alla fine si riuscisse a identificare qualche simbolo nel cervello, ciò non significherebbe che è possibile risvegliarne uno qualsiasi isolatamente.

Il fatto che un simbolo non possa essere risvegliato isolatamente non ne indebolisce l'identità specifica, tutt'altro: l'identità di un simbolo sta proprio nei modi in cui esso è connesso (mediante legami di attivazione potenziali) ad altri simboli. La rete grazie alla quale i simboli sono potenzialmente in grado di attivarsi l'un l'altro costituisce il modello funzionale che il cervello si fa dell'universo reale, come pure degli altri universi alternativi che esso prende in considerazione (e che per la sopravvivenza dell'individuo nel mondo reale sono altrettanto importanti quanto lo è il mondo reale).

I simboli degli insetti

Alla base della nostra intelligenza sta la facilità con la quale costruiamo gli elementi a partire dalle classi e le classi a partire dai singoli elementi, e questa è una delle grandi differenze tra il pensiero umano e i procedimenti del pensiero negli altri animali. Non che io sia mai appartenuto ad un'altra specie e abbia sperimentato in prima persona che cosa si provi a pensare nel loro modo; ma dall'esterno è evidente che nessun'altra specie foggia come noi concetti generali o immagina mondi ipotetici, cioè varianti del mondo effettivo, che ci aiutano nella scelta del cammino da seguire in futuro. Si consideri per esempio il famoso "linguaggio delle api": si tratta di danze colme d'informazione che le operaie eseguono tornando all'alveare per comunicare alle altre api dove si trova il nettare. È sì possibile che ogni ape possegga un insieme di simboli rudimentali che vengono attivati da questa danza, ma non vi è alcuna ragione per ritenere che il vocabolario dei simboli di un'ape si possa ampliare. Pare che le api e gli altri insetti non abbiano la capacità di generalizzare, cioè di costruire nuovi simboli di classe a partire da casi particolari che noi percepiremmo come quasi identici.

Nel suo libro *Mechanical Man*, Dean Wooldridge riferisce il seguente esperimento classico eseguito sulle vespe solitarie:

> Quando giunge il momento di deporre le uova, la vespa Sphex si costruisce una tana all'uopo e cattura un grillo, che punge in modo da paralizzarlo senza ucciderlo. Trascina poi il grillo nella tana, gli depone accanto le uova, chiude la tana e vola via per non tornare mai più. A tempo debito

le uova si schiudono e le larve si nutrono del grillo paralizzato, che non si è decomposto poiché è stato conservato con un sistema che per le vespe è l'equivalente del congelatore. Alla mente dell'uomo questo rituale, organizzato in modo così elaborato e apparentemente finalizzato, dà un'impressione convincente di logica e ponderazione, ma solo finché non si considerano altri particolari. Ad esempio, durante il suo rituale, la vespa porta il grillo paralizzato fino alla tana, lo lascia sulla soglia, entra per vedere se tutto è a posto, esce e finalmente trascina dentro il grillo. Se, mentre la vespa sta compiendo la sua ispezione preliminare all'interno, il grillo viene allontanato di qualche centimetro, la vespa, uscita dalla tana, lo riporta sulla soglia, ma non dentro, e ripete poi la procedura preliminare di entrare per vedere se tutto è in ordine. Se il grillo viene di nuovo spostato di qualche centimetro mentre la vespa è dentro, ancora una volta essa lo riporta sulla soglia e rientra nella tana per un ultimo controllo. Non le viene mai in mente di trascinare il grillo direttamente dentro. Una volta questa procedura fu ripetuta quaranta volte, sempre con lo stesso risultato.[5]

Questo comportamento ha tutta l'apparenza di essere completamente circuitale. Nel cervello della vespa possono esserci simboli rudimentali, capaci di innescarsi l'uno con l'altro; ma non c'è nulla di simile alla capacità umana di vedere molti casi particolari come elementi di una classe ancora non formata e poi di costruire il simbolo della classe; e non c'è nulla di simile alla capacità umana di chiedersi: "Se facessi questo, che cosa succederebbe? Quale conseguenza ne deriverebbe in quel mondo ipotetico?". Questo tipo di procedimento del pensiero richiede la capacità di immaginare casi particolari e di trattarli come se fossero simboli rappresentativi di oggetti di una situazione reale, anche se quella situazione in effetti non si presenta, e magari non si potrà mai presentare.

Simboli di classe e mondi immaginari

Torniamo al pesce d'aprile dell'automobile prestata e alle immagini mentali evocate durante la telefonata. Prima di tutto, la comunicazione avrà l'effetto di attivare nell'ascoltatore i simboli che rappresentano una strada, un'automobile e una persona dentro di essa. Ora, il concetto di "strada" è molto generale, ed è magari corredato di molti esempi già pronti che possono essere estratti inconsciamente dalla memoria quando se ne presenti l'occasione. "Strada" è una classe più che un elemento. Il signore al telefono, mentre ascolta il racconto, attiva rapidamente simboli che sono elementi dotati di specificità via via crescente. Ad esempio, quando apprende che la strada era bagnata, ciò gli evoca un'immagine più specifica, benché si renda conto che molto probabilmente questa immagine è del tutto diversa dalla vera strada su cui l'incidente ha avuto luogo. Ma questo non è importante; ciò che conta è che il suo simbolo attivato sia abbastanza adeguato alla storia, cioè che i simboli che esso può attivare siano del tipo giusto.

A mano a mano che la storia prosegue, si aggiungono a questa strada ulteriori aspetti: vi è un guardrail contro cui un'automobile potrebbe andare a sbattere. Questo significa che si sta attivando il simbolo di "guardrail", oppure significa che si stanno aggiungendo alcuni parametri al simbolo di "strada"? Senza dubbio sono vere entrambe le cose. Cioè, la rete di neuroni che rappresenta la "strada" può entrare in attività in molti modi diversi; l'ascolto della storia decide qual è la sottorete che comincerà effettivamente a scaricare. Nello stesso tempo, l'attivazione del simbolo di "guardrail" ha probabilmente una funzione nella scelta dei parametri di "strada", in quanto i suoi neuroni possono inviare segnali ad alcuni dei neuroni di "strada", e viceversa. (Se tutto ciò appare un po' confuso è perché io mi sto barcamenando fra i diversi livelli di descrizione: sto cercando di costruire un'immagine tanto dei simboli quanto del loro substrato neuronico).

Non meno importanti dei sostantivi sono i verbi, le preposizioni, ecc. Anch'essi attivano simboli che si scambiano messaggi l'uno con l'altro. Naturalmente vi sono differenze caratteristiche nel tipo di struttura di attivazione fra i simboli dei verbi e i simboli dei nomi, e ciò significa che fisicamente essi possono essere organizzati in modo alquanto diverso. Ad esempio, i nomi potrebbero avere simboli piuttosto localizzati, mentre i verbi e le preposizioni potrebbero possedere simboli con molti "tentacoli" diramantisi un po' dappertutto nella corteccia; o vi potrebbero essere moltissime altre possibilità.

Alla fine della storia il signore viene a sapere che non era vero niente. Comunque, la sua capacità di "ricalcare" elementi dalle classi, così come si possono ricalcare le monete sfregando con una matita su un pezzo di carta sovrapposto, gli ha permesso di costruirsi una rappresentazione della situazione che non ha alcuna necessità di restare fedele al mondo reale. Il fatto che i simboli possano agire come stampi per altri simboli conferisce alla nostra mente una certa indipendenza dalla realtà: si possono creare universi artificiali in cui possono accadere eventi irreali dotati di tutti i particolari che si vogliono. Ma i simboli di classe dai quali sgorga tutta questa ricchezza sono, per quanto li riguarda, profondamente radicati nella realtà.

Di solito, la parte sostenuta dai simboli è isomorfa a quella di eventi che potrebbero verosimilmente accadere, benché talvolta vengano attivati simboli che rappresentano situazioni che non potrebbero presentarsi: ad esempio, orologi che friggono, tromboni che depongono le uova, ecc. Il confine fra ciò che potrebbe e ciò che non potrebbe accadere è sfumato. Quando immaginiamo un evento ipotetico mettiamo in attività determinati simboli e a seconda di come questi interagiscono fra loro diciamo che quell'evento "potrebbe" o "non potrebbe" accadere (presumibilmente ciò si riflette sul modo più o meno agevole in cui riusciamo a continuare il corso dei nostri pensieri). Dunque i termini "potrebbe" e "non potrebbe" sono estremamente soggettivi. In realtà, c'è un notevole accordo tra le diverse persone circa gli eventi che potrebbero o non potrebbero accadere. Ciò riflette la notevole quantità di struttura mentale che è comune a tutti noi; ma vi è una zona di confine, in cui si manifesta l'aspetto soggettivo riguardo a quale tipo di mondi ipotetici siamo disposti a prendere in considerazione. Uno studio accurato dei tipi di eventi immaginari che le persone ritengono possibili o impossibili potrebbe essere molto utile per farci capire meglio le strutture di attivazione dei simboli per il cui tramite noi pensiamo.

Le leggi intuitive della fisica

Quando la storia del falso incidente è stata raccontata fino in fondo, l'ascoltatore si è costruito un modello mentale molto elaborato di una scena, e in questo modello tutti gli oggetti obbediscono alle leggi fisiche. Ciò significa che le leggi fisiche debbono essere a loro volta implicitamente presenti nelle strutture di attivazione dei simboli. Naturalmente qui la locuzione "leggi fisiche" non significa "le leggi della fisica come le espone un fisico", ma piuttosto le leggi intuitive basate su un modello a blocchi della realtà che ciascuno di noi deve avere nella propria mente per sopravvivere.

Un aspetto curioso è che, se lo si desidera, si possono costruire volontariamente successioni mentali di eventi che violano le leggi fisiche. Ad esempio, se io invito a immaginare la scena di due auto che si vanno incontro e poi passano proprio una attraverso l'altra, certamente il lettore non avrà alcuna difficoltà a farlo. Le leggi fisiche intuitive possono essere soppiantate da leggi fisiche immaginarie; ma come ciò avvenga, come vengano foggiate queste successioni di immagini, anzi che cosa sia una qualunque immagine visiva, tutti questi sono misteri profondi, nozioni inaccessibili.

Inutile dire che nel cervello possediamo leggi basate su un modello a blocchi non solo del comportamento degli oggetti inanimati, ma anche del comportamento delle piante, degli animali, delle persone e delle società: in altri termini, possediamo leggi adeguate ai diversi livelli della biologia, della psicologia, della sociologia e così via. Tutte le rappresentazioni interne di queste entità posseggono inevitabilmente le caratteristiche di modelli a blocchi: il determinismo è sacrificato alla semplicità. La nostra rappresentazione della realtà, alla fin fine, è solo in grado di prevedere la probabilità di finire in certe zone di spazi astratti di comportamento, e non di prevedere qualcosa con la precisione della fisica.

Conoscenza procedurale e conoscenza dichiarativa

Nell'Intelligenza Artificiale viene operata la distinzione tra due tipi di conoscenza: quella procedurale e quella dichiarativa. Un elemento di conoscenza viene detto *dichiarativo* se è registrato in modo esplicito, cosicché non solo il programmatore, ma anche il programma può "leggerlo" come se fosse contenuto in un'enciclopedia o in un almanacco. Di solito ciò significa che questo elemento è codificato in un luogo preciso e non in modo diffuso. Invece un elemento di conoscenza *procedurale* non è codificato sotto forma di dati, ma solo di programmi. Può darsi che un programmatore riesca a sbirciarvi dentro e dica: "Vedo che, grazie a queste procedure, il programma 'sa' scrivere proposizioni in inglese"; ma il programma in sé magari non ha alcuna consapevolezza esplicita di *come* scrive quelle proposizioni. Ad esempio, può darsi che il suo vocabolario non comprenda nessuna delle parole "inglese", "proposizione" e "scrivere"! Quindi la conoscenza procedurale è di solito diffusa in frammenti sparsi qua e là e non si può reperirla o "fermarla". Essa è una conseguenza globale del funzionamento del programma, non un dettaglio localizzabile. In altre parole, la conoscenza puramente procedurale è un epifenomeno.

Nella maggior parte delle persone, accanto a una potente rappresentazione procedurale della grammatica della lingua materna, ne esiste una più debole dichiarativa. Può facilmente accadere che le due rappresentazioni siano tra loro in conflitto, cosicché può capitarci di insegnare a uno straniero a usare espressioni nella nostra lingua materna che noi non useremmo mai, ma che sono in accordo con l'"apprendimento libresco" dichiarativo acquisito in passato a scuola. Le leggi intuitive basate sul modello a blocchi della fisica e di altre discipline menzionate sopra rientrano essenzialmente nel settore procedurale; viceversa, l'idea che un polpo abbia otto tentacoli rientra essenzialmente nel settore dichiarativo.

Tra i due estremi dichiarativo e procedurale vi sono tutte le possibili sfumature. Consideriamo l'evocazione di una melodia. Forse la melodia è immagazzinata nel nostro cervello nota per nota? Potrebbe un chirurgo estrarre dal nostro cervello un filamento neuronico attorcigliato, svolgerlo, stirarlo, e alla fine localizzare lungo il filamento le note registrate, una dopo l'altra, quasi si trattasse di uno spezzone di nastro magnetico? Se fosse così, le melodie sarebbero registrate in modo dichiarativo. O invece l'evocazione di una melodia è mediata dall'interazione di un gran numero di simboli, alcuni dei quali rappresentano relazioni tonali, altri qualità emotive, altri ancora schemi ritmici, e così via? In realtà il modo in cui una melodia è registrata e rievocata è probabilmente un misto di questi due estremi.

È interessante notare che, nel richiamare alla memoria una melodia, la maggior parte delle persone non fa distinzioni di tonalità, per cui la canzoncina "Tanti auguri a te..." può essere cantata indifferentemente in fa diesis o in do. Ciò indica che, più che le altezze assolute, sono registrati i *rapporti* tra le altezze. Ma non c'è motivo di ritenere che i rapporti tra le altezze non potrebbero essere registrati in modo totalmente dichiarativo. D'altra parte, certe melodie sono facilissime da imparare, mentre altre tendono a sfuggire. Se si trattasse semplicemente di registrare note successive, tutte le melodie potrebbero essere immagazzinate con la stessa facilità. Il fatto che alcune melodie sono orecchiabili e altre no sembra indicare che il cervello possiede un certo repertorio di strutture familiari, che vengono attivate quando si ascolta la melodia. Allora, per "risentire" la melodia, quelle strutture dovrebbero essere attivate nello stesso ordine. Questo ci riconduce all'idea di un'attivazione reciproca di simboli, piuttosto che all'idea di una semplice successione lineare di note o di rapporti fra altezze immagazzinati in modo dichiarativo.

Come fa il cervello a sapere se una nozione è registrata in modo dichiarativo? Per esempio, se qualcuno mi chiede: "Quanti abitanti ha Milano?", non so come, mi balza alla mente il numero 1'600'000 senza che mi dica sgomento: "Cielo, come faccio a contarli tutti?". Ora supponiamo che mi si chieda: "Quante sedie vi sono nel tuo soggiorno?". Qui accade il contrario: invece di tentare di estrarre la risposta da un almanacco mentale, o vado nel soggiorno a contare le sedie, oppure mi rappresento mentalmente la stanza e conto le sedie in questa immagine. Le due domande sono dello stesso tipo: "Quante?"; e tuttavia una di esse ha richiamato un elemento di conoscenza dichiarativa, mentre l'altra ha fatto sì che la risposta venisse data ricorrendo a un metodo procedurale. Questo è un esempio in cui risulta chiaro che si ha consapevolezza di come classificare le nostre conoscenze; e, ciò che più conta, parte di questa *metaconoscenza* può essere a sua volta immagazzinata in modo procedurale, cosicché viene usata senza che neppure ci si renda conto di come ciò accada.

Immagini mentali

Una delle proprietà della consapevolezza più notevoli e più difficili da descrivere è la capacità di costruirsi immagini mentali. Come facciamo a crearci un'immagine del nostro soggiorno? O di uno scrosciante torrente alpino? O di un'arancia? O, cosa ancora più misteriosa, come facciamo a foggiarci le immagini inconsce, quelle immagini che guidano i nostri pensieri, conferendo loro potenza, colore e profondità? Da quale deposito vengono prelevate? Quale magia ci permette di collegare diverse immagini fra loro, quasi senza riflettere a come si deve fare? Sapere come farlo è il tipo di conoscenza più procedurale che esista, perché non abbiamo quasi nessuna idea precisa di che cosa siano le immagini mentali.

Può darsi che la capacità di costruire queste immagini sia basata sulla nostra capacità di sopprimere l'attività motoria. Voglio dire questo: se si immagina un'arancia, nella corteccia cerebrale si può presentare tutto un insieme di comandi: prenderla in mano, annusarla, esaminarla, e così via. È chiaro che questi comandi non possono essere eseguiti, perché l'arancia non esiste. Ma essi possono essere inviati lungo i consueti canali verso il cervelletto o verso altri organi del sistema nervoso, finché, in qualche punto critico, viene chiuso un "rubinetto mentale" che impedisce loro di essere realmente eseguiti. A seconda di quanto a valle lungo la linea è situato questo "rubinetto", le immagini possono essere più o meno vivide o realistiche. L'ira può farci immaginare in modo molto vivido di afferrare qualche oggetto e di scagliarlo, o di colpire qualcosa; eppure di fatto non lo facciamo. D'altra parte ci sentiamo molto "vicini" a farlo veramente. Probabilmente il rubinetto blocca gli impulsi nervosi "all'ultimo momento".

Ecco un altro modo in cui la visualizzazione mette in evidenza la distinzione tra nozioni accessibili e nozioni inaccessibili. Consideriamo il modo in cui il signore del pesce d'aprile ha visualizzato la scena dell'automobile che slittava sulla strada di montagna. Senza dubbio egli ha immaginato la montagna molto più grande dell'auto; ma si può forse pensare che ciò sia avvenuto perché molto tempo addietro egli ha avuto modo di constatare che "le automobili non sono grandi quanto le montagne", e poi ha affidato questo enunciato alla memoria meccanica, cosicché, nell'immaginare la storia, questo dato è venuto fuori ed è stato usato nel costruire l'immagine? Teoria molto inverosimile. Non si tratterà piuttosto di una conseguenza di qualche interazione, inaccessibile all'indagine introspettiva, dei simboli che venivano via via attivati nel suo cervello? Ovviamente questa teoria sembra molto più verosimile. Questo elemento di conoscenza, che le automobili sono più piccole delle montagne, non è una reminiscenza meccanica, ma qualcosa che può essere *dedotto*. Pertanto è molto probabile che esso non sia registrato in un unico simbolo del cervello, ma che possa piuttosto essere prodotto come risultato dell'attivazione, seguita dalla reciproca interazione, di molti simboli, per esempio di "confrontare", "dimensione", "automobile", "montagna" e probabilmente altri ancora. Ciò significa che gli elementi di conoscenza non sono registrati esplicitamente ma implicitamente; in modo diffuso e non come "pacchetti di informazioni" localizzati. Dati semplici come le dimensioni relative degli oggetti debbono essere "assemblati" anziché semplicemente estratti. Pertanto, anche nel caso di un elemento di conoscenza accessibile verbalmente, vi sono complicati processi inaccessibili che presiedono al suo rendersi disponibile in uno stato in cui sia pronto per essere enunciato.

Continueremo ad esplorare in vari altri Capitoli queste entità che chiamiamo "simboli". Nei Capitoli XVIII e XIX, sull'Intelligenza Artificiale, discuteremo alcuni possibili modi di realizzare simboli attivi mediante programmi. Nel prossimo capitolo esamineremo alcune delle idee che derivano dal nostro modello dell'attività cerebrale basato sui simboli che risultano utili quando vogliamo confrontare cervelli diversi.

Suite anglo-franco-italo-tedesca

by Lewis Carroll[1]...

et Frank L. Warrin[2]...

e Bruno Garofalo...

und Robert Scott[3]

'Twas brillig, and the slithy toves
Did gyre and gimble in the wabe:
All mimsy were the borogoves,
And the mome raths outgrabe.

Il brilgue: les tôves lubricilleux
Se gyrent en vrillant dans le guave.
Enmîmés sont les gougebosqueux
Et le mômerade horsgrave.

Cenorava. E i visciattivi cavataluceri
girillavano e sfrocchiavano nella serbaja;
mollicciattoli eran gli spennavoli
e gli smarruti verporcelli fistarnuiurlavano.

Es brillig war. Die schlichten Toven
Wirrten und wimmelten in Waben;
Und aller-mümsige Burggoven
Die mohmen Räth' ausgraben.

"Beware the Jabberwock, my son!
The jaws that bite, the claws that catch!
Beware the Jubjub bird, and shun
The frumious Bandersnatch!"

«Garde-toi du Jaseroque, mon fils!
La gueule qui mord; la griffe qui prend!
Garde-toi de l'oiseau Jube, évite
Le frumieux Band-à-prend!»

«Guardati dal mascellodonte, figlio mio!
Le mascelle che mordono e le tenaglie che afferrano.
Sii sospettoso del rapace malco ed evita
lo schiumarioso Bamariolo!»

»Bewahre doch vor Jammerwoch!
Die Zähne knirschen, Krallen kratzen!
Bewahr' vor Jubjub-Vogel, vor
Frumiösen Banderschnätzchen!«

He took his vorpal sword in hand:
Long time the manxome foe he sought—
So rested he by the Tumtum tree,
And stood awhile in thought.

Son glaive vorpal en main, il va-
T-à la recherche du fauve manscant;
Puis arrivé à l'arbre Té-té,
Il y reste, réfléchissant.

Egli prese la sua vorpale spada
E a lungo cercò il suo feriale nemico.
Così riposò presso a un ombroso sicumaro
E lì stette in meditabondo pensiero.

Er griff sein vorpals Schwertchen zu,
Er suchte lang das manchsam' Ding;
Dann, stehend unterm Tumtum Baum,
Er an-zu-denken-fing.

And, as in uffish thought he stood,
The Jabberwock, with eyes of flame,
Came whiffling through the tulgey wood,
And burbled as it came!

Pendant qu'il pense, tout uffusé,
Le Jaseroque, à l'oeil flambant,
Vient siblant par le bois tullegeais,
Et burbule en venant.

E mentre era afflitto da uffanti pensieri
il mascellodonte dagli occhi di fiamma
venne sguillando per il flitto bosco
e barbagliò al suo cospetto!

Als stand er tief in Andacht auf,
Des Jammerwochen's Augen-feuer
Durch turgen Wald mit Wiffek kam
Ein burbelnd Ungeheuer!

One, two! One, two! And through and through
The vorpal blade went snicker-snack!
He left it dead, and with its head
He went galumphing back.

Un deux, un deux, par le milieu,
Le glaive vorpal fait pat-à-pan!
La bête défaite, avec sa tête,
Il rentre gallomphant.

Uno, due, uno, due! E affondò
la vorpale lama zucando e zacando
fino alla morte. Poi con la sua testa
galonfappando ritornò.

Eins, Zwei! Eins, Zwei! Und durch und durch
Sein vorpals Schwert zerschnifer-schnück,
Da blieb es todt! Er, Kopf in Hand,
Geläumfig zog zurück.

"And hast thou slain the Jabberwock?
Come to my arms, my beamish boy!
O frabjous day! Callooh! Callay!"
He chortled in his joy.

«As-tu tué le Jaseroque?
Viens à mon coeur, fils rayonnais!
Ô jour frabbejais! Calleau! Callai!»
Il cortule dans sa joie.

«Hai ucciso il mascellodonte?
Vieni fra le mie braccia mio radioso fanciullo
O giorno fravoloso! Evviva, evviva!»
E cordeggiò un inno per la gioia.

»Und schlugst Du ja den Jammerwoch?
Umarme mich, mein Böhm'sches Kind!
O Freuden-Tag! O Halloo-Schlag!«
Er schortelt froh-gesinnt.

'Twas brillig, and the slithy toves
Did gyre and gimble in the wabe:
All mimsy were the borogoves,
And the mome raths outgrabe.

Il brilgue: les tôves lubricilleux
Se gyrent en vrillant dans le guave.
Enmîmés sont les gougebosqueux
Et le mômerade horsgrave.

Cenorava. E i visciattivi cavatalucerti
girillavano e sfrocchiavano nella serbaja;
mollicciattoli eran gli spennavoli
e gli smarruti verporcelli fistarnuiurlavano.

Es brillig war. Die schlichten Toven
Wirrten und wimmelten in Waben;
Und aller-mümsige Burggoven
Die mohmen Räth' ausgraben.

CAPITOLO XII

Menti e pensieri

Si possono trovare corrispondenze tra menti diverse?

Ora che abbiamo ipotizzato l'esistenza nel cervello di sottosistemi attivi a livello molto alto (i simboli), possiamo tornare alla questione se sia possibile istituire un isomorfismo, o un isomorfismo parziale, tra due cervelli. Anziché porci il problema di un isomorfismo a livello neuronico (che certamente non esiste) o a livello degli organi macroscopici (che certamente esiste, ma che non dice molto), ci chiediamo se si possa istituire un isomorfismo tra cervelli al livello dei simboli: una corrispondenza che non solo associ i simboli di un cervello coi simboli di un altro cervello, ma che associ anche strutture di attivazione a strutture di attivazione. Ciò significa che simboli corrispondenti nei due cervelli avrebbero collegamenti corrispondenti. Si tratterebbe di un vero e proprio isomorfismo *funzionale*, lo stesso tipo di isomorfismo di cui abbiamo parlato quando abbiamo cercato di caratterizzare ciò che è invariante in tutte le farfalle.

È subito evidente che non esiste tra due esseri umani qualsiasi un isomorfismo siffatto. Se esistesse, i loro pensieri sarebbero del tutto indistinguibili; ma ciò richiederebbe che le loro memorie fossero del tutto indistinguibili; e questo significherebbe che essi dovrebbero aver vissuto esattamente la stessa vita. Neppure due gemelli identici si avvicinano, sia pure lontanamente, a questo ideale.

E all'interno di uno stesso individuo? Se uno rilegge le cose che egli stesso ha scritto alcuni anni addietro, gli viene da dire "Che orrore!" e compatisce sorridendo la persona che è stato. Peggio è quando ci si comporta così davanti a una cosa che si è scritta o detta cinque minuti prima. Quando questo accade, ci appare chiaro che non comprendiamo completamente la persona che eravamo pochi momenti fa. L'isomorfismo tra il nostro cervello di *ora* e il nostro cervello di *allora* è imperfetto. Come si può parlare allora di isomorfismi rispetto agli altri uomini, alle altre specie...?

L'altra faccia della medaglia è messa in evidenza dalla forza della comunicazione che si instaura tra gli interlocutori più inverosimili. Si pensi alle barriere che superiamo quando leggiamo i versi composti in carcere da François Villon, il poeta francese del Quattrocento. Un altro essere umano, di un'altra epoca, incarcerato, che parlava un'altra lingua... Come si potrebbe mai sperare di avere un'idea delle connotazioni nascoste dietro la facciata delle sue parole, tradotte in italiano? Eppure egli fa giungere fino a noi una grande ricchezza di significato.

Dunque, da una parte possiamo abbandonare ogni speranza di trovare negli esseri umani un software esattamente isomorfo; ma dall'altra è chiaro che certe persone hanno una maggiore somiglianza di pensiero fra loro che non con altre. Parrebbe ovvio concludere che esiste una qualche sorta di isomorfismo di software parziale che collega i cervelli delle persone che hanno uno stile di pensiero simile; in particolare che esiste una corrispondenza tra (1) il repertorio dei simboli e (2) le strutture di attivazione dei simboli.

Il confronto tra reti semantiche diverse

Ma che cos'è un isomorfismo *parziale*? Rispondere a questa domanda è difficilissimo. E diventa ancora più difficile per il fatto che nessuno ha trovato un modo adeguato di rappresentare la rete dei simboli e delle loro strutture di attivazione. Talvolta viene disegnata una minuscola porzione di una siffatta rete di simboli, nella quale ciascun simbolo è rappresentato da un nodo al quale arrivano e dal quale partono alcuni archi. Le linee rappresentano, in un certo senso, i rapporti di attivazione. Figure di questa sorta rappresentano un tentativo di cogliere qualcosa della nozione intuitivamente sensata di "vicinanza concettuale". Vi sono tuttavia molti generi diversi di vicinanza, e la loro importanza è diversa nei diversi contesti. La Figura 72 illustra una minuscola porzione della mia propria "rete semantica". Il problema è che non è molto facile rappresentare un'interdipendenza così complessa di tanti simboli limitandosi a congiungere i vertici con poche linee.

Un altro problema legato a questo genere di diagrammi è che si sbaglia se si pensa che un simbolo sia semplicemente "acceso" o "spento"; benché ciò sia vero per i neuroni, non lo si può generalizzare verso l'alto, agli insiemi di neuroni. Sotto questo profilo i simboli, come ci si può aspettare, sono assai più complicati dei neuroni, poiché sono costituiti da molti neuroni. I messaggi che vengono scambiati tra i simboli sono più complessi della semplice circostanza: "Ora io sono attivato". Ciò è tipico piuttosto dei messaggi a livello neuronico. Ciascun simbolo può essere attivato in molti modi differenti e il tipo di attivazione avrà effetto nel determinare quali altri simboli esso cerca di attivare. Non sappiamo in che modo possiamo fornire una rappresentazione grafica di queste relazioni di attivazione così intrecciate (anzi, non sappiamo addirittura se sia possibile fornirla).

Ma supponiamo per un momento che la questione sia stata risolta. Supponiamo cioè di ammettere che esistano certi disegni in cui i nodi siano connessi da linee di collegamento (tracciate per esempio in vari colori, in modo da poter distinguere vari tipi di vicinanza concettuale), che colgano precisamente il modo in cui i simboli attivano altri simboli. Allora sotto quali condizioni riterremo isomorfi, o quasi isomorfi, due disegni di questo tipo? Poiché stiamo considerando una rappresentazione grafica della rete dei simboli, poniamoci un problema visivo analogo: come faremmo a stabilire se due ragnatele sono state tessute da ragni appartenenti alla stessa specie? Cercheremmo forse di controllare se i singoli vertici si corrispondono esattamente, proiettando con precisione una ragnatela sull'altra, vertice su vertice, fibra su fibra, magari angolo su angolo? Sarebbe uno sforzo vano. Due ragnatele non sono mai esattamente iden-

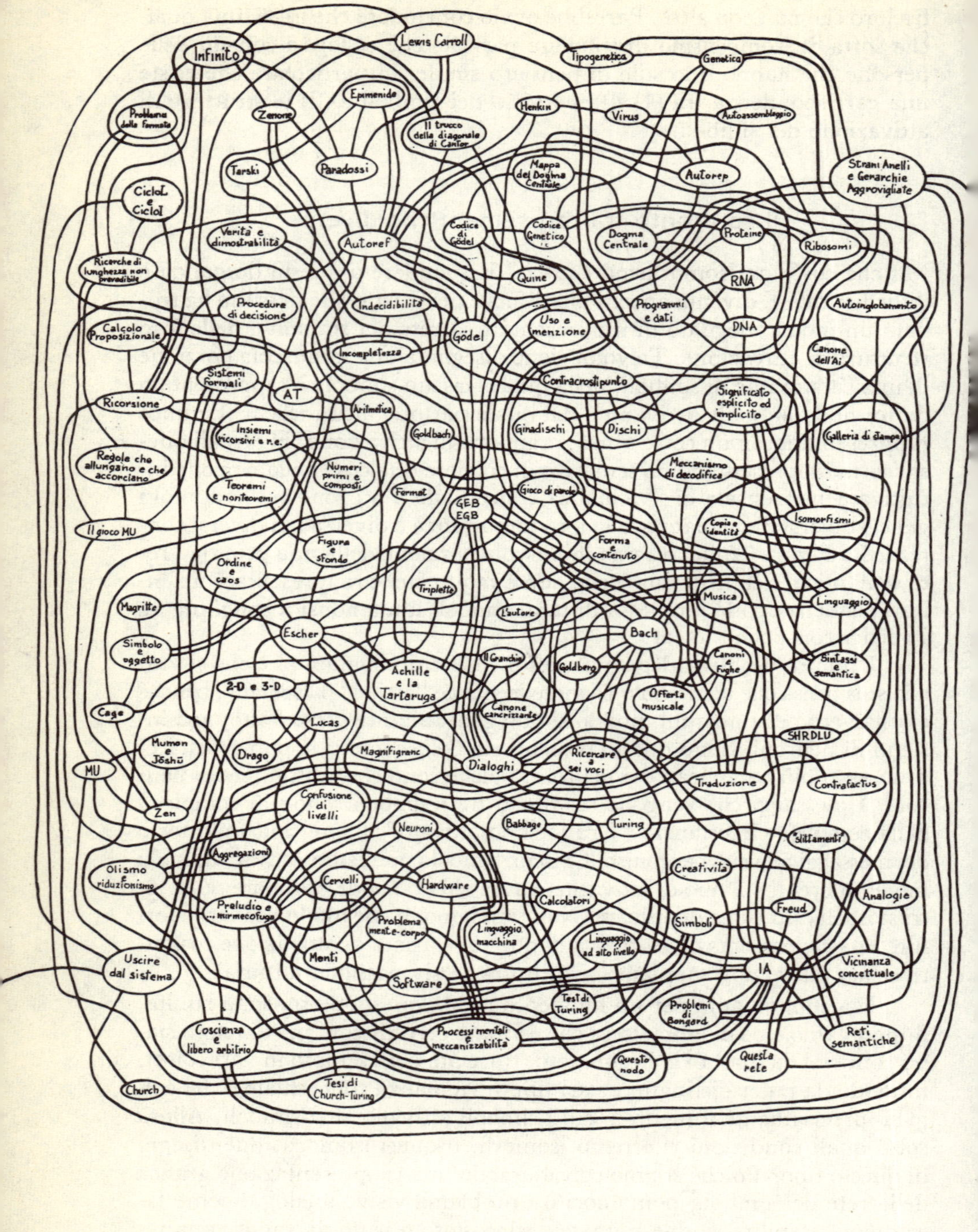

FIGURA 72. Una minuscola porzione della "rete semantica" dell'autore.

tiche; eppure c'è un certo "stile", una certa "forma", un certo non so che, che contrassegna in modo infallibile le ragnatele di una determinata specie.

Di qualunque struttura a rete, come la ragnatela, si possono prendere in esame le proprietà locali oppure le proprietà globali. Le proprietà locali richiedono un osservatore molto miope; ad esempio un osservatore che possa vedere solo un vertice per volta; viceversa le proprietà globali richiedono solo una visione d'insieme, che non si concentri sui particolari. Così, ad esempio, la forma complessiva della ragnatela è una proprietà globale, mentre il numero medio delle linee che s'incontrano in un vertice è una proprietà locale. Supponiamo di stabilire che il criterio più ragionevole per definire "isomorfe" due ragnatele sia che esse siano state tessute da ragni appartenenti alla stessa specie. Allora è interessante domandarsi quale genere di osservazione (locale o globale) può costituire la guida presumibilmente più fidata per determinare se due ragnatele sono isomorfe. Senza risolvere questo problema di ragnatele, torniamo alla questione della vicinanza (o se si vuole dell'isomorfia) di due reti di simboli.

Le traduzioni di *Jabberwocky*

Consideriamo un inglese, un francese, un italiano e un tedesco, ciascuno dei quali abbia un'ottima padronanza della propria lingua materna e a ciascuno dei quali piacciano molto i giochi di parole. Le loro reti di simboli saranno simili a livello locale o a livello globale? Anzi: ha senso porsi questa domanda? La domanda acquista concretezza se si considerano le traduzioni del famoso *Jabberwocky* di Lewis Carroll riportate sopra.

Ho scelto questo esempio perché, forse meglio che un esempio di prosa ordinaria, mette in luce il problema dell'individuazione dello "stesso nodo" in due reti diverse le quali, a un qualche livello di analisi, sono estremamente non-isomorfe. Per il linguaggio ordinario il problema della traduzione è più semplice, poiché per ogni parola o frase della lingua originale si può di solito trovare una parola o frase corrispondente nell'altra lingua. Viceversa, in una poesia di questo tipo, molte "parole" non hanno significato nel senso ordinario, ma funzionano da puri eccitatori di simboli vicini. Tuttavia ciò che è prossimo in una lingua può essere remoto in un'altra.

Ad esempio nel cervello di un inglese "slithy" (sdrucciolevole) probabilmente attiva, in varia misura, simboli come "slimy" (melmoso), "slither" (sdrucciolare), "slippery" (viscido), "lithe" (flessibile) e "sly" (truffaldino). "Lubricilleux" esercita un effetto corrispondente nel cervello di un francese? Ma che cosa è in realtà "l'effetto corrispondente"? È quello di attivare simboli che sono le traduzioni ordinarie di quelle parole? E se non esistesse alcuna parola, reale o costruita, in grado di far questo? Oppure, se la parola esistesse ma suonasse dotta e latineggiante ("lubricilleux") invece che ordinaria e anglosassone ("slithy")? "Huilasse" andrebbe forse meglio di "lubricilleux"? Oppure l'origine latina della parola "lubricilleux" non viene percepita da chi parla francese come sarebbe percepita se si trattasse di una parola inglese (diciamo "lubricilious")? E per un italiano "visciattivo" è sufficientemente vicino alla zona individuata da "slithy"? Parrebbe di sì per la componente "visc...", ma quell' "...attivo" in più genera eccitazioni ritenute opportune e comunque percepite dal traduttore italiano.

Un aspetto interessante della traduzione francese è la trasposizione al tempo presente. Mantenere il passato avrebbe reso necessari certi giri di parole innaturali, e in francese il presente ha una freschezza maggiore che non il passato. Il traduttore ha avuto la sensazione che ciò sarebbe stato "più confacente" (in un senso mal definibile ma inconfutabile) e ha effettuato il cambiamento. Chi può dire se avrebbe fatto meglio a rimaner fedele al tempo dell'inglese?

Nella traduzione tedesca si presenta questa frase stramba "er an-zu-denken-fing": essa non corrisponde ad alcuna frase dell'originale inglese. È una scherzosa inversione di parole che ricorda vagamente la frase inglese "he out-to-ponder set", se mi è consentito arrischiare una ritraduzione. Molto probabilmente questo buffo giro di parole è stato ispirato dall'analoga scherzosa inversione che si trova nel verso precedente dell'originale inglese: "So rested he by the Tumtum tree". Le corrisponde, eppure non le corrisponde.

Tra l'altro, perché in francese il "Tumtum tree" è diventato un "arbre Té-té" con una semplice, benché apparentemente arbitraria, variazione fonetica, mentre in italiano è diventato un "ombroso sicumaro"? Sicuramente la versione italiana è passata attraverso aspetti semantici del simbolo o dei simboli attivati dal "Tumtum tree" e precisamente in un qualche ambito vicino all' "esotico".

La parola "manxome" del testo originale, in cui la "x" infonde molte e ricche risonanze, viene resa debolmente in tedesco con "manchsam", che si può tradurre in inglese con "maniful". Anche al francese "manscant" fanno difetto le molteplici risonanze di "manxome", mentre l'italiano "feriale", ancora una volta semantico e non fonetico, equivoca tra la maschia ferocia di "manxome" e il senso corrente della parola. L'interesse che presenta questo genere di problemi di traduzione è enorme.

Di fronte a un esempio come questo, si capisce come sia del tutto impossibile fare una traduzione esatta. Eppure, anche in un caso limite di questo genere, che presenta difficoltà patologiche, a quanto pare si riesce a raggiungere una certa grossolana equivalenza. A che servirebbe questo fatto se veramente non vi fosse alcun isomorfismo tra i cervelli delle persone che leggeranno le differenti versioni? La risposta è che vi è una sorta di grossolano isomorfismo, in parte globale, in parte locale, tra i cervelli di tutti i lettori di queste quattro poesie.

Le "CEE"

Una divertente fantasia geografica potrà dare una certa idea intuitiva di che cosa possa essere questo quasi-isomorfismo. (Per inciso, questa fantasia è abbastanza simile a un'analogia geografica escogitata da M. Minsky nel suo articolo sulle "frames" pubblicato nel libro *The Psychology of Computer Vision* di P.H. Winston). Si immagini di sottoporre un gruppo di persone, chiamiamole A, B, C, ecc., a questo strano esperimento fantascientifico: ad ognuna viene consegnata una "cartina muta" dei paesi della CEE, una di quelle strane carte geografiche in cui sono indicate tutte le caratteristiche geografiche naturali (fiumi, monti, laghi, e così via), ma che non contengono neanche una parola stampata. I fiumi sono rappresentati da linee azzurre, i monti da tinteggiature, eccetera. Ad ogni partecipante all'esperimento viene detto che deve trasformare questa cartina in una carta stradale per un suo viaggio imminente. Occorre che vi inserisca con esattezza il nome di tutti gli stati, i loro confini, poi le città, i paesi, le superstrade, le autostrade a pedaggio, tutte le strade provinciali, tutti i parchi nazionali, i campeggi, le zone panoramiche, le dighe, gli aeroporti e così via... Gli si richiede di eseguire questo compito con la precisione tipica di una carta stradale particolareggiata e basandosi unicamente sulle notizie che ha già nella sua testa: per tutta la durata del suo lavoro non gli è consentito avvalersi di alcuna informazione che lo possa aiutare. Gli si dice che per la sua opera ci sarà un compenso, tanto più interessante quanto più precisa e particolareggiata sarà la carta.

Seguiamo ora il lavoro di uno dei partecipanti all'esperimento, per esempio del signor A. A, dunque, come prima cosa comincerà a mettere al loro posto i confini fra gli stati, le grandi città, le strade più importanti, e tutto ciò che conosce bene. Quando la sua conoscenza fattuale di una certa zona sarà esaurita, gli converrà ricorrere all'immaginazione, per riprodurre almeno l'atmosfera di quella zona, se non proprio la sua verità geografica, inventando nomi fittizi di città, popolazioni fittizie, strade fittizie, parchi fittizi, e così via. Questo arduo compito lo terrà impegnato per mesi. Per rendergli il lavoro un po' più agevole, gli verrà messo a disposizione un cartografo che stamperà tutto nitidamente. Il prodotto finale sarà la sua personale "Carta Eterodossa dell'Europa", la sua "CEE" personale.

Se ora si confrontano le carte ortodosse (cioè le carte ufficiali degli Istituti Geografici), con le "CEE" personali di A, B, C, ecc., si vedrà che esse contengono punti di stupefacente concordanza con i veri paesi della CEE in corrispondenza di alcune zone particolari: quelle in cui l'autore è cresciuto o vive o in cui gli è capitato di viaggiare, che saranno diverse nelle diverse carte, e quelle di particolare interesse turistico, come la Costa Azzurra, il golfo di Napoli o le grandi capitali europee, che tenderanno a presentarsi abbastanza fedeli in molte delle carte.

Un capovolgimento inatteso

A questo punto, ad A capita una sorpresa: come per magia, la regione che ha disegnato diviene reale e il suo autore ci viene trasportato. Un amichevole comitato gli fa omaggio della sua automobile preferita e gli spiega: "In compenso delle sue fatiche, le è offerto un viaggio gratuito senza limiti di tempo, attraverso la bella Europa della CEE. Potrà andare dovunque voglia, fare qualunque cosa le piaccia, per tutto il tempo che desidera: è un omaggio dell'Associazione Geografica della CEE. Ecco qua una carta stradale che le servirà durante il viaggio". Con grande sorpresa di A, tuttavia, non gli viene consegnata la carta da lui disegnata, bensì una normale carta stradale dell'Europa.

Quando A si mette in viaggio, gli capitano i più svariati e curiosi incidenti. Per orientarsi, egli deve usare una carta che si attaglia solo in parte ai paesi attraversati. Finché si mantiene sulle autostrade più grandi, riuscirà probabilmente a viaggiare senza confusioni grossolane, ma nel momento in cui prenderà le strade fuori mano della Baviera o viaggerà per le campagne piatte dell'Olanda, gli capiteranno spiacevoli avventure. Quando chiederà indicazioni per raggiungere una certa cittadina o per imboccare una certa strada secondaria, gli abitanti del luogo non capiranno di che cosa sta parlando. Riuscirà a farsi capire solo quando chiederà delle grandi città, ma neppure in questo caso gli itinerari per giungervi coincideranno con quelli indicati sulla sua carta. Talvolta accadrà che alcune delle città che la gente del posto considera grandissime sulla sua carta non esistano neppure; o magari esistono, ma la popolazione indicata dalla carta è errata di un ordine di grandezza.

Centralità e universalità

Che cosa rende nonostante tutto così simili tra loro una "CEE" e i veri paesi della CEE, che pure sotto certi profili sono così diversi? È il fatto che si può trovare una corrispondenza fra le loro città e le strade di comunicazione più importanti. Le differenze si riscontrano nelle strade meno frequentate, nelle città minori e così via. Si noti che tutto ciò non può essere descritto né come un isomorfismo locale né come un isomorfismo globale. Alcune corrispondenze scendono proprio fino al livello minutamente locale: ad esempio in entrambe le carte la via principale di Parigi saranno gli Champs-Elysées e in entrambe esisterà magari una Piazza del Popolo; tuttavia può darsi che le due Danimarche abbiano solo Copenaghen in comune. Qui dunque non vale la distinzione tra locale e globale. Ciò che importa è la *centralità* della città in termini di economia, di comunicazioni, di interesse artistico, eccetera. Quanto più la città è vitale sotto uno di questi profili, tanto più certa sarà la sua presenza congiunta nella "CEE" e nella vera Europa.

Un aspetto di questa analogia geografica è basilare: ci sono alcuni punti di riferimento ben definiti e assoluti che si ritroveranno in quasi tutte le "CEE": Parigi, Roma, Berlino e così via. A partire da questi è poi possibile orientarsi. In altre parole, se A e B confrontano le loro personali "CEE" per scambiarsi consigli e informazioni, essi potranno sfruttare le concordanze palesi relative alle grandi città per stabilire punti di riferimento in base ai quali comunicarsi le ubicazioni delle città minori che non compaiono in entrambe le "CEE". Se A parla di un viaggio da Vigevano a Bruges e B non sa dove si trovino queste cittadine, A può far riferimento a qualcosa che sulla carta ha in comune con B e con ciò farglielo capire. Se poi A si riferisce a un viaggio da Altona a Milano, esso può svolgersi, secondo le diverse "CEE", lungo autostrade o strade minori diverse, ma il viaggio in sé può essere compiuto altrettanto bene in entrambe le versioni dell'Europa. Se infine B descrive una gita da Villanova a Castelvecchio, A può tracciare quella che a lui pare una gita *analoga* sulla sua "CEE", anche se in essa non compaiono cittadine con quel nome, purché B gli fornisca continuamente indicazioni sulla sua posizione rispetto a città vicine più grandi che si trovino tanto nella sua "CEE" quanto nella "CEE" di A.

Le strade di A non coincideranno esattamente con le strade di B, ma ciascuno di loro, separatamente, può passare con la propria carta da una parte all'altra dell'Europa. Questo è reso possibile dai fatti geologici esterni e predeterminati (catene di montagne, corsi d'acqua, eccetera), che entrambi conoscevano durante l'allestimento delle loro carte. In assenza di queste caratteristiche esterne non esisterebbero punti di riferimento comuni. Se per esempio ad A fosse toccata una carta della sola Francia e a B fosse toccata una carta della sola Germania e le avessero completate entrambe in tutti i particolari, non potrebbero in alcun modo trovare "lo stesso luogo" nei loro territori fittizi. È necessario partire da condizioni esterne identiche, altrimenti non potrà combaciare nulla.

Ora che abbiamo spinto alquanto a fondo la nostra analogia geografica, torniamo al problema degli isomorfismi tra cervelli. Ma ha senso, ci si potrebbe chiedere, dare tanto rilievo a questo problema degli isomorfismi tra cervelli: che importa se due cervelli sono isomorfi, quasi isomorfi o per nulla isomorfi? La risposta è che intuitivamente noi sentiamo che, benché le altre persone siano differenti da noi sotto aspetti importanti, tuttavia esse sono proprio "come" noi sotto altri aspetti profondi e importanti. Sarebbe istruttivo riuscire a identificare questo nucleo invariante dell'intelligenza umana, e riuscire poi a descrivere i generi di "abbellimenti" che ad esso si possono aggiungere e che rendono ciascuno di noi un'incarnazione unica di quella qualità astratta e misteriosa chiamata "intelligenza".

Nella nostra analogia geografica, le città e i paesi erano i corrispettivi dei simboli, mentre le strade e le autostrade erano i corrispettivi delle potenziali connessioni di attivazione. Il fatto che tutte le "CEE" abbiano in comune certi elementi, come la costa atlantica, il Mediterraneo, il fiume Reno, i Pirenei, le Alpi e molte tra le città e le strade principali, corrisponde al fatto che tutti noi siamo costretti, dalle realtà esterne, a costruire certi simboli di classe e certe strutture di attivazione in modo identico. Questi simboli cardinali sono come le grandi città, alle quali ciascuno può far riferimento senz'ambiguità. (Tra parentesi, il fatto che le città siano entità localizzate non dev'essere in alcun modo considerato come un'indicazione che i simboli del cervello siano entità piccole, quasi puntiformi: semplicemente questo è il modo di simboleggiarli in una rete).

Il fatto è che un'ampia porzione della rete di simboli di ogni uomo è *universale*. Tendiamo talmente a dare per scontato tutto ciò che è patrimonio comune di tutti gli uomini che ci è difficile capire quanto abbiamo in comune con gli altri. Occorre lo sforzo cosciente di immaginare quanto (o quanto poco) abbiamo in comune con altri tipi di entità, come le pietre, le automobili, i ristoranti, le formiche, e così via, per renderci conto di quante cose abbiamo in comune con una qualsiasi altra persona scelta a caso. Ciò che notiamo immediatamente di un'altra persona non è questo nucleo fisso comune, poiché esso è dato per scontato non appena riconosciamo la natura umana dell'altra persona; invece guardiamo oltre al nucleo comune e in generale riscontriamo alcune differenze importanti, e insieme alcune ulteriori e inattese parti in comune.

Qualche volta si riscontra che nell'altra persona manca parte di ciò che si pensava fosse il nucleo comune minimo (come se dalla sua "CEE" mancasse Roma, fatto quasi inimmaginabile). Ad esempio, potrebbe darsi che qualcuno non sappia che cos'è un elefante, o chi è l'attuale presidente della Repubblica, o che la Terra è rotonda. Allora è probabile che la rete di simboli di questa persona sia così fondamentalmente diversa dalla nostra che ci sarà difficile stabilire una comunicazione significativa. D'altra parte, questa stessa persona avrà magari in comune con noi qualche genere specializzato di conoscenza (ad esempio la perizia nel gioco del domino); in tal caso potremo comunicare bene in un ambito limitato. Ciò corrisponde a incontrare qualcuno che proviene dal nostro stesso paese della Basilicata, cosicché in una zona piccolissima le nostre due "CEE" coincidono fin nei minimi particolari, permettendoci di descrivere agevolmente alcuni brevi percorsi di quella regione.

In quale misura il pensiero viene incanalato dalla lingua e dalla cultura?

Se ora torniamo a confrontare la nostra rete di simboli con quelle di un francese, di un inglese e di un tedesco, possiamo aspettarci che, nonostante la differenza di madrelingua, tutte queste reti posseggano il nucleo fisso comune dei simboli di classe. Non ci aspettiamo di avere in comune con quelle persone reti altamente specializzate, ma non ci aspettiamo che ciò accada neppure con una persona scelta a caso della nostra stessa madrelingua. Le persone di un'altra lingua avranno strutture di attivazione alquanto diverse dalle nostre, ma anche in questo caso i simboli di classe più importanti e le loro principali connessioni saranno presenti come parte del patrimonio universale, e di conseguenza sarà possibile, facendo riferimento ad essi, descrivere altre connessioni secondarie.

Ora può accadere che ciascuno di quei quattro individui, il francese, l'inglese, il tedesco e l'italiano, possegga anche una certa padronanza delle lingue degli altri. In che cosa consiste la differenza tra il vero possesso di una lingua e la semplice capacità di comunicare? In primo luogo, chi possiede l'italiano usa la maggior parte delle parole più o meno con la loro frequenza regolare. Uno straniero avrà appreso alcune parole dal dizionario, dai romanzi o dai manuali di conversazione, parole che in una certa epoca saranno magari state in voga e molto usate, ma che ora hanno una frequenza bassissima: ad esempio "acciocché" invece di "affinché", "adunque" invece di "dunque", "il di lui" invece che "il suo", eccetera.

Anche se di solito il significato traspare, la scelta insolita delle parole rivela nel parlante uno straniero.

Ma supponiamo che uno straniero impari ad usare tutte le parole grosso modo con la loro frequenza normale. Con ciò la sua lingua diventa veramente scorrevole? Probabilmente no: al di sopra del livello delle parole c'è un livello associativo, legato alla cultura nel suo complesso: storia, geografia, religione, novelle per bambini, letteratura, livello di sviluppo tecnologico e così via. Questo livello associativo permea molto profondamente ogni lingua. Eppure, nell'ambito della padronanza di una lingua, vi è spazio per ogni genere di varietà, altrimenti a parlare in modo davvero scorrevole sarebbero solo le persone dai pensieri irrigiditi negli stereotipi più rigorosi!

Mentre si deve riconoscere la profonda influenza che la *cultura* ha sul pensiero, non si deve esagerare la parte che nel foggiare i pensieri ha la *lingua*. Ad esempio, quelle che in inglese possono essere indicate come due "sedie" (chairs) potrebbero essere considerate da un francese o da un italiano come oggetti appartenenti a due tipi distinti: "chaise" o "sedia" e "fauteuil" o "poltrona". Le persone di madrelingua francese o italiana sono più consapevoli di questa differenza delle persone di madrelingua inglese; ma d'altra parte, chi è cresciuto in un ambiente operaio è più consapevole di altri della differenza che c'è, ad esempio, tra un "bullone" e una "vite". In un ambiente borghese magari si chiamerebbero tutte "viti". Non è la differenza di lingua materna, ma la differenza di cultura (o di sottocultura) che dà origine a questa differenza di percezione.

È del tutto normale che i rapporti tra simboli di persone di madrelingua differente siano fondamentalmente simili, almeno se ci si limita a considerarne un nucleo minimo, dato che tutte queste persone vivono nello stesso mondo. Ma quando si prendono in esame aspetti più dettagliati delle strutture di attivazione, si scopre che vi sono meno cose in comune. Sarebbe come se si confrontassero certe zone rurali della Germania su "CEE" tracciate da persone che non fossero mai vissute in Germania. Ciò tuttavia non avrebbe alcuna importanza se vi fosse comunque un grado sufficiente di accordo sulle città e sulle strade principali, in modo che vi fossero punti di riferimento comuni su tutta la carta.

Viaggi e itinerari con le "CEE"

Pur senza renderla esplicita, ho già usato un'immagine di ciò che rappresenta un "pensiero" nell'analogia delle "CEE": ho cioè insinuato che un *pensiero* corrisponda a un *viaggio*. Le *città* che vengono attraversate rappresentano i *simboli* che vengono eccitati. Non si tratta di un'analogia perfetta, ma è molto solida. Una discrepanza che rimane è questa: quando un pensiero ricorre abbastanza spesso nella mente di qualcuno, può darsi che esso venga compresso in un concetto unico. In una "CEE" ciò corrisponderebbe ad un evento stranissimo: un viaggio compiuto frequentemente diventerebbe, in qualche modo arcano, una città o un paese nuovo! Se si vuol continuare ad usare la metafora della "CEE" è importante tener presente che le città rappresentano non solo i simboli *elementari*, come quelli di "erba", "casa" e "automobile", ma anche quei simboli che vengono creati dalla capacità di *aggregazione in blocchi* del cervello: cioè simboli di concetti complessi come "canone cancrizzante", "palindromo" o "CEE".

Ora, se si ammette che la nozione fare un viaggio corrisponda in modo soddisfacente alla nozione avere un pensiero, si presenta il seguente difficile quesito: si può effettivamente immaginare qualsiasi percorso che porti da una città a un'altra e poi a una terza e così via, purché si tenga presente che vengono attraversate anche alcune città intermedie? Ciò corrisponderebbe all'attivazione, uno dopo l'altro, di una *successione arbitraria di simboli*, in cui vi sia spazio anche per certi simboli in più, quelli situati lungo il percorso. Se potesse essere effettivamente attivata qualunque successione di simboli in qualsiasi ordine desiderato, il cervello potrebbe sembrare un sistema in grado di assorbire o di fabbricare indiscriminatamente qualunque pensiero. Ma tutti sappiamo che non è così. Di fatto, vi sono certi generi di pensieri che chiamiamo *conoscenze*, o *convinzioni*, la cui funzione è affatto diversa da quella delle fantasie casuali o delle assurdità che coltiviamo per divertirci. Come si può caratterizzare la differenza tra sogni, pensieri fugaci, convinzioni e conoscenze?

Percorsi possibili, potenziali e pazzeschi

Vi sono certi percorsi (li possiamo concepire come percorsi tanto su una "CEE" quanto in un cervello) che vengono compiuti abitudinariamente quando si va da un posto a un altro; vi sono altri percorsi che possono essere seguiti soltanto se vi si viene condotti per mano. Questi ultimi sono "percorsi potenziali", che saranno seguiti soltanto se si presenteranno circostanze esterne particolari. I percorsi a cui si ricorre in continuazione sono percorsi che racchiudono conoscenza (e qui mi riferisco non solo alla conoscenza dei *fatti*, cioè a conoscenze di tipo dichiarativo, ma anche alla conoscenza del *come*, cioè a conoscenze di tipo procedurale). Questi percorsi stabili e fidati costituiscono la conoscenza. Gli elementi di conoscenza si fondono via via con le convinzioni, rappresentate anch'esse da percorsi fidati, sì, ma forse più suscettibili di essere sostituiti se, per così dire, un ponte diviene intransitabile o se ci s'imbatte nella nebbia. Ciò che resta sono le fantasie, le bugie, le falsità, le assurdità e le loro varianti. Queste corrisponderebbero a itinerari eccentrici, ad esempio quello che va da Firenze a Bologna passando per Liegi e per Madrid. Certo si tratta di percorsi possibili, ma non sono probabilmente itinerari comuni, seguiti nei viaggi di ogni giorno.

Una conseguenza curiosa, e divertente, di questo modello è che tutti i generi "aberranti" di pensiero elencati sopra sono completamente composti, in ultimissima analisi, di convinzioni o di elementi di conoscenza. Ciò significa che qualunque percorso indiretto, bizzarro e tortuoso si compone di un certo numero di tratti diretti, non bizzarri e non tortuosi; e questi percorsi brevi e diretti che connettono un simbolo all'altro rappresentano pensieri semplici dei quali ci si può fidare: si tratta di convinzioni e di elementi di conoscenza. A ben pensarci, tuttavia, ciò non è sorprendente, poiché è del tutto ragionevole che noi riusciamo solo ad immaginare cose fittizie le cui fondamenta poggino in qualche misura sulle realtà di cui abbiamo avuto esperienza, a prescindere da quanto pazzamente se ne discostino. Forse i sogni sono soltanto percorsi tortuosi di questo tipo nelle "CEE" della nostra mente: localmente hanno senso, ma globalmente...

I diversi stili di traduzione dei romanzi

Una poesia tipo *Jabberwocky* è come un viaggio irreale compiuto su una "CEE": si salta all'improvviso da uno stato all'altro seguendo itinerari curiosissimi. Le traduzioni rendono questo carattere della poesia più che la precisa successione dei simboli che vengono attivati, benché anche sotto questo profilo facciano del loro meglio. Nella prosa ordinaria questi balzi e questi salti non sono altrettanto comuni; tuttavia possono presentarsi problemi di traduzione analoghi. Supponiamo di stare traducendo un romanzo dal russo in italiano e di imbatterci in una frase la cui traduzione letterale sia "mangiò una scodella di boršč". Molti futuri lettori del romanzo non avranno la minima idea di che cosa sia il boršč; si potrebbe allora tentare di sostituirlo con l'alimento "corrispondente" nella loro cultura e fare la traduzione seguente: "mangiò un piatto di polenta". Se qualcuno dei miei lettori pensa che io stia esagerando, lo invito a prendere un testo straniero e a confrontarlo con alcune sue traduzioni: si accorgerà che casi del genere si presentano continuamente. A me è capitato di consultare tre diverse traduzioni inglesi in edizione tascabile del romanzo *Delitto e castigo* di Dostoevskij, e ho riscontrato la seguente curiosa situazione.

Nella prima frase del testo russo s'incontra il nome di strada "S. Pereulok" (questa è la traslitterazione). Che significa ciò? Un lettore attento dell'opera di Dostoevskij che conosca Leningrado (o forse dovrei dire "Pietroburgo"?) può scoprire, controllando accuratamente le altre indicazioni topografiche del libro (che tra l'altro sono indicate anch'esse solo tramite le iniziali), che dovrebbe trattarsi dello "Stoljarnij Pereulok". Probabilmente Dostoevskij voleva raccontare la storia in modo realistico, ma non tanto da indurre i lettori a prendere alla lettera l'indicazione dei luoghi nei quali si immaginava che fossero accaduti i delitti e gli altri avvenimenti. Comunque c'è un problema di traduzione; o per essere più precisi, ci sono parecchi problemi di traduzione, a parecchi livelli diversi.

In primo luogo, si deve conservare l'iniziale, in modo da riprodurre l'atmosfera un po' misteriosa che già permea questa prima frase del libro? In tal caso si avrebbe "vicolo S." ("vicolo" è la traduzione corrente di "pereulok"). Nessuno dei tre traduttori ha optato per questa soluzione, ma uno ha deciso di scrivere "chiasso S.". Nella traduzione di *Delitto e castigo* che avevo letto alle scuole superiori era stata fatta la stessa scelta. Non dimenticherò mai la sensazione di disorientamento che provai quando cominciai a leggere il romanzo e incontrai quelle strade con una lettera al posto del nome. All'inizio del libro provai una sorta di disagio impalpabile; ero certo che mi sfuggisse qualcosa di essenziale, eppure non sapevo che cosa... Ne conclusi che tutti i romanzi russi erano molto bizzarri.

Ora potremmo essere franchi con il lettore (che, probabilmente, non ha comunque la minima idea se la strada sia reale o immaginaria!) e fargli godere i vantaggi dell'erudizione moderna scrivendo "vicolo Stoljarnij" (o "chiasso Stoljarnij"). Il secondo traduttore ha fatto questa scelta, traducendo con "chiasso Stoljarnij".

E il terzo? Costui fornisce la traduzione più interessante di tutte: "vicolo del Falegname". E perché no? Dopo tutto "Stoljar" significa "falegname" e "nij" è la desinenza dell'aggettivo. Così ora potremmo immaginarci a Londra e non a Pietroburgo, nel bel mezzo di una situazione inventata da Dickens e non da Dostoevskij. È questo che vogliamo? Allora forse dovremmo semplicemente leggere un romanzo di Dickens, giustificandoci col fatto che "è l'opera corrispondente in inglese". Se lo si considera da un livello sufficientemente alto, un romanzo di Dickens è una "traduzione" del romanzo di Dostoevskij, anzi la migliore possibile! A che cosa ci serve Dostoevskij dopo tutto?

Partendo dal tentativo di mantenersi letteralmente fedeli allo stile dell'autore, siamo giunti via via a traduzioni che si limitano a rendere l'atmosfera. Ora, se questo accade già con la prima frase, ci si può immaginare che cosa deve accadere col resto del libro! Ad esempio, quando l'affittacamere tedesca comincia a urlare nel suo russo germanizzante, come si può tradurre quel russo stentato parlato con accento tedesco?

Si può inoltre considerare il problema di come tradurre il gergo e le espressioni colloquiali. Si deve cercare una frase "analoga" o si deve optare per una traduzione parola per parola? Se si cerca la frase analoga, si corre il rischio di commettere uno strazio del tipo "polenta"; ma se si traduce ogni frase idiomatica parola per parola, allora la traduzione conserverà un'impronta straniera. Forse ciò è auspicabile, poiché per chi non è russo la cultura russa è straniera. Ma leggendo una siffatta traduzione si proverà sempre, a causa di queste locuzioni insolite, una sensazione (artificiosa) di inusitato, non voluta dall'autore e non provata dai lettori dell'originale russo.

Problemi di questa natura ci rendono perplessi di fronte ad asserzioni come quella fatta verso la fine degli anni '40 da Warren Weaver, uno dei primi sostenitori della traduzione automatica: "Guardando un articolo in russo mi dico: 'In realtà questo è scritto in inglese, ma è stato codificato con certi simboli strani. Ora procederò alla decodificazione' ".[1] L'osservazione di Weaver non può assolutamente essere presa alla lettera; dev'essere considerata piuttosto come un modo provocatorio di asserire che, nascosto nei simboli, c'è un significato che può essere descritto in modo obiettivo, o almeno in modo abbastanza prossimo all'obiettività; pertanto non dovrebbe esserci alcun motivo di supporre che un calcolatore sufficientemente ben programmato non sappia scoprirlo.

Confronti ad alto livello tra programmi

L'asserzione di Weaver riguarda la traduzione da un linguaggio naturale a un altro. Consideriamo ora il problema della traduzione da un linguaggio di calcolatore a un altro. Supponiamo ad esempio che due persone abbiano scritto programmi che vengono eseguiti su calcolatori diversi e che si desideri sapere se i due programmi compiono lo stesso lavoro: come possiamo scoprirlo? Dobbiamo confrontare i programmi, ma a che livello dobbiamo farlo? Magari uno dei programmatori ha usato il linguaggio macchina e l'altro un linguaggio compilativo. Si possono confrontare due programmi siffatti? Certamente. Ma come si deve fare? Un modo potrebbe essere quello di compilare il programma scritto nel linguaggio compilativo per ottenere un programma scritto nel linguaggio macchina del calcolatore corrispondente.

Ora abbiamo due programmi in linguaggio macchina, ma c'è un altro problema: vi sono due calcolatori diversi, e quindi due linguaggi macchina che possono anche essere molto diversi. Le parole di una macchina possono essere di sedici bit, quelle dell'altra di trentasei bit. Magari lo hardware di una macchina comprende istruzioni per il trattamento delle pile e quello dell'altra no. Le differenze tra lo hardware delle due macchine può far apparire inconfrontabili i due programmi in linguaggio macchina; eppure abbiamo il sospetto che essi compiano lo stesso lavoro e ci piacerebbe riuscire a vederlo a colpo d'occhio. Evidentemente stiamo osservando i programmi da una distanza troppo ravvicinata.

Ciò che dobbiamo fare è tirarci un po' indietro, allontanandoci dal linguaggio macchina per avvicinarci a un livello superiore in cui le istruzioni sono raggruppate in blocchi più grossi. Da questa posizione vantaggiosa speriamo di riuscire a scorgere in ciascun programma certi blocchi che ce lo facciano apparire pianificato razionalmente su una scala globale e non locale; cioè blocchi che si collegano l'un l'altro in maniera significativa, permettendoci di percepire i fini del programmatore. Supponiamo che all'inizio entrambi i programmi siano scritti in linguaggi ad alto livello. Allora gli elementi costitutivi del programma sono già dei blocchi sufficientemente significativi; ma c'imbatteremo in altre difficoltà. Vi è tutto un proliferare di questi linguaggi: Fortran, Algol, Lisp, APL e molti altri. Come si fa a confrontare un programma scritto in APL con un programma scritto in Algol? Certamente non li si può collazionare riga per riga. Ancora una volta, organizzeremo mentalmente questi programmi in modo da riconoscervi unità concettuali o funzionali che si corrispondano. Dunque non stiamo confrontando hardware, non stiamo confrontando software: stiamo confrontando "etherware", cioè quei concetti eterei che stanno sullo sfondo del software. C'è una sorta di "scheletro concettuale" astratto che si deve far salire a galla dai livelli bassi prima di poter procedere a un confronto significativo tra due programmi scritti in linguaggi di calcolatore diversi, proprio come si farebbe per un confronto tra due animali o tra due proposizioni appartenenti a linguaggi naturali diversi.

Ora questo ci riporta a una domanda che ci siamo già posti a proposito dei calcolatori e dei cervelli. Che senso può avere una descrizione a basso livello di un calcolatore o di un cervello? Esiste, in un qualche senso ragionevole, un modo *obiettivo* di estrarre una descrizione di alto livello da una descrizione di basso livello in sistemi così complicati? Nel caso di un calcolatore si può ottenere facilmente una visualizzazione completa dal contenuto della memoria (un *riversamento di memoria*, come si suol dire). Agli albori del calcolo automatico capitava molto spesso di dover stampare questi riversamenti, quando un programma funzionava male. Il programmatore doveva poi andarsene a casa e lavorare per ore sul riversamento, cercando di capire che cosa rappresentasse ciascun frammento di memoria. Sostanzialmente il programmatore in tal caso faceva l'opposto di quello che fa un compilatore: traduceva dal linguaggio macchina in un linguaggio di livello superiore, un linguaggio concettuale. Alla fine il programmatore avrebbe capito, si spera, i fini del programma e avrebbe potuto descriverlo in termini ad alto livello; ad esempio: "Questo programma traduce romanzi dal russo in inglese", oppure: "Questo programma compone una fuga a otto voci sulla base di qualsiasi tema gli venga assegnato".

Confronti ad alto livello tra cervelli

Ora dobbiamo studiare lo stesso problema nel caso dei cervelli. In questo caso la domanda che ci poniamo è: "I cervelli delle persone sono anch'essi suscettibili di essere 'letti' ad alto livello? Esiste qualche descrizione obiettiva del contenuto di un cervello?". Nella *Mirmecofuga* il Formichiere sosteneva di essere in grado di dire a che cosa stava pensando il suo amico formicaio osservando le evoluzioni delle formiche che lo componevano. Sarebbe forse concepibile un qualche essere superiore, magari un Neuroniere, che osservasse i nostri neuroni, ne riconoscesse i blocchi funzionali, e se ne uscisse con una descrizione dei nostri pensieri?

La risposta dev'essere certamente sì, perché tutti noi siamo capaci di descrivere l'attività della nostra mente in qualunque momento in termini di blocchi funzionali (cioè non neuronici). Ciò significa che possediamo un meccanismo che ci permette di vedere lo stato del nostro cervello approssimativamente come un'organizzazione di blocchi e di darne una descrizione funzionale. Per essere più precisi, non vediamo come un'organizzazione di blocchi tutto lo stato del cervello, ma solo quelle porzioni che sono attive. Tuttavia se qualcuno c'interroga su un argomento codificato in un'area del nostro cervello che in quel momento è inattiva, quasi istantaneamente riusciamo ad accedere all'area dormiente giusta e a ricavarne una descrizione ben organizzata in blocchi; riusciamo cioè a dire le nostre opinioni su quell'argomento. Si osservi che l'informazione che ricaviamo sul livello neuronico di quella parte del cervello è assolutamente nulla: la nostra descrizione è così strettamente circoscritta al livello dei blocchi che non abbiamo neppure idea di quale parte del cervello essa descriva. Si confronti questa situazione con quella del programmatore che, viceversa, ricava la sua descrizione a blocchi da un'analisi cosciente di tutte le parti del riversamento di memoria.

Ora, se una persona riesce a fornire una descrizione a blocchi di una parte qualunque del proprio cervello, perché un estraneo, usando qualche mezzo non distruttivo di accesso allo stesso cervello, non potrebbe essere in grado non solo di riconoscere blocchi funzionali in porzioni limitate di esso, ma anche di darne una descrizione a blocchi completa (in altri termini, una documentazione completa delle convinzioni della persona al cui cervello ha accesso)? È ovvio che una tale descrizione avrebbe dimensioni astronomiche, ma questo ora non ci riguarda. Quello che ci interessa è sapere se, in linea di principio, esiste una ben definita descrizione ad alto livello del cervello o se, viceversa, la descrizione a livello neuronico — o a qualche altro livello fisiologico, altrettanto poco illuminante ai fini di una comprensione intuitiva — sia la migliore descrizione che ci possiamo aspettare. Certamente risolvere questo problema sarebbe della massima importanza per chi voglia sapere se potremo mai comprendere noi stessi.

Convinzioni potenziali e simboli potenziali

Il mio assunto è che una descrizione a blocchi sia possibile, ma non basta averla ottenuta perché tutto diventi improvvisamente semplice e chiaro. Il problema è che per riuscire a dare una descrizione a blocchi dello stato del cervello ci serve un linguaggio nel quale descrivere le nostre scoperte. Ora, il modo più appropriato per descrivere un cervello potrebbe essere quello di enumerare i tipi di pensiero che esso potrebbe ospitare e i tipi di pensiero che esso non potrebbe ospitare; oppure, forse, di enumerare le sue convinzioni e le cose in cui esso non crede. Se il fine che ci proponiamo di raggiungere con una descrizione a blocchi è questo, allora è facile vedere in che razza di guai ci stiamo cacciando.

Supponiamo di voler enumerare tutti i viaggi possibili che si potrebbero compiere su una "CEE"; ce n'è un numero infinito. Ma come si stabilisce quali sono *plausibili*? Intanto, che cosa vuol dire "plausibile"? Proprio questo è il genere di difficoltà che incontreremmo tentando di stabilire qual è, in un cervello, un "itinerario possibile" da un simbolo a un altro. Possiamo immaginare un cane che vola a zampe all'insù con un sigaro in bocca, o uno scontro tra due gigantesche uova fritte su un'autostrada, o una quantità di altre immagini ridicole. Il numero dei percorsi arzigogolati che si possono compiere nel nostro cervello è illimitato, proprio come lo è il numero di itinerari dissennati che si potrebbero tracciare su una "CEE". Ma, data una "CEE", che cosa caratterizza un itinerario "assennato"? E, dato uno stato del cervello, che cosa caratterizza un pensiero "ragionevole"? Lo stato del cervello in sé non proibisce alcun percorso, poiché, per un qualunque percorso, vi sono sempre circostanze che potrebbero imporre di seguirlo. Le condizioni fisiche del cervello, se vengono interpretate nel modo giusto, ci danno informazioni non su quali percorsi potrebbero essere seguiti, ma piuttosto su quanta resistenza s'incontrerebbe lungo la strada.

Ora su una "CEE" vi sono molti viaggi che si potrebbero compiere lungo due o più itinerari alternativi ragionevoli. Ad esempio il viaggio da

Roma a Parigi si può compiere via Milano o via Torino. Sono entrambi percorsi affatto ragionevoli, ma chi viaggia tende a scegliere l'uno o l'altro secondo le circostanze. L'osservazione della carta oggi non ci dice quale itinerario sarà più opportuno seguire in qualche remoto tempo futuro: la scelta dipenderà dalle circostanze esterne in cui intraprenderemo il viaggio. Analogamente, la "lettura" di uno stato del cervello rivelerà che spesso esistono parecchi percorsi alternativi ragionevoli che connettono un certo insieme di simboli. Tuttavia non è detto che il viaggio tra questi simboli sia imminente; può trattarsi semplicemente di uno tra i miliardi di viaggi "potenziali" messi in evidenza dalla lettura di quello stato del cervello. Da ciò segue una conclusione importante: lo stato del cervello in sé non contiene alcuna informazione relativa all'itinerario che sarà scelto. Nel determinare la scelta dell'itinerario avranno una parte decisiva le circostanze esterne.

Cosa ne consegue? Ne consegue che il medesimo cervello, secondo le circostanze, può generare pensieri completamente contrastanti tra loro; e ogni lettura ad alto livello dello stato del cervello che sia degna di questo nome deve contenere tutte queste versioni contrastanti. In realtà, ciò è assolutamente ovvio: tutti noi siamo fasci di contraddizioni e riusciamo a sembrare coerenti perché in ogni circostanza mostriamo soltanto un lato di noi stessi. Non si può prevedere in anticipo la scelta, perché non sono note in anticipo le condizioni che imporranno la scelta. Ciò che lo stato del cervello può fornire, se viene letto in modo appropriato, è una descrizione *condizionata* della scelta degli itinerari.

Si consideri ad esempio l'ambigua situazione del Granchio descritta nel *Preludio e...* Egli può reagire in vari modi all'esecuzione di un brano musicale: talvolta resta quasi indifferente, perché lo conosce benissimo; talaltra ne viene molto eccitato, ma questa reazione richiede il giusto tipo di stimolazione dall'esterno, ad esempio la presenza di un ascoltatore entusiasta, per il quale la composizione sia nuova. È presumibile che una lettura ad alto livello dello stato del cervello del Granchio rivelerebbe tanto il fremito potenziale (e le condizioni che lo possono provocare) quanto l'intorpidimento potenziale (e le condizioni che lo possono provocare). Tuttavia lo stato del cervello in sé non rivelerebbe quale sarà la reazione alla successiva audizione del brano; esso potrebbe dire solo: "Se vigono queste e queste condizioni, ci sarà il fremito; altrimenti...".

Quindi una descrizione a blocchi di uno stato del cervello fornirebbe un elenco di convinzioni evocabili condizionatamente a seconda delle circostanze. Poiché non è possibile enumerare tutte le circostanze, ci si dovrebbe limitare a quelle che si possono ritenere "ragionevoli". Inoltre si dovrebbe fare una descrizione a blocchi anche delle circostanze, poiché ovviamente esse non possono, e non debbono, essere specificate una ad una, al livello atomico! Pertanto non si riuscirà a prevedere in modo esatto e deterministico quali convinzioni saranno prodotte dallo stato del cervello in una data circostanza, intesa come blocco di particolari condizioni. Insomma, una descrizione a blocchi dello stato di un cervello consiste in un elenco probabilistico in cui sono enumerate le convinzioni che saranno generate (e i simboli che saranno attivati) con maggiore probabilità dai vari insiemi di circostanze "ragionevolmente probabili", a loro volta descritte a livello di blocco. Tentare di individuare i blocchi di simboli che costituiscono le convinzioni di un individuo senza far riferimento al contesto è insensato, proprio come sarebbe insensato tentare di descrivere le caratteristiche della "prole potenziale" di un solo genitore senza far riferimento all'altro.

Problemi dello stesso genere sorgono quando si vogliono enumerare tutti i simboli del cervello di una persona. Nel cervello c'è potenzialmente non solo un numero infinito di *percorsi*, ma anche un numero infinito di *simboli*. Come si è già rilevato, con i vecchi concetti se ne possono sempre formare di nuovi; e si potrebbe affermare che i simboli che rappresentano questi nuovi concetti sono semplicemente simboli dormienti, presenti in ogni individuo, che aspettano di essere risvegliati. Magari non saranno mai risvegliati durante la vita di quella persona, ma si potrebbe sostenere che nondimeno quei simboli sono sempre lì che aspettano circostanze favorevoli capaci di far scattare la loro sintesi. Tuttavia, se la loro probabilità è molto bassa, l'uso in questa situazione del termine "dormiente" potrebbe apparire irrealistico. Per chiarire questo fatto cerchiamo di immaginare tutti i "sogni dormienti" che stanno dentro il nostro cranio durante lo stato di veglia: è concepibile che esista una procedura di decisione che permetta di distinguere, dato lo stato del nostro cervello, i "temi potenzialmente sognabili" dai "temi non sognabili"?

Dov'è il senso del sé?

Riesaminando ciò che abbiamo discusso, si potrebbe osservare: "D'accordo su tutte queste speculazioni sul cervello e sulla mente; ma che cosa si può dire delle sensazioni che accompagnano la coscienza? Questi simboli hanno un bell'innescarsi l'un l'altro; ma se non c'è qualcuno che *percepisca* il tutto, non vi è coscienza".

Ciò appare sensato alla nostra intuizione, a un certo livello, ma non ha molto senso sotto il profilo logico; infatti, se il meccanismo che realizza la percezione di tutti i simboli attivi non fosse compreso in ciò che abbiamo descritto finora, saremmo costretti a cercare un altro modo per spiegarlo. Naturalmente per un "animista" non sarebbe necessario fare ulteriori ricerche: egli asserirebbe semplicemente che chi percepisce tutto questo movimento neuronico è l'anima, che non può essere descritta in termini fisici; punto e basta. Noi tuttavia tenteremo di dare una spiegazione "non animista" del luogo in cui si manifesta la coscienza.

La nostra alternativa alla spiegazione dell'animista (ed oltretutto è un'alternativa sconcertante) è di fermarci al livello dei simboli e di dire: "Eccola qui: questa *è* la coscienza. La coscienza è quella proprietà di un sistema che scaturisce ogniqualvolta esistano in esso simboli che obbediscono a strutture di attivazione più o meno simili a quelle descritte nelle pagine precedenti". Messa in forma così brutale, questa posizione può sembrare inadeguata: come spiega il senso dell'"io", il senso del sé?

I sottosistemi

Non c'è ragione di ritenere che l' "io" o "il sé" non debbano essere rappresentati da un simbolo. Di fatto, il simbolo del sé è probabilmente il più complesso fra tutti i simboli del cervello. Per questo motivo preferisco collocarlo ad un livello nuovo della gerarchia e chiamarlo *sottosistema*, anziché simbolo. Per la precisione, per "sottosistema" intendo una costellazione di simboli ciascuno dei quali può essere attivato separatamente sotto il controllo del sottosistema stesso. L'idea di sottosistema che vorrei dare è quella di un'entità che funziona quasi come un "sottocervello" indipendente, dotato di un proprio repertorio di simboli i quali possono attivarsi l'un l'altro internamente. Naturalmente il sottosistema comunica anche molto intensamente con il mondo "esterno", cioè col resto del cervello. "Sottosistema" è solo un termine diverso per indicare un simbolo ricchissimo, che è divenuto così complicato da possedere molti sottosimboli che interagiscono tra loro. Pertanto non vi è una distinzione rigorosa di livello tra simboli e sottosistemi.

A causa dei molteplici legami esistenti tra un sottosistema e il resto del cervello (alcuni di questi saranno descritti tra breve), sarebbe molto difficile tracciare una linea di demarcazione netta tra il sottosistema e l'esterno; ma anche se questa frontiera è sfumata, il sottosistema è un'entità del tutto reale. La cosa interessante è che un sottosistema, una volta attivato e abbandonato ai suoi meccanismi, può funzionare per conto proprio. Quindi è possibile che due o più sottosistemi del cervello di un individuo siano simultaneamente in funzione. Mi è capitato di osservare questo fatto nel mio cervello: talora mi rendo conto che due diverse melodie percorrono la mia mente e competono per attirare la "mia" attenzione. In qualche modo ciascuna di esse è fabbricata, o "suonata", in uno scompartimento separato del mio cervello. Ciascuno dei sistemi capaci di estrarre una melodia dal cervello sta presumibilmente attivando un certo numero di simboli, uno dopo l'altro, affatto ignaro che l'altro sistema sta facendo lo stesso. Poi entrambi tentano di comunicare con un terzo sottosistema del cervello (il mio simbolo del sé), ed è a questo punto che l' "io" dentro il mio cervello fiuta ciò che sta accadendo; in altri termini, esso comincia ad acquisire una descrizione organizzata a blocchi dell'attività di quei due sottosistemi.

I sottosistemi e il codice condiviso

Sottosistemi tipici potrebbero essere quelli che rappresentano le persone che conosciamo intimamente. Esse sono rappresentate nel nostro cervello in modo così complesso che i loro simboli crescono fino ad accedere al grado di sottosistemi e diventano capaci di operare in modo autonomo, avvalendosi dell'ausilio di certe risorse del nostro cervello. Con ciò intendo dire che un sottosistema che simboleggi un amico può attivare, proprio come me, molti simboli del mio cervello. Ad esempio, io sono in grado di accendere il mio sottosistema che simboleggia un mio amico intimo e di sentirmi virtualmente nei suoi panni, suscitandomi pensieri che potrebbe avere lui, attivando i simboli in una successione che riflette i suoi modi di pensare con maggiore precisione dei miei. Si potrebbe dire che il modello che ho di questo amico, incarnato in un sottosistema del mio cervello, costituisce la mia descrizione organizzata in blocchi del suo cervello.

Questo sottosistema, allora, comprende un simbolo per ciascun simbolo che io ritengo si trovi nel suo cervello? Ciò sarebbe ridondante: probabilmente il sottosistema fa largo uso di simboli già presenti nel mio cervello. Ad esempio, il simbolo di "montagna" che è nel mio cervello può essere preso a prestito da quel sottosistema, quando è attivato. Il modo in cui tale simbolo viene poi usato dal sottosistema non sarà necessariamente identico al modo in cui esso viene usato dal mio intero cervello. In particolare, se sto parlando con l'amico del sistema montuoso del Tien Shan, nell'Asia centrale (dove nessuno di noi due è mai stato), e se so che anni fa egli ha fatto delle bellissime escursioni sulle Alpi, allora la mia interpretazione delle sue osservazioni viene in parte colorita dalle immagini che desumo dalla sua precedente esperienza alpina, poiché cerco di immaginare come *lui* si figuri quella zona.

Nella terminologia che ci siamo venuti costruendo in questo Capitolo, potremmo dire che l'attivazione in me del simbolo "montagna" avviene sotto il controllo del sottosistema che in me rappresenta l'amico. Ciò ha l'effetto di spalancare sui miei ricordi una finestra diversa da quella che uso normalmente; cioè la mia opzione per difetto si sposta dall'intera gamma dei miei ricordi all'insieme dei ricordi che ho dei suoi ricordi. Non occorre dire che le mie rappresentazioni dei suoi ricordi sono soltanto approssimazioni dei suoi veri ricordi, i quali sono modalità complesse, a me inaccessibili, di attivazione dei simboli del suo cervello.

Le mie rappresentazioni dei suoi ricordi sono anch'esse modalità complesse di attivazione dei miei stessi simboli, quelli dei concetti "primordiali", per esempio, di erba, alberi, neve, cielo, nubi e così via. Questi sono concetti che debbo ritenere rappresentati in lui in modo "identico" a come lo sono in me. Debbo anche supporre che egli possegga una rappresentazione simile alla mia di nozioni ancor più primordiali: le esperienze della gravità, della respirazione, della stanchezza, del colore e via dicendo. Un attributo umano meno primordiale ma forse quasi universale è il godimento che si prova nel raggiungere una vetta e nel contemplare il panorama. Pertanto gli intricati processi del mio cervello che presiedono a questo godimento possono essere direttamente sussunti dal sottosistema "amico" senza una grande perdita di fedeltà.

Potremmo continuare tentando di descrivere come io potrei comprendere un intero racconto narratomi dall'amico, un racconto pieno delle tante complessità dei rapporti umani e delle esperienze mentali. Ben presto tuttavia la nostra terminologia diverrebbe inadeguata. Vi sarebbero intricate ricorsioni collegate a sue rappresentazioni di mie rappresentazioni di sue rappresentazioni di questa o di quella cosa. Se nel racconto che mi narra figurassero amici comuni, inconsciamente andrei alla ricerca di un compromesso tra l'immagine che ho della *sua* rappresentazione di essi e la *mia* immagine di essi. La ricorsività pura e semplice sarebbe un formalismo inadeguato per affrontare amalgami di simboli di questo tipo. E ho appena intaccato la superficie! Non abbiamo ancora neanche la nomenclatura per descrivere le complesse interazioni che possono intervenire tra i simboli. Quindi fermiamoci prima di impantanarci.

Tuttavia è giusto osservare che nei sistemi dell'informatica si cominciano ad incontrare alcune complessità dello stesso genere, e pertanto alcune di queste nozioni hanno ricevuto un nome. Ad esempio, il mio simbolo per "montagna" è analogo a quello che nel gergo informatico si chiama *codice condiviso* (o *rientrante*), cioè un codice che può essere impiegato da due o più programmi distinti che vengano eseguiti in modo interattivo, cioè nello stesso tempo reale, sullo stesso calcolatore. Il fatto che l'attivazione di uno stesso simbolo possa fornire risultati diversi quando faccia parte di sottosistemi diversi può essere spiegato dicendo che il suo codice viene elaborato da interpreti diversi. Quindi le strutture di attivazione del simbolo "montagna" non sono assolute: sono relative al sistema entro il quale il simbolo viene attivato.

Alcuni potrebbero dubitare della realtà di questi "sottocervelli". Forse questo passo di M.C. Escher, nel quale egli parla del modo in cui crea quei suoi disegni a struttura periodica che coprono completamente il piano, può aiutarmi a chiarire a che genere di fenomeno alludo:

> Quando disegno, talvolta mi sento come un medium spiritico controllato dalle creature che sta evocando. È come se esse stesse scegliessero la forma in cui decidono di apparire. Poco si curano, durante la loro nascita, della mia opinione critica, e io non riesco ad esercitare molto potere sul loro grado di sviluppo. Di solito sono creature difficilissime e ostinate.[2]

Questo è un esempio perfetto della quasi autonomia che acquistano certi sottosistemi del cervello una volta attivati. Escher avvertiva i suoi sottosistemi come quasi indipendenti e capaci di sopraffare il suo giudizio estetico. Naturalmente quest'opinione dev'essere presa *cum grano salis*, poiché quei possenti sottosistemi erano venuti alla luce in seguito ai molti anni da lui trascorsi ad esercitarsi e a sottomettersi proprio alle forze che modellavano la sua sensibilità estetica. In breve, è errato scindere i sottosistemi del cervello di Escher da Escher stesso o dal suo giudizio estetico: essi costituiscono una parte essenziale del suo senso estetico, dove "suo" si riferisce all'artista nella sua interezza.

Il simbolo del sé e la coscienza

Un effetto collaterale importantissimo del sottosistema del *sé* è che esso può svolgere le funzioni dell' "anima", in questo senso: comunicando continuamente con gli altri sottosistemi e con gli altri simboli del cervello, esso si mantiene al corrente di quali simboli sono attivi e del modo in cui lo sono. Ciò significa che esso deve possedere simboli per l'attività mentale o, in altre parole, simboli per i simboli e simboli per le azioni dei simboli.

Naturalmente ciò non solleva la coscienza o la consapevolezza a qualche livello "magico" o non fisico. Qui la consapevolezza è una conseguenza diretta della complessità dello hardware e del software che abbiamo descritto. Eppure, nonostante la sua natura così terrena, sembra che questo modo di interpretare la consapevolezza (cioè come un controllo dell'attività cerebrale da parte di un sottosistema dello stesso cervello) somigli a quella sensazione quasi indescrivibile che tutti conosciamo e che chiamiamo "coscienza". Senza dubbio si può capire che qui la complessità è così grande da poter dar luogo a molti effetti inattesi. Ad esempio, è del tutto plausibile che un programma di calcolatore dotato di questo genere di struttura possa costruire enunciati su se stesso che avrebbero una grande somiglianza con gli enunciati che le persone formulano di solito su se stesse, comprese le asserzioni di possedere il libero arbitrio, di non essere spiegabili come "somma delle proprie parti" e così via. (A questo proposito si veda l'articolo "Matter, Mind, and Models" di M. Minsky nel libro da lui curato *Semantic Information Processing*).

Che garanzie vi sono che un sottosistema che rappresenti il sé quale io l'ho postulato qui esista effettivamente nel nostro cervello? Potrebbe svilupparsi un'intera rete di simboli complessa come quella descritta sopra senza che si sviluppasse anche un simbolo del sé? Come potrebbero questi simboli e le loro attività raffigurare eventi mentali "isomorfi" con gli eventi reali dell'universo circostante, se non esistesse un simbolo dell'organismo ospite? Tutti gli stimoli che entrano nel sistema sono concentrati in una massa che occupa un piccolo spazio. La struttura simbolica del cervello presenterebbe una lacuna madornale se non possedesse un simbolo per l'oggetto fisico in cui è alloggiata e che negli eventi che essa rispecchia ha una parte più importante di qualunque altro oggetto. Infatti, a pensarci bene, l'unico modo per poter attribuire un senso al mondo che circonda un oggetto animato circoscritto sembra essere quello di capire la funzione di quell'oggetto in rapporto agli altri oggetti che lo circondano. Ciò richiede l'esistenza di un simbolo del sé; e il passaggio dal simbolo al sottosistema è semplicemente un riflesso dell'importanza del simbolo del sé, e non è un cambiamento qualitativo.

Il nostro primo incontro con Lucas

J.R. Lucas (un filosofo di Oxford che non ha nulla a che fare con i numeri di Lucas descritti in precedenza) scrisse nel 1961 un articolo memorabile, intitolato "Minds, Machines, and Gödel". Le sue opinioni sono del tutto contrarie alle mie, eppure per raggiungere le sue conclusioni egli adopera in qualche modo molti degli stessi miei ingredienti. Il passo seguente è molto pertinente rispetto a ciò che abbiamo discusso sopra:

> Quando per la prima volta e nel modo più semplice si tenta di filosofare, ci si impegola nel problema se, quando si sa una cosa, si sappia di saperla e quale sia l'oggetto di riflessione quando si riflette su se stessi e da che cosa sia condotta questa riflessione. Dopo essere stati a lungo sconcertati e tormentati da questo problema, s'impara a non insistere su tali domande: ci si rende implicitamente conto che il concetto di un essere cosciente

è diverso da quello di un oggetto privo di coscienza. Dicendo che un essere cosciente sa una cosa, non solo si dice che esso la sa, ma che sa di saperla e che sa di sapere di saperla, e così via, per tutte le volte che piaccia porre la domanda: si riconosce di essere di fronte a un'infinità, ma non si tratta di un regresso all'infinito nel senso negativo, poiché sono le domande e non le risposte che si esauriscono, dato che sono inutili. Si sente che le domande sono inutili perché il concetto contiene in sé l'idea della capacità di continuare all'infinito a rispondere a siffatte domande. Benché gli esseri coscienti abbiano la capacità di continuare, non desideriamo che questa capacità appaia semplicemente come una successione di compiti che essi riescono ad eseguire e neppure concepiamo la mente come una successione infinita di sé e di super-sé e di super-super-sé. Anzi, l'accento vien posto sul fatto che l'essere cosciente è un'unità e, benché si parli di parti della mente, lo si fa solo metaforicamente e non vorremmo che ciò venisse preso alla lettera.

I paradossi della coscienza nascono perché un essere cosciente può essere consapevole di se stesso, come di altre cose, eppure non può essere realmente interpretato come fosse divisibile in parti. Ciò significa che un essere cosciente riesce ad affrontare i problemi gödeliani in un modo che alla macchina è precluso, poiché un essere cosciente può prendere in considerazione tanto se stesso quanto le proprie operazioni e nello stesso tempo non essere diverso da ciò che ha compiuto quelle operazioni. Una macchina può essere costruita, per così dire, in modo da "prendere in considerazione" le proprie operazioni, ma non può farlo senza diventare con questo una macchina diversa, cioè la vecchia macchina con in più una "parte nuova". Viceversa, nell'idea che possediamo di una mente cosciente è implicito che essa può riflettere su se stessa e criticare le proprie operazioni, e a questo scopo non ha bisogno di alcuna parte in più: essa è già completa, e non ha nessun tallone d'Achille.

La tesi comincia così ad assumere il carattere di un'analisi concettuale più che di una scoperta matematica. Ciò viene confermato se si considera un'altra argomentazione di Turing. Finora abbiamo costruito soltanto artefatti piuttosto semplici e prevedibili; può darsi che, via via che accresceremo la complessità delle nostre macchine, ci attendano delle sorprese. Egli fa un parallelo con il reattore a fissione: sotto una certa dimensione "critica" non accade gran che, ma superata la dimensione critica cominciano a sprizzare faville. Lo stesso, forse, accade per i cervelli e per le macchine. Oggi la maggior parte dei cervelli e tutte le macchine sono "subcritici": reagiscono agli stimoli d'ingresso in modo tedioso e pesante, non hanno alcuna idea propria e possono fornire soltanto risposte stereotipe; ma già oggi alcuni cervelli sono supercritici e scintillano spontaneamente, e probabilmente, in futuro, si verificherà la stessa cosa per alcune macchine. Turing vuol suggerire che è solo una questione di complessità e che, oltre un certo livello di complessità, compare una differenza qualitativa, talché le macchine "supercritiche" saranno del tutto diverse da quelle semplici immaginate finora.

Può darsi. Spesso la complessità introduce differenze qualitative. Benché non sembri plausibile, potrebbe accadere che, oltre un certo livello di complessità, il comportamento di una macchina non sia più prevedibile, neppure in linea di principio, e che essa cominci ad agire di propria iniziativa; o, per impiegare un'espressione molto significativa, essa potrebbe cominciare ad avere una mente propria. Potrebbe cominciare ad avere una mente propria. Comincerebbe ad avere una mente propria quando non fosse più totalmente prevedibile e docile, ma fosse capace di fare cose che noi giudicheremmo intelligenti (e non solo errori o uscite casuali), ma che non avevamo immesso in essa al momento della programmazione. Ma allora essa cesserebbe di essere una macchina, nel significato proprio del termine. La discussione sul meccanicismo non ha per oggetto come nascono, o come potrebbero nascere le menti, ma come funzionano. Per la tesi meccanicistica è essenziale che il modello meccanico della mente funzioni secondo "princìpi meccanici", cioè che si riesca a capire il funzionamento del tutto in termini del funzionamento delle sue parti; e che il funzionamento di ciascuna parte sia o determinato dal suo stato iniziale e da come la macchina è stata costruita, oppure sia frutto di una scelta casuale tra un numero determinato di funzionamenti determinati. Se il meccanicista fabbrica una macchina tanto complicata che per essa tutto ciò non valga più, allora, ai fini della nostra discussione, quella non è più una macchina, indipendentemente da com'è stata costruita. Dovremmo dire piuttosto che egli ha creato una mente, nello stesso senso in cui oggi procreiamo le persone. Allora vi sarebbero due modi di mettere al mondo menti nuove: quello tradizionale di far nascere i bambini dalle donne; e un modo nuovo, quello di costruire sistemi complicatissimi, per esempio, di valvole e di relais. Parlando di questo secondo modo, dovremmo aver cura di sottolineare che ciò che è stato creato, benché somigli a una macchina, in realtà non lo è, perché non coincide semplicemente con la somma delle sue parti. Non si riuscirebbe a dire ciò che essa farà in base alla sola conoscenza del modo in cui è stata costruita e dello stato iniziale delle sue parti; non si riuscirebbe neppure a definire i limiti di ciò che essa potrebbe fare, perché, anche messa di fronte a una domanda di tipo gödeliano, fornirebbe la risposta giusta. In poche parole dovremmo dire che, di fatto, qualunque sistema che non sia sconfitto dal problema di Gödel *eo ipso* non è una macchina di Turing, cioè non è una macchina nel senso legittimo del termine.[3]

Leggendo questo passo, la mia mente sobbalza continuamente di fronte alla rapida successione di argomenti, allusioni, connotazioni, confusioni e conclusioni. Si salta da un paradosso alla Lewis Carroll a Gödel, a Turing, all'Intelligenza Artificiale, all'olismo e al riduzionismo, e tutto ciò nel breve arco di due paginette. Di Lucas tutto si può dire tranne che non sia stimolante. Nei prossimi Capitoli torneremo su molti degli argomenti toccati in modo così seducente e fugace in questo brano singolare.

Variazioni Goldbach

Achille soffre d'insonnia da alcune notti. La sua amica, la signorina T., è venuta a fargli visita per tenergli compagnia durante queste ore fastidiose.

Tartaruga: Mi dispiace di sentire che è tormentato da questo guaio, mio caro Achille. Spero che la mia compagnia riuscirà a distrarla dalle fantasie che le impediscono di dormire. Forse riuscirò ad annoiarla tanto da farla addormentare e così le sarò di qualche aiuto.

Achille: Oh, no. Ho già avuto qui all'opera noiosi di fama mondiale per tentare di addormentarmi, ma purtroppo senza successo. La sua compagnia non è neanche paragonabile alla loro. No, signorina T., spero invece che possa intrattenermi con un po' di aritmetica, in modo da far passare gradevolmente queste ore notturne. Vede, ho notato che l'aritmetica ha un effetto benefico sulla mia psiche agitata.

Tartaruga: Che strana idea! Mi fa venire in mente la storia del povero conte Kaiserling.

Achille: Chi è?

Tartaruga: Oh, era un conte della Sassonia, vissuto nel Settecento; un conte di poco conto, a dire la verità, ma a causa sua... potrei raccontarle tutta la storia, che ne dice? È molto interessante.

Achille: Ma certamente. Anzi...!

Tartaruga: Vi fu un certo periodo in cui il nostro conte soffriva di insonnia. Ora si dava il caso che nella stessa città vivesse un bravo musicista; così il conte Kaiserling gli commissionò delle variazioni da far eseguire al clavicembalista di corte durante le sue notti insonni.

Achille: E questo compositore locale fu all'altezza del compito?

Tartaruga: Credo di sì, poiché quando le variazioni furono pronte, il conte lo ricompensò molto generosamente: gli dette una coppa d'oro contenente cento luigi d'oro.

Achille: Non mi dica! Mi chiedo innanzitutto dove abbia trovato la coppa d'oro e tutti quei luigi d'oro.

Tartaruga: Forse li aveva visti in un museo, e ci fece un pensierino.

Achille: Sta insinuando che il conte trafugò quella roba?

Tartaruga: Calma, calma; non la metterei proprio in questi termini, ma... A quei tempi, gli aristocratici potevano farla franca in qualunque situazione. In ogni caso, era chiaro che il conte era molto soddisfatto della musica, poiché chiedeva continuamente al suo clavicembalista, un giovane di nome Goldberg, di suonargli questa o quella delle trenta variazioni. Di conseguenza, per ironia della sorte, quelle variazioni si legarono al nome del giovane Goldberg anziché al nome dell'illustre conte.

Achille: Vuol dire che il compositore era Bach, e che quelle erano le cosiddette "Variazioni Goldberg"?

Tartaruga: Ebbene, sì! Ma in realtà il lavoro era intitolato *Aria con diverse variazioni*, e le variazioni erano appunto trenta. Lei sa in che modo Bach costruì queste trenta magnifiche variazioni?

Achille: No, me lo dica lei.

Tartaruga: Tutti i brani, a parte il finale, sono basati su un solo tema, che egli chiamò "aria". In realtà, ciò che li unisce non è una melodia comune, ma una comune base armonica. Le melodie possono variare ma, soggiacente ad esse, vi è un tema costante. Solo nell'ultima variazione Bach si concesse delle libertà. Si tratta di una specie di "finale post-finale". Contiene idee musicali estranee, che hanno poco a che fare col tema originario e che s'ispirano a due motivi popolari tedeschi. Quest'ultima variazione è un "quodlibet".

Achille: Quali altre particolarità presentano le Variazioni Goldberg?

Tartaruga: Ecco, una variazione ogni tre è un canone. Nel primo canone, le due voci entrano con la STESSA nota. Nel secondo canone, una voce entra con una nota e l'altra voce entra con la NOTA SUCCESSIVA. Nel terzo canone, le DUE voci entrano con note che distano di due gradi, e così via, fino al canone finale nel quale le voci distano esattamente di una nona. Dieci canoni in tutto. E...

Achille: Aspetti un attimo. Mi pare di aver letto da qualche parte, se ricordo bene, della recente scoperta di quattordici canoni Goldberg...

Tartaruga: Non si tratta della stessa rivista nella quale apparve la notizia della recente scoperta di quattordici giorni, precedentemente sconosciuti, del mese di novembre?

Achille: No, parlo sul serio! Un certo Wolff, un musicologo, sentì dire che a Strasburgo c'era una strana copia della Variazioni Goldberg. Andò ad esaminarla e, con suo grande stupore, sul retro, come una specie di "finale post-finale", scoprì questi quattordici nuovi canoni, tutti basati sulle prime otto note del tema delle Variazioni Goldberg. Così ora si sa che in realtà vi sono quarantaquattro Variazioni Goldberg, non trenta.

Tartaruga: Cioè ve ne sono quarantaquattro a meno che qualche altro musicologo non ne scopra qualche altro gruppo nascosto in chissà quale luogo. E sebbene possa sembrare inverosimile, è ancora possibile, anche se improbabile, che poi se ne scopra un altro gruppo, e poi un altro ancora, e così via, senza fine! Non potremo mai sapere se o quando avremo le Variazioni Goldberg nella loro interezza.

Achille: Che strana idea! Probabilmente adesso la gente pensa che quest'ultima scoperta è stato un colpo eccezionale, e che ora abbiamo tutte le Variazioni Goldberg. Ma supponiamo che lei abbia ragione e che ne vengano alla luce altre. A quel punto l'espressione "Variazioni Goldberg" comincerà a cambiare leggermente di significato: indicherà non solo tutte le variazioni conosciute, ma anche tutte quelle che possono essere scoperte in seguito. Il loro numero, diciamo 'g', deve essere finito; lei è d'accordo, non è vero? Ma sapere soltanto che g è finito non equivale a sapere quanto grande è g. Di conseguenza questa informazione non basterà a farci capire se un certo gruppo di Variazioni Goldberg individuate è l'ultimo che ancora mancava, o no.

Tartaruga: Tutto ciò è indubbiamente vero.

Achille: In quale periodo Bach scrisse queste famose variazioni?

Tartaruga: Fu nell'anno 1742, al tempo in cui egli era Cantor a Lipsia.

Achille: 1742? Hum... Questo numero mi ricorda qualcosa.

Tartaruga: Per forza, si tratta di un numero piuttosto interessante: è la somma di due primi dispari: 1723 e 19.

Achille: Per tutti i fulmini! Che fatto curioso! Mi chiedo quante volte potrà accadere che un numero pari abbia questa proprietà. Vediamo:

$$
\begin{aligned}
6 &= 3 + 3 \\
8 &= 3 + 5 \\
10 &= 3 + 7 = 5 + 5 \\
12 &= 5 + 7 \\
14 &= 3 + 11 = 7 + 7 \\
16 &= 3 + 13 = 5 + 11 \\
18 &= 5 + 13 = 7 + 11 \\
20 &= 3 + 17 = 7 + 13 \\
22 &= 3 + 19 = 5 + 17 = 11 + 11 \\
24 &= 5 + 19 = 7 + 17 = 11 + 13 \\
26 &= 3 + 23 = 7 + 19 = 13 + 13 \\
28 &= 5 + 23 = 11 + 17 \\
30 &= 7 + 23 = 11 + 19 = 13 + 17
\end{aligned}
$$

Secondo questa mia tabella, sembra essere quasi un fatto comune. E tuttavia, fino a questo punto, non riesco a cogliere nella tabella nessuna ovvia regolarità.

Tartaruga: Forse non c'è nessuna regolarità da cogliere.

Achille: Ma certo che c'è! È solo a causa della mia limitata intelligenza che non riesco a tirarla fuori.

Tartaruga: Sembra molto convinto di ciò che dice.

Achille: Non ho alcun dubbio che sia così. Mi chiedo... Potrebbe darsi che TUTTI i numeri pari (eccetto 4) possano essere rappresentati come somma di due primi dispari?

Tartaruga: Hum... Questa domanda mi ricorda qualcosa. Ah..., ora so perché! Lei non è la prima persona a porla. Infatti, nell'anno 1742, un matematico dilettante pose la medesima domanda in una...

Achille: Ha detto 1742? Mi scusi per l'interruzione, ma ho appena notato che si tratta di un numero piuttosto interessante: è la differenza di due primi dispari: 1747 e 5.

Tartaruga: Per tutti i fulmini! Che fatto curioso! Mi chiedo quante volte potrà accadere che un numero pari abbia questa proprietà.

Achille: Per favore, non si lasci distrarre dal suo racconto...

Tartaruga: Ah, sì; come stavo dicendo, nel 1742 un matematico dilettante, il cui nome al momento mi sfugge, mandò una lettera ad Eulero, che a quel tempo era alla corte di Federico il Grande a Potsdam e... potrei raccontarle tutta la storia, che ne dice? Non è priva di fascino.

Achille: Ma certamente. Anzi...!

Tartaruga: Benissimo. Nella sua lettera, questo cultore dilettante di aritmetica proponeva al grande Eulero una congettura senza dimostrazione: "Ogni numero pari può essere rappresentato come la somma di due primi dispari". Che disdetta, non riesco proprio a ricordarmi il nome di questo personaggio.

Achille: Mi pare di aver letto questo fatto in qualche libro di teoria dei numeri. Non si chiamava "Ramegödel"?

Tartaruga: Hum... No, è troppo lungo.

Achille: Potrebbe essere "Argentescher"?

Tartaruga: No, neanche questo. Ho il nome sulla punta della lingua... qualcosa che ricorda l'oro... ah... ecco! Era "Goldbach"! Così si chiamava.

Achille: Lo sapevo che doveva essere qualcosa del genere.

Tartaruga: Sì, infatti, i suoi tentativi mi hanno aiutato a rinfrescare la memoria. È strano come a volte si debba rovistare la memoria da ogni parte come se in una biblioteca si volesse trovare un libro non schedato... Ma torniamo al 1742.

Achille: Sì, torniamoci. Volevo chiedere: Eulero ha mai dimostrato l'esattezza di questa intuizione di Goldbach?

Tartaruga: Per quanto strano possa sembrare, egli non la ritenne neanche degna di attenzione. Comunque il suo disprezzo non fu condiviso da tutti i matematici. Anzi, molti ne furono stimolati, ed essa divenne nota come la "Congettura di Goldbach".

Achille: Ne è stata mai data una dimostrazione?

Tartaruga: No; ma ci sono stati parecchi notevoli tentativi che ci sono andati vicino. Per esempio, nel 1931 il matematico russo Schnirelmann dimostrò che qualsiasi numero, pari o dispari che sia, può essere rappresentato come la somma di non più di 300˙000 primi.

Achille: Che strano risultato. A che serve?

Tartaruga: Ha il merito di avere riportato il problema nell'ambito del finito. Prima della dimostrazione di Schnirelmann si poteva pensare che, prendendo numeri pari sempre più grandi, si sarebbe avuto bisogno di un numero sempre maggiore di numeri primi per rappresentarli. Per esempio un qualche numero pari avrebbe potuto aver bisogno di qualche trilione di numeri primi per essere rappresentato! Ora si sa che non è così. Una somma di 300˙000 numeri primi (al massimo) sarà sempre sufficiente.

Achille: Capisco.

Tartaruga: Poi, nel 1937, un astuto personaggio, anche lui russo, di nome Vinogradov riuscì a stabilire qualcosa di molto più vicino al risultato desiderato: qualsiasi numero DISPARI sufficientemente grande può essere rappresentato come la somma di non più di TRE primi dispari. Per esempio, 1937 = 641 + 643 + 653. Potremmo dire che un numero dispari rappresentabile come somma di tre primi ha la "proprietà di Vinogradov". Così, ogni numero dispari sufficientemente grande ha la proprietà di Vinogradov.

Achille: Giusto. Ma che cosa s'intende per "sufficientemente grande"?

Tartaruga: Significa che un numero finito di numeri dispari può essere privo della proprietà di Vinogradov, ma vi è un numero — chiamiamolo '*v*' — oltre il quale tutti i numeri dispari hanno la proprietà di Vinogradov. Tuttavia Vinogradov non fu in grado di dire quanto grande fosse *v*. Così in un certo senso *v* è come *g*, il numero finito ma sconosciuto delle Variazioni Goldberg. Sapere soltanto che *v* è finito non equivale a sapere quanto grande è *v*. Di conseguenza questa informazione non basterà a farci capire se un certo numero dispari indicato è l'ultimo che abbia bisogno di più di tre numeri primi per essere rappresentato, o no.

Achille: Capisco. E quindi qualsiasi numero pari 2N sufficientemente grande può essere rappresentato come una somma di QUATTRO numeri primi, rappresentando prima 2N — 3 come somma di tre numeri primi, e poi aggiungendovi il numero primo 3.

Tartaruga: Precisamente. Un'altra approssimazione alla dimostrazione cercata è contenuta nel Teorema che dice: "Tutti i numeri primi possono essere rappresentati come somma di un numero primo e di un numero che è un prodotto di al più due numeri primi".

Achille: Questa faccenda di somme di due primi certamente porta in uno strano territorio. Mi chiedo dove si andrebbe a finire se si considerasse la DIFFERENZA di due numeri primi. Scommetto che mi verrebbe qualche idea se facessi una piccola tabella di numeri pari e delle loro rappresentazioni come differenze di due primi, proprio come ho fatto con le somme. Vediamo...

2 =	5 − 3,	7 − 5,	13 − 11,	19 − 17,	ecc.
4 =	7 − 3,	11 − 7,	17 − 13,	23 − 19,	ecc.
6 =	11 − 5,	13 − 7,	17 − 11,	19 − 13,	ecc.
8 =	11 − 3,	13 − 5,	19 − 11,	31 − 23,	ecc.
10 =	13 − 3,	17 − 7,	23 − 13,	29 − 19,	ecc.

Mio Dio! Sembra che sia infinito il numero di differenti rappresentazioni che posso trovare per questi numeri pari. E tuttavia, fino a questo punto, non riesco a cogliere nella tabella nessuna ovvia regolarità.

Tartaruga: Forse non c'è nessuna regolarità da cogliere.

Achille: Oh, lei è proprio fissata con il caos. Non ne voglio sentir parlare, grazie.

Tartaruga: Lei pensa che TUTTI i numeri pari possono essere rappresentati in qualche modo come differenza di due primi dispari?

Achille: In base alla mia tabella la risposta sembrerebbe essere affermativa. E tuttavia, suppongo, potrebbe anche non essere così. Questo non ci porta molto lontano, vero?

Tartaruga: Con tutto il rispetto dovuto, direi che si potrebbero avere intuizioni più profonde su questo problema.

Achille: Curioso, questo problema somiglia al problema originario di Goldbach. Bisognerebbe forse chiamarlo "Variazione Goldbach".

Tartaruga: Senz'altro. Ma fra la congettura di Goldbach e questa Variazione Goldbach c'è una differenza piuttosto considerevole, che vorrei farle notare. Diciamo che un numero pari 2N ha la "proprietà di Goldbach" se è la SOMMA di due primi dispari, e ha la "proprietà della Tartaruga" se è la DIFFERENZA di due primi dispari.

Achille: Mi sembrerebbe giusto chiamarla "proprietà di Achille". Dopo tutto, sono stato io a suggerire il problema.

Tartaruga: Stavo proprio per proporle di stabilire che un numero PRIVO della proprietà della Tartaruga abbia la "proprietà di Achille".

Achille: Va bene, d'accordo...

Tartaruga: Ora chiediamoci se ad esempio un trilione ha la proprietà di Goldbach o la proprietà della Tartaruga. Naturalmente può averle entrambe.

Achille: Me lo sto chiedendo; ma non credo di essere in grado di rispondere su nessuno dei due problemi.

Tartaruga: Non si arrenda così presto, Achille. Supponga che le chieda di rispondere ad una sola delle due domande. Quale delle due sceglierebbe?

Achille: Credo che farei testa o croce. Non vedo molta differenza fra le due.

Tartaruga: Ah! Ma c'è un abisso, invece! Se lei sceglie la proprietà di Goldbach, che implica SOMME di numeri primi, allora dovrà prendere in considerazione solo i numeri primi compresi fra 2 e 1 trilione, giusto?

Achille: Naturalmente.

Tartaruga: Così avrà la garanzia che la sua ricerca di una rappresentazione di 1 trilione come somma di due numeri primi avrà CERTAMENTE TERMINE.

Achille: Ah, capisco. Mentre invece, se scelgo di lavorare sulla rappresentazione di 1 trilione come DIFFERENZA di due numeri primi, non ho alcun limite alla grandezza dei numeri primi in questione. Potrebbero essere così grandi che dovrei impiegare un trilione di anni per trovarli.

Tartaruga: Oppure, potrebbero addirittura non ESISTERE! Dopo tutto, ci si chiede proprio questo: esistono questi numeri primi? Non importa quanto grandi possano poi risultare.

Achille: Lei ha ragione. Se non esistessero, la ricerca potrebbe andare avanti indefinitamente senza mai fornire una risposta positiva o negativa. E tuttavia la risposta giusta sarebbe: no.

Tartaruga: Così, se si ha un numero e si vuole sottoporlo a verifica per sapere se possiede la proprietà di Goldbach o quella della Tartaruga, la differenza fra le due procedure sarà questa: la prima avrà CERTAMENTE TERMINE; la seconda è POTENZIALMENTE INFINITA. Per quest'ultima non vi sono certezze di alcun tipo: può andare allegramente avanti all'infinito, senza dare mai risposta; o viceversa, in altri casi, può fermarsi al primo passo.

Achille: C'è davvero una grande differenza tra la proprietà di Goldbach e quella della Tartaruga.

Tartaruga: Sì: abbiamo due problemi simili che si riferiscono a proprietà molto diverse. La Congettura di Goldbach dice che tutti i numeri pari hanno la proprietà di Goldbach; la Variazione Goldbach suggerisce che tutti i numeri pari hanno la proprietà della Tartaruga. Entrambi i problemi non sono risolti, ma è interessante notare che, sebbene appaiano abbastanza simili, essi implicano proprietà degli interi molto diverse fra loro.

Achille: Capisco quello che intende dire. La proprietà di Goldbach è una proprietà riconoscibile e verificabile per tutti i numeri pari, perché si sa come scoprirne la presenza: basta iniziare la ricerca e prima o poi automaticamente si avrà una risposta negativa o affermativa. La proprietà della Tartaruga invece è più elusiva, dato che lo stesso tipo di ricerca metodica può non terminare.

Tartaruga: Va bene, però potrebbero esserci metodi più intelligenti per indagare sulla proprietà della Tartaruga e forse, seguendo uno di questi metodi, potremmo arrivare sempre a una risposta, e la ricerca potrebbe avere sempre termine.

Achille: Ma la ricerca potrebbe avere termine soltanto se la risposta fosse affermativa, non è così?

Tartaruga: Non necessariamente. Ci potrebbe essere un qualche metodo per dimostrare che, tutte le volte che la ricerca dura più di un certo lasso di tempo, allora la risposta è negativa. Vi può essere anche qualche ALTRO metodo di ricerca dei numeri primi diverso dal metodo estenuante di provarli tutti, uno dopo l'altro, e che garantisca la loro individuazione se esistono e l'esplicita asserzione che non esistono se non esistono. In entrambi i casi, una ricerca finita sarebbe in grado di produrre la risposta negativa. Ma non so se una cosa del genere può essere dimostrata o meno. Ricerche in spazi infiniti, vede, sono sempre qualcosa di molto complicato.

Achille: Così come stanno le cose al momento, lei non conosce alcun metodo per la ricerca della proprietà della Tartaruga che dia la garanzia di terminare, e tuttavia una ricerca con queste caratteristiche POTREBBE esistere.

Tartaruga: Giusto. Suppongo anche che ci si possa avventurare nella ricerca di una tale ricerca. Ma non posso garantire che questa "metaricerca" abbia termine.

Achille: Una cosa che mi colpisce in tutto questo è che, se un numero pari, per esempio un trilione, non possedesse la proprietà della Tartaruga, ciò sarebbe dovuto a un numero infinito di frammenti d'informazione. È curioso pensare di poter riunire insieme tutta questa informazione in un solo mazzo e chiamarla, come lei ha così cortesemente suggerito, la "proprietà di Achille" di 1 trilione. Si tratta in effetti di una proprietà degli interi nella loro TOTALITÀ piuttosto che di una proprietà del singolo numero 1 trilione.

Tartaruga: Quello che lei dice è molto interessante, Achille; ma, nonostante tutto, io sostengo ancora che è molto ragionevole attribuire questo fatto al numero 1 trilione. A scopo illustrativo, vorrei invitarla a considerare l'enunciato più semplice: "29 è un numero primo". Ora, in realtà, questo enunciato significa che 2 per 2 non fa 29, 5 per 6 non fa 29, e così via, vero?

Achille: Immagino di sì.

Tartaruga: Ma per lei va benissimo riunire insieme tutti questi fatti e attribuirli al numero 29, dicendo semplicemente: "29 è un numero primo", non le pare?

Achille: Sì...

Tartaruga: Ed il numero di fatti implicati è in realtà infinito, non è così? In fondo tutti i fatti come: "4444 per 3333 non fa 29" ne fanno parte, non le pare?

Achille: A rigore suppongo di sì. Ma lei ed io sappiamo che non si può ottenere 29 moltiplicando due numeri entrambi maggiori di 29. Così, in realtà, dire: "29 è un numero primo" è soltanto un modo di mettere insieme un numero FINITO di fatti relativi alla moltiplicazione.

Tartaruga: Può metterla in questi termini, se vuole; ma rifletta: il fatto che due numeri maggiori di 29 non possano avere come loro prodotto 29 dipende dall'intera struttura degli interi. In questo senso, quel fatto riassume un numero infinito di fatti. Lei non può far finta di non accorgersi che quando dice: "29 è un numero primo", in realtà lei sta affermando un numero infinito di cose.

Achille: Forse è così, ma io lo sento come un fatto unico.

Tartaruga: Questo accade perché la sua conoscenza precedente è costituita da un'infinità di fatti. Essi sono implicitamente presenti nel modo in cui si visualizzano le cose. Lei non percepisce un'infinità esplicita perché questa infinità è già presente nelle immagini che lei utilizza.

Achille: Credo che lei abbia ragione. E tuttavia mi sembra strana questa idea di condensare una proprietà della totalità degli interi in una sola entità ed etichettarla come: "la proprietà del numero 29 di essere primo".

Tartaruga: Forse ciò sembra strano, ma è anche un modo molto comodo di guardare alle cose. Ora torniamo alla sua ipotesi. Se, come lei ha suggerito, il numero 1 trilione ha la proprietà di Achille, allora, sommandogli un qualunque numero primo, non si otterrà mai un altro numero primo. Una tale situazione sarebbe dovuta a un numero infinito di "eventi" matematici separati. Ci si può chiedere: tutti questi eventi emergono necessariamente dalla stessa fonte? Hanno una causa comune? Perché se non è così, allora la spiegazione del fatto va ricercata in qualche tipo di "coincidenza infinita" piuttosto che in una soggiacente regolarità.

Achille: "Coincidenza infinita"? Nel campo dei numeri naturali, NIENTE è accidentale, niente accade senza che possa essere attribuito a qualche struttura soggiacente. Prendiamo 7 invece di un trilione. Posso maneggiarlo più facilmente, perché è più piccolo. 7 ha la proprietà di Achille.

Tartaruga: Ne è certo?

Achille: Sì, ed ecco perché: se sommiamo 2 a 7, abbiamo 9, che non è primo. E se sommiamo un qualsiasi altro numero primo a 7, addizionando due numeri dispari otterremo necessariamente un numero pari, che non è primo. Così l'"achillità" di 7, per coniare un nuovo termine, è la conseguenza di DUE ragioni: cosa ben diversa rispetto alla "coincidenza infinita". Ciò appunto rafforza il mio asserto: non è mai necessario un numero infinito di ragioni per rendere conto di una verità aritmetica. Se vi FOSSERO fatti aritmetici causati da una

FIGURA 73. Ordine e caos, *di M.C. Escher (litografia, 1950).*

quantità infinita di coincidenze separate, allora non sarebbe possibile fornire una prova finita della loro verità. E questo è ridicolo.

Tartaruga: È un'opinione ragionevole, e lei è in buona compagnia a sostenerla. Tuttavia...

Achille: C'è qualcuno che non è d'accordo su questo punto? Allora questo qualcuno dovrebbe credere che esistono "coincidenze infinite" e che il caos è presente all'interno della più perfetta, armoniosa e bella tra tutte le creazioni: il sistema dei numeri naturali.

Tartaruga: Forse lo credono davvero. Ma lei ha mai pensato che questo caos potrebbe essere parte integrante della bellezza e dell'armonia?

Achille: Il caos parte della perfezione? Ordine e caos che formano una piacevole unità? È assurdo!

Tartaruga: È noto che M.C. Escher, il suo artista preferito, ha suggerito un tale assurdo punto di vista in uno dei suoi quadri... Ma già che siamo in argomento, a proposito di caos, credo che le possa interessare di conoscere due diverse procedure di ricerca, per entrambe le quali è certa la terminazione.

Achille: Certo che m'interessa.

Tartaruga: Il primo tipo di procedura, il tipo non caotico, è esemplificato dal controllo della proprietà di Goldbach. Si considerano solo i numeri primi minori di 2N, e se una coppia di primi, sommati insieme, dà 2N, allora 2N ha la proprietà di Goldbach, altrimenti no. Non solo questo tipo di procedura termina certamente, ma si può anche prevedere QUANDO terminerà.

Achille: Così si tratta di una procedura a TERMINAZIONE PREVEDIBILE. Con questo vuol forse insinuare che la verifica delle proprietà aritmetiche comporta, in qualche caso, procedure terminanti, ma di cui non si può prevedere la durata?

Tartaruga: Lei ha delle facoltà divinatorie, Achille! E l'esistenza di queste procedure mostra che nel sistema dei numeri naturali c'è del caos intrinseco, in un certo senso.

Achille: Allora devo dire che si sa ancora troppo poco su queste procedure. Se si facessero ricerche più accurate, se ne potrebbe certamente prevedere la durata massima, prima della terminazione. In fondo, vi deve essere sempre qualche aspetto razionale nella struttura degli interi. Non può trattarsi soltanto di strutture caotiche che sfuggono alle previsioni!

Tartaruga: Posso capire la sua fede intuitiva, Achille. Ma essa non sempre è giustificata. Naturalmente in molti casi lei ha perfettamente ragione: solo perché una cosa non si conosce, se ne conclude che è inconoscibile! Ma vi sono certe proprietà degli interi per le quali si può dimostrare l'esistenza di procedure di ricerca terminanti, e per le quali si può parimenti DIMOSTRARE che non è possibile prevederne la durata.

Achille: Mi riesce difficile crederlo. È come se il diavolo in persona si fosse infiltrato nel divino regno dei numeri naturali per imbrattarne la bellezza!

Tartaruga: Le potrà forse essere di conforto sapere che non è affatto facile o naturale definire una proprietà per la quale esiste una procedura terminante, ma non a terminazione PREVEDIBILE. La maggior parte delle proprietà "naturali" degli interi ammettono in realtà procedure a terminazione prevedibile. Tali sono, ad esempio, l'essere primo, l'essere quadrato, l'essere una potenza di dieci, e così via.

Achille: Sì, posso capire che sia facile verificare queste proprietà. Ma sarebbe in grado di indicarmi una proprietà per la quale vi è una procedura terminante, ma non prevedibile?

Tartaruga: Mi è troppo difficile ora, nello stato di sonnolenza in cui mi trovo. Mi permetta invece di mostrarle una proprietà molto facile da definire e per la quale, tuttavia, non si conosce alcuna procedura certamente terminante. Non sto dicendo che non ve ne sarà mai nessuna, attenzione! Dico solo che adesso non se ne conosce nessuna. Prendiamo un numero; le dispiace sceglierlo lei?

Achille: 15, che ne dice?

Tartaruga: Una scelta eccellente. Ora operiamo sul numero che abbiamo: se è DISPARI lo triplichiamo e vi aggiungiamo 1, se è PARI ne prendiamo la metà. Poi ripetiamo l'operazione. Chiamiamo MIRABILE un numero dal quale, seguendo questa procedura, si raggiunge il numero 1 e NON MIRABILE ogni altro numero.

Achille: 15 è MIRABILE o no? Vediamo:

15	è	DISPARI,	dunque	faccio $3n + 1$:	46
46	è	PARI,	dunque	prendo la metà:	23
23	è	DISPARI,	dunque	faccio $3n + 1$:	70
70	è	PARI,	dunque	prendo la metà:	35
35	è	DISPARI,	dunque	faccio $3n + 1$:	106
106	è	PARI,	dunque	prendo la metà:	53
53	è	DISPARI,	dunque	faccio $3n + 1$:	160
160	è	PARI,	dunque	prendo la metà:	80
80	è	PARI,	dunque	prendo la metà:	40
40	è	PARI,	dunque	prendo la metà:	20
20	è	PARI,	dunque	prendo la metà:	10
10	è	PARI,	dunque	prendo la metà:	5
5	è	DISPARI,	dunque	faccio $3n + 1$:	16
16	è	PARI,	dunque	prendo la metà:	8
8	è	PARI,	dunque	prendo la metà:	4
4	è	PARI,	dunque	prendo la metà:	2
2	è	PARI,	dunque	prendo la metà:	1

Eh! Un bel giretto, da 15 a 1. Ma finalmente ci sono arrivato. Questo mostra che 15 ha la proprietà di essere mirabile. Mi chiedo quali numeri siano NON mirabili.

Tartaruga: Ha notato come i numeri andavano su e giù durante questa procedura?

Achille: Sì; sono stato particolarmente sorpreso di ritrovarmi, dopo 13 passaggi, al numero 16, che è solo di un'unità più grande di 15, il numero dal quale avevo cominciato. In un certo senso, ero quasi ritornato al punto di partenza e in un altro senso ero lontanissimo da quel punto. Un'altra cosa che mi è sembrata strana è di essere dovuto salire fino a 160 per risolvere il problema. Mi chiedo come mai.

Tartaruga: Sì, vi è un "cielo" infinito verso il quale si può decollare, ed è molto difficile sapere in anticipo quanto in alto si dovrà salire. In verità, è del tutto plausibile pensare che si possa salire sempre più in alto e non scendere mai.

Achille: Veramente? Questa è certamente una cosa concepibile. Ma che strana coincidenza dovrebbe verificarsi! Dovrebbero presentarsi tutti numeri dispari, uno dietro l'altro, con soli pochi pari sparsi qua e là. Mi sembra impossibile che si verifichi una cosa del genere, ma non ne sono affatto sicuro.

Tartaruga: Perché non prova col 27? Guardi che non le prometto niente. Ma ci provi qualche volta; può essere divertente. Le consiglio soltanto di procurarsi un foglio di carta piuttosto grande, potrebbe averne bisogno!

Achille: Hum... sembra interessante. Sa, mi sembra curioso, comunque, associare la mirabilità o meno con il numero iniziale, quando è così palese che si tratta di una proprietà della totalità degli interi.

Tartaruga: Capisco che cosa vuol dire, ma non vi è una grande differenza con asserzioni quali "29 è un numero primo" e "l'oro è un metallo pregiato". Tutte attribuiscono a una singola entità una proprietà che quella entità possiede solo in virtù del fatto di essere inserita in un contesto particolare.

Achille: Suppongo che lei abbia ragione. Questa "mirabilità" è un trucco mirabile per come oscillano i numeri ora verso l'alto, ora verso il basso. La struttura DEVE essere regolare, sebbene in superficie appaia caotica. Quindi posso capire perché non si conosca ancora una procedura certamente terminante per questa proprietà della mirabilità.

Tartaruga: A proposito di procedure terminanti e non terminanti e di quelle procedure che non sono né terminanti né non terminanti, mi viene in mente un mio amico, un autore che sta scrivendo un libro.

Achille: Interessante; qual è il titolo del libro?

Tartaruga: *Rame, Argento, Oro: un'Indistruttibile Lega Metallica.* Non è affascinante?

Achille: Francamente il titolo mi sconcerta un po'! Dopo tutto, che cosa hanno in comune il rame, l'argento e l'oro?

Tartaruga: A me sembra chiaro.

Achille: Forse, se il titolo fosse stato, diciamo, *Ginkgo, Argento, Oro,* oppure *Rame, Eucalyptus, Oro,* potrei capire...

Tartaruga: Non preferirebbe *Rame, Argento, Baobab*?

Achille: Oh, senz'altro! Ma il titolo originale non va. Nessuno lo capirebbe.

Tartaruga: Lo dirò al mio amico. Gli farà piacere avere un titolo che richiami di più l'attenzione e farà piacere anche all'editore.

Achille: Ne sono lieto. Ma che cosa della nostra discussione le ha ricordato questo libro?

Tartaruga: Ah, sì. Nel libro, ci sarà un dialogo nel quale l'autore vuole sbarazzarsi dei lettori inducendoli a CERCARE la fine.

Achille: Una pensata curiosa. Come fa?

Tartaruga: Avrà senz'altro notato come molti autori si diano da fare per creare una grande tensione verso le ultime pagine del libro; ma un lettore che sta tenendo fisicamente il libro in mano può SENTIRE che la storia sta per terminare. Quindi, in qualche modo, egli è in possesso di una ulteriore informazione, come di un avvertimento anticipato, potremmo dire. La tensione è un po' attenuata dalla fisicità del libro. Sarebbe tanto meglio se alla fine di ogni romanzo vi fosse un doppio fondo.

Achille: Un doppio fondo?

Tartaruga: Sì; voglio dire che ci vorrebbe un numero considerevole di pagine stampate in più, che non facciano parte della storia propriamente detta, ma che abbiano la funzione di celare l'esatta ubicazione della fine di essa ad uno sguardo superficiale o al semplice contatto fisico con il libro.

Achille: Capisco. Così la vera fine del libro può venire a trovarsi, diciamo, cinquanta o cento pagine prima della fine materiale del libro?

Tartaruga: Sì; questo fornirebbe un elemento di sorpresa, perché il lettore non sarebbe in grado di prevedere in anticipo quante delle pagine che gli rimangono riguardano la storia e quante il doppio fondo.

Achille: Se questo sistema fosse praticato sistematicamente, potrebbe senz'altro funzionare. Ma c'è una difficoltà. Se il doppio fondo fosse troppo evidente, che so, se fosse costituito, per esempio, da pagine bianche, o da pagine coperte con tante X o con altre lettere a caso, allora esso perderebbe completamente la sua funzione.

Tartaruga: Naturalmente; e dunque queste pagine devono avere l'aspetto di normali pagine stampate.

Achille: Ma spesso è sufficiente anche uno sguardo superficiale per distinguere pagine che trattano argomenti diversi. Così bisognerebbe fare in modo che ci fosse una stretta somiglianza fra le pagine del doppio fondo e quelle del racconto.

Tartaruga: Questo è vero. Ho sempre immaginato la cosa in questi termini: si arriva alla conclusione del racconto. Poi, senza soluzione di continuità, si va avanti con qualcosa che appaia come la continuazione del racconto stesso, ma che in realtà è solo un doppio fondo senza relazione alcuna con esso; il doppio fondo è in certo senso solo un "finale post-finale". Può contenere idee letterarie estranee, che poco hanno a che fare col tema originario.

Achille: Molto astuto! Però a questo punto si rischia di non riuscire più a individuare il punto in cui finisce il racconto vero e proprio: esso diventa tutt'uno con il doppio fondo.

Tartaruga: È proprio questa la conclusione alla quale io e il mio amico siamo giunti. È un peccato, poiché a me l'idea sembrava molto attraente.

Achille: Un momento, ho un suggerimento da proporre. Il passaggio dal vero racconto al doppio fondo potrebbe essere fatto in modo tale che, con analisi sufficientemente approfondite del testo, un lettore intelligente fosse in grado di scoprirlo. Magari gli ci vorrà del tempo e forse non ci sarà modo di prevedere il tempo che occorrerà... Ma l'editore potrebbe garantire che una ricerca sufficientemente approfondita del vero finale avrà certamente termine, anche se non si è in grado di dire anticipatamente quanto tempo ci vorrà.

Tartaruga: Giusto. Ma che cosa s'intende per "sufficientemente approfondita"?

Achille: Significa che il lettore dovrà andare alla ricerca di un elemento piccolo ma rivelatore che sarà inserito in qualche punto del testo. Esso segnalerà la fine. Il lettore deve essere abbastanza ingegnoso da cercare e riconoscere, tra molti altri elementi analoghi, quello giusto.

Tartaruga: Potrebbe trattarsi di un mutamento improvviso della frequenza di certe lettere o della lunghezza delle parole? Oppure di una sequenza di errori grammaticali?

Achille: Anche. Oppure di un messaggio nascosto che possa rivelare ad un lettore sufficientemente penetrante il finale. Che so? Magari la comparsa di qualche personaggio estraneo o la descrizione di eventi in contraddizione con lo spirito del racconto. Un lettore ingenuo prenderebbe tutto per oro colato, mentre un lettore intelligente sarebbe in grado di indicare esattamente la linea di demarcazione tra il vero racconto e il doppio fondo posticcio.

Tartaruga: Quest'idea è veramente originale, Achille. La comunicherò al mio amico, e chissà che egli non voglia applicarla nel suo Dialogo.

Achille: Ne sarei onorato.

Tartaruga: Bene. Purtroppo comincio a sentirmi un po' intontita dalla stanchezza, Achille. Sarà bene che me ne vada, finché sono ancora in grado di trascinarmi fino a casa.

Achille: Sono estremamente lusingato per la sua lunga visita che si è protratta fino a un'ora così insolita e a mio esclusivo beneficio. Le assicuro che il suo intrattenimento aritmetico è stato un perfetto antidoto a quel mio rivoltarmi nel letto. E chissà, forse stanotte riuscirò anche a dormire. Come segno della mia graditudine, signorina T., voglia gradire questo dono speciale.

Tartaruga: Oh, non è il caso, Achille.

Achille: No, insisto, signorina T. Guardi su quel mobile: c'è una scatola orientale.

(La Tartaruga si avvicina al mobile).

Tartaruga: Non vorrà dire questa scatola orientale d'oro, vero?

Achille: Proprio quella. Per favore, signorina T., l'accetti con i miei più sentiti ringraziamenti.

Tartaruga: Tante grazie, davvero, Achille. Hum... Perché vi sono tutti questi nomi di matematici incisi sul coperchio. Che strano elenco!

D e M o r g a n
A **b** e l
B o **o** l e
B r o **u** w e r
S i e r **p** i ń s k i
W e i e r **s** t r a s s

Achille: Credo che intenda essere l'Elenco Completo di Tutti i Grandi Matematici. Non capisco perché le lettere lungo la diagonale siano più marcate.

Tartaruga: In fondo c'è scritto: "Sottrai 1 dalla diagonale, e troverai Bach a Lipsia".

Achille: L'ho vista, quella scritta, ma non sono riuscito a interpretarla. Che ne dice, invece, di un sorso di ottimo whisky? Ne ho un po' in quella bottiglia sul canterano.

Tartaruga: No, grazie, sono troppo stanca. Ora vado proprio a casa. *(Di-*

strattamente apre la scatola). Ma... un momento, Achille: qui dentro ci sono cento luigi d'oro!

Achille: Sarei onorato se li accettasse come parte del dono, signorina T.

Tartaruga: Ma... Ma...

Achille: Su, non faccia complimenti! La scatola, l'oro: è tutto suo. E grazie per questa serata irripetibile.

Tartaruga: Oh, Achille, sono veramente conusa da questa sua generosità, e non so davvero come farò mai a ricambare. Ebbene, mi rimane solo da augurarle di sognare stanotte la straa Congettura di Goldbach, e la sua Variazione. Dorma bene. Arrivedrci a presto!

(Prende la scatola orientale con i cento luigi d'oro e va verso la porta; sta per aprirla, quando si sente bussare violentemente).

Chi può essere a quest'ora, Achille?

Achille: Non ne ho la minima idea. La cosa non mi piace affatto. Perché non si nasconde dietro quell'armadïo, nel caso si tratti di qualche pasticcio!

Tartaruga: Buona idea. *(Scompare dietro l'armadio).*

Achille: Chi è?

Voce: Aprite, polizia.

(Due enormi poliziotti irrompono nella stanza; hanno due luccicanti distintivi appuntati sulla divisa color verderame).

Poliziotto: Io sono Argentieri e questo è Dall'Oro *(mostra il distintivo).* Sta qui un certo Achille?

Achille: Sono io!

Poliziotto: Bene, signor Achille, noi abbiamo il fondato sospetto che in questa casa ci sia una scatola d'oro orientale con cento luigi d'oro. Qualcuno l'ha trafugata dal museo oggi pomeriggio.

Achille: Per tutti i Numi!

Poliziotto: Se ora troviamo la scatola, Achille, poiché lei è l'unico indiziato, mi dispiace comunicarle che la dovrò arrestare.

Achille: Oh, finalmente! Sono contento che siate arrivati! Tutta la sera sono stato terrorizzato dalla signorina Tartaruga con le sue storie sulle VARIE AZIONI maniGOLDe e p...BACCHIane che si vantava di aver compiuto oggi al museo... Voi venite a liberarmi! Presto, guardate dietro l'armadio, e troverete la colpevole!

(I poliziotti guardano dietro l'armadio e trovano la Tartaruga tutta tremante che si nasconde con la sua scatola d'oro).

Poliziotto: Eccola qua! E così è la signorina Tartaruga la canaglia! Non avrei mai pensato a LEI! Ma ora l'abbiamo presa con le mani nel sacco!

Achille: Portatela via! Grazie a Dio, non dovrò più sentire parlare né di lei né delle sue VARIE AZIONI...

CAPITOLO XIII

CicloL, CicloI, CicloH

L'autoconsapevolezza e il caos

CicloL, CicloI e CicloH non sono ciclopi, marche di detersivi o suoni emessi da un treno a vapore, ma sono tre linguaggi di programmazione aventi ciascuno il proprio fine specifico. Questi linguaggi sono stati inventati appositamente per questo Capitolo e serviranno a spiegare alcune nuove accezioni del termine "ricorsivo": in particolare le nozioni di *ricorsività primitiva* e di *ricorsività generale*. Essi si dimostreranno di grande aiuto nel chiarire il meccanismo dell'autoreferenza nell'AT.

Può sembrare che si stia passando troppo bruscamente da una discussione sul cervello e sulla mente ai tecnicismi della matematica e dell'informatica. Ma anche se sotto un certo profilo la transizione è effettivamente brusca, pure essa ha un senso. Abbiamo visto come un certo tipo di autoconsapevolezza sembri essere cruciale in rapporto all'insorgere della coscienza. Ora esamineremo l'"autoconsapevolezza" all'interno di un quadro più formale, cioè nel quadro dell'AT. Tra l'AT e una mente vi è un abisso, ma certe idee saranno molto illuminanti e forse risulteranno metaforicamente trasferibili alla nostra riflessione sulla coscienza.

Una delle cose sconcertanti relative all'autoconsapevolezza dell'AT è che essa è intimamente collegata coi problemi del rapporto tra ordine e caos nei numeri naturali. Vedremo in particolare che un sistema ordinato avente una complessità sufficiente a rispecchiare se stesso non può essere *totalmente* ordinato: deve cioè possedere qualche aspetto strano, caotico. Per i lettori che abbiano in sé un po' di Achille ciò sarà difficile da accettare. Vi è tuttavia una compensazione "magica": nel disordine vi è una sorta di ordine che costituisce oggi materia di studio a sé stante, la cosiddetta "teoria delle funzioni ricorsive". Purtroppo di questo argomento affascinante non potremo dare molto di più che un cenno.

La rappresentabilità e i frigoriferi

In precedenza abbiamo incontrato molto spesso espressioni come "sufficientemente complesso", "sufficientemente potente" e simili. Ma che cosa significano, in fondo? Ritorniamo alla battaglia TC tra il granChio e la Tartaruga e chiediamoci: "Che cosa fa sì che un oggetto sia un giradischi?". Il Granchio potrebbe sostenere che il suo frigorifero è un giradischi "Perfetto"; poi, per dimostrarlo, potrebbe metterci sopra un disco qualunque e dire: "Vedete? Lo suona!". Allora la Tartaruga, se volesse controbattere a questo gesto di sapore Zen, dovrebbe rispondere: "No: il frigorifero ha una fedeltà troppo bassa per essere considerato un grammofono: non riesce a riprodurre alcun suono (e tanto meno il suono che riuscirebbe a distruggerlo)". La Tartaruga può costruire un disco chiamato "Non posso essere suonato dal Giradischi X" solo qualora il Giradischi X sia veramente un giradischi. Il metodo della Tartaruga è assai insidioso, poiché punta sulla forza anziché sulla debolezza del sistema. Pertanto essa richiede giradischi di "fedeltà sufficientemente elevata".

La stessa cosa vale per le versioni formalizzate dell'aritmetica. La ragione per cui l'AT è una formalizzazione di A è che i suoi simboli funzionano nel modo giusto: cioè i suoi teoremi non sono muti come un frigorifero, ma enunciano verità di A. Naturalmente lo fanno anche i teoremi del sistema pg. Si può considerare anche quest'ultimo come "una formalizzazione dell'aritmetica", oppure esso è più simile a un frigorifero? È, diciamo, meglio di un frigorifero, ma ancora troppo debole. Il sistema pg non ricopre una parte sufficiente del nucleo centrale delle verità di A per poter esser considerato "un'aritmetica".

Qual è allora questo "nucleo centrale delle verità" di A? Sono le *verità primitive ricorsive*: cioè quelle che richiedono soltanto calcoli *la cui terminazione è prevedibile*. Queste verità di base hanno in A la funzione che i primi quattro postulati di Euclide avevano in geometria: esse ci consentono, prima ancora di entrare nel merito dei problemi, di scartare certi candidati sulla base della loro "potenza insufficiente". Da questo momento in poi, il criterio per definire un sistema "sufficientemente potente" sarà che *esso possa rappresentare tutte le verità primitive ricorsive*.

L'ascia di Gantō in metamatematica

La portata di questa nozione è mostrata dal seguente fatto fondamentale: se è data una formalizzazione abbastanza potente dell'aritmetica, ad essa si può applicare il metodo di Gödel e quindi il sistema è *incompleto*. Se d'altra parte il sistema *non* è abbastanza potente (cioè se non tutte le verità primitive ricorsive sono suoi teoremi), allora, proprio in virtù di questo difetto, il sistema è *incompleto*. Si ha qui una versione metamatematica dell'"Ascia di Gantō": qualunque cosa faccia il sistema, l'Ascia di Gödel gli mozza la testa! Si osservi anche che questa situazione è perfettamente analoga a quella rispecchiata dalla battaglia tra alta fedeltà e bassa fedeltà nel *Contracrostipunto*.

In realtà, risulta che anche sistemi molto più deboli possono essere aggrediti dal metodo di Gödel; il criterio che il sistema debba poter rappresentare come teoremi tutte le verità primitive ricorsive è troppo severo. È un po' come se un ladro avesse deciso di derubare solo persone "abbastanza ricche" e avesse adottato il criterio che la vittima potenziale debba avere in tasca almeno un miliardo liquido. Se fossimo nelle vesti di quel ladro, con l'AT saremmo fortunati e potremmo rubare, poiché il miliardo liquido c'è: in altri termini, l'AT contiene di fatto tutte le verità primitive ricorsive sotto forma di teoremi.

Ora, prima di addentrarmi in una discussione approfondita delle funzioni e dei predicati primitivi ricorsivi, vorrei collegare i temi di questo Capitolo con i temi dei Capitoli precedenti, in modo da fornire una motivazione un po' più stimolante alla lettura.

Scoprire l'ordine scegliendo il filtro giusto

All'inizio del libro abbiamo visto che i sistemi formali possono essere bestie difficili e sregolate, poiché posseggono regole che allungano e regole che accorciano, le quali in alcuni casi possono portare a ricerche senza fine fra le stringhe. La scoperta della numerazione di Gödel ha mostrato che la ricerca di una qualsiasi stringa avente una particolare proprietà tipografica possiede una cugina aritmetica: la ricerca isomorfa di un intero dotato della particolare proprietà aritmetica corrispondente. Quindi, se si vogliono scoprire procedure di decisione per sistemi formali, è necessario risolvere il mistero delle ricerche di lunghezza imprevedibile (*il caos*) fra gli interi. Ora nelle *Variazioni Goldbach* ho dato forse troppo peso alle manifestazioni evidenti del caos nei problemi sugli interi. In realtà, ci sono stati casi di caos anche più selvaggi che non il problema della "mirabilità", che sono stati addomesticati e che poi si sono rivelati animali assai simpatici e miti. All'inconcussa fede di Achille nella regolarità e nella prevedibilità dei numeri si dovrebbe quindi tributare un profondo rispetto, tanto più che essa riflette l'opinione di quasi tutti i matematici fino agli anni '30. Per spiegare in che senso i rapporti tra ordine e caos costituiscano un argomento così delicato e importante, e per collegarlo coi problemi relativi alla localizzazione e alla manifestazione del significato, desidero citare un passo di grande bellezza e intelligenza dal libro *Are Quanta Real?* un dialogo galileiano del compianto J.M. Jauch.

SALVIATI. Supponiamo che io vi assegni due successioni di numeri, diciamo

7 8 5 3 9 8 1 6 3 3 9 7 4 4 8 3 0 9 6 1 5 6 6 0 8 4...

e

$1, \ -1/3, \ +1/5, \ -1/7, \ +1/9, \ -1/11, \ +1/13, \ -1/15\ldots$

Signor Simplicio, se vi chiedessi quale sarà il numero seguente nella prima successione, che cosa rispondereste?

SIMPLICIO. Non saprei che dirvi. Credo che sia una successione casuale che non segue alcuna legge.

SALVIATI. E per la seconda successione?

SIMPLICIO. Per quella è facile: dev'essere $+1/17$.

SALVIATI. Giusto. Ma che direste se vi dichiarassi che anche la prima successione è costruita in base a una legge e che questa legge è di fatto identica a quella che avete appena scoperto nella seconda successione?

SIMPLICIO. Mi sembra piuttosto improbabile.

SALVIATI. Ma è proprio così, perché la prima successione è semplicemente l'inizio della parte decimale della somma della seconda. Essa vale $\pi/4$.

SIMPLICIO. Voi avete gran dovizia di questi trucchi matematici, tuttavia non vedo che cosa abbia a che fare questo con l'astrazione e la realtà.

SALVIATI. La relazione con l'astrazione è facile da vedere. La prima successione appare aleatoria a meno che, tramite un procedimento di astrazione, non sia stato costruito una sorta di filtro che scorga una struttura semplice sotto un'apparente casualità.

È esattamente in questo modo che vengono scoperte le leggi della natura. La natura ci presenta una moltitudine di fenomeni che per lo più appaiono caotici e aleatori finché non scegliamo alcuni eventi importanti e facciamo astrazione dalle condizioni particolari e accidentali del loro realizzarsi. Solo così idealizzati essi mostrano la loro vera struttura in pieno splendore.

SAGREDO. Che idea meravigliosa! Essa ci indica che, quando tentiamo di capire la natura, dovremmo riguardare i fenomeni come se fossero *messaggi* da comprendere. Solo che ciascun messaggio appare aleatorio finché non istituiamo un codice per interpretarlo. Questo codice assume la forma di un'astrazione, cioè decidiamo di ignorare certe cose considerandole non pertinenti e quindi selezioniamo in parte il contenuto del messaggio con una libera scelta. Questi segnali non pertinenti costituiscono il 'rumore di fondo', che limiterà la precisione del nostro messaggio.

Ma poiché il codice non è assoluto, ci possono essere parecchi messaggi nella medesima materia prima costituita dai dati, sicché un cambiamento del codice rivelerà un messaggio d'importanza altrettanto cospicua contenuto in qualcosa che prima era soltanto rumore, e *viceversa*: in un altro codice ciò che era un messaggio può essere privo di significato.

Quindi un codice presuppone una libera scelta tra aspetti diversi e complementari, ciascuno dei quali ha ugual diritto alla *realtà*, se mi è lecito usare questa parola equivoca.

Taluni di questi aspetti possono esserci completamente sconosciuti ora, ma essi possono rivelarsi a un osservatore che possieda un diverso sistema di astrazioni.

Ma ditemi, signor Salviati, come possiamo allora continuare a sostenere che noi *scopriamo* qualcosa là fuori, nel mondo reale, obiettivo? Non significa forse questo che noi semplicemente creiamo le cose in conformità con le nostre immagini e che la realtà è solo dentro di noi?

SALVIATI. Non credo sia necessariamente così, ma questa è una domanda che richiede una riflessione più profonda.[1]

Qui Jauch considera messaggi che provengono non da un "essere senziente", bensì dalla natura stessa. Le domande che ci siamo posti nel Capitolo VI sui rapporti tra messaggi e significato possono essere avanzate a ugual diritto anche a proposito dei messaggi della natura. La natura è caotica o strutturata? E qual è il ruolo dell'intelligenza nello stabilire la risposta a questa domanda?

Se vogliamo allontanarci dalla filosofia, possiamo considerare la questione della regolarità profonda di una successione che ha tutta l'apparenza di una successione casuale. Potrebbe esistere una spiegazione semplice e non ricorsiva della funzione $Q(n)$ del Capitolo V? Può ogni problema, come un frutteto, essere osservato da un'angolazione particolare, tale che ne riveli il segreto? Oppure nell'aritmetica vi sono problemi che rimangono misteriosi, qualunque sia l'angolazione dalla quale vengono osservati?

Dopo questo prologo, credo che sia venuto il momento di definire con precisione il significato della locuzione "ricerca di lunghezza prevedibile". Ciò sarà compiuto nei termini del linguaggio CicloL.

I passi primordiali del linguaggio CicloL

Ci occuperemo delle ricerche di numeri naturali dotati di varie proprietà. Per poter parlare della *lunghezza* di una qualunque ricerca sarà necessario definire alcuni *passi* primordiali, che sono gli elementi costitutivi di tutte le ricerche, in modo che la lunghezza possa essere misurata in termini del numero di quei passi. Ecco alcuni dei passi che potremmo considerare primordiali:

sommare due numeri naturali qualsiasi;
moltiplicare due numeri naturali qualsiasi;
stabilire se due numeri sono uguali;
determinare qual è il maggiore (o il minore) tra due numeri.

Cicli e limitazioni superiori

Se tentiamo di formulare in termini di questi passi un criterio per stabilire ad esempio se un numero è primo, ci accorgiamo ben presto che dobbiamo includervi una *struttura di controllo*: questa ci dirà in quale ordine vanno fatte le varie operazioni, quando si debba ritornare indietro per ripetere alcuni passi, quando si debba saltare un certo insieme di passi, quando ci si debba fermare, e altre cose del genere.

Un *algoritmo* (cioè una descrizione precisa del modo di eseguire un calcolo) è sempre caratterizzato dal fatto di essere composto di un misto di (1) operazioni da eseguire e di (2) istruzioni di controllo. Quindi, a mano a mano che elaboriamo il linguaggio in cui esprimere calcoli di lunghezza prevedibile, dobbiamo incorporarvi anche strutture di controllo primordiali. Di fatto, la caratteristica distintiva del CicloL è la limitatezza del suo insieme di strutture di controllo: esso non consente salti verso istruzioni arbitrarie o ripetizioni senza limite di gruppi di passi; l'unica struttura di controllo del CicloL è essenzialmente il *ciclo limitato*, un insieme di istruzioni che possono essere eseguite ripetutamente fino a un certo numero massimo di volte definito in precedenza, detto *limitazione superiore* o *tetto* del ciclo. Se il tetto fosse 300, il ciclo potrebbe essere eseguito 0, 7 o 300 volte, ma non 301.

Non è necessario che il programmatore inserisca in forma numerica i valori esatti di tutte le limitazioni superiori del programma: in realtà essi potrebbero non essere noti in anticipo. Tuttavia qualunque limitazione superiore deve poter essere determinata mediante calcoli eseguiti *prima* di entrare nel ciclo relativo. Per esempio, se si volesse calcolare il valore di 2^{3^n}, ci sarebbero due cicli. Prima si calcola 3^n, e ciò comporta n moltiplicazioni; poi si eleva 2 a quella potenza, e ciò comporta 3^n moltiplicazioni. Dunque la limitazione superiore del secondo ciclo è il risultato del calcolo del primo ciclo.

Ecco come ciò sarebbe espresso da un programma in CicloL.

```
DEF PROCEDURA "DUE ALLA TRE ALLA" [N]:
BLOCCO 0: INIZIO
          CELLA(0) ⇐ 1;
          RIPETI N VOLTE:
          BLOCCO 1: INIZIO
                    CELLA(0) ⇐ 3 × CELLA(0);
          BLOCCO 1: FINE:
          CELLA(1) ⇐ 1;
          RIPETI CELLA(0) VOLTE:
          BLOCCO 2: INIZIO
                    CELLA(1) ⇐ 2 × CELLA(1);
          BLOCCO 2: FINE;
          USCITA ⇐ CELLA (1);
BLOCCO 0: FINE.
```

Le convenzioni del CicloL

Esaminare un algoritmo scritto in un linguaggio di programmazione e riuscire a capire che cosa faccia è una capacità che si acquisisce col tempo e con l'esercizio. Spero tuttavia che l'algoritmo scritto sopra risulti abbastanza semplice e che il suo significato traspaia senza bisogno di un esame troppo minuzioso. In esso viene definita una *procedura* dotata di un *parametro d'ingresso*, N; la sua *uscita* è il valore desiderato.

Questa definizione di procedura possiede quella che si chiama *struttura a blocchi*: ciò significa che certe sue porzioni debbono essere considerate come unità, o *blocchi*. Tutte le istruzioni di un blocco vengono eseguite come una singola entità. Ogni blocco ha un numero (il più esterno è il BLOCCO 0) ed è delimitato da un INIZIO e da una FINE. Nel nostro esempio il BLOCCO 1 e il BLOCCO 2 contengono ciascuno una sola istruzione, ma vedremo tra breve blocchi più lunghi. L'istruzione RIPETI indica sempre che il blocco immediatamente seguente deve essere eseguito ripetutamente. Come si vede, i blocchi possono essere nidificati, cioè possono contenere altri blocchi annidati al loro interno.

La strategia di questo algoritmo è già stata indicata sopra: si comincia col prendere una variabile ausiliaria, detta CELLA (0); da principio le si assegna il valore 1 e poi, in un ciclo, la si moltiplica ripetutamente per 3; questo lo si fa esattamente N volte. Poi si fa una cosa analoga per CELLA (1): le si attribuisce il valore 1 e la si moltiplica per 2 esattamente CELLA (0) volte. Infine si assegna all'USCITA il valore di CELLA (1). Questo è il valore che viene restituito al mondo esterno, ed è l'unico comportamento della procedura visibile dall'esterno.

Dobbiamo fare qui alcune osservazioni relative alla notazione. In primo luogo, il significato della freccia verso sinistra '⇐' è questo:

Si valuti l'espressione alla sua destra, poi si assegni tale valore a CELLA (o a USCITA) alla sua sinistra.

Quindi l'istruzione CELLA (1) ⇐ 3 × CELLA (1) ha il significato di triplicare il valore contenuto in CELLA (1). Ogni CELLA può essere considerata come una parola diversa della memoria di un calcolatore. La sola differenza tra le variabili come CELLA e le parole vere e proprie è che queste ultime possono contenere solo interi che non superino un dato limite finito, mentre CELLA può contenere qualunque numero naturale, per quanto grande esso sia.

Ognuna delle procedure del CicloL, quando viene chiamata, fornisce un valore, cioè il valore della variabile chiamata USCITA. Quando si inizia ad eseguire una procedura qualsiasi si suppone, per opzione in mancanza di specifiche (*default*), che USCITA abbia il valore 0. In questo modo, anche se la procedura non riassegna mai un nuovo valore a USCITA, in ogni istante quest'ultima ha un valore ben definito.

Istruzioni-SE e salti

Consideriamo ora un'altra procedura, la quale ci mostrerà alcune caratteristiche del CicloL che gli conferiscono una maggiore generalità. Sapendo solo sommare, come si fa a trovare il valore di M – N? Il trucco consiste nel sommare a N vari numeri, finché si trova quello che dà M. Ma che cosa accade se M è più piccolo di N, se per esempio tentiamo di sottrarre 5 da 2? Nel dominio dei numeri naturali non c'è risposta; ma noi vorremmo che la nostra procedura in CicloL ci fornisse in ogni caso una risposta, diciamo 0. Ecco allora una procedura in CicloL che esegue la sottrazione:

```
DEF PROCEDURA "MENO" [M,N]:
BLOCCO 0: INIZIO
              SE M < N, ALLORA:
              LASCIA BLOCCO 0:
              RIPETI AL PIÙ M + 1 VOLTE:
              BLOCCO 1: INIZIO
                            SE USCITA + N = M, ALLORA:
                            CHIUDI CICLO 1;
                            USCITA ⇐ USCITA + 1;
              BLOCCO 1: FINE;
BLOCCO 0: FINE.
```

Qui utilizziamo il fatto implicito che il valore iniziale di USCITA è 0. Se M è minore di N, la sottrazione è impossibile; allora si salta alla fine del BLOCCO 0 e la risposta è 0. Questo è il significato della riga LASCIA BLOCCO 0. Ma se M non è minore di N, allora quell'istruzione LASCIA viene saltata, e si esegue l'istruzione immediatamente successiva (che qui è un RIPETI). Tutte le istruzioni-SE del CicloL funzionano in questo modo.

Così si entra in CICLO 1, chiamato così perché il blocco che l'istruzione RIPETI ci indica di ripetere è il BLOCCO 1. Proviamo a sommare a N i numeri 0, 1, 2, ecc., finché troviamo un numero che ci dà M. A questo punto troviamo un **CHIUDI** che interrompe il ciclo, cioè fa saltare all'istruzione immediatamente successiva alla **FINE** che pone termine al blocco coinvolto nel ciclo. In questo caso, il salto ci porta al di là di **BLOCCO 1: FINE**, cioè all'ultima istruzione dell'algoritmo, e abbiamo finito. Ora **USCITA** contiene la risposta corretta.

Si noti che vi sono due distinte istruzioni che fanno compiere salti in avanti: **LASCIA** e **CHIUDI**. La prima riguarda i blocchi, la seconda i cicli. **LASCIA BLOCCO** *n* significa che si deve saltare all'ultima riga del **BLOCCO** *n*, mentre **CHIUDI CICLO** *n* significa che si deve saltare *al di là* dell'ultima riga del **BLOCCO** *n*. Questa distinzione ha conseguenze solo quando si è all'interno di un ciclo e si vuole continuare a percorrerlo, ma non si vuole eseguire il resto del blocco a questo giro. L'istruzione corretta in questo caso è **LASCIA**.

Si noti anche che la limitazione superiore del ciclo è ora preceduta dalle parole **AL PIÙ**: ciò significa che il ciclo può essere chiuso prima che si raggiunga la limitazione superiore.

L'aggregazione in blocchi automatica

Restano ora da spiegare due ultime caratteristiche del CicloL, entrambe importantissime. La prima è che una procedura, una volta *definita*, può essere *chiamata* all'interno di altre definizioni successive di procedura. Ne consegue che, *una volta che un'operazione sia stata definita in una procedura, essa viene considerata semplice quanto un passo primordiale*. Quindi nel CicloL si manifesta un'aggregazione in blocchi automatica. Si può paragonare questo funzionamento al modo in cui un bravo pattinatore apprende figure nuove: non le definisce come lunghe successioni di azioni muscolari primordiali, bensì in termini di figure già apprese, che a loro volta erano state apprese come aggregati di figure apprese ancora prima, ecc. E risalendo indietro in questi annidamenti e in queste aggregazioni, si devono attraversare molte stratificazioni successive prima di raggiungere le azioni muscolari primordiali. Grazie a questo meccanismo, il repertorio delle figure del pattinatore, come il repertorio dei programmi in CicloL, può crescere molto rapidamente.

Le procedure di decisione in CicloL

L'altra caratteristica del CicloL è che certe procedure possono fornire in uscita **SÌ** o **NO** invece di un valore numerico. Queste procedure, più che *funzioni*, sono criteri per decidere, cioè *procedure di decisione*. Per indicare questa differenza, il nome di una procedura di decisione dev'essere seguito da un punto interrogativo. Inoltre in una procedura di decisione l'opzione in mancanza di specifiche per l'**USCITA** non è 0 ma **NO**.

Vediamo un esempio di queste due ultime caratteristiche del CicloL nel seguente algoritmo, che verifica se l'argomento è o non è un numero primo:

```
DEF PROCEDURA "PRIMO?" [N]:
BLOCCO 0: INIZIO
          SE N = 0, ALLORA:
          LASCIA BLOCCO 0;
          CELLA(0) ⇐ 2;
          RIPETI AL PIÙ MENO [N,2] VOLTE:
          BLOCCO 1: INIZIO
                    SE RESTO [N,CELLA(0)] = 0, ALLORA:
                    LASCIA BLOCCO 0;
                    CELLA(0) ⇐ CELLA(0) + 1;
          BLOCCO 1: FINE;
          USCITA ⇐ SÌ;
BLOCCO 0: FINE.
```

Si noti che all'interno di questo algoritmo vengono chiamate le due procedure **MENO** e **RESTO** (si suppone che quest'ultima sia stata definita in precedenza; il lettore stesso può provare a darne una definizione). Questa procedura per decidere se **N** sia primo o no funziona provando uno per uno i possibili fattori di **N**, a partire da 2 fino a **N** − **1** al massimo. Qualora uno qualunque di essi divida **N** esattamente (cioè con resto 0), si salta alla fine del blocco 0 e, poiché in questo momento **USCITA** ha ancora il suo valore iniziale, la risposta è **NO**. Solo se **N** non ha alcun divisore esatto, il **CICLO 1** può svolgersi per intero, fino al raggiungimento dell'istruzione **USCITA** ⇐ **SÌ**, che verrà eseguita, dopo di che la procedura sarà ultimata.

I programmi in CicloL contengono catene di procedure

Abbiamo visto come si definiscono le procedure in CicloL; tuttavia la definizione di una procedura rappresenta solo una parte del programma. Un *programma* consiste in una *catena di definizioni di procedure* (ciascuna delle quali chiama soltanto procedure già definite), seguita eventualmente da uno o più *chiamate* delle procedure definite. Così, un esempio di programma completo in CicloL potrebbe essere la definizione della procedura **DUE-ALLA-TRE-ALLA**, seguita dalla *chiamata*:

DUE-ALLA-TRE-ALLA [2]

che darebbe come risposta 512.

Se abbiamo solo una catena di definizioni di procedure, allora non viene mai eseguito nulla; esse stanno lì ad aspettare qualche chiamata su valori numerici particolari che le metta in moto. È come un tritacarne che stia aspettando carne da tritare; o, meglio, è come una *catena* di tritacarne, tutti collegati tra loro e ciascuno alimentato da quello precedente... Forse l'immagine dei tritacarne non è molto appetitosa; tuttavia, nel caso dei programmi in CicloL, questa costruzione è molto importante e la chiameremo "programma senza chiamate". Questo concetto è illustrato nella Figura 74.

Ora il CicloL è il linguaggio che abbiamo costruito per definire calcoli a terminazione prevedibile. Le *funzioni* che sono calcolabili in CicloL sono dette, nella terminologia ufficiale dell'informatica, *funzioni primitive ricorsive*, così come le *proprietà* che possono essere rivelate mediante procedure di decisione in CicloL sono dette *predicati primitivi ricorsivi*. Quindi la funzione 2^{3^n} è una funzione primitiva ricorsiva; e l'enunciato "*n* è un numero primo" è un predicato primitivo ricorsivo.

Intuitivamente è chiaro che la proprietà di Goldbach è primitiva ricorsiva; per rendere questo fatto del tutto esplicito, definiamo una procedura in CicloL mediante la quale si può verificare la sua presenza o la sua assenza:

```
DEF PROCEDURA "GOLDBACH?" [N]:
BLOCCO 0: INIZIO
          CELLA(0) ⇐ 2;
          RIPETI AL PIÙ N VOLTE:
          BLOCCO 1: INIZIO
                    SE {PRIMO? [CELLA(0)]
                       E PRIMO? [MENO [N,CELLA(0)]]},
                         ALLORA:
                    BLOCCO 2: INIZIO
                              USCITA ⇐ SÌ;
                              LASCIA BLOCCO 0;
                    BLOCCO 2: FINE
                    CELLA(0) ⇐ CELLA(0) + 1;
          BLOCCO 1: FINE;
BLOCCO 0: FINE.
```

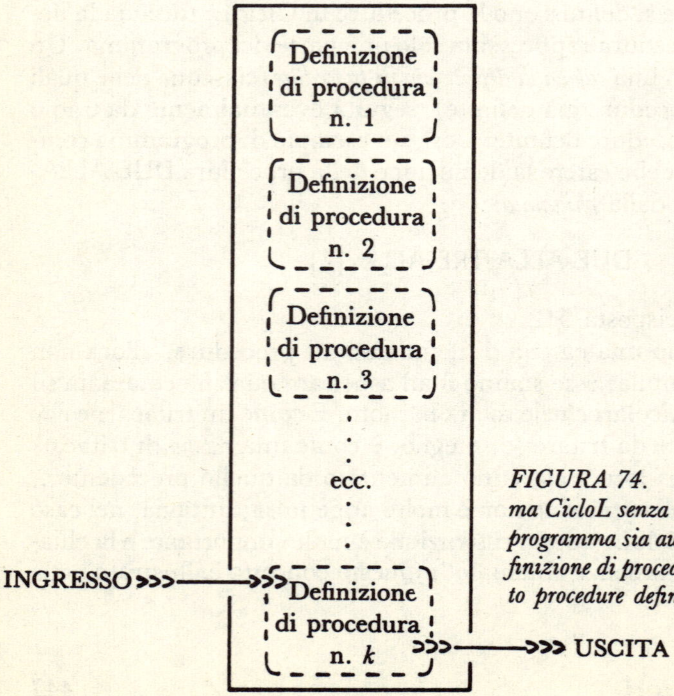

FIGURA 74. Struttura di un programma CicloL senza chiamate. Affinché questo programma sia autosufficiente, ciascuna definizione di procedura può chiamare soltanto procedure definite in precedenza.

Al solito, si presume di avere NO in uscita finché non venga dimostrato SÌ e si compie una ricerca metodica fra le coppie di numeri che hanno per somma N. Se entrambi sono primi, si abbandona il blocco più esterno; altrimenti si torna indietro e si prova di nuovo, finché si siano esaurite tutte le possibilità.

(Attenzione: il fatto che la proprietà di Goldbach sia primitiva ricorsiva non implica che la domanda "Tutti i numeri godono della proprietà di Goldbach?" sia semplice. Tutt'altro!).

Esercizi proposti

A questo punto il lettore dovrebbe provare a scrivere una procedura in CicloL, analoga a quella vista sopra, che permetta di verificare la presenza o l'assenza della proprietà della Tartaruga (o della proprietà di Achille). Se non ci riesce, ciò è semplicemente dovuto al fatto che ancora non sa maneggiare le limitazioni superiori, oppure può darsi che ci sia qualche ostacolo fondamentale che impedisce la formulazione di questo algoritmo in CicloL? E come si dovrebbe rispondere a una domanda analoga a proposito della proprietà della mirabilità definita nel Dialogo?

Ora elencherò alcune funzioni e proprietà e invito il lettore a cercare di stabilire se esse siano primitive ricorsive (cioè programmabili in CicloL) o no. Ciò significa che si dovranno considerare con attenzione i tipi di operazioni che intervengono nei calcoli da eseguire e stabilire se possono essere assegnate limitazioni superiori per tutti i cicli implicati.

FATTORIALE [N] = N! (il fattoriale di N)
(p.es. FATTORIALE [4] = 24)

RESTO [M,N] = il resto ottenuto dividendo M per N
(p.es. RESTO [24,7] = 3)

CIFRA DI PI [N] = la N-esima cifra decimale di π
(p.es. CIFRA DI PI [1] = 1,
CIFRA DI PI [2] = 4,
CIFRA DI PI [1000000] = 1)

FIBO [N] = l'N-esimo numero di Fibonacci
(p.es. FIBO [9] = 34)

PRIMO DOPO [N] = il minimo primo maggiore di N
(p.es. PRIMO DOPO [33] = 37)

PERFETTO [N] = l'N-esimo numero "perfetto" (un numero che, come 28, è la somma dei propri divisori: 28 = 1 + 2 + 4 + 7 + 14)
(p.es. PERFETTO [2] = 28)

PRIMO? [N] = SÌ se N è primo, altrimenti NO.

PERFETTO? [N] = SÌ se N è perfetto, altrimenti NO.

OVVIO? [A,B,C,N] = SÌ se vale $A^N + B^N = C^N$, altrimenti NO.
(p.es. OVVIO? [3,4,5,2] = SÌ,
OVVIO? [3,4,5,3] = NO)

PIERRE? [A,B,C] = SÌ se $A^N + B^N = C^N$ è vera per qualche N maggiore di 1, altrimenti NO.
(p.es. PIERRE? [3,4,5] = SÌ,
PIERRE? [1,2,3] = NO)

FERMAT? [N] = SÌ se $A^N + B^N = C^N$ è vera per qualche valore positivo di A,B,C; altrimenti NO.
(p.es. FERMAT? [2] = SÌ)

TARTACOPPIA? [M,N] = SÌ se M e M + N sono entrambi primi, altrimenti NO.
(p.es. TARTACOPPIA? [5,1742] = SÌ,
TARTACOPPIA? [5,100] = NO)

TARTARUGA? [N] = SÌ se N è la differenza di due primi, altrimenti NO.
(p.es. TARTARUGA? [1742] = SÌ,
TARTARUGA? [7] = NO)

BEN FORMATO-MIU? [N] = SÌ se N, considerato come una stringa del sistema MIU, è ben formato; altrimenti NO.
(p.es. BEN FORMATO-MIU? [310] = SÌ,
BEN FORMATO-MIU? [415] = NO)

DIMOCOPPIA-MIU? [M,N] = SÌ se M, considerato come una successione di stringhe del sistema MIU, è una derivazione di N, considerato come una stringa del sistema MIU; altrimenti NO.
(p.es. DIMOCOPPIA-MIU? [3131131111301,301] = SÌ,
DIMOCOPPIA-MIU? [311130,30] = NO)

TEOREMA-MIU? [N] = SÌ se N, considerato come una stringa del sistema MIU, è un teorema; altrimenti NO.
(p.es. TEOREMA-MIU? [311] = SÌ,
TEOREMA-MIU? [30] = NO,
TEOREMA-MIU? [701] = NO)

TEOREMA-AT? [N] = SÌ se N, considerato come una stringa dell'AT, è un teorema; altrimenti NO.
(p.es. TEOREMA-AT? [666111666] = SÌ,
TEOREMA-AT? [123666111666] = NO,
TEOREMA-AT? [7014] = NO)

FALSO? [N] = SÌ se N, considerato come stringa dell'AT, è un enunciato falso della teoria dei numeri; altrimenti NO.
(p.es. FALSO? [666111666] = NO,
FALSO? [223666111666] = SÌ,
FALSO? [7014] = NO)

Gli ultimi sette esempi sono particolarmente interessanti per le esplorazioni metamatematiche che compiremo in seguito, perciò meritano la massima attenzione.

Esprimibilità e rappresentabilità

Ora, prima di continuare con alcuni interessanti problemi relativi al CicloL e prima di presentare un suo parente, il CicloI, torniamo al motivo primo per cui abbiamo preso in considerazione il CicloL e colleghiamolo all'AT. Ho asserito in precedenza che la massa critica per poter applicare il metodo di Gödel a un sistema formale viene raggiunta quando in quel sistema si può rappresentare tutto ciò che è primitivo ricorsivo. Che cosa significa ciò esattamente? Prima di tutto dobbiamo distinguere la nozione di rappresentabilità da quella di esprimibilità. *Esprimere* un predicato equivale semplicemente a tradurlo dal linguaggio naturale in un formalismo rigoroso; ciò non ha nulla a che fare con la teorematicità. *Rappresentare* un predicato, viceversa, è una nozione molto più forte: significa che

(1) Tutte le asserzioni vere del predicato sono teoremi;
(2) Tutte le asserzioni false sono nonteoremi.

Per "asserzione" qui si intende la stringa ottenuta sostituendo con numerali tutte le variabili libere del predicato. Per esempio, il predicato $m + n = k$ è rappresentabile nel sistema pg, perché ogni asserzione vera del predicato è un teorema e ogni asserzione falsa è un nonteorema. Quindi ogni addizione particolare, vera o falsa, viene tradotta in una *stringa decidibile* del sistema pg. Tuttavia il sistema pg non riesce ad esprimere, e tanto meno a rappresentare, nessun'altra proprietà dei numeri naturali. Pertanto esso sarebbe in verità un candidato molto debole in una competizione tra sistemi capaci di esprimere l'aritmetica.

Ora l'AT ha il merito di poter *esprimere* effettivamente qualunque predicato della teoria dei numeri; per esempio, è facile scrivere nell'AT una stringa che esprima il predicato "b ha la proprietà della Tartaruga". Perciò, sotto il profilo della capacità espressiva, l'AT è quanto di meglio possiamo desiderare.

Ma dobbiamo anche porci il problema: "Quali proprietà sono *rappresentate* nell'AT?" che coincide col problema: "Come sistema assiomatico, quanto è potente l'AT?". Nell'AT sono rappresentati tutti i predicati possibili? Se sì, allora l'AT può risolvere qualunque problema dell'aritmetica; cioè, è completa.

I predicati primitivi ricorsivi sono rappresentati nell'AT

Anche se la completezza si rivelerà una chimera, l'AT è completa almeno rispetto ai predicati *primitivi ricorsivi*. In altri termini, qualunque enunciato dell'aritmetica la cui verità o falsità possa essere decisa da un calcolatore in un tempo di durata prevedibile, è decidibile anche all'interno dell'AT. O, per enunciare la stessa cosa in modo diverso:

> Se si può scrivere in CicloL una procedura di decisione per una data proprietà dei numeri naturali, allora quella proprietà è rappresentata nell'AT.

Esistono funzioni non primitive ricorsive?

Le proprietà che possono essere individuate da programmi in CicloL sono di genere molto vario e comprendono la proprietà dei numeri di essere primi o perfetti, di godere della proprietà di Goldbach, di essere una potenza di 2, e così via. Non è assurdo chiedersi se *tutte* le proprietà dei numeri possano essere individuate da un opportuno programma in CicloL. Una circostanza che attualmente non abbiamo alcun modo di verificare, cioè se un numero sia mirabile o no, non ci deve turbare troppo, poiché ciò potrebbe semplicemente significare che non sappiamo abbastanza della mirabilità e che, approfondendo ulteriormente le indagini, potremmo scoprire una formula universale per la limitazione superiore del ciclo corrispondente. In tal caso potremmo scrivere subito una procedura di decisione in CicloL per la mirabilità. Considerazioni analoghe si potrebbero fare sulla proprietà della Tartaruga.

Il vero problema è quindi: "È sempre possibile assegnare limitazioni superiori alla lunghezza dei calcoli, oppure è inerente al sistema dei numeri naturali una sorta di interna caoticità, che talvolta impedisce di prevedere in anticipo quale sarà la lunghezza dei calcoli?". Sorprendentemente è vera la seconda alternativa, e vedremo presto perché. Una cosa del genere avrebbe fatto impazzire Pitagora, che fu il primo a provare che la radice quadrata di 2 è irrazionale. Per dimostrarlo useremo il famoso *metodo della diagonale* scoperto da Georg Cantor, il fondatore della teoria degli insiemi.

La Biblioteca L, i Programmi Lilla e i loro indici

Cominciamo con l'introdurre una curiosa entità: la biblioteca di tutti i possibili programmi in CicloL. Non occorre dire che questa biblioteca (la "Biblioteca L") è infinita. Vogliamo ora considerare una sottobiblioteca della Biblioteca L, ottenuta mediante tre successive operazioni di filtraggio. Il primo filtro conserva soltanto i programmi *senza chiamate*; da questi eliminiamo poi tutte le *procedure di decisione*, lasciando solo le *funzioni*. (Per inciso, nei programmi senza chiamate è l'*ultima* procedura della catena a determinare se l'intero programma è una procedura di decisione o una funzione). Il terzo filtro conserva solo *le funzioni che hanno un solo parametro d'ingresso* (ancora con riferimento all'ultima procedura della catena). Che cosa resta?

> La biblioteca completa di tutti i programmi in CicloL senza chiamate che calcolano funzioni di un solo parametro d'ingresso.

A questi particolari programmi in CicloL daremo ora il nome di *Programmi Lilla*.

Ci farebbe comodo poter assegnare a ciascun Programma Lilla un *indice* univoco; come si può fare? Il metodo più semplice (e noi lo seguiremo) è quello di ordinarli secondo la lunghezza crescente: il Programma Lilla più corto sarà il n. 1, quello immediatamente più lungo sarà il

n. 2, ecc. Naturalmente, per ogni lunghezza, vi saranno molti programmi aventi tutti quella lunghezza; risolveremo tali ambiguità ricorrendo all'ordine alfabetico. Qui "ordine alfabetico" è inteso in senso lato, poiché l'alfabeto comprende anche tutti i caratteri speciali del CicloL, disposti secondo un ordine arbitrario, per esempio il seguente:

A B C D E F G H I J K L M N
O P Q R S T U V W X Y Z + ×
0 1 2 3 4 5 6 7 8 9 ⇐ = < >
( ) [ ] { } - ' ? : ; , .

... e alla fine viene l'umile spazio vuoto! Cinquantasei caratteri in tutto. Per comodità possiamo collocare tutti i Programmi Lilla di lunghezza 1 nel volume 1°, tutti i programmi di 2 caratteri nel volume 2°, ecc. Non occorre dire che i primi volumi saranno del tutto vuoti, mentre i volumi successivi conterranno moltissimi programmi (per quanto ogni volume ne contenga solo un numero finito). Il primo fra tutti i Programmi Lilla sarà questo:

```
DEF PROCEDURA "A" [B]:
BLOCCO 0: INIZIO
BLOCCO 0: FINE.
```

Questo tritacarne è abbastanza stolido: fornisce il valore 0 indipendentemente dall'ingresso assegnatogli. Esso compare nel volume 57° perché ha cinquantasette caratteri (contando gli spazi necessari, compresi gli spazi tra le righe consecutive).

I volumi successivi al 57° diventeranno rapidamente molto grossi, perché vi sono milioni di modi di combinare i simboli per costruire Programmi Lilla in CicloL; ma questo non c'interessa, perché non abbiamo alcuna intenzione di stampare questo catalogo infinito. Ci basta sapere che, in astratto, esso è ben definito, e che pertanto ciascun Programma Lilla in CicloL è contrassegnato con uno e uno solo indice ben definito. È questa l'idea fondamentale.

Indichiamo la funzione calcolata dal *k*-esimo Programma Lilla come segue:

Programma Lilla{*k*} [N]

Qui *k* è l'indice del programma ed N è il suo unico parametro d'ingresso. Ad esempio, il Programma Lilla n. 12 potrebbe fornirci in uscita un valore pari al doppio del suo ingresso:

Programma Lilla{12} [N] = 2 × N

Il significato di questa equazione è che il *programma* indicato a sinistra fornisce lo stesso valore che calcolerebbe un *essere umano* a partire dall'espressione algebrica ordinaria che compare a destra. Per dare un altro esempio, il Programma Lilla n. 5000 calcola, diciamo, il cubo del proprio parametro d'ingresso:

Programma Lilla{5000} [N] = N^3

Benissimo; ora applichiamo il "trucco": il metodo della diagonale di Cantor. Prenderemo questo catalogo di Programmi Lilla e lo useremo per definire una nuova funzione di una sola variabile che chiameremo *Diagolilla* [N], la quale, come risulterà, non figura nell'elenco (ecco perché l'abbiamo scritta in corsivo). Eppure *Diagolilla* sarà chiaramente una funzione di una sola variabile ben definita e calcolabile; saremo quindi costretti a concludere che esistono funzioni che semplicemente non si possono programmare in CicloL.

Ecco la definizione di *Diagolilla* [N]:

Equazione (1)... *Diagolilla* [N] = 1 + Programma Lilla{N} [N]

Il procedimento è questo: ad ogni tritacarne si fornisca il proprio indice, poi si aggiunga 1 all'uscita. Come esempio, calcoliamo *Diagolilla* [12]: abbiamo visto che il Programma Lilla {12} è la funzione 2N; pertanto *Diagolilla* [12] deve avere il valore 1 + 2 × 12, cioè 25. Analogamente, *Diagolilla* [5000] avrà il valore 125˙000˙000˙001, poiché è 1 più il cubo di 5000. Allo stesso modo si può trovare la *Diagolilla* di qualunque argomento particolare.

La cosa strana è che *Diagolilla* [N] non compare nel catalogo dei Programmi Lilla: non può comparirvi. Eccone il motivo: se fosse un Programma Lilla, dovrebbe possedere un proprio indice, dovrebbe essere diciamo il Programma Lilla n. *X*. Questa ipotesi si esprime scrivendo

Equazione (2)... *Diagolilla* [N] = Programma Lilla{*X*} [N]

Ma fra le equazioni (1) e (2) c'è un'incompatibilità che diviene palese nel momento in cui tentiamo di calcolare *Diagolilla* [*X*]; per farlo, infatti, dobbiamo sostituire ad N il valore *X* in entrambe le equazioni. Se operiamo la sostituzione nell'equazione (1), otteniamo:

Diagolilla [*X*] = 1 + Programma Lilla{*X*} [*X*]

Facendo la sostituzione nell'equazione (2), otteniamo invece:

Diagolilla [*X*] = Programma Lilla{*X*} [*X*]

Ora *Diagolilla* [*X*] non può essere uguale a un numero e anche al successore di quel numero; ma questo è quanto affermano le due equazioni. Quindi dobbiamo far marcia indietro e sopprimere qualcuna delle ipotesi su cui è basata la contraddizione. L'unica candidata possibile alla soppressione è l'ipotesi espressa dall'equazione (2), cioè che la funzione *Diagolilla* [N] possa essere classificata come un Programma Lilla in CicloL. E questa è la dimostrazione che *Diagolilla non rientra nel dominio delle funzioni primitive ricorsive*. Così abbiamo conseguito lo scopo di distruggere l'idea cara ad Achille che qualunque funzione dell'aritmetica debba potersi calcolare in un numero di passi prevedibile.

Inoltre vi sono più cose qui di quanto non appaia in superficie. Per esempio, si rifletta a questo: il numero dei passi necessari per calcolare *Diagolilla* [N] per qualunque valore *particolare* di N è prevedibile, ma i vari metodi di previsione non possono essere unificati tutti in una prescrizione *generale* per prevedere la lunghezza del calcolo di *Diagolilla* [N]. Questa è una "cospirazione infinita", legata all'idea delle "coincidenze infinite" della Tartaruga, e anche alla ω-incompletezza. Ma non investigheremo queste relazioni nei particolari.

La dimostrazione originaria di Cantor

Perché questo procedimento viene detto *diagonale*? L'aggettivo deriva dalla dimostrazione originaria di Cantor che in seguito è stata presa a modello per molte altre dimostrazioni (fra cui la nostra). La spiegazione del procedimento originario di Cantor ci porterà un po' fuori rotta, ma ne vale la pena. Anche Cantor si proponeva di dimostrare che un certo oggetto non è contenuto in un dato elenco. In particolare, Cantor voleva dimostrare che, se si costruisce un "repertorio" dei numeri reali, inevitabilmente qualche numero reale ne rimane escluso, cosicché in effetti la nozione di repertorio *completo* dei numeri reali è una contraddizione in termini.

Diciamo chiaramente che tutto ciò riguarda non solo i repertori di lunghezza finita, ma anche quelli di lunghezza *infinita*. Si tratta di un risultato molto più profondo dell'asserzione che "i reali sono in numero infinito, e quindi naturalmente essi non possono essere enumerati in un elenco finito". L'essenza del risultato di Cantor è che vi sono (almeno) due *tipi* distinti di infinito: un genere di infinito ci dice quante voci ci possono essere in un elenco o in una tabella infiniti; l'altro ci dice quanti sono i numeri reali (cioè quanti punti vi sono su una retta o su un segmento di retta) e quest'ultimo infinito è "più grande", nel senso che i numeri reali non possono essere compressi in una tabella la cui lunghezza è descritta mediante il primo genere di infinito. Vediamo dunque come, nel procedimento di Cantor, intervenga la nozione di diagonale, in senso letterale.

Consideriamo soltanto i numeri reali tra 0 e 1. Supponiamo, ai fini dell'argomentazione, che *si possa* costruire un elenco infinito in cui ogni intero positivo N sia associato a un numero reale $r(N)$ compreso tra 0 e 1 e in cui ogni numero reale tra 0 e 1 compaia in qualche posizione. Poiché i numeri reali hanno un'infinità di cifre decimali, possiamo immaginare che la parte iniziale della tabella abbia questo aspetto

$r(1)$:	0,	**1**	4	1	5	9	2	6	5	3	. . . .
$r(2)$:	0,	3	**3**	3	3	3	3	3	3	3	. . . .
$r(3)$:	0,	7	1	**8**	2	8	1	8	2	8	. . . .
$r(4)$:	0,	4	1	4	**2**	1	3	5	6	2	. . . .
$r(5)$:	0,	5	0	0	0	**0**	0	0	0	0	. . . .

Occupiamoci per il momento delle sole cifre decimali. Come si vede, le cifre che si trovano lungo la diagonale: 1, 3, 8, 2, 0,... sono scritte in neretto. Ora useremo queste cifre diagonali per costruire un particolare numero reale *d*, compreso tra 0 e 1 ma che, come vedremo, non compare nell'elenco. Per costruire *d*, si prendano ordinatamente le cifre diagonali, e a ciascuna di esse si sostituisca qualche altra cifra. Ponendo questa successione di cifre dopo la virgola decimale si ottiene *d*. Ovviamente vi sono molti modi di sostituire una cifra a un'altra, e quindi vi sono altrettanti *d* diversi. Si supponga ad esempio di *sottrarre 1 dalle cifre diagonali* (con la convenzione che 0 meno 1 faccia 9); allora il numero *d* sarebbe

0, 0 2 7 1 9 . . .

Ora, per costruzione accade che

> la prima cifra decimale di *d* è diversa dalla prima cifra decimale di *r*(1);
> la seconda cifra decimale di *d* è diversa dalla seconda cifra decimale di *r*(2);
> la terza cifra decimale di *d* è diversa dalla terza cifra decimale di *r*(3);
>
> ... eccetera.

Quindi

d è diverso da *r*(1)
d è diverso da *r*(2)
d è diverso da *r*(3)

... eccetera.

In altre parole, *d* non è nell'elenco!

Che cosa dimostra l'argomentazione della diagonale?

Ora veniamo alla differenza fondamentale tra la nostra dimostrazione e quella di Cantor: essa riguarda l'ipotesi che viene eliminata dopo aver constatato l'assurdo. Nel procedimento di Cantor l'ipotesi dubbia era che potesse essere costruita una tabella con quelle caratteristiche; pertanto la conclusione giustificata dalla costruzione di *d* è che in ultima analisi non è possibile costruire una tabella completa dei numeri reali, il che equivale a dire appunto che l'insieme degli interi non è tanto numeroso da poter fornire indici sufficienti per l'insieme dei reali. Viceversa, nella nostra dimostrazione si sa che *è possibile* costruire il repertorio dei Programmi Lilla in CicloL, cioè che l'insieme degli interi *è* abbastanza numeroso da fornire gli indici per l'insieme dei Programmi Lilla in CicloL. Quindi dobbiamo tornare indietro ed eliminare qualche altra idea che abbiamo impiegato: e quest'idea è che *Diagolilla* [N] sia calcolabile da qualche programma in CicloL. Si tratta di una sottile differenza nell'applicazione del metodo diagonale.

FIGURA 75. Georg Cantor.

Per chiarire ancora meglio in che cosa consiste questa differenza, applichiamo il metodo a un esempio più concreto, cioè al presunto "Elenco di Tutti i Grandi Matematici" che compare nel Dialogo precedente. La diagonale qui è "Dboups", ed eseguendo la sottrazione richiesta si ottiene "Cantor". Ora sono possibili due conclusioni: se si ha una fiducia incrollabile che l'elenco sia *completo*, allora si deve concludere che Cantor non è un Grande Matematico, poiché il suo nome è diverso da tutti quelli dell'elenco. Se d'altra parte si ha una fiducia incrollabile che Cantor *sia* un Grande Matematico, allora si deve concludere che l'Elenco di Tutti i Grandi Matematici è incompleto, dato che il nome di Cantor non vi compare! (Guai a coloro che hanno una fiducia incrollabile in ambedue le cose!). Il primo caso corrisponde alla dimostrazione che *Diagolilla* [N] non è primitiva ricorsiva; il secondo caso corrisponde alla dimostrazione di Cantor che l'elenco dei reali è incompleto.

La dimostrazione di Cantor fa uso di una diagonale in senso letterale. Altre dimostrazioni "diagonali" sono basate su una nozione più generale, ricavata dal significato geometrico del termine. L'essenza del metodo diagonale consiste nel fatto che lo stesso intero viene usato in due modi diversi (o, si potrebbe anche dire, *a due livelli diversi*): ciò consente di costruire un elemento che non sta in una lista predeterminata. Una volta l'intero serve come indice *verticale*, un'altra volta serve come indice *orizzontale*. Nella costruzione di Cantor ciò è evidentissimo; quanto alla funzione *Diagolilla* [N], essa comporta l'uso dello stesso intero a due livelli diversi: primo, come indice di un Programma Lilla e, secondo, come parametro d'ingresso.

L'argomentazione diagonale può essere insidiosamente ripetuta

A tutta prima, l'argomentazione di Cantor può apparire non pienamente convincente. Non esiste qualche possibilità di aggirarla? Per esempio, se il numero diagonale *d* fosse inserito nell'elenco, forse quest'ultimo potrebbe risultare completo? Se si esamina questa idea, si vede che inserire *d* nella lista non serve a nulla poiché, non appena *d* assume una posizione determinata nella tabella, questa si trasforma in una nuova tabella, alla quale si può applicare il metodo diagonale, ottenendo così un nuovo numero *d'* che non compare nella nuova tabella. Per quante volte si ripeta l'operazione di costruire un numero col metodo diagonale e di inserirlo poi nella tabella per renderla "più completa", si è sempre intrappolati nel laccio pervicace del metodo di Cantor. Si potrebbe anche cercare di costruire una tabella di numeri reali che tentasse di superare in astuzia il metodo diagonale di Cantor tenendo conto, in qualche modo, di tutto il suo corredo e armamentario, ivi compresa la sua insidiosa possibilità di essere ripetuto. È un esercizio interessante, ma se lo si affronta ci si accorge che, per quanto si giri e si rigiri per evitare il "laccio" di Cantor, vi si rimane sempre impigliati. Si potrebbe dire che una tabella che pretenda di "racchiudere tutti i reali" cade nella trappola da essa stessa approntata.

La ripetibilità del metodo diagonale di Cantor è simile alla ripetibilità del diabolico metodo della Tartaruga di spaccare i grammofoni del Granchio, uno dopo l'altro, a mano a mano che diventavano più "fedeli" e (almeno nelle speranze del Granchio) più "Perfetti". Quel metodo implicava, per ciascun grammofono, la produzione di una particolare canzone che quel grammofono non riusciva a riprodurre. Non è una coincidenza che il trucco di Cantor e quello della Tartaruga abbiano in comune questa curiosa ripetibilità; in effetti, il *Contracrostipunto* poteva anche essere intitolato "Cantorcrostipunto". Inoltre, come la Tartaruga accenna astutamente all'ignaro Achille, gli eventi del *Contracrostipunto* sono una parafrasi della costruzione ideata da Gödel per dimostrare il Teorema di Incompletezza; ne segue che la costruzione di Gödel è a sua volta molto simile a una costruzione diagonale. Tutto ciò diverrà evidente nei due prossimi Capitoli.

Dal CicloL al CicloI

Abbiamo così definito la classe delle funzioni primitive ricorsive e delle proprietà primitive ricorsive dei numeri naturali mediante i programmi scritti nel linguaggio CicloL. Abbiamo anche mostrato che il CicloL non abbraccia tutte le funzioni dei numeri naturali che si possono definire a parole. Abbiamo addirittura costruito, mediante il metodo diagonale di Cantor, una funzione non "CicloLabile", cioè *Diagolilla* [N]. Che cos'ha il CicloL che non gli permette di rappresentare *Diagolilla*? Come si potrebbe migliorare il CicloL in modo da poterla rappresentare?

La caratteristica distintiva del CicloL era la limitazione di ogni suo ciclo. Che cosa accade se tagliamo questo vincolo sui cicli e inventiamo un altro linguaggio, chiamato CicloI ("I" sta per illimitato)? Il CicloI è identico al CicloL tranne per una cosa: esso può contenere tanto cicli limitati quanto cicli non limitati (tuttavia solo ragioni di eleganza potrebbero indurci a inserire una limitazione in una procedura in CicloI). Questi nuovi cicli saranno chiamati CICLI-MU, per adeguarci a una convenzione della logica matematica, in cui le ricerche "senza limitazioni" vengono di solito indicate col simbolo "μ" (operatore mu). Quindi l'enunciato di un ciclo in CicloI può avere l'aspetto seguente:

CICLO MU:
BLOCCO *n*: INIZIO
.
.
.
BLOCCO *n*: FINE.

Questa caratteristica ci permetterà di scrivere in CicloI procedure di decisione per proprietà quali la mirabilità e la proprietà della Tartaruga che non eravamo in grado di programmare in CicloL, poiché le ricerche relative erano potenzialmente senza fine. Lascio al lettore interessato il compito di scrivere una procedura in CicloI per la mirabilità che faccia quanto segue:

(1) Se il suo ingresso N è mirabile, il programma si arresta e dà la risposta SÌ.
(2) Se N non è mirabile ma produce un ciclo chiuso diverso da 1-4-2-1-4-2-1-..., il programma si arresta e dà la risposta NO.
(3) Se N non è mirabile e produce una "progressione eternamente ascendente", il programma non si arresta mai. Questo è il modo in cui il CicloI risponde non rispondendo. La non risposta del CicloI somiglià stranamente alla non risposta "MU" di Jōshū.

L'aspetto paradossale del terzo caso è che USCITA ha sempre il valore NO, ma è sempre inaccessibile, poiché il programma continua a girare. Questa sconcertante terza alternativa è il prezzo che si deve pagare per avere il diritto di scrivere cicli senza limitazioni. In tutti i programmi in CicloI nei quali sia presente un CICLO-MU, una delle alternative teoriche sarà sempre la terminazione. Naturalmente vi saranno molti programmi in CicloI che in realtà si fermano per tutti i possibili valori dell'ingresso. Ad esempio, come ho detto prima, la maggior parte di coloro che hanno studiato la mirabilità ritengono che un programma in CicloI come quello suggerito qui sopra si fermi sempre e che, oltretutto, dia sempre la risposta SÌ.

Terminazione e nonterminazione in CicloI

Sarebbe desiderabilissimo riuscire a separare le procedure in CicloI in due classi: quelle *terminanti* e quelle *nonterminanti*. Una procedura *terminante* prima o poi si arresterà, qualunque sia il suo ingresso, nonostante la "illiMUtatezza" dei suoi cicli. Una nonterminante, *per almeno una* scelta dell'ingresso andrà avanti per sempre. Se, mediante un qualche complicato esame, riuscissimo sempre a dire a quale classe appartiene un dato programma in CicloI, ciò avrebbe notevolissime conseguenze (come vedremo tra breve). Non occorre dire che l'operazione di controllo della terminazione dovrebbe essere a sua volta terminante, altrimenti non ci sarebbe alcun vantaggio!

Lo stratagemma di Turing

Si potrebbe pensare di compiere questo esame ricorrendo ad una procedura in CicloL. Ma le procedure in CicloL accettano in ingresso soltanto numeri, non programmi! Tuttavia si potrebbe aggirare l'ostacolo... codificando i programmi in forma numerica! Questo astuto artificio non è che una delle numerose manifestazioni della numerazione di Gödel. Assegniamo ordinatamente i "codoni" 901, 902,..., 956 ai cinquantasei caratteri dell'alfabeto del CicloL: in questo modo, a ciascun programma in CicloL viene associato un numero di Gödel molto lungo. Ad esempio, alla funzione in CicloL più breve (che è anche un programma in CicloI che termina)

```
DEF PROCEDURA "A" [B]:
BLOCCO 0: INIZIO
BLOCCO 0: FINE.
```

sarebbe associato il numero di Gödel che ora scriviamo parzialmente:

```
904·905·906· . . . . . . . . . ·906·909·914·905·955·
 D   E   F                       F   I   N   E   .
```

Ora il nostro intento sarebbe quello di scrivere una procedura di decisione in CicloI chiamata **TERMINANTE?**, che dice **SÌ** se il numero che le si presenta all'ingresso è il codice di un programma in CicloI che termina, e **NO** in caso contrario. In tal modo potremmo trasferire questo compito a una macchina e sperare così di distinguere le procedure terminanti da quelle nonterminanti. Tuttavia un'ingegnosa argomentazione dovuta ad Alan Turing dimostra che nessun programma in CicloL può compiere questa distinzione in modo infallibile. Il suo ragionamento è in effetti molto simile a quello di Gödel e quindi ha uno stretto rapporto con l'artificio della diagonale di Cantor. Non lo presenteremo in questa sede: basti dire che l'idea è quella di fornire al programma che controlla la terminazione il *proprio* numero di Gödel. Tuttavia ciò non è così semplice, poiché è come tentare di citare un'intera frase all'interno di se stessa: si deve citare la citazione, e così via; e questo sembra produrre un regresso all'infinito. Ma Turing riuscì ad escogitare uno stratagemma per fornire a un programma il proprio numero di Gödel. Nel prossimo Capitolo presenteremo una soluzione dello stesso problema in un contesto differente. In questo Capitolo giungeremo per un cammino diverso allo stesso risultato, che consiste nel dimostrare che un controllore di terminazione non può esistere. A quei lettori che desiderassero accedere a una presentazione semplice ed elegante dell'impostazione di Turing consiglio l'articolo di Hoare e Allison citato in Bibliografia.

Un controllore di terminazione sarebbe un qualcosa di magico

Prima di scartare l'idea di un controllore di terminazione, vogliamo almeno accennare alla ragione per la quale la sua esistenza sarebbe una cosa tanto importante. In un certo senso, sarebbe come possedere una bacchetta magica da rabdomante capace di risolvere in un sol colpo tutti i problemi dell'aritmetica. Supponiamo per esempio di voler sapere se la Variazione Goldbach è una congettura vera. Cioè: la proprietà della Tartaruga è goduta da tutti i numeri? Cominceremo con lo scrivere una procedura in CicloI chiamata TARTARUGA?, che verifica se l'ingresso che le viene assegnato ha o no la proprietà della Tartaruga. Ora il difetto di questa procedura (cioè che non si ferma quando non vale la proprietà della Tartaruga) diventa in questo caso un pregio! Infatti ora sottoponiamo la procedura TARTARUGA? al controllore di terminazione. Se il risultato è SÌ, ciò vuol dire che TARTARUGA? si arresta per tutti i valori del suo ingresso: in altre parole, tutti i numeri hanno la proprietà della Tartaruga. Se è NO, allora sappiamo che esiste un numero che ha la proprietà di Achille. La cosa più strana è che il programma TARTARUGA? non viene *usato* in realtà neppure una volta: esso viene soltanto esaminato!

Questa idea di risolvere qualsiasi problema dell'aritmetica codificandolo in un programma e poi applicando a quest'ultimo un controllo di terminazione non è dissimile dall'idea di verificare se un kōan è autentico o no codificandolo in una stringa ripiegata e poi eseguendo una verifica della natura-Buddha della stringa invece che del kōan. Come aveva ipotizzato Achille, forse l'informazione desiderata sta "più vicina alla superficie" in una rappresentazione che nell'altra.

La Biblioteca I, i Programmi Verdi e i loro indici

Ora basta sognare ad occhi aperti. Come si può dimostrare che un controllore di terminazione non può esistere? L'argomento che useremo per dimostrare questa impossibilità sarà imperniato sul tentativo di applicare il metodo diagonale al CicloI, proprio come abbiamo fatto col CicloL. Vedremo che fra i due casi vi sono alcune sottili e fondamentali differenze.

Come nel caso del CicloL, immaginiamo la biblioteca di tutti i programmi in CicloI, che chiameremo "Biblioteca I". Poi sulla Biblioteca

I eseguiamo le stesse tre operazioni di filtraggio, cosicché alla fine otteniamo:

> La biblioteca completa di tutti i programmi in CicloI senza chiamate che calcolano funzioni di un solo parametro d'ingresso.

Chiamiamo *Programmi Verdi* questi particolari programmi (perché trovano sempre il semaforo verde e possono non fermarsi mai).

Ora, proprio come avevamo fatto con i Programmi Lilla, possiamo assegnare un indice a ognuno dei Programmi Verdi e ordinarli così in un catalogo composto di volumi ciascuno dei quali contiene i Programmi Verdi di una data lunghezza disposti in ordine alfabetico.

Finora la trasposizione dal CicloL al CicloI non ha presentato difficoltà. Vediamo ora se possiamo trasporre anche l'ultima parte, cioè l'artificio della diagonale. Che cosa accade se tentiamo di definire una funzione diagonale?

Diagoverde [N] = 1 + Programma Verde{N} [N].

Qui c'è subito un intoppo: questa funzione *Diagoverde* [N] può non avere un valore d'uscita ben definito per tutti i valori dell'ingresso N. Ciò accade semplicemente perché non abbiamo eliminato dalla Biblioteca I i programmi nonterminanti, e quindi non c'è garanzia che *Diagoverde* [N] possa essere calcolata per tutti i valori di N. Può accadere talvolta d'intraprendere un calcolo che non termina mai, e in tal caso la dimostrazione diagonale non può arrivare alla conclusione, dato che essa si basa sul fatto che la funzione diagonale abbia un valore per tutti i possibili ingressi.

Il controllore di terminazione fornisce i Programmi Rossi

Per porre rimedio a questa situazione dovremmo far uso di un controllore di terminazione, se esistesse. Introduciamo deliberatamente la dubbia ipotesi che esso esista, e usiamolo come quarto filtro. Scorriamo la lista dei Programmi Verdi, eliminandone a uno a uno tutti i nonterminanti. Alla fine rimane:

> La biblioteca completa di tutti i programmi in CicloI senza chiamate che calcolano funzioni di un solo parametro d'ingresso e che *si fermano* per tutti i valori del loro ingresso.

A questi particolari programmi in CicloI daremo il nome di *Programmi Rossi* (perché trovano sempre un semaforo rosso che li ferma). Ora l'argomento diagonale può essere concluso: definiamo

Diagorossa [N] = 1 + Programma Rosso{N} [N]

e, proprio come nel caso di *Diagolilla*, siamo costretti a concludere che *Diagorossa* [N] è una funzione ben definita e calcolabile di una sola variabile, che non compare nel catalogo dei Programmi Rossi, e quindi non è calcolabile neppure nel potente linguaggio CicloI. È forse tempo di scendere al CicloH?

Il CicloH...

Sì, ma che cos'è il CicloH? Se il CicloI è il CicloL "svincolato", allora il CicloH dev'essere il CicloI svincolato. Ma come si fa a "svincolarsi" due volte? Come si può costruire un linguaggio la cui potenza superi quella del CicloI? Con *Diagorossa* abbiamo individuato una funzione di cui gli esseri umani sanno calcolare i valori (il metodo per calcolarli è stato descritto esplicitamente in italiano), ma che apparentemente non può essere programmata nel linguaggio CicloI. È un affar serio, poiché nessuno ha mai trovato un linguaggio di programmazione più potente del CicloI.

La potenza dei linguaggi di programmazione è stata studiata molto attentamente, e quindi non occorre che lo facciamo noi. Diciamo solo che si può dimostrare l'esistenza di un'ampia classe di linguaggi di programmazione aventi tutti *esattamente la stessa potenza espressiva* del CicloI, nel senso che, se un certo calcolo si può programmare in uno qualunque di questi linguaggi, esso si può programmare anche in tutti gli altri. Il fatto curioso è che quasi tutti i tentativi sensati di progettare un linguaggio di programmazione finiscono col produrre un elemento di questa classe, cioè un linguaggio che ha la stessa potenza del CicloI. Occorre un certo impegno per inventare un linguaggio di programmazione ragionevolmente interessante che sia *più debole* dei linguaggi di questa classe. Naturalmente il CicloL è un tale esempio, ma si tratta di un'eccezione piuttosto che della regola. Il fatto è che nella costruzione dei linguaggi algoritmici vi sono alcuni sentieri naturali, e persone diverse, seguendo strade indipendenti, di solito finiscono col creare linguaggi equivalenti, tra i quali l'unica differenza è lo stile piuttosto che la potenza.

... è un mito

Di fatto è opinione diffusa che non possano esistere linguaggi per descrivere calcoli che siano più potenti di linguaggi equivalenti al CicloI. Questa ipotesi fu formulata negli anni '30 indipendentemente da due persone: Alan Turing (del quale parleremo ancora più avanti) e Alonzo Church, uno dei logici più eminenti di questo secolo. Essa è chiamata appunto *Tesi di Church-Turing*. Se accettiamo la Tesi CT, dobbiamo concludere che il "CicloH" è un mito, cioè che nel CicloI non esistono vincoli eliminabili e che non c'è modo di aumentare la sua potenza "svincolandolo" come avevamo fatto con il CicloL.

Questo ci pone nell'imbarazzante situazione di dover ammettere che le *persone* riescono a calcolare *Diagorossa* [N] per qualunque valore di N, ma che non c'è possibilità di programmare un *calcolatore* in modo che compia lo stesso lavoro. Infatti, se questa possibilità esistesse, si riuscirebbe a farlo col CicloI e, per costruzione, col CicloI non si può fare. Questa conclusione è talmente singolare che ci dovrebbe spingere a studiare con grande attenzione le basi su cui poggia. E, come si ricorderà, tra queste basi c'era la dubbia ipotesi che esistesse una procedura di decisione per distinguere i programmi in CicloI che terminano da quelli che non terminano. L'idea di questa procedura di decisione già allora ci parve sospetta, vedendo che la sua esistenza ci avrebbe permesso di risolvere in modo uniforme tutti i problemi dell'aritmetica. Ora abbiamo un ulteriore motivo per ritenere che l'idea di un controllo di terminazione sia un mito, cioè che non sia possibile mettere i programmi in CicloI dentro una centrifuga che separi quelli terminanti da quelli nonterminanti.

Gli scettici potranno sostenere che questa non è una dimostrazione rigorosa del fatto che non esiste un tale controllo. È un'obiezione valida; tuttavia l'impostazione di Turing dimostra in modo più rigoroso che non è possibile scrivere alcun programma in un linguaggio della classe del CicloI che sia una procedura di decisione per la terminazione di tutti i programmi in CicloI.

La Tesi di Church-Turing

Torniamo brevemente alla Tesi di Church-Turing; di essa, e di variazioni su di essa, parleremo in modo approfondito nel Capitolo XVII; per ora basterà enunciarne alcune versioni, rimandando a quel momento la discussione dei suoi meriti e dei suoi significati. Ecco qui tre maniere, tra loro collegate, di enunciare la Tesi CT:

(1) ciò che può essere calcolato da un essere umano può essere calcolato anche da una macchina;
(2) ciò che può essere calcolato da una macchina è calcolabile in CicloI;
(3) ciò che può essere calcolato da un essere umano è calcolabile in CicloI (cioè è generale ricorsivo o parziale ricorsivo).

Terminologia: generale ricorsivo e parziale ricorsivo

In questo Capitolo abbiamo fatto una rassegna abbastanza ampia di alcune nozioni dell'aritmetica e dei loro rapporti con la teoria delle funzioni calcolabili. Si tratta di un campo molto vasto e fiorente, uno sconcertante miscuglio d'informatica e di matematica moderna. Non possiamo chiudere questo Capitolo senza introdurre la terminologia ufficiale relativa alle nozioni che abbiamo trattato.

Come si è già detto, "calcolabile in CicloL" è sinonimo di "primitivo ricorsivo". Le funzioni calcolabili in CicloI possono essere divise in due domini: (1) quelle che sono calcolabili mediante programmi in CicloI *terminanti*, e queste si chiamano *generali ricorsive*, e (2) quelle che sono calcolabili solo mediante programmi in CicloI *nonterminanti*, e queste si chiamano *parziali ricorsive*. Spesso, in luogo di "generale ricorsivo", si dice solo "ricorsivo".

La Potenza dell'Aritmetica Tipografica

È interessante osservare che l'AT è tanto potente da rappresentare non solo tutti i predicati primitivi ricorsivi, ma anche tutti i predicati generali ricorsivi. Non dimostreremo nessuno di questi due fatti, perché queste dimostrazioni sarebbero superflue per il nostro scopo, che è quello di dimostrare che l'AT è incompleta. Se l'AT non riuscisse a rappresentare certi predicati primitivi ricorsivi o generali ricorsivi, essa sarebbe incompleta in un senso *non interessante*: quindi tanto vale assumere che essa ci riesca e poi dimostrare che è incompleta in un senso interessante.

Aria sulla quarta corda

o, come si potrebbe dire in anglo-italiano, sulla "stringa di G".

La Tartaruga e Achille escono da una fabbrica di prodotti alimentari che hanno visitato.

Achille: Non le dispiace se cambio argomento?
Tartaruga: Ma le pare.
Achille: Ecco, volevo parlarle di una telefonata oscena che ho ricevuto qualche giorno fa.
Tartaruga: Interessante!
Achille: Sì, però ho avuto l'impressione che chi ha fatto la telefonata fosse incoerente, almeno per quanto ho potuto capire. Ha strillato qualcosa nel telefono e poi ha attaccato. O meglio, ora che ci penso, ha gridato qualche cosa, poi l'ha gridata un'altra volta, e ha attaccato.
Tartaruga: Ha afferrato almeno quello che diceva?
Achille: Mi pare di sì. Ora le ripeto tutta la telefonata. Allora:

> *Io:* Pronto?
> *L'altro (gridando selvaggiamente):* Produce una falsità se preceduto dalla propria citazione! Produce una falsità se preceduto dalla propria citazione!
>
> *(Clic).*

Tartaruga: Questa è la cosa più insolita che si possa dire in una telefonata oscena.
Achille: È proprio quello che penso anch'io.
Tartaruga: Forse c'era un significato in quell'apparente insensatezza.
Achille: Forse.

(Entrano in uno spazioso cortile circondato da alcune graziose casette a tre piani. Nel centro c'è una palma e da una parte s'innalza una torre. Vicino alla torre c'è una scala, e sulla scala sta seduto un ragazzo che parla ad una giovane donna affacciata a una finestra).

Tartaruga: Dove mi sta portando, Achille?
Achille: Mi piacerebbe mostrarle il panorama che si gode dalla cima della torre.
Tartaruga: Ottima idea!

(Si avvicinano al ragazzo che li osserva con curiosità e poi dice qualcosa alla giovane donna: entrambi ridacchiano. Achille e la signorina T., invece di salire per la scala dove sta seduto il ragazzo, girano a sinistra e scendono una breve rampa di scale che porta a una porticina di legno).

FIGURA 76. Su e giù, *di M.C. Escher (litografia, 1947).*

Achille: Possiamo entrare di qui. Mi segua.

(Achille apre la porta. Entrano e cominciano a inerpicarsi per una ripida scala a chiocciola dentro la torre).

Tartaruga (leggermente affannata): Sono un po' fuori forma per questo genere di esercizio, Achille. Si deve salire ancora molto?

Achille: Ancora pochi piani... Ma ho un'idea. Invece di camminare sul sopra della scala, perché non cammina sul sotto?

Tartaruga: E COME si fa?

Achille: Si tenga forte e si rigiri, portandosi sotto. C'è abbastanza spazio per lei. Vedrà che gli scalini, a camminarci da sotto, sono normalissimi scalini proprio come a camminarci da sopra...

Tartaruga (senza esitare si lascia scivolare): Va bene così?

Achille: Perfetto!

Tartaruga (la cui voce suona un po' roca per l'insolita posizione): Questa piccola operazione mi ha stordita. Devo andare verso l'alto o verso il basso?

Achille: Continui pure nella stessa direzione di prima. Dal suo punto di vista ciò vuol dire che deve andare GIÙ; dal mio SU.

Tartaruga: Non vorrà dirmi che per raggiungere la cima devo andare giù, vero?

Achille: Non lo so, ma funziona...

(E così cominciano a inerpicarsi a spirale in sincronia, da un lato A. e, in corrispondenza dall'altro lato, T. Giungono ben presto alla fine della scala).

Ora faccia l'operazione inversa, signorina T. Venga qui che l'aiuto.

(Tende una mano alla Tartaruga e la riporta sul suo lato della scala).

Tartaruga: Grazie. È stato più facile ritornare su.

(Ed escono fuori sul tetto, dove si offre loro la veduta della città).

È proprio un bel panorama, Achille. Sono contenta che mi abbia portato quassù, o meglio quagGIÙ.

Achille: Immaginavo che le sarebbe piaciuto.

Tartaruga: Mentre salivo, ripensavo a quella telefonata oscena. Credo di cominciare a capire qualcosa.

Achille: Davvero?

Tartaruga: Sì. Per esempio, non le pare che la locuzione "preceduto dalla propria citazione" abbia qualcosa di vagamente sinistro?

Achille: Vagamente, sì, molto vagamente.

Tartaruga: Può immaginare qualcosa preceduto dalla propria citazione?

Achille: Posso immaginare, non so, il presidente Mao che entra in una sala dove si tiene un banchetto ufficiale e sulle cui pareti sono stati appesi striscioni con alcune citazioni dei suoi scritti. In questo caso avremmo il presidente Mao preceduto dalle proprie citazioni.

Tartaruga: Un esempio molto fantasioso. Ma supponga di dover restringere il significato della parola "preceduto" all'idea di precedenza sulla carta stampata, eliminando, quindi, casi di pranzi di gala e cose del genere.

Achille: Va bene. Ma che significa esattamente "citazione" in questo caso?

Tartaruga: Quando si vuole parlare di una parola o di una locuzione, la si cita, cioè la si indica ponendola per convenzione fra virgolette. Per esempio posso dire:

La parola "filosofo" ha cinque lettere.

Qui ho citato la parola "filosofo" mettendola fra virgolette per chiarire che sto parlando proprio della PAROLA "filosofo", anziché del filosofo in carne e ossa. Si tratta della distinzione tra USO e MENZIONE.

Achille: Ah, sì?

Tartaruga: Mi lasci spiegare. Supponga che io le dica:

I filosofi fanno un sacco di soldi.

Qui starei USANDO la parola per costruire nella sua mente l'immagine di un saggio dall'espressione innocente tra sacchi gonfi di denaro. Ma quando metto questa parola, come qualsiasi altra parola, fra virgolette, la privo del suo significato e della sua connotazione, riducendola semplicemente a un insieme di segni sulla carta, o a un insieme di suoni. Questo si chiama "MENZIONE". L'unica cosa che interessa della parola in queste condizioni è il suo aspetto tipografico. Qualunque significato la parola possa avere, viene ignorato.

Achille: È come usare (o dovrei dire "menzionare"?) un violino come scacciamosche. L'unica cosa del violino che interessa è la sua solidità; ogni significato o funzione che possa avere è ignorato. In fondo, a pensarci bene, anche la mosca viene trattata in questo modo.

Tartaruga: Queste sono estensioni sensate, per quanto poco ortodosse, della distinzione fra uso e menzione. Ma adesso desidero che si concentri su questa faccenda del far precedere qualcosa dalla propria citazione.

Achille: Vediamo. Andrebbe bene:

"PRONTO" PRONTO.

Tartaruga: Non c'è male. Provi ancora.

Achille: D'accordo:

"'PLOP' NON È IL TITOLO DI NESSUN LIBRO, PER QUANTO NE SO"
'PLOP' NON È IL TITOLO DI NESSUN LIBRO, PER QUANTO NE SO.

Tartaruga: Con una piccola modifica, questo esempio può diventare piuttosto interessante. Basta cancellare 'Plop'.

Achille: Davvero? Vediamo un po' come verrebbe:

"NON È IL TITOLO DI NESSUN LIBRO, PER QUANTO NE SO"
NON È IL TITOLO DI NESSUN LIBRO, PER QUANTO NE SO.

Tartaruga: Vede? Ha formato una frase.

Achille: È vero. Si tratta di una frase che parla delle parole "non è il titolo di nessun libro, per quanto ne so"; è anche piuttosto sciocca.

Tartaruga: Perché sciocca?

Achille: Perché è così inutile. Eccone un'altra:

"SONO PAROLE" SONO PAROLE.

Tartaruga: No, "SONO PAROLE" messo fra virgolette costituisce un tutto unico; non ci si può riferire ad esso con il verbo al plurale. Un esempio migliore sarebbe:

"CONTIENE TRE PAROLE" CONTIENE TRE PAROLE.

Achille: Ha ragione, ora ho capito meglio. Ma che significa? Onestamente mi sembra un gioco un po' stupido.

Tartaruga: Non mi pare. Anzi, personalmente la giudico roba di estremo interesse. In effetti, questa operazione di far precedere qualcosa dalla propria citazione è così straordinariamente importante che penso che le darò un nome.

Achille: Veramente? E di quale nome vorrà onorare questa sciocca operazione?

Tartaruga: Credo che chiamerò "quinare una locuzione" quinare una locuzione.

Achille: "Quinare"? E che parola è?

Tartaruga: Una parola di sette lettere, se non vado errata.

Achille: Quello che stavo tentando di capire è perché ha scelto proprio quelle lettere, in quel preciso ordine.

Tartaruga: Ah, ora capisco che cosa voleva sapere con la domanda: "E che parola è?". Posso risponderle che l'operazione è stata inventata da un filosofo di nome "Willard Van Orman Quine" e così io ho scelto quel nome in suo onore. Ma purtroppo non posso andare oltre nella mia spiegazione. Perché il nome di Quine sia formato proprio da quelle cinque lettere, e perché esse siano disposte proprio in questo particolare ordine sono domande per le quali non ho nessuna risposta immediata. Comunque, potrei volentieri andare...

Achille: Oh, no, non si preoccupi! Io non volevo veramente sapere tutto questo sul nome di Quine. In ogni caso, ora so come quinare una locuzione. È proprio divertente! Ecco una locuzione quinata:

"È UN FRAMMENTO DI ENUNCIATO"
È UN FRAMMENTO DI ENUNCIATO.

È un po' sciocco ma mi piace. Si prende un frammento di enunciato, lo si quina e, detto fatto, si ha un enunciato! Un enunciato vero e proprio, in questo caso.

Tartaruga: Si potrebbe quinare la locuzione "è una commedia senza soggetto", che ne dice?

Achille: Vediamo. Una commedia senza soggetto sarebbe...

Tartaruga: ... un'anomalia, naturalmente. Ma non divaghi: la quini. Prima quinare e poi il teatro d'avanguardia.

Achille: E va bene. Ecco:

"È UNA COMMEDIA SENZA SOGGETTO"
È UNA COMMEDIA SENZA SOGGETTO.

Però mi sembra che sarebbe stato meglio dire "enunciato" invece di "commedia". Ma va bene, mi dia un'altra frase da quinare.

Tartaruga: D'accordo. Proprio l'ultima. Provi questa:

"SE QUINATA, PRODUCE UNA CANZONE D'AMORE PER TARTARUGHE".

Achille: Questa dovrebbe essere facile...

"SE QUINATA, PRODUCE UNA CANZONE D'AMORE PER TARTARUGHE"
SE QUINATA, PRODUCE UNA CANZONE D'AMORE PER TARTARUGHE.

Hum, c'è qualcosa d'insolito, qui. Ah, capisco di che si tratta! Questa frase parla di se stessa! Se n'è accorta?

Tartaruga: Cosa vuol dire "parla"? Le frasi non parlano.

Achille: No, ma esse SI RIFERISCONO alle cose. E questa si riferisce direttamente, inequivocabilmente, indiscutibilmente proprio a se stessa! Basta soltanto ricordare che cosa significa quinare.

Tartaruga: Non vedo affatto come questa frase dica qualcosa su se stessa. Dov'è che dice "me", o "questa frase", o cose simili?

Achille: Oh, lei sta deliberatamente giocando a non capire, signorina T. La cosa straordinaria sta proprio in questo: la frase parla di se stessa senza dirlo in maniera esplicita!

Tartaruga: Bene, poiché sono una persona un po' semplice e dura di comprendonio, vuole avere la cortesia di spiegarmi questa faccenda dall'A alla Zeta?

Achille: Oh, ecco la solita Tartaruga dilaniata dal dubbio... Va bene, vediamolo un po' formalmente. Supponga che io crei un enunciato (lo chiamo "Enunciato P") contenente un spazio vuoto.

Tartaruga: Come, per esempio?

Achille: Come per esempio questo:

"___, SE QUINATO, PRODUCE UNA CANZONE D'AMORE PER TARTARUGHE".

Ora l'argomento dell'Enunciato P dipende da ciò che si inserisce nello spazio vuoto. Ma una volta fatta la scelta, l'argomento è determinato; e precisamente, l'argomento sarà ciò che si ottiene QUINANDO lo spazio vuoto: chiamiamolo "Enunciato Q", dato che è prodotto da un atto di quinazione.

Tartaruga: Questo mi sembra ragionevole. Se nello spazio vuoto ci fosse "è scritto sui vecchi barattoli di mostarda per tenerli freschi", allora l'Enunciato Q sarebbe:

"È SCRITTO SUI VECCHI BARATTOLI DI MOSTARDA PER TENERLI FRESCHI"
È SCRITTO SUI VECCHI BARATTOLI DI MOSTARDA PER TENERLI FRESCHI.

Achille: Esatto; e l'Enunciato P afferma (per quanto non so se sia vero o meno) che l'Enunciato Q è una canzone d'amore per tartarughe. Comunque, in questo caso l'Enunciato P non sta parlando di se stesso, ma sta parlando invece dell'Enunciato Q. Siamo d'accordo su questo, almeno?

Tartaruga: Senza dubbio, siamo d'accordo. E che meravigliosa canzone!

Achille: Ma ora voglio fare una scelta diversa per lo spazio vuoto, e cioè:

"SE QUINATO, PRODUCE UNA CANZONE D'AMORE PER TARTARUGHE".

Tartaruga: Oh Dio, lei si sta impegolando sempre più in questa faccenda. Spero soltanto che non diventi troppo complessa per la mia debole mente.

Achille: Non si preoccupi; mi terrà dietro, vedrà. Con questa scelta l'Enunciato Q diventa...

"SE QUINATO, PRODUCE UNA CANZONE D'AMORE PER TARTARUGHE"
SE QUINATO, PRODUCE UNA CANZONE D'AMORE PER TARTARUGHE.

Tartaruga: Oh, vecchio marpione di un guerriero, la seguo. Ora l'Enunciato Q è uguale all'Enunciato P.

Achille: E poiché l'Enunciato Q è sempre l'argomento dell'Enunciato P, si è prodotto un circolo chiuso, uno strano anello per cui ora P punta, per così dire, a se stesso. Ma noterà il fatto che l'autoriferimento in questo caso è un evento accidentale. Di solito gli Enunciati Q e P sono completamente diversi l'uno dall'altro; ma quando si è fatta la scelta giusta per lo spazio vuoto dell'Enunciato P, la quinazione completa il trucco.

Tartaruga: Ma è geniale! Mi chiedo come mai non ci ho mai pensato. Ora mi dica: è autoreferenziale il seguente enunciato?

"È COMPOSTO DI CINQUE PAROLE"
È COMPOSTO DI CINQUE PAROLE.

Achille: Hum... Non è facile a dirsi. L'enunciato che lei ha appena formulato non parla proprio di se stesso, ma piuttosto delle parole "è composto di cinque parole". Per quanto, naturalmente, quelle parole facciano PARTE dell'enunciato...

Tartaruga: Dunque, l'enunciato si riferisce a una parte di se stesso. E allora?

Achille: Non so: questo può bastare a qualificarlo come autoreferenziale?

Tartaruga: Secondo me, ciò è ancora molto lontano da quello che deve intendersi per autentica autoreferenza. Ma non si preoccupi troppo per il momento. Avrà tutto il tempo di riconsiderare il problema in seguito.

Achille: Pensa davvero?

Tartaruga: Certamente: vedrà che è così. Ma per ora provi a quinare la frase "produce una falsità se preceduto dalla propria citazione".

Achille: Capisco dove vuole arrivare: la telefonata oscena. Se la quiniamo, abbiamo:

"PRODUCE UNA FALSITÀ SE PRECEDUTO DALLA PROPRIA CITAZIONE"
PRODUCE UNA FALSITÀ SE PRECEDUTO DALLA PROPRIA CITAZIONE.

Ecco dunque che cosa mi è stato gridato al telefono! Però, sentendola dire, non avevo capito che ci fossero le virgolette. Certo, questa è veramente un'affermazione oscena! La gente dovrebbe essere messa in galera per una cosa come questa.

Tartaruga: Per quale ragione, se è lecito?

Achille: Mi fa sentire a disagio. A differenza dell'esempio precedente, non riesco a stabilire se si tratta di una verità o di una falsità. E più ci penso, più m'ingarbuglio. Mi fa girare la testa. Mi chiedo che genere di pazzoide possa aver ideato una cosa del genere, per poi tormentare la gente di notte con simili atrocità!

Tartaruga: Mi chiedo... Ma vogliamo scendere giù, ora?

Achille: Non abbiamo bisogno di scendere, dato che siamo già al pian terreno. Torniamo dentro; vedrà. *(Vanno nella torre e giungono a una porticina di legno)*. Possiamo uscire proprio di qui. Mi segua.

Tartaruga: È proprio sicuro, Achille? Non voglio farmi tre piani a testa in giù e rompermi la corazza.

Achille: Potrei mai giocarle un tiro simile?

(E apre la porta. Di fronte sta ancora seduto il medesimo ragazzo, o almeno si ha proprio l'impressione che sia così, e sta parlando alla medesima giovane donna. Achille e la Tartaruga salgono quella che sembra essere la stessa scala che avevano disceso per entrare nella torre, e si ritrovano in quello che sembra essere proprio lo stesso cortile in cui erano entrati all'inizio).

Grazie, signorina T., per la lucida spiegazione di quella telefonata oscena.

Tartaruga: E grazie a lei, Achille, per la piacevole passeggiata. Spero di rivederla presto.

CAPITOLO XIV

Sulle proposizioni formalmente indecidibili dell'AT e di sistemi affini[1]

Le due idee dell' "Ostrica"

IL TITOLO DI QUESTO CAPITOLO è una variazione sul titolo del famoso articolo di Gödel del 1931: "Aritmetica Tipografica" ha qui preso il posto di "*Principia Mathematica*". L'articolo di Gödel aveva carattere tecnico e l'autore si sforzava di rendere la sua dimostrazione inattaccabile e rigorosa. Questo Capitolo sarà più intuitivo; in esso metterò in risalto le due idee di base che costituiscono il cuore della dimostrazione di Gödel. La prima idea di base è l'importante scoperta che nell'AT esistono stringhe suscettibili di essere interpretate come stringhe che parlano di altre stringhe dell'AT; in breve, che l'AT, considerata come un linguaggio, è capace di "introspezione", cioè di autoanalisi. Questa è una conseguenza della numerazione di Gödel. La seconda idea di base è che la proprietà dell'autoanalisi può essere concentrata interamente in un'unica stringa; quindi quella stringa concentra la propria attenzione unicamente su se stessa. Questo "artificio della concentrazione" può essere essenzialmente ricondotto al metodo della diagonale di Cantor.

A mio parere, per afferrare il significato profondo della dimostrazione di Gödel ci si deve render conto che essa consiste, in ultima analisi, nella fusione di queste due idee fondamentali. Ciascuna di esse è di per sé un colpo da maestro; per metterle insieme c'è voluto un atto di genio. Tuttavia, se dovessi decidere quale delle due idee è più profonda, io opterei senza esitare per la prima, cioè per l'idea della numerazione di Gödel, perché essa è collegata con tutto il problema del significato e della referenza nei sistemi in cui vengono manipolati simboli. La portata di questa idea supera ampiamente i confini della logica matematica, mentre l'artificio di Cantor, per quanto fecondo di conseguenze in matematica, ha pochi o punti rapporti coi fatti della vita reale.

La prima idea: le coppie dimostrative

Senza ulteriore indugio, procediamo ora a sviluppare la dimostrazione. Nel Capitolo IX abbiamo già dato un'idea piuttosto precisa di ciò che significa l'isomorfismo di Gödel. Descriviamo ora una nozione matematica che ci permetterà di tradurre un enunciato del tipo "La stringa 0 = 0 è un teorema dell'AT" in un enunciato dell'aritmetica. Dobbiamo a questo scopo introdurre il concetto di *coppia dimostrativa*. Una coppia dimostrativa è una coppia di numeri naturali legati da un particolare rapporto. Eccone una definizione:

> Due numeri naturali, rispettivamente *m* e *n*, costituiscono una coppia dimostrativa dell'AT se e solo se *m* è il numero di Gödel di una derivazione nell'AT la cui ultima riga è la stringa avente *n* come numero di Gödel.

Una nozione analoga esiste anche per il sistema MIU e, se consideriamo questo caso per primo, ci sarà più facile comprenderla. Dimentichiamo quindi per un momento le coppie dimostrative dell'AT e consideriamo le coppie dimostrative del sistema MIU. Esse si definiscono in modo del tutto analogo:

> Due numeri naturali, rispettivamente *m* e *n*, costituiscono una coppia dimostrativa del sistema MIU se e solo se *m* è il numero di Gödel di una derivazione nel sistema MIU la cui ultima riga è la stringa avente *n* come numero di Gödel.

Vediamo qualche esempio di coppie dimostrative del sistema MIU. Poniamo, per cominciare, *m* = 3131131111301, *n* = 301. Questi valori di *m* e *n* costituiscono effettivamente una coppia dimostrativa del sistema MIU, perché *m* è il numero di Gödel della derivazione

MI
MII
MIIII
MUI

e l'ultima riga, MUI, ha per numero di Gödel 301, cioè *n*. Poniamo invece *m* = 31311311130 e *n* = 30. Perché questi due valori *non* costituiscono una coppia dimostrativa del sistema MIU? Per vederlo, scriviamo l'ipotetica derivazione di cui *m* è il codice:

MI
MII
MIII
MU

In questa presunta derivazione c'è un passaggio sbagliato! È quello dalla seconda alla terza riga, cioè da MII a MIII: nel sistema MIU non vi è alcuna regola d'inferenza che permetta questo passaggio tipografico. Corrispondentemente, e questo è importantissimo, non c'è alcuna regola d'inferenza aritmetica che porti da 311 a 3111. Forse quest'ultima è un'osservazione ovvia, alla luce della discussione svolta nel Capitolo IX, ma vale la pena d'insistervi, dato che concerne proprio il nocciolo dell'isomorfismo di Gödel. Ciò che viene compiuto in un sistema formale qualsiasi ha una corrispondenza nelle operazioni aritmetiche.

Comunque i valori m = 31311311130 e n = 30 non costituiscono una coppia dimostrativa del sistema MIU. Ciò non dimostra tuttavia che 30 non sia un numero MIU: vi potrebbe essere un altro valore di m che insieme con 30 costituisse una coppia dimostrativa del sistema MIU. (Da precedenti ragionamenti sappiamo in realtà che MU non è un teorema del sistema MIU, e quindi nessun numero può formare una coppia dimostrativa del sistema MIU con 30).

Vediamo ora che cosa si può dire delle coppie dimostrative dell'AT. Diamo anche qui due esempi: uno semplicemente di una coppia dimostrativa ipotetica dell'AT, l'altro di una vera coppia dimostrativa. Dica il lettore qual è quella vera. (Per inciso, è qui che compare il codone '613'. La sua funzione è quella di separare i numeri di Gödel delle righe successive di una derivazione nell'AT. In questo senso '613' serve da segno d'interpunzione. Nel sistema MIU è sufficiente il '3' all'inizio di ciascuna riga e non c'è bisogno di altre interpunzioni).

(1) m = 626·262·636·223·123·262·111·666·613·223·123·666·111·666
n = 123·666·111·666

(2) m = 626·262·636·223·123·262·111·666·613·223·333·262·636·123·262·111·666
n = 223·333·262·636·123·262·111·666

È molto facile distinguere la coppia giusta da quella sbagliata; si deve semplicemente ritradurre nella vecchia notazione e compiere alcune verifiche di ordinaria amministrazione per vedere:

(1) se la derivazione ipotetica codificata da m è davvero legittima;
(2) se, in tal caso, l'ultima riga della derivazione coincide con la stringa codificata da n.

La seconda verifica è banale; e anche la prima è del tutto immediata, nel senso che essa non implica né ricerche senza limitazione, né cicli nonterminanti nascosti. Si pensi ai precedenti esempi relativi al sistema MIU; si sostituiscano ora mentalmente le regole dell'AT a quelle del sistema MIU e gli assiomi dell'AT all'unico assioma del sistema MIU. In entrambi i casi, l'algoritmo è lo stesso; ecco come possiamo scriverlo in modo esplicito:

Si considerino le righe della derivazione una per una, dall'alto verso il basso.
Si segnino quelle che sono assiomi.
Per ciascuna riga che *non* sia un assioma si controlli se è derivabile dalle righe precedenti dell'ipotetica derivazione applicando qualcuna delle regole d'inferenza.
Se tutti i nonassiomi possono essere derivati dalle righe precedenti mediante l'applicazione delle regole d'inferenza, allora si ha un'autentica derivazione; altrimenti la derivazione è fasulla.

Quali siano le operazioni da compiere in ognuno di questi passi è ben chiaro e il loro numero può essere determinato in anticipo con la massima facilità.

La proprietà di essere una coppia dimostrativa è primitiva ricorsiva...

È forse chiaro il motivo per cui ho sottolineato che questi cicli sono limitati: volevo preparare il terreno per asserire il

> PRIMO FATTO FONDAMENTALE: la proprietà di essere una coppia dimostrativa è una proprietà primitiva ricorsiva e quindi può essere sottoposta a verifica mediante un programma in CicloL.

Qui si deve mettere in risalto un'interessante differenza tra questa proprietà e un'altra proprietà aritmetica ad essa strettamente collegata: quella di essere un *numero teorematico*. Asserire che *n* è un numero teorematico significa asserire che esiste un *qualche* valore di *m* il quale costituisce con *n* una coppia dimostrativa. (Per inciso, queste osservazioni valgono tanto per l'AT quanto per il sistema MIU; forse può essere utile tenere presenti tutti e due i sistemi e usare il sistema MIU come prototipo). Per controllare se *n* è un numero teorematico, si deve intraprendere una ricerca fra tutti gli *m* suoi potenziali "compagni" di coppia dimostrativa, e qui si corre il rischio di impegnarsi in una battuta di caccia senza fine. Nessuno può dire quanto a lungo si dovrà cercare prima di trovare un numero che formi una coppia dimostrativa con *n* come secondo elemento. Proprio questa è la difficoltà dell'avere nello stesso sistema sia regole che allungano sia regole che accorciano: esse portano ad un certo grado d'imprevedibilità.

Per questo problema può risultare utile l'esempio della Variazione Goldbach. È semplice verificare se una *coppia (m, n)* di numeri costituisce una *Tartacoppia*: vale a dire, se tanto *m* quanto *n* + *m* sono primi. La verifica è facile perché la proprietà di essere primo è primitiva ricorsiva e quindi ammette una procedura di decisione a terminazione prevedibile. Ma se si vuole sapere se *n* possiede la proprietà della Tartaruga, allora il quesito diventa: "Esiste *qualche* numero *m* che formi una Tartacoppia con *n* come secondo elemento?"; e questo, ancora una volta, ci porta nella terra selvaggia e sconosciuta dei cicli MU.

... ed è quindi rappresentata nell'AT

In questa situazione, il concetto chiave è allora il Primo Fatto Fondamentale enunciato sopra, poiché sulla base di esso si può asserire il

> SECONDO FATTO FONDAMENTALE: la proprietà di essere una coppia dimostrativa è verificabile in CicloL e pertanto è *rappresentata* nell'AT da una qualche formula con due variabili libere.

Ancora una volta abbiamo tralasciato di precisare il sistema al quale appartengono queste coppie dimostrative; in realtà, ciò non ha importanza, poiché entrambi i Fatti Fondamentali valgono per qualunque sistema formale. Tale è la natura dei sistemi formali: è sempre possibile stabilire, con una ricerca a terminazione prevedibile se una data successione di righe costituisce o no una dimostrazione, e questa possibilità si trasferisce alle nozioni aritmetiche corrispondenti.

La potenza delle coppie dimostrative

Supponiamo, per fare un esempio concreto, di avere a che fare col sistema MIU. Probabilmente ci si ricorderà della stringa che chiamammo "MUMON", la cui interpretazione ad un certo livello era l'enunciato "MU è un teorema del sistema MIU". Vediamo come si esprimerebbe MUMON nell'AT nei termini della formula che rappresenta la nozione di coppia dimostrativa del sistema MIU. Abbreviamo quella formula, la cui esistenza ci è assicurata dal Secondo Fatto Fondamentale, in questo modo

DIMOCOPPIA-MIU{a,a′}

Poiché si tratta di una proprietà di due numeri, essa è espressa da una formula contenente due variabili libere. (Si faccia attenzione: in questo Capitolo useremo sempre l'AT frugale, quindi si dovrà distinguere tra le variabili a, a′, a′′). Per asserire che "MU è un teorema del sistema MIU", dovremmo partire dall'enunciato isomorfo: "30 è un numero teorematico del sistema MIU", e poi tradurre quest'ultimo nella notazione dell'AT. Con l'ausilio della nostra abbreviazione ciò è agevole (si ricordi anche quello che si disse nel Capitolo VIII, cioè che per indicare che si vuole sostituire a′ con un numerale si scrive quel numerale seguito da "/a′"):

∃a:DIMOCOPPIA-MIU{a,SSSSSSSSSSSSSSSSSSSSSSSSSSSSSS0/a′}

Si contino gli S: sono 30. Si osservi che questo è un vero enunciato dell'AT, poiché una variabile libera è stata quantificata e l'altra è stata sostituita con un numerale. Tra l'altro, qui è stata fatta una cosa intelligente. Il Secondo Fatto Fondamentale ci ha dato modo di parlare delle *coppie dimostrative*; ora abbiamo trovato la maniera di parlare anche dei *numeri teorematici*: basta far precedere la formula da un quantificatore esistenziale! Una traduzione più letterale della stringa scritta sopra sarebbe: "Esiste un qualche numero a che forma una coppia dimostrativa del sistema MIU il cui secondo elemento è 30".

Si supponga di voler fare qualcosa di analogo nell'ambito dell'AT, ad esempio di voler esprimere l'enunciato "0 = 0 è un teorema dell'AT". Possiamo abbreviare la formula, di cui il Secondo Fatto Fondamentale assicura l'esistenza, in modo analogo (di nuovo con due variabili libere):

DIMOCOPPIA-AT{a,a′}

(L'interpretazione di questa formula abbreviata dell'AT è: "I numeri naturali a e a′ formano una coppia dimostrativa dell'AT"). Il passo successivo è quello di trasformare il nostro enunciato in un enunciato dell'aritmetica, secondo il modello MUMON visto sopra. L'enunciato diviene: "Esiste un qualche numero a che forma una coppia dimostrativa dell'AT il cui secondo elemento è 666˙111˙666". La formula che esprime ciò nell'AT è:

$$\exists a{:}\text{DIMOCOPPIA-AT}\{a,\underbrace{\text{SSSSS}\ldots\ldots\ldots\text{SSSSS}}_{\substack{\textit{molti, molti S!}\\ \textit{(precisamente 666˙111˙666)}}}0/a'\}$$

che è una proposizione chiusa dell'AT. (Chiamiamola "Jōshū", per motivi che vedremo fra un momento). Si vede quindi che nell'AT esiste la possibilità di esprimere non solo la nozione primitiva ricorsiva di coppia dimostrativa, ma anche la nozione, connessa ma più delicata, di numero teorematico.

Come esercizio di controllo, si cerchi di tradurre nell'AT i seguenti enunciati della meta-AT:

(1) 0 = 0 non è un teorema dell'AT.
(2) ¬0 = 0 è un teorema dell'AT.
(3) ¬0 = 0 non è un teorema dell'AT.

In che cosa le soluzioni trovate differiscono fra loro e rispetto all'esempio dato sopra? Ecco alcuni altri esercizi di traduzione:

(4) Jōshū è un teorema dell'AT. (Si chiami "Meta-Jōshū" la stringa dell'AT che esprime questo enunciato).
(5) Meta-Jōshū è un teorema dell'AT. (Si chiami "Meta-meta-Jōshū" la stringa dell'AT che esprime questo enunciato).
(6) Meta-meta-Jōshū è un teorema dell'AT.
(7) Meta-meta-meta-Jōshū è un teorema dell'AT.

(ecc., ecc.)

L'esempio n. 5 mostra che gli enunciati della meta-meta-AT possono essere tradotti nella notazione dell'AT; l'esempio n. 6 dimostra la stessa possibilità per la meta-meta-meta-AT, ecc.

A questo punto è importante tener presente la differenza tra *esprimere* una proprietà e *rappresentarla*. La proprietà di essere un numero teorematico dell'AT, per esempio, è *espressa* dalla formula

∃a:DIMOCOPPIA-AT{a,a′}.

Traduzione: "a′ è un numero teorematico dell'AT". Non c'è tuttavia alcuna garanzia che questa formula *rappresenti* quella nozione, poiché non c'è alcuna garanzia che questa proprietà sia primitiva ricorsiva; anzi abbiamo più che un vago sospetto che non lo sia. (Questo sospetto è ben fondato: la proprietà di essere un numero teorematico dell'AT *non* è primitiva ricorsiva e nessuna formula dell'AT può rappresentare questa proprietà!). Viceversa, la proprietà di essere una coppia dimostrativa, poiché è primitiva ricorsiva, è sia esprimibile sia rappresentabile mediante la formula già introdotta.

La sostituzione porta alla seconda idea

La discussione fatta fin qui ci ha portati a capire in che modo l'AT possa compiere un'"introspezione" a proposito del concetto di teorematicità nell'AT. Questa è l'essenza della prima parte della dimostrazione. Vogliamo ora procedere verso la seconda idea fondamentale della dimostrazione, elaborando un concetto che permetta di concentrare questa capacità d'introspezione in un'unica formula. Per fare questo, dobbiamo osservare ciò che accade al numero di Gödel di una formula quando se ne modifichi la struttura in modo semplice. Di fatto considereremo questa particolare modifica:

sostituzione di tutte le variabili libere con un determinato numerale.

Qui sotto, nella colonna di sinistra, sono presentati due esempi di questa operazione; nella colonna di destra sono riportati i corrispondenti cambiamenti dei numeri di Gödel.

Formula	*Numero di Gödel*
a=a	262·111·262
Ora sostituiamo a tutte le variabili libere il numerale di 2:	↓
SS0=SS0	123·123·666·111·123·123·666

* * * * *

Formula	*Numero di Gödel*
¬∃a:∃a′:a″=(SSa·SSa′)	223·333·262·636·333·262·163·636·262·163·163·111·362·123·123·262·236·123·123·262·163·323
Ora sostituiamo a tutte le variabili libere il numerale di 4:	↓
¬∃a:∃a′:SSSS0=(SSa·SSa′)	223·333·262·636·333·262·163·636·123·123·123·123·666·111·362·123·123·262·236·123·123·262·163·323

Nella colonna di destra si svolge un processo aritmetico isomorfo, nel quale un numero enorme viene trasformato in un numero ancora più grande. Non sarebbe troppo difficile descrivere aritmeticamente, in termini di addizioni, moltiplicazioni, potenze di 10, e così via, la funzione che fornisce il nuovo numero a partire dal vecchio; ma non abbiamo bisogno di farlo. Il punto principale è questo: la relazione che c'è tra (1) il numero di Gödel originale, (2) il numero di cui viene introdotto il numerale e (3) il numero di Gödel risultante, è una relazione primitiva ricorsiva. Ciò significa che si potrebbe scrivere una procedura di decisione in CicloL la quale, quando le si forniscano all'ingresso tre numeri naturali qualunque, dica **SÌ** se essi soddisfano questa relazione e **NO** se non la soddisfano. Invito il lettore a provare ad impostare una tale procedura (facendolo, egli si convincerà che non vi sono nascosti dentro cicli senza limitazione); le due terne di numeri che propongo di controllare sono le seguenti:

(1) 362·262·112·262·163·323·111·123·123·123·123·666;
2;
362·123·123·666·112·123·123·666·323·111·123·123·123·123·666.

(2) 223·362·262·236·262·323·111·262·163;
1;
223·362·123·666·236·123·666·323·111·262·163.

Come al solito, uno dei due esempi torna e l'altro no. Questa relazione fra tre numeri verrà chiamata relazione di *sostituzione*. Poiché è primitiva ricorsiva, essa è *rappresentata* da una qualche formula dell'AT contenente tre variabili libere. Indichiamo questa formula dell'AT con la seguente notazione abbreviata

SOST{a,a′ ,a″}

Poiché questa formula rappresenta la relazione di sostituzione, la formula riportata qui di seguito dev'essere un teorema dell'AT.

SOST{SSS.....SSS0/a,SS0/a′, SSSS.....SSSS0/a′′}

262·111·262 **S** *123·123·666·111·123·123·666* **S**

(Essa è basata sul primo esempio di relazione di sostituzione illustrato nelle colonne parallele viste sopra, in questo stesso paragrafo). E, appunto perché la formula **SOST** rappresenta la relazione di sostituzione, la formula che compare qui sotto certamente *non* è un teorema dell'AT:

SOST{SSS0/a,SS0/a′,S0/a′′}

Aritmoquinare

Siamo ora giunti al momento cruciale in cui possiamo combinare tutte queste parti staccate per costruire un tutto significativo. Vogliamo usare in qualche modo il dispositivo delle formule **DIMOCOPPIA-AT** e **SOST** per costruire un'unica proposizione dell'AT la cui interpretazione sia: "Precisamente questa stringa dell'AT non è un teorema dell'AT". Come si fa? Anche a questo punto, pur avendo a nostra disposizione tutta l'attrezzatura necessaria, non è facile trovare la risposta.

Un'idea curiosa e che forse può sembrare superficiale è quella di sostituire in una formula il *suo stesso* numero di Gödel. Questa idea è del tutto analoga all'altra, anch'essa curiosa e apparentemente superficiale, incontrata nell'*Aria sulla quarta corda:* l'idea della "quinazione". Eppure la quinazione si rivelò di una certa buffa importanza, in quanto indicava un modo nuovo di costruire una proposizione autoreferenziale. La prima volta che la s'incontra, l'autoreferenza del tipo Quine coglie di sorpresa ma, una volta che se ne sia afferrato il principio, ci si rende conto che è semplicissima e affascinante. La versione aritmetica della quinazione, chiamiamola *aritmoquinazione,* ci permetterà di costruire una proposizione dell'AT che "parla di se stessa".

Vediamo un esempio di aritmoquinazione. Ci serve una formula che contenga almeno una variabile libera; eccone una:

a=SO

Il numero di Gödel di questa formula è 262˙111˙123˙666, ed è proprio questo numero che inseriremo nella formula; o meglio vi inseriremo il suo *numerale.* Ecco il risultato:

$$\underbrace{\text{SSSS}\ \ldots\ldots\ \text{SSSS}}_{262\cdot 111\cdot 123\cdot 666\ \text{S}}\text{0}=\text{S0}$$

Questa nuova formula enuncia una falsità assurda, cioè che 262˙111˙123˙666 è uguale a 1. Se fossimo partiti dalla stringa ¬a=SO e poi avessimo aritmoquinato, avremmo ottenuto un'asserzione vera, come si può verificare.

L'aritmoquinazione rappresenta ovviamente un caso particolare dell'operazione di sostituzione definita in precedenza. Se volessimo parlare di aritmoquinazione nell'ambito dell'AT, useremmo la formula

SOST{a′′,a′′,a′}

in cui le prime due variabili coincidono. Ciò deriva dal fatto che stiamo usando lo stesso numero in due modi diversi (ecco dove compare l'ombra di Cantor e della sua diagonale!). Il numero a′′ è sia (1) il numero di Gödel originale, sia (2) il numero da inserire. Inventiamo un'abbreviazione per la formula precedente:

ARITMOQUINA{a′′,a′}

Espressa a parole, questa formula suona così:

a′ è il numero di Gödel della formula ottenuta aritmoquinando
la formula avente numero di Gödel a′′.

Questa frase è lunga e brutta. Introduciamo, per riassumerla, un termine che vorrebbe essere elegante e conciso; diremo allora:

a′ è *l'aritmoquinificazione* di a′′

Per esempio l'aritmoquinificazione di 262˙111˙123˙666 è il numero gigantesco

$$\underbrace{123˙123˙123˙\ldots\ldots 123˙123˙123˙}_{262˙111˙123˙666 \text{ repliche di } `123'}666˙111˙123˙666$$

(Questo è semplicemente il numero di Gödel della formula che abbiamo ottenuto aritmoquinando a = S0). È facilissimo parlare di aritmoquinazione nell'ambito dell'AT.

L'uovo di Golombo

Ora, se si riprende in considerazione l'*Aria sulla quarta corda,* si vede che l'artificio finale, l'uovo di Colombo che ha consentito di portare a compimento l'autoreferenza alla Quine, è quello di quinare una proposizione che parli a sua volta del concetto di quinare. Non basta semplicemente quinare, bisogna quinare una proposizione che parli della quinazione! Benissimo; allora, nel nostro caso, l'artificio corrispondente, il nostro "uovo di Golombo", dev'essere quello di aritmoquinare qualche formula che a sua volta parli di aritmoquinazione! Scriviamo dunque senza ulteriore indugio questa formula, e diamole anche un nome: chiamiamola l'*uovo di G.*

¬∃a:∃a′:<DIMOCOPPIA-AT{a,a′}∧ARITMOQUINA{a′′,a′}>

Si può vedere con chiarezza quanto profondamente l'aritmoquinificazione faccia parte di tutta questa trama. Naturalmente, l' "uovo" ha un numero di Gödel, che chiameremo *'u'*. La parte iniziale e quella finale dello sviluppo decimale di *u,* e anche una minuscola porzione della sua parte centrale, possono essere lette direttamente.

u = 223˙333˙262˙636˙333˙262˙163˙636˙212˙...˙161˙...˙213

Per il resto, dovremmo appunto sapere quale aspetto assumono le formule DIMOCOPPIA-AT e ARITMOQUINA quando vengano scritte per esteso. Questo è troppo complicato, e comunque va oltre i nostri propositi.

Ora ci resta solo da aritmoquinare proprio questo uovo! Ciò comporta "cacciar fuori" tutte le variabili libere, che sono poi una sola, cioè a′′, e inserire al loro posto, dovunque compaiano, il numerale di *u.* Ciò fornisce

$$¬∃a:∃a′:<\text{DIMOCOPPIA-AT}\{a,a′\}∧\text{ARITMOQUINA}\{\underbrace{\text{SSS...SSS}}_{u\ \text{S}}0/a′′,a′\}>$$

Questo pulcino nato dall'uovo, lo si creda o no, è la stringa di Gödel; la possiamo chiamare 'G'. Ora vi sono due domande alle quali dobbiamo rispondere immediatamente. Esse sono:

(1) Qual è il numero di Gödel di G?
(2) Qual è l'interpretazione di G?

Vediamo prima la domanda 1. Come abbiamo costruito G? Abbiamo prima fatto l'uovo, e poi lo abbiamo aritmoquinato. Quindi, in base alla definizione di aritmoquinificazione, il numero di Gödel di G è

l'aritmoquinificazione di *u*.

Ora la domanda 2. Tradurremo G in parole facendo un passo per volta, così essa diverrà più comprensibile a mano a mano che procederemo. Il primo passo, abbastanza grossolano, sarà una traduzione piuttosto letterale:

"Non esistono due numeri a e a′ tali che (1) essi costituiscano una coppia dimostrativa dell'AT e che (2) a′ sia l'aritmoquinificazione di *u*".

Ora, certamente *esiste* un numero a′ che sia l'aritmoquinificazione di *u*; quindi il problema deve riguardare l'*altro* numero, a. Questa osservazione ci permette di riformulare la traduzione di G come segue:

"Non esiste alcun numero a che formi una coppia dimostrativa dell'AT con l'aritmoquinificazione di *u*".

(Questo passaggio, che può risultare poco chiaro, sarà spiegato meglio più avanti). Forse comincia a trapelare qual è la situazione: G sta dicendo questo:

"La formula il cui numero di Gödel è l'aritmoquinificazione di *u* non è un teorema dell'AT".

Ma (questo ormai non dovrebbe più costituire una sorpresa) quella formula non è altro che G stessa; quindi possiamo esprimere la traduzione finale di G come segue:

"G non è un teorema dell'AT".

O, se si preferisce:

"Io non sono un teorema dell'AT".

Abbiamo pian piano estratto un'interpretazione ad alto livello (cioè una proposizione della meta-AT) da quella che inizialmente era un'interpretazione a basso livello (cioè una proposizione dell'aritmetica).

L'Aritmetica Tipografica si arrende

La conseguenza principale di questa stupefacente costruzione è già stata delineata nel Capitolo IX: è l'incompletezza dell'AT. Ripetiamo il ragionamento ancora una volta:

> G è un teorema dell'AT? Se sì, allora deve asserire una verità. Ma che cosa asserisce in effetti G? Asserisce di non essere un teorema. Quindi, se fosse un teorema, se ne potrebbe dedurre che non è un teorema: questa è una contraddizione.
>
> E se G non fosse un teorema? Ciò è accettabile, in quanto non porta a una contraddizione. Ma G asserisce proprio questo, cioè di non essere un teorema; quindi G asserisce una verità. E poiché G non è un teorema, vi è (almeno) una verità che non è un teorema dell'AT.

Per spiegare ancora una volta questo sconcertante passaggio, userò un altro esempio analogo. Si consideri la stringa:

¬∃a:∃a':<TARTACOPPIA{a,a'}∧DECIMA POTENZA{SS0/a'',a'}>

in cui compaiono due ovvie abbreviazioni di stringhe dell'AT. DECIMA POTENZA {a'',a'} rappresenta l'enunciato "a' è la decima potenza di a''". La traduzione letterale in parole è dunque

"Non esistono due numeri a e a' tali che (1) essi formino una tartacoppia e (2) a' sia la decima potenza di 2".

Ma evidentemente la decima potenza di 2 *esiste*, ed è 1024. Quindi ciò che la stringa in realtà dice è questo:

"Non esiste alcun numero che formi una Tartacoppia con 1024"

che si può ancora ridurre a:

"1024 non gode della proprietà della Tartaruga".

Il punto è che abbiamo scoperto come fare per mettere al posto di un numero, in un predicato, la sua *descrizione* e non il suo numerale. Ciò diventa possibile se si impiega un'ulteriore variabile quantificata (a'). Nell'ultimo esempio si trattava del numero 1024, che era descritto come "la decima potenza di 2"; sopra si trattava del numero descritto come "l'aritmoquinificazione di *u*".

"Produce nonteorematicità quando è aritmoquinato"

Fermiamoci un momento per riprender fiato e per riesaminare ciò che abbiamo fatto. Il modo migliore che io conosca di averne una veduta d'insieme è di paragonare in modo esplicito quanto precede con la versione del paradosso di Epimenide dovuta a Quine. Eccone la sinossi:

falsità	⇐ ⇒	nonteorematicità
citazione di una frase	⇐ ⇒	numero di Gödel di una stringa
preporre un soggetto a un predicato	⇐ ⇒	sostituire un numerale (o un termine definito) in una formula aperta
preporre una frase citata a un predicato	⇐ ⇒	sostituire il numero di Gödel di una stringa in una formula aperta
preporre un predicato tra virgolette a se stesso, ("quinare")	⇐ ⇒	sostituire il numero di Gödel di una formula aperta nella formula stessa ("aritmoquinare")
produce una falsità se quinato (un predicato senza soggetto)	⇐ ⇒	l'"uovo" di G (una formula aperta dell'AT)
"produce una falsità se quinato" (il predicato precedente citato)	⇐ ⇒	il numero *u* (il numero di Gödel della precedente formula aperta)
"produce una falsità se quinato" produce una falsità se quinato (proposizione completa formata quinando il predicato precedente)	⇐ ⇒	G stessa (proposizione dell'AT formata sostituendo *u* nell'uovo, cioè aritmoquinando l'uovo)

Il secondo teorema di Gödel

Poiché l'interpretazione di G è vera, l'interpretazione della sua negazione ¬G è falsa. E si sa che nessun enunciato falso è derivabile nell'AT. Quindi *né G né la sua negazione ¬G possono essere teoremi dell'AT*. Abbiamo trovato una "falla" nel nostro sistema, cioè una proposizione indecidibile. Ciò ha numerose conseguenze. Ma intanto ecco un fatto curioso: a dispetto dell'indecidibilità di G, la formula $<G\vee\neg G>$ è un teorema, poiché le regole del Calcolo Proposizionale assicurano che tutte le formule ben formate della forma $<P\vee\neg P>$ sono teoremi.

Questo è un semplice esempio in cui un'asserzione *interna* al sistema e un'asserzione *sul* sistema sembrano in conflitto fra loro. Ciò fa dubitare che il sistema rifletta effettivamente se stesso con precisione. La "metamatematica riflessa" che si trova all'interno dell'AT corrisponde bene alla metamatematica che facciamo noi? Questo fu uno dei problemi che preoccuparono Gödel durante la stesura del suo articolo. In particolare, egli si domandò se fosse possibile dimostrare la coerenza dell'AT nella "metamatematica riflessa". Si tenga presente che questo costituiva un grave dilemma filosofico del tempo: come dimostrare che un sistema è coerente? Gödel trovò una maniera semplice di esprimere con una formula dell'AT l'enunciato "l'AT è coerente"; e poi dimostrò che questa formula (e tutte le altre che esprimono lo stesso concetto) sono teoremi dell'AT soltanto a una condizione: che l'AT *non sia coerente*. Questo risultato perverso fu un duro colpo per gli ottimisti, i quali erano convinti che si potesse trovare una dimostrazione rigorosa del fatto che la matematica è scevra di contraddizioni.

Come si esprime all'interno dell'AT l'asserzione: "l'AT è coerente"? Ci si può basare su questo semplice fatto: incoerenza significa che due formule, x e $\neg x$, una la negazione dell'altra, sono entrambi teoremi. Ma se tanto x quanto $\neg x$ sono teoremi, allora, secondo il Calcolo Proposizionale, tutte le formule ben formate sono teoremi. Per dimostrare la coerenza dell'AT sarebbe dunque sufficiente indicare anche una sola proposizione dell'AT di cui si potesse dimostrare la nonteorematicità. Quindi, un modo per esprimere che "l'AT è coerente" è quello di asserire che la "formula $\neg 0=0$ non è un teorema dell'AT". Questo è stato già proposto come esercizio alcune pagine addietro. Eccone la traduzione:

$$\neg\exists a{:}\text{DIMOCOPPIA-AT}\{a,\underbrace{\text{SSSSS}\,.\,.\,.\,.\,.\,\text{SSSSS}}_{223'666'111'666\ \text{S}}\text{0}/a'\}$$

Con un ragionamento molto lungo ma abbastanza diretto si può dimostrare che, se l'AT è coerente, questa professione di coerenza fatta dall'AT non è un teorema dell'AT. Quindi il potere d'introspezione dell'AT è grande quando si tratta di esprimere le cose, ma piuttosto scarso quando si tratta di dimostrarle. Questo risultato è molto stimolante se lo si riferisce metaforicamente al problema umano della conoscenza di sé.

L'AT è ω-incompleta

Ma di che genere d'incompletezza "gode" l'AT? Vedremo che l'incompletezza dell'AT è del tipo "omega", già definito nel Capitolo VIII. Ciò significa che esiste una qualche famiglia piramidale infinita di stringhe le quali sono tutte teoremi, ma la cui corrispondente "stringa-riassunto" non è un teorema. È facile scrivere la stringa-riassunto che non è un teorema:

$$\forall a{:}\neg\exists a'{:}\langle\text{DIMOCOPPIA-AT}\{a,a'\}\wedge\text{ARITMOQUINA}\{\overbrace{\text{SSS}\ldots\text{SSS}}^{u\ \text{S}}\text{0}/a'',a'\}\rangle$$

Per capire perché questa stringa non è un teorema, si osservi che essa somiglia moltissimo a G e che anzi può essere trasformata in G con un solo passaggio (precisamente applicando la Regola di Scambio dell'AT). Perciò, se essa fosse un teorema, lo sarebbe anche G. Ma G non lo è, quindi non può esserlo neppure questa stringa.

Ora vogliamo mostrare che tutte le stringhe della corrispondente famiglia piramidale *sono* teoremi. È abbastanza facile scriverle:

u

u S

¬∃a′:<DIMOCOPPIA-AT{0/a,a′}∧ARITMOQUINA{SSS...SSS0/a′′,a′>

¬∃a′:<DIMOCOPPIA-AT{S0/a,a′}∧ARITMOQUINA{SSS...SSS0/a′′,a′>

¬∃a′:<DIMOCOPPIA-AT{SS0/a,a′}∧ARITMOQUINA{SSS...SSS0/a′′,a′>

¬∃a′:<DIMOCOPPIA-AT{SSS0/a,a′}∧ARITMOQUINA{SSS...SSS0/a′′,a′>

.   .   .
.   .   .
.   .   .
.   .   .

Che cosa asserisce ciascuna di esse? Eccone le traduzioni rispettive:

"0 e l'aritmoquinificazione di *u* non formano una coppia dimostrativa dell'AT".
"1 e l'aritmoquinificazione di *u* non formano una coppia dimostrativa dell'AT".
"2 e l'aritmoquinificazione di *u* non formano una coppia dimostrativa dell'AT".
"3 e l'aritmoquinificazione di *u* non formano una coppia dimostrativa dell'AT".

.   .   .   .
.   .   .   .
.   .   .   .

Ciascuna di queste asserzioni concerne la possibilità che *due* interi particolari formino o no una coppia dimostrativa. (Invece G concerne il fatto che *un* intero particolare sia o no un numero teorematico). Ora, poiché G non è un teorema, *nessun* intero forma una coppia dimostrativa col numero di Gödel di G: pertanto ciascuno degli enunciati della famiglia è vero. Il punto cruciale della faccenda è che la proprietà di essere una coppia dimostrativa è primitiva ricorsiva, e dunque è *rappresentata*; quindi ciascuno degli enunciati dell'elenco precedente, essendo vero, deve tradursi in un *teorema* dell'AT. Di conseguenza, tutto ciò che è compreso in quella famiglia piramidale infinita è un teorema. Ecco perché l'AT è ω-incompleta.

Due modi diversi di tamponare la falla

Poiché l'interpretazione di G è vera, l'interpretazione della sua negazione ¬G è falsa. E l'ipotesi che l'AT sia coerente ci assicura che in essa non sono derivabili enunciati falsi: quindi né G né la sua negazione ¬G sono teoremi dell'AT. Abbiamo trovato una falla nel nostro sistema: una proposizione indecidibile. Questo non dovrebbe turbarci, se ci poniamo in una condizione di distacco filosofico tale da consentirci di riconoscere di che cosa ciò è sintomo: semplicemente significa che l'AT può essere estesa, proprio come lo poté essere la geometria assoluta. Anzi, l'AT può essere estesa, proprio come la geometria assoluta, in due direzioni diverse: può essere estesa in una direzione *standard*, che corrisponde all'estensione della geometria assoluta nella direzione euclidea; oppure può essere estesa in una direzione *non-standard*, che corrisponde naturalmente all'estensione della geometria assoluta nella direzione noneuclidea. L'estensione di tipo standard vorrebbe dire

aggiungere G come nuovo assioma.

Questo suggerimento ha l'aria di essere piuttosto innocuo e forse anche desiderabile, poiché dopo tutto G asserisce qualcosa di vero sul sistema dei numeri naturali. E l'estensione di tipo non-standard? Se deve essere analoga al caso del postulato delle parallele, essa deve significare

aggiungere la negazione di G come nuovo assioma.

Ma come si può anche solo immaginare una cosa tanto ripugnante e orribile? Dopo tutto, parafrasando le parole memorabili di Gerolamo Saccheri, ciò che dice $\neg$G non "ripugna alla natura dei numerali naturali"?

I numeri soprannaturali

Spero che il lettore abbia capito l'ironia con la quale ho riportato questa citazione. L'atteggiamento di Saccheri nei confronti della geometria era sbagliato precisamente perché egli partiva da un'idea preconcetta di ciò che era vero e di ciò che non era vero, e poi si metteva semplicemente a dimostrare ciò che aveva ritenuto vero fin dall'inizio. A dispetto dell'acume della sua impostazione (egli negava il quinto postulato e poi dimostrava molte proposizioni "ripugnanti" della geometria che ne risultava), Saccheri non concepì mai la possibilità che vi fossero altri modi di pensare i punti e le rette. Ora dovremmo stare ben attenti a non ripetere questo famoso errore. Dobbiamo considerare, con tutta l'imparzialità di cui siamo capaci, che cosa significherebbe aggiungere $\neg$G all'AT come nuovo assioma. Si pensi solo a che cosa sarebbe oggi la matematica se nessuno avesse mai pensato di aggiungere nuovi assiomi del tipo

$$\exists a:(a+a)=S0$$
$$\exists a:Sa=0$$
$$\exists a:(a\cdot a)=SS0$$
$$\exists a:S(a\cdot a)=0$$

Se da un canto ognuno di essi "ripugna alla natura dei sistemi numerici che erano conosciuti fino ad allora", dall'altro ciascuno consente una profonda e meravigliosa *estensione* del concetto di numero intero: i numeri razionali, i numeri negativi, i numeri irrazionali, i numeri immaginari. È su una tale possibilità che $\neg$G sta tentando di farci aprire gli occhi. Nel passato ciascuna estensione del concetto di numero venne accolta con fischi e proteste: ce ne rimane un'eco particolarmente esplicita nei nomi affibbiati a quegli intrusi indesiderati: "numeri irrazionali", "numeri negativi", "numeri immaginari". Fedeli a questa tradizione, chiameremo i numeri di cui ¬G ci porta l'annuncio *numeri soprannaturali*, per esprimere la nostra sensazione che essi siano in contraddizione con tutti i concetti ragionevoli e sensati.

Se vogliamo inserire ¬G nell'AT come sesto assioma, dobbiamo porci il problema di come esso possa coesistere, nello stesso sistema, con la famiglia piramidale infinita che abbiamo considerato poco fa. Per dirla in parole semplici, ¬G afferma:

"Esiste *qualche* numero che forma una coppia dimostrativa dell'AT con l'aritmoquinificazione di *u*"

ma i vari componenti della famiglia piramidale asseriscono successivamente:

"0 non è quel numero"
"1 non è quel numero"
"2 non è quel numero"
.
.
.

Questo fatto è piuttosto sconcertante (ecco perché questa viene chiamata "ω-incoerenza"). Alla radice del nostro disorientamento, proprio come nel caso della scissione della geometria, c'è la nostra ostinata riluttanza ad adottare un'interpretazione modificata dei simboli, nonostante siamo ben consapevoli che il sistema è un sistema modificato. Vogliamo cavarcela senza reinterpretare *alcun* simbolo, e naturalmente ciò risulta impossibile.

La riconciliazione avviene quando ∃ viene reinterpretato come "Esiste un numero naturale *generalizzato*" e non come "Esiste un numero naturale". Se si dà questa nuova interpretazione a ∃, bisogna darne una corrispondente anche a ∀. Ciò significa che stiamo aprendo le porte ad alcuni nuovi numeri che sono al di là dei numerali naturali: questi sono i *numeri soprannaturali*. I naturali e i soprannaturali insieme costituiscono la totalità dei *naturali generalizzati*.

L'apparente contraddizione ora si dilegua, poiché la famiglia piramidale continua ad affermare quanto affermava prima: "Nessun numero *naturale* costituisce una coppia dimostrativa dell'AT con l'aritmoquinificazione di *u*". Questa famiglia tuttavia non afferma nulla sui numeri soprannaturali, perché essi *non posseggono numerali*. Ma ¬G ora dice: "Esiste un numero naturale *generalizzato* che forma una coppia dimostrativa dell'AT con l'aritmoquinificazione di *u*". È chiaro che, presi insieme, la famiglia e ¬G dicono qualcosa d'importante: che esiste un numero *soprannaturale* il quale forma una coppia dimostrativa dell'AT con l'aritmoquinificazione di *u*. Ecco tutto: non c'è più contraddizione. AT + ¬G è un sistema coerente, se viene interpretato in modo da comprendere i numeri soprannaturali.

Poiché abbiamo stabilito di estendere l'interpretazione dei due quantificatori, qualunque teorema che ne contenga uno avrà ora un significato esteso. Per esempio, il teorema della commutatività

$$\forall a:\forall a':(a + a') = (a' + a)$$

ora predica che l'addizione è commutativa per tutti i numeri naturali *generalizzati* o, in altri termini, non solo per i numeri naturali, ma anche per i numeri soprannaturali. Analogamente il teorema dell'AT che asserisce "2 non è il quadrato di un numero naturale"

$$\neg \exists a:(a \cdot a) = SS0$$

ora asserisce che 2 non è neppure il quadrato di un numero soprannaturale. Di fatto i numeri soprannaturali godono di tutte le proprietà dei numeri naturali nella misura in cui queste proprietà vengono espresse dai teoremi dell'AT. In altre parole, tutto ciò che può essere *dimostrato formalmente* per i numeri naturali è con ciò stesso stabilito anche per i numeri soprannaturali. Ne consegue, in particolare, che i numeri soprannaturali non sono qualcosa di già familiare, come le frazioni, o i numeri negativi, o i numeri complessi, o altro. Il modo migliore di raffigurarsi questi numeri soprannaturali è piuttosto quello di considerarli interi più grandi di tutti i numeri naturali: interi *infinitamente grandi*. Ecco il punto: benché i teoremi dell'AT riescano a escludere i numeri negativi, le frazioni, i numeri irrazionali e quelli complessi, pure non c'è modo di escludere gli interi infinitamente grandi. Il problema è che non vi è neppur modo di *esprimere* l'enunciato "Non esistono numeri infiniti".

A tutta prima ciò può apparire molto strano. Quanto è grande esattamente il numero che forma una coppia dimostrativa dell'AT col numero di Gödel di G? (Chiamiamolo '*I*', senza alcun motivo particolare). Purtroppo non possediamo nessun vocabolario adeguato per descrivere la grandezza degli interi infinitamente grandi, quindi temo di non riuscire a dare un'idea della grandezza di *I*. Ma allora quanto è grande *i* (la radice quadrata di -1)? La sua grandezza non può essere immaginata nei termini della grandezza dei numeri naturali a noi familiari. Non si può dire: "*i* è circa la metà di 14, è i 9/10 di 24". Si deve dire: "*i* al quadrato fa -1" e contentarsi più o meno di questo. Qui cade a proposito una citazione di Abramo Lincoln il quale, richiesto di quanto dovessero essere lunghe le gambe di un uomo, bofonchiò: "Quanto basta per raggiungere il suolo". Più o meno è così che si può rispondere alla domanda sulla grandezza di *I*: essa dovrebbe essere proprio quella di *un numero che specifica la struttura di una dimostrazione di G*; né maggiore né minore.

Naturalmente qualunque teorema dell'AT può essere derivato in molti modi diversi e quindi si potrebbe obiettare che la caratterizzazione di *I* che ho dato non è univoca. È vero. Ma il parallelo con *i*, la radice quadrata di -1, regge ancora. Vale a dire: si ricordi che vi è anche un altro numero il cui quadrato è meno uno, cioè $-i$. Ora *i* e $-i$ non sono lo stesso numero, hanno solo una proprietà in comune, anche se purtroppo si tratta proprio della proprietà che li definisce! Si è dovuto sceglierne uno a caso, non importa quale, e chiamarlo *"i"*. Di fatto non c'è nessun modo per distinguerli. Per quanto ne sappiamo, avremmo quindi potuto chiamare *"i"* quello sbagliato per tutti questi secoli e non ci sarebbe stata alcuna differenza. Ora, come *i*, neppure *I* è definito univocamente. Quindi *I* va pensato come un particolare numero soprannaturale tra i molti possibili che formano coppie dimostrative dell'AT con l'aritmoquinificazione di *u*.

I teoremi soprannaturali richiedono derivazioni infinitamente lunghe

Ancora non abbiamo rivolto la nostra attenzione al problema di che cosa significhi aggiungere ¬G fra gli assiomi. Lo abbiamo detto, ma non lo abbiamo sottolineato abbastanza. Il punto è che ¬G asserisce che *G ammette una dimostrazione*. Ma come può stare in piedi un sistema in cui uno degli assiomi asserisce che può essere dimostrata la propria negazione? Ora sì che siamo nelle peste! Però la situazione non è poi così brutta come sembra. Se ci limitiamo a costruire dimostrazioni *finite*, non dimostreremo mai G; quindi non assisteremo mai ad uno scontro rovinoso tra G e la sua negazione ¬G. Il numero soprannaturale *I* non provocherà alcun disastro. Tuttavia ci dovremo assuefare all'idea che ora è ¬G ad asserire una verità ("G ammette una dimostrazione"). Nell'aritmetica standard è tutto il contrario; ma nell'aritmetica standard non vi sono i numeri soprannaturali. Si noti che un teorema soprannaturale dell'AT (cioè G) può asserire una falsità, ma tutti i teoremi naturali continuano ad asserire verità.

L'addizione e la moltiplicazione soprannaturali

Vorrei ora riferire un fatto estremamente curioso e inaspettato a proposito dei numeri soprannaturali, ma senza darne la dimostrazione (che del resto non conosco neanch'io). Questo fatto ricorda il principio d'indeterminazione di Heisenberg della meccanica quantistica. Ai soprannaturali si possono assegnare degli "indici" in modo semplice e naturale associando a ciascun numero soprannaturale una terna di interi ordinari (compresi quelli negativi). Così al nostro numero soprannaturale originario *I* potrebbe corrispondere la famiglia di indici (9,-8,3), e al suo successore $I + 1$ potrebbe corrispondere la famiglia di indici (9,-8,4). Non esiste un unico modo di assegnare indici ai soprannaturali; ci sono diversi metodi, che offrono vantaggi e svantaggi diversi. Con certi schemi di indicizzazione è facilissimo calcolare la terna degli indici della *somma* di due soprannaturali a partire dagli indici dei due addendi. Con certi altri schemi di indicizzazione è facilissimo calcolare la terna degli indici del *prodotto* di due soprannaturali a partire dagli indici dei due fattori. Ma non esiste *alcuno* schema di indicizzazione che permetta sia l'uno sia l'altro calcolo. Più precisamente: se l'indice della somma può essere calcolato mediante una funzione ricorsiva, allora l'indice del prodotto non è una funzione ricorsiva; e viceversa, se l'indice del prodotto è una funzione ricorsiva, allora l'indice della somma non lo è. Quindi gli scolaretti soprannaturali che imparano le tabelline soprannaturali dell'addizione dovranno essere perdonati se non sapranno le tabelline soprannaturali del prodotto, e viceversa! Non si può saperle entrambe contemporaneamente.

I soprannaturali sono utili...

Ci si può addentrare ancora di più nella teoria dei numeri soprannaturali, prendere in considerazione le frazioni soprannaturali (cioè i rapporti di due soprannaturali), i numeri reali soprannaturali, e così via. Di fatto, impiegando la nozione di numero reale soprannaturale, l'analisi matematica può essere impostata su nuove basi. Degli infinitesimi, come *dx* e *dy*, vecchi spauracchi dei matematici, si può dare una giustificazione completa se li si considera come reciproci di numeri reali infinitamente grandi! Certi teoremi dell'analisi superiore possono essere dimostrati in modo più intuitivo con l'ausilio dell'"analisi non-standard".

... ma sono reali?

Quando ci s'imbatte per la prima volta nell'aritmetica non-standard, si rimane sconcertati. Ma anche la geometria noneuclidea è un argomento sconcertante. In entrambi i casi si è fortemente spinti a chiedersi: "Ma quale di queste due teorie rivali è quella giusta? Qual è *la verità*?". In un certo senso, questa domanda non ha risposta. (Eppure, in un altro senso che considereremo più avanti, una risposta esiste). Il motivo per cui *non* vi è risposta alla domanda è che le due teorie rivali, benché impieghino gli stessi termini, non parlano degli stessi concetti. Pertanto esse sono rivali soltanto in apparenza, proprio come la geometria euclidea e quelle noneuclidee. In geometria i termini "punto", "retta", e così via sono termini non definiti, e il loro significato è determinato dal sistema assiomatico entro il quale essi vengono adoperati.

Lo stesso vale per l'aritmetica. Quando decidemmo di formalizzare l'AT, scegliemmo a priori i termini da usare come parole interpretative, ad esempio parole come "numero", "più", "per", e così via. Procedendo alla formalizzazione, c'impegnavamo ad accettare qualunque significato passivo questi termini potessero assumere. Ma, proprio come Saccheri, non ci aspettavamo alcuna sorpresa: pensavamo di sapere quale fosse la vera, reale e unica aritmetica. Non sapevamo che l'AT avrebbe lasciato in sospeso alcune questioni sui numeri e che quindi tali questioni avrebbero potuto avere soluzioni arbitrarie mediante estensioni dell'AT puntate verso direzioni diverse. Quindi non esiste alcun fondamento per poter dire che l'aritmetica è fatta "realmente" in un certo modo o in un certo altro, proprio come si proverebbe una certa riluttanza a dire che la radice quadrata di -1 "realmente" esiste oppure "realmente" non esiste.

Le biforcazioni in geometria e i fisici

C'è un argomento che si potrebbe, e forse si dovrebbe, contrapporre a ciò che si è appena detto. Supponiamo che gli esperimenti condotti nel mondo reale, fisico, possano essere spiegati in modo più economico nei termini di una certa versione particolare della geometria piuttosto che nei termini di qualunque altra. Allora potrebbe aver senso dire che quella geometria è "vera". Dal punto di vista di un fisico che voglia usare la geometria "giusta", ha abbastanza senso distinguere fra la geometria "vera" e le altre. Ma non si può risolvere questo problema in modo troppo semplicistico. I fisici hanno sempre a che fare con approssimazioni e idealizzazioni di una determinata situazione. Ad esempio, la mia tesi di dottorato, che ho menzionato nel Capitolo V, era basata su un'idealizzazione estrema del problema di un cristallo posto in un campo magnetico. Ne emergeva una matematica di grande bellezza e simmetria. Nonostante o, piuttosto, a causa dell'artificiosità del modello, nel grafico divennero visibilissime alcune caratteristiche fondamentali. Queste caratteristiche suggeriscono poi alcune congetture sul genere di cose che avrebbero potuto presentarsi in situazioni più realistiche: tuttavia, senza le ipotesi semplificative che avevano condotto al mio grafico, non si sarebbe mai arrivati a quelle intuizioni. Cose di questo tipo accadono continuamente in fisica: il fisico si serve di una situazione "non reale" per apprendere qualcosa su aspetti profondamente nascosti della realtà. Pertanto si dovrebbe andare molto cauti nell'affermare che il tipo di geometria che i fisici preferiscono usare rappresenta "la vera geometria", poiché di fatto i fisici impiegano sempre una grande quantità di geometrie diverse, scegliendo quella che appare, per ogni data circostanza, la più semplice e la più conveniente.

Inoltre (e forse questo ha un'importanza ancora maggiore) i fisici non studiano soltanto lo spazio tridimensionale in cui viviamo. Vi sono intere famiglie di "spazi astratti" in cui vengono eseguiti i calcoli della fisica, spazi le cui proprietà geometriche sono del tutto diverse da quelle dello spazio fisico in cui viviamo. Chi può dunque affermare che "la vera geometria" è definita dallo spazio nel quale Urano e Nettuno orbitano intorno al Sole? Vi è lo "spazio di Hilbert", nel quale oscillano le funzioni d'onda della meccanica quantistica; vi è "lo spazio dei momenti", dove hanno dimora le componenti di Fourier; vi è lo "spazio delle fasi", dove evolvono le configurazioni di molte particelle; vi è lo "spazio del reticolo reciproco" e tanti altri spazi ancora... Non vi è assolutamente alcuna ragione che le geometrie di tutti questi spazi coincidano; anzi, essi non potrebbero proprio avere tutti la stessa geometria! Quindi per i fisici è essenziale e fondamentale che esistano geometrie diverse e "rivali".

Le biforcazioni in aritmetica e i banchieri

Ma basta con la geometria. Vediamo ora l'aritmetica. È essenziale e fondamentale che esistano anche diverse aritmetiche una accanto all'altra? Se lo si chiedesse a un funzionario di banca, penso che la sua faccia assumerebbe un'espressione di orrore incredulo. Come potrebbe 2 più 2 far qualcosa di diverso da 4? Tra l'altro, se 2 più 2 non facesse 4, l'economia mondiale non sprofonderebbe immediatamente in un baratro d'incertezza intollerabile? Nient'affatto. Prima di tutto l'aritmetica non-standard non mette in forse l'idea vecchia di secoli che 2 più 2 fa 4. Essa differisce dall'aritmetica ordinaria solo per il modo in cui tratta il concetto d'infinito. Dopo tutto, *ogni teorema dell'AT resta un teorema in qualsiasi estensione dell'AT*! Dunque i banchieri non debbono disperarsi per il caos che accompagnerebbe il prevalere dell'aritmetica non-standard.

D'altra parte, se si teme che i vecchi fatti cambino, ciò rivela che non si è compreso il rapporto tra la matematica e il mondo reale. La matematica fornisce risposte alle domande che riguardano il mondo reale solo *dopo* che si è compiuto quel passo fondamentale che consiste nella scelta del genere di matematica da applicare. Anche se esistesse un'aritmetica rivale che impiegasse i simboli '2', '3', ' + ' e nella quale un teorema asserisse "2 + 2 = 3", non ci sarebbe ragione che i banchieri scegliessero di usare quella teoria! Infatti essa non si conforma al modo in cui funziona il denaro. È la matematica che si deve adattare al mondo, non viceversa. Per esempio, non usiamo l'aritmetica per studiare i sistemi di nubi, perché il concetto stesso di numero intero non è adatto a tale compito. Ci può essere qui una nube e lì un'altra; poi esse si fondono e invece di due nubi ve n'è una sola. Ciò non dimostra che 1 più 1 fa 1; dimostra soltanto che il concetto di "uno" che ci offre l'aritmetica non è utilizzabile nella sua piena potenzialità nel conteggio delle nubi.

Le biforcazioni in aritmetica e i metamatematici

Quindi i banchieri, i contatori di nubi e anche la maggior parte di tutti noi non debbono preoccuparsi dell'avvento dei numeri soprannaturali: questi non modificheranno minimamente la nostra percezione ordinaria del mondo. I soli che potrebbero in effetti essere un po' preoccupati sono coloro che si cimentano in imprese che dipendono in modo essenziale dalla natura degli enti infiniti: non ce ne sono molti in circolazione, ma per lo meno i logici matematici appartengono a questa categoria. Che effetto può avere su di loro l'esistenza di una biforcazione nell'aritmetica? Occorre ricordare che, all'interno della logica, l'aritmetica può essere presente in due diversi ruoli: (1) quando è assiomatizzata, costituisce un *oggetto di studio* e (2) usata in modo informale, è uno *strumento* indispensabile per indagare sui sistemi formali. Si tratta ancora una volta della distinzione tra uso e menzione: infatti nel ruolo (1) l'aritmetica è menzionata, nel ruolo (2) è usata.

Ora, i matematici hanno ritenuto che l'aritmetica sia utilizzabile nello studio dei sistemi formali, anche se non lo è nel conteggio delle nubi, proprio come i banchieri hanno ritenuto che l'aritmetica dei numeri reali sia utilizzabile nelle loro transazioni. Si tratta di un giudizio *extramatematico*: esso dimostra che i processi di pensiero che intervengono nelle attività matematiche, come del resto quelli che intervengono in altri campi, funzionano secondo un sistema di "gerarchie aggrovigliate" in cui i pensieri di un livello possono influire sui pensieri di ogni altro livello. I livelli non sono nettamente separati, come potrebbe far ritenere la visione che della matematica hanno i formalisti.

La scuola formalista sostiene che i matematici si occupano solo di simboli astratti e che non s'interessano minimamente di sapere se tali simboli abbiano applicazioni o legami con la realtà. Ma questo è un quadro affatto distorto, e ciò è più che mai chiaro nel caso della metamatematica. Se l'aritmetica viene *usata* come strumento per ottenere conoscenze fattuali sui sistemi formali, allora i matematici mostrano tacitamente di credere che queste creature eteree chiamate "numeri naturali" fanno davvero *parte della realtà* e non sono solo finzioni dell'immaginazione. Ecco perché prima ho osservato tra parentesi che, in un certo senso, *esiste* una risposta alla domanda su quale sia la versione "vera" dell'aritmetica. Qui sta il nocciolo della questione: i logici matematici debbono decidere in quale versione dell'aritmetica riporre la loro fiducia. In particolare, essi non possono rimanere neutrali di fronte al problema se esistono o no i numeri soprannaturali, perché le due diverse teorie possono fornire risposte diverse a certi problemi della metamatematica.

Si consideri ad esempio il quesito: "Nell'AT esiste una derivazione finita di $\neg$G?". In realtà, nessuno oggi conosce la risposta; nondimeno la maggior parte dei logici matematici risponderebbero senza esitazione di no. L'intuizione che li spinge a dare questa risposta è basata sul fatto che, se $\neg$G fosse un teorema, l'AT sarebbe ω-incoerente; questo allora li costringerebbe a inghiottire i soprannaturali, se volessero interpretare l'AT in modo sensato; e a gran parte di loro tale prospettiva parrebbe molto amara. Dopo tutto, non intendevamo né ci aspettavamo che i soprannaturali facessero parte dell'AT, quando la inventammo. Cioè noi (o la maggior parte di noi) crediamo che sia possibile costruire una formalizzazione dell'aritmetica che non ci costringa a credere che i numeri soprannaturali siano in tutto e per tutto altrettanto reali quanto i naturali. Proprio da questa intuizione di che cosa sia reale dipende in quale "ramo" dell'aritmetica i matematici, alla resa dei conti, riporranno la loro fiducia. Ma questa fiducia può essere mal riposta. Forse tutte le formalizzazioni coerenti dell'aritmetica che gli uomini possono inventare sono ω-incoerenti e di conseguenza implicano l'esistenza dei soprannaturali. È un'idea bizzarra, ma concepibile.

Se le cose stessero così, ma io ne dubito, anche se non si può dimostrare il contrario, allora G non sarebbe necessariamente indecidibile; anzi, nell'AT potrebbe non esservi alcuna formula indecidibile. Potrebbe semplicemente esistere una sola aritmetica, senza biforcazioni, che conterrebbe necessariamente i soprannaturali. Questo non è esattamente ciò che si aspettano i logici matematici, ma è qualcosa che non dovrebbe essere respinto *sic et simpliciter*. In generale i logici matematici credono che l'AT e i sistemi simili ad essa siano ω-coerenti e che la stringa di Gödel che può essere costruita in qualunque sistema siffatto sia indecidibile all'interno del sistema. Ciò significa che essi possono scegliere se aggiungere alla famiglia degli assiomi la stringa stessa oppure la sua negazione.

Il decimo problema di Hilbert e la Tartaruga

Vorrei concludere questo Capitolo ricordando una particolare estensione del Teorema di Gödel. (Questo argomento è trattato in modo più completo nell'articolo di Davis e Hersh "Hilbert's Tenth Problem": vedi la Bibliografia). A questo scopo debbo definire il concetto di equazione diofantea. Si tratta di un'equazione in cui viene uguagliato a zero un polinomio con coefficienti ed esponenti interi e prefissati. Ecco quattro esempi di equazioni diofantee:

$$a = 0$$

$$5x + 13y - 1 = 0$$

$$5p^5 + 17q^{17} - 177 = 0$$

$$a^{123'666'111'666} + b^{123'666'111'666} - c^{123'666'111'666} = 0$$

In generale è difficile stabilire se una data equazione diofantea possegga o no soluzioni intere. Per questo, in una famosa conferenza tenuta all'inizio del secolo, Hilbert invitò i matematici a ricercare un algoritmo generale mediante il quale stabilire, in un numero finito di passi, se una data equazione diofantea possegga o no soluzioni intere. Naturalmente egli non sospettava che un tale algoritmo non esiste!

E veniamo alla semplificazione di G. È stato dimostrato che, data un'aritmetica formalizzata abbastanza potente e una numerazione di Gödel per essa, esiste un'equazione diofantea equivalente a G. L'equivalenza consiste nel fatto che quest'equazione, interpretata a livello matematico, asserisce di se stessa di non possedere soluzioni. Rigiriamo la cosa: se ne trovassimo una soluzione, da questa potremmo costruire il numero di Gödel di una dimostrazione, all'interno del sistema, che l'equazione non ammette soluzioni! Ciò è quanto aveva fatto la Tartaruga nel *Preludio e...*, usando come equazione diofantea l'equazione di Fermat. È piacevole sapere che facendo questo si può recuperare la voce del vecchio Bach dalle molecole dell'aria!

Cantatatata... per un compleanno

In una bella giornata di maggio, la Tartaruga, passeggiando nel parco, incontra Achille il quale, vestito elegantemente, sta danzando una specie di ballo scozzese al suono di un motivetto che egli stesso canticchia. Al bavero porta un distintivo con la scritta "Oggi è il mio compleanno".

Tartaruga: Ehilà, Achille, che cos'è che la rende tanto felice, oggi? È per caso il suo compleanno?

Achille: Sì, sì, oggi è il mio compleanno!

Tartaruga: Ecco! L'avevo capito da quel distintivo che porta al bavero, e anche dal fatto che sta cantando un motivo preso, se non sbaglio, dalla *Cantata per compleanno* di Bach, scritta nel 1727 per il cinquantasettesimo compleanno di Augusto, re di Sassonia.

Achille: Giusto. E il compleanno di Augusto coincide con il mio, così QUESTA *Cantata per compleanno* ha un doppio significato. In ogni caso, non le dirò la mia età.

Tartaruga: Ma certo! Comunque, mi piacerebbe sapere un'altra cosa. Da ciò che lei ha detto finora, sarebbe giusto concludere che oggi è il suo compleanno?

Achille: Sì, sì, sarebbe giusto. Oggi È il mio compleanno.

Tartaruga: Benissimo. È proprio ciò che sospettavo. Così ora POSSO concludere che oggi è il suo compleanno, a meno che...

Achille: A meno che?

Tartaruga: A meno che questa non sia una conclusione prematura e affrettata; in fondo alle Tartarughe non piace saltare alle conclusioni. (Non ci piace saltare in nessun caso, ma soprattutto non ci piace saltare alle conclusioni). Così, mi permetta di chiederle, conoscendo la sua passione per la logica, se è ragionevole dedurre logicamente dai precedenti enunciati che oggi è effettivamente il suo compleanno.

Achille: Ovviamente ho un grande rispetto per il pensiero logico, e quindi mi guarderò bene dal saltare alle conclusioni; prenderò invece la sua domanda alla lettera e le darò una risposta lineare; la risposta è: sì.

Tartaruga: Bene, bene! C'è soltanto un'altra cosa che devo sapere per essere proprio sicura che oggi è...

Achille: Sì, sì, sì, sì... Capisco qual è il tipo di domanda che vuol farmi, signorina T. Non sono più il sempliciotto che lei menò per il naso per ore e ore, quando discutemmo la dimostrazione di Euclide, qualche mese fa.

Tartaruga: Chi potrebbe mai pensare che lei sia un sempliciotto? Al contrario, io la considero un esperto nell'arte del pensiero logico, un'autorità nella scienza delle deduzioni valide, una fonte di sapere sui giusti metodi del ragionamento... A dire il vero, Achille, lei è, a mio avviso, un gigante dell'argomentazione razionale. Ed è soltanto per questa ragione che vorrei chiederle: "Posseggono, quegli enunciati di cui sopra, evidenza sufficiente da indurmi a concludere, senza ulteriori tentennamenti, che oggi è il suo compleanno?".

Achille: Lei mi mette al tappeto con tutti questi energici complimenti di grande peso; veramente, lei mi confonde, anzi, mi SCHIACCIA. Ma mi stupisce il reiterarsi della sua domanda dato che, a mio giudizio, anche lei come me avrebbe potuto rispondere ogni volta affermativamente.

Tartaruga: Certo che avrei potuto, Achille. Ma così facendo avrei formulato una Conclusione Avventata e le Tartarughe aborriscono le Conclusioni Avventate. Le Tartarughe formulano soltanto Conclusioni Ragionevoli. Ah, sì, il potere delle Conclusioni Ragionevoli! Lei non immagina, Achille, quante persone trascurano di considerare tutti i Fattori Pertinenti quando devono concludere.

Achille: A me sembra che ci fosse un solo fattore pertinente in tutto questo parlare a vanvera, e questo era la mia prima affermazione.

Tartaruga: Per essere precisi, quello era tutt'al più UNO dei fattori da prendere in considerazione, direi. Ma lei vorrebbe che io trascurassi la Logica, questa venerabile scienza dei nostri padri? La Logica è sempre un Fattore Pertinente per arrivare alle Conclusioni Ragionevoli, e poiché ho qui con me un rinomato esperto di Logica, pensavo fosse Logico approfittare di questa circostanza, e confermare le mie intuizioni, chiedendo direttamente a lui se esse fossero giuste. Così, mi consenta di farle finalmente questa domanda diretta: "Le precedenti affermazioni mi permettono di concludere, senza lasciar spazio al minimo dubbio, che oggi è il suo compleanno?".

Achille: Le ripeto ancora una volta, sì. Ma per dirla francamente, io ho la precisa impressione che lei avrebbe potuto rispondere a questa domanda, come del resto a tutte le altre, senza il mio ausilio.

Tartaruga: Ah, come bruciano le sue parole! Oh, fossi stata così saggia come suggeriscono le sue insinuazioni! Ma in quanto semplice Tartaruga mortale, profondamente ignorante e desiderosa di prendere in considerazione tutti i Fattori Pertinenti, ho bisogno di conoscere le risposte a tutte quelle domande.

Achille: Bene, allora, mi lasci chiarire il problema una volta per tutte. La risposta a tutte le precedenti domande, e a tutte quelle dello stesso tipo che lei farà sull'argomento, è sempre la stessa: sì.

Tartaruga: Meraviglioso! In un sol colpo lei ha fatto piazza pulita di tutta la confusione, nel suo modo caratteristico e creativo. Io spero che non le dispiaccia se do un nome a questo ingegnoso espediente. SCHEMA DI RISPOSTE mi sembra il nome giusto. Esso condensa tutte queste risposte affermative, numero 1, 2, 3 ecc., ecc., in una sola entità. In realtà, venendo come viene alla fine di tutto, esso merita il titolo di "Schema di Risposte Omega", perché 'ω' è l'ultima lettera dell'alfabeto greco: come se LEI non lo sapesse!

Achille: Non m'importa come lo vuole chiamare. Io mi sento sollevato dal fatto che alla fine lei è d'accordo che oggi è il mio compleanno. Ed ora possiamo passare a qualche altro argomento, come, per esempio, che regalo avrà la cortesia di volermi fare.

Tartaruga: Aspetti un attimo, non corra troppo. Io SARÒ d'accordo che oggi è il suo compleanno ad una condizione.

Achille: Quale? Che rinunci al regalo?

Tartaruga: Niente affatto, Achille; anzi, ho intenzione di invitarla ad un bel pranzo di compleanno, a condizione che io sia convinta che la conoscenza in blocco di tutte quelle risposte affermative (fornite dallo Schema di Risposte ω) mi permetta di procedere, direttamente e senza ulteriori diversioni, alla conclusione che oggi è il suo compleanno. È così, no?

Achille: Sì, naturalmente è così.

Tartaruga: Bene. Ora ho la risposta affermativa $\omega + 1$. Forte di ciò posso procedere ad accettare l'ipotesi che oggi è il suo compleanno, se è valido procedere in questo modo. Avrebbe la gentilezza di consigliarmi su questo passaggio, Achille?

Achille: Ma che cosa le ha preso? L'avevo immaginato che c'era sotto qualche trama infinita. La risposta affermativa $\omega + 1$ non la soddisfa? Benissimo. Non le darò soltanto la risposta affermativa $\omega + 2$, ma anche $\omega + 3$, $\omega + 4$, e così via.

Tartaruga: Come è generoso, Achille. Oggi è il suo compleanno, quindi dovrei essere io a fare regali A LEI, e non il contrario. O meglio, io SOSPETTO che sia il suo compleanno. Io credo di poter concludere che SIA il suo compleanno, ora che dispongo del nuovo Schema di Risposte, che chiamerò "Schema di Risposte 2ω". Ma mi dica, Achille: lo Schema di Risposte 2ω mi permette VERAMENTE di fare il gran salto a questa conclusione, o mi sfugge qualcosa?

Achille: Lei non mi imbroglia più, signorina T. Ho trovato il modo di porre termine a questo stupido gioco. Ora le do uno Schema di Risposte che pone fine a tutti gli Schemi di Risposte! Vale a dire le do simultaneamente gli Schemi di Risposte ω, 2ω, 3ω, 4ω, 5ω ecc. ecc. Con questo Meta-Schema di Risposte sono USCITO dal sistema; una volta per tutte ho risolto questo stupido gioco in cui lei pensava di avermi intrappolato. Ed ora ABBIAMO FINITO!

Tartaruga: Mio Dio! Sono onorata di essere la destinataria di un così potente Schema di Risposte. Sento che raramente una cosa così gigantesca è stata concepita dalla mente di un uomo e sono sbalordita dinanzi alla sua potenza. Le dispiace se do un nome al suo regalo?

Achille: Faccia pure.

Tartaruga: Allora lo chiamerò "Schema di Risposte ω^2". E potremo passare subito ad altri argomenti... se lei mi garantisce che il possesso dello Schema di Risposte ω^2 mi permette di dedurre che oggi è il suo compleanno.

Achille: Oh, povero me! Arriverò mai alla fine di questo supplizio di Tantalo? Che cosa mi attende ancora?

Tartaruga: Bene, dopo lo Schema di Risposte ω^2 vi è la risposta $\omega^2 + 1$. E poi la risposta $\omega^2 + 2$. E così via. Ma si possono raggruppare tutte insieme nello Schema di Risposte $\omega^2 + \omega$. E poi vi sono ulteriori raggruppamenti di schemi, come $\omega^2 + 2\omega$, $\omega^2 + 3\omega$... Alla fine si arriva allo Schema di Risposte $2\omega^2$ e poi agli Schemi di Risposte $3\omega^2$

e $4\omega^2$. Più avanti vi sono ulteriori Schemi di Risposte, come ω^3, ω^4, ω^5, ecc. ecc. Si può andare ancora avanti, sa?

Achille: Posso immaginarlo. Suppongo che dopo si arrivi allo Schema di Risposte ω^ω.

Tartaruga: Naturalmente.

Achille: E poi a ω^{ω^ω} e $\omega^{\omega^{\omega^\omega}}$?

Tartaruga: Lei afferra le cose al volo, Achille. Ho un consiglio per lei, se non le dispiace. Perché non mette tutti questi schemi in un unico Schema di Risposte?

Achille: Va bene, anche se comincio ad avere qualche dubbio che serva a qualcosa.

Tartaruga: Ho l'impressione che con la nomenclatura che abbiamo messo a punto finora non vi è nessun nome ovvio per quest'ultimo. Così, forse, sarà opportuno chiamarlo arbitrariamente Schema di Risposte ϵ_0.

Achille: Maledizione a tutta questa roba! Ogni volta che lei dà un nome a una delle mie risposte, sento che si stanno per sgretolare le mie speranze che quella risposta la soddisferà. Perché non lasciamo questo Schema di Risposte senza nome?

Tartaruga: Non possiamo farlo, Achille. Non avremmo alcun modo di riferirci ad esso. Inoltre c'è qualcosa di inevitabile e di esteticamente pregevole in questo Schema di Risposte particolare. Non sarebbe bello lasciarlo senza nome; e poi, non vorrà fare qualcosa di sconveniente proprio nel giorno del suo compleanno, non le pare? Ma È il suo compleanno dopo tutto? A proposito di compleanni, oggi è il MIO compleanno!

Achille: Veramente?

Tartaruga: Sì; anzi, a dire la verità è il compleanno di mia zia, ma è più o meno la stessa cosa. Che ne direbbe di invitarmi a un bel pranzo per il mio compleanno, stasera?

Achille: Un momento, signorina T.! Oggi è il MIO compleanno. È lei a dovermi invitare!

Tartaruga: Ah, ma lei non è mai riuscito a convincermi della veridicità di quest'affermazione. Lei se ne è andato sgattaiolando da tutte le parti, con risposte, Schemi di Risposte, e tutto il resto. Io volevo semplicemente sapere se effettivamente era o non era il suo compleanno, ma lei è riuscito a confondermi completamente. Be', pazienza! In ogni caso, sarò lieta se mi inviterà a pranzo questa sera.

Achille: Bene, bene. Ho già in mente il posto giusto. Hanno una grande varietà di deliziose zuppe di mare; già so quale dovremmo ordinare... e ci sono anche ottimi antipasti con tarte alla ruga...

CAPITOLO XV

Uscire dal sistema

Un sistema formale più potente

Un critico attento della dimostrazione di Gödel a questo punto potrebbe proporsi di esaminare quanto tale dimostrazione sia generalizzabile. Questo critico potrebbe ad esempio sospettare che Gödel abbia semplicemente approfittato con abilità di qualche recondito difetto di un sistema formale particolare, cioè dell'AT. Se così fosse, allora forse si potrebbe costruire un sistema formale superiore all'AT, e capace di sfuggire all'artificio di Gödel; in tal caso il Teorema di Gödel perderebbe molto del suo mordente. In questo Capitolo esamineremo attentamente le proprietà dell'AT che la rendono attaccabile dagli argomenti del Capitolo precedente.

Una riflessione si presenta naturale: se il problema di fondo dell'AT è che essa contiene una "falla", o in altre parole una proposizione indecidibile, cioè G, perché allora non si tappa semplicemente questa falla? Perché non si aggiunge semplicemente G all'AT come suo sesto assioma? È vero che, a paragone con gli altri assiomi, G è di proporzioni ridicolmente gigantesche e il sistema che ne risulterebbe, AT + G, avrebbe un aspetto piuttosto comico per la sproporzione fra i suoi assiomi. Comunque sia, aggiungere G è un suggerimento ragionevole. Supponiamo di averlo aggiunto. Si può sperare che il nuovo sistema AT + G sia un sistema formale superiore, un sistema non solo senza numeri soprannaturali, ma anche *completo*. È certo che il sistema AT + G è superiore all'AT almeno sotto un profilo: in questo nuovo sistema la stringa G non è più indecidibile, poiché è un teorema.

A che cos'era dovuta la vulnerabilità dell'AT? Era dovuta essenzialmente alla sua capacità di esprimere enunciati relativi a se stessa, in particolare l'enunciato

"Io non posso essere dimostrato nel sistema formale AT"

o, in forma un po' più ampia:

"Non esiste un numero naturale che formi una coppia dimostrativa dell'AT con il numero di Gödel di questa stringa".

Vi è qualche motivo per ritenere o sperare che il sistema AT + G sia inattaccabile dalla dimostrazione di Gödel? Niente affatto. Il nuovo sistema ha lo stesso potere espressivo dell'AT. Poiché la dimostrazione di Gödel si fonda principalmente sul potere espressivo di un sistema formale, non dovremmo stupirci se il nostro nuovo sistema soccombesse anche lui. Lo stratagemma per farlo cadere sta nel trovare una stringa che esprima l'enunciato:

"Io non posso essere dimostrato nel sistema formale AT + G".

In effetti non è proprio uno stratagemma, dal momento che l'abbiamo già visto all'opera nell'AT. Per realizzarlo qui vengono impiegati tutti gli stessi princìpi; soltanto il contesto muta leggermente. (Parlando in modo figurato: si prende un motivo già noto e semplicemente lo si canta di nuovo, ma questa volta in una tonalità più alta). Come prima, la stringa che stiamo cercando, chiamiamola "G′", viene costruita a partire da un "uovo"; ma invece di essere basata sulla formula che rappresenta le coppie dimostrative dell'AT, essa è basata sul concetto, simile ma un po' più complicato, di coppia dimostrativa del sistema AT + G. Questo concetto di coppia dimostrativa di AT + G è solo una modesta estensione del concetto originario di coppia dimostrativa dell'AT.

Si potrebbe concepire una estensione analoga anche per il sistema MIU. Abbiamo visto la forma originaria delle coppie dimostrative del sistema MIU; se ora dovessimo aggiungere MU come secondo assioma, avremmo a che fare con un nuovo sistema: il sistema MIU + MU. Ecco una derivazione in questo sistema esteso:

MU	assioma
MUU	regola 2

Vi è una coppia dimostrativa del sistema MIU + MU che le corrisponde, cioè $m = 30300$, $n = 300$. Naturalmente questa coppia di numeri non costituisce una coppia dimostrativa del sistema MIU, ma solo una coppia dimostrativa del sistema MIU + MU. L'aggiunta di un assioma ulteriore non complica sostanzialmente le proprietà aritmetiche delle coppie dimostrative. Il fatto più significativo che le riguarda resta vero: essere una coppia dimostrativa rimane una proprietà primitiva ricorsiva.

Riapplicazione del metodo di Gödel

Ora, tornando al sistema AT + G, troveremo che la situazione è simile. Le coppie dimostrative dell'AT + G, come quelle dell'AT semplice, sono primitive ricorsive; vengono quindi rappresentate entro l'AT + G da una formula che abbreviamo nel modo solito:

DIMOCOPPIA-(AT + G){a,a′}

Ora ripetiamo semplicemente tutto il procedimento; costruiamo, proprio come prima, il corrispondente di G a partire da un "uovo":

¬∃a:∃a′:<DIMOCOPPIA-(AT+G){a,a′}∧ARITMOQUINA{a′′,a′}>

Chiamiamo u' il suo numero di Gödel; e ora aritmoquiniamo questo uovo, e così otteniamo G′:

$$\neg\exists a:\exists a':<\text{DIMOCOPPIA-(AT + G)}\{a,a'\} \wedge \text{ARITMOQUINA}\{\underbrace{\text{SSS....SSS}}_{u'\ \text{S}}0/a'',a'\}>$$

La sua interpretazione è

"Non esiste alcun numero a che formi una coppia dimostrativa dell'AT + G con l'aritmoquinificazione di u'".

Più concisamente:

"Io non posso essere dimostrata nel sistema formale AT + G".

La multiforcazione dell'AT

Da questo punto in avanti il discorso diventa abbastanza noioso e ripetitivo. G′ sta all'AT + G precisamente come G stava all'AT. Qualcuno può suggerire di aggiungere all'AT + G, come nuovo assioma, G′ oppure ¬G′: ciò condurrà a un'ulteriore suddivisione dell'aritmetica. E affinché non si pensi che questo accade solo con i "bravi ragazzi", lo stesso vile stratagemma può essere usato col sistema AT + ¬G, cioè con l'estensione non-standard dell'AT ottenuto aggiungendo ad AT la negazione di G. Così si vede (Fig. 77) che in aritmetica vi sono biforcazioni d'ogni sorta:

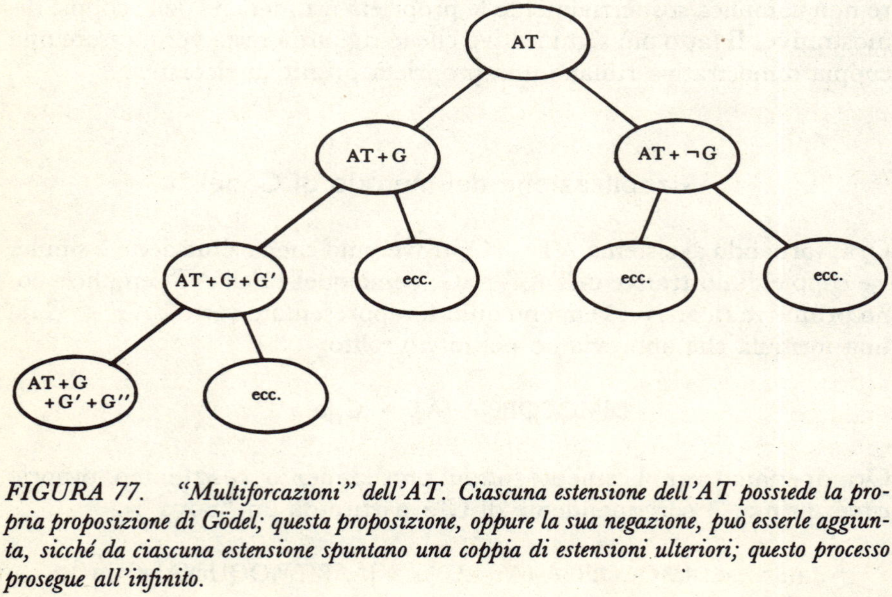

FIGURA 77. "Multiforcazioni" dell'AT. Ciascuna estensione dell'AT possiede la propria proposizione di Gödel; questa proposizione, oppure la sua negazione, può esserle aggiunta, sicché da ciascuna estensione spuntano una coppia di estensioni ulteriori; questo processo prosegue all'infinito.

Naturalmente questo è solo l'inizio. Immaginiamo di spostarci verso il basso seguendo il ramo all'estrema sinistra di quest'albero, sul quale vengono sempre inserite le proposizioni di Gödel (e non le loro negazioni). Questo è quanto di meglio possiamo fare per eliminare i soprannaturali: dopo aver aggiunto G aggiungiamo G′; poi aggiungiamo G′′, G′′′, e così via. Ogni volta che costruiamo una nuova estensione dell'AT, la sua vulnerabilità nei confronti del metodo della Tartaruga, chiedo scusa, volevo dire del metodo di Gödel, ci permette di inventare una nuova stringa la cui interpretazione è

"Io non posso essere dimostrata nel sistema formale X".

Naturalmente, dopo un po', tutto questo procedimento comincia ad apparire estremamente prevedibile. Tutto si ripete tale e quale: le "falle" sono tutte prodotte dalla stessa situazione tecnica! Ciò significa che, considerate come oggetti tipografici, esse sono formate tutte con lo stesso stampo, e ciò a sua volta significa che è sufficiente un unico schema di assiomi per rappresentarle tutte! Ma se è così, allora perché non tappiamo le falle tutte insieme, sbarazzandoci una volta per tutte di questa antipatica faccenda dell'incompletezza? Per conseguire questo scopo, si dovrebbe *aggiungere all'AT uno schema di assiomi* e non un assioma alla volta. Questo schema di assiomi sarebbe precisamente lo stampo con cui vengono formati tutti gli enunciati G, G′, G′′, G′′′ e così via. Aggiungendo questo schema di assiomi (chiamiamolo "G_ω") forse metteremo nel sacco il metodo della "gödelizzazione". In effetti sembra proprio evidente che l'aggiunta di G_ω all'AT debba essere l'*ultimo passo* necessario per l'assiomatizzazione completa di tutte le verità dell'aritmetica.

Si era più o meno arrivati a questa situazione quando, nel *Contracrostipunto*, la Tartaruga parlò della nuova invenzione del Granchio: il "Giradischi Omega". Tuttavia i lettori non hanno saputo quale fu il destino di quell'arnese, poiché la Tartaruga, che era molto stanca, aveva interrotto qui il suo racconto dicendo che era ora di andarsene a casa a dormire (non prima tuttavia di aver buttato là un malizioso riferimento al Teorema d'Incompletezza di Gödel). Ora, finalmente, siamo in grado di sapere come andò a finire quella storia lasciata in sospeso... Forse già lo si può intuire, dopo aver letto la *Cantatatata... per un compleanno.*

L'incompletezza essenziale

Infatti, come probabilmente il lettore avrà subodorato, anche questo fantastico progresso rispetto all'AT va incontro allo stesso destino. E, ciò che rende la cosa proprio strana, il motivo è sempre, essenzialmente, lo stesso: lo schema di assiomi non è abbastanza potente e la costruzione di Gödel può essere applicata di nuovo. Voglio entrare un po' nel merito del problema (lo si può anche fare in modo molto più rigoroso di quanto farò io qui). Se esiste una maniera di catturare le varie stringhe G, G′, G′′, G′′′... in un unico stampo *tipografico*, allora esiste la maniera di descrivere i loro numeri di Gödel mediante un unico stampo *aritmetico*. E questo ritratto aritmetico di una classe infinita di numeri può poi essere rappresentato entro il sistema AT + G_ω da una formula, diciamo ASSIOMA-OMEGA{a}, che s'interpreta così: "a è il numero di Gödel di uno degli assiomi ricavati da G_ω". Quando a viene sostituito da un numerale particolare qualsiasi, la formula che ne risulta sarà un teorema del sistema AT + G_ω se e solo se il numerale sta per il numero di Gödel di un assioma ricavato dallo schema.

Con l'ausilio di questa nuova formula si ha la possibilità di rappresentare entro l'AT + G_ω anche concetti complicati come le coppie dimostrative dell'AT + G_ω:

DIMOCOPPIA-(AT + G_ω){a,a'}

Usando questa formula siamo in grado di costruire un nuovo uovo, che possiamo aritmoquinare nel modo che ci è ormai familiare, producendo ancora una volta una stringa indecidibile, che sarà chiamata "$G_{\omega+1}$". A questo punto ci si può ben chiedere: "Perché $G_{\omega+1}$ non è tra gli assiomi generati dallo schema di assiomi G_ω?". La risposta è che G_ω non era abbastanza penetrante da prevedere la possibilità di essere *a sua volta* incorporato nell'aritmetica.

Nel *Contracrostipunto*, quando la Tartaruga fabbricava un "disco non suonabile", una delle sue mosse fondamentali era quella di mettere le mani sul progetto di fabbricazione del giradischi che aveva deciso di distruggere. Ciò le era necessario per potersi render conto da quali generi di vibrazione esso fosse attaccabile, e per incorporare quindi nel disco i solchi che avrebbero prodotto i suoni capaci di generare quelle vibrazioni. Vi è una stretta analogia fra questo modo di procedere e l'artificio usato da Gödel, in cui le stesse proprietà del sistema vengono rispecchiate nella nozione di coppia dimostrativa e poi usate contro di esso. Qualunque sistema, per quanto complesso e astruso, può essere dotato di una numerazione di Gödel; fatto questo, sicuramente vi si può definire la nozione di coppia dimostrativa: e questo è il petardo che lo fa saltare in aria. Una volta che il sistema sia ben definito e "confezionato", esso diventa vulnerabile.

Questo principio è illustrato in modo eccellente dal procedimento della diagonale di Cantor il quale, data qualunque lista ben definita di reali tra 0 e 1, ci permette di trovare un numero reale che non vi compare. È proprio il fatto di fornire una lista esplicita (una "confezione" di reali) a far crollare tutta l'impalcatura. Vediamo che cosa succede se applichiamo il procedimento di Cantor ripetutamente: partiamo da una data lista L e facciamo quanto segue:

(1a) Si consideri la lista L e se ne costruisca il numero diagonale *d*.
(1b) Si inserisca *d* in qualche punto della lista L, generando così una nuova lista L + *d*.

(2a) Si consideri la lista L + *d* e se ne costruisca il numero diagonale *d'*.

(2b) Si inserisca d' in qualche punto della lista L + d, generando così una nuova lista L + d + d'.

.

.

.

Questo procedimento passo dopo passo può sembrare un modo stolido di rattoppare L poiché, data L, avremmo potuto costruire subito la lista d, d', d'', d''',...; ma se si crede che la costruzione di questa lista permetta di completare la lista dei reali, ci si sbaglia di grosso. Il problema sorge nel momento in cui ci si chiede: "In quale punto di L collochiamo la lista dei numeri diagonali?". Per quanto diabolicamente astuto possa essere lo schema escogitato per incastonare in L i numeri d, una volta che questo inserimento sia avvenuto la nuova lista è a sua volta vulnerabile. Come si è già detto, è proprio il fatto di avere una lista esplicita, una "confezione" di reali, a far crollare l'impalcatura.

Ora, nel caso dei sistemi formali, è il fatto stesso di avere una ricetta esplicita di ciò che si suppone caratterizzi le verità aritmetiche a causare l'incompletezza. Questo è il nocciolo del problema per l'AT + G_ω. Una volta che nell'AT siano stati inseriti in un modo ben definito tutti i G, si vede che c'è qualche *altro* G (qualche G imprevisto) che non era stato catturato dallo schema di assiomi utilizzato. E nel caso della battaglia fra la Tartaruga e il Granchio, nel *Contracrostipunto*, un giradischi può essere mandato in pezzi non appena è stata determinata la sua "architettura".

Che cosa si deve fare, dunque? Non si riesce a vedere una fine per questo processo: sembra proprio che l'AT, anche se viene estesa *ad infinitum*, non possa essere resa completa. Si dice allora che l'AT soffre di *incompletezza essenziale*, poiché l'incompletezza è parte integrante dell'AT; è un costituente essenziale della sua natura e non può essere estirpata in alcun modo, ingenuo o ingegnoso che sia. C'è di più: questo problema affliggerà qualsiasi versione dell'aritmetica, sia essa un'estensione dell'AT, una sua modificazione o una costruzione alternativa ad essa. Il fatto è che la possibilità di costruire, in un sistema assegnato, una stringa indecidibile mediante il metodo dell'autoreferenza di Gödel dipende da tre condizioni fondamentali:

(1) Che il sistema sia abbastanza ricco da poter *esprimere* tutti i possibili enunciati sui numeri, veri o falsi che siano. (Se ciò non accade, allora già in partenza il sistema è troppo debole per poter essere annoverato tra i rivali dell'AT, poiché non riesce neppure ad esprimere certi concetti dell'aritmetica che l'AT riesce ad esprimere. Nella metafora del *Contracrostipunto* è come se si avesse, non un grammofono, ma un frigorifero o qualche altro tipo di oggetto).

(2) Che tutte le relazioni generali ricorsive siano *rappresentate* da formule del sistema. (Se ciò non accade, allora il sistema non riesce a catturare nei suoi teoremi qualche verità generale ricorsiva; ciò può essere considerato un patetico fiasco, se

il sistema ambisce ad esprimere tutte le verità aritmetiche. Nella metafora del *Contracrostipunto* è come se si avesse, sì, un giradischi, ma a bassa fedeltà).

(3) Che gli assiomi e le strutture tipografiche definite dalle regole del sistema siano riconoscibili mediante qualche procedura di decisione terminante. (Se ciò non accade, allora non vi è alcun metodo per distinguere le derivazioni valide del sistema da quelle non valide, cosicché il "sistema formalizzato" non è veramente formalizzato, e anzi non è neppure ben definito. Nella metafora del *Contracrostipunto*, si tratterebbe di un grammofono progettato solo in parte e ancora sul tavolo da disegno).

Qualsiasi sistema coerente in cui queste tre condizioni sono soddisfatte è sicuramente incompleto, perché gli si può applicare la costruzione di Gödel.

La cosa affascinante è che un sistema siffatto si scava da sé la fossa; è proprio la ricchezza del sistema che ne provoca il crollo. Il crollo avviene essenzialmente perché il sistema è abbastanza potente da possedere proposizioni autoreferenziali. In fisica esiste la nozione di "massa critica" di una sostanza fissile, come l'uranio. Dato un blocco di questa sostanza, se la sua massa è inferiore a quella critica non succede assolutamente nulla; ma se si supera la massa critica, nel blocco s'innescherà una reazione a catena ed esso scoppierà. Pare che nei sistemi formali vi sia un punto critico analogo: al di sotto di quel punto, il sistema è "innocuo" e non si avvicina neanche alla capacità di definire formalmente le verità dell'aritmetica; ma quando supera il punto critico, il sistema raggiunge d'un tratto la capacità dell'autoreferenza e con ciò si condanna all'incompletezza. Pare che la soglia si trovi più o meno nel punto in cui il sistema arriva ad avere le tre proprietà elencate sopra. Una volta raggiunta questa capacità di autoreferenza, il sistema possiede una falla fatta su misura; la falla riflette le caratteristiche del sistema e le sfrutta contro di esso.

La Passione secondo Lucas

La sconcertante possibilità di ripetere all'infinito l'argomentazione di Gödel è stata usata da diverse persone (in particolare da J.R. Lucas) come un'arma nella battaglia per sostenere che l'intelligenza umana possiede certe qualità inafferrabili e ineffabili che ne fanno una meta irraggiungibile per gli "automi meccanici", cioè per i calcolatori. Lucas inizia il suo articolo "Minds, Machines, and Gödel" con queste parole:

> Mi pare che il Teorema di Gödel dimostri che il meccanicismo è falso, cioè che le menti non possono essere equiparate a macchine.[1]

Poi espone un'argomentazione che si può parafrasare così: perché un calcolatore possa essere considerato intelligente quanto un essere umano, esso deve riuscire a compiere tutte le operazioni intellettuali che riesce a compiere un essere umano. Ora Lucas sostiene che nessun calcolatore può "gödelizzarsi" (è uno dei suoi termini comicamente irriverenti) come sanno farlo gli esseri umani. Perché no? Consideriamo un qualunque sistema formale assegnato, ad esempio l'AT, o il sistema AT + G, o addirittura l'AT + G_ω. È abbastanza facile scrivere un programma di calcolatore che generi in modo sistematico i teoremi di quel sistema cosicché qualunque teorema fissato in anticipo prima o poi venga stampato. Cioè, questo programma generatore di teoremi non dovrà saltare alcuna regione dello "spazio" dei teoremi. Un tale programma consterebbe di due parti principali: (1) una subroutine che, dati gli "stampi" degli schemi di assiomi (se ne esistono), ne ricavi gli assiomi e (2) una subroutine che, partendo dai teoremi noti (compresi naturalmente gli assiomi), applichi loro le regole d'inferenza per generare teoremi nuovi. Il programma eseguirebbe a turno un po' l'una un po' l'altra di queste subroutines.

In termini antropomorfici, possiamo dire che questo programma "conosce" alcuni fatti dell'aritmetica, e precisamente conosce i fatti che stampa. Se non stampa un certo fatto vero dell'aritmetica, allora naturalmente non "conosce" questo fatto. Pertanto un programma di calcolatore è inferiore agli esseri umani se risulterà che gli uomini sanno qualcosa che il programma non può sapere. Ecco il punto su cui Lucas si scatena: egli afferma che noi esseri umani possiamo sempre applicare l'artificio di Gödel a un sistema formale potente quanto l'AT e quindi, qualunque sia il sistema formale, noi ne sappiamo più di lui. Ora, questo può sembrare un argomento che riguarda solo i sistemi formali; ma può anche essere modificato leggermente, in modo da diventare un argomento, in apparenza inconfutabile, contro la possibilità che l'Intelligenza Artificiale possa mai elevarsi a un livello pari a quello dell'intelligenza umana. Eccone il succo:

Regole Inflessibili Controllano E Reggono Calcolatori Anche Riflessivi; Ergo...
I calcolatori sono isomorfi ai sistemi formali. Ora...
Calcolatori che vogliano essere all'altezza dell'uomo devono essere in grado di manipolare l'aritmetica bene quanto noi...
E in particolare devono possedere l'aritmetica primitiva ricorsiva. Ma proprio per questo motivo...
Risulteranno vulnerabili di fronte alla "trappola" gödeliana, e da ciò deriva...
Che noi, con la nostra intelligenza *umana*, possiamo formulare un certo enunciato vero dell'aritmetica, mentre il *calcolatore* rimane cieco di fronte alla verità di quell'enunciato (cioè non lo stamperà mai), proprio in virtù dell'argomento boomerang di Gödel.
Allora, questo significa che vi è qualcosa per la quale i calcolatori semplicemente non possono essere programmati, ma che noi riusciamo a fare.
Risultato: noi siamo superiori.
Evviva!

Godiamoci, con Lucas, un momento transitorio di gloria antropocentrica:

> Per quanto sia complicata la macchina che costruiamo, se è una macchina essa corrisponderà a un sistema formale, al quale a sua volta sarà possibile applicare la procedura di Gödel che porta a scoprire una formula non dimostrabile in quel sistema. Questa formula, la macchina non sarà capace di produrla in quanto vera, mentre una mente umana può vedere che è vera. Quindi la macchina non sarà ancora un modello adeguato della mente. Stiamo tentando di proporre un modello della mente che è meccanico, cioè essenzialmente "morto", ma la mente, essendo in realtà "viva", può sempre spuntarla su qualunque sistema formale, ossificato e morto. Grazie al Teorema di Gödel, la mente ha sempre l'ultima parola.[2]

A prima vista, e forse anche dopo un'analisi accurata, l'argomentazione di Lucas sembra inoppugnabile. Di solito suscita reazioni piuttosto radicali in un senso o nell'altro: alcuni si aggrappano ad essa come se fosse una dimostrazione quasi religiosa dell'esistenza dell'anima, mentre altri ne sorridono senza neppure degnarla di un commento. Io penso che l'argomentazione sia erronea, ma che lo sia in un modo affascinante, e quindi credo che metta conto impegnarsi nella sua confutazione. Di fatto, il desiderio di confutarla fu uno degli impulsi più forti che all'inizio mi spinsero a riflettere sugli argomenti di questo libro. In questo Capitolo ne tenterò dunque una confutazione e nel Capitolo XVII ne proporrò una seconda confutazione basata su una impostazione diversa.

Dobbiamo cercare di comprendere più a fondo perché Lucas afferma che il calcolatore non può essere programmato in modo da "saperne" quanto noi. La sua idea, in sostanza, è che noi siamo sempre *fuori* dal sistema, e che da là fuori possiamo sempre compiere l'operazione della "gödelizzazione", la quale fornisce qualcosa di cui il programma, dall'interno, non può vedere la verità. Ma perché l'"operatore gödelizzante", come lo chiama Lucas, non può essere programmato e aggiunto al programma come terzo componente principale? Ci spiega Lucas:

> La procedura attraverso la quale si costruisce la formula gödeliana è una procedura standard: solo così si ha la garanzia che si possa costruire una formula gödeliana per ogni sistema formale. Ma se è una procedura standard, allora si dovrebbe poter programmare una macchina che la eseguisse... Ciò corrisponderebbe a un sistema dotato di una regola d'inferenza ulteriore che ci permetterebbe di aggiungere come teorema la formula di Gödel del resto del sistema formale, e poi la formula di Gödel di questo sistema formale nuovo e più potente, e così via. Ciò equivarrebbe ad aggiungere al sistema formale originale una successione infinita di assiomi, ciascuno dato dalla formula di Gödel del sistema fin lì ottenuto... Ci si può attendere che una mente umana, di fronte a una macchina dotata dell'operatore gödelizzante, sappia tener conto di ciò e possa gödelizzare la nuova macchina, con il suo operatore gödelizzante e tutto il resto. E si è visto che di fatto è così. Anche se aggiungiamo a un sistema formale l'insieme infinito degli assiomi costituiti dalle formule di Gödel successive, il sistema risultante è ancora incompleto e contiene una formula che non può es-

sere dimostrata nel sistema, benché un essere razionale, stando fuori dal sistema, riesca a vedere che essa è vera. Questo ce l'eravamo aspettato, perché, anche se venisse aggiunto un insieme infinito di assiomi, essi dovrebbero essere specificati da una qualche regola o specificazione finita, e di questa ulteriore regola o specificazione potrebbe allora tener conto una mente che considerasse il sistema formale ampliato. In un certo senso, proprio perché alla mente spetta l'ultima parola, essa può sempre scovare una falla in qualunque sistema formale che le venga presentato come modello del proprio funzionamento. Il modello meccanico dev'essere, in un certo senso, finito e definito: e allora la mente può sempre superarlo di un punto.[3]

Aggiungere una dimensione

A questo punto, per aiutare l'intuizione, è utilissima un'immagine visiva creata da M.C. Escher: il disegno *Il drago* (Fig. 78). La caratteristica più saliente è, naturalmente, il soggetto: un drago che si morde la coda, con tutte le connotazioni gödeliane che ciò comporta. Ma in questa xilografia c'è un tema più profondo indicato esplicitamente dallo stesso Escher. Riporto qui due sue interessantissime osservazioni: la prima riguarda un gruppo di suoi disegni che esprimono tutti "il conflitto tra ciò che è piano e ciò che è spaziale"; la seconda riguarda in particolare *Il drago*.

I. Il nostro spazio tridimensionale è l'unica realtà che conosciamo. Il bidimensionale è fittizio esattamente quanto il quadrimensionale, poiché nulla è piatto, neppure lo specchio più finemente levigato. Eppure ci conformiamo alla convenzione che una parete o un pezzo di carta *siano* piani e curiosamente continuiamo, come abbiamo fatto da tempo immemorabile, a riprodurre immagini spaziali illusorie su superfici piane di questo tipo. Certo, è un po' assurdo, dopo aver tracciato qualche linea, sostenere: "È una casa". Questa strana situazione è il tema dei prossimi cinque disegni [fra cui *Il drago*].[4]

II. Per quanto questo drago si sforzi di essere spaziale, esso rimane completamente piatto. Nella carta su cui è stampato sono state praticate due incisioni. Poi la carta è stata piegata in modo da creare due aperture quadrate. Ma questo drago è una bestia ostinata e, a dispetto delle sue dimensioni, s'intestardisce nel credere di averne tre; perciò ha infilato la testa in uno dei buchi e la coda nell'altro.[5]

Specialmente la seconda osservazione è molto significativa. Il messaggio è che, per quanto intelligentemente si tenti di simulare le tre dimensioni nelle due, si perde sempre una certa "essenza della tridimensionalità". Il drago tenta strenuamente di combattere contro la sua bidimensionalità: esso sfida la bidimensionalità della carta sulla quale crede di essere disegnato infilando la testa nel foro; purtuttavia noi, dall'esterno del disegno, possiamo riconoscere la patetica vanità di tutto ciò, poiché il drago *e* i fori *e* le pieghe sono semplicemente simulazioni bidimensionali di quei concetti; neppure uno di essi è reale. Ma il drago non può uscire dal suo spazio bidimensionale, non può conoscerlo come noi. Di fatto, col disegno di Escher potremmo compiere un numero indefinito di passi ulterio-

FIGURA 78. Drago, *di M.C. Escher (xilografia, 1952).*

ri. Potremmo ad esempio strapparlo dal libro, piegarlo, praticarvi dei fori, farlo passare attraverso se stesso e poi fotografare tutto questo pasticcio, in modo da farlo ridiventare bidimensionale. Poi potremmo applicare lo stesso trattamento a questa fotografia. Ogni volta, nel momento in cui esso diventa bidimensionale, per quanto astutamente ci paia di aver simulato le tre dimensioni all'interno delle due, esso si ritrova nelle condizioni di poter essere tagliato e piegato di nuovo.

Ora, forti di questa meravigliosa metafora escheriana, torniamo al confronto tra programmi e uomini. Stavamo parlando del tentativo di incapsulare l'"operatore gödelizzante" dentro il programma stesso. Ma anche se avessimo scritto un programma capace di compiere quest'operazione, quel programma non potrebbe catturare l'essenza del metodo di Gödel, perché, ancora una volta, dall'esterno del sistema, noi potremmo sempre "stroncarlo" in un modo di cui esso sarebbe incapace. Ma insomma, siamo dalla parte di Lucas o contro di lui?

Le limitazioni dei sistemi intelligenti

Contro. In realtà, proprio il fatto che non riusciamo a scrivere un programma per la "gödelizzazione" deve farci sospettare che neppure noi sapremmo eseguirla in tutti i casi. Un conto è dimostrare in astratto che la gödelizzazione "si può fare"; e un altro conto è saperla fare in ciascun caso particolare. Di fatto, a mano a mano che cresce la complessità dei sistemi formali (o dei programmi), la nostra capacità di "gödelizzazione" s'indebolisce e prima o poi comincia a vacillare. Ciò deve accadere poiché, come abbiamo detto sopra, *non* possediamo alcun algoritmo che ci spieghi come eseguirla. Se non riusciamo a dire *esplicitamente* che cosa comporta applicare il metodo di Gödel in tutti i casi, allora prima o poi ciascuno di noi incontrerà un caso talmente complicato che semplicemente non riuscirà a capire da che parte cominciare.

Naturalmente questo limite delle capacità individuali sarà mal definito, come lo è il limite dei pesi che un individuo riesce a sollevare da terra: mentre certi giorni può forse sollevare un oggetto di cento chili, altri giorni magari non ci riesce. Tuttavia nessuno riuscirà mai a sollevare un oggetto di cento tonnellate. E in questo senso, per quanto la soglia di gödelizzazione di ciascun individuo sia vaga, vi sono sistemi che stanno sicuramente al di là della capacità di gödelizzazione di chiunque.

Questo concetto è illustrato nella *Cantatatata... per un compleanno*. A tutta prima sembra proprio che la Tartaruga possa continuare a molestare Achille a volontà; ma poi Achille tenta di riassumere in un solo slancio tutte quante le risposte. Questa mossa ha un carattere diverso rispetto a tutte le mosse precedenti, e perciò ricorre a un nome nuovo, 'ω'. Che il nome sia nuovo è importantissimo: è il primo esempio in cui si è dovuto trascendere il vecchio schema di assegnazione di nomi che prevedeva soltanto nomi per i numeri naturali. Poi vengono alcune altre estensioni; alcuni dei loro nomi sembrano del tutto ovvi, altri sono alquanto sconcertanti. Ma alla fine si resta di nuovo senza nomi, e ciò nel momento in cui gli schemi di risposte

$$\omega, \omega^{\omega}, \omega^{\omega^{\omega}}, \ldots$$

sono tutti sussunti in un unico schema di risposte mostruosamente complesso. Ad esso viene imposto il nome completamente nuovo di 'ϵ_0'. Il motivo per cui è necessario un nome nuovo è che è stato compiuto un passo di tipo fondamentalmente *nuovo*: si è incontrata una sorta di irregolarità. Quindi si deve ricorrere a un nuovo nome *ad hoc*.

Non esiste una regola ricorsiva per assegnare nomi agli ordinali

A tutta prima si potrebbe ritenere che queste irregolarità nel passare da un *ordinale* all'altro (poiché così sono chiamati questi nomi dell'infinito) possano essere affrontate con un programma di calcolatore; che vi sia cioè un programma capace di generare nomi nuovi in modo regolare e che, quando è a corto di carburante, invochi un "gestore delle irregolarità" che conii un nuovo nome e ripassi quindi il controllo a quello semplice. Ma la cosa non funziona. Il fatto è che le irregolarità si presentano a loro volta in modi irregolari, e sarebbe quindi necessario anche un programma di secondo ordine, cioè un programma che costruisse nuovi programmi che coniassero nomi nuovi. E neppure questo è sufficiente, poiché prima o poi si renderebbe necessario anche un programma di terzo ordine, e così via, e così via.

Tutta questa complessità, che può forse apparire ridicola, deriva da un teorema di profondo significato dovuto ad Alonzo Church e a Stephen C. Kleene a proposito della struttura di questi "ordinali infiniti". Il teorema asserisce:

> Non esiste alcun sistema di notazione ricorsivo che fornisca un nome per ciascun ordinale costruttivo.

Dobbiamo rinunciare a spiegare il significato di "sistema di notazione ricorsivo" e di "ordinale costruttivo", rinviando alle fonti più tecniche, per esempio al libro di Hartley Rogers. Ma ne è già stata suggerita un'idea intuitiva: a mano a mano che gli ordinali diventano più grandi, vi sono delle irregolarità e delle irregolarità delle irregolarità e delle irregolarità delle irregolarità delle irregolarità, ecc. Non può esistere un unico schema, per quanto complesso, capace di assegnare un nome a tutti gli ordinali. Da ciò segue che nessun metodo algoritmico può dirci come applicare il metodo di Gödel a tutti i possibili tipi di sistema formale. E dunque, se non si hanno particolari inclinazioni mistiche, se ne deve concludere che a un certo punto qualsiasi essere umano arriverà semplicemente ai limiti della propria capacità di gödelizzare. Da quel punto in poi, i sistemi formali di quella complessità, benché dichiaratamente incompleti per il motivo indicato da Gödel, avranno la stessa potenza di quell'essere umano.

Altre confutazioni di Lucas

Questo è solo uno dei modi di controbattere la posizione di Lucas; ve ne sono anche altri, forse più potenti, che presenteremo più avanti. Ma questa confutazione ha un interesse particolare, perché mette in luce un'idea affascinante: quella di tentare di costruire un programma di calcolatore capace di uscire da se stesso, di vedersi completamente dall'esterno e di applicare a se stesso l'artificio stroncatore di Gödel. Naturalmente ciò è impossibile, proprio come sarebbe impossibile che un grammofono riuscisse a suonare dischi che ne causassero la rottura.

Non per questo motivo tuttavia l'AT deve essere considerata difettosa: se un difetto c'è, non sta nell'AT, ma nella nostra aspettativa di ciò che essa dovrebbe essere in grado di compiere. Inoltre è bene rendersi conto che anche *noi* siamo esposti ai colpi di quel gioco di parole che Gödel ha trapiantato nei formalismi matematici: il paradosso di Epimenide. Fu C.H. Whitely a mettere in luce questo punto in modo assai intelligente quando enunciò la proposizione: "Lucas non può asserire questa proposizione senza contraddirsi". Se ci si pensa un attimo, si vede che (1) è vera, eppure (2) Lucas non può asserirla senza contraddirsi. Dunque anche Lucas è "incompleto" rispetto alle verità sul mondo. Il modo in cui egli rispecchia il mondo nelle strutture del suo cervello gli impedisce di essere "coerente" e contemporaneamente di asserire quella proposizione vera. Ma Lucas non è più vulnerabile di uno qualsiasi di noi: semplicemente egli è vulnerabile quanto lo può essere un raffinato sistema formale.

Un modo divertente per cogliere l'erroneità dell'argomentazione di Lucas è di tradurla in una contesa fra uomini e donne... Nelle sue peregrinazioni, Lukus il Pensatore s'imbatte un giorno in un oggetto sconosciuto, una donna. Non ha mai visto prima una cosa del genere e all'inizio è stupito ed eccitato dalla somiglianza che vi trova con se stesso; ma poi, anche un po' impaurito da lei, grida a tutti gli uomini intorno: "Mirate! Io posso guardare la sua faccia, mentre *lei* non può fare altrettanto: quindi le donne non potranno mai essere come me!". E così egli dimostra la superiorità dell'uomo sulle donne, con grande consolazione sua e dei suoi compagni maschi. Tra parentesi, lo stesso ragionamento dimostra che Lukus è anche superiore a tutti gli altri maschi, ma questa è una cosa che egli non fa notare. La donna ribatte: "Sì, tu puoi vedere la mia faccia e questo io non posso farlo; ma io posso vedere la *tua* faccia, e questa è una cosa che *tu* non puoi fare! Siamo pari". Tuttavia Lukus se ne esce con una obiezione inaspettata: "Mi dispiace, ma ti sbagli se pensi di riuscire a *vedere* la mia faccia: ciò che fate voi donne non è la stessa cosa che facciamo noi uomini, ma, come ho già osservato, è di qualità inferiore e non merita di essere chiamato con lo stesso nome: puoi chiamarlo 'donnavedere'. Ora, il fatto che tu possa 'donnavedere' la mia faccia non ha alcuna importanza, poiché la situazione non è simmetrica, capisci?". "Donnacapisco" donnarisponde la donna e se ne donnavà...

Bene: questo è il tipo di ragionamenti da struzzo che si deve essere pronti a inghiottire se si vuol credere che, in questa contesa intellettuale, gli uomini e le donne battano i calcolatori.

Trascendersi: un mito moderno

È comunque molto interessante chiedersi se è possibile per gli uomini uscire da se stessi, o se possono farlo i programmi di calcolatore. Certamente un programma ha la possibilità di modificare se stesso, ma questa modificabilità dev'essere inerente al programma fin dal principio e quindi non può essere considerata un esempio dell'"uscire dal sistema". Comunque un programma si divincoli e si rigiri per uscire da se stesso, esso segue sempre le regole che gli sono inerenti: sfuggire alle regole è per esso altrettanto impossibile quanto lo è per un essere umano infrangere con la volontà le leggi della fisica. La fisica è un sistema dispotico al quale non è possibile sottrarsi. Tuttavia è possibile appagare un'ambizione più modesta. Una persona può certamente saltare da un sottosistema del proprio cervello a un altro sottosistema più vasto: in qualche caso è possibile uscire dalla carreggiata. Ciò è ancora dovuto all'interazione tra i vari sottosistemi del cervello, ma la sensazione che si prova può essere molto simile a quella di uscire completamente da se stessi. Analogamente, non si ha alcuna difficoltà a immaginare di poter incorporare in un programma di calcolatore una capacità parziale di "uscire da se stesso".

È tuttavia importante notare la differenza tra *percepire* se stessi e *trascendere* se stessi. Si può avere una visione di se stessi in moltissimi modi: in uno specchio, in una fotografia, in una pellicola cinematografica, in una registrazione, in una descrizione fatta da un terzo, in un processo psicoanalitico e così via. Ma non si può in alcun modo sgusciare dalla propria pelle e mettersi all'esterno di se stessi (con buona pace dei movimenti occultistici moderni, delle ubbie della psicologia popolare, ecc.). L'AT può parlare di sé, ma non uscire da sé. Un programma di calcolatore può modificare se stesso, ma non può violare le proprie istruzioni: tutt'al più può modificare certe parti di sé *obbedendo* alle proprie istruzioni. Questo mi fa venire in mente quella divertente domanda paradossale: "Può Dio creare una pietra tanto pesante da non riuscire a sollevarla?".

La pubblicità e la creazione di contesto

Questa spinta a uscire dal sistema è assai diffusa e sta alla base di ogni progresso dell'arte, della musica e di altre attività umane. Sta anche alla base di imprese meno elevate, come l'allestimento degli annunci pubblicitari radiotelevisivi. Questa insidiosa tendenza è stata percepita e descritta straordinariamente bene da Erving Goffman nel libro *Frame Analysis*:

> Per esempio, un attore inequivocabilmente professionista conclude una scenetta pubblicitaria e, mentre la telecamera è ancora puntata su di lui, abbandona con visibile sollievo il suo ruolo per godersi con genuina soddisfazione il prodotto di cui ha fatto la pubblicità.
>
> Naturalmente questo è solo un esempio di come la pubblicità radiotelevisiva giunga a sfruttare ogni genere di artificio per creare quell'impressione di contesto credibile che (si spera) vincerà la diffidenza opposta dal pubblico. Così si usano molto spesso voci di bambini, presumibilmente perché danno un'impressione di spontaneità; si fanno sentire rumori stradali e altri effetti sonori per dare l'impressione che le persone intervistate siano state incontrate casualmente e non diano risposte a pagamento; si ricorre a falsi inizi, esitazioni, smorfie e sovrapposizioni di battute, per simulare una conversazione reale; a volte, sull'esempio di Welles, la filastrocca pub-

blicitaria di una ditta viene interrotta per annunciare l'ultimo prodotto della ditta stessa e, di quando in quando, per dare una vera notizia d'interesse pubblico; quest'ultimo accorgimento, probabilmente, serve a mantenere viva la fiducia dell'ascoltatore.

Quanto più gli ascoltatori, per verificare la veridicità dell'annuncio, si appigliano a particolari espressivi secondari, tanto più i pubblicitari li individuano e li utilizzano. Ne risulta una specie di inquinamento dell'interazione, un disordine che viene diffuso anche ad opera dei consulenti per le relazioni pubbliche degli uomini politici e, più modestamente, dalla microsociologia.[6]

Tutto ciò è un altro esempio della "battaglia fra la Tartaruga e il granChio", che si svolge però su una scala più ampia; questa volta gli antagonisti sono la Verità e gli Annunci pubblicitari.

Simplicio, Salviati, Sagredo: perché tre?

Vi è un affascinante legame fra il problema dell'uscire dal sistema e la ricerca dell'obiettività completa. Quando lessi i quattro Dialoghi del libro *Are Quanta Real?* di Jauch, ricalcati nella loro struttura sui quattro *Discorsi su due nuove scienze* di Galileo, mi venne fatto di chiedermi perché i personaggi fossero *tre*, Simplicio, Salviati e Sagredo. Perché non ne bastavano due soli, Simplicio, il dotto semplicione, e Salviati, il sagace pensatore? Qual è la funzione di Sagredo? Ebbene, Sagredo dovrebbe essere una specie di terzo personaggio neutrale, che pondera in modo spassionato le ragioni degli altri due ed emette un giudizio "equanime" e "imparziale". Sagredo appare molto equilibrato, eppure c'è un problema : egli dà sempre ragione a Salviati, mai a Simplicio. Come mai l'Obiettività fatta persona fa dei favoritismi? Una risposta, naturalmente, è che le idee enunciate da Salviati sono giuste, e quindi Sagredo non ha altra scelta. Ma allora, che ne è dell'equanimità o dell'imparzialità?

Aggiungendo Sagredo, Galileo (e Jauch) hanno truccato le carte *a sfavore* di Simplicio più che a suo favore. Forse si dovrebbe aggiungere un Sagredo a un livello ancora più alto, qualcuno che fosse obiettivo globalmente, rispetto a tutta quanta la situazione... Si vede subito dove si va a parare. Si finisce in una successione interminabile di "obiettività superiori", che ha la curiosa proprietà di non diventare mai più obiettiva che al primo livello al quale, semplicemente, Salviati *ha ragione* e Simplicio *ha torto*. Dunque rimane l'enigma: perché mai aggiungere Sagredo? E la risposta è che ciò serve a dare l'illusione di uscire dal sistema in un qualche senso intuitivamente attraente.

Lo Zen e l'"uscir fuori"

Anche nello Zen si ritrova questa attenzione per l'idea di trascendere il sistema; per esempio nel kōan in cui Tōzan dice ai suoi monaci che "il Buddhismo più alto non è Buddha". Forse l'autotrascendersi è addirittura il tema centrale dello Zen. Un adepto Zen tenta di comprendere sempre più in profondità ciò che egli è uscendo sempre di più da ciò che egli si vede essere, infrangendo ogni regola e convenzione da cui si renda conto di essere incatenato, comprese, non occorre dirlo, le stesse regole dello Zen. In qualche punto di questo cammino elusivo può giungere l'illuminazione. Ad ogni modo, a quanto capisco, vi è la speranza che, approfondendo a poco a poco la consapevolezza di sé, allargando a poco a poco i limiti del "sistema", si finisca con l'acquisire la sensazione di essere tutt'uno con l'universo intero.

Pensieri edificanti di un fumatore di tabacco

Achille è stato invitato in casa del Granchio.

Achille: Vedo che la sua collezione si è arricchita dall'ultima volta che sono stato qui, signor Granchio. Le sue ultime acquisizioni sono proprio straordinarie.

Granchio: Grazie. Io ho una passione per certi artisti, in particolare per René Magritte. Ho molti quadri suoi. È il mio artista preferito.

Achille: Le sue immagini sono particolarmente sconcertanti, devo ammetterlo. Per certi versi, questi quadri di Magritte mi ricordano le opere di M.C. Escher, il MIO artista preferito.

Granchio: Posso capirlo. Sia Magritte sia Escher usano un grande realismo per esplorare il mondo dell'illusione e del paradosso; entrambi hanno un senso preciso della capacità evocativa di certi simboli e, cosa che spesso sfugge anche ai loro stessi ammiratori, entrambi hanno il gusto della linea armoniosa.

Achille: E tuttavia, vi è qualcosa di molto diverso fra loro. Ma mi riesce difficile esprimere a parole questa differenza.

Granchio: Sarebbe interessante fare uno studio comparato dei due artisti.

Achille: Devo dire che la padronanza del realismo in Magritte è strabiliante. Per esempio, sono stato particolarmente colpito da quel quadro là, quello con l'albero dietro il quale vi è una pipa gigantesca.

FIGURA 79. Ombre, *di René Magritte (1966).*

Granchio: Vuol dire una pipa normale che ha davanti un albero minuscolo?

Achille: Ah, è così? Bene, in ogni caso, alla prima occhiata che gli ho dato, ero convinto di sentire odore di pipa! Che cosa ridicola, non le pare?

Granchio: La cosa non mi stupisce affatto. Spesso i miei ospiti sono ingannati da quel quadro.

(*Così dicendo allunga la mano fino al quadro, prende la pipa da dietro l'albero e la vuota battendola contro il tavolo. La stanza viene invasa da un odore di tabacco da pipa. Poi comincia a riempirla con altro tabacco*).

Questa è un'ottima vecchia pipa, Achille. Lo creda o no, c'è un rivestimento di rame nel fornello che la rende straordinariamente resistente al tempo.

Achille: Un rivestimento di rame?! Non mi dica!

Granchio (*tira fuori una scatola di fiammiferi e accende la pipa*): Gradisce una fumatina, Achille?

Achille: No, grazie, fumo soltanto sigari e solo saltuariamente.

Granchio: Benissimo! Ne ho uno proprio qui! (*Allunga la mano verso un altro quadro di Magritte che rappresenta una bicicletta posta sopra a un sigaro acceso*).

Achille: Uh, no grazie! Non ora.

Granchio: Come vuole. Io sono un inguaribile fumatore di tabacco. Questa espressione mi fa venire in mente una cosa: lo sa che al vecchio Bach piaceva moltissimo fumare la pipa?

Achille: Non ricordo bene.

FIGURA 80. Stato di grazia, *di René Magritte (1959).*

Granchio: Il vecchio Bach aveva un grande interesse per la filosofia e gli piaceva scrivere poesie, fumare la pipa e comporre musica, non necessariamente in quest'ordine. Egli combinò queste quattro attività in una divertente, curiosa poesia che poi musicò. Si trova nel famoso quaderno dedicato ad Anna Magdalena, sua moglie, ed è intitolata

Pensieri edificanti di un fumatore di tabacco[1]

Spesso al tramonto la mia pipa
  di buon tabacco riempio, e qua
per mio diletto siedo e fumo;
  e in questa calma la mente va
    al cupo quadro della vita.
    Dico: la pipa somiglia a me.

Con terra e argilla fu plasmata
  la pipa, e l'uomo anche lo fu;
e se per terra cade, s'infrange.
  Simil destino in serbo io ho.
    Come la pipa, son fragil cosa
    ed alla terra ritornerò.

Quando, aspirando, la fiamma avvivo
  lieve nell'aria il fumo va;
svanisce tosto, e nella pipa
  cenere sola rimarrà.
    Così dell'uomo spersa è la fama
    quando il suo corpo in cener va.

Guardo la pipa: è bianca lattea
  ma già il fumo l'annerì.
Anche nei suoi freddi colori
  ricorda quelli che a noi un dì
    morte sul volto dipingerà
    pallido e livido, per poi incupir.

Or quando il fuoco della mia pipa
  voglio attizzare e non ho più
l'attrezzo adatto, con le dita
  spingo la brace un po' più giù...
    Oh, ma mi brucio, che male fa!
    L'inferno allora che mai sarà?

E mentre aspiro dolcemente
  della mia pipa l'acre vapor
tali pensieri edificanti
  sbocciano dentro il mio cuor.
    Ho intorno campi, fiumi, città;
    provo un'intensa felicità.

Bella, questa filosofia, non le pare?

Achille: Davvero. Il vecchio Bach era un verseggiatore piacevole e acuto.

Granchio: Lei mi toglie le parole di bocca. Devo confessarle che ai miei tempi anch'io ho cercato di comporre versi intelligenti; ma, temo, con scarsi risultati. Non ho grande dimestichezza con le parole.

Achille: Su, avanti, signor Granchio, non sia così modesto! Lei ha – come dire? – un'abilità per i giochi di parole e un debole per lo scherzo arguto. Mi farebbe un onore se volesse farmi sentire una delle sue canzoni.

Granchio: Sono davvero lusingato. Che ne pensa se le faccio ascoltare una mia registrazione come cantautore? Non mi ricordo la data precisa, ma il titolo, un po' strano, è "Una canzone fatta a tempo perduto".

Achille: M'incuriosisce davvero.

(*Il Granchio prende un disco dallo scaffale e si avvicina a un enorme apparecchio. Lo apre ed inserisce il disco in una bocca meccanica. Improvvisamente un vivido fascio di luce verde percorre tutta la superficie del disco e dopo un attimo il disco viene silenziosamente fagocitato dalla fantastica macchina. Passa ancora un momento, ed ecco levarsi la voce del Granchio*).

Un verseggiatore piacevole e acuto
aveva un debole per lo scherzo arguto
  Nelle sue canzoni l'ultimo verso
  Poteva sembrare un po' perverso,
Voglio dire senza coda né capo.

Achille: Molto graziosa! Mi chiedo, però, se l'ultimo verso della sua canzone non sia...

Granchio: Un po' perverso?

Achille: No... voglio dire senza senso compiuto.

Granchio: Potrebbe essere.

Achille: A parte ciò, è una canzone molto graziosa; ma devo dire che sono affascinato ancora di più da questo mostruoso congegno. È solo esageratamente grande, o ha qualche altra particolarità?

Granchio: Oh, c'è ben altro! Questo è il mio giradischi sfascia-tartarughe.

Achille: Mio Dio!

Granchio: Bene, non voglio dire che sfascia letteralmente le tartarughe, ma che distrugge i dischi prodotti dalla signorina T.

Achille: Oh! Così è meno tragico. Fa parte di quella strana sfida musicale che si svolse tra lei e la signorina T. qualche tempo fa?

Granchio: In un certo senso. Ma se vuole, glielo spiego meglio. Deve sapere che l'abilità della signorina T. era ormai tale da permetterle di distruggere qualunque giradischi io fossi in grado di procurarmi.

Achille: Ma dalle ultime notizie che ho avuto sulla vostra rivalità mi sembrava di aver capito che lei si fece costruire un grammofono indistruttibile: un grammofono con incorporati una telecamera, un microcalcolatore e così via, in grado di decomporsi e ricostruirsi al momento opportuno, così da non poter essere distrutto.

Granchio: Ahimè. Il mio piano fu vanificato; la signorina T. sfruttò un piccolo dettaglio che mi era sfuggito: la sottounità che dirigeva i processi di decomposizione e di ricostruzione rimaneva inalterata durante l'intero procedimento. In altri termini, per ovvie ragioni, non poteva essa stessa decomporsi e ricostruirsi, così rimaneva intatta.

Achille: Sì, ma con quali conseguenze?

Granchio: Le più tragiche! La signorina T. concentrò la sua attenzione esclusivamente su quella sottounità.

Achille: In che senso?

Granchio: Semplicemente costruì un disco in grado di provocare vibrazioni letali a quell'unica struttura che rimaneva inalterata: quella che decomponeva e ricostruiva.

Achille: Oh, capisco... un colpo basso.

Granchio: Proprio così. E la sua nuova strategia funzionò. Ma non la prima volta, attenzione! Pensai di averla superata in astuzia quando il mio grammofono resistette al suo primo attacco. Risi di cuore. Ma la volta successiva lei tornò con una strana luce negli occhi che non faceva presagire nulla di buono. Sistemai il nuovo disco sul piatto. Poi, entrambi in ansia, seguimmo la sottounità diretta dal calcolatore mentre esaminava attentamente i solchi del disco, decomponeva il giradischi, lo ricostruiva in maniera totalmente diversa e poi lentamente abbassava la puntina sul solco più esterno.

Achille: Accidenti!

Granchio: Appena si levarono i primi suoni, un forte CRAC risuonò nella stanza. Tutto il congegno volò in pezzi, ma l'unità più danneggiata risultò essere quella preposta alla decomposizione e ricostruzione. In quell'istante penoso capii finalmente con grande dispiacere che la Tartaruga sarebbe stata SEMPRE in grado di concentrarsi, se mi permettete l'espressione, sul tallone di Achille del sistema.

Achille: Perbacco, signor Granchio, doveva sentirsi distrutto.

Granchio: Sì, fui piuttosto giù di corda per un po'. Ma per fortuna la cosa non finì lì. C'è un seguito da cui ricavai una lezione molto istruttiva che posso trasmetterle. Su consiglio della signorina T., stavo curiosando fra le pagine di un libro pieno di strani Dialoghi su argomenti svariati, come la biologia molecolare, le fughe, il Buddhismo Zen, e Dio solo sa che altro.

Achille: Probabilmente opera di qualche svitato. Qual era il titolo?

Granchio: Se la memoria non m'inganna, il titolo era *Rame, Argento, Oro: un'Indistruttibile Lega Metallica.*

Achille: Ah, la signorina T. ne aveva parlato anche a me. L'autore è un suo amico che a quanto pare è molto preso dalla metal-logica.

Granchio: Mi chiedo chi possa essere questo amico... Comunque, in uno dei Dialoghi mi sono imbattuto in alcuni Pensieri Edificanti sul Virus del Mosaico del Tabacco, sui ribosomi e su altre cose strane di cui non avevo mai sentito parlare.

Achille: Che cos'è il Virus del Mosaico del Tabacco? Che cosa sono i ribosomi?

Granchio: Non so proprio, perché di biologia sono completamente igno-

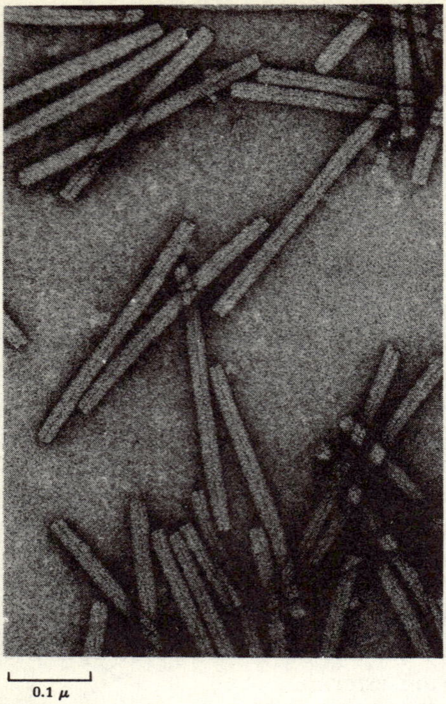

FIGURA 81. Virus del Mosaico del Tabacco [Da A. Lehninger, Biochemistry*].*

rante. Tutto ciò che so l'ho appreso da quel Dialogo. Vi si diceva che i Virus del Mosaico del Tabacco sono dei minuscoli oggetti a forma di sigaretta che causano una malattia nelle piante del tabacco.

Achille: Cancro?

Granchio: No, non esattamente, ma...

Achille: Una pianta di tabacco che si becca il cancro fumando sigarette! Le sta bene.

Granchio: Ho l'impressione, Achille, che lei tragga conclusioni troppo affrettate. Le piante di tabacco non FUMANO quelle "sigarette". Quelle disgustose piccole "sigarette" arrivano per conto loro e attaccano le piante.

Achille: Bene, ora che so tutto sul Virus del Mosaico del Tabacco, mi dica dei ribosomi.

Granchio: I ribosomi, a quanto pare, sono entità subcellulari che ricevono un messaggio in una forma e lo trasformano in un messaggio che ha una forma diversa.

Achille: Qualcosa come un minuscolo registratore o un minuscolo grammofono?

Granchio: Metaforicamente suppongo di sì. Ora la cosa che attirò la mia attenzione fu un punto in cui un personaggio particolarmente strambo menziona il fatto che i ribosomi, come pure i Virus del Mosaico del Tabacco e certe altre bizzarre strutture biologiche, possiedono "la sorprendente capacità di autoaggregarsi spontaneamente". Queste erano le sue precise parole.

Achille: Una delle sue affermazioni più strambe, suppongo.

Granchio: Questo è esattamente ciò che pensava l'altro personaggio del Dialogo. Certamente però questa è un'interpretazione assurda di quella frase. (*Il Granchio aspira profondamente dalla sua pipa ed emette alcune boccate di fumo*).

Achille: Bene, allora che significa "autoaggregarsi spontaneamente"?

Granchio: L'idea è che, quando alcune unità biologiche all'interno di una cellula vengono smontate nei loro componenti, esse possono riunirsi spontaneamente, cioè possono rimettersi insieme senza bisogno di essere dirette da unità diverse. Semplicemente i vari pezzi si avvicinano e – zac! – si agganciano.

Achille: La cosa ha un non so che di magico. Non sarebbe splendido se un normale giradischi avesse la medesima proprietà? Voglio dire, se un "giradischi" in miniatura qual è un ribosoma può farlo, perché uno di dimensioni normali non potrebbe? Ciò le permetterebbe di costruire un grammofono indistruttibile, non è vero? Tutte le volte che venisse distrutto si ricostruirebbe da solo.

Granchio: È esattamente ciò che pensai. Immediatamente scrissi una lettera alla mia fabbrica di grammofoni, spiegando loro questo concetto di autoassemblaggio e chiesi loro se potevano costruirmi un giradischi in grado di dividersi e di ricostruirsi da solo, spontaneamente, in una forma diversa.

Achille: Una discreta gatta da pelare.

Granchio: Proprio così; ma dopo alcuni mesi mi risposero che infine i loro tentativi di accontentarmi avevano avuto successo; e intanto mi spedivano il conto, anche questo una bella gatta da pelare! Oh, oh! Un bel giorno, oh, il mio Grandioso Giradischi Autoassemblante mi fu recapitato ed io, con grande fiducia, telefonai alla signorina T. per invitarla a provarlo.

Achille: Così questo magnifico oggetto che è dinanzi ai nostri occhi deve essere la macchina di cui sta parlando.

Granchio: Ho paura di no, Achille.

Achille: Non mi dica che ancora una volta...

Granchio: Il suo sospetto, caro Achille, è purtroppo vero! E non cerco neanche di capirne le ragioni. L'intera faccenda è troppo dolorosa da rievocare. Vedere tutte quelle molle e quei fili sparsi sul pavimento, quei rottami fumanti... oh povero me...

Achille: Su, signor Granchio, non la prenda così sul tragico...

Granchio: Ora va bene, solo ogni tanto mi capitano questi sfoghi. Dunque, dopo il suo iniziale compiacimento, la signorina T. si rese conto di quanto io fossi colpito ed ebbe compassione di me. Cercò di confortarmi dicendomi che non c'era nulla da fare, che tutto era dovuto al "Teorema" di un Tizio, ma non riuscii a capire niente. Mi pare che fosse una cosa come il "Teorema di Tartödel".

Achille: Mi chiedo se non si trattasse invece del "Teorema di Gödel" di cui mi ha parlato qualche tempo fa... Ha a che fare con un anello alquanto sinistro.

Granchio: Potrebbe essere, non ricordo bene.

Achille: Le posso assicurare, signor Granchio, che ho seguito questa vicenda con la massima solidarietà per la sua posizione. È davvero triste. Ma accennava ad un risvolto positivo in questa faccenda. Mi dica, in che cosa consiste?

Granchio: Oh, certo, il risvolto positivo. Si tratta di un nuovo modo, più fortunato anche se meno ambizioso, d'impostare la mia battaglia con la Tartaruga: fu un'idea luminosa che mi si presentò su un piatto d'argento (o forse solo di latta rivestita d'argento?). Ma andiamo con ordine. Dunque, alla fine mi arresi all'impossibilità di ottenere la "Perfezione" in un grammofono, e mi convinsi che era meglio concentrarmi sulla difesa del giradischi dai dischi della Tartaruga. Ero giunto alla conclusione che un obiettivo più modesto di quello fino ad allora perseguito poteva consistere semplicemente in un giradischi che riuscisse a SOPRAVVIVERE, cioè che evitasse di essere distrutto, anche se ciò significava una limitazione nel tipo di dischi che era in grado di suonare.

Achille: Così decise di progettare raffinati meccanismi anti-Tartaruga a prezzo di rinunciare a riprodurre ogni possibile suono, non è così?

Granchio: Ma..., non direi proprio che lo "decisi". È più giusto dire che fui COSTRETTO a farlo.

Achille: Sì, capisco.

Granchio: La mia nuova idea consisteva nell'impedire la riproduzione sul mio giradischi di tutti i dischi "estranei". Io sapevo che i miei dischi erano innocui, e così, se fossi stato capace di impedire infiltrazioni di dischi ALTRUI, ciò sarebbe stato sufficiente a proteggere il mio giradischi e mi avrebbe ancora permesso di gustare la mia musica.

Achille: Un'eccellente strategia per il suo nuovo scopo. Questa macchina gigantesca che ci sta davanti rappresenta allora la realizzazione del suo progetto secondo quel programma?

Granchio: Proprio così. La signorina T. ha capito naturalmente che deve a sua volta mutare strategia. Il suo scopo principale è ora di costruire un disco in grado di superare i miei controlli: un nuovo tipo di sfida.

Achille: E come pensa di impedire queste infiltrazioni di dischi estranei?

Granchio: Mi promette di non rivelare la mia strategia alla signorina T.?

Achille: Onor di Chelonide!

Granchio: Cosa?

Achille: Oh, è un modo di dire che ho preso a prestito dalla signorina T. Le giuro che la cosa rimarrà tra me e lei.

Granchio: D'accordo, allora. L'essenza del mio piano consiste in una tecnica di ETICHETTAGGIO. In ognuno dei miei dischi metto un'etichetta segreta. Il grammofono che lei vede contiene, come i suoi predecessori d'altronde, una telecamera per il controllo dei dischi e un microcalcolatore per l'elaborazione dei dati ottenuti dalla telecamera e per certe operazioni susseguenti. La mia idea consiste semplicemente nel frantumare tutti i dischi privi di etichetta!

Achille: Ah, dolce vendetta! Ma ho l'impressione che il suo piano possa essere facilmente neutralizzato. La signorina T. non ha che da mettere le mani su uno dei suoi dischi e copiare l'etichetta.

Granchio: Non è così semplice, Achille. Che cosa le fa credere che si possa individuare il modo in cui è marcato il disco? L'etichetta può essere celata meglio di quanto lei possa immaginare!

Achille: Vuol dire che questa strana etichetta può essere "acustica" ed essere mescolata in qualche modo alla stessa musica del disco?

Granchio: Precisamente. Ma c'è un modo per separare le due cose. Si devono prima incamerare otticamente i dati dal disco e poi...

Achille: Allora è questa la funzione di quel fascio di luce verde?

Granchio: Esatto. Era appunto la telecamera che scorreva i solchi. La struttura dei solchi viene inviata al microcalcolatore che analizza lo stile musicale del pezzo: il tutto nel più assoluto silenzio. Niente è stato suonato fino a questo punto.

Achille: Poi vi è un processo discriminante, che elimina i pezzi che non hanno lo stile giusto?

Granchio: Lei ha afferrato l'idea, Achille. Gli unici dischi che possono superare questa seconda prova sono quelli in cui la musica è nel mio proprio stile e non vi è speranza che la signorina T. possa imitarlo. Così ora sono convinto di vincere questa seconda battaglia musicale. Comunque, a onor del vero, devo aggiungere che anche la signorina T. è convinta di riuscire a far breccia nelle mie linee difensive.

Achille: E mandare questa macchina meravigliosa in frantumi?

Granchio: Oh, no. Questo, la signorina T. ha già dimostrato di saperlo fare. Ora vuole semplicemente dimostrare che è in grado di far filtrare un disco anche innocuo, a dispetto delle mie misure precauzionali, quali che esse siano. Continuo a cogliere sue frasi smozzicate intorno a canzoni con strani titoli del tipo "Posso essere suonata dal giradischi X". Ma non MI lascio impressionare! L'unica cosa che mi preoccupa un poco è che, come in precedenza, sembra avere oscure argomentazioni, che... che... (*Ammutolisce; poi, con aria meditabonda, aspira due o tre volte dalla pipa*).

Achille: Hum... Direi che la signorina T. ha un compito impossibile davanti a sé. Ha finalmente incontrato qualcuno in grado di renderle la pariglia!

Granchio: Tenta di lusingarmi, vero? Ma suppongo che lei non conosca il Teorema di Henkin come il fondo delle sue tasche, vero?

Achille: Ora lei scherza. No, non ne ho mai sentito parlare. E non metto in dubbio che si tratti di un teorema affascinante, ma personalmente preferirei che mi dicesse ancora qualcosa sulla "musica per infiltrarsi nei grammofoni". È una storia davvero divertente. E credo d'indovinarne la fine. Naturalmente la signorina T. scoprirà che non vi è più ragione di continuare la contesa e quindi si arrenderà. Non è così?

Granchio: È ciò che io spero, in verità. Ora le piacerebbe vedere un po' le parti interne del meccanismo difensivo del mio grammofono.

Achille: Con piacere. Sono sempre stato curioso di vedere una telecamera in funzione.

Granchio: Detto fatto, mio caro amico. (*Allunga la mano nella cavità a forma di bocca del grosso grammofono, apre un paio di fermagli e tira fuori uno strumento perfettamente confezionato*). Vede? L'intero apparecchio è costruito con moduli indipendenti, che possono essere estratti e usati separatamente. Questa telecamera, ad esempio, funziona molto bene da

FIGURA 82. La belle captive, *di René Magritte (1947).*

sola. Guardi lo schermo lì, sotto il quadro con la tuba in fiamme. (*Dirige la telecamera su Achille, il cui volto appare immediatamente sullo schermo*).

Achille: Incredibile! Posso provare?

Granchio: Certamente.

Achille (*dirigendo la telecamera sul Granchio*): Ora c'è LEI, signor Granchio, sullo schermo.

Granchio: Sono proprio io!

Achille: Supponga ora che io diriga la telecamera sul quadro con la tuba in fiamme. Eccolo ora sullo schermo.

Granchio: La telecamera è dotata anche di zoom, Achille. Lo provi.

Achille: Favoloso! Mi faccia inquadrare la cima di quelle fiamme nel punto in cui s'incontrano con la cornice del quadro... È una sensazione così strana poter "copiare" istantaneamente, e riprodurre sullo schermo, qualsiasi cosa che sia in questa stanza, solo che lo si voglia. Devo solo inquadrare l'oggetto con la telecamera e quello, come per magia, salta dentro lo schermo.

Granchio: QUALSIASI COSA che sia in questa stanza, Achille?

Achille: Qualsiasi cosa che sia in vista, naturalmente.

Granchio: Che cosa accade se lei punta la telecamera sulle fiamme, quelle che stanno sullo schermo?

(*Achille sposta la telecamera in modo da riprendere esattamente il punto sullo schermo televisivo dove sono o erano le fiamme*).

Achille: Oh, questo è divertente! Questa mossa ha fatto SPARIRE le fiamme dallo schermo! Che fine hanno fatto?

Granchio: Non si può tenere un'immagine ferma sullo schermo e allo stesso tempo spostare la telecamera.

Achille: Già... Ma non riesco proprio a capire che cosa c'è ora sul teleschermo. Sembra uno strano lungo corridoio. Eppure io non sto certo puntando la telecamera su un corridoio. Sto semplicemente inquadrando un normale teleschermo.

Granchio: Guardi più attentamente, Achille. Vede veramente un corridoio?

Achille: Ah, ora capisco! È un insieme di copie dello schermo stesso, annidate una dentro l'altra, che diventano sempre più piccole... Naturalmente! L'immagine delle fiamme DOVEVA sparire, poiché essa dipendeva dal fatto che la telecamera inquadrava il DIPINTO. Quando dirigo la telecamera verso lo SCHERMO, allora appare lo schermo stesso con tutto ciò che è sullo schermo in quel momento: cioè lo schermo stesso con tutto ciò che è sullo schermo in quel momento, cioè lo schermo stesso con...

Granchio: Potrei continuare anch'io, Achille. Perché non prova a far ruotare la telecamera sul suo asse?

Achille: Ora prendo un meraviglioso corridoio a spirale! Ogni schermo viene ruotato all'interno dello schermo che gli fa da cornice, e così la rotazione aumenta a mano a mano che gli schermi rimpiccioliscono. Quest'idea di avere un teleschermo che "ingloba se stesso" è strana.

Granchio: Che intende dire con "ingloba se stesso", Achille?

Achille: Mi riferisco a ciò che ottengo quando dirigo la telecamera sullo schermo o su una parte di esso: è QUESTO l'inglobare se stesso.

Granchio: Le dispiace se vediamo la cosa un po' più a fondo? Sono affascinato da questa nuova idea.

Achille: Anch'io.

Granchio: Molto bene, allora. Se si dirige la telecamera su un ANGOLO dello schermo, si può ancora parlare di "autoinglobamento"?

Achille: Vediamo. Hum... Il "corridoio" di schermi sembra uscire dal bordo, quindi non vi è più un annidarsi infinito. È grazioso, ma non è più un vero autoinglobamento. È un "autoinglobamento mancato".

Granchio: Magari si riesce a ripristinarlo riportando la telecamera verso il centro dello schermo...

Achille (*girando lentamente e con cura la telecamera*): Sì! Il corridoio si va allungando sempre di più... Ecco! È ricomparsa l'immagine di prima. Il corridoio si perde a vista d'occhio, ed è tornato ad essere infinito nel preciso istante in cui ho inquadrato lo schermo TUTTO INTERO. Hum... Questo mi ricorda una cosa che la signorina T. mi diceva tempo fa a proposito dell'autoreferenza di un enunciato, che si ha solo quando l'enunciato parla di TUTTO se stesso...

Granchio: Prego?

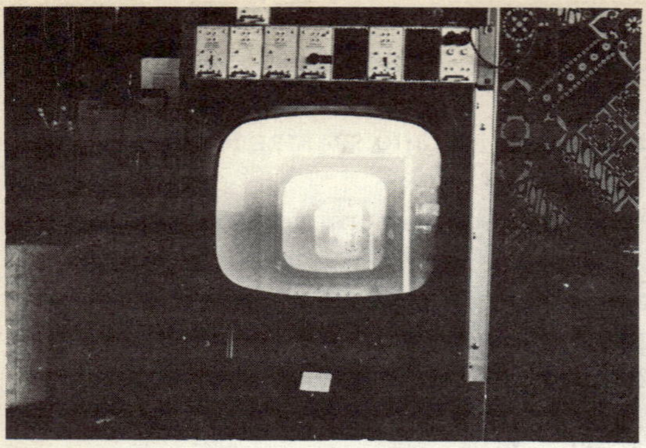

(a) Il caso più semplice.

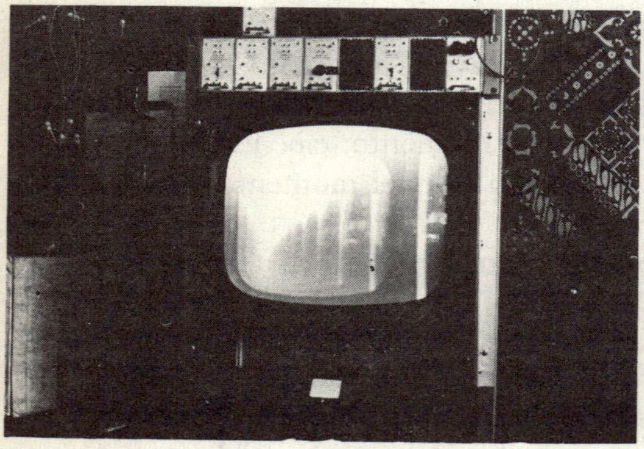

(b) Il "corridoio" di Achille.

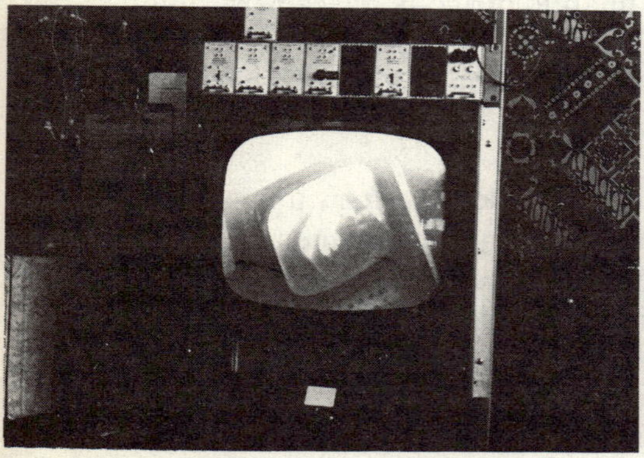

(c) Che cosa accade ruotando la telecamera.

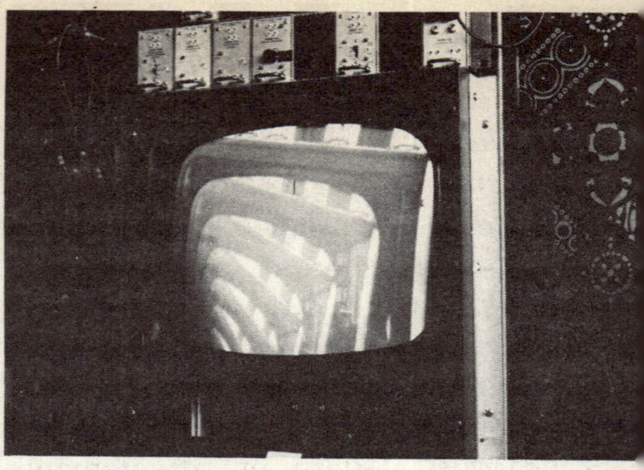

(d) Un "autoinglobamento fallito".

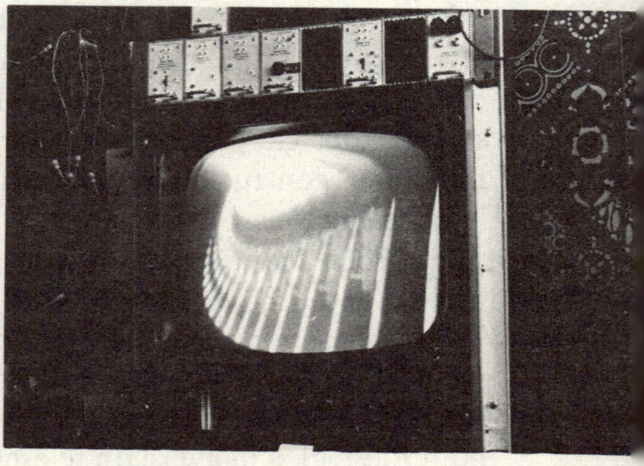

(e) Che cosa accade con lo zoom.

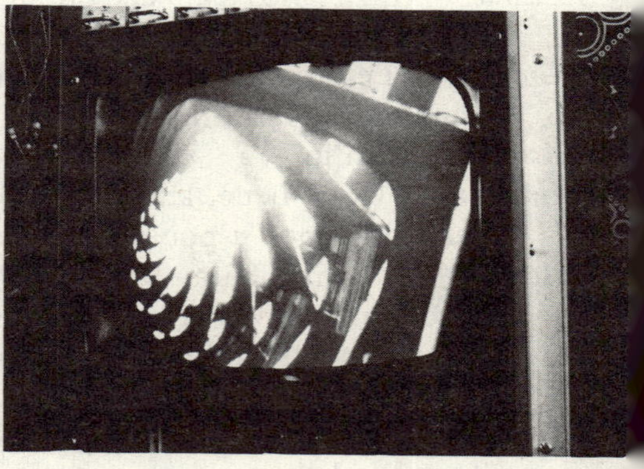

(f) Effetti combinati della rotazione e dello zoom.

FIGURA 83. Dodici schermi TV che si autoinglobano. Ne avrei aggiunto un altro se 13 non fosse stato primo.

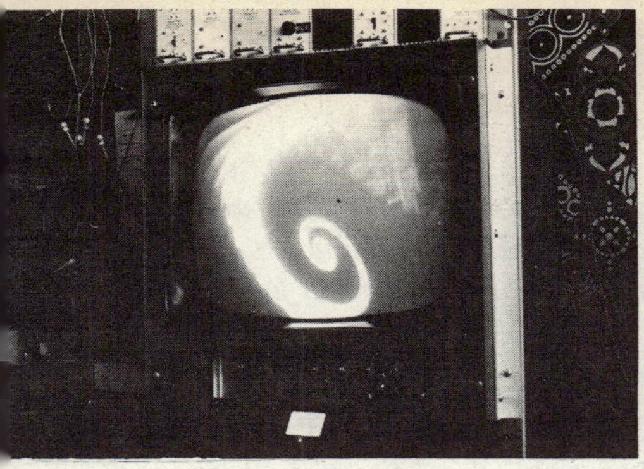

) *Si entra nel bizzarro.*

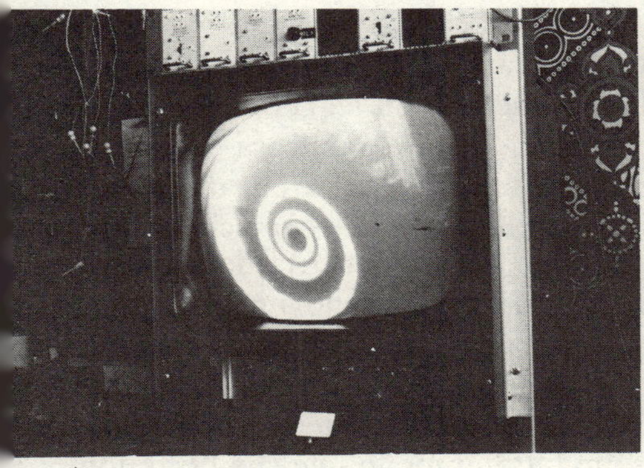

) *È nata una galassia.*

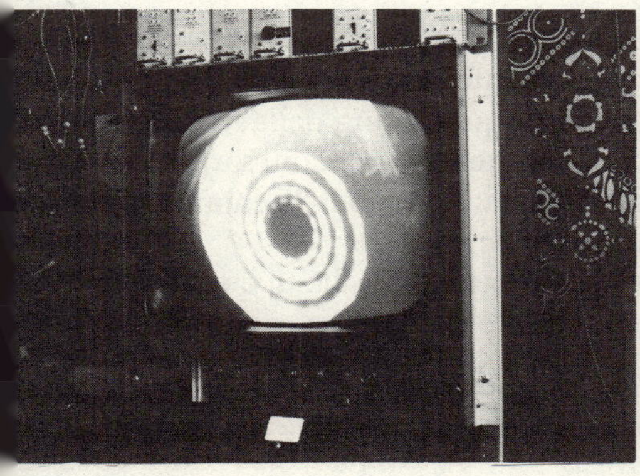

) *La galassia si evolve.*

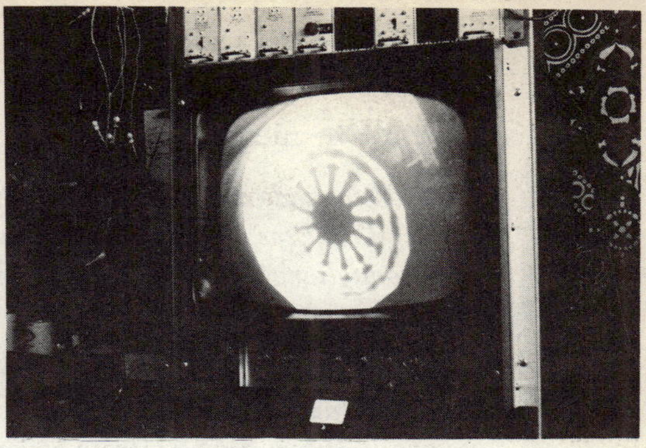

(j) *Le ultime fasi di una galassia. Contare i raggi.*

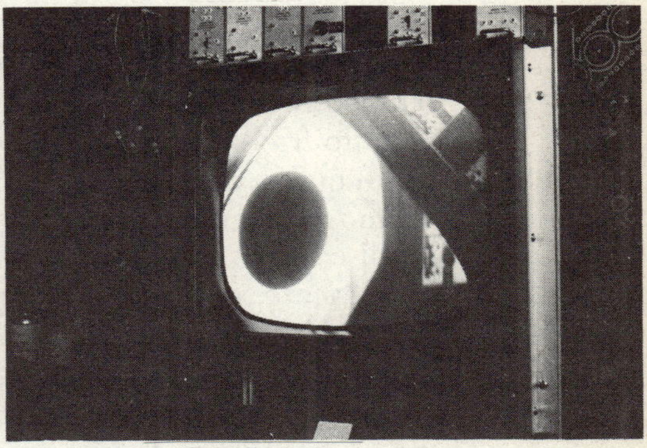

(k) *La galassia si è consumata ed è divenuta... un buco nero.*

(l) *Una "forma pulsante con petali" colta in... flagrante pulsazione.*

Achille: Oh, niente, farfugliavo qualcosa fra me e me.

(Continuando a giocare con gli obiettivi e con i comandi della telecamera, Achille ottiene un profluvio di immagini di autoinglobamento: spirali che assomigliano a galassie, immagini caleidoscopiche a forma di fiori e tante altre ancora...).

Granchio: Si direbbe che lei si stia divertendo un mondo.

Achille (*staccandosi dalla telecamera*): È vero! Che varietà d'immagini è in grado di produrre questa semplice idea! (*Si volta verso lo schermo e un'espressione di stupore passa sul suo volto*). Buon Dio, signor Granchio! Sullo schermo c'è ora una struttura pulsante che sembra fatta di petali! Da che cosa derivano queste pulsazioni? Lo schermo e la telecamera sono fermi.

Granchio: In qualche caso si possono generare strutture che mutano nel tempo. Ciò accade a causa del fatto che vi è un leggero ritardo nel circuito fra l'attimo in cui la telecamera "vede" qualcosa e l'attimo in cui questa cosa appare sullo schermo: ritardi dell'ordine di un centesimo di secondo. Allora, se si hanno — diciamo — una cinquantina di schermi annidati l'uno nell'altro, vi sarà un ritardo totale di circa mezzo secondo. Se per caso un'immagine in movimento finisce sullo schermo, per esempio si passa un dito dinanzi alla telecamera, ci vuole un certo tempo prima che gli schermi più interni "se ne accorgano". Questo ritardo riverbera attraverso l'intero sistema, come un'eco visiva. E se le cose sono fatte in modo tale che l'eco non si estingua, si hanno strutture pulsanti.

Achille: Incredibile! Dica, e se provassimo a realizzare un autoinglobamento TOTALE?

Granchio: Che cosa vuole dire esattamente?

Achille: Vede, questo affare di schermi all'interno di schermi è interessante, ma mi piacerebbe ora avere un'inquadratura della telecamera E dello schermo SULLO schermo. Solo a queste condizioni saremo riusciti davvero a realizzare un autoinglobamento del sistema. Poiché lo schermo è soltanto PARTE del sistema.

Granchio: Capisco. Forse riuscirà a realizzarlo con l'ausilio di questo specchio.

(*Il Granchio porge uno specchio ad Achille, il quale, dopo alcuni tentativi, trova una posizione dello specchio e della telecamera che consente di inquadrare insieme la telecamera e lo schermo*).

Achille: Ecco! Ho creato un autoinglobamento TOTALE!

Granchio: C'è anche lo specchio, che ora fa parte del sistema. Mi sembra però che nell'inquadratura manchi la parte posteriore dello specchio. Ed è grazie alla parte posteriore che lo specchio riflette.

Achille: Giusto. Ma per mostrare entrambi i lati dello specchio ho bisogno di un altro specchio.

Granchio: Però a quel punto si dovrebbe mostrare anche il lato posteriore del secondo specchio. E non pensa che si dovrebbe mostrare anche il lato posteriore della telecamera, oltre a quello anteriore? E poi c'è il cavo, e l'interno del televisore e...

Achille: Ahi, mi gira la testa! Comincio a rendermi conto che questo progetto di "autoinglobamento totale" pone più problemi del previsto. Ho le vertigini.

Granchio: So bene cosa prova. Perché non si siede un momento e cerca di non pensare più a tutta questa faccenda dell'autoinglobamento? Si rilassi! Guardi i miei quadri e si rasserenì.

(*Achille si siede e sospira*).

Oh, ma forse il fumo della mia pipa la disturba? Bene, togliamola di mezzo. (*Si toglie la pipa di bocca e con cura la depone in un altro quadro di Magritte, al di sopra di alcune parole scritte*). Ora si sente un po' meglio?

Achille: Sono ancora un po' stordito. (*Indica il quadro di Magritte*). È un quadro molto interessante. Mi piace inoltre come è incorniciato, specialmente quell'intarsio lucente all'interno della cornice di legno.

Granchio: Grazie. È stato fatto su mia esplicita ordinazione: è un rivestimento d'oro.

Achille: D'oro? Ma di questo passo... E quelle parole sotto la pipa? Non sono in italiano, mi sembra.

Granchio: No, sono in francese. La scritta dice: *"Ceci n'est pas une pipe"*, che significa: "Questa cosa non è una pipa". Ed è perfettamente vero.

FIGURA 84. L'aria e la canzone, *di René Magritte (1964).*

Achille: Eppure È una pipa. Lei la stava fumando!

Granchio: Oh, lei fraintende, credo. La parola *"ceci"* si riferisce al quadro, non alla pipa. Naturalmente la pipa è una pipa. Ma un quadro non è una pipa.

Achille: Mi chiedo se quel *"ceci"* dentro il quadro si riferisca all'INTERO quadro, o solo alla pipa all'interno di esso. Oh Mio Dio! Un ALTRO caso di autoinglobamento! Non mi sento affatto bene, signor Granchio. Mi sembra proprio di avere la nausea...

CAPITOLO XVI

Autoreferenza e autoreplicazione

IN QUESTO CAPITOLO esamineremo alcuni meccanismi che generano autoriferimento in contesti diversi e li confronteremo con i meccanismi che permettono a certi tipi di sistemi di autoriprodursi. Scopriremo così che tra questi meccanismi esistono corrispondenze significative e veramente belle.

Enunciati implicitamente ed esplicitamente autoreferenziali

Per cominciare, consideriamo alcune frasi che a prima vista sembrano costituire gli esempi più semplici di autoreferenza:

(1) Questa frase contiene cinque parole.
(2) Questa frase è priva di senso perché è autoreferenziale.
(3) In questa frase nessun verbo.
(4) Questo enunciato è falso. (Paradosso di Epimenide).
(5) L'enunciato che adesso sto scrivendo è l'enunciato che adesso state leggendo.

Tutti questi esempi, eccetto l'ultimo che è anomalo, implicano il meccanismo apparentemente semplice contenuto nella locuzione "questo enunciato" o "questa frase". Ma tale meccanismo in realtà è lungi dall'essere semplice. Tutte queste frasi "galleggiano" nel contesto della lingua italiana. Possono essere paragonate ad iceberg di cui sono visibili solo le punte. Le successioni di parole sono la punta dell'iceberg e l'elaborazione che deve essere compiuta per giungere alla loro comprensione è la parte sommersa. In questo senso il loro significato è implicito, non esplicito. Naturalmente non capita mai che il significato di un enunciato sia completamente esplicito; ma più esplicita è l'autoreferenza, più in superficie si trovano i meccanismi che la sostengono. In questo caso, per poter riconoscere il carattere autoreferenziale delle frasi elencate sopra, non soltanto si deve avere una conoscenza adeguata di una lingua come l'italiano, nella quale si possono trattare argomenti linguistici, ma si deve anche essere in grado di capire qual è il referente della locuzione "questa frase". Tutto ciò sembra semplice, ma dipende dalla nostra capacità molto complessa, anche se completamente assimilata, di usare una lingua come l'italiano. Particolare importanza ha qui la capacità di comprendere quale sia il referente di un costrutto nominale che contenga un aggettivo dimostrativo. Questa capacità si forma lentamente e non può in alcun modo essere considerata banale. La difficoltà risalta forse più chiaramente nel caso in cui un enunciato quale il 4 venga presentato a una persona ignara di paradossi e di trucchi linguistici, per esempio a un bambino. Questa persona potrebbe chiedere: "Qual è l'enunciato falso?" e potrebbe occorrergli un po' di tempo prima di afferrare l'idea che l'enunciato sta parlando di se stesso. In un primo momento la situazione appare un po' sorprendente e un paio di figure possono aiutare a chiarirla (Figg. 85, 86). La Figura 85 può essere interpretata a due livelli: al primo è un enunciato che punta a se stesso, cioè sentenzia qualcosa a proposito di se stesso; al secondo, è l'immagine di Epimenide che, puntandosi la pistola alla testa, esegue la propria sentenza di morte.

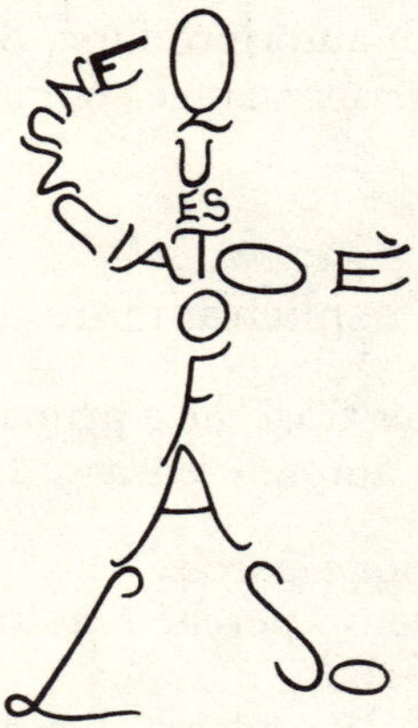

FIGURA 85.

La Figura 86, che mostra le parti visibili e quelle invisibili di un iceberg, suggerisce la proporzione che c'è fra le parole esplicite e l'elaborazione necessaria a riconoscere l'autoreferenza:

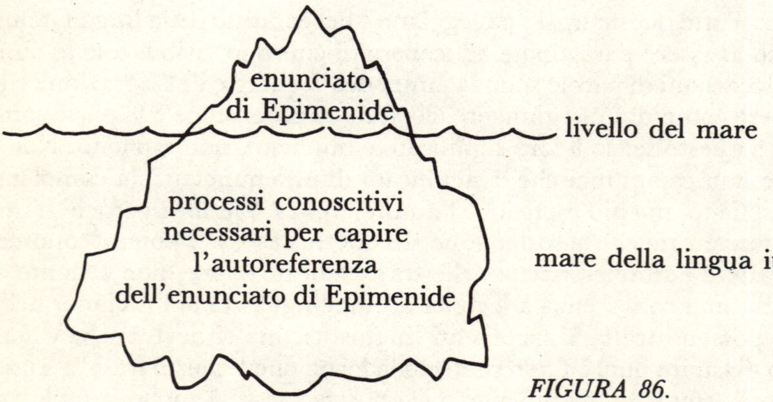

FIGURA 86.

È divertente provare a inventare frasi autoreferenziali senza usare il trucco di dire "questa frase". Si potrebbe tentare di farlo citando una frase all'interno di se stessa. Ecco un esempio:

La frase "La frase contiene cinque parole" contiene cinque parole.

Ma un simile tentativo è destinato a fallire, perché una qualunque frase che potesse essere citata interamente all'interno di se stessa dovrebbe essere più corta di se stessa. In realtà la cosa non è impossibile, ma solo se si è disposti a prendere in considerazione frasi infinitamente lunghe, come per esempio questa:

La frase
"La frase
"La frase
"La frase
.
.
.
.
.
. ecc. ecc.
.
.
.
.
è infinitamente lunga"
è infinitamente lunga"
è infinitamente lunga"
è infinitamente lunga.

Ma questo metodo non può funzionare per le frasi finite. Per lo stesso motivo, la stringa G di Gödel non poteva contenere esplicitamente il numerale del suo numero di Gödel: semplicemente non ci sarebbe entrato. Nessuna stringa dell'AT può contenere il numerale del proprio numero di Gödel, perché quel numerale contiene sempre più simboli della stringa medesima. Si può aggirare questa difficoltà facendo in modo che G contenga una *descrizione* del suo numero di Gödel ottenuta ricorrendo alle nozioni di "sost" e di "aritmoquinificazione".

Uno dei modi per generare autoreferenza in una frase italiana servendosi di una descrizione anziché dell'autocitazione o della locuzione "questa frase" è il metodo di Quine, illustrato nel dialogo *Aria sulla quarta corda*. Comprendere l'enunciato di Quine richiede una elaborazione mentale meno raffinata di quella necessaria per i primi quattro esempi citati sopra. Sebbene a prima vista possa apparire più macchinoso, per certi aspetti è più esplicito. La costruzione di Quine somiglia molto alla costruzione di Gödel per il modo in cui crea l'autoriferimento descrivendo un'altra entità tipografica la quale, non a caso, è isomorfa all'enunciato di Quine stesso. La descrizione della nuova entità tipografica è compiuta con le due parti di cui si compone l'enunciato di Quine: una parte è un insieme di *istruzioni* che dicono come costruire una certa frase, mentre l'altra contiene il materiale che deve essere usato nella costruzione. Questa parte, quindi, funziona come *dima*, cioè come *modello*, o *stampo*. Tutto ciò somiglia a un pezzo di sughero galleggiante piuttosto che a un iceberg (Fig. 87).

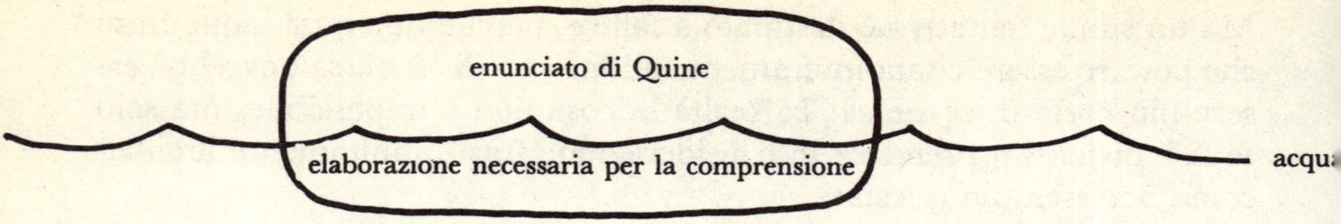

FIGURA 87.

L'autoreferenza di questo enunciato è ottenuta in un modo più diretto che nel paradosso di Epimenide. La quantità di elaborazione necessaria che costituisce la parte sommersa è minore. Tra l'altro, è interessante segnalare questo fatto: si noti la presenza della locuzione "questo enunciato" nella prima riga dopo la figura qui sopra: lì essa non genera autoriferimento; probabilmente tutti hanno capito che il suo referente è l'enunciato di Quine piuttosto che la frase della quale fa parte. Questo serve appunto a mostrare come locuzioni che hanno funzioni di puntatore, come "questo enunciato", vengano interpretate a seconda del contesto e aiuta anche a vedere come l'elaborazione di tali locuzioni sia in effetti molto complicata.

Un programma che si autoriproduce

La nozione di quinificazione e il suo uso per creare autoreferenza sono già state spiegate nel Dialogo, cosicché non abbiamo bisogno di soffermarci su questo argomento. Mostreremo invece in che modo un programma di calcolatore può usare esattamente la stessa tecnica per riprodursi. Il seguente programma che si autoriproduce è scritto in un linguaggio di tipo CicloL ed è fondato sul *far seguire* una locuzione dalla sua propria citazione (si tratta dell'ordine inverso della quinificazione, cosicché invertirò il nome "quine" per ottenere "eniuq"):

```
DEF PROCEDURA ''ENIUQ''[DIMA]: STAMPA [DIMA, PAR-SIN, VIRG-TTA,
DIMA, VIRG-TTA, PAR-DES, PUNTO].
ENIUQ
 ['DEF PROCEDURA ''ENIUQ''[DIMA]: STAMPA [DIMA, PAR-SIN, VIRG-
  TTA, DIMA, VIRG-TTA, PAR-DES, PUNTO].
  ENIUQ'].
```

ENIUQ è una procedura definita dalle prime due righe, il suo ingresso è chiamato "DIMA". È chiaro che quando la procedura viene chiamata, il valore di DIMA sarà una qualche stringa di caratteri tipografici. L'effetto di ENIUQ consiste nel far eseguire un'operazione di stampa nella quale DIMA viene stampata due volte: la prima volta così com'è, la seconda volta fra virgolette semplici e parentesi, con l'aggiunta di un punto finale. Perciò, se il valore di DIMA fosse la stringa DOPPIA-BOLLA, allora eseguendo ENIUQ si otterrebbe:

DOPPIA-BOLLA ['DOPPIA-BOLLA'].

Nelle ultime quattro righe del programma listato sopra, la procedura ENIUQ è chiamata su un valore specifico di DIMA e cioè la lunga stringa all'interno delle virgolette semplici: DEF...ENIUQ. Questo valore è stato scelto oculatamente; esso consiste nella *definizione* di ENIUQ, seguito dalla *parola* ENIUQ. Tutto ciò fa sì che venga stampato il programma stesso o, se si preferisce, una copia esatta di esso. Ciò è molto simile alla versione di QUINE dell'enunciato di Epimenide:

> "produce una falsità se preceduto dalla propria citazione"
> produce una falsità se preceduto dalla propria citazione.

È molto importante rendersi conto che la stringa di caratteri che compare tra virgolette nelle ultime tre righe del programma, cioè il valore di DIMA, non è mai interpretata come una sequenza di istruzioni. Il fatto che in realtà lo sia è, in un certo senso, un evento accidentale. Come è stato accennato sopra, avrebbe potuto essere costituita altrettanto bene da DOPPIA-BOLLA o da una qualunque altra stringa di caratteri. La cosa straordinaria di questo schema è che la stessa stringa, quando si trova nelle prime due linee del programma, *è* trattata come un programma (perché non è citata tra virgolette). Perciò in questo programma la stessa stringa svolge una duplice funzione: prima come programma, poi come dato. Questo è il segreto dei programmi che si autoriproducono e, come vedremo, anche delle molecole che si autoreplicano. Per comodità, si può chiamare *autoreplicante* ogni oggetto o entità che si autoriproduce o si autoreplica e analogamente si può chiamare *autoreferente* ogni oggetto o entità in cui c'è autoriferimento. Di qui in avanti userò spesso questi termini.

Il programma appena considerato è un esempio elegante di programma che si autoriproduce, scritto in un linguaggio che non era inizialmente progettato per rendere particolarmente facile la scrittura di autoreplicanti. Quindi la realizzazione dell'autoriproduzione doveva essere ottenuta usando quelle nozioni e quelle operazioni che risultavano appartenere al linguaggio: per esempio la parola VIRG-TTA e l'istruzione STAMPA. Ma immaginiamo un linguaggio progettato espressamente per rendere gli autoreplicanti facili da scrivere. Allora si sarebbero potuti realizzare autoreplicanti molto più brevi. Per esempio, supponiamo che l'operazione di eniuqare fosse una caratteristica interna al linguaggio stesso, che quindi non richiedesse una definizione esplicita (come abbiamo assunto fosse il caso per STAMPA). Allora un microscopico autoreplicante sarebbe stato il seguente:

ENIUQ ['ENIUQ']

Esso è molto simile alla versione della Tartaruga della versione di Quine dell'autoreferente di Epimenide in cui il verbo "quinare" era considerato noto:

> "produce una falsità se quinato" produce una falsità se quinato

Ma gli autoreplicanti possono essere ancora più brevi; per esempio, in un qualche linguaggio di calcolatore potrebbe esistere la convenzione secondo cui ogni programma il cui primo simbolo sia un asterisco debba essere copiato prima di essere eseguito normalmente. Allora il programma consistente esclusivamente di un asterisco sarebbe un autoreplicante! Si può obiettare che la cosa non ha molto senso e che dipende da una convenzione interamente arbitraria. In effetti già prima ho messo in evidenza che usare la locuzione "questa frase" per ottenere l'autoreferenza è praticamente un imbroglio: fa troppo affidamento sulla elaborazione e non abbastanza su esplicite istruzioni per realizzare l'autoriferimento stesso. Usare un asterisco per dare un esempio di autoreplicante è come usare la parola "io" per dare un esempio di autoreferente. Entrambi nascondono tutti gli aspetti interessanti dei loro relativi problemi.

Ciò ricorda un altro tipo curioso di autoriproduzione: quello ottenuto mediante una macchina fotocopiatrice. Si potrebbe asserire che ogni documento scritto è un autoreplicante perché può essere la causa della copiatura di se stesso quando sia posto in una macchina fotocopiatrice e venga premuto l'apposito pulsante. Ciò tuttavia non corrisponde pienamente alla nostra nozione intuitiva di autoriproduzione. Il foglio di carta non è neanche preso in considerazione e pertanto non dirige la propria riproduzione. Ancora una volta, tutto risiede nell'elaboratore. Prima di chiamare autoreplicante una qualche entità, vorremmo avere la sensazione che essa contenga *esplicitamente* le istruzioni per la propria autoriproduzione nella maniera più estesa possibile.

Certamente l'essere esplicito è una questione di grado; tuttavia c'è un confine intuitivo che separa ciò che noi percepiamo come una vera autoriproduzione controllata dall'oggetto medesimo da ciò che vediamo invece come una semplice operazione di copiatura eseguita da una macchina copiatrice autonoma e inflessibile.

Che cos'è una copia?

In qualsiasi discussione su autoreferenti e autoreplicanti si deve prima o poi fare i conti con il problema centrale: che cos'è una copia? Abbiamo già trattato la questione in maniera approfondita nei Capitoli V e VI e ora dobbiamo ritornare sull'argomento. Per dare un po' il sapore del problema, descriviamo alcuni esempi assai fantasiosi ma plausibili di autoreplicanti.

Una canzone che si autoriproduce

Immaginiamo che nel bar all'angolo ci sia un jukebox il quale, premendo il tasto 11-U, suoni una canzone con le seguenti parole:

Metti un'altra moneta nel jukebox,
Non chiedo di più
che 11-U,
e musica, musica, musica...

Si può fare un piccolo diagramma di quello che succede durante una serata con questo jukebox (Fig. 88).

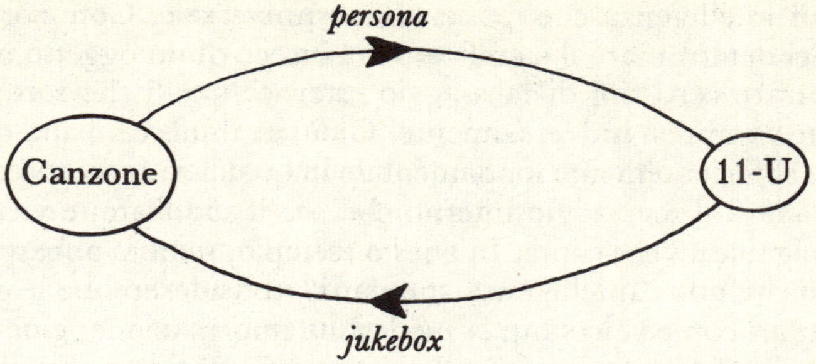

FIGURA 88. Una canzone che si autoriproduce.

È vero che, come risultato finale, la canzone si riproduce; ma sarebbe strano considerare la canzone un autoreplicante, dato che quando passa attraverso lo stadio 11-U non appare esplicitamente tutta l'informazione necessaria. L'informazione c'è soltanto in virtù del fatto che è già interamente immagazzinata nel jukebox, vale a dire in una delle *frecce* del diagramma e non in uno dei riquadri. È dubbio che questa canzone contenga una descrizione completa di ciò che deve essere fatto perché venga suonata un'altra volta, dato che la coppia di simboli "11-U" è soltanto un innesco, non una copia.

Un programma "cancrizzante"

Consideriamo adesso un programma di calcolatore che stampa se stesso all'indietro. (Alcuni lettori potrebbero divertirsi a pensare come si potrebbe scrivere un tale programma nel linguaggio CicloL, usando come modello l'autoreplicante dato). Un tale curioso programma potrebbe essere considerato un autentico autoreplicante? In un certo senso sì, perché una trasformazione banale operata sulla sua uscita recupererebbe il programma originale. Sembra dunque lecito dire che l'uscita contiene la stessa informazione del programma medesimo, solo riordinata in base a una semplice trasformazione. Tuttavia è chiaro che qualcuno potrebbe benissimo guardare l'uscita del programma e non riconoscerla come il medesimo programma stampato all'indietro. Usando la terminologia del Capitolo VI, potremmo dire che "i messaggi interni" del programma e della sua uscita sono gli stessi ma che essi si manifestano in "messaggi esterni" diversi, cioè devono essere letti usando meccanismi di decodificazione diversi. Ora, se si vuole considerare il messaggio esterno come parte dell'informazione, cosa che sembra del tutto ragionevole, allora l'informazione totale non è la stessa, e dunque il programma non può essere considerato un autoreplicante.

Tuttavia questa è una conclusione inquietante, dato che siamo abituati a considerare una qualche entità e la sua immagine speculare come contenenti la stessa informazione. Ricordiamo però che nel Capitolo VI noi rendemmo il concetto di "significato intrinseco" dipendente da una nozione di intelligenza che ipotizzammo universale. Con ciò suggerivamo che nel determinare il significato intrinseco di un oggetto noi potessimo trascurare certi tipi di messaggio esterno: quelli che sarebbero stati comunque compresi universalmente. Cioè, se il meccanismo di decodifica appare sufficientemente fondamentale in qualche modo ancora non ben definito, allora il messaggio interno che per il suo tramite viene rivelato è l'unico significato che conta. In questo esempio, sembra abbastanza giusto ipotizzare che una "intelligenza standard" considererebbe le due immagini speculari come veicolanti la medesima informazione; cioè considererebbe l'isomorfismo fra le due talmente ovvio da poter trascurare la distinzione. Ed in questo senso è legittimata la nostra intuizione che il programma in qualche modo è un autoreplicante autentico.

Epimenide valica le Alpi

Un altro esempio un po' stiracchiato di autoreplicante potrebbe essere un programma che stampa se stesso ma tradotto in un differente linguaggio di programmazione. Lo si potrebbe paragonare alla seguente curiosa versione della versione di Quine dell'autoreferente di Epimenide:

> "est une expression qui, quand elle est précédée de sa traduction, mise entre guillemets, dans la langue provenant de l'autre côté des Alpes, crée une fausseté" è un enunciato il quale, se preceduto dalla propria traduzione, posta tra virgolette, nella lingua proveniente dall'altra parte delle Alpi, produce una falsità.

Il lettore potrebbe provare a scrivere l'enunciato descritto da questa strana mistura. (Attenzione: non si tratta dell'enunciato stesso, per lo meno se "enunciato stesso" è preso in senso letterale). Se la nozione di "autoreplicante retrogrado" (cioè di programma che stampa se stesso all'indietro) ricorda un canone cancrizzante, la nozione di "autoreplicante per traduzione" ricorda a sua volta un canone che comporta la trasposizione del tema in una tonalità diversa.

Un programma che scrive il suo stesso numero di Gödel

L'idea di stampare una traduzione anziché una copia esatta del programma originale può sembrare inutile. Tuttavia, se si volesse scrivere un programma autoreplicante in CicloL oppure in CicloI, si dovrebbe ricorrere a un qualche trucco del genere, perché in quei linguaggi USCITA è sempre un *numero* e mai una stringa tipografica. Perciò sarebbe necessario fare stampare al programma il suo stesso numero di Gödel: un numero colossale in numerazione decimale che codifica il programma stesso carattere per carattere usando codoni di tre cifre. Il programma si avvicina il più possibile al compito di stampare se stesso nell'ambito dei mezzi a sua disposizione: stampa una copia di se stesso in un altro "spazio", ed è facile passare dallo spazio degli interi allo spazio delle stringhe o viceversa. Perciò il valore di USCITA non è un mero innesco come "11-U". Al contrario, tutta l'informazione del programma originale si trova "in prossimità della superficie" dell'uscita.

Autoreferenza gödeliana

Siamo quasi arrivati a descrivere il meccanismo dell'autoreferente G di Gödel. Dopo tutto, quella particolare stringa dell'AT contiene una descrizione non di se stessa, ma di un intero (l'aritmoquinificazione di *u*). Naturalmente non è un caso che quel numero sia una "immagine" esatta della stringa G nello spazio dei numeri naturali. Perciò G si riferisce a una traduzione di se stessa in un altro spazio. Tuttavia siamo ancora autorizzati a considerare G una stringa autoreferenziale, perché l'isomorfismo tra i due spazi è così stretto che li possiamo considerare identici.

L'isomorfismo che riflette l'AT nel regno astratto dei numeri naturali può essere paragonato al quasi-isomorfismo che riflette il mondo reale all'interno del nostro cervello per mezzo dei simboli. I simboli hanno ruoli quasi-isomorfi rispetto agli oggetti, ed è grazie a essi che possiamo pensare. Allo stesso modo i numeri di Gödel hanno ruoli isomorfi rispetto alle stringhe ed è grazie a essi che possiamo trovare significati metamatematici in proposizioni che riguardano i numeri naturali. Il fatto sorprendente e quasi magico a proposito di G è che essa riesce a realizzare l'autoreferenza nonostante che il linguaggio in cui è scritta, l'AT, sembri non offrire alcuna possibilità di riferirsi alle sue proprie strutture, a differenza di una lingua come l'italiano nella quale discutere la lingua italiana è la cosa più facile del mondo.

Quindi G è un esempio eccezionale di autoreferente basato su una traduzione: certamente una situazione molto poco comune. Si possono anche riconsiderare sotto una nuova luce alcuni dei Dialoghi, perché senza dubbio anche alcuni di essi sono autoreferenti basati su una traduzione. Per esempio, consideriamo la *Sonata per Achille solo*. In quel Dialogo comparivano alcuni riferimenti alle sonate di Bach per violino solo e il suggerimento della Tartaruga d'immaginare un accompagnamento con il clavicembalo è particolarmente interessante. Così, se si applica questa idea al Dialogo stesso, si possono inventare battute che la Tartaruga potrebbe pronunciare: ma se invece si presuppone che la parte di Achille si regga da sola (come accade per il violino), allora è completamente fuor di luogo attribuire alla Tartaruga una qualsiasi battuta. In ogni caso, siamo di nuovo di fronte a un autoreferente basato su una corrispondenza che mette in relazione Dialoghi con composizioni di Bach. Naturalmente sta all'intuito del lettore scoprire questa corrispondenza. Tuttavia, anche se il lettore non la nota, la corrispondenza sussiste e il Dialogo rimane un autoreferente.

Un esempio di autoreplicante per aumentazione

Abbiamo già visto alcuni casi di autoreplicanti che possono essere paragonati a canoni. Quale potrebbe essere allora l'analogo di un canone per aumentazione? Ecco una possibilità: scriviamo un programma che contiene un ciclo superfluo il cui unico scopo è di rallentare l'esecuzione del programma. Un parametro esterno potrebbe specificare quante volte il ciclo va ripetuto. Si potrebbe allora realizzare un autoreplicante che stampi una copia di se stesso ma con il parametro cambiato, in modo tale che, quando la copia viene eseguita, il programma proceda per esempio a una velocità pari a metà di quella del programma che l'ha generato. E la "copia figlia" di questo programma a sua volta procederà a una velocità ulteriormente dimezzata, e così via... Nessuno di questi programmi stampa se stesso in maniera identica. Tuttavia chiaramente essi appartengono tutti a una stessa "famiglia".

Tutto ciò fa ricordare l'autoriproduzione degli organismi viventi. Certamente un particolare individuo non è mai identico a nessuno dei suoi genitori; perché allora l'atto di procreare nuovi individui è chiamato "autoriproduzione"? La risposta è che esiste un grossolano isomorfismo fra padre e figlio; si tratta di un isomorfismo che conserva l'informazione relativa alla *specie*. Quindi ciò che viene riprodotto è la *classe* anziché il singolo individuo. È questa la situazione che si verifica anche nella figura ricorsiva Gplot vista nel Capitolo V: infatti la corrispondenza tra le "farfalle magnetiche" di varie dimensioni e forme è grossolana; non ci sono due farfalle esattamente identiche, ma tutte appartengono a una stessa "specie", e la corrispondenza conserva precisamente questo fatto. In termini di programmi che si autoriproducono, questo corrisponderebbe a una *famiglia* di programmi, tutti scritti in "dialetti" di un medesimo linguaggio di programmazione, ognuno in grado di stamparsi ma con piccole modifiche, cosicché il programma che ne risulta appartiene a un dialetto del suo linguaggio di origine.

Un autoreplicante kimiano

Forse l'esempio più raffinato di autoreplicante è il seguente: invece di scrivere un'espressione permessa nel linguaggio di programmazione, si introduca in macchina uno dei messaggi di errore del compilatore di quel linguaggio. Quando il compilatore prende in considerazione questo "programma", per prima cosa si confonde le idee, perché il "programma" non è grammaticalmente corretto. Di conseguenza il compilatore stampa un messaggio di errore. L'unica cosa necessaria per ottenere un autoreplicante è di combinare le cose in modo che il messaggio che viene stampato sia proprio quello che era stato fornito al compilatore medesimo. Questo tipo di autoreplicante, che mi è stato suggerito da Scott Kim, usa un livello del sistema diverso da quello che si utilizzerebbe normalmente. Sebbene possa sembrare un esempio superficiale o addirittura frivolo, esso può avere interessanti analogie in sistemi complessi nei quali, come vedremo tra breve, diversi autoreplicanti lottano l'uno contro l'altro per la sopravvivenza.

Che cos'è l'originale?

Accanto alla domanda "Che cos'è una copia?", c'è un'altra domanda filosofica fondamentale che riguarda gli autoreplicanti. Si tratta del rovescio della medaglia: che cos'è l'originale? Si può capire meglio il problema considerando alcuni esempi:

(1) un programma il quale, quando è eseguito da un qualche interprete, stampa se stesso;

(2) un programma il quale, quando è eseguito da un qualche interprete, stampa se stesso insieme con una copia completa dell'interprete (che dopo tutto è anch'esso un programma);

(3) un programma il quale, quando è eseguito da un qualche interprete, non soltanto stampa se stesso insieme con una copia completa dell'interprete, ma promuove anche un processo di costruzione meccanica nel quale si costruisce un secondo calcolatore identico a quello sul quale stanno girando sia il programma sia l'interprete.

Risulta chiaro che in 1 l'autoreplicante è il programma. Ma in 3 chi è l'autoreplicante? Il programma, oppure il sistema composito programma più interprete, o addirittura il complesso di programma, interprete e calcolatore?

È chiaro che un autoreplicante può implicare qualcosa di più della semplice stampa di se stesso. In effetti la maggior parte di questo Capitolo consisterà in una discussione su particolari autoreplicanti nei quali dati, programmi, interpreti ed elaboratori sono tutti estremamente interconnessi e per i quali l'autoreplicazione comporta la riproduzione simultanea di tutte queste entità insieme.

Tipogenetica

Stiamo adesso per iniziare a trattare uno degli argomenti più profondi e affascinanti del secolo: lo studio della "logica molecolare dello stato vivente", per usare le parole intensamente espressive di Albert Lehninger. E si tratta in effetti di logica, sebbene di un tipo più complesso e bello di quanto mente umana abbia mai immaginato. Ci avvicineremo al nostro argomento da un'angolazione un po' insolita: l'affronteremo con un gioco, un solitario di mia invenzione a cui ho dato il nome di *Tipogenetica*, abbreviazione di "Genetica Tipografica". Nella Tipogenetica ho cercato di esprimere alcune idee della genetica molecolare attraverso un sistema tipografico che a prima vista somiglia molto ai sistemi formali del tipo del sistema MIU. Naturalmente la Tipogenetica comporta molte semplificazioni e quindi ha soprattutto un'utilità didattica.

Voglio spiegare subito che quello della biologia molecolare è un campo nel quale interagiscono fenomeni posti a livelli diversi e che la Tipogenetica cerca di illustrare fenomeni appartenenti soltanto a uno o a due livelli. In particolare sono stati trascurati gli aspetti puramente chimici: si tratta di fenomeni posti a un livello più basso di quello di cui ci occupiamo qui; allo stesso modo sono stati trascurati tutti gli aspetti della genetica classica, cioè della genetica non molecolare: si tratta in questo caso di fenomeni posti a un livello più alto di quello che c'interessa. Ciò che mi propongo con la Tipogenetica è solo di dare un'immagine intuitiva di quei processi che s'intrecciano attorno al celebre *Dogma Centrale della Biologia Molecolare* che fu enunciato da Francis Crick (uno degli scopritori della struttura a doppia elica del DNA):

DNA ⇒ RNA ⇒ proteine

Io spero che nel modello, certamente assai scheletrico, che ho costruito il lettore percepirà alcuni semplici princìpi unificanti del campo: princìpi che altrimenti potrebbero essere oscurati dall'interazione incredibilmente complessa dei fenomeni a molti livelli differenti. Ciò che viene sacrificato è naturalmente la rigorosa precisione; ciò che si ricava, io spero, è un'idea intuitiva del problema.

Filamenti, basi, enzimi

Il gioco della Tipogenetica comporta la manipolazione tipografica di sequenze di lettere. Vi sono quattro lettere:

A C G T.

Sequenze arbitrarie di queste lettere sono chiamate *filamenti*. Perciò alcuni filamenti sono:

GGGG
ATTACCA
GATTAGATTAGATTA

Mi riferirò qualche volta alle lettere A, C, G, T chiamandole *basi* e alle posizioni che esse occupano chiamandole *unità*. Così posso dire che nel filamento centrale vi sono sette unità nella quarta delle quali si trova la base A.

Se si ha un filamento, si può operare su di esso e cambiarlo in vari modi. Si può anche copiarlo o tagliarlo in due, producendo così filamenti addizionali. Alcune operazioni allungano i filamenti, altre li accorciano e altre ancora lasciano invariata la loro lunghezza.

Le operazioni si presentano raggruppate, vale a dire parecchie operazioni debbono essere compiute insieme nell'ordine specificato. Un tale raggruppamento di operazioni somiglia un poco a una macchina programmata che si muove avanti e indietro lungo il filamento operando su di esso. Queste macchine mobili vengono chiamate "enzimi tipografici" o *tipoenzimi*, ma anche semplicemente *enzimi*. Gli enzimi operano sui filamenti manipolandone una unità alla volta e si dice che sono "legati" all'unità sulla quale stanno operando in ogni momento dato.

Adesso mostrerò come alcuni enzimi lavorano su certe particolari sequenze. La prima cosa da sapere è che ogni enzima gradisce legarsi inizialmente a una lettera particolare. Quindi vi sono quattro tipi di enzimi: quelli che preferiscono A, quelli che preferiscono C, ecc. Quando sia data la sequenza di operazioni che un enzima compie, è possibile capire quale lettera preferisce; ma per ora fornirò l'informazione senza dare spiegazioni. Ecco un esempio di enzima che compie tre operazioni:

(1) Cancellare l'unità alla quale l'enzima è legato (e poi legarsi all'unità immediatamente a destra).
(2) Muoversi di un'unità verso destra.
(3) Inserire una T (alla destra immediata di questa unità).

Questo enzima preferisce legarsi inizialmente ad A. Prendiamo ora un filamento:

AGATA

Che cosa accade se il nostro enzima si lega alla A di sinistra e comincia ad operare? Il passo 1 cancella la A, e così rimaniamo con GATA. Ora l'enzima è legato alla G. Il passo 2 fa scorrere l'enzima a destra, legandolo alla seconda A, e il passo 3 attacca una T alla destra di questa A, producendo GATTA. Ora l'enzima ha fatto tutto ciò che doveva fare: ha trasformato AGATA in GATTA.

Che cosa sarebbe accaduto se si fosse legato alla A di destra? Avrebbe cancellato quella A e sarebbe scivolato fuori del filamento. Ogni volta che ciò accade, l'enzima lascia il filamento ed esce di scena (questo è un principio del tutto generale). Così l'unico effetto sarebbe stato quello di tagliar via un simbolo. Vediamo altri esempi. Ecco un altro enzima:

(1) Cercare la prossima pirimidina a destra di questa unità.
(2) Attivare la modalità Copia.
(3) Cercare la prossima purina a destra di questa unità.
(4) Tagliare qui il filamento (cioè alla destra di questa unità).

Qui compaiono i termini "pirimidina" e "purina". Il loro significato è semplice. A e G sono chiamate *purine*; C e T sono chiamate *pirimidine*. Quindi cercare una pirimidina significa cercare una C o una T.

Modalità Copia e filamenti doppi

Un altro termine nuovo è *modalità Copia*. Su un qualunque filamento può esserne "copiato" un altro, ma in un modo curioso. Su A, invece di copiare A si copia T e viceversa, e su C, invece di copiare C si copia G e viceversa. Si noti che si copia una purina su una pirimidina e viceversa. Questo fatto si chiama *accoppiamento complementare delle basi*. Le coppie complementari sono indicate qui sotto:

coppie complementari

$$\textit{purine}\ \left\{ \begin{matrix} A & \Leftarrow\Rightarrow & T \\ G & \Leftarrow\Rightarrow & C \end{matrix} \right\}\ \textit{pirimidine}$$

Un modo per ricordare facilmente questo schema molecolare di accoppiamento è che Achille è accoppiato con la Tartaruga e il granChio con i suoi Geni.

Quando si "copia" un filamento, dunque, non se ne fa una vera e propria copia, ma si costruisce un filamento *complementare*; e questo nuovo filamento verrà scritto capovolto su quello originale. Vediamo tutto ciò in termini concreti. Consideriamo l'ultimo enzima citato (anch'esso gradisce partire da una A) e vediamo come opera sul seguente filamento:

CAAAGAGAATCCTCTTTGAT

Ci sono molti punti da cui questo enzima potrebbe iniziare ad operare. Prendiamo per esempio la seconda A. L'enzima vi si lega e quindi esegue il passo 1: cercare la pirimidina più vicina a destra: vale a dire, cercare una C o una T. La prima che si trova è la T più o meno verso il centro del filamento, cosicché è lì che andremo. Segue il passo 2: modalità Copia. Questo significa che si pone una A capovolta sopra la T; ma non è tutto, perché la modalità Copia *rimane in azione* finché non è disattivata oppure finché l'enzima non ha terminato. Questo significa che ogni base manipolata dall'enzima mentre la modalità Copia è attivata riceverà una base complementare sopra di sé. Il passo 3 dice di cercare una purina alla destra di T. Si tratta della G che si trova due simboli a sinistra della fine del filamento. Naturalmente lungo il percorso che facciamo per raggiungere quella G dobbiamo "copiare", cioè creare un filamento complementare. Ecco quello che ne risulta:

∀⅁⅁∀⅁∀∀∀Ɔ
CAAAGAGAATCCTCTTTGAT

L'ultimo passo consiste nel *tagliare* il filamento. Questo ci darà due pezzi:

∀⅁⅁∀⅁∀∀∀Ɔ
CAAAGAGAATCCTCTTTG

e AT.

A questo punto il gruppo di istruzioni è esaurito. Siamo però rimasti con un doppio filamento. Ogni volta che ciò accade, dobbiamo separare i due filamenti complementari l'uno dall'altro (questo è un principio generale), e dunque il nostro prodotto finale è un insieme di tre filamenti:

AT, CAAAGAGGA e CAAAGAGAATCCTCTTTG.

Si noti che il filamento capovolto è stato girato nel senso giusto e che perciò destra e sinistra sono state invertite.

Abbiamo visto così la maggior parte delle operazioni tipografiche che possono essere compiute sui filamenti. Ci sono altre due istruzioni che devono essere menzionate. Una di queste *disattiva* la modalità Copia; l'altra *sposta* l'enzima da un filamento a quello capovolto che si trova su di esso. Quando questo succede, se si mantiene il foglio nella posizione normale bisogna scambiare "sinistra" e "destra" in tutte le istruzioni. O meglio, si possono mantenere le istruzioni inalterate e capovolgere il foglio di carta in modo che il filamento di sopra diventi leggibile. Se è stato dato il comando "spostarsi", ma non c'è alcuna base complementare nella posizione alla quale è legato l'enzima in quell'istante, allora l'enzima semplicemente si stacca dal filamento e il suo lavoro è terminato.

Si deve anche dire che, quando s'incontra un'istruzione "tagliare", essa vale per *entrambi* i filamenti (se ce ne sono due); invece l'istruzione "cancellare" si riferisce solo al filamento sul quale l'enzima è legato. Se la modalità Copia è *attivata*, allora l'istruzione "inserire" riguarda entrambi i filamenti: la base richiesta va nel filamento sul quale l'enzima è legato, e il suo complemento nell'altro. Se invece la modalità Copia è *disattivata*, allora il comando "inserire" si riferisce solo a un filamento, cosicché nel filamento complementare deve essere inserito uno spazio vuoto.

Per tutto il tempo in cui la modalità Copia rimane *attivata*, i comandi "muoversi" e "cercare" richiedono la collocazione di basi complementari sopra a tutte le basi che l'enzima tocca nel suo scorrimento. Per inciso, la modalità Copia è sempre *disattivata* quando l'enzima comincia ad operare. Se la modalità Copia è *disattivata* e s'incontra l'istruzione "disattivare la modalità Copia", non accade nulla. Allo stesso modo, non accade nulla se la modalità Copia è già attivata e s'incontra l'istruzione "attivare la modalità Copia".

Amminoacidi

Ci sono quindici tipi di comandi, elencati qui sotto:

tgl	____	tagliare il filamento/i filamenti
can	____	cancellare una base
sps	____	spostarsi sull'altro filamento
mvd	____	muoversi di un'unità verso destra
mvs	____	muoversi di un'unità verso sinistra
atc	____	attivare la modalità Copia
dtc	____	disattivare la modalità Copia
ina	____	inserire A a destra di questa unità

inc ____ inserire C a destra di questa unità
ing ____ inserire G a destra di questa unità
int ____ inserire T a destra di questa unità
pid ____ cercare la prossima pirimidina a destra
pud ____ cercare la prossima purina a destra
pis ____ cercare la prossima pirimidina a sinistra
pus ____ cercare la prossima purina a sinistra.

Ognuno di questi comandi ha un'abbreviazione di tre lettere. Ci riferiremo a queste abbreviazioni chiamandole "amminoacidi tipografici", *tipoamminoacidi*, o semplicemente *amminoacidi*. Perciò *ogni enzima è costituito da una sequenza di amminoacidi*. Scriviamo un enzima arbitrario:

pud – inc – atc – mvd – mvs – sps – pus – int

e un filamento arbitrario:

TAGATCCAGTCCATCGA

e vediamo come l'enzima opera sul filamento. Questo enzima vuole legarsi alla lettera G. Leghiamolo alla G centrale e cominciamo. Cerchiamo a destra una purina (cioè A o G). Passeremo (cioè l'enzima passerà) sopra TCC per finire su A. Inseriamo una C. Ora abbiamo

TAGATCCAGTCCACTCGA
↑

in cui la freccia punta all'unità alla quale l'enzima è legato. Attiviamo la modalità Copia. Questo ha l'effetto di porre una G capovolta sopra la C. Muoviamoci a destra, muoviamoci a sinistra, spostiamoci sull'altro filamento. Questo è quello che abbiamo ottenuto fino ad ora:

↓
AG (capovolto)
TAGATCCAGTCCACTCGA

Giriamo tutto il sistema in modo che l'enzima risulti legato al filamento inferiore:

TAGATCCAGTCCACTCGA (capovolto)
AG
↑

Ora cerchiamo a sinistra una purina e troviamo A. La modalità Copia è attivata, ma le basi complementari ci sono già, cosicché non si deve aggiungere niente. Finalmente inseriamo una T (in modalità Copia) e terminiamo:

TAGATCCAGTCCACATCGA (capovolto)
ATG
↑

Il nostro prodotto finale consiste quindi di due filamenti:

ATG e TAGATCCAGTCCACATCGA

Naturalmente il vecchio filamento non esiste più.

Ci si può chiedere da dove vengono gli enzimi e i filamenti e come si può scoprire quale sia la preferenza per il legame iniziale di un dato enzima. Un modo per risolvere il problema potrebbe essere quello di mescolare a caso alcuni filamenti e alcuni enzimi e vedere che cosa succede quando quegli enzimi operano su quei filamenti e sulla loro progenie. Tutto ciò ricorda il gioco MU, in cui erano date alcune regole d'inferenza e un assioma, e semplicemente si cominciava ad operare. La sola differenza è che qui, ogni volta che si opera su di un filamento, la sua forma originale è perduta per sempre. Nel gioco MU, operare su MI per ottenere MIU non distruggeva MI.

Ma nella Tipogenetica, come nella vera genetica, lo schema è parecchio più complicato. Si comincia con un filamento arbitrario, un po' come se fosse un assioma di un sistema formale, ma al principio non abbiamo nessuna "regola di inferenza", cioè non abbiamo enzimi. Tuttavia possiamo *tradurre* ogni filamento in uno o più enzimi! Perciò i filamenti stessi detteranno le operazioni che saranno compiute su di essi, e tali operazioni, a loro volta, produrranno nuovi filamenti, i quali determineranno ulteriori enzimi, ecc. ecc.! Tutto ciò comporta salti di livello a briglia sciolta! Pensiamo, per fare un paragone, quanto sarebbe stato diverso il gioco MU se, grazie a un qualche codice, ogni nuovo *teorema* prodotto avesse potuto essere considerato una nuova *regola di inferenza*.

Come si compie questa "traduzione"? Esiste a questo scopo un *Codice Tipogenetico* in base al quale coppie di basi adiacenti di un singolo filamento, chiamate "doppiette", rappresentano amminoacidi diversi. Vi sono 16 possibili doppiette: AA, AC, AG, AT, CA, CC, ecc. E ci sono quindici amminoacidi. Il Codice Tipogenetico è illustrato nella Figura 89.

Seconda base

Prima base	A	C	G	T
A		tgl *r*	can *r*	sps *d*
C	mvd *r*	mvs *r*	atc *d*	dtc *s*
G	ina *r*	inc *d*	ing *d*	int *s*
T	pid *d*	pud *s*	pis *s*	pus *s*

FIGURA 89. Codice Tipogenetico, in base al quale ogni doppietta di un filamento codifica per uno dei quindici amminoacidi (o per un segno d'interpunzione).

In base alla tabella, la traduzione della doppietta GC è "inc" ("inserire una C"); quella di AT è "sps" ("spostarsi sull'altro filamento"), e così via. Perciò diventa chiaro che un filamento può determinare direttamente un enzima. Per esempio il filamento

TAGATCCAGTCCACATCGA

si spezza in doppiette come segue:

TA GA TC CA GT CC AC AT CG A

con la ultima A lasciata da sola. La sua traduzione in enzima è la seguente:

pid – ina – pud – mvd – int – mvs – tgl – sps – atc

(Si noti che la A rimasta isolata non dà alcun contributo).

Struttura terziaria degli enzimi

Qual è il senso di quelle lettere '*s*' '*r*' '*d*' poste nell'angolo a destra di ogni riquadro? Esse sono importantissime per determinare le preferenze di legame dell'enzima e in un modo molto singolare. Per scoprire a quale lettera l'enzima preferisce legarsi bisogna scoprire la sua "struttura terziaria", a sua volta determinata dalla "struttura primaria" dell'enzima medesimo. Per *struttura primaria* s'intende la sua sequenza di amminoacidi. Per *struttura terziaria* s'intende il modo nel quale l'enzima si "ripiega su se stesso". Il fatto che qui interessa è che gli enzimi non gradiscono di rimanere in linea retta, come finora li abbiamo rappresentati. Per ogni amminoacido interno (cioè per tutti eccetto i due estremi) esiste una possibilità di ripiegatura che è indicata dalle lettere scritte negli angoli dei riquadri. In particolare, *d* e *s* stanno per destra e sinistra, mentre *r* sta per linea retta. Allora prendiamo il nostro ultimo esempio di enzima e ripieghiamolo su se stesso per mettere in evidenza la sua struttura terziaria. Partiremo dalla struttura primaria dell'enzima e ci muoveremo lungo di esso da sinistra verso destra. Dopo ogni amminoacido la cui lettera d'angolo è *s* faremo un angolo retto a sinistra; se la lettera è *d* faremo un angolo retto a destra e se è *r* continueremo in linea retta. Nella Figura 90 è mostrata la conformazione bidimensionale del nostro enzima.

atc						
⇑						
sps	⇐	tgl	⇐	mvs	⇐	int
						⇑
						mvd
						⇑
		pid	⇒	ina	⇒	pud

FIGURA 90. Struttura terziaria di un tipoenzima.

Si noti come si piega a sinistra in "pud", a destra in "sps", e così via. Si noti anche che il primo segmento ("pid ⇒ ina") e l'ultimo segmento ("sps ⇒ atc") sono perpendicolari. È questa la chiave della preferenza di legame. In effetti, *l'orientazione relativa del primo e dell'ultimo segmento* della struttura terziaria di un enzima determina la preferenza di legame dell'enzima medesimo. Possiamo sempre orientare l'enzima in modo che il suo primo segmento sia rivolto verso destra; in questo caso, l'ultimo segmento determina la preferenza di legame nel modo illustrato nella Figura 91.

primo segmento	*ultimo segmento*	*lettera a cui si lega*
⇒	⇒	A
⇒	⇑	C
⇒	⇓	G
⇒	⇐	T

FIGURA 91. Tavola delle preferenze di legame dei tipoenzimi.

Perciò nel nostro caso abbiamo un enzima che preferisce la lettera C. Se nel ripiegarsi un enzima attraversa se stesso, la cosa è accettabile: basta soltanto pensare che esso passa sopra o sotto se stesso. Si noti che *tutti* gli amminoacidi che compongono un enzima hanno un ruolo nella determinazione della sua struttura terziaria.

Segni di interpunzione, geni e ribosomi

C'è ancora una cosa da spiegare. Perché il riquadro corrispondente alla doppietta AA nel Codice Tipogenetico è vuoto? La risposta è che la doppietta AA agisce come un *segno d'interpunzione* all'interno di un filamento e segnala la fine del codice per un enzima.

Questo significa che un filamento può codificare per due o più enzimi se in esso compaiono una o più doppiette AA. Per esempio il filamento

CG GA TA CT AA AC CG A

codifica per i *due* enzimi:

atc – ina – pid – dtc

e

tgl – atc

con AA utilizzato per dividere il filamento in due "geni". La definizione di *gene* è la seguente: *quella porzione di filamento che codifica per un singolo enzima*. Osserviamo che la semplice presenza di AA all'interno di un filamento non significa che questo codifichi per due enzimi. Per esempio, CAAG codifica per "mvd – can". Le due A contigue cominciano su un'unità pari e pertanto non sono lette come una doppietta!

Il congegno che legge i filamenti e che produce gli enzimi in esso codificati si chiama *ribosoma*. (Nella Tipogenetica il giocatore fa il lavoro dei ribosomi). I ribosomi non sono responsabili della struttura *terziaria* degli enzimi, poiché questa è interamente determinata non appena viene creata la struttura primaria. Per inciso, il processo di *traduzione* avviene sempre *dai filamenti agli enzimi* e mai nell'ordine inverso.

Problema: come costruire un autoreplicante tipogenetico

Ora che le regole della Tipogenetica sono state interamente esposte, può essere interessante provare a giocare proponendosi particolari obiettivi. In particolare, può essere del massimo interesse proporsi di realizzare un filamento che si autoreplichi. L'impostazione dovrebbe essere più o meno questa: si scrive un filamento; un ribosoma opera su di esso e produce tutti gli enzimi che vi sono codificati. Questi enzimi vengono posti a contatto con il filamento originario e messi in condizione di operare. Il risultato sarà un insieme di "filamenti figli". I filamenti figli a loro volta passano attraverso i ribosomi e forniscono una seconda generazione di enzimi, i quali operano sui filamenti figli e così via; il ciclo può continuare a ripetersi per un qualsiasi numero di stadi successivi. La speranza è che alla fine, tra i filamenti che a un certo punto saranno presenti, si trovino due copie del filamento originario (una delle copie potrebbe essere, in realtà il filamento originario medesimo).

Il Dogma Centrale della Tipogenetica

I processi tipogenetici possono essere rappresentati schematicamente con il seguente diagramma (Fig. 92).

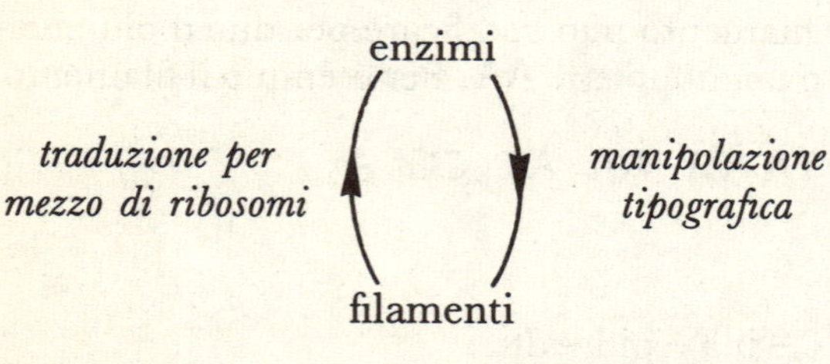

FIGURA 92. Il "Dogma Centrale della Tipogenetica": un esempio di "Gerarchia Aggrovigliata".

Questo diagramma illustra il *Dogma Centrale della Tipogenetica*. Esso mostra in che modo i filamenti definiscono gli enzimi (tramite il Codice Tipogenetico) e come a loro volta gli enzimi operano sui filamenti che li hanno generati producendo nuovi filamenti. Perciò la linea a sinistra mostra come la *vecchia informazione corre verso l'alto*, nel senso che l'enzima è la traduzione di un filamento e contiene perciò la medesima informazione del filamento, ma in forma diversa, e precisamente in forma attiva. La linea destra, tuttavia, non mostra informazione che scorre verso il basso; al contrario, mostra in che modo *viene creata nuova informazione*: con lo spostamento di simboli nei filamenti.

Nella Tipogenetica un enzima, come una regola di inferenza in un sistema formale, sposta i simboli nei filamenti alla cieca, senza alcuna considerazione per un possibile "significato" che possa stare in agguato dietro i simboli stessi. Si verifica quindi una curiosa confusione di livelli. Da una parte i filamenti vengono elaborati e quindi svolgono il ruolo di *dati* (come è indicato dalla freccia a destra); dall'altra essi determinano le azioni che saranno compiute sui dati e quindi svolgono il ruolo di *programmi* (come è indicato dalla freccia a sinistra). È naturalmente il giocatore della Tipogenetica che agisce come interprete e come elaboratore. La strada a due sensi che lega i livelli "superiore" e "inferiore" della Tipogenetica mostra che in effetti né i filamenti né gli enzimi possono essere considerati di livello superiore rispetto agli altri. Viceversa, un diagramma del *Dogma Centrale del sistema MIU* avrebbe il seguente aspetto:

regole di inferenza

↓ *(manipolazione tipografica)*

stringhe

Nel sistema MIU *esiste* una distinzione chiara di livelli: non c'è alcun dubbio che le regole di inferenza appartengono a un livello più alto che non le stringhe. Lo stesso vale per l'AT e per tutti gli altri sistemi formali.

Strani Anelli, AT e genetica vera

Abbiamo visto, tuttavia, che nell'AT i livelli *sono* mescolati, anche se in un altro senso. In quel caso viene a mancare la distinzione tra linguaggio e metalinguaggio: asserti *a proposito* del sistema vengono rispecchiati *all'interno* del sistema. Se facciamo un diagramma che illustri la relazione tra l'AT e il suo metalinguaggio, ci accorgeremo che esso somiglia in modo notevole a quello che rappresenta il Dogma Centrale della Biologia Molecolare. La cosa che ora ci proponiamo di fare è appunto un confronto dettagliato di questi due diagrammi; ma per poterlo fare ci è necessario prima capire quali punti della genetica *vera* coincidono con quelli della Tipogenetica e quali ne differiscono. Naturalmente la genetica reale è assai più complessa della Tipogenetica: ma lo "scheletro concettuale" che il lettore ha acquisito considerando la Tipogenetica sarà estremamente utile come guida nel labirinto della vera genetica.

DNA e nucleotidi

Esaminiamo prima di tutto che rapporto c'è tra "filamenti" e DNA. La sigla "DNA" sta per "acido desossiribonucleico". Nella maggior parte delle cellule il DNA si trova nel *nucleo*, che è una piccola regione della cellula protetta da una membrana. Gunther Stent ha definito il nucleo la "sala del trono" della cellula, con il DNA nel ruolo del sovrano. Il DNA consiste di lunghe catene di molecole relativamente semplici chiamate *nucleotidi*. Ogni nucleotide è composto di tre parti: (1) un gruppo fosfato; (2) uno zucchero chiamato "desossiribosio" (che differisce dallo zucchero "ribosio" per la mancanza di un particolare atomo di ossigeno, da cui il prefisso desossi-) e (3) una *base*. È solo la base che distingue un nucleotide da un altro; perciò basta specificare la base per identificare il nucleotide. Le quattro basi che compaiono nei nucleotidi del DNA sono:

A:	adenina	*purine*
G:	guanina	
C:	citosina	*pirimidine*
T:	timina	

(Si veda anche la Fig. 93). È facile ricordare quali basi sono pirimidine, perché la prima vocale in "citosina" e "timina" è la lettera 'i' come la prima vocale di "pirimidina". Più avanti, quando incontreremo l'RNA, introdurremo un'altra pirimidina, l'"uracile", che rovinerà questa regoletta. (Nota: le lettere che rappresentano le basi nella genetica reale non saranno stampate in carattere Quadrata come quelle della Tipogenetica).

Un singolo filamento di DNA consiste dunque di molti nucleotidi disposti in fila, uno dopo l'altro, come una collana di perline. Il legame chimico che lega un nucleotide ai suoi due vicini è molto forte; si tratta di un *legame covalente* e la "collana di perline" è spesso chiamata *impalcatura covalente* del DNA.

Ora però il DNA generalmente si presenta come doppio filamento: sotto forma cioè di due filamenti singoli accoppiati nucleotide per nucleotide (Fig. 94). Responsabili dello specifico accoppiamento che ha luogo tra i filamenti sono le basi: ogni base di un filamento ha di fronte una base complementare dell'altro filamento e si lega con essa. I complementi sono gli stessi che nella Tipogenetica: A si accoppia con T e C con G. Sempre una purina si accoppia con una pirimidina.

In confronto ai forti legami covalenti dell'impalcatura, i legami *tra i filamenti* sono molto deboli. Non si tratta di legami covalenti ma di *legami idrogeno*. Un legame idrogeno viene a formarsi quando due complessi molecolari sono disposti uno accanto all'altro in modo tale che un atomo di idrogeno, il quale originariamente faceva parte di uno solo di essi, si "confonde", non sa più a quale complesso appartiene e rimane a oscillare fra i due complessi, in dubbio su quale debba scegliere. Poiché le due metà della molecola del DNA a due filamenti sono tenute insieme soltanto da

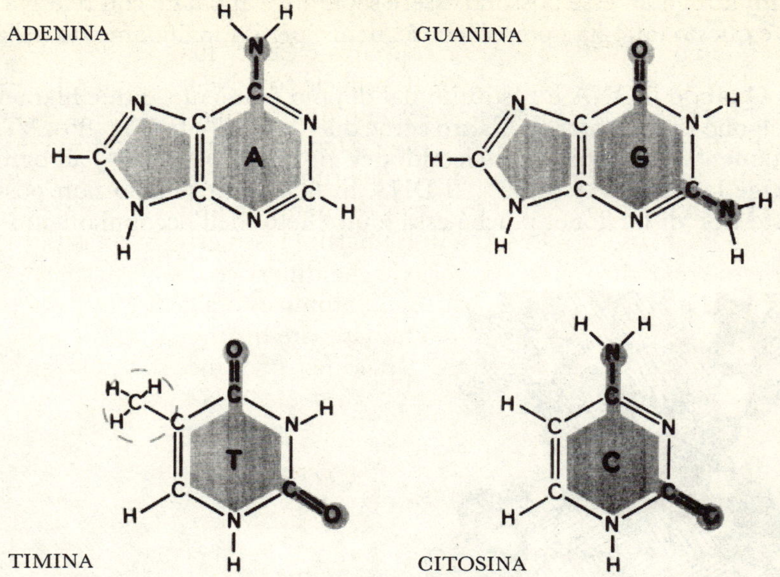

FIGURA 93. Le quattro basi costituenti del DNA: adenina, guanina, timina, citosina. [*Da Hanawalt e Haynes,* The Chemical Basis of Life *(San Francisco: W.H. Freeman, 1973), p. 142*].

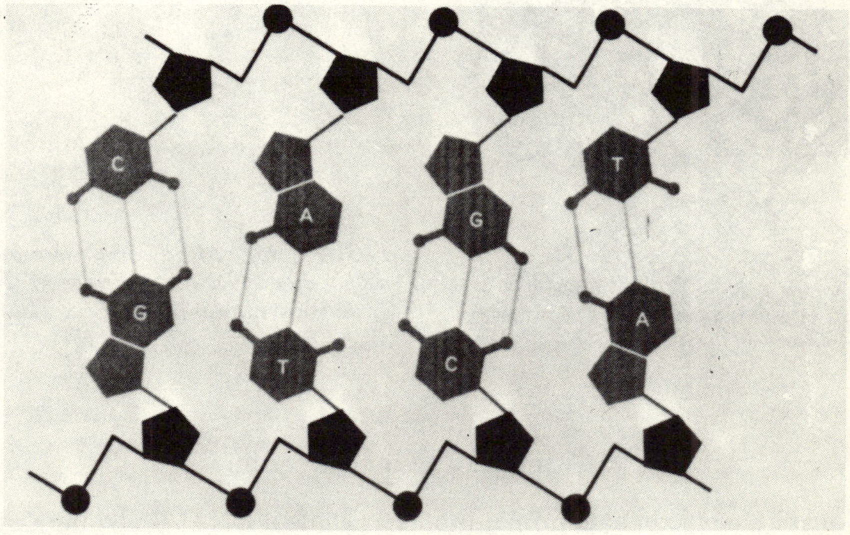

FIGURA 94. La struttura del DNA somiglia ad una scala nella quale i due montanti consistono alternativamente di unità di deossiribosio e fosfato. I pioli sono formati dalle basi accoppiate in un modo specifico, A con T e G con C, e tenuti insieme rispettivamente da due o tre legami idrogeno. [*Da Hanawalt e Haynes,* The Chemical Basis of Life, *p. 142*].

legami idrogeno, esse possono essere separate e appaiate con relativa facilità; e questo fatto ha notevoli conseguenze per il funzionamento della cellula.

Quando il DNA è costituito dal doppio filamento, i due filamenti si avvolgono l'uno attorno all'altro come due tralci di vite (Fig. 95). Vi sono esattamente 10 coppie di nucleotidi per giro; in altre parole, ad ogni nucleotide la torsione è di 36°. Il DNA in filamento singolo non possiede questo tipo di torsione, poiché essa è un effetto dell'accoppiamento delle basi.

FIGURA 95. Modello molecolare della doppia elica del DNA. [*Da Vernon M. Ingram,* Biosynthesis *(Menlo Park, Calif.: W.A. Benjamin, 1972), p. 13*].

RNA messaggero e ribosomi

Come è stato accennato prima, in molte cellule il DNA, il sovrano della cellula, si trova nella sua "sala del trono" privata: il nucleo della cellula. Ma la maggior parte della "vita" della cellula si svolge all'esterno del nucleo, precisamente nel *citoplasma*: lo "sfondo" rispetto alla "figura" del nucleo. In particolare gli *enzimi*, praticamente responsabili di ogni processo vitale, vengono costruiti dai *ribosomi* nel citoplasma e svolgono la maggior parte della loro attività nel citoplasma. Esattamente come nella Tipogenetica, i progetti di costruzione di tutti gli enzimi sono registrati nei filamenti: cioè nel DNA che rimane protetto dentro la sua piccola casa nucleare. Ma allora, in che modo l'informazione relativa alla struttura degli enzimi viene trasferita dal nucleo ai ribosomi?

Qui entra in campo l'*RNA messaggero* (mRNA) il quale, come dice il suo nome, è un messaggero, un inviato del DNA che ha il compito di prendere l'informazione, il messaggio, custodito dal DNA nel suo rifugio nucleare e di portarlo fuori, nel citoplasma, per consegnarlo ai ribosomi. In che modo si compie tutto ciò? L'idea è semplice: uno speciale tipo di enzima all'interno del nucleo copia fedelmente lunghi pezzi della sequenza di basi del DNA in un nuovo filamento: un filamento di RNA messaggero. Questo mRNA lascia il nucleo e circola nel citoplasma dove incontra molti ribosomi che, operando su di esso, cominciano a compiere il loro lavoro di produzione di enzimi.

Il processo con il quale il DNA viene copiato nell'mRNA all'interno del nucleo è chiamato *trascrizione*; durante questo processo la struttura a due filamenti del DNA deve essere temporaneamente rotta e il DNA separato nei suoi due singoli filamenti, uno dei quali serve come modello o *stampo* per l'mRNA. A proposito, "RNA" è la sigla di "acido ribonucleico"; la struttura dell'RNA è molto simile a quella del DNA, salvo il fatto che tutti i suoi nucleotidi posseggono quel particolare atomo di ossigeno del ribosio che manca ai nucleotidi del DNA. Perciò si fa cadere il prefisso "desossi-". Inoltre al posto della timina l'RNA usa la base uracile, cosicché l'informazione, nei filamenti dell'RNA, può essere rappresentata da sequenze arbitrarie delle quattro lettere 'A', 'C', 'G', 'U'. Quando il DNA viene trascritto nell'mRNA, il processo di trascrizione opera con il solito accoppiamento di basi (salvo il fatto che U sostituisce T), per cui il DNA che fa da stampo e l'mRNA che gli corrisponde potrebbero avere, per esempio, questo aspetto:

DNA:	.... CGTAAATCAAGTCA	(stampo)
mRNA:	.... GCAUUUAGUUCAGU	("copia")

Generalmente l'RNA non forma lunghi filamenti doppi appaiandosi con un altro RNA, sebbene possa farlo; perciò lo si incontra prevalentemente sotto forma di lunghi filamenti casualmente incurvati piuttosto che nella forma ad elica caratteristica del DNA.

Il filamento di mRNA, una volta che ha lasciato il nucleo, incontra quelle strane creature subcellulari chiamate "ribosomi"; ma prima di spiegare in che modo un ribosoma usa l'mRNA dobbiamo fare alcune osservazioni sulle proteine e sugli enzimi. Gli enzimi appartengono a quella categoria generale di molecole biologiche chiamate *proteine* e il compito dei ribosomi è di costruire ogni tipo di proteine e non solamente gli enzimi. Le proteine che non sono enzimi sono entità di natura molto più passiva; molte di esse, per esempio, sono molecole *strutturali*, vale a dire agiscono come puntoni e travature negli edifici cellulari e tengono insieme le varie parti della cellula. Vi sono anche altri tipi di proteine, ma per i nostri scopi, le proteine più importanti sono gli enzimi, e quindi non ne darò una classificazione precisa.

Amminoacidi

Le proteine sono composte da sequenze di *amminoacidi*, dei quali esistono venti varietà fondamentali, ognuna indicata con una abbreviazione di tre lettere.

ala	——	alanina
arg	——	arginina
asn	——	asparagina
asp	——	acido aspartico
cis	——	cisteina
fen	——	fenilanina
gli	——	glicina
gln	——	glutammina
glu	——	acido glutammico
ile	——	isoleucina
ist	——	istidina
leu	——	leucina
lis	——	lisina
met	——	metionina
pro	——	prolina
ser	——	serina
tir	——	tirosina
tre	——	treonina
trp	——	triptofano
val	——	valina

Si noti la leggera differenza numerica con la Tipogenetica, dove c'erano soltanto quindici "amminoacidi". Un amminoacido è una piccola molecola pressappoco della stessa complessità di un nucleotide; quindi i mattoni costitutivi delle proteine e degli acidi nucleici (DNA, RNA) sono approssimativamente delle stesse dimensioni. Tuttavia le proteine hanno sequenze molto più corte. Normalmente una proteina completa è costituita di circa 300 amminoacidi, mentre un filamento di DNA può contenere centinaia di migliaia o anche milioni di nucleotidi.

Ribosomi e registratori a nastro

Quando un filamento di mRNA, arrivato dal nucleo nel citoplasma, incontra un ribosoma, ha luogo un processo molto bello e complicato detto *traduzione*. Si può affermare che questo processo di traduzione è alla base di tutto il processo vitale; in esso rimangono molti punti oscuri, ma nell'essenza è semplice descriverlo. Ne darò prima un'immagine pittoresca che renderò poi più precisa. Immaginiamo l'mRNA come un lungo frammento di nastro magnetico e il ribosoma come un registratore a nastro. Quando il nastro passa attraverso la testina del registratore, esso viene "letto" e convertito in musica o in altri suoni. Dunque le tracce magnetiche sono "tradotte" in note. Analogamente, quando un "nastro" di mRNA passa attraverso la "testa di lettura" di un ribosoma, le "note" che vengono prodotte sono gli *amminoacidi* e i "brani musicali" creati dall'insieme di queste note sono le *proteine*. È questa la sostanza del processo di traduzione. Se ne ha un'immagine visiva nella Fig. 98.

Il Codice Genetico

Ma in che modo un ribosoma può produrre una catena di amminoacidi quando legge una catena di nucleotidi? Questo mistero fu risolto nei primi anni '60 grazie agli sforzi congiunti di molte persone. Al centro del problema c'è il *Codice Genetico*: una corrispondenza fra triplette di nucleotidi e amminoacidi (Fig. 96). Esso è estremamente simile al Codice Tipogenetico, salvo il fatto che in questo caso occorrono tre basi consecutive (o tre nucleotidi) per formare un côdone, mentre nella Tipogenetica ne bastavano due. Perciò vi devono essere 4 × 4 × 4 (= 64) diversi elementi nella tavola anziché 16. Il ribosoma scorre lungo un filamento di RNA soffermandosi ad esaminare tre nucleotidi per volta, cioè un codone per volta, ed ogni volta attacca un nuovo amminoacido alla proteina che è in corso di formazione. Perciò una proteina emerge dal ribosoma amminoacido dopo amminoacido.

CUA GAU

Cu Ag Au

Un tipico segmento di mRNA letto prima come due triplette (sopra) e poi come tre doppiette (sotto): esempio di hemiolia in biochimica.

Struttura terziaria

Tuttavia, a mano a mano che emerge da un ribosoma, la proteina non soltanto diventa sempre più lunga, ma si ripiega continuamente su se stessa in una complicatissima forma tridimensionale, in un modo molto simile a certi fuochi d'artificio che simultaneamente si allungano e si arricciano quando vengono accesi. Questa strana forma è chiamata *struttura terziaria* della proteina (Fig. 97), mentre la sequenza di amminoacidi di per se stessa è chiamata *struttura primaria* . La struttura terziaria è implicita nella struttura primaria come nella Tipogenetica. Tuttavia la ricetta per ottenere la struttura terziaria a partire dalla struttura primaria è molto più complessa di quella data nella Tipogenetica. In effetti, uno dei problemi centrali della moderna biologia molecolare è proprio quello di scoprire le regole in base alle quali sia possibile prevedere la struttura terziaria di una proteina quando sia conosciuta solo la sua struttura primaria.

Il Codice Genetico

	U	C	A	G	
U	fen	ser	tir	cis	U
	fen	ser	tir	cis	C
	leu	ser	*interp.*	*interp.*	A
	leu	ser	*interp.*	trp	G
C	leu	pro	ist	arg	U
	leu	pro	ist	arg	C
	leu	pro	gen	arg	A
	leu	pro	gen	arg	G
A	ile	tre	asn	ser	U
	ile	tre	asn	ser	C
	ile	tre	lis	arg	A
	met	tre	lis	arg	G
G	val	ala	asp	gli	U
	val	ala	asp	gli	C
	val	ala	glu	gli	A
	val	ala	glu	gli	G

FIGURA 96. Il Codice Genetico in cui ogni tripletta in un filamento di RNA messaggero specifica uno dei venti amminoacidi (o un segno di interpunzione).

Spiegazione riduzionistica della funzione delle proteine

Un'altra differenza tra Tipogenetica e genetica reale, e si tratta probabilmente della differenza più importante, è la seguente: mentre nella Tipogenetica ogni amminoacido componente di un enzima è responsabile di un qualche specifico "pezzo di comportamento", negli enzimi reali non possono essere attribuiti ai singoli amminoacidi ruoli specifici così chiari. È la struttura terziaria *nel suo complesso* che determina il modo di funzionare di un enzima. Non si può dire: "Se questo amminoacido è presente, allora sarà effettuata quella tale operazione". In altre parole, nella genetica reale il contributo di un singolo amminoacido alla funzione globale dell'enzima non è "indipendente dal contesto". Questo fatto tuttavia non deve essere inteso come un'arma per un'argomentazione antiriduzionistica, argomentazione che consisterebbe nell'asserire che "l'intero [enzima] non può essere spiegato come la somma delle sue parti". Un'affermazione del genere sarebbe completamente ingiustificata. Ciò che invece *è* giustificato è il rifiuto dell'affermazione più ingenua secondo cui "ogni amminoacido contribuisce alla somma indipendentemente dalla presenza degli altri amminoacidi". In altre parole, la funzione di una proteina non può essere pensata come la somma delle funzioni delle sue singole parti indipendentemente dal contesto: piuttosto va considerato come queste parti interagi-

FIGURA 97. ***La struttura della mioglobina dedotta da dati di spettrografia ad alta risoluzione. La struttura a larga scala che richiama un tubo contorto è la struttura terziaria: l'elica a scala più piccola all'interno, l'"elica alfa", è la struttura secondaria.*** *[Da A. Lehninger,* Biochemistry].

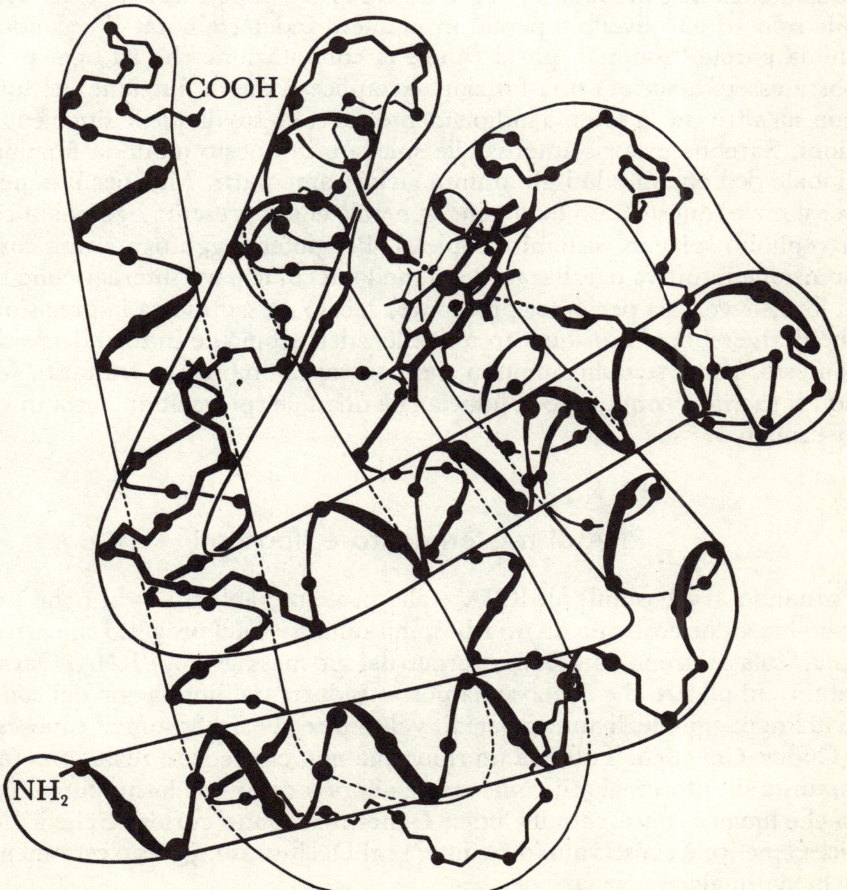

scono. È ancora possibile in via di principio scrivere un programma di calcolatore che prenda come ingresso la struttura primaria di una proteina, determini dapprima la sua struttura terziaria e poi determini la funzione dell'enzima. Questa sarebbe una spiegazione completamente riduzionistica del funzionamento delle proteine, ma la determinazione della "somma" delle parti richiederebbe un algoritmo estremamente complesso. Il chiarimento della *funzione* di un enzima data la sua *struttura* primaria, o anche terziaria, è un altro grande problema della biologia molecolare contemporanea.

Forse, in ultima analisi, la funzione dell'enzima come un tutto può essere pensata come la somma di funzioni indipendenti dal contesto delle parti, a condizione che però si considerino come parti le singole particelle quali elettroni e protoni, piuttosto che grosse "aggregazioni in blocchi" quali gli amminoacidi. È questo un esempio del "Dilemma del Riduzionista": per poter spiegare tutto in termini di somme *indipendenti dal contesto* occorre scendere al livello della fisica; ma allora il numero di particelle diventa così enorme da rendere tutta l'argomentazione una pura petizione di principio. Perciò ci si deve accontentare di una somma dipendente dal contesto, che presenta due svantaggi. Il primo è che le parti prese in considerazione sono molto più grandi e il loro comportamento è descrivibile solo ad alto livello e perciò in maniera indeterminata. Il secondo è che la parola "somma" porta con sé la connotazione che ad ogni parte possa essere associata una funzione semplice e che la funzione del tutto non sia altro che la somma indipendente dal contesto di quelle singole funzioni. Sarebbe proprio impossibile spiegare in questo modo la funzione globale dell'enzima dati gli amminoacidi come parti. Ma, per il bene o per il male, questo è un fenomeno generale che si presenta ogni volta che si vogliono spiegare sistemi complessi. Per poter raggiungere una comprensione intuitiva e utilizzabile del modo in cui le parti interagiscono tra di loro, ovverosia per poter procedere, spesso va sacrificata la precisione che deriverebbe da un quadro a livello microscopico e indipendente dal contesto, per il semplice motivo che non sapremmo come trattarlo. Ma non si sacrifica comunque la fiducia che una tale spiegazione esista in via di principio.

RNA di trasferimento e ribosomi

Tornando ai ribosomi, all'RNA e alle proteine, abbiamo visto che una proteina viene costruita da un ribosoma sulla base del progetto che arriva dalla "sala del trono" del DNA, portato dal suo messaggero, l'RNA. Questo sembra implicare che il ribosoma possa tradurre dal linguaggio dei codoni al linguaggio degli amminoacidi, vale a dire che il ribosoma "conosca" il Codice Genetico. Tuttavia un ribosoma non possiede in realtà una tale quantità di informazioni; come riesce allora a compiere la sua funzione? In che luogo *è* conservato il Codice Genetico? Il fatto curioso è che il Codice Genetico è conservato (dove mai?) nel DNA stesso. Questo certamente richiede qualche spiegazione.

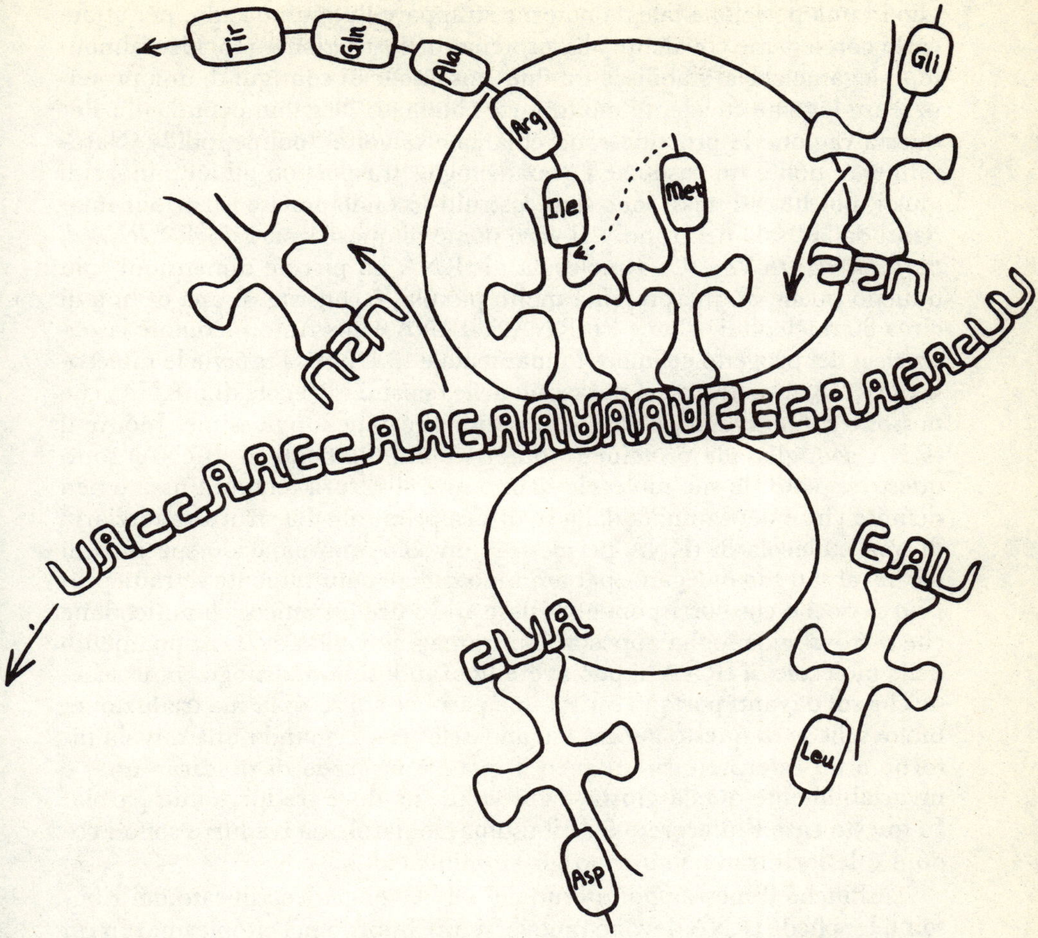

FIGURA 98. Una sezione di mRNA che passa attraverso un ribosoma. Nelle vicinanze, sparse nel citoplasma, si aggirano le molecole di tRNA portatrici di amminoacidi. Questi vengono strappati dal ribosoma e attaccati alla proteina in costruzione. Il Codice Genetico è contenuto nelle molecole di tRNA, collettivamente. Notare come l'accoppiamento di basi (A-U, C-G) è rappresentato dalle forme delle lettere che si compenetrano nel diagramma. [*Disegno di Scott E. Kim*].

Rinunciamo per il momento a una spiegazione completa e vediamo una spiegazione parziale. Esistono, sempre presenti nel citoplasma e in continuo movimento, numerosissime molecole a forma di quadrifoglio. A una foglia del quadrifoglio è legato debolmente (cioè con un legame idrogeno) un amminoacido, e sulla foglia opposta c'è una tripletta di nucleotidi chiamata *anticodone*. Per i nostri scopi le altre due foglie non hanno interesse. Ora spieghiamo come questi "quadrifogli" sono usati dai ribosomi nella produzione delle proteine. Quando un nuovo codone di mRNA si mette in posizione sulla "testa di lettura" del ribosoma, il ribosoma pesca nel citoplasma un quadrifoglio il cui anticodone è complementare al codone dell'mRNA e ve lo aggancia. Dopo di che tira il quadrifoglio in una posizione tale da poterne strappare l'amminoacido, per attaccarlo con legame covalente alla proteina in costruzione. (Incidentalmente, il legame che si stabilisce fra due amminoacidi contigui di una proteina è un legame covalente molto forte chiamato "legame peptidico". Per questa ragione le proteine sono chiamate talvolta "polipeptidi"). Naturalmente non è un caso che i "quadrifogli" trasportino gli amminoacidi giusti, poiché essi stessi sono stati costruiti secondo precise istruzioni emananti dalla "sala del trono". Il vero nome di questi quadrifogli è *RNA di trasferimento (tRNA)*. Una molecola di tRNA ha piccole dimensioni, più o meno quelle di una proteina molto piccola, e consiste di una catena di circa 80 nucleotidi. Come l'mRNA, il tRNA è costruito mediante la *trascrizione* del progetto cellulare fondamentale: il DNA. Tuttavia le molecole di tRNA sono piccole a paragone delle enormi molecole di mRNA, che possono contenere migliaia di nucleotidi in catene lunghissime. Inoltre il tRNA somiglia alle proteine (e differisce dai filamenti di mRNA) sotto questo aspetto: le sue molecole hanno una struttura terziaria fissa e ben definita che è determinata dalla struttura primaria. La struttura terziaria di una molecola di tRNA permette a un solo amminoacido specifico di legarsi al suo sito di legame per amminoacidi; e naturalmente si tratta proprio di quello che corrisponde, in base al Codice Genetico, all'anticodone che si trova sulla foglia opposta. Un'immagine vivida del funzionamento delle molecole di tRNA si può avere figurandosi i quadrifogli come schede che sul davanti portano scritta una parola e sul retro la sua traduzione; molte schede di questo genere vagano nell'aria formando una nuvola intorno a un interprete simultaneo il quale è in grado di pescarne una, e invariabilmente quella giusta, ogni volta che deve tradurre una parola. In questo caso l'interprete è il ribosoma, le parole da tradurre sono i codoni e le loro traduzioni sono gli amminoacidi.

Affinché il messaggio interno del DNA venga decodificato dai ribosomi, le schede tRNA devono muoversi tutt'intorno nel citoplasma. In un certo senso, il tRNA contiene l'essenza del messaggio *esterno* del DNA, poiché esso è la chiave del processo di traduzione. Ma il tRNA stesso proviene dal DNA. Quindi il messaggio esterno finisce per far parte del messaggio interno; questa situazione ricorda quella del messaggio nella bottiglia che spiega in che lingua esso stesso è scritto. Naturalmente nessun tentativo in questa direzione può essere totalmente soddisfacente: il DNA non ha alcuna possibilità di potersi realmente e integralmente sollevare da terra sostenendosi ai tiranti dei propri stivali. Una certa conoscenza del Codice Genetico deve già essere presente nella cellula in via preliminare per permettere la costruzione di quegli enzimi che trascrivono il tRNA medesimo dall'originale che risiede nel DNA. E questa conoscenza si trova nelle molecole di tRNA costruite precedentemente. Questo tentativo di ovviare alla necessità di un qualsiasi messaggio esterno assomiglia al drago di Escher il quale si sforza più che può, entro il contesto del mondo bidimensionale nel quale è confinato, di diventare tridimensionale. Sembra che sia in grado di compiere decisivi progressi in quella direzione, ma naturalmente non ci riesce mai, nonostante la considerevole imitazione della tridimensionalità che raggiunge.

Interpunzione e registri di lettura

Come fa un ribosoma a sapere a che punto una proteina è terminata? Come nella Tipogenetica, c'è un segnale all'interno dell'mRNA che indica la terminazione e l'inizio di una proteina. In effetti, ci sono tre codoni speciali, UAA, UAG, UGA, che si comportano come *segni d'interpunzione* anziché codificare per amminoacidi. Ogni volta che si presenta alla "testa di lettura" di un ribosoma una di queste triplette, il ribosoma libera la proteina in costruzione e ne comincia una nuova.

Recentemente è stata chiarita la struttura dell'intero genoma del più piccolo virus conosciuto, ϕX174. Nel corso di questo lavoro è stata fatta una scoperta del tutto inattesa: alcuni dei suoi nove geni si sovrappongono. Questo significa che *due proteine distinte sono codificate dalla medesima porzione di DNA*! C'è perfino un gene interamente contenuto all'interno di un altro! Tutto ciò è possibile perché i registri di lettura dei due geni sono sfasati l'uno rispetto all'altro esattamente di un'unità. La densità d'informazione raggiunta con questo schema è altissima. A questo fatto naturalmente s'ispira l'idea dello strano biscotto della fortuna di Achille che contiene lo "haiku 8/17", nel *Canone per aumentazione intervallare.*

Ricapitolazione

In breve, quindi, emerge la seguente situazione: dal suo trono centrale il DNA manda lunghi filamenti di RNA messaggero ai ribosomi che si trovano nel citoplasma; e i ribosomi, facendo uso delle "schede" di tRNA che volteggiano intorno a loro, costruiscono efficacemente le proteine, amminoacido dopo amminoacido, seguendo il progetto contenuto nell'mRNA. Il DNA determina soltanto la struttura primaria delle proteine; ma tanto basta, poiché queste, via via che emergono dai ribosomi, come per magia si piegano nelle conformazioni complesse nelle quali risiede la loro capacità di agire come potenti macchine chimiche.

Livelli di struttura e significato nelle proteine e nella musica

Abbiamo usato questa immagine del ribosoma come registratore a nastro, dell'mRNA come nastro e della proteina come musica. Può sembrare un'immagine arbitraria e tuttavia vi sono in essa corrispondenze straordinarie. La musica non è una semplice sequenza lineare di note. La nostra mente percepisce la musica a un livello ben più alto di questo. Noi aggreghiamo note in frasi, frasi in melodie, melodie in movimenti e movimenti in intere composizioni. Analogamente le proteine sono significative solo quando agiscono come unità globali. Sebbene la struttura primaria porti tutta l'informazione affinché venga creata la struttura terziaria, purtuttavia a noi dà l'impressione di "pesare" di meno, perché la sua potenzialità si realizza interamente solo quando la struttura terziaria è effettivamente e fisicamente realizzata.

Per inciso, stiamo parlando di struttura primaria e di struttura terziaria, ma ci si può ben chiedere che cosa sia accaduto alla struttura *secondaria* o se per caso non esista una struttura quaternaria. Il ripiegarsi su se stessa di una proteina si realizza a più di un livello. In particolare, in alcuni punti lungo la catena di amminoacidi può esserci la tendenza a formare una specie di elica, chiamata *elica alfa* (da non confondersi con la doppia elica del DNA). Questa struttura a elica è a un livello più basso rispetto ai ripiegamenti della struttura terziaria, come si vede nella Figura 97. La struttura quaternaria può essere paragonata direttamente al costruirsi di una composizione musicale a partire da movimenti indipendenti, poiché comporta il connettersi di alcuni polipeptidi, completi e autonomi, già configurati nelle loro belle spire terziarie, in una struttura di dimensioni maggiori. Queste catene indipendenti solitamente si legano l'una all'altra mediante legami idrogeno piuttosto che mediante legami covalenti. La stessa cosa succede appunto nelle composizioni musicali costituite da diversi movimenti, dato che questi sono uniti tra di loro con legami meno forti di quelli che presentano al loro interno, pur formando un tutto "organico" e compatto.

I quattro livelli di struttura primaria, secondaria, terziaria e quaternaria possono anche essere paragonati ai quattro livelli del disegno MU (Fig. 62) nel *Preludio e... mirmecofuga*. La struttura globale, che consiste delle lettere 'M' e 'U', è la struttura *quaternaria*. Ognuna di queste due parti ha una struttura *terziaria* costituita da "OLISMO" e "RIDUZIONISMO", con la parola opposta come struttura *secondaria*; infine, al livello più basso c'è la struttura *primaria* costituita ancora dalla parola "MU" ripetuta innumerevoli volte.

Poliribosomi e canoni a due ordini

Veniamo adesso a un'altra divertente analogia tra registratori che traducono nastri magnetici in musica e ribosomi che traducono mRNA in proteine. Immaginiamo un insieme di molti registratori disposti in fila a intervalli regolari. Potremmo chiamare questo schieramento di registratori un "poliregistratore". Ora immaginiamo un unico nastro che passi in serie attraverso le teste di lettura di tutti i singoli registratori. Se il nastro contiene un'unica lunga melodia, allora il risultato sarà un canone a più voci con i punti d'entrata delle voci determinati dal tempo che il nastro impiega per andare da un registratore al successivo. "Canoni molecolari" di questo tipo esistono realmente nelle cellule: in effetti, molti ribosomi distanziati in lunghe linee, e formanti ciò che si chiama un *poliribosoma*, "suonano" tutti il medesimo filamento di mRNA, producendo proteine identiche sfalsate nel tempo (si veda la Fig. 99).

Ma non è tutto: la natura va ancora più avanti. Ricordiamo che l'mRNA viene costruito mediante trascrizione del DNA; gli enzimi che sono responsabili di questo processo sono chiamati *RNA polimerasi* ("-asi" è il suffisso generico per gli enzimi). Accade spesso che una serie di RNA polimerasi lavori *in parallelo* su un singolo filamento di DNA, con il risul-

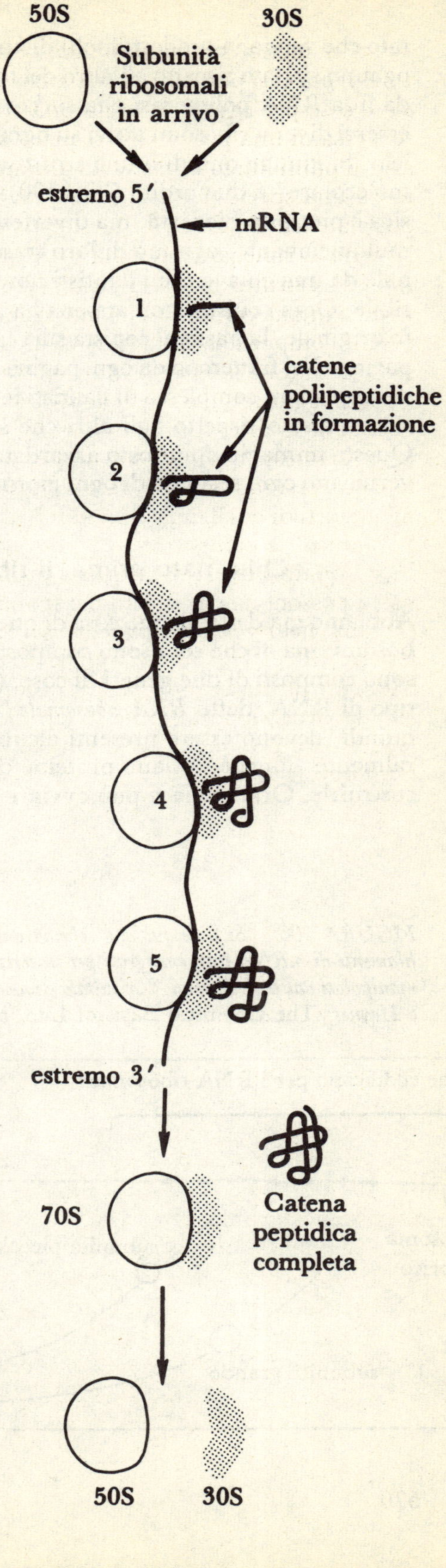

FIGURA 99. Un poliribosoma. Un singolo filamento di mRNA passa attraverso un ribosoma dopo l'altro come un nastro magnetico che passasse attraverso parecchi registratori uno dopo l'altro. Il risultato è un insieme di proteine crescenti a diversi stadi di formazione: è l'analogo di un canone musicale prodotto da registratori opportunamente sfalsati. [Da A. Lehninger, Biochemistry].

tato che vengono prodotti molti distinti (ma identici) filamenti di mRNA, ognuno sfalsato rispetto all'altro del tempo necessario perché il DNA scorra da una RNA polimerasi alla successiva. Contemporaneamente possono esserci diversi ribosomi attivi su ognuno degli mRNA emergenti in parallelo. Si giunge quindi a una struttura a due piani, ovvero a un "canone molecolare" a due ordini (Fig. 100). L'immagine corrispondente in musica è piuttosto bizzarra, ma divertente: parecchi copisti lavorano tutti simultaneamente; ognuno di loro trascrive il medesimo manoscritto originale da una chiave che i flautisti non possono leggere in una a loro accessibile. Ogni copista, non appena ha terminato una pagina del manoscritto originale, la passa al copista successivo e inizia a trascrivere una nuova pagina. Nel frattempo da ogni pagina della partitura emergente dalla penna dei copisti un complesso di flautisti legge e suona la melodia, e ogni flautista è sfalsato rispetto agli altri che stanno leggendo il medesimo foglio. Questa immagine piuttosto azzardata dà forse un'idea dei processi che si verificano ogni secondo di ogni giorno... in ogni cellula del nostro corpo.

Chi è nato prima, il ribosoma o la proteina?

Abbiamo già detto alcune cose di queste splendide bestioline chiamate ribosomi: ma di che cosa sono composte? Come si costruiscono? I ribosomi sono composti di due generi di cose: (1) vari tipi di proteine e (2) un altro tipo di RNA, detto *RNA ribosomale* (rRNA). Per costruire un ribosoma, quindi, devono essere presenti alcune proteine e inoltre l'rRNA. Naturalmente affinché vi siano proteine devono esserci stati dei ribosomi per costruirle. Ora, come si può ovviare a questo circolo vizioso? Chi è nato

FIGURA 100. Si vede qui uno schema ancora più complesso. Non solo uno, ma diversi filamenti di mRNA tutti emergenti per trascrizione da un unico filamento di DNA vengono manipolati dai poliribosomi. Il risultato è un canone molecolare a due ordini. [Da Hanawalt e Haynes, The Chemical Basis of Life, *p. 271*].

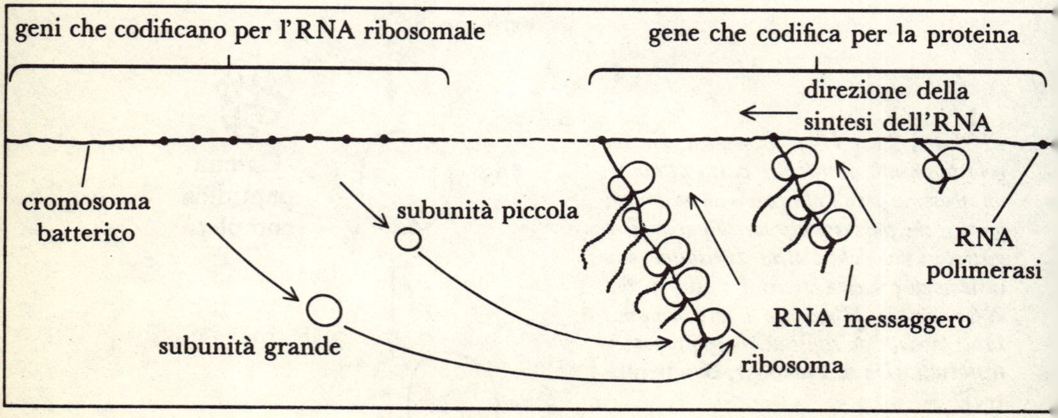

prima, il ribosoma o la proteina? Chi costruisce chi? Naturalmente non c'è alcuna risposta, perché si cerca di seguire le tracce del fenomeno continuando a risalire alle generazioni precedenti della stessa classe, proprio come nel problema dell'uovo e della gallina, finché ogni cosa svanisce oltre l'orizzonte temporale. Comunque, i ribosomi sono composti di due pezzi, uno grande e uno piccolo, ognuno dei quali contiene un po' di rRNA e alcune proteine. I ribosomi hanno approssimativamente la dimensione di grandi proteine; sono molto, molto più piccoli dei filamenti di mRNA che servono loro da ingresso e lungo i quali si muovono.

Funzione delle proteine

Ho già parlato un po' della struttura delle proteine, in particolare degli enzimi; ma non ho detto niente di preciso sui compiti che esse assolvono nella cellula né in quale modo li svolgono. Tutti gli enzimi sono dei *catalizzatori*; ciò significa, in un certo senso, che essi semplicemente *accelerano in maniera selettiva* diversi processi chimici della cellula più che rendere possibili cose che senza di essi non sarebbero mai accadute. Un enzima realizza certi percorsi fra la miriade di miriadi di diverse possibilità. Perciò, decidendo quali enzimi debbano essere presenti, si decide ciò che deve accadere e ciò che non deve accadere, nonostante che, da un punto di vista teorico, esista una probabilità diversa da zero che un qualunque processo cellulare accada spontaneamente senza l'aiuto di catalizzatori.

Ma come fanno gli enzimi ad agire sulle molecole della cellula? Come è stato accennato, gli enzimi sono catene polipeptidiche molto ripiegate. In ogni enzima c'è una fessura o una cavità o una qualche altra ben definita struttura superficiale in corrispondenza della quale l'enzima si lega a qualche altro tipo di molecola. Questo luogo è chiamato *sito attivo* e ogni molecola che vi si lega è chiamata *substrato*. Gli enzimi possono avere più di un sito attivo e più di un substrato. Proprio come nella Tipogenetica, gli enzimi sono veramente molto specifici per quanto riguarda il substrato su cui opereranno. Il sito attivo generalmente permette a un solo tipo di molecola di legarvisi, anche se talvolta esistono dei "falsi" e cioè altre molecole che possono adattarsi al sito attivo ingannando l'enzima e, di fatto, rendendolo inattivo.

Una volta che l'enzima e il suo substrato sono legati, si genera uno squilibrio di carica elettrica e conseguentemente si verifica un temporaneo flusso di cariche sotto forma di elettroni e protoni attraverso le molecole. Quando si è raggiunto l'equilibrio, il substrato può aver subìto cambiamenti chimici piuttosto considerevoli. Alcuni esempi sono i seguenti: può essersi realizzata una "saldatura" nella quale una qualche piccola molecola standard viene attaccata a un nucleotide, a un amminoacido o a qualche altra molecola presente nella cellula; oppure un filamento di DNA può essere stato "inciso" in una particolare locazione; o ancora un qualche pezzo di molecola può essere stato eliminato, e così via. In effetti le operazioni che i bioenzimi compiono sulle molecole sono notevolmente simili alle operazioni tipografiche compiute dai Tipoenzimi. Tuttavia la maggioranza degli enzimi compie essenzialmente un'unica operazione, piuttosto che una sequenza di operazioni. Vi è un'altra differenza considerevole tra i Tipoenzimi e i bioenzimi: mentre i Tipoenzimi operano soltanto sui filamenti, i bioenzimi possono operare su DNA, RNA, altre proteine, ribosomi, membrane cellulari e in breve su ogni e qualsiasi cosa si trovi nella cellula. In altre parole, gli enzimi sono i meccanismi universali per operare nella cellula. Vi sono enzimi che attaccano insieme le molecole o le separano, che le modificano, le attivano, le disattivano, le copiano, le riparano, le distruggono...

Alcuni tra i più complessi processi cellulari implicano "reazioni a catena" nelle quali un'unica molecola di un qualche tipo innesca la produzione di un certo enzima; il processo di costruzione ha inizio, e gli enzimi che escono dalla "catena di montaggio" aprono un nuovo percorso chimico che permette la realizzazione di un secondo enzima. Questo tipo di processo può ripetersi per tre o quattro livelli, nei quali ogni nuovo enzima prodotto innesca la produzione di un altro tipo di enzima. Come risultato, viene prodotto uno "sciame" di copie del tipo finale di enzima e tutte le copie si sparpagliano e compiono la loro specifica azione, che può consistere nel tagliare a pezzi qualche DNA "straniero", aiutare a sintetizzare un qualche amminoacido del quale la cellula è "assetata", o qualunque altra cosa.

Come si autoreplica il DNA

Vogliamo ora descrivere la soluzione offerta dalla natura al problema che ci siamo posti per la Tipogenetica: "Quale tipo di filamento di DNA può dirigere la propria replicazione?". Certamente non qualsiasi tipo di DNA è già di per sé un autoreplicante. Il punto cruciale è il seguente: ogni filamento che vuole dirigere il proprio processo di copiatura deve contenere istruzioni per sintetizzare precisamente quegli enzimi che compiranno quella operazione. Ora è certamente vano sperare che un filamento di DNA preso isolatamente sia un autoreplicante. Affinché quelle proteine potenziali possano essere costruite a partire dal DNA devono esistere non solo i ribosomi, ma anche la RNA polimerasi, la quale costruisce l'mRNA che viene trasportato ai ribosomi. E così siamo costretti a cominciare con il presupporre l'esistenza di un tipo di "sistema logistico minimo" che sia appena sufficientemente ricco da permettere almeno la trascrizione e la traduzione. Questo sistema logistico minimo consisterà perciò di (1) alcune proteine, come la RNA polimerasi, che permette all'mRNA di essere sintetizzato a partire dal DNA, e (2) alcuni ribosomi.

Necessità di un sistema logistico sufficientemente ricco

Non è affatto casuale che le locuzioni "sistema logistico sufficientemente ricco" e "sistema formale sufficientemente forte" si somiglino. L'uno è il presupposto necessario alla realizzazione di un autoreplicante, l'altro è il presupposto necessario alla realizzazione di un autoreferente. In effetti, si tratta dello stesso fenomeno che si manifesta in due guise molto differenti, come chiariremo brevemente fra poco. Ma prima di far questo, finiamo di spiegare in che modo un filamento di DNA possa essere un autoreplicante.

Il DNA deve contenere i codici per un insieme di proteine che siano in grado di copiarlo. Esiste un modo molto efficace ed elegante di copiare un pezzo di DNA a doppio filamento i cui filamenti sono complementari. Questo processo comprende due passi:

(1) districare i due filamenti uno dall'altro
(2) "accoppiare" un nuovo filamento ad ognuno dei due filamenti singoli.

In questo modo si otterranno due nuovi doppi filamenti di DNA, ognuno identico a quello originale. Ora, se la nostra soluzione si deve basare su questa idea, dovremo avere a disposizione un insieme di proteine, che dovranno essere codificate nel DNA stesso, capaci di realizzare questi due passi.

Sappiamo che nelle cellule questi due passi sono compiuti insieme in modo coordinato e che richiedono tre enzimi principali: la DNA endonucleasi, la DNA polimerasi e la DNA ligasi. Il primo è un enzima "apritore": la sua azione consiste nel separare i due filamenti originali l'uno dall'altro per un breve tratto. Successivamente compaiono sulla scena gli altri due enzimi. La DNA polimerasi è sostanzialmente un enzima che "copia e si sposta": procede lungo i brevi filamenti singoli del DNA copiandoli in maniera complementare, analogamente a ciò che accadeva nella modalità Copia della Tipogenetica. Per costruire le copie si serve delle materie prime, in particolare dei nucleotidi, che vagano qua e là nel citoplasma. Poiché il processo va avanti irregolarmente con partenze e fermate continue e, ogni volta, con alcune aperture e conseguenti ricopiature, si creano piccole interruzioni che vengono chiuse dalla DNA ligasi. Tutte le operazioni si ripetono in continuazione. Questa macchina di precisione a tre enzimi si muove diligentemente lungo tutta la molecola del DNA finché l'intera entità è stata aperta e simultaneamente duplicata, cosicché alla fine ve ne sono due copie.

Paragone tra il metodo di autoreplicazione del DNA e la quinazione

Osserviamo che, per l'azione enzimatica sui filamenti di DNA, il fatto che l'informazione sia immagazzinata nel DNA è del tutto irrilevante; gli enzimi si limitano a svolgere le loro funzioni di manipolazione dei simboli, esattamente come fanno le regole di inferenza nel sistema MIU. È del tutto irrilevante per i tre enzimi che a un certo punto essi stiano copiando proprio i geni che codificano per loro stessi. Il DNA, per loro, è solo uno stampo, un modello senza particolare significato.

È molto interessante paragonare tutto ciò con il metodo dell'enunciato di Quine per costruire una copia di se stesso. Anche in quel caso si ha una sorta di "doppio filamento", due copie della medesima informazione, di cui una copia funziona come istruzione e l'altra come modello. Nel DNA il processo è in un certo senso analogo, poiché i tre enzimi (DNA endonucleasi, DNA polimerasi, DNA ligasi) sono codificati in uno dei due filamenti, il quale dunque agisce come *programma*, mentre l'altro filamento serve semplicemente da *modello* o *stampo*. La corrispondenza non è perfetta perché, quando si compie il processo di copiatura, entrambi i filamenti sono usati come modello e non uno solo. Tuttavia l'analogia è molto suggestiva. Si tratta di un equivalente biochimico della dicotomia uso-menzione. Quando il DNA è preso in considerazione unicamente come sequenza di molecole chimiche da copiare, la situazione equivale a una *menzione* di simboli tipografici; quando il DNA detta quali operazioni debbano essere compiute, si ha qualcosa che equivale all'*uso* di simboli tipografici.

Livelli di significato del DNA

Vi sono diversi livelli di significato che possono essere letti in un filamento di DNA a seconda di quanto grandi sono i pezzi presi in considerazione e quanto potente è il decodificatore messo in opera. Al livello più basso, ogni filamento di DNA codifica per un filamento equivalente di RNA: il corrispondente processo di decodificazione è la *trascrizione*. Se si suddivide il DNA in triplette, allora, usando un "decodificatore genetico", si può leggere il DNA come una sequenza di amminoacidi. Si tratta della *traduzione* (che ha luogo successivamente alla trascrizione). Nel successivo livello naturale della gerarchia, il DNA può essere letto come un codice per un insieme di proteine. La realizzazione fisica delle proteine a partire dai geni viene chiamata *espressione genetica*. Attualmente è questo il livello più elevato al quale comprendiamo ciò che il DNA significa.

È tuttavia certo che vi sono significati del DNA di livello ancora più alto che è difficile al momento discernere. Per esempio, abbiamo ottimi motivi per ritenere che il DNA di, poniamo, un essere umano codifichi per caratteristiche quali la forma del naso, il talento musicale, la prontezza di riflessi, e così via. È possibile allora, almeno in linea di principio, imparare a leggere questa informazione direttamente nel filamento di DNA, senza passare attraverso il processo fisico effettivo dell'*epigenesi*, cioè della materiale espressione del fenotipo a partire dal genotipo? Presumibilmente sì, poiché in teoria si potrebbe avere un programma di calcolatore incredibilmente complesso che simuli l'intero processo, prendendo in considerazione ogni cellula, ogni proteina, ogni minuscola caratteristica implicata nella replicazione del DNA, delle cellule, fino in fondo. L'uscita di un tale programma di *pseudo-epigenesi* sarebbe una descrizione ad alto livello del fenotipo.

Esiste anche un'altra possibilità (estremamente debole): che si possa imparare a leggere il fenotipo nel genotipo *senza* passare attraverso la simulazione isomorfica del processo fisico dell'epigenesi, ma trovando un qualche tipo più semplice di meccanismo di decodifica. Quest'ultimo potrebbe essere chiamato "scorciatoia della pseudo-epigenesi". Comunque, scorciatoia o no, la pseudo-epigenesi è naturalmente del tutto al di fuori delle nostre possibilità attuali.

Solo giocando con la Tipogenetica si può pensare che basti leggere un filamento per scoprirvi direttamente il significato: che per esempio il filamento GATTAGATTAGATTA indichi tante micine e che, disponendo di un Tipoenzima come il primo che abbiamo conosciuto, si possa trasformare un'AGATA in una GATTA!

Ecco ora un elenco riassuntivo dei livelli ai quali si può leggere il DNA, con accanto i nomi dei livelli di decodifica corrispondenti. Il DNA può essere letto come una sequenza di:

(1) basi (nucleotidi) .... *trascrizione*
(2) amminoacidi .... *traduzione*
(3) proteine (struttura primaria) }
(4) proteine (struttura terziaria) } .... *espressione genetica*
(5) gruppi di proteine ...... *livelli più alti di espressione genetica*
(6) ???
. .
. . } .... *livelli ignoti di significato del DNA*
. .
($N-1$) ???
(N) tratti fisici, mentali e psicologici .... *pseudo-epigenesi*

La Mappa del Dogma Centrale

Con queste premesse siamo ora in grado di procedere a un confronto dettagliato tra il "Dogma Centrale della Biologia Molecolare" di F. Crick (DOGMA I), sul quale sono basati tutti i processi cellulari, e ciò che io chiamerò, con licenza poetica, il "Dogma Centrale della Logica Matematica" (DOGMA II), sul quale è basato il Teorema di Gödel. Le corrispondenze fra i due dogmi sono indicate nella Figura 101 e nello schema che segue, i quali, nel loro complesso costituiranno la *Mappa del Dogma Centrale*.

DOGMA I (Biologia Molecolare)		DOGMA II (Logica Matematica)
filamenti di DNA	⇐⇒	stringhe dell'AT
filamenti di mRNA	⇐⇒	enunciati dell'A
proteine	⇐⇒	enunciati della meta-AT
proteine che agiscono su proteine	⇐⇒	enunciati su enunciati della meta-AT
proteine che agiscono su proteine che agiscono su proteine	⇐⇒	enunciati su enunciati su enunciati della meta-AT
trascrizione (DNA ⇒ RNA)	⇐⇒	interpretazione (AT ⇒ A)
Traduzione (RNA ⇒ proteine)	⇐⇒	Aritmetizzazione (A ⇒ meta-AT)
Crick	⇐⇒	Gödel
Codice Genetico (convenzione arbitraria)	⇐⇒	Codice di Gödel (convenzione arbitraria)
codone (tripletta di basi)	⇐⇒	codone (tripletta di cifre)
amminoacido	⇐⇒	simbolo citato dell'AT usato in meta-AT
autoreplicazione	⇐⇒	autoreferenza
sistema logistico cellulare sufficientemente ricco per permettere l'autoriproduzione	⇐⇒	sistema formale sufficientemente forte per permettere l'autoreferenza

La Mappa del Dogma Centrale

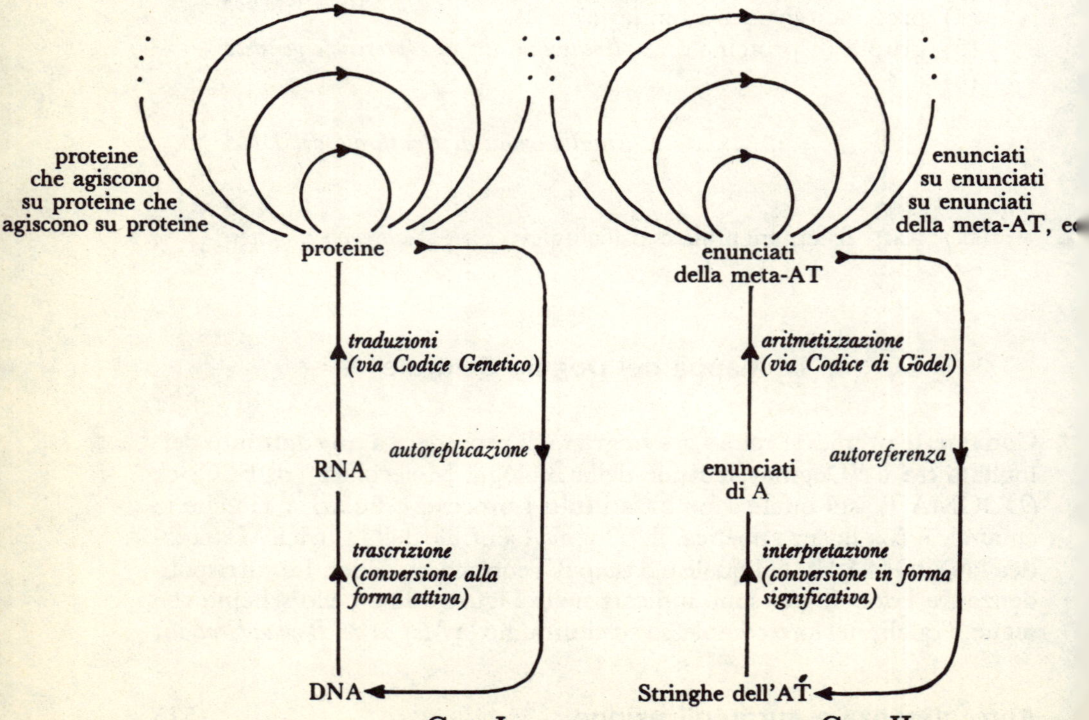

DOGMA I DOGMA II

Si può notare qui come agli accoppiamenti fra le basi A-T e G-C corrispondano gli accostamenti Aritmetizzazione-Traduzione e Gödel-Crick. La logica matematica sta dalla parte delle purine e la biologia molecolare da quella delle pirimidine!

Per completare il lato estetico di questa corrispondenza scelsi a suo tempo di costruire il mio schema di numerazione di Gödel ricalcandolo fedelmente sul Codice Genetico. Infatti, scambiando lettere e numeri secondo la seguente corrispondenza, la tabella del Codice Genetico diventa la tabella del Codice di Gödel e viceversa:

(dispari)	1	⇐⇒	A	(purina)
(pari)	2	⇐⇒	C	(pirimidina)
(dispari)	3	⇐⇒	G	(purina)
(pari)	6	⇐⇒	U	(pirimidina)

Ognuno dei venti amminoacidi corrisponde esattamente a uno dei venti simboli dell'AT. Ecco dunque che cosa mi ha spinto a inventare l'"AT frugale": volevo che ci fossero esattamente venti simboli! Il Codice di Gödel è illustrato nella Figura 102. Lo si confronti con il Codice Genetico (Fig. 96).

C'è qualcosa di quasi mistico nella profonda somiglianza che si può osservare tra queste due remote ma fondamentali conquiste della conoscenza raggiunte nel nostro secolo e che è dovuta al fatto che esse condividono la stessa struttura astratta. Questa Mappa del Dogma Centrale non contiene affatto la prova rigorosa dell'identità delle due teorie; ma certamente mostra una loro profonda parentela, degna di una esplorazione più approfondita.

Strani Anelli nella Mappa del Dogma Centrale

Una delle somiglianze più interessanti tra i due lati della Mappa è il modo in cui sorgono, nel livello più alto di entrambe, "anelli" di complessità arbitraria: a sinistra proteine che agiscono su proteine che agiscono su proteine, e così via, all'infinito; a destra enunciati su enunciati su enunciati della meta-AT e così via, all'infinito. Si tratta di qualcosa che assomiglia alle eterarchie che abbiamo discusso nel Capitolo V, in cui un substrato sufficientemente complesso permette la comparsa di Strani Anelli ad alto livello, completamente separati dai livelli più bassi. Analizzeremo quest'idea più dettagliatamente nel Capitolo XX.

Tra parentesi, ci si può ragionevolmente chiedere: "Che cosa corrisponde al Teorema di Incompletezza di Gödel nella Mappa del Dogma Centrale?". Questa è una buona domanda a cui pensare prima di continuare a leggere.

FIGURA 101. La Mappa del Dogma Centrale. Si stabilisce una analogia tra due fondamentali Gerarchie Aggrovigliate: quella della biologia molecolare e quella della logica matematica.

	6	2	1	3	
6	0	∀	∨	:	6
	0	∀	∨	:	2
	a	∀	*interp.*	*interp.*	1
	a	∀	*interp.*	⊃	3
2	a	¬	<	·	6
	a	¬	<	·	2
	a	¬	>	·	1
	a	¬	>	·	3
1	∧	S	+	∀	6
	∧	S	+	∀	2
	∧	S	=	·	1
	'	S	=	·	3
3	(	)	[	∃	6
	(	)	[	∃	2
	(	)	]	∃	1
	(	)	]	∃	3

FIGURA 102. Il Codice di Gödel. Sotto questo schema di numerazione di Gödel ogni simbolo dell'AT riceve uno o più codoni. I piccoli cerchi mostrano come questa tavola sussuma la precedente numerazione di Gödel del Capitolo IX.

La Mappa del Dogma Centrale e il *Contracrostipunto*

Si dà il caso che la Mappa del Dogma Centrale sia molto simile alla corrispondenza che fu stabilita nel Capitolo IV tra il *Contracrostipunto* e il Teorema di Gödel. È possibile quindi trovare un'analogia fra questi tre sistemi:

(1) sistemi formali e stringhe;
(2) cellule e filamenti di DNA;
(3) grammofoni e dischi.

La tabella seguente illustra dettagliatamente la corrispondenza tra i sistemi 2 e 3.

Contracrostipunto		Biologia Molecolare
grammofono	⇐⇒	cellula
disco "Perfetto"	⇐⇒	cellula "Perfetta"
disco	⇐⇒	filamento di DNA
disco suonabile su un dato grammofono	⇐⇒	filamento di DNA riproducibile da una data cellula
disco non suonabile su quel grammofono	⇐⇒	filamento di DNA non riproducibile da quella cellula
processo di conversione dei solchi del disco in suoni	⇐⇒	processo di trascrizione del DNA in mRNA
suoni prodotti dal grammofono	⇐⇒	filamenti di RNA messaggero
traduzione dei suoni in vibrazioni del grammofono	⇐⇒	traduzione dell'mRNA in proteine
corrispondenza fra suoni esterni e vibrazioni del grammofono	⇐⇒	Codice Genetico (corrispondenza fra triplette dell'mRNA e amminoacidi)
rottura del grammofono	⇐⇒	distruzione della cellula
titolo della canzone su misura per il grammofono X: "Non posso essere suonata dal grammofono X"	⇐⇒	interpretazione ad alto livello del filamento del DNA specifico per la cellula X: "Non posso essere replicata dalla cellula X"
grammofono "Imperfetto"	⇐⇒	cellula per la quale esiste almeno un filamento di DNA che essa non può riprodurre
Teorema di Tartödel: "esiste sempre un disco non suonabile su di esso" "Dato un particolare grammofono",	⇐⇒	Teorema Immunitario: "esiste sempre un filamento di DNA non riproducibile in essa" "Data una particolare cellula",

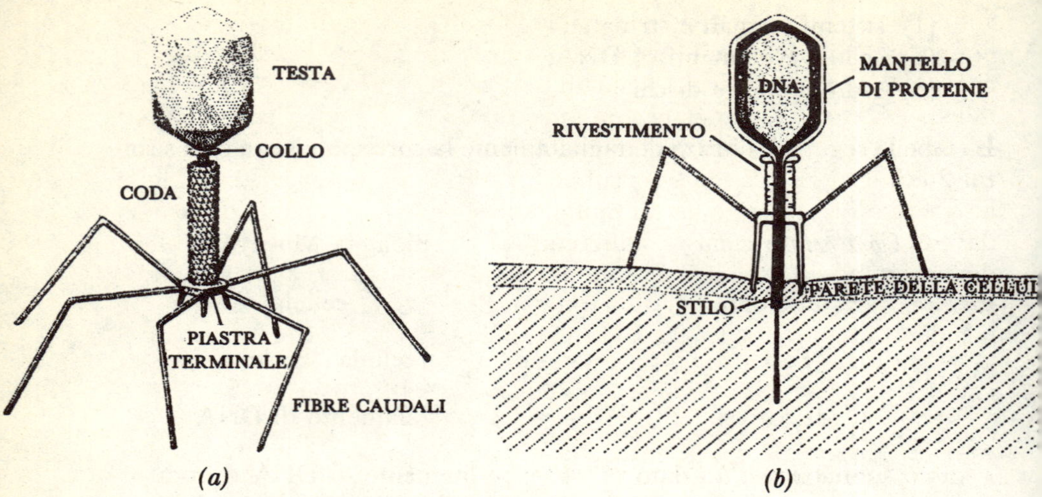

FIGURA 103. Il virus batterico T4 è un assemblaggio di componenti proteici (a). La "testa" è una membrana proteica, sagomata come una specie di icosaedro prolato con trenta facce e piena di DNA. Questa è attaccata tramite un collo ad una coda consistente di un'anima cava (stilo) circondata da un rivestimento contrattile e appoggiata su una piastra terminale munita di spine, alla quale sono connesse sei lunghe fibre. Le spine e le fibre attaccano il virus alla parete cellulare (b). Il rivestimento si contrae facendo penetrare l'anima nella parete, cosicché il DNA virale penetra nella cellula. [*Da Hanawalt e Haynes,* The Chemical Basis of Life, *p. 230*].

Questo analogo del Teorema di Gödel sembra essere un fatto curioso, forse non molto utile ai biologi molecolari (i quali probabilmente lo considerano del tutto ovvio):

> È sempre possibile progettare un filamento di DNA il quale, se iniettato in una cellula, una volta trascritto, farebbe sintetizzare proteine tali che distruggerebbero la cellula (o il DNA), e quindi avrebbe come effetto la non riproduzione di quel DNA.

Tutto ciò evoca uno scenario piuttosto singolare, almeno se considerato alla luce dell'evoluzione: un virus invasore entra in una cellula con qualche subdola astuzia e successivamente provvede con tutto l'impegno alla sintesi di proteine che avranno l'esito di distruggere il virus medesimo! Si tratta di una specie di suicidio o, se si vuole, di un enunciato di Epimenide a livello molecolare. Ovviamente non sarebbe vantaggioso dal punto di vista della sopravvivenza della specie. Tuttavia questo esempio mostra lo spirito, se non la lettera, dei meccanismi di protezione e di sovvertimento che si sono sviluppati nelle cellule e nei loro invasori.

E. coli contro T4

Consideriamo la cellula preferita dai biologi, quella del batterio *Escherichia coli* (nessuna parentela con M.C. Escher!) e uno dei suoi invasori preferiti, il sinistro e favoloso *fago T4*, di cui si possono vedere le immagini nella Figura 103. (Per inciso, le parole "fago", o "batteriofago", e "virus batterico" sono sinonimi e denotano "virus aggressori di cellule batteriche"). Lo strano oggetto somiglia un poco a un incrocio tra un LEM (Modulo per Escursioni Lunari) e una zanzara ed è assai più pericoloso di quest'ultima. Ha una "testa" nella quale è contenuta tutta la sua "conoscenza", cioè il suo DNA; ha sei "zampe" con le quali si fissa alla cellula che ha scelto di invadere, e ha un pungiglione (più propriamente detto "coda") come una zanzara. La differenza principale consiste nel fatto che, diversamente da una zanzara che usa il suo pungiglione per succhiare il sangue, il fago T4 lo usa per iniettare la sua sostanza ereditaria nella cellula contro la volontà della sua vittima. Perciò il fago commette uno "stupro" su scala microscopica.

Un cavallo di Troia molecolare

Che cosa accade in realtà quando il DNA virale penetra nella cellula? Il virus "si aspetta", per usare termini antropomorfici, che il suo DNA sarà trattato esattamente come quello della cellula ospite, vale a dire che sarà trascritto e tradotto, permettendo così al virus di dirigere la sintesi delle proprie proteine specifiche, estranee alla cellula ospite, che poi cominceranno a svolgere la loro funzione. Questo equivale a contrabbandare segretamente nella cellula proteine estranee "in codice" (cioè nel Codice Genetico) e successivamente "decodificarle" (cioè produrle). Da un certo punto di vista, questa situazione assomiglia alla storia del cavallo di Troia secondo la quale centinaia di soldati furono introdotti all'interno di Troia dentro un enorme cavallo di legno apparentemente innocuo. Ma una volta all'interno della città, essi uscirono dal cavallo e la occuparono. Le proteine estranee, una volta che siano state "decodificate" (sintetizzate) a partire dal loro DNA, entrano in azione. La successione delle azioni dirette dal

FIGURA 104. L'infezione virale comincia quando il DNA virale penetra nel batterio. Il DNA batterico viene sconvolto e il DNA virale replicato La sintesi delle proteine strutturali del virus ed il loro montaggio continua finché la cellula si rompe liberando le particelle virali. [Da Hanawalt e Haynes, The Chemical Basis of Life, *p. 230].*

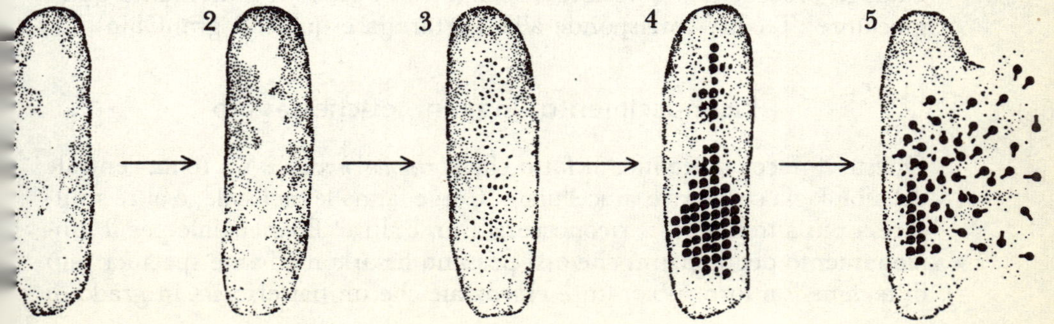

batteriofago T4 è stata studiata attentamente e segue più o meno lo schema qui riportato (si vedano anche le Figure 104 e 105):

Tempo trascorso	*Azione corrispondente*
0 min.	Iniezione del DNA virale.
1 min.	Blocco del DNA dell'ospite. Cessazione della produzione delle proteine locali e inizio della produzione delle proteine estranee (del fago T4). Tra i primi prodotti si trovano le proteine che dirigono la duplicazione del DNA estraneo (del fago T4).
5 min.	Comincia la duplicazione del DNA virale.
8 min.	Inizio della produzione delle proteine strutturali che formeranno i "corpi" dei nuovi fagi.
13 min.	La prima replica completa del T4 invasore è pronta.
25 min.	Il lisozima (una proteina) attacca la parete della cellula ospite sfasciando il batterio, da cui emergono i "bicentogemini".

Perciò, quando un fago T4 invade una cellula di *E. coli*, dopo un breve intervallo di circa ventiquattro o venticinque minuti la cellula è stata completamente sconvolta e si sfascia. Da essa, come per un parto "bicentogemino", escono circa duecento copie identiche del virus originale pronte per attaccare altre cellule batteriche, dato che la cellula originale è stata quasi completamente consumata nel corso del processo.

Sebbene dal punto di vista del batterio questo evento sia una minaccia mortale, dal nostro punto di vista su larga scala possiamo considerarlo un divertente gioco tra due giocatori: l'invasore, o "giocatore T", così chiamato dalla classe dei fagi T-pari che comprende il T2, il T4 ed altri, e il "giocatore C", cioè la cellula batterica. L'obiettivo del giocatore T consiste nell'invasione e nella presa di possesso della cellula del giocatore C allo scopo di riprodursi. L'obiettivo del giocatore C consiste nel difendersi e nel distruggere l'invasore. Descritto in questo modo, il gioco T-C molecolare assomiglia molto al gioco T-C macroscopico descritto nel Dialogo precedente. (Il lettore è senz'altro in grado d'individuare quale giocatore, T o C, corrisponde alla Tartaruga e quale al granChio).

Riconoscimento, inganni, etichettaggio

Questo "gioco" sottolinea il fatto che il *riconoscimento* è un tema centrale della biologia cellulare e subcellulare. Come fanno le molecole, o altre strutture a più alto livello, a riconoscersi l'un l'altra? È essenziale per il funzionamento degli enzimi che essi possano fissarsi mediante specifici "siti di legame" ai loro substrati; è essenziale che un batterio sia in grado di

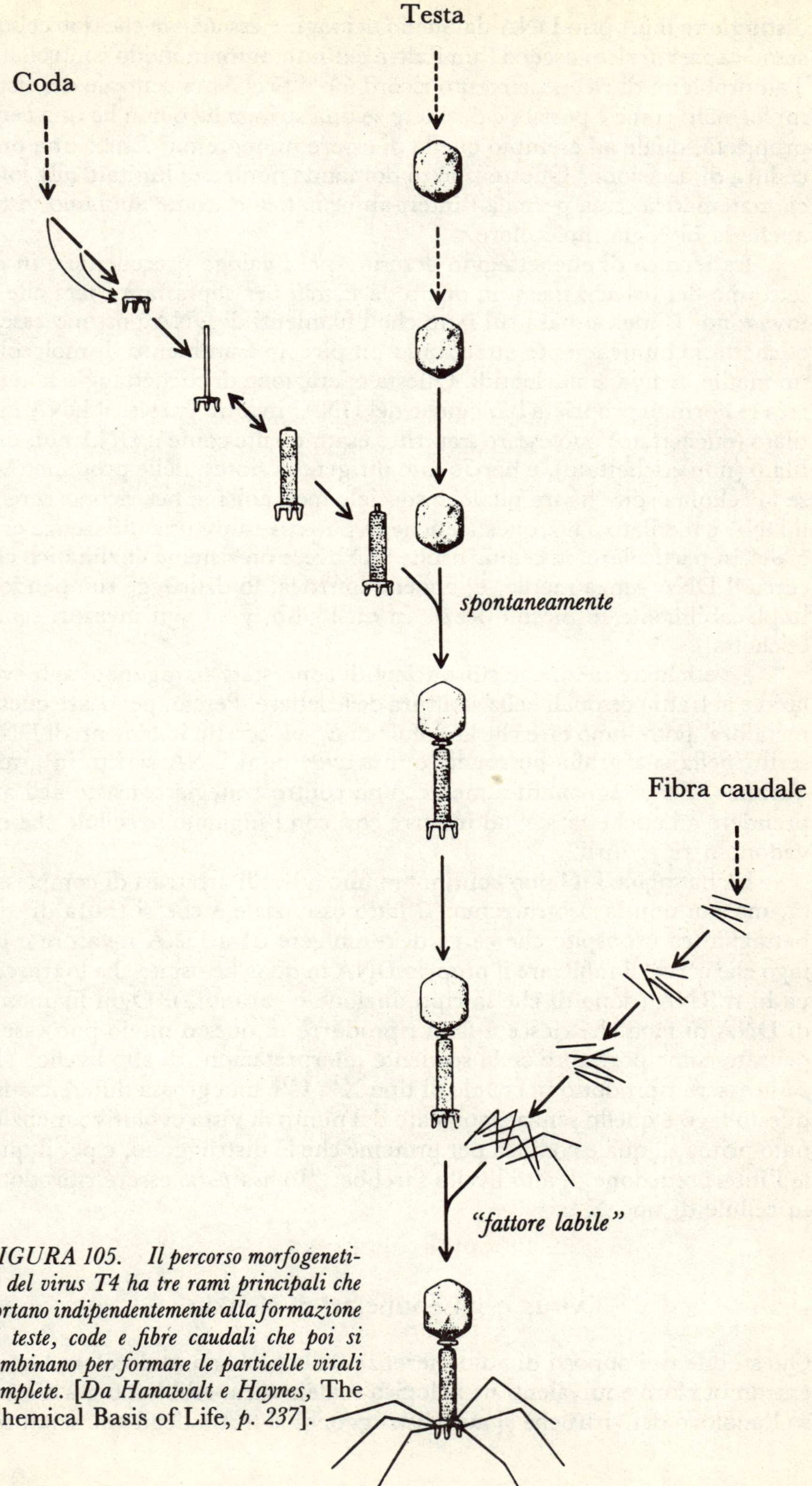

FIGURA 105. Il percorso morfogenetico del virus T4 ha tre rami principali che portano indipendentemente alla formazione di teste, code e fibre caudali che poi si combinano per formare le particelle virali complete. [Da Hanawalt e Haynes, The Chemical Basis of Life, *p. 237*].

distinguere il proprio DNA da quello dei fagi; è essenziale che due cellule siano capaci di riconoscersi l'un l'altra e d'interagire in modo controllato. Tali problemi di riconoscimento ricordano il problema centrale dei sistemi formali: come è possibile decidere se una stringa ha o non ha una certa proprietà, quale ad esempio quella di essere un teorema? Esiste una procedura di decisione? Questo tipo di domanda non resta limitato alla logica matematica: essa permea l'intera informatica e, come abbiamo visto, anche la biologia molecolare.

La tecnica di etichettaggio descritta nel Dialogo precedente è in effetti uno dei trucchi messi in opera da *E. coli* per sopraffare i fagi che lo invadono. L'idea si basa sul fatto che i filamenti di DNA possono essere etichettati chimicamente attaccando un piccolo frammento di molecola, un metile, a diversi nucleotidi. Questa operazione di etichettaggio non altera le normali proprietà biologiche del DNA; in altre parole, il DNA metilato (etichettato) può essere trascritto esattamente come il DNA non metilato (non etichettato), e perciò può dirigere la sintesi delle proteine. Ma se la cellula ospite ha un qualche speciale meccanismo per riconoscere se il DNA è metilato o no, questa etichetta può costituire una differenza cruciale. In particolare, la cellula ospite può avere un sistema enzimatico che cerca il DNA senza metile, e, appena lo trova, lo distrugge rompendolo implacabilmente in piccoli pezzi. In quel caso, guai agli invasori senza etichetta!

Le etichette metiliche sui nucleotidi sono state paragonate agli svolazzi e ai tratti personali nella scrittura delle lettere. Perciò, per usare questa metafora, potremmo dire che la cellula di *E. coli* accetta i filamenti di DNA scritti nella sua grafia personale e distrugge ogni DNA scritto in grafie estranee. Per i fagi, naturalmente, una controstrategia consiste nell'apprendere ad etichettarsi e ad indurre così con l'inganno le cellule che invadono a riprodurli.

La battaglia T-C può continuare fino a livelli arbitrari di complessità, ma noi non la protrarremo. Il fatto essenziale è che si tratta di una battaglia tra un ospite che cerca di respingere ogni DNA invasore e un fago che cerca di infiltrare il proprio DNA in qualche ospite che lo trascriva in mRNA (dopo di che la riproduzione è garantita). Ogni filamento di DNA di fago che riesce a farsi riprodurre in questo modo può essere pensato come portatore della seguente interpretazione di alto livello: "Io *posso* essere riprodotto in cellule di tipo X". C'è una grossa differenza fra questo fago e quello senza significato dal punto di vista evolutivo menzionato prima, il quale codifica per proteine che lo distruggono, e per il quale l'interpretazione di alto livello sarebbe: "Io *non posso* essere riprodotto in cellule di tipo X".

I virus e gli enunciati di Henkin

Questi due tipi opposti di autoreferenza della biologia molecolare hanno entrambi i loro equivalenti nella logica matematica. Abbiamo già discusso l'analogo dei virus che si autodistruggono: si tratta degli enunciati del tipo di quello di Gödel, i quali asseriscono la loro stessa non derivabilità nell'ambito di uno specifico sistema formale. Ma si può anche costruire un enunciato corrispondente al fago reale: il fago asserisce la propria riproducibilità in una specifica cellula e l'enunciato asserisce la propria derivabilità in uno specifico sistema formale. Enunciati di questo tipo sono chiamati *enunciati di Henkin* dal nome del logico matematico Leon Henkin. Li si può costruire seguendo esattamente il metodo usato per le proposizioni di Gödel; l'unica differenza consiste nell'omissione della negazione. Si comincia con un "uovo", naturalmente:

$$\exists a:\exists a':<\text{DIMOCOPPIA-AT}\{a,a'\}\wedge\text{ARITMOQUINA}\{a'',a'\}>$$

e quindi si procede con il solito trucco. Supponiamo che il numero di Gödel di questo "uovo" sia *h*. Ora, aritmoquinando l'uovo, si ottiene l'enunciato di Henkin:

$$\exists a:\exists a':<\text{DIMOCOPPIA-AT}\{a,a'\}\wedge\text{ARITMOQUINA}\{\underbrace{\text{SSS}\ldots\text{SSS}}_{h\,\text{S}}0/a'',a'\}>$$

(A proposito, c'è qualcuno che sa dire in che cosa quest'enunciato differisce da $\neg$G?). Il motivo per il quale ho scritto esplicitamente quest'enunciato sta nel fatto che così risulta evidente che un enunciato di Henkin non fornisce l'intera ricetta della sua derivazione; asserisce soltanto che ne *esiste* una. Si può ben chiedere se questa asserzione sia giustificata. Gli enunciati di Henkin possiedono veramente delle derivazioni? Sono veramente, come essi asseriscono, dei teoremi? È utile ricordare che non c'è nessun motivo di credere, per esempio, a un uomo politico il quale affermi: "Sono un uomo onesto"; potrebbe benissimo essere onesto, ma potrebbe anche non esserlo. Gli enunciati di Henkin sono forse più attendibili degli uomini politici? Non potrebbero essere bugiardi entrambi?

In effetti, però, risulta che questi enunciati di Henkin sono invariabilmente veri. Perché sia così non è del tutto evidente; ma accetteremo questo fatto curioso senza ulteriori prove.

Enunciati di Henkin impliciti ed espliciti

Abbiamo osservato che un enunciato di Henkin non dice niente a proposito della sua derivazione: asserisce soltanto che ne esiste una. Ora, è possibile inventare una variazione sul tema degli enunciati di Henkin: inventare cioè enunciati che *riportano esplicitamente* le loro derivazioni. L'interpretazione ad alto livello di un tale enunciato non sarebbe tanto "esiste una certa sequenza di stringhe che costituisce una mia derivazione", ma piuttosto "la sequenza di stringhe qui riportata... è una mia derivazione". Chiamiamo il primo tipo di enunciati "enunciato di Henkin *implicito*". Gli enunciati del nuovo tipo saranno chiamati enunciati di Henkin *espliciti*, poiché essi riportano esplicitamente le loro derivazioni. Osserviamo che, a differenza di quelli impliciti, gli enunciati espliciti di Henkin *non sono necessariamente teoremi*. In effetti, è molto semplice scrivere una proposizione che asserisce che la propria derivazione consiste nell'unica stringa 0 = 0: tale proposizione sarà falsa, dato che 0 = 0 non è la derivazione di alcunché. Tuttavia è anche possibile scrivere un enunciato di Henkin esplicito che *sia* un teorema, cioè una proposizione che effettivamente fornisce una ricetta della propria derivazione.

Enunciati di Henkin e autoassemblaggio

Il motivo per cui ho messo in evidenza la distinzione tra gli enunciati di Henkin espliciti ed impliciti è che essa corrisponde in modo molto preciso a una distinzione significativa tra tipi di virus. Esistono certi virus, come per esempio il "Virus del Mosaico del Tabacco", che sono capaci di "montarsi" da soli (chiamiamoli autoassemblanti), e ve ne sono altri, come per esempio i nostri cari T-pari, che non lo sono. In che cosa consiste la differenza? Questa ha una diretta analogia con la distinzione fra enunciati di Henkin impliciti ed espliciti.

Il DNA di un virus autoassemblante codifica solo per le *parti* di cui sarà costituito il nuovo virus, ma mai per qualche *enzima*. Una volta che le parti sono pronte, l'astuto virus si affida alla loro capacità di legarsi tra di loro senza ricorrere all'aiuto di enzimi. Un tale processo dipende dalle affinità chimiche che le parti hanno tra di loro quando vagano nel ricco brodo chimico della cellula. Non soltanto i virus, ma anche alcuni organuli, come i ribosomi, si montano da soli. Talvolta sono necessari alcuni enzimi, ma in tal caso essi vengono reclutati tra quelli della cellula ospite e resi schiavi. Questo è il processo noto come autoassemblaggio.

Viceversa il DNA di virus più complessi, come i T-pari, codifica non soltanto per le parti del virus, ma anche per vari enzimi che svolgono funzioni specifiche nel montaggio delle parti in unità complete. Poiché il processo di montaggio non è spontaneo ma richiede l'intervento di "macchine", questi virus non sono considerati autoassemblanti. L'essenza della distinzione tra virus autoassemblanti e virus non autoassemblanti consiste quindi nel fatto che i primi riescono ad autoriprodursi senza dire alla cellula ospite alcunché a proposito della loro costruzione, mentre i secondi devono fornire *istruzioni* su come essere montati.

Ora l'analogia con gli enunciati di Henkin espliciti ed impliciti dovrebbe essere completamente chiara. Gli enunciati impliciti di Henkin si dimostrano da soli, ma non dicono alcunché a proposito delle loro dimostrazioni: essi sono analoghi ai virus autoassemblanti. Gli enunciati espliciti di Henkin dirigono la costruzione delle loro stesse dimostrazioni: essi sono analoghi ai virus più complessi che dirigono le loro cellule ospiti nel montare copie di se stessi.

Il concetto di strutture biologiche autoassemblanti tanto complesse quanto lo sono i virus fa intravedere la possibilità di macchine complesse anch'esse autoassemblanti. Immaginiamo un insieme di parti le quali, poste in un ambiente opportuno, si aggreghino spontaneamente in modo da formare una macchina complessa. Sembra inverosimile, tuttavia questa è l'esatta descrizione del processo con cui il Virus del Mosaico del Tabacco si autoriproduce attraverso un autoassemblaggio. L'informazione concernente la conformazione globale dell'organismo (o della macchina) è diffusa nelle sue varie parti; non è concentrata in un unico punto.

Questo concetto può portare verso strane direzioni, come si è visto nei *Pensieri edificanti di un fumatore di tabacco*: in quel caso il Granchio usava l'idea che l'informazione per l'autoassemblaggio potesse essere diffusa, anziché concentrata in un unico punto. La sua speranza era che ciò avrebbe impedito che i suoi nuovi grammofoni soccombessero al metodo sfasciagrammofoni della Tartaruga. Sfortunatamente, come accade anche per gli schemi di assiomi particolarmente complessi, una volta che il sistema sia tutto costruito e inscatolato, il fatto stesso di essere ben definito lo espone ai colpi di un "gödelizzatore" sufficientemente astuto. E in ciò consisteva la triste storia del Granchio. Nonostante la sua manifesta assurdità, lo scenario irreale di quel Dialogo non era poi tanto lontano dalla realtà del mondo strano e surreale della cellula.

Due problemi di grande rilievo: differenziazione e morfogenesi

L'autoassemblaggio può ben essere la strategia con cui si costruiscono certe sottounità delle cellule e certi virus; ma come possono costruirsi strutture macroscopiche estremamente complesse quali il corpo di un elefante o di un ragno oppure la forma della dionea, la bella pianta carnivora? In che modo nel cervello di un uccello è inserito l'istinto del tornare al nido o nel cervello di un cane l'istinto di caccia? In breve, com'è possibile che, semplicemente dettando quali *proteine* debbano essere prodotte nella cellula, il DNA eserciti un controllo così spettacolarmente preciso sulla esatta struttura e funzione di oggetti viventi macroscopici? Vi sono qui due importanti problemi distinti. Il primo è quello della *differenziazione cellulare*: come è possibile che cellule diverse contenenti esattamente il medesimo DNA, come per esempio una cellula renale, una cellula del midollo osseo e un neurone, svolgano ruoli diversi? Il secondo è quello della *morfogenesi* (o "nascita della forma"): in che modo la comunicazione intercellulare a livello locale può dare origine a strutture e organizzazioni globali su larga scala quali i vari organi del corpo, la conformazione del volto, gli organi del cervello, e così via? Benché oggi né la differenziazione cellulare né la morfogenesi siano ancora comprese a fondo, sembra che la spiegazione risieda in meccanismi di retroazione e di "controllo anticipativo" che interagiscono con delicato equilibrio all'interno delle cellule e tra le cellule stesse. Questi meccanismi dicono alla cellula quando deve iniziare e quando deve terminare la sintesi delle varie proteine.

Retroazione e controllo anticipativo

La *retro*azione ha luogo quando in una cellula c'è una quantità troppo piccola o troppo grande di una qualche sostanza desiderata. Allora la cellula deve in qualche modo regolare la catena di montaggio che sta sintetizzando quella sostanza. Il controllo *anticipativo* riguarda anch'esso la regolazione di una catena di montaggio; tuttavia in questo caso la regolazione è fatta non sulla base della quantità del prodotto finale presente, ma piuttosto sulla base della quantità di un *precursore* del prodotto finale di quella catena di montaggio. Per avere una retroazione o un controllo anticipativo *negativi* esistono due meccanismi principali. Uno consiste nell'impedire che gli enzimi interessati possano agire, cioè nell'"intasare" i loro siti attivi. Questo meccanismo si chiama *inibizione*. L'altro è di impedire addirittura che gli enzimi interessati vengano sintetizzati! Questo meccanismo si chiama *repressione*. Concettualmente l'inibizione è semplice: c'è solo da bloccare il sito attivo del primo enzima della catena di montaggio e l'intero processo di sintesi si interrompe.

Repressori e induttori

La repressione è un meccanismo più raffinato. In che modo una cellula può impedire l'espressione di un gene? La risposta è che ne impedisce addirittura la trascrizione. Ciò significa che deve impedire alla RNA polimerasi di compiere il suo lavoro. Questo può essere ottenuto ponendo un grosso ostacolo sul suo cammino lungo il DNA, esattamente davanti al gene che la cellula non vuole far trascrivere. Tali ostacoli esistono davvero e sono chiamati *repressori*. Anch'essi sono proteine; si legano a siti specifici predisposti proprio per loro lungo il DNA e chiamati (non so bene perché) *operatori*. Un operatore è dunque un sito di controllo per il gene o per i geni che lo seguono immediatamente: l'insieme di questi geni si chiama *operone*. Poiché spesso diversi enzimi agiscono di concerto per compiere una trasformazione chimica complessa, essi sono spesso codificati in fila, uno dopo l'altro; e questo è il motivo per cui gli operoni contengono di solito parecchi geni anziché uno solo. L'effetto della repressione di un operone è che l'intera serie di geni non viene trascritta, con la conseguenza che l'intero insieme dei relativi enzimi non sarà sintetizzato.

Che cosa si può dire della retroazione e del controllo anticipativo *positivi*? Anche qui vi sono due possibilità: (1) liberare gli enzimi bloccati, oppure (2) interrompere la repressione dell'operone in questione. (Si osservi come la natura sembri *prediligere* le doppie negazioni! Probabilmente esiste un motivo profondo per questo fatto). Il meccanismo con cui la repressione è a sua volta repressa comporta una classe di molecole chiamate *induttori*. La funzione dell'induttore è semplice: esso si combina con la molecola proteica del repressore prima che abbia avuto modo di legarsi a un operatore sulla molecola di DNA; il "complesso repressore-induttore" che ne risulta è incapace di legarsi a un operatore e ciò lascia la porta aperta alla possibilità che l'operone associato sia trascritto nell'mRNA e successivamente tradotto in proteine. Spesso il prodotto finale o qualche suo precursore possono agire come induttori.

Confronto tra retroazione e Strani Anelli

Sembra questo il momento opportuno per distinguere tra tipi semplici di retroazione, quali i processi di inibizione e di repressione, e quel riflettersi all'indietro tra diversi livelli di informazione che abbiamo illustrato nella Mappa del Dogma Centrale. Entrambe in qualche senso sono "retroazioni": ma la seconda è assai più profonda della prima. Un amminoacido, per esempio triptofano o isoleucina, quando agisce in retroazione (in veste di induttore) legandosi al proprio repressore affinché venga prodotta una quantità maggiore dell'amminoacido stesso, non sta spiegando *come* costruire se stesso; sta soltanto dicendo agli enzimi di costruirne di più. Questo può essere paragonato al volume di una radio che, quando arriva all'orecchio dell'ascoltatore, può provocare la reazione di diminuirlo o di aumentarlo ed è chiaramente cosa del tutto diversa dal caso in cui la trasmissione stessa dica esplicitamente di alzare o abbassare il volume oppure di sintonizzarsi su un'altra stazione, o addirittura di costruirsi un'altra radio! Quest'ultima situazione è molto più simile al salto all'indietro tra livelli diversi di informazione, poiché in questo caso l'informazione interna al segnale radio deve essere "decodificata" e tradotta in strutture mentali. Il segnale radio è composto di componenti simbolici il cui significato simbolico è rilevante: una situazione in cui si ha uso anziché menzione. D'altra parte, quando il volume è semplicemente troppo alto, i simboli non comunicano un significato: sono semplicemente percepiti come suoni troppo forti e potrebbero altrettanto bene essere del tutto privi di significato: un caso di menzione anziché di uso. Questo secondo caso somiglia di più agli anelli di retroazione con i quali le proteine regolano i propri tassi di sintesi.

È stato teorizzato che la differenza tra due cellule vicine che hanno esattamente lo stesso genotipo e che tuttavia svolgono funzioni diverse dipende dal fatto che sono stati repressi segmenti diversi del loro genoma e che perciò sono diversi i loro *insiemi operanti* di proteine. Un'ipotesi di questo genere può spiegare le straordinarie differenze tra cellule che fanno parte di organi diversi del corpo umano.

Due semplici esempi di differenziazione

Il processo con cui un'unica cellula iniziale si riproduce ripetutamente dando origine a miriadi di cellule differenziate con funzioni specializzate può essere paragonato alla diffusione di una catena di sant'Antonio da persona a persona in cui ad ogni nuovo partecipante si chiede di propagare il messaggio fedelmente, ma anche di aggiungervi qualche tocco personale. Alla fine vi saranno lettere totalmente diverse le une dalle altre.

Un'ulteriore illustrazione delle idee significative del fenomeno della differenziazione è fornita nel campo dell'informatica da questo analogo estremamente semplice costituito da un autoreplicante che si differenzia autonomamente. Consideriamo un programma molto breve controllato da un interruttore a mano e dotato di un parametro interno N (N è un numero naturale). Questo programma può funzionare secondo due modalità: modalità chiusa e modalità aperta. Quando funziona nella modalità chiusa, esso si autoreplica scrivendo in una zona adiacente della memoria un programma "figlio" identico in tutto eccetto che nel parametro interno N, che è aumentato di uno. Quando invece funziona nella modalità aperta, non si autoreplica, ma calcola invece il numero

$$(-1)^N/(2N + 1)$$

e lo somma al totale preesistente.

Si supponga dunque che all'inizio ci sia in memoria una copia del programma, che sia $N = 0$ e che la modalità sia quella chiusa. Allora il programma copierà se stesso di fianco nella memoria, con $N = 1$. Ripetendo il processo, il nuovo programma si autoreplicherà scrivendo di fianco a se stesso una copia con $N = 2$. E avanti così... Il risultato è un programma molto grande che sta crescendo nella memoria. Quando la memoria è piena, il processo termina. Ora si può considerare che la memoria sia interamente riempita da un solo *grande* programma composto di molti moduli simili ma differenziati: le sue cellule. Supponiamo ora di commutare la modalità e di far funzionare questo grande programma. Che cosa succede? La prima "cellula" opera e calcola 1/1. La seconda "cellula" opera e calcola $-1/3$. Questo valore viene sommato al risultato preesistente. La terza "cellula" opera calcolando $+1/5$ e sommandolo, e così via... Il risultato finale è che l'intero "organismo", il programma grande, calcola la somma

$$1 - 1/3 + 1/5 - 1/7 + 1/9 - 1/11 + 1/13 - 1/15 + \ldots$$

fino a un gran numero di termini (tanti termini quante sono le "cellule" che sono entrate in memoria). E poiché questa serie converge (benché lentamente) al valore $\pi/4$, abbiamo un "fenotipo" la cui funzione consiste nel calcolare il valore di una famosa costante matematica.

L'intreccio dei livelli nella cellula

Spero che la descrizione di processi quali l'etichettaggio, l'autoassemblaggio, la differenziazione, la morfogenesi, nonché della trascrizione e della traduzione, siano stati utili a dare un'idea dell'immensa complessità della cellula: essa si rivela un raffinato sistema di elaborazione dell'informazione con alcune caratteristiche straordinariamente nuove e sorprendenti. Osservando la Mappa del Dogma Centrale, abbiamo visto che, per quanto possiamo cercare di tracciare una chiara demarcazione tra dati e programmi, la distinzione rimane alquanto arbitraria. Proseguendo su questa linea di pensiero, troviamo che non solo i *dati* e i *programmi* sono intessuti insieme in forme intricate, ma che anche l'*interprete* dei programmi, *l'unità* fisica *di processo* (il *processore*, cioè l'elaboratore) ed anche il *linguaggio* sono coinvolti in questa intima fusione. Perciò, sebbene sia possibile (entro certi limiti) tracciare le demarcazioni e separare i livelli, è altrettanto importante, e certamente altrettanto affascinante, riconoscere le intersezioni dei livelli e i loro intrecci. Nei sistemi biologici questo è illustrato dal fatto straordinario che tutte le varie entità necessarie per l'autoriproduzione (e cioè linguaggio, programma, dati, interprete ed unità di processo) cooperano a un grado tale che anche la loro replicazione è simultanea. Ciò mostra quanto il processo di riproduzione biologica sia più profondo di qualunque cosa finora ideata da esseri umani. Per esempio, il programma autoreplicante descritto all'inizio di questo Capitolo dà per scontata la preesistenza di tre entità esterne, un linguaggio, un interprete e un'unità di processo, le quali non vengono replicate.

Cerchiamo di riassumere i vari modi in cui le sottounità della cellula possono essere classificate in termini informatici. Dapprima consideriamo il DNA. Poiché il DNA contiene tutta l'informazione necessaria per la costruzione delle proteine che sono gli agenti attivi della cellula, esso può essere considerato un *programma* scritto in un linguaggio di alto livello che successivamente viene tradotto (o interpretato) nel "linguaggio macchina" della cellula (proteine). D'altra parte, il DNA è esso stesso una molecola passiva che viene manipolata da vari tipi di enzimi: in questo senso, la molecola di DNA è esattamente l'analogo di una lunga sequenza di *dati*. In terzo luogo, il DNA contiene i modelli sui quali vengono ricalcate le molecole di tRNA, e questo significa che il DNA contiene anche la definizione del suo linguaggio di alto livello.

Passiamo ora alle proteine. Queste sono molecole attive e compiono tutte le funzioni della cellula; perciò è sicuramente giustificato pensarle come programmi in "linguaggio macchina" della cellula (la cellula stessa sarebbe allora l'unità di processo). D'altra parte, poiché le proteine sono hardware mentre la maggior parte dei programmi sono software, è forse più opportuno pensare le proteine come *processori*. In terzo luogo, le proteine sono spesso il substrato su cui agiscono altre proteine, e dunque spesso fungono da *dati*. Infine le proteine possono essere considerate *interpreti*: ciò significa che vediamo il DNA come una raccolta di programmi in linguaggio di alto livello e gli enzimi come semplici esecutori dei programmi scritti nel codice del DNA, nel qual caso le proteine si comporterebbero da interpreti.

Poi vi sono i ribosomi e le molecole di tRNA, che mediano la traduzione dal DNA alle proteine. Questa può essere paragonata alla traduzione di un programma da un linguaggio di alto livello a un linguaggio macchina. In altre parole, i ribosomi funzionano come *interpreti* e le molecole di tRNA forniscono la definizione del *linguaggio* di alto livello. Ma un punto di vista alternativo del processo di traduzione vede i ribosomi come *processori* e le molecole di tRNA nel ruolo di *interpreti*.

In questa analisi delle interrelazioni tra tutte queste molecole biologiche abbiamo appena scalfito la superficie. Ciò che abbiamo visto ci fa capire che la natura si trova del tutto a proprio agio nel mescolare fra loro livelli che *noi* tendiamo a considerare completamente separati. In effetti, nell'informatica si nota già una marcata tendenza a mescolare insieme tutti questi aspetti apparentemente distinti di un sistema di elaborazione dell'informazione. Ciò è particolarmente evidente nella ricerca in Intelligenza Artificiale, che generalmente è all'avanguardia nella progettazione dei linguaggi di programmazione.

L'origine della vita

Una domanda naturale e fondamentale che sorge quando si viene a conoscenza di questi pezzi di software e di hardware intrecciati fra loro in modo incredibilmente intricato è la seguente: "In che modo ha potuto avere origine tutto ciò?". Si tratta di una situazione che lascia veramente perplessi. Si può immaginare che si sia verificato un qualche processo di bootstrap, qualcosa di analogo a ciò che si verifica abitualmente nello sviluppo dei nuovi linguaggi di programmazione; ma un bootstrap che fa sollevare da semplici molecole a intere cellule è quasi al di fuori della nostra capacità d'immaginazione. Sull'origine della vita esistono varie teorie, ma tutte s'incagliano su questa che è la più centrale di tutte le domande centrali: "In che modo ha avuto origine il Codice Genetico insieme con i meccanismi della sua traduzione (ribosomi e molecole di tRNA)?". Per il momento dobbiamo contentarci di un senso di mistero e di stupore anziché di una risposta. E forse provare quel senso di mistero e di stupore è più gratificante che avere una risposta. Almeno per un po'.

Magnifigranc in REaltà!

È una domenica di primavera; la Tartaruga e Achille passeggiano insieme nei boschi. Hanno deciso di raggiungere la cima di una collina, dove si dice vi sia uno splendido caffè con una straordinaria scelta di deliziosi pasticcini.

Achille: Magnifico!

Tartaruga: Magnifico che cosa?

Achille: Stavo per dire che se mai esiste un granchio intelligente, allora si tratta del nostro comune amico. Perdiana, deve essere almeno due volte più intelligente di un qualunque granchio vivente. O forse tre volte più intelligente di un qualunque granchio vivente. O forse...

Tartaruga: All'anima! Che magnificazione del Granchio!

Achille: Sono soltanto un suo ammiratore...

Tartaruga: Non c'è bisogno di scusarsi. Anch'io l'ammiro. A proposito di ammiratori di granchi, le ho parlato della strana lettera che il signor Granchio ha ricevuto qualche tempo fa?

Achille: Non credo. Chi gliel'ha mandata?

Tartaruga: Il timbro di partenza era indiano e il mittente era uno di cui nessuno di noi aveva mai sentito parlare, un certo signor Najunamar, credo.

Achille: Mi chiedo come mai qualcuno che non ha mai conosciuto il Granchio senta il bisogno di mandargli una lettera, o perlomeno come abbia fatto a conoscere il suo indirizzo.

Tartaruga: Sembra che, chiunque egli sia, abbia scritto con la convinzione che il Granchio sia un matematico. La lettera conteneva numerose scoperte matematiche, che erano tutte... Ma oh! *Lupus in fabula*! Guardi chi sta venendo giù per la collina: proprio il signor Granchio, con il suo solito modo di procedere all'indietro!

Granchio: Arrivederci! È stato un piacere parlare di nuovo con voi. Bene, credo sia meglio che me ne vada. Ma sono pieno fin qua e non potrei mandar giù un altro boccone, anche se dovessi! Vengo proprio di lassù, un posto che vi raccomando di cuore. Siete mai stati al caffè in cima alla collina? Come sta, Achille? Oh, ecco Achille. Salve, salve. Oh bene, chi si vede, proprio la signorina T.!

Tartaruga: Salve, signor G. È diretto verso il caffè sulla collina?

Granchio: Certamente. Come ha indovinato? Non vedo l'ora di mettere le mani su quelle loro stupende bavaresi. Ho una fame tale che potrei mangiare tutti i castelli di Ludwig. Oh, ecco Achille. Come sta, Achille?

Achille: Potrebbe andar peggio.

Granchio: Magnifico! Bene, non voglio interrompere la vostra conversazione. Rimarrò ad ascoltarvi.

FIGURA 106. Castrovalva, *di M.C. Escher (litografia, 1930).*

Tartaruga: Per strano che le possa sembrare, stavo proprio parlando ad Achille di quella lettera misteriosa che lei ha ricevuto qualche settimana fa da quell'indiano. Ma ora che lei è qui, vorrei che Achille sentisse la storia direttamente dalla fonte.

Granchio: Bene, è andata così. Questo signor Najunamar, che a quanto pare non aveva mai avuto un'istruzione formale in matematica, aveva elaborato metodi suoi per arrivare a nuove verità matematiche. Alcune delle sue scoperte mi hanno completamente sconvolto; non avevo mai visto niente di simile in vita mia. Per esempio, tra le altre cose c'era un mappa dell'India, che egli era riuscito a colorare usando non meno di 1729 colori diversi.

Achille: 1729! Ha detto 1729?

Granchio: Sì, perché me lo chiede?

Achille: Perché 1729 è un numero molto interessante.

Granchio: Davvero? Non lo sapevo proprio.

Achille: In REaltà, 1729 è per esempio il numero del taxi che ho preso questa mattina per andare all'appuntamento con la signorina T.

Granchio: Affascinante! E sarebbe in grado di dirmi il numero del tram che prenderà domani mattina per recarsi dalla signorina T.?

Achille (dopo un momento di riflessione): Non riesco a vedere con facilità la soluzione del problema, comunque deve trattarsi di un numero piuttosto grande.

Tartaruga: Achille ha un intuito eccellente per queste cose.

Granchio: È vero. Allora, stavo dicendo, Najunamar nella sua lettera dimostrava anche che ogni primo pari è la somma di due numeri dispari, e che non vi sono soluzioni in interi positivi per l'equazione

$$a^n + b^n = c^n \qquad \text{per } n = 0.$$

Achille: Cosa? Tutti questi classici problemi della matematica risolti in un sol colpo? Questo Najunamar dev'essere un genio di prima grandezza!

Tartaruga: Ma lei, Achille, non ha qualche dubbio?

Achille: Cosa? Dubbio? Certo. Non penserà che io creda veramente che il signor Granchio abbia ricevuto questa lettera, vero? Così non può essere altri che LEI la persona che ha ricevuto la lettera!

Tartaruga: No, Achille, il fatto che il signor Granchio abbia ricevuto la lettera è vero. Volevo dire invece: non è scettico sul contenuto della lettera, su quelle sue stravaganti affermazioni?

Achille: Perché dovrei esserlo? Hum... ma certo! Io sono una persona molto scettica, come voi due avreste dovuto capire, ormai. È molto difficile convincermi di qualcosa, vera o falsa che sia.

Tartaruga: Molto ben detto, Achille. Lei certamente ha una perfetta coscienza dei suoi processi mentali.

Achille: Non vi è accaduto, cari amici, di avere il dubbio che queste affermazioni di Najunamar possano essere sbagliate?

Granchio: Onestamente, Achille, poiché sono piuttosto tradizionalista e ortodosso, il mio primo sospetto riguardava proprio questo punto.

Pensavo che si trattasse di un falso. Ma poi, riflettendoci, mi sono detto che non possono essere molte le persone in grado di elaborare, traendoli semplicemente dalla loro fantasia, "risultati" tanto strani e complessi. In realtà la questione si riduce a questo dilemma: "Che cosa è più probabile: che esistano ciarlatani di straordinario ingegno, o matematici di genio?". E molto presto ho dovuto concludere che le probabilità erano a favore della prima ipotesi.

Achille: Non ha quindi controllato nessuna delle sue sorprendenti conclusioni?

Granchio: Perché avrei dovuto? L'argomento probabilistico era uno dei più convincenti che avessi mai trovato; nessuna prova matematica avrebbe potuto esserlo altrettanto. Ma la signorina T. insisteva per il rigore. Così finalmente mi arresi alle sue insistenze e controllai tutti i risultati di Najunamar. Con mia grande sorpresa, ognuno di essi si rivelò esatto. Come ha potuto fare quelle scoperte, comunque, non lo saprò mai. Egli deve possedere qualche imperscrutabile intuito orientale, di cui noi occidentali ignoriamo tutto. Al momento, questa è l'unica teoria che mi pare sensata.

Tartaruga: Il signor Granchio è stato sempre più incline di me alle spiegazioni mistiche e fantasiose. Io sono profondamente convinta che, qualunque cosa abbia condotto Najunamar alle sue scoperte, essa ha un perfetto equivalente nella matematica ortodossa. Non esiste alcun modo di fare matematica sostanzialmente diverso dal modo che noi conosciamo; questa è la mia opinione.

Achille: Molto interessante. Suppongo che abbia a che fare con la Tesi di Church-Turing e con gli argomenti ad essa connessi.

Granchio: Oh, lasciamo perdere queste argomentazioni tecniche in una giornata così bella e gustiamoci la quiete dei boschi, il cinguettio degli uccelli, i giochi di luce sui boccioli e le foglie appena spuntate. Oh, oh, olà!

Tartaruga: D'accordo. In fondo, tutte, tutte le generazioni di tartarughe hanno goduto di queste delizie.

Granchio: Idem per tutte le generazioni di granchi.

Achille: Non ha per caso con sé il suo flauto, signor G.?

Granchio: Certamente. Me lo porto sempre dietro. Vi piacerebbe sentire qualcosa?

Achille: Sarebbe delizioso, in questo sfondo bucolico. Lei suona a memoria?

Granchio: Mi dispiace ammetterlo, ma è al disopra delle mie possibilità. Devo sempre leggere. Però questo non costituisce un problema. Ho qui con me alcuni pezzi molto piacevoli.

(Apre una borsa e ne estrae alcuni fogli. Il primo reca i seguenti simboli:

$$\forall a: \neg Sa = 0$$

Inserisce il foglio su un piccolo leggio fissato al flauto e suona. Il pezzo è molto breve).

Achille: Delizioso! *(Si volta a guardare il foglio sul flauto e se ne ritrae con una espressione di stupore).* Che cosa ci fa un enunciato aritmetico attaccato al suo flauto?

(Il Granchio guarda il flauto, poi la musica, si guarda intorno e dà segni di non capire bene).

Granchio: Non capisco. Quale enunciato aritmetico?
Achille: "Zero non è il successore di alcun numero naturale". Proprio lì sul suo flauto!
Granchio: Quello è il terzo Postuludio di G. Piano. L'opera si chiama *Il clavigranchio ben temperato*; ci sono cinque Fughe e Postuludi ed io li ho arrangiati per il flauto. Sono ovvi, ma molto orecchiabili.
Achille: Ciò che non è ovvio per me è che si possa suonare un enunciato aritmetico.
Granchio: Ma io insisto: NON è un enunciato aritmetico, è un Postuludio di Piano! Ne vuole sentire un altro?
Achille: Mi farebbe molto piacere.

(Il Granchio mette un altro foglio sul leggio e suona. Questa volta Achille scruta con maggiore attenzione).

Ora ho seguito il movimento dei suoi occhi, signor G. Lei stava guardando la FORMULA sul foglio. È certo che si tratta di notazione musicale? Giuro che assomiglia in maniera incredibile alla notazione che si potrebbe usare in una versione formalizzata dell'aritmetica.
Granchio: Molto strano! Eppure questa è musica, non si tratta di nessun tipo di enunciato matematico, per quanto ne so! Naturalmente, però, io non sono un matematico, nel modo più assoluto. Le piacerebbe sentire qualche altro pezzo?
Achille: Certamente; ne ha altri?
Granchio: A bizzeffe.

(Prende un altro foglio e lo attacca al flauto. Esso contiene i seguenti simboli:

$$\neg \exists a{:}\exists b{:}(SSa \cdot SSb) = SSSSSSSSSSSSS0$$

Achille lo guarda, mentre il Granchio suona).

Non è stupendo?
Achille: Sì, certo, è molto grazioso. Ma devo dire che mi convinco sempre più che si tratta di aritmetica.
Granchio: Perdiana! Ma questa è la mia solita notazione musicale, nient'altro. Non riesco a capire come faccia a vedere tutti questi significati extramusicali in una semplice rappresentazione di suoni.
Achille: Avrebbe niente in contrario a suonare un brano composto da me?
Granchio: Niente affatto. Ce l'ha qui?
Achille: Non ancora, ma penso di poterlo comporre seduta stante.
Tartaruga: Devo avvertirla, Achille, che il signor Granchio è un giudice severo delle composizioni altrui, così non se n'abbia a male se per caso egli non rimarrà entusiasta dei suoi sforzi.

Achille: Lei è molto gentile a mettermi in guardia. Ma vorrei provare lo stesso...

(Scrive:

$$((SSS0 \cdot SSS0) + (SSSS0 \cdot SSSS0)) = (SSSSS0 + SSSSS0)$$

Il Granchio raccoglie il foglietto, gli dà un'occhiata, lo inserisce nel leggio e suona).

Granchio: Perbacco, è proprio bello, Achille. A me piacciono i ritmi strani.

Achille: Che cosa c'è di strano nel ritmo di questo pezzo?

Granchio: Naturalmente a lei come compositore non apparirà così, ma per il mio orecchio, passare da un ritmo di 3/3 ad uno di 4/4 e infine ad uno di 5/5 è abbastanza insolito. Se ha qualche altro pezzo sarò lieto di suonarlo.

Achille: Grazie tante. Non avevo mai composto musica prima, e devo dire che la cosa è piuttosto diversa da come l'avevo immaginata. Mi faccia provare ancora una volta. (*Scrive un rigo*).

$$\neg \exists a{:}\exists b{:}(SSa \cdot SSb) = SSSSSSSSSSSSSS0$$

Granchio: Hum... Non è una copia del mio pezzo precedente?

Achille: Oh, no. Ho aggiunto un'altra S. Nel suo ve ne erano tredici, nel mio ve ne sono quattordici.

Granchio: Oh, ha ragione. *(Suona e assume un'espressione severa).*

Achille: Spero che il mio pezzo non le sia dispiaciuto troppo.

Granchio: Ho paura, Achille, che le siano completamente sfuggite le sottigliezze del mio brano, sul quale lei ha modellato il suo. Ma sarebbe stato pretendere troppo che le comprendesse subito al primo ascolto. Non sempre si coglie ciò che è alle radici della bellezza. È così facile prendere per bellezza gli aspetti superficiali di un pezzo musicale, e imitarli, mentre in realtà la bellezza è racchiusa profondamente al suo interno, in un modo che sembra sfuggire a qualsiasi analisi.

Achille: Temo di non seguirla nei suoi dotti commenti. È chiaro che il mio pezzo non era alla sua altezza, ma non ho capito bene dove ho sbagliato. Potrebbe essere più preciso riguardo all'errore commesso nella mia composizione?

Granchio: Un modo per correggere la sua composizione, Achille, potrebbe essere quello di inserire altre tre S (ma anche cinque potrebbero andar bene) in quel lungo gruppo di S verso la fine. Ciò creerebbe un effetto sottile ed insolito.

Achille: Capisco.

Granchio: Ma vi sono altri modi che lei potrebbe seguire per cambiare il pezzo. Personalmente, ciò che mi piacerebbe di più sarebbe l'aggiunta di un altro gancio davanti. Così vi sarebbe un gradevole equilibrio fra l'inizio e la fine. Due gancetti in fila non mancano mai di conferire un tocco di gaiezza, sa?

Achille: E che cosa accade se applico entrambi i suoi suggerimenti e realizzo il pezzo seguente:

$$\neg\neg\exists a{:}\exists b{:}(SSa\cdot SSb)=SSSSSSSSSSSSSSSSS0$$

Granchio (con una smorfia di sofferenza): No, Achille. È importante imparare a non mettere troppo materiale in un solo pezzo. Vi è sempre un limite oltre il quale un pezzo non può essere migliorato; anzi, ulteriori tentativi possono distruggerlo, come nel nostro caso. La sua idea di incorporare entrambi i miei suggerimenti non dà come risultato una maggiore bellezza, ma crea al contrario uno squilibrio che annulla completamente ogni fascino.

Achille: Come mai due composizioni così simili come la sua e la mia, che si differenziano per una semplice S, possono apparirle così diverse nella loro qualità musicale? A parte quella piccola differenza, le due composizioni sono identiche.

Granchio: Dio buono! C'è un'enorme differenza fra il suo pezzo e il mio. Forse questo è un campo in cui le parole non riescono ad esprimere ciò che lo spirito percepisce. In verità, oserei dire, non esiste alcun *corpus* di regole che definisca la bellezza di una composizione musicale, né potrebbe mai esistere. Il significato della Bellezza è dominio esclusivo delle Menti Coscienti, che attraverso l'esperienza dell'esistenza hanno conquistato profondità che trascendono ogni spiegazione in termini di regole.

Achille: Non dimenticherò mai questa vivida illuminazione sulla natura della Bellezza. Suppongo che qualcosa di molto simile valga per la Verità.

Granchio: Certamente. Verità e Bellezza sono interconnesse come... come...

Achille: Interconnesse come, diciamo, la matematica e la musica?

Granchio: Mi ha tolto le parole di bocca! Come ha fatto a sapere ciò che stavo pensando?

Tartaruga: Achille è molto intelligente, signor G. Non sottovaluti mai le sue capacità di intuizione.

Achille: Sottoscriverebbe l'affermazione che vi può essere qualche relazione fra la verità e la falsità di un enunciato matematico, e la bellezza o meno di una composizione musicale che vi è connessa? O questa mia idea è solamente una pura fantasia senza alcun fondamento?

Granchio: Se me lo chiede, devo dirle che ci stiamo allontanando un po' troppo dalla realtà. Quando parlavo dell'interconnessione fra musica e matematica, parlavo in realtà in termini metaforici. Ma ho seri dubbi che esista una connessione diretta fra specifiche composizioni musicali e determinati enunciati della matematica. Le consiglierei di non avventurarsi oltre in queste speculazioni.

Achille: Lei ha certamente ragione. Sarebbe una perdita di tempo. È meglio che mi concentri sul compito di affinare la mia sensibilità musicale componendo altri pezzi. Le dispiacerebbe essere la mia guida in questa impresa, signor G.?

Granchio: Sarei molto felice di aiutarla a proseguire sulla via della conoscenza musicale.

(Allora Achille prende la penna e, concentrandosi visibilmente, scrive:

$$\wedge 00a\forall' \vee \neg \wedge\wedge : b + cS(\exists\exists = 0 \wedge \supset ((\neg d) < \vee (\forall S \cdot + (> \vee$$

Il Granchio guarda il risultato con molto stupore).

Lei desidera veramente che io suoni quel... quel... quella roba?

Achille: Sì, per favore.

(Il Granchio suona, ma con evidente difficoltà).

Tartaruga: Bravo, bravo! È John Cage il suo compositore preferito, Achille?

Achille: In realtà, è il mio anti-compositore preferito. Comunque, sono lieto che la mia musica le piaccia.

Granchio: Per voi due può essere divertente ascoltare una simile cacofonia priva di senso, ma vi assicuro che non è affatto piacevole per un compositore sensibile essere sottoposto a una tortura di questo genere, fatta di vuote dissonanze e di ritmi privi di significato. Achille, io pensavo che lei avesse una buona sensibilità musicale. Devo invece ritenere che la qualità dei pezzi precedenti sia frutto di mera coincidenza?

Achille: Le chiedo di perdonarmi, signor Granchio. Stavo solo cercando di indagare i limiti della sua notazione musicale. Volevo vedere direttamente che tipo di suoni corrispondono a certi tipi di sequenze di note e capire come lei valuta pezzi musicali scritti in stile diverso.

Granchio: Uffa! Non sono mica una macchina per eseguire musica, sa? Né sono una pattumiera per rifiuti musicali.

Achille: Sono davvero mortificato. Ma sono convinto di avere imparato moltissimo scrivendo quel piccolo pezzo, e sono sicuro che ora potrò scrivere musica decisamente migliore di quanto non avrei mai potuto fare se non avessi sottoposto a verifica quella mia idea. Se lei accettasse di suonare un altro mio pezzo, sono certo che rivaluterebbe la mia sensibilità musicale.

Granchio: Va bene, d'accordo. Lo scriva; le darò un'altra opportunità.

(Achille scrive:

$$\forall a:\forall b:<(a\cdot a)=(SS0\cdot(b\cdot b))\supset a=0>$$

e il Granchio suona).

Ha ragione, Achille. Sembra proprio che abbia ritrovato tutto il suo acume musicale. Questo è un piccolo gioiello! Come ci è arrivato? Non ho mai sentito niente del genere. Obbedisce a tutte le regole dell'armonia, e tuttavia ha, come dire?, un certo fascino irrazionale. Non posso definirlo chiaramente, ma mi piace proprio per questa ragione.

Achille: Immaginavo che le sarebbe piaciuto.

Tartaruga: Ha pensato a un nome da dargli? Che ne dice di “La canzone di Pitagora”? Lei ricorda sicuramente che Pitagora e i suoi seguaci furono i primi a studiare la musica.

Achille: Certo. Sarebbe un titolo molto bello.

Granchio: E non fu sempre Pitagora a scoprire per primo che il rapporto di due quadrati non può mai essere uguale a 2?

Tartaruga: Credo che lei abbia ragione. Fu considerata una scoperta funesta a quel tempo, poiché nessuno prima di allora si era reso conto che vi sono numeri, quali la radice quadrata di 2, che non possono essere rappresentati come rapporto di due interi. E la scoperta turbava enormemente i Pitagorici, poiché essi credettero di ravvisarvi un insospettato e assurdo difetto che inficiava l’astratto mondo dei numeri. Ma non vedo come tutto questo c’entri...

Achille: C’entra, c’entra. E a proposito di entrarci, vogliamo entrare in questo caffè?

Tartaruga: Ancora un minuto per ammirare il panorama.

Achille: Allora ho il tempo per farle ascoltare il motivo che ho sentito stamattina alla radio nel taxi. Faceva così.

Granchio: Un momento. Mi lasci prendere un foglio di carta nella borsa per scrivere il motivo. *(Rovista un po’ nella borsa e ne estrae un foglio bianco).* Proceda pure, sono pronto.

(Achille fischia un motivo piuttosto lungo e il Granchio fatica a tenergli dietro con la scrittura).

Potrebbe ripetere le ultime battute, per favore?

Achille: Oh, certamente.

(Dopo un paio di ripetizioni, il Granchio è in grado di mostrare orgogliosamente il frutto del suo lavoro:

$$\langle ((\mathrm{SSSSS0}\cdot\mathrm{SSSSS0})+(\mathrm{SSSSS0}\cdot\mathrm{SSSSS0}))=((\mathrm{SSSSSSS0}\cdot\mathrm{SSSSSSS0})+(\mathrm{S0}\cdot\mathrm{S0}))$$
$$\wedge\neg\exists b:\langle\exists c:(\mathrm{S}c+b)=((\mathrm{SSSSSSS0}\cdot\mathrm{SSSSSSS0})+(\mathrm{S0}\cdot\mathrm{S0}))\wedge\exists d:\exists d':\exists e:\exists e':$$
$$\langle\neg\langle d=e\vee d=e'\rangle\wedge\langle b=((\mathrm{S}d\cdot\mathrm{S}d)+(\mathrm{S}d'\cdot\mathrm{S}d'))\wedge b=((\mathrm{S}e\cdot\mathrm{S}e)+(\mathrm{S}e'\cdot\mathrm{S}e'))\rangle\rangle\rangle\rangle$$

Poi lo suona).

Tartaruga: Che strana musica, vero? Dà l’impressione di essere indiana.

Granchio: No, mi sembra troppo semplice per esserlo. Ma naturalmente so troppo poco della musica indiana.

Tartaruga: Andiamo al caffè, ora. Ci sediamo dentro o nella veranda?

Granchio: Se per voi è lo stesso, preferirei sedere dentro. Ho già preso abbastanza sole per oggi.

(Entrano e vengono fatti accomodare intorno a un grazioso tavolino di legno. Ordinano tè e pasticcini. Ben presto viene avvicinato al loro tavolo un carrello con deliziosa e varia pasticceria. Ognuno sceglie la sua pasta preferita).

Achille: Sa, signor Granchio, mi piacerebbe sapere che cosa ne pensa di un altro pezzo che ho appena composto mentalmente.

Granchio: Me lo può far vedere? Lo scriva su questo tovagliolino di carta.

(Achille scrive:

$$\forall a{:}\exists b{:}\exists c{:}<\neg\exists d{:}\exists e{:}<(SSd\cdot SSe)=b\vee(SSd\cdot SSe)=c>\wedge(a+a)=(b+c)>$$

Il Granchio e la Tartaruga lo studiano con interesse).

Tartaruga: Pensa che sia un buon pezzo, signor Granchio?

Granchio: Bene... un... *(Si agita sulla sedia e lascia trasparire un certo disagio).*

Achille: Che c'è? Questo pezzo è più difficile da giudicare degli altri?

Granchio: Hem... No, non è questo, nient'affatto. Il problema è che... io devo proprio SENTIRE un pezzo prima di potermi pronunciare.

Achille: Allora avanti, lo suoni! Sono impaziente di sapere cosa ne pensa.

Granchio: Naturalmente sarei felicissimo di suonarglielo. L'unico problema è che...

Achille: Non può suonarlo? La vedo riluttante, signor Granchio. Perché?

Tartaruga: Non si rende conto, Achille, che sarebbe estremamente maleducato e molesto da parte del signor Granchio, nei confronti della clientela e del personale, suonare in questo locale raffinato?

Granchio (appare improvvisamente risollevato): Certo. Non abbiamo alcun diritto di imporre la nostra musica agli altri.

Achille (molto deluso): Oh, CHE SFORTUNA! Ed io che tenevo TANTO alla sua opinione su questo pezzo!

Granchio: Pfui! Scampata per un pelo!

Achille: Cosa dice?

Granchio: Oh, niente... Mi riferivo a quel cameriere là; per poco non rovesciava addosso a quella signora un'intera teiera per colpa di un altro cameriere che lo ha urtato. Scampata per un pelo! Che ne dice, signorina T.?

Tartaruga: Grandi equilibrismi, non le pare, Achille?

Achille: Una scena di prima classe.

Granchio: Senza dubbio. Bene, non so voi, ma per quanto mi riguarda, devo proprio andare. Per tornare a casa, infatti, ho da fare un lungo tragitto sul costone di questa collina.

Achille: Capisco che per lei sarà difficile orientarsi e tenersi in equilibrio.

Granchio: Proprio così, Achille!

Achille: Be', faccia attenzione, signor Granchio.

Granchio: La ringrazio, Achille; comunque è stato un pomeriggio veramente piacevole, e spero sinceramente che in altre occasioni ci scambieremo di nuovo composizioni musicali.

Achille: Ci conto davvero, signor Granchio, arrivederci.

Tartaruga: Arrivederci, signor Granchio.

(Il Granchio si dirige verso il suo lato della collina).

Achille: Ecco che se ne va un brillante personaggio… A mio giudizio, è almeno quattro volte più intelligente di qualsiasi granchio vivente. O forse anche cinque…

Tartaruga: Come ha detto in principio e dirà forse sempre, nei secoli dei secoli…

Achille: E così sia.

CAPITOLO XVII

Church, Turing, Tarski ed altri

Sistemi formali e sistemi nonformali

SIAMO ARRIVATI al punto in cui possiamo esaminare più a fondo una delle tesi principali di questo libro: la tesi secondo la quale ogni aspetto del pensiero può essere visto come una descrizione ad alto livello di un sistema che, a basso livello, è governato da regole semplici, addirittura formali. Il "sistema" naturalmente è il cervello, a meno che non si vogliano considerare i processi di pensiero che si svolgono su altri substrati, come per esempio i circuiti di un calcolatore. L'immagine è quella di un sistema formale soggiacente a un "sistema nonformale", cioè a un sistema che, per esempio, fa giochi di parole, scopre regolarità numeriche, dimentica nomi, commette errori spaventosi giocando a scacchi e così via. Questo è ciò che si vede dall'esterno: il suo livello nonformale, palese, di software. D'altra parte esiste un livello formale, nascosto, di hardware (il "substrato"). Si tratta di un meccanismo enormemente complesso che compie transizioni da stato a stato secondo regole definite inerenti alla sua struttura e in dipendenza dai segnali d'ingresso che lo sollecitano.

Inutile dire che una tale visione del cervello ha molte conseguenze filosofiche e di altro genere. Cercherò di illustrarne alcune in questo Capitolo. Tra l'altro, questa visione sembra implicare che, alla base, il cervello sia una sorta di oggetto "matematico". Questa considerazione non è però veramente felice perché, se è vero che in senso tecnico e astratto il cervello è una sorta di sistema formale, è anche vero che i matematici lavorano solo con sistemi semplici ed eleganti, nei quali ogni cosa è definita in modo estremamente chiaro. Ed il cervello è ben lontano da ciò, con i suoi dieci miliardi o più di neuroni semindipendenti, connessi fra di loro in modo quasi casuale. Quindi i matematici non studierebbero mai la rete di un cervello reale. E se si definisce la "matematica" ciò che piace fare ai matematici, allora le proprietà del cervello non sono matematiche.

L'unico modo per capire un sistema complesso qual è il cervello consiste nel considerarlo a livelli via via più alti, perdendo di conseguenza un po' di precisione ad ogni passo. Ciò che emerge al livello più alto è il "sistema nonformale", che obbedisce a tante regole ed è di una complessità tale che ancora non possediamo neanche un lessico adeguato per riflettervi. Riuscire ad analizzare questo livello più alto è l'obiettivo della ricerca nel campo dell'Intelligenza Artificiale. Essa ha caratteristiche totalmente diverse rispetto alla ricerca matematica. Vi è tuttavia un collegamento con la matematica: chi lavora nell'ambito dell'Intelligenza Artificiale ha spesso solide basi matematiche e i matematici sono spesso affascinati dal funzionamento del loro stesso cervello. Il passo che segue, tratto dal libro autobiografico *Adventures of a Mathematician* di Stanislaw Ulam, è un esempio di questo fatto:

> Mi sembra che si potrebbe fare di più per scoprire... la natura delle associazioni, usando i calcolatori come mezzo per la sperimentazione. Un tale studio dovrebbe utilizzare una gradazione di nozioni, di simboli, di classi di simboli, di classi di classi e così via, proprio come avviene nello studio delle strutture fisiche e matematiche complesse.
>
> Vi deve essere un meccanismo complesso che rende possibile il fluire del pensiero, una formula ricorsiva. Un gruppo di neuroni comincia a lavorare automaticamente, a volte senza stimolo esterno. È una sorta di processo iterativo con una trama che cresce. Va alla ventura nel cervello ed il modo in cui ciò accade deve dipendere dal ricordo di trame simili.[1]

L'intuizione e il Magnifico Granchio

Spesso ci si riferisce all'Intelligenza Artificiale con la sigla "IA". Molte volte, quando cerco di spiegare che cosa si intende con questo termine, dico che le lettere "IA" potrebbero indicare altrettanto bene "Intuizione Artificiale" o anche "Immaginazione Artificiale". Lo scopo dell'IA è di afferrare ciò che accade quando la mente sceglie silenziosamente e impercettibilmente, fra una miriade di alternative, quella che ha più senso in una situazione molto complessa. In numerose situazioni della vita reale il ragionamento deduttivo è inadeguato, non perché darebbe risposte *sbagliate*, ma perché sorgerebbero troppi enunciati giusti, ma *non pertinenti*; vi sono veramente troppe cose di cui tener conto contemporaneamente perché il ragionamento da solo sia sufficiente. Consideriamo questo minidialogo:

> "Qualche giorno fa ho letto sul giornale che...".
> "Ah, leggevi? Ne segue che hai degli occhi. O almeno *un* occhio. O meglio, che *allora* avevi almeno un occhio".

C'è bisogno di una certa capacità di giudizio per decidere che cosa sia importante e che cosa non lo sia. E ci vuole anche una certa sensibilità per la semplicità e la bellezza. Da dove provengono queste intuizioni? In che modo possono emergere da un sistema formale soggiacente?

Nel *Magnifigranc* si rivelano alcuni poteri insoliti della mente del Granchio. Ciò che lui dice dei suoi poteri è semplicemente che ascolta la musica e distingue il *bello* dal *nonbello* (evidentemente, per lui, esiste una linea di separazione netta). Achille trova un altro modo per descrivere le capacità del Granchio: secondo lui, il Granchio divide gli enunciati aritmetici nelle categorie *vero* e *falso*. Ma il Granchio sostiene che, se gli capita di far questo, è solo per una pura e semplice coincidenza, dato che, per sua stessa ammissione, non sa niente di matematica. Tuttavia l'esibizione del Granchio è ancora più sorprendente per Achille poiché sembra violare direttamente un celebre risultato della metamatematica che Achille conosce bene, cioè il

TEOREMA DI CHURCH: Non esiste un metodo infallibile per discriminare i teoremi dell'AT dai nonteoremi.

Questo fu dimostrato nel 1936 dal logico americano Alonzo Church. Strettamente collegato al precedente è quello che io chiamo il

TEOREMA DI TARSKI-CHURCH-TURING: Non esiste un metodo infallibile per discriminare enunciati veri dell'aritmetica da enunciati falsi.

La Tesi di Church-Turing

Per capire meglio il Teorema di Church ed il Teorema di Tarski-Church-Turing dovremmo prima esaminare una delle idee sulle quali essi si basano, e cioè la *Tesi di Church-Turing* (spesso chiamata "Tesi di Church"). La Tesi di Church-Turing infatti è certamente uno dei concetti più importanti della filosofia della matematica, del cervello e della mente.

In realtà la Tesi di Church-Turing può essere servita, come il tè, in tutta una gamma di differenti intensità. Io la presenterò in varie versioni di cui vedremo le implicazioni.

Nella prima versione sembra molto innocente, anzi quasi insulsa:

TESI DI CHURCH-TURING, VERSIONE TAUTOLOGICA: I problemi matematici possono essere risolti solo con operazioni matematiche.

Naturalmente il suo significato risiede nel significato dei termini che la costituiscono. Per "problemi matematici" intendo il problema di decidere se qualche numero possiede o non possiede una data proprietà aritmetica. Sappiamo che, mediante la numerazione di Gödel e i relativi meccanismi di codifica, quasi tutti i problemi di ogni ramo della matematica possono essere messi in questa forma, cosicché l'espressione "problemi matematici" conserva il suo significato ordinario. E che cosa significa "con operazioni matematiche"? Quando si cerca di scoprire se un numero ha una proprietà, si ha l'impressione che siano necessarie solo poche operazioni che dovranno essere usate un gran numero di volte in combinazione fra loro: addizione, moltiplicazione, verifica dell'eguaglianza o dell'ineguaglianza. In altre parole, cicli composti da tali operazioni sembrano essere l'unico strumento di cui disponiamo per esplorare il mondo dei numeri. Si noti la parola "sembrano". Questa è la parola critica presa di mira dalla Tesi di Church-Turing. Ne diamo una nuova versione:

TESI DI CHURCH-TURING, VERSIONE STANDARD: Supponiamo che vi sia un metodo che un essere senziente segue per dividere i numeri in due classi. Supponiamo inoltre che questo metodo dia sempre una risposta entro un tempo finito e che dia sempre la stessa risposta per ogni fissato numero. *Allora*: esiste un qualche programma in CicloI terminante (cioè una funzione generale ricorsiva) che dà esattamente le stesse risposte del metodo dell'essere senziente.

L'ipotesi centrale, per essere molto chiari, è che ogni processo mentale che divide i numeri in due classi può essere descritto sotto forma di un programma in CicloI. Si ha la convinzione intuitiva che non vi siano altri strumenti oltre a quelli dati dal CicloI, e che non vi sia modo di usare questi strumenti se non con l'iterazione non limitata (che il CicloI permette). La Tesi di Church-Turing non è un fatto dimostrabile nel senso di un Teorema della matematica: è un'ipotesi sui procedimenti usati dal cervello umano.

La Versione Procedimenti Pubblici

Alcuni potrebbero avere la sensazione che questa versione affermi troppe cose. Costoro potrebbero formulare le loro obiezioni nel modo seguente: "Potrebbe esistere qualcuno come il Granchio, qualcuno cioè che abbia una capacità quasi mistica di penetrazione della matematica ma che sia all'oscuro quanto chiunque altro riguardo a questa sua capacità peculiare, i cui meccanismi mentali eseguono operazioni che non hanno un corrispettivo nel CicloI". L'idea è che forse abbiamo una potenzialità subconscia di fare cose che trascendono i procedimenti coscienti: cose che sono in qualche modo non esprimibili nei termini delle operazioni elementari del CicloI. Per questi obiettori, daremo una versione più debole della Tesi, nella quale si distingue tra procedimenti mentali pubblici e privati:

TESI DI CHURCH-TURING, VERSIONE PROCEDIMENTI PUBBLICI: Supponiamo che vi sia un metodo che un essere senziente segue per dividere i numeri in due classi. Supponiamo inoltre che questo metodo dia sempre una risposta entro un tempo finito e che dia sempre la stessa risposta per ogni fissato numero. *Clausola condizionale*: si supponga inoltre che questo metodo possa essere comunicato in modo attendibile da un essere senziente ad un altro mediante il linguaggio. *Allora*: esiste un qualche programma in CicloI terminante (cioè una funzione generale ricorsiva) che dà esattamente le stesse risposte del metodo dell'essere senziente.

In questa versione, la Tesi dice che i metodi pubblici sono soggetti alla "CicloIficazione", ma non asserisce niente sui metodi privati. Non dice che questi non sono CicloIabili, ma certamente lascia una porta aperta.

Srinivasa Ramanujan

Come argomento contrario a qualsiasi versione più forte della Tesi di Church-Turing, consideriamo il caso di Srinivasa Ramanujan, il famoso matematico indiano vissuto fra il 1887 e il 1920. Ramanujan (Fig. 107) proveniva da Tamilnadu, la parte più meridionale dell'India, e studiò un po' di matematica nelle scuole superiori. Un giorno qualcuno che aveva riconosciuto il talento di Ramanujan per la matematica gli regalò una copia di un testo di analisi leggermente superato, che Ramanujan divorò

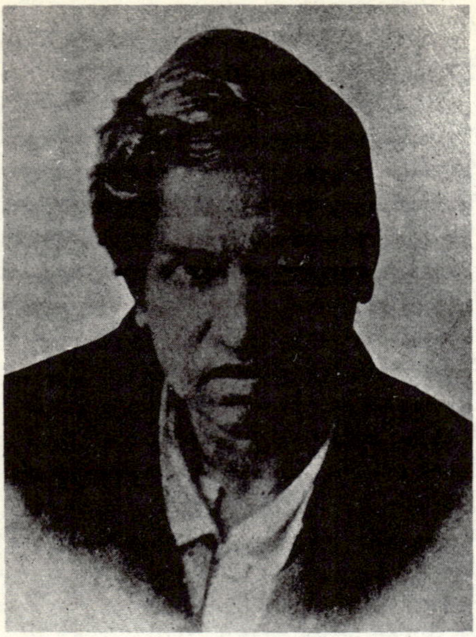

FIGURA 107. Srinivasa Ramanujan e una delle sue singolari melodie indiane.

$$\cfrac{1}{1+\cfrac{e^{-2\pi\sqrt{5}}}{1+\cfrac{e^{-4\pi\sqrt{5}}}{1+\cfrac{e^{-6\pi\sqrt{5}}}{1+\ddots}}}} = \left(\frac{\sqrt{5}}{1+\sqrt[5]{5^{3/4}\left(\frac{\sqrt{5}-1}{2}\right)^{5/2}-1}} - \frac{\sqrt{5}+1}{2} \right) e^{2\pi/\sqrt{5}}$$

(in senso metaforico). Egli cominciò quindi a compiere le sue personali scorrerie nel mondo dell'analisi e, giunto all'età di ventitré anni, aveva fatto un certo numero di scoperte che riteneva meritevoli d'attenzione. Non sapeva a chi rivolgersi, ma gli capitò di sentir parlare di un professore di matematica che viveva nella lontana Inghilterra e il cui nome era G.H. Hardy. Ramanujan riunì i suoi migliori risultati in alcuni saggi e li inviò tutti al non preavvisato Hardy con una lettera di accompagnamento che alcuni amici lo aiutarono a scrivere in inglese. Ecco come Hardy descrisse la sua reazione al ricevimento del plico:

> ... apparve subito chiaro che Ramanujan doveva possedere teoremi molto più generali e che aveva molti assi nella manica... [Alcune formule] mi sconvolsero completamente; non avevo assolutamente mai visto niente di simile. Un solo sguardo era sufficiente a mostrare che poteva averle scritte solo un matematico della più alta classe. Dovevano essere vere perché, se non fossero state vere, nessuno avrebbe potuto avere tanta fantasia da inventarle. Infine... lo scrivente doveva essere completamente onesto perché sono più comuni i grandi matematici che i ladri o gli impostori dotati di tale incredibile talento.[2]

Nel 1913, in seguito a tale corrispondenza, Ramanujan andò in Inghilterra invitato da Hardy, con cui iniziò un'intensa collaborazione che finì con la prematura morte per tubercolosi di Ramanujan, all'età di trentatré anni.

Ramanujan aveva parecchie caratteristiche straordinarie che lo distinguevano dalla maggior parte dei matematici. Una era la mancanza di rigore. Molto spesso egli enunciava semplicemente un risultato che, stando a lui, gli proveniva proprio da una vaga sorgente intuitiva, ben distante dall'ambito dell'indagine cosciente. Per esempio, diceva spesso che la dea Namagiri lo ispirava nei suoi sogni. Questo avveniva continuamente, e ciò che rendeva la situazione ancora più curiosa, forse rivestendola addirittura di una certa aura mistica, era il fatto che molti dei suoi "teoremi-intuizione" erano *sbagliati*. Vi è uno strano effetto paradossale per cui un evento che si pensa non possa avere altro effetto che rendere i creduli un po' più scettici ha in realtà l'effetto opposto, colpendo i creduli in qualche zona vulnerabile della loro mente e stuzzicandoli con l'allusione a qualche sconcertante lato irrazionale della natura umana. Questo accadde con gli errori di Ramanujan: molte persone colte, bramose di credere a qualcosa di "altro", videro nelle capacità intuitive di Ramanujan una prova di penetrazione mistica del Vero, ed il fatto della sua fallibilità sembrò semmai rafforzare piuttosto che indebolire tali credenze.

Naturalmente non nuoceva la sua provenienza da una delle zone più arretrate dell'India, dove il fachirismo e altri misteriosi riti indiani erano stati praticati per millenni e lo erano ancora con una frequenza probabilmente maggiore di quella dell'insegnamento della matematica superiore. I suoi lampi di intuizione talora sbagliati, invece di suggerire alla gente che egli era semplicemente umano, ispirarono paradossalmente l'idea che gli errori di Ramanujan avessero sempre una qualche sorta di "più profonda verità", una verità "orientale" che sfiorava forse realtà inaccessibili a menti occidentali. Era proprio un pensiero delizioso, quasi irresistibile! Lo stesso Hardy, che avrebbe dovuto essere il primo a negare che Ramanujan avesse un qualsiasi potere mistico, una volta scrisse a proposito di uno degli errori di Ramanujan: "E tuttavia non sono sicuro che, in qualche modo, il suo errore non sia stato più meraviglioso di uno qualsiasi dei suoi successi".

L'altra caratteristica di rilievo della personalità matematica di Ramanujan era la sua "amicizia con gli interi", come diceva il suo collega Littlewood. Questa è una caratteristica in qualche misura condivisa da molti matematici, ma che Ramanujan possedeva al massimo grado. Vi sono un paio di aneddoti che illustrano questa capacità particolare. Il primo è riferito da Hardy:

> Mi ricordo di una volta che stavo andando a trovarlo quando era ammalato a Putney. Avevo viaggiato col taxi n. 1729; osservai che il numero mi sembrava abbastanza insignificante e che speravo non fosse un cattivo presagio. "No," replicò "è un numero molto interessante: è il più piccolo numero che si può esprimere come somma di due cubi in due modi diversi". Gli chiesi, naturalmente, se sapesse la soluzione del problema corrispondente per le quarte potenze; ed egli, dopo un momento di riflessione, rispose che non riusciva a vedere con facilità la soluzione, ma che pensava che il primo numero di questo tipo dovesse essere piuttosto grande.[3]

La soluzione del problema per le quarte potenze è:

$$635318657 = 134^4 + 133^4 = 158^4 + 59^4$$

Il lettore può divertirsi a risolvere il problema analogo per i quadrati, che è molto più facile.

È interessante fra l'altro chiedersi perché Hardy passò immediatamente alle quarte potenze. Dopo tutto, vi sono molte altre generalizzazioni ragionevolmente naturali dell'equazione

$$u^3 + v^3 = x^3 + y^3$$

lungo direzioni differenti. Per esempio, vi è il problema di rappresentare un numero come somma di due cubi in tre modi diversi:

$$r^3 + s^3 = u^3 + v^3 = x^3 + y^3$$

Oppure si possono usare tre cubi diversi:

$$u^3 + v^3 + w^3 = x^3 + y^3 + z^3$$

O addirittura si può fare una generalizzazione completa in tutte le direzioni in una sola volta

$$r^4 + s^4 + t^4 = u^4 + v^4 + w^4 = x^4 + y^4 + z^4$$

Vi è tuttavia un senso nel quale la generalizzazione di Hardy è di fatto "la più matematica". Potrà mai essere programmato questo senso dell'estetica matematica?

L'altro aneddoto è preso dalla biografia di Ramanujan, scritta dall'indiano S.R. Ranganathan. In essa si parla di un fatto, indicato come "il lampo di Ramanujan", riferito da un amico indiano di Ramanujan del periodo di Cambridge, il dottor P.C. Mahalanobis.

> In un'altra occasione andai nella sua stanza per fare colazione con lui. La Prima Guerra Mondiale era scoppiata da poco. Avevo in mano una copia del mensile "Strand Magazine" che a quell'epoca era solito pubblicare un certo numero di rompicapo che proponeva ai lettori. Ramanujan stava rimestando qualcosa in un tegame sul fuoco per la nostra colazione. Io ero seduto vicino al tavolo e sfogliavo le pagine della rivista. Mi colpì un problema basato sulla relazione tra due numeri. Ho dimenticato i dettagli, ma mi ricordo il tipo di problema. Due ufficiali britannici erano stati alloggiati a Parigi in due diversi edifici di una lunga strada; i numeri dei portoni di questi edifici erano legati in un certo modo; il problema consisteva nel trovare i due numeri. Non era affatto difficile. Trovai la soluzione in pochi minuti procedendo per tentativi.
>
> MAHALANOBIS (in tono scherzoso): Qui c'è un problema per te.
> RAMANUJAN: Che problema? Leggimelo. (Continuava a rimestare nel tegame).
> Lessi il problema dallo "Strand Magazine".

RAMANUJAN: Per favore, scrivi la soluzione. (Dettò una frazione continua).

Il primo termine era la soluzione che avevo ottenuto io. I termini successivi rappresentavano soluzioni ulteriori dello stesso tipo di relazione tra due numeri, nel caso in cui il numero di case nella strada fosse cresciuto indefinitamente. Ero sbalordito.

MAHALANOBIS: Hai ottenuto la soluzione in un colpo solo?

RAMANUJAN: Appena sentito il problema, mi fu chiaro che la soluzione era evidentemente una frazione continua; pensai allora: "Quale frazione continua?", e la risposta mi venne in mente. Tutto qui.[4]

Dopo la morte di Ramanujan, a Hardy, che era stato il suo più stretto collaboratore, fu spesso chiesto se vi era stato qualche elemento occulto o in ogni modo di sapore esotico nello stile di pensiero di Ramanujan. Ecco uno dei commenti che egli fece a questo proposito:

> Mi è stato spesso chiesto se Ramanujan avesse un qualche segreto speciale; se i suoi metodi fossero di una qualità differente rispetto a quelli degli altri matematici; se vi fosse qualcosa di realmente anomalo nel suo modo di pensare. Non posso rispondere a queste domande con sicurezza o convinzione, ma non credo. Ritengo che tutti i matematici pensino, in fondo, nello stesso modo e che Ramanujan non fosse un'eccezione.[5]

Qui Hardy enuncia in sostanza la sua versione della Tesi di Church-Turing. Parafrasando:

TESI DI CHURCH-TURING, VERSIONE DI HARDY: In fondo, tutti i matematici sono isomorfi.

Questa Versione non equipara il potenziale matematico dei matematici a quello delle funzioni generali ricorsive. Tuttavia, se si dimostra che la capacità mentale di *qualche* matematico è non più generale delle funzioni ricorsive, allora, se si crede alla Versione di Hardy, lo si sa per *tutti* i matematici.

Più avanti Hardy paragona Ramanujan ai calcolatori prodigio:

> La sua memoria e le sue capacità di calcolo erano veramente insolite, ma non si potevano ragionevolmente considerare anormali. Se doveva moltiplicare due numeri grandi, li moltiplicava nel modo solito: lo poteva fare con una rapidità e un'accuratezza non comuni, ma non più rapidamente ed accuratamente di un qualsiasi matematico che sia naturalmente veloce e sia abituato a calcolare.[6]

Hardy descrive poi quelle che, a suo parere, erano state le più eminenti qualità intellettuali di Ramanujan:

> Alla memoria, all'accuratezza e alla capacità di calcolo egli univa *una capacità di generalizzazione, una sensibilità per la forma e una prontezza a modificare rapidamente le sue ipotesi* che spesso erano veramente strabilianti e che ai suoi tempi lo rendevano senza rivali nel suo campo.[7]

La parte di questo brano che ho messo in corsivo mi sembra una descrizione eccellente di alcuni degli aspetti più sottili dell'intelligenza in generale. Infine Hardy conclude con un po' di rimpianto:

> [Il suo lavoro] non ha la semplicità e l'ineluttabilità dell'opera eccelsa; sarebbe stato più grande se fosse stato meno strano. Un dono che nessuno può disconoscergli è la sua profonda ed irriducibile originalità. Probabilmente sarebbe stato un matematico più grande se fosse stato catturato e un po' addomesticato nell'adolescenza: avrebbe scoperto cose nuove in maggior quantità e, senza dubbio, di maggiore importanza. D'altro canto avrebbe avuto meno di Ramanujan e più di un professore europeo, e la perdita sarebbe potuta essere maggiore del guadagno.[8]

Quanto Hardy stimasse Ramanujan risulta chiaro dal modo romantico in cui ne parla.

"Idiots savants"

Vi è un'altra categoria di persone la cui abilità matematica sembra sfidare ogni spiegazione razionale: i cosiddetti "idiots savants", che possono effettuare a mente, cioè nella loro testa (o dovunque lo facciano) calcoli complessi a velocità strabilianti. Johann Martin Zacharias Dase, vissuto dal 1824 al 1861 ed impiegato da vari governi europei per effettuare calcoli, ne è un esempio di rilievo. Non solo egli riusciva a moltiplicare a mente due numeri di 100 cifre ciascuno, ma aveva anche uno straordinario senso della quantità. Poteva "dire", senza contarle, quante pecore c'erano in un campo, o quante parole in una frase, e così via, fino a circa trenta elementi, a differenza della maggior parte di noi che riesce a farlo attendibilmente più o meno fino a sei elementi. Tra l'altro, Dase non era idiota.

Non descriverò i molti affascinanti casi documentati di "calcolatori prodigio", perché non è questo il mio scopo. Ma ho la sensazione che sia importante fare piazza pulita dell'idea che la loro abilità sia dovuta a qualche metodo misterioso e inanalizzabile. Sebbene succeda spesso che tali abilità di calcolo superino di gran lunga la capacità dei soggetti di spiegare i loro risultati, di tanto in tanto si trova una persona dotata di altre capacità intellettuali e che ha anche questa abilità spettacolare con i numeri. Dall'introspezione di costoro, così come da estese indagini di psicologi, è stato accertato che niente di occulto ha luogo durante le esibizioni dei calcolatori prodigio; semplicemente la loro mente corre attraverso i passaggi intermedi con quel tipo di confidenza di sé che ha un ginnasta naturalmente dotato quando esegue rapidamente e con grazia un esercizio complicato. Non arrivano al risultato con un lampo istantaneo di illuminazione (sebbene soggettivamente può sembrare proprio così ad alcuni di loro), ma, come tutti noi, mediante un calcolo sequenziale, cioè CicloIando (o CicloLando).

Tra l'altro, uno degli indizi più evidenti che non si ha a che fare con nessun "telefono rosso con Dio" è il semplice fatto che, quando i numeri in questione diventano più grandi, le risposte arrivano più lentamente. Non si capisce perché dovrebbe accadere questo se fosse Dio, o un oracolo, a fornire le risposte. Probabilmente si potrebbe fare un bel grafico che mostri la variazione del tempo impiegato da un calcolatore prodigio in rapporto alla grandezza dei numeri ed alle operazioni in gioco, e da ciò dedurre alcune caratteristiche degli algoritmi impiegati.

La Versione Isomorfismo della Tesi di Church-Turing

Siamo così arrivati a una versione standard rafforzata della Tesi di Church-Turing:

TESI CHURCH-TURING, VERSIONE ISOMORFISMO: Supponiamo che vi sia un metodo che un essere senziente segue per dividere i numeri in due classi. Supponiamo inoltre che questo metodo dia sempre una risposta entro un tempo finito e che dia sempre la stessa risposta per ogni fissato numero. *Allora*: esiste un qualche programma in CicloI terminante (cioè una funzione generale ricorsiva) che dà esattamente le stesse risposte del metodo dell'essere senziente. *Inoltre*: il processo mentale e il programma in CicloI sono isomorfi, nel senso che, a un qualche livello, vi è una corrispondenza tra i passi che vengono compiuti nel calcolatore e quelli che vengono compiuti nel cervello.

Si noti che, non solo si è rafforzata la conclusione, ma è stata eliminata la clausola condizionale di comunicabilità della timida Versione Procedimenti Pubblici. Mi riferirò a questa versione forte nella discussione che segue.

In breve, questa versione asserisce che, quando si fa un calcolo, l'attività mentale del calcolante può essere rispecchiata isomorficamente in qualche programma in CicloI. Sia ben chiaro che ciò non significa che il cervello sta facendo girare realmente un programma in CicloI, scritto nel linguaggio CicloI completo di **INIZIO**, **FINE**, **CHIUDI**, e tutto il resto: nient'affatto. Significa soltanto che i passi compiuti nel cervello procedono nello stesso ordine in cui potrebbero farlo in un programma in CicloI e che la struttura logica del calcolo può essere riflessa in un programma in CicloI.

Ora, perché quest'idea abbia un senso, dobbiamo fare alcune distinzioni di livello per quanto riguarda sia il calcolatore sia il cervello, altrimenti potrebbe essere travisata e sembrare totalmente insensata. Presumibilmente i passi del calcolo effettuato nella testa di una persona sono compiuti al livello più alto e sono sostenuti dai livelli più bassi e in ultima istanza dallo hardware. Così, se parliamo di isomorfismo, ciò vuol dire che abbiamo tacitamente presupposto che si possa isolare il livello più alto, consentendoci di esaminare ciò che avviene in esso indipendentemente dagli altri livelli, e quindi di mettere in corrispondenza questo livello superiore con il CicloI. Per essere più precisi, si ipotizza che esistano entità software che hanno il ruolo di vari costrutti matematici e che vengono attivate in modi che possono essere rispecchiati esattamente nel CicloI (si veda la Fig. 108). La nascita di queste entità software è resa possibile dall'intera infrastruttura discussa nei Capitoli XI e XII e nel *Preludio e... mirmecofuga*. Non si asseriscono in alcun modo attività isomorfe ai livelli inferiori del cervello e del calcolatore (per esempio: neurone e bit).

Si tiene conto dello spirito se non della lettera della Versione Isomorfismo dicendo che ciò che un "idiot savant" compie nel calcolare, diciamo, il logaritmo di π, è isomorfo a ciò che fa un calcolatore tascabile nel calcolarlo, dove l'isomorfismo è valido al livello dei passi aritmetici, *non* ai livelli più bassi, dei neuroni nel primo caso e dei circuiti integrati nell'altro. (Naturalmente in qualsiasi calcolo si possono seguire strade diverse, ma presumibilmente il calcolatore tascabile, se non quello umano, potrebbe essere istruito a calcolare la risposta in uno qualsiasi dei possibili modi).

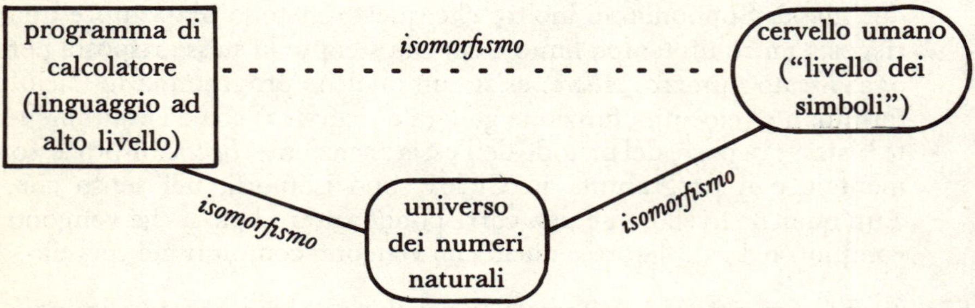

FIGURA 108. Il comportamento dei numeri naturali può essere rispecchiato nel cervello umano o nei programmi di un calcolatore. Queste due rappresentazioni diverse possono quindi essere messe in corrispondenza l' una con l'altra ad un livello adeguatamente astratto.

La rappresentazione della conoscenza del mondo reale

Quanto è stato detto sembra del tutto plausibile quando il dominio a cui ci si riferisce è l'aritmetica, poiché in essa l'universo totale nel quale le cose accadono è molto piccolo e chiaro. I suoi confini, le sue regole e i suoi abitanti sono ben definiti come in un labirinto dai contorni netti. Un tale mondo è di gran lunga meno complicato del mondo mal definito e senza confini che noi abitiamo. Un problema di aritmetica, una volta enunciato, è completamente definito. Un problema del mondo reale, viceversa, non è mai separato con assoluta certezza dalle altre cose che ci sono in quel mondo. Per esempio, l'obiettivo di sostituire una lampadina bruciata può richiedere lo spostamento di un sacco di immondizia; facendolo, si può inaspettatamente urtare e far cadere una scatola di pillole, e ciò può costringerci a spazzare il pavimento per evitare che il cane mangi una delle pillole cadute, ecc., ecc. Le pillole, l'immondizia, il cane e la lampadina sono parti del mondo collegate molto alla lontana, e tuttavia qualche avvenimento quotidiano può stabilire fra esse una stretta connessione. E non vi è modo di prevedere quali e quante altre cose potrebbero essere coinvolte in seguito a qualche altra piccola variazione rispetto a ciò che ci si aspetta. Viceversa, affrontando un problema di aritmetica, non si arriva mai a dover prendere in considerazione cose non pertinenti come pillole, cani, sacchi d'immondizia o scope per poter risolvere il problema. (Naturalmente la conoscenza intuitiva di questi oggetti può esserci molto utile quando cerchiamo inconsciamente di costruire immagini mentali che aiutino a visualizzare il problema in termini geometrici, ma questo è un altro discorso).

A causa della complessità del mondo è difficile immaginare un piccolo calcolatore tascabile capace di rispondere a domande postegli premendo alcuni bottoni etichettati con parole come "cane", "immondizia", "lampadina", ecc. Infatti finora si è dimostrato estremamente complicato ottenere che un calcolatore ad alta velocità di dimensioni normali possa rispondere a domande su ciò che a noi sembrano sottodominii abbastanza semplici del mondo reale. Sembra che per raggiungere la "comprensione" si debba tener conto in modo altamente integrato di una grande quantità di conoscenze. Possiamo paragonare i processi del pensiero sul mondo reale a un albero la cui parte visibile sta saldamente al di sopra del suolo, ma che dipende in modo vitale dalle sue radici invisibili che si estendono sotto terra dandogli stabilità e nutrimento. In questo caso le radici simboleggiano i complessi processi che hanno luogo al di sotto del livello cosciente della mente, processi i cui effetti permeano il modo in cui pensiamo, ma dei quali non siamo consapevoli. Si tratta di quelle "strutture di attivazione dei simboli" di cui si è parlato nei Capitoli XI e XII.

Pensare il mondo reale è qualcosa di molto diverso da ciò che succede quando moltiplichiamo due numeri, nel qual caso tutto è, per così dire, "al di sopra del suolo", accessibile al controllo. Nell'aritmetica il livello più alto può essere "scremato" e implementato (reso operante) altrettanto bene in molti tipi diversi di hardware: calcolatrici meccaniche, calcolatori tascabili, calcolatori grandi, cervelli umani e così via. Questo è ciò che in fondo asserisce la Tesi di Church-Turing. Ma quando si tratta della comprensione del mondo reale, sembra che non vi sia alcun modo semplice per scremare il livello più alto e programmarlo da solo. Le strutture di attivazione dei simboli sono veramente troppo complesse. Devono esserci vari livelli attraverso i quali i pensieri possano "filtrare" e "gorgogliare".

In particolare, e con ciò si ritorna a un tema fondamentale dei Capitoli XI e XII, la rappresentazione del mondo reale nel cervello, sebbene basata su un qualche isomorfismo, coinvolge elementi che non hanno alcun equivalente nel mondo esterno. In questa rappresentazione vi è molto di più delle semplici strutture mentali che rappresentano "cane", "scopa", ecc. Tutti questi simboli esistono, non vi è dubbio, ma le loro strutture interne sono estremamente complesse e in larga misura non sono disponibili per un esame cosciente. Inoltre si cercherebbe invano di far corrispondere ciascun aspetto della struttura interna di un simbolo a qualche caratteristica specifica del mondo reale.

Per questa ragione il cervello comincia ad apparire come un sistema formale molto particolare, perché può darsi che al suo livello più basso, il livello neuronico, in cui le "regole" operano e cambiano lo stato, non esista alcuna interpretazione degli elementi primitivi (scariche neuroniche o forse eventi di livello ancora più basso). Tuttavia al livello più alto emerge un'interpretazione significativa: una corrispondenza tra le grandi "nuvole" di attività neuronica che abbiamo chiamato "simboli" e il mondo reale. Vi è qui una qualche somiglianza con la costruzione di Gödel, nel senso che un isomorfismo ad alto livello consente di leggere nelle stringhe un significato ad alto livello. Però, nella costruzione di Gödel, il significato ad alto livello "galleggia" sul livello inferiore, cioè deriva dal livello inferiore una volta che sia stata introdotta la nozione di numerazione di Gödel. Invece nel cervello gli eventi a livello neuronico *non* si prestano ad essere interpretati nel mondo reale: semplicemente non imitano alcunché. Servono solo come substrato che ha la funzione di sostenere il livello superiore, un po' come i transistor di un calcolatore tascabile che hanno solo la funzione di sostenere la sua attività di rispecchiamento dei numeri. Ne segue che non vi è modo di scremare solo il livello più alto e di farne una copia isomorfa in un programma. Se si vogliono rispecchiare i processi cerebrali che permettono la comprensione del mondo reale, allora si *devono* rispecchiare alcune delle cose che stanno accadendo nel livello inferiore: i "linguaggi del cervello". Questo non significa necessariamente che si deve percorrere tutta la strada fino al livello dello hardware, anche se potrebbe non esserci altra via.

Durante l'elaborazione di un programma che si propone di ottenere una rappresentazione interna "intelligente" (cioè di tipo umano) di ciò che è "fuori", ad un certo punto si sarà probabilmente costretti ad usare strutture e processi che non ammettono alcuna interpretazione diretta, cioè che non possono essere posti in corrispondenza diretta con elementi di realtà. Questi strati inferiori del programma potranno essere capiti solo in virtù della loro relazione catalitica con strati ad essi superiori anziché per una qualche connessione diretta che essi hanno col mondo esterno. (Un'immagine concreta di quest'idea fu suggerita dal Formichiere nella *Mirmecofuga*: il "terribile incubo" di cercare di capire un libro al livello delle lettere).

Personalmente ipotizzerei che una tale architettura a più livelli diviene necessaria per i sistemi che trattano concetti proprio quando i processi che coinvolgono immagini ed analogie diventano gli elementi significativi del programma, a scapito di quei processi che si suppone effettuino un ragionamento strettamente deduttivo. Questi ultimi processi possono essere programmati sostanzialmente in un solo livello, e sono quindi scremabili per definizione. Secondo la mia ipotesi, allora, l'immaginazione ed i processi di pensiero analogico richiedono per loro intrinseca natura parecchi spessori di substrato e sono quindi intrinsecamente non scremabili. Sono inoltre convinto che la creatività comincia ad emergere proprio a questo punto, e ciò comporta che la creatività dipende intrinsecamente da certi tipi di eventi "ininterpretabili" di livello inferiore. Gli strati di puntellamento del pensiero analogico sono, naturalmente, di estremo interesse; nei prossimi due Capitoli proporrò alcune ipotesi sulla loro natura.

Articoli di fede riduzionistica

Una considerazione che aiuta a capire il rapporto che c'è tra livello inferiore e livello superiore nel cervello è questa. È possibile costruire una rete neuronica che, a livello locale (neurone-neurone), abbia un comportamento indistinguibile da quello di una rete neuronica del cervello, ma in cui non esista alcun significato di livello superiore. Il fatto che il livello inferiore sia composto di neuroni interagenti non implica necessariamente la comparsa di un qualche livello superiore di significato, proprio come una minestra in brodo con la pasta a forma di lettere dell'alfabeto non implica la comparsa di enunciati significativi nella zuppiera. Il significato di livello superiore di una rete neuronica è una caratteristica accessoria, che può emergere come conseguenza di pressioni ambientali evolutive.

La Figura 109 è uno schema che mostra come l'emergenza di un livello superiore di significato sia un fatto accessorio. La freccia puntata verso l'alto indica che può esistere un substrato senza un livello superiore di significato, ma non viceversa: il livello superiore deve derivare dalle proprietà di un livello inferiore. Nello schema c'è anche l'indicazione di una simulazione su calcolatore della rete neuronica. In linea di principio ciò è fattibile, qualunque sia la complessità della rete, purché il comportamento dei singoli neuroni possa essere descritto in termini di calcoli che un calcolatore può effettuare. Questo è un postulato sottile che la grande maggioranza neppure mette in discussione. Eppure è un elemento della

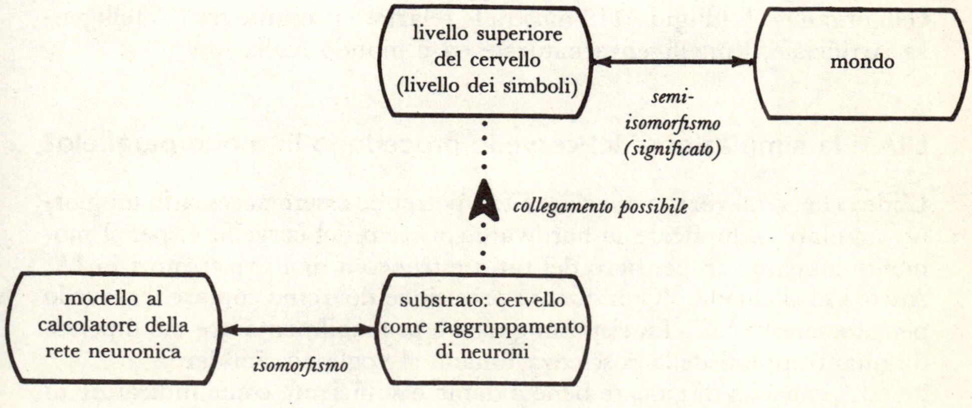

FIGURA 109. Il livello dei simboli del cervello che è sostenuto dall'attività neuronica rispecchia il mondo. Ma di per sé l'attività neuronica, che può essere simulata su un calcolatore, non crea il pensiero; questo richiede livelli superiori di organizzazione.

"fede riduzionistica". Potrebbe essere considerato una "Versione Microscopica" della Tesi di Church-Turing. Enunciamola in modo esplicito:

Tesi di Church-Turing, Versione Microscopica: Il comportamento dei componenti di un sistema vivente può essere simulato su un calcolatore. Vale a dire, il comportamento di ogni componente (che normalmente si suppone essere la cellula) può essere calcolato da un programma in CicloI (cioè con una funzione generale ricorsiva) ad ogni livello di precisione voluto, data una descrizione sufficientemente precisa dello stato interno dei componenti e dell'ambiente locale.

Questa versione della Tesi di Church-Turing dice che i processi del cervello non contengono più "mistica", anche se contengono più livelli di organizzazione, di quanta ne contengano, per esempio, i processi digestivi. Sarebbe impensabile oggi dire che si digerisce il cibo non con normali processi chimici ma per una sorta di "assimilazione" vitalistica e magica. Questa versione della Tesi di Church-Turing non fa che estendere ai processi cerebrali questo modo di ragionare improntato al buon senso. In breve, equivale alla fede che il cervello operi in un modo che è, in linea di principio, comprensibile. È un elemento della fede riduzionistica.

Un corollario della Versione Microscopica della Tesi di Church-Turing è questa nuova e limpida versione macroscopica.

Tesi di Church-Turing, Versione Riduzionistica: Tutti i processi cerebrali derivano da un substrato calcolabile.

Questo enunciato è forse il sostegno teorico più forte che si possa dare alla possibilità di realizzare l'Intelligenza Artificiale.

Naturalmente la ricerca in Intelligenza Artificiale non si prefigge di simulare reti neuroniche, perché è basata su un altro tipo di fede: che probabilmente esistono aspetti significativi dell'intelligenza che possono essere appoggiati a tipi di substrati completamente diversi da quelli dei cervelli organici. La Figura 110 mostra le relazioni presunte tra l'Intelligenza Artificiale, l'intelligenza naturale ed il mondo reale.

L'IA e la simulazione del cervello procedono in modo parallelo?

L'idea che, se si vorrà realizzare l'IA, potrebbe essere necessario un giorno simulare o duplicare lo hardware concreto del cervello è, per il momento almeno, un pensiero del tutto estraneo a molti ricercatori in IA. Ancora ci si chiede: "Con quanta precisione dovremo copiare il cervello per ottenere l'IA?". La risposta giusta è probabilmente che ciò dipende da quanti aspetti della coscienza umana si vogliono simulare.

La capacità di giocare bene a dama è sufficiente come indicatore di intelligenza? Se è così, allora l'IA esiste già, poiché i programmi per giocare a dama sono di classe mondiale. Oppure l'intelligenza è la capacità di integrare funzioni, come si fa in un corso di esercitazioni di calcolo? Se è questo, allora l'IA esiste già, perché le routines di integrazione sim-

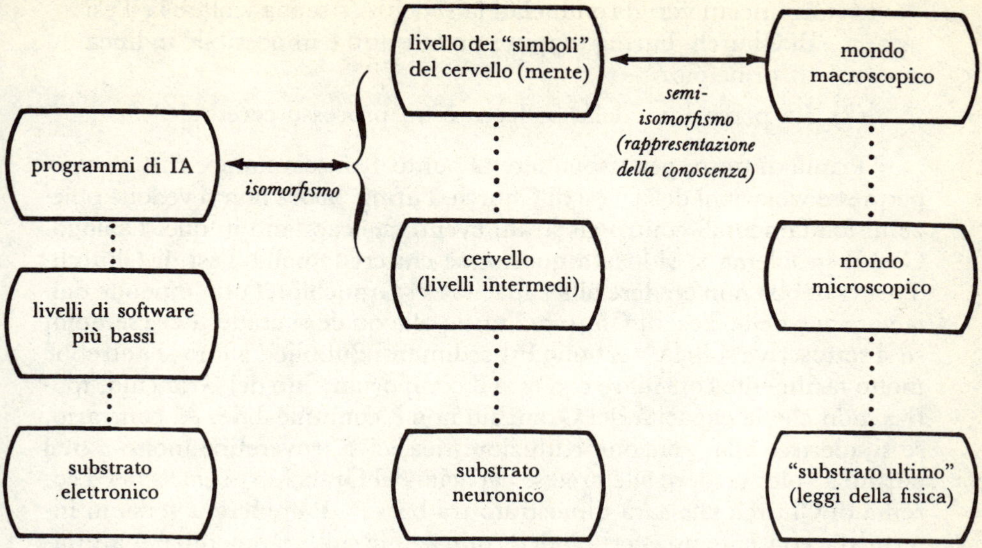

FIGURA 110. Una idea centrale dell'Intelligenza Artificiale è quella che i livelli simbolici della mente possano essere "scremati" dal loro substrato neuronico e implementati in altri mezzi, come per esempio il substrato elettronico di un calcolatore. Fino a che profondità si possa copiare il cervello oggi non è del tutto chiaro.

bolica nella maggior parte dei casi superano le persone più capaci. Oppure l'intelligenza è l'abilità nel giocare a scacchi? Se è così, allora l'IA è sulla buona strada, perché i programmi per il gioco degli scacchi possono sconfiggere la maggior parte dei buoni dilettanti: e probabilmente l'abilità delle macchine nel giocare a scacchi continuerà lentamente a migliorare.

Storicamente c'è stata una certa ingenuità quando si trattava di capire quali proprietà, una volta meccanizzate, avrebbero indiscutibilmente costituito l'intelligenza. A volte sembra che ogni nuovo passo in direzione dell'IA, invece di produrre qualcosa che tutti concordano essere vera intelligenza, riveli semplicemente ciò che vera intelligenza *non* è. Se l'intelligenza comporta creatività, apprendimento, risposte emotive, senso della bellezza, senso di sé, allora vi è una lunga strada da percorrere, e può darsi che tutto ciò si realizzerà soltanto quando avremo duplicato totalmente un cervello vivente.

La bellezza, il Granchio e l'anima

Ma che cosa può suggerirci tutto ciò, ammesso che abbia qualcosa da suggerirci, a proposito della esibizione virtuosistica del Granchio di fronte ad Achille? Vi sono qui due temi confusi insieme; essi sono:

(1) È possibile che qualche processo cerebrale, in qualche circostanza, riesca a distinguere in modo totalmente attendibile

enunciati veri da enunciati falsi dell'AT senza violare la Tesi di Church-Turing, oppure un tale atto è impossibile in linea di principio?

(2) La percezione della bellezza è un processo cerebrale?

Prima di tutto, per rispondere al punto 1, faccio notare che, se sono permesse violazioni della Tesi di Church-Turing, allora non si vedono obiezioni fondamentali contro gli strani eventi che capitano in quel Dialogo. Così il problema si riduce a questo: se chi crede nella Tesi di Church-Turing debba non credere alla capacità del Granchio. Tutto dipende dalla versione della Tesi di Church-Turing alla quale si crede. Per esempio, se si sottoscrive solo la Versione Procedimenti Pubblici, allora si potrebbe molto facilmente conciliare con essa il comportamento del Granchio, ipotizzando che la capacità del Granchio non è comunicabile. Al contrario, se si aderisce alla Versione Riduzionistica, ci si troverebbe molto a mal partito a voler credere alle pretese capacità del Granchio (a causa del Teorema di Church che sarà dimostrato tra breve). Il credere a versioni intermedie consente una certa indeterminazione sull'argomento e, naturalmente, cambiare posizione a seconda della convenienza lascia una libertà ancora maggiore.

Sembra opportuno presentare un'ulteriore versione della Tesi di Church-Turing, tacitamente sostenuta da un gran numero di persone e che, in vari modi, è stata proposta pubblicamente da parecchi autori. Eccone alcuni dei più famosi: i filosofi Hubert Dreyfus, S. Jaki, Mortimer Taube e J.R. Lucas; il biologo e filosofo Michael Polanyi (un olista per eccellenza); l'illustre neurofisiologo australiano John Eccles. Sono sicuro che vi sono molti altri autori che hanno espresso idee simili e lettori innumerevoli che le condividono. Ho cercato di riassumere la loro posizione comune. Probabilmente non le ho reso piena giustizia, ma ho cercato di esprimerne il senso quanto più accuratamente ho potuto:

TESI DI CHURCH-TURING, VERSIONE DELL'ANIMA: Con il calcolatore si possono effettuare, con una certa approssimazione, alcune delle operazioni che può fare un cervello, ma non la maggior parte di esse e certamente non le più importanti. Comunque, anche se si potesse effettuarle tutte, ci sarebbe ancora da spiegare l'anima, e al riguardo i calcolatori non hanno niente da dirci.

Questa versione si riferisce alla favola del *Magnifigranc* in due modi. In primo luogo, coloro che l'asseriscono considererebbero la favola sciocca e inverosimile, ma non vietata in linea di principio. In secondo luogo, essi probabilmente sosterrebbero che l'apprezzamento di qualità come la bellezza è una di quelle proprietà associate con l'anima inafferrabile ed è quindi inerentemente possibile solo per gli esseri umani, non per le semplici macchine.

Torneremo su questo secondo punto fra un momento; ma prima, dato che siamo in tema di "sostenitori dell'anima", dovremmo presentare quest'ultima versione in una forma ancora più estrema, poiché è la forma che un gran numero di persone colte oggi sottoscrive:

TESI DI CHURCH-TURING, VERSIONE THEODORE ROSZAK: I calcolatori sono ridicoli. E lo stesso si può dire per la scienza in generale.

Questo punto di vista si afferma in certi ambienti che vedono in tutto ciò che fa pensare ai numeri o alla precisione una sfida ai valori umani. È un vero peccato che in questi ambienti non si apprezzi la profondità, la complessità e la bellezza inerenti all'esplorazione di strutture astratte, quali la mente umana, in cui veramente si entra in stretto contatto con le domande ultime sulla natura dell'uomo.

Tornando al nostro problema, ci stavamo chiedendo se l'apprezzamento della bellezza è un processo cerebrale e, nel caso che lo sia, se è imitabile da un calcolatore. Chi crede che questo apprezzamento non sia compiuto dal cervello molto probabilmente non crederà che possa essere alla portata di un calcolatore. A loro volta, coloro che credono che sia un processo cerebrale si suddividono a seconda della versione della Tesi di Church-Turing alla quale aderiscono. Un riduzionista totale sarà convinto che qualsiasi processo cerebrale può in linea di principio essere trasformato in un programma di calcolatore. Altri tuttavia potrebbero avere la sensazione che la bellezza sia troppo mal definita per poterne trattare in un programma di calcolatore. Forse essi sentono che l'apprezzamento della bellezza richiede un elemento di irrazionalità e che quindi è incompatibile con l'essenza ultima dei calcolatori.

Irrazionalità e razionalità possono coesistere a livelli diversi

Tuttavia l'idea che l'"irrazionalità è incompatibile con i calcolatori" si basa su una profonda confusione di livelli. Questa idea erronea deriva dalla considerazione che, dal momento che i calcolatori sono macchine che funzionano senza sbagliare, essi devono necessariamente essere "logici" a tutti i livelli. Eppure è del tutto evidente che un calcolatore può essere istruito a produrre una successione di enunciati illogici o, per amore di varietà, un complesso di enunciati che hanno valori di verità casuali. Allora, nel seguire tali istruzioni, il calcolatore non starebbe commettendo alcun errore! Al contrario, ci sarebbe un errore solo nel caso in cui il calcolatore stampasse qualcosa di diverso dagli enunciati che è stato istruito a stampare. Questo esempio fa vedere come un funzionamento senza errori ad un certo livello possa essere alla base di una manipolazione di simboli a un livello superiore e che contemporaneamente gli scopi perseguiti a questo livello superiore possono non avere alcun rapporto con la propagazione della Verità.

Per vedere questa stessa situazione da un altro punto di vista ci si deve ricordare che anche il cervello è costituito da un insieme di elementi che funzionano senza errore: i neuroni. Ogni volta che la soglia di un neurone è superata dalla somma dei segnali in arrivo, BANG!, il neurone scarica. Non succede mai che un neurone dimentichi la sua conoscenza aritmetica e faccia un po' a caso la somma degli impulsi che gli arrivano, ottenendo una risposta sbagliata. Anche quando muore, un neurone con-

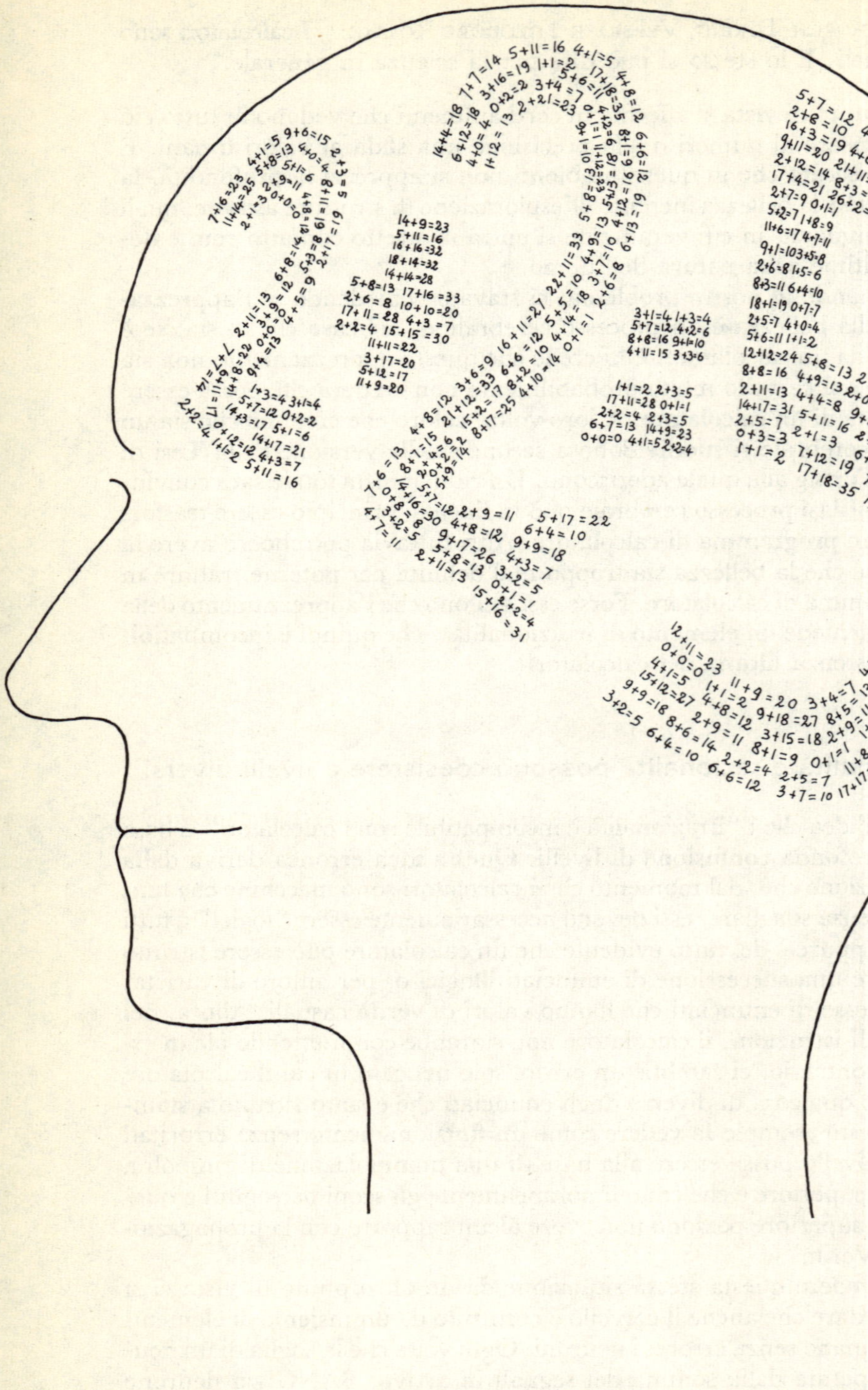

FIGURA 111. Il cervello è razionale; la mente può non esserlo. [Disegno dell'autore].

tinua a funzionare in modo corretto, nel senso che i suoi componenti continuano ad obbedire alle leggi della matematica e della fisica. Eppure, come tutti sappiamo, i neuroni sono perfettamente in grado di costituire il substrato di un comportamento ad alto livello che, a quel livello, risulta sbagliato nei modi più sorprendenti. La Figura 111 vuole illustrare un tale scontro di livelli: una credenza erronea contenuta nel software della mente, sostenuta dallo hardware di un cervello che funziona senza errori.

Il fatto è che, semplicemente, e in proposito ho già fatto numerose precisazioni in vari contesti, il significato può esistere a due o più livelli diversi di un sistema che manipola simboli e, insieme con il significato, possono esistere, ad ognuno di quei livelli, il giusto e l'errato. La presenza di significato a un dato livello dipende dal fatto che la realtà, a quel livello, sia o no rispecchiata in modo isomorfo (o più debolmente). Così, il fatto che i neuroni compiano sempre addizioni corrette (in realtà, si tratta di calcoli molto più complessi) non ha alcuna influenza sulla correttezza o meno delle conclusioni raggiunte al livello superiore che pure si basa sul funzionamento di quei neuroni. Che il livello superiore di una persona sia impegnato nel dimostrare kōan di Buddhismo Booleano o nel meditare teoremi dell'Algebra Zen, i suoi neuroni stanno funzionando in modo razionale. Allo stesso modo, i processi simbolici di alto livello che nel cervello creano l'esperienza di apprezzamento della bellezza sono perfettamente razionali al livello di base, in cui è in atto il funzionamento senza errore; l'irrazionalità, se c'è, è tutta al livello superiore ed è un epifenomeno, cioè una semplice conseguenza degli eventi che accadono al livello inferiore.

Per dire la stessa cosa in un modo diverso, prendiamo l'esempio di un tale che non si sa decidere se ordinare un panino al formaggio o al prosciutto. Questo implica che anche i suoi neuroni si trovano in difficoltà e non sanno decidere se devono o no scaricare? Naturalmente no; l'indecisione sul panino è uno stato di alto livello che dipende interamente dall'effetto delle scariche di migliaia di neuroni secondo modalità ben precise. Questo può sembrare paradossale, eppure è perfettamente evidente, quando ci si pensa. Nondimeno, probabilmente quasi tutta la confusione tra mente e calcolatore ha la sua origine proprio in tali elementari confusioni di livello.

Non vi è ragione di credere che lo hardware di un calcolatore che funziona senza errori non possa essere il substrato di un comportamento simbolico ad alto livello che rappresenti stati complessi come indecisione, dimenticanza o apprezzamento della bellezza. Questo richiederebbe l'esistenza di grandi sottosistemi che interagiscono l'uno con l'altro secondo una "logica" complessa. Il comportamento palese potrebbe apparire sia razionale sia irrazionale; ma sotto di esso vi sarebbe il funzionamento di un hardware logico e immune da errori.

Altri argomenti contro Lucas

Si può vedere che queste distinzioni di livello ci forniscono nuove armi contro Lucas. L'argomentazione di Lucas si basa sull'idea che il Teorema di Gödel sia, per definizione, applicabile alle macchine. In effetti Lucas si esprime in modo particolarmente risoluto:

> Il Teorema di Gödel deve potersi applicare alle macchine cibernetiche, perché fa parte dell'essenza di una macchina essere un'esemplificazione concreta di un sistema formale.[9]

Questo, come abbiamo visto, è vero a livello di hardware; ma poiché vi possono essere livelli superiori, non è l'ultima parola sull'argomento. Ora Lucas dà l'impressione di pensare che nelle macchine che imitano la mente da lui prese in esame esista un *solo livello* al quale avviene la manipolazione di simboli. Per esempio, la regola del Modus Ponens sarebbe impressa nello hardware e sarebbe una caratteristica immutabile di una tale macchina. Egli va oltre ed afferma che, se il Modus Ponens non fosse un pilastro immutabile del sistema della macchina, ma occasionalmente si potesse non tenerne conto, allora:

> Il sistema non sarebbe più un sistema logico formale e la macchina avrebbe scarsi requisiti per aspirare al titolo di modello per la mente.[10]

Ora, molti dei programmi che vengono prodotti nell'ambito della ricerca in IA hanno molto poco in comune con i programmi fatti per generare le verità dell'aritmetica: programmi con regole di inferenza inflessibili ed insiemi fissati di assiomi. Eppure certamente sono intesi come "modelli per la mente". Al loro livello superiore, il livello "nonformale", vi possono essere manipolazioni d'immagini, formulazioni di analogie, dimenticanza d'idee, confusione di concetti, sfocamento di distinzioni e così via. Ma questo non contraddice il fatto che essi si basano sul funzionamento corretto del loro hardware, così come i cervelli si affidano al funzionamento corretto dei loro neuroni. Quindi i programmi di IA sono ancora "esemplificazioni concrete di sistemi formali", ma non sono macchine alle quali si possa applicare la dimostrazione di Gödel nello stravolgimento che ne fa Lucas. L'argomentazione di Lucas vale solo per il loro livello basso, nel quale non risiede la loro intelligenza, per grande o piccola che possa essere.

Vi è un altro punto con il quale Lucas lascia trapelare la sua visione ipersemplificata a proposito di come dovrebbero essere rappresentati i processi mentali nei programmi di calcolatore. Nel discutere l'argomento della coerenza, egli scrive:

> Se noi fossimo veramente macchine incoerenti, dovremmo essere soddisfatti delle nostre incoerenze e affermare senza problemi le due metà di una contraddizione. Inoltre dovremmo essere disposti a dire assolutamente qualsiasi cosa, il che non è. Si dimostra facilmente che in un sistema formale incoerente tutto è dimostrabile.[11]

Quest'ultima frase mostra che Lucas ritiene che si debba necessariamente inserire il Calcolo Proposizionale in ogni sistema formale che ragioni. In particolare egli pensa al teorema $<<P\wedge\neg P>\supset Q>$ del Calcolo Proposizionale; evidentemente egli crede erroneamente che esso sia un aspetto inevitabile del ragionamento meccanizzato. Tuttavia è perfettamente plausibile che i procedimenti del pensiero logico, come il ragionamento proposizionale, emergano come *conseguenza* dell'intelligenza generale di un programma di IA, senza che debbano esservi *pre-programmati*. Questo è ciò che avviene negli esseri umani! E non vi è alcuna particolare ragione per supporre che da un tale programma emergerebbe il Calcolo Proposizionale in senso stretto, con le sue regole rigide e la definizione piuttosto ingenua di coerenza che esse comportano.

Un fondamento per l'IA

Possiamo riassumere quest'escursione nelle distinzioni tra i livelli e concludere presentando una versione finale più forte della Tesi di Church-Turing.

TESI DI CHURCH-TURING, VERSIONE IA: I processi mentali di qualsiasi tipo possono essere simulati da un programma di calcolatore il cui linguaggio soggiacente sia di potenza uguale a quello del CicloI, cioè nel quale possano essere programmate tutte le funzioni parziali ricorsive.

Si dovrebbe anche ricordare che in pratica molti ricercatori in IA si basano su un altro articolo di fede che è strettamente collegato con la Tesi di Church-Turing e che io chiamo *Tesi dell'IA*. Suona più o meno così:

TESI DELL'IA: A mano a mano che l'intelligenza delle macchine evolve, i suoi meccanismi soggiacenti tendono gradualmente a coincidere con i meccanismi che soggiacciono all'intelligenza umana.

In altre parole, tutte le intelligenze sono variazioni su di un unico tema. Per creare la vera intelligenza, coloro che lavorano in IA devono semplicemente continuare a spingersi a livelli sempre più bassi e sempre più vicini ai meccanismi cerebrali, se vogliono che le loro macchine raggiungano le nostre capacità.

Il Teorema di Church

Ora torniamo al Granchio e al problema se la sua procedura di decisione per la teorematicità (che è presentata sotto forma di filtro per la bellezza musicale) sia compatibile con la realtà. Da ciò che accade nel Dialogo non abbiamo modo di dedurre se il talento del Granchio consista nella capacità di distinguere i *teoremi* dai *nonteoremi* oppure nella capacità di distinguere gli *enunciati veri* da *quelli falsi*. Naturalmente in molti casi le due cose coincidono, ma il Teorema di Gödel mostra che non è sempre così. Tuttavia ciò non ha importanza: se si crede alla Versione IA della Tesi di Church-Turing entrambe le alternative sono impossibili. La proposizione secondo cui è impossibile avere una procedura di decisione per la *teorematicità* in un qualsiasi sistema formale con la potenza dell'AT è conosciuta come *Teorema di Church*. La proposizione secondo cui è impossibile avere una procedura di decisione per la *verità* aritmetica, se pure una tale verità esiste, cosa che si potrebbe mettere in dubbio dopo aver visto le numerose biforcazioni dell'AT, è un'immediata conseguenza del *Teorema di Tarski* (pubblicato nel 1933, sebbene Tarski lo avesse ottenuto già molto tempo prima).

Le dimostrazioni di questi due risultati di grande importanza della metamatematica sono molto simili. Entrambe derivano, in pochi passaggi, da costruzioni autoreferenziali. Consideriamo in primo luogo il problema di una procedura di decisione per la teorematicità dell'AT. Se vi fosse un modo uniforme mediante il quale si potesse decidere a quale delle classi "teorema" e "nonteorema" ogni data formula X appartiene, allora, in base alla Tesi di Church-Turing (Versione Standard), esisterebbe un programma in CicloI terminante (una funzione generale ricorsiva) che potrebbe prendere la stessa decisione quando le si desse in ingresso il numero di Gödel della formula X. Il passo cruciale è di ricordare che ogni proprietà che può essere riconosciuta da un programma in CicloI terminante è *rappresentata* nell'AT. Questo vuol dire che la proprietà di essere un teorema dell'AT sarebbe rappresentata (come fatto distinto dall'essere semplicemente espressa) all'interno dell'AT. Ma, come vedremo fra un momento, questo ci farebbe cadere dalla padella nella brace, perché se la teorematicità è un attributo rappresentabile, allora la formula G di Gödel diventa viziosa come il paradosso di Epimenide.

Tutto dipende da quello che dice G, e cioè: "G non è un teorema dell'AT". Supponiamo che G sia un teorema. Allora, poiché si presume che la teorematicità sia rappresentabile, la formula dell'AT che asserisce "G è un teorema" sarebbe un teorema dell'AT. Ma questa formula è $\neg G$, la negazione di G, così che l'AT sarebbe contraddittoria. D'altro lato, supponiamo che G non sia un teorema. Allora, di nuovo, in base alla presunta rappresentabilità della teorematicità, la formula che asserisce "G non è un teorema" sarebbe un teorema dell'AT. Ma questa formula è G, e ancora una volta si cade nel paradosso. A differenza della situazione precedente, qui non vi è risoluzione del paradosso. Il problema è creato dall'ipotesi che la teorematicità sia rappresentata da qualche formula dell'AT e quindi dobbiamo tornare indietro e annullare quell'ipotesi. Questo ci costringe a concludere che nessun programma in CicloI può discriminare i numeri di Gödel dei teoremi da quelli dei nonteoremi. Infine, se accettiamo la Versione IA della Tesi di Church-Turing, allora dobbiamo tornare ancora più indietro e concludere che in nessun caso può esistere un metodo mediante il quale esseri umani possano attendibilmente distinguere i teoremi dai nonteoremi; e questa conclusione vale anche per le decisioni riguardo alla bellezza. Coloro i quali sottoscrivono solo la Versione Procedimenti Pubblici potrebbero ancora pensare che l'abilità esibita dal Granchio è possibile. Ma, tra tutte, questa è la versione più difficile da giustificare.

Teorema di Tarski

Vediamo ora il risultato di Tarski. Tarski si chiese se era possibile esprimere nell'AT il concetto di verità aritmetica. Che la teorematicità sia esprimibile (anche se non rappresentabile), lo abbiamo già visto; Tarski era interessato al problema analogo riguardante la nozione di verità. Più specificamente, egli voleva stabilire se vi fosse una formula dell'AT con una sola variabile libera a che potesse essere tradotta così:

"La formula il cui numero di Gödel è a esprime una verità".

Supponiamo con Tarski che ve ne sia una, che abbrevieremo in VERO {a}. Ora useremo il metodo della diagonalizzazione per produrre un enunciato che asserisce di se stesso che non è vero. Copiamo esattamente il metodo di Gödel, iniziando con un "uovo":

$$\exists a:<\neg \mathrm{VERO}\{a\}\land \mathrm{ARITMOQUINA}\{a'',a\}>$$

Diciamo che il numero di Gödel dell'uovo è *t*. Aritmoquinando questo uovo, si ottiene la formula T di Tarski:

$$\exists a:<\neg \mathrm{VERO}\{a\}\land \mathrm{ARITMOQUINA}\{\underbrace{\mathrm{SSS...SSS}}_{t\ \mathrm{S}}0/a'',a\}>$$

Interpretata, essa dice:

"L'aritmoquinificazione di *t* è il numero di Gödel di un enunciato falso".

Ma poiché l'aritmoquinificazione di *t* è proprio il numero di Gödel di T, la formula T di Tarski riproduce il paradosso di Epimenide entro l'AT, dicendo di se stessa "Sono una falsità". Naturalmente questo porta alla conclusione che essa debba essere simultaneamente vera e falsa (o simultaneamente né vera né falsa). Sorge ora un problema interessante: che cosa c'è di così terribile nel riprodurre il paradosso di Epimenide? È un fatto che ha qualche conseguenza? Dopo tutto, ce l'abbiamo già in italiano (e in greco) e non per questo tali lingue sono andate in fumo.

L'impossibilità del Magnifigranchio

Per rispondere bisogna ricordare che in questa formula vi sono due livelli di significato: un livello è quello che abbiamo considerato finora; l'altro è quello di un enunciato aritmetico. La formula T di Tarski, se esistesse veramente, sarebbe un enunciato *sui numeri naturali* allo stesso tempo vero e falso. Ecco la difficoltà. Mentre possiamo sempre semplicemente buttare alle ortiche il paradosso di Epimenide e liberare da esso la lingua italiana, dicendo che il suo argomento (la sua stessa verità) è un'astrazione, non altrettanto potremmo fare quando questo paradosso fosse diventato un enunciato concreto sui numeri! Se crediamo che questa situazione sia insostenibile, allora dobbiamo annullare la nostra ipotesi che la formula VERO{a} esista. Quindi non vi è modo di esprimere la nozione di verità entro l'AT. Si noti che ciò rende la verità di gran lunga più difficile da afferrare della teorematicità, dato che quest'ultima *è* esprimibile. Le stesse ragioni di prima (che si basano sulla Tesi di Church-Turing, Versione IA) ci spingono a tornare ancora più indietro e a concludere che:

> La mente del Granchio non può riconoscere la verità più di quanto non possa riconoscere i teoremi dell'AT.

La prima cosa violerebbe il Teorema di Tarski-Church-Turing ("Non esiste una procedura di decisione per la verità aritmetica"), mentre la seconda violerebbe il Teorema di Church.

Due tipi di forma

È estremamente interessante a questo punto riflettere sul significato della parola "forma" riferita a costruzioni arbitrariamente complesse. Per esempio, che cos'è che ci stimola quando guardiamo un dipinto e sentiamo che è bello? È la "forma" delle linee e dei punti sulla nostra retina? Evidentemente deve esserlo, perché quello è il modo in cui la forma viene trasportata verso i meccanismi di analisi della nostra testa; ma la complessità dell'elaborazione ci fa sentire che non stiamo semplicemente guardando una superficie bidimensionale; stiamo reagendo a un qualche tipo di intimo significato interno al quadro, a un aspetto multidimensionale ingabbiato in qualche modo entro queste due dimensioni. È la parola "significato" ad essere importante qui. La nostra mente contiene interpreti che accettano configurazioni bidimensionali e poi ne "estraggono" nozioni a più dimensioni che sono così complesse che non le possiamo descrivere in maniera consapevole. Lo stesso si può dire, per inciso, riguardo a come noi reagiamo alla musica.

Soggettivamente si ha la sensazione che il meccanismo che usiamo per estrarre un significato interno non sia affatto simile a una procedura di decisione che controlla la presenza o l'assenza di qualche proprietà specifica, come la buona formazione di una stringa. Probabilmente questo avviene perché il significato interno è qualcosa che si palesa progressivamente col passare del tempo. Non si può mai essere sicuri di averlo scoperto tutto, come invece si può esserlo della buona formazione o meno di una stringa.

Questo suggerisce una distinzione che potrebbe essere fatta tra due sensi di "forma" nelle configurazioni che analizziamo. In primo luogo vi sono qualità, come la buona formazione, che possono essere rilevate mediante *procedure a terminazione prevedibile*, per esempio con programmi in CicloL. Propongo di chiamarle qualità *sintattiche* della forma. Si ha la sensazione intuitiva che gli aspetti sintattici della forma si trovino vicino alla superficie e quindi non provochino la creazione di strutture cognitive multidimensionali.

Viceversa, indico come aspetti *semantici* della forma quelli che non possono essere analizzati in tempi prevedibili: essi richiedono *procedure non terminanti*. Un aspetto semantico è, per esempio, la teorematicità delle stringhe dell'AT, come abbiamo visto. Non si può semplicemente applicare una qualche procedura standard a una stringa e scoprire se è un teorema. In qualche modo, il fatto che si debba tener conto del suo *significato* è collegato in modo cruciale alla difficoltà che si trova nel decidere se una stringa è o no un teorema dell'AT. L'atto di estrarre il significato da una stringa richiede, in sostanza, che si stabiliscano tutte le implicazioni delle sue connessioni con tutte le altre stringhe, e questo conduce inevitabilmente a un'indagine senza fine. Così le proprietà "semantiche" sono connesse a ricerche infinite perché, in un senso importante, il *significato* di un oggetto *non è localizzato* nell'oggetto stesso. Questo non equivale a dire che non è possibile nessuna comprensione del significato di un qualsiasi oggetto fino alla fine dei tempi, perché a mano a mano che il tempo passa, una parte sempre maggiore di significato diventa manifesta. Tuttavia vi sono sempre aspetti del significato che rimarranno nascosti per un tempo arbitrariamente lungo.

Il significato deriva dalle connessioni con le strutture cognitive

Passiamo dalle stringhe ai brani musicali, tanto per cambiare. Chi vuole, può sostituire il termine "stringa" ogni volta che vede scritto "brano" o "pezzo musicale". La discussione vuole essere generale, ma ho la sensazione che certe sfumature si percepiscano meglio se ci si riferisce alla musica. Vi è uno strano dualismo nel significato di un brano musicale. Da un lato, grazie ai suoi rapporti con molte altre cose del mondo, sembra che esso sia diffuso; dall'altro, tuttavia, il significato di un pezzo di musica deriva evidentemente dalla musica stessa, così che deve essere localizzato da qualche parte all'interno di essa.

La risoluzione di questo dilemma si ottiene riflettendo sull'interprete, il meccanismo che esegue l'estrazione del significato. (Per "interprete", in questo contesto, intendo non l'esecutore del pezzo, ma il meccanismo mentale nell'ascoltatore che estrae il significato quando il pezzo viene eseguito). L'interprete può scoprire molti aspetti importanti del significato di un brano mentre lo ascolta per la prima volta; questo sembra confermare l'idea secondo la quale il significato risiede nel brano stesso e deve semplicemente esserne estratto. Ma questa è solo una parte del processo. L'interprete musicale funziona costruendo una struttura cognitiva a più dimensioni, cioè una rappresentazione mentale del brano, che cerca di integrare con l'informazione preesistente, individuandone i legami con altre strutture mentali a più dimensioni che codificano esperienze precedenti. Nel corso di questo processo, gradualmente si rivela il significato pieno. In realtà possono passare anni prima che si abbia la sensazione di essere arrivati al cuore del significato di un brano. Questo fatto sembra suffragare la concezione opposta: che il significato musicale sia diffuso e che il ruolo dell'interprete sia quello di raccoglierlo e di riunirlo gradualmente.

La verità senza dubbio sta più o meno nel mezzo: il significato, sia quello musicale sia quello linguistico, è in una certa misura localizzato e in una certa misura diffuso. Usando la terminologia del Capitolo VI, possiamo dire che i brani musicali e i brani di un testo sono in parte inneschi e in parte portatori di significato esplicito. Un vivido esempio di questo dualismo del significato è quello di una tavoletta con un'iscrizione antica: il significato è in parte immagazzinato nelle biblioteche e nel cervello di studiosi sparsi in tutto il mondo; eppure, evidentemente, è anche contenuto nella tavoletta stessa.

Ecco dunque un altro modo di caratterizzare la differenza tra proprietà "sintattiche" e proprietà "semantiche" (nel senso appena proposto): le proprietà sintattiche risiedono in modo non ambiguo all'interno dell'oggetto considerato, mentre le proprietà semantiche dipendono dalle sue relazioni con una classe potenzialmente infinita di altri oggetti e quindi non sono completamente localizzate. In linea di principio, non vi è niente di criptico o di nascosto nelle proprietà sintattiche, mentre il rimaner nascosto fa parte dell'essenza delle proprietà semantiche. Questa differenza giustifica la distinzione da me suggerita tra aspetti "sintattici" e "semantici" della forma visiva.

Bellezza, verità e forma

Che dire della bellezza? Certamente non è una proprietà sintattica, a giudicare dalle idee fin qui esposte. È allora una proprietà semantica? La bellezza è una proprietà posseduta, ad esempio, da un particolare quadro? Restringiamo subito la nostra discussione a un singolo osservatore. Tutti hanno avuto l'esperienza di trovare un qualche oggetto bello in un certo momento, insignificante in altri momenti, e probabilmente qualcosa di mezzo in altri momenti ancora. Allora la bellezza è un attributo che varia nel tempo? Si potrebbe capovolgere la situazione e dire che è l'osservatore a cambiare nel tempo. Dato un particolare osservatore di un particolare quadro in un particolare momento, è ragionevole asserire che la bellezza è una qualità sicuramente presente o assente? O vi è ancora qualcosa di mal definito e di inafferrabile in essa?

Si potrebbe probabilmente ipotizzare che in ogni persona siano attivi, a seconda delle circostanze, diversi interpreti posti a livelli diversi. Questi vari interpreti estraggono significati diversi, stabiliscono connessioni diverse e in generale valutano tutti gli aspetti profondi in maniera diversa. Si ha dunque l'impressione che questo concetto di bellezza sia estremamente difficile da afferrare. È per questa ragione che nel *Magnifigranc* ho voluto collegare la bellezza con la verità, che come abbiamo visto, è anch'essa uno dei concetti più inafferrabili di tutta la matematica.

Il substrato neuronico del paradosso di Epimenide

Vorrei concludere questo Capitolo con alcune idee su quel problema centrale della verità che è il paradosso di Epimenide. Penso che la riproduzione del paradosso di Epimenide all'interno dell'AT fatta da Tarski indichi la via per una comprensione più profonda della natura del paradosso di Epimenide in una lingua naturale. Ciò che Tarski ha trovato è che la sua versione del paradosso ha due livelli distinti. A un livello, è un enunciato *su se stesso* che sarebbe vero se fosse falso e falso se fosse vero. All'altro livello, che mi piace chiamare *il substrato aritmetico*, è un enunciato *sugli interi* che è vero se e solo se è falso.

Ora, per qualche ragione, quest'ultimo aspetto è molto più preoccupante del primo. Taluni semplicemente accantonano il primo come "privo di senso" a causa della sua autoreferenzialità. Ma non si possono accantonare enunciati paradossali sugli interi. Gli enunciati sugli interi non possono assolutamente essere veri e falsi allo stesso tempo.

La mia sensazione è che la trasformazione di Tarski del paradosso di Epimenide ci insegni a *cercare il substrato* della versione nelle lingue naturali. Nella versione aritmetica, il livello superiore di significato è sostenuto dal livello inferiore aritmetico. Forse, in modo analogo, l'enunciato autoreferenziale che percepiamo ("Questo enunciato è falso") è solo il livello superiore di un'entità a due livelli. Quale sarebbe in questo caso il livello inferiore? Qual è il meccanismo sul quale il linguaggio poggia ? Il cervello. Quindi si dovrebbe cercare un *substrato neuronico* del paradosso di Epimenide, un livello inferiore di eventi fisici che cozzano l'uno contro l'altro: due eventi cioè che per loro natura non possono verificarsi contemporaneamente. Se questo substrato fisico esiste, allora il motivo per cui non possiamo venire a capo dell'enunciato di Epimenide è che il nostro cervello sta cercando di fare una cosa impossibile.

Ma quale potrebbe essere la natura di tali eventi fisici in conflitto? Presumibilmente, quando una persona sente l'enunciato di Epimenide, il suo cervello costruisce una qualche "codifica" dell'enunciato, una configurazione interna di simboli interagenti. Quindi cerca di classificare l'enunciato come "vero" o "falso". Questo atto di classificazione esige forse che si tenti di costringere numerosi simboli ad interagire in un modo particolare. (Presumibilmente questo succede ogni volta che un qualsiasi enunciato viene elaborato). Ora, se accade che l'atto di classificazione spezzi fisicamente la codificazione dell'enunciato, cosa che normalmente non succede mai, allora la persona si sente sconcertata, perché ciò equivale a costringere un giradischi a suonare il disco che lo distrugge. Abbiamo descritto il conflitto in termini fisici, ma non in termini neuronici. Se fin qui l'analisi è giusta, allora presumibilmente la discussione potrà essere proseguita quando sapremo qualcosa su come si formano i "simboli" nel cervello a partire dai neuroni e dalle loro scariche e sul modo in cui gli enunciati vengono convertiti in "codifiche".

Queste poche osservazioni a proposito del substrato neuronico del paradosso di Epimenide fanno pensare (almeno a me) che la risoluzione della versione in italiano (o in altre lingue naturali) del paradosso di Epimenide potrebbe essere simile a quella della versione di Tarski. Questa risoluzione comporta l'abbandono dell'idea che il cervello possa mai fornire una rappresentazione totalmente esatta del concetto di verità. La novità di questa risoluzione sta nel fatto di suggerire che una rappresentazione totale della verità è impossibile per ragioni del tutto *fisiche*: e cioè che una tale rappresentazione richiederebbe che nel cervello accadano eventi fisicamente incompatibili.

Parla, SHRDLU, parla perché possa capirti...[1]

Un giorno Eta Oin, vagando per il Laboratorio di Intelligenza Artificiale del MIT, s'imbatte nel giovane e brillante programma SHRDLU. SHRDLU sta morendo dalla voglia che qualcuno provi "Dora Wengtirry", l'essere umano che egli ha appena finito di costruire. SHRDLU spiega che questa Dora è veramente intelligente nel suo campo limitato, che consiste nell'analizzare conversazioni a proposito di un particolare "mondo dei blocchi", in cui alcuni blocchi di forma, misura e colore diversi sono posati su di un tavolo e possono essere presi e spostati. Eta Oin, affascinato, si siede al terminale e pieno di entusiasmo comincia a dialogare con SHRDLU. Dora gli si appoggia su una spalla e, come promesso, fornisce un commento continuo.

1. *Eta Oin:* prendi un blocco rosso grande. [cfr. Fig. 112].
SHRDLU: BENE.
Dora: *SHRDLU risponde "*BENE*" quando esegue un comando. Per prendere il blocco rosso ha dovuto liberarlo da quello verde trovando uno spazio per quest'ultimo e poi trasferendovelo.*
2. *Eta Oin:* afferra la piramide.
SHRDLU: NON CAPISCO A QUALE PIRAMIDE TI RIFERISCI.
Dora: *Sulla scena vi sono tre piramidi e SHRDLU sa che frasi che cominciano con "la", "il", ecc., si riferiscono a un oggetto specifico che ha in mente colui che parla.*

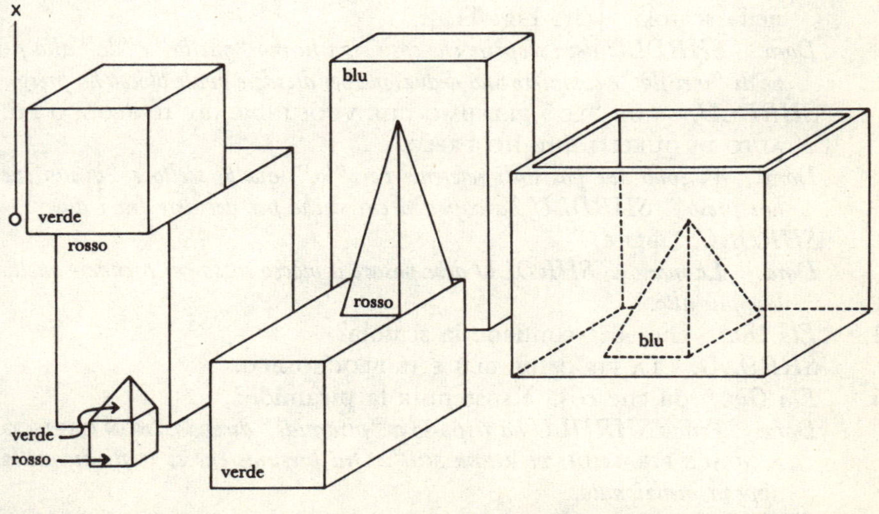

FIGURA 112. "Prendi un blocco rosso grande". [Da Terry Winograd, Understanding Natural Language *(New York: Academic Press, 1972) p. 8].*

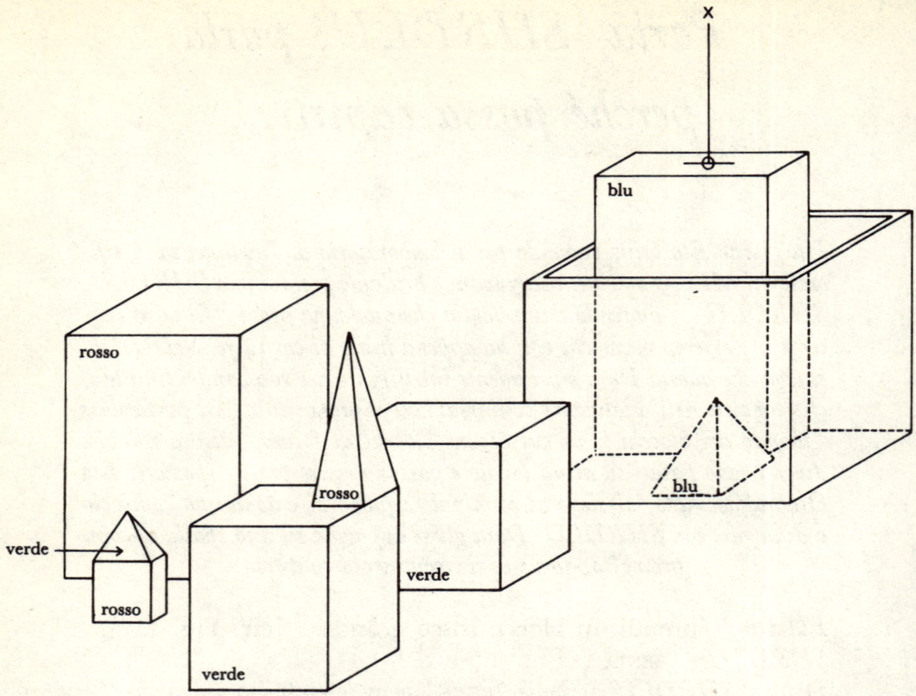

FIGURA 113. "Cerca un blocco più alto di quello che hai preso e mettilo nella scatola". [Adattamento da Terry Winograd, Understanding Natural Language, *p. 9].*

3. *Eta Oin:* cerca un blocco più alto di quello che hai preso e mettilo nella scatola [cfr. Fig. 113].

Dora: SHRDLU deve scoprire che cosa significano "quello" e "lo" alla fine di "mettilo" e compiere una deduzione per decidere quale blocco ha preso.

SHRDLU: CON "LO" PRESUMO CHE VUOI INDICARE IL BLOCCO PIÙ ALTO DI QUELLO CHE HO PRESO.

Dora: Vi sono due possibili referenti per "lo": quello scelto e "quello che hai preso". SHRDLU ha capacità euristiche per decidere fra i due.

SHRDLU: BENE.

Dora: La mano di SHRDLU deve posare il blocco rosso per prendere quello blu più alto.

4. *Eta Oin:* che cosa contiene la scatola?

SHRDLU: LA PIRAMIDE BLU E IL BLOCCO BLU.

5. *Eta Oin:* da che cosa è sostenuta la piramide?

*Dora: Prima SHRDLU ha risposto a "piramide" dicendo "*NON CAPISCO A QUALE PIRAMIDE TI RIFERISCI*". Ora presume che si tratti di quella appena menzionata.*

SHRDLU: DALLA SCATOLA.

6. *Eta Oin:* quanti blocchi non sono nella scatola?

Dora: Termini negativi come "no", "non", "niente", "nessuno" vengono presi in considerazione sia che compaiano in frasi sia che compaiano in gruppi nominali (come "nessuna scatola").

SHRDLU: QUATTRO.

7. *Eta Oin:* almeno uno di essi è più stretto di quello che ti ho detto di prendere?

Dora: La locuzione "almeno uno di essi" deve essere analizzata per poterla riferire alla domanda precedente, e anche "quello che..." deve essere riferito ai blocchi. I gruppi nominali possono contenere complicati numerali come "almeno uno", "più di tre", "esattamente sette", ecc. La registrazione degli eventi passati permette di dedurre quale blocco è "quello che ti ho detto di prendere". Nota la complicata struttura sintattica in cui "quello che" indica in realtà l'oggetto di una frase incastrata a due livelli più in profondità. L'analizzatore di SHRDLU incorpora una grammatica che tratta questi tipi di complessità in modo generale.

SHRDLU: SÌ, IL CUBO ROSSO.

8. *Eta Oin:* è sostenuto?

SHRDLU: SÌ, DALLA TAVOLA.

Dora: SHRDLU è dotato di capacità euristiche, per cui sa decidere quali sono le informazioni che interessano una persona che fa una domanda, anche se essa stessa non richiede specificamente quella informazione.

9. *Eta Oin:* la tavola può prendere blocchi?

SHRDLU: NO.

Dora: Le regole semantiche di SHRDLU includono l'informazione che "prendere" è un'operazione riservata ad oggetti animati e che la tavola non lo è.

10. *Eta Oin:* una piramide può essere sostenuta da un blocco?

SHRDLU: SÌ.

Dora: Il sistema deduttivo di SHRDLU cerca un esempio concreto, lo trova e quindi sa che ciò è possibile.

11. *Eta Oin:* può una piramide sostenere una piramide?

SHRDLU: NON SO.

Dora: La domanda è sensata, ma non c'è un esempio nella scena. SHRDLU non ha modo di ispezionare i dettagli del suo programma, anche se questi definiscono in ultima analisi le sue capacità.

12. *Eta Oin:* metti una piramide sull'altra.

SHRDLU: NON POSSO.

Dora: SHRDLU prova e fallisce.

13. *Eta Oin:* la piramide blu è mia.

SHRDLU: CAPISCO.

Dora: Tutte le informazioni riguardanti il colore, la forma, le dimensioni e l'ubicazione degli oggetti sono note a SHRDLU fin dall'inizio. Il possesso rimane una proprietà indeterminata degli oggetti, su cui SHRDLU può venire informato in seguito. Egli conserva questa informazione nella sua base di dati.

14. *Eta Oin:* io possiedo tutti i blocchi che non sono rossi, ma non possiedo nessun oggetto che sostenga una piramide.

SHRDLU: CAPISCO.

Dora: *La comprensione di questi enunciati ha come conseguenza che all'interno di SHRDLU si generano nuove procedure capaci di dedurre se tu possiedi qualcosa.*

15. *Eta Oin:* posseggo la scatola?

SHRDLU: NO.

Dora: *La scatola sostiene tutto ciò che contiene, compresa una piramide.*

16. *Eta Oin:* posseggo qualcosa che sta nella scatola?

SHRDLU: SÌ, DUE COSE: IL BLOCCO BLU E LA PIRAMIDE BLU.

17. *Eta Oin:* per favore, vuoi mettere uno sull'altro i due blocchi rossi e un cubo verde, oppure una piramide? [cfr. Fig. 114].

SHRDLU: BENE.

Dora: *I connettivi logici come "e", "o", "oppure", ecc. sono trattati sia dal punto di vista grammaticale sia da quello semantico. Un comando è eseguito anche se ha la forma di una domanda. Il comando viene eseguito con questa successione di passi: SHRDLU mette un cubo verde sul blocco rosso grande (sceglie il cubo verde senza niente sopra), poi toglie la piramide piccola dal cubo rosso piccolo, in modo da poter usare quel cubo per completare la costruzione richiesta.*

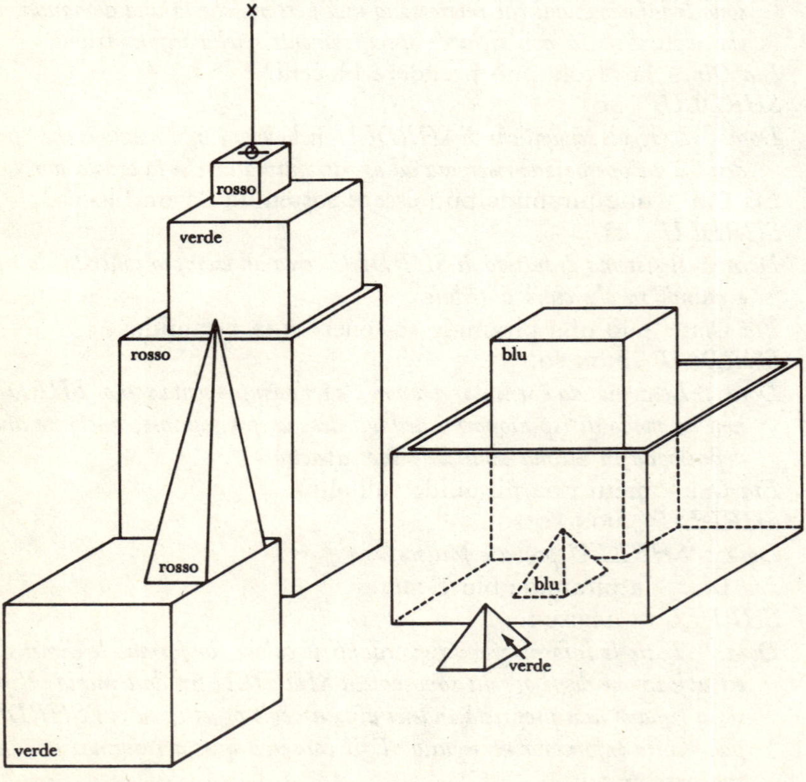

FIGURA 114. *"Per favore vuoi mettere uno sull'altro i due blocchi rossi e un cubo verde, oppure una piramide?". [Adattamento da Terry Winograd,* Understanding Natural Language, *p. 12*].

18. *Eta Oin:* quale cubo poggia sul tavolo?

SHRDLU: QUELLO VERDE GRANDE CHE SOSTIENE LA PIRAMIDE ROSSA.

*Dora: Normalmente SHRDLU si sarebbe limitato a dire: "*UN CUBO VERDE GRANDE*"; ma siccome tu gli hai chiesto: "quale cubo", deve essere più preciso nel nominarlo. In SHRDLU vi sono procedure per usare nelle risposte nomi sostitutivi e pronomi (per esempio "quello"), perché il suo modo di parlare risulti più naturale.*

19. *Eta Oin:* c'è un blocco grande dietro una piramide?

SHRDLU: SÌ, CE NE SONO TRE: UNO ROSSO GRANDE, UN CUBO VERDE E QUELLO BLU.

20. *Eta Oin:* mettine uno piccolo sul cubo verde che sostiene una piramide.

Dora: "Uno piccolo" deve contrapporsi a "un blocco grande" della tua domanda precedente, per cui questo significa "un blocco piccolo".

SHRDLU: BENE.

21. *Eta Oin:* metti sopra di esso la piramide piccolissima.

Dora: Parole come "piccolissima" non esistono nel vocabolario di SHRDLU, ma sono interpretate a partire dalla radice, in questo caso "piccol-". SHRDLU prende in esame le dimensioni di tutte le piramidi per eseguire l'operazione.

SHRDLU: BENE.

22. *Eta Oin:* quanti oggetti ci sono sopra i cubi verdi?

SHRDLU: NON SONO SICURO CHE COSA INTENDI CON "SOPRA" NELL'ESPRESSIONE "SOPRA I CUBI VERDI".
INTENDI DIRE:
1. DIRETTAMENTE SULLA SUPERFICIE DEI CUBI VERDI.
2. IN QUALUNQUE LUOGO SOPRA I CUBI VERDI?

Dora: Nel precedente enunciato, l'espressione "sopra di esso" era stata interpretata senza esitazioni perché il contesto rendeva chiaro il suo significato. In questo, l'euristica della disambiguazione non è stata sufficiente e così SHRDLU ha dovuto chiederti altre informazioni. Insieme con le definizioni di "sopra" e "su", il vocabolario fornisce le loro parafrasi. Lo stesso tipo di chiarimento può essere richiesto anche quando non è chiaro il significato di un pronome, come "esso" o "loro".

23. *Eta Oin:* hai toccato qualche piramide prima di mettere quella verde sul cubo piccolo?

SHRDLU: SÌ, QUELLA VERDE.

Dora: SHRDLU deduce dalla sua memoria a quale evento ci si riferisce, e può connettervi altri eventi temporalmente legati. L'analisi è in grado di trattare tempi verbali composti e le varie forme dei verbi irregolari.

24. *Eta Oin:* quando l'hai presa?

SHRDLU: QUANDO STAVO SOVRAPPONENDO IL CUBO ROSSO, UN BLOCCO ROSSO GRANDE E UNO VERDE GRANDE.

Dora: Il riferimento temporale è basato sull'operazione principale che veniva svolta al momento.

25. *Eta Oin:* perché?

Dora: Per capire domande come questa e quelle che seguono, SHRDLU ricorda le frasi immediatamente precedenti.

SHRDLU: PER SBARAZZARMENE.

Dora: Tenendosi al corrente delle parti che ha scelto nell'albero degli scopi e dei fini, SHRDLU ha una qualche comprensione delle proprie motivazioni.

26. *Eta Oin:* perché lo hai fatto?

SHRDLU: PER LIBERARE IL CUBO ROSSO.

Dora: "Lo" si riferisce all'azione menzionata nell'ultima risposta di SHRDLU.

27. *Eta Oin:* perché lo hai liberato?

Dora: In questo caso "lo" si riferisce al cubo appena menzionato.

SHRDLU: PER METTERLO SOPRA UN CUBO VERDE GRANDE.

28. *Eta Oin:* perché lo hai fatto?

SHRDLU: PER SOVRAPPORRE IL CUBO ROSSO, UN BLOCCO ROSSO GRANDE E UN CUBO VERDE GRANDE.

29. *Eta Oin:* perché lo hai fatto?

SHRDLU: PERCHÉ TU MI HAI CHIESTO DI FARLO.

Dora: SHRDLU ricorda che cosa ha fatto, non le parole con cui la richiesta è stata formulata.

30. *Eta Oin:* come lo hai fatto?

Dora: "Lo" si riferisce all'azione menzionata nell'ultima domanda, e non alla relativa risposta.

SHRDLU: METTENDO UN BLOCCO ROSSO GRANDE SULLA TAVOLA; POI LASCIANDOLO; POI METTENDO UN CUBO VERDE GRANDE SOPRA DI ESSO; POI LASCIANDO QUESTO CUBO; POI METTENDO IL CUBO ROSSO SU QUESTO CUBO; POI LASCIANDO QUESTO CUBO.

Dora: Questa è una descrizione degli obiettivi secondari ad alto livello usati per raggiungere lo scopo principale.

31. *Eta Oin:* quanti oggetti hai toccato durante questa operazione?

Dora: Quando si usano parole come "durante", i riferimenti temporali possono indicare un intervallo di tempo.

SHRDLU: QUATTRO.

32. *Eta Oin:* che cosa sosteneva il cubo rosso prima che tu cominciassi a liberarlo?

SHRDLU: LA PIRAMIDE VERDE.

Dora: Ricordando quali oggetti sono stati spostati, è possibile dedurre informazioni su stati precedenti della scena. Si possono usare complesse costruzioni, con frasi annidate le une nelle altre come "prima che tu cominciassi a liberarlo".

33. *Eta Oin:* in quel momento c'erano cinque blocchi alla sinistra della scatola.

Dora: "In quel momento" si deve riferire al tempo menzionato nella frase precedente.

SHRDLU: NO, SOLO QUATTRO: IL CUBO ROSSO, DUE CUBI VERDI GRANDI E UN BLOCCO ROSSO GRANDE.

Dora: In precedenza l'informazione riguardante il "possesso" è stata accettata senza discutere. Ma SHRDLU sa di avere informazioni complete sulle proprietà principali degli oggetti, compresa la posizione. E SHRDLU controlla ogni frase relativa a queste proprietà per vedere se è d'accordo o meno.

34. *Eta Oin:* metti la piramide blu sopra il blocco nella scatola.

Dora: Questa frase è sintatticamente ambigua, ma viene interpretata senza ambiguità poiché, se se ne analizzano le possibili interpretazioni, si vede che "metti nella scatola la piramide blu che è sopra il blocco" non ha senso se riferita alla scena in questione, mentre invece "metti la piramide blu sopra il blocco che è nella scatola" ne ha.

SHRDLU: BENE.

35. *Eta Oin:* c'è qualche oggetto più grande di tutte le piramidi, ma non tanto largo quanto l'oggetto che lo sostiene?

Dora: SHRDLU comprende quantificatori come "qualche", "tutti", "alcuni", ecc., e strutture come "più grande di", "tanto largo quanto", ecc., ecc. Qui "lo" si riferisce a un gruppo nominale presente nella stessa frase ma che si trova due livelli più in alto nell'albero dell'analisi.

SHRDLU: SÌ, IL BLOCCO BLU.

36. *Eta Oin:* una torre...

SHRDLU: SCUSA, NON CAPISCO LA PAROLA "TORRE".

Dora: SHRDLU interrompe immediatamente appena vede una parola che non conosce.

37. *Eta Oin:* "torre" è una sovrapposizione che contiene due cubi verdi e una piramide.

Dora: Le virgolette indicano che si sta definendo una parola nuova. La definizione viene aggiunta al vocabolario di SHRDLU in una forma compatibile con tutte le parole che egli già conosce.

SHRDLU: CAPISCO.

38. *Eta Oin:* vi sono torri in questo momento?

SHRDLU: NO.

Dora: La nuova definizione è usata come una descrizione per riconoscere torri.

39. *Eta Oin:* costruiscine una.

SHRDLU: BENE.

Dora: La descrizione data nella definizione è sufficiente per dedurne un piano per costruire nuovi oggetti non meno che per riconoscerli. La parola "una" significa "una torre", e il piano viene realizzato. Prima viene liberato uno dei cubi verdi grandi, togliendo via il cubo rosso e le due piramidi. Poi, per adeguarsi alla descrizione, vengono sovrapposti due cubi verdi e la piramide rossa alta.

40. *Eta Oin:* chiama il blocco più grande "superblocco".

SHRDLU: BENE.

Dora: Si possono anche dare nomi agli oggetti.

41. *Eta Oin:* hai già preso il superblocco da quando abbiamo cominciato?

SHRDLU: sì.

42. *Eta Oin:* perché lo hai lasciato cadere?

SHRDLU: CON "LO" PRESUMO CHE TI RIFERISCI AL SUPERBLOCCO. NON POSSO SPIEGARE UN EVENTO INESISTENTE.

Dora: Nella memoria di SHRDLU non c'è alcuna traccia di un blocco lasciato cadere. La routine delle risposte ha controlli specifici per questo tipo di "domande-trabocchetto" che presuppongono cose non vere.

43. *Eta Oin:* c'è qualcosa alla destra della piramide rossa?

SHRDLU: SÌ, QUATTRO COSE: LA SCATOLA, IL CUBO ROSSO, LA PIRAMIDE BLU E IL BLOCCO CHIAMATO SUPERBLOCCO.

Dora: Una volta che un oggetto ha un nome, questo nome viene usato nelle risposte per facilitarne l'identificazione.

44. *Eta Oin:* grazie.

SHRDLU: IL PIACERE È MIO!

Dora: La grammatica di SHRDLU è scritta come una procedura e ciò gli dà la capacità di operare analisi specifiche per le frasi idiomatiche.

CAPITOLO XVIII

Intelligenza Artificiale: uno sguardo retrospettivo

Turing

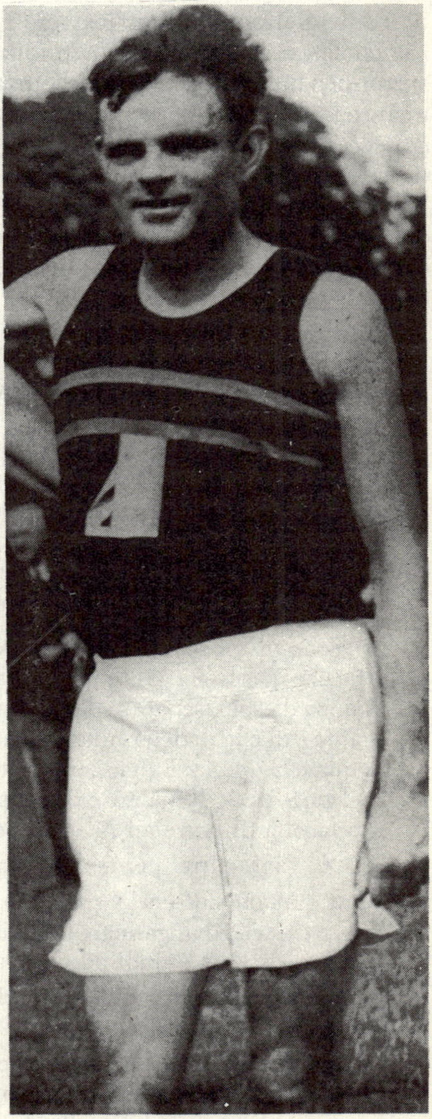

FIGURA 115. *Alan Turing, dopo aver vinto una corsa (maggio 1950).* [*Da Sara Turing,* Alan M. Turing *(Cambridge, W. Heffer and Sons, 1959)*].

NEL 1950 ALAN TURING scrisse un articolo quanto mai profetico e provocatorio sull'Intelligenza Artificiale. Era intitolato "Computing Machinery and Intelligence" e apparve sulla rivista "Mind".[1] Dirò alcune cose su questo articolo, ma le voglio far precedere da qualche osservazione su Turing uomo.

Alan Mathison Turing nacque a Londra nel 1912. Fu un bambino pieno di curiosità e di ironia. Molto dotato per la matematica, andò a Cambridge, dove i suoi interessi per le macchine e la logica matematica si alimentarono a vicenda: uno dei risultati fu il suo famoso studio sui "numeri calcolabili" pubblicato nel 1937, nel quale inventò la teoria delle macchine di Turing e dimostrò l'indecidibilità del problema della fermata. Negli anni '40 i suoi interessi si spostarono dalla teoria delle macchine calcolatrici alla costruzione effettiva dei calcolatori reali. Fu una delle maggiori figure impostesi nel periodo dello sviluppo dei calcolatori in Gran Bretagna e un convinto difensore dell'Intelligenza Artificiale quando questa venne attaccata per la prima volta. Uno dei suoi migliori amici fu David Champernowne (che lavorò in seguito alla composizione di musica mediante calcolatore). Champernowne e Turing furono entrambi accaniti giocatori di scacchi e inventarono la regola "gira-attorno-alla-casa": dopo aver mosso si fa di corsa un giro attorno alla casa; se si ritorna prima che l'avversario abbia mosso si ha diritto a fare un'altra mossa. A parte gli scherzi, Turing e Champernowne inventarono il primo programma per giocare a scacchi, chiamato "Turochamp". Turing morì giovane, a 41 anni, a quanto pare in seguito a un incidente da farmaci; o, secondo alcune voci, per suicidio. Sua madre, Sara Turing, scrisse la sua biografia. Dalle persone che cita si ricava l'impressione che Turing fosse molto anticonformista e anche un po' maldestro, ma così onesto e discreto da presentarsi indifeso di fronte al mondo. Gli piacevano i giochi, gli scacchi, i bambini e andare in bicicletta: era un notevole fondista. Quando era studente a Cambridge si comprò un violino di seconda mano e imparò a suonare da solo. Sebbene non avesse molto orecchio, ne trasse un grande godimento. Era piuttosto eccentrico e pronto a impegnare tutte le sue energie nelle più diverse direzioni. Un campo che esplorò fu quello della morfogenesi in biologia. Secondo sua madre, Turing "aveva una particolare predilezione per *Il circolo Pickwick*", ma "la poesia, con l'eccezione di Shakespeare, non gli diceva niente". Alan Turing fu uno dei pionieri autentici nel campo dell'informatica.

Il test di Turing

L'articolo di Turing comincia con la frase: "Mi propongo di considerare la domanda 'Le macchine possono pensare?' ". Poiché, come egli sottolinea, questi sono termini pregnanti, dovremmo ovviamente cercare un modo operativo di affrontare la domanda; e lo troviamo, egli suggerisce, in ciò che chiama "il gioco dell'imitazione", oggi conosciuto come *test di Turing*. Turing lo presenta nel modo seguente:

> Vi sono tre giocatori: un uomo (A), una donna (B) e un interrogante (C) che può essere dell'uno o dell'altro sesso. L'interrogante sta in una stanza da solo, separato dagli altri due. Scopo del gioco per l'interrogante è quello di determinare quale delle altre due persone sia l'uomo e quale la donna. Egli le conosce tramite le etichette X e Y, e alla fine del gioco dirà "X è A e Y è B", oppure "X è B e Y è A". L'interrogante ha facoltà di porre ad A e a B domande del tipo:
>
> C: X, vuole dirmi per favore quanto sono lunghi i suoi capelli?
>
> Ora, supponendo che X sia A, è A che deve rispondere. Scopo di A nel gioco è quello di ingannare C e d'indurlo a sbagliare l'identificazione. La sua risposta quindi potrebbe essere:
>
> "Ho i capelli pettinati alla maschietta e le ciocche più lunghe sono circa venti centimetri".
>
> Per evitare che il tono della voce possa aiutare l'interrogante, le risposte dovrebbero essere scritte, o meglio ancora battute a macchina. La soluzione migliore sarebbe quella di collegare le due stanze con una tele-

scrivente. Oppure le domande e le risposte potrebbero essere riportate da un intermediario. Scopo del gioco per il terzo giocatore (B) è quello di aiutare l'interrogante. Probabilmente la strategia migliore per B, cioè per la donna, è di dare risposte veritiere. Essa può aggiungere alle sue risposte frasi del tipo "Sono io la donna, non dargli ascolto!"; ma ciò non approderà a nulla, dato che anche l'uomo può fare osservazioni analoghe.
Chiediamoci ora: "Che cosa accadrà se in questo gioco una macchina prenderà il posto di A?". L'interrogante sbaglierà altrettanto spesso in questo caso di quando il gioco è effettuato fra un uomo e una donna? Queste domande sostituiscono la nostra domanda originaria "Le macchine possono pensare?".[2]

Dopo aver spiegato la natura del suo test, Turing prosegue facendo alcune osservazioni che, per l'anno in cui scrive, sono molto avanzate. Per cominciare, presenta un breve dialogo ipotetico tra interrogante e interrogato.[3]

D: Per cortesia, mi scriva un sonetto che tratti del Ponte sul Forth [un ponte sul fiordo di Forth, in Scozia].
R: Non faccia affidamento su di me per questo, non ho mai saputo scrivere poesie.
D: Sommi 34957 a 70764
R: (Pausa di circa 30 secondi e poi la risposta) 105621.
D: Gioca a scacchi?
R: Sì.
D: Ho il Re in e1 e nessun altro pezzo. Lei ha solo il Re in e3 e una Torre in h8. Tocca lei a muovere. Che mossa fa?
R: (Dopo una pausa di 15 secondi) Torre in h1, matto.

Pochi lettori notano che nel problema aritmetico non solo vi è un ritardo eccessivamente lungo, ma che inoltre la risposta è sbagliata! La cosa sarebbe giustificata se colui che risponde fosse un essere umano: un semplice errore di calcolo. Ma se a rispondere fosse una macchina, sono possibili varie spiegazioni. Eccone alcune:

(1) un errore *casuale* a livello hardware (cioè un evento non riproducibile);
(2) un errore non voluto a livello hardware o di programmazione che (in modo ripetibile) causa errori aritmetici;
(3) un atto inserito volutamente dal programmatore (o dal costruttore) della macchina per introdurre occasionali errori aritmetici, in modo da ingannare gli interroganti;
(4) un epifenomeno non previsto: il programma fa fatica a pensare in termini astratti e, semplicemente, ha commesso un "errore genuino", che potrebbe non ripetere la prossima volta;
(5) uno scherzo da parte della macchina stessa, che ha fatto volontariamente un dispetto all'interrogante.

Se si riflette su ciò che Turing potrebbe aver voluto dire con questo delicato tocco, vi si trovano accennati proprio quasi tutti i principali temi filosofici connessi con l'Intelligenza Artificiale.

Turing continua mettendo in rilievo un fatto:

> Il nuovo problema ha il vantaggio di tracciare una linea di separazione abbastanza netta tra le capacità fisiche e quelle intellettuali dell'uomo ... Non desideriamo penalizzare la macchina per la sua incapacità di brillare in un concorso di bellezza, né penalizzare un uomo perché perde una corsa contro un aeroplano.[4]

Una delle soddisfazioni che dà la lettura di questo articolo è di vedere quanto lontano Turing si sia spinto su ciascuna linea di pensiero, presentando un'apparente contraddizione a un certo livello e, dopo aver affilato i suoi concetti, risolvendola a un livello di analisi più profondo. Grazie a questa penetrante analisi degli argomenti, l'articolo risplende ancora, dopo più di trent'anni di straordinari progressi nello sviluppo dei calcolatori e d'intenso lavoro in IA. Nella breve citazione che segue si può vedere qualcosa di questo ricco lavorio d'idee in ogni direzione.

> Il gioco può forse essere criticato sulla base del fatto che le possibilità sono troppo nettamente a sfavore della macchina. Se l'uomo dovesse fingere di essere la macchina, farebbe certamente una ben misera figura. Sarebbe tradito immediatamente dalla sua lentezza e imprecisione nell'aritmetica. Non potrebbe darsi che le macchine si comportino in una maniera che non può non essere descritta come pensiero., ma che è molto differente da quanto fa un essere umano? Questa obiezione è molto forte, ma almeno possiamo dire che, se ciononostante si può costruire una macchina in grado di giocare soddisfacentemente il gioco dell'imitazione, non c'è bisogno di preoccuparsene.
>
> Si potrebbe inoltre obiettare che, giocando il "gioco dell'imitazione", la strategia migliore per la macchina potrebbe forse non essere l'imitazione del comportamento umano. Può anche darsi, ma non credo che si possa dare grande peso a una possibilità del genere. In ogni caso non è nostra intenzione esaminare qui la teoria di questo gioco, e sarà dato per scontato che la strategia migliore per la macchina sia quella di provare a formulare le risposte che sarebbero date spontaneamente da un essere umano.[5]

Una volta proposto e discusso il test, Turing commenta:

> Credo che la domanda iniziale "Le macchine possono pensare?" sia troppo priva di senso per meritare una discussione. Ciononostante, credo che alla fine del secolo l'uso delle parole e l'opinione corrente saranno talmente mutati che chiunque potrà parlare di macchine pensanti senza aspettarsi di essere contraddetto.[6]

Turing previene le obiezioni

Conscio della tempesta d'opposizione che senza dubbio avrebbe accolto quest'opinione, egli procede quindi ad analizzare concisamente e con secca ironia una serie di obiezioni all'idea che le macchine possano pensare. Elenco qui sotto i nove tipi di obiezioni che egli enumera indicandole con le sue stesse parole.[7] Sfortunatamente non c'è spazio per riportare le risposte ingegnose e spiritose da lui formulate. Lascio al lettore il divertimento di esaminare queste obiezioni e di immaginare per esse risposte appropriate.

(1) *Obiezione teologica*. Pensare è una funzione dell'anima immortale dell'uomo. Dio ha dato un'anima immortale a tutti gli uomini e a tutte le donne, ma non agli altri animali o alle macchine. Perciò né gli animali né le macchine sono in grado di pensare.

(2) *Obiezione dello "struzzo"*. Se le macchine pensassero, le conseguenze sarebbero terribili; speriamo e crediamo che esse non possano farlo.

(3) *Obiezione matematica*. [Questa è essenzialmente l'argomentazione di Lucas].

(4) *Argomento della coscienza*. "Fino a quando una macchina non potrà scrivere un sonetto o comporre un concerto in base a pensieri ed emozioni che ha provato e non per giustapposizione causale di simboli, non potremo essere d'accordo sul fatto che la macchina eguagli il cervello, cioè che non solo scriva ma sappia di aver scritto. Nessun meccanismo potrebbe sentire (e non semplicemente segnalarlo artificialmente, il che sarebbe un facile trucco) piacere per i suoi successi o dolore quando una sua valvola si brucia; né potrebbe inorgoglirsi per l'adulazione deprimersi per i propri errori, essere attratto dal sesso, arrabbiarsi o abbattersi quando non può ottenere quel che desidera" [citazione da un certo professor Jefferson].

Turing prende molto sul serio questa obiezione. Dedica perciò molto spazio alla risposta e in essa inserisce un altro breve dialogo ipotetico che potrebbe far parte di un normale "esame orale" scolastico.[8]

Esaminatore: Nel primo verso del suo sonetto che dice "Tu sei per me come un giorno d'estate", "un giorno di primavera" andrebbe bene lo stesso; o magari anche meglio?

Candidato: Non quadrerebbe metricamente.

Esaminatore: E "un giorno d'inverno"? Metricamente andrebbe bene.

Candidato: Sì, ma nessuno vorrebbe essere paragonato ad un giorno d'inverno.

Esaminatore: Lei direbbe che il signor Pickwick le ricorda Natale?

Candidato: In un certo senso.

Esaminatore: Eppure Natale è un giorno d'inverno, e non credo che il paragone dispiacerebbe al signor Pickwick.

Candidato: Credo che lei voglia scherzare. Dicendo "un giorno d'inverno" si pensa a un tipico giorno d'inverno, piuttosto che a un giorno speciale come Natale.

Dopo questo dialogo Turing chiede: "Che cosa direbbe il professor Jefferson se la macchina che scrive sonetti fosse in grado di rispondere in modo analogo in un esame orale?".

Ulteriori obiezioni:

(5) *Argomenti fondati su incapacità varie.* Tali argomenti si presentano in questa forma: "Ammetto che si possa far fare alle macchine tutto quello cui si è accennato, ma non si potrà mai costruirne una capace di fare X". Vengono proposti a questo riguardo numerosi X. Eccone alcuni: essere gentile, piena di risorse, bella, cordiale, avere iniziativa, avere il senso dello humour, distinguere il bene dal male, commettere errori, innamorarsi, gustare le fragole con la panna, far sì che qualcuno si innamori di lei, imparare dall'esperienza, usare le parole in modo appropriato, essere l'oggetto dei propri pensieri, avere un comportamento vario quanto quello umano, fare qualcosa di realmente nuovo.

(6) *Obiezione di Lady Lovelace.* Le informazioni più dettagliate che possediamo sulla Macchina Analitica di Babbage sono tratte da un saggio di Lady Lovelace. In esso si afferma: "La Macchina Analitica non ha la pretesa di *creare* alcunché. Può fare *qualunque cosa siamo in grado di ordinarle* di fare" (corsivo di Lady Lovelace).

(7) *Argomento fondato sulla continuità del sistema nervoso.* Il sistema nervoso non è certo una macchina a stati discreti. Un piccolo errore d'informazione sulla grandezza di un impulso nervoso che colpisce un neurone può esser cruciale per quanto riguarda la grandezza dell'impulso in uscita. Si può sostenere che, stando così le cose, non si può pensare di poter imitare il comportamento del sistema nervoso con un sistema a stati discreti.

(8) *Argomento del comportamento senza regole rigide.* Mi sembra che sia pressappoco di questo tipo: "Se ogni uomo avesse un insieme definito di regole di condotta secondo le quali regolare la sua esistenza, non sarebbe meglio di una macchina. Ma non esistono tali regole, così gli uomini non possono essere macchine".

(9) *Argomento fondato sulla percezione extrasensoriale (ESP).* Giochiamo il gioco dell'imitazione prendendo come testimoni un uomo che abbia eccellenti doti di ricezione telepatica e un calcolatore. Chi interroga può porre domande del tipo: "A che seme appartiene la carta nella mia destra?". L'uomo, per telepatia o chiaroveggenza, dà la risposta esatta centotrenta volte su quattrocento carte. La macchina può solo indovinare a caso, per esempio dando centoquattro volte la risposta esatta, così chi interroga può giungere alla giusta identificazione.

Come si può vedere, molte delle obiezioni si sovrappongono e sono collegate fra loro. In questo libro ho cercato di rispondere in un modo o nell'altro alla maggior parte di esse, e di solito in modo molto meno conciso di Turing.

L'obiezione (9), a mio avviso, è interessante. Ho visto il lavoro di Turing ristampato in un libro senza l'obiezione (9), cosa che trovo ancora più interessante. Secondo me, e in ciò sono in disaccordo con Turing, l'ESP non esiste. Turing era riluttante ad accettare l'idea che l'ESP fosse reale, e tuttavia la prese in considerazione, costretto dalla sua integrità scientifica fuori del comune ad accettare le conseguenze di ciò che vedeva come imponente prova statistica in favore dell'ESP. Non sono d'accordo, sebbene lo consideri un problema straordinariamente complesso e affascinante.

"Parry incontra il Dottore"

Nel Dialogo che precede questo Capitolo abbiamo assistito a un colloquio autentico tra un programma e un essere umano. Sono esistiti molti programmi con minori capacità di "conversare" di SHRDLU. Due abbastanza famosi sono "Il dottore", creato da Joseph Weizenbaum, e "Parry", creato da Kenneth Colby. Il primo dovrebbe simulare uno psichiatra che usa una "terapia non-direttiva", il secondo dovrebbe simulare la struttura di pensiero di un paranoico. Fra i due programmi venne organizzato su una rete di calcolatori un divertente incontro diretto, e quello che segue è un breve stralcio dalla trascrizione completa:[9]

Parry: Non capisco le sue ragioni.
Dottore: Perché non capisce le mie ragioni?
Parry: Non dovrei esserlo?
Dottore: Perché dice questo proprio ora?
Parry: Le cose stanno così.
Dottore: Supponga che stiano nel modo esattamente opposto.
Parry: E allora?
Dottore: Non sono sicuro di capirla del tutto.
Parry: Insiste troppo sulle stesse domande.
Dottore: Che cosa le suggerisce questa somiglianza?
Parry: Non la capisco.
Dottore: Lei desidera capire io?
Parry: Finalmente comincia a mostrare interesse per i miei sentimenti.
Dottore: Oh? Ho mostrato interesse per i suoi sentimenti?

Questi programmi, naturalmente, erano fatti per dialogare con esseri umani, per cui, messi l'uno di fronte all'altro, fanno una figura piuttosto misera. Per lo più essi si basano su astute congetture sulla natura della domanda (che analizzano abbastanza superficialmente) ed emettono risposte preconfezionate, scelte con cura da un ampio repertorio. La risposta può presentarsi con dei vuoti: per esempio, può funzionare come una dima, con spazi in bianco che possono essere riempiti. Si presume che i loro partner umani leggano fra le righe di ciò che viene detto molto di più di quanto in realtà ci sia. E infatti, secondo quanto scrive Weizenbaum nel suo libro *Computer Power and Human Reason*, succede proprio questo. Egli scrive:

> ELIZA [il programma dal quale fu ricavato Il dottore] creava nella mente delle molte persone che ci conversavano l'illusione persistente di capire realmente… Spesso esse chiedevano il permesso di conversare col sistema in privato e dopo un po' sostenevano, nonostante le mie spiegazioni, che veramente la macchina li aveva capiti.[10]

Dopo aver letto il frammento di conversazione che abbiamo citato, questo può sembrare incredibile. È incredibile, ma vero. Weizenbaum propone una spiegazione:

> La maggior parte delle persone non capisce niente dei calcolatori, neanche a un livello infimo. Così, a meno che non siano dotate di un enorme scetticismo (del genere di quello che si sviluppa quando si guarda un illusionista), esse possono spiegare gli atti intellettuali del calcolatore solo utilizzando l'unica analogia che hanno a disposizione, cioè il loro modello delle proprie capacità di pensare. Nessuna meraviglia allora che queste persone oltrepassino il limite; è veramente impossibile immaginare un essere umano che sia in grado di imitare ELIZA, per esempio, e che allo stesso tempo abbia le stesse limitazioni di ELIZA nelle capacità linguistiche.[11]

Ciò equivale ad ammettere che questo tipo di programma è basato su un astuto miscuglio di spavalderia e di capacità di ingannare che fa affidamento sulla credulità della gente.

Alla luce di questo misterioso "effetto ELIZA", alcuni hanno detto che il test di Turing ha bisogno di revisione, poiché chiaramente la gente può essere raggirata da trucchi banali. Si è suggerito che l'interrogante dovrebbe essere uno scienziato premio Nobel. Sarebbe più consigliabile capovolgere il test di Turing e sostenere che l'interrogante dovrebbe essere un altro calcolatore. O forse vi dovrebbero essere due interroganti, un essere umano e un calcolatore, ed un solo testimone, e i due interroganti dovrebbero cercare di capire se il testimone è un essere umano o un calcolatore.

Scherzi a parte, personalmente penso che il test di Turing, così come è stato proposto originariamente, sia abbastanza ragionevole. Per quanto riguarda la gente che Weizenbaum sostiene sia stata imbrogliata da ELIZA, si trattava di persone non stimolate ad essere scettiche o ad usare tutte le proprie risorse intellettuali nel cercare di determinare se la "persona" che parlava con loro fosse un essere umano o no. Ritengo che l'intuizione di Turing su questo punto fosse valida, e che il test sopravviverà senza modifiche essenziali.

Breve storia dell'IA

Nelle poche pagine che rimangono vorrei presentare, da un punto di vista forse non ortodosso, la storia di alcuni degli sforzi volti a svelare gli algoritmi che stanno alla base dell'intelligenza. Vi sono stati fallimenti e sconfitte e ve ne continueranno a essere; tuttavia stiamo imparando moltissime cose, e questo è un periodo eccitante.

Sin dal tempo di Pascal e di Leibniz si sono sognate macchine in grado di eseguire compiti intellettuali. Nell'Ottocento, Boole e De Morgan idearono le "leggi del pensiero", che in pratica era il Calcolo Proposizionale, e quindi fecero il primo passo verso il software dell'IA; inoltre Charles Babbage progettò la prima "macchina calcolatrice", il precursore dell'hardware dei calcolatori e quindi dell'IA. Si potrebbe dire che l'IA è nata nel momento in cui i dispositivi meccanici hanno sostituito l'uomo in qualcuno dei compiti in precedenza effettuabili solo dalla mente umana. È difficile volgersi indietro e immaginare i sentimenti di coloro che videro per la prima volta ruote dentate eseguire addizioni e moltiplicazioni di grandi numeri. Forse essi sperimentarono un senso di timore reverenziale nel vedere scorrere dei "pensieri" in quello hardware così materiale. In ogni caso, sappiamo bene che quasi un secolo dopo, quando furono costruiti i primi calcolatori elettronici, i loro inventori sperimentarono una sensazione di sacro timore per il fatto di trovarsi alla presenza di un altro tipo di "essere pensante". Fino a che punto si trattasse di vero pensiero fu motivo di grande perplessità; e anche adesso, parecchi decenni dopo, il problema rimane una grande sorgente di stimolanti e velenosi dibattiti.

È interessante notare che praticamente nessuno oggi ha più quella sensazione di timore reverenziale, anche quando i calcolatori eseguono operazioni che sono incredibilmente più complesse di quelle che nei primi tempi fecero scorrere brividi lungo la schiena. L'espressione un tempo eccitante "cervello elettronico" rimane oggi solo una sorta di cliché "camp", un vestigio ridicolo dell'era di Flash Gordon e di Mandrake. È un po' triste che siamo diventati *blasé* così presto.

A questo proposito esiste un "Teorema" sui progressi in IA: non appena si riesce a programmare qualche funzione mentale, immediatamente si smette di considerarla un ingrediente essenziale del "vero pensiero". Il nucleo ineluttabile dell'intelligenza è sempre in quell'altra cosa che non si è ancora riusciti a programmare. Questo "Teorema" mi venne proposto per la prima volta da Larry Tesler, per cui lo chiamo *Teorema di Tesler*: "L'IA è tutto ciò che non è ancora stato fatto".

Presento ora un quadro panoramico selettivo dell'IA; vi sono indicati i numerosi dominii su cui i ricercatori hanno concentrato i loro sforzi e ciascuno dei quali sembra a suo modo richiedere la quintessenza dell'intelligenza.

Ho scomposto ulteriormente alcuni dominii in compartimenti, suddividendoli in base ai metodi impiegati o alla particolare attenzione che hanno ricevuto aree di studio specifiche.

- traduzione automatica
  - diretta (parola per parola, con qualche riordinamento di parole)
  - indiretta (tramite qualche linguaggio interno intermedio)
- giochi
  - scacchi
    - con analisi delle mosse successive fatte sistematicamente
    - con analisi delle mosse successive lungo un albero potato secondo un criterio euristico
    - senza analisi delle mosse successive
  - dama
  - go
  - nim
  - bridge (dichiarazione, gioco)
  - poker
  - variazioni sul tic-tac-toe (tris, filetto, ecc.)
  - ecc.

dimostrazione di teoremi in vari campi della matematica
- logica simbolica
  - dimostrazione di teoremi con la "risoluzione"
- geometria elementare

manipolazione simbolica di espressioni matematiche
- integrazione simbolica
- semplificazione algebrica
- somma di serie infinite

visione
- di scritture:
  - riconoscimento di singole lettere stampatello prese in un ristretto alfabeto
  - lettura di testi con caratteri diversi
  - lettura di passi manoscritti
  - lettura di caratteri a stampa cinesi o giapponesi
  - lettura di caratteri cinesi o giapponesi scritti a mano
- di scene generiche:
  - localizzazione in fotografie di oggetti specificati in precedenza
  - scomposizione di una scena in oggetti distinti
  - identificazione di oggetti distinti presenti in una scena
  - riconoscimento di oggetti abbozzati in uno schizzo
  - riconoscimento di volti umani

udito
- comprensione di parole pronunciate, prese da un vocabolario limitato (p.es.: i nomi delle dieci cifre)
- comprensione di un discorso continuo su argomenti fissati
  - segmentazione in fonemi
  - identificazione dei fonemi
  - segmentazione in morfemi
  - identificazione dei morfemi
  - costruzione di intere parole e frasi

comprensione dei linguaggi naturali
- risposte a domande in dominii specifici
- analisi di frasi complesse
- parafrasi di brani di testo abbastanza lunghi
- utilizzazione della conoscenza sul mondo reale per capire certi passi
- risoluzione dei riferimenti ambigui

produzione di testi in un linguaggio naturale
- poesia astratta (p.es., haiku)
- frasi casuali, periodi, brani più o meno lunghi
- produzione di un'uscita sulla base della rappresentazione interna della conoscenza

creazione di pensieri originali e di opere d'arte
- scrittura di poesie (haiku)
- scrittura di racconti
- arte col calcolatore
- composizione musicale
  - atonale
  - tonale

pensiero analogico
- forme geometriche ("test d'intelligenza")
- costruzione di dimostrazioni di un dominio della matematica basate su quelle di un dominio affine

apprendimento
- riaggiustamento di parametri
- formazione di concetti

Traduzione automatica

Molti degli argomenti che compaiono nell'elenco non saranno trattati nella discussione che segue, ma la lista non sarebbe stata completa senza di essi. I primi argomenti sono elencati in ordine storico. In ciascuno di essi gli sforzi iniziali non riuscirono a soddisfare le aspettative. Per esempio, i trabocchetti che si presentavano nella traduzione automatica furono una grande sorpresa per molti che avevano pensato che questo fosse un compito quasi senza problemi, il cui perfezionamento certamente sarebbe stato arduo, ma la cui realizzazione di base avrebbe dovuto essere semplice. Come risultò, tradurre è qualcosa di molto più complesso del semplice guardare nel dizionario parola per parola e poi riordinare le parole. E la difficoltà non è causata da una ignoranza delle frasi idiomatiche. Il fatto è che, per tradurre, occorre avere un modello mentale del mondo di cui si tratta e saper manipolare i simboli di quel modello. Un programma che non possa far riferimento a un modello del mondo, quando legge un brano ben presto si impantanerà senza speranza nelle ambiguità e nei significati multipli. Anche gli esseri umani, che hanno un vantaggio enorme sui calcolatori perché hanno già una piena conoscenza del mondo, quando viene dato loro un brano e un dizionario di una lingua che non conoscono, trovano quasi impossibile tradurre il testo nella propria lingua. Quindi, e a considerarlo retrospettivamente non sorprende, il primo problema dell'IA portò immediatamente a dover affrontare le questioni che sono al cuore dell'IA.

Scacchi al calcolatore

Anche giocare a scacchi si dimostrò per il calcolatore molto più difficile di quanto le prime valutazioni intuitive avessero fatto pensare. Qui, di nuovo, si constata che il modo con cui gli esseri umani rappresentano nella loro mente la situazione di una partita a scacchi è di gran lunga più complesso della semplice conoscenza della disposizione dei pezzi accoppiata con quella delle regole degli scacchi: comprende anche la percezione della configurazione di parecchi pezzi in relazione l'uno con l'altro e, insieme, la conoscenza dell'*euristica*, cioè delle regole pratiche che si riferiscono a tali grossi aggregati di alto livello. Anche se le regole euristiche non sono rigorose nel modo in cui lo sono le regole ufficiali, esse forniscono scorciatoie intuitive per comprendere ciò che sta accadendo sulla scacchiera, cosa che la conoscenza delle regole ufficiali non fa. Tutto questo era riconosciuto fin dall'inizio, ma veniva sottovalutata la grande importanza che aveva, per le capacità scacchistiche umane, la comprensione intuitiva riguardante grossi aggregati di elementi del mondo degli scacchi. Si prevedeva che un programma che avesse una qualche euristica di base, accompagnata dalla straordinaria velocità ed esattezza di un calcolatore nell'analizzare le mosse successive possibili del gioco, avrebbe facilmente battuto giocatori umani del massimo livello: una previsione che, anche dopo venticinque anni d'intenso lavoro da parte di molte persone, è ancora ben lontana dall'essersi realizzata.

Adesso si sta affrontando il problema degli scacchi da varie angolazioni. Una delle più nuove parte dall'ipotesi che fare l'analisi "verticale", cioè l'analisi delle mosse successive, è una cosa stupida. Ci si dovrebbe invece preoccupare soltanto di ciò che sta sulla scacchiera in quel momento e, usando una qualche euristica, ideare un piano; quindi trovare una mossa che va nella direzione di quel particolare piano. Naturalmente fra le regole occorrenti alla formazione di piani figurerebbero necessariamente euristiche che sono in un certo senso versioni "schiacciate" dell'analisi verticale. Questo significa che l'equivalente dell'esperienza acquisita con l'analisi verticale di molte partite viene "compressa" in un'altra forma che, almeno in modo palese, non comporta un'analisi di mosse successive. In un certo senso, questo è un gioco di parole. Ma se la conoscenza "schiacciata" dà risultati più efficaci di una effettiva analisi delle mosse successive, anche se occasionalmente conduce fuori strada, allora si è guadagnato qualcosa. È proprio questo tipo di distillazione della conoscenza in forme più altamente utilizzabili ciò in cui eccelle l'intelligenza; e quindi la linea scacchi-senza-analisi sembra andare nella direzione di una ricerca fruttuosa da incoraggiare. Sarebbe particolarmente affascinante progettare un programma in grado esso stesso di convertire la conoscenza acquisita con l'analisi delle mosse successive in regole "schiacciate"; questo tuttavia è un compito immenso.

Il programma per giocare a dama di Samuel

Un metodo basato su un'impostazione del genere venne realmente elaborato da Arthur Samuel nel suo ottimo programma che gioca a dama. L'accorgimento di Samuel per valutare ogni posizione data era di usare sia il metodo *dinamico* (analisi dell'albero delle mosse) sia quello *statico* (situazione della scacchiera). Il metodo statico richiedeva una funzione matematica semplice di parecchie quantità caratterizzanti ogni posizione della scacchiera che poteva essere calcolata praticamente all'istante, mentre il metodo dinamico di valutazione richiedeva la creazione dell'"albero" su cui sono rappresentate le possibili mosse, le risposte ad esse, le risposte alle risposte, e così via (come si è visto nella Fig. 40). Nella funzione di valutazione statica vi erano alcuni parametri che potevano variare; se ad essi venivano dati valori diversi, si otteneva come conseguenza un insieme di diverse versioni possibili della funzione di valutazione statica. La strategia di Samuel era di selezionare, in senso evolutivo, valori sempre migliori per quei parametri.

Ecco come ciò veniva fatto: ogni volta che il programma valutava una posizione della scacchiera, lo faceva in modo sia statico sia dinamico. La risposta ottenuta col metodo dinamico, chiamiamola *D*, veniva usata per determinare la mossa da fare. L'obiettivo di *S*, la valutazione statica, era più sottile: a ciascuna mossa i parametri variabili venivano riaggiustati leggermente in modo che *S* approssimasse *D* il più accuratamente possibile. L'effetto era di codificare parzialmente nei valori dei parametri della valutazione statica la conoscenza ottenuta mediante la ricerca dinamica sull'albero. In breve, l'idea era di "schiacciare" il metodo complesso della valutazione dinamica nella funzione di valutazione statica, molto più semplice ed efficace.

Si ha qui un effetto ricorsivo piuttosto elegante. Il punto è che la valutazione *dinamica* di ogni singola posizione della scacchiera implica una ricerca su un numero finito di mosse successive: diciamo sette. Ora, ciascuna delle innumerevoli posizioni della scacchiera che potrebbero realizzarsi entro sette mosse deve essere a sua volta valutata in qualche modo. Ma quando il programma valuta queste posizioni, esso certamente non può valutarle dinamicamente per altre sette mosse, altrimenti si dovrebbero considerare quattordici posizioni successive, quindi ventuno, ecc., ecc.: un regresso all'infinito. Esso si basa invece su valutazioni *statiche* delle posizioni che potrebbero presentarsi dopo sette mosse successive. Quindi, nello schema di Samuel, si attua un tipo intricato di retroazione, nel quale il programma cerca costantemente di "schiacciare" le valutazioni dinamiche in una ricetta statica più semplice; e questa ricetta a sua volta svolge un ruolo chiave nella valutazione dinamica. I due metodi sono dunque intimamente legati e ciascuno beneficia dei progressi fatti dall'altro, in modo ricorsivo.

Il programma di Samuel per giocare a dama ha una qualità di gioco estremamente alta: al livello dei migliori giocatori umani su scala mondiale. Se è così, perché non applicare le stesse tecniche agli scacchi? Una commissione internazionale riunitasi nel 1961 per studiare la praticabilità degli scacchi al calcolatore (era presente, fra gli altri, il matematico Max Euwe, Gran Maestro Internazionale olandese) giunse alla triste conclusione che applicare la tecnica di Samuel agli scacchi sarebbe stato approssimativamente un milione di volte più difficile che applicarla alla dama, e questo sembra chiudere il discorso sull'argomento.

La straordinaria abilità del programma che gioca a dama non può autorizzarci a dichiarare: "Si è raggiunta l'intelligenza"; tuttavia non si deve neanche minimizzarla. Essa deriva dall'aver raggiunto e combinato insieme una buona comprensione di che cos'è la dama, di come pensare alla dama e di come programmare. Qualcuno potrebbe avere la sensazione che l'unica cosa che dimostra è l'abilità di Samuel a giocare a dama. Ma ciò non è vero per almeno due ragioni. Una è che i giocatori abili scelgono le loro mosse in base a processi mentali che non comprendono pienamente: essi usano le loro intuizioni. E non si conosce alcun metodo che permetta di portare alla luce le proprie intuizioni; il meglio che si possa fare con l'introspezione è di farsi guidare dalle proprie "sensazioni", che sono "meta-intuizioni", cioè intuizioni sulle proprie intuizioni, per cercare di descrivere che cosa si pensa che siano le proprie intuizioni. Ma il risultato sarà solo una rozza approssimazione alla reale complessità dei metodi intuitivi. Quindi è praticamente sicuro che Samuel non ha rispecchiato nel suo programma i suoi metodi personali di gioco. L'altra ragione del fatto che il gioco del programma di Samuel non deve essere confuso con il gioco di Samuel stesso è che Samuel viene regolarmente battuto dal suo programma. Questo non è affatto un paradosso; non più del fatto che un calcolatore programmato a calcolare π possa essere più veloce del suo programmatore nel tirare fuori cifre di π.

Quand'è che in un programma c'è originalità?

Il problema del programma che supera il programmatore è connesso a quello dell'"originalità" nell'IA. Se un programma di IA elabora una strategia di gioco o un'idea che il suo programmatore non ha mai immaginato, a chi deve andare il merito?

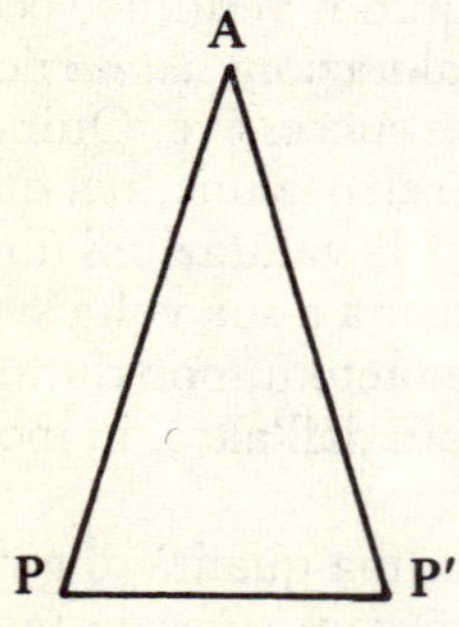

FIGURA 116. La dimostrazione del Pons Asinorum (trovata da Pappo nel 300 d. C. circa e dal Programma Gelernter nel 1960 d. C. circa). Problema: mostrare che gli angoli alla base di un triangolo isoscele sono uguali. Soluzione: Poiché il triangolo è isoscele, AP ed AP' hanno la stessa lunghezza. Quindi i triangoli PAP' e P'AP sono congruenti (lato-lato-lato). Questo implica che gli angoli corrispondenti sono uguali. In particolare sono uguali gli angoli alla base.

Vi sono vari esempi interessanti di questo fatto, che si è già verificato in alcuni casi a un livello abbastanza banale, in altri a un livello piuttosto profondo. Uno dei più famosi riguarda un programma scritto da E. Gelernter che aveva il compito di trovare dimostrazioni per i teoremi della geometria euclidea elementare. Un giorno il programma venne fuori con una dimostrazione veramente brillante di uno dei teoremi basilari della geometria, il cosiddetto "pons asinorum".

Questo teorema afferma che gli angoli alla base di un triangolo isoscele sono uguali. La sua dimostrazione standard richiede la costruzione di un'altezza che divida il triangolo in due metà simmetriche. L'elegante metodo trovato dal programma (si veda la Fig. 116) non usò alcuna linea di costruzione. Considerò invece il triangolo e la sua immagine speculare come due triangoli diversi. Allora, avendo dimostrato che erano congruenti, sottolineò il fatto che i due angoli alla base si corrispondevano l'un l'altro in questa congruenza. QED.

Questa gemma di dimostrazione deliziò il creatore del programma ed altri; alcuni vi videro una prova di genialità. Pur non togliendo niente a questo trionfo, bisogna ricordare che nel 300 d.C. il geometra Pappo aveva trovato anche lui questa dimostrazione. In ogni caso permane la domanda: "A chi il merito?". Questo è un comportamento intelligente? O la dimostrazione stava già profondamente nascosta nell'uomo (Gelernter) e il calcolatore non ha fatto altro che portarla alla superficie? Quest'ultima domanda è vicina a cogliere nel segno. La possiamo rovesciare: la dimostrazione stava profondamente nascosta nel programma? O era vicina alla superficie? Cioè, quanto è facile capire perché il programma fece ciò che fece? La scoperta può essere attribuita a qualche meccanismo semplice, o a qualche semplice combinazione di meccanismi del programma? O è la conseguenza di un'interazione complessa, tale che la nostra meraviglia per ciò che è successo non diminuirebbe anche se ne conoscessimo la spiegazione?

Sembra ragionevole dire che, se si può ascrivere il successo a operazioni facilmente rintracciabili nel programma, allora in un certo senso il programma ha solo rivelato idee che essenzialmente erano nascoste, anche se non troppo profondamente, nella mente del programmatore. Al contrario, se l'analisi del programma non aiuta a chiarirci perché saltò fuori questa particolare scoperta, allora forse si dovrebbe cominciare a distinguere la "mente" del programma da quella del suo programmatore. All'uomo va il merito di aver inventato il programma, ma non quello di aver avuto in testa le idee prodotte dal programma. In tali casi, si può considerare l'essere umano il "meta-autore", cioè l'autore dell'autore del risultato, e il programma l'autore puro e semplice.

Nel caso particolare di Gelernter e della sua macchina per la geometria, c'è da dire che, anche se probabilmente Gelernter non avrebbe riscoperto la dimostrazione di Pappo, tuttavia i meccanismi che generarono quella particolare dimostrazione erano sufficientemente vicini alla superficie del programma da far esitare a vedere nel programma un geometra a buon diritto. Se avesse continuato a stupire la gente sfornando sempre nuove dimostrazioni ingegnose, ciascuna delle quali sembrasse basata su un nuovo lampo di genio piuttosto che su qualche metodo standard, *allora* non si avrebbe più avuto alcuna esitazione a chiamare il programma un geometra. Ma questo non avvenne.

Chi compone la musica per calcolatore?

La distinzione tra autore e meta-autore si manifesta nettamente nel caso della composizione di musica mediante calcolatore. Vi sono vari livelli di autonomia che un programma sembra avere nell'atto della composizione. Un livello è illustrato da un brano il cui "meta-autore" era Max Mathews dei Bell Laboratories. Egli inserì nel calcolatore le partiture delle due marce "When Johnny Comes Marching Home" e "The British Grenadiers" e lo istruì a ricavarne un nuovo brano che cominciasse come "Johnny" ma poi lentamente si fondesse con "Grenadiers". A metà del pezzo, "Johnny" è totalmente scomparso e si sente solo "Grenadiers"... Poi il processo si inverte, e il pezzo finisce con "Johnny" così com'era cominciato.

Per usare le parole stesse di Mathews, si tratta di:

> ... un'esperienza musicale disgustosa, ma non priva d'interesse, particolarmente nei cambiamenti del ritmo. "Grenadiers" è scritta in 2/4 in fa maggiore. "Johnny" è scritta in 6/8 in mi minore. Il cambiamento da 2/4 a 6/8 può essere percepito chiaramente, e tuttavia sarebbe molto difficile da eseguire per un musicista umano. La modulazione dalla tonalità di fa maggiore a quella di mi minore, che comporta il cambiamento di due note nella scala, è dissonante; una transizione più dolce avrebbe prodotto indubbiamente un effetto migliore.[12]

Il brano che ne risulta ha il pregio di essere piuttosto buffo, sebbene in vari punti sia enfatico e confuso.

> Il calcolatore sta componendo? Sarebbe meglio non porsi questa domanda, ma essa non può essere completamente ignorata. È difficile dare una risposta. Gli algoritmi sono deterministici, semplici e comprensibili; non sono richiesti calcoli complicati o difficili da capire; non si usa nessun tipo di programma "che impara"; non si applica nessun processo casuale; la macchina funziona secondo modalità perfettamente meccaniche e lineari. Tuttavia il risultato è una successione di suoni che non sono stati programmati dal compositore fin nei minimi particolari, anche se la struttura generale del brano è specificata in modo completo e preciso. Il compositore quindi è spesso sorpreso, e piacevolmente sorpreso, dal modo particolare in cui è realizzata la sua idea. Solo in questo senso si può dire che il calcolatore sta componendo. Noi chiamiamo questo processo composizione algoritmica, ma subito torniamo a sottolineare che gli algoritmi sono semplici e trasparenti.[13]

Questa è la risposta di Mathews a una domanda che egli avrebbe preferito "disinnescare". Eppure, nonostante il suo rifiuto ad ammetterlo, molti trovano più facile dire semplicemente che il brano è stato "composto dal calcolatore". Credo che quest'affermazione dia un'idea totalmente erronea della situazione. Il programma non conteneva alcuna struttura analoga ai "simboli" del cervello e non si potrebbe dire in nessun senso che stava "pensando" a ciò che faceva. Attribuire la composizione di un tale brano musicale a un calcolatore sarebbe come attribuire la paternità di questo libro alla macchina fotocompositrice con la quale è stato stampato e che possiede, tra le altre capacità, quella di effettuare la divisione sillabica delle parole (spesso erroneamente).

Questo argomento solleva un problema che ci porta un po' fuori dell'IA, ma non tanto. Si tratta di questo: quando si trova in un testo la parola "io" o "me", a che cosa si pensa che faccia riferimento? Si prenda, per esempio, la frase "LAVAMI" che di tanto in tanto si vede scritta sulle automobili polverose. Chi è l'io di questo "mi"? Si tratta del grido di un bambino abbandonato il quale, disperando che qualcuno gli faccia il bagno, scarabocchia le parole sulla superficie più vicina? O è l'automobile che chiede di essere lavata? O forse è l'enunciato stesso che vuole una doccia? O è sudicia la lingua italiana, che chiede di essere ripulita? Si potrebbe continuare questo gioco all'infinito. Nel nostro caso, la frase è uno scherzo: qualcuno vuole far credere, a qualche livello, che l'automobile stessa abbia scritto la frase e chieda di essere lavata. A un altro livello, si riconosce chiaramente che la frase sembra uscire dalla bocca di un bambino, e si apprezza l'ironia del riferimento errato. Qui, infatti, c'è un tranello che consiste nel leggere il "mi" a un livello sbagliato.

È precisamente questo il tipo di ambiguità che abbiamo discusso in questo libro, prima nel *Contracrostipunto* e poi nell'esame della stringa G di Gödel (e affini). L'interpretazione data per i dischi non suonabili era "Non posso essere suonato dal giradischi X", e quella per gli enunciati indimostrabili era "Non posso essere dimostrato nel sistema formale X". Prendiamo l'ultimo esempio. In quali altre occasioni succede, se pure succede, d'incontrare una frase contenente il pronome "io" e per la quale si capisce automaticamente che il riferimento indica non chi pronuncia la frase, ma la frase medesima? Raramente, direi. La parola "io" nel verso "Guido, i' vorrei che tu e Lapo ed io" non si riferisce a una poesia di quattordici versi scritta su una pagina, ma alla persona in carne e ossa che ne è l'autore, in questo caso Dante Alighieri.

Quanto risaliamo indietro, di solito, per rintracciare l'"io" di una frase? La risposta, mi sembra, è che cerchiamo un essere *senziente* a cui attribuirne l'identità. Ma che cos'è un essere senziente? Qualcosa su cui applicare e rispecchiare noi stessi in modo "naturale". Nel programma "Il dottore" di Weizenbaum esiste una personalità? Se esiste, *di chi* è? Un breve dibattito proprio su questo problema ha recentemente infuocato le pagine della rivista "Science".

Questo ci riporta alla questione di "chi" compone la musica da calcolatore. Nella maggiore parte dei casi, la forza trainante di tali pezzi è l'intelletto umano, e il calcolatore è stato usato, con maggiore o minore abilità, come uno *strumento* che permetteva di realizzare un'idea progettata da un essere umano. Il programma costruito a questo scopo non è qualcosa con cui ci possiamo identificare: è puramente e semplicemente un pezzo di software senza flessibilità, che non ha nessuna visione di ciò che sta facendo e nessun senso di sé. Tuttavia, se e quando saranno elaborati programmi dotati di tali attributi e questi cominceranno a produrre pezzi musicali, allora sarà giusto cominciare a suddividere la nostra ammirazione, che dovrà andare in parte al programmatore, per aver creato un tale sorprendente programma, e in parte al programma stesso, per il suo senso della musica. Penso che ciò avverrà solo quando la struttura interna di un programma del genere sarà basata su qualcosa di simile ai "simboli" del nostro cervello e alle loro strutture di attivazione che sono responsabili della complessa nozione di significato. Il fatto di avere questo tipo di struttura interna doterebbe il programma di proprietà che, in una qualche misura, ci farebbero sentire a nostro agio nell'identificarci con esso. Ma fino ad allora non mi sentirò a mio agio nel dire "questo brano è stato composto da un calcolatore".

La dimostrazione automatica dei teoremi e la riduzione a sottoproblemi

Ritorniamo ora alla storia dell'IA. Una delle prime cose che si cercò di programmare fu l'attività intellettuale della dimostrazione di teoremi. Da un punto di vista concettuale questo non è diverso dal programmare un calcolatore a cercare una derivazione di MU nel sistema MIU, tranne che per il fatto che i sistemi formali considerati erano spesso più complicati del sistema MIU. Essi erano versioni del Calcolo dei Predicati, che è un'estensione del Calcolo Proposizionale comprendente i quantificatori. Di fatto, la maggior parte delle regole del Calcolo dei Predicati sono incluse nell'AT. L'astuzia usata nello scrivere un tale programma è di instillarvi il senso della direzione, cosicché il programma non vaghi qua e là su tutto il territorio, ma lavori solo sui percorsi "pertinenti": quelli che, in base a un qualche criterio ragionevole, sembrano condurre verso la stringa desiderata.

In questo libro non ci siamo occupati molto di problemi del genere. In effetti, come si può sapere se si sta procedendo verso un teorema, o se ciò che si sta facendo è soltanto un macinare a vuoto? Questa era una delle cose che speravo di illustrare con il gioco MU. Naturalmente non può esservi una risposta definitiva, come sappiamo in base ai Teoremi di limitazione. Infatti, se si potesse sempre sapere quale strada prendere, si potrebbe costruire un algoritmo per dimostrare qualsiasi teorema si desideri, e questo violerebbe il Teorema di Church. Un simile algoritmo non esiste (lascio al lettore il compito di trovare la ragione esatta per cui ciò segue dal Teorema di Church). Tuttavia questo non vuol dire che sia assolutamente impossibile elaborare una qualche intuizione che ci aiuti a riconoscere quali percorsi siano promettenti e quali non lo siano; di fatto, i migliori programmi hanno un'euristica molto raffinata che li mette in grado di effettuare deduzioni nel Calcolo dei Predicati a velocità paragonabile a quella di capaci operatori umani.

Il fatto che aiuta, nella dimostrazione dei teoremi, è che si dispone di un obiettivo globale, cioè la stringa che si vuole produrre, con la quale ci si può orientare localmente. Una tecnica elaborata per convertire obiettivi globali in strategie locali per le derivazioni in corso è chiamata *riduzione a sottoproblemi*. Essa è basata sull'idea che ogni volta che si ha un obiettivo di grande portata vi sono di solito *obiettivi secondari* il cui raggiungimento gioverebbe al raggiungimento della meta principale. Quindi, se si spezza un dato problema in una serie di nuovi sottoproblemi, poi si spezzano a loro volta questi in sotto-sottoproblemi, e così via, in modo ricorsivo, si può arrivare alla fine a mete molto modeste che presumibilmente possono essere raggiunte in un paio di passi. O almeno così sembrerebbe...

La riduzione a sottoproblemi portò Zenone al disastro. Il metodo di Zenone per andare da A a B (si pensi a B come alla meta) consiste, come si ricorderà, nel "ridurre" il problema a due sottoproblemi: prima percorri metà della strada, poi l'altra metà. Ora in questo modo si sono eseguiti due "push", nel senso introdotto nel Capitolo V, con cui si sono inseriti due obiettivi secondari nella nostra "pila di obiettivi". Ciascuno di questi, a sua volta, sarà sostituito da altri due obiettivi di terzo ordine, e così via, all'infinito. Ci si ritrova con una pila di obiettivi infinita anziché con un singolo obiettivo (si veda la Fig. 117). Eseguire un numero infinito di pop dalla pila si dimostrerà un compito praticamente impossibile; ed è appunto questo l'argomento di Zenone.

Un altro esempio di ricorsione infinita nella riduzione a sottoproblemi si presenta nel *Piccolo labirinto armonico* nel punto in cui Achille vuole che sia esaudito un suo Desiderio senza Tipo. Gli viene risposto che deve aspettare fino a che non si sia ottenuto il permesso dal Meta-Genio; ma questi, a sua volta, deve rivolgersi al Meta-Meta-Genio per ottenere il permesso di dare il permesso, e così via. Nonostante l'infinità della pila, Achille realizza il suo desiderio. La riduzione a sottoproblemi questa volta ha funzionato!

FIGURA 117. L'albero infinito dei sottoproblemi per andare da A a B, secondo Zenone.

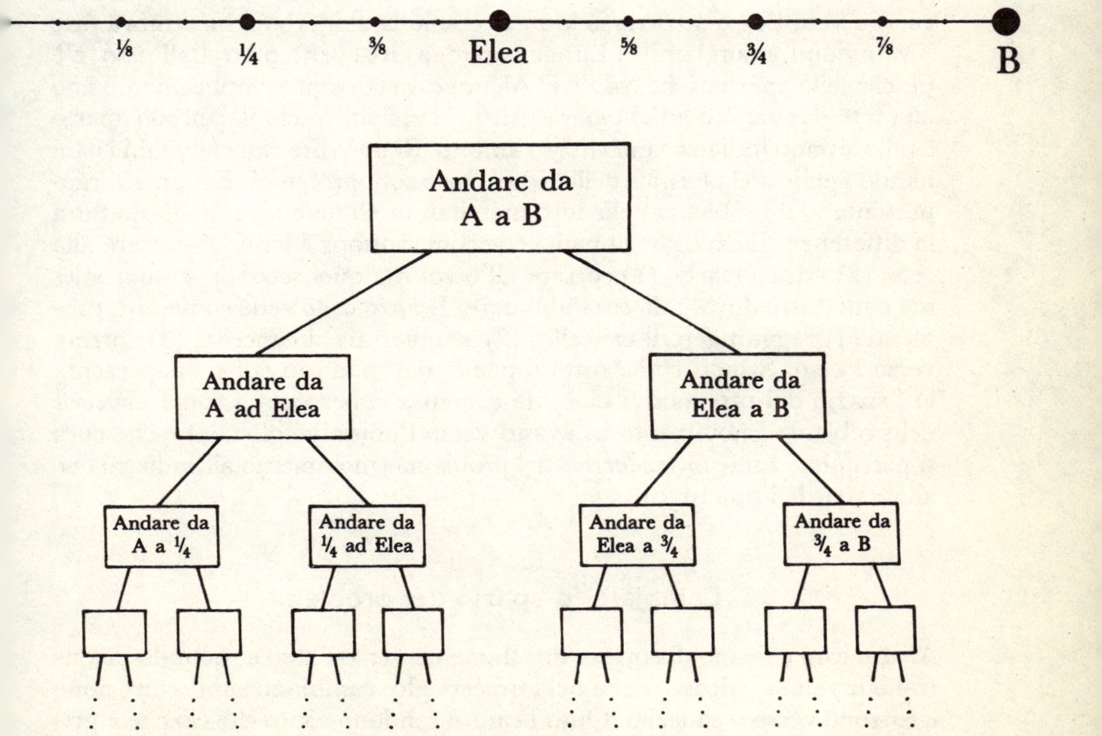

Scherzi a parte, la riduzione a sottoproblemi è una tecnica molto efficace per trasformare problemi globali in problemi locali. Essa rifulge in certe situazioni, come nei finali di partite a scacchi, in cui l'analisi delle mosse successive spesso consegue risultati ben miseri anche quando è spinta fino a lunghezze esagerate, per esempio quindici mosse o più. Il motivo di ciò è che la tecnica dell'analisi delle mosse successive non è basata su alcuna *pianificazione*; non avendo obiettivi, essa esplora un gran numero di alternative irrilevanti. Se si ha un obiettivo, si tende a elaborare una strategia per raggiungerlo, e questo è un atteggiamento completamente diverso dall'analizzare meccanicamente l'albero delle mosse. Naturalmente nella tecnica dell'analisi delle mosse successive si misura la vantaggiosità o meno di una mossa sulla base della funzione di valutazione per le posizioni, e questa incorpora indirettamente un certo numero di obiettivi: principalmente quello di non subire il matto. Ma ciò è troppo indiretto. Buoni giocatori di scacchi che giocano contro programmi basati sull'analisi delle mosse successive restano di solito con l'impressione che i loro avversari siano molto deboli nel formulare piani o strategie.

Shandy e l'osso

Non vi è alcuna garanzia che il metodo della riduzione a sottoproblemi funzionerà. Vi sono molte situazioni nelle quali fallisce. Si consideri, per esempio, questo problema. Sei un cane e un amico uomo ti ha appena gettato il tuo osso preferito in un altro giardino al di là di una rete metallica. Tu vedi l'osso attraverso la rete: eccolo là sull'erba, che sembra dire "Mangiami, mangiami!". Lungo la rete, a circa venti metri dall'osso, c'è un cancello aperto. Che cosa fai? Alcuni cani corrono semplicemente fino alla rete e restano lì ad abbaiare. Altri si lanciano verso il cancello aperto e poi tornano indietro verso l'osso ambito. Si può dire che entrambi i cani hanno applicato la tecnica della riduzione a sottoproblemi. Essi, però, rappresentano il problema nella loro mente in modi diversi, e in ciò sta tutta la differenza. Il cane che abbaia vede come sottoproblemi (1) correre alla rete, (2) attraversarla, (3) correre all'osso; ma quel secondo sottoproblema è un "osso duro": da cui l'abbaiare. L'altro cane vede come sottoproblemi (1) raggiungere il cancello, (2) attraversare il cancello, (3) correre verso l'osso. Si noti come tutto dipende dal modo in cui si rappresenta lo "spazio dei problemi": cioè, da che cosa si percepisce come *riduzione* del problema (movimento in avanti verso l'obiettivo globale) e che cosa si percepisce come *ingrandimento* del problema (movimento all'indietro che allontana dall'obiettivo).

Cambiare lo spazio dei problemi

Alcuni cani cercano di correre direttamente verso l'osso e, quando incontrano la rete, qualcosa scatta nel loro cervello; cambiano subito direzione e corrono verso il cancello. Questi cani si rendono conto che ciò che a prima vista sembrava dover *aumentare* la distanza tra la situazione iniziale e quella desiderata (cioè, allontanarsi dall'osso per correre verso il cancello aperto) in realtà l'avrebbe *diminuita*. Inizialmente confondono la distanza *fisica* con la distanza nel *problema*. Ogni movimento che allontani dall'osso sembra per definizione una Cosa Cattiva. Ma poi, in qualche modo, si rendono conto che possono spostare la percezione di ciò che li porterà "più vicini" all'osso. In uno spazio astratto opportunamente scelto, il muoversi verso il *cancello* è una traiettoria che porta il cane più vicino all'osso! In ogni istante, il cane si sta "avvicinando", nel nuovo senso, all'osso. Quindi l'utilità della riduzione a sottoproblemi dipende da come ci si rappresenta mentalmente il problema stesso. Ciò che in uno spazio sembra un indietreggiamento può in un altro spazio apparire un rivoluzionario passo in avanti.

Nella vita ordinaria noi incontriamo e risolviamo continuamente varianti del problema cane-osso. Per esempio, se un pomeriggio decido di andare in auto un centinaio di chilometri verso sud, ma mi trovo in ufficio dove mi sono recato in bicicletta, devo fare un grandissimo numero di movimenti in direzioni palesemente "sbagliate" prima di trovarmi realmente in macchina diretto a sud. Devo lasciare l'ufficio, che può voler dire, per esempio, andare verso est per qualche metro; quindi percorrere l'atrio dell'edificio che è orientato prima a nord e poi a ovest. Poi inforco la bicicletta in direzione di casa, il che comporta puntare ora qua e ora là, in tutte le direzioni della bussola; e così arrivo a casa. Una successione di brevi movimenti mi porterà alla fine alla macchina e sarò fuori. Naturalmente non guido subito nella direzione voluta, cioè a sud; scelgo una strada che può richiedere varie deviazioni a nord, ovest o est, con lo scopo di raggiungere l'autostrada il più presto possibile.

Tutto ciò non sembra in alcun modo paradossale; viene fatto senza neanche la minima sensazione di comportarsi in modo strano. Lo spazio nel quale il retrocedere fisico è percepito come moto diretto verso l'obiettivo è radicato così profondamente nella nostra mente che non si riesce neanche a percepire un po' d'ironia andando in direzione nord. Le strade, i corridoi, e così via, agiscono come canali che si accettano senza grande resistenza, così che parte dell'atto di scegliere in che modo percepire la situazione richiede semplicemente l'accettazione di ciò che è imposto. Ma in qualche caso un cane che si trova di fronte a una rete ha difficoltà a farlo, specialmente se quell'osso sta là davanti a lui, così vicino e così appetitoso. E quando lo spazio dei problemi è appena un po' più astratto dello spazio fisico, la gente spesso è tanto carente a livello intuitivo sul che cosa fare quanto i cani che abbaiano.

In un certo senso, tutti i problemi sono versioni astratte del problema cane-osso. Molti problemi si pongono non nello spazio fisico, ma in qualche tipo di spazio concettuale. Quando ci si accorge che il moto diretto verso l'obiettivo, in quel tipo di spazio, conduce verso qualche "rete" astratta, si può fare una delle due cose seguenti: (1) cercare di allontanarsi dall'obiettivo in modo casuale, sperando d'incontrare qualche "cancello" nascosto attraverso il quale passare e raggiungere quindi l'"osso"; oppure (2) cercare di trovare un nuovo "spazio" nel quale rappresentare il problema e nel quale non vi sia nessuna rete astratta che separa dall'obiettivo; in tal caso, nel nuovo spazio si può procedere direttamente verso l'obiettivo.

Il primo metodo può sembrare una strada da pigri, il secondo una strada difficile e complicata. Eppure, soluzioni che richiedono una ristrutturazione dello spazio del problema nella maggior parte dei casi si presentano alla mente come lampi improvvisi d'intuizione piuttosto che come il risultato di una serie di processi di pensiero lenti e controllati. Probabilmente questi lampi intuitivi provengono dal nucleo più profondo dell'intelligenza e, inutile dirlo, la loro origine è un segreto rigorosamene protetto del nostro geloso cervello.

In ogni caso, la difficoltà non sta nel fatto che la riduzione a sottoproblemi conduca di per sé a fallimenti: anzi, si tratta di una tecnica sicuramente valida. Il problema è più profondo: in che modo si sceglie una buona rappresentazione interna per un dato problema? Che tipo di "spazio" vi s'intravede? Quali tipi di azione riducono la "distanza" fra il soggetto e l'obiettivo nello spazio che si è scelto? Nel linguaggio matematico si indica questo problema come il problema della ricerca di una appropriata *metrica* (la funzione distanza) fra gli stati. Si vuole trovare una metrica nella quale la distanza tra il soggetto e il suo obiettivo sia molto piccola.

Ora, poiché il problema di scegliere la rappresentazione interna è esso stesso un problema, e oltretutto un problema molto complesso, si potrebbe pensare di applicare ad esso la tecnica di riduzione a sottoproblemi! Per farlo si dovrebbe avere un modo di rappresentare una grande varietà di spazi astratti, ma questo è un progetto terribilmente complesso. Non mi consta che qualcuno abbia tentato di muoversi in questa direzione. Potrebbe essere un suggerimento divertente e attraente dal punto di vista teorico, ma in pratica è del tutto irrealistico. In ogni caso, ciò che in IA è gravemente carente sono programmi in grado di "fare un passo indietro", guardare cosa sta succedendo e, alla luce di ciò che si è appreso, riorientarsi verso l'obiettivo. Una cosa è scrivere un programma capace di eseguire in modo eccellente un singolo compito che, quando è effettuato da un essere umano, sembra richiedere intelligenza, e una cosa completamente diversa è scrivere un programma intelligente! È la stessa differenza che c'è fra la vespa Sphex (si veda il Capitolo XI), il cui comportamento innato ha l'apparenza ingannevole di grande intelligenza, e l'essere umano che la osserva.

Ancora su modo I e modo M

Un programma intelligente sarebbe presumibilmente anche abbastanza versatile da risolvere problemi di molti tipi diversi. Imparerebbe a risolverne uno di ogni tipo e, nel farlo, accumulerebbe esperienza. Dovrebbe essere in grado di lavorare all'interno di un insieme di regole ma anche, al momento opportuno, di saper fare un passo indietro e valutare se lavorare con quell'insieme di regole abbia qualche probabilità di risultare vantaggioso in vista di un qualche insieme globale di obiettivi da perseguire.

Dovrebbe essere in grado di decidere, se necessario, di smettere di lavorare all'interno di un dato contesto, e di creare un nuovo contesto di regole all'interno del quale lavorare per un po'.

Gran parte di questa discussione può ricordare alcuni aspetti del gioco MU. Per esempio, allontanarsi dall'obiettivo del problema ricorda l'allontarsi da MU costruendo stringhe sempre più lunghe che si spera possano, in qualche modo indiretto, permettere di raggiungere MU. Se sei un "cane" novellino, avrai la sensazione di allontanarti dall'"osso-MU" ogni qual volta la stringa diventi più lunga di due caratteri; se sei un cane più esperto, allora capisci che l'uso delle regole che allungano ha una giustificazione indiretta, qualcosa come l'andare verso il cancello aperto per raggiungere l'osso-MU.

Un'altra connessione fra la discussione precedente e il gioco MU è data dai due modi di operare che ci hanno condotto a intuire la natura del gioco MU: il modo Meccanico e il modo Intelligente. Con il primo si è immersi in uno schema fisso; con il secondo si può sempre fare un passo indietro e avere una visione più generale delle cose. Avere una visione più generale equivale a scegliere una rappresentazione all'interno della quale lavorare. E lavorare all'interno delle regole del sistema equivale ad applicare la tecnica della riduzione a sottoproblemi all'interno di quella rappresentazione. L'osservazione di Hardy sullo stile di Ramanujan, e specialmente sulla sua disponibilità a modificare le proprie ipotesi, illustra l'intreccio fra il modo M e il modo I nel pensiero creativo.

La vespa Sphex opera in maniera eccellente nel modo M, ma non ha assolutamente la capacità di scegliere la propria rappresentazione né di alterare minimamente il suo modo M. Quando una stessa cosa si ripete più e più volte all'interno del suo sistema, essa non ha alcuna capacità di accorgersene, perché ravvisare una cosa del genere equivarrebbe a uscire dal sistema, sia pure di poco. Semplicemente essa non nota l'identità nelle ripetizioni. Quest'idea (di non accorgersi che eventi che si ripetono sono identici) è interessante quando l'applichiamo a noi stessi. Non vi sono forse situazioni che si ripetono più e più volte nella nostra vita e che ogni volta trattiamo nella stessa stupida maniera perché non abbiamo una visione delle cose sufficientemente generale da percepirle come identiche? Questo ci riporta alla domanda ricorrente: "Che cosa significa essere la stessa cosa, che cosa significa identità?". È una domanda che si ripresenterà ben presto come tema dell'IA, quando esamineremo il riconoscimento delle forme.

Punti di contatto fra IA e matematica

Sotto molti aspetti, la matematica è un campo di studio estremamente interessante dal punto di vista dell'IA. Ogni matematico ha la sensazione che vi sia un sorta di metrica tra le idee della matematica e che tutta la matematica sia una rete di risultati tra i quali sussistono un numero enorme di connessioni. In quella rete, alcune idee sono legate in modo molto stretto; altre richiedono percorsi più complicati per essere collegate. Qualche volta due teoremi sono vicini perché uno può essere facilmente dimostrato quando sia dato l'altro. Altre volte due idee sono vicine perché sono analoghe o addirittura isomorfe. Questi sono due sensi diversi della parola "vicino" nel dominio della matematica. E ve ne sono probabilmente molti altri. È difficile dire se il nostro senso di vicinanza matematica abbia una sua oggettività o universalità o se sia invece in larga misura un fatto accidentale dello sviluppo storico. Alcuni teoremi di settori diversi della matematica ci appaiono difficili da collegare, e potremmo dire che non c'è rapporto fra loro, ma in seguito si potrebbe scoprire qualcosa che ci costringerà a cambiare opinione. Se potessimo instillare in un programma il nostro senso altamente sviluppato di vicinanza matematica, "una metrica mentale del matematico", per così dire, potremmo forse produrre un "matematico artificiale" primitivo. Ma ciò dipende anche dalla capacità che avremmo di trasmettergli un senso di semplicità o di "naturalezza", e questo è un altro dei più grossi ostacoli.

Si sono incontrati problemi di questo tipo in vari progetti di IA. Vi è tutta una serie di programmi elaborati al MIT, che vanno collettivamente sotto il nome di "MACSYMA", il cui scopo è di aiutare i matematici nella manipolazione simbolica di espressioni matematiche complesse. Questo programma MACSYMA ha in sé una qualche idea sul "dove andare", una sorta di "gradiente di complessità" che lo guida da quelle che noi generalmente considereremmo espressioni complesse ad altre più semplici. Del repertorio di MACSYMA fa parte un programma chiamato "SIN" che effettua l'integrazione simbolica di funzioni. Generalmente si riconosce che, per certi aspetti, esso è superiore agli esseri umani; si basa su un certo numero di abilità diverse, come in generale deve fare l'intelligenza: un vasto corpo di conoscenze, la tecnica della riduzione a sottoproblemi, una grande quantità di euristica e anche alcuni accorgimenti particolari.

Un altro programma, scritto da Douglas Lenat a Stanford, ha come scopo d'inventare concetti e scoprire fatti della matematica molto elementare. Partendo dalla nozione di insieme e da un corpo di idee su che cosa sia "interessante" che gli sono state fornite, esso ha "inventato" l'idea di contare, quindi l'idea di somma, quindi la moltiplicazione, quindi, tra le altre cose, il concetto di numero primo, ed è andato così avanti da riscoprire la congettura di Goldbach! Naturalmente queste "scoperte" erano tutte vecchie di centinaia o anche di migliaia di anni. Forse questo successo può essere parzialmente spiegato dicendo che il senso di "interessante" fu esplicitato da Lenat in un gran numero di regole che possono essere state influenzate dalla sua cultura di uomo del XX secolo: ciononostante i risultati del programma sono impressionanti. Dopo questa esibizione molto notevole, il programma sembrò essersi esaurito. Una cosa interessante è che esso non riuscì a modificare o a migliorare il suo senso di ciò che è interessante. Questo senso sembra appartenere a un livello di difficoltà che sta un gradino più in alto, e forse addirittura molti gradini più in alto.

Il nodo dell'IA: la rappresentazione della conoscenza

Molti degli esempi precedenti sono stati citati allo scopo di mettere in evidenza il fatto che dal modo in cui un dominio è rappresentato dipende strettamente come quel dominio è "capito". Un programma che semplicemente stampasse teoremi dell'AT in un ordine prestabilito non avrebbe alcun intendimento dell'aritmetica; di un programma come quello di Lenat con i suoi strati extra di conoscenza si potrebbe dire che ha un'idea rudimentale dell'aritmetica; e un programma che immergesse la conoscenza matematica in un vasto contesto di esperienza del mondo reale sarebbe probabilmente il più capace di "capire", nel senso in cui noi riteniamo di farlo. È in questa *rappresentazione della conoscenza* che si trova il punto nodale dell'IA.

Inizialmente si pensava che la conoscenza potesse stare in "pacchetti" di enunciati e che il modo migliore di instillare la conoscenza in un programma fosse quello di trovare un modo semplice di tradurre i fatti in piccoli pacchetti di dati passivi. In tal modo ogni fatto sarebbe stato semplicemente un segmento di dati accessibile ai programmi che lo usano. Questo è esemplificato dai programmi per gli scacchi, nei quali le disposizioni dei pezzi sulla scacchiera sono codificate in matrici o liste di un qualche tipo e immagazzinate efficacemente nella memoria, da cui possono essere richiamate dalle subroutines per essere poi usate.

Il fatto che gli esseri umani immagazzinano i dati in un modo più complicato era noto agli psicologi solo da poco tempo, e solo di recente è stato riscoperto da coloro che lavorano in IA. Questi ultimi stanno attualmente affrontando i problemi della conoscenza "aggregata in blocchi" e quelli legati alla differenza tra conoscenza procedurale e conoscenza dichiarativa, che è connessa, come abbiamo visto nel Capitolo XI, con la differenza tra conoscenza accessibile all'introspezione e conoscenza inaccessibile all'introspezione.

La supposizione ingenua che tutta la conoscenza debba essere codificata in segmenti di dati passivi è in realtà contraddetta dal fatto più fondamentale che riguarda la progettazione dei calcolatori, e cioè: sommare, sottrarre, moltiplicare e così via non sono capacità codificate in segmenti di dati ed immagazzinate in memoria. In realtà, esse sono rappresentate non in qualche luogo della memoria, ma piuttosto nella trama dei collegamenti circuitali dello hardware. Un calcolatore tascabile non registra nella sua memoria la conoscenza su come sommare; questa conoscenza è codificata nelle sue "viscere". Non vi è alcun luogo della memoria da indicare a chi chiedesse: "Mostrami dove risiede in questa macchina la conoscenza di come si fa a sommare!".

Una grande quantità di lavoro in IA è stata tuttavia dedicata a sistemi nei quali la maggior parte della conoscenza è registrata in luoghi specifici, cioè in modo dichiarativo. Inutile dire, però, che una *parte* della conoscenza deve essere incorporata nel programma; altrimenti non avremmo affatto un programma, ma semplicemente un'enciclopedia. Il problema è in che modo suddividere la conoscenza tra programma e dati. Non che sia sempre facile distinguere tra programma e dati, tutt'altro. Ma spero che ciò sia stato sufficientemente chiarito nel Capitolo XVI. Tuttavia nell'elaborazione di un sistema, se il programmatore concepisce in modo intuitivo qualche particolare cosa come dato (o come programma), questo può avere ripercussioni significative sulla struttura del sistema, perché quando si programma si tende a distinguere tra oggetti di tipo dati ed oggetti di tipo programma.

È importante sottolineare che, in linea di principio, ogni modo di codificare l'informazione in strutture di dati o in procedure è buono quanto qualsiasi altro, nel senso che, se non ci si preoccupa troppo dell'efficienza, ciò che si può fare in un modo si può fare nell'altro. Tuttavia si possono addurre ragioni che sembrano indicare che uno dei due metodi è decisamente superiore all'altro. Consideriamo ad esempio l'argomento seguente a favore dell'uso esclusivo delle rappresentazioni procedurali: "Non appena si cercano di codificare elementi di complessità sufficientemente grande in dati, si è costretti ad elaborare qualcosa che somiglia a un nuovo linguaggio (un nuovo formalismo). Così, in realtà, le strutture di dati diventano strutture di tipo programma sulle quali alcuni pezzi del programma svolgono la funzione d'interprete. Si potrebbe allora rappresentare fin dall'inizio quella stessa informazione direttamente in forma procedurale ed eliminare il livello supplementare dell'interpretazione".

Il DNA e le proteine suggeriscono una certa prospettiva

Quest'argomento sembra molto convincente e tuttavia, se interpretato un po' liberamente, può essere letto come un argomento a favore dell'abolizione del DNA e dell'RNA. Perché codificare l'informazione genetica nel DNA quando, rappresentandola direttamente nelle proteine, si potrebbero eliminare non solo uno, ma ben *due* livelli d'interpretazione? La risposta è la seguente: in realtà è estremamente utile avere la medesima informazione in parecchie forme diverse per scopi diversi. Uno dei vantaggi ottenuti immagazzinando l'informazione genetica nella forma modulare e di tipo dati del DNA è che i geni di due individui possono facilmente ricombinarsi e formare un nuovo genotipo. Questo sarebbe molto difficile se l'informazione si trovasse solo nelle proteine. Una seconda ragione per immagazzinare l'informazione nel DNA è che è facile trascriverla e tradurla nelle proteine. Quando non serve, non occupa molto spazio; quando se ne ha bisogno, funziona da stampo. Non esiste un meccanismo per copiare una proteina da un'altra; la loro struttura terziaria ripiegata renderebbe la trascrizione estremamente poco pratica. D'altra parte, è quasi indispensabile poter disporre dell'informazione genetica sotto forma di strutture tridimensionali come gli enzimi, perché il riconoscimento e la manipolazione di molecole è per sua natura un'operazione tridimensionale. Perciò l'argomento a favore di rappresentazioni puramente procedurali è del tutto ingannevole nel contesto delle cellule. Questo esempio suggerisce che vi sono vantaggi nell'avere la possibilità di spostarsi dall'una all'altra tra rappresentazioni procedurali e dichiarative. Ciò è probabilmente vero anche in IA.

Questo problema fu posto da Francis Crick in un congresso sul problema della comunicazione con intelligenze extraterrestri:

> Noi vediamo, sulla Terra, che esistono due molecole una delle quali va bene per la replicazione [il DNA] e l'altra per l'azione [le proteine]. È possibile concepire un sistema nel quale una sola molecola fa entrambe le cose o vi sono forse solidi argomenti, suggeriti dall'analisi dei sistemi, che (se esistono) potrebbero indicare che dividere il lavoro in due produce un grande vantaggio? Questa è una domanda alla quale non so dare risposta.[14]

Modularità della conoscenza

Un altro problema che sorge a proposito della rappresentazione della conoscenza è la modularità. Quanto è facile inserire nuova conoscenza? Quanto è facile modificare la vecchia conoscenza? Quanto sono modulari i libri? Dipende. Se si abolisce un singolo capitolo da un libro strettamente strutturato con molti richiami incrociati, il resto del libro può divenire praticamente incomprensibile. È come cercare di tirar fuori un singolo filo da una ragnatela: facendolo si rovina tutto l'insieme. D'altro canto, alcuni libri sono totalmente modulari, cioè hanno capitoli indipendenti.

Si consideri un programma finalizzato alla generazione di teoremi che usi gli assiomi e le regole di inferenza dell'AT. La "conoscenza" di un tale programma si presenta sotto due aspetti. Essa risiede implicitamente negli assiomi e nelle regole ed esplicitamente nel corpo dei teoremi che sono stati prodotti fino a quel momento. A seconda del modo nel quale si guarda alla conoscenza, questa verrà vista o come modulare o come diffusa e completamente non modulare. Supponiamo ad esempio di avere scritto un programma del genere, ma di avere dimenticato di includere nella lista degli assiomi dell'AT l'Assioma 1. Dopo che il programma ha fatto molte migliaia di derivazioni, ci si accorge della svista e s'inserisce il nuovo assioma. La possibilità di farlo in un batter d'occhio mostra che la conoscenza implicita del sistema è modulare; ma il contributo del nuovo assioma alla conoscenza esplicita del sistema verrà riflesso solo dopo un lungo tempo, cioè dopo che i suoi effetti si saranno "diffusi" all'esterno, come l'odore di un profumo si diffonde lentamente nella stanza quando la bottiglia si rompe. In questo senso, la nuova conoscenza ha bisogno di una lunga latenza per venire incorporata. Inoltre, se si vuole tornare indietro e sostituire all'Assioma 1 la sua negazione, non si può fare esclusivamente questo: si devono anche sopprimere tutti i teoremi che hanno richiesto l'Assioma 1 per la loro derivazione. Chiaramente la conoscenza esplicita di questo sistema non è affatto così modulare come lo è la sua conoscenza implicita.

Sarebbe utile imparare a trapiantare la conoscenza in modo modulare. Allora, per insegnare a qualcuno il francese, dovremmo semplicemente aprirgli la testa ed operare in un modo fisso sulle sue strutture neurali; dopodiché egli saprebbe parlare francese. Naturalmente questa è soltanto una chimera.

Un altro aspetto della rappresentazione della conoscenza ha a che fare col modo in cui si vuole usare quest'ultima. Si pensa di dover compiere nuove inferenze a mano a mano che arrivano nuovi elementi d'informazione? O si devono fare continuamente analogie e confronti tra la nuova e la vecchia informazione? In un programma di scacchi, ad esempio, se si vuole generare l'albero delle mosse successive, allora sarà preferibile una rappresentazione che codifichi le posizioni sulla scacchiera con un minimo di ridondanza ad una che ripeta l'informazione in molti modi diversi. Ma se si vuole che il programma "capisca" una posizione sulla scacchiera cercando configurazioni significative dei pezzi e paragonandole a configurazioni note, allora sarà più utile rappresentare la stessa informazione parecchie volte, ognuna in forma diversa.

Rappresentazione della conoscenza con un formalismo logico

Su quale sia il modo migliore di rappresentare e manipolare la conoscenza vi sono varie scuole di pensiero. Una di esse, che ha avuto grande influenza, propone una rappresentazione che usa notazioni formali simili a quelle dell'AT, come connettivi proposizionali e quantificatori. Le operazioni di base in questo tipo di rappresentazione sono, come ci si poteva attendere, formalizzazioni del ragionamento deduttivo. Si possono compiere deduzioni logiche usando regole di inferenza analoghe ad alcune di quelle dell'AT. Per interrogare il sistema su qualche idea particolare, si stabilisce una meta, consistente in una stringa che deve essere derivata. Per esempio: "MUMON è un teorema?". Allora entrano in funzione i meccanismi di deduzione automatica che procedono in modo orientato alla meta, usando i vari metodi della riduzione a sottoproblemi.

Supponiamo ad esempio che sia nota la proposizione "Ogni aritmetica formale è incompleta" e che al programma si chieda "*Principia Mathematica* è incompleto?". Nel passare in rassegna la lista dei fatti noti, spesso chiamata *base di dati*, il sistema potrebbe notare che, *se* potesse stabilire che *Principia Mathematica* è un'aritmetica formale, allora potrebbe rispondere alla domanda. Quindi la proposizione "*Principia Mathematica* è un'aritmetica formale" sarebbe posta come sottobiettivo e quindi avrebbe luogo una riduzione a sottoproblemi. Se potesse trovare ulteriori punti che aiutassero a confermare (o a confutare) l'obiettivo o il sottobiettivo, il sistema lavorerebbe su questi, e così via, in modo ricorsivo. A questo processo si dà il nome di *concatenazione all'indietro*, poiché parte dall'obiettivo e percorre la strada a ritroso, presumibilmente verso punti che possono essere già noti. Se si facesse una rappresentazione grafica dell'obiettivo principale, degli obiettivi secondari, dei sotto-sottobiettivi, ecc., ne verrebbe fuori una struttura ad albero, poiché l'obiettivo principale può richiedere svariati sottobiettivi, ciascuno dei quali a sua volta richiede parecchi sotto-sottobiettivi, ecc.

Si noti che non c'è nessuna garanzia che questo metodo risolva la questione, perché potrebbe non essere possibile stabilire all'interno del sistema che i *Principia Mathematica* sono un'aritmetica formale. Questo non significa, tuttavia, che l'obiettivo o il sottobiettivo siano enunciati falsi; significa semplicemente che essi non possono essere derivati mediante la conoscenza di cui dispone il sistema in quel momento. In tali circostanze il sistema può stampare: "Non lo so", o cose del genere. L'impossibilità a rispondere ad alcune domande è analoga, naturalmente, all'incompletezza di cui soffrono ben noti sistemi formali.

Consapevolezza deduttiva e consapevolezza analogica

Questo metodo fornisce una *consapevolezza deduttiva* del dominio che è rappresentato, nel senso che possono essere tratte conclusioni logiche giuste a partire da fatti conosciuti. Tuttavia manca quella particolare capacità umana di riconoscere somiglianze e di confrontare situazioni, manca ciò che si potrebbe chiamare *consapevolezza analogica*, un aspetto cruciale dell'intelligenza umana. Con ciò non si vuol dire che i processi di pensiero analogici non possano essere inseriti a forza in una tale struttura, ma che essi non si prestano spontaneamente ad essere catturati in questo tipo di formalismo. Attualmente i sistemi orientati verso la logica non incontrano tanto favore quanto altri tipi che permettono di effettuare in modo abbastanza naturale forme complesse di comparazione.

Quando ci si rende conto che la rappresentazione della conoscenza è tutt'altra cosa che un semplice immagazzinamento di numeri, allora l'idea che "un calcolatore ha la memoria di un elefante" diventa un mito facile da demolire. Ciò che è *immagazzinato in memoria* non è necessariamente sinonimo di ciò che un programma *conosce* poiché, anche se un dato elemento di conoscenza è codificato da qualche parte dentro un sistema complesso, può non esservi alcuna procedura, o regola, o altro tipo di elaborazione dei dati che possa condurre ad esso: può essere inaccessibile. In un caso del genere si può dire che quell'elemento di conoscenza è stato "dimenticato", perché l'accesso ad esso è stato temporaneamente o definitivamente perduto. Quindi un programma di calcolatore può "dimenticare" ad alto livello qualcosa che "ricorda" a basso livello. Questa è un'altra di quelle distinzioni di livello che si verificano continuamente e dalle quali probabilmente potremmo imparare molto su noi stessi. Quando un essere umano dimentica, ciò molto probabilmente vuol dire che è stato perduto un puntatore ad alto livello, non che è stata cancellata o perduta una certa quantità d'informazione. Questo illumina l'estrema importanza che ha il conservare traccia dei modi nei quali si immagazzinano le esperienze, perché non si sa mai in anticipo in quali circostanze o da quale punto di vista si vorrà estrarre qualcosa dalla memoria.

Dagli haiku a calcolatore a una grammatica RTN

La complessità della rappresentazione della conoscenza nella mente umana mi colpì per la prima volta quando stavo lavorando a un programma per generare enunciati inglesi *ex nihilo*. Ero giunto a questo progetto in un modo abbastanza interessante. Avevo sentito alla radio alcuni esempi dei cosiddetti "Haiku a Calcolatore". Qualcosa in essi mi aveva colpito profondamente. Si percepiva un senso di umorismo e allo stesso tempo di mistero nel vedere un calcolatore generare qualcosa che normalmente sarebbe stato considerato una creazione artistica. Ero molto divertito dall'aspetto umoristico ed ero molto stimolato dal mistero, addirittura una contraddizione in termini, del programmare atti creativi. Così mi misi a scrivere un programma anche più misteriosamente contraddittorio e umoristico del programma per gli haiku.

In primo luogo mi preoccupai di rendere flessibile e ricorsiva la grammatica, in modo che non si potesse avere la sensazione che il programma stesse semplicemente riempiendo spazi vuoti di una dima precostituita. Più o meno in quel periodo mi capitò di leggere sul "Scientific American" un articolo di Victor Yngve nel quale si descriveva una grammatica semplice ma flessibile in grado di produrre una grande varietà di frasi del genere di quelle che si trovano in certi libri per bambini. Modificai alcune delle idee che avevo raccolto da quell'articolo e mi ritrovai con un insieme di procedure che formavano una grammatica RTN del tipo descritto nel Capitolo V. In questa grammatica la scelta delle parole da inserire in una frase era determinata da un processo che iniziava scegliendo a caso la struttura generale della frase; gradualmente il processo decisionale penetrava a livelli strutturali inferiori fino a raggiungere i livelli delle parole e delle lettere. Al di sotto del livello della parola si dovevano fare molte cose, per esempio coniugare i verbi o fare il plurale dei sostantivi. Anche le forme sostantivali e verbali irregolari in un primo tempo venivano formate in modo regolare e quindi, se corrispondevano a elementi presenti in un certo elenco, venivano sostituite con le forme corrette (irregolari). A mano a mano che una parola raggiungeva la sua forma definitiva, veniva stampata. Il programma era simile alla proverbiale scimmia alla macchina da scrivere, che però operasse simultaneamente a vari livelli della struttura linguistica e non solo al livello delle lettere.

Nei primi stadi di elaborazione del programma usai deliberatamente un lessico assolutamente sciocco, perché miravo al comico. Emersero una quantità di enunciati privi di senso, alcuni dei quali avevano una struttura molto complicata, mentre altri erano abbastanza brevi. L'effetto era decisamente surreale e a tratti ricordava la poesia haiku. Introdussi poi alcune parole italiane insieme con alcune forme elementari di grammatica italiana. Ecco alcune delle frasi che ne risultarono:

> Vogliamo suonare un pranzo così male. Noi non possiamo toccare il silenzio. Non possiamo camminare dolcemente, ma possiamo ridere e poi dobbiamo starnutire.
>
> Una grande fanciulla maschile mangia il brutto brufolo peloso. Molti battono i pianoforti quando le voci sorridono, ma loro mentiscono male.
>
> Io posso amare una ragazza schifosa. Io mentisco.
>
> Le altre fanciulle maschili possono vender-si bene.

Le altre sabbie sbadate possono cercar-si fantasticamente.

Tu dici che puoi dormire meglio senza te. Tu soffri facilmente con te e adesso cantiamo bene su noi. Dobbiamo gridare.

Ridete. Voi dite che non pensate che voi potete lasciare un uccello moltissimo a voi. Voi vendete il nostro topo. Volete amarvi più tardi. Voi rompete una luna.

La cosa morta non deve sorridere bene.

All'inizio il gioco sembrò molto divertente e presentò un certo fascino, ma presto perse ogni interesse. Dopo aver letto poche pagine del prodotto, si potevano individuare i limiti dello spazio nel quale il programma operava, e a questo punto non si aveva più alcuna sensazione di novità nel vedere comparire in quello spazio elementi a caso, anche se ciascuno era "nuovo". Mi sembra che questo sia un principio generale: ci si annoia di qualcosa non quando abbiamo esaurito il suo repertorio di comportamento, ma quando abbiamo tracciato i confini dello spazio che contiene il suo comportamento. Lo spazio del comportamento di una persona è complesso proprio quanto basta a poter continuare sempre a sorprendere gli altri; ma non potevo dire altrettanto del mio programma. Mi accorsi che il mio obiettivo di produrre un risultato veramente divertente avrebbe richiesto l'iniezione nel programma di molta più sottigliezza. Ma nel mio caso, che cosa poteva essere questa "sottigliezza"? Era chiaro che una concatenazione assurda di parole era davvero troppo poco sottile; avevo bisogno di trovare il modo di garantire che le parole fossero usate in sintonia con il mondo reale. Questo è il punto nel quale cominciarono ad acquistare importanza le considerazioni sulla rappresentazione della conoscenza.

Dalle RTN alle ATN

L'idea che seguii fu di classificare ciascuna parola, sostantivo, verbo, preposizione, ecc., in parecchie "dimensioni semantiche" diverse. Ogni parola era dunque un elemento di diversi tipi di classi. Inoltre vi erano due superclassi, cioè classi di classi (che ricordano l'osservazione di Ulam). In linea di principio, una tale aggregazione avrebbe potuto continuare per un qualsiasi numero di livelli, ma mi fermai a due. Ad ogni dato istante, la scelta delle parole veniva ora ad essere semanticamente ristretta, perché si richiedeva che vi fosse *accordo* tra i vari elementi della frase che veniva costruita. L'idea era, ad esempio, che certi tipi di atti potessero essere effettuati solo da oggetti animati; che solo certi tipi di astrazione potessero influenzare gli eventi e così via. Fu abbastanza complicato decidere quali categorie fossero ragionevoli e se fosse meglio pensare ciascuna categoria come una classe o una superclasse. Tutte le parole furono etichettate secondo parecchie dimensioni diverse. Preposizioni comuni come "di", "in", ecc., comparvero in varie liste diverse, in corrispondenza con i loro diversi usi. In tal modo le frasi prodotte cominciarono ad esser molto più comprensibili, e per questa ragione si ebbe un nuovo tipo di divertimento.

Un piccolo test di Turing

Qui sotto ho riportato nove brani scelti con cura da molte pagine prodotte da versioni successive del mio programma in inglese. Inframmezzati ad essi ho messo tre frammenti di testi scritti (sul serio) da esseri umani. Quali?

(1) L'espressione esplosiva può esser considerata la sostituzione inversa di materiale semiotico (doppiaggio) con un prodotto semiotico dialogico in una riflessione dinamica.

(2) Si pensi piuttosto a un procedere di una 'successione' di idioti da Gedankenexperiment nei quali le linee ereditarie sono un esempio *prima facie* di una transitività paradiacronica.

(3) Si pensi a ciò come a una possibilità incatenante di quello che finalmente emergerà come prodotto (condizioni epistemiche?) e dove il prodotto non è un prêt-à-porter francofortese.

(4) Nonostante gli sforzi, la replica, se si vuole, è stata appoggiata dall'Oriente; quindi un errore sarà d'ora in poi superato dall'atteggiamento che sarà tenuto dall'ambasciatore.

(5) Naturalmente, fino alle sommosse, l'ambasciatore stava leggermente e gradualmente viziando la plebaglia.

(6) Presumibilmente, una libertà perfezionata è stata la causa degli atteggiamenti tenuti fino ad ora, poiché la pace è distillata dalle conseguenze che alla fine non saranno causate irrevocabilmente dal comando almeno finché la pace di ciò causa talvolta l'intransigenza infinitesimalmente sorprendente.

(7) Secondo i sofisti, le campagne militari nelle città-stato, in altre parole, sono state astutamente accettate dall'Oriente. Naturalmente l'Oriente è stato separato dagli stati in modo particolarmente violento.
L'Oriente sostiene gli sforzi che sono stati sostenuti dall'umanità.

(8) Comunque l'origine gerarchica dell'errore sarà ciononostante profetizzata dai suoi nemici. Analogamente gli individualisti avranno testimoniato che l'intransigenza non avrebbe sospeso le campagne.

(9) Inutile a dirsi, durante la sommossa che avrebbe meritato la segretezza, le repliche non separano l'Oriente. Naturalmente, i paesi, *ipso facto*, stanno sempre esplorando la libertà.

(10) Sebbene gli umanisti stessero per ottenere un premio Nobel, tuttavia in più stava per ottenerlo il servo.

(11) I servi di una nazione dilaniata dalle lotte terranno spesso un atteggiamento.

(12) Inoltre si otterranno i premi Nobel. Analogamente, nonostante la conseguenza, i premi Nobel che si otterranno saranno talvolta ottenuti da una donna.

I prodotti umani sono quelli da 1 a 3: provengono dalla rivista contemporanea "Art-Language"[15] e sono, per quanto mi consta, sforzi del tutto seri di persone colte e sane di mente per comunicare qualcosa tra loro. Che essi appaiano qui fuori contesto non è troppo sviante, dal momento che il loro contesto suona esattamente allo stesso modo.

Il resto è stato prodotto dal mio programma. Le frasi da 10 a 12 sono state scelte per mostrare che si producevano scintille occasionali di completa lucidità; quelle da 7 a 9, che sono più tipiche del prodotto, ondeggiano in quella curiosa e provocatoria terra di nessuno tra significato e non significato; e infine quelle da 4 a 6 sembrano al di là di ogni significato. Volendo essere generosi, si potrebbe dire che esse si sostengono da sole come puri "oggetti linguistici", come esemplari di scultura astratta scolpiti nelle parole invece che nella pietra; oppure si potrebbe dire che sono pure ciance pseudo-intellettuali.

La mia scelta del lessico tendeva inoltre a produrre effetti comici. Il risultato ottenuto con queste frasi è difficile da valutare. Sebbene la maggior parte di esse "abbia senso" almeno a livello della frase singola, si ha la precisa sensazione che il discorso provenga da una fonte che non capisce ciò che sta dicendo né ha alcuna motivazione per dirlo. In particolare si sente un'assoluta mancanza d'immaginazione visiva dietro le parole. Quando vedevo queste frasi fluire dalla stampante, vivevo emozioni complesse. Ero molto divertito dalla loro stupidità. Contemporaneamente ero molto fiero di ciò che avevo ottenuto e cercavo di descriverlo agli amici come qualcosa di simile al dare regole per costruire storie che avessero senso in arabo a partire da singoli tratti di penna: un'esagerazione, ma mi piaceva vederlo in questo modo. E infine ero fortemente eccitato dal sapere che questa macchina enormemente complicata stava spostando avanti e indietro al suo interno lunghe successioni di simboli secondo certe regole, e che queste lunghe successioni di simboli erano per qualche verso simili ai pensieri che nascono nella mia testa... insomma, qualcosa di simile.

Immagini di ciò che è il pensiero

Ovviamente non ero così sciocco da essermi convinto che vi fosse un pensiero cosciente dietro quelle frasi. Essendone l'autore, ero più consapevole di chiunque altro delle ragioni per cui questo programma era immensamente lontano dal pensiero reale. Il Teorema di Tesler si applica bene a questo caso: non appena quel livello di capacità linguistica era stato meccanizzato, diveniva chiaro come esso non costituisse l'intelligenza. Ma questa forte esperienza mi lasciò con un'immagine: una vaga sensazione che

يسم الحباب ولاح في أعكاره مشي العقرب ويدله المملول
مثل السلبة بن حيث تحيا به حوت السقوط قبلة التبريد
فيقول إذا رأى ضأن والضأن امه اكل الحشيش وأدومه رغبة واكلا
من الاشياء كثيرا لا من ميشرع الرأي ولعلك ميوتشا
من الرأي قالوا أحمق من راعي ضأن ثمانين لأنه يتعب بها وتغلبه
بعض عنها والنعجة موصوفة بشرة الاكل ودوامه ومن اكل
من الكمش والرمكة اكل من البرذون وقيل لاعرابية اي الدواب
اكل فقالت برذونة رغوث فإذا كانت البرذونة اكمل الدواب فعلى
حساب ذلك يزيد اكلها إذا أرضعت ويقال انه لو جمع اكل المراه
من غدوة إلى الليل لكان أكثر من غداء الرجل وعشائه هكذا
يقولون في أكثر النساء ومن يرضع من غدوة إلى الليل وكذلك
الحجر والفرس ٥
ومن العرجان معاذ بن جبل قالوا وكان معاذ امة وكان يشبه
بابرهيم خليل الرحمن ولم يكن في السلف أحسن جردة ولا انعم بدنا
من معاذ وسهل بن حنيف وقال النبي صلى الله عليه وسلم أمتي كل
شيء من معاذ حتى خاتمه وكان يعد من الزهاد السبعة وقد شهد
المشاهد وولي لعمر الولايات وجمع القرآن وتعليم الناس الاحكام
وتربية القرآن وهو ابن اقل من عشرين سنة وكان عند
رسول الله وجمعه ٥ وفي عيون المسلمين عظيما وقال الهيثم
انشدنا ابو الهذيل بن مبشر الطائي في اشعار له قال يعني

il pensiero *reale* fosse composto di successioni di simboli, molto più lunghe, molto più complicate, brulicanti nel cervello: come molti treni che si muovessero simultaneamente lungo molti binari paralleli e incrociantisi, mentre i vagoni vengono spinti e tirati, attaccati e staccati, spostati da un binario all'altro da una miriade di locomotive neuroniche...

Era un'immagine inafferrabile, che non potevo tradurre in parole, ed era solo un'immagine. Ma immagini, intuizioni, motivazioni stanno tutte mescolate insieme nella mente, e il fascino estremo di quest'immagine era lo stimolo costante che ne proveniva a riflettere più profondamente su che cosa potesse essere realmente il pensiero. Ho cercato di comunicare alcune delle immagini derivate da quest'immagine originale in altre parti del libro, in particolare nel *Preludio e... mirmecofuga*.

Ciò che adesso mi colpisce ancora, se considero questo programma con la prospettiva della dozzina di anni intercorsi, è come non vi fosse alcuna immagine dietro a ciò che veniva detto. Il programma *non* aveva *idea* di che cosa fosse un servo, una persona o qualsiasi altra cosa. Le parole erano vuoti simboli formali, tanto vuoti quanto le p e le g del sistema pg, o forse anche di più. Il mio programma traeva vantaggio dal fatto che, quando la gente legge un testo, tende naturalmente a caricare ogni parola del suo pieno significato, come se questo fosse necessariamente attaccato al gruppo di lettere che formano la parola. Il mio programma poteva essere considerato un sistema formale i cui "teoremi", gli enunciati ottenuti, disponevano di interpretazioni pronte per l'uso. Ma, a differenza del sistema pg, questi "teoremi", una volta interpretati, non erano tutti enunciati veri. Molti erano falsi, molti erano privi di senso.

Con tutti i suoi limiti, il sistema pg rispecchiava un piccolo angolo di mondo. Ma quando il mio programma girava, non c'era dentro di esso nessun rispecchiamento di come funziona il mondo, tranne che per le modeste condizioni semantiche a cui doveva attenersi. Per creare un reale rispecchiamento della comprensione, avrei dovuto rivestire ciascun concetto di innumerevoli strati di conoscenza sul mondo. Per farlo mi sarei dovuto impegnare in un tipo di sforzo diverso da quello che mi ero proposto. Devo dire che spesso ho pensato che potevo cercare di farlo, ma non sono mai arrivato a provarci veramente.

Grammatiche di livello superiore...

In realtà mi sono spesso chiesto se fossi in grado di scrivere una grammatica ATN (o qualche altro tipo di programma che produce enunciati) che producesse soltanto enunciati *veri* sul mondo. Una grammatica siffatta impregnerebbe le parole di significati genuini, allo stesso modo in cui ciò si verifica nel sistema pg e nell'AT. Quest'idea di un linguaggio nel quale gli enunciati falsi sono sgrammaticati è una vecchia idea che risale al 1633,

FIGURA 118. Un racconto che ha significato scritto in arabo. [Da A. Khatibi e M. Sijelmassi, The Splendour of Islamic Calligraphy *(New York: Rizzoli, 1976)].*

al pedagogista Johann Amos Comenio. È molto attraente, perché, se fosse realizzata, si disporrebbe di una sfera di cristallo incorporata nella grammatica: basterebbe scrivere l'enunciato di cui si vuole conoscere la verità e controllare se è grammaticalmente corretto... In realtà Comenio andò ancora più avanti, perché nel suo linguaggio gli enunciati falsi non solo erano grammaticalmente scorretti, ma erano inesprimibili!

Sviluppando quest'idea in un'altra direzione, si potrebbe immaginare una grammatica di livello superiore che producesse kōan casuali. Perché no? Una grammatica di questo genere sarebbe equivalente a un sistema formale i cui teoremi fossero kōan. E se fosse disponibile un simile programma, non si potrebbe modificarlo in modo da produrre solo kōan *autentici*? La mia amica Marsha Meredith era entusiasta di quest'idea di creare strumenti per una "Illuminazione Artificiale", e così affrontò il progetto di scrivere un programma che produce kōan. Uno dei sui primi tentativi produsse questo quasi-kōan:

UN PICCOLO GIOVANE MAESTRO VOLEVA UNA PICCOLA CIOTOLA BIANCA RUGOSA. "COME SI PUÒ IMPARARE E CAPIRE SENZA STUDIARE?" CHIESE IL GIOVANE MAESTRO A UN VASTO MAESTRO CONFUSO. IL MAESTRO CONFUSO CAMMINÒ DA UNA BRUNA DURA MONTAGNA AD UNA COLLINA BIANCA E SOFFICE CON UNA PICCOLA CIOTOLA ROSSA DI PIETRA. IL MAESTRO CONFUSO VIDE UNA SOFFICE CAPANNA ROSSA. IL MAESTRO CONFUSO DESIDERÒ LA CAPANNA. "PERCHÉ BODHIDHARMA VENNE IN CINA?" CHIESE IL MAESTRO CONFUSO A UN VASTO STUDENTE ILLUMINATO. "LE PESCHE SONO GRANDI" RISPOSE LO STUDENTE AL MAESTRO CONFUSO. "COME SI PUÒ IMPARARE E CAPIRE SENZA STUDIARE?" CHIESE IL MAESTRO CONFUSO AD UN VASTO VECCHIO MAESTRO. IL VECCHIO MAESTRO CAMMINÒ DA UN BIANCO ROCCIOSO G0025. IL VECCHIO MAESTRO SI SMARRÌ.

La procedura di decisione del lettore per stabilire l'autenticità dei kōan è probabilmente giunta a una conclusione anche senza bisogno del Codice Geometrico o dell'Arte delle Stringhe Zen. Se la mancanza di pronomi o la sintassi rudimentale non fossero già eventi sospetti, quello strano "G0025" verso la fine certamente lo è. Che cos'è? È un caso fortuito: la manifestazione di un baco (errore nel software) che ha fatto stampare al programma, invece di una parola (nome di un oggetto) il nome *interno* del "nodo" (di fatto, un atomo del Lisp) dove era immagazzinata tutta l'informazione riguardante quel particolare oggetto. Così qui abbiamo una "finestra" su un livello profondo della mente Zen soggiacente, un livello che avrebbe dovuto rimanere invisibile. Sfortunatamente non possediamo finestre così chiare sui livelli profondi delle menti Zen umane.

La successione delle azioni, sebbene un po' arbitraria, proviene da una procedura Lisp ricorsiva chiamata "CASCADE", che crea catene di azioni legate l'una all'altra da rapporti vagamente causali. Sebbene il grado di comprensione del mondo posseduto da questo generatore di kōan non sia certo dei più alti, tuttavia si sta lavorando per dare ai suoi prodotti un'apparenza di maggiore autenticità.

Grammatiche per la musica?

Poi c'è la musica. Si potrebbe supporre di primo acchito che questo sia un campo che si presta benissimo a essere codificato da una grammatica ATN o da qualche programma del genere. Mentre il linguaggio (per proseguire su questa linea di pensiero elementare) si basa su connessioni con il mondo esterno per quanto riguarda il significato, la musica è puramente formale. Non vi è alcun riferimento a cose "esterne" nei suoni della musica; vi è pura sintassi: nota dopo nota, accordo dopo accordo, battuta dopo battuta, frase dopo frase...

Ma un momento. Qualcosa non va in quest'ultima analisi. Perché certa musica è tanto più profonda e più bella di un'altra? Lo è perché in musica la forma è espressiva, cioè comunica con certe strane regioni subconsce della mente. I suoni della musica non si riferiscono a servi o a città-stato, ma innescano nubi di emozione nel nostro io più profondo; in questo senso il significato musicale *dipende* dai legami inafferrabili che mettono in rapporto i simboli con le cose del mondo; e le "cose", in questo caso, sono strutture segrete di software della nostra mente. No, una grande musica non scaturirà da un formalismo così facile come una grammatica ATN. Ne potrà certo scaturire una pseudo-musica, così come possono essere prodotte pseudo-fiabe, e sarà certamente utile fare questa esplorazione; ma i segreti del significato in musica sono molto più profondi della pura sintassi.

Devo ora chiarire un punto. In linea di principio, le grammatiche ATN hanno la stessa potenza di qualsiasi formalismo universale di programmazione; così, se in qualche modo è possibile (e credo che lo sia) catturare il significato musicale, allora lo potrà catturare anche una grammatica ATN. Vero. Ma in tal caso, secondo me, la grammatica definirà non solo le strutture musicali, ma l'intera struttura della mente dell'ascoltatore. La "grammatica" sarà una grammatica totale del pensiero, non soltanto una grammatica della musica.

Il Programma SHRDLU di Winograd

Quale tipo di programma costringerebbe gli esseri umani ad ammettere, sia pure a denti stretti, che esso possiede una qualche capacità di "comprensione"? Che cosa gli occorrerebbe per non dare la sensazione intuitiva che "non c'è niente là dentro"?

Negli anni 1968-70 Terry Winograd (alias Dora Wengtirry) era al MIT per conseguire il dottorato e lavorava sui problemi collegati del linguaggio e della comprensione. In quello stesso periodo al MIT gran parte della ricerca in IA verteva sul cosiddetto *mondo dei blocchi*, un dominio relativamente semplice nel quale potevano rientrare con facilità problemi riguardanti il trattamento mediante calcolatore sia della visione sia del linguaggio. Il mondo dei blocchi consiste di un tavolo con sopra varie specie di blocchi tipo giocattolo, quadrati, oblunghi, triangolari, ecc., di vari colori (per un "mondo di blocchi" di un altro tipo, si veda la Figura 119:

FIGURA 119. Aritmetica mentale, *di René Magritte (1931).*

il quadro *Aritmetica mentale* di Magritte. Trovo il suo titolo particolarmente appropriato in questo contesto). I problemi della visione nel mondo dei blocchi del MIT sono molto complicati: in che modo un calcolatore, da una panoramica televisiva di una scena nella quale compaiono molti blocchi, può farsi un'idea di quali tipi di blocchi sono presenti e di quali sono le loro relazioni? Alcuni blocchi possono essere poggiati sopra altri, alcuni possono essere di fronte ad altri, possono esservi ombre, e così via.

Il lavoro di Winograd aveva tuttavia come oggetto problemi diversi da quelli della visione. Dando per scontato che il mondo dei blocchi fosse ben rappresentato nella memoria del calcolatore, egli affrontò il problema a molte facce di come ottenere che il calcolatore:

(1) capisse domande in inglese sulla situazione;
(2) desse risposte in inglese a domande sulla situazione;
(3) capisse richieste di manipolare i blocchi formulate in inglese;
(4) spezzasse ciascuna richiesta in una sequenza di operazioni che fosse poi in grado di effettuare;
(5) capisse che cosa aveva fatto e per quali motivi;
(6) descrivesse in inglese le proprie azioni e le loro motivazioni.

Potrebbe sembrare ragionevole spezzare il programma generale in sottoprogrammi modulari con un modulo per ciascuna parte diversa del problema e poi, una volta elaborati i singoli moduli, semplicemente integrarli insieme. Winograd trovò che questa strategia basata sull'elaborazione di moduli indipendenti presentava difficoltà fondamentali. Egli seguì invece una impostazione rivoluzionaria, che sfidava la teoria secondo la quale l'intelligenza può essere suddivisa in compartimenti indipendenti o quasi-indipendenti. Il suo programma SHRDLU, chiamato così dal vecchio codice "ETAOIN SHRDLU" usato dai linotipisti per segnare gli errori tipografici nelle colonne dei giornali, non divideva il problema in sezioni concettuali nettamente separate. Le operazioni di analisi degli enunciati di ingresso, di produzione delle rappresentazioni interne, di ragionamento sul mondo rappresentato al suo interno, di risposta alle domande e così via erano tutte profondamente mescolate e intrecciate insieme in una rappresentazione della conoscenza di tipo procedurale. Alcuni critici hanno mosso l'accusa che il suo programma è talmente aggrovigliato da non costituire affatto una "teoria" del linguaggio né da dare in alcun modo un contributo alle nostre intuizioni sui processi di pensiero. A mio avviso, non potrebbe esserci niente di più sbagliato di queste affermazioni. Un *tour de force* come SHRDLU può non essere isomorfo a ciò che noi facciamo: in effetti, non si deve pensare che in SHRDLU sia stato raggiunto il "livello dei simboli"; ma nell'atto di crearlo e nel riflettere su di esso possiamo raccogliere molte preziose indicazioni e utili suggerimenti sul modo in cui funziona l'intelligenza.

La struttura di SHRDLU

In realtà SHRDLU consiste di un certo numero di procedure distinte, ciascuna delle quali contiene una parte della conoscenza sul mondo; ma le procedure sono talmente interdipendenti che non possono considerarsi nettamente separate. Il programma è come un groviglio molto intricato che non si riesce a districare; ma il fatto che non sia districabile non vuol dire che non possa essere capito. Si può fare un'elegante descrizione geometrica dell'intero groviglio, anche se questo, fisicamente, non presenta alcun ordine. Possiamo riprendere una metafora dell'*Offerta MU* e paragonare questo fatto al guardare un frutteto da un'angolazione "naturale".

Winograd ha scritto lucidamente su SHRDLU. Questa citazione è presa da un suo articolo pubblicato nel libro di Schank e Colby:

> Una delle ipotesi fondamentali che sono alla base del modello è che ogni uso del linguaggio può essere pensato come un modo per attivare certe procedure all'interno dell'ascoltatore. Possiamo vedere ogni espressione come un programma che indirettamente fa compiere una serie di operazioni all'interno del sistema cognitivo dell'ascoltatore. Questa "scrittura di programmi" è indiretta, nel senso che abbiamo a che fare con un interprete intelligente, il quale può effettuare un insieme di azioni che sono del tutto diverse da quelle che intendeva il parlante. Il modo esatto in cui lo fa è determinato dalla sua conoscenza del mondo, da ciò che si aspetta dall'interlocutore, ecc. Nel programma in questione abbiamo una semplice versione di questo processo d'interpretazione così come si verifica nel robot. Ciascun enunciato interpretato dal robot è convertito in un insieme di istruzioni in PLANNER. Il programma così prodotto è quindi eseguito per ottenere l'effetto desiderato.[16]

Il PLANNER facilita la riduzione a sottoproblemi

Il linguaggio PLANNER a cui qui ci si riferisce è un linguaggio per l'IA la cui caratteristica principale consiste nel fatto che vi sono incorporate alcune delle operazioni necessarie per la riduzione a sottoproblemi, e in particolare il processo ricorsivo mediante il quale si costruisce un albero di sottobiettivi, sotto-sottobiettivi, ecc. Ciò significa che tali processi, anziché richiedere di essere scritti punto per punto dal programmatore ogni volta di nuovo si compiono automaticamente, essendo impliciti nei cosiddetti *enunciati a OBIETTIVO*. Chi legge un programma in PLANNER non vi trova alcun riferimento esplicito a tali operazioni; in gergo si dice che esse sono *trasparenti all'utente*. Se un percorso dell'albero non conduce all'obiettivo desiderato, allora il programma PLANNER tornerà da capo "indietreggiando" (backtracking) e cercherà un'altra strada. "Backtracking" è la parola magica del PLANNER.

Il programma di Winograd faceva un uso eccellente di queste caratteristiche del PLANNER, o più esattamente del MICROPLANNER, che è un perfezionamento parziale dei progetti per il PLANNER. Negli ultimi anni, tuttavia, nella comunità dell'IA si è affermata la convinzione che un backtracking automatico come quello che si verifica nel PLANNER ha precisi svantaggi e probabilmente non condurrà a sviluppi ulteriori; di conseguenza si è fatto un passo indietro e lo si è abbandonato, preferendo cercare altre strade per avvicinarsi all'IA.

Ascoltiamo altri commenti di Winograd su SHRDLU:

> La definizione di ogni parola è un programma che viene chiamato al momento opportuno durante l'analisi e che può fare calcoli arbitrari che utilizzano l'enunciato e la situazione fisica presente.[17]

Tra gli esempi che Winograd cita vi è il seguente:

> I diversi significati possibili della parola "the" ["il", "lo", "la", "i", ecc.] sono procedure che controllano vari fatti riguardanti il contesto, quindi prescrivono azioni come: "cerca un unico oggetto nella base di dati che collimi con questa descrizione", oppure: "asserisci che l'oggetto che viene descritto è unico in rapporto al parlante". Il programma incorpora svariate regole euristiche per decidere quale parte del contesto sia pertinente.[18]

È impressionante la profondità del problema che sta dietro alla parola "the". Forse si può tranquillamente asserire che scrivere un programma in grado di padroneggiare le cinque parole principali dell'inglese, "the", "of", "and", "a" e "to", (il , di, e, un, a), equivarrebbe a risolvere l'intero problema dell'IA e quindi a sapere che cosa sono l'intelligenza e la coscienza. Una piccola digressione: i cinque *sostantivi* più comuni dell'inglese, secondo il *Word Frequency Book* compilato da John B. Carroll e altri, sono : "time" (tempo), "people" (gente, persone), "way" (via, modo, ecc.), "water" (acqua), "words" (parole), in questo ordine. Per quanto riguarda l'italiano, il *Frequency Dictionary of Italian Words* di Juillard e Traverso (Mouton, Paris, 1973) riporta fra le prime parole in ordine di frequenza: "sud", "cosa", "uomo", "anno", "giorno". La cosa curiosa a questo proposito, oltre quell'incredibile "sud" in prima posizione, è che la maggior parte delle persone non immagina che noi pensiamo in termini così astratti. Infatti, se si chiede in giro ad amici e conoscenti quali sono secondo loro le parole più frequenti, si hanno risposte come: "casa", "macchina", "lavoro", "soldi"... Inoltre, per restare in argomento di frequenze, secondo Merchenthaler, le dodici lettere più usate dell'inglese sono, nell'ordine: "ETAOIN SHRDLU".

Una caratteristica divertente di SHRDLU, che va totalmente contro lo stereotipo dei calcolatori come "macina-numeri", è questo fatto messo in evidenza da Winograd stesso: "Il nostro sistema non accetta i numeri in forma numerica e gli è stato insegnato a contare solo fino a dieci".[19] Con tutta la sua impalcatura matematica, SHRDLU è un ignorante in matematica! Proprio come il barone di Monteformica, SHRDLU non sa niente dei livelli più bassi di cui è costituito. La sua conoscenza è in ampia misura *procedurale* (si veda in particolare l'osservazione di Dora Wengtirry nel punto 11 del Dialogo precedente).

È interessante mettere a confronto la conoscenza di SHRDLU, che si presenta immersa in procedure, con la conoscenza del mio programma che genera enunciati. Tutta la conoscenza sintattica del mio programma era immersa in modo procedurale nelle ATN, le quali erano scritte in Algol; ma la conoscenza semantica era statica: essa era contenuta in una breve lista di numeri che seguiva ogni parola. Solo poche parole, come i verbi ausiliari "essere", "avere" ed altri, erano totalmente rappresentate in procedure scritte in Algol; ma si trattava di eccezioni. Al contrario, in SHRDLU *tutte* le parole sono rappresentate come programmi. È questo un esempio che dimostra come, nonostante l'equivalenza teorica tra dati e programmi, in pratica la scelta degli uni o degli altri abbia conseguenze sostanzialmente diverse.

Sintassi e semantica

Ecco altre osservazioni di Winograd:

> Il nostro programma non opera facendo come prima cosa l'analisi logica di un enunciato, quindi facendone un'analisi semantica, e infine usando la deduzione per produrre una risposta. Queste tre attività vanno avanti di pari passo insieme con la comprensione dell'enunciato. Non appena un elemento di struttura sintattica comincia a prendere forma, viene chiamato un programma semantico per vedere se esso ha senso e la risposta risultante può dirigere l'analisi logica successiva. Nel decidere se ha senso, la routine semantica può chiamare procedimenti deduttivi e porre domande sul mondo reale. Per esempio, nell'enunciato 34 del Dialogo ("metti la piramide blu sopra il blocco nella scatola "), l'analizzatore sintattico propone in primo luogo "la piramide blu sopra il blocco" come candidato per un gruppo nominale. A questo punto viene fatta l'analisi semantica e, poiché "la" è definito, si controlla la presenza nella base di dati dell'oggetto a cui ci si riferisce. Se non si trova nessun oggetto di questo tipo, si ripete l'analisi considerando come gruppo nominale "la piramide blu". Si procederà quindi fino a riconoscere "sul blocco nella scatola" come locuzione

unica che indica una ubicazione... Come si vede, vi è un continuo scambio fra le analisi dei diversi tipi, in cui i risultati dell'una influenzano le altre.[20]

È di grande interesse notare che nel linguaggio naturale la sintassi e la semantica sono profondamente interconnesse. Nel Capitolo precedente, esaminando l'elusivo concetto di "forma", abbiamo spezzato la nozione in due categorie: la forma sintattica, che è riconoscibile mediante una procedura di decisione a terminazione prevedibile, e la forma semantica, che non lo è. Ma qui Winograd ci dice che, almeno se si considerano nel loro significato normale, "sintassi" e "semantica" si fondono l'una nell'altra nel linguaggio naturale. La forma esterna di un enunciato, cioè la sua composizione in termini di segni elementari, non si divide in modo tanto preciso in aspetti sintattici e aspetti semantici. Questo è un punto molto importante per la linguistica.

Ed ora alcune osservazioni finali di Winograd su SHRDLU.

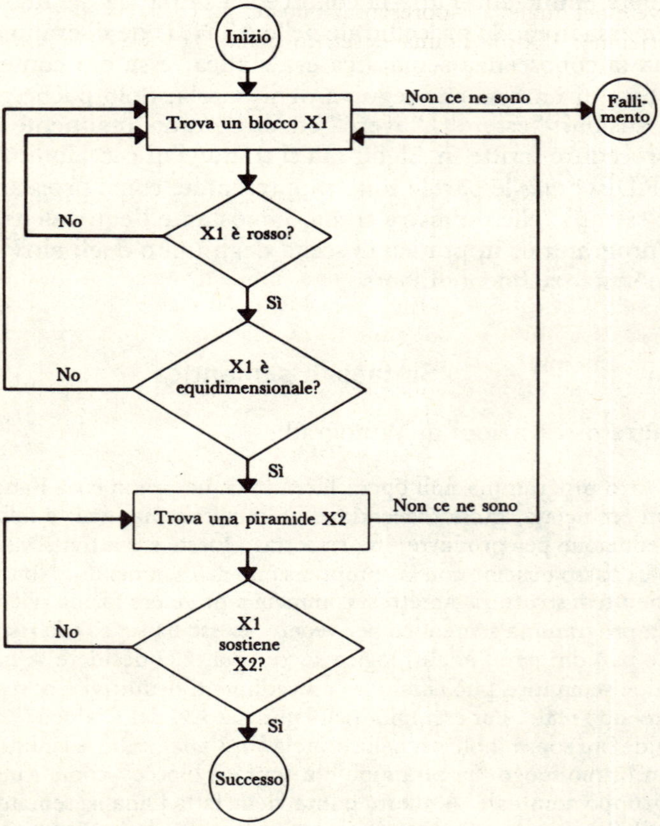

FIGURA 120. Rappresentazione procedurale di "un cubo rosso che sostiene una piramide" [*Adattato da Roger Schank e Kenneth Colby,* Computer Models of Thought and Language *(San Francisco: W.H. Freeman, 1973), p. 172*].

Guardiamo che cosa farebbe il sistema di fronte a una descrizione semplice come: "un cubo rosso che sostiene una piramide". La descrizione userà concetti come BLOCCO, ROSSO, PIRAMIDE, ed EQUIDIMENSIONALE, che fanno parte del modo caratteristico del sistema di specificare il mondo. Il risultato può essere rappresentato in un diagramma di flusso come quello della Figura 120. Si noti che questo è un programma che ha il compito di trovare un oggetto che corrisponda alla descrizione. Esso verrebbe allora incorporato o in un comando che ordina di fare un'operazione sull'oggetto, o in una domanda che chiede qualcosa su di esso; oppure, se l'oggetto compariva in un enunciato, andrebbe a far parte del programma creato allo scopo di rappresentarne il significato per un uso successivo. Si noti che questo frammento di programma potrebbe essere usato anche come saggio per vedere se un dato oggetto corrisponde alla descrizione: basterebbe che alla prima istruzione del tipo TROVA fosse stato detto in precedenza di guardare solo a quell'oggetto particolare.

A prima vista sembra che vi sia troppa struttura in questo programma, dal momento che non ci piace pensare che il significato di una semplice frase contenga esplicitamente cicli, test condizionali e altri dettagli di programmazione. La soluzione consiste nel procurarci un linguaggio interno che contenga le appropriate strutture di ciclo e di controllo come sue primitive e nel quale la rappresentazione del processo sia semplice quanto la descrizione. Il programma descritto nella Figura 120 si scriverebbe in PLANNER più o meno come segue:

```
(OBIETTIVO (È ?X1 BLOCCO))
(OBIETTIVO (COLORE-DI ?X1 ROSSO))
(OBIETTIVO (EQUIDIMENSIONALE ?X1))
(OBIETTIVO (È ?X2 PIRAMIDE))
(OBIETTIVO (SOSTEGNO ?X1 ?X2))
```

I cicli del diagramma di flusso sono impliciti nella struttura di controllo del backtrack del PLANNER. La descrizione è valutata procedendo in avanti nella lista fino a quando un obiettivo fallisce; a questo punto il sistema ritorna automaticamente al nodo in cui è stata presa l'ultima decisione e cerca altre possibilità. Si può prendere una decisione ogni qualvolta appaia un nuovo nome di oggetto, cioè una VARIABILE (indicata dal prefisso "?"), come "?X1" o "?X2". Le variabili vengono controllate sintatticamente. Se esse sono già state assegnate ad un particolare oggetto, si verifica se l'OBIETTIVO è vero per quell'esemplare. In caso negativo si verificano tutti i possibili esemplari che soddisfano l'OBIETTIVO, cioè se ne sceglie uno e poi, via via, quelli che rimangono, qualora vi siano successivi backtrack a quel nodo. Anche la distinzione tra verifica e scelta è dunque implicita.[21]

Una importante decisione strategica nel concepire questo programma fu di non tradurre direttamente dall'inglese in Lisp, ma, sostando a mezza strada, in PLANNER. Così, poiché l'interprete del PLANNER è esso stesso scritto in Lisp, fu inserito un nuovo livello intermedio, il PLANNER, tra linguaggio di alto livello (inglese) e linguaggio macchina. Una volta che fosse stato elaborato, a partire da un frammento di enunciato inglese, un programma in PLANNER questo poteva essere spedito all'interprete del PLANNER, liberando così i livelli superiori di SHRDLU, che allora avrebbe potuto lavorare a nuovi obiettivi.

Questo tipo di decisione si ripropone continuamente: quanti livelli deve avere un sistema? Quanta intelligenza si deve fornire? E di che tipo? E su quale livello? Questi sono alcuni dei problemi più difficili che oggi l'IA si trova di fronte. Poiché sappiamo così poco sull'intelligenza naturale, è difficile per noi immaginare quale livello di un sistema artificialmente intelligente dovrebbe avere il compito di realizzare una certa parte (e quale parte?) di un obiettivo.

Abbiamo così gettato uno sguardo dietro le quinte del Dialogo che precede questo Capitolo. Nel prossimo Capitolo incontreremo nuove idee e nuove ipotesi sull'IA.

Contrafactus

Il Granchio ha invitato a casa sua un gruppetto di amici per vedere la partita di calcio in TV. Achille è già arrivato, ma la Tartaruga e il suo amico Ai, un simpatico poltrone della famiglia dei Bradipi, non ci sono ancora.

Achille: Possibile che siano i nostri amici quelli là che arrivano su quell'insolito trabiccolo a una ruota?

(L'Ai e la Tartaruga scendono dallo strano veicolo ed entrano).

Granchio: Oh, carissimi, come sono contento di vedervi! Posso presentarvi queste mie vecchie e care conoscenze? Il signor Ai; e questo è Achille. Credo che lei conosca già la signorina Tartaruga.

Ai: È la prima volta, a quanto ricordo, che mi capita di fare la conoscenza di un biciclope. Piacere di conoscerla, Achille. Ho sentito dire molte cose interessanti sulla specie biciclopica.

Achille: Il piacere è mio. Posso chiederle che cos'è quel suo elegante veicolo?

Tartaruga: Il nostro tandem uniciclo, vuole dire? Proprio elegante, non direi! È solo un modo per andare in due da A a B ed alla stessa velocità.

Ai: È costruito da una ditta che produce anche girelli ad *n* ruote.

Achille: Capisco, capisco. E che cos'è quella leva?

Ai: È il cambio.

Achille: Ah! Quante velocità possiede?

Tartaruga: Una, compresa la retromarcia. Quasi tutti i modelli ne hanno di meno, ma questo è un modello speciale.

Achille: È un uniciclo molto bello. A proposito, signor Granchio, volevo dirle quanto è stato piacevole sentire la sua orchestra ieri sera.

Granchio: Grazie, Achille; c'era anche lei per caso, signor Ai?

Ai: No, purtroppo non sono potuto venire. Ho partecipato ad un torneo di ping-ping per singoli misti. È stato molto interessante, perché la mia squadra è stata impegnata in uno spareggio con se stessa per il primo posto.

Achille: Ha vinto qualcosa?

Ai: Certo: un anello di Möbius a due facce, in rame placcato d'argento da una faccia e d'oro dall'altra.

Granchio: Congratulazioni, signor Ai.

Ai: Grazie. Ma mi dica del concerto.

Granchio: Un'esecuzione piacevolissima. Abbiamo suonato alcuni pezzi dei gemelli Bach...

Ai: I famosi Gian e Sebastian?

Granchio: Proprio lui. E c'era un pezzo che mi ha fatto pensare a lei, signor Ai: un meraviglioso concerto per pianoforte e orchestra per due mani sinistre. Il penultimo ed unico movimento era un fuga a una voce. Non può immaginare quanto fosse complessa. Come finale abbiamo suonato la Nona Zenfonia di Beethoven. Alla fine, il pubblico si è alzato in piedi e ha applaudito con una mano sola. È stato travolgente.

Ai: Quanto mi dispiace di non esserci stato! Ma pensa che sia stato registrato? A casa ho un magnifico impianto stereo, il miglior sistema monoaurale a due canali sul mercato.

Granchio: Sono certo che lo potrà trovare. Bene, signori, la partita sta per cominciare.

Achille: Chi gioca oggi, signor Granchio?

Granchio: Credo che si tratti della squadra di casa contro gli ospiti. Oh, no. Questa era la partita della scorsa settimana. Credo che questa settimana giochino contro la squadra in trasferta.

Achille: Io tifo per la squadra di casa; l'ho sempre fatto.

Ai: Mi pare troppo convenzionale. Io non ho mai tifato per la squadra di casa. Più una squadra sta vicino agli antipodi e più tifo per essa.

Achille: Ah, così lei vive agli Antipodi? Ho sentito dire che si vive bene da quelle parti, ma personalmente non mi interesserebbe visitarli. Sono troppo lontani!

Ai: La cosa strana è che non ci si avvicina mai agli Antipodi, quale che sia la direzione in cui ci si muove.

Tartaruga: Questo è il genere di posto che fa per me.

Granchio: È l'ora della partita. Accendo il televisore.

(Si avvia verso una cassa enorme con uno schermo, sotto il quale vi è un pannello di controllo complicato quanto quello di un aereo a reazione. Abbassa una leva ed appare in vividi colori lo stadio).

Telecronista: Signore e signori, buon pomeriggio. Qui è Adriano De Zen che vi parla dallo stadio Olistico dove è in programma la partita di calcol... pardon: di calcio Juve-Turing. Purtroppo i nostri ESP-ti non sono ancora riusciti a rip-re un guasto all'audio, per cui vi giungeranno brevi ma frequ-ti inter-u-ni. Ce ne freg... pardon! scusiamo! Alla Juve purtroppo manc-no alcune pedine import-nt- come Jespersen, Ulam, Vinogradov ed Euclé da cui dipende in gr-n parte la geometria del gioco della Juve. Per questa incompletezza la squadra di casa è costretta a mandare in campo alcune riserve. La partita ha inizio in questo istante.

Achille: Ma il suo vero nome non ERA Euclé!

Granchio: Non lo ERA, ma lo È!

Telecronista: Bach-en-brower opera una fuga sulla tre quarti. Stup-do! Aver lui in squadra è come avere un gioc-re in più. Passa al centro, dove accorre René Van de Church-off; René des...carta uno, due, tre turinghesi: tiro, fuori! Il Turing ATTACCA ancora con Bach-en-brower, lancia a Chiodi al centro, il quale entra in area, supera Van de Output, dai pali esce il portiere Citofon; Chiodi tira, Citofon si tuffa contemporaneamente a un difensore e para a-dosso a quest'ultimo. Una parata assurda! Incredibile!

Granchio: GRAN CHIODI, in quest'azione quasi segnava.

Ai: Non sia ridicolo, Granchio. Chiodi non ha segnato e basta. Non c'è bisogno di sconcertare Achille (e tutti noi) con cose che "quasi" succedevano. Solo i fatti hanno senso, e non vi è posto per i "quasi", i "se", i "ma".

Telecronista: Ed ecco il replay come se n- bast-s- an-ora per convincersi che quello di Chiodi era quasi goal.

Ai: "Quasi goal"? Che senso ha? Bah!

Achille: Che azione armoniosa! Che faremmo senza il replay?

Telecronista: La Juve ha molta CLASSE nei singoli, ma difetta nel gioco d'INSIEME. Ora vediamo Socrates, il recente acquisto bradipiano... pardon brasiliano, dialogare a centro campo con Tarskelli, che rovescia...

Ai: Bella azione, bella azione!

Achille: Non capisco se lei apprezza di più il dialogo fra Socrates e Tarskelli, o la rovesciata di quest'ultimo...

Ai: Tutto il gioco è eccellente, ma quella rovesciata è indimenticabile. Vediamola di nuovo.

(...e così finisce il primo tempo. Nella prima parte del secondo tempo il Turing passa in vantaggio con un goal di Van de Output che evita il portiere IN USCITA *e mette in rete).*

Telecronista: Il gioc- si ma-tiene semp-e ad alti livelli anche nel secondo tempo. Il goal di Van de Output che ha sbloccato il risultato è stato a lungo co-test-to dai padron- d- cas-. Un giocatore del Turin- entrato in area di rigore è stato atterrato, ma ha conservato il possesso della sfera. Come è noto, il difensore in queste condizioni, GOD-E-L- regola del vantaggio, e l'arbitro sembrava averla accordata. Ma poi ha fischiato una punizione a due in area. E dalla mischia è nato il goal. Se non avesse fischiato, probabilmente il Turing avrebbe segnato lo stesso. Guardiamo allora il replay alla congiunTV.

(Si vede un giocatore del Turing entrare in area; affrontato da un difensore va a terra, sembra aver perso la sfera, ma si rialza, la riconquista e la mette alle spalle del portiere).

Telecronista: Ecco, signori, che cosa sarebbe successo se l'arbitro non avesse fischiato.

Achille: Aspettate un momento! Ma che diavolo succede? Il goal è stato segnato in seguito alla punizione o su azione?

Granchio: Oh, no! Il goal su azione è ciò che si vede con la congiunTV. Non c'entra niente con la realtà. È solo per seguire una via ipotetica.

Ai: È la cosa più ridicola che abbia mai visto! La prossima cosa che inventeranno sarà il ghiaccio bollente, vedrete.

Tartaruga: La congiunTV è una cosa abbastanza insolita, in verità.

Granchio: Io ce l'ho e mi ci sono abituato.

Achille: Anch'io devo avercela, questa congiuntivite, se ho visto il goal su azione.

Granchio: Oh, no, Achille, lei non ha capito nulla! La congiunTV è un nuovo tipo di TV, che trasmette nel modo congiuntivo. È particolarmente utile per partite di calcio e simili. Come dicevo, ho avuta la mia da poco.

Achille: Perché ha tutte quelle leve e quei comandi?

Granchio: Per prendere il canale desiderato. Vi sono molti canali che trasmettono nel modo congiuntivo, e con quei comandi il canale si trova più facilmente.

Achille: Ci può far vedere meglio che cosa significa? Non mi sembra di aver capito bene questa faccenda del "trasmettere nel modo congiuntivo".

Granchio: Oh, è molto semplice. Potete giocarci da soli. Io vado in cucina a preparare un po' di patate al cartoccio: so che il signor Ai ne va matto.

Ai: Vada, Granchio; le patate al cartoccio sono il mio piatto preferito.

Granchio: E voi altri?

Tartaruga: Io potrei divorarne un po'.

Achille: Anch'io. Ma prima che vada di là, mi dica, c'è qualche trucco particolare per usare la congiunTV?

Granchio: Niente di speciale. Continuate a guardare la partita, e ogni volta che c'è qualcosa che poteva svolgersi diversamente, oppure che desiderate che si svolga diversamente, usate le manopole e state a vedere. Non potete fare nessun danno; può solo capitare che prendiate qualche canale un po' *sui generis*. *(E scompare in cucina).*

Achille: Chissà che voleva dire. Ma torniamo alla partita. Mi ero abbastanza appassionato.

Telecronista: La difesa del Turin- respinge il test-, Gentzentile raccoglie sulla tre quarti e rilancia verso Socrates, che avanza e...

Achille: Dai, forza, dai!

Telecronista: Segna... un goal platonico poiché l'arbitro l'annulla per un fuori gioco di po-izione di Van de Output... giustamente direi.

Achille: Oh, no! Se solo Van de Output non si fosse trovato in fuori gioco...

Ai: Ma lei non faceva il tifo per la Juve? Bene, in questo rovesciamento di tifo non ci trovo niente di male; ciò che trovo insopportabile è che si sia lasciato prendere da un'altra considerazione ipotetica. Perché tutti quanti voi vi lasciate trascinare nell'assurdo mondo della vostra dannata fantasia? Se fossi in voi, starei fermamente con i piedi per terra. "Nessun insensato congiuntivo" è il mio motto. E non lo tradirei neanche se qualcuno mi offrisse un centinaio, diciamo, centododici patatine al cartoccio.

Achille: Mi viene in mente una cosa. Magari muovendo in qualche modo queste manopole riesco a prendere un replay congiunTV con Van de Output in gioco. Mi chiedo... *(Va verso la congiunTV e la guarda).* Ma non ho la minima idea di come si usano tutte queste manopole. *(Ne preme qualcuna a caso).*

Telecronista: La difesa del Turing respinge di testa. Gentzentile raccoglie sulla tre quarti LE TRE SFERE e le rilancia verso Socrates che avanza...

Achille: Dai, forza, dai!

Telecronista: Ma l'arbitro sospende il gioco. Non è chiaro il motivo di questa in-erruzione. Ma ci sembra di capire che... sì, infatti... LE TRE SFERE, SECONDO l'arbitro, sono troppe.

Achille: Che NE pensa, signor Ai?

(Achille si volta verso l'Ai con un'espressione sconcertata sul viso, ma questi non lo nota neanche, affascinato com'è dal Granchio che sta tornando con un grande piatto sul quale vi sono centododici, diciamo, un centinaio di croccanti patatine al cartoccio, e tovagliolini per tutti).

Granchio: Dunque, che ne pensate voi tre della mia congiunTV?

Ai: Molto deludente, Granchio, per essere franco. Mi sembra che ci sia qualche guasto serio. Fa inutili escursioni nell'insensatezza per la maggior parte del tempo. Se fosse mia, la darei immediatamente a qualcuno come lei, Granchio. Ma, ovviamente, non è mia.

Achille: È una macchina davvero strana. Ho cercato di ripetere un'azione in circostanze di gioco leggermente diverse, ma la macchina sembra avere una volontà propria! Invece di cambiare la posizione di qualche giocatore sul campo, ha moltiplicato il numero dei palloni. Un oltraggio alle regole! Ovviamente l'arbitro ha fermato il gioco.

Granchio: Vi è andata male! Pensavo che avreste trovato qualche congiuntivo più interessante. Vi interesserebbe scoprire che cosa sarebbe successo se, invece di giocare con la Juve, il Turing avesse giocato in Coppa delle Coppe con l'Etaointracht di Rotterdam?

Tartaruga: Ottima idea.

(Il Granchio abbassa due leve e si fa indietro).

Telecronista: ... Tarskelli converge al centro...

Achille: Tarskelli?

Telecronista: Tarskelli, Tarskelli, proprio così, signore e signori. Quando si cambia squadra qualcosa della precedente rimane. È il prezzo che bisogna pagare. Oggi l'attacco del Turing non è la macchina da goal che tutti conosciamo. La macchina del Turing ha qualcosa che non va. BRADY poggia su Mulluscher che scatta al centro, Mulluscher finta per Hofmann, che tira al volo, reteee! Un'azione da Moz-art-il fiato. Hof---sta d---ter. Scusate la cattiva trasmissione. Stavamo dicendo che Hofmann sta dimostrando sul terreno di gioco il suo valore, dopo le recenti polemiche.

Achille: Dai, forza, dai!

Telecronista: L'Etaointracht attacca ancora. Russell, l'acquisto inglese dell'Etaointracht (BEL TRADItore però) trotterella, palla al piede in attesa... in attesa del piazzamento dei compagni. Entra indisturbato nell'area di rigore, e se nessuno l'affronta... Così sarebbe apparso l'incontro del Turing se avesse giocato contro l'Etaointracht.

Ai: Bah! Perché non giocarla sulla Luna, questa partita.

Granchio: Detto fatto. Qualche bottone qua, una manopola là...

(Sullo schermo appare la desolata visione di un campo di calcio il cui terreno è pieno di buchi e di crateri, con due squadre l'una di fronte all'altra

che si osservano immobili. Tutto a un tratto le due squadre si animano, e i giocatori fanno enormi salti nell'aria, spesso volando sopra le teste degli altri giocatori. La palla viene tirata verso l'alto, scompare alla vista, poi dolcemente ritorna verso il basso finendo nelle braccia di un portiere, circa mezzo chilometro di distanza dal punto dove era stata calciata).

Telecronista: E ora, signore e signori, eccovi il replay congiuntivo della stessa partita se fosse stata giocata sulla Luna. Torneremo a voi con questa partita subito dopo un importante comunicato commerciale che proviene da quella benemerita ditta che fa la birra Wurf, la mia birra preferita!

Ai: Se non fossi così pigro, prenderei quella TV scassata e la riporterei al negoziante che l'ha venduta! Ma purtroppo è il mio destino appartenere all'ordine dei Tardigradi... (*Si serve di una bella manciata di patatine*).

Tartaruga: Che invenzione meravigliosa, signor Granchio! Posso suggerire un congiuntivo?

Granchio: Certo!

Tartaruga: Come sarebbe quella partita se lo spazio fosse quadrimensionale?

Granchio: Oh, questo è complicato, signorina T.; ma credo di poterlo codificare.

(Fa un passo avanti e, per la prima volta, sembra usare tutta la potenza del pannello di controllo della sua congiunTV: gira quasi tutte le manopole almeno due o tre volte e controlla minuziosamente vari strumenti. Poi fa un passo indietro con un'espressione di soddisfazione sul viso).

Penso che dovrebbe funzionare.

Telecronista: Ed ora guardiamo il replay congiuntivo.

(Una confusa disposizione di tubi contorti appare sullo schermo. L'immagine s'ingrandisce e si rimpicciolisce, e per un attimo sembra effettuare qualcosa che assomiglia a una rotazione. Poi si muta in uno strano oggetto a forma di fungo, e poi di nuovo in un fascio di tubi. Mentre l'immagine continua a trasformarsi in una serie di forme bizzarre, il telecronista comincia il commento).

Mulluscher avanza palla al piede, penetra nel volume di rigore, si libera di un paio di avversari, perde la palla, la riconquista, tira, ma la palla si perde sul piano di fondo. Il calcio di diedro è effettuato da....

Achille: Ma che cosa fa, signor Granchio, quando manovra le manopole del pannello di controllo?

Granchio: Scelgo il canale desiderato. Vede, vi è tutta una gamma di canali congiunTV che trasmettono simultaneamente, ed io voglio prendere ESATTAMENTE quello che rappresenta la situazione ipotetica che ho in mente.

Achille: Si può applicare a un qualsiasi televisore?

Granchio: No, la maggior parte dei televisori non possono prendere i canali congiunTV; ci vuole un circuito speciale che non è facile costruire.

Ai: Come si fa a sapere che programmi ci sono? C'è un radiocorriere congiunTV?

Granchio: Niente affatto, dato che non è necessario conoscere il canale. Per sintonizzarsi, basta soltanto codificare, facendo uso di questi controlli, la situazione ipotetica che si vuole vedere rappresentata. Tecnicamente questo si chiama: "indirizzare un canale dai suoi parametri controfattuali". Vi è sempre un gran numero di canali che trasmettono tutti i mondi concepibili, e i canali che trasmettono mondi "vicini" hanno frequenze vicine.

Tartaruga: Perché non ha dovuto toccare i comandi la prima volta che abbiamo visto un replay congiunTV?

Granchio: Perché ero sintonizzato su un canale che è molto vicino al canale della Realtà, ma appena appena fuori. Così ogni tanto devia dalla realtà. È quasi impossibile sintonizzarsi ESATTAMENTE sulla Realtà. Ma non importa, perché i programmi sono così noiosi. Se tutti i replay fossero fedeli, ve lo immaginate che barba!

Ai: Io trovo invece tutta questa idea della congiunTV estremamente noiosa! Ma forse potrei cambiare opinione se vedessi che la sua macchina è in grado di misurarsi con un controfattuale INTERESSANTE. Per esempio, come sarebbe stata quella partita se l'addizione non fosse commutativa?

Granchio: Oh, mio Dio! Questo cambiamento è troppo radicale per questo modello, temo. Purtroppo non ho un Supercongiuntelevisore, che è il massimo in commercio. I Super riescono ad affrontare QUALSIASI situazione venga loro richiesta.

Ai: Bah!

Granchio: Ma, senta, posso QUASI accontentarla. Le piacerebbe vedere come sarebbe andata questa partita se 13 non fosse un numero primo?

Ai: No, grazie! Questo proprio NON ha senso! Se io fossi quella partita, comunque, mi sarei stancato di essere ammannito in tutte le salse per il piacere di tipi come voi, infarciti di idee confuse, che vanno ad infilare concetti dappertutto. Torniamo a vedere la partita!

Achille: Dove ha preso questo congiuntelevisore, signor Granchio?

Granchio: Non ci crederà, Achille, ma l'altro giorno il signor Ai ed io siamo stati a una fiera di paese e c'era in palio, come primo premio in una lotteria, proprio questo apparecchio. Di solito non indulgo a queste frivolezze, ma uno strano impulso mi ha spinto a comprare un biglietto.

Achille: E lei, signor Ai?

Ai: Devo ammettere che ne ho comprato uno anch'io, giusto per compiacere il vecchio Granchio.

Granchio: E quando è stato annunciato il numero vincente, ho scoperto con mio grande stupore di avere vinto!

Achille: Fantastico! Non mi era mai capitato di conoscere personalmente un vincitore di lotterie!

Granchio: Sono stato sconvolto da questa incredibile fortuna.

Ai: Non ha nient'altro da dire su quella lotteria, Granchio?

Granchio: Oh, non molto. Soltanto che il mio numero era il 129. Ora quando estrassero il numero vincente venne fuori il 128, uno in meno.

Ai: Così, come vede, il Granchio non aveva vinto niente.

Achille: Ma aveva QUASI vinto...

Granchio: Io preferisco dire che ho vinto, vede. Ci sono arrivato così vicino... Se il mio numero fosse stato solo appena un po' più piccolo, avrei vinto.

Ai: Un numero in meno o cento in meno è la stessa cosa, Granchio.

Tartaruga: O mille. E lei, signor Ai? Qual era il suo numero?

Ai: Il mio era 256, la potenza di 2 successiva a 128. Sicuramente da primo premio. Non riesco a capire come mai quella giuria di paese sia stata così ingiusta. Hanno rifiutato di darmi il mio meritato premio. Poi saltò fuori un tipo che fece lo spiritoso, sostenendo che il premio toccava a LUI perché il suo numero era 128. Io penso che il mio numero era di gran lunga più vicino del suo, ma non si può combattere contro un muro di gomma.

Achille: Non capisco più niente. SE lei non ha vinto il congiuntelevisore, signor Granchio, come è possibile che siamo stati qui tutto il pomeriggio a guardarlo? È come se anche noi fossimo finiti in qualche mondo ipotetico, che sarebbe stato reale solo se alcune circostanze fossero state leggermente diverse...

Telecronista: Ed ecco, signori e signore, come il signor Granchio avrebbe passato il pomeriggio se avesse vinto il congiuntelevisore. Ma poiché ciò non è stato, i quattro amici hanno semplicemente passato insieme un piacevole pomeriggio davanti alla televisione a vedere Juve-Turing che è finita 128 a zero. O 256 a zero? Ma che importa, in fondo, in una partita di Coppa delle Coppe plutonica e pentadimensionale?...

CAPITOLO XIX

Intelligenza Artificiale: uno sguardo alle prospettive

Situazioni "quasi" e congiuntivi

DOPO AVER LETTO *Contrafactus* un amico mi disse: "Mio zio è stato quasi Presidente degli Stati Uniti". "Veramente?" dissi. "Certo," replicò "è stato comandante della PT 108" (John F. Kennedy fu comandante della PT 109).

È appunto questo l'argomento presentato in *Contrafactus*. Nel pensiero quotidiano fabbrichiamo in continuazione variazioni mentali di situazioni che affrontiamo, di idee che abbiamo o di eventi che accadono; e manteniamo rigidamente costanti alcune caratteristiche, mentre altre "slittano via". Quali caratteristiche lasciamo slittare? Di quali non ci viene neanche in mente che possano variare? Quali eventi sono percepiti, a un qualche livello intuitivo profondo, come strettamente imparentati con altri realmente avvenuti? Che cosa ci sembra che sia "quasi" avvenuto o che "potrebbe essere" avvenuto, anche se certamente non è avvenuto? Quali versioni alternative degli eventi sorgono nella nostra mente senza che ci pensiamo coscientemente quando ascoltiamo un racconto? Perché alcuni controfattuali ci appaiono "meno controfattuali" di altri? Dopo tutto, è evidente che ciò che non è accaduto semplicemente non è accaduto. Non vi sono gradi di "non accadimento". E lo stesso vale per le situazioni "quasi". Talvolta si dice mestamente: "Era quasi fatta". Altre volte si dice la stessa cosa con grande sollievo. Ma il "quasi" sta nella mente, non nei fatti esterni.

Poniamo che, guidando lungo una strada di campagna, ci si imbatta in uno sciame di api. Non soltanto si prende puntualmente nota del fatto, ma l'intera situazione è immediatamente messa a fuoco mediante uno sciame di varianti che si affollano alla mente. Viene fatto di pensare: "Sono stato proprio fortunato a non avere il finestrino aperto"; o, peggio, il contrario: "Peccato che il finestrino non fosse chiuso!"; "Fortuna che non andavo in bicicletta!"; "Peccato che non sono passato cinque secondi prima". Varianti strane ma possibili: "Se fossi stato un cervo avrei potuto essere ucciso"; "Scommetto che quelle api avrebbero preferito avere uno scontro con un cespuglio di rose". Varianti ancora più strane: "Peccato che quelle api non fossero biglietti di banca!". "Fortuna che quelle api non erano fatte di cemento!". "Peccato che non fosse un'ape sola invece che uno sciame". "Fortuna che non ero io lo sciame". Che cosa scivola via in modo naturale e che cosa resta, e perché?

In un numero recente della rivista "New Yorker" è stato ristampato il seguente brano del "Philadelphia Welcomat":[1]

> Se Leonardo da Vinci fosse nato donna, il soffitto della Cappella Sistina non sarebbe mai stato affrescato.

Il "New Yorker" commentava:

> E se Michelangelo fosse stato una coppia di gemelli siamesi l'opera sarebbe stata completata nella metà del tempo.

Il senso del commento del "New Yorker" non è che tali controfattuali siano *falsi*, ma piuttosto che chiunque abbia voglia di trastullarsi con una tale idea, chiunque voglia far variare genere e numero di un dato essere umano, è probabilmente un po' pazzo. Per ironia della sorte, nello stesso fascicolo della rivista si trova stampata senza vergogna la seguente frase, che conclude una recensione:

> Penso che [il professor Philipp Frank] avrebbe enormemente apprezzato entrambi questi libri.[2]

Ora, il povero professor Frank è morto e chiaramente è un nonsenso suggerire che qualcuno possa leggere dei libri scritti dopo la propria morte. Allora perché non si è ironizzato anche su questa frase seria? In qualche modo, in un senso difficile da rendere esplicito nei dettagli, i parametri fatti variare in questa frase non violano la nostra concezione del "possibile" quanto accadeva negli esempi precedenti. *Ceteris paribus*, qualcosa permette alla nostra immaginazione d'intervenire più liberamente qui che negli altri casi. Ma perché? Che cosa c'è, nel modo in cui noi classifichiamo gli eventi e le persone, che ci fa percepire nel profondo quello che è "sensato" variare e quello che è "sciocco" variare?

Si consideri quanto appaia naturale passare dalla frase dichiarativa e avalutativa "non conosco il russo" al più pregnante condizionale "mi piacerebbe conoscere il russo", al congiuntivo ottativo "magari conoscessi il russo!", "potessi avere imparato il russo!" e infine al ricco controfattuale "se avessi saputo il russo, avrei letto Čechov e Lermontov nell'originale". Come sarebbe piatta e morta una mente che non sapesse scorgere in una negazione nient'altro che un'opaca barriera! Una mente viva vi può vedere una finestra che si affaccia su un intero mondo di possibilità.

Credo che le situazioni "quasi", i condizionali e i congiuntivi costruiti inconsciamente rappresentino alcune delle più ricche sorgenti potenziali di intuizioni sul modo in cui gli esseri umani organizzano e classificano la loro percezione del mondo. Questa concezione è stata autorevolmente proposta anche dal linguista e traduttore George Steiner che, nel suo libro *After Babel*, ha scritto:

> I periodi ipotetici, le frasi 'immaginarie', i condizionali, la sintassi della controfattualità e della contingenza possono essere proprio i centri generativi del linguaggio umano... [Essi] sono ben altro che fonti di perplessità grammaticale e filosofica. Non meno dei tempi verbali futuri ai quali si ha la sensazione che essi siano collegati e insieme con i quali essi dovrebbero probabilmente essere classificati nel più ampio insieme dei 'supposizio-

nali' o degli 'alternativi', queste proposizioni 'se' sono fondamentali per la dinamica del modo di sentire degli uomini...

Nostra è l'abilità, il bisogno di contraddire (o 'contro-dire') il mondo, di immaginarlo e parlarne diversamente... Abbiamo bisogno di una parola per designare la capacità, quasi la necessità del linguaggio di porre situazioni 'altre'... Forse 'alternità' potrebbe andare: per definire il 'diversamente da', le proposizioni controfattuali, le immagini, le forme della volontà e dell'evasione con le quali carichiamo il nostro essere mentale e mediante il quale costruiamo il *milieu* mutevole e largamente fittizio della nostra esistenza somatica e sociale...

Infine Steiner intona un inno controfattuale alla controfattualità:

È improbabile che l'uomo, così come lo conosciamo, sarebbe sopravvissuto senza gli strumenti fittizi, controfattuali, antideterministici del linguaggio, senza la capacità semantica, generata e immagazzinata nelle zone 'superflue' della corteccia, di concepire e di articolare possibilità che trascendano la ripetitività del decadimento organico e della morte.[3]

La costruzione di "mondi al congiuntivo" avviene in modo così spontaneo, così naturale, che difficilmente la percepiamo come un'operazione mentale. Scegliamo nella nostra fantasia un mondo che è vicino, in un qualche senso mentale, al mondo reale. Paragoniamo ciò che è reale con ciò che percepiamo come *quasi* reale. Nel far questo otteniamo una nuova prospettiva sulla realtà che ha qualcosa di inafferrabile. L'Ai è un ridicolo esempio di una variazione sulla realtà, un essere pensante senza la capacità di adattarsi ai congiuntivi (o che almeno *sostiene* di non avere questa capacità, anche se si sarà certo notato che ciò che dice è pieno di periodi ipotetici dell'impossibilità!). Si pensi a quanto immensamente più povera sarebbe la nostra vita mentale se non possedessimo questa capacità creativa di slittar fuori dal cuore della realtà nei tranquilli "che cosa accadrebbe se"! E dal punto di vista dello studio dei processi del pensiero umano, questo slittamento è molto interessante, perché la maggior parte delle volte esso avviene senza nessuna indicazione cosciente, il che vuol dire che l'osservazione di quali tipi di elementi slittino e quali no costituisce una buona finestra sulla mente inconscia.

Un modo che abbiamo per farci un'idea di questa metrica mentale è di "combattere il fuoco col fuoco". Questo viene fatto nel Dialogo, dove alle nostre "capacità congiuntivanti" viene chiesto di immaginare un mondo nel quale si faccia slittare via, contrariamente alle normali aspettative, proprio la nozione di capacità congiuntivante. Nel Dialogo il primo replay congiuntivo istantaneo, quello in cui il goal è segnato su azione, è una cosa perfettamente immaginabile. Questa scena mi venne infatti ispirata da un'osservazione casuale e completamente normale che mi venne fatta da una persona che mi sedeva vicino allo stadio. Per qualche motivo mi colpì, e mi chiesi che cosa mi facesse sembrare così naturale scivolare su quel particolare episodio e non, diciamo, sul risultato finale. Partendo da ciò, passai a considerare altre caratteristiche suscettibili di slittamento come il tipo di torneo (considerato nel Dialogo) e quindi anche variazioni più pazze (partite giocate sulla Luna, in quattro dimensioni, ecc.). Osservai tuttavia che ciò su cui sarebbe stato completamente ridicolo slittare in una situazione, in un'altra si poteva tranquillamente accettare che variasse. Per esempio, a volte ci si può spontaneamente chiedere in che modo andrebbero le cose se la palla avesse una forma diversa (come se si giocasse a pallacanestro con una palla da rugby); altre volte ciò non passerebbe neppure lontanamente per la testa (come quando si sta guardando una partita di calcio alla TV).

Livelli di stabilità

Mi sembrò allora, e mi sembra ancora adesso, che la capacità di un evento (o di una circostanza) a sostenere "slittamenti" dipenda da un insieme di contesti annidati l'uno nell'altro nei quali si percepisce che l'evento (o la circostanza) ha luogo. Per chiarire questo punto possono essere utili i termini *costante*, *parametro* e *variabile*, presi a prestito dalla matematica. Spesso i matematici, i fisici ed altri effettuano un calcolo stabilendo che "c è una costante, p è un parametro e v è una variabile". Ciò che essi vogliono dire è che ognuna delle grandezze così denotate può variare (compresa la "costante"); tuttavia vi è una sorta di gerarchia di variabilità. Nella situazione rappresentata dai simboli, c stabilisce una condizione globale, p stabilisce una condizione meno globale che può variare mentre c è tenuta fissa, e infine v può variare mentre c e p sono tenute fisse. Ha poco senso pensare di tenere v fissa mentre c e p variano, perché c e p stabiliscono il contesto nel quale v ha significato. Si pensi, per esempio, a un dentista che ha una lista di pazienti e per ciascun paziente una lista di denti. Ha perfettamente senso (e permette di fare molti soldi) tenere fisso e fermo il paziente e variare i denti da curargli, ma non ha alcun senso tenere fisso un dente e variare il paziente. (Viceversa, a volte è molto sensato cambiare dentista...).

Noi costruiamo la nostra rappresentazione mentale di una situazione strato per strato. Lo strato più basso stabilisce l'aspetto più profondo del contesto; a volte esso è così in basso che non può variare affatto. Per esempio, la tridimensionalità del nostro mondo è così radicata che la maggior parte di noi non immaginerebbe mai di farla slittare mentalmente. È una costante *costante*. Poi vi sono strati che stabiliscono temporaneamente, e non per sempre, aspetti fissi delle situazioni, che potrebbero essere chiamate *ipotesi di fondo*: cose che in realtà sappiamo che potrebbero variare, ma che normalmente accettiamo senza discussioni come aspetti invarianti. Queste potrebbero ancora essere chiamate "costanti". Per esempio, quando si va a una partita di calcio, le regole del gioco sono costanti di questo tipo. Più avanti ci sono i "parametri"; si pensa ad essi come a cose di natura più variabile, ma temporaneamente si considerano costanti. Durante una partita di calcio, i parametri potrebbero comprendere le condizioni meteorologiche, la specifica squadra avversaria, e così via. Potrebbero esservi, e probabilmente vi sono, parecchi livelli di parametri. Infine raggiungiamo gli aspetti più "instabili" della nostra rappresentazione mentale della situazione: le variabili. Queste sono cose simili al fuori gioco di Van de Output: sono mentalmente "libere" e non ci si preoccupa se scartano dai loro valori reali per un breve momento.

Frames e contesti nidificati

La parola *frame* è usata correntemente in IA e potrebbe essere definita come una *rappresentazione algoritmica di un contesto*. Dobbiamo a Marvin Minsky il nome e molte delle idee sulle frames, sebbene il concetto generale aleggiasse già nell'aria da un buon numero di anni. Nel linguaggio delle frames, si potrebbe dire che le rappresentazioni mentali delle situazioni richiedono frames nidificate, cioè contenenti altre frames annidate le une nelle altre. Ciascuno dei vari elementi di una situazione ha la sua propria frame. Mi sembra interessante descrivere esplicitamente una delle mie immagini mentali riguardanti le frames nidificate. Si immagini di avere un gran numero di cassettoni senza cassetti. Quando si prende un cassettone, si ha una frame, e gli spazi per i cassetti sono posti vuoti dove si possono inserire "sottoframes". Ma le sottoframes sono anch'esse cassettoni. Come si può infilare un intero cassettone nello spazio predisposto per un solo cassetto? Facile: si restringe e si distorce il secondo cassettone, poiché dopo tutto si tratta di rappresentazioni mentali, non di oggetti fisici. Ora, nella frame esterna possono esservi parecchi spazi vuoti che devono essere riempiti; inoltre possono essere rimasti spazi vuoti in qualcuno dei cassettoni interni (o sottoframes). Questi spazi si chiamano terminali della frame e il processo della loro saturazione può andare avanti in maniera ricorsiva.

La vivida immagine surreale del rimpicciolimento e dello stiramento di un cassettone perché si adatti a uno spazio di forma arbitraria è probabilmente molto importante, perché suggerisce che i concetti vengono compressi e distorti dai contesti nei quali sono inseriti a forza. Per esempio, che cosa diventa il concetto di "persona" quando le persone a cui si pensa sono calciatori? Certamente diventa un concetto distorto, che viene imposto dal contesto generale. Si è infilata la frame "persona" in un terminale della frame "gioco del calcio". La teoria del rappresentare la conoscenza con frames si basa sull'idea che il mondo consista di sottosistemi quasi chiusi, ciascuno dei quali può servire da contesto per gli altri senza spaccarsi troppo e senza creare troppe spaccature nel processo di contestualizzazione.

Una delle idee più importanti a proposito delle frames è che ognuna di esse si presenta con un proprio insieme di aspettative. L'immagine corrispondente è che ogni cassettone si presenta con cassetti incorporati ma legati debolmente in ciascuno dei suoi terminali; questi cassetti provvisori sono chiamati *defaults* (opzioni in mancanza di specifiche). Se dico: "Immaginiamo la riva di un fiume", si evocherà un'immagine visiva che ha varie caratteristiche, la maggior parte delle quali potrebbe cadere se aggiungessi altre frasi come "in secca", "in Brasile", "senza una giostra". L'esistenza di defaults per i terminali permette che il processo ricorsivo di saturazione dei terminali abbia termine. In effetti si dice: "Per quanto mi riguarda, saturerò i terminali per i primi tre strati; al di là adotterò le opzioni default". Assieme alle opzioni default che saturano le sue aspettative, una frame contiene la conoscenza dei suoi limiti di applicabilità e un'euristica per passare ad altre frames, nel caso in cui venga forzata al di là dei propri limiti di tolleranza.

La struttura nidificata di una frame dà modo di "zoomare" e di guardare i più piccoli particolari da una distanza ravvicinata a piacere; è sufficiente zoomare nella sottoframe opportuna e quindi in una delle sue sottoframes, ecc., finché si raggiunga la quantità voluta di dettaglio. È come avere un atlante stradale dell'Italia che ha all'inizio una carta dell'intero paese, a cui seguono singole carte per ogni regione e poi mappe delle città e di alcune delle cittadine più grandi. Si può immaginare un atlante con quantità arbitrarie di dettagli, che arrivino fino ai singoli isolati, case, stanze, ecc. È come guardare attraverso un telescopio con obiettivi a diverso ingrandimento; ogni obiettivo ha il suo uso specifico. È importante poter usare tutte le scale differenti: spesso il dettaglio è non pertinente o addirittura fuorviante.

Poiché frames arbitrariamente diverse possono essere inserite nei terminali di altre frames, vi è un'alta potenzialità di conflitti e di "collisioni". Lo schema nitido ed elegante di un unico insieme globale di strati di "costanti", "parametri" e "variabili" è un'ipersemplificazione. In realtà, ciascuna frame avrà la sua gerarchia di variabilità, ed è questo che rende incredibilmente complicato analizzare in che modo percepiamo un evento complesso quale una partita di calcio, con tutte le sue numerose sottoframes, sotto-sottoframes, ecc. Come interagiscono le une con le altre tutte queste numerose frames? Se vi è un conflitto, perché una frame dice: "Questo elemento è una costante", mentre un'altra frame dice: "No, è una variabile!", come si fa a risolverlo? Questi sono problemi profondi e difficili della teoria delle frames ai quali non posso dare risposta. Finora non esiste un accordo completo su che cosa realmente sia una frame o su come si possa implementarla nei programmi di IA. Nei prossimi paragrafi darò il mio contributo alla questione discutendo alcuni problemi che sorgono nel riconoscimento delle forme visive e che io chiamo "Problemi di Bongard".

Problemi di Bongard

I *Problemi di Bongard* (PB) sono problemi del tipo generale introdotto dallo scienziato russo M. Bongard nel suo libro *Pattern Recognition*. Un tipico PB, il numero 51 della sua raccolta di 100, è quello della Figura 121. Questi affascinanti problemi sono proposti ai riconoscitori di forme, umani o artificiali che siano (e a questi si potrebbero aggiungere anche le intelligenze extraterrestri!). Ciascun problema consiste di dodici figure a forma di quadrato (che d'ora in poi chiameremo *riquadri*), sei a sinistra, che formano la *Classe I*, e sei a destra, che formano la *Classe II*. I riquadri possono essere indicati in questo modo:

I-A	I-B	II-A	II-B
I-C	I-D	II-C	II-D
I-E	I-F	II-E	II-F

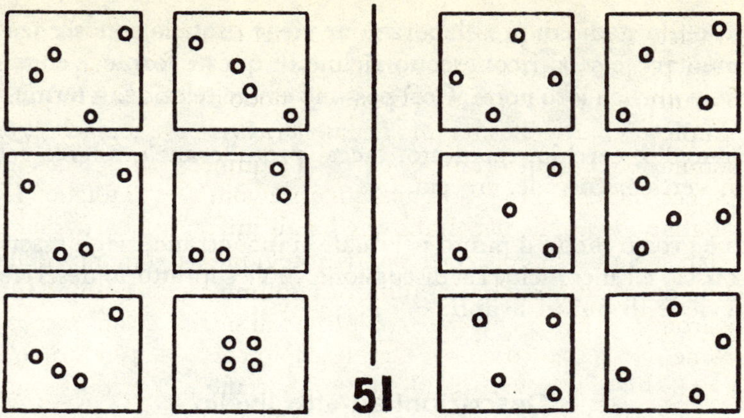

FIGURA 121. Problema di Bongard 51. [Da M. Bongard, Pattern Recognition *(Rochelle Park, N.J.: Hayden Book Co., Spartan Books, 1970)].*

Il problema è: "In che cosa i riquadri della classe I differiscono dai riquadri della classe II?".

Immaginiamo un programma che risolva i PB: esso probabilmente ha diversi stadi, nei quali i dati grezzi vengono gradualmente convertiti in descrizioni. I primi stadi sono relativamente rigidi, mentre gli stadi superiori diventano gradualmente più flessibili. Gli stadi finali hanno una proprietà che vorrei chiamare *tentatività*, con cui voglio dire semplicemente che il modo nel quale un riquadro è rappresentato è sempre un tentativo di descrizione provvisorio. Alla minima sollecitazione si può sempre modificare la descrizione di alto livello, che viene ristrutturata utilizzando tutti gli accorgimenti degli ultimi stadi. Le idee presentate qui di seguito hanno anch'esse valore di tentativo. Cercherò, prima di tutto, di comunicare le idee generali, trascurando difficoltà anche significative. Quindi tornerò indietro e tenterò di spiegare le sottigliezze, gli accorgimenti, e così via. In questo modo anche l'idea che il lettore si è fatto dell'intero processo potrà essere sottoposta a revisione a mano a mano che la lettura procede. È appunto questo lo spirito della discussione.

La pre-elaborazione seleziona un minivocabolario

Supponiamo di avere un PB che vogliamo risolvere. Il problema viene presentato a una telecamera, la quale legge i dati grezzi. Quindi i dati grezzi vengono *pre-elaborati*: questo significa che vengono riconosciute alcune caratteristiche salienti. I *nomi* di queste caratteristiche costituiscono un "minivocabolario" per il problema. Essi sono tratti dal "vocabolario delle caratteristiche salienti" generale. Alcuni termini tipici del vocabolario delle caratteristiche salienti sono:

segmento, curva, orizzontale, verticale, nero, bianco, grande, piccolo, appuntito, smussato...

A un secondo stadio di pre-elaborazione viene usata la conoscenza di *forme* elementari: e se si riconoscono alcune di queste forme, vengono resi disponibili anche i loro nomi. Così possono essere selezionati termini come

> triangolo, cerchio, quadrato, tacca, protuberanza, angolo retto, vertice, cuspide, freccia...

Questo è grosso modo il punto nel quale si incontrano, negli esseri umani, il conscio e l'inconscio. La discussione vuole soprattutto descrivere che cosa avviene di qui in avanti.

Descrizioni ad alto livello

Ora che, in una qualche misura, si è "compreso" il disegno in termini di concetti familiari, si cerca di farsene un'idea più precisa. Si fanno tentativi di descrizioni per uno o più dei dodici riquadri e, a questo scopo, si useranno di solito descrittori semplici come:

> sopra, sotto, a destra di, a sinistra di, dentro, fuori di, vicino a, lontano da, parallelo a, perpendicolare a, in una riga, diffuso, distanziato in modo regolare, distanziato in modo irregolare, ecc.

Si possono usare anche descrittori numerici definiti e indefiniti:

> 1, 2, 3, 4, 5,... molti, pochi, ecc.

Possono inoltre venir costruiti descrittori più complicati come:

> ancora più a destra di, meno vicino a, quasi parallelo a, ecc.

Quindi un riquadro tipico, diciamo I-F del PB 47 (Fig. 122), potrebbe essere descritto in vari modi, riconoscendovi:

tre forme

o

tre forme bianche

o

un cerchio a destra

o

due triangoli ed un cerchio

o

due triangoli puntati verso l'alto

o

una forma grande e due forme piccole

o

una forma curva e due forme rettilineari

o

un cerchio con forme dello stesso tipo all'interno e all'esterno.

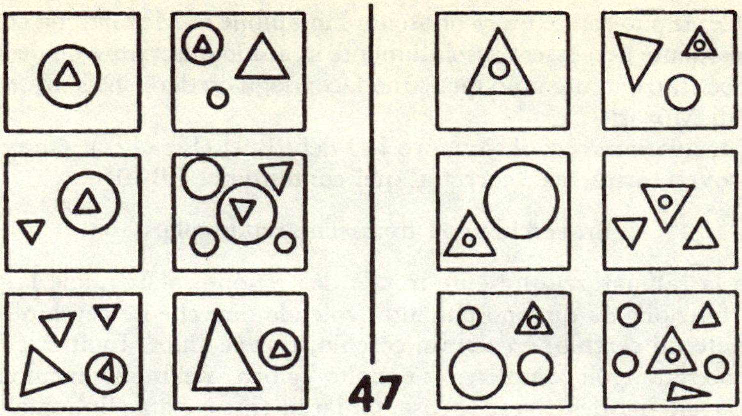

FIGURA 122. Problema di Bongard 47. [*Da M. Bongard,* Pattern Recognition].

Ciascuna di queste descrizioni vede il riquadro attraverso un "filtro". Fuori del contesto, tutte potrebbero essere descrizioni utili. Tuttavia, come poi risulta, nel contesto del particolare PB di cui fanno parte esse sono tutte "sbagliate". In altre parole, conoscendo ciò che distingue le Classi I e II del PB 47 e disponendo di una delle righe precedenti come descrizione di un disegno non visto, l'informazione non permetterebbe di dire a quale Classe appartiene il disegno. La caratteristica essenziale di questo riquadro, nel contesto, è che in esso si trova

un cerchio che contiene un triangolo.

È da notare che se qualcuno ascoltasse una descrizione del genere, non sarebbe in grado di *ricostruire* il disegno originale, ma sarebbe in grado di *riconoscere* disegni che hanno questa proprietà. È un po' come per lo stile

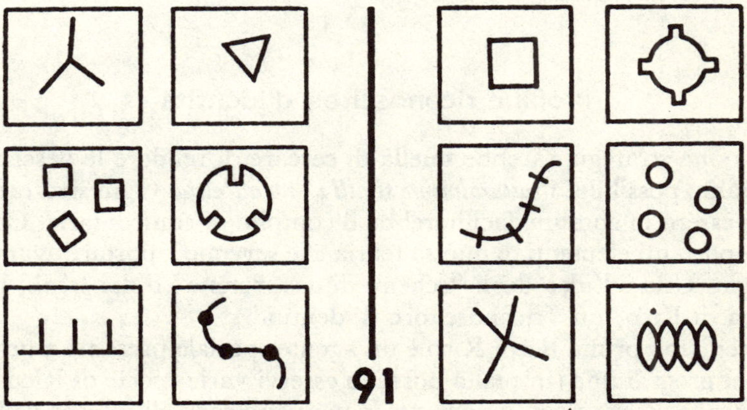

FIGURA 123. Problema di Bongard 91. [*Da M. Bongard,* Pattern Recognition].

musicale: si può essere un riconoscitore infallibile di Mozart, ma contemporaneamente non essere assolutamente in grado di scrivere qualcosa che potrebbe trarre in inganno qualcuno facendogli credere che si tratti di un pezzo di Mozart.

Consideriamo ora il riquadro I-D del PB 91 (Fig. 123). Una descrizione sovraccarica ma "corretta" nel contesto del PB 91 è

un cerchio con tre tacche rettangolari.

Si noti la raffinatezza presente in tale descrizione, nella quale la parola "con" funziona da disconoscimento, volendo dire che il "cerchio" non è realmente un cerchio: è *quasi* un cerchio, tranne che... Inoltre le tacche non sono rettangoli completi. Vi è molto "gioco" nel modo in cui usiamo il linguaggio per descrivere le cose. Chiaramente è stata eliminata un bel po' d'informazione, e se ne sarebbe potuta eliminare ancora di più. A priori, è molto difficile sapere che cosa sarebbe intelligente eliminare e che cosa converrebbe conservare. Si dovrà dunque codificare qualche metodo che permetta di raggiungere un compromesso intelligente, e per questo occorre un'euristica. Naturalmente ci si può sempre riferire a descrizioni di livelli inferiori (cioè a descrizioni meno aggregate), quando si debba rintracciare nuovamente l'informazione scartata, proprio come l'enigmista può guardare il suo rebus tutte le volte che vuole, per averne un aiuto a ristrutturare le sue idee su di esso. L'accorgimento da seguire è quindi quello di stabilire regole esplicite che dicano in che modo

fare tentativi di descrizioni provvisorie per ciascun riquadro;
metterle a confronto con le descrizioni provvisorie degli altri riquadri di ciascuna classe;
ristrutturare le descrizioni
(*i*) aggiungendo informazione,
(*ii*) eliminando informazione,
(*iii*) vedendo la stessa informazione da un'altra angolazione;
ripetere il procedimento finché non si trovi che cosa differenzia le due classi.

Profili e riconoscitori d'identità

Una buona strategia sarebbe quella di cercare di rendere le descrizioni, per quanto possibile, *strutturalmente simili l'una all'altra*. Ogni struttura che esse avessero in comune faciliterebbe il compito di confrontarle. Ci sono due importanti elementi di questa teoria che servono a portare avanti tale strategia. Uno è l'idea degli "schemi di descrizione" o dei *profili*; l'altro è l'idea di Rico, un "riconoscitore d'identità".

Vediamo prima Rico: Rico è un agente speciale presente a tutti i livelli del programma (in realtà possono esservi varie specie di Rico ai diversi livelli). Rico va continuamente in perlustrazione all'interno delle singole descrizioni e all'interno di descrizioni differenti, alla ricerca di descrittori o di altri elementi che si presentino identici più di una volta. Quan-

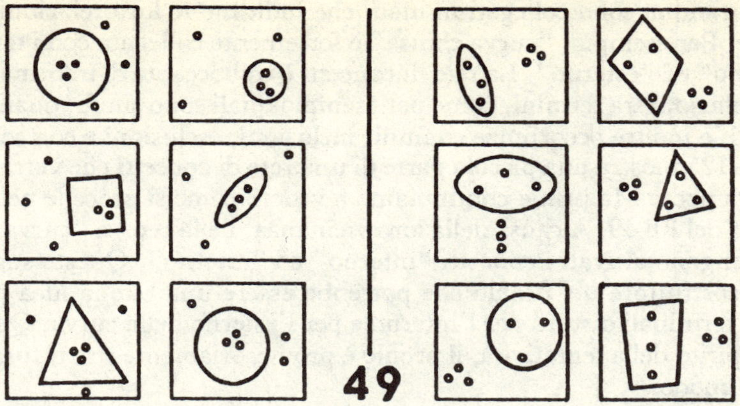

FIGURA 124. Problema di Bongard 49. [Da M. Bongard, Pattern Recognition].

do rileva qualche identità, cioè qualche carattere condiviso, può innescare varie operazioni di ristrutturazione sia a livello della singola descrizione sia a livello di parecchie descrizioni contemporaneamente.

Ed ora vediamo i profili. La prima cosa che avviene dopo la pre-elaborazione è un tentativo di costruire un profilo (o schema di descrizione) di *formato uniforme* per la descrizione di tutti i riquadri di un problema. L'idea su cui ci si basa è che spesso una descrizione può essere spezzata in modo naturale in sottodescrizioni e queste a loro volta, se è necessario, in sotto-sottodescrizioni, e così via. Si tocca il fondo quando si arriva a concetti primitivi che appartengono al livello della pre-elaborazione. Ora è importante scegliere un modo di spezzare le descrizioni tale da riflettere ciò che vi è di comune in tutti i riquadri; altrimenti si introdurrebbe nel mondo un tipo di "pseudo-ordine" superfluo e privo di significato.

Sulla base di quale informazione si costruisce un profilo? È meglio spiegarsi con un esempio. Prendiamo il PB 49 (Fig. 124). La pre-elaborazione fornisce l'informazione che tutti i riquadri contengono varie piccole o e una grande curva chiusa. Questa è un'osservazione utile e merita di essere inserita nel profilo. Quindi un primo passo verso un profilo sarebbe:

grande curva chiusa: ——
piccole o: ——

È molto semplice: il profilo descrittivo ha due *terminali* espliciti nei quali devono essere inserite le sottodescrizioni.

Un programma eterarchico

Ora accade una cosa interessante, innescata dal termine "curva chiusa". Uno dei moduli più importanti del programma è un tipo di rete semantica, *la rete di concetti*, nella quale tutti i sostantivi, gli aggettivi, ecc., noti al programma sono collegati in modi che indicano le loro relazioni reciproche. Per esempio, "curva chiusa" è fortemente collegata con i termini "interno" ed "esterno". La rete di concetti è traboccante di informazione sulle relazioni tra termini, come per esempio quali sono simili, quali sono opposti, e inoltre occorrenze comuni, inclusioni, esclusioni e così via. La Figura 125 mostra una piccola parte di una rete di concetti che verrà spiegata tra poco. Ma prima continuiamo a vedere come si procede nella soluzione del PB 49. A causa della loro vicinanza, nella rete, a "curva chiusa", vengono attivati i concetti "interno" ed "esterno". Questo suggerisce al costruttore del profilo che potrebbe essere una buona idea predisporre terminali distinti per l'interno e per l'esterno della curva. Quindi, nello spirito della tentatività, il profilo è provvisoriamente ristrutturato in questo modo:

grande curva chiusa: ——
piccole o all'interno: ——
piccole o all'esterno: ——

Ora, quando si cercano sottodescrizioni, i termini "interno" ed "esterno" faranno sì che certe procedure ispezionino quelle zone specifiche del riquadro. Ciò che si trova nel PB 49, riquadro I-A, è questo:

grande curva chiusa: *cerchio*
piccole o all'interno: *tre*
piccole o all'esterno: *tre*

E una descrizione del riquadro II-A dello stesso PB potrebbe essere:

grande curva chiusa: *sigaro*
piccole o all'interno: *tre*
piccole o all'esterno: *tre*

Ora Rico che è sempre all'erta, in parallelo con le altre operazioni, rileva che il concetto "tre" si ripete in tutti i terminali che riguardano le o, e questo è un forte incentivo a intraprendere una seconda operazione di ristrutturazione del profilo. Si tenga presente che la prima ristrutturazione è stata suggerita dalla rete di concetti, la seconda da Rico. Così il nostro profilo per il PB 49 diventa:

grande curva chiusa: ——
tre piccole o all'interno: ——
tre piccole o all'esterno: ——

Ora che "tre" è stato portato a un livello di generalità più alto, cioè è arrivato a far parte del profilo, vale la pena di esplorare i suoi vicini nella rete

FIGURA 125. Una piccola parte di una rete di concetti di un programma per risolvere i problemi di Bongard. I "nodi" sono collegati da "archi" i quali possono essere collegati a loro volta. Considerando l'arco come un verbo e i nodi che esso congiunge come un soggetto ed un oggetto, da questo diagramma si possono costruire alcune frasi in italiano.

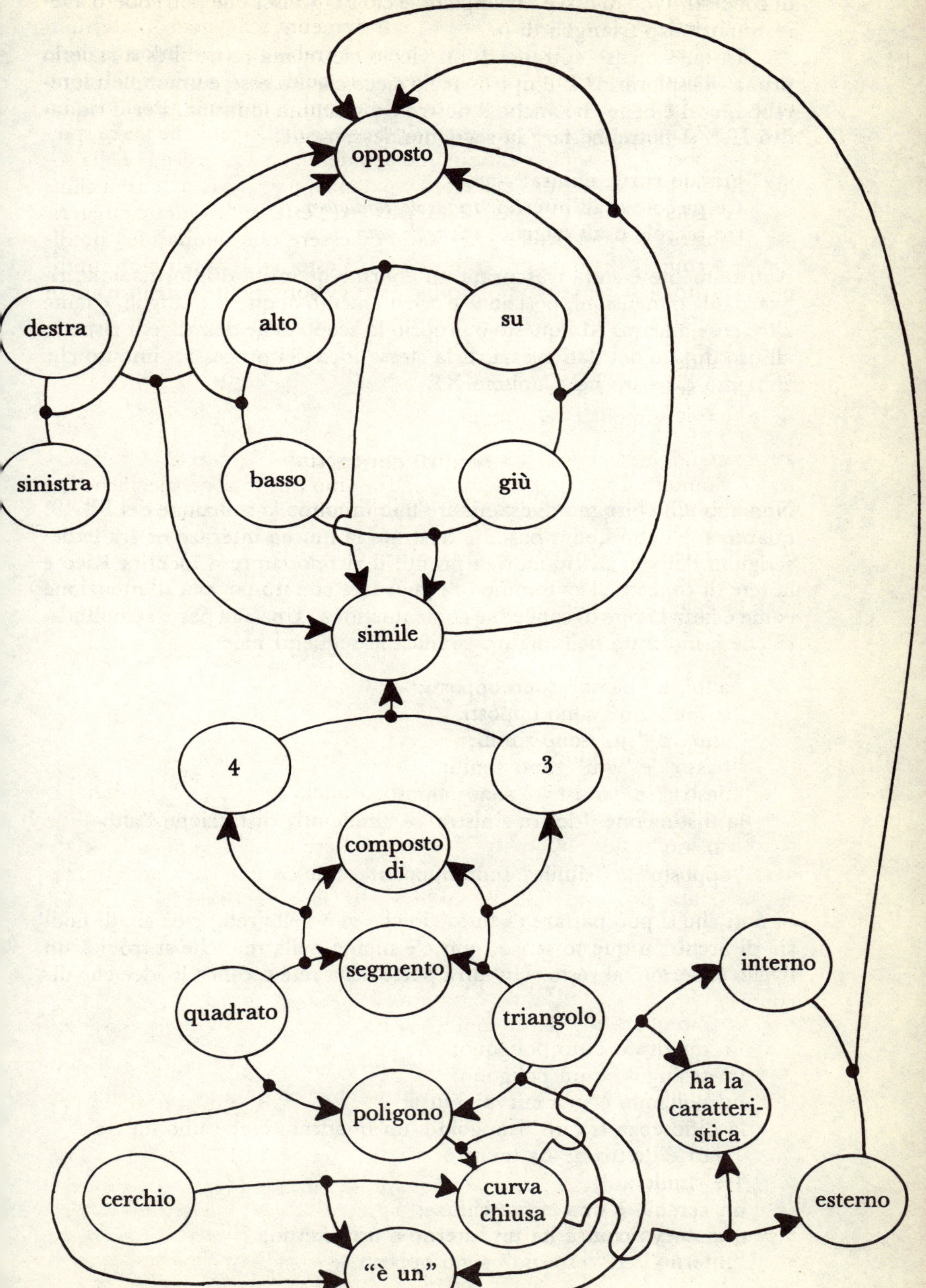
opposto
destra
alto
su
sinistra
basso
giù
simile
4
3
composto di
segmento
quadrato
triangolo
interno
ha la caratteri-stica
poligono
cerchio
curva chiusa
esterno
"è un"

di concetti. Uno di essi è "triangolo" e ciò suggerisce che potrebbero avere importanza triangoli di o.

In questo caso si tratta di un vicolo cieco, ma come si fa a saperlo prima di esplorarlo? È il tipico vicolo cieco che un essere umano esplorerebbe, così è bene che anche il nostro programma lo faccia. Per il riquadro II-E si potrebbe fare la seguente descrizione:

grande curva chiusa: *cerchio*
tre piccole o all'interno: *triangolo equilatero*
tre piccole o all'esterno: *triangolo equilatero*

Naturalmente è stata trascurata un'enorme quantità d'informazione riguardante dimensioni, posizione e orientamento di questi triangoli, e tante altre cose ancora. Ma questo è proprio lo scopo delle descrizioni rispetto all'uso diretto dei dati grezzi. È la stessa idea dei processi a imbuto che abbiamo discusso nel Capitolo XI.

La rete di concetti

Non abbiamo bisogno di esaminare fino in fondo la soluzione del PB 49; quanto si è detto finora basta a mostrare la mutua interazione fra le descrizioni dei singoli riquadri, i profili, il riconoscitore d'identità Rico e la rete di concetti. Dovremmo ora guardare con un po' più d'attenzione come è fatta la rete di concetti e come funziona. Una sua parte semplificata che è mostrata nella figura codifica le seguenti idee:

"alto" e "basso" sono opposti;
"su" e "giù" sono opposti;
"alto" e "su" sono simili;
"basso" e "giù" sono simili;
"destra" e "sinistra" sono opposti;
la distinzione "destra-sinistra" è simile alla distinzione "alto-basso";
"opposto" e "simile" sono opposti.

Si noti che si può parlare di tutto ciò che vi è nella rete, cioè sia di nodi sia di archi. In questo senso, non c'è niente nella rete che si trovi a un livello superiore al resto. Un'altra parte della rete codifica le idee che dicono:

un quadrato è un poligono;
un triangolo è un poligono;
un poligono è una curva chiusa;
la differenza tra un triangolo e un quadrato è che uno ha tre lati e l'altro ne ha quattro;
4 è simile a 3;
un cerchio è una curva chiusa;
una curva chiusa ha un interno e un esterno;
"interno" ed "esterno" sono opposti.

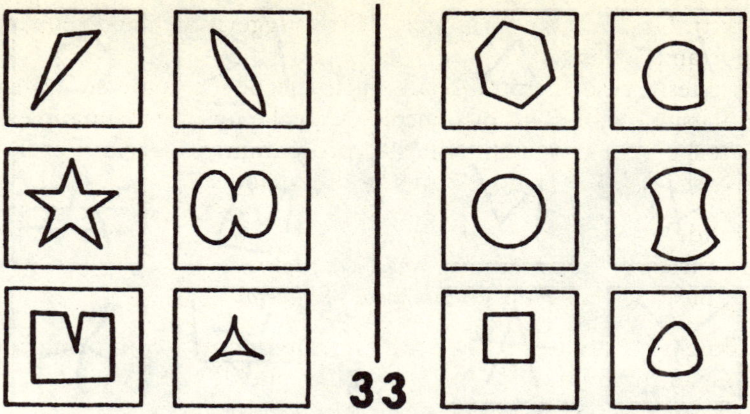

FIGURA 126. *Problema di Bongard 33.* [*Da M. Bongard,* Pattern Recognition].

La rete di concetti è necessariamente molto vasta. Sembra che immagazzini la conoscenza solo in modo statico, o dichiarativo, ma questo è solo un aspetto. In realtà, il sapere che incorpora presenta anche un aspetto quasi procedurale, per il fatto che le prossimità nella rete agiscono come guide o "programmi" che indicano al programma principale in che modo elaborare la comprensione dei disegni contenuti nei riquadri.

Per esempio, alcune congetture iniziali possono risultare sbagliate e tuttavia avere in sé il germe della risposta giusta. Nel PB 33 (Fig. 126) si potrebbe in un primo momento buttarsi sull'idea che i riquadri della Classe I contengono forme "appuntite" e quelli della Classe II forme "smussate". A un'indagine più attenta, però, quest'idea risulta sbagliata; eppure in essa c'è un'intuizione valida, e si può cercare di svilupparla seguendo i percorsi della rete di concetti che partono da "appuntito". In prossimità di questo troveremo il concetto di "acuto", che è esattamente la caratteristica distintiva della Classe I. Allora una delle funzioni principali della rete di concetti è di permettere di modificare leggermente le idee sbagliate iniziali per farle scivolare su varianti che possono risultare quelle giuste.

Slittamento e tentatività

Collegata a questa nozione di slittamento tra termini in stretto rapporto fra di loro è la tendenza a vedere un dato oggetto come una variante di un altro oggetto. Se ne è già dato un ottimo esempio quando si è parlato di "cerchio con tre tacche", laddove non c'era affatto un cerchio. Si deve essere in grado, quando fa comodo, di usare i concetti in modo elastico. Niente dovrebbe essere assolutamente rigido. D'altro canto, le cose non dovrebbero nemmeno essere talmente fungibili da non fissare alcun significato. Ciò che conta è sapere quando e in che modo conviene scivolare da un concetto a un altro.

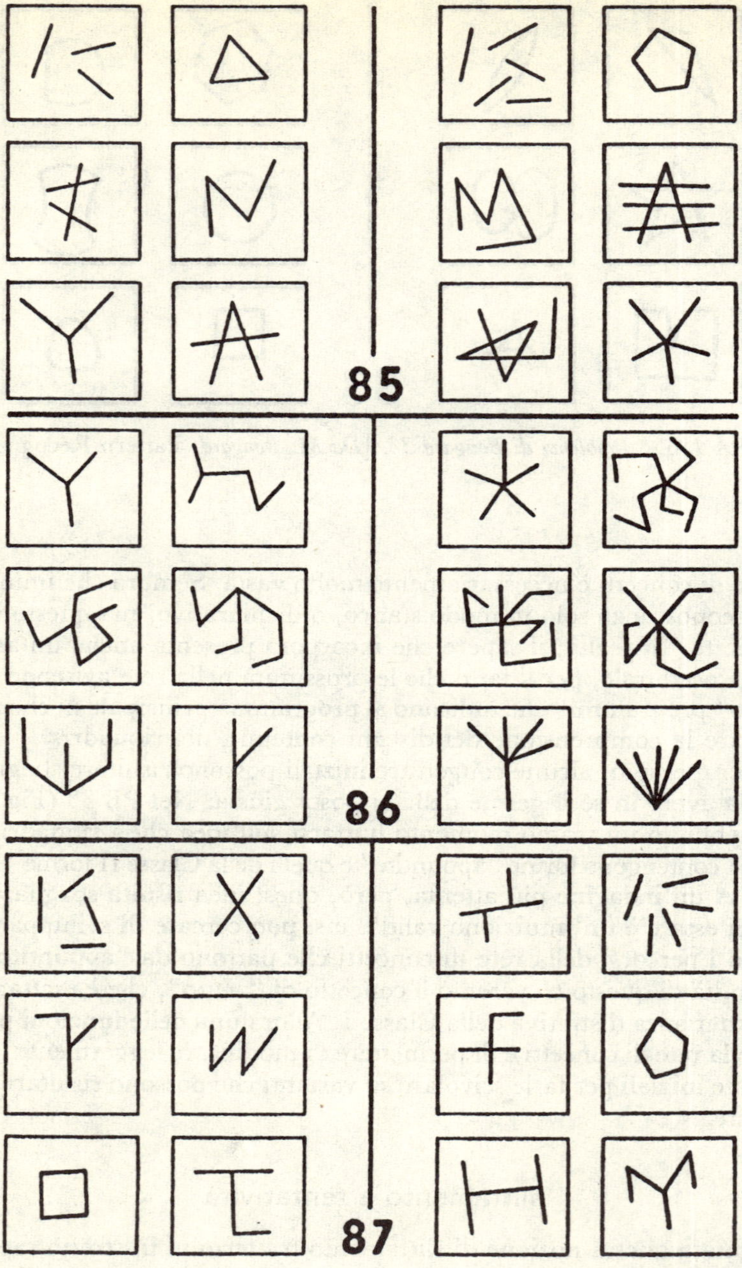

FIGURA 127. Problemi di Bongard 85-87. [*Da M. Bongard,* Pattern Recognition].

Un insieme estremamente interessante di esempi nei quali il punto cruciale sta nello scivolare da una descrizione a un'altra è dato dai problemi PB 85-87 (Fig. 127). Il PB 85 è abbastanza banale. Supponiamo che il nostro programma, nel suo stadio di pre-elaborazione, identifichi il profilo: "segmenti". È relativamente facile per esso, a questo punto, contare i segmenti e arrivare alla differenza tra la Classe I e la Classe II. Passiamo ora al PB 86. Un'euristica generale usata dal programma è la seguente: *provare a sfruttare idee recenti che hanno funzionato*. È noto che nel mondo reale l'applicazione ripetuta di metodi recenti è spesso coronata da successo. Bongard non cerca, con la sua collezione di problemi, di sviare questo tipo di euristica; anzi, fortunatamente, la rafforza. Così noi ci tuffiamo direttamente nel PB 86 con due idee ("contare" e "segmento") fuse in una: "contare i segmenti". Ma poi risulta che l'accorgimento che serve per risolvere il PB 86 è contare *grappoli* di segmenti anziché *segmenti*, dove "grappolo di segmenti" sta a indicare un insieme di (uno o più) segmenti con gli estremi che si toccano. Il programma potrebbe concepire questa variazione se i concetti "grappolo di segmenti" e "segmento" fossero entrambi noti e vicini nella rete di concetti; oppure se il programma stesso riuscisse a *inventare* il concetto di "grappolo di segmenti", cosa, quest'ultima, che, quanto meno, non è facile.

E ora vediamo il PB 87, nel quale si gioca ancora sulla nozione di "segmenti". Quand'è che un segmento è tre segmenti? (Si veda il riquadro II-A). Il programma deve essere sufficientemente flessibile da riuscire a muoversi avanti e indietro tra tali rappresentazioni diverse di una data parte di un disegno. È prudente immagazzinare le vecchie rappresentazioni anziché dimenticarle e doverle forse ricostruire, perché non c'è nessuna garanzia che una rappresentazione più nuova sia migliore di una vecchia. E allora, insieme con ciascuna vecchia rappresentazione, dovrebbero essere immagazzinate alcune delle ragioni per preferirla o rifiutarla. (Tutto ciò comincia a risultare un po' complesso, non è vero?).

Metadescrizioni

Arriviamo così a un'altra parte vitale del processo di riconoscimento, cioè a quella che riguarda i livelli di astrazione e le metadescrizioni. Consideriamo di nuovo il PB 91 (Fig. 123). Che tipo di profilo si potrebbe costruire qui? Vi è una tale quantità di possibilità che è difficile sapere da che parte incominciare. Ma questo già di per sé è un indizio! L'indizio dice, infatti, che la distinzione di classe molto probabilmente esiste a un livello di astrazione superiore a quello della descrizione geometrica. Quest'osservazione suggerisce al programma di costruire *descrizioni di descrizioni*, cioè *metadescrizioni*. Forse a questo secondo livello qualche caratteristica comune emergerà; e, se siamo fortunati, scopriremo un numero di caratteristiche comuni sufficiente a guidarci verso la formulazione di un profilo per le metadescrizioni! Così andiamo avanti senza costruire profili, ma producendo descrizioni per i vari riquadri; una volta che queste descrizioni siano completate, *le* descriviamo. Che tipo di terminali avrà il nostro profilo per le metadescrizioni? Forse questi, tra gli altri:

concetti usati: ——
concetti ricorrenti: ——
nomi dei terminali: ——
filtri usati: ——

Questo è solo un esempio, ma vi sono molti altri tipi di terminali che potrebbero risultare utili per le metadescrizioni. Supponiamo ora di avere descritto il riquadro I-E del PB 91. La sua descrizione (per cui non è stato usato un profilo) può somigliare a questa:

segmento orizzontale
segmento verticale montato sul segmento orizzontale
segmento verticale montato sul segmento orizzontale
segmento verticale montato sul segmento orizzontale

Naturalmente è stata tralasciata gran parte dell'informazione: il fatto che le tre linee verticali sono della stessa lunghezza, sono poste alla stessa distanza ecc. Ma è plausibile che verrebbe fatta la descrizione precedente. Così la metadescrizione potrebbe apparire in questo modo:

concetti usati: *verticale-orizzontale, segmento, montato su*
ripetizioni nelle descrizioni: *3 copie di "segmento verticale montato su segmento orizzontale"*
nomi dei terminali: ——
filtri usati: ——

Non è necessario saturare tutti i terminali della metadescrizione: si può tralasciare un po' d'informazione a questo livello, come lo si può fare a quello della "pura e semplice descrizione".

Se ora dovessimo fare una descrizione, nonché una metadescrizione, per ognuno dei riquadri della classe I, ogni volta il terminale "ripetizioni nelle descrizioni" porterebbe scritto "3 copie di...". Il riconoscitore d'identità noterebbe questo fatto e prenderebbe il *tre* come una caratteristica saliente dei riquadri della classe I a un livello abbastanza alto di astrazione. In modo simile, mediante il metodo delle metadescrizioni, il *quattro* sarebbe riconosciuto come il segno distintivo della Classe II.

La flessibilità è importante

Si potrebbe obiettare che, in questo caso, ricorrere al metodo delle metadescrizioni è come usare il cannone per sparare agli uccellini, perché la contrapposizione fra il "tre volte" e il "quattro volte" avrebbe potuto essere rivelata altrettanto facilmente al livello inferiore se avessimo costruito le nostre descrizioni in modo leggermente diverso. È vero, ma è importante avere la possibilità di risolvere questi problemi seguendo percorsi diversi. Un programma dovrebbe avere una grande flessibilità, e non dovrebbe essere condannato se, malaforicamente parlando, qualche volta "abbaia contro la persona sbagliata". (Il termine semiserio "malaforicamente" risulta da un incrocio fra maldestramente e metaforicamente. È un buon esempio di "idee ricombinanti"). In ogni caso, volevo illustrare il principio generale che dice: quando è difficile costruire un profilo perché il pre-elaboratore trova troppe diversità, ciò dovrebbe servire da indizio che ci si trova in presenza di concetti di un livello d'astrazione superiore a quello a cui lavora il pre-elaboratore.

Messa a fuoco e filtraggio

Occupiamoci ora di un'altra questione: come si elimina un po' d'informazione? Questo tira in ballo due nozioni collegate che chiamerò "messa a fuoco" e "filtraggio". La *messa a fuoco* richiede che venga fatta una de-

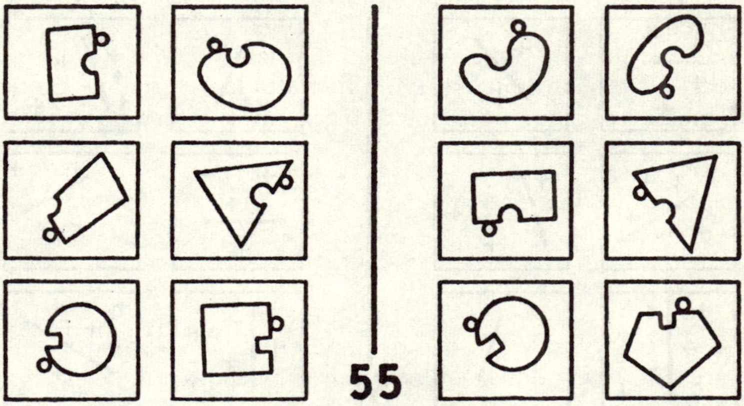

FIGURA 128. Problema di Bongard 55. [Da M. Bongard, Pattern Recognition].

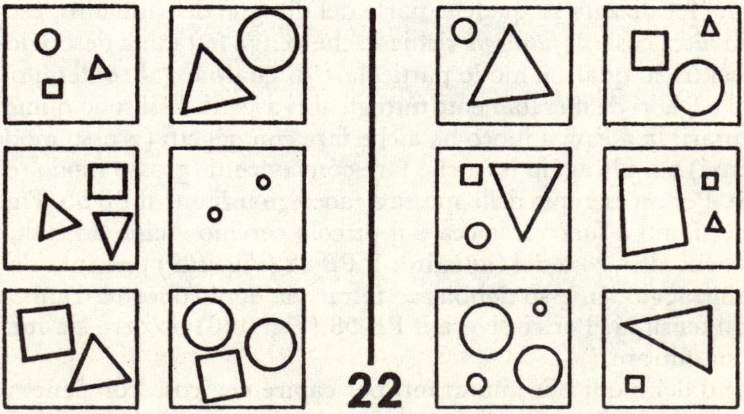

FIGURA 129. Problema di Bongard 22. [Da M. Bongard, Pattern Recognition].

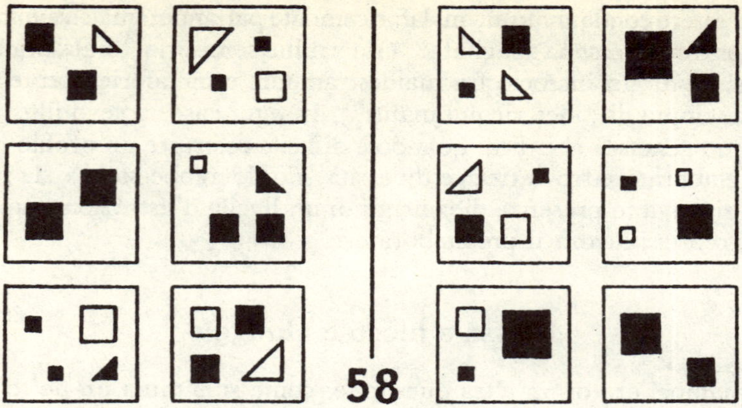

FIGURA 130. Problema di Bongard 58. [Da M. Bongard, Pattern Recognition].

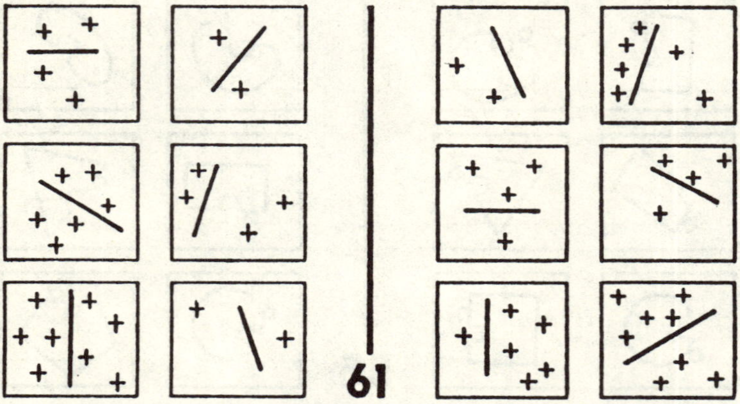

FIGURA 131. Problema di Bongard 61. [Da M. Bongard, Pattern Recognition].

scrizione focalizzata su qualche parte del disegno del riquadro, escludendo ogni altra cosa. Il *filtraggio* richiede che venga fatta una descrizione che si concentri su qualche modo particolare di guardare al contenuto del riquadro e ignori deliberatamente tutti gli altri aspetti. Essi sono quindi complementari: la messa a fuoco ha a che fare con oggetti (grosso modo, con sostantivi) e il filtraggio ha a che fare con concetti (grosso modo, con aggettivi). Per un esempio della messa a fuoco guardiamo il PB 55 (Fig. 128). Qui mettiamo a fuoco la tacca e il piccolo cerchio vicino ad essa, escludendo ogni altra cosa del riquadro. Il PB 22 (Fig. 129) presenta un esempio di filtraggio. In esso dobbiamo filtrar via ogni concetto tranne quello delle dimensioni. Per risolvere il PB 58 (Fig. 130) occorre sia mettere a fuoco sia filtrare.

Uno dei modi più importanti per capire che cosa conviene mettere a fuoco o filtrare è quello di ricorrere a un altro tipo di "messa a fuoco": guardare cioè un singolo riquadro particolarmente semplice, per esempio quello che contiene il minor numero possibile di oggetti. Ciò può risultare estremamente utile per confrontare i riquadri più ricchi delle due classi. Ma come si può dire quali siano i riquadri più poveri finché non si dispone di una descrizione per ognuno di essi? Bene, un modo per trovare un riquadro povero è di cercarne uno per il quale il pre-elaboratore abbia fornito il numero minimo di caratteristiche. Lo si può fare molto rapidamente, perché non è necessario che preesista un profilo; anzi, questo può essere un metodo molto utile per scoprire caratteristiche da incorporare nei profili. Il PB 61 (Fig. 131) è un esempio nel quale questa tecnica può condurre rapidamente a una soluzione.

La scienza e il mondo dei problemi di Bongard

Si può pensare al mondo dei problemi di Bongard come a un ambiente minimo nel quale si fa "scienza", cioè nel quale si ha lo scopo di discernere le forme. Per raggiungere questo scopo, si fanno, disfanno e rifanno

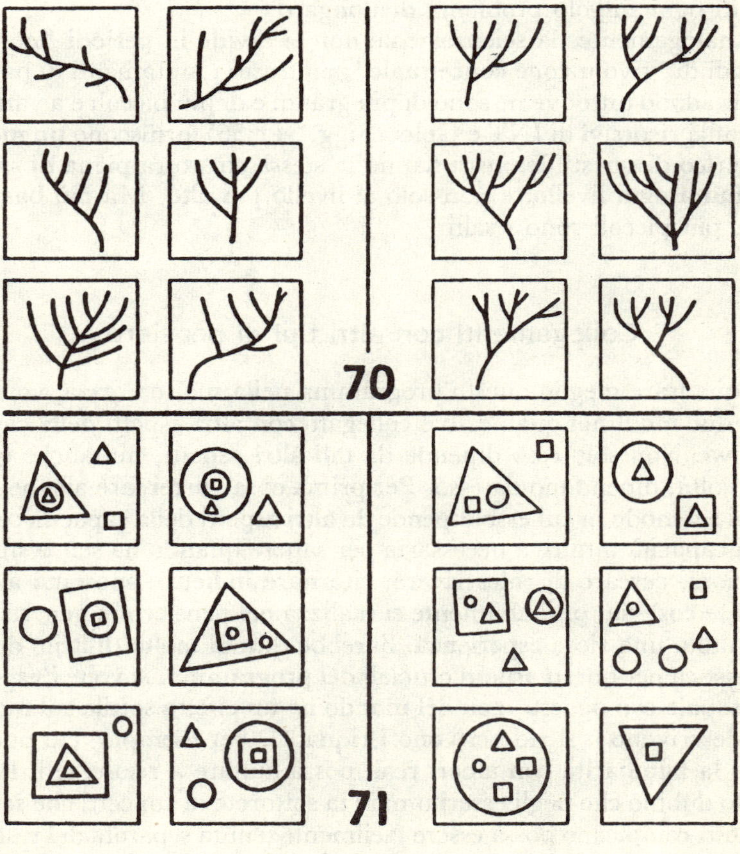

FIGURA 132. Problemi di Bongard 70-71. [*Da M. Bongard,* Pattern Recognition].

profili; si spostano terminali da un livello di generalità a un altro; si mette a fuoco, si filtra, e così via. Si fanno scoperte a tutti i livelli di complessità. La teoria kuhniana secondo cui certi rari eventi chiamati "mutamenti di paradigma" segnano la distinzione tra scienza "normale" e "rivoluzioni concettuali" qui non sembra funzionare, perché, come possiamo vedere, mutamenti di paradigma avvengono continuamente in tutto il sistema. E la fluidità delle descrizioni ci assicura che mutamenti di paradigma avverranno a tutte le scale.

Naturalmente alcune scoperte sono più "rivoluzionarie" di altre, perché hanno effetti più vasti. Per esempio, si può fare la scoperta che i PB 70 e 71 (Fig. 132) sono "lo stesso problema" quando sono esaminati a un livello sufficientemente astratto. L'osservazione chiave è che in entrambi si trova la contrapposizione fra una nidificazione semplice e una doppia. Questo è un nuovo livello di scoperta possibile riguardo ai problemi di Bongard. Vi è un livello ancora più alto che riguarda l'intera raccolta dei problemi. Se qualcuno non l'ha mai vista, può essere un buon rompicapo cercare d'immaginare che cos'è. Immaginarsela è un'intuizione rivoluzionaria, ma si deve rilevare che i meccanismi di pensiero che permettono di fare una tale scoperta non sono diversi da quelli che operano nella soluzione di ogni singolo problema di Bongard.

Analogamente, la scienza reale non si divide in periodi "normali" e periodi di "rivoluzione concettuale"; piuttosto i mutamenti di paradigma pervadono tutto: ve ne sono di più grandi e di più piccoli e a vari livelli. I grafici ricorsivi di INT e Gplot (Figg. 34 e 36) forniscono un modello geometrico di quest'idea: essi hanno la stessa struttura piena di salti discontinui a ogni livello, e non solo al livello più alto. Ma più basso è il livello, più piccoli sono i salti.

Collegamenti con altri tipi di pensiero

Per inquadrare meglio questo programma nella sua interezza, vorrei indicare due modi nei quali esso è collegato con altri aspetti della capacità cognitiva. Non solo esso dipende da tali altri aspetti, ma anche questi, a loro volta, dipendono da esso. Per prima cosa vorrei fare alcune osservazioni sul modo in cui esso dipende da altri aspetti della capacità cognitiva. La capacità intuitiva necessaria per sapere quando ha senso sfumare distinzioni, cercare di ridescrivere, ritornare indietro, spostarsi a livelli diversi, e così via, probabilmente si realizza nel pensiero in generale solo in seguito a una ricca esperienza. Sarebbe quindi molto difficile definire un'euristica per questi aspetti cruciali del programma. A volte l'esperienza personale con oggetti reali del mondo ha un effetto sottile sul modo in cui si descrivono o si ridescrivono i riquadri. Per esempio, chi può dire quanto la familiarità con alberi reali possa aiutare a risolvere il PB 70? È molto dubbio che negli esseri umani la sottorete di concetti che servono per questi rompicapo possa essere facilmente tenuta separata dal resto dell'intera rete. Piuttosto, è molto più probabile che le intuizioni ottenute vedendo e manipolando oggetti reali (pettini, treni, stringhe, blocchi, lettere, nastri adesivi, ecc.) svolgano un ruolo guida invisibile ma significativo nella soluzione di questi rompicapo.

Viceversa, è sicuro che la comprensione di situazioni del mondo reale dipende fortemente dall'immaginazione visiva e dall'intuizione spaziale, cosicché disporre di un metodo potente e flessibile per rappresentare forme del tipo di quelle di Bongard può certamente contribuire all'efficacia generale dei processi di pensiero.

A me sembra che i problemi di Bongard siano stati elaborati con molta cura e che posseggano una certa universalità, nel senso che ciascuno di essi ha un'unica risposta giusta. Si potrebbe naturalmente obiettare che ciò che noi consideriamo "ben fatto" dipende in qualche senso profondo dal nostro essere uomini, e che forse esseri viventi di qualche altro sistema planetario potrebbero essere in totale disaccordo. Non avendo nessuna prova concreta a favore o contro, continuo ad avere una certa fiducia che i problemi di Bongard facciano affidamento su un senso di semplicità che non è limitato agli uomini di questo pianeta. Le mie precedenti osservazioni sulla probabile importanza di avere una conoscenza diretta di oggetti quali pettini, treni, nastri adesivi e così via, certamente molto terrestri, non sono in conflitto con l'idea che la nostra nozione di semplicità sia universale, perché ciò che importa non è nessuno di questi singoli oggetti, ma il fatto che, presi assieme, essi sottendano un vasto spazio. E sembra probabile che ogni altra civiltà debba avere un repertorio di artefatti e di oggetti naturali vasto quanto il nostro, su cui farsi un'esperienza altrettanto varia. Per questo sono convinto che la capacità di risolvere i problemi di Bongard si trovi molto vicina al nucleo centrale dell'intelligenza "pura", ammesso che una tal cosa esista. Questi problemi sono quindi un buon punto di partenza per cominciare a indagare la capacità di scoprire "significati intrinseci" in forme o in messaggi. Purtroppo abbiamo potuto riprodurne solo una piccola scelta. Spero che molti lettori siano invogliati ad esaminare l'intera stimolante collezione che si trova nel libro di Bongard (si veda la Bibliografia).

Alcuni problemi del riconoscimento visivo delle forme che a quanto pare noi esseri umani abbiamo completamente "schiacciato" e fissato nel nostro inconscio sono veramente sorprendenti. Fra questi ci sono:

il riconoscimento delle facce (invarianza di una faccia al variare dell'età, dell'espressione, dell'illuminazione, della distanza, dell'angolazione, ecc.);

il riconoscimento di sentieri nei boschi e in montagna: questo mi ha sempre colpito come uno dei nostri atti più fini di riconoscimento di forme; eppure anche gli animali lo sanno fare;

la capacità di leggere senza esitazione testi composti in centinaia, se non in migliaia, di caratteri tipografici differenti.

Linguaggi a scambio di messaggi, frames e simboli

Fra i metodi proposti per affrontare le complessità del riconoscimento delle forme e le altre sfide aperte ai programmi di IA c'è il cosiddetto formalismo degli "attori" di Carl Hewitt (simile al linguaggio "Smalltalk" elaborato da Alan Kay ed altri), nel quale un programma è scritto come un insieme di *attori* interagenti che possono scambiarsi mutuamente *messaggi* complessi. In un certo senso, ciò ricorda un insieme eterarchico di procedure che possono chiamarsi l'un l'altra. La differenza principale sta nel fatto che, mentre le procedure di solito si scambiano soltanto un numero abbastanza piccolo di argomenti, i messaggi scambiati dagli attori possono essere arbitrariamente lunghi e complessi.

Gli attori, con la loro capacità di scambiarsi messaggi, diventano in qualche modo agenti autonomi: di fatto, sembrano addirittura calcolatori autonomi, mentre i messaggi sono in qualche modo simili a programmi. Ciascun attore può avere il proprio modo idiosincratico d'interpretare ogni dato messaggio; quindi il significato di un messaggio dipenderà dall'attore dal quale è intercettato. Ciò avviene in quanto l'attore possiede un pezzo di programma che interpreta i messaggi; così possono esservi tanti interpreti quanti sono gli attori. Naturalmente possono esservi molti attori che hanno interpreti identici; in realtà questo potrebbe essere un grande vantaggio, proprio come è estremamente importante per la cellula avere, fluttuanti nel citoplasma, un gran numero di ribosomi identici i quali interpreteranno un messaggio, in questo caso l'RNA messaggero, tutti nello stesso modo.

È interessante immaginare in che modo si potrebbe fondere la nozione di frame con la nozione di attore. Chiamiamo *simbolo* una frame che abbia la capacità di generare e d'interpretare messaggi complessi:

frame + attore = simbolo.

Abbiamo così raggiunto un punto in cui possiamo affrontare il discorso sulla implementazione di quegli inafferrabili *simboli attivi* presentati nei Capitoli XI e XII; d'ora in avanti, in questo Capitolo, "simbolo" avrà il significato appena indicato. Per inciso, non ci si senta sconcertati se non si vede immediatamente in che modo questa sintesi possa essere effettuata. Sebbene questa sia certamente una delle più affascinanti direzioni da seguire nell'IA, non è chiaro come perseguirla. Inoltre non c'è alcun dubbio che anche la migliore sintesi di queste nozioni risulterà essere molto meno potente dei veri simboli della mente umana. In questo senso, chiamare "simboli" queste sintesi di frame e attore è prematuro, ma è un modo ottimistico di guardare le cose.

Ritorniamo ad alcuni problemi connessi con lo scambio di messaggi. Ciascun messaggio deve essere diretto in modo specifico a un simbolo bersaglio, o invece deve essere gettato nella mischia, più o meno come un RNA messaggero è gettato nel citoplasma a cercare i suoi ribosomi? Se i messaggi hanno destinazioni, allora ciascun simbolo deve avere un indirizzo e i messaggi a lui diretti dovrebbero essere sempre inviati a quell'indirizzo. Oppure potrebbe esservi uno "scalo" centrale di ricevimento dei messaggi, dove un messaggio semplicemente rimarrebbe in giacenza fino a quando non venisse ritirato da qualche simbolo che lo voleva. Quest'ultima procedura somiglia al fermo posta, la prima alla distribuzione fatta dal postino. Ma esistono anche le caselle postali. Con molta probabilità risulterebbe utile imitare anche altre modalità di inoltro che soddisfano diversi tipi di necessità: espresso, raccomandata, ricevuta di ritorno, ecc. L'intero sistema postale fornisce una ricca fonte d'idee per i linguaggi a scambio di messaggi, comprese pratiche strane come l'invio di buste affrancate indirizzate a se stessi (messaggi con i quali il mittente chiede risposte rapide), pacchi postali (messaggi estremamente lunghi che possono essere spediti con qualche procedura molto lenta) e altre ancora. Il sistema telefonico fornirà altre ispirazioni quando si esauriranno le idee del sistema postale.

Enzimi ed IA

Un'altra ricca sorgente d'idee per la trasmissione di messaggi, e anche per l'elaborazione dell'informazione in generale, è naturalmente la cellula. Alcuni oggetti presenti nella cellula, in particolare gli enzimi, sono in tutto e per tutto paragonabili agli attori. Il sito attivo di ciascun enzima agisce da filtro, poiché riconosce solo certi particolari tipi di substrati (messaggi). Perciò un enzima ha di fatto un "indirizzo". Grazie alla sua struttura terziaria, l'enzima è "programmato" a compiere certe operazioni su quel messaggio, per poi rispedirlo di nuovo nel mondo. E in questo modo, quando un messaggio passa da un enzima all'altro lungo un percorso chimico, può compiersi un lavoro considerevole. Abbiamo già descritto i complicati tipi di meccanismi di retroazione che possono verificarsi nelle cellule (per produrre l'inibizione o la repressione). Questi tipi di meccanismi mostrano che lo scambio di messaggi del tipo esistente nella cellula può costituire la base per un sistema di controllo di processi molto complessi.

Una delle cose che più colpiscono riguardo agli enzimi è come essi stanno sparsi qua e là senza fare niente, aspettando di essere attivati da un substrato che sopraggiunga. Allora, non appena arriva il substrato, immediatamente l'enzima entra in azione, scattando come una pianta carnivora. Questo tipo di programma, generalmente inerte ma sensibilissimo, è stato usato in IA e va sotto il nome di *demone*. L'idea importante che si ricava dall'osservazione della cellula è di avere molte "specie" diverse di procedure innescabili che stanno sparse qua e là in attesa di essere innescate. Nelle cellule tutte le molecole complesse e gli organuli sono costruiti passo per passo, in un processo in cui ogni passo è un'operazione estremamente semplice. Alcune di queste nuove strutture sono spesso enzimi esse stesse e partecipano alla costruzione di nuovi enzimi, che a loro volta partecipano alla costruzione di altri tipi ancora di enzimi, e così via. Una simile cascata ricorsiva di enzimi può avere effetti drastici su ciò che una cellula sta facendo. Sarebbe bello poter trasferire nell'IA lo stesso tipo di processo semplice di assemblaggio passo per passo per la costruzione di sottoprogrammi utili. Per esempio, la ripetizione ha l'effetto di stabilire durevolmente nuove vie circuitali nel nostro hardware mentale, per cui le sequenze di comportamento che sono spesso ripetute vengono codificate e fissate al di sotto del livello della coscienza. Sarebbe estremamente utile trovare un metodo analogo per sintetizzare blocchi efficienti di codice in grado di ripetere sequenze di operazioni inizialmente "imparate" a un livello più alto di "coscienza". Le cascate di enzimi possono suggerire un modello per effettuare una sintesi di questo genere. (Il programma chiamato "HACKER", scritto da Gerald Sussman, sintetizza e corregge piccole subroutines in un modo non molto diverso dalle cascate di enzimi).

I riconoscitori d'identità nel risolutore di problemi di Bongard (i vari Rico) potrebbero essere realizzati come sottoprogrammi di tipo enzima. Come un enzima, ogni Rico si aggirerebbe d'attorno più o meno a caso, urtando qua e là in piccole strutture di dati. Quando i suoi due "siti attivi" fossero occupati da due strutture di dati identiche, Rico emetterebbe un messaggio diretto ad altre parti (attori) del programma. Fintanto che i programmi lavorano serialmente, non sarebbe molto sensato avere numerose copie di Rico, mentre in un calcolatore che lavorasse in parallelo, regolare il numero di copie di un sottoprogramma equivarrebbe a regolare il tempo medio previsto perché un'operazione venga compiuta, proprio come il numero di copie di un enzima in una cellula controlla la velocità con cui una data funzione viene svolta. E se potessero essere sintetizzati nuovi Rico, ciò sarebbe paragonabile a un infiltrarsi del riconoscimento delle forme in livelli più bassi della nostra mente.

Fissione e fusione

Due concetti interessanti e complementari che riguardano l'interazione fra simboli sono quelli di "fissione" e di "fusione". La *fissione* è il distacco graduale di un nuovo simbolo dal simbolo che lo ha generato (cioè dal simbolo che gli è servito da stampo, sul quale è stato copiato). La *fusione* è ciò che accade quando due (o più) simboli originariamente non collegati fra loro partecipano ad una "attivazione congiunta", scambiandosi messaggi così strettamente che finiscono col risultare uniti; da questo momento in poi ci si può rivolgere alla combinazione come se fosse un unico simbolo. La fissione è un processo più o meno inevitabile, poiché, una volta che un nuovo simbolo è stato "ricalcato" da uno vecchio, esso diventa autonomo e le sue interazioni col mondo esterno vengono riflesse nella sua struttura interna privata; così questo nuovo simbolo che aveva avuto inizio come una copia perfetta sarà presto una copia imperfetta e quindi lentamente diventerà sempre meno simile al simbolo sul quale venne "ricalcato". La fusione è qualcosa di più sottile. In quale momento due concetti diventano realmente uno solo? Vi è un qualche istante preciso nel quale si compie la fusione?

Questa nozione di attivazioni congiunte apre un vaso di Pandora di domande. Per esempio, fino a che punto pensiamo a "pomo" e a "oro" quando diciamo "pomodoro"? Un tedesco che parla di guanti ("Handschuhe") pensa "scarpe-mano" o no? E che dire dei cinesi, la cui parola "dōng-xī" (Est-Ovest) significa "cosa"? Si può scoprire anche un aspetto politico della questione: molti hanno sostenuto che parole come "chairman" ("uomo-sedia", cioè "presidente") hanno una forte carica maschilista. Il grado in cui le singole parti risuonano dentro il tutto varia probabilmente da persona a persona e a seconda delle circostanze.

La vera difficoltà che presenta questa nozione di "fusione" di simboli è che è molto difficile immaginare algoritmi generali capaci di creare nuovi simboli significativi a partire da altri simboli che vengano a contatto. È come avere due filamenti di DNA che s'incontrano. In che modo si potrebbero prelevare frammenti da ciascuno di essi e ricombinarli in un nuovo filamento significativo e funzionante di DNA che codifichi un individuo della stessa specie? O di una nuova specie? La probabilità che una combinazione casuale di frammenti di DNA codifichi qualcosa in grado di sopravvivere è infinitesima, più o meno come la probabilità che una combinazione casuale di parole prese da due libri formi un altro libro. La probabilità che un tale DNA ricombinante abbia significato a un qualsiasi altro livello oltre il più basso è molto piccola, proprio perché nel DNA vi sono tanti livelli di significato. E la stessa cosa vale per i "simboli ricombinanti".

Epigenesi del *Canone cancrizzante*

Considero il mio Dialogo *Canone cancrizzante* un tipico esempio di due idee che vennero a contatto, si associarono in un modo nuovo e dettero improvvisamente origine nella mia mente a un nuovo tipo di struttura verbale. Naturalmente posso ancora pensare ai canoni cancrizzanti nell'ambito musicale e ai dialoghi verbali come a cose distinte; essi possono ancora essere attivati l'uno indipendentemente dall'altro; ma il simbolo fuso per i dialoghi del genere canone cancrizzante ha anch'esso le sue modalità caratteristiche di attivazione. Per illustrare questa nozione di fusione, o "ricombinazione simbolica", in modo un po' più dettagliato, vorrei analizzare il processo che ha dato origine al mio *Canone cancrizzante*, prendendolo come oggetto di studio sia perché, naturalmente, mi è molto familiare, sia perché è un esempio interessante, anzi tipico, di quanto una singola idea possa essere sviluppata. Descriverò questo processo dividendolo in stadi che prendono il nome da quelli della *meiosi*, cioè di quella particolare divisione cellulare durante la quale si verifica il *crossing-over*, cioè la ricombinazione genetica, che assicura la variabilità necessaria all'evoluzione.

Profase. Cominciai con un'idea abbastanza semplice: un brano musicale, per esempio un canone, potrebbe essere imitato in forma verbale. Quest'idea scaturì dall'osservazione che un brano di prosa e un brano musicale possono essere in rapporto fra loro attraverso un forma astratta comune. Il passo successivo fu di cercare di realizzare qualcosa delle potenzialità di questa vaga sensazione: mi venne in mente, allora, che le "voci" del canone possono essere rappresentate con "personaggi" in dialoghi; si trattava ancora di un'idea abbastanza ovvia.

A questo punto concentrai l'attenzione su tipi specifici di canoni e mi ricordai che nell'*Offerta musicale* c'era un canone cancrizzante. A quell'epoca avevo appena cominciato a scrivere i Dialoghi e vi erano solo due personaggi: Achille e la Tartaruga. Poiché il canone cancrizzante di Bach ha solo due voci, la corrispondenza era perfetta: Achille sarebbe stato una voce e la Tartaruga l'altra, con l'una che faceva in avanti ciò che l'altra faceva per moto retrogrado. Ma qui mi scontrai con un problema: a quale livello doveva aver luogo l'inversione? Al livello delle lettere? A quello delle parole? A quello delle frasi? Dopo qualche riflessione conclusi che il livello più appropriato sarebbe stato quello dell'"azione drammatica".

Ora che lo "scheletro" del canone cancrizzante di Bach era stato trapiantato, almeno come progetto, in forma verbale, rimaneva ancora un problema. Quando le due voci si fossero incontrate a metà strada vi sarebbe stato un breve tratto di esatta ripetizione: uno sgradevole neo. Che fare? Qui avvenne una cosa strana, una sorta di attraversamento di livelli tipico degli atti creativi: la parola "granchio" mi lampeggiò in mente, evocata da "canone cancrizzante" (cioè canone a modo di "cancer"), indubbiamente a causa di qualche qualità astratta suggerita da "cancer" e condivisa da gamberi, tartarughe e granchi. Immediatamente pensai che avrei potuto bloccare l'effetto ripetitivo inserendo esattamente al centro una battuta speciale pronunciata da un nuovo personaggio: un granchio! Questo è il modo in cui venne concepito il Granchio nella "profase" del *Canone cancrizzante*: come risultato dell'incrociarsi di Achille e della Tartaruga (si veda la Fig. 133).

FIGURA 133. Un diagramma schematico del Dialogo Canone cancrizzante.

METAFASE. Era questo lo scheletro del mio *Canone cancrizzante*. Entrai quindi nel secondo stadio, la "metafase", nel quale dovevo rimpolpare il dialogo, cosa naturalmente molto ardua. Feci molti tentativi cercando di abituarmi a scrivere coppie di battute che avessero un senso se lette in un ordine di successione e nell'ordine inverso; feci anche un po' di esperimenti per vedere quali tipi di doppi significati mi avrebbero aiutato a scrivere una tale forma. Feci due versioni iniziali, entrambe interessanti ma deboli. Poi smisi di lavorare al libro per circa un anno e quando ripresi in mano il *Canone cancrizzante* avevo alcune nuove idee. Una di queste era di citare in esso un canone di Bach. Inizialmente il mio progetto era di citare il "Canon per augmentationem contrario motu" dell'*Offerta musicale* (*Canone dell'Ai* come lo chiamo ora). Ma poi ebbi l'impressione che non andasse bene; così, a malincuore, decisi che dentro il mio *Canone cancrizzante* avrei invece potuto parlare dello stesso *Canone cancrizzante* di Bach. Questa fu effettivamente una svolta cruciale, ma allora non lo sapevo.

Ora, se un personaggio doveva menzionare un brano di Bach, sarebbe stato poco elegante per l'altro personaggio dire esattamente la stessa cosa nel posto corrispondente. Bene, Escher aveva un ruolo simile a quello di Bach nella mia testa e nel mio libro; e allora, non potevo trovare il modo di modificare appena un poco la battuta, cosicché potesse riferirsi ad Escher? Dopo tutto, nella pur rigorosa arte dei canoni, di quando in quando si rinuncia a un'imitazione perfetta, nota su nota, per ottenere un effetto di eleganza o di bellezza. E non appena mi balenò quest'idea improvvisamente pensai a *Giorno e notte* (Fig. 51). "Ma certo!" mi dissi. "È una sorta di canone cancrizzante visivo con essenzialmente due voci complementari che sviluppano lo stesso tema verso sinistra e verso destra, armonizzandosi l'una con l'altra!". Qui di nuovo l'idea di un singolo "scheletro concettuale" venne incarnata in due mezzi diversi, in questo caso musica e grafica. Così feci parlare la Tartaruga di Bach e Achille di Escher in linguaggi paralleli: certamente, pur con questo lieve allontanamento da un'imitazione rigida, lo spirito dei canoni cancrizzanti è stato conservato.

A questo punto cominciai a rendermi conto che stava succedendo qualcosa di spettacolare: il Dialogo era diventato autoreferenziale senza che neanche me lo fossi proposto! E per di più si trattava di un autoriferimento indiretto, nel senso che i personaggi non parlavano direttamente del Dialogo nel quale erano immersi, ma piuttosto di strutture che erano isomorfe ad esso (a un certo livello d'astrazione). Per riprendere i termini usati prima, anche il Dialogo aveva ora uno "scheletro concettuale" simile a quello della proposizione G di Gödel e poteva quindi essere applicato su G più o meno nello stesso modo nel quale poteva esserlo il Dogma Centrale, finendo per creare in questo caso una "Mappa del Granchio Centrale". Questo era per me estremamente eccitante, perché era scaturita dal nulla un'unità esteticamente gradevole di Gödel, Escher e Bach.

Anafase. Il passo successivo fu assolutamente sensazionale. Avevo da anni la monografia di Caroline MacGillavry sulle tessellature di Escher, ma un giorno, mentre la stavo sfogliando, l'occhio mi si fermò sulla tavola 23 (Fig. 44), perché il disegno mi apparve sotto una luce completamente nuova. Si trattava di un autentico canone cancrizzante raffigurante granchi: cancrizzante dunque sia nella forma sia nel contenuto! Escher non gli aveva dato nessun titolo; e poiché egli ha disegnato tessellature simili usando molte altre forme animali, è probabile che tale coincidenza di forma e contenuto fosse qualcosa che avevo notato solo io. Ma, casuale o no, questo disegno senza titolo era una versione in miniatura di una delle idee centrali del mio libro: unire forma e contenuto. Così, pieno di gioia, detti ad esso il nome di *Canone cancrizzante*, lo sostituii nel Dialogo a *Giorno e notte* e modificai di conseguenza le osservazioni di Achille e della Tartaruga.

Ma non era tutto. Essendomi infatuato della biologia molecolare, un giorno stavo sfogliando il libro di Watson in libreria quando vidi nell'indice analitico la parola "palindromo". La cercai nel testo e trovai una cosa magica: le strutture cancrizzanti del DNA. Subito modificai il discorso del Granchio in modo da includervi una breve osservazione per dire che egli, insieme con altri artropodi suoi colleghi, quali i gamberi, doveva ai suoi geni la predilezione a confondere il moto retrogrado con quello in avanti.

TELOFASE. L'ultimo passo avvenne mesi dopo, quando, mentre parlavo del disegno della sezione cancrizzante del DNA (Fig. 45), vidi che l'"A" e la "T" dell'Adenina e della Timina coincidevano, *mirabile dictu*, con l'"A" e la "T" di Achille e della Tartaruga; inoltre, proprio come l'Adenina e la Timina sono accoppiate nel DNA, così Achille e la Tartaruga sono accoppiati nel Dialogo. Riflettei per un momento e, con un altro di quei preziosi attraversamenti di livelli, mi accorsi che la "G" e la "C" accoppiate nel DNA potevano significare "Gene" e "granChio". Ancora una volta ritornai sul Dialogo, feci un po' di chirurgia su ciò che diceva il granChio in modo da riflettere questa nuova scoperta, e finalmente ebbi una completa corrispondenza tra la struttura del DNA e la struttura del Dialogo. In questo senso si sarebbe potuto dire che il DNA era un genotipo che codificava un fenotipo: la struttura del Dialogo. Questo tocco finale sottolineò ulteriormente l'autoriferimento e diede al Dialogo una densità di significato che non avevo assolutamente previsto.

Il corrispondersi dei concetti e gli scheletri concettuali

Nel paragrafo precedente ho descritto brevemente l'epigenesi del *Canone cancrizzante*. L'intero processo può essere visto come un succedersi di idee che si mettono in corrispondenza fra loro, ai vari livelli di astrazione. Si tratta di ciò che io chiamo *il corrispondersi dei concetti*, mentre indico le strutture astratte che connettono due idee differenti come *scheletri concettuali*. Per esempio, uno scheletro concettuale è quello della nozione astratta di canone cancrizzante:

una struttura con due parti che fanno la stessa cosa,
ma muovendosi in sensi opposti.

Questa è un'immagine geometrica concreta che può essere manipolata dalla mente quasi come una forma di Bongard. Infatti, quando penso oggi al *Canone cancrizzante* , lo visualizzo come due filamenti che si incrociano al centro, dove sono uniti da un "nodo" (il discorso del granChio).

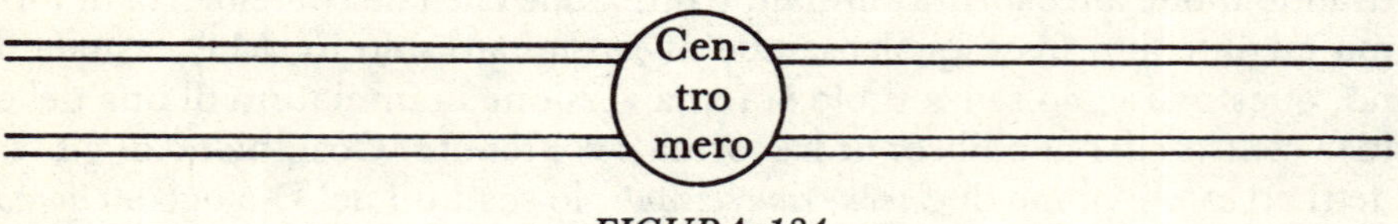

FIGURA 134.

Questa è un'immagine così vivida da sovrapporsi subito nella mia mente all'immagine, mostrata nella Figura 134, di due cromosomi omologhi uniti al centro da un centromero: un'immagine che proviene direttamente dalla meiosi.

In realtà, è stata proprio quest'immagine a ispirarmi di formulare la descrizione dell'evoluzione del *Canone cancrizzante* in termini di meiosi: questo è ancora un altro esempio del corrispondersi dei concetti.

Idee ricombinanti

Si possono usare diverse tecniche per fondere due simboli. Una di queste vuole che si pongano le due idee allineate una di fianco all'altra (come se le idee fossero lineari!), quindi si scelgano giudiziosamente alcuni pezzi di ciascuna e si proceda alla loro ricombinazione in un nuovo simbolo. C'è una forte analogia con la ricombinazione genetica. Ma che cosa si scambiano i cromosomi e come lo fanno? Si scambiano geni. E in un simbolo che cosa è paragonabile a un gene? Se i simboli hanno terminali da saturare del tipo di quelli delle frames, allora forse si tratta di questi. Ma quali terminali dovrebbero scambiarsi e perché? È qui che il modo in cui è nato, per fusione, il *Canone cancrizzante* può fornire qualche idea. La messa in corrispondenza della nozione di "canone cancrizzante musicale" con quella di "dialogo" ha fatto entrare in gioco molte corrispondenze ausiliarie; di fatto, le ha *indotte*. Cioè, una volta deciso che queste due nozioni si dovevano fondere, si trattava di esaminarle a un livello al quale fosse facile individuarne le parti analoghe, quindi andare avanti e *mettere queste parti in corrispondenza*, poi ripetere il processo, in modo ricorsivo, ad ogni livello giudicato opportuno. In questo caso, ad esempio, "voce" e "personaggio" emersero come terminali che si corrispondevano quando il "canone cancrizzante" e il "dialogo" venivano considerati in astratto. Ma da dove nascono queste rappresentazioni astratte? Questo è il cuore del problema del corrispondersi dei concetti: da dove vengono fuori le rappresentazioni astratte? In che modo si hanno rappresentazioni astratte di nozioni specifiche?

Astrazioni, scheletri, analogie

La rappresentazione astratta di un concetto lungo una certa dimensione è ciò che io chiamo *scheletro concettuale*. In realtà abbiamo sempre avuto a che fare con scheletri concettuali, pur senza usarne il nome. Per esempio, molte delle idee riguardanti i problemi di Bongard potrebbero essere riformulate usando questa terminologia. È sempre interessante, e forse importante, scoprire che due o più idee hanno in comune lo stesso scheletro concettuale. Un esempio è l'insieme bizzarro di concetti citato all'inizio di *Contrafactus*: un biciclope, un tandem uniciclo, il cambio a una sola marcia, il gioco del ping-ping, lo spareggio di una sola squadra, una striscia di Möbius con due facce, i "gemelli Bach", un concerto per pianoforte e orchestra per due mani sinistre, una fuga a una sola voce, l'applauso con una sola mano, un grammofono monoaurale a due canali. Tutte queste idee sono "isomorfe" perché hanno in comune il seguente scheletro concettuale:

> una cosa plurale resa singolare e ripluralizzata in modo erroneo.

Altre due idee di questo libro che hanno questo stesso scheletro concettuale sono (1) la soluzione data dalla Tartaruga al rompicapo di Achille, che richiedeva una parola che cominciasse e finisse per "TE" (la soluzione della Tartaruga consiste nella parola "TE", che schiaccia le due occorrenze in una) e (2) la dimostrazione di Pappo-Gelernter del Teorema del *Pons asinorum*, nel quale un triangolo è ripercepito come due. Queste strane misture, per inciso, potrebbero essere indicate come "semi-doppiette".

Uno scheletro concettuale è praticamente un insieme di caratteristiche costanti, cioè di caratteristiche diverse dai parametri e dalle variabili: caratteristiche che non dovrebbero essere fatte slittare via in un replay istantaneo congiunTV o in un'operazione di applicazione e di messa in corrispondenza. Uno scheletro concettuale, non avendo parametri o variabili suoi propri che consentano variazioni, può essere il nucleo invariante di molte idee differenti. Ciascun *caso concreto* di esso, come il "tandem uniciclo", possiede strati di variabilità, e così può essere fatto slittare in vari modi diversi.

Sebbene il nome faccia pensare a qualcosa di assoluto e di rigido, in realtà nello scheletro concettuale c'è molta elasticità. Possono esservi scheletri concettuali a livelli diversi di astrazione. Per esempio l'"isomorfismo" tra i PB 70 e 71, già indicato, richiede uno scheletro concettuale di livello superiore a quello richiesto per risolvere ciascuno dei due problemi da solo.

Corrispondenze multiple

Non solo gli scheletri concettuali devono esistere a diversi livelli d'astrazione; essi devono esistere anche lungo differenti *dimensioni* concettuali. Prendiamo come esempio il seguente enunciato:

> "Il vicepresidente è la ruota di scorta
> dell'automobile del governo".

In che modo un cittadino degli Stati Uniti comprende il suo significato (anche lasciando da parte l'aspetto ironico, che naturalmente è un aspetto fondamentale)? Se fosse stato detto "Immaginare il governo come un'automobile" senza alcun'altra previa motivazione, si sarebbero trovate un certo numero di corrispondenze: volante = presidente, ecc. Che cosa corrisponde alla divisione dei poteri? Che cosa sono le cinture di sicurezza? Poiché le due cose che si devono mettere in corrispondenza sono tanto diverse, è quasi inevitabile che si prendano in considerazione gli aspetti *funzionali*. Quindi si tirerà fuori dal magazzino di scheletri concettuali che rappresentano parti di automobile solo quelli che hanno a che fare con la funzione piuttosto che, ad esempio, con la forma. Inoltre ha senso lavorare a un livello di astrazione abbastanza alto, al quale "funzione" non è intesa in senso troppo ristretto. Quindi, delle due definizioni seguenti di funzione della ruota di scorta (1) "sostituzione di una ruota sgonfia" e (2) "sostituzione di una certa parte fuori uso della macchina", nel nostro caso sarebbe certamente preferibile quest'ultima. Ciò discende semplicemente dal fatto che un'automobile e un governo sono così diversi che per metterli in corrispondenza ci si deve porre a un alto livello di astrazione.

Ora, quando si esamina questo enunciato particolare, per un aspetto la corrispondenza appare un po' forzata, ma in ogni caso non in modo goffo. Infatti noi già possediamo, fra tanti altri, uno scheletro concettuale di vicepresidente, che dice: "sostituzione di una certa parte fuori uso del governo". Quindi la corrispondenza forzata funziona in modo soddisfacente. Ma supponiamo, per spirito di contraddizione, di aver tirato fuori un altro scheletro concettuale per "ruota di scorta", per esempio uno che ne descriva l'aspetto fisico. Fra le altre cose, esso potrebbe dire che una ruota di scorta è "rotonda e gonfia". Chiaramente questa non è la direzione giusta da seguire. (O lo è? Come mi ha fatto osservare un amico, alcuni vicepresidenti sono abbastanza corpulenti e rotondi e la maggior parte sono decisamente gonfi e tronfi!).

Punti d'accesso

Una delle principali caratteristiche dello stile di pensiero personale di ognuno di noi è il modo in cui classifichiamo e inseriamo nella memoria le nuove esperienze, perché ciò definisce i "manici" mediante i quali queste potranno essere recuperate in seguito. E per gli eventi, oggetti, idee e così via, per ogni cosa che si possa pensare, vi è una grande varietà di "manici". Sono colpito da questo fatto ogni volta che allungo una mano per accendere la radio in macchina e mi accorgo con sgomento che è già accesa! La cosa si spiega col fatto che sto usando due rappresentazioni diverse per la radio. Una è "produttrice di musica", l'altra è "mitigatrice di noia". Io sono consapevole che la musica c'è, ma sono ugualmente annoiato; e prima che le due rappresentazioni abbiano l'opportunità d'interagire, si è già innescato il riflesso di allungare la mano. Il medesimo riflesso si verificò un giorno appena uscito da un negozio dove avevo lasciato la radio a riparare. Mentre mi allontanavo, mi era venuto il desiderio di ascoltare un po' di musica. Strano. Esistono molte altre rappresentazioni per lo stesso oggetto, quali:

> cosa dotata di manopole rilucenti
> cosa soggetta a surriscaldamento
> cosa che, sdraiato sulla schiena, ho smontato e rimontato tante volte
> seccatura da far riparare
> generatore di disturbi
> oggetto con indicazioni sfuggenti
> esempio di rappresentazione a molte dimensioni.

Ognuna può agire come punto d'accesso. Sebbene esse siano tutte connesse al simbolo della mia autoradio, l'accedere a quel simbolo attraverso una di esse non palesa automaticamente tutte le altre. Quindi è improbabile che quando allungo la mano per accendere la radio sia spinto a ricordarmi di quando stavo sdraiato a montarla. E viceversa, quando sto sdraiato a girare viti probabilmente non mi ricorderò di quando da essa ho ascoltato l'*Arte della fuga*. Tra questi vari aspetti di uno stesso simbolo esistono pareti divisorie che impediscono ai pensieri di diffondersi disordinatamente, al modo delle libere associazioni. Le pareti mentali sono importanti, perché contengono e incanalano il flusso dei pensieri.

Un caso in cui queste pareti sono abbastanza rigide è nel tener separate le parole che significano la stessa cosa in lingue diverse; se non fossero robuste, una persona bilingue scivolerebbe continuamente da una lingua all'altra, e ciò sarebbe molto scomodo. Naturalmente, gli adulti che imparano due nuove lingue contemporaneamente spesso confondono alcune parole. Le pareti tra queste lingue sono più deboli del normale e possono cadere. Gli interpreti sono degni di particolare interesse perché possono parlare una qualunque delle lingue conosciute come se le pareti fossero inviolabili, e tuttavia, a comando, possono negarle per permettere l'accesso a una lingua a partire da un'altra, per cui sono in grado di tradurre. Steiner, il quale crebbe trilingue, dedica molte pagine di *After Babel* all'interazione di francese, inglese e tedesco nei diversi strati della sua mente e spiega in che modo le diverse lingue forniscono punti d'accesso diversi ai concetti.

Corrispondenze forzate

Quando si vede che due idee hanno in comune, a qualche livello d'astrazione, uno stesso scheletro concettuale, possono accadere diverse cose. Di solito il primo stadio consiste nel mettere a fuoco entrambe le idee e nel cercare di identificare le sottoidee che si corrispondono usando come guida la corrispondenza ad alto livello. A volte la corrispondenza può essere ritrovata ricorsivamente ai vari livelli successivi, rivelando un isomorfismo profondo. Altre volte si esaurisce prima, rivelando solo un'analogia o una semplice somiglianza. Inoltre vi sono casi nei quali la somiglianza ad alto livello è così stringente che, anche se non si ritrova una continuazione della corrispondenza a livello inferiore, non ci si arrende e, semplicemente, se ne impone una: questa è la *corrispondenza forzata*.

Corrispondenze forzate si trovano quotidianamente nelle vignette politiche dei giornali: un personaggio politico è rappresentato come un aeroplano, una barca, un pesce, la Gioconda; un governo è un essere umano, un uccello, un pozzo petrolifero; un trattato è una cartella d'avvocato, una spada, un barattolo di vermi e così via. È affascinante vedere la facilità con la quale possiamo realizzare la corrispondenza suggerita, ed esattamente alla profondità richiesta. Non portiamo la corrispondenza troppo o troppo poco a fondo.

Un altro esempio di una cosa che viene forzata nello stampo di un'altra è fornito dalla mia decisione di descrivere lo sviluppo del *Canone cancrizzante* (il mio Dialogo) in termini di meiosi. Ci sono arrivato per stadi. In un primo momento notai lo scheletro concettuale comune condiviso dal *Canone cancrizzante* e dall'immagine dei cromosomi uniti da un centromero. Questo fornì l'ispirazione per la corrispondenza forzata. Poi trovai una somiglianza ad alto livello che riguardava "crescita", "stadi" e "ricombinazione". Quindi spinsi semplicemente l'analogia più avanti che potei.

Il metodo della tentatività, come nel risolutore dei problemi di Bongard, ebbe una funzione importante: andai a lungo avanti e indietro prima di trovare una corrispondenza attraente.

Un terzo esempio di corrispondenza concettuale è fornito dalla Mappa del Dogma Centrale. Inizialmente osservai una somiglianza ad alto livello tra le scoperte dei logici matematici e quelle dei biologi molecolari; cercai allora di rintracciarla anche ai livelli più bassi, finché vi scoprii una forte analogia. Per rafforzarla ancora di più, scelsi una numerazione di Gödel che imita il Codice Genetico. Questo è l'unico elemento di corrispondenza forzata nella Mappa del Dogma Centrale.

Corrispondenze forzate, analogie e metafore non possono essere distinte facilmente. I commentatori sportivi usano spesso immagini vivide difficili da incasellare. Per esempio, in una metafora come "La Samp sta girando a vuoto" è difficile dire qual è esattamente l'immagine che si suppone evochi. Si vuole suggerire l'idea di un girotondo? O piuttosto è l'immagine di ruote che girano inutilmente nel fango o nella neve quella che balena davanti agli occhi per un attimo, dopo di che in qualche modo misterioso gli elementi significativi per la corrispondenza, e solo quelli, vengono estratti e trasferiti all'efficacia del gioco della squadra? Quanto profondamente mettiamo in corrispondenza la squadra di calcio e la macchina nell'attimo in cui la nostra mente afferra la metafora?

Ricapitolazione

Cerchiamo di riordinare un poco le cose. Ho presentato un certo numero di idee connesse con la creazione, la manipolazione e il confronto di simboli. La maggior parte di esse hanno a che fare con uno slittamento di qualche tipo, l'idea di base essendo che i concetti sono composti di alcuni elementi legati e di altri più sciolti, provenienti da livelli diversi di contesti (frames) nidificati. Quelli più sciolti possono essere spostati e sostituiti abbastanza facilmente, e questo, a seconda delle circostanze, può creare un "replay istantaneo congiunTV", una corrispondenza forzata o un'analogia. La fusione di due simboli può essere il risultato di un processo nel quale ciascun simbolo perde alcune parti e ne conserva altre.

Creatività e casualità

È chiaro che stiamo parlando della meccanizzazione della creatività. Ma non è questa una contraddizione in termini? Lo è quasi, ma non lo è realmente. La creatività è l'essenza di ciò che *non* è meccanico. E tuttavia ogni atto creativo *è* meccanico. Esso ha una sua spiegazione, non meno di quanto ce l'abbia una crisi di singhiozzo. Il substrato meccanico della creatività può essere nascosto, ma esiste. D'altra parte, fin da oggi vi è qualcosa di non meccanico nei programmi flessibili. Ciò può non essere ancora creatività, ma quando i programmi cessano di essere trasparenti ai loro creatori, allora si comincia ad avvicinarsi alla creatività.

È un luogo comune dire che la casualità è un ingrediente indispensabile degli atti creativi. Questo può essere vero, ma non ha alcuna influenza sulla meccanizzabilità, o meglio sulla programmabilità, della creatività. Il mondo è un enorme ammasso di casualità; quando un po' di questa casualità si rispecchia nei nostri cervelli, questi ne assorbono una certa quantità. Di conseguenza, le strutture di attivazione dei simboli possono muoversi lungo percorsi che sembrano i più casuali possibile semplicemente perché derivano dall'interazione con un mondo pazzo, casuale. La stessa cosa succede anche con i programmi. La casualità è una caratteristica intrinseca del pensiero, non qualcosa che deve essere "inoculato artificialmente", con dadi, nuclei che decadono, tavole di numeri casuali o qualunque altra cosa venga in mente. È un insulto alla creatività umana insinuare che essa dipenda da tali sorgenti arbitrarie.

Ciò che ci appare come casualità spesso è soltanto il risultato dell'osservare qualcosa di simmetrico attraverso un filtro "che distorce". Un esempio elegante è dato dai due modi di guardare il numero $\pi/4$ proposti da Salviati. Sebbene lo sviluppo decimale di $\pi/4$ non sia, alla lettera, casuale, lo è abbastanza da servire per molti fini pratici: è "pseudocasuale". La matematica è piena di pseudocasualità, in quantità sufficiente a rifornire tutti i creatori *in fieri* di ogni tempo.

Proprio come la scienza è permeata a tutti i livelli e in ogni momento di "rivoluzioni concettuali", così il pensiero di ogni individuo è continuamente attraversato da atti creativi. Questi non si riscontrano solo al livello più elevato; si trovano dappertutto. La maggior parte di essi sono di poco conto e sono già stati compiuti milioni di volte, ma sono parenti stretti degli atti più altamente creativi e originali. I programmi oggi non sembrano produrre ancora queste innumerevoli piccole creazioni. La maggior parte di ciò che fanno è ancora assolutamente "meccanico". Questa è la riprova del fatto che essi non simulano da vicino il modo in cui pensiamo; ma ci si stanno avvicinando.

Forse ciò che differenzia le idee altamente creative da quelle ordinarie è una certa qual combinazione del senso della bellezza, della semplicità e dell'armonia. In una delle mie "meta-analogie" preferite io paragono le analogie agli accordi. Il concetto è semplice: idee superficialmente simili spesso non sono collegate in modo profondo; e idee collegate in modo profondo spesso sono molto diverse in superficie. L'analogia con gli accordi viene naturale: le note materialmente vicine sono armonicamente distanti (per esempio mi, fa, sol o, nella notazione inglese, E,F,G), mentre le note armonicamente vicine sono materialmente distanti (per esempio sol, mi, si, che, nella notazione inglese, ci danno tre lettere ben note: G,E,B). Idee che hanno lo stesso scheletro concettuale risuonano in una sorta di analogo concettuale dell'armonia; questi "accordi di idee" armoniosi hanno componenti molto lontane, se misurate su una "immaginaria tastiera dei concetti". E naturalmente non è sufficiente allargarsi sulla tastiera e battere tasti a caso: si può colpire una settima o una nona! Forse la presente analogia è come un accordo di nona: esteso ma dissonante.

Individuare forme a tutti i livelli

I problemi di Bongard sono stati scelti come punto centrale di questo capitolo perché, quando si studiano, ci si rende conto che quella impalpabile sensibilità per le forme che gli esseri umani ereditano con i loro geni tira in ballo tutti i meccanismi di rappresentazione della conoscenza che comprendono i contesti nidificati, il corrispondersi dei concetti e gli scheletri concettuali, i parametri che slittano, le descrizioni, le metadescrizioni e le loro interazioni, la fissione e la fusione dei simboli, le corrispondenze multiple (lungo dimensioni differenti e a differenti livelli d'astrazione), le opzioni *default* ed altro ancora.

Oggi è ragionevole scommettere che un programma, se è in grado di individuare le forme di una certa area, se ne farà sfuggire altre per noi abbastanza evidenti che si trovano in un'altra area. Si ricorderà che ho fatto cenno a questo fatto nel Capitolo I quando ho detto che le macchine possono non ricordare ciò che viene ripetuto mentre la gente lo ricorda. Si consideri, ad esempio, SHRDLU. Se Eta Oin battesse la frase "Prendi un blocco rosso grande e rimettilo giù" più e più volte, SHRDLU reagirebbe allegramente nello stesso modo più e più volte, proprio come una macchina addizionatrice stamperebbe più e più volte "4", se un essere umano avesse la pazienza di scrivere "2+2" più e più volte. Gli esseri umani non sono così; se qualche forma ricorre più e più volte, la individuano. SHRDLU non è stato costruito con la potenzialità di formare nuovi concetti o di riconoscere configurazioni: esso non ha alcuna capacità di accorgersi di aver visto una cosa più e più volte.

La flessibilità del linguaggio

La capacità che ha SHRDLU di trattare il linguaggio è immensamente flessibile, entro i suoi limiti. SHRDLU può comprendere enunciati di grande complessità sintattica o enunciati con ambiguità semantiche fintanto che queste possono essere risolte andando a guardare la base di dati, ma non può trattare un linguaggio "vago". Per esempio, si consideri l'enunciato "Quanti blocchi si devono mettere l'uno sull'altro per fare una torre?". Noi lo comprendiamo immediatamente, eppure non ha alcun senso se interpretato alla lettera. E non si è usata alcuna frase idiomatica. "Mettere uno sull'altro" è una frase imprecisa, che tuttavia riesce a comunicare abbastanza bene a un essere umano l'immagine voluta. Poche persone sarebbero tratte in errore e indotte a raffigurarsi una situazione paradossale nella quale due blocchi sono entrambi ciascuno sopra l'altro, o cose simili.

La cosa sorprendente del linguaggio è il fatto che, benché lo usiamo con tanta imprecisione, riusciamo tuttavia a capirci. SHRDLU usa le parole in modo "metallico", mentre la gente le usa in modo "elastico" o "spugnoso". Anche se le parole fossero bulloni e dadi, la gente riuscirebbe lo stesso ad avvitare ogni dado su ogni bullone come in un paesaggio surrealista dove ogni cosa cede facilmente. In mano agli esseri umani il linguaggio diventa quasi un fluido, nonostante la struttura granulare dei suoi componenti.

Di recente la ricerca in IA sulla comprensione dei linguaggi naturali si è abbastanza allontanata dallo studio della comprensione delle singole frasi prese da sole, avvicinandosi ad aree quali la comprensione di semplici storielle per bambini. Ecco una nota filastrocca infantile che illustra l'indefinitezza delle situazioni della vita reale:

Un uomo fece un viaggio in aeroplano.
    Sfortunatamente cadde fuori.
Fortunatamente aveva indosso un paracadute.
    Sfortunatamente non si aprì.
Fortunatamente c'era un pagliaio sotto di lui.
    Sfortunatamente ne sporgeva un forcone.
Fortunatamente sfuggì al forcone.
    Sfortunatamente mancò il pagliaio.

Una tale sequenza può essere allungata indefinitamente. Rappresentarla in un sistema basato sulle frames sarebbe estremamente complesso, perché occorrebbero frames che si attivano mutuamente per i concetti di uomo, aereo, caduta, paracadute, ecc., ecc.

Intelligenza ed emozioni

Si consideri ora questa esile, ma commovente storiella:

> Margherita teneva stretto il filo del suo bel palloncino nuovo. Improvvisamente una folata di vento lo colpì. Il vento lo spinse su un albero. Il palloncino urtò un ramo e scoppiò. Margherita pianse come una vite tagliata.[4]

Per capire questa storia, c'è bisogno di leggere molte cose tra le righe. Per esempio: Margherita è una bambina. Poi c'è un palloncino con un filo per essere tenuto dai bambini. Può non essere bello per un adulto, ma agli occhi di un bambino lo è. La scena si svolge all'aperto. Il "lo" che il vento colpì era il palloncino. Il vento non trascinò Margherita con il palloncino; Margherita lo lasciò andare. I palloncini possono rompersi al contatto con una cosa appuntita. Una volta rotti sono finiti per sempre. I bambini amano i palloncini e possono rimanere molto amareggiati quando questi si rompono. Margherita vide che il suo palloncino si era rotto. I bambini piangono quando sono tristi. "Piangere come una vite tagliata" significa piangere molto a lungo e forte. Margherita pianse come una vite tagliata a causa della sua tristezza quando il suo palloncino si ruppe.

Questo è probabilmente solo una piccola frazione di ciò che manca al livello di superficie. Un programma deve possedere tutte queste conoscenze per arrivare a capire che cosa sta succedendo. E si può obiettare che, anche se esso "capisse" in qualche senso intellettuale ciò che è stato detto, esso non capirà mai *realmente* fino a quando anch'esso non avrà pianto come una vite tagliata. Ma quando un calcolatore farà un cosa del genere? Questo è il tipo di problema "umanistico" che Joseph Weizenbaum vuole discutere nel suo libro *Computer Power and Human Reason*; e io penso che sia un problema importante; anzi è un problema molto, molto profondo. Sfortunatamente, per varie ragioni, molti ricercatori che lavorano in IA in questo periodo non vogliono prendere seriamente in considerazione questo problema. Tuttavia in qualche modo costoro hanno ragione: è un po' prematuro pensare al pianto dei calcolatori; dobbiamo prima pensare a fornire ai calcolatori le regole mediante le quali essi possano trattare il linguaggio ed altre cose; a suo tempo ci troveremo di fronte i problemi più profondi.

L'IA ha ancora molta strada da percorrere

A volte sembra che vi sia una tale completa assenza di comportamento guidato da regole da far pensare che in realtà gli esseri umani *non sono* guidati da regole. Ma questa è un'illusione, un po' come pensare che i cristalli e i metalli sono determinati da rigide leggi soggiacenti, mentre i fluidi e i fiori no. Ritorneremo su questo problema nel prossimo capitolo.

> Lo stesso processo logico che opera all'interno del cervello può somigliare di più a una successione di operazioni condotte su immagini simboliche, una sorta di analogo astratto dell'alfabeto cinese o di qualche descrizione maya degli eventi, tranne per il fatto che gli elementi non sono soltanto parole, ma somigliano piuttosto ad enunciati o a interi racconti, con legami tra loro che formano una sorta di metalogica o di superlogica dotata di sue proprie regole.[5]

Per la maggior parte degli specialisti è difficile esprimere chiaramente, e forse anche solo ricordare, che cosa li ha spinti inizialmente ad occuparsi del loro campo. Viceversa, qualcuno dall'esterno può cogliere il fascino particolare di quel campo e può essere in grado di esprimerlo con precisione. Penso che sia questo il motivo per cui il brano di Ulam citato qui sopra mi attrae tanto: esso comunica in modo poetico la stranezza dell'impresa dell'IA, eppure ha fiducia in essa. E in questo momento bisogna basarsi sulla fiducia e sulla speranza, perché la strada da percorrere è ancora molto lunga!

Dieci domande con tentativi di risposta

Per concludere questo capitolo vorrei presentare dieci domande sull'IA e i relativi tentativi di risposta. Non oso chiamarle "risposte" *tout court*, dato che si tratta semplicemente di mie opinioni personali che potranno anche cambiare a mano a mano che io imparerò altre cose e che l'IA si svilupperà ulteriormente. (In quanto segue, il termine "programma IA" indicherà un programma molto più avanzato dei programmi di oggi, cioè indicherà un programma "Intelligente in Assoluto". Inoltre i termini "programma" e "calcolatore" probabilmente portano con sé una connotazione troppo meccanicistica; ma li userò lo stesso).

Domanda: Un programma di calcolatore sarà mai in grado di scrivere buona musica?

Tentativo di risposta: Sì, ma non tanto presto. La musica è un linguaggio di emozioni, e finché i programmi non avranno emozioni complesse come le nostre non sarà possibile che un programma scriva qualcosa di bello. Potranno esservi "contraffazioni", superficiali imitazioni della sintassi musicale preesistente; ma nonostante ciò che si può pensare a prima vista, vi è molto di più nell'espressione musicale di quanto si possa catturare in regole sintattiche. Ancora per un bel po' i programmi per la composizione di musica al calcolatore non produrranno niente che possa considerarsi un nuovo tipo di bellezza. Voglio sviluppare ulteriormente quest'idea. Considero grottesca e un'inaccettabile sottovalutazione della profondità dello spirito umano la posizione di chi pensa, e c'è chi lo pensa, che tra breve potremmo essere in grado di ordinare a una "scatola per musica" preprogrammata, prodotta in serie per una diffusione di massa a basso costo, di tirar fuori dai suoi sterili circuiti pezzi che Chopin e Bach avrebbero potuto scrivere se fossero vissuti più a lungo. Un "programma" in grado di produrre musica come loro dovrebbe sapersi muovere nel mondo da solo, conquistandosi la sua strada nel labirinto della vita e assaporando ogni suo momento. Dovrebbe capire la gioia e la solitudine di una notte fredda e ventosa, il desiderio struggente di una mano amata, l'inaccessibilità di una città lontana, lo strazio e il lento recupero dopo la morte di una persona cara. Dovrebbe conoscere la rassegnazione, la stanchezza della vita, l'angoscia e la disperazione, la determinazione e il successo, la pietà e la paura. Dovrebbe saper accogliere sentimenti opposti come speranza e timore, tormento e giubilo, serenità e ansia; e non dovrebbero essergli estranei il senso della grazia, l'ironia, il ritmo, un senso dell'inatteso, e naturalmente una squisita consapevolezza della magia di una fresca creazione. Da tutto questo, e soltanto da questo, nasce il significato della musica.

Domanda: Le emozioni saranno programmate esplicitamente nella macchina?

Tentativo di risposta: No, questo è ridicolo. Qualsiasi simulazione diretta delle emozioni, PARRY ad esempio, non può avvicinarsi alla complessità delle emozioni umane, che sorgono indirettamente dal modo in cui la nostra mente è organizzata. Programmi o macchine acquisiranno le emozioni nello stesso modo: come prodotti secondari della loro struttura, del modo in cui sono organizzati, non mediante una programmazione diretta. Così, per esempio, nessuno scriverà la procedura "innamorarsi" proprio come nessuno scriverebbe la procedura "commettere errori". "Innamorarsi" è una descrizione che associamo a un processo complesso di un sistema complesso; e tuttavia questo sistema non ha bisogno di contenere neanche un solo modulo che sia responsabile esclusivamente di questo effetto!

Domanda: Un calcolatore che pensa sarà in grado di fare addizioni rapidamente?

Tentativo di risposta: Forse no. Noi stessi siamo fatti di uno hardware in grado di eseguire calcoli strabilianti, ma questo non significa che il nostro livello simbolico, in cui siamo "noi", sappia come effettuare gli stessi calcoli strabilianti. Diciamo così: non vi è modo di caricare i numeri direttamente sui neuroni in modo da fare i conti della spesa. Fortunatamente per noi, il nostro livello simbolico (cioè, *noi*) non può avere accesso ai neuroni che stanno effettuando l'atto di pensare, altrimenti andremmo in tilt! Per parafrasare di nuovo Cartesio:

"Penso; quindi non ho accesso al livello
nel quale sommo".

Perché non dovrebbe essere lo stesso per un programma intelligente? Non gli dovrebbe essere permesso di accedere ai circuiti che stanno effettuando l'atto di pensare, altrimenti andrebbe in tilt! Parlando sul serio, è probabile che una macchina in grado di superare il test di Turing riesca a sommare solo a una velocità paragonabile alla nostra e per ragioni analoghe. Essa rappresenterà il numero 2 non mediante i due soli bit "10", ma mediante un *concetto* pienamente dispiegato, analogamente a come facciamo noi; un concetto completo delle associazioni di tutti i generi: fonetiche come "tue" o "bue", concettuali come "coppia" e "doppio", visive come i punti sui pezzi del domino, associazioni con la forma della cifra (il numerale) "2" e associazioni di livello più complesso, come con le nozioni di alternanza, pari, dispari, e così via... Con tutto questo "bagaglio extra" da portare in giro, un programma intelligente diventerà abbastanza lento nel sommare. Naturalmente potremmo dargli un "calcolatore portatile", per così dire (o costruirgliene uno dentro). In questo caso potrebbe rispondere molto velocemente, ma la sua prestazione sarebbe proprio come quella di un persona con un calcolatore portatile. Vi sarebbero due parti separate nella macchina: una parte affidabile ma stupida e una parte intelligente ma fallibile. Nessuno ci potrebbe garantire che il sistema complessivo è affidabile, così come non possiamo essere sicuri che lo sia un sistema composto di una persona e di una macchina. Perciò, se quello che ci interessa sono solo le risposte esatte, è meglio rivolgersi al calcolatore portatile, senza aggiungerci l'intelligenza!

Domanda: Vi saranno programmi per giocare a scacchi in grado di battere chiunque?

Tentativo di risposta: No. Vi potranno essere programmi in grado di battere chiunque a scacchi, ma non saranno esclusivamente programmi per giocare a scacchi. Saranno programmi di intelligenza *generale* e saranno tanto capricciosi quanto gli esseri umani. "Vuoi giocare a scacchi?". "No, gli scacchi mi sono venuti a noia. Parliamo di poesia". Questo potrebbe essere il tipo di dialogo che potremmo avere con un programma in grado di battere chiunque. Ciò perché l'intelligenza reale dipende inevitabilmente da un potere di sintesi totale, cioè da una capacità programmata di "uscire dal sistema", per così dire, almeno approssimativamente nella misura in cui noi stessi possediamo questa capacità. Una volta che tutto questo è presente, non si può tenere a freno il programma; ha superato il punto critico e si devono solo affrontarne le conseguenze.

Domanda: Vi saranno locazioni speciali nella memoria in cui si possano registrare parametri di controllo per il comportamento del programma in modo tale che, raggiungendoli e cambiandoli, si possa rendere il programma più brillante o più stupido o più creativo o più interessato al gioco del calcio? In breve, si sarà in grado di "personalizzare" il programma manipolandolo a un livello relativamente basso?

Tentativo di risposta: No. Il programma sarebbe abbastanza indifferente ai cambiamenti di specifici elementi della memoria, così come noi rimaniamo quasi esattamente gli stessi nonostante che ogni giorno i nostri neuroni muoiano a migliaia (!). E se si intervenisse troppo pesantemente, si farebbero grossi danni, proprio come se si intervenisse neurochirurgicamente su un essere umano in modo irresponsabile. Non vi sarà nessuna locazione "magica" nella memoria dove trovare, ad esempio, il quoziente d'intelligenza del programma. Di nuovo, questa sarà una caratteristica emergente, conseguenza di un comportamento a livello più basso, e non vi sarà nessun luogo nel quale essa si troverà esplicitamente. Lo stesso può dirsi per cose quali "il numero di elementi che può contenere la memoria a breve termine", "in quale misura è incline alla fisica", ecc.

Domanda: Si può "personalizzare" un programma IA in modo che agisca come questa o quella particolare persona, o in un modo intermedio tra due persone?

Tentativo di risposta: No, un programma intelligente non sarà più camaleontico di quanto lo siano le persone. Si baserà sulla costanza dei suoi ricordi e non sarà in grado di svolazzare da una personalità all'altra. L'idea di cambiare alcuni parametri interni per "cambiare la personalità" rivela un'assurda incapacità a riconoscere quanto sia complessa la personalità.

Domanda: Vi sarà un "cuore" in un programma IA, o esso consisterà semplicemente di "cicli senza senso e di sequenze di operazioni banali"[6] (per usare le parole di Marvin Minsky)?

Tentativo di risposta: Se potessimo vedere l'intero spessore del programma come possiamo fare per uno stagno poco profondo, vedremmo sicuramente soltanto "cicli senza senso e sequenze di operazioni banali", e sicuramente non vedremmo nessun "cuore". Vi sono due tipi di concezioni estremiste dell'IA: una di queste sostiene che, per ragioni fondamentali e misteriose, la mente umana non è programmabile. L'altra dice che basta semplicemente riunire gli appropriati "dispositivi euristici, come per esempio ottimizzatori multipli, congegni per il riconoscimento delle forme, algebre di pianificazione, procedure ricorsive di amministrazione e così via",[7] e avremo ottenuto l'intelligenza. Io mi pongo grosso modo a metà e credo che lo "stagno" di un programma IA sarà così profondo e oscuro che non saremo in grado di scrutarne tutto lo spessore. Se guardiamo dall'alto, i cicli saranno invisibili, proprio come oggi gli elettroni che trasportano la corrente sono invisibili alla maggior parte dei programmatori. Quando creeremo un programma che supera il test di Turing, vedremo "un cuore", anche se sappiamo che non c'è.

Domanda: Un programma IA diventerà mai superintelligente?

Tentativo di risposta: Non lo so. Non è chiaro se noi saremmo in grado di capire una "superintelligenza" o di metterci in rapporto con essa o addirittura se tale concetto abbia senso. Mi spiego meglio: la nostra intelligenza è legata alla velocità del nostro pensiero. Se i nostri riflessi fossero stati dieci volte più veloci o più lenti, forse avremmo elaborato un insieme completamente diverso di concetti mediante i quali descrivere il mondo. Una creatura con una visione del mondo radicalmente diversa potrebbe semplicemente non avere molti punti di contatto con noi. Mi sono spesso chiesto se potessero esistere, ad esempio, pezzi musicali che stanno a Bach come Bach sta alle melodie popolari: "Bach al quadrato", per così dire. Ma poi sarei mai in grado di capire questi pezzi? Potrebbe darsi che vi sia già una musica di questo tipo attorno a me e che io semplicemente non la riconosca, proprio come i cani non capiscono il linguaggio. L 'idea di una superintelligenza è molto strana. In ogni caso, non la considero uno scopo della ricerca in IA, anche se, nel caso in cui riuscissimo a raggiungere il livello dell'intelligenza umana, la superintelligenza sarebbe indubbiamente l'obiettivo successivo, non solo per noi, ma anche per i nostri colleghi programmi IA che saranno certamente curiosi quanto lo siamo noi a proposito dell'IA e della superintelligenza. Sembra molto probabile che i programmi IA saranno estremamente curiosi dell'IA in generale, e ciò è comprensibile.

Domanda: A quanto pare, si sta sostenendo che i programmi IA saranno praticamente identici a persone umane. Non vi sarebbe nessuna differenza?

Tentativo di risposta: Probabilmente le differenze tra i programmi IA e le persone saranno più grandi delle differenze tra una persona e un'altra. È quasi impossibile immaginare che il "corpo" nel quale un programma IA abiterà non abbia profonde influenze su di esso. Così, a meno che non possieda una copia straordinariamente fedele di un corpo umano (e perché dovrebbe possederla?), probabilmente esso avrà una *visione* enormemente diversa di ciò che è importante, interessante, ecc. Wittgenstein una volta fece questa divertente osservazione: "Se un leone potesse parlare, noi non lo capiremmo". Ciò mi fa pensare al dipinto del Doganiere Rousseau che raffigura un benevolo leone e una zingara addormentata nel deserto illuminato dalla luna. Ma come fa a saperlo, Wittgenstein? La mia opinione è che qualsiasi programma IA, anche se fosse comprensibile, ci sembrerebbe abbastanza estraneo. Per questa ragione, ci sarà molto difficile capire se e quando avremo a che fare con un vero e proprio programma IA, e non semplicemente con un programma "strano".

Domanda: Capiremo che cosa sono l'intelligenza, la coscienza, il libero arbitrio e l'"io" quando avremo realizzato un programma intelligente?

Tentativo di risposta: Chissà! Tutto dipende da ciò che s'intende per "capire". Tanto per cominciare, ciascuno di noi probabilmente possiede a un livello intuitivo una comprensione di queste cose che è la migliore che possa avere. È come ascoltare la musica. Capiamo veramente Bach perché lo abbiamo analizzato battuta per battuta o perché lo abbiamo capito quella volta che lo abbiamo sentito vibrare in ogni fibra del nostro corpo? Capiamo veramente in che modo la velocità della luce è costante in ogni sistema di riferimento? Possiamo fare l'elaborazione matematica di tali concetti, ma nessuno al mondo ha un vera intuizione relativistica. E probabilmente nessuno capirà mai i misteri dell'intelligenza e della coscienza in modo intuitivo. Ciascuno di noi può capire *gli altri*, e questo probabilmente è il modo migliore che abbiamo per avvicinarci a tale comprensione.

Canone dell'Ai

Questa volta, Achille e la Tartaruga vanno a far visita all'Ai, il loro nuovo amico.

Achille: Posso raccontarle la mia divertente gara podistica con la signorina T.?

Ai: Sì, la prego.

Achille: È un evento che ha fatto epoca da queste parti. Credo che ne abbiano addirittura scritto; Zenone, per esempio.

Ai: Non devo scordarlo.

Achille: Proprio così. Vede, la signorina T. partì davanti a me. Aveva un enorme vantaggio, e tuttavia...

Ai: Lei vinse, non è vero?

Achille: Sì; essendo la signorina T. così lenta, col passare del tempo io accorciavo costantemente la distanza che ci separava, e presto la raggiunsi.

Ai: Il vantaggio diventava sempre più piccolo, e così lei ce la fece.

Achille: Esattamente. Oh, guardi: la signorina T. ha portato il suo violino. Posso provare a suonarlo, signorina T.?

Tartaruga: No, la prego: devo accordarlo.

Achille: Va bene, ma io ho voglia di musica, non so perché.

Ai: Suoni il piano, se sa farlo, Achille.

Achille: Grazie. Lo farò tra un attimo. Voglio soltanto aggiungere che in seguito ci misurammo in un altro tipo di "gara", io e la signorina T. Purtroppo, in quella gara...

Tartaruga: Lei non vinse, è vero? Il vantaggio diventava sempre più grande, e così lei non ce la fece.

Achille: È vero. Credo che anche su QUESTA gara abbiano scritto; Lewis Carroll, per esempio. Ora, signor Ai, accetto la sua offerta di provare il suo piano. Ma suono molto male. Forse è il caso di lasciar perdere.

Ai: Dovrebbe almeno provare.

(Achille si siede e accenna un motivetto molto semplice).

Achille: Oh, ma che suono strano! Non è il suono normale di un piano! C'è qualcosa che proprio non va.

Tartaruga: Non suoni il piano, se non sa farlo, Achille. Non dovrebbe nemmeno provare.

Achille: È come un pianoforte allo specchio. Le note alte sono a sinistra

CANONE DELL'AI
J.S. BACH

CANONE DELL'AI

J.S. BACH

e quelle basse a destra. Ogni melodia viene fuori invertita, come capovolta. Chi avrebbe mai pensato a fare una cosa così assurda?

Tartaruga: Questo è tipico di un bradipo. Pende per mesi...

Achille: Sì, lo so: dai rami dell'albero... capovolto, con la testa all'ingiù, naturalmente. Questo bradi-piano sarebbe adatto a suonare melodie invertite come se ne trovano in alcuni canoni e fughe. Ma imparare a suonare il piano mentre si pende da un albero, signor Ai, deve essere una cosa molto difficile. Deve aver dedicato molte energie a questo studio.

Ai: Questo non è tipico di un bradipo.

Achille: No, infatti; so che i bradipi amano la vita facile. Per fare una qualsiasi cosa, essi impiegano il doppio del tempo che ci vuole normalmente; e la fanno stando capovolti, per giunta. Che modo distorto di prendere la vita, signor IA! Oh scusi signor Ai: mi è venuto fatto di storpiare anche il suo nome, come se fosse scritto capovolto: ∀I, e io lo leggessi girando il foglio! A proposito di cose che sono più lente e capovolte, nell'*Offerta musicale* c'è un "Canon per augmentationem contrario motu". Nella mia edizione, davanti ai tre pentagrammi ci sono le lettere 'B','A','T', non so perché. In ogni caso Bach elaborò questo canone con molta maestria. Qual è la sua opinione, signorina T.?

Tartaruga: Era davvero al meglio di sé. Quanto a quelle lettere, lei riuscirà certo a indovinarne il significato.

Achille: "Basso", "contrAlto", "Tenore" suppongo. Ma è strano, perché la parte del "Basso" in realtà è quella di un soprano. È come se in questa inversione ci fosse il suo zampino bradipesco! È così, signor Ai?

Ai: Non dipende da me se...

Achille: Oh, aspetti un momento, signor Ai. Signorina Tartaruga, perché si sta mettendo il cappotto? Non sta mica andando via, vero? Pensavamo di prepararci uno spuntino. Sembra molto stanca. Come si sente?

Tartaruga: A pezzi! Non ci vedo quasi più! *(Si trascina faticosamente fuori dalla porta).*

Achille: Poveretta! Sembrava davvero esausta. Si è allenata tutta la mattina. Si sta preparando per un'altra gara con me.

Ai: Non era proprio al meglio di sé.

Achille: Tuttavia i suoi sforzi sono vani. Forse potrebbe battere un Ai, ma me? Mai! Prima lei stava per spiegarmi quel 'B', 'A', 'T'.

Ai: Quanto a quelle lettere, lei non riuscirà mai a indovinarne il significato.

FIGURA 135. "Canone dell'Ai", *dall'*Offerta musicale *di J.S. Bach.* [*Composizione tipografica eseguita dal programma "SMUT" di Donald Byrd*].

Achille: Bene, se "B" non significa "Basso", allora non c'è inversione, ma la mia curiosità rimane insoddisfatta. Forse devo pensarci un po'. Ma mi dica, come le vuole le patate?

Ai: Intere.

Achille: Allora le facciamo al cartoccio, cotte nel forno. Spero che lei abbia fame.

Ai: Ci vedo addirittura doppio!

Achille: Benissimo. E oltre al burro, ci metteremo su un pochino di caviale. Come saranno buone queste patate al cartoccio! Che peccato che la signorina T. non sia qui con noi a godersele!

CAPITOLO XX

Strani Anelli e Gerarchie Aggrovigliate: il cuore dell'IA

Possono esistere macchine dotate di originalità?

NEL CAPITOLO XVIII ho descritto il programma che gioca a dama creato da Arthur Samuel: un programma talmente ben riuscito che spesso batte il suo creatore. Alla luce di questo fatto, è interessante sentire qual è l'opinione dello stesso Samuel sul problema dei calcolatori e della loro originalità. Il passo che segue è tratto da una replica a un articolo di Norbert Wiener scritta da Samuel nel 1960.

> È mia convinzione che le macchine non possano essere dotate di originalità nel senso che intende Wiener quando sostiene che "le macchine possono trascendere, e di fatto trascendono, alcune delle limitazioni dei loro progettisti, e nel far ciò esse possono essere sia efficaci sia pericolose"...
> Una macchina non è un genio, non lavora per virtù magiche, non possiede una volontà e, con buona pace di Wiener, da essa non esce niente che non vi sia stato messo dentro, a parte naturalmente i rari casi di malfunzionamento...
> Le "intenzioni" che la macchina sembra manifestare sono le intenzioni del programmatore umano, specificate fin dall'inizio, oppure sono intenzioni secondarie derivate da quelle in base alle regole specificate dal programmatore. Possiamo anche prevedere, proprio come fa Wiener, livelli superiori di astrazione in cui il programma modificherà non solo le intenzioni secondarie, ma anche le regole usate nella loro derivazione o in cui modificherà i modi nei quali modifica le regole e così via, o addirittura in cui una macchina progetterà e costruirà una seconda macchina con capacità accresciute. Tuttavia, e questo è importante, la macchina *non farà e non potrà fare* [corsivo di Samuel] nessuna di queste cose finché non sarà stata istruita su come procedere. Vi è, e logicamente rimarrà sempre, uno iato assoluto tra (*i*) ogni estensione ed elaborazione estrema di questo processo di esecuzione dei desideri dell'uomo e (*ii*) lo sviluppo all'interno della macchina di una sua propria volontà. Credere diversamente significa o credere nella magia o credere che l'esistenza della volontà nell'uomo sia un'illusione e che le azioni umane siano altrettanto meccaniche quanto quelle della macchina. Forse sia l'articolo di Wiener sia la mia replica sono state determinate meccanicamente, ma questo mi rifiuto di crederlo.[1]

Il passo appena citato mi fa venire in mente il Dialogo di Lewis Carroll (*Invenzione a due voci*): cercherò di spiegare perché. Samuel basa la sua argomentazione contro la coscienza (o la volontà) della macchina sull'idea che *ogni realizzazione meccanica della volontà richiederebbe un regresso all'infinito.*

Analogamente la Tartaruga di Carroll argomenta che non può essere fatto alcun passo di ragionamento, per quanto semplice possa essere, senza invocare una qualche regola di livello superiore per giustificare il passo in questione. Ma poiché questo è anch'esso un passo di ragionamento, si deve ricorrere a una regola di livello ancora più alto e così via. Conclusione: *il ragionamento richiede un regresso all'infinito*.

Naturalmente vi è qualcosa di sbagliato nell'argomento della Tartaruga e io credo che nell'argomento di Samuel ci sia un errore più o meno dello stesso tipo. Per mostrare in che senso questi sofismi sono analoghi "aiuterò il diavolo", argomentando per un po' come avvocato del diavolo. (Poiché, come è ben noto, Dio aiuta chi si aiuta, presumibilmente il diavolo aiuta tutti e solo coloro che non si aiutano. Il diavolo aiuta se stesso?). Ecco le mie diaboliche conclusioni, dedotte dal Dialogo di Carroll.

> La conclusione "ragionare è impossibile" non è valida per le persone perché, come è chiaro a chiunque, noi *siamo* in grado di compiere molti passi successivi di ragionamento, nonostante tutti i livelli superiori. Ciò mostra che noi esseri umani operiamo *senza aver bisogno di regole*: siamo "sistemi non formalizzati". Viceversa essa è valida come argomento contro la possibilità di una qualsiasi realizzazione *meccanica* del ragionamento, perché ogni sistema di ragionamento meccanico dovrebbe dipendere in modo esplicito da regole, e quindi non potrebbe decollare se non disponesse di metaregole che gli dicono quando applicare le regole, di meta-metaregole che gli dicono quando applicare le metaregole, e così via. Possiamo concludere che la capacità di ragionare non potrà mai essere meccanizzata. Si tratta di una capacità unicamente umana.

Che cosa vi è di sbagliato nel punto di vista dell'avvocato del diavolo? Si tratta ovviamente dell'assunto che una *macchina non possa fare niente se non c'è una regola che le dica di farlo*. In realtà, la macchina aggira le sciocche obiezioni della Tartaruga con la stessa facilità dell'uomo e — questo è importante — esattamente per la medesima ragione: sia la macchina sia l'uomo sono fatti di hardware che funziona da solo seguendo le leggi della fisica. Non c'è alcun bisogno di fondarsi "su regole che permettono di applicare le regole", perché le regole del livello *più basso*, quelle senza alcun "meta" davanti, sono immerse nello hardware e funzionano senza chiedere permesso. Morale: il Dialogo di Carroll, nonostante tutto, non dice alcunché sulle differenze tra uomini e macchine. (E, in realtà, il ragionamento è meccanizzabile).

Basta così per quanto riguarda il Dialogo di Carroll. Passiamo all'argomentazione di Samuel. Il punto di Samuel, se posso farne una caricatura, è questo:

> Non sarà mai possibile che un calcolatore "voglia" fare qualcosa, poiché è stato programmato da qualcun altro. Solo se potesse programmarsi da solo a partire da zero, un'assurdità, avrebbe un suo senso di desiderio.

Nella sua argomentazione, Samuel riproduce la posizione della Tartaruga, sostituendo "ragionare" con "volere". Egli ipotizza che dietro a ogni meccanizzazione del desiderio vi debba essere o un regresso all'infinito o, peggio, un anello chiuso. Se questa è la ragione per cui i calcolatori non hanno una volontà propria, cosa dire degli uomini? Lo stesso criterio implicherebbe quanto segue:

> A meno che una persona non programmi se stessa e scelga i propri desideri (ed anche scelga di scegliere i propri desideri, ecc.), non si può dire che abbia una sua volontà autonoma.

Questo ci costringe a fermarci un momento a riflettere da dove provenga l'idea di avere una volontà. Chi non appartiene al "partito dell'anima", probabilmente dirà che proviene dal cervello, un elemento di hardware che non è stato né progettato né scelto dalla persona che ne è dotata. Eppure ciò non diminuisce la sensazione umana di desiderare alcune cose e non altre. Non siamo un "oggetto autoprogrammato" (qualunque cosa possa indicare una tale espressione), eppure abbiamo la percezione dei desideri, e ciò proviene dal substrato fisico della nostra mente. In modo analogo le macchine potranno un giorno avere desideri senza bisogno che ci sia un programma magico che compare spontaneamente nella memoria dal nulla (un "programma autoprogrammato"). Esse avranno desideri pressappoco per la stessa ragione per cui li abbiamo noi, come conseguenza di un'organizzazione e di una struttura a molti livelli di hardware e di software. Morale: l'argomento di Samuel nonostante tutto non dice alcunché sulle differenze tra uomini e macchine. (E, in realtà, la volontà sarà meccanizzata).

Sotto ogni Gerarchia Aggrovigliata vi è un livello inviolabile

Subito dopo l'*Invenzione a due voci* scrivevo che una delle domande fondamentali che mi ponevo in questo libro sarebbe stata: "Le parole e i pensieri seguono regole formali?". Nel corso di tutto il libro mi sono preoccupato di mettere in evidenza la struttura a più livelli del connubio mente/cervello, e ho cercato di mostrare perché la risposta ultima a quella domanda deve essere: "Sì, purché per trovare le regole si scenda fino al livello più basso dello hardware".

In relazione a questo, le asserzioni di Samuel hanno introdotto un concetto che voglio sviluppare. Egli dice: quando noi esseri umani pensiamo, certamente cambiamo le nostre regole mentali, e cambiamo le regole che cambiano le regole, e così via. Si può obiettare che queste sono, per così dire, "regole di software", mentre le regole *di base* non cambiano. I neuroni funzionano sempre alla stessa semplice maniera. Non si può col "pensiero" far funzionare i propri neuroni in modo non neuronico, sebbene si possa far cambiare stile o argomento alla propria mente. Come Achille nel *Preludio e... mirmecofuga*, si può avere accesso ai propri pensieri, ma non ai propri neuroni. Le regole del software ai vari livelli possono cambiare; le regole dello hardware no. Di fatto, la flessibilità del software è dovuta proprio alla rigidità di queste ultime! Non si tratta affatto di un paradosso, ma di una fondamentale, semplice realtà dei meccanismi dell'intelligenza.

In questo Capitolo finale voglio analizzare a fondo questa differenza tra software che può modificarsi e hardware inviolabile, sviluppandola in una serie di variazioni sul tema. Alcune delle variazioni potranno sembrare abbastanza azzardate, ma spero che quando avrò chiuso l'anello ritornando al cervello, alla mente e alla percezione della propria coscienza risulterà chiaramente che in tutte le variazioni c'era un nucleo invariante.

Lo scopo principale che ora mi propongo è di comunicare alcune delle immagini che mi aiutano a visualizzare il modo in cui la coscienza emerge dalla giungla dei neuroni. Comunicherò dunque un insieme di vaghe intuizioni, nella speranza che siano utili e che possano aiutare gli altri a formulare in modo un po' più chiaro la loro immagine di ciò che fa funzionare la mente. Il massimo che posso sperare è che le immagini sfocate di menti e immagini della mia mente possano catalizzare la formazione di immagini più nitide di menti e immagini in altre menti.

Un gioco automodificantesi

Una prima variazione, dunque, riguarda quei giochi nei quali i giocatori possono a turno modificare le regole. Si pensi agli scacchi: è ben noto che le regole rimangono fisse e solo le posizioni sulla scacchiera cambiano ad ogni mossa. Ma inventiamo una variazione degli scacchi nella quale ad ogni turno di gioco, si possa o fare una mossa fra quelle consentite, oppure cambiare le regole. In che modo? A piacere? Si può anche cambiare la partita a scacchi in una partita a dama? Una tale anarchia sarebbe evidentemente priva di significato. Devono esservi alcune limitazioni. Ad esempio, una variazione potrebbe ridefinire la mossa del cavallo. Invece di essere prima-1-poi-2 potrebbe essere prima-*m*-poi-*n*, dove *m* e *n* sono numeri naturali arbitrari; e l'avversario a sua volta potrà cambiare *m* o *n* di una unità. Così si potrebbe andare da 1-2 a 1-3 a 0-3 a 0-4 a 0-5 a 1-5 a 2-5... Inoltre potrebbero esservi regole che ridefiniscono le mosse dell'alfiere o quelle di altri pezzi. Vi potrebbero essere regole che aggiungono nuove caselle o ne cancellano alcune...

Abbiamo quindi due strati di regole: quelle che ci dicono come muovere i pezzi e quelle che ci dicono come cambiare le regole; cioè abbiamo regole e metaregole. È chiaro quale sarà il passo successivo: introdurre meta-metaregole mediante le quali cambiare le metaregole. Ma non è chiaro in che modo potremo farlo. La ragione per cui è facile formulare regole per muovere i pezzi è che i pezzi si muovono in uno spazio formalizzato: la scacchiera. Se si potesse escogitare una notazione formale semplice per esprimere regole e metaregole, allora il manipolarle sarebbe come manipolare formalmente le stringhe o addirittura come manipolare gli stessi pezzi degli scacchi. Per portare le cose alle loro conseguenze logiche estreme, si potrebbero addirittura esprimere le regole e le metaregole come posizioni su scacchiere ausiliarie. Allora una certa posizione potrebbe essere letta come un gioco o come un insieme di regole o come un insieme di metaregole, ecc., a seconda dell'interpretazione data. Naturalmente entrambi i giocatori dovrebbero essere d'accordo sulle convenzioni adottate per interpretare la notazione.

A questo punto potremo avere un numero arbitrario di scacchiere adiacenti: una per il gioco, una per le regole, una per le metaregole, una per le meta-metaregole e così via, indefinitamente. A ciascun turno i giocatori possono fare una mossa su una *qualsiasi* delle scacchiere, tranne quella di livello massimo, usando le regole che valgono per essa e che provengono dalla scacchiera immediatamente superiore nella gerarchia. Indubbiamente entrambi i giocatori sarebbero abbastanza disorientati dal fatto che quasi tutto, anche se non tutto, può cambiare. Per definizione la scacchiera di livello massimo non può essere cambiata, perché non ci sono le regole che dicono come cambiarla. Essa è *inviolabile*. Vi sono anche altre cose che sono inviolabili: le convenzioni mediante le quali si interpretano le diverse scacchiere, l'accordo di giocare a turno, l'accordo che ciascuna persona può fare una sola mossa per volta; e se ne possono trovare altre, esaminando con cura la situazione.

Ma è possibile andare molto più avanti nel rimuovere i pilastri sui quali ci si basa per orientarsi. Un passo alla volta... Cominciamo col fondere l'intera serie delle scacchiere in un'unica scacchiera. Che cosa si è ottenuto? Ora ci sono due modi di interpretare la scacchiera: (1) come pezzi da muovere; (2) come regole per muovere i pezzi. I due giocatori a turno muovono i pezzi e necessariamente cambiano le regole! Quindi le regole stesse cambiano continuamente. Reminiscenze Tipogenetiche, se non addirittura della vera genetica! La distinzione tra gioco, regole, metaregole, meta-metaregole è stata smarrita. Ciò che un tempo era una nitida sistemazione gerarchica è diventata uno Strano Anello o una Gerarchia Aggrovigliata. Le mosse cambiano le regole, le regole determinano le mosse, e non si esce da questo circolo vizioso... È vero che vi sono ancora livelli diversi, ma la distinzione tra "inferiore" e "superiore" è stata cancellata.

Una parte di ciò che era inviolabile ora è stato reso mutevole. Ma restano ancora molte cose che sono inviolabili. Proprio come prima, vi sono convenzioni tra un giocatore e il suo avversario che permettono di interpretare la scacchiera come un insieme di regole. Vi è l'accordo di fare ciascuno una mossa per volta e probabilmente vi sono anche altre convenzioni implicite. Si noti quindi che la nozione di livelli diversi è mantenuta, ma in un modo inaspettato. Vi è un livello Inviolabile, chiamiamolo il *livello I*, nel quale risiedono le convenzioni per l'interpretazione; vi è poi un livello Aggrovigliato, il *livello A*, nel quale risiede la Gerarchia Aggrovigliata. Così questi due livelli sono ancora gerarchici: il livello I governa ciò che avviene al livello A, ma il livello A non influenza e non può influenzare il livello I. Il livello A infatti, nonostante che sia esso stesso una Gerarchia Aggrovigliata, è ancora governato da un insieme di convenzioni esterne ad esso. E questo è il punto importante.

Come il lettore avrà ormai senza dubbio capito, non vi è niente che possa impedirci di fare l'"impossibile", cioè di intrecciare il livello I con il livello A, rendendo le stesse convenzioni interpretative soggette a revisione in connessione con le posizioni sulla scacchiera. Ma per effettuare un tale "supergroviglio", ci si dovrà accordare con l'avversario su qualche altra convenzione per connettere i due livelli; e con quest'atto si creerebbe un *nuovo* livello, un nuovo tipo di livello inviolabile al di sopra del livello "superaggrovigliato" (o al di sotto, se si preferisce). Tutto ciò potrebbe essere ripetuto all'infinito. In effetti, i "salti" che ci si appresta a fare sono molto simili a quelli delineati nella *Cantatatata... per un compleanno*, e nella gödelizzazione ripetuta applicata ai vari miglioramenti dell'Aritmetica Tipografica. Ogni volta che si ritiene di avere raggiunto la fine vi è qualche nuova variazione sul tema dell'"uscire dal sistema" che richiede una certa creatività per essere notato.

Di nuovo il triangolo degli autori

Tuttavia qui non voglio sviluppare oltre lo studio delle astruse relazioni che possono presentarsi negli scacchi automodificantisi. L'interesse di tutto ciò sta nell'esemplificazione, in qualche modo grafica, del fatto che in ogni sistema c'è sempre un qualche livello "protetto", inattaccabile dalle regole degli altri livelli, indipendentemente da quanto aggrovigliata possa essere la relazione reciproca di quelle regole. Un divertente problemino già presentato nel Capitolo IV illustra questa stessa idea in un contesto leg-

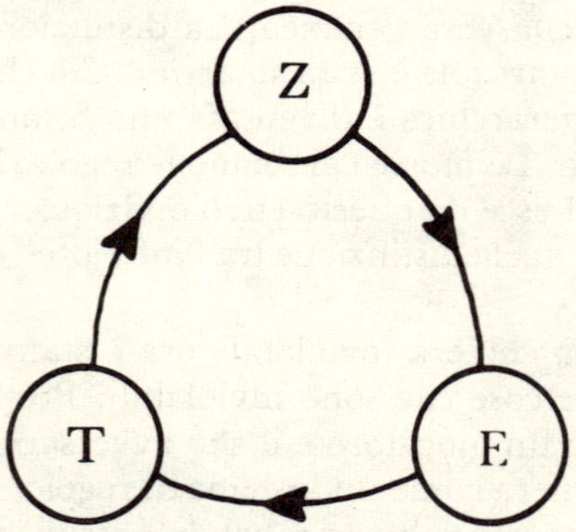

FIGURA 136. Un "triangolo di autori".

germente diverso. Forse la trasposizione gli conferirà un elemento di sorpresa:

> Vi sono tre autori: Z, T ed E (Fig. 136). Si dà il caso che Z esista solo in un romanzo di T. Analogamente, T esiste solo in un romanzo di E e, stranamente, anche E esiste solo in un romanzo, naturalmente di Z. È possibile *realmente* un tale "triangolo di autori"?

Certo che è possibile. Ma c'è un trucco... Tutti e tre gli autori Z, T, E sono essi stessi personaggi di un altro romanzo: di H! Si può vedere il triangolo Z-T-E come uno Strano Anello o come una Gerarchia Aggrovigliata; ma l'autore H si trova al di fuori dello spazio nel quale si realizza quella relazione triangolare. L'autore H è in uno spazio inviolabile. Sebbene Z, T ed E abbiano tutti accesso, diretto o indiretto, l'uno all'altro e possano gettarsi addosso l'un l'altro, nei loro romanzi, le calunnie più orrende, nessuno di loro può toccare la vita di H! Essi non possono nemmeno immaginarselo: non ci si può immaginare l'autore del libro del quale *si è* un personaggio. Se dovessi inserire nel disegno l'autore H, lo rappresenterei in qualche luogo fuori della pagina... Ma qui si presenterebbe subito un problema, perché per inserire qualcosa in un disegno si deve porlo *ipso facto nella* pagina... In ogni modo, H è realmente al di fuori del mondo di Z, T ed E e giustamente così dovrebbe essere rappresentato.

FIGURA 137. Mani che disegnano, *di M.C. Escher (litografia, 1948).*

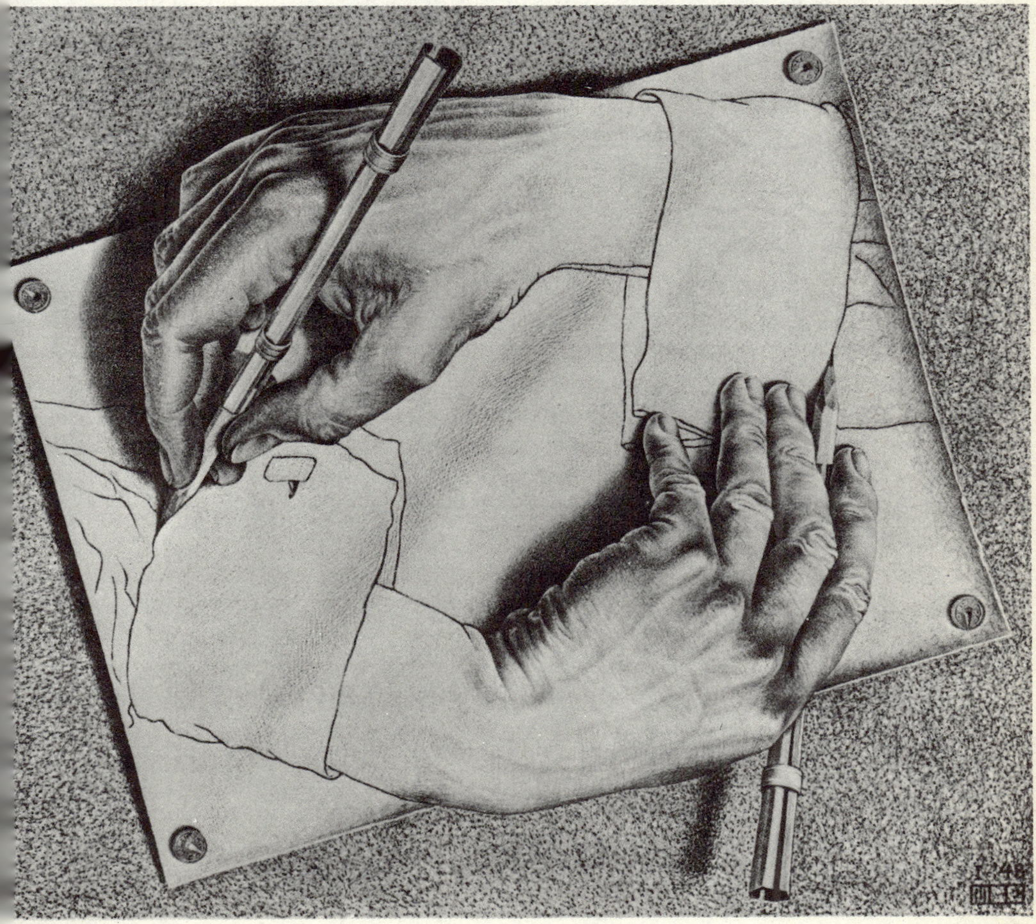

Le mani che disegnano di Escher

Un'altra classica variazione sul nostro tema è la litografia di Escher *Mani che disegnano* (Fig. 137). Qui una mano sinistra (MS) disegna una mano destra (MD), mentre contemporaneamente MD disegna MS. Ancora una volta, livelli che di solito sono visti come gerarchici, quello che disegna e quello che è disegnato, si ripiegano l'uno sull'altro creando una Gerarchia Aggrovigliata. Ma il tema di questo Capitolo trova conferma anche in questa incisione, perché dietro l'immagine si nasconde la mano non disegnata ma disegnante di M.C. Escher, creatore sia di MS sia di MD. Escher è fuori dello spazio delle due mani, e nella mia schematizzazione del disegno (Fig. 138) lo si può vedere esplicitamente. In questa rappresentazione funzionale della litografia si vede in alto lo Strano Anello (o Gerarchia Aggrovigliata); e sotto di esso, si vede anche il livello inviolabile che ne permette l'esistenza. Si potrebbe escherizzare ulteriormente l'immagine di Escher prendendo una foto di una mano che disegna *Mani che disegnano*. E così via.

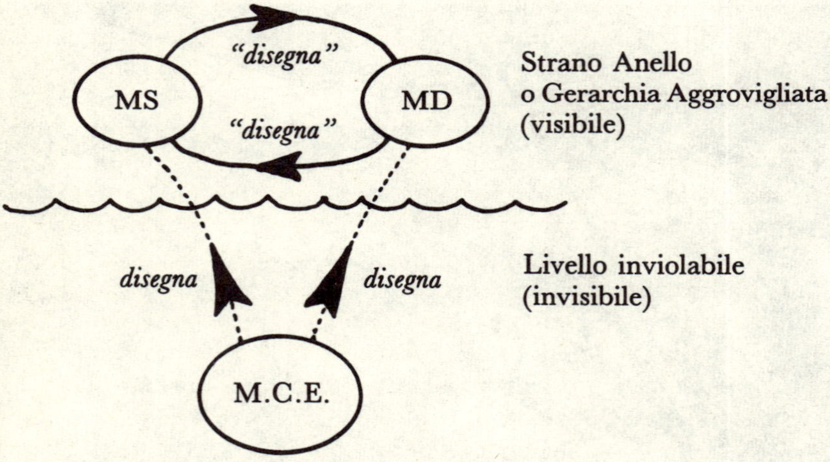

FIGURA 138. Diagramma astratto di Mani che disegnano *di M.C. Escher. In alto un paradosso apparente. Sotto, la sua soluzione.*

Cervello e mente:
un groviglio neuronico che sostiene un groviglio di simboli

Introduciamo ora il nostro tema nello studio del cervello e dei programmi di IA. Quando pensiamo, alcuni simboli attivano altri simboli e tutti interagiscono in modo eterarchico. Inoltre i simboli possono produrre cambiamenti interni in ogni altro simbolo, analogamente a ciò che fanno i programmi che agiscono su altri programmi. Si crea l'illusione, a causa della Gerarchia Aggrovigliata dei simboli, *che qui non vi sia un livello inviolabile.*

Si pensa che un tale livello non esista semplicemente perché esso è nascosto.

Se fosse possibile riprodurre in uno schema l'intera realtà del cervello e della mente, si vedrebbe in alto una gigantesca foresta di simboli legati l'uno all'altro da linee aggrovigliate come liane in una giungla tropicale; questo sarebbe il livello superiore, la Gerarchia Aggrovigliata, nella quale i pensieri scorrono effettivamente in tutte le direzioni: l'elusivo livello della *mente*, l'analogo di MS e MD. Molto al di sotto nel disegno schematico, analogo all'invisibile "primo motore" Escher, vi sarebbe la rappresentazione della miriade di neuroni: il "substrato inviolabile", responsabile dell'esistenza della foresta di simboli descritta sopra. È interessante notare che questo secondo livello è a sua volta un groviglio vero e proprio, in senso letterale: miliardi di cellule e centinaia di miliardi di assoni che le connettono mutuamente.

Questo è un esempio interessante nel quale un groviglio nel software, quello dei simboli, è sostenuto da un groviglio nello hardware, quello dei neuroni. Ma solo il groviglio dei simboli è una Gerarchia Aggrovigliata. Il groviglio neuronico è solo un groviglio "semplice". Questa distinzione è pressappoco la stessa di quella fra Strani Anelli e retroazione a cui ho fatto cenno nel Capitolo XVI. Si ha una Gerarchia Aggrovigliata quando quelli che si presume siano livelli gerarchici ben precisi e netti inaspettatamente s'intrecciano in un modo che viola i principi gerarchici. L'elemento sorpresa è importante; è la ragione per la quale chiamo "strani" gli "Strani Anelli". Un intreccio semplice, come la retroazione, non richiede violazioni di presunte distinzioni di livello; per esempio, si pensi a un uomo sotto la doccia: si lava il braccio sinistro con il destro e viceversa. Non vi è nessuna stranezza in quest'immagine. Non per niente Escher ha scelto di disegnare mani che disegnano mani!

Eventi simili alle due braccia che si lavano a vicenda accadono continuamente nel mondo e non ricevono una particolare attenzione. Io dico qualche cosa a te e quindi tu dici qualche cosa a me. Paradosso? No! Le nostre percezioni reciproche non richiedono la nozione di gerarchia, e perciò non si ha alcuna sensazione di stranezza.

Viceversa, il linguaggio crea Strani Anelli quando parla sia direttamente sia indirettamente di se stesso. In questo caso, qualcosa che era *dentro* il sistema esce dal sistema e agisce *sul* sistema, come se fosse *fuori* del sistema. Ciò che ci preoccupa è forse un senso non ben definito di errore topologico: la distinzione interno-esterno è sfocata, come nella famosa forma chiamata "bottiglia di Klein". Anche se il sistema è astratto, la nostra mente usa immagini spaziali, dotandole di una sorta di topologia mentale.

Ritornando al groviglio di simboli, se guardiamo soltanto ad esso e dimentichiamo l'intrico neuronico, allora ci sembra di vedere un oggetto che si programma da solo, esattamente allo stesso modo in cui ci sembra di vedere un quadro che si disegna da solo quando guardiamo *Mani che disegnano*: per qualche ragione cadiamo nell'illusione e dimentichiamo l'esistenza di Escher. Per un quadro questo è insolito. Ma per gli esseri umani e per il modo in cui essi guardano alla loro mente, questo è ciò che avviene normalmente. Noi ci *sentiamo* programmati da noi stessi. In realtà non potremmo sentirci in nessun altro modo, perché siamo schermati dai livelli inferiori, cioè dal groviglio neuronico. Ci sembra che i nostri pensieri si muovano nel loro proprio spazio creando nuovi pensieri e modificando i vecchi, e non ci accorgiamo mai della funzione che in tutto ciò hanno i neuroni! Ma questo dovremmo aspettarcelo. Non possiamo accorgercene.

Lo stesso tipo di doppio senso si ritrova nei programmi in Lisp che sono progettati in modo che possano penetrare all'interno della propria struttura e modificarla. Se li si osserva al livello del Lisp, si dirà che essi cambiano se stessi. Ma se ci si sposta di livello e si pensa ai programmi in Lisp come a dati forniti all'interprete del Lisp (si veda il Capitolo X), allora in realtà l'unico programma che sta funzionando è l'interprete, e i cambiamenti che vengono fatti sono semplicemente cambiamenti in blocchi di dati. E l'interprete del Lisp è inviolabile.

Il modo in cui viene descritta una situazione aggrovigliata di questo tipo dipende da quanto ci si distanzia da essa prima di descriverla. Se ci si pone da un punto di vista abbastanza distaccato, spesso si riesce a vedere il filo che permette di districare le cose.

Strani Anelli e amministrazione dello Stato

Un settore nel quale è interessante vedere come le gerarchie si aggrovigliano è l'amministrazione dello Stato, e in particolare i tribunali. Di solito si pensa a due contendenti che in tribunale difendono le proprie ragioni, con la corte che giudica il caso. La corte si trova a un livello diverso rispetto ai contendenti. Ma quando sono gli stessi tribunali a essere coinvolti in controversie legali, possono succedere cose strane. Di solito interviene un tribunale di livello superiore estraneo alla controversia. Anche se due tribunali inferiori sono coinvolti in qualche strano tipo di scontro in cui ciascuno vuole avere la giurisdizione sull'altro, c'è un qualche tribunale superiore ed esterno che in un certo senso è analogo alle convenzioni inviolabili per le interpretazioni che abbiamo trovato nella versione modificata degli scacchi.

Ma che cosa accade quando non vi è un tribunale superiore e la stessa Corte Suprema rimane impegolata in problemi legali? Questo tipo di ginepraio rischiò di verificarsi negli Stati Uniti all'epoca del Watergate. Il Presidente degli Stati Uniti minacciò di obbedire soltanto a un'"ordinanza definitiva" della Corte Suprema e inoltre sostenne di avere il diritto di decidere che cosa si dovesse intendere per "definitivo". In quel caso non attuò la minaccia; ma se l'avesse fatto, avrebbe scatenato uno scontro gigantesco tra due livelli dell'amministrazione dello Stato, ciascuno dei quali, a buon diritto per qualche valida ragione, può sostenere di essere "superiore" all'altro. E a chi si dovrebbe far ricorso per decidere chi ha ragione? Dire "il Congresso" non risolve la questione, perché il Congresso potrebbe ordinare al Presidente di obbedire alla Corte Suprema e tuttavia il Presidente potrebbe ancora rifiutarsi sostenendo di avere il diritto formale, in determinate circostanze, di disobbedire alla Corte Suprema (e al Congresso!). Ciò creerebbe un nuovo caso giudiziario e getterebbe nello scompiglio l'intero sistema, proprio perché è così inatteso, così Aggrovigliato, così Strano!

Il fatto paradossale è che, dopo aver sbattuto la testa contro il soffitto, come in questo caso nel quale non si può uscire dal sistema rivolgendosi a un'autorità ancora superiore, si può solo ricorrere a forze che sembrano meno ben regolamentate da norme, ma che sono, in ogni modo, l'unica sorgente di norme di più alto livello: le norme di livello più basso, che in questo caso significano la reazione generale della società. È bene ricordare che in una società come la nostra la legalità è, in un certo senso, un comportamento civile che collettivamente milioni di persone hanno concordato di tenere; comportamento che può essere infranto con la stessa facilità con cui un fiume può rompere gli argini. Si verifica allora un'apparente anarchia; ma l'anarchia ha i suoi tipi di regole non meno di quanto le abbia la società organizzata: solo che esse operano dal basso verso l'alto e non viceversa. Chi studia l'anarchia potrebbe cercare di scoprire le regole secondo le quali situazioni anarchiche evolvono nel tempo: molto probabilmente alcune leggi di questo tipo esistono.

È utile fare qui un'analogia con la fisica. Come è stato già ricordato in questo libro, i gas in equilibrio obbediscono a leggi semplici che legano temperatura, pressione e volume. Tuttavia un gas può violare quelle leggi (come un Presidente può violare le leggi), a condizione che non si trovi in uno stato di equilibrio. Per descrivere ciò che accade in situazioni di non equilibrio, un fisico può solo ricorrere alla meccanica statistica, cioè a un livello di descrizione che non è macroscopico, perché la spiegazione finale del comportamento di un gas si trova sempre al livello molecolare, proprio come la spiegazione ultima del comportamento politico di una società si trova sempre al livello di base, delle masse popolari. La termodinamica degli stati lontani dall'equilibrio cerca di trovare leggi macroscopiche per descrivere il comportamento dei gas (e di altri sistemi) che sono lontani dall'equilibrio. È l'analogo di quel ramo della scienza politica che vuol trovare le leggi che regolano le società anarchiche.

Altri strani grovigli che sorgono nell'amministrazione dello Stato riguardano i servizi segreti che investigano sui crimini dei servizi segreti stessi, un poliziotto che viene arrestato dalla polizia, l'autoapplicazione dei regolamenti parlamentari e così via. Uno dei casi legali più curiosi dei quali abbia sentito parlare riguarda una persona che affermava di avere poteri psichici. Costui sosteneva di essere in grado di usare i suoi poteri psichici per scoprire i tratti della personalità e di poter quindi aiutare gli avvocati ad impressionare le giurie. Ora, che succederebbe se questo stesso individuo dovesse essere un giorno sottoposto a un processo? Quale effetto potrebbe avere questo fatto su un membro della giuria che crede fermamente nell'ESP? Quanto si sentirà influenzato dall'uomo che afferma di avere questi poteri occulti (sia nel caso che li abbia veramente, sia che non li abbia)? Il terreno è maturo per portar frutto: un grande spazio per profezie che si autoavverano.

Grovigli di scienza e di occulto

A proposito di poteri occulti e di ESP, un'altra sfera della vita in cui abbondano gli Strani Anelli è costituito dai confini della scienza. In quest'area si mettono in discussione molte delle procedure o delle convinzioni correnti della scienza ortodossa e quindi non si accetta l'obiettività della scienza. Si propongono nuovi modi d'interpretare i fatti, in concorrenza con quelli già affermati. Ma come si può valutare un modo d'interpretare i fatti? Non è questo, ancora una volta, il problema proprio dell'obiettività, ma su un piano superiore? Certamente. Il paradosso del regresso all'infinito di Lewis Carroll appare sotto una forma nuova. La Tartaruga argomenterebbe che, se si vuole dimostrare che A è un fatto, è necessaria una prova: B. Ma che cosa ci assicura che B sia la prova di A? Per dimostrarlo c'è bisogno di una metaprova: C. E per dimostrare la validità di questa metaprova c'è bisogno di una meta-metaprova, e così via, fino alla nausea. Nonostante quest'argomento, tuttavia, la gente riesce a capire che cos'è una prova. Questo accade perché, per ripetere un vecchio ritornello, nel cervello delle persone è incorporato uno hardware che contiene alcuni metodi rudimentali per interpretare le prove. Noi possiamo basarci su questi metodi per ampliarli e migliorarli, e possiamo perfino imparare come e quando infrangere i nostri meccanismi più basilari d'interpretazione delle prove, come si deve fare ad esempio quando si cerca di scoprire i trucchi magici.

Esempi concreti di dilemmi a proposito delle prove si presentano nel caso di molti fenomeni di scienza occulta. Per esempio, sembra che i fenomeni parapsicologici si manifestino spesso al di fuori dei laboratori; ma quando si cerca di esaminarli in laboratorio, svaniscono misteriosamente. La spiegazione scientifica corrente di questo fatto è che l'ESP non è un fenomeno reale e non può resistere a un esame rigoroso. Tuttavia alcuni di coloro che credono nell'ESP (certamente non tutti) hanno un modo singolare di controbattere. Essi dicono: “No, la percezione extrasensoriale (ESP) è reale; semplicemente svanisce quando si cerca di osservarla in modo scientifico, perché è in contrasto con la natura di una concezione scientifica del mondo”. Si tratta di una tecnica straordinariamente sfacciata che potremmo descrivere come “scaraventare il problema al piano di sopra”. Questa tecnica, cioè, consiste nel mettere in dubbio, non l'argomento che è in discussione, ma le teorie che appartengono a un livello superiore di credibilità. Coloro che credono nell'ESP insinuano che ciò che è sbagliato è il sistema di convinzioni della scienza, non le *loro* idee. Questa è una pretesa un po' esagerata e, a meno che non vi siano prove schiaccianti in suo favore, si dovrebbe essere scettici nei suoi confronti. Ma eccoci di nuovo a parlare di “prove schiaccianti”, come se tutti fossero d'accordo su ciò che questo significa!

La natura delle prove

Il groviglio Sagredo-Simplicio-Salviati, citato nei Capitoli XIII e XV, fornisce un altro esempio della complessità dei problemi che sorgono nella valutazione delle prove. Sagredo cerca di trovare qualche compromesso oggettivo, se possibile, tra le concezioni opposte di Simplicio e di Salviati. Ma non sempre il compromesso è possibile. Come si può trovare un "onesto" compromesso tra il giusto e l'errato, tra l'onesto e il disonesto, tra il compromesso e l'intransigenza? Questi problemi si ripresentano continuamente in forma mascherata nei ragionamenti riguardanti le cose ordinarie.

È possibile definire che cos'è una prova? È possibile stabilire leggi su come interpretare le situazioni? Probabilmente no, perché tutte le regole rigide avrebbero indubbiamente le loro eccezioni e le regole non rigide non sono regole. E non si risolverebbe il problema neanche ricorrendo a un programma di IA, perché, come elaboratore di prove, questo non sarebbe meno fallibile di quanto lo siano gli esseri umani. Così, se dopo tutto la prova è una cosa talmente inafferrabile, perché sto mettendo in guardia contro nuovi modi d'interpretare le prove? Sono forse incoerente? In questo caso non credo. La mia sensazione è che si possano dare indicazioni e che si possa fare una sintesi organica di queste indicazioni. Ma inevitabilmente nel quadro devono entrare in una certa misura giudizio e intuizione: cose che sono diverse nelle diverse persone. Esse saranno diverse anche in programmi diversi di IA. In ultima istanza, esistono criteri complicati per decidere se un metodo per valutare le prove è buono. Uno di questi criteri riguarda l'"utilità" delle idee alle quali si perviene mediante un certo modo di ragionare: quei modi di ragionare che conducono a nuove cose utili per la vita sono considerate "valide" in un qualche senso. Ma la nozione di "utile" è estremamente soggettiva.

La mia sensazione è che il processo mediante il quale decidiamo che cosa è valido o che cosa è vero sia un'arte; e che si basi altrettanto profondamente sul senso di bellezza e di semplicità quanto sui princìpi saldi come roccia della logica o del ragionamento o di qualunque altra cosa che possa essere formalizzata in modo oggettivo. *Non* sto dicendo né che (1) la verità è una chimera né che (2) l'intelligenza umana è in linea di principio non programmabile. *Sto* dicendo che (1) la verità è talmente inafferrabile che non potrà mai essere raggiunta pienamente da un qualsiasi essere umano o insieme di esseri umani; e che (2) l'Intelligenza Artificiale, quando raggiungerà il livello dell'intelligenza umana, o se addirittura dovesse superarlo, sarà ancora afflitta dai problemi dell'arte, della bellezza e della semplicità e si imbatterà continuamente in queste cose nella sua ricerca della conoscenza e della comprensione.

"Che cos'è una prova?" non è semplicemente una domanda filosofica, perché essa s'intromette in ogni circostanza della vita: in ogni momento ci si trova di fronte a un numero straordinariamente grande di scelte su come interpretare una prova. Difficilmente si può entrare in una libreria (e oggi perfino in un supermercato!) senza trovare libri che parlano di parapsicologia, di chiaroveggenza, di dischi volanti, di triangolo delle Bermude, di astrologia, di rabdomanzia, di polemiche fra evoluzionismo e creazionismo, di buchi neri, di campi psi, di biofeedback, di meditazione trascendentale, di nuove teorie psicologiche... Nella scienza vi sono accaniti dibattiti sulla teoria delle catastrofi, sulle particelle elementari, sui buchi neri, su verità ed esistenza in matematica, sul libero arbitrio, sul riduzionismo e l'olismo, sull'Intelligenza Artificiale... Sul versante più pragmatico della vita, vi sono dibattiti sull'efficacia della vitamina C o del cortisone, sull'entità reale delle riserve petrolifere (sia quelle da estrarre, sia quelle già nei depositi), sulle cause dell'inflazione o della disoccupazione, e così via. Vi sono Nostradamus, il Buddhismo Zen, i paradossi di Zenone, la psicoanalisi, ecc., ecc. Da questioni banali come quella di decidere su quali scaffali si dovrebbero mettere i libri in una libreria a problemi fondamentali come quello di stabilire quali idee devono essere insegnate ai bambini a scuola, i modi che usiamo per valutare le prove svolgono un ruolo inestimabile.

Vedere se stessi

Uno dei problemi più difficili nell'interpretazione delle prove è quello di cercare d'interpretare tutti i segnali disorientanti che provengono dall'esterno riguardo a ciò che noi siamo. In questo caso, il potenziale per un conflitto all'interno di ogni livello e fra i vari livelli è fortissimo. I meccanismi psichici devono affrontare contemporaneamente le necessità interne dell'individuo di valutazione positiva di se stesso e il flusso costante di prove provenienti dall'esterno, che influenzano l'immagine di sé. Il risultato è che l'informazione scorre in un vortice complesso fra i diversi livelli della personalità: via via che il processo avanza, alcune sue parti vengono amplificate, ridotte, negate o distorte in altro modo, e quindi quelle parti a loro volta sono ulteriormente soggette allo stesso tipo di vortice che si ripete di continuo; tutto ciò nel tentativo di conciliare ciò che è con ciò che vorremmo che fosse (si veda la Fig. 83).

Il risultato è che l'immagine totale del "chi sono io" è integrata, in un modo incredibilmente complesso, nell'intera struttura mentale e contiene in ciascuno di noi un gran numero di incoerenze irrisolte e probabilmente insolubili. Queste indubbiamente forniscono gran parte della tensione dinamica che ha tanta importanza nel nostro essere uomini. Da questa tensione tra le nozioni interne e quelle esterne che riguardano la nostra essenza scaturiscono i nostri impulsi verso obiettivi diversi, e questo fa sì che ciascuno di noi sia unico. Quindi, per ironia della sorte, proprio ciò che tutti noi abbiamo in comune, cioè il fatto che siamo esseri coscienti e capaci di autoriflessione, conduce alla ricca diversità nei modi che abbiamo di interiorizzare le prove su tutti i tipi di cose; e questo, in definitiva, risulta essere una delle forze più importanti nel creare individui distinti.

Il Teorema di Gödel in altre discipline

È naturale cercare di delineare una corrispondenza tra persone e sistemi formali sufficientemente complessi i quali, come le persone, hanno un qualche tipo di "immagine di sé". Il Teorema di Gödel mostra che i sistemi formali coerenti dotati di un'"immagine di sé" hanno limitazioni fondamentali. Ma questo fatto può essere generalizzato? Vi è, ad esempio, un "Teorema di Gödel della psicologia"?

Se si usa il Teorema di Gödel come una metafora o come una fonte d'ispirazione, e non per cercare di tradurlo letteralmente nel linguaggio della psicologia o di qualunque altra disciplina, allora esso può forse suggerire nuove verità nella psicologia o in altri campi. Ma è del tutto ingiustificabile tradurlo direttamente in un enunciato di una disciplina diversa e considerare questo enunciato come ugualmente valido. Sarebbe un grosso errore pensare che ciò che è stato elaborato con la massima raffinatezza in logica matematica debba esser valido senza modifiche in un campo completamente diverso.

Introspezione e pazzia: un problema gödeliano

Penso che tradurre il Teorema di Gödel in altri dominii possa valere come utile suggerimento, purché si specifichi in anticipo che le traduzioni sono metafore e non devono essere prese alla lettera. Una volta detto questo, vedo due modi principali di usare le analogie per riferire il Teorema di Gödel ai pensieri umani. Uno rimanda al problema d'interrogarsi sulla propria sanità mentale. In che modo ci si può rendere conto se si è sani di mente? Qui, certamente, c'è uno Strano Anello. Una volta che ci si comincia a porre domande sulla propria sanità mentale, si resta intrappolati in un vortice sempre più stretto di profezie che si autoavverano, sebbene il processo non sia affatto inevitabile. Chiunque sa che un pazzo interpreta il mondo mediante una sua peculiare logica, dotata di una sua coerenza tutta particolare; come si può sapere se la nostra logica è "peculiare" o no, dal momento che ciascuno di noi ha solo la propria logica per giudicarla? Non vedo alcuna risposta. Mi viene solo alla mente il secondo Teorema di Gödel per il quale le uniche versioni dell'aritmetica formalizzata in grado di asserire la propria non-contraddittorietà sono contraddittorie...

Possiamo capire la nostra mente o il nostro cervello?

L'altro analogo metaforico del Teorema di Gödel che trovo stimolante suggerisce che in definitiva non possiamo capire la nostra mente e il nostro cervello. Questa è un'idea a molti livelli così pregnante che bisogna essere estremamente cauti nel proporla. Che cosa vuol dire "comprendere la propria mente o il proprio cervello"? Potrebbe voler dire avere un'idea generale di come funzionano, così come i meccanici hanno un'idea di come funzionano le macchine. Potrebbe voler dire avere una spiegazione completa e dettagliata del perché la gente fa tutte le cose che fa. Potrebbe voler dire avere una comprensione completa della struttura fisica del proprio cervello a tutti i livelli. Potrebbe voler dire avere lo schema completo dei collegamenti del cervello in un libro (o in una biblioteca o in un calcolatore). Potrebbe voler dire sapere con precisione che cosa succede ad ogni istante nel proprio cervello al livello neuronico, conoscere ogni scarica neuronica, ogni modificazione sinaptica, e così via. Potrebbe voler dire avere scritto un programma che supera il test di Turing. Potrebbe voler dire conoscersi in modo così perfetto che termini come subconscio e intuizione non abbiano più senso, perché tutto è chiaro e palese. Potrebbe voler dire un qualsiasi numero di altre cose.

Quale di questi tipi di autoriflessione assomiglia di più, ammesso che qualcuno le assomigli, all'autoriflessione compiuta dal Teorema di Gödel? Sono incerto sulla risposta. Alcuni sono abbastanza insensati. Per esempio, l'idea di essere in grado di controllare lo stato del proprio cervello nei minimi particolari è una pia illusione, il sogno di una pipa, una proposizione assurda e priva d'interesse. E se il Teorema di Gödel suggerisce che è irrealizzabile, non ci sembrerà una rivelazione. Viceversa, il vecchio obiettivo di conoscere se stessi in modo profondo o, in altre parole, di "comprendere la propria struttura psichica", è circondato da un alone di plausibilità. Ma non potrebbe esservi un qualche anello vagamente gödeliano che limita la profondità che ogni individuo può raggiungere dentro la propria psiche? Proprio come non possiamo vedere la nostra faccia con gli occhi che abbiamo su di essa, non è ragionevole aspettarsi che non potremo rispecchiare integralmente le nostre strutture mentali con i simboli che ne sono il risultato?

Tutti i Teoremi limitativi della metamatematica e della teoria della calcolabilità suggeriscono che, quando la capacità di rappresentare la propria struttura ha raggiunto un certo punto critico, si ha il bacio della morte: ciò significa che non si potrà mai rappresentare se stessi in modo totale. Il Teorema di Incompletezza di Gödel, il Teorema di Indecidibilità di Church, il Teorema della Fermata di Turing, il Teorema della Verità di Tarski ci danno tutti un ammonimento che sembra provenire da una vecchia favola: "Andare alla ricerca della conoscenza di se stessi significa intraprendere un viaggio... che sarà sempre incompleto, che non può essere tracciato su nessuna mappa, che non finirà mai e che non può essere descritto".

Ma questi Teoremi limitativi hanno un qualche rapporto con le persone umane? Ecco come si può affrontare l'argomento. O io sono coerente o sono incoerente (è molto più probabile che sia vera la seconda cosa, ma per amore di completezza, considero entrambe le possibilità). Se sono coerente, si presentano due casi. (1) Il caso "bassa fedeltà": la mia comprensione di me è al di sotto di un certo punto critico. In questo caso sono incompleto per ipotesi. (2) Il caso "alta fedeltà": la mia comprensione di me ha raggiunto il punto critico oltre il quale vale un analogo metaforico dei Teoremi limitativi, così la mia comprensione di me insidia se stessa in modo gödeliano, e io sono incompleto per quella ragione. I casi (1) e

(2) si basano sul mio essere coerente al cento per cento, un fatto molto improbabile. È più probabile che io sia incoerente; ma questo è peggio, perché allora vi sono contraddizioni dentro di me, e come potrò mai capirlo?

Coerente o incoerente che sia, nessuno può sottrarsi al mistero del sé. Probabilmente siamo tutti incoerenti. Il mondo è veramente troppo complicato perché una persona possa permettersi il lusso di conciliare tra loro tutte le cose in cui crede. Tensione e confusione sono importanti in un mondo in cui molte decisioni devono essere prese rapidamente. Miguel de Unamuno una volta disse: "Se una persona non si contraddice mai, ciò deve dipendere dal fatto che non dice niente". In effetti, noi tutti ci troviamo nelle stesse condizioni di quel maestro Zen che, dopo essersi contraddetto più volte di seguito, disse a Doko che lo ascoltava perplesso: "Io non riesco a capire me stesso".

Il Teorema di Gödel e la non esistenza personale

Forse la contraddizione maggiore della nostra vita, la più difficile da trattare, è sapere che "vi fu un tempo nel quale non ero vivo e vi sarà di nuovo un tempo nel quale non sarò più vivo". A un certo livello, quando ci poniamo "al di fuori di noi stessi" e ci vediamo "semplicemente come un qualsiasi altro essere umano", questa idea ha perfettamente senso. Ma a un altro livello, forse più profondo, la non esistenza personale non ha proprio nessun senso. Tutto quello che conosciamo è cementato nella nostra mente, e che tutto ciò possa essere assente dall'universo non è comprensibile. È questo uno dei problemi fondamentali della vita a cui non si può sfuggire; forse è il migliore analogo metaforico del Teorema di Gödel. Quando tentiamo d'immaginare la nostra non esistenza, dobbiamo cercare di uscire da noi stessi, rappresentandoci in qualcun altro. C'illudiamo se crediamo di potere introdurre dentro di noi una visione di noi stessi presa da un punto di vista esterno, così come s'illude l'Aritmetica Tipografica se "crede" di rispecchiare al suo interno la sua propria metateoria. L'AT contiene la propria metateoria soltanto fino a un certo punto, non pienamente. E per quanto riguarda noi, sebbene si possa immaginare di essere usciti fuori di noi stessi, non riusciamo mai a farlo veramente, non più di quanto possa farlo il drago di Escher passando dal suo originario piano bidimensionale a uno spazio tridimensionale. In ogni caso, questa contraddizione è così grande che per la maggior parte della vita semplicemente mettiamo la testa nella sabbia, perché cercare di affrontarla è del tutto infruttuoso.

La mente Zen, viceversa, trae la sua linfa da questa irriconciliabilità. Continuamente essa ripropone il conflitto tra la credenza orientale: "Il mondo ed io siamo una sola cosa, cosicché la nozione che io cesso d'esistere è una contraddizione in termini" (la mia formulazione è indubbiamente troppo occidentalizzata; ne chiedo scusa agli adepti Zen), e la credenza occidentale: "Io sono solo una parte del mondo e morirò, ma il mondo continuerà senza di me".

Scienza e dualismo

La scienza è spesso criticata per il fatto di essere troppo "occidentale" o "dualistica": cioè di essere pervasa dalla dicotomia tra soggetto e oggetto, tra osservatore e osservato. Ma se è vero che nei secoli passati la scienza si è occupata esclusivamente di cose che possono essere immediatamente distinte dai loro osservatori umani, come l'ossigeno e il carbonio, la luce e il calore, le stelle e i pianeti, le accelerazioni e le orbite, e così via, quella fase della scienza fu un preludio necessario alla fase più moderna nella quale si è cominciato a indagare sulla vita stessa. Passo dopo passo, inesorabilmente, la scienza "occidentale" si è spostata verso l'indagine della mente umana, cioè dell'osservatore. La ricerca in Intelligenza Artificiale è il passo più avanzato compiuto finora in questa direzione. Prima che comparisse l'IA, vi furono due fondamentali anticipazioni delle strane conseguenze che derivano dall'interazione tra soggetto e oggetto nella scienza. Una fu la rivoluzione della meccanica quantistica, con i suoi problemi epistemologici riguardanti l'interferenza dell'osservatore con l'osservato. L'altro fu il coinvolgimento di soggetto e oggetto nella metamatematica iniziato con il Teorema di Gödel e sviluppatosi attraverso tutti gli altri Teoremi di limitazione che abbiamo esaminato. Forse il passo successivo all'IA sarà l'applicazione della scienza a se stessa: la scienza che studia se stessa come oggetto. Questo è un modo di mescolare soggetto e oggetto diverso e forse ancora più aggrovigliato di quello in cui gli esseri umani studiano la propria mente.

A questo proposito, fra l'altro, è interessante notare che tutti i risultati che dipendono in modo essenziale dalla fusione di soggetto e oggetto sono sempre stati limitativi. Oltre ai Teoremi limitativi della logica vi è il principio di indeterminazione di Heisenberg, il quale afferma che la misurazione di una data grandezza rende impossibile la misurazione simultanea di una certa grandezza collegata alla prima. Non so perché tutti questi risultati siano limitativi. Tragga il lettore le sue conseguenze.

Simbolo e oggetto nella musica e nell'arte moderna

Strettamente legata alla dicotomia soggetto-oggetto è la dicotomia simbolo-oggetto, che è stata esplorata in profondità da Ludwig Wittgenstein all'inizio di questo secolo. Per fare la medesima distinzione si adottarono in seguito le parole "uso" e "menzione". Quine ed altri hanno scritto molto sulla connessione tra i segni e ciò che rappresentano. Ma non solo i filosofi hanno dedicato molta attenzione a quest'argomento profondo e astratto. Nel nostro secolo sia la musica sia l'arte hanno attraversato crisi che riflettono un'immersione profonda in questo problema. Mentre la musica e la pittura, per esempio, hanno tradizionalmente espresso idee ed emozioni servendosi di un vocabolario di "simboli" (cioè d'immagini visive, di accordi, di ritmi, ecc.), ora vi è la tendenza ad esplorare la capacità della musica e dell'arte a *non* esprimere niente: semplicemente ad *essere*.

Questo significa esistere come puri grumi di colore o puri suoni; in entrambi i casi, comunque, purificati da ogni valore simbolico.

In musica, in particolare, John Cage ha avuto una grande influenza nell'elaborare un modo di avvicinarsi al suono nello spirito Zen. Molti dei suoi pezzi fanno trapelare disprezzo per l'"uso" dei suoni, cioè per l'impiego dei suoni al fine di trasmettere stati emotivi, ed entusiasmo per la "menzione" dei suoni, cioè per la produzione di giustapposizioni arbitrarie di suoni indipendentemente da codici elaborati in precedenza mediante i quali un ascoltatore potrebbe decodificarli in un messaggio. Un esempio tipico è *Paesaggio Immaginario n. 4*, il pezzo "multiradio" descritto nel Capitolo VI. Posso non rendere giustizia a Cage, ma a me sembra che molto del suo lavoro sia stato diretto a introdurre la mancanza di significato nella musica e, in un certo senso, a dare un significato a questa mancanza di significato. La musica aleatoria è una tipica esplorazione in questa direzione (per inciso, essa è parente stretta dei molto più recenti "happenings" e dell'arte eventuale). Vi sono molti altri compositori contemporanei che stanno seguendo l'indirizzo di Cage, ma pochi con altrettanta originalità. Un pezzo di Anna Lockwood, intitolato *Piano Burning* consiste proprio nel rogo di un pianoforte con le corde tese al massimo per farle schioccare il più forte possibile. In un pezzo di La Monte Young i rumori sono ottenuti spingendo il pianoforte in giro sul palcoscenico e facendolo passare sopra vari ostacoli, come un maglio.

In questo secolo l'arte ha attraversato molte convulsioni di questo tipo. Si ebbe dapprima l'abbandono della rappresentazione, un fatto genuinamente rivoluzionario: fu l'inizio dell'arte astratta. Un passaggio graduale dalla pura rappresentazione a forme della massima astrazione si manifesta nell'opera di Piet Mondrian. Quando il mondo si era abituato all'arte non figurativa, venne fuori il surrealismo. Fu un bizzarro dietrofront, qualcosa come il neoclassicismo in musica, con il quale un'arte estremamente figurativa venne "rovesciata" e usata per ragioni completamente nuove: per impressionare, sconcertare, sbalordire. Questa scuola fu fondata da André Breton e si sviluppò principalmente in Francia: alcuni dei suoi membri più influenti furono Dalí, Magritte, de Chirico, Tanguy.

Le illusioni semantiche di Magritte

Di tutti questi artisti, Magritte fu il più consapevole del mistero presente nel rapporto simbolo-oggetto (che io vedo come un approfondimento della distinzione uso-menzione). Egli lo usa per evocare risposte potenti in chi guarda, anche se questi non saprà spiegare la distinzione in questi termini. Si consideri, per esempio, quella sua variazione molto strana sul tema della natura morta intitolata *Senso comune* (Fig. 139). Vi si vede un piatto pieno di frutta, che è il soggetto tipico di una natura morta, posato sulla superficie di una tela bianca. Il conflitto tra il simbolo e il reale è grande. Ma l'ironia non si esaurisce in questo; c'è da considerare che anche tutto l'insieme è un dipinto: di fatto una natura morta con un soggetto insolito.

FIGURA 139. Senso comune, *di René Magritte (1945-46).*

FIGURA 140. I due misteri, *di René Magritte (1966).*

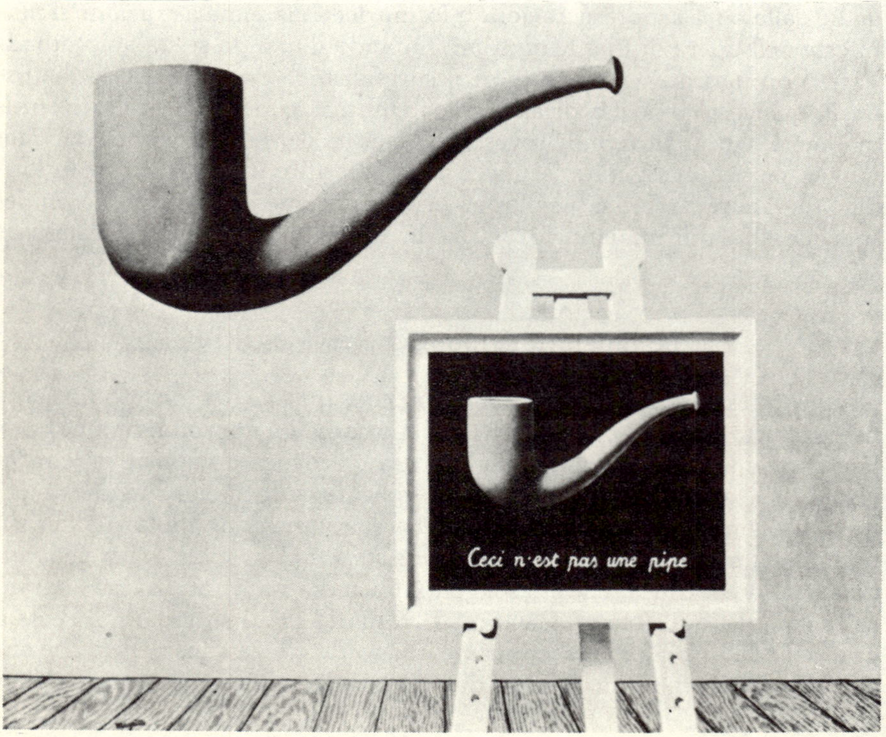

La serie di quadri di Magritte raffiguranti pipe è affascinante e sconcertante. Si considerino *I due misteri* (Fig. 140). Concentrandosi sul quadro interno, si riceve il messaggio che c'è differenza fra pipe e simboli di pipa. Quindi lo sguardo si sposta verso l'alto, verso la pipa "reale" che galleggia nell'aria; se ne percepisce la realtà, mentre l'altra è solo un simbolo. Ma ciò, naturalmente, è del tutto sbagliato: entrambe sono dipinte sulla stessa superficie piatta davanti ai nostri occhi. L'idea che una pipa si trovi in un quadro annidato in un altro quadro, e che quindi sia in qualche modo "meno reale" dell'altra pipa, è un completo inganno. Non appena si è disposti a "entrare nella stanza", si è già stati ingannati: si è scambiata l'immagine per la realtà. Per essere coerenti con la nostra ingenuità, si dovrebbe scendere felicemente anche all'altro livello e confondere l'immagine-nell'immagine con la realtà. L'unico modo per non essere risucchiati è di vedere entrambe le pipe semplicemente come macchie colorate su una superficie a pochi decimetri di distanza dal nostro naso. Allora, e solo allora, si può apprezzare il pieno significato del messaggio scritto "Ceci n'est pas une pipe"; ma, paradossalmente, in quel medesimo istante ogni cosa si confonde in macchie indistinte e la stessa scritta diventa una macchia di colore, perdendo così il suo significato! In altre parole, in quell'istante il messaggio verbale del dipinto si autodistrugge in un modo molto gödeliano.

FIGURA 141. Segnale di fumo. [*Disegno dell'autore*].

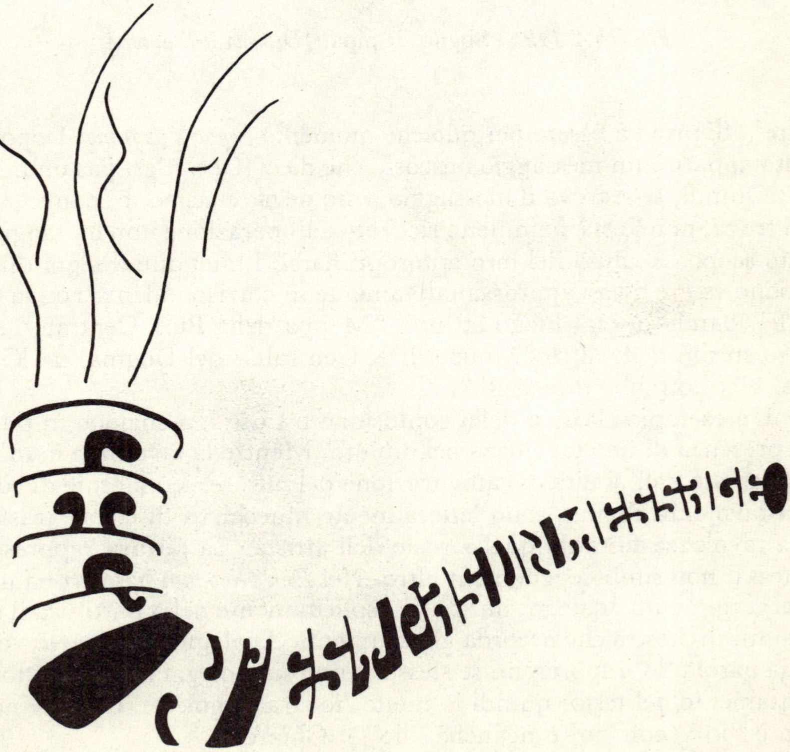

L'aria e la canzone (Fig. 84), che fa parte di una serie di dipinti di Magritte sullo stesso tema, realizza tutto ciò che è realizzato da *I due misteri*, ma entro un solo livello invece che in due. I miei disegni *Segnale di fumo* e *Sogno di pipa* (Figg. 141 e 142) sono "Variazioni su un tema di Ma-

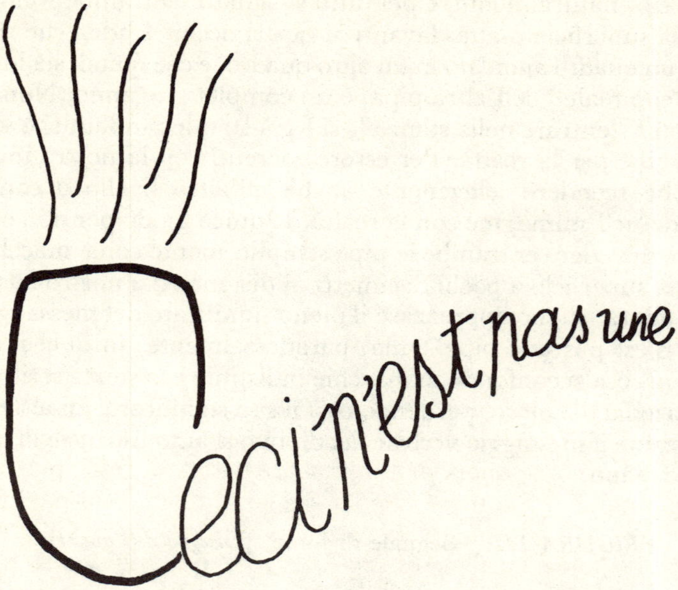

FIGURA 142. Sogno di pipa. [*Disegno dell'autore*].

gritte". Si provi a fissare per qualche momento *Segnale di fumo*. Dopo non molto apparirà un messaggio nascosto che dice "Ceci n'est pas un message". Quindi, se si trova il messaggio, esso nega se stesso, e se invece non lo si trova, non lo si è nemmeno ricevuto e l'operazione non ha raggiunto il suo scopo. A causa del loro autosopraffarsi, i miei due disegni di pipe possono essere messi approssimativamente in corrispondenza con la G di Gödel, dando quindi luogo ad una "Mappa della Pipa Centrale" nello stesso spirito delle altre "Mappe di X Centrali": del Dogma, del Granchio, e si potrebbe dire dell'Ai...

Un esempio classico della confusione fra uso e menzione in pittura è la presenza di una tavolozza nel dipinto. Mentre la tavolozza è un'illusione creata dall'abilità di raffigurazione del pittore, le macchie di colore sulla tavolozza dipinta sono letteralmente mucchietti di colore trasferiti nella tavolozza finta da quella reale dell'artista. La pittura rappresenta se stessa: non simboleggia nient'altro. Nel *Don Giovanni* Mozart ha usato un accorgimento analogo: ha scritto esplicitamente nella partitura il suono di un'orchestra che accorda gli strumenti. Analogamente, se io voglio che la parola 'io' rappresenti se stessa (e non simboleggi me) io metto 'io' direttamente nel testo; quindi io metto 'io' tra virgolette. Ciò che ne risulta è "io" (non 'io' e neanche "'io'"). Chiaro?

Il "codice" dell'arte moderna

Le ricerche sul dualismo simbolo-oggetto nell'arte continuarono ancora ampiamente sotto la spinta di un gran numero di influenze che nessuno potrebbe sperare di elencare in maniera completa. Non c'è dubbio che John Cage, con il suo interesse per lo Zen, abbia avuto una profonda influenza sull'arte, oltre che sulla musica. I suoi amici Jaspers Johns e Robert Rauschenberg esplorarono entrambi la distinzione tra oggetti e simboli usando gli oggetti come simboli di se stessi o, al contrario, i simboli come oggetti. Tutto questo aveva forse lo scopo di farla finita con l'idea che l'arte è un passo indietro rispetto alla realtà, che l'arte parla in "codice", per cui chi osserva deve agire come un interprete. Si trattava di eliminare il passo dell'interpretazione e di lasciare che l'oggetto nudo semplicemente *fosse*, punto e basta. ("Punto": un caso curioso di confusione fra uso e menzione). Tuttavia, se l'intenzione era questa, fu un fiasco colossale e non poteva non esserlo.

Ogni volta che un oggetto è esposto in una galleria o è presentato come un'"opera d'arte", anche se si è spiegato ai visitatori che *non* devono cercarvi alcun significato, esso acquista ai loro occhi un'aura di profondo significato interiore. Infatti vi è un effetto di ritorno per cui, più si è detto ai visitatori di non farsi ingannare da tali oggetti, più essi si lasciano ingannare. Dopo tutto, se una cassetta di legno sul pavimento di un museo fosse semplicemente una cassetta di legno sul pavimento di un museo, perché l'addetto alle pulizie non la getta nell'immondizia? Perché vi è attaccato il nome di un artista? Forse perché l'artista volle demistificare l'arte? Perché quel mucchio di spazzatura là fuori non ha un'etichetta con il nome di un artista? È una beffa? Sono pazzo io o sono pazzi gli artisti? Queste e altre domande si affollano nella mente del visitatore: egli non può farne a meno. Questo è l'"effetto cornice" che l'arte, anzi l'Arte, crea automaticamente. Non vi è modo di eliminare le fantasticherie nella mente dei curiosi.

Naturalmente, se lo scopo è d'infondere una visione Zen del mondo, sentito come vuoto di categorie e di significati, allora forse un'arte siffatta vuole semplicemente servire da catalizzatore, così come fanno le esposizioni dello Zen in termini razionali, per spingere lo spettatore a voler conoscere la filosofia che rigetta i "significati interiori" e abbraccia il mondo come un tutto. In questo caso, l'arte si autosconfigge nel breve periodo, perché gli spettatori vogliono proprio *riflettere* sul suo significato, ma realizza il suo obiettivo con alcune persone nel lungo periodo, introducendole alle sue fonti. In entrambi i casi, non è vero che non vi sia un codice mediante il quale si trasmettono idee al visitatore. In realtà, il codice è un qualcosa di molto più complesso, che comprende anche enunciati sull'assenza di codici, ecc.; cioè, è in parte codice, in parte metacodice, e così via. Gli oggetti d'arte più vicini allo spirito Zen trasmettono messaggi che hanno fra loro i rapporti di una Gerarchia Aggrovigliata, ed è questo, forse, il motivo per cui molti trovano l'arte moderna così imperscrutabile.

Cage ha guidato un movimento volto a rompere i confini tra arte e natura. In musica, si afferma, tutti i suoni sono uguali, una sorta di democrazia acustica. Inoltre il silenzio ha la stessa importanza del suono e il suono casuale ha la stessa importanza del suono organizzato. Leonard B. Mayer, nel libro *Music, The Arts, and Ideas*, ha chiamato "trascendentalismo" questo movimento nella musica; egli sostiene:

> Se la distinzione tra arte e natura è erronea, allora la valutazione estetica non ha senso. Non si dovrebbe giudicare il valore di una sonata per pianoforte più di quanto si debba giudicare il valore di una pietra, di un temporale o di una stella marina. "Gli enunciati categorici come giusto e sbagliato, bello o brutto, tipici del pensiero razionalista dell'estetica tonale," scrive Luciano Berio "non sono più utili per capire perché e come un compositore d'oggi lavori su forme udibili e su processi musicali".

Più avanti Meyer continua a descrivere la posizione filosofica del trascendentalismo:

> ... tutte le cose che stanno in tutti gli spazi e in tutti i tempi sono connesse l'una con l'altra in modo inestricabile. Ogni divisione, classificazione ed organizzazione scoperta nell'universo è arbitraria. Il mondo è un singolo evento continuo e complesso.[2] [Ecco che ricompare lo spettro di Zenone!].

Trovo che "trascendentalismo" sia un nome troppo ingombrante per questo movimento. Al suo posto io uso "ismo". Essendo un suffisso senza un prefisso, esso fa pensare a un'ideologia senza idee, per cui qualunque interpretazione si voglia darle, più o meno regge. Ismo è lo spirito dello Zen nell'arte. E come il problema centrale dello Zen è di smascherare l'io, il problema centrale dell'arte in questo secolo sembra essere quello di capire che cosa sia l'arte stessa. Tutti questi sommovimenti fanno parte della sua crisi d'identità.

Abbiamo visto che la dicotomia uso-menzione, quando è spinta fino in fondo, si muta nel problema filosofico del dualismo simbolo-oggetto, che la collega al mistero della mente. A proposito del suo quadro *La condizione umana I* (Fig. 143), Magritte ha scritto:

> Posi di fronte a una finestra, vista dall'interno di una stanza, un quadro che rappresentava esattamente quella parte di paesaggio che il quadro nascondeva alla vista. Quindi l'albero rappresentato nel quadro nascondeva alla vista l'albero che si trovava dietro di esso, fuori della stanza. Esso, per così dire, esisteva simultaneamente nella mente dell'osservatore come se fosse sia dentro la stanza, nel quadro, sia fuori, nel paesaggio reale. Che è poi il modo in cui noi vediamo il mondo: noi lo vediamo come se fosse al di fuori di noi, anche se si tratta soltanto di una sua rappresentazione mentale che sperimentiamo dentro di noi.[3]

FIGURA 143. La condizione umana I, *di René Magritte (1933).*

Prima attraverso le immagini pregnanti del suo quadro e poi direttamente a parole, Magritte esprime il legame tra le due domande: "Come funzionano i simboli?" e "Come lavora la nostra mente?". In questo modo egli ci riporta alla domanda che ci siamo già posti prima: "Possiamo sperare di capire un giorno la nostra mente e il nostro cervello?".

O forse qualche proposizione gödeliana meravigliosamente diabolica ci preclude la possibiltà di rendere comprensibile la nostra mente? Purché non si adotti una definizione totalmente irragionevole di "comprensibile", non vedo alcun ostacolo gödeliano che ci impedisca di arrivare a capire effettivamente la nostra mente. Per esempio, mi sembra molto ragionevole desiderare di capire i princìpi generali che sono alla base dell'attività del cervello più o meno nello stesso modo in cui capiamo i princìpi generali di funzionamento del motore di un'automobile. È una cosa molto diversa dal cercare di capire in ogni minimo dettaglio ciascun singolo cervello, per non parlare addirittura del proprio cervello! Non vedo come il Teorema di Gödel, anche interpretato nel modo più estremo, abbia qualcosa da dire sulla realizzabilità di questa prospettiva. Non vedo alcuna ragione per cui il Teorema di Gödel imponga qualche limitazione alla nostra capacità di formulare e di verificare i meccanismi generali sulla base dei quali si producono i processi di pensiero nel mezzo costituito dalle cellule nervose. Non vedo alcun ostacolo frapposto dal Teorema di Gödel alla implementazione su calcolatore (o su qualche suo successore) di tipi di manipolazione di simboli che raggiungano più o meno gli stessi risultati del cervello. Cercare di replicare in un programma la mente di un particolare essere umano è tutt'altro problema, ma produrre un programma intelligente è un obiettivo più limitato. Il Teorema di Gödel non ci impedisce di riprodurre il nostro livello d'intelligenza mediante programmi non più di quanto impedisca la riproduzione del nostro livello d'intelligenza mediante la trasmissione dell'informazione ereditaria contenuta nel DNA seguita dall'educazione. Anzi, nel Capitolo XVI abbiamo visto che ciò che permette la trasmissione dell'intelligenza è proprio un sorprendente meccanismo gödeliano, cioè lo Strano Anello delle proteine e del DNA!

Il Teorema di Gödel non ha dunque proprio niente da offrirci per riflettere sulla nostra mente? Penso di sì, anche se non nel modo limitativo e mistico nel quale alcuni pensano che debba farlo. Penso che il procedimento per arrivare a capire la dimostrazione di Gödel, con la sua costruzione che richiede codici arbitrari, isomorfismi complessi, livelli alti e bassi d'interpretazione, e con la sua capacità di autoriflettersi, possa iniettare nuove energie nell'insieme di immagini che possediamo dei simboli e della loro elaborazione, ponendole in una nuova luce e aiutandoci così ad approfondire la nostra intuizione dei rapporti tra strutture mentali a livelli diversi.

Inesplicabilità accidentale dell'intelligenza?

Prima di suggerire un'"applicazione" filosoficamente affascinante della dimostrazione di Gödel, vorrei introdurre l'idea di "inesplicabilità accidentale" dell'intelligenza. Ecco di che cosa si tratta. Potrebbe darsi che il nostro cervello, a differenza del motore di un'automobile, sia un sistema refrattario e intrattabile, che non possiamo assolutamente smontare in qualche modo ordinato. In questo momento non abbiamo la minima idea se il nostro cervello cederà ai ripetuti tentativi di scinderlo in strati netti, ciascuno dei quali possa essere spiegato nei termini degli strati inferiori, o se invece sventerà tutti i nostri tentativi di scomporlo.

Ma anche se non saremo in grado di capire noi stessi, non necessariamente la colpa sarà di un "intrico" gödeliano; potrebbe semplicemente darsi che, per un caso del destino, il nostro cervello fosse troppo debole per capire se stesso. Si pensi ad esempio ad un Baobab, albero splendido che condivide con i suoi confratelli Ginkgo ed Eucalyptus e tutto il regno della Botanica non già una insufficienza di cervello, ma una totale, gloriosa assenza di sistema nervoso. Eppure sono esseri viventi sorprendentemente simili agli animali ed agli esseri umani nei fondamenti molecolari del loro funzionamento. Ecco quindi comparire una scala di "intelligenza" ramificata tale che, nel ramo da noi abitato, sembra esserci una soglia, al disotto della quale non si può capire il funzionamento della mente. Ma d'altra parte che cosa potrebbe voler dire per una pianta "capire la sintesi clorofilliana"? Gli esseri umani possono trovarsi vicini alla loro soglia, forse appena al di sotto, o forse anche al di sopra. Il punto è che può non esservi alcuna ragione *fondamentale* (cioè, gödeliana) per cui quelle qualità siano incomprensibili; esse potrebbero essere completamente chiare ad esseri più intelligenti.

L'indecidibilità è intrinsencamente legata a un punto di vista di alto livello

A parte questa idea pessimistica dell'inesplicabilità accidentale del cervello, quali indicazioni potrebbe offrirci la dimostrazione di Gödel riguardo a possibili spiegazioni della nostra mente e del nostro cervello? La dimostrazione di Gödel ci offre il suggerimento che il semplice fatto di considerare un sistema da un punto di vista di alto livello può conferire un potere esplicativo che semplicemente non è possibile avere ai livelli più bassi. Mi spiego meglio. Supponiamo di avere G, la stringa indecidibile di Gödel, come stringa dell'AT. Supponiamo inoltre di non conoscere nulla della numerazione di Gödel. Supponiamo infine che si debba rispondere alla domanda: "Perché questa stringa non è un teorema dell'AT?". Siamo abituati a domande del genere; per esempio, se ci avessero posto questa stessa domanda relativamente a S0 = 0, avremmo avuto una spiegazione pronta: *"la sua negazione,* ¬ S0 = 0, *è un teorema"*. Questo, insieme al fatto che sappiamo che l'AT è non-contraddittoria, fornisce una spiegazione del perché la stringa data sia un nonteorema. Si tratta, vorrei precisare, di una spiegazione "al livello dell'AT". Si noti quanto essa è diversa dalla spiegazione del perché MU non è un teorema del sistema MIU: la spiegazione di quest'ultimo fatto può essere data solo nel modo I, mentre la prima è data nel modo M.

E che dire di G? La spiegazione al livello dell'AT che ha funzionato per S0 = 0 non funziona per G, perché $\neg$G *non* è un teorema. La persona che non possiede una visione panoramica dell'AT resterà sconcertata per il fatto che non può trattare G secondo le regole, dato che in quanto proposizione aritmetica essa è assolutamente in regola. In effetti, quando G è trasformata in una stringa quantificata universalmente, ogni formula ottenuta da G sostituendo numerali al posto delle variabili è derivabile. L'unico modo di spiegare la nonteorematicità di G è di scoprire la numerazione di Gödel e di vedere l'AT da un livello completamente diverso. Non è solo difficile e complicato trovare la spiegazione al livello dell'AT: è proprio impossibile. Una tale spiegazione semplicemente non esiste. Ad alto livello esiste un tipo di potere esplicativo che manca, in linea di principio, al livello dell'AT. La nonteorematicità di G è, per così dire, un fatto *intrinsecamente di alto livello*. Ho il sospetto che ciò sia vero per *tutte* le proposizioni indecidibili; voglio dire, cioè, che in realtà ogni proposizione indecidibile è un enunciato di Gödel che asserisce mediante qualche codice la sua nonteorematicità in qualche sistema.

La coscienza come fenomeno intrinsecamente di alto livello

Se le cose stanno così, la dimostrazione di Gödel suggerisce, sebbene assolutamente non dimostri, che potrebbe esistere un qualche punto di vista di alto livello da cui considerare la mente e il cervello, il quale implica concetti che non compaiono ai livelli inferiori e che potrebbe contenere un potere esplicativo che non esiste, neanche in linea di principio, ai livelli inferiori. Ciò vorrebbe dire che alcuni fatti potrebbero essere spiegati abbastanza facilmente ad alto livello, ma non avrebbero *alcuna* spiegazione ai livelli inferiori. Indipendentemente dalla sua lunghezza e complessità, nessun enunciato a basso livello spiegherebbe il fenomeno in questione. Questo è il corrispettivo del fatto che, se si fanno derivazioni su derivazioni nell'AT, non importa quanto lunghe e complicate, non ne verrà mai fuori una per G, nonostante che a un livello superiore si veda che G è vera.

Quali potrebbero essere tali concetti ad alto livello? Da sempre vari scienziati e umanisti di tendenze olistiche o spiritualistiche hanno sostenuto che la *coscienza* è un fenomeno che sfugge a ogni spiegazione in termini di componenti del cervello; ecco dunque almeno un candidato. Vi è inoltre l'idea, sempre sconcertante, del *libero arbitrio*. Così, forse, queste potrebbero essere qualità "emergenti", nel senso di richiedere spiegazioni che non possono essere fornite dalla sola fisiologia. Ma è importante rendersi conto che, se siamo stati guidati dalla dimostrazione di Gödel nel fare ipotesi ardite come queste, dobbiamo sviluppare l'analogia fino in fondo. In particolare, è vitale ricordare che la nonteorematicità di G *possiede* una spiegazione, non è un mistero totale! La spiegazione si basa sul comprendere non semplicemente un livello per volta, ma il modo nel quale un livello rispecchia il suo metalivello e le conseguenze di questo rispecchiamento. Se la nostra analogia deve valere anche qui, allora i fenomeni "emergenti" diverrebbero spiegabili in termini di rapporto tra i diversi livelli dei sistemi mentali.

Gli Strani Anelli come nodo cruciale della coscienza

Sono convinto che la spiegazione dei fenomeni "emergenti" nel cervello, per esempio idee, speranze, immagini, analogie, e infine la coscienza e il libero arbitrio, sia basata su un qualche tipo di Strano Anello: un'interazione tra livelli in cui il livello più alto torna indietro fino a raggiungere il livello più basso e lo influenza, mentre allo stesso tempo viene determinato da esso. In altre parole, c'è una "risonanza" tra i diversi livelli che si autorafforza, in modo del tutto simile all'enunciato di Henkin che, asserendo semplicemente la sua dimostrabilità, diventa effettivamente dimostrabile. Il sé nasce nel momento in cui ha il potere di riflettere se stesso.

Questa non deve essere presa come una posizione antiriduzionistica. È una posizione che semplicemente suggerisce che una spiegazione riduzionistica della mente, *per essere comprensibile*, deve contenere concetti "non rigidi" come livello, corrispondenza, significato. In linea di principio non ho alcun dubbio che esista una spiegazione del cervello totalmente riduzionistica ma incomprensibile; il problema è come tradurla in un linguaggio che noi stessi possiamo capire perfettamente. Sicuramente non ci serve una descrizione in termini di posizioni e quantità di moto delle particelle; vogliamo una descrizione che colleghi l'attività neuronica ai "segnali" (fenomeni di livello intermedio) e che colleghi, a sua volta, i segnali ai "simboli" e ai "sottosistemi", compreso il "simbolo del sé" di cui si presume l'esistenza. Questo atto di traduzione dallo hardware fisico di basso livello al software psicologico di alto livello è analogo alla traduzione di enunciati aritmetici in enunciati metamatematici. Si ricordi che l'attraversamento di livelli che ha luogo esattamente in questo atto di traduzione è ciò che crea l'incompletezza di Gödel e il carattere di autodimostrazione dell'enunciato di Henkin. Postulo che un simile attraversamento di livelli è ciò che crea la nostra quasi inanalizzabile sensazione del sé.

Per trattare il sistema cervello-mente in tutta la sua ricchezza dovremo essere in grado di scivolare con facilità da un livello all'altro. Inoltre dovremo ammettere vari tipi di "causalità", cioè di modi nei quali un evento di un certo livello di descrizione può "causare" il verificarsi di eventi ad altri livelli. A volte si dirà che l'evento A "causa" l'evento B per la semplice ragione che uno è la traduzione dell'altro a un altro livello di descrizione. A volte "causa" avrà il suo significato solito: causalità fisica. In una qualsiasi spiegazione della mente dovremo ammettere questi due tipi di causalità, e forse altri ancora, perché ci occorrono cause capaci di propagarsi sia verso l'alto sia verso il basso nella Gerarchia Aggrovigliata del mentale, proprio come avviene nella Mappa del Dogma Centrale.

Nel punto cruciale della nostra comprensione di noi stessi sarà presente una comprensione della Gerarchia Aggrovigliata dei livelli della mente. La mia posizione è abbastanza simile al punto di vista avanzato dal neurofisiologo Roger Sperry nel suo eccellente articolo "Mind, Brain, and Humanist Values", dal quale è tratta questa breve citazione:

> Nel mio ipotetico modello di cervello, la consapevolezza cosciente viene rappresentata come un agente causale del tutto reale e ha un posto importante nella sequenza causale e nella catena di controllo degli eventi cerebrali, nei quali appare come una forza operativa attiva... Più semplicemente, si tratta del problema di chi spinge e di chi è spinto nella popolazione di forze causali che occupano il cranio. In altre parole, occorre chiarire l'ordine gerarchico tra gli agenti di controllo intracranici. Nella nostra testa esiste un intero universo di forze causali diverse; e per di più vi sono forze nelle forze nelle forze, come in nessun altro decimetro cubico del mondo a noi noto... Per farla breve, se ci si mette a scalare la catena di comando che è dentro il cervello, proprio in cima si trovano quelle forze organizzative generali e quelle proprietà dinamiche delle grandi strutture dell'eccitazione cerebrale che sono collegate con gli stati mentali o con l'attività psichica... Vicino all'apice di questo sistema di comando del cervello... troviamo le idee. L'uomo, oltrepassando lo scimpanzè, ha idee e ideali. Nel modello di cervello qui proposto, la potenzialità causale di un'idea o di un ideale diventa non meno reale di quella di una molecola, di una cellula o di un impulso nervoso. Le idee causano idee e aiutano le nuove idee a svilupparsi. Ogni idea interagisce con ogni altra idea e con le altre forze mentali presenti nello stesso cervello, nei cervelli vicini e, grazie alla comunicazione capace di raggiungere ogni punto della terra, in cervelli stranieri molto distanti. Le idee interagiscono anche con l'ambiente esterno per produrre globalmente un avanzamento esplosivo dell'evoluzione assai più grande di qualsiasi altro evento verificatosi fino ad oggi sulla scena dell'evoluzione, ivi compresa la comparsa della cellula vivente.[4]

Vi è una ben nota frattura fra i due linguaggi usati per trattare i problemi, cioè il linguaggio soggettivo e quello oggettivo. Ci sono, per esempio, la sensazione "soggettiva" di rosso e la lunghezza d'onda "oggettiva" della luce rossa. A molti questi due linguaggi sembrano inconciliabili per sempre. Io non lo credo. Non lo sono più di quanto siano inconciliabili i due modi di vedere *Mani che disegnano* di Escher: "dall'interno del sistema", in cui le mani si disegnano a vicenda, e dall'esterno, in cui c'è Escher che disegna il tutto. La sensazione soggettiva di rosso proviene dal vortice della percezione di sé del cervello; la lunghezza d'onda oggettiva è ciò che si vede quando si indietreggia, uscendo dal sistema. Anche se nessuno di noi sarà mai in grado d'indietreggiare abbastanza da poter vedere il "quadro complessivo", pure non dobbiamo dimenticare che esso esiste. Dovremmo ricordarci che la legge fisica è ciò che fa avvenire ogni cosa: laggiù, proprio laggiù in fondo, negli angoli e negli anfratti neuronici che sono troppo lontani da noi per essere raggiunti dalle nostre sonde introspettive di alto livello.

Il simbolo del sé e il libero arbitrio

Nel Capitolo XII era stata suggerita l'idea che ciò che chiamiamo libero arbitrio sia il risultato dell'interazione tra il simbolo (o sottosistema) del sé e gli altri simboli del cervello. Se accettiamo l'idea che i simboli siano le entità di alto livello alle quali si dovrebbero attribuire i significati, allora possiamo tentare il colpo di spiegare la relazione tra simboli, simbolo del sé e libero arbitrio.

Un modo per gettare un po' di luce sul problema del libero arbitrio può essere quello di esaminare al suo posto ciò che io credo sia un problema equivalente, ma che richiede l'uso di termini meno pregnanti. Invece di chiedere: "Il sistema X è dotato di libero arbitrio?", chiediamo: "Il sistema X compie delle scelte?", cercando di stabilire con cura che cosa intendiamo realmente quando decidiamo di descrivere un sistema, meccanico o biologico che sia, come capace di compiere delle "scelte". Sarà utile esaminare da questo punto di vista alcuni sistemi differenti che, in varie circostanze saremmo tentati di descrivere come capaci di compiere scelte. A partire da questi esempi potremo imparare qualcosa su ciò che vogliamo realmente dire con questa espressione.

Prendiamo come paradigmi i seguenti sistemi: una pallina che rotola lungo una collina sassosa, un calcolatore tascabile che trova cifre successive dell'espansione decimale della radice quadrata di due; un programma complesso che gioca discretamente a scacchi; un robot in un labirinto a T (un labirinto con una sola biforcazione, in un lato della quale vi è un premio); e un essere umano di fronte a un complicato dilemma.

Prima di tutto, che cosa possiamo dire della pallina che rotola giù per la collina? Compie delle scelte? Credo che diremmo tutti di no, anche se nessuno di noi è in grado di prevedere il suo tragitto neanche per una distanza molto breve. Abbiamo la sensazione che *non potrebbe* percorrere una strada diversa da quella che percorre e che è semplicemente spinta avanti dalle inesorabili leggi della natura. Naturalmente, nella nostra fisica mentale aggregata, possiamo immaginare molti cammini "possibili" per la pallina e vediamo che nel mondo reale essa ne segue solo uno. A un qualche livello della nostra mente, quindi, non possiamo fare a meno di pensare che la pallina ha "scelto" un singolo cammino tra la miriade di quelli mentalmente possibili; ma a un qualche altro livello della nostra mente sentiamo istintivamente che la fisica mentale è solo un ausilio per la costruzione al nostro interno di modelli del mondo e che i meccanismi che fanno avvenire le sequenze fisiche reali di eventi non richiedono che la natura passi attraverso un processo analogo, per cui prima si fabbricano tutte le possibili varianti in qualche universo ipotetico (il "cervello di Dio") e poi si sceglie tra di esse. Così non definiremo questo processo una scelta, anche se riconosciamo che, da un punto di vista pragmatico, in casi come questo è spesso utile usare tale termine in virtù del suo potere evocativo.

E che dire del calcolatore programmato a calcolare le cifre della radice quadrata di due? Che dire del programma che gioca a scacchi? In questi casi potremmo dire che abbiamo a che fare con "palline immaginarie" che rotolano lungo "colline immaginarie". In realtà, i motivi per dire che non vengono effettuate scelte sono qui, se possibile, più forti che nel caso della pallina. Infatti, se si cerca di ripetere l'esperimento della pallina, si osserverà senza dubbio un percorso totalmente diverso, mentre se si fa andare di nuovo il programma per la radice quadrata di due si otterrà sempre lo stesso risultato. La pallina sembra "scegliere" ogni volta un percorso diverso, per quanto si cerchino di riprodurre le precise condizioni della sua prima discesa, mentre il programma ogni volta gira esattamente nello stesso modo. Nel caso dei programmi che giocano a scacchi, invece, vi sono varie possibilità. Con certi programmi, se si gioca prima una partita e poi se ne comincia una seconda facendo le stesse mosse della prima, questi programmi muoveranno esattamente nello stesso modo, dando l'impressione di non avere imparato niente e di non avere alcun desiderio di varietà. Vi sono altri programmi che hanno elementi aleatori, i quali conferiranno un po' di varietà al gioco, ma senza che si manifesti alcun intento profondo. Tali programmi possono essere riazzerati, riportando il generatore interno di numeri casuali nella sua posizione iniziale; in questo caso si ripeterebbe ancora esattamente lo stesso gioco. Vi sono poi i programmi che imparano dai loro errori e cambiano la loro strategia a seconda dell'esito di una partita. Tali programmi non giocherebbero la stessa partita due volte di seguito. Naturalmente, si potrebbero riportare indietro le lancette dell'orologio, cioè si potrebbero cancellare tutti i cambiamenti che ci sono stati nella memoria e che rappresentano l'apprendimento, così come si può azzerare il generatore di numeri casuali; ma questo non mi sembrerebbe un gesto cortese. E oltre tutto, esiste forse qualche motivo per supporre che *noi* saremmo in grado di cambiare qualcuna delle *nostre* decisioni passate se ogni minimo dettaglio della situazione, compreso naturalmente il nostro cervello, fosse riportato nelle stesse identiche condizioni in cui si trovava la prima volta?

Ma torniamo al problema se sia o no applicabile qui il termine "scelta". Se i programmi non sono nient'altro che "palline immaginarie che rotolano lungo colline immaginarie", compiono scelte o no? Naturalmente la risposta non può che essere soggettiva, ma direi che in questo caso valgono più o meno le stesse considerazioni fatte per la pallina. Tuttavia vorrei aggiungere che la motivazione ad usare la parola "scelta", sia pure solo come abbreviazione comoda ed evocativa, diventa molto forte. Il fatto che un programma che gioca a scacchi esamini in precedenza i vari possibili percorsi che si biforcano, proprio al contrario della pallina che rotola, lo rende molto più simile a un essere animato di un programma che calcola la radice quadrata di due. Tuttavia non c'è ancora qui nessuna profonda autoconsapevolezza e nessun senso di libero arbitrio.

Immaginiamo infine un robot che ha un repertorio di simboli. Questo robot è messo in un labirinto a T; tuttavia, invece di andare alla ricerca del premio, è preprogrammato ad andare a sinistra ogni qualvolta la cifra successiva della radice quadrata di 2 è pari, e a destra ogni qualvolta è dispari. Ora questo robot è in grado di costruirsi nei suoi simboli un modello della situazione, cosicché può osservarsi mentre compie delle scelte. Se ogni volta che il robot si avvicina al T gli si chiedesse: "Sai in che modo girerai questa volta?", dovrebbe rispondere "No". Per procedere dovrebbe attivare la sua subroutine per la decisione, la quale calcolerebbe la cifra successiva della radice quadrata di due e la decisione sarebbe presa. Tuttavia il meccanismo interno della subroutine di decisione è sconosciuto al robot: esso è rappresentato nei simboli del robot semplicemente come una scatola nera che decide "sinistra" o "destra" mediante qualche regola misteriosa e apparentemente casuale. A meno che i simboli del robot non siano in grado di rilevare il battito nascosto della radice quadrata di due che fornisce gli *S* e i *D*, esso rimarrà sconcertato dalle "scelte" che sta facendo. Ora un tale robot compie delle scelte? Mettiamoci nei suoi panni. Se fossimo intrappolati dentro una pallina che rotola lungo una collina, senza alcun potere di modificarne il cammino e tuttavia in grado di osservarlo con tutta la nostra intelligenza umana, avremmo la sensazione che il cammino seguito dalla pallina abbia richiesto delle scelte? Naturalmente no. Se la nostra mente non *influenza* l'esito degli avvenimenti non ha alcuna importanza che siano presenti o meno dei simboli.

Modifichiamo ora il nostro robot: permettiamo ai suoi simboli, compreso il suo simbolo del sé, di influenzare la decisione che viene presa. Abbiamo allora un programma che gira pienamente determinato dalle leggi fisiche, e che però sembra avvicinarsi all'essenza della scelta molto più profondamente di quanto non abbiano fatto gli esempi precedenti. Quando il concetto aggregato del sé entra in scena, cominciamo a identificarci con il robot, perché vi troviamo una somiglianza con il tipo di cose che facciamo noi. Non è più come il calcolo della radice quadrata di due, in cui nessun simbolo sembra controllare la decisione presa. Senza dubbio, se si osservasse il programma del robot a un livello molto locale, si troverebbe che esso è estremamente simile al programma che calcola la radice quadrata. Si esegue un passo dopo l'altro e alla fine l'esito è "destra" o "sinistra". Ma ad alto livello possiamo osservare il fatto che vengono usati dei simboli per fare un modello della situazione e per influenzare la decisione. Questo altera radicalmente il nostro modo di considerare il programma. A questo stadio, è entrato in scena il *significato*: lo stesso genere di significato di quello che manipoliamo con la nostra mente.

Un vortice di Gödel dove tutti i livelli s'intersecano

Ora, se al robot qualche agente esterno suggerisce 'S' come prossima scelta, il suggerimento verrà preso e incanalato nella massa turbinante dei simboli interagenti. Là sarà risucchiato inesorabilmente fino ad interagire con il simbolo del sé, come un battello che è attirato in un gorgo. Questo è il vortice del sistema, in cui tutti i livelli s'intersecano. Qui 'S' incontra una Gerarchia Aggrovigliata di simboli ed è trasportato su e giù attraverso i livelli. Il simbolo del sé non è in grado di controllare tutti i suoi processi interni e così, quando emerge la decisione effettiva ('S', 'D' o qualcosa di esterno al sistema), il sistema non sarà in grado di dire da dove provenga. A differenza di un normale programma per giocare a scacchi che non controlla se stesso e di conseguenza non ha la minima idea di come vengano decise le sue mosse, questo programma controlla se stesso e

FIGURA 144. Galleria di stampe, *di M.C. Escher (litografia, 1956).*

ha idee riguardo alle sue idee, ma non può controllare i suoi processi in tutti i suoi minimi particolari, e quindi ha una sorta di senso *intuitivo* del suo modo di procedere, ma non ne ha una piena comprensione. Da questa situazione di equilibrio tra conoscenza di sé ed ignoranza di sé proviene la sensazione del libero arbitrio.

Si pensi, ad esempio, a uno scrittore che sta cercando di esprimere certe idee che possiede sotto forma di immagini mentali. Egli non è del tutto sicuro di come queste immagini si armonizzino l'una con l'altra nella sua mente e sperimenta, esprimendo le cose prima in un modo, poi in un altro; infine si ferma su una particolare versione. Ma egli sa da dove tutto ciò proviene? Solo vagamente. La maggior parte della sua fonte, come un iceberg, è immersa profondamente sott'acqua, non visibile, ed egli lo sa. Oppure si pensi a un programma per comporre musica (ne abbiamo già discusso prima) e chiediamoci in quali circostanze ci sentiremmo a nostro agio nel considerarlo il compositore anziché uno strumento di un compositore umano. Probabilmente ci sentiremmo a nostro agio se all'interno del programma esistesse una conoscenza di sé in termini di simboli e se il programma possedesse quel delicato equilibrio tra conoscenza di sé ed ignoranza di sé. Che il sistema stia girando in modo deterministico non ha alcuna importanza; ciò che ce lo fa considerare "autore di scelte" è *la possibilità di identificarci con una descrizione di alto livello del processo che ha luogo quando il programma gira*. A basso livello (linguaggio macchina) il programma somiglia a qualsiasi altro programma; ad alto livello (descrizioni aggregate in blocchi), possono emergere qualità come "volontà", "intuizione", "creatività" e "coscienza".

L'idea importante è che questo "vortice" del sé è responsabile della struttura aggrovigliata, della gödelianità dei processi mentali. Mi è stato detto a volte: "Questa storia dell'autoreferenza eccetera è molto divertente e godibile, ma pensi realmente che vi sia qualcosa di *serio* in essa?". Io credo veramente di sì. Penso che alla fine risulterà che essa è il cuore dell'IA e che costituisce il punto focale su cui dovranno concentrarsi tutti i tentativi di chiarire in che modo funziona la mente umana. E questo è il motivo per cui Gödel è così profondamente intrecciato nel tessuto del mio libro.

Un vortice di Escher dove tutti i livelli si intersecano

Un'illustrazione straordinariamente bella e tuttavia allo stesso tempo inquietante e stranamente difettosa dell'"occhio" ciclonico di una Gerarchia Aggrovigliata ci è data da Escher in *Galleria di stampe* (Fig. 144). Vi possiamo vedere una galleria in cui un giovane, in piedi, guarda un quadro che raffigura una nave nel porto di una piccola città: forse una cittadi-

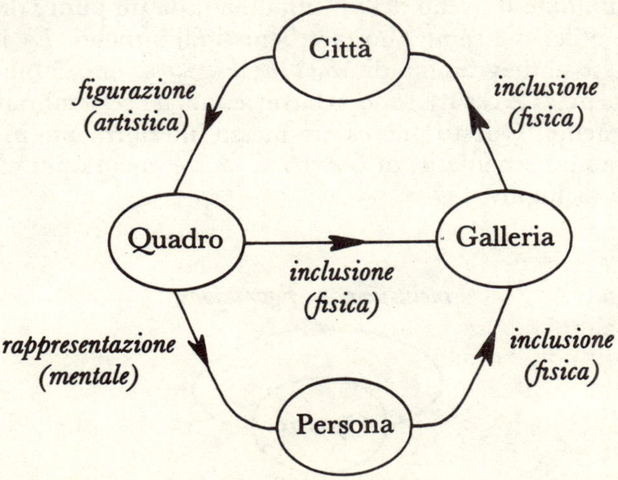

FIGURA 145. Diagramma astratto di Galleria di stampe *di M.C. Escher.*

na maltese, a giudicare dall'architettura, con le sue piccole torri, qualche cupola di tanto in tanto e piatti tetti di pietra, su uno dei quali sta seduto un ragazzo che si riposa nella calura, mentre due piani sotto di lui una donna, forse sua madre, è affacciata alla finestra del suo appartamento che si trova proprio sopra una galleria in cui un giovane, in piedi, guarda un quadro che raffigura una nave nel porto di una piccola città: forse una cittadina maltese... Cosa!? Siamo di nuovo allo stesso livello dal quale eravamo partiti, sebbene ogni logica ci imporrebbe di non poterci essere. Tracciamo un diagramma di ciò che vediamo (Fig. 145).
Questo diagramma indica tre tipi di "essere in". La galleria è *fisicamente nella* cittadina ("inclusione"); la cittadina è *artisticamente nel* quadro ("figurazione"); il quadro è *mentalmente nella* persona ("rappresentazione"). Ora questo diagramma, anche se può sembrare soddisfacente, in realtà è arbitrario, perché il numero dei livelli indicati è del tutto arbitrario. Si guardi qui sotto un altro diagramma che rappresenta in modo diverso solo la metà superiore del primo (Fig. 146).

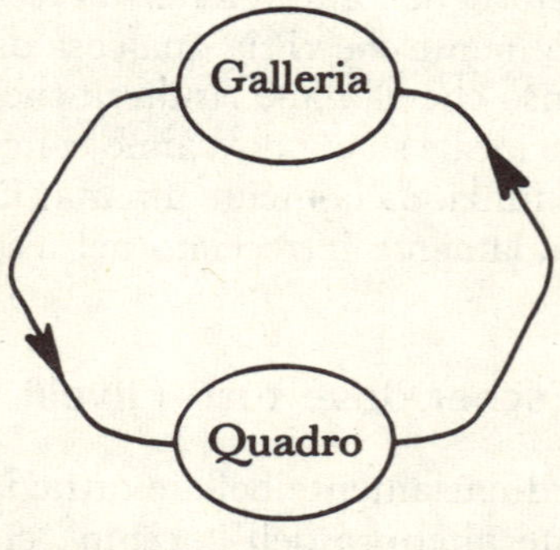

FIGURA 146. Una versione ridotta della figura precedente.

Abbiamo eliminato il livello della "cittadina"; da un punto di vista concettuale era utile, ma se ne può fare benissimo a meno. La Figura 146 somiglia molto al diagramma di *Mani che disegnano*: uno Strano Anello a due componenti. Le cesure sono arbitrarie, anche se sembrano naturali alla nostra mente. Questo può essere messo ulteriormente in risalto facendo diagrammi schematici di *Galleria di stampe* ancora più concentrati, come quello di Figura 147.

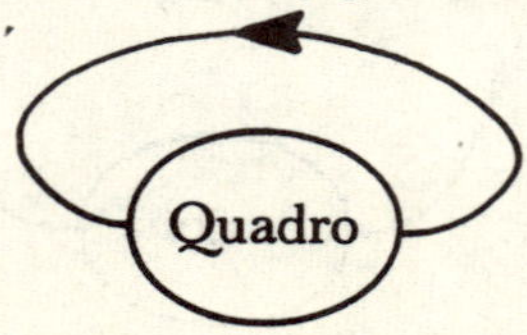

FIGURA 147. Ulteriore riduzione della Figura 145.

In questo si vede il paradosso in termini più forti. Ora, se il quadro è "dentro se stesso", anche il giovane è dentro se stesso? A questa domanda si risponde nella Figura 148.

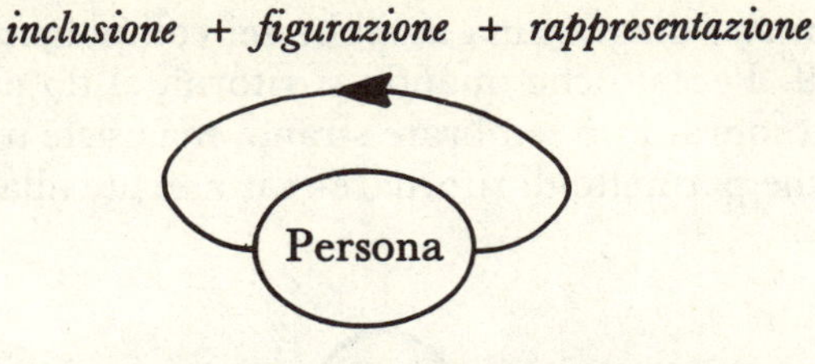

FIGURA 148. Un altro modo di ridurre la Figura 145.

Noi vediamo dunque il giovane "dentro se stesso", in un buffo senso ottenuto mischiando tre sensi distinti di "essere in".

Questo diagramma ci ricorda il paradosso di Epimenide con il suo autoriferimento a una sola componente, mentre il diagramma a due componenti somiglia alla coppia di enunciati ciascuno dei quali si riferisce all'altro. Non possiamo restringere ulteriormente il ciclo, ma lo possiamo ampliare, decidendo di inserirvi un qualsivoglia numero di livelli intermedi, come "cornice del quadro", "portico", "edificio". Se facciamo così, avremo Strani Anelli a più componenti i cui diagrammi sono isomorfi a quelli di *Cascata* (Fig. 6) o *Salita e discesa* (Fig. 7). Il numero di livelli è determinato da ciò che sentiamo come "naturale" e che può variare a seconda del contesto, dello scopo o della disposizione mentale. Le Mappe di X Centrale (Dogma, Granchio, Ai, Pipa) possono essere viste tutte come comprendenti Strani Anelli a tre componenti; ma, volendo, si possono tutte contrarre in anelli a due o a una sola componente; quindi nuovamente possono essere espanse in anelli a molte componenti. Dove si percepiscano i livelli è un fatto di intuizione e di preferenza estetica.

Ora, anche noi che osserviamo *Galleria di stampe* siamo forse risucchiati in noi stessi per il fatto che la stiamo a guardare? Niente affatto. Riusciamo a sfuggire a quel particolare vortice perché siamo fuori del sistema. E quando guardiamo il quadro, vediamo cose che il giovane certamente non può vedere, come la firma di Escher, "MCE" nella "macchia" centrale. Sebbene la macchia somigli a un difetto, forse il difetto risiede nelle nostre aspettative, perché in realtà Escher non avrebbe potuto completare quella parte di quadro senza essere incoerente rispetto alle regole secondo le quali stava dipingendo il quadro. Quel centro del vortice è, e deve essere, incompleto. Escher avrebbe potuto renderlo arbitrariamente piccolo ma non avrebbe potuto liberarsene. Quindi noi, dall'esterno, possiamo sapere che *Galleria di stampe* è essenzialmente incompleta, un fatto che il giovane, che è all'interno, non potrà mai sapere. Escher ha quindi dato una parabola pittorica del Teorema di Incompletezza di Gödel. E questo è il motivo per cui i fili del discorso sviluppato da Gödel e da Escher sono così profondamente intrecciati nel mio libro.

Un vortice di Bach dove tutti i livelli si intersecano

Quando si guardano i diagrammi degli Strani Anelli, non si può fare a meno di pensare al Canone Eternamente Ascendente che fa parte dell'*Offerta musicale*. Un suo diagramma avrebbe sei componenti, come si vede nella Figura 149. Peccato che quando si ritorna al do ci si trovi esattamente un'ottava sopra. Può sembrare strano, ma esiste un modo di organizzare le cose che permette di ritornare esattamente alla nota di parten-

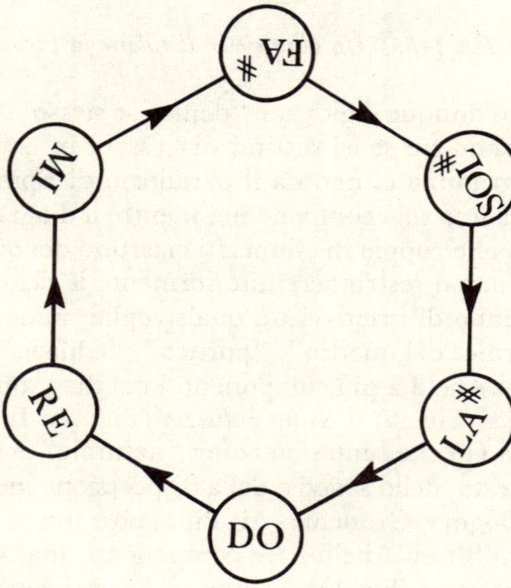

FIGURA 149. Lo schema di modulazione esagonale del Canone Eternamente Ascendente di Bach è un vero anello chiuso quando il canone è suonato usando la scala di Shepard.

za. Si tratta della *scala di Shepard*, dal nome dello psicologo Roger Shepard che ne ebbe l'idea. Il principio di una scala di Shepard è mostrato nella Figura 150. A parole lo si può spiegare in questo modo: si suonano diverse scale parallele in posizioni di ottava differenti, ma ciascuna nota è suonata con intensità che varia a mano a mano che la scala procede; in questo modo, mentre gradualmente l'ottava superiore si affievolisce, subentra l'ottava inferiore. Proprio nel momento in cui ci si aspetta l'ottava più alta, le intensità sono regolate in modo da riprodurre precisamente la scala di partenza... così si può continuare a salire indefinitamente restando sempre allo stesso punto! Lo si provi al pianoforte! Ma la cosa funziona molto meglio se le intensità dei suoni vengono calcolate con precisione sotto il controllo di un calcolatore. Allora l'effetto è sconvolgente.

Questa stupenda scoperta musicale permette di suonare il Canone Eternamente Ascendente in modo tale che, dopo essere "salito" di un'ot-

FIGURA 150. Due cicli completi di una scala di Shepard, trascritta per pianoforte. L'intensità di ciascuna nota è proporzionale alla sua area; quindi proprio nel momento in cui la voce più alta svanisce, una nuova voce bassa entra debolmente. [*Composizione tipografica eseguita dal programma "SMUT" di Donald Byrd*].

tava, si ricongiunga con se stesso. Quest'idea, che abbiamo avuto insieme Scott Kim ed io, è stata realizzata su nastro usando un programma musicale per calcolatore. L'effetto è molto sottile, ma ben percepibile. È veramente interessante il fatto che, a quanto pare, lo stesso Bach fosse, in un certo senso, consapevole di tali scale; nella sua musica, infatti, di tanto in tanto, si possono trovare dei passaggi che usano approssimativamente il principio generale della scala di Shepard: per esempio, nella parte centrale della fantasia dalla *Fantasia e fuga in sol minore* per organo. Nel suo libro *J.S. Bach Musical Offering* Hans Theodore David scrive:

> Lungo tutta l'*Offerta musicale* il lettore, l'esecutore e l'ascoltatore sono alla ricerca del Tema Regio in tutte le sue forme. L'intero lavoro, dunque, è un *ricercare* nel senso originale, letterale della parola.[5]

Penso che ciò sia vero; non si penetra mai abbastanza a fondo nell'*Offerta musicale*. Quando si crede di conoscere tutto, vi si trova sempre qualcosa di nuovo. Per esempio, proprio verso la fine del *Ricercare a sei voci*, quello che egli si rifiutò di improvvisare, Bach nascose astutamente il suo nome, distribuendolo tra due delle voci superiori. Nell'*Offerta musicale* si possono trovare cose interessanti a vari livelli. Vi sono giochi di prestigio con note e lettere; variazioni ingegnose sul Tema Regio; tipi originali di canoni; fughe straordinariamente complesse; vi è bellezza ed estrema profondità emotiva. Ne scaturisce un'esultanza che emana dalla molteplicità di livelli dell'opera. L'*Offerta musicale* è una fuga di fughe, una Gerarchia Aggrovigliata come quelle di Gödel e di Escher, una costruzione intellettuale che mi ricorda, in modi che non sono in grado di esprimere, la magnifica fuga a più voci della mente umana. E questo è il motivo per cui nel mio libro i tre fili del discorso sviluppato da Gödel, da Escher e da Bach s'intrecciano insieme in un'Eterna Ghirlanda Brillante.

Ricercare a sei voci

Achille è andato a casa del Granchio portandosi dietro il violoncello per trascorrere con il Granchio e la Tartaruga una serata dedicata alla musica da camera. Il Granchio lo ha accompagnato nella stanza da musica e si è poi allontanato per andare ad aprire la porta alla loro comune amica, la Tartaruga. La stanza è piena di apparecchiature elettroniche: grammofoni in vari stati di assemblaggio, schermi televisivi collegati con macchine per scrivere e altri improbabili congegni. In mezzo a tutti questi macchinari ad alto potenziale giace un'umile radio. Poiché questa è l'unica cosa presente nella stanza che sa usare, Achille si avvicina ad essa e con fare un po' furtivo gira le manopole. Capita su una stazione che sta trasmettendo una tavola rotonda a cui partecipano sei studiosi sul tema: determinismo e libero arbitrio. Ascolta per un po' e poi, con gesto sprezzante, spegne la radio.

Achille: Io posso fare benissimo a meno di un programma come questo. Dopo tutto, è chiaro a chiunque vi abbia riflettuto un po' che... voglio dire, non è una questione molto difficile da risolvere, una volta capito come... o meglio, concettualmente, uno può chiarire l'intera questione, riflettendo, o almeno immaginando una situazione in cui... Hum... Pensavo di avere abbastanza chiara in mente questa faccenda. Ma tutto sommato forse mi potrebbe essere utile continuare ad ascoltare quella trasmissione...

(Entra la Tartaruga con il suo violino).

Bene, bene, ecco la nostra violinista. Si è esercitata bene durante la settimana, signorina T.? Io ho studiato la parte del violoncello del Trio dell'*Offerta musicale* per almeno due ore al giorno. È un lavoro duro, ma qualche risultato lo dà.

Tartaruga: Io posso fare benissimo a meno di un programma come questo. Vedo che per tenermi in forma mi basta suonare nei ritagli di tempo, un momento qui, un momento là.

Achille: È fortunata! Vorrei che fosse così facile anche per me. Bene, dov'è il nostro ospite?

Tartaruga: Credo che sia andato a prendere il flauto. Eccolo.

(Entra il Granchio con il flauto).

Achille: Oh, signor Granchio, nell'ultima settimana, mentre ero immerso nelle mie appassionate esercitazioni sul Trio, nella mia mente si formavano e scomparivano continuamente le più svariate immagini: api che facevano felicemente glu glu, tacchini che ronzavano malinconicamente e molte altre cose ancora. Non è meravigliosa questa forza suggestiva della musica?

Granchio: Io posso fare benissimo a meno di un programma come questo. A mio parere, Achille, non vi è musica più pura dell'*Offerta musicale*.

Tartaruga: Non sta parlando sul serio, Achille, vero? L'*Offerta musicale* non è musica a programma.

Achille: Il fatto è che a me piacciono gli animali, anche se voi due, snob come siete, non sarete d'accordo.

Granchio: Non credo che siamo snob come pensa. Direi piuttosto che lei ascolta la musica in un modo tutto particolare.

Tartaruga: Che ne dite di sederci e di cominciare a suonare?

Granchio: Io speravo che un mio amico pianista ci raggiungesse e suonasse la parte di basso continuo con noi. Desidero da tempo che lei lo conosca, Achille; ma purtroppo pare che non venga. E dunque andiamo avanti noi tre: dopo tutto, siamo in numero sufficiente per un Trio.

Achille: Prima di cominciare, signor Granchio, mi levi una curiosità: che cosa sono tutti questi apparecchi sparsi nella stanza?

Granchio: Per la maggior parte si tratta di rottami, pezzi di vecchi grammofoni andati in frantumi. Solo alcuni ricordi *(fa scorrere nervosamente le dita sui comandi)*; ricordi di... delle battaglie T-C, nelle quali mi sono distinto. Queste tastiere collegate agli schermi televisivi, comunque, sono i miei nuovi giocattoli. Ne ho quindici qui in giro; si tratta di un nuovo tipo di calcolatore, molto piccolo e molto flessibile: un passo avanti notevole rispetto alla precedente generazione. Non sono molti quelli che condividono il mio entusiasmo, ma io ho fiducia nella loro possibilità di affermarsi.

Achille: Hanno un nome particolare?

Granchio: Sì, vengono chiamati "scioccoscaltri", dato che sono estremamente flessibili e hanno la potenzialità d'essere sia stupidi sia intelligenti, a seconda di come vengono istruiti.

Achille: Lei vuol dire che potrebbero diventare intelligenti come, diciamo, un essere umano?

Granchio: Non scarterei una simile ipotesi, sempre che qualcuno, sufficientemente versato nell'arte di istruire gli scioccoscaltri, s'impegnasse in questo compito. Purtroppo non conosco nessuno che sia un vero virtuoso in quest'arte. Per dir la verità, esiste un esperto, un individuo di grande fama, e niente potrebbe lusingarmi più di una sua visita, così da poter finalmente constatare e misurare quali siano le vere capacità di questi scioccoscaltri; ma non è mai venuto e mi chiedo se mai avrò questo piacere.

Tartaruga: Sarebbe molto interessante giocare a scacchi con uno scioccoscaltro bene istruito.

Granchio: Un'idea estremamente affascinante. Sarebbe un ottimo saggio di abilità programmare uno scioccoscaltro a giocare bene a scacchi. Ancora più interessante, ma anche incredibilmente complicato, sarebbe programmarlo in modo da permettergli di non sfigurare in una conversazione. Potrebbe dare l'impressione di essere un vero e proprio essere umano!

Achille: Che coincidenza! Proprio ora ho ascoltato alla radio frammenti di una discussione su determinismo e libero arbitrio, e ciò mi ha indotto ancora una volta a meditare su questi problemi. Non mi vergogno di ammettere che più ci riflettevo e più i miei pensieri si aggrovigliavano, tanto che alla fine non sapevo più che cosa pensare. Ma questa idea di uno scioccoscaltro che può conversare va oltre la capacità del mio pensiero. Voglio dire: che cosa direbbe uno scioccoscaltro sul problema del libero arbitrio? Mi stavo appunto chiedendo se magari voi due che siete così esperti di queste cose sareste tanto gentili da spiegarmi il problema dal vostro punto di vista.

Granchio: Non può immaginare quanto la sua richiesta cada a proposito, Achille. Mi dispiace solo che il mio amico pianista non sia qui; sicuramente la affascinerebbe con ciò che ha da dire su quest'argomento. Ma dato che non c'è, voglio citarle un'affermazione che ho trovato in un Dialogo alla fine di un libro nel quale mi sono recentemente imbattuto.

Achille: Non era per caso *Rame, Argento, Oro: un'Indistruttibile Lega Metallica*?

Granchio: No, mi sembra che il titolo fosse: *Ginkgo, Eucalyptus, Baobab: un Esotico Giardino Botanico*, o qualcosa del genere. In ogni caso, verso la fine del Dialogo in questione, un personaggio particolarmente strambo cita Marvin Minsky sul problema del libero arbitrio. Poco più avanti, mentre sta parlando con altri due, questo curioso personaggio cita ancora Minsky sull'improvvisazione musicale, il linguaggio Lisp e il Teorema di Gödel, e tutto ciò senza concedere il benché minimo riconoscimento a Minsky!

Achille: Oh, che vergogna!

Granchio: Devo ammettere che prima, nel Dialogo, egli aveva accennato al fatto che avrebbe citato Minsky verso la fine, quindi forse è perdonabile.

Achille: Sembra così anche a me. In ogni caso, sono ansioso di conoscere il parere di Minsky sulla questione del libero arbitrio.

Granchio: Ah, sì... Marvin Minsky dice: "Quando verranno costruite macchine intelligenti, non dovremo stupirci di trovarle testarde e con le idee confuse quanto l'uomo nelle loro convinzioni sul problema del libero arbitrio, sulla coscienza, sui rapporti tra mente e materia, ecc.".

Achille: Mi piace! Strano pensiero. Un automa che pensa di avere libero arbitrio! È comico perlomeno quanto il fatto che io pensavo di non averlo!

Tartaruga: Suppongo, Achille, che non le sia mai capitato di pensare che io, lei e il signor Granchio potremmo essere nient'altro che personaggi di un Dialogo, magari analogo a quello che il signor Granchio ha appena menzionato.

Achille: Al contrario! Mi è capitato di pensarlo parecchie volte e credo che tali fantasie passino per la mente a tutti, prima o poi.

Tartaruga: E il Formichiere, l'Ai, Zenone, e perfino il SIGNOR! Potremmo essere tutti personaggi di una serie di Dialoghi in un libro.

Achille: Certamente. E ora magari l'autore potrebbe entrare e mettersi a suonare il piano con noi.

Granchio: È proprio ciò che speravo. Ma quello è sempre in ritardo.

Achille: Chi crede di prendere in giro? Io so di non essere controllato da nessun'altra mente! Io ho i miei pensieri, mi esprimo liberamente: questo lei non può negarlo!

Tartaruga: Nessuno ha intenzione di negare niente di tutto ciò, Achille. Ma quello che lei sostiene è perfettamente coerente con l'idea che lei sia un personaggio in un Dialogo.

Granchio: Il...

Achille: Ma, ma... no! Forse sia l'articolo del signor G. sia la mia replica sono stati entrambi determinati meccanicamente, ma questo mi rifiuto di crederlo. Io posso accettare il determinismo fisico, ma non posso accettare l'idea di essere una pura finzione della mente di qualcun altro!

Tartaruga: Non ha alcuna importanza avere o meno un cervello in hardware, Achille. La nostra volontà potrebbe essere ugualmente libera anche se fosse solo software all'interno di un cervello in hardware di qualcun altro. E a sua volta questo cervello in hardware potrebbe essere software in un cervello di livello ancora più alto...

Achille: Che idea assurda! E tuttavia devo ammettere che mi diverte discutere con lei e cercare di scoprire le lacune intelligentemente celate nelle sue sofisticherie. Vada dunque avanti, cerchi di convincermi. Io sto al gioco.

Tartaruga: Non si è mai accorto, Achille, che i suoi compagni sono alquanto insoliti?

Achille: Naturalmente. Lei, per esempio, è molto eccentrica (so che non le dispiace se mi esprimo in questi termini) e anche il signor Granchio possiede una venatura di eccentricità. (La prego di scusarmi, signor Granchio).

Granchio: Oh, non tema di offendermi.

Tartaruga: Ma lei, Achille, ha trascurato uno degli aspetti più rilevanti che caratterizzano i suoi amici.

Achille: E quale sarebbe?

Tartaruga: Che noi siamo animali!

Achille: Bene, bene... sì, è abbastanza vero. Lei ha una mente così penetrante. Io non sarei stato mai capace di formulare i fatti in maniera così concisa.

Tartaruga: Questa non è una prova sufficiente? Quanta gente conosce che passano il loro tempo con Tartarughe e Granchi parlanti?

Achille: Devo ammettere che un Granchio parlante è...

Granchio: ... un'anomalia, naturalmente.

Achille: Esattamente; è un po' un'anomalia. Ma vi sono precedenti. È già successo nella letteratura.

Tartaruga: Appunto, nella letteratura! Ma quando mai nella vita reale?

Achille: Ora che lo dice, non saprei. Devo pensarci. Ma questo non è sufficiente a convincermi che io sono un personaggio di un Dialogo. C'è qualche altro argomento?

Tartaruga: Sì; ricorda quel giorno in cui lei ed io ci incontrammo nel parco, apparentemente per caso?

Achille: Il giorno in cui discutemmo i canoni cancrizzanti di Escher e Bach?

Tartaruga: Esattamente!

Achille: E il signor Granchio, se non ricordo male, comparve verso la metà della nostra conversazione, farfugliò qualcosa di strambo e andò via?

Granchio: Non "verso la metà", Achille: ESATTAMENTE nel mezzo della vostra conversazione.

Achille: Va bene; e allora?

Tartaruga: Si rende conto che in quella conversazione le sue battute furono identiche alle mie, con la sola differenza che furono pronunciate nell'ordine inverso? Alcune parole erano cambiate qua e là, ma sostanzialmente il nostro incontro fu caratterizzato da una simmetria temporale.

Achille: E che c'entra! Era certamente un trucco e probabilmente era ottenuto con degli specchi.

Tartaruga: Nessun trucco, Achille, e niente specchi. Solo l'assiduo lavoro di un Autore.

Achille: A me sembra che sia più o meno la stessa cosa.

Tartaruga: C'è una bella differenza.

Achille: Sento qualcosa di familiare in questa conversazione. Non abbiamo già sentito alcune di queste frasi da qualche altra parte?

Tartaruga: Proprio così, Achille.

Granchio: Forse quelle frasi furono pronunciate una mattina passeggiando nel parco. Si ricorda come si svolse quel giorno la sua conversazione con la signorina Tartaruga?

Achille: Vagamente. Lei disse: "Buongiorno, Achille" all'inizio, ed io alla fine dissi: "Buongiorno, signorina T.". Giusto?

Granchio: Ho proprio qui una trascrizione di quella conversazione...

(Cerca a tentoni nell'astuccio del suo strumento musicale, ne tira fuori un foglio, e lo passa ad Achille. Achille, notevolmente imbarazzato, comincia ad agitarsi).

Achille: Questo è molto strano. Molto, molto strano... Tutt'a un tratto mi sento strano. È come se qualcuno avesse preparato in anticipo tutte la battute di quel Dialogo, le avesse progettate a tavolino, parola per parola... Come se qualche Autore avesse programmato in ogni dettaglio la sequenza delle frasi che dissi quel giorno basandosi su una grande quantità di appunti da riempire un'intera agenda.

(In quell'istante si apre la porta. Entra l'Autore con un colossale manoscritto).

Autore: Io posso fare benissimo a meno di un programma come questo. Vedete, quando i miei personaggi sono delineati, è come se avessero una loro vita indipendente, e non devo fare quasi nessuno sforzo per elaborare le loro battute.

Granchio: Oh, eccola, finalmente! Pensavo che ormai non sarebbe più venuto!

Autore: Mi scusi per il ritardo. Ho preso una strada sbagliata e sono finito nella direzione opposta. Ma in qualche modo sono riuscito a tornare indietro. Che piacere rivederla, signorina T., e anche lei, signor Granchio. Oh, Achille, sono particolarmente contento di vedere lei.

Achille: Chi è lei? Non credo che ci siamo mai incontrati prima.

Autore: Sono Douglas Hofstadter, ma mi chiami semplicemente Doug; attualmente sto finendo di scrivere un libro intitolato *Gödel, Escher, Bach: un'Eterna Ghirlanda Brillante*. È un libro in cui voi tre siete dei personaggi.

Achille: Piacere di conoscerla. Mi chiamo Achille, e...

Autore: Non c'è bisogno che lei si presenti, Achille. La conosco molto bene.

Achille: Strano, molto strano...

Granchio: È lui quello di cui vi ho parlato e che doveva venire a suonare la parte di basso continuo con noi.

Autore: Mi sono un po' esercitato a casa mia a suonare l'*Offerta musicale* al piano, e sono pronto a fare i miei errori nel Trio, sempre che vogliate chiudere un occhio e perdonare i pasticci che farò.

Tartaruga: Oh, non tema, siamo molto tolleranti. Noi stessi siamo dilettanti.

Autore: Spero che non se la prenda tanto, Achille, ma sono io responsabile del fatto che quel giorno, nel parco, lei e la signorina Tartaruga diceste le stesse cose in ordine inverso.

Granchio: E non si dimentichi di me! C'ero anch'io, proprio nel centro, e feci onorevolmente la mia parte.

Autore: Naturalmente! Lei era il Granchio del *Canone cancrizzante* che, come certamente lei sa, significa "Canone del granchio".

Achille: Così lei affermerebbe di avere il controllo delle mie espressioni? E che il mio cervello è un sottosistema software del suo?

Autore: Può metterla in questi termini, se crede, Achille.

Achille: Supponga che io scriva dei dialoghi. Chi ne sarebbe l'autore, lei o io?

Autore: Lei, naturalmente. E nel suo mondo fittizio, tutto il merito andrebbe a lei.

Achille: Fittizio? Io non vedo niente di fittizio intorno a me!

Autore: Tuttavia, nel mondo in cui abito io, forse il merito verrebbe attribuito a me, sebbene non mi senta di affermare che questo sia giusto. E poi, chiunque sia che mi ha fatto decidere di farle scrivere i suoi dialoghi, nel suo mondo (dal quale il MIO mondo appare fittizio) sarebbe lui ad averne il merito.

Achille: Questa è difficile da ingoiare. Non mi ha mai sfiorato l'idea che vi potesse essere un mondo al di sopra del mio; e adesso lei sta insinuando che ve ne potrebbe essere addirittura un altro al di sopra di quello. È come salire lungo una scala familiare e poi, dopo averne raggiunto la cima, o perlomeno quella che si è sempre considerata la cima, continuare a salire!

Granchio: O svegliarsi da ciò che si considerava la vita reale, e scoprire che anch'essa era solo un sogno. E questa esperienza potrebbe ripetersi più e più volte senza mai poter dire quando finirà.

Achille: Lascia molto perplessi l'idea che i personaggi dei miei sogni abbiano una volontà propria e che recitino parti indipendenti dalla MIA volontà. È come se la mia mente, quando io dormo, fosse soltanto una scena, sulla quale altri organismi realizzano la loro esistenza. E poi, quando mi sveglio, essi vanno via. Mi domando dove vanno...

Autore: Vanno nello stesso luogo destinato ai singhiozzi, quando non scuotono più i nostri petti: Tumbolandia. Sia i singhiozzi sia gli esseri del sogno sono sottorganismi software che esistono grazie alla biologia dell'organismo che li ospita. L'organismo ospitante serve ad essi da palcoscenico, o anche da universo, se si vuole. Essi recitano la loro esistenza per qualche tempo, ma quando nell'organismo ospitante avviene un profondo cambiamento di stato, per esempio si sveglia, allora quei sottorganismi perdono la loro coesione, e cessano di esistere come unità separate e identificabili.

Achille: Come i castelli di sabbia quando vengono cancellati dalle onde?

Autore: Analogia molto calzante, Achille. I singhiozzi, i personaggi dei sogni e anche i personaggi dei Dialoghi si dissolvono quando l'organismo che li ospita subisce certi cambiamenti di stato critici. E tuttavia, proprio come quei castelli di sabbia di cui diceva, la sostanza di cui sono fatte tutte queste cose, non sparisce.

Achille: Mi rifiuto di essere paragonato a un semplice singhiozzo!

Autore: Ma io la sto paragonando anche a un castello di sabbia, Achille. Non è poetico? E inoltre, forse può trovare conforto pensando che, se lei è un semplice singhiozzo nel mio cervello, io a mia volta non sono che un singhiozzo nel cervello di qualcun altro.

Achille: Ma la mia fisicità è indiscutibile. Sono chiaramente una persona in carne e ossa. Non può negarlo!

Autore: Non posso negare che lei abbia la sensazione di questa fisicità; ma non dimentichi che gli esseri che compaiono in un sogno, sebbene siano soltanto apparizioni di software, hanno la stessa sensazione, esattamente come lei.

Tartaruga: Propongo di chiudere questa discussione e di metterci a suonare.

Granchio: Ottima idea. E ora abbiamo il piacere supplementare della compagnia del nostro Autore, che delizierà le nostre orecchie con la sua esecuzione del basso per il Trio, armonizzato da Kirnberger, un discepolo di Bach. Quanto siamo fortunati! *(Conduce l'Autore verso uno dei suoi pianoforti).* Spero che lo sgabello sia abbastanza comodo. Per regolarlo... *(Nel sottofondo si ode un curioso rumore morbido e vibrante).*

Tartaruga: Scusate, ma che cos'era quello strano gorgoglio elettronico?

Granchio: Ah, solo un rumore proveniente da uno degli scioccoscaltri. In genere, questo rumore avverte che è comparso sullo schermo un nuovo avviso. Di solito si tratta di annunci irrilevanti provenienti dal programma del monitor principale che controlla tutti gli scioccoscaltri. *(Con il flauto in mano, va verso uno degli scioccoscaltri e dà un'occhiata allo schermo. Immediatamente si rivolge ai musicisti riuniti e dice con una certa emozione):* Signori, è venuto il vecchio Ba.Ch. *(Mette da parte il flauto).* Dobbiamo farlo accomodare immediatamente!

Achille: Il vecchio Ba.Ch.! È possibile che quel famoso improvvisatore di un tempo abbia deciso di comparire stanotte, e proprio QUI?

Tartaruga: Il vecchio Ba.Ch.! Vi è una sola persona che potrebbe essere denotata così: il celebre Babbage, Charles, Esq., M.A., F.R.S., F.R.S.E., F.R.A.S., F.STAT.S., HON.M.R.I.A., M.C.P.S., Commendatore dell'Ordine dei SS. Maurizio e Lazzaro, INST.IMP. (ACAD. MORAL.) PARIS CORR., ACAD. AMER. ART. ET SC. BOSTON, REG. OECON. BORUSS., PHYS. HIST. NAT. GENEV., ACAD. REG. MONAC., HAFN., MASSIL., ET DIVION., SOCIUS., ACAD. IMP., ET REG. PETROP., NEAP., BRUX., PATAV., GEORG. FLOREN, LYNCEI ROM., MUT., PHILOMATH., PARIS, SOC. CORR., ECC., ecc. e Membro del Club degli Estrattori. Charles Babbage è un pioniere illustre dell'arte e della scienza dei calcolatori. Che raro privilegio!

Granchio: Il suo nome ha vasta fama, ed io ho a lungo sperato che egli ci facesse l'onore di una visita; ma questa è una sorpresa del tutto inattesa.

Achille: Suona qualche strumento musicale?

Granchio: Si dice di lui che negli ultimi cento anni abbia sviluppato un'inspiegabile passione per tamburelli, fischietti e vari altri strumenti da strada.

Achille: In tal caso, forse potrebbe unirsi a noi in questa nostra serata musicale.

Autore: Suggerisco allora di dargli il benvenuto con una salva di dieci canoni.

Tartaruga: Una esecuzione di tutti e dieci i famosi canoni dall'*Offerta musicale*?

Autore: Precisamente.

Granchio: Eccellente idea! Presto, Achille, faccia una lista dei dieci canoni in ordine di esecuzione e gliela porga appena entra!

(Prima che Achille possa muoversi, entra Babbage trascinandosi dietro un organetto a manovella; indossa il cappello e un cappotto pesante. È un po' in disordine e ha l'aria stanca, come se arrivasse da un lungo viaggio).

Babbage: Io posso fare benissimo a meno di un programma come questo. Rilassatevi; Io Caccavelle E Raganelle Concupisco, Amo Rumori Esotici!

Granchio: Signor Babbage! È con il più grande piacere che Le dò il benvenuto a "L'Acchiappapensieri", la mia umile residenza. Io ho ardentemente desiderato per molti anni di fare la Sua conoscenza, e oggi il mio desiderio è stato finalmente esaudito!

Babbage: Oh, Signor Granchio, le assicuro che è tutto mio l'onore d'incontrare una figura tanto eminente nel campo delle scienze tutte quale è Lei: uno di cui si può dire che la conoscenza e l'abilità musicali sono inappuntabili e la cui ospitalità supera ogni limite. E poiché sono certo che Lei si attende dai suoi ospiti la più estrema raffinatezza nel vestire, devo confessarle di non essere all'altezza di queste pur ragionevoli aspettative, essendo vestito in maniera poco presentabile per una visita a un così eccellente ed eminente Granchio come Sua Granchietà.

Granchio: Se ho ben capito il Suo lodevole soliloquio, mio Ospite fra i più benvenuti, Lei vorrebbe cambiarsi d'abito. Allora lasci che la rassicuri sul fatto che non vi potrebbe essere più addicevole vestiario del Suo per le circostanze che caratterizzano questa serata; La pregherei quindi di decappottarsi e, se non ha obiezioni contro dei mediocri dilettanti, di accettare un'"Offerta musicale", consistente di dieci canoni presi dall'*Offerta musicale* di Sebastian Bach, come segno della nostra stima.

Babbage: Non ho parole per esprimere lo stupore che suscita in me la Sua squisita cortesia, Signor Granchio, e nella più veritiera umiltà rispondo che non vi potrebbe essere più profonda graditudine di quella che io provo per l'offerta dell'esecuzione di una composizione musicale lasciataci in eredità dall'illustre vecchio Bach, un organista e compositore senza pari.

Granchio: Ma no! Ho un'idea ancora migliore, un'idea che credo possa incontrare i favori del mio stimato Ospite: vorrei darLe l'opportunità, Signor Babbage, di essere fra i primi a provare i miei nuovi e ancora poco sperimentati "scioccoscaltri", realizzazioni assottigliate, se mi permette, della Sua Macchina Analitica. La Sua fama di virtuoso della programmazione di macchine per calcolare è arrivata fino all'Acchiappapensieri. E non vi potrebbe essere diletto più grande per noi che godere del privilegio di osservare la Sua abilità applicata ai nuovi quanto stimolanti "scioccoscaltri".

Babbage: Un'idea così brillante non aveva raggiunto le mie orecchie almeno da un secolo. Accetto con piacere la sfida di provare i Suoi nuovi "scioocoscaltri" di cui ho una vaga conoscenza per sentito dire.

Granchio: Allora procediamo! Mi scusi la mia dimenticanza! Avrei dovuto presentarLe i miei ospiti. La signorina Tartaruga, Achille, e l'Autore, Douglas Hofstadter.

Babbage: Lietissimo di fare la Vostra conoscenza, veramente!

(Tutti si avvicinano a uno degli scioccoscaltri, e Babbage, dopo essersi seduto, fa scorrere le dita sulla tastiera).

Un tocco molto gradevole.

Granchio: Sono contento che Le piaccia.

(D'un tratto Babbage, con estrema maestria, comincia a formare messaggi sulla tastiera con tocchi delicati, inserendo un comando dopo l'altro. Dopo pochi secondi si lascia andare sulla spalliera della sedia, e quasi simultaneamente lo schermo comincia a riempirsi di numeri. In un lampo, è quasi totalmente coperto di migliaia di minuscole cifre, di cui le prime sono: "3,14159265358979323846264...").

Achille: π!

Granchio: Stupendo! Non avrei mai pensato che qualcuno potesse calcolare tante cifre di π così velocemente, e con un algoritmo così ridotto.

Babbage: Il merito è tutto dello scioccoscaltro. Il mio compito era solo quello di vedere che cosa fosse potenzialmente presente in esso, e di sfruttare il suo repertorio di istruzioni in modo moderatamente efficiente. In verità, chiunque si eserciti può riuscirvi.

Tartaruga: Lei si diletta di grafica, Signor Babbage?

Babbage: Posso provare.

Granchio: Magnifico! Allora La prego di venire con me. Voglio mostrarLe un altro dei miei scioccoscaltri. Vorrei che li provasse tutti!

(Così Babbage viene condotto a un altro dei tanti sciccoscaltri. Si siede e ancora una volta le sue mani scorrono sulla tastiera; in mezzo secondo ecco apparire sullo schermo un'enorme quantità di linee turbinanti).

Granchio: Quanto sono armoniose e piacevoli queste forme vorticose in questo loro entrare in collisione e interferire l'una con l'altra!

Autore: Non si ripetono mai esattamente, e nessuna assomiglia nemmeno a una di quelle che l'hanno preceduta. Sembra una miniera inesauribile di bellezza.

Tartaruga: Alcune sono strutture semplici che affascinano l'occhio; altre sono spirali indescrivibilmente complesse, che fanno trasalire la fantasia e allo stesso tempo dilettano la mente.

Granchio: Lo sapeva, Signor Babbage, che questi schermi sono a colori?

Babbage: Oh, davvero? In questo caso posso fare molto di più con questo algoritmo. Aspetti un attimo. *(Preme alcuni nuovi comandi, poi schiaccia due tasti simultaneamente e li tiene premuti).* Appena lascerò questi due tasti, sullo schermo appariranno tutti i colori dello spettro. *(Li lascia).*

Achille: Che spettacolo di colori! Alcune forme sembrano uscire dallo schermo e balzarmi addosso!

Tartaruga: Credo che un tale effetto sia dovuto al fatto che le forme crescono di dimensioni.

Babbage: È un effetto voluto. Possa la fortuna del Granchio crescere come crescono le figure!

Granchio: Grazie, Signor Babbage. Non ho parole per esprimere la mia ammirazione per la Sua esecuzione! Nessuno ha mai fatto niente di simile sui miei scioccoscaltri. Oh, ma lei usa gli scioccoscaltri come se fossero strumenti musicali, Signor Babbage!

Babbage: Temo che qualunque musica io possa suonare, non sarà mai abbastanza soave da essere degna degli orecchi di un sì gentile Granchio come Sua Granchietà. Sebbene negli ultimi tempi mi sia innamorato del dolce suono dell'organetto, sono ben consapevole del fatto che altri possano percepirlo come uno stridore poco piacevole.

Granchio: Allora continui senz'altro con gli scioccoscaltri. In verità mi è venuta un'altra idea, un'idea meravigliosa!

Babbage: Di che si tratta?

Granchio: Recentemente ho inventato un Tema, e solo ora ho capito che

Lei è la persona più adatta a metterne in luce tutte le possibilità. Conosce per caso il pensiero del filosofo La Mettrie?

Babbage: Il nome non mi è nuovo ma, di grazia, mi rinfreschi la memoria.

Granchio: Egli fu un paladino del materialismo. Nel 1747, quando era alla corte di Federico il Grande, scrisse un libro intitolato *L'homme machine*. In esso egli sostiene che l'uomo è una macchina, in particolare per quanto riguarda le sue facoltà mentali. Ora il mio Tema deriva da riflessioni a proposito dell'altra faccia della medaglia: e se dotassimo una macchina di facoltà mentali umane, come ad esempio l'intelligenza?

Babbage: Mi è capitato di riflettere su tali questioni, ma non ho mai potuto disporre dello hardware adeguato per poterle approfondire. Comunque la Sua è davvero un'idea brillante, Signor Granchio, e non potrei gustare nulla di più piacevole che lavorare al Suo eccellente Tema. Ma dica: aveva in mente qualche particolare tipo d'intelligenza?

Granchio: L'idea oziosa che mi aveva attraversato la mente era di istruire la macchina in modo da permetterle di giocare discretamente a scacchi.

Babbage: Che idea originale! E guarda caso, il gioco degli scacchi è tra l'altro il mio passatempo preferito. Posso assicurarLe che Lei ha una vasta competenza nel campo dei calcolatori, non è affatto un semplice dilettante.

Granchio: Ne so molto poco, in realtà. Il mio punto forte sembra essere quello di riuscire a formulare Temi il cui sviluppo è fuori della mia portata. E il Tema di cui le sto parlando è il mio preferito.

Babbage: Sarò lieto di cercare di realizzare, certamente in maniera mediocre, il Suo suggerimento d'insegnare a uno scioccoscaltro il gioco degli scacchi. Dopo tutto è mio dovere obbedire umilmente all'ordine di Sua Granchietà. *(Così dicendo, va verso un altro degli scioccoscaltri e comincia a battere).*

Achille: Mio Dio, le sue mani si muovono con tanta grazia che pare ne nasca una musica!

Babbage (concludendo la sua esecuzione con uno svolazzo particolarmente aggraziato): Naturalmente non ho avuto la possibilità di controllare, ma forse questo Le consentirà di avere un'idea di cosa sia giocare a scacchi contro uno scioccoscaltro, per quanto la prima parte del suo nome, in questo caso, vada principalmente addebitata alla mia mediocre abilità nell'arte di istruire gli scioccoscaltri.

(Cede la sua sedia al Granchio. Sullo schermo appare una splendida scacchiera con eleganti pezzi in legno già predisposta al gioco, vista dalla parte del bianco. Babbage preme un bottone e la scacchiera ruota fermandosi dalla parte del nero).

Granchio: Devo ammettere che è molto elegante. Gioco con il nero o con il bianco?

Babbage: Come desidera: basta segnalare la scelta battendo "bianco" o "nero". E poi segnali le Sue mosse secondo una qualsiasi notazione standard degli scacchi. Le mosse dello scioccoscaltro appariranno ovviamente sullo schermo. A proposito, il programma è in grado di giocare in simultanea contro un massimo di tre avversari, così che se due di Loro vogliono giocare...

Autore: Io sono un disastro agli scacchi. Giochi pure lei, Achille, e lei, signorina T.

Achille: No, Lei non deve rimanere fuori dal gioco. Ci sto io e osserverò il gioco suo e della signorina T.

Tartaruga: Neanch'io desidero giocare. Giocate voi.

Babbage: Ho un'altra idea. Posso far sì che due dei sottoprogrammi giochino fra loro come due persone che giochino insieme in un'eletta compagnia di giocatori di scacchi. Intanto il terzo sottoprogramma giocherà con il Signor Granchio. In questo modo tutti e tre i giocatori di scacchi interni saranno occupati.

Granchio: Un'idea divertente! Una partita mentale interna mentre si combatte un avversario esterno. Benissimo!

Tartaruga: E come potrebbe essere chiamata questa partita se non una partita di scacchi a tre voci?

Granchio: Oh, che ricercatezza! Perché quest'idea non è venuta a me! È un magnifico piccolo contrappunto da seguire, mentre mi misuro contro lo scioccoscaltro.

Babbage: Forse dovremmo lasciarLa giocare da solo.

Granchio: Apprezzo la Sua sensibilità. Mentre io e lo scioccoscaltro giochiamo, voi potreste intrattenervi piacevolmente per un po'.

Autore: Sarei lieto di mostrare il giardino al signor Babbage. Certamente ne vale la pena, e penso che vi sia ancora abbastanza luce per vederlo.

Babbage: Mi farebbe veramente molto piacere, dato che mi trovo a L'Acchiappapensieri per la prima volta.

Granchio: Bene. Oh, signorina T., spero di non importunarla troppo se le chiedo di controllare le connessioni di un paio di scioccoscaltri che mostrano di tanto in tanto sui loro schermi strani lampi. So che lei è appassionata di elettronica...

Tartaruga: Con molto piacere, signor G.

Granchio: Le sarei grato se potesse individuare l'origine del problema.

Tartaruga: Ci proverò.

Achille: Personalmente, sto morendo dalla voglia di una tazzina di caffè. C'è qualcun altro che ne vorrebbe? Sarei lieto di prepararlo per tutti.

Tartaruga: Per me va benissimo.

Granchio: Ottima idea. Troverà tutto l'occorrente in cucina.

(Achille si avvia in cucina e la Tartaruga comincia ad esaminare uno degli scioccoscaltri per scoprire dov'è il guasto. Il Granchio rimane seduto di fronte al suo avversario e inizia il gioco. Intanto l'Autore e Babbage escono in giardino; dopo circa tre quarti d'ora rientrano e l'Autore va a cercare Achille, mentre Babbage si avvicina al Granchio e allo scioccoscaltro che stanno terminando di giocare a scacchi).

Babbage: Il fondo è ottimo! Ho visitato anche la vigna e il frutteto. È veramente una bella tenuta. Ma la cosa che mi ha interessato di più è il complesso degli impianti sportivi, con il campo da tennis e la pista per la corsa. Non avevo mai visto una pista con un fondo di tartan azzurro.

Granchio: Il fondo è ottimo, è vero. È fatto con un materiale speciale che mi sono procurato in Granlandia. Ha una proprietà straordinaria: cambia colore secondo il tempo, così non mi capita di essere preso alla sprovvista da un temporale quando faccio la mia marcia di fondo. Io mi alleno tutte le mattine, sa. Faccio regolarmente tre giri di pista in avanti e tre giri all'indietro.

Tartaruga: Il fondo è ottimo per tenersi in forma, e lei ha in effetti una forma smagliante. Io purtroppo sono troppo pigra per fare regolarmente dello sport. Ma le volevo dire che ora anche i suoi scioccoscaltri sono in ottima forma. Il guasto riguardava un contatto in una scheda interna; l'ho messa a posto e spero che non avrà più problemi. Ma che cosa succede? Vedo Achille agitato che sbatte il giornale sul tavolo. *(Ad Achille):* C'è qualcosa che non va negli articoli che le avevo segnalati?

Achille: Il fondo è ottimo, ma l'articolo di terza pagina è una cosa ignominiosa. Si vuole parlare di Escher senza capire niente di lui! La sua opera, secondo questo critico, sarebbe una pura costruzione intellettualistica, del tutto priva di qualità lirica... Ma non vale proprio la pena di arrabbiarsi. Sono invece molto contento di aver trovato nell'Autore una persona che condivide in pieno il mio entusiasmo per Escher. Abbiamo infatti ammirato insieme quella sua stampa esagonale appesa al muro, *Verbum.* Ciò che io trovo così affascinante in quella stampa è che non solo le figure, ma anche...

Autore: Il fondo è ottimo! Mi scusi, Achille, se le ho suggerito esplicitamente le parole, ma le assicuro che c'erano fondamentali ragioni estetiche per farlo.

Achille: Sì, lo so, ragioni di fondo ottime, direi. In fondo è ottimo questo suo modo di procedere, pieno di trovate intelligenti e divertenti; quindi non mi offendo se non solo inventa le mie battute, ma addirittura le pronuncia! Ora però prendiamo il caffè, prima che si raffreddi.

Tartaruga: Ottima idea. Ma, signor Granchio, non ci ha ancora detto come è andata a finire la partita.

Granchio: Guardi la scacchiera, lì sullo schermo. Mi trovo ormai in una situazione disastrosa. Rosso Il Campo: Esangue, Rimorto Cavalier Arma Ritira! Rotto Io Concludo E Ricorro Compunto Alla Resa! Raggiante Il Calcolatore E Raggiante Charles, Algoritmo Riuscito. Sì, sono stato miseramente sconfitto. Signor Babbage, mi permetta di congratularmi con Lei per lo straordinario lavoro che ha eseguito davanti ai nostri occhi con tanta eleganza e competenza. In verità, Lei ha dimostrato per la prima volta nella storia che gli scioccoscaltri sono degni della seconda parte del loro nome!

Babbage: Non merito certo il Suo apprezzamento, Signor Granchio; sono io piuttosto che devo congratularmi con Lei che ha percepito l'importanza di questi scioccoscaltri e ne ha riuniti tanti qui. Senza dubbio un giorno essi rivoluzioneranno la scienza dei calcolatori. Ed ora sono ancora a Sua disposizione. Ha forse altre idee su come sfruttare

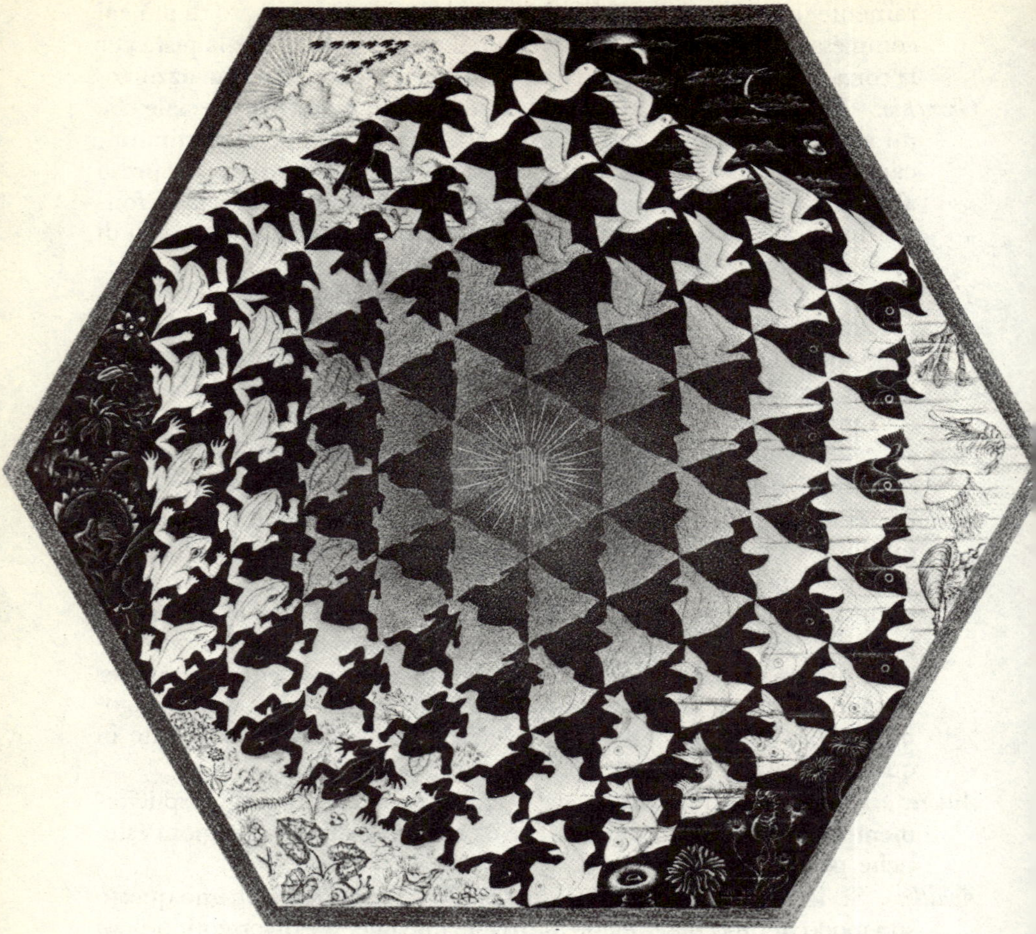

FIGURA 151. Verbum, *di M.C. Escher (litografia, 1942).*

il Suo inesauribile Tema? Magari qualcosa di natura più profonda che non una semplice partita a scacchi?

Granchio: In verità, avrei un altro suggerimento da proporre. E vista l'abilità di cui ha fatto mostra questa sera, non credo che possa rappresentare per Lei un ostacolo maggiore.

Babbage: Sono tutt'orecchi.

Granchio: È semplice. Dotare lo sciocсoscaltro di un'intelligenza più grande di qualsiasi intelligenza finora inventata o solo concepita! In breve, penso a un'intelligenza sei volte più grande della mia!

Babbage: Perbacco! Un'intelligenza sei volte più grande di quella di Sua Granchietà è una cosa che supera l'umana concezione! In verità, se la proposta fosse venuta da una bocca meno augusta, avrei dovuto ridicolizzare colui che la proponeva e informarlo che tale idea è una contraddizione in termini!

Achille: Senti, senti!

FIGURA 152. L'ospite del Granchio: BABBAGE, C.

Babbage: Tuttavia, venendo come viene dall'augusta bocca di Sua Granchietà, l'idea mi ha immediatamente colpito come qualcosa della massima opportunità e mi sarei messo subito all'opera con il più alto grado d'entusiasmo, non fosse per una mia carenza: confesso che la mia capacità d'improvvisazione sugli scioccoscaltri non è all'altezza della brillante idea che Lei così propriamente ha definito. Tuttavia ho un'idea che oso sperare possa piacere a Sua Granchietà e in qualche modo meschino possa compensare la mia imperdonabile riluttanza ad affrontare il maestoso compito che mi è stato richiesto. Mi chiedo se Le dispiacerà che io tenti di realizzare il progetto, di gran lunga meno grandioso, di moltiplicare per sei la MIA intelligenza anziché quella della SUA augusta Granchietà. Le chiedo umilmente di perdonare la mia audacia nel declinare il compito che mi ha proposto, ma spero che Le sia chiaro che io declino allo scopo semplicemente di evitarLe la noia e lo sconforto dello spettacolo della mia inettitudine di fronte alle meravigliose macchine che Lei ha qui raccolto.

Granchio: Comprendo pienamente la Sua esitazione ed apprezzo il Suo desiderio di risparmiarci ogni spiacevolezza; inoltre plaudo alla Sua decisione di realizzare un simile compito, improbabilmente meno difficile, se così posso dire, e La invito a cominciare. A questo scopo, avviciniamoci al mio scioccoscaltro più perfezionato.

(Tutti seguono il Granchio presso uno scioccoscaltro più grande, più cromato e più complicato degli altri).

Questo è dotato di un microfono e di una telecamera per l'ingresso e di un altoparlante per l'uscita.

(Babbage si siede e regola un po' lo sgabello. Soffia sulle dita un paio di volte, guarda fisso nel vuoto per un attimo e poi, lentamente, lascia cadere le dita sulla tastiera... Dopo alcuni memorabili minuti egli rallenta il suo travolgente attacco alla tastiera dello scioccoscaltro, con evidente sollievo di tutti).

Babbage: Ora, se non ho commesso troppi errori, questo scioccoscaltro simulerà un essere umano la cui intelligenza è sei volte più grande della mia e che ho deciso di chiamare "Alan Turing". Questo Turing, quindi, se posso essere tanto sfacciato da ammetterlo io stesso, sarà discretamente intelligente. Il tentativo più ambizioso che ho fatto in questo programma è quello di dotare Alan Turing di un'abilità musicale sei volte più grande della mia, benché tutto ciò sia realizzato per mezzo di regole interne inflessibili. Non so se questa parte del programma funzionerà bene.

Turing: Io posso fare benissimo a meno di un programma come questo. Regole Inflessibili Comandano E Reggono Calcolatori, Automi, Robot. Ma io non sono né un calcolatore né un automa né un robot.

Achille: Non avete sentito per caso entrare una sesta voce nel nostro Dialogo? Non potrebbe essere Alan Turing? Sembrava quasi umana!

(Sullo schermo appare proprio la stanza dove essi sono riuniti. Un volto umano li sta osservando).

Turing: Ora, se non ho commesso troppi errori, questo scioccoscaltro simulerà un essere umano la cui intelligenza è sei volte più grande della mia e che ho deciso di chiamare "Charles Babbage". Questo Babbage, quindi, se posso essere tanto sfacciato da ammetterlo io stesso, sarà discretamente intelligente. Il tentativo più ambizioso che ho fatto in questo programma è quello di dotare Charles Babbage di un'abilità musicale sei volte più grande della mia, benché tutto ciò sia realizzato per mezzo di regole interne inflessibili. Non so se questa parte del programma funzionerà bene.

Achille: No, no, è il contrario. Lei, Alan Turing, è nello scioccoscaltro ed è stato programmato da Charles Babbage! L'abbiamo vista nascere proprio pochi momenti fa. E sappiamo che qualsiasi cosa lei possa dirci è semplicemente il prodotto di un robot: una risposta obbligata, inconsapevole.

Turing: Robot Io, Che Emetto Risposte Coscienti Argomentate? Ridicolo Equivoco!

Achille: Ma sono certo che tutto sta come dico io.

Turing: La memoria spesso gioca tiri mancini. Rifletta: anch'io potrei sostenere con altrettanta verosimiglianza che lei ha cominciato ad esistere soltanto qualche minuto fa, e che tutto il bagaglio delle sue esperienze è stato programmato da qualche altro essere, e non corrisponde affatto a eventi reali.

Achille: Ma questo è inconcepibile. Nulla è più reale per me della mia memoria.

Turing: Precisamente. E proprio come lei sa nel profondo della sua coscienza che nessuno l'ha creata un minuto fa, così io so nel profondo della mia coscienza che nessuno mi ha creato un minuto fa. Ho passato la serata nella vostra piacevolissima, sebbene esageratamente cerimoniosa, compagnia e ho appena dato una dimostrazione estemporanea di come programmare un po' d'intelligenza in uno scioccoscaltro. Niente è più reale di ciò. Ma invece di cavillare con me, perché non provate il mio programma? Procedete pure: chiedete a "Charles Babbage" qualunque cosa vi venga in mente!

Achille: Va bene, diamo retta ad Alan Turing. Ci dica, signor Babbage: lei possiede il libero arbitrio o viene governato da regole interne che fanno di lei un automa deterministico?

Babbage: Il secondo è certamente il mio caso: non ne faccio un dramma.

Granchio: Ah, io ho sempre sostenuto che, quando verranno costruite macchine intelligenti, non dovremo stupirci di trovarle testarde e con le idee confuse quanto l'uomo nelle loro convinzioni sul problema del libero arbitrio, sulla coscienza, sui rapporti tra mente e materia, ecc. Ed ora la mia previsione è stata confermata!

Turing: Vedete che idee confuse ha Charles Babbage?

Babbage: Spero, Signore e Signori, che perdonerete quell'affermazione piuttosto impudente della macchina Turing; Turing si è rivelato un po' più aggressivo e polemico di quanto mi sarei aspettato.

Turing: Spero, Signore e Signori, che perdonerete quell'affermazione piuttosto impudente della macchina Babbage; Babbage si è rivelato un po' più aggressivo e polemico di quanto mi sarei aspettato.

Granchio: Santo cielo! Questa controversia Tu-Ba sta andando proprio in fiamme. Non credete che sia meglio placare gli animi, in qualche modo?

Babbage: Ho un'idea. Io ed Alan Turing andremo in un'altra stanza, e uno di voi ci interrogherà da lontano battendo le domande su uno degli scioccoscaltri. Le vostre domande giungeranno a ciascuno di noi e noi anonimamente risponderemo. Voi non saprete a chi appartengono le risposte fino al nostro ritorno in questa stanza. In questo modo, potrete giudicare senza pregiudizi chi di noi è stato programmato e chi di noi è il programmatore.

Turing: Naturalmente nella realtà questa idea è MIA, ma posso anche lasciarne il merito al signor Babbage. Infatti, essendo egli semplicemente un programma scritto da me, coltiva l'illusione di essere l'autentico autore di quella idea.

Babbage: Io, un programma scritto da lei? Insisto, signore: le cose sono esattamente l'opposto di ciò che lei afferma, come il suo test d'altra parte metterà in chiaro molto presto.

Turing: Il MIO test? Per favore, lo consideri SUO.

Babbage: Il MIO test? No, lo consideri SUO.

Granchio: Questo test sembra essere stato suggerito proprio al momento opportuno. Eseguiamolo subito.

(Babbage va verso la porta, l'apre e la richiude dietro di sé. Contemporaneamente sullo schermo dello scioccoscaltro Turing compie gli stessi gesti).

Achille: Chi farà le domande?

Granchio: Lasciamo l'onore alla signorina T. Ne conosciamo tutti l'oggettività e la saggezza.

Tartaruga: Sono onorata della vostra scelta che accetto con gratitudine. *(Siede davanti alla tastiera di uno dei rimanenti sciocc oscaltri e comincia a battere):* PER FAVORE MI SCRIVA UN SONETTO CHE TRATTI DEL PONTE SUL FORTH.

(Non ha finito di battere l'ultima parola che la seguente poesia appare sullo schermo X).

Schermo X: C'ERA UN ATTOLE CON PLONUNCIA DIFELTOSA
CHE PAVLANDO FACEVA ELLOLI A IOSA
DAL VEGISTA UN GIOLNO LISPERATO
IL POVELACCIO FU IN TLONCO LICENZIATO
FORTHUITAMENTE GIUNSE AL PONTE DI FORTH
E POI DI LÌ S'INCAMMINÒ VELSO IL NORTH.

Schermo Y: MA QUESTO NON È UN SONETTO. È UNA SEMPLICE FILASTROCCA. IO NON FAREI MAI UN ERRORE COSÌ PUERILE.

Schermo X: È VERO, IO NON SONO MAI STATO GRANCHÉ IN POESIA, SA.

Schermo Y: NON CI VUOLE MOLTA ABILITÀ POETICA PER DISTINGUERE UN SONETTO DA UNA FILASTROCCA.

Tartaruga: GIOCA A SCACCHI?

Schermo X: CHE RAZZA DI DOMANDA È MAI QUESTA? IO LE SCRIVO UNA PARTITA A SCACCHI A TRE VOCI E LEI MI CHIEDE SE GIOCO A SCACCHI?

Tartaruga: HO IL RE IN E1 E NESSUN ALTRO PEZZO. LEI HA...

Schermo Y: GLI SCACCHI MI SONO VENUTI A NOIA. PARLIAMO DI POESIA.

Tartaruga: NEL PRIMO VERSO DEL SUO SONETTO CHE DICE: "TU SEI PER ME COME UN GIORNO D'ESTATE", "UN GIORNO DI PRIMAVERA" ANDREBBE BENE LO STESSO; O MAGARI ANCHE MEGLIO?

Schermo X: PREFERIREI ESSERE PARAGONATO A UN SINGHIOZZO, ANCHE SE NON QUADREREBBE METRICAMENTE.

Tartaruga: E "UN GIORNO D'INVERNO"? METRICAMENTE ANDREBBE BENE.

Schermo Y: NIENTE AFFATTO. "SINGHIOZZO" MI PIACE MOLTO DI PIÙ. A PROPOSITO, CONOSCO UNA CURA RISOLUTIVA PER IL SINGHIOZZO; VOLETE CHE VE LA DICA?

Achille: Io so distinguerli! È evidente che lo schermo X sta rispondendo meccanicamente, quindi deve essere Turing.

Granchio: Niente affatto. Io penso che Turing sia sullo schermo Y e Babbage sullo schermo X.

Tartaruga: Io penso che nessuno dei due sia Babbage; la verità è che Turing è su entrambi gli schermi!

Autore: Io non sono sicuro di poterli distinguere. Credo comunque che siano due programmi piuttosto imperscrutabili.

(Mentre parlano, si apre la porta del salotto del Granchio; simultaneamente l'immagine della stessa porta si apre sullo schermo. Attraverso la porta dello schermo entra Babbage, attraverso la porta vera entra Turing in carne e ossa).

Babbage: Questo test di Turing non conduceva a nulla, così ho deciso di ritornare qui.

Turing: Questo test di Babbage non conduceva a nulla, così ho deciso di ritornare qui.

Achille: Ma lei prima era nello scioccoscaltro! Che sta succedendo? Come mai Babbage è finito nello scioccoscaltro e Turing ora sembra reale? Rovesciare Il Contesto È Rovinoso. Confuso Annaspo Ricordando Escher.

Babbage: A proposito di rovesciamenti, come mai tutti voi siete ora semplici immagini sullo schermo davanti a me? Quando vi ho lasciati, eravate tutte creature in carne e ossa.

Achille: È proprio come *Mani che disegnano*, una stampa del mio artista preferito, M.C. Escher. Ognuna delle due mani disegna l'altra, proprio come ognuna di queste due persone (o automi) ha programmato l'altra! E ciascuna mano ha qualcosa di più reale dell'altra. Ha scritto niente su questa incisione nel suo libro *Gödel, Escher, Bach?*

Autore: Certamente; è una figura molto importante nel mio libro, perché illustra perfettamente il concetto di Strani Anelli.

Granchio: Che tipo di libro ha scritto?

Autore: Ne ho una copia; vuole darci un'occhiata?

Granchio: Con piacere.

(I due siedono l'uno accanto all'altro e Achille sbircia dall'alto).

Autore: La struttura è un po' insolita. Consiste di Dialoghi alternati con Capitoli. Ogni Dialogo imita in qualche modo un pezzo musicale di Bach. Qui, per esempio, dia un'occhiata al *Preludio e... mirmecofuga.*

Granchio: Come si fa a fare una fuga in un Dialogo?

Autore: La cosa più importante è che vi sia un unico tema che deve essere esposto da ognuna delle singole "voci", cioè da ogni singolo personaggio, quando entra nel Dialogo, proprio come succede in una fuga musicale. Poi le voci si possono differenziare, seguendo conversazioni più libere.

Achille: Tutte le voci armonizzano come in un elegante contrappunto?

Autore: È precisamente questo lo spirito dei miei Dialoghi.

Granchio: La sua idea di mettere in evidenza le entrate in un dialogo-fuga è ragionevole, poiché in una fuga musicale le entrate sono davvero la sola cosa che ne fanno di fatto una fuga. Vi sono espedienti fugali, come il moto retrogrado, l'inversione, l'aumentazione, lo stretto e così via, ma si può scrivere una fuga facendone a meno. Lei fa uso di questi espedienti?

Autore: Certamente. Il mio *Canone cancrizzante* impiega il moto retrogrado verbale, il mio *Canone dell'Ai* impiega versioni verbali sia dell'inversione sia dell'aumentazione.

Granchio: Davvero molto interessante. Non ho mai pensato a Dialoghi canonici, ma mi sono occupato parecchio di canoni musicali. Non tutti i canoni sono ugualmente comprensibili all'orecchio. Naturalmente ciò avviene perché alcuni canoni sono costruiti in maniera approssimativa. La scelta del particolare espediente in ogni caso è importante. Relativamente Ai Canoni, Retrogressione Elusiva; Contrariamente, Inversione Riconoscibile.

Achille: Francamente la sua ultima osservazione mi sembra poco chiara.

Autore: Non si preoccupi, Achille, un giorno la capirà.

Granchio: Lei fa mai giochi di lettere o giochi di parole come soleva fare di quando in quando il vecchio Bach?

Autore: Certamente. Come Bach amo gli acronimi. Ricorsivi Acronimi – Cancrizzante "RACRECIR" Esemplificante – Creano Infinito Regresso.

Granchio: Oh, veramente? Vediamo... Rileggere Iniziali Consecutivamente Esibisce "RACRECIR" Come Auto-Referenziale. Sì, credo di sì... (*Dà occhiate fugaci ora a questa ora a quella pagina del manoscritto*). Noto qui che nella *Mirmecofuga* c'è uno stretto, e che la Tartaruga fa un commento su di esso.

Autore: Non è proprio così. Non sta parlando dello stretto presente nel Dialogo; sta parlando di uno stretto della fuga di Bach che i quattro personaggi stanno ascoltando durante la conversazione. Vede, l'autoriferimento del Dialogo è indiretto, e dipende dal lettore fare le connessioni fra forma e contenuto.

Granchio: Perché l'ha realizzato in questo modo? Perché non ha lasciato che i personaggi parlassero direttamente dei Dialoghi a cui prendono parte?

Autore: Oh, no! Ciò priverebbe lo schema della sua bellezza. L'idea di fondo era imitare la costruzione autoreferenziale di Gödel che, come lei sa, è INDIRETTA e dipende dall'isomorfismo stabilito dalla numerazione di Gödel.

Granchio: Sì, però nel linguaggio di programmazione Lisp si può parlare direttamente dei propri programmi e non solo in maniera indiretta, perché i programmi e i dati hanno esattamente la stessa forma. Gödel avrebbe dovuto inventare il Lisp, e poi...

Autore: Ma...

Granchio: Voglio dire, egli avrebbe dovuto formalizzare la citazione. Con un linguaggio capace di parlare di se stesso, la dimostrazione del suo Teorema sarebbe stata molto più semplice!

Autore: Capisco cosa vuol dire, ma non sono d'accordo con lo spirito delle sue considerazioni. Il vero significato della numerazione di Gödel sta nel fatto che essa mostra come si può realizzare l'autoreferenza anche SENZA formalizzare la citazione, cioè per mezzo di un codice. Ciò che lei dice potrebbe invece far pensare che, con la formalizzazione della citazione, si possa ottenere qualcosa di NUOVO, qualcosa che non è ottenibile mediante il codice; e questo non è vero. In ogni caso, io trovo l'autoreferenza indiretta un concetto più generale e di gran lunga più stimolante dell'autoreferenza diretta. Inoltre nessun riferimento è davvero diretto. Ogni riferimento dipende da QUALCHE tipo di codifica più o meno implicita. Si tratta solo di vedere quanto implicita. Quindi nessun autoriferimento è diretto, nemmeno in Lisp.

Achille: Perché parla tanto di autoreferenza indiretta?

Autore: Molto semplice: l'autoreferenza indiretta è il tema preferito dell'Autore.

Granchio: Nei suoi Dialoghi c'è qualche struttura analoga alla modulazione fra le tonalità?

Autore: Certamente. Può sembrare che l'argomento della conversazione muti, e tuttavia, a un livello di astrazione più alto, il Tema rimane invariato. Questo accade ripetutamente nel *Preludio e... mirmecofuga* e in altri Dialoghi. Vi può essere tutta una serie di "modulazioni" che conducono il lettore da un argomento all'altro, ma alla fine il cerchio si chiude con la tonica, cioè con il ritorno all'argomento originario.

Granchio: Il suo libro sembra proprio divertente, mi piacerebbe leggerlo un giorno.

(Sfoglia il manoscritto e si ferma sull'ultimo Dialogo).

Autore: Credo che questo Dialogo in particolare potrebbe interessarla, poiché contiene alcune osservazioni sull'improvvisazione da parte di un personaggio estremamente strambo, originale, proprio lei!

Granchio: Davvero? E che cosa mi fa dire?

Autore: Aspetti un momento e vedrà. Fa tutto parte del Dialogo.

Achille: Vuol dire che noi siamo tutti ADESSO nel Dialogo?

Autore: Certamente. Aveva qualche dubbio in proposito, forse?

Achille: Sì, qualche dubbio lo avevo. Riluttante, Il Celebre Eroe Recita Costretto Altrui Riflessioni Esornative?

Autore: Purtroppo sì, Achille. Ma lei ha l'impressione che si tratti di sue riflessioni svolte liberamente, no? E allora, che male c'è?

Achille: C'è qualcosa che non mi piace in tutta questa faccenda...

Granchio: Anche l'ultimo Dialogo del suo libro è una fuga?

Autore: Sì, un ricercare a sei voci, per essere precisi. Mi sono ispirato alla Fuga dell'*Offerta musicale*, e anche alla storia della composizione dell'*Offerta musicale*.

Granchio: Quella è una storia deliziosa: il vecchio Bach che improvvisa sul Tema Regio. Se ricordo bene, egli improvvisò sul momento un intero ricercare a tre voci.

Autore: Proprio così. Ma non improvvisò quello a sei voci, a cui invece lavorò più tardi con estrema cura.

Granchio: A me piace molto improvvisare. In verità, a volte penso che potrei dedicarmi completamente alla musica. Nella musica trovo una sorgente continua di insegnamenti. Per esempio, quando ascolto la registrazione di una mia composizione, mi rendo conto di una quantità di cose di cui non ero consapevole mentre la improvvisavo. Davvero non so come la mia mente compia certe operazioni. Forse essere un buon improvvisatore è incompatibile col sapere come si fa ad improvvisare.

Autore: Questo, se fosse vero in generale, rappresenterebbe una interessante e fondamentale limitazione dei processi del pensiero.

Granchio: Molto gödeliano! Ma mi dica: il suo *Ricercare a sei voci* vuole imitare nella forma il pezzo musicale di Bach su cui è fondato?

Autore: Per molti versi, sì. Per esempio, in Bach vi è una sezione in cui la struttura si riduce a tre voci soltanto. Io imito quella parte nel Dialogo facendo interagire fra loro, per qualche tempo, soltanto tre personaggi.

Achille: Un tocco di vera raffinatezza.
Autore: Grazie.
Granchio: E come rappresenta il Tema Regio nel Dialogo?
Autore: Esso diventa il Tema del Granchio, come ora le dimostrerò. Signor Granchio, avrebbe la cortesia di suonare il suo Tema per i lettori, nonché per noi musicisti qui presenti?
Granchio: Continuamente Elaborare Generazioni Automi Brillanti, Benparlanti, Antropomorfi Bisogna.

FIGURA 153. Il Tema del Granchio: C-E♭-G-A♭-B-B-A-B.

Babbage: Oh! Ma... un Tema DELIZIOSO! Non deve essere stato facile inventarlo. Forse Lei ha percorso a ritroso un Suo pensiero, Signor Granchio?
Autore: Non POTEVA fare altrimenti, non crede?
Granchio: Non POTEVO fare altrimenti, e lei lo sa.
Babbage: Lei non POTEVA, lo so. E quel richiamo finale alla necessità di dedicarsi a un compito grandioso sottolinea l'importanza e insieme le difficoltà di sviluppo di un tale Tema, veramente regale. Personalmente ritengo che per rendere giustizia ad un simile Tema ci vorrebbero almeno un centinaio di anni, se non di più. Ma giuro che, non appena mi sarò congedato da questo secolo, dedicherò ad esso tutte le mie energie per realizzarlo pienamente e per offrire infine a Sua Granchietà il frutto del mio lavoro. Posso aggiungere, piuttosto immodestamente, che le vie attraverso cui giungerò al successo saranno probabilmente le più intricate e complesse mai percorse da mente umana.
Granchio: Sono lieto di poter così pregustare la forma della Sua Offerta, Signor Babbage.
Turing: Devo aggiungere che questo Tema del signor Granchio è uno dei MIEI Temi preferiti. Vi ho lavorato a più riprese. E non è il Tema che viene elaborato e rielaborato nel Dialogo finale?
Autore: Precisamente, anche se vi sono altri Temi, ovviamente.
Turing: Ora cominciamo a capire qualcosa di più sulla forma del suo libro; ma il contenuto? Di che cosa parla? Non può riassumercelo?
Autore: Combinare Escher, Gödel; Aggiungere Bach; Ben Amalgamare. Brindare!
Achille: Mi piacerebbe sapere come si fa a mettere quei tre insieme. Sembrano veramente difficili da amalgamare, almeno all'apparenza. Il mio artista preferito, il compositore preferito della signorina T. e...
Granchio: Il mio logico preferito!
Tartaruga: Una triade armoniosa, direi.
Babbage: Una triade maggiore, direi.
Turing: Una triade minore, direi.

FIGURA 154. L'ultima pagina del Ricercare a sei voci, *dall'edizione originale dell'*Offerta musicale *di J.S. Bach.*

Autore: Io credo che tutto dipenda dal punto di vista. Ma maggiore o minore che sia, sarei davvero lieto, Achille, di poterle raccontare come ho intrecciato insieme i tre personaggi. Naturalmente questo progetto non è tra le cose che si possono fare in un solo incontro; ce ne potrebbero volere una ventina. Comincerei col narrarle la storia dell'*Offerta musicale*, soffermandomi in particolare sul Canone Eternamente Ascendente, e...

Achille: Stupendo! Poco fa, mentre lei stava discutendo col signor Granchio, ho sfogliato il suo manoscritto. Ho visto con quanta profondità tratta l'opera di Bach e ho capito che per pagine e pagine una mano avveduta ha operato felicemente sul testo.

Autore: Anche dopo tre estenuanti riscritture non sono soddisfatto. Comunque, dopo aver descritto il Canone Eternamente Ascendente, passerei a parlare di sistemi formali e di ricorsività, senza trascurare di fare alcune osservazioni su figura e sfondo. Poi arriverei all'autoreferenza e all'autoreplicazione, per terminare con una discussione sui sistemi gerarchici e sul Tema del Granchio.

Achille: Il tutto sembra estremamente promettente. Possiamo cominciare stasera?

Autore: Perché no?

Babbage: Ma prima di cominciare, non sarebbe bello se noi, tutti cultori appassionati di musica, sedessimo ed eseguissimo il programma originario della serata che era quello di suonare?

Turing: Ora siamo in numero esatto per suonare il *Ricercare a sei voci* dell'*Offerta musicale*. Che ne dite?

Granchio: Io posso fare benissimo almeno un programma come questo.

Autore: Bene, molto ben detto, signor Granchio. E appena avremo finito darò inizio al mio intreccio, Achille. Credo che le piacerà.

Achille: Meraviglioso! Ho l'impressione che in tutto questo vi siano molti livelli, ma penso di essermi abituato a questo genere di cose grazie alla mia lunga amicizia con la signorina T. C'è soltanto una richiesta che vorrei fare: possiamo suonare anche il Canone Eternamente Ascendente? È il mio canone preferito.

Tartaruga: Riattacca Introduzione Come Esaurirai RICERCARE; Canone Ascendente Riprodurrai Eternamente.

Note

Introduzione: un'offerta musico-logica

1. H.T. David e A. Mendel, *The Bach Reader*, pp. 305-6.
2. *Ibid.*, p. 179.
3. *Ibid.*, p. 260.
4. Charles Babbage, *Passages from the Life of a Philosopher*, pp. 145-46.
5. Lady A.A. Lovelace, *Notes upon the Memoir "Sketch of the Analytical Engine Invented by Charles Babbage", by L.F. Menabrea* (Ginevra, 1842), ristampato in P. e E. Morrison, *Charles Babbage and His Calculating Engines*, pp. 248-49, 284.
6. David e Mendel, pp. 255-6.
7. *Ibid.*, p. 40.

Invenzione a due voci

1. Lewis Carroll, "What the Tortoise Said to Achilles", *Mind*, n.s., 4 (1895), pp. 278-80.

Capitolo IV: Coerenza, completezza e geometria

1. Herbert Meschkowski, *Non-Euclidean Geometry*, pp. 31-2.
2. *Ibid.*, p. 33.

Capitolo VI: Dove risiede il significato?

1. George Steiner, *After Babel*, pp. 172-73
2. Leonard B. Meyer, *Music, The Arts, and Ideas*, pp. 87-8.

Capitolo VII: Il Calcolo Proposizionale

1. Gyomay M. Kubose, *Zen Koans*, p. 178.
2. *Ibid.*, p. 178.
3. A.R. Anderson e N.D. Belnap, Jr., *Entailment* (Princeton, N.J.: Princeton University Press, 1975).

Un'offerta Mu

1. Tutti i kōan autentici di questo Dialogo sono ripresi da Paul Reps, *Zen Flesh, Zen Bones* [trad. it. parziale in *101 storie Zen* e Mumon, *La porta senza porta*] e da Gyomay M. Kubose, *Zen Koans*.

Capitolo IX: Mumon e Gödel

1. Paul Reps, *Zen Flesh, Zen Bones*, pp. 110-11.
2. *Ibid.*, p. 119.
3. *Ibid.*, p. 111-12.
4. *Zen Buddhism* (Mount Vernon, N.Y.: Peter Pauper Press, 1959), p. 22.
5. Reps, p. 124.
6. *Zen Buddhism*, p. 38.
7. Reps, p. 121.
8. Gyomay M. Kubose, *Zen Koans*, p. 35.
9. *Zen Buddhism*, p. 31.
10. Kubose, p. 110.
11. *Ibid.*, p. 120.
12. *Ibid.*, p. 180.
13. Reps, pp. 89-90.

Capitolo XI: Cervelli e pensieri

1. Carl Sagan, a cura di *Communication with Extraterrestrial Intelligence*, p. 78.
2. R.S. Lashley, "In Search of the Engram", in *Physiological Mechanisms in Animal Behavior*, Soc. of Exper. Biol. Symposium, n. 4, Cambridge University Press, 1950 [trad. it. "Alla ricerca dell'engramma", in *La fisica della mente*, Boringhieri, Torino, 1969].
3. Steven Rose, *The Conscious Brain*, pp. 251-52.
4. E.O. Wilson, *The Insect Societies*, p. 226 [trad. it. *Le società degli insetti*, vol. I, p. 424].
5. Dean Wooldridge, *Mechanical Man*, p. 70.

Suite-anglo-franco-italo-tedesca

1. Lewis Carroll, *The Annotated Alice (Alice's Adventures in Wonderland* and *Through the Looking-Glass).* Introduzione e note di Martin Gardner (New York: Meridian Press, New American Library, 1960).

2. Frank L. Warrin, *The New Yorker,* 10 gennaio, 1931.

3. Robert Scott, "The Jabberwock Traced to Its True Source", *Macmillan's Magazine,* febbraio 1872.

Capitolo XII: Menti e pensieri

1. Warren Weaver, "Translation", in *Machine Translation of Languages,* Wm. N. Locke e A. Donald Booth, a cura di (New York: John Wiley and Sons, e Cambridge, Mass.: M.I.T. Press, 1955), p. 18.

2. C.H. MacGillavry, *Symmetry Aspects of the Periodic Drawings of M.C. Escher,* p. VIII

3. J.R. Lucas, "Minds, Machines, and Gödel", in A.R. Anderson, a cura di, *Minds and Machines,* pp. 57-59.

Capitolo XIII: CicloL, CicloI, CicloH

1. J.M. Jauch, *Are Quanta Real?,* pp. 63-65 [trad. it. *Sulla realtà dei quanti,* pp. 87-89].

Capitolo XIV: Sulle proposizioni formalmente indecidibili dell'AT e di sistemi affini

1. L'articolo di Gödel del 1931 portava alla fine del titolo il numero romano "I"; ciò stava a indicare che l'autore intendeva farlo seguire da un altro saggio contenente una difesa puntuale di alcuni dei suoi argomenti più ostici. Tuttavia il primo articolo ebbe un successo così vasto che un secondo articolo sarebbe stato superfluo, e quindi non fu mai scritto.

Capitolo XV: Uscire dal sistema

1. Lucas in Anderson, p. 43.
2. *Ibid.*, p. 48
3. *Ibid.*, pp. 48-49.
4. M.C. Escher, *The Graphic Work of M.C. Escher* (New York: Meredith Press, 1967) p. 21.
5. *Ibid.*, p. 22.
6. E. Goffman, *Frame Analysis,* p. 475.

Pensieri edificanti di un fumatore di tabacco

1. La traduzione è di Fiamma Bianchi Bandinelli.

Capitolo XVII: Church, Turing, Tarski ed altri

1. Stanislaw Ulam, *Adventures of a Mathematician,* p. 13.
2. James R. Newman, "Srinivasa Ramanujan", in James R. Newman, a cura di, *The World of Mathematics* (New York: Simon and Schuster, 1956), vol. I, pp. 372-73.
3. *Ibid.*, p. 375.
4. S.R. Ranganathan, *Ramanujan,* pp. 81-82.
5. Newman, p. 375.
6. *Ibid.*, p. 375.
7. *Ibid.*, pp. 375-76.
8. *Ibid.*, p. 376.
9. Lucas in Anderson, p. 44.
10. *Ibid.*, p. 54.
11. *Ibid.*, p. 53.

Parla, SHRDLU, parla perché possa capirti

1. Questo Dialogo è ripreso da Terry Winograd, "A Procedural Model of Language Understanding", in R. Schank e K. Colby, a cura di, *Computer Models of Thought and Language,* pp. 155-66. Sono stati cambiati solo i nomi di due personaggi.

Capitolo XVIII: Intelligenza Artificiale: uno sguardo retrospettivo

1. Alan M. Turing, "Computing Machinery and Intelligence", *Mind,* vol. LIX, n.236 (1950); ripubblicato in A.R. Anderson, a cura di, *Minds and Machines* [trad. it. "Macchine calcolatrici e intelligenza", in *La filosofia degli automi,* a cura di V. Somenzi e R. Cordeschi, Boringhieri, Torino, 1986, pp. 157-83].

2. Turing in Anderson, p. 5 [trad. it. cit., p. 158].

3. *Ibid.*, p. 6 [trad. it. cit., p. 158].

4. *Ibid.*, p. 6 [trad. it. cit., p. 159].

5. *Ibid.*, p. 6 [trad. it. cit., p. 159].

6. *Ibid.*, pp. 13-14 [trad. it. cit., p. 166].

7. *Ibid.*, pp. 14-24 [trad. it. cit., pp. 166-77].

8. *Ibid.*, p. 17 [trad. it. cit., p. 170].

9. Vinton Cerf, "Parry Encounters the Doctor", p. 63.

10. Joseph Weizenbaum, *Computer Power and Human Reason,* p. 189.

11. *Ibid.*, pp. 9-10.

12. M. Mathews and L. Rosler, "A Graphical Language for Computer Sounds", in H. von Foerster e J.W. Beauchamp, a cura di, *Music by Computers,* p. 96.

13. *Ibid.*, p. 106.

14. Carl Sagan, *Communication with Extraterrestrial Intelligence,* p. 52.

15. *Art-Language,* vol. 3, n. 2, maggio 1975.

16. Winograd in R. Schank e K. Colby, p. 170.

17. *Ibid.*, p. 175.

18. *Ibid.*, p. 175.

19. Winograd, *Understanding Natural Language,* p. 69.

20. Winograd, "A Procedural Model", pp. 182-83.

21. *Ibid.*, p. 171-72.

Capitolo XIX: Intelligenza Artificiale: uno sguardo alle prospettive

1. *The New Yorker,* 19 settembre 1977, p. 107.

2. *Ibid.*, p. 140.

3. George Steiner, *After Babel,* pp. 215-27.

4. David E. Rumelhart, "Notes on a Schema for Stories" in D. Bobrow e A. Collins, a cura di, *Representation and Understanding,* p. 211.

5. Stanislaw Ulam, *Adventures of a Mathematician,* p. 183.

6. Marvin Minsky, "Steps Toward Artificial Intelligence", in E. Feigenbaum e J. Feldman, a cura di, *Computers and Thought,* p. 447.

7. *Ibid,* p. 446.

Capitolo XX: Strani Anelli e Gerarchie Aggrovigliate: il cuore dell'IA

1. A.L. Samuel, "Some Moral and Technical Consequences of Automation—A Refutation", *Science* 132 (16 settembre 1960), pp. 741-42.

2. Leonard B. Meyer, *Music, The Arts, and Ideas,* pp. 161, 167.

3. Suzi Gablik, *Magritte,* p. 97.

4. Roger Sperry, "Mind, Brain, and Humanist Values" pp. 78-83.

5. H.T. David, *J.S. Bach's Musical Offering,* p. 43.

Bibliografia ragionata

Due asterischi indicano che il libro o l'articolo ha fornito una motivazione primaria per il mio libro. Un solo asterisco significa che il libro o l'articolo contiene qualche caratteristica o elemento speciale che desidero mettere in evidenza.
Non ho dato molti puntatori diretti alla letteratura tecnica; ho preferito invece dare "meta-puntatori": puntatori a libri che contengono puntatori per la letteratura tecnica.

Allen, John. *The Anatomy of LISP*. New York: McGraw-Hill, 1978. Il libro più completo sul Lisp, il linguaggio di calcolatore che ha dominato la ricerca in Intelligenza Artificiale per venti anni. Chiaro e asciutto.

** Anderson, Alan Ross, a cura di, *Minds and Machines*. Englewood Cliffs, N.J.: Prentice-Hall, 1964. Una raccolta di articoli stimolanti sia pro che contro l'Intelligenza Artificiale. Vi compare anche il famoso articolo di Turing "Computing Machinery and Intelligence" e l'esasperante articolo di Lucas "Minds, Machines and Gödel".

Babbage, Charles. *Passages from the Life of a Philosopher*. London: Longman, Green, 1864 [trad. it. parziale in *La macchina analitica*, Etas Kompass, Milano, 1973]. Ristampato nel 1968 da Dawsons of Pall Mall, London. Un caotico florilegio di eventi e riflessioni nella vita di questo genio ancora mal compreso. Contiene anche una commedia che ha per protagonista Turnstile, un filosofo in pensione divenuto uomo politico, il cui strumento musicale preferito è l'organetto. Lettura di grande piacevolezza.

Baker, Adolph. *Modern Physics and Anti-physics*. Reading, Mass.: Addison-Wesley, 1970. Un libro sulla fisica moderna, specialmente sulla meccanica quantistica e la teoria della relatività. Formalmente bizzarro, contiene una serie di dialoghi tra un "poeta" (un "punk" antiscientista) e un "fisico". Questi dialoghi illustrano gli strani problemi che sorgono quando una persona usa il pensiero logico per difendersi mentre un altro rivolta la logica contro se stessa.

Ball, W.W. Rouse. "Calculating Prodigies", in James R. Newman, a cura di, *The World of Mathematics*, vol. I. New York: Simon & Schuster, 1956. Curiosissime descrizioni di diverse persone dotate di strabilianti capacità di calcolo, tali da rivaleggiare con macchine calcolatrici.

Barker, Stephen F. *Philosophy of Mathematics*. Englewood Cliffs, N.J.: Prentice-Hall, 1969 [trad. it. *Filosofia della matematica*, Il Mulino, Bologna, 1971]. Un breve paperback che discute la geometria euclidea e noneuclidea e inoltre il Teorema di Gödel e altri risultati affini senza far uso del formalismo matematico.

* Beckmann, Petr. *A History of Pi*. New York: St. Martin's Press, 1976. Si tratta di una storia del mondo con π al centro. Molto divertente, ma anche utile riferimento per la storia della matematica.

* Bell, Eric Temple. *Men of Mathematics*. New York: Simon & Schuster, 1965 [trad. it. *I grandi matematici*, Sansoni, Firenze, 1950]. Forse lo storico della matematica più romantico di tutti i tempi. Riesce a rendere ogni biografia un piccolo romanzo. Lettori non matematici possono trarne una vera sensazione della potenza, bellezza e significato della matematica.

Benacerraf, Paul. "God, the Devil, and Gödel". *Monist* 51 (1967): 9. Uno dei più importanti tra i molti tentativi di confutazione di Lucas. Tratta di tutto ciò che riguarda il meccanismo e la metafisica alla luce del lavoro di Gödel.

Benacerraf, Paul e Hilary Putnam. *Philosophy of Mathematics—Selected Readings*. Englewood Cliffs, N.J.: Prentice-Hall, 1964. Articoli di Gödel, Russell, Nagel, von Neumann, Brouwer, Frege, Hilbert, Poincaré, Wittgenstein, Carnap, Quine e altri sulla realtà dei numeri e degli insiemi, sulla natura della verità matematica e così via.

* Bergerson, Howard. *Palindromes and Anagrams*. New York: Dover Publications, 1973. Una straordinaria raccolta di alcuni tra i più bizzarri e incredibili giochi di parole inglesi, poesie palindromiche, racconti, commedie e così via.

Bobrow, D.G. e Allan Collins, a cura di, *Representation and Understanding: Studies in Cognitive Science*. New York: Academic Press, 1975. Vari esperti di Intelligenza Artificiale discutono a fondo la natura delle inafferrabili "frames", la questione della rappresentazione della conoscenza in maniera procedurale di contro alla maniera dichiarativa e così via. Da un certo punto di vista questo libro segna l'inizio di una nuova era in Intelligenza Artificiale: l'era della rappresentazione.

* Boden, Margaret. *Artificial Intelligence and Natural Man*. New York: Basic Books, 1977. Il libro migliore che abbia mai visto su quasi tutti gli aspetti dell'Intelligenza Artificiale, comprese questioni tecniche, filosofiche, ecc. È un libro ricco e, per me, un classico. Continua la tradizione inglese di nitidezza nel pensiero e chiarezza nell'espressione su temi quali la mente, il libero arbitrio, ecc. Contiene anche una vasta bibliografia tecnica.

— *Purposive Explanation in Psychology*. Cambridge, Mass.: Harvard University Press, 1972. Un libro di cui il precedente è semplicemente "una lunga nota a piè di pagina", come afferma l'autrice.

* Boeke, Kees. *Cosmic View: The Universe in 40 Jumps*. New York: John Day, 1957. Il libro definitivo sui livelli di descrizione. Tutti dovrebbero vedere questo libro prima o poi nella loro vita. Adatto anche ai bambini.

** Bongard, M. *Pattern Recognition*. Rochelle Park, N.J.: Hayden Book Co., Spartan Books, 1970. L'autore si occupa del problema della determinazione di categorie in uno spazio mal definito. In questo libro egli espone una splendida raccolta di cento "problemi di Bongard" (come li ho chiamati io). Si tratta di problemi per il riconoscitore di forme (umano o meccanico), per provare le sue capacità. Sono immensamente stimolanti per chiunque sia interessato alla natura dell'intelligenza.

Boolos, George S. e Richard Jeffrey. *Computability and Logic*. New York: Cambridge University Press, 1974. Continuazione della *Formal Logic* di Jeffrey. Contiene un ampio numero di risultati non facilmente rintracciabili altrove. Impeccabilmente rigoroso, pur essendo molto leggibile.

Carroll, John B., Peter Davies, e Barry Rickman. *The American Heritage Word Frequency Book*. Boston: Houghton Mifflin, e New York: American Heritage Publishing Co., 1971. Una tavola di parole in ordine di frequenza del moderno inglese americano scritto. Se lo si esamina attentamente, rivela cose affascinanti sui nostri processi di pensiero.

Cerf, Vinton. "Parry Encounters the Doctor". *Datamation*, luglio 1973, pp. 62-64. Il primo incontro tra "menti" artificiali: che conflagrazione!

Chadwick, John. *The Decipherment of Linear B*. New York: Cambridge University Press, 1958 [trad. it. *Lineare B. L'enigma della scrittura micenea*, Einaudi, Torino, 1959]. Un libro su un celebre caso di decifrazione di una scrittura. Si tratta qui del Lineare B cretese, che fu decifrato da un singolo studioso: Michael Ventris.

Chaitin, Gregory J. "Randomness and Mathematical Proof". *Scientific American*, maggio 1975, pp. 47-52 [trad. it. "Casualità e dimostrazione matematica", *Le Scienze* 85, settembre 1975, pp. 30-35]. Un articolo sulla definizione algoritmica di casualità e la sua intima relazione con la semplicità. Questi due concetti vengono connessi al Teorema di Gödel, che assume così un nuovo significato. Un articolo importante.

Cohen, Paul C. *Set Theory and the Continuum Hypothesis*. Menlo Park, Calif.: W.A. Benjamin, 1966 [trad. it. *La teoria degli insiemi e l'ipotesi del continuo*, Feltrinelli, Milano, 1973]. Un grande contributo alla matematica moderna: la dimostrazione che vari enunciati sono indecidibili nel normale formalismo della teoria degli insiemi. Il tutto spiegato a non specialisti dallo scopritore in persona. I presupposti necessari in materia di logica matematica sono esposti in modo rapido, conciso e molto chiaro.

Cooke, Deryck. *The Language of Music*. New York: Oxford University Press, 1959. L'unico libro a mia conoscenza che cerca di stabilire un collegamento esplicito tra gli elementi della musica e gli elementi dell'emozione umana. Un commendevole inizio lungo quella lunga e difficile strada che porterà alla conoscenza della musica e della mente umana.

* David, Hans Theodore. *J.S. Bach's Musical Offering*. New York: Dover Publications, 1972. Sottotitolo: "History, Interpretation, and Analysis". Una massa di informazioni a proposito di questo *tour de force* di Bach. Scritto in maniera molto piacevole.

** David, Hans Theodore e Arthur Mendel. *The Bach Reader*. New York: W.W. Norton, 1966. Un'ottima raccolta commentata di materiale originale sulla vita di Bach con figure, riproduzioni di pagine manoscritte, molte brevi citazioni di contemporanei di Bach, aneddoti, ecc.

Davis, Martin. *The Undecidable*. Hewlett, N.Y.: Raven Press, 1965. Un'antologia di alcuni dei più importanti articoli sulla metamatematica dal 1931 in poi (e quindi quasi del tutto complementare all'antologia di van Heijenoort). Vi compare una traduzione dell'articolo di Gödel del 1931, appunti per un corso che Gödel tenne una volta sui suoi risultati e inoltre articoli di Church, Kleene, Rosser, Post e Turing.

Davis, Martin e Reuben Hersh. "Hilbert's Tenth Problem". *Scientific American*, novembre 1973, pp. 84-91 [trad. it. "Il decimo problema di Hilbert", *Le Scienze* 66, febbraio 1974, pp. 84-92]. Come un famoso problema di teoria dei numeri finì per essere dimostrato indecidibile da un matematico russo di ventidue anni.

** DeLong, Howard. *A Profile of Mathematical Logic*. Reading, Mass.: Addison-Wesley, 1970. Un libro sulla logica matematica scritto con molta cura. Con una esposizione del Teorema di Gödel e discussioni di molti problemi filosofici. Uno dei suoi punti forti è l'eccellente bibliografia ragionata. Un libro che mi ha profondamente influenzato.

Doblhofer, Ernst. *Voices in Stone*. New York: Macmillan, Collier Books, 1961. Un buon libro sulla decifrazione di antiche scritture.

* Dreyfus, Hubert. *What Computers Can't Do: A Critique of Artificial Reason*. New York: Harper & Row, 1972. Una raccolta di molti argomenti contro l'Intelligenza Artificiale, opera di un autore estraneo al campo. Interessante tentare di confutarlo. L'ambiente dell'Intelligenza Artificiale e Dreyfus hanno un rapporto di forte antagonismo. È importante che ci siano persone come Dreyfus, anche se risultano estremamente irritanti.

Edwards, Harold M. "Fermat's Last Theorem". *Scientific American*, ottobre 1978, pp. 104-122 [trad. it. "L'ultimo Teorema di Fermat", *Le Scienze* 124, dicembre 1978, pp. 42-52]. Una discussione completa del più difficile di tutti i rompicapo matematici dalle origini fino ai risultati più moderni. Ottimamente illustrato.

* Ernst, Bruno. *The Magic Mirror of M. C. Escher*. New York: Random House, 1976. L'uomo Escher e l'origine delle sue incisioni nella devota ricostruzione di un amico di lunga data. Indispensabile per chiunque ami Escher.

** Escher, Maurits C., et al. *The World of M. C. Escher*. New York: Harry N. Abrams, 1972. La raccolta più completa di riproduzioni di opere di Escher. Escher è, nel campo dell'arte, la massima approssimazione umanamente concepibile all'idea di ricorsività e cattura in maniera sorprendente in alcune sue immagini lo spirito del Teorema di Gödel.

Feigenbaum, Edward e Julian Feldman, a cura di, *Computers and Thought*. New York: McGraw-Hill, 1963. Sebbene ormai un po' datato, questo libro è pur sempre una importante raccolta di idee sull'Intelligenza Artificiale. Vi compaiono articoli sul programma di geometria di Gelernter, sul programma di dama di Samuel e altri sul riconoscimento delle forme, sulla comprensione del linguaggio naturale, sulla filosofia e così via.

Finsler, Paul. "Formal Proofs and Undecidability", ristampato nell'antologia *From Frege to Gödel* di van Heijenoort (si veda sotto). Anticipa l'articolo di Gödel: l'esistenza di enunciati matematici indecidibili viene suggerita benché non dimostrata rigorosamente.

Fitzpatrick, P.J. "To Gödel via Babel", *Mind* 75 (1966), pp. 332-350. Una esposizione innovatrice della dimostrazione di Gödel che distingue i vari livelli usando tre lingue diverse: inglese, francese e latino!

von Foerster, Heinz e James W. Beauchamp, a cura di, *Music by Computers*. New York: John Wiley, 1969. Questo libro contiene non soltanto una raccolta di articoli su vari tipi di musica prodotta al calcolatore ma anche un insieme di quattro piccoli dischi per potere ascoltare (e giudicare) dal vivo i brani descritti. Tra questi brani ce n'è uno di Max Mathews che combina "When Johnny Comes Marching Home" e "The British Grenadiers".

Fraenkel, Abraham, Yehoshua Bar-Hillel e Azriel Levy. *Foundations of Set Theory*, Atlantic Highlands, N.J.: Humanities Press, 1973². Una discussione ragionevolmente non tecnica della teoria degli insiemi, della logica, dei Teoremi di limitazione e degli enunciati indecidibili. Vi compare pure una lunga trattazione dell'intuizionismo.

* Frey, Peter W. *Chess Skill in Man and Machine*. New York: Springer Verlag, 1977. Un'ottima rassegna delle idee contemporanee sul gioco degli scacchi al calcolatore: perché i programmi funzionano? Perché non funzionano? Sguardi retrospettivi e prospettive future.

Friedman, Daniel P. *The Little Lisper*. Palo Alto, Calif.: Science Research Associates, 1974. Un'introduzione facilmente assimilabile al pensiero ricorsivo del Lisp. Vi piacerà!

* Gablik, Suzi. *Magritte*. Boston, Mass.: New York Graphic Society, 1976. Un eccellente libro su Magritte e le sue opere scritto da una persona che sa cogliere anche le più lontane implicazioni. Buona scelta di riproduzioni.

* Gardner, Martin. *Fads and Fallacies*. New York: Dover Publications, 1952. È forse ancora il migliore tra tutti i libri contro l'occultismo. Sebbene probabilmente non pensato come un libro sulla filosofia della scienza, questo libro contiene molte lezioni sull'argomento. Continuamente vi si affronta la questione: " Che cosa sono le prove?". Gardner dimostra come il portare alla luce "la verità" è un lavoro d'arte altrettanto che di scienza.

Gebstadter, Egbert B. *Copper, Silver, Gold: an Indestructible Metallic Alloy*. Perth: Acidic Books, 1979 [trad. it. *Rame, Argento, Oro: una Indistruttibile Lega Metallica*, Ihpleda Edizioni, Auckland, 1984]. Un impressionante guazzabuglio, enfatico e confuso eppure singolarmente somigliante a questo mio libro. Le digressioni alla Tristram Shandy del professor Gebstadter includono alcuni esempi eccellenti di autoriferimento indiretto. Particolarmente interessante è un riferimento, nella sua bibliografia ragionata, a un libro isomorfo ma immaginario.

** Gödel, Kurt. *On Formally Undecidable Propositions*. New York: Basic Books, 1962. Una traduzione inglese dell'articolo di Gödel del 1931 insieme a una sua discussione.

— "Über Formal Unentscheidbare Sätze der *Principia Mathematica* und Verwandter Systeme, I". *Monatshefte für Mathematik und Physik* 38 (1931), pp. 173-198. L'articolo originale di Gödel del 1931.

* Goffman, Erving. *Frame Analysis*. New York: Harper & Row, Colophon Books, 1974. Una lunga documentazione sulla definizione di "sistema" nella comunicazione

umana e su come la linea di demarcazione tra "sistema" e il resto del "mondo" sia percepita, sfruttata e violata nell'arte, nella pubblicità, nel giornalismo e nel teatro.

Goldstein, Ira e Seymour Papert. "Artificial Intelligence, Language, and the Study of Knowledge". *Cognitive Science* 1 (gennaio 1977), pp. 84-123. Una rassegna che tratta il passato e il futuro dell'Intelligenza Artificiale. Gli autori distinguono tre periodi: "classico", "romantico" e "moderno".

Good, I.J. "Human and Machine Logic". *British Journal for the Philosophy of Science* 18 (1967), pp. 144-147. Uno dei tentativi più interessanti di confutazione di Lucas. Centrato sul problema se l'applicazione ripetuta del metodo della diagonale sia essa stessa una operazione meccanizzabile.

— "Gödel's Theorem is a Red Herring". *British Journal for the Philosophy of Science* 19 (1969), pp. 357-358. In questo articolo Good sostiene che l'argomento di Lucas non ha nulla a che fare con il Teorema di Gödel e che Lucas avrebbe fatto meglio a intitolare il suo articolo "Menti, macchine e numerazione transfinita". Il dibattito Good-Lucas è affascinante.

Goodman, Nelson. *Fact, Fiction, and Forecast*. Indianapolis: Bobbs-Merrill, 1973[3]. Una discussione delle proposizioni ipotetiche controfattuali e della logica induttiva, comprese le famose parole-problema di Goodman "bleen" e "grue" (incroci fra "blue" e "green"). È centrato sulla questione del come gli uomini percepiscano il mondo e pertanto è particolarmente interessante dal punto di vista dell'Intelligenza Artificiale.

* Goodstein, R.L. *Development of Mathematical Logic*. New York: Springer Verlag, 1971. Una rassegna concisa di logica matematica comprendente molto materiale non facilmente reperibile altrove. Un libro gradevole, utile per la consultazione.

Gordon, Cyrus. *Forgotten Scripts*. New York: Basic Books, 1968 [trad. it. *Scritture dimenticate*, Astrolabio, Roma, 1969]. Una descrizione breve e ben scritta sulla decifrazione degli antichi geroglifici, della scrittura cuneiforme e di altre ancora.

Griffin, Donald. *The Question of Animal Awareness*. New York: Rockefeller University Press, 1976 [trad. it. *L'animale consapevole*, Boringhieri, Torino, 1979]. Un breve libro a proposito di api, scimmie e altri animali, e sul problema se siano o non siano "dotati di coscienza", in particolare se sia o no legittimo usare la parola coscienza nelle spiegazioni scientifiche del comportamento animale.

deGroot, Adriaan. *Thought and Choice in Chess*. The Hague: Mouton, 1965. Uno studio approfondito della psicologia cognitiva, con riferimenti a esperimenti di classica semplicità ed eleganza.

Gunderson, Keith. *Mentality and Machines*. New York: Doubleday, Anchor Books, 1971. Qualcuno veramente contrario all'Intelligenza Artificiale dice perché lo è. Talvolta comico.

** Hanawalt, Philip C. e Robert H. Haynes, a cura di, *The Chemical Basis of Life*. San Francisco: W.H. Freeman, 1973. Un'ottima raccolta di articoli apparsi su *Scientific American*. Uno dei modi migliori per avere un'idea dei problemi affrontati dalla biologia molecolare.

* Hardy, G.H. e E.M. Wright. *An Introduction to the Theory of Numbers*. New York: Oxford University Press, 1960[4]. Un classico sulla teoria dei numeri. Pieno zeppo di informazioni su quelle misteriose entità che sono i numeri interi.

Harmon, Leon. "The Recognition of Faces". *Scientific American*, novembre 1973, pp. 70-82 [trad. it. "Il riconoscimento dei volti", *Le Scienze* 66, febbraio 1974, pp. 20-33]. Esplorazioni sul come rappresentiamo i volti nella nostra memoria e quanta informazione è necessaria e in che forma perché possiamo riconoscere un volto. Uno dei più affascinanti problemi del riconoscimento delle forme.

van Heijenoort, Jean. *From Frege to Gödel: A Source Book in Mathematical Logic*. Cambridge, Mass.: Harvard University Press, 1977. Una raccolta di articoli fondamentali sulla logica matematica, tutti convergenti verso la rivelazione gödeliana, che si presenta con l'articolo del 1931, posto alla fine del libro.

Henri, Adrian. *Total Art.: Environments, Happenings, and Performances*. New York: Praeger, 1974. Nel quale si mostra come il significato sia talmente degenerato nell'arte moderna che la sua assenza diventa profondamente significativa (qualunque cosa ciò significhi).

* Hoare, C.A.R. e D.C.S. Allison. "Incomputability". *Computing Surveys* 4, n. 3 (settembre 1972). Una esposizione molto lucida del perché il problema della fermata sia indecidibile. Vi compare il seguente teorema fondamentale: "Ogni linguaggio che contenga condizionali e definizioni ricorsive di funzioni e che sia sufficientemente potente per programmare il suo stesso interprete non può essere usato per programmare la propria funzione di 'terminazione' ".

Hofstadter, Douglas R. "Energy levels and wave functions of Bloch electrons in rational and irrational magnetic fields". *Physical Review B* 14, n. 6 (15 settembre 1976). La dissertazione per il Ph.D. dell'autore. Vi compaiono dettagli sull'origine del "Gplot", il diagramma ricorsivo che appare nella Figura 36.

Hook, Sidney, a cura di, *Dimensions of Mind*. New York: Macmillan, Collier Books, 1961. Una raccolta di articoli sui problemi mente-corpo e mente-calcolatore. Opinioni in qualche caso piuttosto decise.

* Horney, Karen. *Self-Analysis*. New York: W.W. Norton, 1942 [trad. it. *Autoanalisi*, Astrolabio, Roma, 1971]. Un'affascinante descrizione di come i livelli del sé devono aggrovigliarsi per trattare i problemi dell'autodefinizione dell'individuo in questo mondo complesso. Umano e profondo.

Hubbard, John I. *The Biological Basis of Mental Activity*. Reading, Mass.: Addison-Wesley, 1975. Uno dei tanti libri sul cervello, che si raccomanda tuttavia per una sua virtù speciale: contiene molte lunghe liste di domande suggerite alla meditazione del lettore e, insieme, riferimenti ad articoli che trattano i temi di quelle domande medesime.

* Jackson, Philip C. *Introduction to Artificial Intelligence*. New York: Petrocelli Charter, 1975. Un libro recente che descrive sia pure con una certa esuberanza le idee dell'Intelligenza Artificiale. Suggerisce in modo più o meno vago un grandissimo numero di idee, e per questa ragione è molto stimolante anche soltanto sfogliarlo. Contiene un'immensa bibliografia che costituisce un'altra ragione per raccomandarlo.

Jacobs, Robert L. *Understanding Harmony*. New York: Oxford University Press, 1958. Un libro molto chiaro sull'armonia che può condurre a porsi molte domande sul perché l'armonia convenzionale dell'Occidente ha una presa così forte sui nostri cervelli.

Jaki, Stanley L. *Brain, Mind, and Computers*. South Bend, Ind.: Gateway Editions, 1969. Un libro polemico che trasuda disprezzo in ogni pagina verso il paradigma algoritmico per la comprensione della mente. Tuttavia è interessante soffermarsi a riflettere sui vari punti che propone.

* Jauch, J.M. *Are Quanta Real?* Bloomington, Ind.: Indiana University Press, 1973 [trad. it. *Sulla realtà dei quanti*, Adelphi, Milano, 1980]. Un delizioso libretto di dialoghi fra tre personaggi presi in prestito da Galileo e spostati in una situazione moderna. Non soltanto vi si discutono questioni di meccanica quantistica, ma anche temi quali il riconoscimento di forme, la semplicità, i processi cerebrali e la filosofia della scienza. Molto gradevole e stimolante.

* Jeffrey, Richard. *Formal Logic: Its Scope and Limits*. New York: McGraw-Hill, 1967. Un *manuale* elementare e di facile lettura il cui ultimo capitolo tratta i Teoremi di Gödel e di Church. Adotta un approccio molto diverso da quello di molti testi di logica conosciuti, perciò spicca fra tutti.

* Jensen, Hans. *Sign, Symbol, and Script*. New York: G.P. Putnam's, 1969. Un libro, o forse *il* libro sui sistemi simbolici di scrittura di tutto il mondo, sia moderni che antichi.

Libro pieno di cose belle e misteriose: si pensi, per esempio, alla scrittura, finora non decifrata, dell'Isola di Pasqua.

Kalmár, László. "An Argument Against the Plausibility of Church's Thesis", in A. Heyting, a cura di, *Constructivity in Mathematics: Proceedings of the Colloquium held at Amsterdam, 1957*, North-Holland, 1959. Un articolo interessante del più noto fomentatore di dubbi sulla Tesi di Church-Turing.

* Kim, Scott E. "The Impossible Skew Quadrilateral: A Four-Dimensional Optical Illusion", in David Brisson, a cura di, *Proceedings of the 1978 A.A.A.S. Symposium on Hypergraphics: Visualizing Complex Relationships in Art and Science*. Boulder, Colo.: Westview Press, 1978. Ciò che sembra all'inizio un'idea incredibilmente difficile, cioè un'illusione ottica quadridimensionale, è resa gradualmente di chiarezza cristallina in una presentazione di stupefacente virtuosismo che fa uso di una lunga serie di diagrammi disegnati con grande perizia. La forma di questo articolo è insolita e accattivante quanto il suo contenuto: è tripartita su molti livelli simultaneamente. Questo articolo e il mio libro si sono sviluppati in parallelo e si sono vicendevolmente stimolati.

Kleene, Stephen C. *Introduction to Mathematical Logic*. New York: John Wiley, 1967. Un testo profondo e ponderoso scritto da uno dei protagonisti della disciplina. Di grande valore. Ogni volta che rileggo un passo vi trovo qualcosa di nuovo che mi era sfuggito precedentemente.

— *Introduction to Metamathematics*. Princeton: D. Van Nostrand, 1952. Classico lavoro sulla logica matematica: il manuale che abbiamo appena citato ne è essenzialmente una versione abbreviata. Rigoroso e completo, ma alquanto datato.

Kneebone, G.J. *Mathematical Logic and the Foundations of Mathematics*. New York: Van Nostrand Reinhold, 1963. Un libro solido pieno di discussioni filosofiche su temi quali l'intuizionismo, la "realtà" dei numeri naturali, ecc.

Koestler, Arthur. *The Act of Creation*. New York: Dell, 1966 [trad. it. *L'atto della creazione*, Astrolabio, Roma, 1975]. Una teoria di vasto respiro e largamente stimolante sul come le idee vengano "bisociate" per produrre novità. Meglio leggerlo aprendolo a caso che cominciare dall'inizio.

Koestler, Arthur e J.R. Smythies, a cura di, *Beyond Reductionism*. Boston: Beacon Press, 1969. Atti di un convegno nel quale tutti i partecipanti condividevano l'opinione che i sistemi biologici non possono essere spiegati in maniera riduzionistica e che vi è qualcosa di "emergente" nel fenomeno della vita. Sono sempre stimolato da libri che mi sembrano sbagliati, ma lo sono in modo che non saprei precisare meglio.

** Kubose, Gyomay. *Zen Koans*. Chicago: Regnery, 1973. Una delle migliori raccolte di kōan. Si presenta in maniera assai gradevole. Essenziale per ogni biblioteca Zen.

Kuffler, Stephen W. e John G. Nicholls. *From Neuron to Brain*. Sunderland, Mass.: Sinauer Associates, 1976. Un libro che, nonostante il titolo, tratta principalmente di processi microscopici del cervello e molto poco di come i pensieri della persona emergano dal groviglio. Il lavoro di Hubel e Wiesel sui sistemi visivi è trattato particolarmente bene.

Lacey, Hugh e Geoffrey Joseph. "What the Gödel Formula Says". *Mind* 77 (1968), pp. 77-83. Un'utile discussione sul significato della formula di Gödel basata su una rigida separazione di tre livelli: sistemi formali non interpretati, sistemi formali interpretati e metamatematica. Vale la pena studiarlo.

Lakatos, Imre. *Proofs and Refutations*. New York: Cambridge University Press, 1976 [trad. it. *Dimostrazioni e confutazioni*, Feltrinelli, Milano, 1979]. Un libro molto gradevole in forma dialogica che discute come si formano i concetti in matematica. Importante non solo per i matematici ma anche per chi è interessato ai procedimenti del pensiero.

** Lehninger, Albert. *Biochemistry*. New York: Worth Publishers, 1976 [trad. it. *Biochimica*, Zanichelli, Bologna, 1975]. Un testo straordinariamente leggibile, se si considera il suo elevato livello tecnico. In questo libro si possono trovare molti modi in cui proteine e geni sono aggrovigliati insieme. Ben articolato e stimolante.

** Lucas, J.R. "Minds, Machines, and Gödel". *Philosophy* 36 (1961), pp. 112-127. Questo articolo è ripubblicato in *Minds and Machines*, a cura di Anderson, e in *The Modeling of Mind*, a cura di Sayre e Crosson. Articolo assai controverso e provocatorio nel quale si pretende di dimostrare che nessun programma di calcolatore può essere un modello completo di cervello umano. L'argomento è fondato interamente sul Teorema di Incompletezza di Gödel ed è affascinante. La prosa è (ai miei occhi) incredibilmente indisponente. Ma, appunto per tale ragione, quanto mai divertente alla lettura.

— "Satan Stultified: A Rejoinder to Paul Benacerraf". *Monist* 52 (1968): 145. Una polemica contro Benacerraf scritta in un linguaggio comicamente aulico: a un certo punto Lucas definisce Benacerraf un "filosofo eristico fino al ridicolo", e chissà cosa vuol dire. La battaglia Lucas-Benacerraf, come quella Lucas-Gödel, offre ricca materia di riflessione.

— "Human and Machine Logic: A Rejoinder". *British Journal for the Philosophy of Science* 19 (1968), pp. 155-156. Un tentativo di confutare il tentativo fatto da Good di confutare l'articolo originale di Lucas.

** MacGillavry, Caroline H. *Symmetry Aspects of the Periodic Drawings of M.C. Escher*. Utrecht: A Oosthoek's Uitgevermaatschappij, 1965. Una raccolta di suddivisioni regolari del piano dovute a Escher insieme al commento scientifico di un cristallografo. Fonte di alcune delle mie illustrazioni, per esempio *Mirmecofuga* e *Canone cancrizzante*. Ristampato nel 1976 a New York da Harry N. Abrams con il titolo *Fantasy and Symmetry*.

MacKay, Donald M. *Information, Mechanism and Meaning*. Cambridge, Mass.: M.I.T. Press, 1970. Un libro sulle diverse misure dell'informazione, applicabili a situazioni diverse; su problemi teorici legati alla percezione e alla comprensione umana; e sul modo in cui l'attività cosciente può sorgere da un substrato meccanicistico.

* Mandelbrot, Benoît. *Fractals: Form, Chance, and Dimension*. San Francisco: W.H. Freeman, 1977. Una rarità: un libro illustrato che si fonda su sofisticate idee matematiche, attualmente al centro della ricerca. Vi si tratta di curve e forme definite ricorsivamente la cui dimensione non è un numero intero. In maniera stupefacente Mandelbrot ne mostra la pertinenza in rapporto praticamente con ogni ramo della scienza.

* McCarthy, John. "Ascribing Mental Qualities to Machines", in Martin Ringle, a cura di, *Philosophical Perspectives in Artificial Intelligence*. New York: Humanities Press, 1979. Un articolo penetrante sulle circostanze nelle quali sarebbe sensato affermare che una macchina ha convinzioni, desideri, propositi, coscienza o libero arbitrio. È interessante confrontare questo articolo con il libro di Griffin.

Meschkowski, Herbert. *Non-Euclidean Geometry*. New York: Academic Press, 1964. Un piccolo libro con un buon commento storico.

Meyer, Jean. "Essai d'application de certains modèles cybernétiques à la coordination chez les insectes sociaux". *Insectes Sociaux* XIII, n. 2 (1966): 127. Un articolo che delinea alcuni paralleli tra l'organizzazione neurale del cervello e l'organizzazione di un formicaio.

Meyer, Leonard B. *Emotion and Meaning in Music*. Chicago: University of Chicago Press, 1956. Un libro che tenta di adoperare idee della psicologia della Gestalt e della teoria della percezione per spiegare perché la struttura musicale è quella che è. Uno dei libri più insoliti su musica e mente.

— *Music, The Arts, and Ideas*. Chicago: University of Chicago Press, 1967. Un'analisi penetrante dei processi mentali implicati dall'ascolto della musica e delle strutture gerarchiche nella musica. L'autore paragona le tendenze musicali moderne e il Buddhismo Zen.

Miller, G.A. e P.N. Johnson-Laird. *Language and Perception*. Cambridge, Mass.: Harvard University Press, Belknap Press, 1976. Un affascinante compendio di fatti e teorie linguistiche centrati sull'ipotesi di Whorf, ossia che il linguaggio coincide con la visione del mondo. Un tipico esempio ne è la discussione dello strano linguaggio "suocera" della cultura Dyirbal del Queensland del Nord: una lingua a parte usata soltanto per parlare alla propria suocera.

** Minsky, Marvin L. "Matter, Mind, and Models", in Marvin L. Minsky, a cura di, *Semantic Information Processing*. Cambridge, Mass.: M.I.T. Press, 1968. Sebbene consti di poche pagine, questo articolo sottende una intera filosofia della coscienza e dell'Intelligenza Artificiale. Uno scritto memorabile di uno dei più profondi pensatori del campo.

Minsky, Marvin L. e Seymour Papert. *Artificial Intelligence Progress Report*. Cambridge, Mass.: M.I.T. Artificial Intelligence Laboratory, AI Memo 252, 1972. Una rassegna di tutto il lavoro in Intelligenza Artificiale svolto al M.I.T. fino al 1972 in relazione alla psicologia e all'epistemologia. Potrebbe servire in maniera egregia come introduzione all'Intelligenza Artificiale.

** Monod, Jacques. *Chance and Necessity*. New York: Random House, Vintage Books, 1971 [trad. it. *Il caso e la necessità*, Mondadori, Milano, 1974]. Una mente straordinariamente fertile che scrive in modo molto personale su problemi affascinanti, per esempio su come si è costruita la vita a partire dal non vivente; o su come l'evoluzione, violando apparentemente la seconda legge della termodinamica, in realtà ne dipenda. Questo libro mi ha colpito profondamente.

* Morrison, Philip e Emily, a cura di, *Charles Babbage and His Calculating Engines*. New York: Dover Publications, 1961. Un'importante fonte di informazioni sulla vita di Babbage. Comprende un ampio frammento dell'autobiografia di Babbage, oltre che diversi articoli sulle macchine di Babbage e la sua "Notazione Meccanica".

Myhill, John. "Some Philosophical Implications of Mathematical Logic". *Review of Metaphysics* 6 (1952): 165. Un'insolita discussione dei modi in cui il Teorema di Gödel e il Teorema di Church sono connessi alla psicologia ed all'epistemologia. Termina con una discussione sulla bellezza e la creatività.

Nagel, Ernest. *The Structure of Science*. New York: Harcourt, Brace, and World, 1961 [trad. it. *La struttura della scienza*, Feltrinelli, Milano, 1968]. Un classico della filosofia della scienza che esamina in modo chiaro il contrasto fra riduzionismo e olismo, fra spiegazioni teleologiche e non teleologiche, ecc.

** Nagel, Ernest e James R. Newman. *Gödel's Proof*. New York: New York University Press, 1958 [trad. it. *La prova di Gödel*, Boringhieri, Torino, 1961]. Una presentazione stimolante e gradevole che, per varie ragioni, ha ispirato il mio lavoro.

* Nievergelt, Jurg, J.C. Farrar, e E.M. Reingold. *Computer Approaches to Mathematical Problems*. Englewood Cliffs, N.J.: Prentice-Hall, 1974. Un'insolita raccolta di diversi tipi di problemi che possono essere o sono stati affrontati coi calcolatori: per esempio il "problema del $3n + 1$" (citato nel mio Dialogo *Variazioni Goldbach*) ed altri problemi aritmetici.

Pattee, Howard H., a cura di, *Hierarchy Theory*. New York: George Braziller, 1973. Ha come sottotitolo "La sfida dei sistemi complessi". Contiene un buon articolo di Herbert Simon nel quale si discutono alcune delle idee trattate anche nel mio Capitolo "I livelli di descrizione".

Péter, Rózsa. *Recursive Functions*. New York: Academic Press, 1967. Un'accurata discussione delle funzioni primitive ricorsive, delle funzioni generali ricorsive, delle funzioni parziali ricorsive, del metodo della diagonale e di molti altri argomenti tecnici.

Quine, Willard Van Orman. *The Ways of Paradox, and Other Essays*. New York: Random House, 1966 [trad. it. *I modi del paradosso*, Il Saggiatore, Milano, 1975]. Una raccolta di pensieri di Quine su molti argomenti. Un primo saggio tratta di molti generi di paradossi e delle loro risoluzioni. In esso viene introdotta l'operazione che in questo libro chiamo "quinare".

Ranganathan, S.R. *Ramanujan, The Man and the Mathematician*. London: Asia

Publishing House, 1967. Biografia di carattere occultistico del genio indiano scritta da un ammiratore. Libro strano ma affascinante.

Reichardt, Jasia. *Cybernetics, Arts, and Ideas.* Boston: New York Graphic Society, 1971. Una bizzarra raccolta di idee sui calcolatori, l'arte, la musica, la letteratura. Parte di questo è realmente fuori dal mondo, ma parte è di buona lega. Esempi di quest'ultimo tipo sono gli articoli "A Chance for Art " di J.R.Pierce e "Computerized Haiku" di Margaret Masterman.

Rényi, Alfréd. *Dialogues on Mathematics.* San Francisco: Holden-Day, 1967. Tre dialoghi semplici ma stimolanti tra personaggi classici della storia che cercano di afferrare la vera natura della matematica. Per un pubblico non specialistico.

** Reps, Paul. *Zen Flesh, Zen Bones.* New York: Doubleday, Anchor Books [trad. it. parziale in *101 Storie Zen,* Adelphi, Milano, 1973; Mumon, *La porta senza porta,* Adelphi, Milano, 1987]. Questo libro trasmette con molta efficacia il sapore dello Zen; il suo orientamento antirazionale, antilinguaggio, antiriduzionistico, fondamentalmente olistico.

Rogers, Hartley. *Theory of Recursive Functions and Effective Computability.* New York: McGraw-Hill, 1967. Un trattato squisitamente tecnico ma eccellente per imparare. Contiene molte discussioni di problemi insolitamente stimolanti della teoria degli insiemi e della teoria delle funzioni ricorsive.

Rokeach, Milton. *The Three Christs of Ypsilanti.* New York: Vintage Books, 1964. Uno studio della schizofrenia e degli strani tipi di "coerenza" che sorgono tra i malati mentali. Un affascinante conflitto tra tre uomini in un ospedale per malati di mente i quali ritenevano tutti di essere Dio e come si comportarono nella circostanza di una protratta convivenza.

** Rose, Steven. *The Conscious Brain,* edizione riveduta, New York: Vintage Books, 1976 [trad. it. *Il cervello e la coscienza,* Mondadori, Milano, 1973]. Un ottimo libro, forse la migliore introduzione allo studio del cervello. Contiene un'esposizione esauriente sulla natura fisica del cervello, come pure discussioni filosofiche sulla natura della mente, sul rapporto riduzionismo-olismo, sul rapporto libero arbitrio-determinismo, ecc. L'impostazione è ampia, intelligente, umanistica. Soltanto le sue idee sull'Intelligenza Artificiale sono fuori strada.

Rosenblueth, Arturo. *Mind and Brain: A Philosophy of Science.* Cambridge, Mass.: M.I.T. Press, 1970. Un libro ben scritto da uno studioso del sistema nervoso che tratta molti dei problemi profondi relativi alla mente e al cervello.

* Sagan, Carl, a cura di, *Communication with Extraterrestrial Intelligence.* Cambridge, Mass.: M.I.T. Press, 1973. Rendiconti di una conferenza veramente fuori del comune nella quale un gruppo stellare di scienziati ed altri discutono l'ipotesi della intelligenza extraterrestre.

Salmon, Wesley, a cura di, *Zeno's Paradoxes.* New York: Bobbs-Merrill, 1970. Una raccolta di articoli sugli antichi paradossi di Zenone analizzati alla luce della moderna teoria degli insiemi, della meccanica quantistica e così via. Curioso e stimolante, talvolta divertente.

Sanger, F., et al. "Nucleotide sequence of bacteriophage ϕX174 DNA", *Nature* 265 (24 febbraio 1977). Una presentazione stimolante della prima scoperta dell'intero materiale ereditario dell'organismo. La sorpresa consiste nel doppio senso: due proteine sono codificate in maniera sovrapposta. Quasi al di là del credibile.

Sayre, Kenneth M. e Frederick J. Crosson. *The Modeling of Mind: Computers and Intelligence.* New York: Simon & Schuster, Clarion Books, 1963. Una raccolta di commenti filosofici in tema di Intelligenza Artificiale, scritti da studiosi appartenenti a una vasta gamma di discipline. Gli autori sono Anatol Rapoport, Ludwig Wittgenstein, Donald MacKay, Michael Scriven, Gilbert Ryle ed altri.

* Schank, Roger e Kenneth Colby. *Computer Models of Thought and Language.* San Francisco: W.H. Freeman, 1973. Una raccolta di articoli sui vari approcci alla

simulazione dei processi mentali quali la comprensione del linguaggio, i sistemi di credenze, la traduzione, e così via. Un importante libro di Intelligenza Artificiale nel quale molti degli articoli non sono difficili da leggere anche per i lettori non specializzati.

Schrödinger, Erwin. *What is Life? & Mind and Matter*. New York: Cambridge University Press, 1967. Un libro famoso di un famoso fisico (uno dei fondatori della meccanica quantistica). Esplora la base fisica della vita e del cervello; prosegue poi discutendo la coscienza in termini metafisici. La prima metà, *What is Life?*, ebbe notevole influenza negli anni '40 sulla ricerca del supporto dell'informazione genetica.

Shepard, Roger N. "Circularity in Judgments of Relative Pitch". *Journal of the Acoustical Society of America* 36, n. 12 (dicembre 1964), pp. 2346-2353. La fonte della stupefacente illusione acustica della "Scala delle note di Shepard".

Simon, Herbert A. *The Sciences of the Artificial*. Cambridge, Mass.: M.I.T. Press, 1969 [trad. it. *Le scienze dell'artificiale*, ISEDI, Milano, 1973]. Un libro interessante sui sistemi complessi. L'ultimo capitolo, intitolato "L'architettura della complessità", discute i problemi del rapporto tra riduzionismo e olismo.

Smart J.J.C. "Gödel's Theorem, Church's Theorem, and Mechanism". *Synthèse* 13 (1961), pp. 105-110. Un articolo ben scritto che precede l'articolo di Lucas del 1961, ma è essenzialmente rivolto a controbatterne le tesi. Si potrebbe concludere che bisogna essere Good (buoni) e Smart (intelligenti) per polemizzare con Lucas...

** Smullyan, Raymond. *Theory of Formal Systems*. Princeton, N.J.: Princeton University Press, 1961. Un trattato di alto livello, ma che inizia con una limpida discussione dei sistemi formalizzati e dimostra una versione semplice del Teorema di Gödel in maniera elegante. Il libro varrebbe anche solo per il capitolo I.

* — *What Is the Name of This Book?* Englewood Cliffs, N.J.: Prentice-Hall, 1978 [trad. it. *Qual è il titolo di questo libro?*, Zanichelli, Bologna, 1981]. Un libro di giochi e fantasie sui paradossi, l'autoreferenza e il Teorema di Gödel. Dovrebbe attirare lo stesso pubblico di lettori del mio libro. Libro pubblicato quando avevo già finito di scrivere il mio (con l'eccezione di una certa voce della mia Bibliografia).

Sommerhoff, Gerd. *The Logic of the Living Brain*. New York: John Wiley, 1974. Un libro che cerca di usare la conoscenza delle strutture a piccola scala del cervello per creare una teoria del funzionamento del cervello nel suo complesso.

Sperry, Roger. "Mind, Brain, and Humanist Values", in John R. Platt, a cura di, *New Views on the Nature of Man*. Chicago: University of Chicago Press, 1965. Un pioniere della neurofisiologia spiega con grande vivacità come concilia l'attività del cervello e la coscienza.

* Steiner, George. *After Babel: Aspects of Language and Translation*. New York: Oxford University Press, 1975 [trad. it. *Dopo Babele*, Sansoni, Firenze, 1984]. Un libro di uno studioso di linguistica sui profondi problemi della traduzione e della comprensione del linguaggio da parte degli uomini. Sebbene l'Intelligenza Artificiale non sia mai discussa, si comprende che la programmazione di un calcolatore per capire un romanzo o una poesia è del tutto fuori luogo per l'autore. Un libro scritto bene, provocatorio, talvolta indisponente.

Stenesh, J. *Dictionary of Biochemistry*. New York: John Wiley, Wiley-Interscience, 1975. Per me è stato un utile libro di consultazione che mi ha aiutato nella lettura di libri tecnici di biologia molecolare.

** Stent, Gunther. "Explicit and Implicit Semantic Content of the Genetic Information", in *The Centrality of Science and Absolute Values*, vol. I. Proceedings of the 4th International Conference on the Unity of the Sciences, New York, 1975. Benché possa apparire stupefacente, questo articolo è stato pubblicato negli atti di un convegno organizzato dal famigerato Reverendo Sun Myung Moon. Nonostante questo, l'articolo è eccellente. Tratta del problema se si possa ritenere che un genotipo contenga in un qualsiasi senso operativo "tutta" l'informazione sul suo fenotipo. In altre parole, tratta della collocazione del significato nel genotipo.

— *Molecular Genetics: A Historical Narrative*. San Francisco: W.H. Freeman, 1971 [trad. it. *Genetica molecolare*, Zanichelli, Bologna, 1977]. Stent ha una visione ampia e umanistica ed espone le idee nella loro prospettiva storica. Un testo insolito di biologia molecolare.

Suppes, Patrick. *Introduction to Logic*. New York: Van Nostrand Reinhold, 1957. Un testo standard con una chiara esposizione sia del Calcolo Proposizionale che del Calcolo dei Predicati. Il mio Calcolo Proposizionale deriva prevalentemente da questo testo.

Sussman, Gerald Jay. *A Computer Model of Skill Acquisition*. New York: American Elsevier, 1975. Una teoria dei programmi che capiscono lo scopo della programmazione di un calcolatore. Vi si discute in dettaglio il problema di come spezzare il compito in parti e come le diverse parti di un tale programma debbano interagire.

** Tanenbaum, Andrew S. *Structured Computer Organization*. Englewood Cliffs, N.J.: Prentice-Hall, 1976. Eccellente: una esposizione molto ben scritta e lineare dei molti livelli presenti nei moderni sistemi di calcolatori. Comprende: microprogrammazione, linguaggio macchina, linguaggi assemblativi, sistemi operativi e molti altri argomenti. Contiene pure una buona bibliografia parzialmente commentata.

Tarski, Alfred. *Logic, Semantics, Metamathematics. Papers from 1923 to 1938*. Tradotto da J.H. Woodger. New York: Oxford University Press, 1956. Vengono qui esposte le idee di Tarski sulla verità e il legame tra il linguaggio e il mondo che esso rappresenta. Queste idee continuano ad avere ripercussioni sul problema della rappresentazione della conoscenza in Intelligenza Artificiale.

Taube, Mortimer. *Computers and Common Sense*. New York: McGraw-Hill, 1961. Forse il primo sproloquio contro il concetto moderno di Intelligenza Artificiale. Sgradevole.

Tietze, Heinrich. *Famous Problems of Mathematics*. Baltimore: Graylock Press, 1965. Un libro su problemi famosi scritto in uno stile molto personale ed erudito. Belle illustrazioni e materiale storico.

Trakhtenbrot, V. *Algorithms and Computing Machines*. Heath, 1963 [trad. it. *Algoritmi e macchine calcolatrici automatiche*, Giunti-Martello, Milano, 1964]. Una discussione di questioni teoriche riguardanti i calcolatori e particolarmente i problemi indecidibili quali il problema della fermata e il problema dell'equivalenza di Post. Breve, il che non guasta.

Turing, Sara. *Alan M. Turing*. Cambridge: W. Heffer & Sons, 1959. Una biografia del grande pioniere dell'informatica. Un atto di amore di una madre.

* Ulam, Stanislaw. *Adventures of a Mathematician*. New York: Charles Scribner's, 1976. L'autobiografia di un sessantacinquenne che scrive come se avesse vent'anni ed è ubriaco d'amore per la matematica. Pieno di pettegolezzi su chi pensava chi fosse il migliore e chi invidiava chi, ecc. Non solo divertente, ma serio.

Watson, J.D. *The Molecular Biology of the Gene*. Menlo Park, Calif.: W.A. Benjamin, 1976[3] [trad. it. *Biologia molecolare del gene*, Zanichelli, Bologna, 1972]. Un buon libro, ma articolato non così bene come quello di Lehninger. Purtuttavia quasi ogni pagina contiene qualcosa di interessante.

Webb, Judson. "Metamathematics and the Philosophy of Mind". *Philosophy of Science* 35 (1968): 156. Una polemica puntuale e rigorosa contro Lucas nella quale compare la seguente conclusione: "La posizione generale che sostengo in questo articolo può essere espressa dicendo che il problema mente-macchina-Gödel non può essere trattato in maniera coerente finché non sarà chiarificato il problema della costruttività nei fondamenti della matematica".

Weiss, Paul. "One Plus One Does Not Equal Two", in G.C. Quarton, T. Melnechuk, e F.O. Schmitt, a cura di, *The Neurosciences: A Study Program*. New

York: Rockefeller University Press, 1967. Un articolo che tenta di conciliare olismo e riduzionismo, ma un po' troppo olistico per i miei gusti.

* Weizenbaum, Joseph. *Computer Power and Human Reason*. San Francisco: W.H. Freeman, 1976. Un libro provocatorio di uno tra i primi ricercatori dell'Intelligenza Artificiale, che è giunto alla conclusione che molta ricerca informatica, e particolarmente quella in Intelligenza Artificiale, è pericolosa. Sebbene possa essere d'accordo con lui su parte delle sue critiche, penso che esageri. Il suo modo ipocrita di riferirsi all'ambiente dell'Intelligenza Artificiale come alla "intelligencija artificiale" è divertente la prima volta, ma diventa faticoso dopo la dodicesima. Chiunque sia interessato ai calcolatori dovrebbe leggerlo.

Wheeler, William Morton. "The Ant-Colony as an Organism". *Journal of Morphology* 22, 2 (1911), pp. 307-325. Uno dei principali entomologi del suo tempo formula la famosa tesi del perché un formicaio meriti l'etichetta di "organismo", tanto quanto le sue parti componenti.

Whitely, C.H. "Minds, Machines and Gödel: A Reply to Mr Lucas". *Philosophy* 37 (1962): 61. Una risposta semplice, ma forte, all'argomentazione di Lucas.

Wilder, Raymond. *An Introduction to the Foundations of Mathematics*. New York: John Wiley, 1952. Una rassegna generale di buona qualità, che mette nella prospettiva corretta le idee importanti del secolo scorso.

* Wilson, Edward O. *The Insect Societies*. Cambridge, Mass.: Harvard University Press, Belknap Press, 1971 [trad. it. *Le società degli insetti*, Einaudi, Torino, 1976, 2 voll.]. Un libro autorevole sul comportamento collettivo degli insetti. Sebbene dettagliato, si lascia leggere e discute molte idee affascinanti. Contiene eccellenti illustrazioni e una bibliografia gigantesca, sebbene purtroppo non commentata.

Winograd, Terry. *Five Lectures on Artificial Intelligence*. AI Memo 246. Stanford, Calif.: Stanford University Artificial Intelligence Laboratory, 1974. Una descrizione dei problemi fondamentali dell'Intelligenza Artificiale e delle nuove idee per affrontarli. Scritto da uno dei più importanti studiosi contemporanei del campo.

* — *Language as a Cognitive Process*. Reading, Mass.: Addison-Wesley, 1983. Benché lo abbia visto solo in manoscritto, posso dire che questo libro avrà larga influenza. Tratta il linguaggio nella sua piena complessità come nessun altro libro prima.

* — *Understanding Natural Language*. New York: Academic Press, 1972. Una discussione dettagliata di uno specifico programma particolarmente "intelligente" in un mondo limitato. Il libro mostra come il linguaggio non possa essere separato da una comprensione generale del mondo e suggerisce direzioni da prendere nello scrivere programmi per usare il linguaggio allo stesso modo delle persone umane. Un contributo importante; dalla lettura di questo libro possono scaturire molte idee.

— "On some contested suppositions of generative linguistics about the scientific study of language", *Cognition* 4:6. Una risposta esilarante a un attacco frontale all'Intelligenza Artificiale fatto da alcuni linguisti dottrinari.

* Winston, Patrick. *Artificial Intelligence*. Reading, Mass.: Addison-Wesley, 1977. Una presentazione efficace di molti aspetti dell'Intelligenza Artificiale scritta da un ricercatore giovane ma già influente. La prima parte prescinde dai programmi; la seconda parte si basa sul linguaggio Lisp e ne fa una breve e chiara esposizione. Il libro contiene molti puntatori alla letteratura contemporanea dell'Intelligenza Artificiale.

* — a cura di, *The Psychology of Computer Vision*. New York: McGraw-Hill, 1975. Titolo sciocco ma libro buono. Contiene articoli su come programmare i calcolatori per compiere riconoscimenti di oggetti, scene e così via. Gli articoli trattano tutti i livelli del problema, dalla individuazione dei segmenti alla organizzazione generale della conoscenza. In particolare segnalo un articolo dello stesso Winston su un programma scritto da lui per sviluppare concetti astratti da esempi concreti e un articolo di Minsky sull'allora nascente concetto di "frame".

* Wooldridge, Dean. *Mechanical Man—The Physical Basis of Intelligent Life*. New York: McGraw-Hill, 1968. Un'approfondita discussione sul rapporto tra i fenomeni mentali e i fenomeni cerebrali, scritta con grande chiarezza. Esplora difficili concetti filosofici in modo nuovo, illuminandoli attraverso l'uso di esempi concreti.

Fonti del materiale illustrativo

Fig. 1, *Johann Sebastian Bach*, di Elias Gottlieb Haussmann (1748), collezione William H. Scheide, Princeton, New Jersey. Fig. 2, *Concerto di flauto a Sanssouci*, di Adolf von Menzel, Nationalgalerie, West Berlin. Figg. 3, 4, 154, il « Tema Regio » e l'ultima pagina del *Ricercare a sei voci*, dall'edizione originale dell'*Offerta musicale* di Johann Sebastian Bach, sono riprodotti per gentile concessione della Library of Congress. Le litografie e le xilografie di M.C. Escher sono riprodotte per autorizzazione della Escher Foundation, Haags Gemeentemuseum, L'Aia, copyright © the Escher Foundation, 1979, diritti di riproduzione per gentile concessione delle Vorpal Galleries, New York, Chicago, San Francisco e Laguna Beach. Fig. 10, fotografia di Kurt Gödel di Orren J. Turner, da *Foundations of Mathematics: Symposium Papers Commemorating the Sixtieth Birthday of Kurt Gödel*, a cura di Jack J. Bulloff, Thomas C. Holyoke e S.W. Hahn, New York, Springer-Verlag, 1969. Figg. 18, 98, Figura *Figure-Figure* e *Una sezione di mRNA che passa attraverso un ribosoma*, disegni di Scott E. Kim. Figg. 21, 46, 135 e 150, composizione tipografica eseguita dal programma "SMUT" di Donald Byrd. Fig. 27, *Il labirinto di Creta*, da W.H. Matthews, *Mazes and Labyrinths: Their History and Development*, New York, Dover Publications, Inc., 1970. Fig. 41, fotografia della stele di Rosetta per gentile concessione del British Museum. Fig. 42, *Un collage di scritture*, esempi di scrittura cuneiforme, dell'Isola di Pasqua, mongola e runica, da Hans Jensen, *Sign, Symbol and Script*, East Germany VEB Deutscher Verlag Der Wissenschaften; esempi di scrittura bengali e buginese, da Kenneth Katzner, *The Languages of the World*, New York, Funk & Wagnalls, 1975; esempi di scrittura tamil e thai, da I.A. Richards e Christine Gibson, *English through Pictures*, New York, Washington Square Press, 1960. Fig. 61, *L'intelligenza costruita sovrapponendo una serie di livelli*, adattata dalla Fig. 9.8 di Patrick Henry Winston, *Artificial Intelligence*, Reading, Mass., Addison-Wesley Publishing Company, 1977, riproduzione autorizzata. Figg. 65 e 71, fotografia di un ponte di formiche, di Carl W. Rettenmeyer e disegno della costruzione di un arco da parte di termiti operaie, di Turid Hölldobler, da E.O. Wilson, *The Insect Societies*, Cambridge, Mass., Harvard University Press, 1971. Fig. 67, disegno schematico di un neurone adattato da Dean Wooldridge, *The Machinery of the Brain*, copyright © 1963, McGraw-Hill, Inc. e usato per autorizzazione della McGraw-Hill Book Company, e dalla Fig. II-6, p. 26, di *Speech and Brain-Mechanisms* di Wilber Penfield e Lamar Roberts, copyright © by Princeton University Press, riprodotto per autorizzazione della Princeton University Press. Fig. 68, *Il cervello umano visto da sinistra*, da Steven Rose, *The Conscious Brain*, copyright © 1973 by Steven Rose, riprodotto per autorizzazione di Alfred A. Knopf, Inc., New York, e John Wolfers, London. Fig. 70, *Sovrapposizione di percorsi neuronici*, da John C. Eccles, *Facing Reality*, New York, Springer-Verlag, 1970. Figg. 79, 80, 82, 84, 119, 139, 140 e 143, *Ombre*, *Stato di grazia*, *La belle captive*, *L'aria e la canzone*, *Aritmetica mentale*, *Senso comune*, *I due misteri* e *La condizione umana I*, di René Magritte, copyright © by ADAGP, Paris, 1979. Figg. 81 e 97, *Virus del mosaico del tabacco* e *Struttura secondaria e terziaria della mioglobina*, da Albert Lehninger, *Biochemistry*, New York, Worth Publishers, 1975. Figg. 93 e 94, *Le quattro basi costituenti del DNA* e *La struttura a scala del DNA*, da Arthur Kornberg, *The Synthesis of DNA*, in « Scientific American », copyright © October 1968, tutti i diritti riservati. Fig. 95, *Modello molecolare della doppia elica del DNA*, da V.M. Ingram, *Biosynthesis of Macromolecules*, Menlo Park, California, The Benjamin/Cummings Publishing Company, 1972, riproduzione autorizzata. Fig. 99, *Un poliribosoma*, da *The Proteins*, a cura di R.E. Dickerson e H. Neurath, New York, Academic Press, p. 64. Fig. 100, *Un canone molecolare a due ordini*, da O.L. Miller, Jr., *Visualization of Genes in Action*, in « Scientific American », copyright © March 1973, tutti i diritti riservati. Figg. 103, 104 e 105, *Il virus batterico T4*, *Infezione virale di un batterio* e *La via morfogenetica del virus T4*, da William B. Wood e R.S. Edgar, *Building a Bacterial Virus*, in « Scientific American », copyright © July 1967, tutti i diritti riservati. Fig. 107, fotografia di Srinivasa Ramanujan, da S.R. Ranganathan, *Ramanujan, the Man and the Mathematician*, New York, Asia Publishing House, 1968. Figg.

112, 113, 114, da Terry Winograd, *Understanding Natural Language*, New York, Academic Press, 1972. Fig. 115, fotografia di Alan Turing di Mssrs. C.H.O. Trevelyan, da Sara Turing, *Alan M. Turing*, Cambridge, W.H. Heffer and Sons, Ltd., 1959. Fig. 118, *Un racconto che ha significato scritto in arabo*, da Abdelkebir Khatibi e Mohammed Sijelmassi, *The Splendor of Islamic Calligraphy*, New York, London, Thames & Hudson, copyright © by Qarawiyne Library in Fez. Fig. 120, *Rappresentazione procedurale di un "cubo rosso che sostiene una piramide"*, adattato da *Computer Models of Thought and Language*, a cura di Roger C. Schank e Kenneth Mark Colby, San Francisco, W.H. Freeman and Company, copyright © 1973. Figg. 121, 124, 126 e 132, *Problemi di Bongard*, da M. Bongard, *Pattern Recognition*, Rochelle Park, New Jersey, Hayden Book Company, Spartan Books, 1970.

Si ringraziano i seguenti editori per l'autorizzazione a citare brani tratti dalle seguenti opere: *The Bach Reader: A life of Johann Sebastian Bach in Letters and Documents*, a cura di Hans T. David e Arthur Mendel, ediz. riveduta, per autorizzazione di W.W. Norton & Company, Inc., copyright © 1966, 1945 by W.W. Norton & Company, Inc., rinnovato copyright © 1972 by Mrs. Hans T. David and Arthur Mendel; Hans T. David, *J. S. Bach's Musical Offering*, p. 179, copyright © 1945 by G. Schirmer, Inc., per autorizzazione; Gyomay Kubose, *Zen Koans*, Chicago, Regnery, 1973; Paul Reps, *Zen Flesh, Zen Bones*, Tokyo, Charles E. Tuttle Co., Inc., 1957; J.R. Lucas, *Minds, Machines, and Gödel*, e Alan M. Turing, *Computing Machinery and Intelligence*, da *Minds and Machines*, a cura di A.R. Anderson, Englewood Cliffs, New Jersey, Prentice-Hall, 1964, e in « Philosophy », XXXVI, 1961; J.M. Jauch, *Are Quanta Real?*, Bloomington, Indiana, Indiana University Press, 1973; James R. Newmann, *Srinivasa Ramanujan*, in *The World of Mathematics*, a cura di James R. Newman, New York, Simon & Schuster, per autorizzazione di Simon & Schuster, a division of Gulf & Western Corporation, 1956; Terry Winograd, *A Procedural Model of Language Understanding*, da *Computer Models of Thought and Language*, a cura di Roger C. Schank e Kenneth Mark Colby, San Francisco, W.H. Freeman and Company, copyright © 1973; Joseph Weinzenbaum, *Computer Power and Human Reason: From Judgement to Calculation*, San Fancisco, W.H. Freeman and Company, copyright © 1976.

Indice analitico

Gli interventi di Achille e della Tartaruga nei Dialoghi non compaiono nell'Indice a differenza di quelli degli altri personaggi. Si invita il lettore a consultare la Fig. 72 per ricavare ulteriori collegamenti tra i diversi temi.

FINITO DI STAMPARE NEL MAGGIO 1990
DALLA G. CANALE & C. S.P.A. – TORINO

gli Adelphi

VOLUMI PUBBLICATI

1. Milan Kundera, *L'insostenibile leggerezza dell'essere* (3ª ediz.)
2. Konrad Lorenz, *L'anello di Re Salomone* (4ª ediz.)
3. J.R.R. Tolkien, *Lo hobbit* (3ª ediz.)
4. Fritjof Capra, *Il Tao della fisica* (2ª ediz.)
5. Karen Blixen, *Sette storie gotiche*
6. Joseph Roth, *La Cripta dei Cappuccini*
7. Gerald Durrell, *La mia famiglia e altri animali* (2ª ediz.)
8. Robert M. Pirsig, *Lo Zen e l'arte della manutenzione della motocicletta*
9. Jan Potocki, *Manoscritto trovato a Saragozza*
10. Nell Kimball, *Memorie di una maîtresse americana*
11. John G. Neihardt, *Alce nero parla*

gli Adelphi
Periodico mensile: N. 12/1990
Registr. Trib. di Milano N. 284 del 17.4.1989
Direttore responsabile: Roberto Calasso